校長學1

中小學 校長
談校務經營

林文律◎主編

上冊

主編簡介

林文律，1951 年出生於台中市

專　　長：英語教學、教育行政

學　　歷：輔仁大學英文學士暨語言學碩士、伊利諾大學香檳校區英語教學碩
　　　　　士、賓州州立大學教育行政博士

經　　歷：輔大、高雄海專、靜宜、台灣教育學院、逢甲、中台、空大、海洋、
　　　　　警專、台灣科大等校英文講師、副教授，國立台北師範學院副教授
　　　　　兼進修部主任、國民教育研究所所長、中小學校長培育與專業發展
　　　　　中心主任

現　　職：國立台北教育大學教育政策與管理研究所副教授

教學領域：英語會話、英語演說、英文作文、中英翻譯、教育行政、組織分析、
　　　　　行政領導、校長學

序

　　在個人校長學追夢與築夢的過程中，第一本台灣本土由現職校長撰寫的校長學實務專書終於問世了。這是一件頗值得慶賀的事。

　　個人自 1987 年就讀賓州州立大學教育行政博士班開始，將近 20 年來，一直對校長一職充滿好奇。究竟校長是什麼樣的人？為什麼會有人想當校長？校長對於學校能夠帶來什麼作用？校長辦教育的想法以及組織領導的想法是什麼？校長的教育思想與領導思想，是否有值得探究之處？校務經營的重點有哪些？校長最重視的層面有哪些？校長用怎樣的心思與方法去經營學校？有哪些困難？如何克服？從校長的眼光來看，校務經營是怎樣的心路歷程？這些都是我感到好奇的地方。

　　由於有了這種好奇心的驅使，並且看到美國許多大學、州教育廳、地方學區以及民間教育行政專業機構，普遍設置了校長中心，因此我在美國就讀博士班時，就興起了畢業後在台灣成立校長中心的念頭。可是這一構想，自我回到台灣任職後，在學校相關會議中提案，歷經波折，一直到 2000 年 12 月才得以在我服務的學校的校務會議通過。2001 年 1 月，教育部正式核准國立台北師範學院（2005 年已改制為國立台北教育大學）成立「中小學校長培育與專業發展中心」，這是台灣第一所校長中心。在我擔任這一所學校國民教育研究所所長以及後來擔任首任校長中心主任的任內，國立台北師範學院在 2001 年 3 月及 2002 年 9 月，先後辦理了兩場大型的校長培育與專業發展研討會，兩次均各邀請了 9 位國外知名的校長學學者及校長中心實務經營者來台灣發表論文。在 2001 年第一次的研討會中，除了國際學者之外，另有 20 位台灣學者發表論文，共襄盛舉。兩次研討會均吸引了 400 位人士出席，帶動了台灣教育界人士關注校長學的風氣。隨後幾年，台灣其他許多所大學也紛紛成立了校長中心，共同為校長培育專業化以及校長學的發展投入心力，並逐步與國際上各主要國家的校長中心以及中國大陸地區的「中學校長培訓中心」接軌。這些都是非常可喜的現象。

2005 年初，我有了新的想法。為了更進一步促成台灣地區校長學的發展，我決定編輯兩本校長學專書，一本為學術取向的，另一本為實務取向的。我也決定編輯一本台灣本土的「學校行政個案集」專書。有關學術取向的校長學專書，書名暫訂為《校長學專業之建構：從國際到本土》。這本學術取向的專書，就稿件來源而言，擬分為台灣校長學與國際校長學兩部分。台灣校長學部分，目前已商請了 40 餘位台灣知名學者執筆。有關國際校長學部分，亦已覓妥十數篇國際知名學者最近 3 年之內已發表的校長學相關文章，一一取得版權，正在進行翻譯之中。這一本學術取向的校長學專書，目前正在進行撰稿與譯稿中，預計 2006 年年底之前可以出版。

有關台灣本土的「學校行政個案集」專書之編輯，承蒙許多位校長及學生的大力協助，目前我已蒐集了 100 篇以上的學校行政個案，正在分門別類整理之中，並配合著每一篇個案，準備撰擬討論問題，以作為教學與討論之用。預料這本台灣本土的學校行政個案集的編輯，對於台灣地區校長培育與專業發展以及學校行政的研習，將有一定程度的助益。

至於有關實務取向的校長學專書這一部分，在 2005 年年初，我決定要請台灣地區一些現職的中小學校長談談校務經營。我試擬了一份撰稿大綱（見本書附錄），內容包括：(1)擔任校長的念頭以及校長養成的過程；(2)教育思想與領導思想的源頭；(3)行政領導、課程領導與教學領導；(4)對特殊需求學生的照顧；(5)教育資源的爭取與有效運用；(6)組織內外人際關係之經營；(7)學校特色；(8)學校變革經營；(9)學校經營的法律層面；(10)環境對校務運作的影響；(11)對當今教育政策的反省；(12)價值與倫理；(13)領導學習社群；(14)德智體群美五育均衡；(15)資訊融入行政與教學；(16)塑造學校文化；(17)與上級關係之經營；(18)校長身心健康之維護。這些重點就構成了本書的主軸。在 2005 年年初，我向台灣北部地區之台北縣市、中部之台中市、南部之高雄市，以及其他縣市我認識的一些現職校長，共計約 300 位，發出邀稿函。這項邀稿，獲得了 120 位校長首肯，答應撰稿。迄 2005 年 6 月，共計有 95 位校長完成撰稿。這些校長的校務經營論述作品，就構成了這本《中小學校長談校務經營》。

在說明了這本書的出書緣起之後，現在我就針對這本書的內容與性質，提出一些有關於校務經營個人粗淺的見解，並試圖對本書的結構與布局，作一些簡單的介紹，希望對於讀者閱讀本書會有一些幫助。

　　學校經營，首要之務在於做好教育經營，亦即把課程、教學、所有學生的有效學習，這一個純屬教育的領域做得好。可是我們發現：教育經營這一部分，不論是目標、過程或結果，尤其是這三者之間的連結，常常是相當模糊的，是很難去著力的，也是很難有效掌握成效的。更何況，校務經營除了教育經營這一個最重要的區塊之外，仍不可避免地包含了非常多的非教育的部分，比如公關經營、文化經營、變革經營、政治經營、各種資源的爭取與有效運用等，這些事情花費了校長相當多的精力與時間，而原本這些非教育事務，卻都是需要依據教育原則（亦即指對學生學習與成長最有利的原則）來進行。可是我們會發現，要這樣做很不容易。如果我們從教育的價值與倫理的角度來做一些嚴謹的思考，我們可以體會到：校務要完全根據學生最大利益的原則來運作，並不容易。這也是校長在經營校務最辛苦的地方，也是校長偉大之處。

　　從本書中，我們看到每位校長都具有高度愛心，全心致力於提供學生良好的學習環境，並努力致力於學校教育目標的達成。校長好像是甘願背負著千斤重擔的人。「歡喜做，甘願受」是許多校長苦行僧的寫照，由此來看，每位校長都是仁者。

　　在校務經營追求組織目標與效能的歷程中，不論是事、物、資源的爭取與使用、人員管理、預算分配與執行等各種行政歷程，莫不圍繞著「人」這一個核心。換句話說，若說校務經營（亦可說是：在任何組織之內，組織目標之追求過程，亦即行政歷程）之根本，乃在於人心之經營，大抵一點也不為過。而人心之經營正是天下事物最複雜也是最困難的部分。君不見，在校務經營中，有多少基於人的需求、人的信念、人的喜好、偏好與欲念，甚至基於人的偏執，所引發的相關問題，校長都需費盡心思去處理。常聽許多校長慨嘆校長難為，因為在校務經營的過程之中，有時候會遇到許多相反方向的拉扯力量，一而再、再而三的抵消掉校長校務經營的一片良好的企圖與用心。因此，面對校務經營屬於人的部分，也是校務經營最難處理與最艱困的部分，校長有時甚至感到黯然神傷。但是，本著職責，校長仍須以堅毅的態度，一一勇敢去面對。由此看來，校長是勇者。

　　此外，從本書中，處處不乏校長面臨校務經緯萬端，在各種人、制度、與環境眾多元素錯綜複雜的交互作用中，仍能找出精準有效的方法，讓人的良善與優質的那一面，找到一個表現的出口。即便是原本乘風破浪緩緩前進，慢慢

的就能發展出一套校務經營的世界中有效運作之道，悠遊其中，遊刃有餘，並且在平凡之中，成就了很多大大小小不平凡的事情。由此來看，校長是智者。

在本書中，只要各位讀者細心地閱讀本書，細心地品嘗文章中校長的話語，了解其思想，觀看其行事之風格與著力之處，不難發現有許多著力輕盈，但力道卻深入之處。其正向效果難以估計。

讀了這本書，讀者會幡然醒悟：原來我們常常從教育人士口中聽到的「得天下英才而教之，一樂也」，其實只是教育工作的樂趣之一而已，但絕對不是全部。不論是從班級層次的教學來看，或從學校層級的校務經營角度來看，教育的樂趣與意義，絕對不只是「得天下英才而教之」而已。更重要的，教育的意義乃在於發現每個學生學習的無限可能，讓每個學生都能找到自信，慢慢發展出成熟的自我。教育是讓每個學生學會如何過生活，如何為自己學到安身立命的能力。教育的作用也是在於引導每個學生學習品嘗人生樂趣，學習到為他人服務的必要能力與主觀的意願，並能從中體會出助人的樂趣與動力。在每一個小孩子的身上，培養了這種生活能力以及自助與助人的能力與體認，並能身體力行，這個世界就能顯得更為和諧，每個人對社會也都更能有所貢獻。這就是教育更基本的意義，也是從事教育工作者根本的樂趣所在。

本書可以讓有志於擔任校長的人，了解現職校長眼中所看到的校務經營的世界，也可以讓現職校長深刻反省自己的校務經營世界，以及自己內心的各種欲求、期望、習性、執著等，與學校裡裡外外的人與環境之中的各種元素，在自己的校務經營世界之中，是否得到最大的調和，並從而找出最佳的成就事情之道。校長的作用不就在於帶動學校進步嗎？這要看身為校長的人，如何能領悟天地萬物運行的道理，並從複雜的校務經營世界中，找出調和、平衡，與著力之道，使得老師願意跟你走，願意滿心歡喜的奉獻最大心力在學生身上，以求帶好每一位學生。

其實，這本書也不只是為了未來的校長及現任的校長而編輯的。這本書是為了所有關心校務經營的人編寫出來的，對象包括教育界人士、教育行政決策人員、家長、立法委員，以及有志於了解學校行政與校長職務的學生或一般社會大眾。這本書的讀者群也不只是在台灣的讀者而已。所有華人世界中關心教育以及校務經營的人，都會發現這本書很值得一讀。它不只是 2005 年台灣教育、教改，以及學校經營實況的見證，也是一本學校經營與校長學課程永遠的

參考書，因為書中所呈現的，不只是當今台灣中小學校務經營的實際情況，並且是由校長們在校務經營過程中，引領教師追求學校目標，提供學生學習的過程中，辛苦、努力、煩惱、欣慰等各方面深刻體會的最佳寫照。從書中的各篇文章中，可以看出學校領導者運籌帷幄，以及領導者與被領導者，以及領導者與各種教育利益關係人，在組織目標、個人需求、組織變革、文化塑造，以及政治、文化、經濟、社會等各項教育脈絡因素，與教育目標的追求與教育實務作為之間，交替互動與運作的過程。

不過，在浸淫於這本書所展現的校務經營世界之際，各位讀者仍須留意：這本書所呈現在讀者眼前的，雖然是校務經營真實的世界，但並不是校務經營全部的世界。在校務經營的歷程之中，校長們仍有許多不方便或不足為外人道之處，這是不可避免的。有一位校長好意地告訴我：將來他退休以後，如果我還保有這一次編輯本書的這一份精力與熱情，想要另外編輯一本「校務經營秘辛」或「校務經營外一章」之類的書的話，他可以考慮再幫我撰稿一次。有關這一部分，各位讀者可能得耐心等待了。

如前所述，在這次的邀稿中，總共有95位校長完成作品。大家都知道，在台灣的校長們每天校務繁忙，不只白天忙碌，晚上也常常必須參加與校務相關的活動。校長能在百忙之中想辦法靜下心來，把自己的校務經營心得寫下來，這是非常不容易的事。有95位校長辦到了，真是可喜可賀。在本書中，每位讀者都可以抱著探索校務經營的心，有空坐下來時，就翻閱一下這本書。時間較允許時，甚至可以一次看個5、6篇，細細的感受一下校長校務經營的思維。你可以把這本書當成一般教育雜誌、報紙副刊，或報章上的教育心得小品來看。或許你可以抱著閱讀教育傳記的心情，來體會一位位校長經營學校的心路歷程。你會發現有些校長完成教育目標或解決教育問題的心情是急切的；有些是自信滿滿、按部就班，一步一步完成目標。每位校長都是身負重任、充滿責任感與使命感；每一位校長都是熱愛教育、滿心歡喜，願意為教育付出、為莘莘學子提供最適切的協助。從本書中，你可以看到辦教育是非常辛苦的，但也是非常值得的。

本書全書分上、下兩冊，共95篇，由三編組成。第一編為「高中國中校務經營」，計9篇，這一編的文章的作者，有一位是大學教授兼高中校長，其他作者包括5位一般高中校長及3位國中校長。第二編為「初任校長經營小學」，

計 27 篇，這一編的作品都是由初任（擔任校長第一任）校長寫成的。第三編為「小學校務經營」，計 59 篇，這些作者都是擔任一任以上的小學校長，其中一位校長並兼任國中部的校長。全書三編中，除全書首篇之外，每一編之中，各篇文章出現之順序，原則上是依校長年資排列。不論是放置於何處，每篇文章的地位與重要性都是一致的。由於這本書是校長將其校務經營的理念與做法，現身說法，篇篇均是每位校長對教育理想努力付出的最佳心情寫照。這本書無疑是研究學校行政與校長學的必備參考讀物。

感謝本書 95 位作者辛苦的寫作與付出，共同成就了這一本台灣校長學里程碑的書。也感謝心理出版社總編輯林敬堯先生的協助與慨允出版，以及心理出版社編輯同仁的費心協助。另外，我也要特別感謝台北市溪山國小翁世盟校長（也是本書作者之一）協助設計本書的封面。編輯過程中，我盡量盡心盡力在做，但疏漏之處仍在所難免。尚祈作者鑑諒，並祈各位教育方家與所有關心校務經營的讀者不吝指教。冀望本書的出版，以及後續的《校長學專業之建構：從國際到本土》及「學校行政個案集」等一系列的校長學專書，能帶動台灣校長學更進一步的發展。

林文律

2005 年 9 月 25 日序於

國立台北教育大學教育政策與管理研究所

目　錄

第 一 編

高中國中校務經營

21 世紀的新高中——
政大附中的經營理念與策略

湯志民
國立政治大學教育學系教授兼政大附中校長

壹、前　言

　　2005 年，「政大附中」應是台北市最受矚目的學校。原因為何？

　　因為政大附中是教育部、台北市政府與政大合作籌設的「新高中」？因為政大附中是政大附設的「附中」？因為政大附中是 20 多年來第一所由大學籌設新建的國立高中？因為政大附中有最新穎的學校建築和設備？……還是，政大附中有許多令人驚豔的創新經營理念？總之，政大附中不僅吸引了無數老師、家長和學生不停的詢問，想進一步了解，也吸引了許多媒體爭相報導，並在第一次申請入學上，大放異彩，登記分發入學更令人期待。一連串的「？」和「！」，讓人很想對「政大附中」一探究竟。

　　政大附中的誕生，在許多人的心目中猶如神話般的傳奇，那是因為他們只看到結果，未注意到歷程。所有在台灣有創設學校和辦學經驗的中小學校長們，都清楚的知道，創建和經營學校的歷程通常是一段難為外人道的心酸血淚史。政大附中籌設 7 年，也經歷了主管單位多、主管更迭快速，以及萬壽國小併入、校地地質測量、都市計畫變更、校舍建築限高、國中入學比例、建築經費分攤、校舍建築審查、土地使用同意、建築執照申請、校舍建築招標、辦學需求說帖、國中學區劃分……等等，不一而足的困擾與問題，這些困境須有長官的支持、同仁的堅毅不拔協助和許多朋友的相挺，才能突破重重難關，迎向光明，在此要對他們致上最深摯的敬意和謝意。

　　政大附中於94學年度正式招生，高中6班（252名學生），國中5班（190名學生），未來總計有33班（高中18班，國中15班），學生1326名。政大附中籌建7年，從20世紀跨到21世紀，不是跨越百年，而是立於新世紀的起點，面對下一個100年。一所21世紀的新高中——政大附中，籌建伊始，學校經營和發展，有許多值得探討的理念和策略。以下擬分別就政大附中經營理念與策略分別加以說明，以資經驗分享，並請方家不吝賜教。

貳、政大附中的經營理念

　　政大附中學校經營和發展，有許多值得介紹的理念，惟限以篇幅，僅就辦學理念、課程設計和校園特色，分別要述，以明梗概。

一、辦學理念

　　政大附中以培育「立足台灣，放眼世界」的21世紀新公民為目標，希望我們的學生兼具鄉土化的情懷與國際化的視野。配合各種教育情境之布置與教學課程之實施，實踐全人教育，讓學生懂得學求知（learning to know）、學做事（learning to do）、學相處（learning to live together）和學做人（learning to be），進而達到自我實現。對學校、老師和學生的期許是：

(一)親和力的人文學校

1.基本精神：以學生為中心，帶好每位學生，落實學校本位經營。
2.行政工作：服務教學、主動因應、講求效率。
3.組織氣氛：和諧、融洽，讓學校像一個家。
4.校園環境：開放、人性，與社區整體融合。
5.社區關係：校區無界、資源共享、互動良好。
6.發展方向：推展教育實驗、帶動教學革新、建立學校特色。

(二)現代化的專業教師

1.基本精神：全時（full-time）奉獻，全心關照學生。
2.服務態度：熱誠、積極、主動。

3. 教師形象：具有教育專業素養，有活力、有衝勁、有幹勁。

4. 教學要求：充分準備、善用器材、結合生活、因材施教、幽默風趣、如沐春風。

5. 同事關係：互敬互諒、互信互助。

6. 研究進修：鼓勵教師專業成長、推展各科教學研究、建立教學視導環境。

7. 特色建立：不體罰、不補習、不留級。

㈢前瞻性的卓越學生

1. 基本精神：認真負責，每一件事（求學、做事、做人）都好好做，做自己像自己，做事情能貫徹。

2. 求學態度：博學、審問、慎思、明辨、篤行，主動學習、用心細心、恆心毅力。

3. 學生形象：青春活力、樂觀進取、健康快樂。

4. 多樣學習：培養解決問題能力，參與社團、活用教材、善用科技，國際視野、鄉土情懷。

5. 同儕關係：關懷別人、尊重他人、性別平等。

6. 自我探索：體會生命、認識自我、規畫生涯。

7. 能力要求：英語能力、運用資訊、溝通表達。

　　政大附中是一所新籌建學校，學校特色亟待認同，且高、國中家長特質不同，在學校經營發展扮演的角色，可在新生入學後，與家長共同努力界定和形塑。

二、課程設計

　　政大附中課程設計基於學校辦學理念，以部定現行「高級中等學校課程標準」、預計 95 學年度實施之「普通高級中學課程綱要」及「國民中小學九年一貫課程綱要」為架構，另參酌其他高中優良的課程設計，同時徵詢學者專家、高中校長和主任之意見，並以教改會所提教育現代化的五大方向——人本化、民主化、多元化、科技化和國際化，來建構本校課程特色。

(一)人本化

以全人教育，培育學生健全思想、情操及知能，使其能充分發展潛能、實現自我。包括：生命教育課程、生涯規畫課程、體適能課程、休閒教育與生活化課程等。

1. 生命教育課程：(1)引導學生認識生命的本質、存在的意義和價值，進而欣賞生命的豐富與可貴。(2)啟發學生體認並實踐「愛與生活」、「關懷與尊重」，能珍惜自己及尊重他人。(3)引導學生用愛心經營生命及思考人生方向。(4)帶領學生學習服務、體驗付出，散布溫馨。(5)為實踐生命教育課程，利用輔導活動、週會、社團活動等時間，安排生命教育相關演講、活動等。

2. 生涯規畫課程：(1)引導學生認識自我，了解自己能力、興趣與個人特質，探索生涯發展目標。(2)協助學生認識多元升學管道，提供學生各學系資訊與未來發展方向。(3)提供多元職業認識介紹，讓學生與世界接軌，作為生涯準備之參考。

3. 體適能課程：(1)設立體能訓練室：規畫體能訓練室，並建立各項運動健身器材的基本體能標準，希望學生透過體適能訓練器材的使用，養成健康體適能的觀念與能力。(2)建立體適能指標：根據教育部所訂定的體適能護照指標，要求學生達成其體適能標準，學生表現優良可頒發體適能成就獎章。

4. 休閒教育課程：為因應休閒時代的來臨，加強學生安排休閒時間的能力，並提升休閒品質，在相關領域中，實施「休閒與生活」選修課程。

5. 生活化課程：(1)設計方式：在上學和放學時間與其他高中相同的原則下，設計生活化課程時間（參見表1），以每天7節課為例，早上8點10分開始第1節課，每節課45分鐘，下課時間15分鐘，第2、3節課、第6、7節課之間下課時間20分鐘，中午午休時間70分鐘。(2)設計理念：①政大附中教育學生的目標，不只是教學生學做學問、學做事，更要教學生學做人，而學生全人格的涵泳，必須要有更多的師生互動、同儕互動的機會。互動是重要的人際動線，而透過較長的休息時間希望能創造師生交誼、同儕互動的機會，因而增進對人的關懷、對彼此及自己的了解，才能在讀書

及求知之外，開創更多培養人格的機會。②為配合國中、高中的完全中學課程設計，多方徵詢高中校長的意見，認為 45 分鐘上課的效果與 50 分鐘無太大差異，且政大附中為學科教室型設計，教師平時在教室中已做好教學情境布置，可撙節課中布置的時間，而原本 10 分鐘的下課時間延長為 15 分鐘，卻可讓休閒的感覺加倍，多出來的 5 分鐘實質上也可視為另一種上課時間的延伸。較長的下課時間，教師、學生可以討論功課、閒話家常、彼此關懷，師生互動、同儕互動機會也會大為增加。③在情境設計上，政大附中雖有時刻表，但沒有鐘聲，學生亦可自由選擇是否在下課時間放些音樂，整個校園富有休閒、生活化的感受。④學習是一件愉快的事，應有生活化的悠閒畫面，不希望學校成為學生的壓力，而較長的下課時間可以紓解學生的緊張，不用急急忙忙的趕在 10 分鐘內去洗手間、換教室等。使學習有生活的韻律：上課愉快無壓力、下課輕鬆而悠閒。⑤政大附中是一精緻的中學，全校只有 33 班（國中 15 班，高中 18 班），學生彼此若有較多互動、活動的機會的話，就可以在國中或高中 3 年之中，比其他學校的學生更有機會認識他班的同學。人在一起就是緣分，能彼此認識就能相互扶持，增加未來奮鬥的力量。⑥在使用功能上，政大附中是一個學科教室型設計，學生必須要轉換教室空間，若下課 10 分鐘延伸為 15 分鐘，可以讓空間轉換更為平順，也讓學生在轉換空間當中，有自然互動的機會。

● 表 1　政大附中生活化課程時間設計

	作息節次	第一節	休息	第二節	休息	第三節	休息	第四節	午休
上午	時刻	08：10〜08：55	08：55〜09：10	09：10〜09：55	09：55〜10：15	10：15〜11：00	11：00〜11：15	11：15〜12：00	12：00〜13：10

	作息節次	第五節	休息	第六節	休息	第七節	休息	第八節	放學
下午	時刻	13：10〜13：55	13：55〜14：10	14：10〜14：55	14：55〜15：15	15：15〜16：00	16：00〜16：15	16：15〜17：00	17：00

(二)民主化

民主法治的教育,培養學生自主判斷、關懷、容忍、尊重、守法、社會責任等民主特質與價值取向。包括:表達藝術課程、公共服務課程和性別平等課程等。

1. 表達藝術課程:(1)本國語文領域課程設計有「演講」、「辯論」、「談判」課程,每人皆有機會上台演練,以培養學生的靈活思考,並具有充分溝通、表達及談判能力。(2)設置影音中心(內設攝影棚與廣播電台),將學生演講、辯論、戲劇表演、社團活動成果錄製下來,與全校師生共同分享,激發學生研習表達藝術的興趣;教師亦可善用此資源,設計教學活動、製作生活化教材,以豐富教學內容,增進教學效果。(3)設計全校性表達藝術的競賽或活動,如演講、辯論、戲劇表演、社團成果展演等,強化全校師生對表達藝術的重視,蔚為本校風氣或特色。

2. 公共服務課程:為加強學生公民教育,並學習在生活中實踐的能力,實施公共服務課程,並將公共服務的理念與活動,融入社團活動與一般課程當中。

3. 性別平等課程:加強學生之性別意識與性別平等觀念,在社會領域課程當中,實施「性別平等」選修課程。

(三)多元化

提供多元選擇的適才適性教育,強調多元智慧的應用,鼓勵學生從自我的基礎上追求卓越。包括:大學預修課程(AP)、獨立學習課程、專題研究課程等。

1. 預修大學課程(Advance Placement Program, AP):AP課程係指績優高中學生提早選讀大學一年級的課程方案。本「國立政治大學附屬高級中學績優學生預修政治大學課程教育實驗計畫」(業奉教育部核定),是政大附中高中二、三年級學生於在校修業期間,經由政大附中和政大特定的甄選程序,符合資(績)優條件者,可至政大修讀大一所有課程,成績及格由政大發給學分證明,未來就讀政大,取得學籍,可申請抵免大學學分。

2. 獨立學習課程:為使學生多方面地發展自我潛能,訂定「獨立學習」選修

課程，學生可以選擇一項自己有興趣的主題來學習，提出學習計畫，可由校內或校外老師指導，上課方式、上課時間亦可自由選擇。

3. 專題研究課程：為培養學生獨立探索研究的能力，開設「專題研究」選修課程，教導學生論文的基本寫作格式，學生並選擇一有興趣的題目，練習寫作小型論文。

㈣科技化

推廣科學精神，加強資訊教育與思維訓練，培養各種關鍵能力與解決問題的能力。包括：資訊教育課程、思維教育課程。

1. 資訊教育課程：⑴全校設置光纖網路，提供全校無線上網，並且班班有電腦、投影機、螢幕等 e 化設備，教師可靈活運用網路教學。除普通電腦教室外，另開放電腦教室（computer lab），學生可自由使用資訊設施進行各種學習活動。⑵每位教師於各科教學課程中，資訊科技之運用必須達 30% 以上，如電腦化教學演示、以網路查詢資料、以網路收繳作業等，以增加學生運用資訊的能力。

2. 思維教育課程：⑴指導學生了解並練習各種思考的方法與技術，加強思維訓練。⑵設計相關競賽，發展手腦並用的創造能力。

㈤國際化

國際化係以文化的理解、欣賞與尊重為內涵，以「鄉土化」到「國際化」為主軸發展，兼顧學生鄉土情懷和國際視野的培養。因為，唯有熱愛、珍視自有文化，才能以不卑不亢的成熟態度面向國際。包括：語文實驗課程、Language Corner、外國語文課程、國際教育交流計畫和鄉土教育課程等。

1. 鄉土教育課程：鄉土能力包括對鄉土人文、自然、社會特性之了解，母語的接納、欣賞與表達。課程設計以學習主體（學生）與環境互動之關連性——「由近而遠」，學習主體的能力與興趣——「由淺而深」規畫。

2. 外國語文課程：⑴英文課程：①英文的教學生活化，並配合語言的學習順序，培養學生英文聽、說、讀、寫的能力。②在平日的學校生活與活動中，加入英文相關的活動。⑵第二外國語課程：①加強第二外國語選修課程。②與政大外語學院與相關外語師資合作，實施第二外國語課程。

3. 國際教育交流計畫：(1)積極推動國際教育交流計畫，透過接待國外教育團體、到國外實地參訪或體驗當地教育環境，培養學生外語能力、了解多元文化、熟諳國際禮儀並開拓寬廣國際視野，計畫包括：①與國際扶輪社合作辦理交換學生計畫；②辦理海外教育旅行；③與國外學校締結姊妹校。(2)目前，政大附中已獲得國際扶輪社第 3480 地區青年交換委員會同意，列入該地區青少年交換接待學校名單。此外，為因應本校未來頻繁熱絡的國際教育交流活動，政大附中將針對交換學生國外教育課程，研擬學分採計辦法，以鼓勵學生拓展國外學習經驗。

三、校園特色

無論是看得到的校舍建築，或是看不到的動線規畫，都極為用心、深具特色。

(一)人性化情境

情境規畫設計以人為尊，創造自由自律與人際互動空間；規畫便捷動線，人車分道，設計校門區迴車空間及捷運系統接駁專車停車區。

(二)文化性景觀

現代化建築造形，校園景觀藝術化，具體做法包括：設置公共藝術、藝術景觀校門、演藝廳、星座前庭、旗艦廣場、九九長廊、時空廣場、光影時鐘、彩虹世界、創意地坪、生命之樹、竹柏傳承、滴水石穿，以創造豐富的人文藝術環境。

(三)學術性設施

校舍依照美國、英國、加拿大等先進國家，採「學科教室型」（Variation type，V 型）設計，國文、英文、數學、歷史、地理、生物、物理、化學……等，各學科均有專用教室，9m*10m（90m^2）寬敞的教室，挑高3.9m，黑（白）板、儲物櫃、單槍投影機、120 吋的寬幅螢幕、網路電腦、網路節點、教學擴音系統和無線上網等為基本配備。教師的教學研究室，鄰近所屬學科教室，以強化教師的教學、研究與輔導功能，每間教學研究室約 60m^2，容納 6〜8 位教

師，同類科教師在一起，每位教師有專屬辦公桌、置物櫃、專用網路節點和共享的電話和網路印表機，每間教學研究室設置一張小型討論桌，利於同儕間的教學研究和討論。此外，設置社會及自然資源教室、圖書館、研討室等，提供師生多元的教學及研究空間。

㈣生活化空間

提供多樣化生活休憩空間，設計班級基地、學生討論室、師生交誼廳、生活禮儀教室、社團活動室、鄉土教室、餐廳、溫水游泳池、室內跑道、室內體育館（綜合球場）、桌球室、韻律教室、健身房、攀岩場、戶外劇場、親水街區、屏風水榭、天庭花園，讓「學校是一個家」（school as a family）。

㈤現代化學校

形塑社區學校（community school），無圍牆設計，開放校園空間設施，與社區資源共享；併公園綠帶整體規畫，設計便捷上學步道，學校與社區完全融合。同時，落實社區總體營造的理念，讓政大附中成為社區居民的活動中心、藝文中心、終身學習中心，以活化學校與社區之間的互動。

建構 e 化學習校園（e-learning school），以現代化資訊科技設備融入教學，設置無線上網環境、遠距教學、電子書包、校園數位學習站、網路電話 SIP Phone、VOD 隨選視訊，使全體師生隨時隨地（anytime and anywhere）皆可進行教與學。

踐行永續校園（sustainable school）理念，符合綠建築標章的要求，如以喬木及灌木交錯種植形成之天然圍籬取代水泥圍牆，廣種台灣原生植物及誘鳥蝶類植物，採多層次化方式種植；設計透水性鋪面，設置屋頂花園涵養雨水；採用氣密性較佳之鋁門窗減少空調能量損失、提高隔音性，屋頂外部加鋪隔熱層反射太陽輻射熱；以合理的結構設計，減少結構體材料的使用量；減少基地產出剩餘土石方與工程廢棄物；設置雨水儲留系統，採省水標章規格之衛生器具，減少水資源浪費；地下室外壁接土壤面防水處理，並採複壁設計以達防潮效果；而對於打球或其他使用震動噪音之樓板採軟性緩衝材裝修等。

㈥無障礙環境

政大附中本身的基地條件挑戰性較高,但仍秉持「只要是一般人可以到達的地方,行動不便者皆可以到達使用」的信念和理想,努力克服種種障礙,將整個學校規畫成無障礙校園。具體做法包括:設置無障礙坡道、廁所、樓梯及扶手、電梯、停車位、觀眾席等。尤其是避難層、室內出入口門寬和廁所皆為100cm(超過80cm的標準),採水平門把;所有地坪皆以平面為設計原則,高低差超過2cm以上者,以坡道順平,所有樓梯皆設置扶手,舞台坐輪椅者皆可到達,以創造校園全境暢通無障礙環境。

參、政大附中的經營策略

政大附中為一融合高、國中的中學,期待成為具有親和力的人文學校,以學生為中心,帶好每位學生,落實學校本位管理,讓學校像一個家,並能成為帶動教育革新的21世紀新高中。近幾年,國立高中資源快速萎縮,政大附中屬於新設立的國立學校,經費、設備、員額等資源,遠不及台北市的高中,在北市優秀高中林立之中,要走出一條自己的路,需有良好的學校經營策略,如結合政大資源、形塑學校特色、整合軟體硬體、甄選優質師資、加強招生宣導等,讓政大附中得以永續經營和發展。

一、結合政大資源

政大附中是新設校,成立伊始,要彰顯特色並突破現有國立大學與附中關連薄弱的困境,亟需運用政大的聲望和光環,結合政大資源,讓政大附中一站出來就因有政大的「加持」,而顯得非常強壯且有實力。具體策略包括:爭取政大挹助經費、結合政大大學課程、政大支援各項資源。

㈠爭取政大挹助經費

例如政大籌建政大附中提供2億元工程款;為提升政大附中在台北市的競爭力,補助630萬元行政和教學電腦設備經費。

(二)結合政大大學課程

政大課程容量大，可供萬人修課，政大附中AP課程，只有40名資（續）優學生之需求，且 AP 課程開設，有利於政大和附中，經與政大開會協商，政大自然大方的提供所有大一的課程，讓政大附中的 AP 課程學生自由選讀。此外，政大18種第二外語課程，經初步協商，外語學院表示願意提供政大附中學生修習第二外語機會。

(三)政大支援各項資源

政大附中籌設工作繁雜，需要大量人力、物力的支援。基本上，政大對政大附中的籌設，相當的支持，如政大二任鄭校長對附中全力支持，向教育部爭取籌建經費和暫借籌備人力（如秘書和助教），教務處和各院系協助開設 AP課程，學務處增添工讀學生名額，總務處協助工程興建，教育學院和教育系支援教學助理，國交中心協助辦理 Language Corner，電算中心協助光纖架設、環保組移植 3 棵樹（竹柏和榕樹）等等，還有推動委員會和諮詢委員會，使政大附中的籌設能從萬難中挺進。

當然，政大附中運用政大的資源，本身也是政大的資源，政大附中成立也回饋政大教職員子女就讀、政大學生實習，以及附中設施（如游泳池、餐廳的委外營運）皆考慮政大的使用，還有未來政大師生可從事教育與心理方面的研究等等。

二、形塑學校特色

台北市的高中已經很多，容量也很足夠，任何新高中的出現，只有一個條件，就是要有特色，這本是教育改革中多元入學的精神。形塑學校特色，讓學生「選其所愛，愛其所選」。政大附中有這樣的條件，去形塑特色，以走出傳統高中的排序和排名。雖然，最後仍會掉入世俗的排名，這是多數家長選填志願的期待，但我相信特色的強調與堅持，會讓學校具有強烈的吸引力，更有利於未來破繭而出；因為，家長和社會大眾要的是一所用心規畫和設計的好學校。特色形塑的要訣，在於將劣勢變為優勢，即成為別人無法仿製的特色。具體策略包括：建立開放自由學風、形塑獨特課程特色、展現優質學校環境、拓展國

際教育交流。

(一)呈現開放自由學風

人莫不愛自由，處於青春狂飆期的青少年更不喜歡大人把他們當小孩子管，他們有自己的想法，喜歡做自己。政大附中的辦學理念有「學相處」和「學做人」，「做人」要從自己開始，「相處」考驗與他人互動，因此學校願景開宗明義強調「自由」，並與「自律」相扶持。正如 John Dewey 所強調的「教育即生活」，教育應與生活相結合，社會生活的畫面是「自由」的，但須以社會法律規範為基礎，人人要守法守紀，此為「自律」，一位有自律能力的人，自然有最大的自由。因此，當一所學校能呈現最大由由風格時，也正告訴別人她有最大的自律，她的學生有最好的自律能力。因之，政大附中可以接受：「無髮禁」——頭髮由學生自己管；「無制服」——服裝由學生決定如何穿；「無鐘聲」——下課放音樂，上課自己進教室；「無午睡」——中午可以自由活動，但以不影響別人為底線；「無圍牆」——學校自由開放與社區融合，並將設置開架式失物招領架和籃球場等等。當然，這仍然要接受很大的挑戰，也惟有如此才有機會知道我們的高、國中生在想什麼、喜歡什麼，中間的挑戰就是教育不可省的歷程。政大附中的學生少，相對有更好的應對條件。

(二)形塑獨特課程特色

一般高中依循課程標準，難見特色。政大附中為大學附屬高中，依師資培育法之設立精神，本有教育、實驗和研究之目的，可大幅創設課程，突破傳統窠臼。例如，與政大合作開設 AP 課程，政大附中高二、高三的學生有機會到政大修課，這種修課模式，國內高中和大學有不同模式，在台北縣、市，政大附中的辦理規模較大而有系統，其效益可作為連結高中與大學教育的橋樑，對學生而言，有助於學術試探和學習適應；對高中而言，有助於激勵學生和建立特色；對大學而言，有助於發掘潛力學生和選才；對教育整體而言，有助於活化教育制度和增加國際競爭力，並可形成獨有之制度。其次，語文實驗班和一般第二外語選修，運用地利之便，可到政大修習 18 種第二外語；尤其是由政大外籍生（國內大學中最多）擔綱的 Language Corner，預計每天有 3 小時 4 人次，在政大附中的圖書館、討論室、餐廳、茶藝教室或班級基地等地，所有政

大附中的學生皆可自然的、自由的與外籍生對話，對話內容會有主題或活動，也可隨意交談，以了解國外文化、交外國朋友和練習語言。此外，開設獨立學習課程，每學期1學分，學生可以選擇一項或多項自己有興趣的主題（如英文、游泳、跆拳或棋藝……）來學習，並提出學習計畫，可由校內或校外老師指導，上課方式、上課時間亦可自由選擇，此一課程是將自習課的固定時間和地點解套，並將自由內容轉為有計畫性的「個性化課程」，以突破「正式課程」必、選修的限制，讓多元智慧有發揮和成長的空間，此一課程將來還有成果發表，可讓學生彼此觀摩、學習和欣賞別人的才華。還有，教師有專屬教室，即每一學科皆有專科教室，此一運用美、英和加拿大等先進國家中學「跑教室」的上課模式，將大幅提升教學效能，同時建立了大節下課（15～20分鐘）的生活化下課時間，讓師生、同儕彼此有更長的互動時間，利於跑教室且有更多「學相處」的機會，相信「跑」3年之後，政大附中所有的同學，甚至學長（姊）和學弟（妹）都會彼此「認識」，比之規模大的學校，畢業時大約只能認識同班同學，政大附中因高中規模小，反而創造了菁英教育與同儕力量擴散的機會，日後碰面，政大附中校友的情誼，一定比任何學校都強。

(三)展現優質學校環境

政大附中雖然校地狹長、面積小、坡度險峻，惟依山而立、環境優雅，可開創更多趣味的空間。例如，形塑無圍牆的社區學校（community school），建構 e 化學習校園（e-learning school）與永續校園（sustainable school）。其次，提供多樣化生活休憩空間，有戶外劇場、攀岩場、天庭花園、親水街區、屏風水榭、室內跑道和溫水游泳池等，還有公共藝術、旗艦廣場、九九長廊、時空廣場、光影時鐘、彩虹世界、創意地坪、生命之樹等文化藝術景觀。尤其是獨特的「學科教室型」設計，各學科均有專用教室，9m*10m（90m^2）寬敞的教室，挑高3.9m，班班有單槍投影機和120吋的寬幅螢幕，教師的教學研究室與所屬教室、班級基地毗鄰，動線流暢，跑教室上課，輕鬆愉快。此外，以教學為中心的設計意念，還可從有17間教室面積的圖書館，且位於教學和活動區轉銜中樞，一入校門就可進入眼簾的規畫，讓人有強烈的感覺。優質學校環境，不是幾個特點的介紹，而是處處用心的表現。

四拓展國際教育交流

地球村、全球化，是世界發展的大趨勢，政大附中已獲得國際扶輪社第3480地區青年交換委員會同意，列入該地區青少年交換接待學校名單，未來還要加強辦理海外教育旅行，與國外學校締結姊妹校和交換學生，並對交換學生國外教育課程研擬學分採計辦法，以鼓勵學生拓展國外學習經驗。此外，進一步開拓學生到國外大學就學管道，讓政大附中學生的升學，不以國內為限，能走出台灣，走入世界，才能更開展更大視野，而視野決定格局，格局決定未來的結局。

三、整合軟體硬體

空間是客觀的存在，需配合人的使用需求；就學校而言，最重要的就是課程、教學和行政管理模式，應與學校空間縝密的整合，方能使學校營運效能提高。具體策略包括：建校展現教育理念、課程結合教學空間、教學整合課程時間、學校設施委外經營。

一建校展現教育理念

政大附中校地在木柵二期重劃區中央，位於新生社區中心，應與社區融合整體興建。例如，政大附中採無圍牆設計，開放校園空間設施，與社區資源共享；校舍建築造型、高度和色彩，與社區完全融合；基於校地狹長險峻，面積也不大，校地不宜過度開闊，乃採先進國家的「學科教室型」設計，以減少建築空間量體，增加教學效能；尤其是併公園綠帶整體規畫，設計便捷上學步道，活化學校與社區之間的互動，以形塑社區學校（community school）。未來，學校營運還要與社區充分結合，讓學校成為社區的中心，帶動社區總體營造。

二課程結合教學空間

課程設計不能獨立於空間之外，須與教學空間完全結合。例如，政大附中教師有專屬的學科教室、聘高中的師資兼教高國中生、高國中生會用到相同的教室上課、學生跑教室上課學用品要有儲物櫃置放，這些需求整合之後的教學空間就是學科教室、教學研究室、討論室、班級基地和置物櫃等元素，並以最

佳的動線組合，這些動線還事先將 33 班課表先模擬試跑，以了解動線負荷量。
此外，為減少課程的移動量和便捷性，考慮增加連排課程，並將上下午的課程
妥適規畫，上午主要在教學區活動，下午則在生活館和活動中心運動，如此可
減少學生無謂的移動，也可增加互動的時間。

(三)教學整合課程時間

　　政大附中有高中部和國中部，上下課時間要力求一致，但與其他高中有附
設國中部（或完全中學）不同。例如，高中每節上課時間 50 分鐘，國中每節上
課時間 45 分鐘，絕大多數有國中部的高中（或完全中學）會把國中部上課時間
延長 5 分鐘，讓高中和國中部每節上課時間都是 50 分鐘；政大附中則反之，上
課時間都是 45 分鐘，實質做法是高中教師上課講話時間以 45 分鐘為限，最後
5 分鐘是學生提問、師生和同儕互動或學生跑教室並與同儕互動的彈性課程時
間。此一教學和課程時間整合的策略，曾訪問許多高中校長，表示高中上課 45
分鐘和 50 分鐘沒有差別，且政大附中有學科教室設計的優勢，教師不用跑教
室，單槍和電腦都已準備好，隨時可上課，比一般教室教學時間足夠和效能高；
最重要的是，高中增加 5 分鐘的「學相處」時間，與不增加國中部課業壓力，
都是值得努力的教育理念。

(四)學校設施委外經營

　　《促進民間參與公共建設法》（簡稱促參法）於 2000 年 2 月 9 日公布實施
（2001 年 10 月 31 日修正），依規定民間參與方式主要有 BOT、BTO、ROT、
BOO 和 OT 等；其中，OT（Operate-Transfer）是由政府投資新建完成後，委託
民間機構營運；營運期間屆滿後，營運權歸還政府。近年來，有許多學校和建
築設施辦理 OT，以撙節學校營運費用和拓展財源。政大附中辦學伊始，員額
有限，人力不足，需多運用最新的委外經營，以提升行政管理和學校設施使用
安全與效能。例如，政大附中的餐廳和游泳池皆委外營運，一則引進外來投資
經費，撙節營運支出，並可讓學校的課程（如游泳）、教學（如支援家政
課）、活動（如辦理各項體育活動、烹飪比賽）和餐飲更為活絡，甚至有更多
的回饋（如獎助學金或其他），也可因餐廳和游泳池的平時和假日（上課時間
除外）的對外經營，活絡社區生活，促進學校和社區更緊密的互動和總體營造

關係。

四、甄選優質師資

政大附中是一所精緻型的新學校，我們期待有優秀的師資團隊共同實踐設校理念、建立特色，以贏得學生和家長的認同與信賴。政大附中的辦學理念以全人教育為核心，重視學生全人格的培養，尤其是高、國中的孩子，處於身心發展的狂飆期，對自我認識、生命了解及生涯規畫，正是最需要教師輔導的時候，教師全時奉獻與學生互動，可透過感情的交流和思想、觀念的融通，讓學生珍惜人際交誼的可貴，了解生活應對的禮儀，培養互尊、互信、互諒的態度，以及溝通表達的能力。具體策略包括：師資條件嚴格要求、提供優渥教學環境、設計獨特遴選辦法。

(一)師資條件嚴格要求

政大附中希望有現代化的專業教師，能全時（full-time）奉獻，熱誠、積極、主動的關照學生，與學生充分互動，以利學生全人格之涵泳。因此，政大附中要求教師配合實施全日上班制，高、國中課程皆要授課，要兼任導師、行政業務、搭配相關科目課程及社團指導老師等，有能力與意願以及國際接軌相關活動，協助推動學校行政電腦化與資訊融入教學，並將這些要求條件列入「服務承諾」，上網公告，以利徵信。目前招考之教師，皆簽署此一服務承諾，5月底的首次教師相見歡，看見老師們的積極、熱情和教學準備，讓我們充滿信心。

(二)提供優渥教學環境

師資嚴格要求的相對條件是提供教師與眾不同的工作環境，以資招攬優良師資。例如，提供政大附中教師專屬的學科教室、精緻的資訊配備、寬敞的空間，避免講課聲嘶力竭的教學擴音系統，在黑板上增設一層拉曳式的白板，讓資訊教學和傳統教學可兼顧。其次，設計家庭化的教學研究室，每間教學研究室約 60m^2，容納 6～8 位教師，其中「生活休憩區」提供休憩與聚談的空間，流理台、微波爐、冰箱、咖啡機……，享受輕鬆舒適的居家氣氛；「教學研究區」採 OA 系統設計，每位教師有專屬辦公桌、置物櫃、專用網路節點、共享

的電話和網路印表機，每間教學研究室設置一張小型討論桌，利於同儕間的教學研究和討論。此外，還有教師教材製作室、圖書館設置教師研究專區、全校無線上網環境、遠距教學和網路教學平台的設計、專用的地下室平面停車位，以及政大相關資源的運用（如子女就讀政大附幼和附小，電腦光纖和政大相連，等同在政大校園使用電腦一般），溫水游泳池委外經營，教師可免費或優惠使用按摩池、蒸汽室、游泳課程等，甚至國內獨一無二的室內跑道，提供唯一免曬太陽的室內跑步運動。如此優質的工作環境，顯示我們對師資嚴格要求的合理。

(三)設計獨特遴選辦法

政大附中第 1 年想甄選有豐富經驗的優良老師，應採單招、先招、先上網預告方式，先吸引老師的注意，並須有一套甄選策略。例如，初試以資績表（學歷高、有經驗和優良表現的高中老師積分較高）與教育專業科目筆試，來鼓勵學經歷豐富的優良教師報名；複試分行政組和教學組（也可跨組）甄選，惟行政組優先錄取，因 12 科教師中，國英數除外，其他各科每科都僅錄取 1 名，以致大多數人都會跨組報名，在 78 名參加複試的人之中，有 58 名跨組報名；行政組以行政筆試（考公文和學校行政實務）、行政資績和口試，以最優前 24 名，逐一唱名錄取為行政組，餘者改至教學組，以試教、口試和初試成績，擇優錄取，惟如行政組錄取人數不足，得由教學組錄取者中兼任之（參見圖 1）。如此，可找到最有經驗的教師兼行政人才，也可兼顧優良教學師資之擇錄，而第 1 年的老師教學資深又有經驗，一來學校即可上手，兼行政者很樂意，當導師的也欣然同意，有利學校的開辦和日後學校倫理的建立。

五、加強招生宣導

政大附中有高中和國中生，國中生為義務教育，採學區制，運用大眾對額滿和學區劃分的高度關注，激勵政大附中吸引學生就讀的聲望，再進一步以高中招生宣導，提高高中聲望並帶動國中發展。具體策略包括：成立招生宣導小組、實地到各國中宣導、運用多樣媒體傳播、辦理校舍參觀活動。

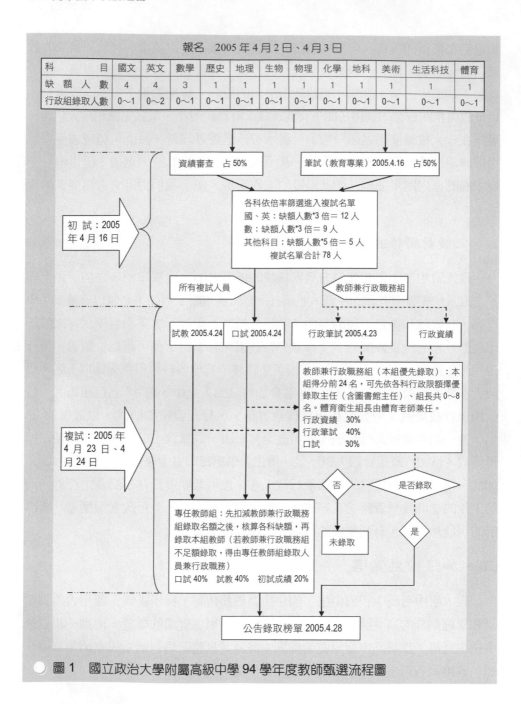

報名 2005 年 4 月 2 日、4 月 3 日

科　　　　目	國文	英文	數學	歷史	地理	生物	物理	化學	地科	美術	生活科技	體育
缺 額 人 數	4	4	3	1	1	1	1	1	1	1	1	1
行政組錄取人數	0～1	0～2	0～1	0～1	0～1	0～1	0～1	0～1	0～1	0～1	0～1	0～1

資績審查 占 50%

筆試（教育專業）2005.4.16 占 50%

各科依倍率篩選進入複試名單
國、英：缺額人數*3 倍＝ 12 人
數：缺額人數*3 倍＝ 9 人
其他科目：缺額人數*5 倍＝ 5 人
複試名單合計 78 人

初 試：2005 年 4 月 16 日

所有複試人員

教師兼行政職務組

試教 2005.4.24　口試 2005.4.24

行政筆試 2005.4.23

行政資績

教師兼行政職務組（本組優先錄取）：本組得分前 24 名，可先依各科行政限額擇優錄取主任（含圖書館主任）、組長共 0～8 名。體育衛生組長由體育老師兼任。
行政資績　30%
行政筆試　40%
口試　　　30%

複試：2005 年 4 月 23 日、4 月 24 日

專任教師組：先扣減教師兼行政職務組錄取名額之後，核算各科缺額，再錄取本組教師（若教師兼行政職務組不足額錄取，得由專任教師組錄取人員兼行政職務）
口試 40%　試教 40%　初試成績 20%

否

是否錄取

未錄取

是

公告錄取榜單 2005.4.28

● 圖 1　國立政治大學附屬高級中學 94 學年度教師甄選流程圖

(一)成立招生宣導小組

招生宣導須有一套綿密的策略和方法，我們請政大廣告系的同學擔綱，並規畫一系列的招生宣導活動。例如，辦理通關密語設計鑾樹葉和山茶花設計比賽；以大冠鷲設計人形吉祥物，於第一次國中基測時，到現場分發鉛筆、面紙等；辦理植樹傳承活動等等。

(二)實地到各國中宣導

實地到各國中，並由校長親自宣導最有效。除運用國中評鑑，預告政大附中於94學年度招生之外，也正式和各國中約時間，配合多元入學相關宣導活動辦理。宣導對象，以台北縣市公私立國中九年級學生、導師和家長為主；宣導內容，依學校設定主題，逐漸切入政大附中辦學理念、課程和空間特色之介紹。宣導時間，全力配合學校時間，有白天、晚上或週六。宣導時機，國中基測前、後和選填志願前，是大家較關心的時間。今年實際宣導場次，包括中正、金華、大安、仁愛、三民、木柵、實踐、靜心、永和、景興等，約3,500人，宣導績效超優，只要聽過說明會的學生和家長，對政大附中的辦學理念都極為肯定，並頻頻連繫強烈表達就讀意願，其中有許多可進入第一志願學校的學生，也激勵整個政大附中團隊。

(三)運用多樣媒體傳播

資訊科技時代，媒體傳播是最有效的利器。例如，學校新網站的架設，於2005年1月1日正式全面更新，以嶄新的內容和面貌與社會大眾見面。其次，運用過年大量寄賀卡給北部縣市各國中校長，告知21世紀的新高中將震撼登場。尤其是電視台（如中天、中視、東森、大愛等）、廣播電台（如教育、正聲等）、報紙（如中時、聯合、蘋果、自由、民生、校內大學報等）的經常性報導，更引發許多震撼性的迴響，使政大附中的聲名大噪。此外，也印製許多宣導紀念品，如環保袋、小卡、文具盒等，並於基測時，由政大附中大冠鷲吉祥物到現場發鉛筆和面紙等，關心國中生考試。另外，也運用研習課程，向台北市各國中校長介紹政大附中辦學理念、課程和空間特色，以尋求更多的認識和肯定。

㈣辦理校舍參觀活動

國中第一次基測結束，申請入學學生選填志願前，是辦理宣導活動的關鍵時機。特於 6 月 5 日，從政大移植 3 棵各 30 年以上的本土植物（2 棵竹柏和 1 棵榕樹），辦裡植樹傳承活動，力呈政大力挺附中之溫馨畫面，並運用此一活動邀請各國中家長和學生到現場參觀，由本人親自帶領現場說明，到場參觀約有 150 人，學生和家長從頭跟到尾，仔細了解，極為肯定，並強烈宣示非政大附中不讀，真是令人感動。

肆、結　語

政大爭取設立附中已有 25 年的漫長歲月，回溯 1981 年本校即報請將政大實小延長至國中未果，其後持續於 1984 年、1987 年間爭取北政國中為附中，未竟其功。至 1995 年政大與台北市政府教育局洽商「共同開發萬壽國中（預定地）為政大附中計畫」，獲得首肯，乃於 1996 年與台北市政府協議共同籌設萬壽國中為政大附中，由台北市政府提供校地 2 公頃，並補助校舍經費 2 億 8 千萬元。1998 年，政大附中設校案經行政院審查通過，同年 9 月 1 日本人奉核派以教育系副教授兼任附中籌備處主任，10 月 14 日附中籌備處正式掛牌，積極展開各項籌設工作。學校籌備任務繁鉅，籌辦以來，雖人力不足，並遭遇重重困難，惟仍以身為政大子弟兵，肩負歷史使命之精神，忍辱折衝，奮力向前。

在學校軟體規畫上，1998 年教育部核定校名為「國立政治大學附屬高級中學」，2000 年通過政大附中組織規程（2005 年再修正）、完成「政大附中課程手冊（草案）」，2001 年台北市議會通過政大附中國中部招收政大教職員子女與學區學生人數比例為 35:65，2003 年教育部中部辦公室同意備查政大附中 94 學年度開始招生；2004 年，教育部中部辦公室核定政大附中 94 學年度高中招生班級數為普通科 6 班和預算員額表，通過「政大附中績優學生預修政大課程（AP 課程）教育實驗計畫」，並核定「政大附中設置語文課程實驗班教育實驗計畫」；2005 年，1 月國中部學區公聽會和協調會，2 月正式加入基北聯招區，3 月辦理教師甄選，並陸續展開各項高中招生宣導，4 月劃定國中部學區，5 月高中申請入學學生報到，6 月 1 日教育部函文同意設校，並完成職員甄

選，7 月 1 日實習老師報到，5 日國中生報到，8 月 1 日老師報到後，正式展開新的學年。

　　在學校硬體建設上，1998 年完成政大附中校園整體規畫；1999 年，徵選建築師；2000 年，完成校地都市計畫變更、台北市教育局工程設計審查、教育部「營建工程小組」工程構想書審議；2001 年，完成教育部「營建工程小組」規畫設計書審議、台北市政府發展局兩次幹事會審議及「北市政府都市設計及土地使用開發許可審議委員會」審查通過，同年 12 月教育部核定政大附中校舍新建工程概算 8.7 億元；2002 年 5 月，行政院公共工程委員會核定政大附中校舍新建工程預算 8.48 億，6 月台北市政府建管處核發政大附中校舍新建工程建造執照，接著辦理發包；2003 年 2 月動土，2004 年 1 月立柱，3 月上樑；2004 年，教育部公共藝術審議委員會審查通過「政大附中校舍新建工程公共藝術設置計畫」，台北市都市設計審議委員會審查通過政大附中北側文山 55 號公園設計案，同年完成政大附中校舍新建工程公共藝術評選作業。2005 年 4 月教育部核定設備經費，5 月起陸續完成弱電設備、視聽設備、家具和裝修工程、游泳池 OT 和餐廳 OT 案⋯⋯等各項設備標案，並持續完成各項設校建置，迎接新學年度的到來。

　　政大附中籌設 7 年，從校地荒煙漫漫無從尋覓，籌備處人力從第 1 年的 2 人到第 7 年的 5 人，籌建經費從無到有，籌建主管從中教司到中部辦公室，其間數不完的審查會、說明會、檢討會和公聽會，繳交無數的計畫、報告和說帖，辦公桌堆積如山的規畫書、設計圖和施工圖，教育部、教育局、政大的長官和行政同僚不停的更換，長年風雨無阻不停的奔走工地，踩過爛泥堆、水泥漿、鋼筋札、鷹架、模板⋯⋯看著險峻的坡地，逐漸成為平坦和錯落有致的校舍大樓，蘊含許多創新校課程設計和辦學理念，心中從孤寂到填滿無限的欣慰。政大附中已走出成功的第一步，所倚仗的是無數師長、同僚、好友的支持和協助，未來學校辦學的成功更要仰仗所有老師、學生和家長的共同努力。當一位新校的籌建者或校長，所要做的無他──惟毅力與堅持而已，堅持教育的信念和理想，並以無窮的毅力走完艱辛歷程的每一步；因為，成功的人不是起步最快的人，而是最後不倒的人，學校經營和發展也是如此，要有教育理念和創新思維，並不畏艱難的走下去，唯有一步一腳印，才能逐夢踏實。尤其是，台北市的新高中，一定要有想法、有特色，才能異軍突起，屹立不搖。

作者簡介

　　湯志民，1956 年出生於花蓮，1968 年實施九年國民教育，成為國中第一屆畢業生，1976 年以班級第一名的優異成績從花蓮師專畢業，分發至板橋江翠國小服務，1978 年預官退伍回學校任教，1981 年通過了教育行政高等考試，1982 年以第一名的成績考上了師大教育系教育行政組，1983 年以同等學力參加政治大學教育研究所入學考試榮登榜首，1984 年通過台灣省縣市督學的甄試，1985 年 10 月轉至台灣省教育廳服務，並膺選為國立花蓮師院第三屆傑出校友，1986 年 1 月政大碩士班畢業，5 月轉任基隆市政府教育局督學，9 月擔任國民教育課課長，1987 年再以榜首成績考上政大教研所博士班，並調任台北市教育局局長室機要秘書，1989 年調任第三科專員，1991 年調升督學。

　　從 1982 年 9 月到 1991 年 6 月，9 年之間，由學校到台北縣教育局、省教育廳、基隆市教育局到台北市教育局服務，一路半工半讀，並以 3 個榜首的成績，7 年半的最短時間，由大學（1 年肄業）跳級讀碩士（2 年半）畢業再拿到博士學位（4 年）。取得博士學位之後，以感恩之心續留台北市教育局服務，1991 年和 1992 年很榮幸的成為教育行政界第一位博士督學和第一位博士科長，1995 年調任第二科科長，並榮獲教育學術團體聯合年會木鐸獎；在台北市教育局任內，推動多項教育改革工作，例如：推動北市高中（職）和國中小的校務行政電腦化、辦理職業教育（導師和家長）宣導、推展國中技藝教育、設立完全中學和綜合高中、降低高中（職）和國中班級人數、編印北市高中和職業教育簡介，以及全力推動高中多元入學方案等等，建樹頗鉅，頻獲教育部和教育局表揚。

　　1998 年 8 月獲母校國立政治大學聘任教育學系副教授兼政大附中籌備處主任，2001 年升等教授，2003 年榮獲政大教學特優教師。服務政大期間，曾任台北市、台北縣、基隆市、宜蘭縣等中小學校長遴選委員、口試或筆試命題委員、國立高中職校長考評委員和筆試命題委員、公私立高中職和國中評鑑委員，熟稔中小學教育和行政工作。尤其是擅長學

校建築及校園規畫，擔任過大學和碩博士班教育設施規畫研究課程，各縣市中小學校長、主任儲訓和研習學校建築及校園規畫課程，以及中華民國學校建築研究學會理事長，協助百所以上各級學校校園建築規畫設計及競圖評審委員；近 15 年來，編撰大學用書、專題研究和報告計 100 餘篇 200 餘萬字，其中有一大半是學校建築和校園規畫的研究，也因緣於教育行政和學校建築理論與實務之專長，籌建政大附中，乃可得心應手，發揮理想。

從偶然到抉擇

余　霖

台北市大直高中退休校長

壹、1971 年～1987 年

　　走上學校行政之路純屬偶然，1971 年從高雄師院數學系畢業，應史振鼎校長之聘，任教省立楊梅高中，報到當天由人事主任帶至校長室面見校長。在第一次晤談時，校長除了垂詢個人基本資料外，隨口問到對楊梅高中有何建議。初出茅廬的我竟在前輩教育家面前侃侃而談，並大膽提出發展社團活動和學生班聯會的看法。到了 7 月底以實習老師的身分竟接獲訓育組長的聘書。在 1 年的組長任內，我努力舉辦各項比賽活化學校氣氛，發展各類社團和學生自治活動，培養學生領導能力和民主態度。為當時僻處小鎮的學校帶來一些生氣。

　　隨後 2 年在空軍擔任預官，退伍後重返楊梅受聘為設備組長，使我有機會進入教務處學習圖書、儀器、設備之採購及支援教學需求。當年寒假史振鼎校長榮調新竹高中，接任的馮堯春校長與史校長都是傑出的校長，但風格迥異，使我第一次體會到「校如其長」。校長的辦學理念與校務經營，主宰了學校的發展方向。

　　1975 年參加台北市第一屆國中教師甄試，錄取後分派至台北市大直國中，擔任國一 D 段班（當時學校分為 A、B、C、D 四段）導師。1976 年暑假基於輔導學生的需求，放棄師大數學研究所 40 學分班而選擇了政大教育研究所（輔導組）進修。深切體會國中生由於生理與心理急遽發展所造成的失衡、巨大的升學壓力、自我追尋和性別角色的學習，產生諸多身心適應的困難。1976 年毅然接下管理組長（現稱生活教育組長）的聘書，參與了青少年的輔導工作。為了鼓勵曾受記過處分的學生勇於改進，設計了「銷過輔導方案」。以註銷學生

犯過紀錄的「消極增強」，誘導學生樂意參加銷過方案。再以「積極增強」的積分辦法，以形塑犯過學生建立良好的行為。在輔導過程中，進行團體諮商，以降低其內在情緒困擾。有效改善學生人際關係，並使其適應不良行為之出現頻率日漸減少，並發表「國中生銷過輔導活動之研究」，肯定行為改變技術與團體諮商在國中輔導領域的應用價值。並且培養出，以進修的理論為基礎，在教育情境中應用的態度。

1977年調校至介壽國中擔任三年級導師，當時介壽國中一年級採常態編班，二、三年級全校兩段式能力編班。由於對教學的專注，發展出對數學教學方式、評量編製及升學指導的能力。由於教學專業能力的逐漸成熟，體會到教材多元化處理，以滿足不同類型學生之學習需求。

由於擔任國三導師，帶領 A 段班的孩子面對沉重的升學壓力，使我很早就了解：教育改革的重點，不在減輕學生的考試壓力，而在協助學生自我肯定和提高挫折容忍度，以面對人生歷程中無所不在的壓力。當時我觀察到，所有國三班級在學習成就與身心健康兩個向度，可歸納為四種型態：㈠高成就、高健康，㈡高成就、低健康，㈢低成就、高健康，㈣低成就、低健康。換言之，透過優質的班級經營，有可能協助學生即使在升學壓力下，依然能保有良好的身心狀態。身為教育工作者，不能一味將責任推給聯考。如今回顧十年教改、高中職多元入學方案、基本學力測驗的發展，似乎印證了當年的想法。

在教學生涯中唯一帶領的國三畢業班，我每天上午率領學生打跆拳，放學前高唱「寒夜」（國三時代表學校參加台北市合唱比賽的自選曲）和「九條好漢」、「莫等待」……等軍歌，不僅抒發了一天的情緒，也振奮了學生的士氣，升學成果在畢業班中大放異彩。

1980 年起在介壽承林煇校長的厚愛，依序擔任了訓導主任、輔導主任、教務主任，並於 1987 年追隨林煇校長至台北市立內湖高中籌備處擔任總務主任。與內湖高中校舍新建工程之建築師合作，使內湖高中成為一所全校校舍均坐北朝南，最符合節約能源的綠建築。

由於機緣巧合，短短 7 年間分別擔任過教、訓、總、輔四處室主任。使我對學校整體發展與運作有了宏觀視野，不易墜入本位主義的觀點，限制了個人的思維。這對未來擔任校長的我，可以說是最佳的進階歷練。

輪調處室　宏觀校務

在擔任主任的 6 年間，大致發展出幾個重要觀點：

㈠教學品質的提升，須以教學研究會為基礎。教師觀念的改變，最有效之方法莫過於在教學情境改變教學方法、編寫教材與改進命題。亦即除了研習聽課之外，須以教學情境的實際操作，才能提高教學品質。

㈡訓導處（學務處）辦理之學生活動，本質上就是一種教學（課程）活動。必須有教學目標、教學流程、教材（學群）並且要有評量予以回饋。不是為活動而活動，不只是讓學生高興而辦活動，並且是發展學校本位課程的最佳園地。在 1980 年左右，這算是一種創見。

㈢將初級預防作為輔導工作優先項目，輔導室之前身指導工作委員會設執行秘書 1 人。待輔導室設主任、組長之後，將工作重點轉向學生資料之蒐集與心理諮商。以致忽視全校性輔導工作之規畫。個人擔任輔導主任時，重視發展性的輔導工作，以教學組舉辦之學藝活動，訓育組掌辦之聯課活動、競賽活動、體育組舉辦之運動競賽、童軍團掌辦之童軍服務、露營活動，作為輔導第一線網路，而以導師作為輔導第二線網路實施預防性輔導工作。少數適應不良之個案，則交由輔導室進行諮商或適時轉介醫療機構，一則減輕輔導人員之工作負荷，尤其重要的是大幅提升學校整體輔導工作之成效。

㈣在學校經營企業化的呼聲中，學校總務工作最能配合企業化管理。舉凡發包作業、校舍施工、設備採購、工友管理、校舍維修均可以目標導向之管理為之。而建築設備是優質學校的必要條件。

在不同處室輪調，不僅培養出宏觀視野，並發展出與各類人員合作的能力，進而養成寬厚包容的胸襟氣度，對爾後主持校務領導教職員生有莫大幫助。

1981 年擔任訓導主任時，考取國立台灣師大教育研究所碩士班。一個數學系畢業生要報考教育研究所，這是一個很大的轉型。4 年數學系都沉浸在計算、證明題，很少寫中文。而教育研究所考的是申論題，其內容是教育學、哲學、心理學、社會學、行政學……。因此我從 1976 年接觸教育與輔導的理論內涵，並從 1978 年起，廣泛閱讀教育哲學、教育社會學、教育心理學、教育行政學……的書籍，並將師大教育研究所集刊從第一集開始研讀，對重要的論文逐篇、逐冊做摘要。每天下班總研讀至深夜，終獲錄取。

在師大教研所，為自己的教育專業能力奠下堅實基礎。其中最令我感激的有幾位老師：賈馥茗教授使我了解教育哲學，對教育發展方向之指引，尤其使我對中國教育哲學的精要能一窺堂奧。碩士論文指導教授黃政傑先生的教育研究法，要求嚴謹。並在每週四晚間，召集他所指導的研究生，就論文、計畫草案、問卷編製、文獻探討……等相互報告、討論、質疑，使我對教育研究法有深刻體會。日後參與任何專案論文之諮詢，均能快速看出研究者的死角、破綻或推論失當之處。郭為藩教授的現代心理學說與教育，使我能博覽世界主要教育思潮，對照台灣教育現況，多所啟發。林清江教授的教育社會學研究，使我建構出主流思考──從現況找出缺失之後，能提出解決策略與改善方案。

而和班上同學的相互切磋，更能調整我的偏狹，從限制中得到解放與突破。尤其研究所同班同學均極為優秀，都位居教育決策重要職位或為大學裡系主任、所長，在中小學服務者均為校長。在我的生涯發展中，他們都扮演了亦師亦友的角色。

1986 年在內湖高中籌備處擔任總務主任時，考取國中校長。隨後在陽明山教師研習中心接受 10 週研習，取得候用資格，並在 1987 年奉派為天母國中籌備處主任。由於生性念舊，在至今為止 18 年的校長生涯裡，恰可分為兩段，一是 9 年的天母年華，二是 9 年的大直歲月。

貳、天母年華（1987 年～1996 年）

1987 年奉派為天母國中籌備主任，立即率同總務處潘正安主任（現任中崙高中校長）至校地探勘。在這 6,700 坪左右的學校用地上，矗立著一棟別墅，其餘土地是栽植空心菜的水田。空中翱翔的白鷺鷥，和水田裡活蹦的泰國蝦，使這片青翠的菜田顯得生意盎然。我曾在清晨、正午、黃昏和夜晚，從不同的光影中，捕捉這塊土地的神韻。在這不算大的校地上，地形起伏頗大，從北邊的小山丘，到最低處的水田，落差高達 12 公尺之多。固然增加了規畫設計的難度，但處理得當，卻可營造出未來校園的獨特風貌。

天母位於異國文化豐富的社區，但欠缺一所受肯定的國中。為了使這所新國中能快速贏得社區青睞，必須掌握四個向度。第一、以精緻的學校建築，吸引社區子弟就讀。第二、以成熟專業的師資陣容，培育品質秀異的社區子弟。

第三、以肯定學校的家長，行銷學校的卓越形象。第四、形塑追求卓越、自我期許的校園文化。而成敗的關鍵在於精緻校園的特色。

為了給天母師生一個理想的校園，當時 38 歲的我，年富力強要好心切。曾經要求三門建築師（高山青、白省三、丁清彥、王宗仲……諸先生）11 次修改設計圖。經常在日思夜想中，忽而興奮狂喜忽而愁眉難展。甚至好幾次在睡夢裡，靈光乍現而醒來。這種因創造帶來的高峰經驗，使我在日後的學校經營上經常創意泉湧。

天母國中的建築，蘊含境教功能，處處均有深意。茲簡述如下：

一、鐘樓高聳　聲揚萬里

鐘樓是天母東路的地標，其高度有 30 多公尺，約與一般十樓建築等高，其意義在表達不甘平凡勇於突破。人類文明的進步，總是由少數智者敢於超越現狀，我期待天母人要有這種胸襟氣魄。鐘樓裡懸掛的一口純銅鑄造的銅鐘。重達 1 公噸以上，其造型與曲阜孔廟那口鐘相仿。一方面是對老師的期許，希望大家能以夫子為師。另一方面希望天子們（天子指天母的孩子，一則鼓勵天母的學生，另則希望身為天之驕子要感恩惜福）日後能卓然有成，將母校的聲譽傳諸天下。屆時就可返校鳴鐘昭告世人，使在校生能見賢思齊。

二、迎賓廣場　匯集人氣

中央川堂挑高 8 米以上氣勢宏偉，校門距離中央川堂有 30 多公尺。任何人走入校園，立刻感受到學校的氣勢磅礴。廣場加上川堂可容納 1,500 人，在未建活動中心之前，常供大型活動之用。不論是校內集合或天母社區辦理義賣、園遊會……等活動，經常為本校匯集人氣有利校運發展。

三、中庭花園　環保佳作

本校得天獨厚位於陽明山麓，周邊早已草木扶疏，校內另有前庭、中庭、後庭三座庭園。前庭位居行政區，花圃和噴水池以幾何圖形為主，以彰顯其嚴肅性。中庭是環保施工的經典之作，順著原有山坡地形，以植栽和草花為主。另建瀑布水池，由上而下逐池流動，可感受到水流的動力。水池旁遍植白色野薑花和橙色美人蕉，使得水池邊更可觀景。中庭裡與水池邊的巨石都是校地開

挖而來，我們就地取材，既平添庭園之美，又不致造成環境的破壞，誠為環保工法之佳作。後庭以休憩為主，故有日本紫藤攀爬之花架，小面積採磁磚鋪面與大面積地栽植灌木，以增加其綠化效果。所有牆根均種植鵝掌藤，使得觸目所及皆是綠意。

四、空中花園　獨領風騷

在建築高層化之下，師生不易至地面層休憩或親近植物。我特別要求建築師，在二樓、三樓、四樓都要有花園，並且自創「高層休憩空間」一詞，以取代傳統只在頂樓出現的空中花園。目前不僅這個名詞已被學校建築界廣泛使用，更欣慰的是所有在天母之後興建的中小學，都或多或少在校園的高樓層設置「高層休憩空間」。

五、精緻用心　處處可見

學校建築的境教功能絕不能輕忽，天母學子的氣質優於他校國中生其來有自。廁所中從牆面的磁磚到地面的地磚抹縫，三度空間 X-Y-Z 三軸都相互垂直連貫，這種施工品質連部分五星級飯店都做不到。站在操場面向教育大樓（指校長室、各處室、老師辦公室所在大樓），從五樓、四樓、三樓、二樓、一樓觀看，每一樓層的立面造型與線條都有變化。走廊上的花台、洗手台、陽台其高度與弧線亦呈現不同節奏。中央川堂的六角型中國風迴廊與三棟專科大樓的懸臂樑可以相互對照，另有趣味。每棟大樓的半圓形陽台，並不出現同一位置而是有一定的韻律。營造廠商更誇口，全校的方塊磚抹縫完全在同一水平線上。

六、建築風格　開放明朗

學校教室之窗戶均採大面玻璃，圖書館更採落地玻璃設計。採中國庭園借景手法，使得陽明山麓與天母美景一覽無遺。由於視線的穿透，使得外賓誤以為天母國中校地遼闊。這種設計思維，代表天母對人性的信任，師生不可不察。理應共同塑造這種崇尚光明，磊落大方的人格。

天母國中自 1991 年落成啟用之後，前來參觀取經的國內外學校與團體絡繹不絕。其中宜蘭縣、彰化縣全體中小學校長、總務主任更由教育局長親自率領前來參訪。亦有諸多美國、日本、大陸……的學校來校訪問。其實稍加用心，

不難發現許多在 1991 年之後的新建中小學校，流露出天母國中的影子。這是天母人的驕傲，它代表天母國中創校時的卓越與前瞻。

天母有一群關心社區發展、有錢有閒並且有高學歷的婦女，她們有強烈的社會關懷與批判性格。因此一般學校往往避之唯恐不及，但我深知只要學校用心，則必可產生因接觸而了解，因了解而支持的正面效果。因此從創校第一天，即成立快樂父母成長班。每月都有超過 100 位的父母在校園裡穿梭，一方面對老師的教學、學校的經營產生壓力，另一方面也成為學校最強而有力的支持力量。更可貴的是，天母快樂父母成長班第一屆班長王慧珠女士，在孩子國中畢業後，與其他重要成員組成天母婦慈協會，對推廣社區意識，關懷老人幼兒，發揮了重要功能，並且透過父母成長班，將天母國中的優秀卓越，廣為告知社區，使天母國中很快贏得社區的肯定。

在籌備工作進行期間，個人同時擔任台北市國中數學科主任輔導員，每 2 週即赴各國中訪視。因此有機會將天母之訊息與辦學理念，自然傳播各校。因而吸引許多對教育懷抱獨特理想的教師，來校探詢，我在挑選教師時，至少與老師晤談 3 次。第 1 次簡報天母教學理念與目標，並聽取其看法，第 2 次，則請老師講述個人教育觀點，服務績效，並請其回去作教學活動設計。第 3 次，與該師討論其教學活動設計，並評論其優缺點，再請其修正。此外再加上「恐嚇」未來服務於本校，將有多麼辛苦。3 次約談，每位老師的人格特質、教育價值、口語文字表達能力，及性格上的特點，約可了解個七、八分，較諸目前教師甄試的效度更高。此外，新學校必須要網羅經驗豐富之老師，以帶領年輕老師。因此我有意挑選不同年齡層的老師，其中甚至有服務滿 25 年以上者。這也是為何天母國中在短短幾年，就能超越友校，比起同時期成立的國中，發展的更為穩定成熟。

我對老師的態度一向尊重，絕少從督導的角度對老師施加壓力。所以天母的老師，全都自動自發用心備課、經營班級，頗獲家長佳評。這時打下的基礎，逐漸在目前九年一貫課程發展中看出成果。

參、大直歲月（1996 年～迄今）

1975 年我初到大直國中任教時，還是英氣勃發的年輕人。因緣際會於 1996

年重返大直國中主持校務同時接下高中籌備處的任務,歲月已在髮際增添幾許斑白。正因為珍視這份奇緣,在滿頭白髮下仍難掩對教育、對大直的澎湃熱情。在改制的過程中,我一直秉持「三個面向」。第一是「面向21世紀」;大直高中的學生,要具備新世紀所需的關鍵能力。第二是「面向教育改革」;我們要以辦學績效,證明大直高中教育改革的方向是正確的。第三是「面向台北市民」;市民要的不只是一所高中,大直必須是高品質的高中,因此必須要有全新的思考。

一、改制之基本思考架構

　　無論是新設或改制之學校,必然面對獨特的時空背景。尤其近年來教育思潮快速變遷,教育改革節奏加快;教育系統與學校組織,面臨空前的壓力與挑戰。

　　有些壓力來自教育系統的內部變革,有的來自教育系統的外部需求。改制的完全中學,不可能自外於變動的環境。要想在重重考驗裡過關,並與傳統名校分庭抗禮,必然要有全方位的思考,以經營出獨有的特色。

　　由於改制之完全中學各有其不同的校史、師資結構、社會聲望、社區環境、學校文化……。因此很難找出一個放諸四海皆準的規畫流程。本文僅以台北市立大直國中改制時,所採之思考架構及規畫流程(如圖1),以就教於學者專家、教育夥伴。

二、實例解析

(一)背景分析

　　就教育系統外部而言,由於體制外的教改力量大致被吸納於行政院教改會。因此過去的主張與訴求,亦多融入教改諮議報告書。姑不論這些觀點或政策正確與否?可行性有多高?透過教育部的施政,各級學校勢必遵行。因此,教育工作者必須大幅調整心態,放棄某些固著的教育價值。在鬆綁的大環境下,以積極主動的作為,推動學校事務。

　　而台灣在國際競賽中,教育系統肩負有國家競爭力提升的任務。新世紀的台灣能否繼續享有繁榮的經濟,端視教育的品質能否提升。

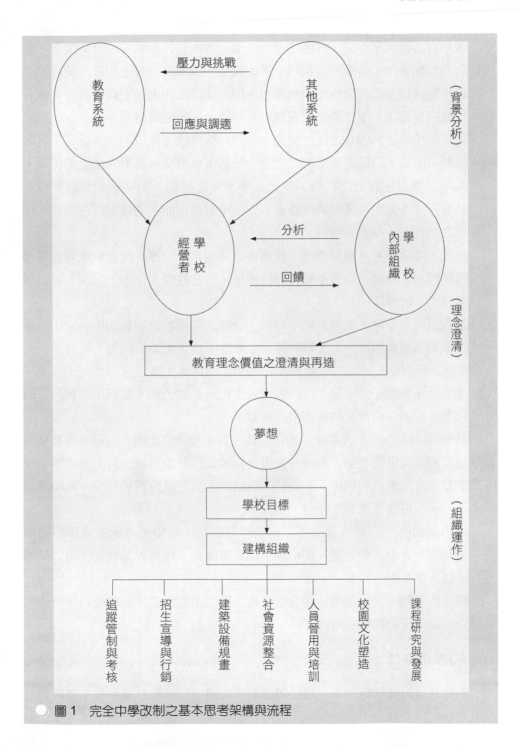

圖 1　完全中學改制之基本思考架構與流程

就教育系統內部而言，教師法通過以來，各地區教師會紛紛掛牌成立。各校教評會開始運作，教師的專業地位因而確立。新制家長會之設立，使得家長在參與校務決策上日趨積極。學校權力生態，由行政獨大，走向教師會、家長會、行政三足鼎立。學校營運要花費更多時間，用於協商溝通。

《高級中學法》頒布之後，完全中學的名稱與法定地位均獲得認定。其課程、學制、師資、設備均有規範。完全中學的未來發展，獲得立法上的保障。

九年一貫課程綱要之實施、多元入學方案之推動，使完全中學在課程設計、教育選才等方面，獲得適度尊重。完全中學有可能在選修課程之開設、招生管道之調控上，展露其特色。

此外，廢除聯考、校長遴選、校務會議法制化……等一波波教改新方案推出，常使校長、教師，均目不暇接難以適應。但是教育工作者，必須習於這種「以變為常」的現象。

就大直國中而言，創校於初中時代，歷經九年國教改制為國中，又由單招男生，改變為男女兼收。2 次的改制，都未曾稍減其光榮的校譽。而改制為大直高中後，所招收的首屆高中生，畢業於西元 2001 年。為迎接 21 世紀的到來，如何塑造一所新世紀的中學？如何教育新世紀需要的公民？如何引領新世紀的教育趨勢？必須有跨世紀的校務發展構想。

1996 年筆者奉派至大直國中擔任校長，當時教師會之理、監事，均為校內教學認真備受肯定的老師，教師會長更是立場公正形象良好。教師會成為學校匯集師意、意見溝通的橋樑。在調整師資結構、訂定減班調校辦法、編印課程手冊……上，扮演了重要的角色。

國中部的師生則是大直改制另一項珍貴資產，國中部老師本身學經驗俱優，極受家長之推崇與肯定。國中學生則素質優良，極具學術性向，可以輔導直升，以大學為進路目標。

唯一的弱點，則為房舍使用面積嚴重不足，亟待增建。圖書與教學設備頗為匱乏，必須斥資添購與增設。

(二)理念澄清

不論學校組織如何變革，校長遴選制度如何運作，校長是學校主要經營者及其角色的重要性是不會改變的。因而不論是新設、改制或既有學校，校長本

身的教育理念與價值，必然攸關學校未來的生存與發展。

　　然而徒有專精的行政技巧而缺乏教育夢想的校長，可能只是教育局的特派員或科層體制裡的行政人員。沒有幾許的浪漫，很難樹立具有影響教育走向的學校目標。本文不擬談論筆者個人的教育理念，但要叮嚀學校經營者，在參訪典範學校、標竿學校之前，重要的是澄清自己的理念與價值。

㈢組織運作

　　欲使改制工作順利進行，首重組織之建構。本校率先向市府爭取設立籌備處，以取得法治化的地位。由校長兼任籌備主任，下設課程研究與發展組、校園文化塑造組、社會資源整合組、人員晉用與培訓組、建築設備規畫組、招生宣導與行銷等 6 組。

　　各組置組長 1 人，由相關處室主任兼任，依功能置組員若干人。各組訂有工作計畫，內含工作目標、進度、人員編組分工、經費需求……等項目。另設秘書組，專責各組進度之管制與考核。

　　家長會、教師會之主要幹部，則聘為籌備委員以凝聚共識。動員全校整體力量，為學校長遠發展，紮下堅實的基礎。

三、實際運作歷程

㈠塑造學校意象

　　新學校之行銷有三個要點，首要打響知名度，讓社會大眾知悉其存在。其次要有清晰的意象，使得社會大眾浮現特有之語彙。最後是學校意象，連結優良品質的內涵。在實際發展上，則三者具有交互作用。

　　改制前一年，筆者曾就教於東方廣告公司創意總監葉錫祥。在咖啡廳談了一下午，筆者原擬以「新世紀，新高中」為語彙。但葉先生認為太通俗，因為當時很多以「新世紀」為標題之文宣品，最後葉先生建議用「新高中，小大學」。我覺得這句話「抓得住」大直高中（柯尼卡軟片的廣告詞：「他抓得住我」正是葉先生的傑作）。

　　至於大直高中 CIS 標誌之設計，亦煞費苦心，由於大直國中原為名校，全體師生自然期盼改制後的大直依然保有盛名。最後我選定《莊子》〈逍遙

遊〉——鯤化為鵬的寓言故事，作為設計意念，而由美術老師黃基誠完成設計圖，圖形另加「大」鵬展翅，「直」上雲霄八字搭配。

此後在新聞媒體上，不斷環繞「新高中，小大學」的語彙，為大直高中塑造了新思維和學術化的意象。

● 圖2 大直高中 CIS 標誌

(二)解決六年一貫難題

完全中學雖號稱為六年一貫，但師資、學生、課程三者都難以一貫。以師資而言，國中老師不一定勝任高中教材，亦不見得有意願任教高中。以學生而言，無法自國一就決定6年就讀1校，其間亦有能力或意願不足等問題。以課程而言，單一學校無力開發六年一貫之教材（或課本）。

當時本校正籌思新世紀高中生究竟應具備何種能力？又苦於如何六年一貫？靈機一動，就決定以八大關鍵能力之培育，一舉解決這兩大難題。本校以能力導向取代知識導向，因此跳脫了課程（教材）六年一貫的窠臼。

籌備委員與課程研發組，多次聯席會議研商，決定以人際溝通、解決問題、團隊合作、創造思考、藝術鑑賞、規畫與組織、口語與圖文傳播、資訊蒐集分析等八項能力，作為大直高中學生應具備的關鍵能力，據此作為新世紀跨領域，或職場轉換時必備的能力。隨後由第一屆高中教師共同研討，訂出八大關鍵能力培育計畫。我們很欣慰，1年半之後教育部頒布的九年一貫課程綱要，以十大基本能力作為全國中、小學生必備的能力，恰與大直不謀而合。

(三)以課程設計達成教育目標

輔導學生升入理想的大學科系,是高中必須承擔的責任。因此只要符合其志趣,學生考入任何大學、任何學系,都應獲得喝采。因為日後投身工作世界的表現,遠勝於放榜時刻的虛榮。因此我們設定如下目標:

1. 在升學進路目標(短程目標)上:
   (1)挑戰百分之百大學入學率。
   (2)協助學生探索性向發現自我,在選填志願時能「選其所愛、愛其所選」。
2. 在整體人生目標(長程目標)上:
   (1)贏得職場上的卓越與傑出。
   (2)營造幸福快樂的人生,尤重於社會地位與成功。

為實現上述目標,課程設計依循下列原則:

1. 以部定必修學分,強化學生基礎學力,考取理想科系。
2. 以校定必修學分,展現學校辦學特色,培育學生八大關鍵能力。
3. 以校定選修學分,協助學生試探性向,發展個人特殊才情與風格。

5 年來,就世俗的觀點來看前三屆高中畢業生之升學率分別為 93%、95%、97%,公立高中的升學率亦由 40%提高至 45%。更可貴的是在台北市國語文競賽中,連續 5 年名列前三名。比起明星學校動輒 30 班,大直以每屆 8 班的人數有此佳績,尤其難能可貴。這也是八大關鍵能力培育成功的佐證。

(四)跳脫傳統的行銷

大直高中籌備處掛牌儀式,係由俄羅斯愛樂管弦樂團蒞校演奏,揭開改制之序幕。當日並發行該團錄製之紀念 CD 兩片,以「新生命的誕生」為標題,分贈來賓。1999 年 3 月與東吳大學簽訂合作協議書,再發行第三片紀念 CD,由東吳大學音樂系交響樂團及大直高中國中部連續 4 年全國合唱比賽特優之合唱團合錄,標題為「理性與浪漫」。

此外尚有彩色摺頁文宣、高空汽球、大型彩色海報、涼扇、紋身貼紙、紀念 T 恤……等平面文宣品。至於傳統之到校宣講,藉助當時各國中常邀筆者演講教育改革之主題;或另以台北市多元入學小組研究員之身分,宣講多元入學

方案。半年時間得以面對學生、教師、家長簡介大直特色,共計 30 多場次。

在招生上,採行「以直升帶動推甄,以推甄吸引申請入學」的策略。本校適逢教育部首次開放公立完全中學國中部直升高中,因此如何辦好直升,攸關招生之素質至鉅。以首屆直升學生素質而言,120 名中具有前三志願潛力者,約占四分之一。並以生涯開拓營,延請各領域菁英蒞校演講,藉此吸引學生。由於直升辦理成功,隨後而來之推甄、申請與聯招錄取之學生,均符合預期之水準。

㈤調節人力資源

在人力素質規畫上,可區分為教師與職工兩部分。教師部分有兩大問題,一要處理減班調校造成之超額教師,一要晉用優秀的高中師資。在超額教師之處置上,秉持兩大原則:*1.*維護教師尊嚴,不論去留都要有被尊重的感覺,*2.*國中部師資品質不因教師調校而降低。感謝大直教師會理事長居中協調,建立大家不滿意但可接受的調校積分制度。在改制過程中,沒有發生任何不愉快之衝突。在紛擾的教育生態中,可稱為異數。

在高中新進教師部分,牽涉到國中部教師改聘的困擾。經與教師會、教評會協商,承蒙教師們寬大的胸襟,同意外聘具有高中任教經驗 3 年以上者占 70%,校內國中甄聘者占 30%,使得高中部師資結構頗為理想,其中大多具碩、博士學位,使得本校在選修課程之開設上,呈現多樣化。

至於職員工友部分,亦比照教師,建立個人研習進修卡。依據各人不同職務,給與觀念啟發或能力本位之研習進修。更開放校內教師進修活動,供職工參與旁聽,以提升個人工作品質及服務態度。

㈥整合社會資源

社會資源之吸納,可概分為錢財與人才。大直高中在籌備處時代,即獲企業界人士及家長贊助慨允捐款,使得籌備所需支用之經費不虞匱乏。在資源人士之聘請上,獲得宏碁集團董事長施振榮、中研院院士麥朝成、中研院研究員葉永南、彭小妍、蔣勳教授、劉墉先生、黃光男館長、彭蒙惠博士……等人擔任諮詢委員或親臨學術講座,使全校師生同沐春風。

大直改制為高中後,與東吳大學簽訂之合作協議,更使得大直得以分享東

吳豐沛的學術資源。東吳大學的教授廣泛參與大直高中之課程發展、專題研究、口述歷史、大學學院介紹……等事務。並使高中生及早接觸學術氣息濃郁的大學，培養出研究的興趣與態度。從 2000 年起，高中與大學建立夥伴關係蔚為風潮，這是大直高中開風氣之先又一明證。

(七)形塑校園文化

在 CIS 標誌原型設計完成之後，進一步開發二方連續圖，並將之運用在新設計之校服、運動服、皮帶、明信片……等視覺標誌及各類平面文宣。

對高中班聯會、學生社團、未來之慶典儀式，甚至 3 年後之畢業典禮，均亦同步應用系統思考。學生公共服務護照、八大關鍵能力學習證照，亦完成規畫設計。

針對當前高中校園的升學導向，逸樂導向文化，則以校訂必修學分之專題研究、名著選讀和學術晚餐孕育學術導向文化。辦理高中生專題研究卓越作品發表會，論文由研究者現場發表，並由大學教授擔任講評人，高一學生依個人有興趣之主題蒞場聆聽。及早培養學生研究方法與興趣，為大學時代進一步的學術發展奠基。大直高中在 87 學年度，率先推出專題研究為校定必修學分之後，台北多所明星高中隨即在 88 學年度跟進。足證教導高中生研究方法，嘗試學術研究，是符合教育趨勢與學生需求的。本校並於 2002 年將成果發表推向校際與國際，當年度邀請新加坡交換學生及成淵、陽明、百齡高中等友校同學參與盛會。

(八)規畫建築設備

由於全面拆建校舍曠日廢時，並且經費需求龐大。因此僅提出整體規畫之構想，展現前瞻未來之眼光，為長遠發展預作考量。另以分期整建計畫，善用現有建築，使學校順利營運。並以「保留校友集體記憶，繼承大直傳統精神」為整建之最高原則。

在教學設備與圖書採購上，除教育局分 3 年編列的 1,200 萬之外，尚有教育部每年 300 萬元之補助款、資訊教育白皮書 800 多萬補助款……。此外，斥資科學館整建、活動中心冷氣空調、殘障設施、飲水系統……等工程，逐步改善軟硬體設施。

　　大直有一典雅的荷花池，經過重新設計整修後，不但維持原有的生態和風貌，在景觀上，並獲得台北市文化局當年度公共藝術巡迴展的第一站。一則彰顯了「四時行，百物生」的觀點，再則呼應了「新高中、小大學」的「新」意。在改制的過程中，因為它蘊藏了大直全體師生的集體記憶，使得我們必須珍視及尊重它的存在。因而決定將它保留下來。本校的公共藝術作品，結合了環保、生態，及全體師生的共同參與。因為此作品在初設計之初，反覆經過了全體師生的討論才定案。這象徵了大直生生不息的生命力。富有歷史的景點，有它存在的價值，但也必須不斷地去更新，賦與它新生命、新的解釋。等到春天來臨時，我們便又讓它復甦。這種四季交替，萬物更新的感覺，就如同大直高中的精神。

四、轉化與登峰

　　1997 年大直高中以「新高中，小大學」為願景，短短幾年，即贏得社會大眾的矚目及肯定。從 1997 年到 2003 年，大台北地區成立了更多新高中。我們必須自問，大直還能以新高中自居嗎？其實我們仍然可以沿用原有的願景，因為我們將是「新」高中，「小」大學。我們的「新」，不再是成立時間的「新」，而是內涵的新、思想的新及方向的新。「小」則是擬似大學，具體而微，我們要培養學生「讀大學」的能力。

　　1998 年，劉墉先生在大直高中舉辦的生涯開拓營，曾說了一段發人深省的話。他說人生就像登山，有些人登到頂峰，自然無法再突破；有些人則走回地面，再攀爬另一座山峰。

　　大直國中在國中各校的登山之旅，曾攀上頂峰。如今重回地面，將投身高中諸校的登山之旅，我們將堅定攀上另一座頂峰。就大直高中而言，山在眼前，等著我們征服。山也在心中，時時刻刻提醒我們勇往直前，直到我們攀上心目中的顛峰。

肆、校長之路的後設分析

一、師承──系出名門

　　我總計追隨過 4 位校長：史振鼎校長雄才大略，從基隆一中帶領 22 位老師創辦省立楊梅高中。史校長個人在學術上亦有成就，在楊梅高中主持教務之時，亦於師大、淡江、文化各校兼課。平時對行政人員諄諄教誨，行政會報之指示周詳，動輒有 7、80 項之多。

　　追隨馮堯春校長只有半年，但他平易近人，與他相處如沐春風。校長與夫人常在宿舍宴請行政人員，視行政人員如家人。當時楊梅高中承辦桃園縣公立高中聯招，校長之細膩周延，使我對辦理試務工作有全面性之了解。

　　在大直國中追隨李豐江校長 2 年，李校長辦學認真並且善用社會資源。大直國中辦學成果，常獲得媒體廣泛報導。大直田徑隊全國聞名，並且獲得各界支援，赴香港、菲律賓訪問。

　　但我擔任四處室主任，全都追隨林煇校長，我可稱是林校長的嫡傳弟子，由於校長的倚重，我以主任的身分即擔任校長層級的教育會理事、區分部常委……等工作。使我常能以校長的觀點，衡量教育事務，提高了眼光與格局。

　　此外林校長有堅強的自信，使我們專心辦學。對當時來自教育局、甚至行政院研考會的評鑑訪視，以平常心視之，絲毫不大驚小怪。那種胸懷氣度，令我折服感佩。林校長對我個人給與很大的空間，任何行政作為，校長均給與支持。比較特殊的是，7 年之間校長既未給我讚賞亦未給與指責；使我能夠完全自我評鑑、自我回饋；使我在行政工作上，完全面對專業、面對學生，擺脫了外在的控制與評鑑；使我後來擔任校長，能雍容大度以大開大闔的風格辦教育。

　　由於名師的啟迪，我完全在正向積極的學校文化裡成長。以致完全不能理解台灣地區某些學校的怪事亂象，甚至不相信有這樣的學校、這樣的教育人員存在。

二、隨緣──不追逐名利

　　1986 年林煇校長自介壽國中榮升內湖高中，籌備新校需總務主任 1 人。原

先 2 位優秀的目標人選卻婉拒新職。林校長於 8 月初至介壽教務處，希望我能隨他赴內湖高中任職，林校長特別好意提醒我，台北市國中校長甄試從未有總務主任與高中主任考取，要我慎重考慮。但我感念林校長多年栽培又需才孔急，新學期已開始，籌備工作千頭萬緒亟待開展，遂一口答應。

沒想到當年在台北市國中校長甄試，即僥倖錄取，並一舉突破「總務主任」與「高中主任」考不取的魔咒。其實能一口答應林校長，當然是知恩圖報。但是能否考取校長，我覺得除了實力，還得機緣成熟。

更幸運的是在內湖高中籌備處，曾隨林校長北起基隆、南至屏東，參觀在學校建築上富有特色的學校。而對建築師繪製的平面圖、立面圖、剖面圖、施工圖，乃至預算明細表、施工進度管制圖……等等，有了完整的學習，因而在翌年奉派為天母國中籌備主任時，在第一時間即可順利開展籌備工作。

三、真誠──金石為開

在天母國中徵收校地時，創下「四個沒有」的光榮紀錄，即沒有勞煩民意代表、沒有驚動上級長官、沒有追加三成徵收（當時其他公共工程均追加三成）、地主沒有見過校長（籌備主任）即順利完成徵收工作。其主因在我指派總務主任潘正安先生，逐戶拜訪。向地主們說明設校理念，及教育對地方子弟的重要。地主們能感受學校主事者的誠意，在沒有抗爭、沒有召開任何協調會議的狀況下，依原訂年度計畫執行完畢。最神奇的是，那些地主在領到補償費後，另在他地購置土地，後來都獲利數倍。不知是蒼天賜福予善心者，或只是巧合？

此外，在學校預定地上，曾有黑道大哥私自開挖校地開設釣蝦場。我亦指派潘主任，直接面晤該大哥，向其說明建校時程，以免血本無歸。該大哥亦能欣然接受，停止使用校地。其主因即在，我們秉持教育工作者真誠、善意的立場，與地主、大哥、建校有關之人士良性互動，的確做到精誠所至金石為開。

四、行銷──專業為本

由於個人與文教記者發展出良好互動關係，使得大直高中創校之初受益良多。由於教育改革變化繁複，每當推出新的教育政策，記者一方面要報導民間反映，一方面要向讀者陳述說明，常需做即時反映。有時從政策宣布至截稿時

間不到 2 小時，其壓力之沉重，非一般人所能理解。在教改政策每日一變之際，我成為記者重要的諮詢對象。某記者曾告訴我其原因在於，我能即問即答，並且立即以簡明扼要的語文條列陳述，有時還創造出具有傳播效果的名詞。

因此在大直高中招生那年的 2 月份，我人在國外卻能在出國前即請託記者，依著建校節奏定時報導大直高中的新聞。除了個人情誼之外，大直高中「新高中、小大學」的文字 Logo，課程設計獨具特色，也是新聞報導的賣點。甚至引起電子媒體之跟隨。在辦學理念說明會當日，有 700 多位家長來校，現場有 3 家電子媒體即時播出。那半年之間，如果折算為廣告，其費用遠遠超過百萬。

大直高中籌備處掛牌之日，未邀請任何政治人物。當時機緣巧合，本校家長會副會長贊助俄羅斯國家管弦樂團來台演出。遂情商該樂團，在大直高中活動中心演出。本校以「新生命的誕生」為主題，廣邀北市各校教師及社區居民出席盛會，大直高中亦在一場高水準的音樂饗宴中誕生。

五、創新──回歸本質

大直高中在課程設計上饒富創意，主要在於傳統明星高中專以「考大學」為教育目標，而大直以「讀大學」予以區隔。類似典範轉移，在課程設計上大相逕庭。校定必修的「專題研究」，在培養學生研究方法、態度與倫理，使學生在高中階段即對知識的生產發生興趣。「名著選讀」則在養成學生廣泛閱讀的興趣，能站在巨人的肩膀上探索世界。

我們感到欣慰的是，北市明星高中在大直之後，紛紛開設類似專題研究之課程。而當時新任的教育部長曾志朗先生，更在大直出版《頁間風景：百本名著導讀》之後，在全國各級學校推展閱讀運動。英雄所見略同，所謂英雄所見之焦點即是回歸教育本質。2001 年出席大陸華東師大創校 50 週年，陸港澳台四地校長論壇，即看到大陸重點高中試辦「研究型課程」之論文，並於次年在大陸重點高中全面實施。

六、課程領導──倡導、協同、淡出

大直高中在籌備期即設有課程發展小組，建校之初另設實驗研究組推展課程與教學改革。1975 年在大直國中時代，我即動支校外捐款鼓勵研發工作。凡有 5 位教師聯名，提出研發計畫，填妥 A4 表格一張，即撥款 1 萬元。自訂主

題、自聘教授、自組團隊、自行研討，並且不需檢據報銷。

當年有五個小組成立，其中水資源小組的課程研究成果，在九年一貫推動後，很快發展為學校本位課程。由於教師同仁主動積極地參與，該小組於2004年榮獲教育部教學卓越金質獎。而國文研究小組則出版了《頁間風景：百本名著導讀》，大幅提振學生的國語文能力。

個人在課程領導上一向採取積極作為的「上下交融」模式，以取代一般耳熟能詳的 Top-Down 或 Bottom Up 的模式。所謂「上下交融」模式的特徵，在於若教師群尚無構想時，由校長主動倡導，但容許教師調整修訂原有計畫構想。一旦教師群展開研究行動，校長即退居二線提供經費、設備與行政資源。當研究團隊進入快速運轉，校長即完全放手，另行尋覓新議題籌組新團隊。

七、行政領導──寬容、啓發、教導

由於校園生態丕變，教師兼行政因權小事繁意願不高，造成行政人員大量流動，難以累積經驗。為了建構行政團隊，我採取教導啟發，以激發其潛能。對同仁無心之犯錯，採取寬容態度。透過主管會報、行政會報、評審採購、考績評核及分層負責、職務代理人制度，加強同仁間橫向連繫，並對主任實施輪調制度，協助其跳脫本位主義，幾經磨合，我已擁有協同作業的堅強團隊。由於參與教育部、局專案與會議頗多，極少管制督導各處室，但各處室主任均主動積極勇於任事，每位均能開啟自我的內在動力。

八、行動研究──以身作則

1977年暑假在政大教研所進修的第2年，我試著以教授指定之作業，經反覆修改投稿登出之後，給自己一個功課，希望每年發表一篇文章。自1977年迄今，均能實踐對自己的承諾，最近稍加統計，所發表於報章雜誌、專案研究論文等初估已約百篇（尚不含校刊發表之文章）。

自九年一貫課程實施以來，台北市政府教育局非常重視教師之行動研究。我曾激勵老師，希望他們和我比賽每年發表之論文（或文章）數量。由於教師同仁素質優異且頗具創意巧思。本校在2004年榮獲北市高中組第一名、國中組第六名。以本校高中部24班、國中部33班的規模。在台北市明星高中動輒8、90班，大型國中林立的狀態下，有此佳績絕非僥倖。

　　至於我所任教之數學科，個人亦因多年帶領輔導團對數學教育多所用心，並擔任末代統編本數學教科書編輯委員，對九年一貫課程之改革方向尚稱熟稔，多次應邀至台灣地區各地演講。其後擔任心測中心基本學力測驗委員，並同時擔任大考中心試務委員，協助高中職多元入學方案之推動及大學入學考試試務督導工作。

九、面向學生——把每一個孩子帶上來

　　在校長生涯中，我對教育政策之推動，心中自有一把尺——以教育專業為圭臬。一切教育措施，以學生受教權為最高原則。大直高中高中部招收之學生，常有前三志願的遺珠，心中有挫折與遺憾。但我們會鼓舞學生自我肯定，將自己視為一流人才。

　　在明星高中林立的台北市，孩子們在最受重視的三大競賽中迭創佳績。國語文競賽自 1998 年至 2004 年連續 6 年名列前三名，科學展覽則兩度進入團體前六名，音樂比賽在男女混聲合唱中，連續 3 年獲得代表北市進軍全國大賽之資格。以每屆僅有 8 班的小型高中與動輒近 30 班的所謂明星高中相較，不僅毫不遜色，甚至尤有過之。

　　因為經過大直高中的教導與栽培，我們的學生有高度的自信心與自我概念。因此可在人才輩出的台北市脫穎而出。至於國中部學生素質精良，不僅升學率名列北市前茅，國中女生合唱團更創下北市十連霸的紀錄，軟式網球更在全國名列亞軍。此外，個別學生在游泳、擊劍、舞蹈、溜冰等項目，都有傑出表現。

伍、結　語

　　回顧 18 年來校長生涯，一直走在開拓之路，身為天母國中的創校校長，又有機會將大直由國中改制高中，命運使我不能不去開拓新環境、形塑新文化、籌組新團隊。在繁雜的行政事務中，卻充滿了鮮活感，雖然在沉重的工作負荷中，也有情緒低潮之時或自覺能力不足之處。但總能忘記疲乏，再度昂揚前行，我的源頭活水，可能來自——對自我成長的挑戰、對教育專業的興味，和對可塑性極高的學生一種情不自禁的喜愛。

余霖自傳

1971 年自國立高雄師大數學系畢業，應史振鼎校長之聘，至省立楊梅高中任教。並以實習老師身分，擔任訓育組長，因此走上學校行政之路。1973 年預官退役，重返梅高改任設備組長。

1975 年因結婚定居台北，參加台北市國中教師甄試，分發台北市立大直國中。擔任國一後段班導師，因班級經營頗有成效。應李豐江校長之聘，於 1976 年擔任管理組長（現稱生活教育組長）乙職，並於 1976 年暑假起，連續 4 個暑假，在政大教育研究所輔導組 40 學分班進修。開始對青少年問題產生關懷並投入輔導工作。

1977 年至 1986 年在台北市立介壽國中追隨林煇校長，前 3 年擔任導師，後 6 年依序擔任訓導主任、輔導主任、教務主任，對校務經營培養出宏觀視野與個人理念。1981 年考取台灣師大教育研究所，並於 1985 年取得碩士學位。師承賈馥茗、郭為藩、林清江、黃政傑……等教育學界之大師，對教育專業與研究方法紮下堅實基礎，對日後辦學能有獨到之見解助益甚大。取得碩士學位當年即應聘中央警官學校，兼任講師，其後並在國立台北師院擔任兼任講師，迄今已有 20 年。因教學相長，必須不斷自我進修充實教育學術能力。

1986 年至 1995 年擔任台北市立天母國中校長，籌備天母國中自校地徵收、甄選建築師、發包、施工、監造、驗收。使天母國中校舍建築獨具特色，對同時期台灣地區校舍建築產生一定程度之影響。並創設快樂父母成長班，成為台北市各級學校辦理父母成長班之典範，為學校長遠發展立下宏規。

1996 年，任台北市立大直高中校長，前 2 年擔任台北市大直國中校長，奉令改制作業。於 1997 年發表「大直新象——新世紀的校務發展構想」為大直高中之創設，前瞻 21 世紀之教育發展。以三個面向作為思考方向，並企圖引導國內高中教育之走向。高中部招生迄今 7 年，已逐步達成「新高中、小大學」之願景，使高中部師生均強烈認同學校辦學理

念。以八大關鍵能力培養 21 世紀的傑出人才，並贏取未來職場上之卓越與傑出。在校定必修之「專題研究」、「名著選讀」兩項課程，已獲致具體成果，並領先國內高中教育之發展方向。現任翰林出版事業研發處執行長。

　　回顧個人成長歷程，時為首屆初中入學只考國語、算數之國小畢業生。初中時恰逢省辦高中、縣（市）辦初中之第一屆。其後個人選擇就讀高雄師大，成為第一屆高師大學生。畢業又適逢第一屆大學畢業生預官考試。其後創辦天母國中與改制大直高中。似乎一直扮演開拓者的角色，也因此在辦學上一直滿懷著創新的構想與行動，期盼能永保對教育之鮮活感。

校長生涯之回顧與展望

黃嘉明
台北縣永平高中退休校長

壹、前　言

　　我的中學生涯是在學風自由、環境優美的嘉義中學完成，所以我對嘉中有
著深厚的情感。高中畢業後原本希望學醫，做個懸壺濟世的醫生，但在當時，
有醫學系的大學只有 5 所，醫學系的學費又貴，後來雖然可以考上中國醫藥大
學醫學系，最後還是選擇有公費的師大生物系就讀。結業後第 1 年被分發到桃
園鄉下教書，校長是我的高中老師，他給我機會擔任組長和主任，從此啟發我
對行政工作的興趣。在小金門當兵服役期間也在師部擔任行政官，故了解從事
行政工作須具備縝密思考的能力。退役後暗自期許只有力爭上游多歷練、多進
修研習，希望假以時日可以考上校長，發揮自己對教育的理想與抱負。當時行
政工作繁重，子女又小，又要利用夜間和週末進修，民國 60 年代初期，老師待
遇差，還要找時間當家教，體力實在有點不堪負荷，還好年輕就是本錢，咬緊
牙關度過。

　　我覺得考校長須有破釜沉舟的精神、閉關苦讀的毅力才有機會上壘。1986
年，台灣省教育廳舉辦校長甄試，但在得知訊息時，離考試只剩 1 個月時間，
要不是艾貝颱風的幫忙，離島老師不能來就考，使得考試延期半個月，讓我有
時間再整合資料，我看八成是沒希望。於是幸運地考上台灣省的儲備校長，放
榜當天晚上高興地與太太和好友喝啤酒聊天到清晨。正所謂金榜題名時乃人生
一大樂事，這就是當時我心情的寫照。當時只有 35 歲，心想應可當上 30 年的
校長。因豐原的台灣省中等教師研習會尚未建好，故校長儲訓選在板橋國教研
習會代訓，8 週的研習課程，如資深校長的經驗分享、外埠教學參觀、專家學

者的專業課程、三分鐘即席演講、同儕間的相互觀摩切磋、讓我體驗學習不少，對爾後的辦學有很大的助益。

民國 60、70 年代，因地緣關係及統治台灣 50 年的歷史情結，日本挾其經濟之強勢，除了一些男性觀光客把台灣當做極樂世界外，也極盡所能地收購台灣本土及原住民的文物，我心想如有機會到偏遠山地服務，一定盡力想辦法把文物加以保存。

1988 年奉派擔任台北縣立烏來國民中小學校長，學校老師大部分為泰雅族原住民，他們是烏來鄉的菁英，也是最了解泰雅文化的一群，加上分布在全省各地原住民部落均有他們的親朋好友，故在老師們的認同和支持下，積極成立文物蒐集小組，由我當召集人，擬訂策略方法及工作進度，在台北縣政府及烏來鄉公所的支持下，在校內成立山地文物陳列館，配合燈箱及多媒體展示廳，舉凡食、衣、住、行及音樂方面之建築、文物和器具均蒐集並陳列其間，另外又編撰了全省第一套泰雅母語教材，被沿用至今。對學校的本位課程、鄉土教學和未來烏來之發展頗有助益。當時參與的教師們，現今有的種植有機蔬菜等高經濟農作物，有的飼養鱒魚、香魚，有的經營溫泉泡湯業，加上原住民博物館的興建和鄉公所促銷櫻花季來吸引觀光客，使得烏來繁盛熱鬧空前，並改善了他們和族人的生活，這實在是我所樂見的。

擔任校長期間，常覺有不足之處，平日即不斷吸收新知，在 1982 至 1986 年赴政大教研所進修 40 學分，後因受限於政策的關係，校長不能去讀研究所，直到近幾年開放後才考上國立台灣科技大學管理研究所。發現同學們都是企業界和各行各業的菁英，只有我是擔任校長。進修期間除了吸收很多管理的理論和新知外，同學間之切磋和經驗分享，讓我學習很多，也因此能更了解和掌握社會的脈動，同時也讓我體會到不管在教育界或其他行業，管理學的理論都是相通而適用，這些對我辦學很有幫助。

從事教育工作 30 多年來，我樂在其中，從不後悔沒有去當醫生。

貳、校務經營理念與具體策略

一、行政領導

校長聘任行政人員非常重要，如何才能選擇 Right man 放在 Right place，需要一些經驗和智慧，和他們共事時，更需要一些原則和方法。每人都有其優缺點，多鼓勵少責難，以「誠心」來帶領他們，用「耐心」來體諒他們的經驗不足和缺失，因為培養一個行政人才不易。校長須才德兼備，用理念、策略和方法來帶領他們，才能共創學校之願景。

知人善任，用人不疑，充分授權，分層負責，期望能符合管理的「四 R 理論」（Right man, Right information, Right time, Right place）。擔任校長期間，由於兼職行政人員安排得宜，適才適所，人事安定。兼職之主任及組長，除非外放升任校長、主任或遷居外，鮮少有老師向校長請辭行政職務，與有些國、高中學校，人事經常更迭的情況相較之下，誠屬不易，且在校長任內已有 11 位主任考上國中、小校長。

各校的組織文化有其傳統性、習慣性，要大幅變革不易。在接掌新校後應全盤了解，並與老師充分溝通說明後，再做局部適切的修正，引起反彈的機會較少。甘迺迪曾說：「世界上唯一不變的法則就是改變」，故在瞬息萬變的時代，掌握社會的脈動，透過一套創新的 SOP 管理制度和危機處理程序，方能有效率的領導，並化危機為轉機和契機。卓越的行政領導須運用眾人的智慧，方可發揮團隊的力量，產生優秀的作品。

(一)民主的參與

在清水高中校長任內，有很好的機會要興建科學館、圖書館、體育館及溫水游泳池（即三館一池），我帶領建築師、相關老師及學生遍訪國家圖書館、國立科學教育館、國立台灣師範大學體育館及游泳池等地，向建築師提供意見，並請建築師融入教育理念，終因設計周密又有創意，除了外觀宏偉美觀外，且深具教學實用的價值，因此榮獲《中華民國建築師月刊》於 2000 年 6 月給與優良建築之表揚。

「三館一池」的規畫方式如下：

1. 科學館：設計前瞻周延，美侖美奐，物理、化學、生物專科教室齊全，另有星象教室，可供地球科學教學使用，溫室可提供作物栽培及生物活體教材實驗，國際會議廳則是舉行會議、多媒體教學及週末放電影的最佳場所。

2. 多功能體育館：可容納 3,000 多人，除提供籃、排、羽球等體育教學外，並經常提供本校及附近中小學舉辦典禮集會、音樂演奏和晚會，且常結合社區舉辦各科藝能活動及球類比賽，除每年可收取租借費用 30 萬元外，同時使學校與社區密切結合，學校成為社區的精神堡壘，社區成為學校的精神支柱。

3. 圖書館：多功能設計，*e* 化的設備，是學校的教學資源中心。

    ⑴占地面積共 900 坪，館舍建築宏偉，氣勢非凡，是一棟地下一層，地上六層的營造物，總樓板面積達 5,000 坪以上。

    ⑵空間配置規畫完善

    ①內部空間規畫完善，設備新穎，各種藏書分類十分清楚，開架式借閱，讀者使用方便。

    ②成立教師進修專櫃，如法律常識、字辭典、參考書鄉土教材專櫃，增進教師專業成長。

    ③現代化資訊網路──採學術光纖網路連線，資料取得快速。

    ④自動化管理與借閱系統──網路查詢設備採最新機種電腦，並設網路查詢區、OPAC 查詢系統，方便讀者查借閱書籍，且全館均採自動化安全管理借閱系統。

    ⑤設立有聲圖書專區，供讀者以另類方式獲取新資訊，並可作為學生的休閒活動。

4. 溫水游泳池：長 25 公尺寬 12 公尺，一年 365 天皆可使用，除提供體育科游泳教學及舉辦暑期游泳訓練外，使學生因學會游泳的技能而受用不盡。另常借給救人無數的台北縣紅十字會作救生技能訓練，訓練出來的救生員，每年暑期配合台北縣消防局，他們遍布台北縣各河溪，投入拯救溺水之人的行列，功績卓越，充分顯示本游泳池的使用價值極高。

(二)創新的管理

1. 營運管理

(1)1996 年至 2002 年 6 年中，清水高中的學生數由 3,744 人增加至 5,056
人，學生成長率達 35.04%，可見家長及社區對學校的肯定及認同，樂意
把子弟送來清水高中就讀。

(2)積極向台北縣政府爭取成立第一所社區高中進修補校，由於課程設計多
元，除具備基本核心科目及通識科目外，另開設實用課程，如理財規
畫、藝術生活、休閒生活、經濟生活、日文、書法和營養學等，課程生
活化，學生樂於學習，3 年來約有 300 位同學至補校來進修，實現他們
「終身學習」的願望。

2. 組織管理

老師權利義務界定清楚，對優秀教師公開獎勵；但對教學不力或不能配合
校務推展的老師，會先與之溝通，必要時私下規勸或告誡，若仍無具體效
果，則依相關規定辦法處置，原則就是「公開表揚，私下規勸」。

3. 人力資源管理

從知識管理著手，在知識經濟的時代，凡事講求效率、創新和經驗分享，
提倡學習型組織，改變心智模式，揭櫫學校發展的願景，並成立讀書會，
隨時提供教師有關教育的最新資訊及政策，並鼓勵教師參與校內外研習，
對教師的專業知能提升有很大的助益。

4. 行銷管理

與德國、日本姊妹校及大陸石家庄一中之互訪交流，除增進彼此的了解
外，可擴展學生的視野，開闊學生的胸襟，加上英文及第二外語的學習，
除可提高學校的能見度，並可將台灣教育及建設的特色與成果行銷到國外
去，以提升台灣的知名度，並為國際接軌奠定基礎。

5. 客戶關係管理

應視每位學生為子弟，以對待顧客般的服務態度來教導栽培他們，強調多
元智慧，多發掘學生的優勢智慧和興趣，助他們一臂之力，讓每位同學活
出生命的希望。另採高關懷彈性分組教學，提供彈性有趣且富生活教育的
課程，客製化來輔導行為偏差的學生，使其適性發展，建立自信，並減少

學生中輟的機會，多付出一點學校成本，可減少很多社會成本。

6.財務管理

在經費方面，學校應開源節流，做好財務管理。在開源方面，除縣政府核編預算及向上級申請補助外，另有統一發票之回收、「垃圾分類、資源回收」的獎勵金和各項場地出租的場租等；在節流方面，如下水道工程廢水回收，每年可省水費約 20 萬元及校舍與教學設備要妥善管理，避免無謂的浪費，均為筆者的構思。

7.研發管理

(1)以「聲飛色舞，師生聯展」為主題，結合藝能六科創新研發的教學展示，除增進師生的互動外，學生對生活美學態度的養成，「做中學」理念的落實，協調解決問題能力的培養和自信心的建立，均有很大的助益。

(2)試辦「校園衝突調解」實施計畫。這是一個極具創意的計畫，指定由透過訓練、品學兼優、辯才無礙且具有公信力的同學來調解同學間的衝突和糾紛，此即所謂「同儕仲裁」。如此不但可節省學務處老師許多心力與工作，同學也更懂得尊重別人。

二、與學生關係之經營

校長應為師生的典範，也會成為認同模仿的對象，無論在服裝儀容或談吐應對方面，均動見觀瞻，皆應得宜。時代不同，社會劇變，價值觀亦變，十幾歲的學生似懂非懂，容易受到誘惑和誤導，個性會叛逆多變，以前所注重的倫理觀念更是慢慢被忽略，故如何經營師生關係更形重要。

(一)在對弱勢及行為偏差之同學方面

科技和物質文明提升，讓人「獲得」了許多，可是相對地也「失去」了許多。每個人都需要愛，需要被關懷，尤其是學業成就偏低、行為偏差，或自信心嚴重不足的學生，每位學生都要當成人才來栽培，須加以輔導使其適才適所，適性發展。我們的信念是透過「愛」，以有限的力量產生無限的影響，讓孩子擁有光明的未來。社會上充滿無數的誘惑、陷阱和無情的競爭，沒有處理事情的能力，往往會在職場、事業、婚姻等道路上遭受挫敗，且易產生反社會或退

縮性的偏差行為，甚至自暴自棄而連累家人。

　　可惡之人必有可憐之處，雖不能把可憐之因，讓可惡之果合理化，但應設法揭開其內心的秘密盒子，探討原因，如單親、隔代教養、家境貧困、遺傳性疾病等，且在求學期間給與前瞻之預防、補救、支持和協助關懷，如此可減低許多的社會成本。

1. 實施高關懷彈性分組教學，採彈性有趣、重視生活教育的課程，特別請有經驗、有愛心、有耐心的老師，客製化來輔導行為偏差的學生使其適性發展，建立自信，並促進師生間的良性互動，讓學生行為得以導正，此項措施得到教育局肯定，其他學校也仿效推行。

2. 積極為身心障礙的學生申請各項獎助學金及特殊服務，並公開表揚他們的優良事蹟，增加他們的信心。

3. 我國學生常受到「近世進士，盡是近視」之諷刺，為保健學生視力，除校園美化綠化外，定期實施視力檢查，印發視力檢查結果通知單，將初步視力篩選結果及保健視力的方法告知家長，並請其配合追蹤治療，實施結果成效頗佳。

4. 為鼓勵綜合表現優良或成績不是很好但進步最多的同學，訂定班級本位獎勵辦法，由導師主導，實施一般學科日常評量成績卡，據此作為導師獎勵同學之依據，並請導師於考試後在班上隨即頒獎，每次 5 名，依序頒發 50、40、30、20 點等榮譽券。每點視同新台幣 1 元，同學可持券到合作社兌換喜愛的禮物，學生受到激勵，在綜合考核方面力求表現，班上讀書風氣更因而提升，此辦法普遍獲得家長肯定。

　　在明德國中校長任內，有幾個學生之處理案例可供大家參考。郊區設校是台北縣政府對教育的創舉，縣轄市的學生可以到郊區三峽鎮住校就讀，一方面可紓解都市增班擁擠的壓力，再方面可享受郊區優雅的教學環境，且住校也可培養學生獨立自主的能力。我深感責任艱鉅，必須對 1,000 名住校生做 24 小時（像 7-ELEVEN）的服務。每天供應四餐（含消夜），生病時還要照顧就醫，晚上也要輔導學生複習及補強他們較差的功課，對逃校的學生也要連繫家長並負責找回。

　　某個週日下午，有一蕭姓女同學與弟弟搭計程車返校，弟弟下車後她又搭原車離校，到台中會見一個還在當兵的男筆友，晚上點名時才知道她不在學校，

打電話與其父親連繫，父親也不知其去向，立刻交代訓導主任清查其交友情形，很幸運由同學得知她正和一位軍人在交往，也很巧的在她宿舍書櫃下的紙屑桶找到這位筆友的住址和電話，立刻打電話連繫，還好男友的媽媽明理，告知我們蕭姓女同學在她家，且承認自己的兒子前科累累、行為偏差，我立刻派老師偕家長漏夜趕至台中把她帶回，心想若不及時處理，後果一定不堪設想，回校後與其父親溝通達成共識，不加以責罵，只提醒她要小心陷阱，免得終身遺憾，她聽了全然接受，也感謝校長及老師的關愛。

　　第二例是一楊姓同學，他有一位偉大而堅強的母親，有一次他媽媽主動來找我談話，告訴我楊同學從小患有遺傳性血友病，幼年時母親帶他到診所看病，打針之後血流不停，不易凝固，醫生告知這是一種遺傳性的血友病，在基因裡缺乏一種因子，導致血液無法凝固，須長期施打昂貴的凝血劑方可存活，母親聽後痛苦異常，失望之餘帶著兒子要到碧潭吊橋跳河輕生，但小小的他卻緊抓住吊繩不放，感動了母親，母親抱起他再度燃起生存的希望，並為兒子取個綽號叫「頂呱呱」。國中時期的楊同學並不快樂，常常因病住院，心情不好時偶會想撞牆、拔掉點滴，在茫然無助時，他媽媽會向我求助，我就到醫院安撫他的情緒。因為他在美術方面頗有天分，於是我安排他到美術班，希望藉由畫畫來紓解心情，並交代老師特別關照他。但是很不幸有一次被老師罰站，膝蓋出血不停，須緊急手術，但醫藥費龐大，不是經濟情況不佳的楊家可以負荷的，還好發動募捐，全體師生發揮了愛心共捐了 5、60 萬，手術後把他的命救回來。現在的他已成家，且有一份很安定的工作，有一次機會碰到他和媽媽，他們對我表示非常感激且永生難忘，當時的我覺得非常欣慰。

　　第三例是一應姓國二女同學，父親不詳，母親又離她而去，把她託在外公家，外祖父母因分居也不住在一起，外公雖然疼她，但因經濟不寬裕，無法給她零用錢，偶而還會打她，她因沒錢買想要的東西，有兩次在學校附近的 7-ELEVEN 偷東西都被抓到。有一次該應姓女同學因被外祖父打而逃至外祖母家，因而兩天沒到校，經追蹤返校後，我和她深談後，撥仁愛基金 2,000 元給她，告知她校長只有一個要求，就是她不要受騙和結交壞朋友，每天按時來上學，最近她表現很好，進步很多，且會主動把考試成績拿給我看，參加高關懷彈性分組教學烹飪烘焙課自製的餅乾也會拿來給校長品嘗，我感受到這位同學知道有人關心，因而力求表現想學好的態度。

第四例為高關懷班一位女同學畢業後來信，內容為：

Dear 校長：

　　已經好久不見了。您過得好嗎？我是去年畢業的國中部學生，柯××。不知您是否還記得我？自從畢業後上了高中，我一直常常想起您的好，當初是您在學校開了關懷班，我才能順利的畢業，當時您雖然很忙，但每個星期還是會抽空和我們聊聊天，對我們說一些道理、規勸我們、鼓勵我們，才會有現在的我。「校長您真好，真的很謝謝您」，我現在過得很穩定，在基隆的某一所高職就讀美容科，換了一個新環境，讓我和壞朋友很徹底的遠離了。我現在在班上的成績很好，我很努力、很認真的在學習，希望不要讓之前曾關心、規勸我的人失望了～。

　　　　　　　　　　　　　　　　　　　　　　學生　柯××　敬上

*P.S.最近天氣漸漸變冷了。校長要好好保重自己的身體喔！健康是最重要的。

(二)在對體育績優之同學方面

　　對體育績優之同學予以適性輔導，聘請優秀的教練指導後，都有很好的表現：

1. 在清水高中校長任內，發展高男足球和高男、女跆拳道，其中高男足球榮獲全國第五名，11位同學皆推甄或考上公私立大學體育系以及其他科系。跆拳道男女同學，每個身手矯健，皆是二至三段的高手，每位同學都能考上師大或其他體育學系，同學及家長都非常感謝學校的支持與對學生之生涯規畫、學習及生活輔導做了妥善的安排，使每位學生能適才適所，依其興趣，走出美好未來。

2. 曾得到世運網球冠軍，現今在世界上排名百名內的我國網球第一好手盧彥勳，是我在碧華國中校長任內從國一就開始用心栽培，他不僅天賦異秉，加上後天之努力，可貴的是功課也不落人後，在有計畫性的栽培下，如今屢次揚名國際，為國爭光。

3. 另在1992年明德國中校長任內，提倡國男足球，前後2年分別得到全國冠亞軍，並由中華民國足球協會推薦，參加歐洲的國際分齡賽，拿下多次冠軍，除為國家爭取榮譽外，並為國內栽培不少國腳高手。

(三)在學生輔導及升學方面

*1.*輔導方面：輔導不是萬能，但沒有輔導則萬萬不能。

⑴生涯輔導——包括辦理選組輔導、大學博覽會、大學簡介座談會、選填志願輔導、推甄申請入學輔導、大學之旅等。

⑵學習輔導——舉辦各科學習輔導座談會、讀書高手座談會、學生個人學習檔案比賽。

⑶生活輔導——

①專題演講：講題主要針對兩性平等影片賞析，如「愛情不流淚」、「談情說愛話兩性」、「美麗少年」及打工安全宣導。

②舉辦座談會：如壓力管理、家庭與我、921災後疼惜自我、人際關係等方面的輔導。

③小團體輔導：如生涯規畫、兩性平等、自我探索小團體等。

*2.*升學方面：營造良好的讀書風氣，對升學率有很大的幫助。

2004年大學指定考試，永平高中有3位高中畢業同學高分可上醫學系，尤其有一位賴姓同學以555.27分考上台大醫學系。這是台北縣內公私立高中從來沒有的紀錄，連做夢都不敢夢到，真是難能可貴。

2005年，高三鄭姓同學當時以學測不到240分進入永平高中一年級，經3年的努力及學校妥善的教學輔導，現已申請入學上了台大化工系，除此之外，幾近百分之百的大學升學率，也贏得大家肯定，使永平成為一所優質的社區高中。

三、與家長及家長會關係之經營

家長會是學校行政與老師間之橋樑，近年來家長對學校行政及校務由過去被動的支持轉為主動的參與，尤以《教育基本法》通過後賦與家長參與校務之法源，家長協會及家長組織如雨後春筍地成立，大部分的家長會與校長並肩合作，相輔相成，校長校務之推動依預算執行，但有些活動項目不方便以預算支應，家長會費是最好的勻支財源。擔任1、20年校長，歷經10多位家長會長，很幸運地都非常支持我，然究其因，先決條件是要尊重會長，在一定的原則下，盡量去適應家長會，不要太有個性，否則弄僵了徒增困擾。如果說家長會不是

一種助力，那最起碼也不要變成一種阻力。

校長有否投入心力，誠心的為地方努力辦學，經費是否用在刀口上，大家眼睛都很雪亮且心知肚明。個人覺得很欣慰的是歷任5任校長，即使調校離開，原校之家長會長、委員和我都變成好朋友。好吃的東西會邀我吃，聚會會請我參加，甚至有關家屬就醫、子女就學問題仍會請教我，我由甲校調到乙校，他們也會到乙校擔任家長會或文教基金會的顧問來支持我、支持學校。日本、德國姊妹校或大陸聯誼交流學校到本校來訪問，他們都很熱心地協助我招待遠道而來的朋友或贈送禮物，讓我對交流的工作做得更好。

我認為與家長會相處之道在於相互尊重，原則上他們都很樂於協助校長，委員們來自不同的行業階層，資源多元豐富，校長只要是對校務推展和老師、學生們有合理的需求，他們也都樂於協助，尤其是對午餐不繼的貧困同學，他們都會伸出援手。另結合家長志工及愛心媽媽，參與學校的垃圾分類及資源回收，每學年可得款約6～7萬元，用來作為推展衛生教育及採購清潔衛生器材之用。相對地，他們也會對校長和學校做一些請求，只要不違背法令或不太過分我都會答應。不能做或做不到的，一定要給與解釋說明，並取得其諒解。

家長會或家長相關組織的聚會頻繁，如時間允許，我會盡可能參加，或學年學期內擇一參加，一方面可從聚會中獲得一些訊息，再則也讓他們知道校長支持家長會組織。

參、校長之身心健康維護與家庭經營

現今，當一個機關首長不易，校長亦不例外，每天會議多、升學壓力大，對外要花時間去經營，與社區、家長和地方各界接觸，對內則須面對全校師生種種問題。事情好做，但人是活的，老師意見多、學生問題多，領導確實不易，尤其1995年《教師法》頒布後，各校教評會及教師會成立，教師自主意識高漲，校園倫理日漸式微，校長有責無權，動輒得咎，與教師人數相較，校長反而是一個弱勢族群，在這種環境下，要實現教育理想所面臨的挑戰愈艱鉅，故只能盡力而為，想辦法去克服。當了17、8年的校長，除用心自省，虛心請教，處處學習外，並試圖做好時間管理，迄今自覺成長不少，推展校務也愈能嫻熟順手。因為校長是學校的靈魂舵手，影響學校之發展至深且鉅。深感慶幸家裡

有個賢內助，幫我分憂解勞。並照顧好兩個兒子，使我能專心校務，來提升學校教育品質，讓全體師生受惠。

「喝淡酒傷胃，喝烈酒傷肝，不喝酒傷心。」雖是俏皮話，但也是實話，值得我們省思。1968 年，九年國教實施，各項條件差，辦學艱苦，許多校長為爭取更多社會資源，導致應酬多、喝酒、生活不正常，把身體弄壞，也折損了不少人才。

因有前車之鑑，加上太太是退休教師，有更多的時間來照顧我，常提供一些健康資訊，並要求例假日有空相約到郊外，或泡湯或爬山，以增強體力，舒暢身心。順境逆境看襟度，臨喜臨怒看涵養，快樂與否常在一念之間，昨夜再怎麼煩惱操心均於事無補，因為明晨太陽依然從東方升起，如能做到「放工、放空、放鬆」，應是最理想之境界。

肆、結　語

現今台灣地小人稠，礦產資源有限，人才才是國家最重要的資源，而教育肩負人才培育的重責大任，也深繫著國家生存之命脈，做了 17、8 年的校長，也算小有成就，栽培了 10 多位中、小學校長。我常毫不吝嗇地向老師、社區人士和朋友說出對教育的體驗和經驗的傳承，希望大家有共識，能共同為教育這塊園地灌溉打拚，培養出更多具有附加價值的社會人。

多年來對於校長要如何辦好學校，我歸納出下列幾點重要心得：

一、學校的土地產權一定要清楚，才能申請建照，使用執照來興建校舍，發展硬體建設，並以完整的計畫來爭取經費。

二、廣結善緣，兼顧天時、地利、人和，化阻力為助力，有願景和目標，才能凝聚力量，發揮團隊精神和效率。

三、對於危機處理，要有一套很好的機制來處理，敏感度要高，找方法別找藉口，方能解決問題並有效地化危機為轉機和契機。

四、善用社區資源，政府經費有限而民間資源無窮，如鄉鎮市公所的認輔志工、分局派出所警力、縣府社工、家長志工、校友、醫院、家長會、文教基金會、高中職社區化之友校等，都是很好的社區資源，可善加利用。

五、為了讓學生的天賦與潛能能多元發展，規畫並設計主題週，透過協同教學、

科際整合，發展出學校之特色。

六、人性關懷、照顧弱勢，預防及輔導行為偏差的同學，以期盡量減少中輟生人數，減少社會成本的付出。

七、依興趣及能力做好學生之進路輔導，建立學生的自信，希望每個學生都能行行出狀元，走出他們自己的路。

八、無論教育政策如何改變，教育經費如何拮据，教育推動績效之成敗關鍵仍繫於教師的觀念，校長應以身作則，做好課程及教學領導，成立工作坊，架構學習型組織，力求知識管理，使老師樂於進修研習、分享經驗，發揮專業自主、因材施教，客製化來照顧學生。

最後我認為，學校雖非營利事業組織，但其經營管理之道與企業界或營利事業大同小異，做好SWOT分析和評估，面對外界的競爭及內部的壓力下，有一套完善的經營思維和創新管理，方能有效地經營學校。

作者簡介

黃嘉明先生，台灣嘉義人，1951 年 9 月 23 日生，現年 54 歲，國立台灣科技大學管理研究所碩士。1957 年進入嘉義縣立大林國小就讀，畢業後考上省立嘉義中學，歷經 6 年畢業，參加大學聯招進入國立台灣師範大學生物系。結業後分發至桃園縣立大竹國中任教，1978 年轉任台北縣立新莊國中，1980 年再轉至台北縣立永和國中擔任訓導主任，於 1986 年考上台灣省第 13 期國中儲備校長。之後分發至台北縣立烏來國中小學擔任校長，其間歷任台北縣立明德國中、碧華國中、清水高中及永平高中校長。現已退休。

作者服務教育界 31 年，擔任校長資歷已達 18 年之久，其間於 1990 年鼓勵學生投考軍校，比率全國第一，獲總統褒揚；1995 年獲教育部輔導有功獎；1996 年獲教育部反毒有功獎，並於 2000 年獲頒全國師鐸獎，表現卓著。

分享・激盪

丁亞雯

台北市中山女高退休校長

壹、校務經營理念與具體策略

一、探尋你的教育思想與領導思想的源頭

個人教育特質、教育理念與領導理念

1. 個人教育特質

(1)個人本身是一個愛書人、終身學習者、反思者、創新者、行動者，全部心力匯聚於育人成材的工作。

(2)由於愛智，故特別看重思考與心靈的互動激盪啟發，珍惜師生之間心智活動與成長的美好；總以最單純、最誠摯的心去接受教育現場至細微處的感動。

(3)由於深愛教育工作的止於至善，故有一顆柔軟謙卑的心去帶領同仁，聆聽同仁的聲音，探詢同仁的想法，引領同仁就學校現場問題一同反思，找到較好的策略與行動。

(4)由於深愛學生的無比潛能，故總在探索觸及學生心中的純真與美善，看到學生的努力、期望、迷惘、困惑與待教導之處，幫助孩子，或解惑、或引路、或鋪路。

(5)由於深知教育無他，唯身教與榜樣而已，故自己不間斷的讀書，也積極蒐集教育先進國家在中等教育階段的做法，更新與充實自己的辦學思想及方法。

(6)由於生性樂讀書，愛新知，故能積跬步為高點，拉大時空視野，從未來、從全球檢視當下。透過理性思考、交叉思索，找出校務發展新方向與新策略，帶領老師一同裝備學生面向全球、面向未來的競爭力。

(7)綜言之，個人對於自己的一生能獻身於真善美的教育工作，為純潔良善，充滿無限可能的青年學子付出全心全力，深深感恩，日日快樂。

2.教育理念

(1)每一個學生都是獨一無二的，都帶著向上向善的心，來到學校，希望獲得成功的學習經驗。校長應根據教育專業，在學校文化、課程、教學、設備各方面，為學生提供健康快樂、專注積極、有益學習的優質環境。

(2)學校是為學生而存在，一切思考與作為應以學生為主體，秉持教育本質，用全心、用智慧、用全力，幫助學生成長，達成全人教育目標。

(3)凡事盡心、盡意、盡力。

3.教育本質（高中階段的教育任務）

(1)教會學生思考

高中生要學習在有限的主體經驗之外，透過學習、閱讀、觀察及實作，增加知識與經驗；從主觀的、具體的、個別的思考，延伸具有客觀的、抽象的、上位思考的能力，即抽象思考與價值判斷的能力。

(2)教給學生生活的能力

包括：愛自己、愛人、愛自然的能力；欣賞與尊重差異的能力；溝通表達能力；掌握國際強勢語言及電腦資訊能力；分辨問題、尋找資源解決問題的能力。

(3)引導學生探索生命的意義與價值

高中生應已能發展上位思考，開始探索生命的意義與生命的價值，為個人發展定向、定值、定位。

4.領導理念

(1)校長領導包括：教學領導、課程領導、行政領導。

(2)校長應有清晰易見的身教：專業領導，有理論能實踐，充分尊重、理性論述。

(3)學校發展依賴教學與行政兩大團隊的通力合作。校長須透過人與制度的掌握，經營打造兩大團隊成為有明確目標的、重視專業的、講求效能

的、有檢視機制的、彼此尊重合作的快樂團隊。

⑷校長有責任經營學校氛圍，成為講專業、重團隊、能分享、求創新、有
　質感的溫馨校園。

二、行政領導

校長經營學校，想要落實自己的辦學理念，在學校文化、課程、教學、軟
硬體環境各方面，辦出高質量、高質感的卓越學校，需要有效能的行政團隊推
動整體校務。分述如下：

㈠慎選行政團隊

校務工作的重擔，應均衡的由主任團隊合力分擔，每一位主任都是推動校
務的大支柱，必須慎選。

個人遴選主任時，力求滿足五個向度：必須是一位高度專業敬業的優秀教
師；有清晰的教育理念；有正向思考及樂意與人合作的態度；願意奉獻commit-
ment；有能力，這包括邏輯思考能力強，能察覺潛在的聲音，能聆聽意見，能
知覺問題，並能妥善的解決問題，溝通協調能力強。

㈡高效能的行政團隊

組成行政團隊的領導隊伍後，接下來要求整體行政團隊效能與品質的提
升。這方面，原則上，我會做這些事：

1. 目標導向：把自己的辦學理念、目標及期望，以書面、會議報告各種方
　式，清晰的向行政同仁說明，尋求了解與共識。要求同仁以積極合作的態
　度，形成團隊，人人做團體的加分，不做團體的負擔、減分。

2. 方法教導（coach）：校長領導行政團隊如教練帶領球隊，須陪同成長，隨
　時、隨事、隨地伺機教導。原則上應採分層責任制，主任級由校長遴選、
　帶領；組長及處室同仁由主任遴選、帶領。Coach 的角色是對於每一件工
　作，從理念思考到規畫執行，要陪伴同行，探詢被帶領者想到什麼程度；
　思考到何種廣度、深度；想要達成什麼目標；遇到什麼問題；準備怎樣解
　決問題；解決的方法利弊得失如何。一步步引導思考、點撥問題、教導方
　法，幫助同仁增加思考、視野與經驗的功力，增益其所不能。

近年來，在行政工作上看到的問題是：同仁們受限於經驗歷練不足，每每上位思考不夠，習慣從個人主體經驗考量，忽略教育是服務業，服務的對象包括學校內外部顧客，未能觀照全面及從user的角度檢視服務內容，致影響服務品質及顧客滿意度，亟待改善。

3. 組織氛圍：在學校中，愉悅的氛圍在教室中，可以提高學生學習效果；在行政部門，可以幫助同仁工作愉快，每日歡喜。個人相當關照同仁工作情緒，以走動管理保持與同仁的親密接觸，體察每一個處室的工作情緒與氛圍，適時支持打氣。同時，固定每月辦理行政研習，提供行政人員專業成長、支持分享的平台，倡導講合作、重團隊的積極正向氛圍。

三、教學領導

台灣的教育有一特色：唯心論，強調教育是良心工作，將師德師言師行無限上綱，全無客觀檢核規準與機制。這種個體高於團體，人勝過制度，抓點不抓面，缺乏上位及系統思考的非理性思維方式，是台灣的文化。反觀教育先進國家在制度面的系統思維強度，從政策釐定、明確目標、制定策略、實施方案，到評鑑檢核，莫不完備。

即以教師提高教師專業與效能一事，從美、英、日等國不斷發展出新的理論與實踐經驗上，可以看到他們在這方面的深著力，也從中學習了許多。反觀我們面對這樣一個欠缺支持教師專業成長與教學效能評鑑的環境，校長要辦好學校，要求高質量高效能的教學，在無外力可仰仗的情形下，只能千山獨行，在校園中尋找適當切入點，嘗試鬆動硬土。多年來，個人選擇老師最需要、最輕省處著力：打造快樂合作、專業分享的教學團隊。走過的路大致如下：

㈠吹拂理念的和風

在校務會議、導師會議、教學研究會中，倡導團隊合作觀念，從教務、學務、輔導不同事例、比較教育視野，說明團隊是教育進步、質量提升的必要條件，鼓勵人人做團隊的加分或鼓掌者，不做團隊的減分或打擊者。

㈡鋪陳環境，找出先導群（帶頭羊）

倡導新觀念、新方法之時，要找到可切入的適當點，思考策略與步驟。在

此同時，一方面鋪陳環境（軟硬體環境），一方面設法找出先導群。校長不要認為自己已經在校務會議中宣講過觀念與做法，老師就會開始行動了。學校組織文化是鬆散的組織，在沒有績效制度、評鑑制度、品管機制下，自然而然的，學校成員的個人意識較高。校長需要善用法職權、高關懷及專業領導，建立對教師的影響力。

個人的做法是以多層次、多面向的焦點對話方式，建立彼此的認識與熟悉度。在聆聽及探詢的過程中，找到願意開創、樂意承擔的夥伴，邀請他們一起來「為學校、為學生做點好事」。例如，教學團隊的發展，就是幾位資深績優的帶頭羊成為先行者，大家一起動起來之後，16 個月之內，各學科先後起了改變，轉為追求專業發展的團隊。

再如：2000 年開始推動資訊融入教學，面對 180 位老師絕大多數是電腦「白痴」。我們的做法是鴨子划水，先以服務到家的方式，密集式的辦理教師資訊融入教學研習，20 個月辦理次數高達 132 次。接下來，我們把教育局「資訊白皮書」配給各校購置電腦的額度，策略選擇在全校各教室裝設單槍投影機及螢幕。為老師準備一個便利使用資訊融入教學的環境。再依照教師通過資訊檢定情形，配發筆記型電腦，各學科推動教學創新與資源分享。一步一步行來，老師們喜歡有充分的支持環境，幫助教學創新；彼此之間的團隊專業發展愈來愈積極，質量愈來愈好。

㈢提高教學研究會功能

推動教師發展教學團隊，須以教學研究會為基礎，提高教學研究會的功能是發展教學團隊的一條大路。

如同前段所述，提高教學研究會功能，也要為學科主席鋪陳環境。我們在每學期教學研究會之前，先召開教學研究會籌備會議，教務處事先擬訂本學期研究會中書面資料，內容包括：校長與教務處報告事項、相關資料轉達、待討論議題、各項工作分配及負責人、共同備課時間規畫等。邀請各學科主席一同了解本次教學研究會各項共同內容，就學科內推動情形或需要，先行交換意見。

這樣子可以有效的幫助學科主席在一個會議目標清楚，會議資料充分的條件下，順暢的主持教學研究會。同仁也樂意在目標清晰、有結構的環境下，聚焦討論。於是教學研究會不再僅是被動的開會，而是主動的參與。老師們在引

導下，自然能夠在教學研究會中，就自己的專業：課程、教學、評量、研習各方面進行對話、討論、分享。一個專業的、合作的、支持的教學團隊就在教學研究會功能的提升中，逐漸形成。

(四)攜手打造專業分享對話平台

引入對話觀念，從自己身上開始推動對話，對於促進同仁融洽互動與注入專業分享氛圍是一個成功的起步。

對話的條件是發聲、聆聽、探詢、緩判，與溝通不同，沒有預定目的，不在說服對方。對話重在聆聽他人的聲音，探詢對方的意思，是發展性的，暫時不做結論。

當校長真誠的分出時間來，聆聽探詢同仁的內在聲音時，一個對話的平台開始形成，同仁願意在這個平台上，以專業的態度，積極發聲，彼此互相聆聽。

個人在初接一個學校時，習以對話方式，與教師、行政、學生領袖、校友進行焦點對話，包括：請描述您認為本校的特色是什麼；優勢弱勢為何；您看到學校面臨什麼改變，是好或不好；請告訴我您希望我為學校做什麼。每場對話參加的人不超過 6 位，時間為 90 分鐘，我會摘記大家的發言與建議，做成書面摘要紀錄，分享全校同仁。我會據以提出自己的思考、優先順序、方式、步驟作為回應，並作為日後校務檢視依據。

在此同時也推動分享的觀念：分享使快樂加倍，辛苦減半。面對龐大的教學負擔，分享可以減負。知識世紀及資訊時代最重要的競爭利器是知識分享、資源共享。

分享依層次可分為：與人分享事實（fact），與人分享感覺（feeling），與人分享想法（thinking, reflection），與人分享生命（life）。推動以後，同仁間的情感益發深化交融，大家均受其益。

(五)幫助老師如鷹展翅上騰，取得制高點

個人深刻體認到，教育參訪是取得教育現場的感動，教師若能攜手大步走出去，就能開大門，走大路，讓世界走進來。

透過各種機會，我們積極協助老師們進行國際交流，以各種方式：包括教育參訪，出席會議，參加研討會，與來訪外賓座談，網上交流等等，增加與國

際接觸，取得教育現場的感動，獲得較高的位置與視野。

在過程中，個人覺得受益最大的是我自己。

自 1981 年開始，個人曾多次接受邀請或是獲派訪問過新加坡、南非、日本、加拿大、美國、北京、上海、英國、德國、瑞典、芬蘭等國家，也曾多次出席國際會議，在其中，透過實地了解、資料閱讀、座談討論，均有相當大的收穫。但，這是在個人身上的，參訪得到的反思與影響，要產生效應，究竟受限於個人是有限的。可是若發生在一群老師的身上，就如混沌的蝴蝶效應，其影響之大是無法預期的。

2002 年中山教師主動要求在上課期間組團出訪，實地了解北京的重點高中如何辦學、如何進行語文教學，感謝台北市教育局吳清基局長同意給與公假，鼓勵教師進行國際交流參訪學習。是年 10 月我們有 15 位老師自付代課鐘點費，以公假自費的方式赴北京參訪 3 所示範性重點高中。

老師們在 3 所高中分別以一整天的時間與特級教師座談、隨堂聽課、與學生座談，深入了解教育制度與教學。晚間，大家聚集在我的房間中，坐滿一地，興奮的分享一日參訪所得。談自己的所見所聞與想法，激盪起團體的反思，靈光乍現的踫撞，多樣聲音與想法的發散，房間裡充滿能量。第二天，大家開始討論回學校後，有哪些是我們可以做的，要怎樣去做，接下來，已經開始分工與認領。在一旁看著這一群志同道合的夥伴忘我的態度，心中很是感動。我們的孩子是有福的，有這麼多願意為她們做更多更好付出的師長。返校後，參訪的收穫成為電子檔，老師們積極的辦理分享，在校園引起更多激盪與迴響。中山就此，向世界打開大門，世界也走入中山。

㈥歡喜領受卓越獎——連續 2 年獲獎的殊榮

在中山，我們一路上歡喜合作、樂於創新、快樂分享，全不曾想到過有一天這些會為我們得回大獎。

2003 年教育部開始辦理「教學卓越獎」，國文科主動表示要參加評選，大家一起挽起袖子，彙整資料，快樂的參加評選，最後，獲得教學卓越獎及 60 萬元獎金。2004 年地理科跟著參加，也獲評審青睞，再獲教學卓越金質獎及 60 萬元獎金。

連續 2 年參賽均獲「教學卓越獎」的最高榮譽，是全國的唯一，更是中山

無上的殊榮。

四、與家長及家長會關係的經營

高中階段屬青少年後期，為個體從兒童期的依賴到成年人的完全獨立之間的過渡階段。家長與學校需要幫助孩子完成這個階段的發展任務：進行自我探索與自我認證。學校每一位師長均應依據教育專業，透過親師合作，給與孩子適切的指導與協助，幫助孩子順利發展。

家長會的積極運作可以匯聚人力、心力、物力，是學校校務經營的支持力量。校長應以尊重、專業及熱忱影響家長，引導家長會：㈠參與而不干預；㈡行使共同親權。

為凝聚家長力量，校長可以定期發信給家長，說明理念、目標、現況。同時，應透過各種會議，向家長報告校務，幫助家長了解學校運作情形，以及需要家長配合的事項。

此外，為期望家長共同負起幫助學生完全學習的目標，2000 年開始，我們將傳統的 32 開「學生手冊」改為 24 開的「家長—學生手冊」，其中備載本校的教育理念、使命、目標，核心品格，課程評量，各種規章，供家長與學生共同閱讀了解。在清晰的指引下，一同達成本校教育目標。

五、對內關係的經營

㈠用「心」帶領，以專業服人：以一顆純然的愛心貼近我的學生、老師、同仁、家長。以柔軟謙卑的態度與大家互動。

㈡明確目標：營造尊重、信任、支持、分享，重視團隊的氛圍，大步朝向一個快樂、溫馨與國際接軌的卓越創新學校邁進。

㈢方法：建立專業對話平台，引導對話與分享；親身力行帶領團隊；幫助同仁釐清問題，解決問題。（A problem well solved is half solved.）

㈣關係：是一心為學生、為學校、為教育的親密工作團隊，我們之間的關係是親和融洽、彼此敬重。

2005 年 4 月間，我們教師會長曾應邀至北一女與全校同仁見面，當場，曾有一位老師提問：「請說說看，有一天校長離開中山時，妳們會最懷念她哪三件事？」會長答以：「第一、感謝校長為中山爭取到改建綜合教學大

樓逾 5 億元的預算。第二、懷念校長的國際觀，為中山帶來國際視野。第三、懷念校長豐富的知識與智慧。」這樣的即席詢答，可以看到中山一家親的相知、相惜、相疼。

六、與學生關係的經營

(一)學生的評價

學生透過接觸及從師長口中，認識我是一個愛學生、講原則、開明、喜歡讀書、有國際化視野的校長。擔任校長以來，學生總會反映，喜歡聽我講話，每次都會從我的講話中，獲得啟發受益。

個人最喜歡親近學生，常說，學生是支持我每天全心全意投入工作的最大動力。每年到高三每一班與學生對話互動，進行時，也邀請導師在場聆聽。傳遞的訊息是：關心學生全人的發展，期望學生提高角度、擴大視野，取得宏觀思辨能力。學生肯定校長的學識能力智慧與純然的愛心熱忱，有「金剛芭比」的暱稱。

(二)根據全人教育，發展學生自信心與榮譽心

6 年前初入中山，為掌握起始點及了解師生，與教師、校友、學生領導幹部進行了 20 場焦點對話，每場參加人數為 6 人，進行時間 90 分鐘。事後將對話摘要於校務會議中，分送全體同仁。其中表達強度最大的是「請校長帶出中山學子的自信心」。

經過 3 個月的觀察深入了解，體會到學生的自信心來自家長、師長的期望，個人的主動性、積極性，以及實際展現能力的經驗。

於是在「大量閱讀、主動學習、統整思考」的 12 字學習方針前導下，鼓勵師長退到第二線，以指導陪同的方式，幫助學生透過師長的充分指導，站上舞台，展現能力。

同時，提出「質感中山」，要求同仁在混沌的社會環境中，仍要辛苦的堅持品質，給與學生具國際競爭力的教導。

在前述方針指引下，我們所做的犖犖大者有：

1. 積極輔導班聯會、華聯會、班聯大會等學生自治組織與會議，以「營造專

注、積極、有效的學習環境」為師生共同努力目標。指導學生學習自治自律，提供學生各種民主自治學習機會，培養主體性思考與理性思辨能力。

2.訂定「家長—學生手冊」，彙整學校有關學生行為與學習規範，親師共同指導學生養成自由與紀律平衡、個人與團體平衡。建立良好制教環境，引導學生養成良好的學習態度及負責任、守紀律的觀念與實踐。

3.訂定學生社團活動辦法、評鑑辦法，成立社團指導委員會，引導社團活動正向發展，辦理社團成果展、社團聯展，更深程度的開發學生潛能，提升社團活動學習效果。

4.有系統的規畫學生班際競賽，適當分配學習時間與內容，激發學生潛能，培養團隊精神。藉著各項班際性競賽、個人項目競賽，指導學生在實作、表演、觀摩、討論、專題成果發展等活動中，將學習成果以高水平的要求進行展現表達。讓學生從體驗觀摩中不斷朝標竿改進。

5.全校師生共同票選，產生中山核心品格：尊重、誠實、責任、感恩、紀律。6年下來，中山學子在學行上展現的自律、自信、自然及氣質，已贏得社會大眾的肯定。最讓我欣慰的是 2005 年 5 月初，高一班聯會全體幹部同學共同提出「中山第一」的學校 Logo，孩子們的自信心與企圖心，讓我深深感動。

貳、環境對學校校務運作的衝擊與學校因應之道

一、有關價值與倫理的思考

個人一向關注我們社會的倫理與價值。

由於人是軟弱的、能力是不足的，每個時代的人都有那個時代難解的問題。孔子就嘆息「道不行，乘桴浮於海。」現今我們這個世代面對的問題是：後現代主義在台灣社會所呈現的去中心化、去道德化、非理性化。

我們的孩子成長於這樣混沌非理性的環境中，我們要用更大的力量與智慧來啟發他們的良知良能，啟迪理性思維，發展理性思考與辨別是非善惡的能力。在作價值判斷與選擇決定時，會以公平正義為上位概念。

身為校長，掌握豐富的學校資源與影響力，在思考、行事、作判斷時，一

定要柔軟謙卑，要習於交叉思考，從不同的面向與角度，重新思考。

學校是因為學生而存在的，也就是說，達成教育的目標，給與學生正確的教導，是學校存在的目的。故，面對衝突，我會以學生的最大利益為依歸。作各項決定時，秉持公平正義的原則，避免任何一個學生受到不公義的待遇或有不公義的感覺。

我尊敬全心為教育付出的權力者，我盡心盡意盡力的輔助他，成全他。但對於傷害公平正義，或是，不符教育本質的行事，我不會屈從。因為，吾愛吾師，吾更愛真理。即使權力是我師，我也會檢視其言行是否合乎公平正義，是否經得起邏輯檢驗，是否有私心的不公平處。

這樣鮮明的處事原則，讓我很少遇到「衝突」，也一直受到家長的敬重。舉一件有關師生衝突事件的處理方式供參。

接獲師生衝突報告，第一步需要掌握事實，若師生各執一詞，就要在最短的時間裡，以尊重的態度，設法完成現場重建。

我通常會做的方式是，分別請老師，學生描述衝突的場景與雙方言語流動、身體動作的每一個細節，同時鍵入電腦。描述完畢後，我會請學生在印出來的現場重建紀錄上簽名，以示對內容負責。也會以接納的態度探詢學生的感受，引導反思若重回現場，自己的言行有沒有可以改善之處。通常處理到這個階段，學生已能看到自己可以做得更好的地方，有可以成長之處。接下來，老師看到學生已知反省改進，也看到校長對老師未能把握為師的身分，適當的指導學生不當言行的理解體諒，情緒再亢昂的也能靜下心來，接受學生的適當道歉，不再攻擊。

二、有鑑於社會價值的混淆，在學校推動品格教育

良善的品格是利己利人的基本條件，不僅是社會安定繁榮的基石，也是個人幸福所賴。

2002 年 11 月《天下雜誌》刊登台灣品格教育的調查報告，處處讓人憂心。本校乃著手強調品格教育，我們的基本推動原則有二：一為從下而上，一為聚焦。實際過程如下：

(一)建立共識

確定推動品格教育為本校年度重點工作，於 2004 年 2 月開學校務會議中，提出「推動品格教育」專題報告，說明推動品格教育的重要與本學期開始推動的步驟，確定推動品格教育是學校全體成員的責任。

(二)宣布推動方式

全體師生家長共同找出中山核心品格，再據而訂定核心價值實踐條目，供全體師生一同實踐。

(三)推動目標

家長與教師指導學生認識核心品格、喜愛核心品格、實踐核心品格。

(四)共同找出核心品格

先臚列 17 項品格——誠實、團隊、負責、公正、關懷、尊重、忍耐、慷慨、誠懇、勤樸、節省、專注、禮貌、感恩、秩序、紀律、順服。全校師生共同選出 5 項核心品格後，再據而訂定實踐條目。

我們是這樣走過來的：

1. 2004 年 2 月 12 日，全校班長會議中，宣布師生一同找出本校 5 項核心品格價值，並請班長先行在會議中進行圈選投票。

2. 2004 年 2 月 16 日～19 日，在各科學科教學研究會中呈現班長圈選結果，各科教師討論後，圈選心目中的 5 項核心品格價值。

3. 2004 年 2 月 27 日，全體同學在班會中，討論圈選心目中的 5 項核心品格價值。

4. 2004 年 3 月 22 日，將全校師生圈選核心品格統計結果，提家長會委員會議同意。最後，全校師生家長共同決定本校核心品格為：尊重、誠實、責任、感恩、紀律。

三、校長的身心健康的維護與家庭的經營

個人是一個生活非常簡單的人，孩子就讀中小學期間，我維持每日回家吃

晚飯的習慣，鮮少有晚間的應酬，也一直請有半工，協助料理家務。每日晚間是我與兩個孩子相處的時間，我們有非常親密的母子關係。

　　我的作息數十年如一日：每日5時起床，晚間10時前就寢。運動有恆，目前是每日晨泳。休閒時間多數用來閱讀，假期會陪先生出國旅遊。先生是最好的支柱，一路走來，一直扮演欣賞、包容、支持的角色。家庭經營之道，只謹記一個原則：進入家門之前，放下自己在外的一切角色，只是太太、媽媽回來了。

作者簡介

丁亞雯（1947～）

一、重要學經歷

1.1　國立台灣大學法律學系，台灣師範大學教育研究所40學分班。

1.2　曾任大學講師，高中組長8年，主任10年，高中校長15年。

1.3　1985年獲台北市政府頒「工作模範」獎牌，1990年獲教育部頒「師鐸獎」。

1.4　1990年接任北一女高校長、1996年調中正高中校長、1999年調中山女高校長。以前瞻宏觀的全球化視野、縝密開創的教育思維、積極有效的行動，帶領師生齊心努力，在教師教學、學生學行表現、學校校譽方面迭有佳績。2003、2004連續2年獲教育部教學卓越金質獎，各獲獎金60萬元。

1.5　2001年獲推選為台北市中等學校校長協會第二屆及連任第三屆理事長，4年任內重視校長專業能力提升，積極辦理校長行政領導、教學領導、課程領導專業成長研習活動。從提升校長辦學能力著手，進而提高台北市高級中學教育品質。

1.6　2006年自台北市中山女高校長任上退休，應邀赴越南胡志明市創辦丁善理紀念中學，學校為越南中學，遴聘有越籍校長、副

校長。

1.7 2007 年完成教師甄選，經過一年的有薪培訓之後，08 年新生入學，正式開辦，並擔任 Head of School。

二、辦學理念

2.1 我是一個愛書人、反思者、行動者、創新者。獻身教育樂此不疲是因為深愛通過自己的付出實踐，可以調動學生的主動性、積極性、向上心、愛智心；深化學生的思考，獲得良好的學習效果。

2.2 學校的聲譽來自學生的表現，學生的表現是全校每位園丁（教職員工）共同耕耘的成果。

2.3 以宏觀前瞻的視野、專業理性的素養、柔軟謙卑的態度，帶領學校積極面對挑戰與改變。學校成員共許人人都是團體的正分、加分，不做減分、負分。

2.4 學校的進步端賴兩大團隊：有效能的行政團隊及專業的教學團隊。校長有責任協助團隊的形成與發展，為學校打造宏觀、溫暖、信賴、支持、分享的教育專業氛圍。

我的「建築師」生涯

徐月娥
台北市南港高中校長

壹、前　言

　　以前我常以「導演」比喻校長一職，我總覺得校長經營校務就像導演執導一部戲一樣，包括劇本的選擇、選角的構思與配置、場景的設計與布置、角色的投入與演出……等，都關係著這部戲精不精采。但是自從讀了《女人治校先鋒》（*A Woman's Education*）一書以後，我覺得借用 Jill Ker 女士形容其用在新建及舊翻新的學校建築之創意時，所說的「我的建築師生涯」一詞，來譬喻我的校長生涯，更為貼切且更有深意。

　　校長掌舵一個學校，必須經營軟、硬體的建設，有關校舍硬體的建設與修繕，不能只依賴建築師，校長對於教育目標、建築美學、實用功能等，均應融會貫通，方能與真正的建築師溝通，進而設計出實用、符合人性、可以發揮教育功能的理想、優質的校舍。在我歷任的 3 所學校，都曾有過滿意之作，尤其是永吉國中與南港高中的老舊校舍更新，是我頗覺得意的事，也唯有擔任校長一職，才讓我有這樣的機會得以發揮。此外，因為學校是培育人才的機構，教育是一門培育人才的藝術，所以校長領導組織的建構、學校願景的形塑、文化的經營及軟體的建設，更需要像建築師那樣的苦心、創意與巧思，我一直如此期許自己。

貳、我的校長夢

　　現在話說從頭，先談談我怎當校長的念頭是怎麼產生的，我的校長夢如何

從懵懂到成形？

34 年前，我對著大學聯招的報名表發呆，到底要怎麼填寫志願？當時沒有輔導室，學校能提供的升學資訊，除了前幾屆各大學的最低錄取分數以外，幾無任何資料可參考。我的父母沒受過教育，他們也無法提供具體建議，我那仁慈而老邁的導師，也無法解答我的疑惑，只好靠著自己摸索。

看到乙組的校系中排名僅次於英語系的「師大教育系」，雖然不知道教育系所學為何？將來要做什麼？但是，在我年輕的心裡覺得「教育」應該是很偉大的事業，當下我毫不猶疑，把「師大教育系」列為我的第一志願。

放榜日，第一位到我家道賀的是我的鄰居也是父親的朋友，他第一句話就說：「恭喜你女兒考上師大教育系！這是校長系，專門培養校長的。」我心中驚喜萬分，因為教育是偉大的事業，「校長」應該是個重要的角色！於是，就此展開我的「校長夢」！

進了教育系，全新的課程，深深地吸引我。系裡的師長，時而教授教育的理論，時而評論教育的缺失，時而談論教育的理想，激發我滿腔的熱誠與「捨我其誰」的氣概，也一步步具體勾勒出奉獻教育志業的目標與藍圖。

慢慢地，我發現教育像一棵枝繁葉茂的大樹，也像一棟結構複雜的建築，無論是要這棵大樹世世代代健康地繼續繁衍下去，或要這棟建築永續存活屹立不搖，它都需要有堅實的專業基礎與理想信念。於是自我期許，要一點一滴建構我的教育專業知能，也要一步一步踏實地累積我的實務經驗，希望有朝一日當了校長，除了雄心，還能有厚實的能力與大略，帶領學校航向目標。

孔老夫子說「吾少也賤，故多能鄙事」，我也有這樣的經驗，從中學時期起，我就好為人師，同學不懂的，我樂於傳授；老師要我做幹部，我從不拒絕；學校制度有不合理的，我也勇於批判。就是這樣的個性，從當老師的第一天起，我樂於接受學校主任、校長交付的任何任務，無論是導師、童軍團長或組長，做得不亦樂乎，自不在話下，就是值週導護、作文、詩歌朗誦、辯論、烹飪、合唱、廁所清潔……等等比賽的評審，我也卯足了勁，全力以赴，樂在其中。所以學校大大小小的事務幾乎都經歷過，練就一身好功夫，對於日後從事行政工作及至擔任校長，坦白說，還真覺得沒什麼難得倒我的。

我的父母一向認為我是個聰穎優秀的孩子，他們似乎隱約感覺得到：我投身教育，除了從事教學，還有更大的企圖心與理想，所以三不五時為我打打氣，

讓我感覺我可以有一番大作為！

　　一路走來，能得心應手，最強而有力的後盾，還是堅實的教育專業知能。教育系真的不一樣，從微觀到宏觀，它造就了我對教育的理想性、使命感、企圖心，以及組織思考的能力、解決問題的能力，從少年時代埋下的校長夢固然實現了，最欣慰的還是所學真的能對學校發展、學生學習有實際的助益與成果！

　　至於「校長儲訓」，坦白說助益不大，最多只能說它提供了角色轉換的平台而已，對於校長應具備的知能並無多大幫助。回顧當年為期 10 週的校長儲訓，不僅課程欠缺完整性、結構性與前瞻性，評量模式格局也太狹隘，上課筆記、寢室內務檢查、上課點名竟然都占儲訓成績評量不小的比重。很難理解，這樣的設計要如何產生宏觀大略的校長？至於依結訓名次分發的設計（舊制派任時期），更是對人性的殘酷挑戰，常常引發準校長們為了爭成績爭名次，彼此中傷，黑函滿天飛。因此過去的儲訓制度實在幫助有限，現在欣聞校長的儲備制度已有改變，是值得肯定與期待的。

參、我的教育理念

　　如前所述，從事教育工作是打從我進大學之初，就開始有計畫地朝目標前進，但是我的教育理念萌芽，應該是緣自於我的父母親。我小時候就好為人師，因為幫助別人讓我很有成就感，而這樣的經驗起源於父母經常喜歡幫助左鄰右舍，鄰居常常與他們討論事情，請求提供意見。父母分析事理的邏輯能力一流，而且令人信服，我從他們身上學到微妙的智慧與巧思。他們對子女的教育觀念與方法，也與教育理論不謀而合：例如他們會鼓勵我勇於嘗試，盡力而為，失敗不以為恥，常說「驚驚不得頂（閩南語）！」引導我建立合適的抱負理想；對身心健康、品格道德的重視，遠超過於對成績的重視；給孩子很大的發展空間，不以父母的期望強加子女的身上，尊重孩子的適性發展，允許子女批判與說理，重視公平正義，對子女不偏袒，以身作則……等等，我常覺得我的父母親是個「素人教育家」，未受學院式教育理論的訓練，卻深諳教育原理，這就是我的教育理念的初始源頭。

　　有人說「老師是天生的」，我得自父母真傳的特質，小時候常被老師指定為小老師，不僅要幫忙收作業、跑腿之類的服務性工作而已，還包括要教會那

些學習比較緩慢的同學，以及講解比較困難的題目，我樂此不疲。及長，身為人師，我喜歡教學，喜歡孩子，擅長與孩子互動與溝通，從事教職以來，雖然長期從事學校行政工作，但與學生一直很親近，關係良好，學生對我相當信賴，也有學生說我是他們的偶像，主要原因應該是我了解他們、關懷他們，能與他們打成一片，並能包容他們，對他們的期許與要求合情合理，最重要的是我經常肯定與激勵學生，提高學習的動機，建立他們的信心。

我堅持「以學生為主體，以學生的學習與成長為核心」的基本理念。教師是為了學生而存在，學校也是為了學生而設，學生成長與發展的需求乃教育的最高準則，將所學的教育理論融入教學與輔導之中，不以遂行教師威權為目的，而是以維護學生基本受教權、人格權為職志，這樣的思維與堅持，卻也是難逃日後在行政工作中，被某些老師視為偏袒學生與家長的爭執關鍵所在，所幸在不斷的努力與溝通下，最後總能喚起大多數老師的理性，獲得他們的認同。

身為校長，我的教育理念反映在學校的經營，有幾個主要的面向，歸納如下。

一、一切以學生為依歸

學生無好壞之分，只有智愚之別，「因材施教」不應淪為口號，而應該落實在校務經營中，因此學校必須建立各種學習的平台，供學生有自我探索與適性發展的機會：具有運動潛能的孩子，有體育班、代表隊，培育體育專才；具有藝術傾向的孩子，成立話劇社、合唱團、美術社，供其發揮美學的天賦；具有學術傾向的孩子，透過學科的學習、資優班的設置、與學術單位（如中研院）的合作，引導其學術性向的發展；具有創造力的孩子，鼓勵其從事各種發明，參加發明展……就算資質平庸之輩，也要提供各種嘗試與體驗的機會。所以我很重視辦理多元化的活動與措施，「可以平凡，不能貧乏」成為我為孩子打造未來的堅持。

此外，我重視全人化的教育，能力的發展必須因人而異，因材施教，人格與道德的培養及性情的陶冶，則是全面性的，「看大也看小」成為我推動校務時的基本原則。

二、形塑優質的校園環境與組織文化

擔任校長以來，我經歷過 3 所學校，都是老舊型的學校。稱之為「老舊」有幾個指標：設校歷史悠久、校舍老舊破損、組織文化僵化、組織惰性明顯。這樣的環境很難提供學生優質的學習環境，年久失修，功能不佳的校舍及教育意象不明的空間，會讓師生的教與學窘迫不堪，因陋就簡的結果，犧牲掉學生的基本學習權益。

組織文化僵化則出現學校教育與社會變遷及時代潮流脫節斷層的現象，學校內部很容易自成一個封閉的系統，對於外在的變化、家長的期待，以及政策的推動，反應遲鈍甚至排拒，因此引發家長的質疑與不信任，唯有重新形塑優質的校園環境與組織文化，包括校舍的徹底修建、空間教育意象的建構，及逐步顛覆老舊保守的思維與觀念，才能活化學校發展的生機。

三、建立高效能的行政團隊

學校行政本身無目的，旨在提供優質的服務品質，完善的支援系統以及務實的計畫及前瞻性的措施。因此建立高效能的行政團隊是首當其衝的要務，行政績效不佳，有如心臟功能不強的身體，潛藏著危機，妨害組織的健全運作及組織目標的達成。

四、引領專業導向的教師團隊

自從《教師法》訂定以來，教師定位為專業性的工作，並明白賦與教師專業自主的權限與空間，然而維護與尊重專業自主的同時，更重要的是專業能力的提升與專業倫理的建立，否則空有「自主」之實卻無「專業」之能，實非學生之福，更非國家教育之福，校長的教學領導角色功能必須落實，有計畫地引領教師團隊朝向專業發展。

五、建立雙贏的親師關係

親師的共同對象是學生，共同目的是教好學生，彼此應該是合作的關係，然而親師之間卻因立場不同，觀點互異，以及彼此的期待落差，而難免產生衝突與歧見。身為校長，應建立溝通的平台，提供溝通的管道，解決親師間的衝

突。最重要的是，導引回歸教育本質的思考模式，學生不僅是父母的孩子、老師的學生，更是國家社會的公共財，親師本應共同合作，合力培育國家社會的人才。

六、推動學習型的家長會

自從「家長會組織自治條例」通過以來，家長參與校務，有了明確的法源基礎，但是家長會的屬性特別，屬於鬆散的組織，家長的社經及知識背景參差多元，家長參與的熱情冷熱不同，在參與校務及與老師的互動過程中，產生許多實質的困難與問題。但優點是家長組織中有許多可利用的人力資源，透過推動「學習型組織」，可提升家長的親職教育知能，參與校務的正確觀念，以及支援學校教育的能力，可以配合教育政策與學校計畫，經常辦理主題講座、知能研習、讀書會……等等活動。

七、營造民主化法治化的校務參與決策機制

「民主參與」已經成為現代學校決策的主要模式，社會多元的價值必須透過民主參與的機制，體現在教育體系中，脫離過去傳統，由上而下的決策模式之窠臼；「依法行政」則是學校運作的基本原則，但亦應保有順應社會變遷趨勢的彈性。

我的教育理念深植我心，並期勉自己，落實於校務領導與校務經營之中。

肆、啼聲初試

初任校長時，我被分發到大同區的蘭州國中，那是在保守而老舊的社區中，一所歷史悠久卻也老舊不堪（軟、硬體均是）的學校。開學之初，我辦公室外面常有一群小鬼，邊探頭邊用努力壓低卻又不免高亢的聲音，大驚小怪叫道：「大家快來看，是女的耶！是女的耶！」沒錯，民國80年代之前，中學的女校長並不多，不僅學生好奇，奔相走告，老師也不習慣由女校長領導。初始，我總隱約感覺得到同仁對我的懷疑與莫名的敵意，後來才聽說，有些老師認為如此年輕（38歲）就當校長，只是因為女生都很會考試，顯然他們對我過去14年所累積的豐富的學校行政經驗，以及我對教育的理想與企圖心一無所知（當

然，這一點後來他們都強烈感受到了）。我記得那時候台北市還有個「女校長聯誼會」的組織，目的在將弱勢的女校長結合起來，定期聚會，一方面聯絡感情，另一方面建立彼此支持的系統。當我加入後，我發現女校長的人數雖少，但弱不弱勢卻因人而異，而且不知是否長期以來的訓練或心理的防衛，沒有人願意承認女校長在校務領導上的壓力與困境，所以吃飯聯絡感情卻不談校務，再說，當時的女校長，能在校長甄試中脫穎而出都非等閒之輩，能力、經驗，尤其是企圖心，均為一時之選，因此後來也隨著女校長日益增多，「女校長聯誼會」終告結束。

「女校長聯誼會」的結束，雖然展現了女校長的強烈企圖心與理想性，但說真的，女校長因為性別因素，在校務領導上確實要比男校長面對多一點非理性（難以理喻，難以言傳）的阻撓與挫折，這種情況，在一些較保守的學校尤甚，我歷任的蘭州國中、永吉國中、南港高中均屬此類學校，一路走來備極艱辛，我急切想要尋求一起推動組織變革與文化更新的夥伴，讓大家了解我這外來者所看到的學校與外界的落差，讓整個學校快速動起來，然而這樣的訴求並不容易達成，總要歷經千辛萬苦的歷程，至於如何克服，留待後話。

伍、建構優質的行政團隊

接掌一校，建構行政團隊是當務之急，我認為身為校長，必須對人力配置與人力運用有正確的觀念，方能有效建構強而有力的團隊，並發揮強大的戰力與績效。

我始終堅持兼職的行政人員（主任與組長）必須是一時之選，不僅要態度認真、教學績效良好，還必須有良好的溝通能力與挫折容忍力和高度的 EQ，主任還需具備教育的理想、領導的能力、願意犧牲付出的情懷和追求成就的動機等特質，方能成為優質的行政人才。

多年來我的行政團隊一向為家長和同仁稱許為「夢幻團隊」，並非它完美無缺，卻是一支優質的隊伍。14 年來，擔任過 3 所學校的校長，剛上任時，行政團隊並不全然理想，我沒有攜帶「班底」上任的習慣，因而花上 1、2 年的時間強化行政團隊，使其適才適所是難以避免的。

回想初到蘭州國中，很快就發現學校行政人員很沒有尊嚴，學生、教師與

家長對行政人員大多抱持鄙夷不屑的態度，行政業務的推動充滿阻力，因為教師兼職的行政人員中，不乏教學效能不佳幾達不適任邊緣，或老朽不堪，缺乏專業知能且態度敷衍塞責之士，連帶地專任的行政職工，在缺乏有效的領導系統、合理的制度與績效概念的情形下，也充滿了官僚習性與怠惰態度。

眾所周知，每所學校難免都會碰到一些效能不佳的老師，學生和家長屢屢要求撤換，校長或主任窮於應付家長的壓力，且無法有效提升這些老師的教學效能，變通之道就只好把這些人調任行政兼職。殊不知此法有如「引鴆解渴」，表面看似乎解決了不適任教師的問題，但是導致行政系統運作不順，績效低落，服務品質不佳，優秀的人才不願投入行政工作，學校的經營發展與學生受教權益均大受影響，因此選任優質的行政人員，是建構優質行政團隊的第一步。

其次，校長最忌諱將行政主管分為親疏之別，「大小眼」常會導致處室間明爭暗鬥，相互較勁或互相杯葛。尤有甚者，校長如不自覺，讓最信任的親信總管一切，塑造「地下校長」，不僅會破壞行政團隊的和諧，更嚴重的將導致不被信任與授權的處室人員消極以對，影響業務的推行。

至於行政團隊的運作模式，我通常採用「團體決策」的模式，讓處室主管、行政人員之間有更多的互動機會，每個行政人員都能知悉各處室的業務運作，可收集思廣益之效，並可建立彼此的情感，更可消除「本位思想」，促進彼此間的相互支援與協助，例如每月一次的「行政會報」、每二週一次的「主管會報」，以及每學期一次的「擴大行政會報」，雖是例行會報，但能確實有效地進行溝通，建立共識以及產生良好的決策。

其次，以「知識經濟」和「學習型組織」的概念經營行政團隊，帶領行政團隊進行學習參觀之旅，並成立讀書會，使其能不斷成長。

「參觀之旅」，例如進行操場及校園景觀修繕更新時，我曾帶領總務主任、教務主任及學務主任參觀宜蘭十幾所中小學，將其設計理念、教育精神與實品成效等精華運用其中，將老舊校舍賦與新的精神與外貌，學生老師與家長及社區人士均大呼神奇；又如帶領各處室主管參觀北縣漁光國小，一所瀕臨廢校的山區迷你學校，成功轉型為假日學校，觀摩學習其「絕處逢生、以小搏大」的創意、決心與毅力……等等，均能有效提升行政團隊的動力與實力。

再者，有效的激勵行政人員是不可忽略的一環，近年來校園生態不變，行政人員工作負擔繁忙，責任重，壓力大，權力小，常得受氣，委曲求全，因而

最近幾年行政人員異動頻繁，人才難覓，校長必須適時予以精神的與物質的激勵，難的是校長手中資源有限且貧乏，但仍應盡力而為，例如有記功嘉獎的機會，盡量讓予主任組長；偶而請主任組長聚餐小敘……等，最重要的還是給與全然的支持，並適時適度地維護其尊嚴。

陸、形塑專業的教師團隊

有了強大的行政團隊，接著就要形塑優質的教師團隊了，這一環往往比較困難，平日學校隔著圍牆與外界接觸不多，教師比較保守、主觀、害怕改變。認真的老師，全力投入，沉醉在自己的王國，老師就是教室王國裡的國王，不喜別人過問；不認真的老師則害怕別人過問，抗拒他人的意見。但是，不僅社會的變遷以級數在進行，就是教育政策也不斷在推陳出新，國家社會對人才的需求、學生的身心發展、家長對教師的期待……等等，都時刻在改變，所以校長必須領導全體的教師走出藩籬與窠臼，協助老師走向更專業的境地。

為了達成教師專業化的目標，校長必須以身作則，隨時進修並積極參加各項專業成長的活動，強化自身的專業知能。發揮教學領導效能，參加教學研究會，參與各科教學討論，可以形成無形的壓力與激勵，鼓勵教師進行專業對話，並帶進教育專業理念，闡釋教育政策的精神與目標，引導教師朝向專業化目標邁進。

例如台北市教育局為了推動行動研究，舉辦第一屆行動研究競賽時，我即以「國民中學設置專業社會工作人員可行性之探討──以台北市為例」參加比賽，獲得「佳作」。除與同仁分享榮譽之外，最重要的是分享經驗與心得，並聘專家學者指導老師如何進行行動研究。經此推廣，學校老師就其教學與班級經營所遭遇的問題進行行動研究，蔚為風氣，參與者眾，並曾連續 2 年榮獲台北市行動研究競賽團體第四名、第一名。

培訓種子教師，帶動團隊風氣亦是可行之道，中學教師常會有害怕改變與觀望的保守心態，老師們往往因為焦慮、緊張及惰性而拒絕改變，如果能夠遴派人格特質主動積極、富有企圖心、理想性與影響力的老師，參與種子培訓，再回到學科或領域團體，就可以帶動進修研究風氣，並透過分享機制，提升所有教師的專業知能。

最後，引進各項資源並善加利用，例如教育部或教育局實施「志願就學」、「小班精神教學」、「學校綠建築」、「學校試辦設置專業社工師、心理師」……等各種方案，我均積極說服老師同意爭取試辦，可藉以推動校內老師的團體工作（team work）模式。台北市開始推動「教學專業發展系統」計畫，我更親自率領各領域召集人參加免費的培訓，第二年起提出試辦計畫，向教育局爭取補助經費，在校內進行推廣。如此可藉以培養教師教學反省的觀念與能力，並透過「同儕視導」，協助教學效能較弱的老師、代課老師、實習老師提升其教學績效與能力。

當學校的教師文化呈現出「主動積極」、「重視專業成長與教學反省」、「樂於分享」、「以學生為主體，重視學生權益」等特色時，就堪稱是一支優質的教師專業團隊了！

柒、不適任教師的輔導

縱使如此，關於老師的教學，校長還是會有頭痛的時刻。桌上躺著一封家長的信，映入眼簾的是家長對老師的批判與質疑，語氣充滿不滿與憤怒。

家長指稱老師上課不認真，常常講一些五四三的，談個人私事、對時局發牢騷、還會講三字經，學生亂成一團。繳交作業時拿別人的作業冒充，老師也渾然不知，成績一塌糊塗……並質疑這樣的老師怎配為人師？家長要求撤換或解聘老師，更激烈的還要求讓家長對老師以公投的方式決定他的去留（當時公投的議題正熱）。經了解，家長反映的都是事實。

然而，這位老師不缺課、不遲到、不早退，有經驗的校長都知道處理起來會很棘手，並非欠缺處理不適任教師的法規與機制，而是教師會或考核會絕不可能通過對老師的制裁，更甭提解聘了，這也是長期以來為人所詬病的現象，即所謂的「師師相護」。此時只有祭出校長的專業權，發揮教學視導的功能了。

第一步驟是先和老師溝通，讓他了解家長的意見，但我會將家長的強烈情緒與批評稍加緩解，以免引起老師的強烈反彈，或對學生採取報復的手段。我常說校長就像海邊的「碎波塊」，大浪打來，先把它化為小浪，將衝擊降至最低，再來解決問題。因為老師們的防衛性很強，並不認為自己有問題，反而認為家長難纏找碴。處理時必須措辭婉轉、語氣溫和，但態度堅定，表明是為了

幫助老師，盡量取得其信任與配合。不過還是很難，有時候校長稍有堅持，就難逃被老師集體追殺圍剿的命運。但是校長基於專業的良知與道德，不應坐視不管，否則損及學生的受教權益，有虧職守。

聽取老師的困難與想法後，取得其同意進行「教學視導」。老師如不同意，則將問題提到考核會議做成「需接受教學視導」的決議而後行之。情況嚴重者也難逃考列四條二款的下場。但這需要先有一個理性的考核委員會。因此校長平日應致力提倡「重視專業、有是非觀念與道德勇氣」的組織文化與組織氣氛，否則也無可奈何。我很慶幸的是經過努力，我的同僚都能全力支持。

至於教學視導的模式有二種：一種由校長、教務主任、科主席（或同科資深績優老師）組成視導小組；一種係外聘輔導團資深教師擔任視導者，視情況而決定採用的模式，甚至二種模式並用，進行的步驟如下：

一、蒐集資料：先多方了解學生對老師教學的接受程度、感受與意見等具體的
　　資訊，並詳加分析，了解問題所在。

二、召開視導前會談：視導者與被視導者會談，呈現問題，確定問題並交換意
　　見，有時難免產生爭論，因為這樣的老師通常不認為自己有改進的必要，
　　這時校長適時可提出一些事證，並說服老師。

三、進班觀察被視導者的教學：視導者進班進行教學診斷，了解問題癥結所在，
　　並做成紀錄。

四、討論問題提出策略：視導者分析教室內老師的教學行為及學生的行為，對
　　被視導者提出改進的策略。

五、進班再觀察：視導者再度進班，觀察被視導者改進策略的運用及其成效。

六、再討論與分享：視導者觀察後再次與被視導者討論與分享。

以上的步驟與過程，可視需要周而復始，直到有改善為止。在我的經驗中，校長如能正視問題，不迴避問題，並運用其教學領導的專業權威，情況都能明顯改善。當然，其中亦曾遭遇困難，如被視導者抗拒不從甚至找人施壓，希望迫使校長放棄，校長如能誠懇的溝通，並本著專業的良知與堅持，協助並引導教師修正觀念，改善教學，通常能有不錯的效果。

校長要進行教學視導，必須具備二個重要的條件：嫻熟教學視導的相關知能，包括教學原理、教材教法、學習心理、視導的技巧等，以及具備專業堅持的勇氣與魄力，校長對於教學效能不佳的老師如果視而不見，不敢處理，對於

家長的反映採取鄉愿的態度，應付了事，都將阻礙教師的成長與進步，並犧牲學生的權益。

校長的專業能力來自於不斷的學習與成長，專業的堅持來自於良知與勇氣，我認為這二項正是區別「官僚型」與「專業型」校長的重要指標，我期勉自己成為專業型的校長，並努力以致之。

捌、打造弱勢孩子的天堂──從阿輝的故事談起

阿輝在單親家庭長大，是個自閉症兒童，伴隨著智障、聽障等多重障礙。母親在公家單位服務，把阿輝照顧得很好，身體發育正常壯碩，雖然好像與外界絕緣，但與母親卻有特殊的溝通方式，很聽母親的話。

每天早上母親會送他到學校，放學再來接回，他偶爾會跑進校長室，逕自到書櫃裡取書，一屁股坐在沙發上看著書裡的圖畫，用無人聽得懂的話自言自語，一會兒把書一丟，走了。我曾嘗試和他溝通也無效，只能靜靜地陪著他。

他的導師是個中年的女老師，一再要求訓導主任把孩子調走，或准許她辭去導師的職務，原因是她每天膽戰心驚，睡不安穩，不知這孩子會出什麼事。她說她無法負責，壓力很大。她舉了幾個例子：阿輝喜歡追著車子跑，有許多同學說，經常看到他抱著福利社送貨車不放，車子走了，他就緊追不捨，老師說哪天他被車子撞了誰負責？他上游泳課時會把全身脫光，晃來晃去，還會摸自己的生殖器，嚇得班上女同學驚慌失措，男同學衝過去把他拉回更衣室，幫他穿上泳褲，老師說他有暴露狂。她怎麼對其他家長交代？另外，阿輝上課上到一半會突然站起來，走來走去或發出怪聲，老師說這樣會妨礙他人上課，因此，叫訓導處一定要把阿輝調走或准她辭導師。

類似這樣的故事，在校園裡漸趨普遍，因為隨著「回歸主流」的特教觀念與政策，愈來愈多的弱勢特教生進入普通學校接受教育，有學習障礙、情緒障礙、智能障礙、自閉症、聽覺障礙、肢體障礙、妥瑞士症（Tourette Syndrome）、亞斯伯格症（Asperger's Syndrome）……甚至多重障礙。這些孩子就是學校社群中的弱勢族群。

坦白說，至今仍有些教師及行政人員對於特教生缺乏了解與接納，因而校園中仍充斥著「對所有學生應一視同仁，不能有特殊待遇」、「班上有許多問

題都是他們造成的，影響一般學生的學習，對一般生不公平」等觀念，不少老師因為特教知能不足，很難理解各種障礙類別的特性，難免以一般的觀點來衡量特教學生，因此產生上述的困擾與迷思。最常見的是動輒要求對特教生的特殊行為依校規予以懲處，或要求將學生轉走。

雖然《特殊教育法》明訂保障特殊學生的受教權益，有許多規定諸如「特教委員會」的設置與運作，家長委員會應保障特教委員名額等，但有時候特教學生的家長也屬社經弱勢者，實際參與學校事務，爭取特教學生權益的能力不強，此時校長反而是確保與維護特教學生權益的主要關鍵。

像阿輝的例子，輔導室聘請專家來校舉行個案研討會，請導師、家長和相關行政人員一起參與研討，讓大家了解，原來自閉症的孩子喜歡觸摸或擁抱會震動的物體，因此阿輝會抱著引擎未熄的車子不放。解決之道是嚴格要求送貨車不得進入校內改停校門口外，老師就不再擔心；將全身脫光是因為阿輝已經進入青春期，身體的發育成熟，但欠缺社會觀念，不知衣要蔽體，我們請老師向全班同學說明他不是故意的，也請他母親教他學習不要在眾人面前暴露身體的觀念，漸漸地老師和同學由不了解到了解，由排斥到接納，由擔心到關心，阿輝終於順利地度過了國中3年的歲月。所以「定期辦理特教知能研習」與「個案研討會」，是營造接納與關心及幫助特教生環境的不二法門。

此外，或許至今仍存在少數教學績效不佳或不適任教師被轉任特教班任教，遇此情形，應強迫其進修，如已達可退休年齡，則積極勸退，再進用具有特教資格與知能的合格老師，形塑特教團隊，並提升普通班教師的特教知能，方能有效解決特教生回歸主流所衍生的諸多問題。

至於學校硬體設備與設施，也應考量特教學生的需求，例如處理地坪高低差的問題，以利肢體殘障學生行的安全；設置盥洗設備可以實施生活照護的課程；更新游泳池的時候，增設池底升降設施；設置資源教室；落實特殊體育的教學……等等，均是照顧校園中弱勢族群的實際作為。

除此之外，我們每年定期辦理「關懷聯誼餐會」及「特殊畢業典禮」。前者是利用歲末或聖誕節前夕，由特教組精心規畫精采的康樂活動及表演節目，還有摸彩，並邀請行政人員、特教生的普通班導師、任課老師、同學代表以及各班需要特殊關懷的學生，大家齊聚一堂，共同歡樂，溫暖弱勢孩子的心，每次在那樣的場合，看到老師的愛心，孩子的開心，我都會感動欲泣。

現在的社會不只是高度競爭的社會，更應該是合乎公平正義的社會，身為校長，應該致力打造弱勢孩子的優良受教環境。

美中不足且讓我深感力有未逮之處，就是特教老師普遍對特教行政的不重視及缺乏使命感，或許在師資培育過程即不受到重視，所以培育出來的特教老師大多不願投入行政工作，且不知何時開始，中學的特教界竟然發展出「由新進人員優先，輪流擔任組長，一年一任」的模式，就連校長亦無權置喙，影響所及就是特教教學與活動很難有進一步的發展，包括「融合教育」（inclusion）的推動不易，我認為都與此有關連。

玖、喜歡辦活動的校長

聽說有同仁稱我為「喜歡辦活動的校長」。的確，我喜歡請各處室辦理多采繽紛的活動，因為我信奉「多元智能」的理論，深信唯有為學生搭建各種學習的平台，提供各種機會，才能幫助學生獲得多元豐富的體驗，及發展他們的各項潛能。

1991年（服務蘭州國中時期）到1997年（服務永吉國中時期）左右，「升學主義」仍是主流價值的年代，辦理活動往往會招致很大的質疑與反彈，老師們認為念書都來不及了，怎麼可以辦活動，浪費學生時間或鼓勵學生玩樂？我總是得花許多的口舌與力氣說服老師，這些看似浪費時間或鼓勵玩樂的活動，最終目的其實是在提升學生的「心智生活」。一天到晚把學生關在教室裡，強迫坐在書桌前，絕非上策，只會讓學生心中充滿對大人的不滿與怨氣。讓他們發洩無窮的精力、發揮無比的創意，培養健全的身心，或藉由競賽讓他們卯足了勁爭取名次的同時，反而能激發出更強烈的企圖心與榮譽感。

記得到蘭州國中的第2年，我請童軍團老師策畫國二生2天1夜的「隔宿露營」，那時候台北市國中辦理露營活動的風氣未開（我們應該是開路先鋒吧），老師們群起反對，我親自與老師溝通，並列舉了許多經驗與理由說服他們，老師最後半信半疑地同意「試試看」。沒想到，到了現場，老師本身都像中了魔法一般，和學生一起玩得不亦樂乎，不僅抒發了平日教學的壓力與勞累，最重要的是看到了孩子充滿熱情、活力與創意的原貌，記起孩子們的本性應該天真活潑，且了解到孩子們的多元才能。就有老師感動地對我說：「我看○○

○，平常在學校簡直就是個小惡魔，一無是處，只會找麻煩，但是野炊的時候，我就對他刮目相看，他太厲害了，同學也都很佩服他呢！我才知道每個孩子真的都有他們的優點。」而上述這樣的經驗，則不斷重複發生在每一次的露營活動中，可說是收穫頗豐吧！這樣的活動，後來發展成由旅行社專業規畫，活動更精采更緊湊，老師也輕鬆多了。

校內或校外、動態或靜態、個人或團體，我的學校總是辦理很多活動，提供更多元的學習與體驗的平台，我並不擔心學生的學習會受影響，我甚至不細看教務處所陳上來的各班成績統計表，也不以成績作為評定老師或學生的唯一依據。我深信教育要重視過程，有細心規畫、認真執行、符合教育精神與教育原理，且精緻周延的過程，必定會導出令人滿意的結果，教育不是短線操作的「投機股」，應該是長期經營的「優質股」，因為我們在談的是「人」的教育，而非考試的「機器」。

我總是對學生強調：要「動如脫兔、靜如處子」，「讀書時全神貫注、活動時全力投入」，學生的功課反而更進步，升學的成績反而更亮眼！最重要的是學生的「快樂學習」（反對的人會誤以為所謂快樂學習是指無挫折、無困難、不需費力，當然不是，怎麼可能？快樂學習是指不違逆本性，不禁錮人性）以及「全人的學習」。那些初始帶著懷疑與不相信的老師與家長，慢慢地終於認同了我的觀念與做法。

拾、經營公共關係像跳探戈

「學校公共關係」是校長領導校務發展不可忽視的一環，校長必須與上級長官保持良好關係；與社區人士有適切的互動；也難免要與民意代表有所接觸，至於不確定的社會資源系統，包括媒體的互動亦不可忽略，所以經營公共關係亦是校長的必要功課之一。

然而，每個人的行事風格，往往取決於他的個性與人格特質，在經營公共關係時尤其如此。我的個性有一點怕生，敏感羞怯、不擅長也不喜歡與陌生人交際應酬，更不喜歡運用謀略。我的個性是如此的不夠政治，為了順應我的個性，擔任校長十餘年來，我一直秉持著「經營實力比經營關係重要」的信念。

我與民意代表的接觸僅止於公事，例如學校有慶典活動時，邀請學區（社

區）議員參加，是為了行銷學校的特色，建立學校的形象，而非與議員建立個人的關係。遇到民代反映家長對於學校的意見，則虛心接受，確實處理，如有關說則詳加說明並予婉拒；與長官或社區人士的互動亦如此，對於長官抱持著禮貌及行政倫理的原則，不逢迎，不諂媚，以辦學的績效獲取長官的信賴與支持，為學校爭取資源與經費，曾有長官笑稱我很會為學校要錢，並說因為我不會浪費公帑，每一分錢的結果都很令人滿意，真正能為學生帶來更優質的學習環境，所以他們願意給經費；遇有社區性的活動盡量參加，在不影響教學的情況下，學校資源與社區共享，例如學校視聽教室租予社團辦理社區人士進修課程、運動場提供社區相關單位辦理運動會、園遊會、圖書館開放家長借閱……等。

我堅信本著誠懇的態度待人、務實積極的態度做事，就能獲得肯定與尊重，因此我雖拙於長袖善舞，亦非八面玲瓏之人，但在 14 年的校長工作中，獲得許多人的支持與協助，使校務能順暢運作，學校能經營發展，不曾感受強大的所謂「人情壓力」，也不至於得罪他人。

至於媒體，我曾多次上過報紙版面，大多數是表彰學校與學生的優良事蹟，當學校有優異的表現或特色時，可以經由新聞發布管道發新聞稿，也是為學校行銷的有效策略。當然也遇過負面的事，例如有一次，有位老師處罰學生確實過當，他以手背拍打學生額頭，導致些微紅腫，但家長原想趁機敲詐不成，找上議員召開記者會，喧嚷一時。我的應對之道，對於老師不當管教坦承不諱，並表明圖謀改進之決心，但對於家長不良意圖及誇大不實，則勇於揭露真相，因而事件迅速得以落幕。又有一次是因有心人士捏造及扭曲事實，欲假藉民代之手，質疑教師甄試不公。記者詢問時，我將過程與做法據實以告，記者也做了平衡報導。我的媒體經驗是只要坦然面對，據實以告，媒體記者們其實自有其專業的判斷，不見得是那麼可怕的，一味閃躲實非上策，視媒體如蛇蠍，避之唯恐不及，更無必要。

經營公共關係，如係出自私心，期待有朝一日能有助於自己的升遷，那就太辛苦了；如係出自真心誠意，相互尊重，只為學校的發展與學生的需求尋求支持與支援，那就很容易引起共鳴，建立共識，並進而得到奧援。

保持良好的互動，但也保持適度的距離，就好像跳探戈一樣，自然就能進退有據，容易拿捏了，至少我證明了「校長可以不必太政治」。

拾壹、校長是校園正義的最後防線

　　「社會正義」（social justice）的概念，很早就存在我的心中。大學時期修讀教育哲學，我就十分崇敬歐陽教老師，且對於 Aristotle、John Ross 等人有關社會公平正義的論點與主張，深有所感且至為著迷，因為那與我的本性非常貼近，我相信那是維繫社會秩序，促進社會進步的主要元素。

　　記得初任教師的第 2 年，班上有位學生因為抵抗生物老師的性騷擾，且勇敢地對老師表現出不屑與鄙夷的態度，而被那老師痛毆一頓。事發之後我才知道，訓導主任要訓育組長來找我，她說：「我們都知道妳的學生很聽妳的話，希望妳能安撫學生，叫她回家不要告訴父母，聽說她的家長很『難搞』，怕他們會來學校鬧事。」我聽了甚為不滿，強烈質疑主任與組長：「你們要怎麼處置老師？這位老師應該受到懲處與教訓，你們不應該袒護老師，傷害學生，還要掩蓋問題。」當然可想而知，我的意見（人微言輕）並未被接受，那位老師未受任何的懲處，甚至連警告都沒有，我只有默默地撫平學生的心。但從那以後，我誓言要永遠捍衛學生的權益，只要我有權力在手，必然要當校園正義的最後防線。

　　若干年後當了校長，碰到了師生衝突的事件。有一位學生，因為質疑老師對事物的處理方法，且強烈要求老師要處罰學生前，必須讓學生有說明的機會，因而被老師視為「頂嘴大王」、「目無尊長」的問題學生。此後他的日子就不好過了。鬧僵了以後，老師處處找碴，事無分大小，動輒以校規懲處而非以教育的方法教誨學生，甚至同一事件會重複處分，記大過以外，評定德性成績時又將導師扣分上限全部扣光，意圖讓他畢不了業。這樣的案子，通常到我手上我不會核准，會和老師溝通，但他們豈是容易溝通之人？所以痛罵校長袒護學生或因此憤而調校的均有之。

　　身為父母或有專業倫理與包容心的老師都知道，青春期的孩子不成熟，不會是「一百分孩子」，校規的存在是為了導正學生的行為，讓學生學習為行為負責的態度，但並非成全老師那不必要的自尊心與濫權的工具。根據多年來的觀察，我發現班級經營成效良好的老師反而很少懲處學生，並非他們的學生都天生乖巧，只是老師較會善用教育的方法，而且較為包容，學生在其諄諄教誨

與循循善誘之下,反而能頑石點頭,這是值得許多老師深思的。

碰到前述那樣激烈的老師,大多數同仁縱使不認同,也都採取沉默的鄉愿態度,無人願意出面說句理性而專業的話,甚至還有部分老師力挺,彷彿只要是站在同一陣線,不問緣由(或許他們也都是堅持「天下無不是的老師」之輩)就可以因此保住老師的尊嚴與權力。我常告訴老師,我們教育人員的尊嚴是「贏得的」而非「爭來的」。

校長難為就在「尊重老師權威」與「維護學生權益」之間的拿捏與堅持,有一次有位教學認真的年輕老師,因為經驗不足,在處理學生違規懲處事件及評定操行分數時,與家長溝通不良,且因不諳相關作業而傳遞錯誤訊息,導致家長頗不諒解。檢討起來又涉及長久以來學校行政程序欠當(操行不及格,但未依規定提交學務會議審議),此雙重因素損及學生基本權益。如今既然發現問題,就應該採取救濟措施,給與學生重新提會審議的機會,但這種基本的「程序正義」概念卻很難讓老師接受。再者,有些老師欠缺邏輯思考素養,總喜歡「就人論事」而非「就事論事」,爭議之際引發一連串的是非乃意料中事。此一事件後來讓教師會軋上一腳,單純的學生管教問題就變質了,它儼然成為學校的政治事件,教師會並結合同科老師開始大鬧戰場。當我獨力奮戰之際,仍要持續費心輔導學生,老師總是膚淺地認為校長只是一味的袒護學生,其實我最在意的只是他們的基本權益與被公平對待的機會,這不就是教育人員的初衷嗎?

像我這樣的校長,當然很容易得罪那些不隨時代進步而成長、捍衛教師本身權益甚於學生權益、不肯包容學生、甚至不問是非、堅持教師威權或喜歡濫用教師權威的老師們。有時候會帶來緊張的關係,甚至招致蓄意的詆毀與攻訐。我是個很不政治的人,我不喜歡戰鬥,這樣的戰鬥往往讓我睡不安穩,覺得很受傷,但為了維護校園的公平正義與學生權益,我會在所不惜,堅持到底。

拾貳、性別議題與性別平等教育

我想談談身為女校長,對於「性別平等教育」有沒有特別的感受或特別重視?我想是有的,最早對女性主義的印象是在大三時,現在的副總統呂秀蓮女士,在中央日報副刊所發表的文章,給我很深刻的啟發。此後,我便熱中閱讀

女性主義的書籍，像西蒙波娃的《第二性》、《美國記行》、Warren Farrell 的
《男性解放》、葛蘿莉雅史坦能（Gloria Steinem）的《內在革命》、《婦女與
兩性學刊》……等，偶而也會到新生南路的「女書店」找專書閱讀，以及初期
以教育為主題，後來轉以性別議題為主軸的世新「立報」，加上歷年來有關兩
性法律（包括民主、刑法與教育法令）的訂定或修正之相關訊息……等等，都
是我汲取性別知識的來源。不斷的學習與自我檢視，一點一滴建構起我的性別
教育觀。

　　回想起來，重視女性的主體意識與獨立價值的觀念，其實早在幼年時期，
在我的原生家庭就得到啟蒙。我的母親是個很有獨立見解與批判思考的女性，
父親不僅沒有大男人沙文主義思想，與母親站在平等的立場相互尊重，父母對
我們的教育更是絕無性別偏見與刻板印象，未曾因為性別因素對我有差別對待，
我也從不因身為女性而自我設限。

　　後來的教育與接觸，使已經啟蒙的思想更加成形。但我並非極端的女性主
義者，所以建基在平等與尊重，及珍視自我價值與自我獨立的和諧兩性關係，
才是我所重視的。在學校裡，我盡可能地保持中性的性別觀，不突顯女性性別
也不向男性主流文化靠攏，用人不涉及性別因素，唯才是用；鼓勵有才華的女
學生勇敢表現自己，追求理想；檢視學校的硬體設備會不會對女性設限或不利；
注意每一項制度與措施有沒有性別刻板印象的影子；遇到同仁的性別觀念與態
度稍有偏見時，我會予以導正。記得教育部剛開始要求各校成立「性別平等委
員會」，在討論與檢視性別偏見與性別歧視時，有位男委員說：「有這麼嚴重
嗎？」我笑說：「當有人說有這麼嚴重嗎，就表示問題真的很嚴重。」

　　學生在這樣的教育氛圍下，也有驚人的成效展現，有一次，有幾位女同學
向我抗議體育組辦理班際體育競賽時，所訂定的規則涉有「性別歧視」，希望
我出面處理，我真的頗覺欣慰，希望下一代的社會，不再有男性自以為是，或
女性刻意屈從的現象。

　　我也關切同性戀的議題，2 位女兒身邊的同學與友人，有些是同志，她們
也教了我不少有關同志的觀念、知識與用語，以我對於性別平等議題的關注與
重視，所具備的知識與態度，使我比別人更重視「性別平等教育」及「性侵害
性騷擾」等問題，這是我的工作同仁與夥伴們都很清楚的。

　　我會請輔導室規畫課程，並積極辦理教育與宣導活動，例如利用班會時

間，發給性別議題大綱，鼓勵班級進行對話與討論，藉以檢視與澄清每個人的觀念；利用週會，邀請專家學者進行專題演講，傳遞正確的知識與觀念；我也會利用機會，以時事問題，對學生進行相關的機會教育。

雖然如此，頗令人覺得無奈的是，現今社會的亂象影響力，往往大過學校教育的力量，防不勝防。十餘年來，我也曾遇到過學生遭遇性騷擾、性侵害或發生不當性行為等問題，幸虧我的工作夥伴都具備充足的相關知能與敏覺的行事態度，能明快地處理得宜，並極力做好後續的輔導工作，使學生受到的傷害降至最低。事實上，依專家學者的推測，隱藏不為人知的性侵性騷事件應該不少，所以，校長實在有必要更重視此議題並致力於同步推動家長、教職員工的再教育，才能真正落實性別平等教育，並防範性侵害及性騷擾的不幸事件發生。

拾參、避免關說的困擾

常有友人問我，是否常會碰到民代關說工程，或教師甄試之類的困擾？我說不會，他們都覺得「怎麼可能」？其實我自有一套妙方。

剛當校長的第 2 年，議會一通過「鋁門窗更新」的預算案，就有位自稱是某市議員的好朋友到我辦公室，表示他有興趣做這案子，希望我給他機會。我說：「謝謝你看得上我們的小工程（大約 300 萬），歡迎你來投標，我們學校是日據時期蓋的，全校鋁門窗都要汰舊換新，數量不少施作不容易，我們編的預算又緊，除非偷工減料，否則利潤少得可憐。但是我們絕不可能讓承包商偷工減料，所以我還正在擔心沒人來標呢，您有興趣，太好了，謝謝您，真的非常歡迎你來。」

結果如何可想而知，他當然不敢來。找民代關說的廠商，往往一開始就打算偷工減料，並希望我們睜一眼閉一眼，如果他盤算無法得逞，無利可圖，就不會來了。我巧妙地讓他知難而退，既不得罪議員，也確保了工程的品質，更重要的是慢慢建立自己的風格與口碑，此後再也不會有人打著民代的旗號來找碴了。

除了民代關說，還不免會碰到一些廠商用恐嚇的方式嚇唬。有一次「自動飲水設施」的標剛標出去，就接到一位中年男子的電話，語帶威脅地說：「校長！你們今天的標有問題喔，我……」不等他說完，我語氣堅定地告訴他：

「今天的標一切合法，還有教育局監標人員在場。對不起，我已經下班了。有問題，明天請到辦公室找我，或請直接向教育局政風室檢舉。」當然這位仁兄也沒出現。

又有一次，修建工程承包商意圖偷工減料不成，便拖延工程，眼看完工期限到了，找一堆理由，希望無條件再給他寬限，使盡方法見我不為所動，便使出濫招，找來一位穿著制服，貌似彬彬有禮的先生來說項，他說：「年輕人（指承包商）做事業不容易啊，希望校長能體諒，給他們年輕人一個機會。」我就扮豬吃老虎：「喔，你不知道我已經給他很多機會，他都置之不理，反而像流氓一樣恐嚇我們，嚇死我了。我不是不給您面子，但是公務員要依法行事，否則我也擔待不起。拜託您請他積極一點，我看他很聽您的話，叫他趕快完工，不要對我逞兇鬥狠，最大的寬限，就是到今天午夜12點前完工，都不算逾期。」結果制服男士當面責備了承包商老闆（管他罵真的，還是做樣子給我看），只好乖乖地趕工，逾期照罰。

這些事例證明了我一向的工作信念——「認真辦學，待人真誠，依法行事，無所畏懼」便能建立自我的風格，往後自然就能少去無謂的困擾與麻煩。後來，據說一些會扯濫污商譽不佳的廠商，聽說我在當校長就自動迴避，省去我不少煩惱。

有位園藝工友，工作態度消極怠惰，敷衍塞責，對主任的態度傲慢，不聽指揮，當我們要求她改進並要對其嚴加考核時，竟然接到三黨議員來「關心」，原來她向民代表示受到學校的壓迫，希望議員為她出面，對校長施壓。但是當我對議員據實以告以後，議員們全表示這是她不對，我還拜託議員協助督促她，過不久她就自動辭職了。

至於教師甄試，偶有遇到民代轉來的簡歷或電話，我總是婉轉地告訴他們，我必須依照法令規定，公開公正去甄選老師，他們也都表示理解與尊重，並說他們必須對選民有交代才代轉信函，希望不要介意，如果還不錯就盡量幫忙。

總之，對於關說，不必逃避，不必害怕，只要勇於面對，態度婉轉，誠懇溝通，均能順利應對。此時我心裡浮現的是孔老夫子說的「有所為，有所不為」，以及「不為名利，無所畏懼」，正是我多年來所秉持的原則。

拾肆、我如何獲得「校務評鑑六顆星」的最高榮譽

　　1997 年 2 月至 2003 年 7 月的 6 年半期間，我服務於永吉國中，2003 年 4 月，學校接受台北市教育局的校務評鑑，評鑑內容共分六大項目：組織與行政、課程與教學、訓導與輔導、環境與設備、教師與專業、家長與社區。評鑑採初評與複評二階段進行，評鑑結果六大項目均榮獲特優，綜合評鑑委員的意見如下：

一、整體而言，師生對學校的滿意度都很高，學生在學校過得很快樂，對同學、導師、任課老師和行政人員都很喜歡，老師們覺得學校各方面的狀況，是歷年來最佳的，而且學校一年比一年進步，一年比一年好。

二、學生喜歡去輔導室聊天，代表它很成功，學生也表示輔導室所做的測驗對他們的自我了解有很大的幫助，有困擾挫折時，會求助於輔導室。

三、家長稱讚學校的公開與透明，對於學校真正重視全方位的發展高度認同，也感謝導師們的用心。

四、學校的教學情境布置得宜，賞心悅目，可見學校非常用心。

五、學生經常利用網路完成作業，多數的家長會上學校網頁查看相關資料。

六、抽訪的學生都認識校長且很喜歡校長。

七、晤談中發現老師和學生對學校非常支持，對學校有認同感，老師都是一面倒的稱讚學校，感覺學校一直在進步中，顯見「人和」是學校組織運作很大的動力與助力。

八、學校在無障礙環境方面，能突破現況的困難，做得很好，在老舊學校中難得一見的巧思。

九、學校硬體的更新足為老舊校舍更新的典範，除了視覺上煥然一新，在環境與人的互動與融合做得更好。

十、學校環境很好，人很好，行政動力很好，老師的奉獻值得肯定。

　　學校受到肯定，親師生同感高興，我也因而聲名大噪，被長官、同仁、家長與社區稱為「六顆星的校長」。

　　得此殊榮確實令人振奮，但是回顧帶領整個永吉國中團隊共同努力的歷程，只能說「如人飲水，冷暖自知」、「寒天飲冰水，點滴在心頭」，其中辛

苦自不在話下，但也摻雜著許多樂趣與成就感，真的是「笑中有淚、淚中有笑」。

初接任務時，面對歷史悠久、校舍老舊、組織僵化的學校，難免令人有無力感，但很快地被一股熱忱、滿腹理想及好勝的企圖心所取代，一心想要好好衝刺，好好表現，希望學校能夠脫胎換骨。

但當我全力衝刺時，顯然錯估了情勢，並非組織內所有人員均有此共識，相反地，大多數的同仁安於現狀，對圍牆外的世界感覺遲鈍，亦缺乏績效的觀念。

此外，時值校園民主化運動之初，我到任之時，適逢學校教師會成立初期，「教育民主化」、「學校經營本位化」、「領導分權化」固然都是擋不住的趨勢，也是全世界各國教育改革及組織變革必然要走的路，我一向認同並全力投入。然而公立學校組織變革不同於一般的企業組織，因為分權化的結果，校長處於「權責不相稱」的窘境，且全世界獨一無二的「校級教師會」在校務運作上更形成「球員兼裁判」的荒謬現象，對於校長的學校經營與組織領導，處處掣肘。舉例而言，要求教師專業成長屢遭教師會的杯葛；維護學生權益本為教育人員的天職，但教師會往往以教師的利益與方便為優先，更有甚者，校園民主化的機制因教師會的操作，形成以教師會的威權取代校長威權的現象，致使校園的民主化落空，專業化亦淪為空談，教師會儼然成為少數有權力欲者舞弄權謀，與校長或行政角力的舞台。

面對這樣的情況，不得不承認我一度深感痛苦，但也深知唯有勇敢地迎戰，不懈地努力，才有可能在這個園地裡，深耕我的教育志業。

首先我必須包容不同的聲音，甚至無禮的態度及刻意的詰難，不管在校務會議的蓄意杯葛，或是黑函中傷，只要行得正，無所畏懼，不以為意。我告訴自己，這幾乎不能歸咎於他們，校園的封閉現象、教職員工的保守心態，是領導者長期故步自封的結果，抗拒變革，產生爭戰與論辯，則是走向開放進步必經的陣痛過程，比較值得重視的是陣痛期要延續多久？我本著誠懇待人的原則，虛心耐心以待，但我仍須堅持凡事回歸教育的本質及維護學生的權益，不輕易妥協或犧牲學生的權益，「包容」可以逐漸化解敵對與不信任，「堅持」可以促成組織的專業化與精進，也常有家長和老師安慰我「日久見人心」，為我打氣，成為我繼續努力的支持力量。

　　包容與等待並非無所作為，而是以清晰的理念與有效的溝通圖謀建立共識。《教育基本法》揭示「學生是教育的主體」，然而這樣簡單的概念在老舊的學校思維裡卻很模糊，甚至被視為異端，有部分老師則仍停留在「唯智主義至上」、「升學主義掛帥」的觀念，對於我所主張且全力推動的「多元化教育」自然有了強力排拒的理由。為此，我常利用各種機會與場合宣導我的教育理念，強調學校所有事務與措施均有教育意義，應符合教育本質，以達成教育目標為依歸。

　　我經常將教育政策、教育思潮或教育方法等資訊與同仁分享，還利用校長室網頁記載我的工作心情與心得、傳達我的教育觀念與做法，成為我與學生、教師與家長溝通的平台，久而久之，終能獲得家長與師生的認同，建立共識，並形塑出學校發展願景。

　　老舊學校有不少行之多年但卻不合時宜的措施，也有不少便宜行事的陋習，進行組織變革時最難的就是革弊興利，因為改革難免妨害既得利益者，難免招致抗拒，但為了學校的發展，學生的權益，我不斷地檢視舊有的人力配置及制度措施，良好的加以保留並發揚光大，不好的則改進。

　　改變組織文化的過程，揚善獎勵可以有效激發同仁的工作熱忱與動力，適度的懲戒亦有助於防止人員的懈怠，防範組織的惰性產生，我致力於建立各項獎勵教師優良表現的措施，對於歷任校長與主任均束手無策的教師或行政人員，則先行溝通了解其困難並促其改善，不從者則落實考核，漸漸形成正向優質的組織文化，避免劣幣驅逐良幣或集體打混的現象。

　　總之，獲得六項特優的榮譽，代表獲得品質的認證與肯定，經由所有成員共同努力，擴大共同的宏觀視野之際，正是學校繼續進步的另一里程碑。

拾伍、完全中學的內在矛盾

　　離開前一所學校，來到一所附設有國中部的高中，實質上它就是「完全中學」。因為政策因素（或政治考量）應運而生的完全中學，雖然有它理論上的理想，但因缺乏完善的配套措施（包括師資、課程與行政編制），導致實際運作時，面臨許多內部的矛盾與困難，只有身在其中的人，才能深刻感受其中的艱辛與無奈。

　　我們從發展心理學的觀點來看，「12～15歲」的青少年與「15～18歲」的青年，雖然都是中等教育的範疇，卻是兩個截然不同的階段，他們的身心特質不同、發展任務不同、教育屬性與目標不同、適用的法令規章不同，將其放在同一校園裡，以同一套人員編制的行政組織，要因應並滿足二部師生不同的需求，其中困難處實在難以形容。

　　舉個最簡單的例子。多年來我一直堅持利用學生集會時間和學生分享或探討一些社會現象與思想觀念的問題，因為現在的社會多元而複雜，且變化快速，正式課程及結構性的計畫課程所欠缺的「空白課程」愈來愈多，校園倫理與師生關係愈來愈冷漠，加上家庭教育的功能愈來愈式微，我們應該盡量利用機會教育，一點一滴地補足這些空白。每週三、週四分別舉行高中生集會和國中生集會，我必須以二種截然不同的口吻、態度和學生談不同或相同的事物，週一全校集會則又是另一種模式，訓育組長曾經觀察入微地對我說：「校長，我發現您很厲害，您都用不同的方式扮演校長的角色，說不同的話。」的確，每次集會前，我都必須做準備工作。

　　行政人員則必須參加包括高、國中所有的會議與活動，責任與負荷自是單一高中的兩倍，有時看著他們像無盡燃燒的蠟燭，不免於心不忍。

　　更多的內部矛盾包括國中老師普遍較高中老師資深，對學生的管教態度差異甚大，導致國中老師對高中師生存有微妙的心理效應（負面為多）；高、國中的教師文化差異大，關注的事物與焦點也不盡相同；另外由於完全中學有直升的辦法，高中老師埋怨國中老師不鼓勵優秀的學生直升高中部，所以每年討論直升辦法，訂定直升標準時，這種矛盾與衝突總是一觸即發。

　　我不斷地倡導特別優秀的學生就讀前三志願學校（因為那是屬於菁英教育的部分），其餘的就鼓勵直升，因為其餘的高中均屬「社區型高中」，大同小異，我們有把握將我們的學生教得更好，此時高中老師站在我這一邊，但國中老師總是堅持將競爭力較弱的孩子留在身邊，這種矛盾心態永遠難解。

　　當九年一貫課程政策推出以來，在完全中學的推動與發展不如純國中。據我的觀察與了解，主要的原因在於九年一貫課程的改革號稱「教學典範」的轉移，教師的教學由單兵作戰、單打獨鬥轉為團隊合作的模式，成敗的關鍵在於團體動力的強弱，然而完全中學的國中部班級數不多，每一領域教師人數少，團體工作的模式成為空談或效果不彰，校長與教務處在課程領導上的功能也難

以發揮，往往事倍功半，我們只能竭盡所能，繼續努力了。

拾陸、我的生活哲學

自從當了校長以來，先生常戲說「悔教太太當校長」，因為能陪家人的時間少了，壓力大了，看著我的辛苦，他於心不忍，故有此說。他也常形容我「在外一條龍，回家一條蟲」，因為工作時我精神抖擻、精力旺盛，回家卻是精疲力盡，一副累癱了的模樣。不過先生和女兒都全力支持，讓我得以在職場盡情馳騁。

早期參加校長甄試，女性應考者常被問道：「妳如何兼顧工作與家庭？」我常批判這樣的思維與觀念，為何沒人問男校長如何兼顧工作與家庭？我想主要原因在於，擔任主管工作確實需要付出許多時間與精神，承擔許多責任與壓力，而女性常被視為家庭的主要照顧者，時間可能不敷分配，且一般人總認為女性的抗壓性比較弱，難以承受艱鉅的責任與巨大的壓力。其實，這根本與性別無關，只是，擔任主管應該正視時間管理、壓力管理與健康管理等問題倒是真的。

校長是個高壓力的工作，壓力來自於工作量負荷重、工作時間長、校園生態丕變，花在溝通解決紛爭的時間增多、校長的權責不相稱，分權化的結果「權少責任重」、家長期望高等，在在均增加了許多困難及挫折。

校長總是心思最細密，腦中雜念最多，走在校園中，地上有紙屑，就想孩子的生活教育要加強；下雨天巡堂時，會一邊找尋漏水的源頭，心想該編屋頂防漏的預算了；看到地面不平，擔心師生的安全；看到學生有危險的舉動，像在走廊奔跑、特技表演，又會擔心出意外……。總之，校長的心沒一刻是閒著的，要管學校發展、組織運作這樣的大事，也要操心芝麻綠豆的小事，如果有某一處室效能較弱時尤其辛苦。所以有人說，校長是個折舊與磨損嚴重的工作，如何紓解壓力，自我調適，真的是個大學問。

為了避免積勞成疾導致「過勞死」，我選擇不應酬，因為應酬太多是健康的殺手。如前所述，我的公共關係經營很另類，所以我並不擔心「不應酬就無法建立公共關係」。

保有規律運動習慣是我經營健康生活的第二守則，我是「體適能 333」的

實踐者，每週有氧運動 3～4 次，每次 40 分鐘～1 小時，運動項目隨著年齡調整，慢跑、游泳、登山、打羽球、桌球，都是我喜愛的運動。慶幸的是，我的另一半樂於當我的運動夥伴兼教練，運動的時間也是夫婦間親密相處的時間，有個志同道合的伴侶，讓我在忙碌的工作中，保持身心都健康。我也大力鼓吹我的同仁，尤其是行政主管，一定要忙裡偷閒，規律運動，我開玩笑說「我不希望你們鞠躬盡瘁，死而後已」，特地成立了行政主管的運動社團，取名為「靚健康俱樂部」，強迫一級主管運動，成效如何？坦白說，還在努力中。

我常利用巡視校園之際，趁機欣賞校園美景，天氣好，季節對的時候，還可以觀賞到翩翩蝶影及吱吱喳喳逗趣的小麻雀，或體態優美，悠閒漫步在花圃裡的鳥兒。凝視著圍牆邊一排排秀美的小葉欖仁、一棵棵壯碩的榕樹，或是某個不起眼的角落裡，三兩株開著小花的黃槐，靜謐的空氣映照著教室內莘莘學子的身影，很容易就陶醉其中。

我常利用有訪客或開小型會議的時候來杯咖啡，深沉而帶點碳焦的香氣，可以沉澱雜思，可以清心醒腦，可以鬆弛神經，也有助於溝通的氣氛，幸運的是換了幾所學校，我辦公室的小姐都精於烹煮咖啡，我也因此學了幾招，退休後還打算去開咖啡店呢。

時間管理也很重要，不善加分配與利用，就會讓自己像陀螺一樣團團轉，我的時間管理也有獨到之處，「比例原則」、「經濟原則」與「兼顧原則」等三個原則讓我運用時間游刃有餘。首先談「比例原則」，我採用 10：8：6 的比例，10 小時工作、8 小時活動（含用餐、運動、休閒、美容、閱讀、寫作……）、6 小時睡覺；我喜歡 DIY，無論剪髮、洗髮、染髮、做臉、敷臉、SPA，每週至少可節省上美容院的時間 4 小時，這就是「經濟原則」；至於「兼顧原則」是指一心兩用，我會一邊洗衣，一邊做簡易運動；一邊煮菜，一邊看電視；一邊敷臉，一邊聽音樂……很有趣又很有效呢。

拾柒、回顧來時路

有人說校長一職就像「婚姻」，在外面的想進來，在裡面的想出去。我想這種耐人尋味的比喻，是因為當過校長的人都知道，「校長」一職，真的是苦多於樂、責任多於權力，壓力沉重，不僅要致力校務的發展、教育理想的追求，

還要「除妖去魔」。

擔任校長其實有許多令人煩心的事，甚至內心覺得受到傷害的時候。我擔任校長十餘年，前半段時期仍在舊體制之下，校園雖尚未形成民主的機制，但我已經先行採用民主參與的模式推動校務，或許是整個社會氛圍仍然保守的關係，同仁對於參與的機會更覺珍貴，也都積極參與，所以校園文化及組織氣氛很快就能凝聚共識而且和諧。相反地，自從校園民主化成為一種常態之後，反而校務的決策、校務的推動，常因校內教師會的杯葛而橫生阻礙。當校園的民主參與變相成為鬥爭或阻礙專業精進的工具時，到底是教育之福或教育之禍？值得深思。

我所經歷的辛苦經驗大約可歸為兩類：一為無知造成的，例如絕大多數的老師不熟悉會議規範，所以常見少數教師會成員學習政治人物，動不動就「程序杯葛」，或錯用會議規範卻又堅持不讓，一個會議往往花 3～4 小時。身為主席的我不僅要耐心以對，還得擔個開會沒有效率之名，我也想過依正確的會議規範進行，或發揮主席的權力。但是，我心想，如果雙方因而相持不下，老師們也無從判斷誰對誰錯時，吃虧的總是校長，難免落個「不民主」、「鴨霸強勢」、「修養不佳」的惡名；他們也常常以邏輯錯亂的觀點，批評或質疑行政的作為，甚至將老師自比為顧客，而罔顧真正的顧客（學生與家長）之需求與意見，不禁令人搖頭，心中有苦也說不出。

另一種則是少數有權力欲望的人，將民主的場域當成遂行個人私心與操弄無知教師的舞台，他們要的並非如何維護教師的尊嚴，增進教育的專業知能，及保障學生的受教權益，而是與行政作對，為反對而反對，美其名是為教師爭取權益，談的卻都是如何維護教師的既得利益與方便行事，而無視於專業倫理與學生權益，例如你推動及執行教育政策，他們就說行政不要增加老師負擔；你依法行政，他們就說這是違反我們老師的意願，我們不是公務員，沒必要聽政府的；處理家長反映有關教師教學或輔導管教的問題，他們就說校長偏袒家長，不尊重老師；維護學生的基本權益與尊嚴，他們就說校長討好學生……呵！「橫柴拿入灶」的例子真是不勝枚舉。總之，扯後腿其實只為和校長較勁，與行政作對，將勝負視為輸贏的指標，校長既要柔性的堅持專業，還要保持優雅的身段與修養，遭受不實的污衊與指控，不能反擊，頂多只能澄清（就連澄清事情還會招致更進一步的批評，說你沒有接納的風度與雅量）喔！校長是神啊？

　　我曾深感困惑不解，教師會的成立是教育邁向民主化、校務決策邁向分權化的重要指標，更應該是教師朝向更專業化發展的里程碑才對，為何教師會的成立，往往成為學校教育及教師教學專業化的絆腳石？我讀了相關文獻，了解教師會的前身「教籌會」時期，那批開路先鋒們其實是很有理想性的，為了配合政治的解嚴，解放教育長久以來受國家的勢力及管理階層（校長、主任）的威權所宰制的非理性現象，使教師們以往遭桎梏禁錮的主體性與理性能夠復甦，使教師的專業自主權能夠充分展現，不必屈服於國家勢力及校長的威權領導或濫權之下。但沒想到，從教籌會到教師會（尤其是校級教師會）的成立之後，有不少學校的教師會，理想與理性不見了，教師會長以其威權取代了校長的威權，操弄宰制教師更甚以往，教育民主化之路及教師的理性、主體性與專業性之發展何其迢迢？

　　我既是個很不政治也不擅謀略的人，但我很清楚處於變動不居的社會與教育環境中，組織內的「衝突」是不可避免的，這種「衝突」其實是新舊觀念的衝突、專業詮釋的衝突、法令理解的衝突……，但對手可能透過強烈的語言與情緒，蓄意的操作，企圖製造對立，並全盤否定，達成其墨守成規、便宜行事、捍衛既得利益的目的甚或其他不可告人的理由。

　　我從不害怕衝突，反而勇敢正視衝突，以堅定但不正面衝突的方式，化解衝突。此時，對一個校長的領導而言，必須運用務實的態度、善用良好的表達與說理論述之能力、清楚的邏輯思考能力，以及堅實的專業知能，有時候循循善誘；有時候力辯群雄；慢慢地引導眾人多一點專業思維，少一點情緒作用及權謀操作。

　　遇到煩心或受傷的時候怎麼辦呢？我的父母都是大器的人，他們雖然沒受過多少教育，但卻深諳人生哲理。從小受家庭教育的影響，我習慣不爭小事、不畏小人、不記仇恨、不亂陣腳。讓我繼續無懼勇往前行的，還有我親密的家人，溫馨的家居生活讓我經過一夜休息就又生龍活虎，積極樂觀。

　　我習慣將我的喜怒哀樂與家人分享，我會喜孜孜地 show off 我的成就感，也會透過敘述不順利的事件沉澱情緒與烏煙瘴氣，或透過討論釐清事情的脈絡，先生和小孩就像我的「粉絲」，永遠死忠地支持著我，他們的熱情與愛，化解了我所有職場上遭遇的負面情緒。

　　將自己抽離情境，私下和志同道合的部屬或校長同儕，一起笑看並討論校

園內的紛亂與胡鬧，亦是一種有效的調適方法。

另外，因為校長當久了，所以累積了一些珍貴的資產，擁有一批批以前服務過學校的家長兼好友，及同事兼好友，他們認同我、支持我，工作之餘，不定期的相聚，可貴的情誼，支持我繼續不懈地為教育付出，為孩子而努力。

當然也不是都那麼悲觀，上面所言，只是在陳述每接掌一校初期，不為人知，難以言喻的艱辛，如果遇上之前就已存在的齟齬及恩怨情仇，對手又要你選邊站時，就更加辛苦與難為。但我堅信，只要發揮「第五級領導」所說的「專業堅持」與「謙沖為懷」，慢慢地，將使組織成員漸趨理性與專業。

至於學生和家長，往往是我最大的後盾與支持者，學生是一群純真但敏感的孩子，他們會透過校長的言論、主張與行為，判斷是否真的關心他們，了解與接納他們？這些對我而言，都是無庸置疑的。我了解孩子的次級文化，會用孩子的語言和他們溝通，會同理他們遭遇的壓力與困難，我會鼓舞他們的自信，鼓勵他們發揮自己的潛能。學生的活動，只要時間允許，我會盡量參與，甚至和他們一起同樂，我也慣用個別會見的方式，嘉勉參加校際競賽優勝的同學，並和他們分享經驗與心得，所以學生和我的關係是親密的，校園裡擦身而過，一聲聲「校長好」、一個個充滿自信的年輕臉龐或一張張羞赧的笑容，是我心裡不絕的暖流。

早期有位我非常敬佩的校長曾說，當他被定位為「改革型」的校長時，似乎就脫離不了一種宿命：永遠被派往需要改革的學校，要付出比別人更多的心血，犧牲比別人更多的時間，有成效之後，固然是一種無與倫比、難以言喻的成就感，但是往往無法享受成果，就又被派往下一所需要改革的學校。最痛心的則是，如果後繼者無法延續，過不了幾年，亂象再現，弊端重生，心底會有深層的感傷與無奈。所以後來有機會，他終於選擇離開校長的位置。

這樣的現象隨著校長遴選制度的產生而淡化了，遴選制度讓學校有權選擇校長，校長也有權選擇學校，只是在配對的過程中，依然存在任期問題、政治角力……等因素，校長的產生與任用，不免就更複雜了。

當校長是我的初衷也是我的理想，雖然它一直不是那麼好玩，要有三頭六臂、要能伸能屈、要扮演照護眾人的角色，也要懂得觀照自己，但因為它能讓我發揮才能，又能服務老師、學生與家長，一路走來，倒也無怨無悔，而且問心無愧！

　　校長生涯的前半段，只要將所學專長盡情揮灑，與同仁併肩作戰，共赴目標，成效卓著，感覺超棒！但是自從校園民主化以後，反而得花上三倍的時間與精力，應付一些無謂的紛爭與杯葛，難免叫人精疲力盡。要是哪天，當我厭倦了將生命的一大半花在面對那些毫無保留的自私之徒，那些無謂的論辯與爭戰，或是每換一所學校就要重來一次擎劍獨行的歷程，我想我就會選擇退出這個舞台，讓後浪取代我這個前浪吧！

作者簡介

　　徐月娥，1953 年生於台南縣東山鄉一處僻靜但風景優美的山裡，父親是樸實的公務人員，母親是單純的家庭主婦，父母的生活態度與人生哲學，對孩子的影響深邃長遠。

　　山居歲月培養出純真的個性，與大自然為伍則孕育出開闊的胸襟，自小以教育工作為目標，「當老師」是幼小心靈最為嚮往的職業。及長，又曾想過當記者、編劇、律師、空姐、作家……，雖然都只是想想而已，卻也說明了興趣的廣泛性與可塑性。

　　大學主修教育輔修國文，台灣師範大學畢業後從事教育工作，迄今已逾 30 年，其間長達 27 年的時間從事學校行政工作，從組長、主任到校長，一路走來，「捨我其誰」的使命感與「作育英才」的成就感，建構出教育志業的版圖，樂此不疲。離校 10 年及 25 年以後，又分別回到台灣師範大學教研所修習 40 學分及政治大學教研所進修碩士學位，就是為了實踐「活到老學到老」的信念。

　　「作家」的夢至今仍在，閒暇時喜歡寫寫東西，出版過《讓孩子高高興興上學》一書，平日也常將親職教育的心得投到報紙副刊，與家長們分享，正計畫出版親職教育的書籍，因為對青少年的教育問題正是她的拿手絕活。

我的學校經營理念

江書良
台北縣三重高中校長

壹、前　言

「萬山不許一溪奔，攔得溪聲日夜喧，

到得前頭山腳盡，堂堂溪水出前村。」

這是南宋楊萬里的詩作〈桂源舖〉。楊萬里是南宋時一位人品極高的儒者，一生奉行「正心誠意」之理，詩作有一種幽默詼諧的趣味。以他這首〈桂源舖〉作為我的校務經營文章的前言，希望能傳達一路走來有關校長領導過程中的理念、規畫、實踐、反思與回饋的心情。

1994 年至 2005 年，我從初任校長的新竹縣立照門國中到北縣溫馨小鎮汐止國中、九年一貫課程中心學校的三和國中、再到完全中學的縣立三重高中，11 年的校長歲月，有雄心壯志也有挫折無奈、有灰暗沮喪也有充實愉快。

個人教育理念是：

愛與榜樣：身體力行，以敬業、樂業、專業精神來經營學校，提供所有成員公領域及私領域之關懷。

適性發展：投入適性教育、多元教學、教學專業等策略，讓學生多元智慧得到多元刺激與發展的機會，並從中找到學生優勢智慧，給與適性教育，以增進其明朗化是學校教師的責任。透過教、訓、輔三合一之組織再造，以建構輔導的新體制，促進學生的全人發展，達成適性發展、健全人格、多元智慧、社會適應、珍惜生命等教育目標。

終身學習：一元化的教育無法造就出多維思考的學生，壓迫、灌輸式的教學法，無法培養出獨立判斷的現代化公民。唯有透過創意教學，培養學生具批

判性思考、問題解決、創造思考等能力。因應知識經濟與地球村的來臨,透過創意教學環境的安排,發展學生創造思考、解決問題的能力。透過生涯與學涯發展之輔導,培養學生終身學習的能力與態度。

專業成長:透過學習型組織與知識管理策略,鼓勵成員持續學習、產生合作關係、集體分享組織及個人知識,並激勵成員創造發展、應用科技知能方法,以培養組織與成員不斷學習的習慣,並增進其解決問題能力。辦理讀書會、研討會、觀摩會、行動研究發表等活動,協助內隱知識外部化與外顯知識內化,以產生知識螺旋,讓所有成員進入學習狀態。

校園民主:運用學校本位管理之策略,提供成員參與校務的機會,過程中兼顧程序與實質正義,採多元參與及團體決策之機制,以落實校園民主化,以增加教師認同感、合理性以及歸屬感。

主動行政:應用融入情境(入鄉問俗)、掌握情境(關鍵點)、發展情境、決定領導形式等策略,一方面改變自己的領導形式,來適應情境的特性;但也同時要設法改變情境,使情境能與自己的領導形式做適當的配合,透過親和行政與適度授權策略,主動行政,提升學校行政效率與效能。

社區網絡:學校為開放組織,大環境將影響學校教育目標之達成,再加上社區環境資源及素材之應用,有利學生學習經驗之整合。另外,學校資源的有限性,有賴透過「社區有教室」及「公共關係」來建立社區網絡資源整合。

永續校園:透過綠色建築、空間活化、安全衛生、教育意義等策略,建造生態校園與生命校舍,以永續經營學校。

本文以道德修養、人際溝通、關懷學生、專業發展、行政運作、願景文化六個面向,試著將 11 年來校務經營實務運作中的理念脈絡做分析呈現。

貳、道德修養方面

一、「以身作則」是領導者必須具備的最重要的人格特質

至聖先師孔子曾說:「德不孤,必有鄰。」有道德的人是不會孤獨無助的,必有志同道合的人和他親近,就像有了芳鄰一樣。孔子又說:「君子之德風,小人之德草,草上之風必偃。」具有道德的人,往往能以身教影響大眾。

　　身為校長不能光是紙上談兵，或動動嘴巴，要求別人做事，應率先身體力行，以身作則，並能犧牲奉獻。形成草上之風必偃的組織氣氛，將以身作則的行動力內化，感動組織成員，團隊成員自然會產生投入的動力。

　　昔日的論調是：「校長只要做對的決定，下屬則要把事情做對。」隨著社會急遽變化，處於科技化與數位化的生活世代裡，現在的校長幾乎都要處理「做對的決定」與「把事做對」兩者中間的灰色地帶。也就是要融入組織的工作程序及機制中，胼手胝足帶著大家一起做，「以身作則」最大的精義在感召學校教職員工，所以校長不僅止於做決定，還需協助老師將事做對做好。

　　比如說校長判斷生活教育需要加強，這是一個很正確的決定，但真正的關鍵，是校長如何帶領老師在教學中，以言教、身教、境教將生活教育做對做好，校長必須體驗、了解老師的困境，要投入其中，真正的帶他們做好、做對。

二、心存善念，啓發智慧，是校長的心靈資糧

　　心存善念，並相信每個人都是善的，對別人產生信心，大家有了互信的基礎，才能帶領團隊往目標走。為學校做淨化人心，祥和校園的工作，讓每一個老師、學生以清淨心，教與學都能平安、自在與安適。

　　小時候，父母時常提醒我們：「不管做什麼事，都要心存善念。」而這個說法是有科學根據的；生性樂觀的人，因為經常使用正向思考的神經系統，所以能分泌讓細胞健康的神經化學物質，因此比較不容易生病；而一個悲觀且憤世嫉俗的人，他的神經系統不但會讓他老是使用負向思考的神經，而變得愈來愈悲觀，而且在每天憤憤不平的時候，神經細胞又不斷地分泌會讓細胞凋亡的神經化學物質。所以，當人長期處於悲觀而憤怒的狀態時，可說是在慢性自殺。

　　樂觀的人，看待周遭的事情總是以正面的態度；時常心存感激，對於不公或不平的事件，不會放在心上或是認為上天會幫助……等等。可想而知，他正向思考的神經系統被活化的機率就比較高，而負面思考的神經系統卻會因為不常使用而退化了。相反地，如果一個人都只看事情壞的一面，對待事物都是以挑剔、批判的態度面對，或是經常對環境感到懷疑、恐懼，那麼，他的負向思考的神經系統就會變得很發達。同時，時間久了之後，要想啟動他的正向思考的神經系統就相對的變得比較困難了。

　　「心存善念」一直是我為人處世的最高指導原則。

三、誠信與設身處地

誠信（integrity）不只是誠實而已，是去做對的事；也是不受腐敗影響或常規約束的自由，而能言行一致。它是憑良心做事，追求比一般世俗認定更崇高的道德標準。

最偉大的領導人也會犯錯。愈優秀的領導人，犯錯的代價和範圍會愈大。從錯誤中復原，是真正領導能力的一項重要試驗。若不承認錯誤，也不負起責任的話，就不會有完全的復原。

校長要設身處地去考慮老師的想法，滿足教師「人性」上的需求，真心誠意的為老師著想，透過不斷的溝通、謀合，取得彼此之間最大的平衡點，再一起行動，這樣才會產生持續、有效的執行力，如果只想以術取人，利用權謀權術策動對方，或許一開始效果會不錯，但是以後學校的進步反而有限。

四、積極主動參與計畫、執行和考核

在領導的過程中，有關學校事務的計畫、執行和考核三方面都要積極主動，亦即每件需要校長參與的事情，一定參與投入，掌握脈絡，並做出正確的決定。協助行政人員和老師將事務與教學做妥善處理，期許並鼓勵同仁展現更有績效、更精緻的潛能。

當計畫、執行和考核三者都一一循序、確實完成時，組織的主動性和積極性自然呈現。反之，如果校長漠不關心，到了最後才去看成果、考核，不但被動，甚至會讓老師產生反感。

五、握拳指責不如張手鼓掌

鋼鐵大王卡內基的墓誌銘寫著：「這裡躺著一個人，他明白如何集合比他能幹的人在他身邊。」

當校長要能「將功勞歸於工作夥伴」，所有的一切成績、成就都是大家共同努力得到的。

用不同的方式鼓勵同仁，在精神層面，當面鼓勵，或是了解夥伴工作中的苦衷，這比頒給他嘉獎更具效果。

我一般都會親自鼓勵老師。但是有時公務纏身，會請秘書代為鼓勵，不過

大部分人都是希望得到校長親自的鼓勵，由此可見校長親自鼓勵老師的重要性與效果。

在物質方面，我會申請各種基金會的獎金，或報請各級政府的敘獎獎勵，必要時主動給與晚下班的同仁補假。

六、勇於面對不確定環境

校長要敢帶領老師去面對不確定性的環境，因為我們做一件事情時，常常會有望之彌艱，各種困厄險阻橫亙於前，似是無法解決、衝不過的感覺，此時一位領導者絕對不能氣餒，如果首長兩手一攤說不可行，那部屬也會兩手一攤跟著放棄。

一位受過專業訓練的校長，在計畫執行的過程中，都應該勇敢的帶領夥伴往前，面對問題，剝絲循序，逐步克服，遇到困難，要有想辦法解決的勇氣與勁道，最忌中途就停擺。常言道：有錢做有錢的事，沒錢做沒錢的事。而無論如何都是一個「做」字，也是執行，而執行校長要有企圖心，勇敢的面對所有的阻力。

七、因應「不公平理論」

行政學上所謂的「不公平理論」在公立學校特別突顯、嚴重。大多數的人會認為既然是公務人員，我為什麼要做那麼多？擺爛的人那麼多，為什麼我永遠要當導師？所以導師輪替制因此應運而生，冀望至少達到表象的公平。

我個人並不贊成導師輪替制，因為大家輪流擔任導師，這種公平僅止於老師，但對學生卻不公平，因此我會請學務處先了解與蒐集教師擔任導師的各項資料，進行評估與診斷，其中有一個步驟是由校長誠懇真心的從精神層面說服勸進教師繼續擔任導師，這樣也隱含了對這位導師內在的尊重、公平與激勵的意涵。

先以學生的學習效果為導師人選的第一考量因素，所以實施導師輪替制是最不得已的做法。

而我每天會很早就到校門口，與師生打招呼，這除了是還給早到的老師們一個正義的公平，也可激勵早到的老師，讓他知道校長很肯定他的早到與認真，讓認真的老師獲得較多關愛的眼神；此處必須說明清楚，我在校門口只站到上

午 7 點半,接下來是校園巡視或社區走動,不會在校門口站到上課,盯著晚到的老師,這也緩和的讓經常晚到的老師心裡有所認知。

八、工作關懷與人際關懷並重

領導者與成員士氣的關係,就在於「激勵與關懷」,也就是士氣需要激勵關懷。士氣是一種工作的專注態度,除了朋友及人際關懷之外,校長應該多做工作關懷。實際有效的工作關懷是人際關懷的基石。

工作關懷需要縝密的觀察,例如:觀察、感受到主任有哪些問題,我會出手幫助他,是給他魚網而不是給他魚,並不是幫他做;如果主任在凝聚共識或領導能力方面有所不足,我就會拋一個想法,從旁協助他,最後還是由他自己將事情解決。

參、人際溝通方面

一、面對質疑與批評

在第一時間主動前往說明和溝通,以化解誤會與衝突。如果發現是自己的疏忽錯誤,那我會立刻協調修改,表達誠意,如此事情不但得以解決,甚至彼此之間因有更多的互通交流而增進同儕情誼的深度。

大部分會發生衝突的事情,都是認為自己做的決定是對的,不願意修改,以至於發生治絲益棼,無法收拾的田地。

二、你的事就是我的事

我將學校同仁當成是夥伴,人生旅途的重要貴人,凡有婚喪喜慶紅白帖的場合,我一定會親自到場表達心意。教師一職大多數都是人際關係比較單純者,不會結交很多人脈,所以校長更要親自幫老師打點一些事情,尤其是喪事更要予以關心與協助幫忙。因此有許多老師會在時間久遠之後表達內心的感動謝意。

三、祝你生日快樂

我要求秘書製作學校每一位同仁生日備忘的檔案，提醒我學校每一位同仁的生日，然後我會親自送他生日蛋糕及賀卡，這是增進與老師之間的朋友關係，表達除了工作關係之外，校長更想與老師們當朋友的心意。

四、當我們同在一起

盡量跟老師一起工作，參加老師的教學研究會、導師會報，增進工作關係，另外我也會參加老師的非正式次級團體的活動（例如聚餐），希望能達到親切和諧的夥伴關係，這些都需要努力經營、點滴匯積，如此溝通也會愈來愈順暢。

五、請說，校長正側耳傾聽

主持正式會議時，我會盡力導引議題，並盡量讓老師多發言，讓老師產生參與的感覺，最後再想辦法聚焦，這樣就會很容易達成共識。

六、教而優則展演

如果老師教學成效很好，將協助教師舉辦教學成果發表會，或是學校師生若有校外比賽得名，邀請地方士紳（如市長等）到學校頒獎，地方士紳一出現，媒體就會來報導，這樣師生們就會獲得更多的成就感，進而產生更多的教學與學習動力，這種方式無形中也會讓學校教育愈來愈精緻。

七、建立社區連線網絡

我會建立一份和社區人士、意見領袖交往重要名單的檔案，固定時間保持溝通聯絡，例如：一個月打電話一次，或以其他方式如賀卡、電子郵件等聯絡。

而家長方面也一定要有溝通聯絡的平台，例如家長會讓其充分表達意見。另外也要把握利用開會的時間點拜訪督學、課長、局長，了解上級長官對學校事務的看法，並溝通校務的運作和傳達學校的優弱勢，以爭取了解和更多的支持。

八、教學績效是辦學基石

若學校沒有教學績效，那再怎麼建立人際溝通都沒有用，所以學校要先做出一些成果，並邀請地方意見領袖、家長及教育局官員參與學校活動，這樣溝通才會順暢，家長、社區人士和上級長官才會了解與支持學校。

肆、關懷學生方面

一、同學好、校長好

我到三重高中不到 2 個月，學生都會跟我打招呼，而且是非常熱絡歡喜，原因就是我先主動跟他打招呼，例如：在上午 7 點半之前，我會站在校門口主動與學生打招呼，或是在校園內與學生打招呼，並且在集會的場合明確的告訴同學，校園是我們的另一個家園，彼此的招呼是一種問好和表達善意，同學好、老師好、校長好；你好、我好、大家好，營造溫馨友善校園。

二、走進教室、主動談話

每天 7 點半以後我會去巡視校園，進入班級內與學生講講話、說明自己的理念，並關心學生的學習情況，以輕鬆親切的方式和學生互動，這樣學生會體貼學校，肯定自己是學校的一部分，進而愛戴你，負面的思維幾乎是沒有的。

三、學生是教育的主體

要形塑以學生為中心的思考文化，也就是每一件行政或教學的思考與決定，都要以學生為中心。首先，我會引進外面的專家學者來建立這種專業文化，其次透過校園內的討論，來凝聚凡事都要以學生為主的文化與價值觀，尤其是日常的行政與教學作為，為了學生，寧可犧牲管理上的不方便。

例如：學生段考現在流行使用讀卡機來閱卷，這是很不好的評量文化，因此我會說服老師，除了統一段考之外，盡量運用其他的考試方式、多元評量來評定學生的成就。

四、創造多元學習機會

每一個學生都是學校的寶貝，學生到學校就是要學習知識，因此我會請各處室針對不同類型的學生，規畫不同的課程與活動，啟發學生的多元智慧。例如：學生的小論文課程計畫、生活課程，或是親子體育課程等。

五、關心弱勢學生

台灣的學校校長不是不關心學生，而是由於科層體制的影響，因為台灣的學校太大了，導致校長在關心每位學生的時間實在有限，校長既要做官僚式的首長，又要做扁平式組織的首長，像日本的小學，只有十幾班的學校，那人性的光輝面自然流露出來，因為校長很了解每位學生的情況，隨時支援老師輔導學生，那學生當然比較不會走調變質。以前的校長會比較關心優勢學生，但是現在是反其道而行，校長要多關心各類弱勢學生的生活與學習情況，並隨時協助老師輔導學生。

伍、專業發展方面

一、讀書充電當休閒

我的休閒生活就是到大學研究所終身學習。教育環境不斷在變，因此校長要不斷充電進修，做教育專業的進修成長，與時俱進，這樣在校務經營才能做出最好的決定與執行力。

以前校長可能只要用科層體制的行政領導即可，但在這後現代的社會，教育內涵不斷在求新求變，各種渾沌現象不斷出現，所以校長本身就要主動進修、研究，與同儕互相討論，以增進專業理論基礎的訓練與成長，增加學養與知能，這樣才能分析出學校所面對的各項問題，並提出符合各方需求的解決策略。

二、活絡學習機制，成立各種工作坊

演講研習有其需要性，但是僅止於引進新的資訊而已。如果教師專業成長要持續精進與提升老師的教學能力與日俱增，則必須要成立工作坊。因此我在

各領域教學研究會內，成立非正式的行動研究小組及實作小組（活動推展小組），前者是研究該領域的課程計畫，後者是討論怎樣辦理該領域的活動。另外我帶動老師從事行動研究，部分老師設計教材，部分老師上場實戰，在運作過程中，大家會蒐集資料、互相討論、分享並尋求教學的改進，這樣才會有進修的實質效用。因為聽演講或到校外進修，只是「知」的層面，而在校內能實際從事行動研究，則是「能」的層面。透過校內的行動研究，老師才能將知識轉化為實際的教學能力並互相分享，而這也是知識管理的實際作為，將內隱知識轉化為外顯知識並分享。

三、積極鼓勵研究所進修

我積極鼓勵教師公餘時間前往各研究所進修學位，尤其是教學碩士。如果是以白天部分辦公時間進修碩士學位，我也會協助其排課調課，以便老師能挪出時間，每週有 8 小時的公假前往研究所進修。

四、課程教學方面

在課程教學方面可分三點敘述如下。

(一)以校本課程為基調

一般我們的課程，會朝向學校本位課程設計，九年一貫課程革新就是一個很好的契機，因為課程的決定機制改由學校的課程發展委員會掌握，因此我會運用課發會的討論與行動研究，去設計研發自己的校本課程，包括開設科目、節數、內容、補充教材、活動等，除了多元發言之外，校長要主導議題，讓老師的觀念與行為產生質變，譬如說主導能力分組的議題，經充分討論後，老師必須了解與接受學生程度參差不齊的現實，但我們不能做能力分班，所以老師自然會朝向做班內的能力分組，因材施教，就會產生觀念與行為的革新，用新的思維進入教學現場。

(二)由校長領導教學

校長要領導各領域課程小組、設定議題、形成共識、建立指標、決定教師的教學效果要達到哪種程度，而後經由老師對課程與教學的自我檢視與評鑑小

組的同僚視導，搭配教務處會透過抽查作業、作品展示、活動展演與統計學生成績，一同驗證教師的教學成效。

(三)檢討與改進

善用問卷，調查老師對於學校推動九年一貫課程有何意見，在課程與教學的實施上有何困難，以便予以協助改善。

陸、行政運作方面

一、明確的生涯與工作計畫

明確排定生涯計畫及每天工作計畫，兼顧與涵括家庭生活與學校生活，此時此刻這階段，我將休閒生活轉為讀書進修，但是在學校生活我則是全力投入校務的經營，兩者之間會清楚區隔開來，不會讓進修影響工作。

在學校事務上，我會以分層負責跟授權去化解時間管理上的壓力，譬如說鼓勵處室主任練習代為決行部分公文，校長需不斷充電做教育專業的進修成長，這樣在校務經營上才能做出最好的決定。又如課程與教學已經轉型為九年一貫課程，校長更要進修，不能再用以前的方式來領導，這樣才能跟上時代的腳步，教育才能革新，國家才會進步。

二、身體健康是萬事之本

因為要兼顧家庭、進修、學校事務，身體健康的壓力實際上非常大，這與現在的教育政策相違背，現在的教育政策是希望校長在工作之餘也要能夠維持良好的健康狀況。期許自己能有適量運動保持良好體能，才能走更遠的路。

三、期盼鼓勵與支持

現在 50 歲以上的校長愈來愈少了，因為現在工作沒有像以前由上而下的方式，而是要用夥伴關係的方式，才能將事情做好。現在學校設立很多委員會，把權分出去了，但在同一時間，責任沒有分出去，校長一任 4 年，而學校這 4 年的總帳是算在校長身上，所以有時我們的壓力相當沉重。因此我會以同時獲

得多方支持的方式,來消除我的壓力和緊張,也就是說我如果在老師這部分沒有獲得支持,但家長與社區這邊若支持我,那我的壓力就會下降。

四、軟硬兼施,奇正相生

對現在已有的制度、法令、規章的遵守上,態度需堅定不可輕易妥協於成員們的要求;但對可有可無、屬道德勸說或無法令規定者,應以低姿態來面對同仁們的反對。前者如出缺勤,後者如值週導護工作等。一味的強調和諧,但卻不敢管,放任下屬,這是沒有用的。

五、支持教育政策是因應社會要求的第一步

當新的教育政策開始實施之際,我會召開主管會報與行政會報,首先檢視學校現有的運作,有無與這個政策相違背之處,如果對老師既有的授課教學與工作時數沒有影響,那我只要加強、調整或修改一些校內的行政措施,即可完成政策所要求的任務。

政策反映了現實社會與各方的需要,肯定的表達了這個工作原本是學校就要做的,但是學校忽略了社會民眾強烈的渴盼與要求,因此才會形成政策。所以校長要支持國家的重大政策,例如最近的九年一貫、人權教育、友善校園等,這樣國家教育才會革新,教育才會進步。

六、力行分層負責與充分授權

在學校事務上,我會力行分層負責跟充分授權。譬如說我有很多公文是代為決行的,除了人事和經費以外,其餘各處室公文,只要不用會章的和不用會簽其他處室的,各處室主任都可以代為決行與處置,這是一般給與的授權。

七、利用檢視功能保持最佳狀態

我利用主任會報及每個月的行政會報,討論各處室的工作重點,這些會報除了有溝通協調的功能之外,最主要的重點是在於「檢視」,我可以逐一檢視與了解各處室的行政工作有無持續在推動,若某處室的執行進度有落後的徵兆,我會要求其說明原因並提出改進措施。

八、職務與人的相稱性

　　在行政運作方面，人非常重要，要先找對人，職務跟人要有相稱性，因為人若用錯，那根本就無法做事。

　　平日了解部屬的個性與專長和生涯規畫，做好人才資料庫的管理，適當的時機延攬適用人才，人盡其才是校務經營成功的要件。

九、主導分工，打造協調合作的工作團隊

　　任何一個活動，我會要求主要的承辦處室單位召開分工協調會議，由我主導與幫忙做好協調分工與合作的程序，後續再不斷關心進度與提供資源，例如：我們最近參與教育部主辦的教育博覽會中「培養多樣性外語人才」這項主題的工作，本校承辦單位是教務處，但我也邀請輔導室加入工作進度與團隊，大家一起先談好工作方向與任務分配，然後我還會繼續提供工作關懷，協助同仁把事情做好，比如指導他們如何跟外界聯絡以及如何動員學校人員。

十、走動管理是成功的最重要關鍵

　　走動管理是成功的最重要關鍵，因為校長要進行走動管理，才會獲得第一手資訊，進而迅速有效的檢視各項問題的癥結點。

十一、迎接問題、主動行政

　　我會要求行政人員要有主動的態度、主動行政、主動處理的服務精神，隨時主動到校園內到處走走，了解老師與學生的想法和需求，而不是被動的等到老師要求之後才去做。例如總務處的人員要隨時主動到校園巡視哪些地方有損壞，或主動到各班詢問師生有哪些地方需要修理，立即予以維修服務，以避免有填單申請維修了好幾天還不修理的情形發生。

柒、願景文化方面

一、我們要的是貼切實際的願景

願景對公立學校的老師可能沒有多大的效果，但是校長還是要有理想，要有想法，這個學校4年後要怎麼走，這樣才能合理說服分配學校的資源，而願景最後還要能落實到學生身上，所以我們在規畫行政工作與辦理各項活動時，首先要檢視有沒有幫助學生達到學校願景的內涵，例如我們的願景是「鋼鐵紀律、青春洋溢、成績亮麗」，所以我們要從學生的生活教育遵守常規、社團活動多元才能與學業表現有效學習這三方面著手，以學校願景價值觀來說服老師一同為學生而努力，帶領師生共同往這方面來發展。

二、我們要的是靈活、與時俱進的願景

願景是一個目標、行為準則，它提供了學校發展的方向，但願景會隨著時間與教育政策而轉變，例如現在行政院強調台灣主體，那我們是不是要增加一些社區的素材，因此校長要與校內成員相互討論，形成共識，有需要之後，再擬定具體的執行策略，以達成我們的學校目標。

三、專家學者、楷模參照

我會運用外來的和尚會念經的效果，引進一個有良好榜樣或具教育學術專業權威的專家學者進入校園，來現身說法，告訴學校老師現在的校園文化、流行文化是怎麼走的，這樣老師才會相信學校也要建立符合外界期望的學校文化，例如我會請有權威、有學術地位的專家，到學校向老師宣導這次的教改理念，就是學生要具有整合性生活知識的價值，而不是學科本位的價值，以建立老師願意配合教改的文化。

四、改變固有頒獎範圍，創造多元智慧文化

我們平常都強調多元價值，但是實際頒獎時都只頒前三名優秀學生，因此我會朝向不區分名次，頒發全部及格獎、平均90分以上的特優獎，來改善區分

名次的價值觀。另外我還加強五育成績獎，而且教務處準備的禮物要特別隆重豐富，用行政作為來塑造五育均衡的價值，進而導引學生重視五育均衡的文化。

五、活用整潔秩序比賽、形塑良善的校園氣氛

以前的整潔秩序比賽，只是一種方便行政的管理哲學，因此我建立一種觀摩示範的學習文化，例如找全校學生來看哪一間廁所掃得最好，大家觀摩優良示範之後，再請同學把心得講出來，運用人群關係學派的論點，這樣自然會建立學校優良的校園氣氛。

捌、結　語

尼布爾有一段著名的祈禱詞：「上帝，請賜給我們胸襟和雅量，讓我們平心靜氣的接受不可改變的事情，請賜給我們勇氣，改變可以改變的事情，請賜給我們智慧，區分什麼是可以改的，什麼是不可以改變的。」

今年 47 歲的我，已經歷 11 年的校長旅程，學校同仁稱校長我是身上背了兩顆金頂電池的人，而我很肯定的認為我還可以做得更好，生命對我來說充滿了陽光和熱力，也期許自己擁有尼布爾的祈禱詞中的胸襟和雅量，勇氣和智慧，繼續上路。引述陳紅蓮（2005）對本人學校經營之敘事探究，代為結語，期待對國內校長學之研究有所貢獻。

「一輩子是生命，一秒鐘也是生命，過程和目的同樣重要，有時，過程就是目的。」大清早，江書良校長一身端正西裝站在縣立三重高中校門口，在晨曦中迎接學生到校。

「學生複製老師的行為。」校長微笑向路過的學生回禮。學生在愛和榜樣的身教中，領受學校大家長的無私奉獻，青春的面容洋溢著純真自信。

「我們家的孩子都是老師。」台中縣東勢人的書良校長是家中長子，4 個妹妹和校長夫人都在教育園地耕耘奉獻。

「透過學習型組織與知識管理策略，鼓勵持續學習、產生合作關係、集體分享組織及個人知識，並激勵創造發展、應用科技知能方

法，培養工作夥伴不斷學習的習慣並增進解決問題能力。」

書良校長是師大生物系畢業，政大教研所 40 學分班結業、師大體育研究所體育行政及教育研究所學校行政碩士專班畢業。目前正在國立台北教育大學教育政策與管理博士班進修。在學習的路上，校長不斷努力充實自己，更鼓勵學校老師專業進修，每年 3、4 月份，到了研究所考試時，老師們就會收到校長買送給大家心意深重的禮物──研究所招生簡章，讀書與進修的風氣在校園裡蔚然興起。

「協助內隱知識外部化與外顯知識內化，以產生知識螺旋。」校長帶動老師們辦理讀書會、研討會、觀摩會、行動研究發表等活動，讓所有成員進入學習狀態。

「投入正常且多元的教學，讓學生多元智慧得到多元刺激與發展的機會，並從中找到學生優勢智慧，這是學校課程方向，也是教師的責任。」縣立三重高中的學生社團蓬勃多元，補救教學與資優學程的設計，都是書良校長適性教育理念的實踐。為鼓勵老師創意教學，校長還安排了校際創意教案發表會年度計畫，與鄰校智慧分享，並將作品彙編成冊，讓老師擁有許多屬於自己的專書。

「主動行政」是書良校長提升學校行政效率與效能的實際作為，應用融入情境、掌握情境、發展情境、決定領導形式等策略，一方面改變自己的領導形式，來適應情境的特性；但也同時要設法改變情境，使情境能與自己的領導形式做適當的配合，透過親和行政與適度授權策略，所以在縣立三重高中可以清楚感受效能與協調並存的行政氣氛。

「向前看、往前走，是我的積極心念，但呈現在實際生活面時，一定要伸展成溫和的與人為善的態度。」這是書良校長明確的人生目標，和篤定的生活哲學。學校因應趨勢進行課程改革，課程發展委員會、領域課程小組、行動研究小組各司其職、發揮效能，溫和而成功的完成了課程改革，學校老師給校長的評語是：「他的積極好學、敬敏行事使我們感動，也帶動我們願意『做』的熱忱」

今年 47 歲的他，已當了 11 年的校長，每天早上 6 點起床，工作到凌晨才入睡，工作量很大，但每逢星期假日必定帶爸爸、媽媽、太

太、一雙兒女，開著特別為全家同遊而購置的福特 7 人座出外散心，孝順的他擁有現代少見的三代同堂的和樂美滿家庭。

　　書良校長表示得獎是行政團隊、師生、家長、社區共同努力的成果。問及期許，他沉吟了一下，微笑的說：「願教育改革是照顧每一個生命的慈悲溫暖的永續過程。」

作者簡介

校長姓名：江書良
台北縣立三重高中校長
性別：男
出生年月日：1958. 3.18
主要學歷：
1. 台灣師大生物系畢
2. 政大教育系研究所 40 學分班結業
3. 台灣師大體育學系研究所體育行政班碩士畢
4. 台灣師大教育學系研究所學校行政班碩士畢
5. 國北教大教育政策與管理博士班進修
校長經歷
1. 新竹縣立照門國民中學（1994.09～1996.07）
2. 台北縣立汐止國民中學（1996.08～2000.07）
3. 台北縣立三和國民中學（2000.08～2004.07）
4. 現任台北縣立三重高級中學（2004.08～）

踏上校長之路經驗談
——校務經營理念與做法

趙靜苑
台北縣二重國中校長

　　自幼及長，一直在南部鄉鎮度過。求學過程中，順利平坦，不曾遇到困難，由於父母的職業與對我們的期許，讓我們姊弟妹都能夠在相互勉勵下完成大學學程。我們在沒有任何學業壓力下各自進入大專院校，畢業後踏入社會各自發揮自己的專長。

　　除了父母親外，依然明晰的畫面，有兩位師長影響著我日後走上教職的重要啟蒙。一位是小學時的陳昭南校長，她是隨政府遷台的大陸知識份子，其先生亦就任於省立潮州中學的國文教師；另一位是當我完成小學教育，考入省潮中初中部時調至潮中的校長——童家駒先生。兩位校長的言行舉止，在當時小小的年紀輕輕地不著痕跡的，竟然在我成為為人師長之際，影響了我的態度與做法，除了父母的薰陶示範、耳濡目染，兩位校長的身影常常出現，他們的風采人格是我往後治理學校時重要的典範。

　　在大學教育完成之際出國念書的想望落空後，毅然投入教育行列，自此一路走來，無怨無悔，對教育的熱忱有增無減。至今置身國民中學基礎教育生涯已邁入 30 個年頭，回首省思這個不算短的歲月裡，見證了 30 多年來整個台灣教育的走向，心中有著感慨，尤其隨著年齡的增長，教育的路途上已接近了終點，回首向來蕭瑟處，也無風雨也無晴，是麼！蘇軾的灑脫樂觀，睿智開朗成就了輝煌的事業與德澤，留下了千古才情，而我憑藉著一股濃濃對教育對孩子的熱愛，不曾稍減這份熱情，也不曾停緩或鬆懈實踐教育育人的腳步！就是因著持續的教學過程中，孩子們的成長、茁壯，孩子們依順著優質教學的計畫、步驟，穩定地邁向光明，他們向上向善的進步，增益了我的教育理念，強化了

對教育的實踐力、執行力，追求精緻的措施與創新的作為便如此相繼地循環著。我的願力不止息地日復一日地增進著，在混沌不明的大環境當中；對教育的熱愛與執著也不間斷地年復一年地增長著，在教改氣焰高漲的時代潮流裡。

初執教鞭，見到甫自小學畢業上來的孩子們，由於年紀相差不到 10 歲，師生間的相處幾乎沒有年齡的落差，身為導師，跟他們玩在一起，學在一起，除了在校正式課程，甚至星期六下午的時段，也跟孩子們膩在一起，相約烤蕃薯、爬山、騎腳踏車家庭訪問……等等，當考試到來，陪他們複習功課，不管自己教的科目，連數學、英語、史地等都幫他們抽考溫習，正式課程、潛在課程在那個時期裡，發揮得淋漓盡致，孩子們和老師之間是沒有距離的，那段歲月裡充滿著快樂、活力，師生之情如膠似漆，順利圓滿完成了 3 年的國民中學養成階段。孩子們美好的國中生活，至今仍被津津樂道！

身當導師帶了一屆（3 年）學生之後，學校給與我新的任務，是教務處註冊組長，從此與行政結下不解之緣。行政人員的服務態度，支援老師們的教學，與家長、老師們的溝通、連繫，推動處室的工作，完成任務使命……在在影響著行政績效。所以自接任行政職務開始，便秉持著虛心誠懇的態度，學習與長官互動，設法了解他們的理念與要求，以及所欲達成的目標，並且不斷地請教他們各項計畫的擬訂，如何妥善的完成，包括中間的細節，實施的過程，我都一步步一項項去分析去考慮，做成筆記。從計畫、準備至實踐過程，以至任務完成後的檢討，都詳實記錄作為下回活動改進的參考。接觸行政工作第 1 年，讓我更加體認並清楚地明白行政業務的謹慎計畫、思路靈活、溝通要順暢，與同仁相處更要謙和有禮，因為欲完成一項活動，沒有老師的配合不能竟其功！

秉持著處處服務、時時請託的行事方式，行政工作的輪換，更增廣了自己的視野與對工作範疇進一步的認識，所以教務處的設備組，乃至教學組，在長官的指導下，皆能一一勝任，完成了上級交代的任務外，也厚實了自己在行政方面的能力。這段期間，足足越過了 10 個年頭，那時期，往返奔波於三峽板橋之間，沿著大喀嵌溪，公路局的交通，由碎石子泥土揚塵的地面到鋪了平坦好走的柏油路，隨著溪水蜿蜒，兩旁景色始終令人流連，教學生活是如此的快樂與充實，而這段時日，也因著行政工作的職責和專業，我完成了 40 學分班教育行政的進修，4 年夜間班的研習，拓展了對行政的專業知能外，更加強了我具備了教育行政人員的人格特質——尊重與耐煩。

　　由於工作上的表現，加上教學上的創意認真，也因為累積了基礎行政——組長的歷練，當台灣省首次實施主任甄訓的機會來臨，承校長勉勵和教務主任共同應試，在短短1個星期內，不知從何準備的狀態下，翻看謝文全老師的《教育行政》，考試當天卷上的5道題目讓我下定決心回到學校後務必把理論與實務融會貫通不可。而放榜結果，促使我在很快的時間內打包行李整裝至豐原菁莪山莊接受研習，當時主任儲訓班共有5個班級，女生排在E班，其餘4班皆為男學員。我受了6個禮拜的培訓。初次研習，幾乎每日都是紮實、新鮮、令人震撼，我在班上是少數幾個「組長」身分之一，大多數同學是現職主任，經驗相當豐富，從她們身上我獲得甚多。以充滿感動的心汲取寶貴的行政經驗。而當時菁莪的主任——謝水南先生，更以其向來溫文儒雅的涵養、親切和藹的態度叮囑我們主任角色應有的做法和格局，那時心心念念的是換了一種身分，如何承上啟下，做好本分職責，因此大量的吸收，大量的閱讀，6個禮拜的研習，真真實實的徜徉在幽靜安祥的山莊裡，沐浴在角色轉換的應為與有所為的思考裡，不斷地提升自己蘊育自己在新角色的能量才力。

　　而有考校長的念頭，又是在經歷了輔導主任、總務主任、教務主任10年之後了。在不同職務的主任任內，每一年對我而言都是豐富充實且都充滿了新鮮挑戰。主任儲訓結業後新的學期，依校長指示宜轉換環境上任，於是前往瑞芳國中擔任輔導主任工作。輔導領域不論升學輔導、就業輔導、生涯發展，在一所30幾班的學校而言，可以盡情發揮施展，每日中午走動各個班級看孩子們用餐情形，與他們談談並了解他們的想法……等；輔導活動課程，加強生活輔導、生命教育（瑞芳區有礦坑、靠海），鼓勵孩子適才適所，大部分學生升學以基隆女中、基隆高中、瑞芳高工為主，亦有前往宜蘭就讀者。

　　擔任總務職務，了解總務主任是學校的總管，是幕僚的工作，學校一切活動慶典、舉凡教學設備、學習情境、活動布置……無一不靠總務處打點，故設想的周全，場地的準備、燈光水電乃至工程預算、施工圖的查核、公文的收發、薪資造冊、設備維修、採購程序……等等所有打雜項目、軟硬體設施、校園安全，均需要總務主任考量仔細謹慎行事，不容有絲毫馬虎粗心大意，更不能貪贓違法。總務工作需要細膩、靈敏、清晰的頭腦與敏捷快速的行動力、能夠發現別人不易察覺的缺失，要能主動看出學校問題的跡象，進而謀求補救與改善。

　　總務工作1年的經驗，體悟很多，深覺此項工作至少需2年以上磨練才可

駕輕就熟。1年之後轉換他校（離家近照顧父母方便），再度負責輔導處業務。都會區的孩子不像鄉鎮地區的孩子們單純天真，由於都市文化的傳遞快速，加上交通的便捷，水泥叢林的孩子們多了一份流行文化的渲染和都市化的成熟，普遍有著功利主義與自私的想法，因此在生活常規方面，在正確價值觀念上有必要加強輔導。尤其中輟學生的再教育更是刻不容緩的，需即時給與援手。而兩性教育、生命教育、道德倫理教育，都是輔導處重要的課題，如何縮短孩子們他律階段提升至自律期的到來，更是輔導處努力的方向。

而接下教務主任職務後，才真正領悟到責任的重要與重大。教務主任必須站在更高的角度去籌畫事項，要有更開拓的心胸去面對師生以至家長群，當校長不在時，教務主任須代理校長做出決定，穩定常態，是以教務主任要能了解校長，具備共同的教育信念，除了默契，還要擁有比校長更前進的前瞻視野，提供校長最新的資訊、擬訂方案、實施細則或要點讓校長裁決。另外與教師同仁相處融洽，和他們打成一片，深入教師群進行溝通協調，增進教師教學知能與技巧，提升他們自我成長效能，協助教師教學相長外，也鼓勵他們行動研究，共同發展學校特色。自擔任教務主任以來，在校長以及師大老師的勉勵下，開始有了嘗試的念頭，嘗試參加校長的甄試。

事實上，擔任教務主任的第3年，我的校長即鼓勵我有考試的機會就要把握，於是利用公務之餘，晚上學生晚自習的時間，我陪同孩子一起看書，初步計畫把基本教育專業書籍順序看完，唯計畫歸計畫，有時教務忙碌起來，沒有額外的時間看書準備考試，所以第一次考試落榜，雖然當時認為作答不錯，口試問話也覺理想，從台中回台北的火車上，有著期待。待星期一到校知道未錄取時，有些愕然，不過，很快地提醒自己尚須加倍努力。次年，沒有校長甄試，再隔一年，機會來臨，再次報名參加，僥倖錄取，心中甚為平靜，準備好文具書籍，再度赴菁莪山莊接受校長儲訓的洗禮，此次校長班45名中，台北縣共取了8名，我排第三。8個星期的研習，較之主任班的受訓，有著不同的感受與心境。喜的是研習地點，環境幽美寧靜，的確是修心養性、增添知識學能的好場所，在那兒潛心培蘊校長的角色，與主任班時的感受是一樣令人欣喜自若的，然所賦與的使命與責任卻有著差別，一樣是領導者，主任帶領教師同仁，上面還有校長頂著，給與指示和引導；當了校長，則在主任之上必須更有智慧富有能力領導主任們完成校務工作。學校的優劣成敗，在於校長的領導與治校理念

跟經驗等等，所以校長一職在在攸關學校師生福祉，影響學生未來發展至鉅且大。因此，在儲訓的過程中，我懷著更珍惜的心意，誠懇謙虛的心態，掌握 8 個禮拜的時光，認認真真的潛心學習，努力充實自己的能力和能量，對於每一項研習功課，莫不用心探討、分析應用，每樣中心安排的課程，力求環環相扣，設想可能情境，理論與實際一併應用於問題解決上或計畫實施上，同時不斷地從同儕間吸取各校發生的事件、處理方法與解決策略；一方面在個人的修為上加強自己的特質、檢討自己的心性脾氣，提升領導能力，擴大格局度量，同時省思自己從事教職以來，過去的經驗、教學的風格，教育理念（信念）的模式，行政的績效，隨時檢討、反覆思考、琢磨之外，參考他人的看法做法，時時思量校長的應為、當為，校長的領導能力，校長上任前充分的準備，一定要周全，不容疏忽遺漏；校長所擁有的氣度心胸要敞明開闊，不許閉塞狹隘；校長的言行舉止要雍容有度，不宜隨便輕浮；校長的衣著打扮要大方俐落、不可草率任意；總之，準備邁向校長的路途，有著太多太多學習之處。在研習過程中，擔任輔導我們的校長，亦耳提面命地教導我們應注意的各種事項。這期間，我經常從擔任行政以來所親聆指引的校長們身上去解析他們的人格、領導力與治校的成果事蹟，從中擷取良好的經驗優點，作為日後身臨其境時的參考指標。所以，自考上校長後，便時刻要求自己，蘊釀出校長的味道來。

　　我不時地提醒自己，努力培育自己領導同仁時謙而有禮，和而尊重的態度；不時地告誡自己，認真用心地吸取教育新知，研讀相關書籍和把握任何進修的機會，多學習多體驗多用心，繼續擔任主任時的負責、捨我其誰的毅力做好每件事情；或用心地思考學校目前的狀況中如何促進改善或維持固有的水平；我要如何借鏡他校改進學校現況？當面臨一所新學校，如何在短時間內觀察缺失提出改進的辦法？我當了校長任何演說、慶典致詞、各種會議的講話……等等，我要如何主持？這些種種必須沉澱心境，做好準備去調整作風，態度行儀、領導能力、溝通技巧、社交關係……似乎平時的事務都要好好琢磨，重新開始。8 個星期的培訓，著實帶給我全面全新的體驗與改變。我隨時準備上任，但並不心急，一切順其自然。

　　有機會借調到縣府教育局中等教育課協助，在當時局長課長的指導下，對於教育行政機關有著進一步的認知和了解，在局裡工作 1 年，深深感受到上級機關工作推展的龐雜與追求結果的高效率要求，顯然與學校單位有絕大不同，

但是手段雖不一樣，目標卻是一致。也可以感受到層峰的指令一下，快速的行政作風與效率，的確令我大開眼界，在緊張而又不得休息的環境中工作，倒也覺得充實而有成效。在局裡協助 1 年，得到不少收穫，對於往後挑起校長職責時如何尋求經費補助或申請辦理活動有所助益。

綜觀擔任校長職務前，自己累積的教學與行政歷練，校長儲訓的培育，以至培訓後就局裡的借調磨練，這些種種的經驗，影響我既多也大，總能在遇見困難或棘手問題的解決上有某些程度上的幫助和參考。

仔細想來，邁向校長一途，冥冥中是一種安排，我起初由無心，卻因為因緣際會走向教師之路，自此，深深喜愛和孩子們一起，陪同他（她）們成長進步，於是在教學相長之際，在不斷吸取教育知能進修之餘，始終能貫徹自己的心念，掌握教育理念，發揮教育愛心，展現特有的人格特質所致。

從小父母管教頗嚴，生活作息養成規律習慣。晨起與父親繞學校運動場之後（父親做體操），便是讀書的時刻了，多半時間花在背書上，不是國語課本內容，就是英語課文，約莫 1 個小時的念書，用完早餐後再背書包上學。放了學，回到家沐浴完畢即寫功課，晚餐過後再拿起課本溫習白天老師講授的內容。幾乎 1 個星期的安排皆同，惟逢星期假日，便是我們最高興興奮的時刻，父母親通常計畫野餐或到附近名勝遊覽，最常去的地方是墾丁或是大貝湖、來義鄉等。由於母親是師範畢業，因此對於我們 5 個姊弟妹的身體照顧得很好，若生病了總是她幫我們打針或補身體，也因此家裡訂有家規，而最重要的是父母親自小便要求我們講究誠、信、仁、愛，認為那是做人最基本的條件，誠實的人不自欺、不欺人；信實的人講義氣、重承諾；仁愛的人愛人愛物、不自私、不偏頗。他們時時告誡我們「別人的好，就是我的好」，不要我們妒忌、不要我們和別人發生衝突……所以養成了我處處尊重他人，不與別人爭執的脾氣，而又因為母親的嚴格管教，父親的慈愛，從他們的身上我看到了身為人師的母親其管教學生的方式；而父親通常以說故事來啟迪我們的幼小的心靈，教會了我們用心思考與待人的道理。他們的管教引導，造就了我們 5 個孩子的品學兼優，大家都溫和有禮，個性良善，不會和人大聲爭吵，凡事說之以理，訴之以情，絕不逞強、不爭功、不諉過。成長過程中正確的價值觀引導著我們對未來抱持著美好的希望。

這樣的背景，及長證明了兒女們的成就來自於當時他們苦心的栽培。幼時

童年乃至青少年、成年，我秉持著父母的教誨，繼母親衣缽踏入了教育的行列，許多自幼得自父母的薰化如品德修養、教育方法，深深的影響我對教育所執的態度與做法。身為教育工作者，自己的教育特質得自於父母的身教言教不少，但不斷從書本中的論述，前人的經驗中去觀摩學習、內省、檢討分析，也提升了自己的教育知能，深化了教育信念，增進自己的領導知識和技巧，同時設法展現好品質的領導能力，讓所行所為一切合於教育本質，也就是教人成為有人性的人的教育本質。

一直到今天，我仍進行固定的自我對話，除了每日的記事外，隨時利用空閒的時間省思事情的始末，朝正向方面著想，給自己信心與堅持的勇氣，讓事情的結果都是圓滿而如意的；同時處理事務的過程，每一環節細微之處都要設想周到與仔細完整，面臨問題不能排斥或逃避，把問題當成一種考驗，它會讓我們成長甚至讓我們豐富熟練，它更可增加對挫折忍受力的包容，尤其問題的發生正是磨練我們解決問題的能力最佳時機。而若處理事務獲得圓滿結束，也將會記得給自己喝采，繼續為對教育的熱愛與夢想而付出更多的心力。換言之，從事基礎教育工作那麼長的一段時間，教育心態雖隨著時代潮流或因應現況而有所調整及適應，但是不論調整或適應都不能捨本逐末，動搖了最基本的道德，改變了教人成人的原則。賈馥茗教授曾說過：「教育活動有本有末，本固則人道立，應變則人道日新。」誠此之謂也。故只要教職一日在身，必仍持有明確的教育理念，努力化為實際教育行動，將美善的、富有意義的活動轉化成學生健全的身心靈成長與智慧的增建。即使外在環境污濁險惡，也不改其志，愈是艱難狀況愈要堅持貫徹到底，必得「造次必於是，顛沛必於是」，而若需更為有力不懈的支持，便是不斷地進修，自強不息日日新，以增強自己的 empowerment。

近年來教育改革歷程中，校長的角色面對新的挑戰，學校行政也面臨了前所未有的困境（沒有教師同仁願接行政），身為領導者，要在學校基本哲學的擬訂和願景的塑造上扮演主要的角色。也就是說全能的、全方位的校長，是社會各界對校長的要求。事實上，不待社會的要求，校長本身就應具備豐富的專業知能，才足以在多元的行政中遊刃有餘。舉凡中西教育理念的認識，教育心理學、社會學、人類學及哲學等理論基礎的素養；教育制度、內容、方法的研究等等教育專業知能，都是不可或缺的。而面對日益繁雜的校務，有關領導、

溝通、組織決策、興革等行政理論,也應嫻熟運用自如。所以,這些方面的專業知能,我不曾懈怠,時時提醒自己,豐富自身的學養,圓融校長的生命力。因之自我反省實踐,是每日的作業之一,除了可以精進專業成長與發展,也紮實了行政專業的根基。在當今社會紛擾之時,要能反求諸己;在現行行政折衝之間,要能實踐反省。

為此,如前述原由我加強利用札記、筆記、行政檔案等不同方法來激勵反省篤行,俾提升個人的專業成長;養成任何事務在處理前和行動中的反省、分析,以加強反省實踐的運用;同時有計畫地增進專業對話的機會,藉由與他人互動來激發省思踐履的能力。所以累積下來,書房裡疊落的筆記已有百餘本,同樣的,研習講義資料填滿了整個的書櫥,當然舊的知識不是不能丟棄,總是反覆咀嚼內容後再予清除。身為校長終身學習的理念始終鞭策著自己不斷進步躍升,當然國際視野的拓展不能忽視,治理校務過程須具前瞻性,努力突破現況,積極創新進取都是必要,學校行政的施為更要宏觀,特別是校際之間的合作、經驗交流可以增進雙方學校的參考價值,所謂他山之石,可以攻錯,藉此學校辦學可獲活潑性、流暢性。

校長的專業知能須不斷提升,因此除了校長協會所主辦的各項進行活動外,我甚為期望教育行政單位規畫相關的專業發展活動(寒暑假進行),教育行政單位多結合各師範院校設置校長進修中心,開設相同課程,定期辦理校長專業成長活動,並依校長們的個別差異和需求,規畫進修管道,提供進修誘因;或教育行政單位編列預算,補助校長到國外優秀學校考察;也可在校長服務滿多少年後申請帶職帶薪至國內外大學進修專門課程,藉以拓展校長們的國際視野,增進校務經營才能。

雖則,校長一定具備充分的專業知能,而且不斷地專業發展與成長,提升專業知能,以勝任行政上的需求。但是,校長遴選制度與校園生態系統結構上的蛻變,已然導致校長「有責無權」的現象,如何在整個學校教育的大環境中能夠實至名歸地領導學校,表現昔日的作為,是目前大眾必須進一步深思與探討的議題。否則,社會各界對教改殷殷期許聲浪中,校長欲掌握改革時機,發揮辦學理念,開創優質、精緻、卓越、創新、專業的學校行政,無疑是困難重重無法發展成效的。尤其整個校園面臨政治化、民主化、科技化、與專業化的衝擊學校行政系統的運作,影響校務發展及學校績效。目前學校行政人員嚴重

流失，多數人對行政缺乏意願，如何激勵教師擔任行政工作及留住人才，更是當務之急。

　　除了上述基本見解外，8 年的校長任內，對於各項理念的落實與各式的作風領導，以及如何施行體現，簡略地以近來被重視的幾項觀點敘明如下。

壹、行政領導

　　行政領導是行政團隊的表現。行政是服務，行政是溝通，因此，慎選行政人員，有意願、富熱忱、能耐煩、肯付出、喜互動、具創新皆是基本的條件，選對的人上車共赴理想目標則容易獲有績效，否則上車後發現用人不對，達到目的地的時間必受影響，甚至連目的地都到不了。所以行政人員首先要建立自信，能接受跑道轉換；組長是行政的起點，主任是生涯的過程，是人生規畫的轉捩點，而校長是自我實現者。定位自我後，做好情緒管理。每個人有自己的風格，努力找到著力點，把事情做對、做好，更須把人理好，拋開過度本位，追求本職專業；當然也得顧及健康身心，懂得紓解壓力；行政工作繁瑣，要勻出時間做做運動，設法忙中偷閒，能夠亂中有序。每日抱持愉快的心情，工作才有勁。最後，行政同仁對學校家庭，宜兼顧爭雙贏；負面情緒不能帶回家。一進家門先想孩子們的可愛，另一半的種種好與辛苦，主動分擔家務，適時口頭讚美、給與掌聲。

　　帶領行政團隊，目標需清楚，動力要充足、理念求一致，方法要多元。通常我會因應學校規模、學生人數、教師特質、專業學歷等慎重選拔行政人才，所到任學校依生態背景謹慎觀察，訂定行政走向、發展策略。例如初掌某校，由於地處偏遠、班級數少，針對偏遠小型學校的行政團隊，必須挑選能力強、有經驗、才華幹練的老師出任行政人員，因此一個團隊必須做到下列三項。即確立一個目標：帶好每一位學生，使人盡其才。二大法門：慈悲做人、智慧做事。三通之贏：教學、訓導、輔導三合一，既分工又合作共創校園文化；學生、教師、家長三溝通。愛的讚賞、愛的榜樣、愛的關懷；精緻、卓越、創新三願景：精緻教學、卓越成長、創新發展。三個要領，引領行政團隊邁向頂點。的確，該校行政人員均有所進步與成長，鼓勵主任（未具資格）參加甄試，2 位主任初次應考，雙雙錄取，其他擔任組長的老師們不論調任他校也都有良好的

表現，獲得很好的口碑。小學校團隊的通力合作，不論在行政、教學、個人成長方面努力以赴的結果，往往豐收甜美的果實。其得來不易的佳績，無形中更厚實了個人教育生涯的內容。舉凡健身操、合唱團、國語文、科展競賽、親職講座、瑞芳區校長會議、承辦區國語文比賽、校慶30週年活動、社區聯合運動會等都贏得實質的好評與良好的成果。小型學校整體環境的規畫清幽、寧靜、整潔清爽；藍天綠地、紅花綠草、蝴蝶翩翩、飛鳥成群相映成美。學生個個活潑有禮，自信的眼神開朗的笑容充滿信心，他們知道未來走向。由於行政團隊的付出，針對每個孩子的一一叮嚀與輔導，因材施教，讓每個孩子適性發展。身為校長看出偏遠地區的孩子更需勻出時間溫習功課，故利用教育優先區經費購買7人座交通車（中型巴士經費不足作罷），接送山裡或臨海偏僻地區的孩子上放學，晚間陪同留校的孩子們（一個班級）看書，然後再親自開車送他們回家，3年下來，成效不言可見，目睹孩子們的進步茁壯即為師長們最大的安慰。其實針對小型學校，行政人員與教師幾可畫上等號，每一位教師皆有可能身兼行政工作，白天在學校大家相處一起，晚上住在宿舍，生命共同體的感受不言而喻。

一、行政領導的做法

　　至於行政團隊有效的經營，首先讓每位行政人員了解具備團隊（Teamwork）的八要素有：㈠T—目標、㈡E—熱情、㈢A—行動、㈣M—管理、㈤W—方法、㈥O—開放心胸、㈦R—獎賞、㈧K—領導者。具備了團隊的理念還不夠，必須針對行政組織訂定規畫與統整組織運作模式：前者例如定期召開行政會議，共同商討擬訂各處業務實施計畫；積極發展學校特色（swots 分析），清楚行政想要執行或解決問題的重點是什麼；任務指標訂定經過執行後，檢討考核整個過程是否有缺失而謀改進之道。後者在統整組織運作方面，以總量管制的概念，衡量學校發展的特性、條件與需求，彈性調整行政組織；組織有高效能的合作團隊，能建立認同感與隸屬感，認知忠誠和擔當的重要性，加上行政同仁所處工作崗位必要時能夠主動補位，團隊合作的精神才能充分發揮；每位同仁都有明確的認同以及整合家長會、教師會與學校行政的力量，才易獲共創三贏的局面。

二、行政領導策略

行政團隊戰力的有效發揮，實施策略有㈠時時顧及學校願景與目標：清楚學校願景並能溝通學校的執行目標，倡導學校本位的實施計畫；㈡妥當適切安排學校的工作環境：界定行政同仁的工作角色；設定目標期望，決定校內會議的內涵及次數；㈢目標管理：扮演校內推動者的角色；評鑑行政績效、教學績效，進行學校本位課程實施課程評鑑；㈣鼓勵合作與充分授權：賦與行政人員應有的責任，協調校內行政工作團隊；㈤引導與支持：校長及主任能適時提供成員所需的支持及材料，並結合社區資源，推展學校公共關係。

學校行政是整體學校運作的核心，一向是學校經營的主軸，影響學校的經營成效甚鉅。學校行政人員過去一直是扮演學校組織中領導者角色，擁有一定的專業地位，並受到學校組織成員的尊重。不過隨著校園生態的民主化，學校行政在學校組織中的專業地位已面臨重新定位的現實與壓力。由於師資培育多元化政策的施行，學校組織成員的來源亦隨之多元化，彼此價值觀與專業態度有所差異，加以相關法令的修訂與公布，也改變了傳統學校行政的運作模式與內涵，使得學校行政工作的難度增高，影響學校成員擔任行政工作的意願，導致學校行政人才普遍缺乏的現象，造成學校經營的困境。未來學校行政人員要繼續在校園中服務，必須重新思考自身專業角色的內涵，並積極加以調適及因應，才能順利達成學校經營的任務。如何激勵教師擔任行政工作及留住人才，是當務之急。是故檢討與修正學校行政人員的培訓、任用、進修與激勵制度，以培育優質行政人才，重建行政專業，是刻不容緩的課題。

個人走過 3 個學校，從偏遠的小型學校至鄉鎮地區，到現在位於市區的中型學校，一直勉勵行政同仁發揮團隊精神，展現團隊力量，時時以「生命共同體」、「自家人」的共識，提升行政人員的士氣，3 所學校的共同做法即是藉助每月一次的擴大行政會報機會，慰勉嘉勵所屬人員的辛苦與再接再勵的奮戰精神去完成行政任務與使命，除了口頭上的讚賞鼓勵之外，亦利用會議書面資料鼓勵同仁捨我其誰的氣度與胸襟，並尊重每位行政同仁、力倡相互合作、相互支援；適時利用工作項目的執行與檢討，以理性思考、虛心接納的態度，捐棄成見、共同關懷學校生態或反映教育問題，鼓勵同仁踴躍提出建議、建言共謀最適宜的解決方案。除了勉勵校內行政同仁扮演好本身的專業角色外，更鼓

勵他們不斷地進修研究汲取新知，讓本身的行政專業知識及經驗更加圓融雄厚，以因應學校事務問題的處置。所以，當擔任一所新進學校，身為學校的大家長總再三地強調、說明行政同仁的辛勞付出與犧牲奉獻是值得肯定與讚許的。幾乎每一次共同集會的場合，我準備不同的點心飲料誠摯地感謝他（她）們的用心與辛勞；每學期也利用休閒時間辦理校外研習活動，除可聯絡大夥兒的情感，亦能紓解他們的工作壓力。而任職每所學校的第 1、2 年，也都持著委婉懇切的態度要求行政同仁縮短磨合時期，大家敞開胸懷，彼此互信互尊，在教育領域上攜手邁向學校願景，達成教育目標。行政同仁在一番時間的考驗與了解下，終能放下心防，坦誠而又熱心的共赴理想境地。

三、行政領導實例

回想起在偏遠學校 3 年的經營歷程，仍有著歡樂與喜悅，我們行政團隊完成了上級給與的工作任務——承辦北縣瑞芳區國語文比賽。在有限的人力——全校教職員工 23 人，有限的校舍空間——教室 1 排 6 間共 3 層樓 18 間的規模下，我們成功而又以高效率的行政能力圓滿的完成了比賽活動，這完全歸功於團隊的力量與分工合作。記得當時大夥兒忙碌而積極投入的身影在校園中每個角落穿梭著，雖然忙累卻懷持著熱心、明朗歡喜的態度工作著，結果的預期自不必言述。而後續迎接學校 30 週年校慶的準備工作，亦不難想見工程的困難，學校位處偏遠，過去畢業校友留在家鄉工作者實在太少，多半散居台灣各地，在動員了全校教職員工及家長會成員們的熱烈奔走呼籲下，校慶當日回母校同歡共慶的師長、校友竟然坐滿 60 桌人次（每桌 10 人）。是日校園充滿熱鬧，歡樂氣氛非比尋常，配合校慶教學成果展一併展出有：雅石展、蘭花展、書法展、畫展及 30 年來學校經營回顧展，我們努力蒐集得來不易的照片，讓校友們駐足、流連忘返，整整一天的時光，校園充滿了驚喜、歡愉、笑聲、談話聲充斥著每個教室，蝴蝶翩翩飛舞、小鳥鳴叫飛翔、花兒開得燦爛、樹影搖曳、色彩繽紛的帳篷下事業有成的校友，天真可愛的在校學子，付出辛勞與教育大愛的昔日師長，全都團聚一堂，相會一起，溫馨感人動容的畫面，恆留在每位出席者的腦海中，寫下了難能可貴的一頁。

貳、教學領導的理念與做法

近年來由於教育改革的推動、課程革新、學校中心、教學自主的呼聲，不斷升高，有關教學創新的問題，已然浮現檯面，教學領導的工作，逐漸受到關注。現代化的教學領導是採有計畫的輔導方案，溝通歧見，取得共識，並鼓勵教師進行反思教學，自我領導，以強化專業領導的功能，故教學領導已經成為提升教學品質的新機制，此一機制建立在互信、專業以及參與的基礎上。所以校長──教學領導者第一要務是與被領導者建立良好的互信關係，消除拒抗的心理；其次，教學領導者要以積極提升教師教學專業能力為目標，排除一切消極的批評與責難，使教學領導成為教師專業成長重要的一環；最後，教學領導的過程應該提供被領導者主動參與的機會，不是被動的接受領導而已，不僅成為參與計畫與執行領導的一份子，更要充分發揮教師的專業能力。換言之，現代化教學領導理念的落實實施，有賴觀念、制度以及人員配合調整。就此而言，首先，校長要建立教學領導是一種教師專業成長過程的觀念，其次要建立學校參與式的教學領導制度；最後要培養被領導者可以實施自我領導，以擴大領導的成效。

對於任職的 3 所學校歷程中，教學領導一直是必要推行的重點之一，校長為首席教師，故一開始總要花費許多時間去宣導、說明與溝通，首要做到：一、擬訂學校未來的發展願景；建立願景可以凝聚學校成員的意志，引導學校相關政策的制定與學校發展的方向，為教師的教學工作提供明確的指引，如此不但可增進學校成員間的專業對話，同時也可作為教學評鑑的基礎。二、重新思考學校的學習、發展方案；有兩種方式，一為更新學習方案，即調整現有的學習方式，一為將整個課程當作是全新的學習方案，重新加以概念化，也就是重組學習方案。本人所任職的 3 所學校中大都採取更新學習方式。三、發展以學習為中心的課表：每到一所學校，我則鼓勵領域研究會提供特別（固定）的時間，讓教師能夠共同專業對話進行計畫、實施教師同儕互相指導的方案，並從事行動研究，與校長一起進行訂定學校改善方案或改進策略。四、組織多元智慧的教學團隊；以教學領域為核心成立多元智慧團隊，依教師個人的智慧專長，共同合作、互相協助、彼此提供奧援，可以協調課程、分享成功，面對挑戰，創

新教學。五、建立適當的教學視導機制：教學視導是教學領導的一環，其目的在增進教學的品質，提升教學的效果。校長基於職權擁有較大的影響力，可以協助教師改進教材、教法，激發教師自我思考與反省的意願及能力，進而提升教師教學技術，樹立專業形象。六、督導課程實施的過程：教學領導的優劣關係到課程實施的品質，而教學領導的相關作為，可以從課程實施的過程中，加以監測，並從回饋中調整教學的策略。個人在實施督導的過程中，通常採取務實的策略，建立一種重視持續進步與協同合作的文化，才能獲得雙贏的效果。換言之，給與教師積極的回饋，以適時調整教學策略，提升教學的品質。

參、課程領導的規畫與具體做法

因應九年一貫課程發展，每所學校相繼成立課程發展委員會及規畫小組，積極實踐學校本位課程的自主理想，充實學校現有的課程內容，突顯出學校課程發展的特色。個人重視課程領導，一直認真要求教師參與討論，而為了深入了解學校課程發展狀況，我會給與教師許多關懷及一些些的壓力，提供必要的支援和激勵，必要時更能以身作則做專題報告，或聘請課程專家學者做深入的講解，以強化教師同仁們的學習動機。身為教師的夥伴，盡可能一起參與教師的專業研習與課程討論，以便能發揮行政支援教學和課程發展的功效，學校的課程發展將會因校長「平等」參與而呈現不同的氣象。學校組織的和諧氣氛與討論文化是需要由校長來示範與啟動的，所以，自己要率先熟讀所有九年一貫綱要內容及相關材料，然後抓住要領予以歸納、簡化，用教師能理解、接納的方式，一步步帶著老師們一起討論、一起發展課程。而校長亦須深具慧眼，找出關鍵推動教師，藉由關鍵教師來逐步成立核心發展團隊，待團隊氣氛與共識醞釀出來，自然合作機制建立起來，如此發展課程也就應運而生了。由於各校發展背景、教育生態不同，我所經歷的 3 所學校，各有其不同的特色。所以推動課程領導也就因校而異，比如其中一所學校就是利用現有教學研究會，逐步發展學校教師的對話機制，加強教師對九年一貫課程綱要及學習領域內涵的了解，進而再討論教科書的選定、教材的編選等相關問題。藉助一次次的對話討論，每一次的會議都有具體的成果，都能營造出有利於課程革新的組織文化。

事實上，由校長努力帶動的行政團隊下，盡量營造一個信賴、關懷與誠實

的溝通情境來鼓勵老師發言，進行深度會談，藉著討論、示範和分享，才能進而了解教師的專業信念系統，教師的專業需求，以便研擬方案提供適宜的研習機會，幫助教師藉由學校本位的專業成長獲得課程發展知能、覺察專業自主的重要，進而願意負起學校課程發展的職責，在行動實踐中逐步建立個人專業的信念；每位教師能夠被肯定，在自己的專業上獲得成就感，教師在專業上方得以不斷地成長與發揮，如此良性循環下學校所發展出來的本位課程方案，才可能具有實際推廣的價值，才有可能提升教學品質幫助學生學習。身為校長，此課程領導正為目前我所汲汲努力的重點方向。

　　至於對特殊學生的需求，不論單親、原住民、隔代教養或中輟生等弱勢的孩子們，本著不放棄每個孩子的理念，把他們帶上來是全校教師同仁們努力的目標。學校設置仁愛基金，即是用來補助家庭經濟困難的學生，協助他們度過難關；學校設有啟智班、資源班、高關懷班級，安排特別的課程，激勵特殊孩子的學習意願與技能；對於智能、行為、情緒、社交、學習等方面有障礙的學生，輔導處秉持「愛與關懷」支援服務，進行定期實際家訪、晤談等陪伴他們。無論何種做法，務必做到認識（孩子的艱辛成長）→了解（孩子的心思成長）→尊重（孩子的人格尊嚴）→關懷（孩子的喜怒哀樂）→協助（孩子的學習發展）→分享（孩子的喜悅成長）。不論資優的學生、有特殊才藝的學生或體育班的學生，不斷的以加深加廣的教學，精熟學習，來提升他們優秀的資質。3年努力下來，學生幾乎都獲得良好的成果，就學的成績呈現一片亮眼。

　　經營3所學校，在爭取教育經費，運用教育資源的目的都是殊途同歸，總是期望以計畫爭取充裕的經費，建設學校教學設施，增加教師們教學資源。因此，對於縣府函文的各種活動辦理，只要有附經費補助或政策計畫試辦的計畫方案，多半找來組長、主任共同商討研究，主動說明辦理的原因及重要性，獲得同仁的共識後，即開始擬訂計畫申請之，記得偏遠地區學校，為了鼓勵家長參加親職講座，以提升文化不利地區家庭親子關係以及增進家庭和諧的撇步，我試著與老師們做溝通，邀約他們至校長室藉著關心教學的情況而透露出家長們接受再教育的必要性，很誠懇的表達辦理研習活動的迫切性，初次談論後再討論，經過數次的對話，終於獲得大夥兒的認同，連著2年，每學年辦了10個場次的講座，以偏遠地區，年長家長忙著為生計上山（採竹筍）下海（捕魚），年輕的父母親多至外地討生活的現實下，每場參加的家長們約近半數（全校共

6個班級），且愈到後面家長參加的人數愈來愈多，而為了考量家長交通上的方便，我們甚至把研習場地開拔至鄰近社區的廟宇內。至於社區資源的運用，不論人力、物力、空間——鄉鎮公所的場地、桌椅、帳篷等；乃至於財力——鄉民代表、鎮民代表、市民代表的地方配合款，皆竭力爭取，親自拜訪地方代表、甚至鄉鎮市長說明學校的需求，苦心造詣地千拜託萬感謝地請求經費補助，如此可獲得校舍的改善，校園的綠美化，清寒學生的年度獎助學金……，猶記得數次赴往外鄉鎮寺廟，面見住持爭取定期的助學金補助名額，讓清寒學生奮發向上，並指示學生於歲末寄上賀卡以表達感謝，這些孩子們日後都有很好的表現，現正就讀大學。也曾拜訪核四廠主任爭取回饋金額充實學校設備以及建造紀念涼亭供學子休憩、談天話地，或師生探討知識學問、心靈對話，那些交融的畫面，每一思及，一股濃濃的溫暖與幸福不覺漾起。

偏遠地區的孩子們天真單純活潑可愛，因為文化刺激少，相對的可塑性就大得多，只要老師們有心，能夠用心認真的指導培育他們，一流的表現、成績絕對可以達到。原本率性放任的行為習慣，可被引導成為大方有禮、體貼有愛心的討人喜歡的好孩子。事實上，不論分散在各處各校的學生們，都擁有良善的本質，被教育所開啟，進而引發出生命的價值來。個人過去所任職的另外一所學校以及現任的學校都是一樣，所有的孩子們一個個都是瑰寶，蘊藏有無限的潛能，都需要經由老師們的愛心與巧手，打造出光采璀璨的玉石來，他們都是國家未來的人才，值得為人師者用心的雕琢與栽培。學校存在的意義就是讓每個個體被看見，每個生命被肯定啊！所以任何富有教育意義的活動都應被施展，讓孩子有表演的舞台、發揮的空間；任何激發潛能的學習項目都應被嘗試，讓孩子有表現的機會、努力的方向。孩子們能夠找對了目標，全力以赴，人生的路途就能平坦而踏實。我們樂見每位青少年國中階段的養成教育能夠為自己的人生奠定良好的基礎，所以「認真是我們的習慣」是我希望老師們同聲附和的一句話。而「宇宙生我必不同於不生我」更是我心愛的孩子們自豪的語氣。

擔任校長職務，倏忽已過了8個年頭，回顧來時路，點點滴滴，一幕一幕在眼前在腦海中徐徐閃過，其中有歡欣、喜悅，也有委屈、沮喪；有榮耀、成就，也有挫折、打擊；然擁有更多的是理想、是希望，這一股力量汩汩而流，永不乾涸；生生不息，永不斷絕。8年的歷練，從中擷取到許多寶貴的經驗，而愈來愈有嫻熟的體悟與表現。校長是學校的領航員，而校內教學活動的執行

者——教師，校外豐富資源的支持者——家長，親師合作成為教育的合夥人，那麼學生是快樂的學習者。像這樣在永恆不變以「學生主體、教師專業、家長參與」的民主開放的教育理念下，一個有教學領導、課程領導和行政領導之權責的校長，必須能統整校內外的資源，再造學校發展的契機，提升學校品質與效率。因此，身為 21 世紀的專業校長，必須永遠保有強烈的求知欲和生命力，旺盛的企圖心和使命感，不斷的努力充實自己的專業知能，才能勝任校長的職務，也才能真正開創辦學的空間，營造學習型學校，使學校教育精緻卓越和有績效能創新，達成國民教育的願景。

　　一向熱愛教育工作，一直喜愛每位孩子。學校教育的內涵就是建立在人與人之間真誠的、溫馨的、人性化的（humanistic）關懷上，學校教育的氛圍就是充滿著師生之間「愛」與「榜樣」的關係。在國中校長任內即將邁向第 9 個歲月，不論是專業知能與各項領導能力方面，我會更深入、細心的思考教育的本質和領導的哲學，更踏實的去深耕，去開墾；讓我的專業成長、發展，持續精進，能夠更有效地培育身心平衡、五育均衡發展、文武兼備、智德兼修的現代國民；讓我的學生都具有健康的身心、人文的素養、生活與學習的能力、前瞻的願景、寬闊的胸襟、熱愛鄉土的情懷，和具備國際視野之新世紀一流的國民；同時也希望建構一個充滿平等、正義、人性和關懷的學習型學校，讓我的校長生涯繼續有夢，築夢踏實。

肆、記校務經營外一章

　　個人任職第 2 所國中的 4 年任內，為沿著學校圍牆矗立的 5 座高壓電塔與台電爭取遷移所做的堅持努力，是這一生中較為難得的經驗，這似與治理校務、領導教學並無直接的關係。初至該校發覺學校女老師流產比率偏高約七成（24人懷孕 16 人流產），令人憂心，且 5 座高壓電塔高聳，學校在操場活動時電流的嘶聲，嚴重影響學習的環境。為解決校園內高壓桿線對全校師生造成的恐慌，個人於 2000 年 8 月新進學校，目睹電塔座落於校園內的不協調、突兀情況，即設法與新桃供電區營運處接觸，沒有回應，至同年 10 月 5 日函文促請台電公司遷移高壓電塔（該函並副知周錫瑋立委），台電於 10 月 13 日派專業人員至校檢測高壓電塔附近電磁場強度，自此即展開為期 4 年的拉鋸戰，其間發生了不

少的爭執、風波，造成了地方上首長及縣府父母官的關切。也因為奔足於地方民代、縣議員、立法委員之間，表達訴求，加上媒體的披露，他們紛紛前來學校關心，其中以陳文錄議員、李嘉進立委奮力站出，協助校方與台電人員協商尋求解決之道，這4年中開過會議、勘探磁場幅射數量、與附近居民溝通協調、至縣府開協調會，以至再改變為高壓電塔地下化、測量施工路線、實際進行施工、回復施工路線……等等相關遷移事宜的處理，總計達63次之多。在協調商議中所遇到的種種對待，個人面對艱鉅的對談溝通過程，始終抱持著謙虛懇摯的態度與情緒，努力表達學校的立場，為孩子們的學習環境做最大的努力，秉持不屈的毅力與韌性，再三的請求與訴求，在你來我往的互相溝通中，終於於2004年2月完成了5座電塔地下化的工程。電塔的拆除，紛擾中引起電視媒體的報導，引起上級的注意與關切，造成個人與學校陷入不安中，除了安撫師生外，對於家長的說明亦是小心謹慎，不敢大意，所幸凡是努力過的必留下結果，在個人奮力爭取解決的經過之中，也因家長會會長與副會長的支持相挺，陪我前往新竹與供電處的經理、副理、課長表達校方的意思，否則一個人的力量還是有限，而縣府也因此事件的解決提供支付二分之一，亦即600萬元的施工費用，此事件方得以圓滿解決。而學校也努力透過台電電基會申請補助校舍整修經費860萬元，最後李立委又協助爭取台電補助校舍整修經費200萬元。

綜觀此事件的演變至畫下句點，是個人接任這所新學校始料未及之事，雖則學校整體風貌不再有電塔的威脅，女老師的流產現象也明顯下降並有趨於零的事實，然所造成的後果對個人後來校長的遴選有些許的影響。而所以積極主動地想法去解決電塔不適合存在校園中的現象，為的是有責任、有義務解決老師的困擾，維護學生的健全發展，尤其在醫學學術研究沒有明顯結果的報告下，堅持拆除電塔是必須且急迫的優先待解決的問題。4年的努力，也感謝台電的了解並鬆動了立場，進而配合校方協商最合宜的辦法解除了多年來師生的恐懼感，個人深深的感受到教育這塊園地畢竟是受到大家愛護與珍惜的，因此在是年的校慶（2004年3月27日）發表了「誠摯的感恩與虔敬的致謝——本校高壓電塔拆除大事記」一文，表達了剴切的謝忱。這一生為教育寫下額外的一頁，就當成另類的教育做法罷！

作者簡介

　　我生於南投縣霧社鄉的一個深夜裡，那時節遍地開滿了紫色的小菀花。或許在山裡出生，所以喜愛山的靜謐沉穩。自小不喜與人爭執，個性良善溫和。感謝父母親的養育教化之恩，一直讓我生活在快樂幸福的家庭裡，至今仍充滿著溫馨甜蜜，享受著父母溫煦如暖陽的關愛和照顧。求學過程一路平順，投入學校教育，一路走過來竟也 30 年，受父母親影響，教育愛心有增無減，認真負責是我一向的習慣，身處目前詭譎多變的環境裡，更願為教育青少年學子鞠躬盡瘁。

來同一段路，來織一段錦

呂淑媛
原任高雄市三民國中校長
現任高雄市英明國中校長

　　自 1999 年奉派擔任三民國中校長以來，一眨眼間已有 6 年，驀然回首，驚覺流光在充實而忙碌中悄悄逝去，也在內心劃下了深深的刻痕。回顧來時路，深刻感受到隨著社會變遷，教育改革風起雲湧，對身為學校領導者如何擺動心中那把鐘擺而卻不至於搖搖欲墜，6 年苦心經營的點滴，箇中滋味甚多，藉著林文律教授的邀稿，願書我這一段路的喜樂與曲折。

壹、萬化根源總在心　校長的圓舞曲

　　學校校務的推動，枝枝節節，非常複雜。每個人都有形塑的教育理念和實務經驗。不同的領導者對事情的決策都有不同的看法和做法，而這些寶典在當家做主時，其影響冷暖自知。

　　擔任主任期間，開始思索：假如我是校長，我會如何做？尤其當校長如何回應教師而能說服大家支持決策，的確是一件不容易的事，也讓自己有一種成就感，有開始想提升自己成長的念頭。從各種不同的角度，考驗自己教育思維與不同做法，並鑽研一些教育理論，對教育問題深入探討，以得到獨特的見解，6 年主任生涯之後，想想自己也許可以考慮投入校長之路，實現自己的想法 。

　　溝通和協調在民主開放組織中愈顯得重要，如何接近組織成員，如何傾聽意見，從走動管理中去發現教師的心聲，以作為活動計畫之參考，開始學習充分授權，同仁之間分享工作的挫折和快樂，「掌聲」是給別人肯定和再生的力量，要做個快樂的好校長，須容人容物、常給與同仁掌聲，如此大家會一鼓作

氣，匯聚團隊力量，成就的大事也就指日可待。

但是環境的變化與行政面臨多角度思維，外加上時間壓力，能夠滿足多人的需求，常是不可能的事，因此一個領導者不能自滿，要以謙卑的胸懷，不斷的精益求精，用心促進自己專業知識的成長，尤其面對多元且詭譎多變的後現代民主社會，學校生態轉變很多，教師專業自主的意識也抬頭，如何雙贏，是身為校長必須整合的教育觀。

儲訓結束，分發到學校開始綜理校務。此時躊躇滿志，亟待展現校務風華，將儲訓階段聆聽專家學者的理論與思維，發揮在校務的實際經營，尤其自己並未擔任過所有處室的主任，透過資深校長經驗的傳承，經驗的啟示，即席演講的訓練表達內心的想法，參觀學校，分享前輩工作心得與成就，這些對話與經驗，對日後工作上幫助很大。

細數校務經營生涯6年，我始終秉持「人本教育」之理念，重視以人為本，激發潛能的全人教育，營造人性化而溫馨的校園氛圍，秉持「教育，最可貴的就是在孩子身上發現希望與夢想！」做起事來才會有一股傻勁和衝勁，萬化根源總在心，校長這部圓舞曲如何開始和指揮，心中已有定數如何來織一段錦。

貳、江山代有人才出　學校經營壯志

積極、有計畫，轉型領導；培養有學習型的團隊組織，專業再專業、不論課程、行政、資源，萬方俱備，碩果自然轉甘，經營壯志猶如柳暗花明，又過一村。

當我從國小教育階段之任教進入國中教育，正值能力編班的後期，在教學上以一位藝能科教師的角度，站在兩類別不同班級時（前段與後段班），在教學上感受深刻，前段班學生較木訥，沒有反應，只想考試如何爭取好成績，對藝能科較不重視；而放牛班學生活潑好動，沒有學習意願，只要求一些好玩的課程，搗亂不守規矩，成為上課管理的重頭戲，對音樂根本不喜歡甚至討厭，面對如此兩極化的教學環境，真是教師的夢魘。這時開始思考我的教育理念，認為若是常態編班那該有多好，不久適逢政策改革，力行常態編班，對藝能科

教師來說可說是德政，學生互相觀摩學習歌唱、樂理、樂器等等，展現才華，學習動力增強，教學活潑有成就感。由此我深深體會到孔子的教育思想「有教無類、因材施教」的道理，教育應該重視學生個別潛能之發揮。讓每位孩子成德成材，找到自己人生的方向，進而自我實現，帶好每位孩子，教育工作者不就是應該去實現孔子的教育目標才對嗎？

父親從事教育數十年，曾擔任校長一職。父親常說：「行事以正，做人以誠，公正處世，辦學要建立制度，方能服眾。」這句話影響我日後辦學態度至深且鉅，也受益匪淺。教育理念帶動校長領導作為，例如：如何充分授權，落實親和、魅力領導和重視效能，講求創新，結合企業理念來經營學校等等，都是校長必須去深耕和成長的重責大任。而個人人格特質也影響作為，所以組織之間其實也有許多的非正式組織，如果沒有以溝通協調機制獲取認同，組織很難有高度的認同和情誼。所以凡事出自以誠，講求信用，不違反教育理念原理原則之下，給與同仁機會去創新發揮特色，如此遇到的挫折較少，士氣自然高昂。若是覺得偏離教育原理或私心太重，趕緊把專業思維教育觀點互相交流，或召開會議達成共識，藉助委員制議事決方式來執行，有困難或執行不好，大家共同來改進，避免有所爭議，圓滿完成校務的推動。校長是一校之長，這個掌門人，要兼顧領導效能及品質管理，同時發揮親和力、團隊的創意，有效的行政團隊之運作，這些都是校務經營成功的第一步。

所以校長用才為先，禮賢下士，首先必須展開尋覓優秀行政人才，若與校長個性相投、肯努力打拚型、理念思維相近，擅與人溝通協調且具親和力者，其專業素養足資擔任該項職務者，都是可以合作同甘共苦的夥伴，只是人才難覓，國中的教育生態，主任職務乏人問津，更遑論對教育行政的投入。所以學校行政團隊，必須用心擘畫規範，使其工作論專業，休閒論情誼；建立良好情感有如哥兒們快樂工作在一起，同時也儲存行政團隊戰鬥力，一起來完成各種計畫與方案，彼此分工合作，激發學校向心力、生命共同體，來完成方案的推動與績效。

在教學領導方面，先管而後教，常規的建立非常重要，班級秩序影響學生學習與教師情緒，導師與專任能夠協調配合共同處理學生常規的建立；而常態編班之下，每班差異性不同，分析段考成績，了解各班各年級學習效果，對照老師教學情形，充分與教師對話，提升教學績效。讀書風氣的養成，其實可以

利用早自習聽英文、安排數學競試、英文單字抽讀抽背、社會科競試、自然科學實驗操作競賽等等，協助教師了解學生多元能力與增進學習廣度。

尤其校長要持續推動教學研究會的轉型，各領域教師給與相關政策的題材討論，並指定完成課程學習單或教案；隨時掌握各種資訊提供教師不同思維；進行教師專業評鑑，與全體教師共同擬訂教學評鑑項目，進行自評、同儕評鑑、專家評鑑；並分析評鑑結果作為教師再進修之參考項目；家長對某位教師教學有意見則進行同儕輔導與觀摩教學的評鑑工作，促進教師專業成長。利用學校大型活動或校慶舉辦教師教學檔案分享；每學期結束舉辦各領域課程設計與教學創新分享；期待打開教師教室王國單打獨鬥的專業領域禁地，感受不同的創新教學特色，並頒發創新領域教學奉獻獎。平時建立巡堂紀錄，發現任何有不利學生之教學行為或班級秩序管理，隨時給與支援與意見，並不斷宣導教師專業素養與精神，提醒教師隨時激勵與改進。

另外以首席教師思維進行課程領導，自己常以教學者自許，以課程領導重於行政領導，教學是我的最愛，又喜歡創新改變教學模式來引發學生學習動力，促使學生自動自發的學習歷程。對教學研究會、領域對話時間、讀書會、工作坊、課程發展委員會議、教科書的選用與討論會議，盡量撥時間參與，在討論的過程中，適時提供個人意見與看法做參考。

若發現老師們的課程專長，有心開發教材要鼓勵其組隊指導，代表學校參加比賽，或是推出相關活動方案，這是發掘人才的最好方法。因為行政能夠適時提供資源服務，尋找資源共同完成。此種過程雖然很辛苦，但跟教師站在同一陣線，及時完成任務，對付出者而言，給與協助比物質獎勵，或事後恭維來的有效果。

校長以學校現有狀況和傳統資源來推動課程領導，了解時代變遷，積極參與試辦，使老師對九年一貫課程有深層認識，尤其本校教師教學經驗豐富，在研發自編教材過程中非常順利；如國文自編藝文創思教材，鄉土作文或河洛語教學；自編綜合活動一至三年級教材，所有教師都有第一次經驗，依照能力指標來規畫設計，引導學生學習能力的開展；馬蓋先的科學實驗教材，社會科戀戀三民後驛之教材，學校地理位置食衣住行的鄉土教材編輯，多元化的學習評量單製作，實察活動，實際進行課程評鑑、協同教學、觀摩教學、學生學習評量設計等等，完整了解九年一貫課程的理念與精神。

針對特殊才藝學生，學校沒有體育班但對體操選手的訓練，以前未能正式成班前，吸收國小教練及優秀學生來本校，學校和家長會提供鐘點費補助，並協商左營國家級訓練中心，培訓優秀學生。並向市府爭取淘汰車輛作為學生移地練習的交通工具，家長後援會也特別邀請大陸選手來校指導體操選手或移地大陸訓練，因此獲得全國中等運動會冠軍的成績，培育出國家級選手，爭取出國比賽機會。

以一人一技的藝術才能規畫，人手一笛中音直笛隊，徵聘優秀教師帶領直笛隊，菁英選手代表學校參加比賽，榮獲優等，給與精神獎勵與樂器設備的充實，希望能夠維持良好音樂水準。學習障礙學生為他們舉辦戶外教學活動，烹飪技巧或借用特殊學習工具，舉辦專長競賽、進路輔導、休閒陶冶、親職講座等等。

總之校務經營上能夠了解同仁專長，給與舞台使其發揮潛能，提供服務協助解決問題，任何困難的工作都能順利達成時，其付出是值得肯定的。

對外關係與資源的經營，透過媒體記者適度的接觸是一件很好的事，平時建立良好關係，爭取時效，報導學校特色，彰顯學校榮譽形象獲得加分效果；如校內發生事件，加以澄清，化解危機，也能減低負面效應。

民意代表如里長、議員、立委，對學校、家長、老師、學生的關心，有法治層面或物質層面，如編班選老師、師生衝突調解、轉入學方式的介入了解、經費爭取、里長協助學校公共區域打掃；人行道安全道路修補、樹木的培育、慈濟會關係的建立，民間各式協會租用學校場地等等，彼此互動，建立關係，活動時鼎力支持協助，學校有狀況時拜託他們協助，無形中成為教育夥伴關係，這些資源慢慢累積關係，才能成為學校助力。

平常與局裡保持良好互動，因為學校地理位置適中，適合辦理各項研習活動，如積極辦理全國或全市性大小型活動，爭取各項經費來源的窗口，認識各種講座人員，建立人脈關係，雖然剛開始學校同仁會抱怨校外活動太多，影響教學品質；但是行政堅持適度參與，才能備受肯定行政能力與團隊合作精神。

至於家長會是學校助力與阻力，其間學問大，拿捏得體，維持良好的關係，不可不慎重。彼此建立互信態度、校長清白廉潔形象與做事風格，針對攸關學生重要事項，如服裝、學生獎懲事宜、營養午餐、對外參觀活動安全問題、請家長會參與學校校務處理討論；必須對家長及家長會負起績效責任。家長會

財務部分盡量不過問，保持清白形象，以公開、中立原則參與家長會各項活動，協助爭取經費，幫忙辦理各項會議前置作業，支用經費時事先說明清楚使用情形及開會時間事前告知，重要會議親自邀請會長及委員們參加，平時常以電話或聚會來聯絡感情，家長或家長會的事情，處理時公平待遇，不管結果是好是壞，通知家長會且遵守公務人員行政程序、原則或法理情先後順序來處理。

平時參加各項活動，留意精采的演講者名單，建立人力庫，掌握公文時效爭取經費，透過研習出去走走，了解各項資源蘊藏情形，對爭取各種人力、物力、財力、空間資源等等，更能有效爭取，成為學校後方資源部隊。

對內關係的經營，校長必須放下身段，平行溝通，建立同仁對我的信任感。最得意的是資深教師或退休教師，是我敬重學習的榜樣，能以親和、微笑展開友誼的關係，因此贏得資深教師及退休教師的愛戴，令我受寵若驚，學習到他們多年教學經驗與人際關係，也交到很多好朋友，在校務上給與我很多協助、支持，這是非常開心與高興的一件事。尤其本校這幾年退休教師很多，目前退休老師聯誼會人數比在職教職員人數還多，他們亦師亦友給我人生很多寶貴的經驗，婚喪喜慶總會邀請校長參加並致詞，讓我有學習體驗的機會。製作精緻的生日卡，每年更新花樣，除非公務繁忙或出差，由人事主任代勞外，盡量在當天親自送到教師手中，藉機會給與祝福並藉上課巡堂機會，讓學生有機會跟老師說聲生日快樂！分享心中這份喜悅。常與老師們同在一起，關懷他們，師生衝突或親師衝突，站在老師的立場，以同理心支持老師的看法，再爭取雙贏的局面，贏得老師的信任。

在與學生互動方面，學生是學校的顧客，有著服務的理念，協助學生成長，了解青少年階段的特性，以愛心和關懷，耐心等待他們的頓悟、成熟，少責備學生，多用鼓勵性語言來激發學生學習動力，建立學生與校長的互信度。

公布學生正面的訊息和照片，讓學生倍感尊榮，跟學生保持既親愛又敬重的校園倫理關係，每天早上學生上學時站在校門口，微笑與學生問候、見學生打招呼，我都記得親切回禮，聲音一定比學生更宏亮，並且從聊天中，關懷、了解學生的日常作息生活情形，他們也願意跟校長報告學校措施的良窳，若有偏激的觀念也藉機會給與澄清、勸導，有好的建議帶回給行政人員參考。

校長盡量抽空參與學生的各項活動，如運動會、露營、畢業旅行、校外教學、班級活動；學生送的邀請卡或小禮物掛在校長室明顯處，以示珍惜。另外

隨時準備小禮物，對特殊表現同學給與精神或物質獎勵，設計精美獎勵卡給與兌換獎品或以銷過方式，鼓勵學生向上向善。

平常要積極發展學校特色，觀摩各項活動，發現別人布置的優點、道具或擺飾、任何可以表現的創意物品，牢記在心，或以數位相機儲存影像，學校辦活動時提供大家參考。如光榮國小的動土典禮，有酒甕葡萄的長長久久的故事；木材板上留名人參與錄；科博館的折合式豎立的看板，展示作品有創意，均可激發另一種創意來營造自己校園特色，多學習多觀摩是創意的開始。

發展學校特色，必須考慮學校的背景因素及學校現況，家長期望和歷年來教學成效，並思索教師專長，擬訂方針凝聚共識，極力推動。例如：藉由擔任國際體操裁判的教師，推動體操教學；學校歷年合唱比賽成績優異，值得持續推動；課程改革亟需社會領域教師參與，便積極透過甄選，調整教師員額徵聘教師，共同協助與發展學校本位課程；若是學校教師主動推展英文話劇，就應極力配合支援；更藉助教授參與指導的機會發展街頭物理活動，如此一來便建立起學校特色。

學校變革的經營，對推動變革契機的掌握，以教改變革的力量和經費補助，帶動全校進行試辦九年一貫課程；教訓輔三合一和組織再造契機的掌握，學校屬老學校（42年），一切行政作為已經固定，必須針對僵化部分進行革新，沒有情境的助力，如藉退休人員離開，自然改變組織編制，較為妥適也能展現變革決心。

中途班、技藝班是針對學校高危險群學生所採取的必要措施，對學習落後或低成就學生另類學習課程，是非常有助益的，能夠配合教育部或局的款項，推動新的政策，加上學校地處都會區，商業活動濃厚，附近遊樂場所、各式買賣混雜，學生接觸留連商業區，外顯行為變化多端，青少年的次文化容易迷思，學校必須抓住此類學生需求，研擬教育政策，配合社會興革議題，主動爭取辦理相關活動，帶好每位學生。

目前特殊教育講求回歸主流、融合教育，對身心障礙學生回歸與融合普通班教學，學校必須成立身心障礙資源班，雖然老師家長排斥，化解歧見，協助教師與同僚互動關係，有賴特教教師努力化腐朽為神奇，共同諮詢，協助弱勢學生完成應有的學習能力，為未來生涯教育奠定良好基礎。

參、雪擁藍關馬不前　校園法網圖迷

　　守法知法，身陷其境，才算真正認識法規的準繩；有法依法，無法依慣例，無慣例自創法源。

　　校園內講求民主，各項會議遵守民權初步規範的議事規則，對校長充實法律與法規知識，給了我莫大的啟示。如契約法案：校舍更新，面臨廠商倒閉的情況，很多法律層面問題浮出檯面，必須依法處理，校長必須掌握家長或社區中具備法律知識的人力資源。尤其面對法院寄來的傳票和假扣押，都必須限時處理，所幸家長會副會長本身是律師，當然請他幫忙書寫扣押權狀（異議狀），並協助提出解決之道。這時校長也應該尋求多方資源，知道因應策略，否則錯失良機，徒增處理的難度。

　　緊接著契約關係的處理，工程進度到何時才能對保證人給與解約之規定，銀行保證人面對廠商倒閉，更不願意繼續協助處理善後，要求解除擔保關係；加上公司行號都聘有律師人員，派到學校來跟校長談判的都是專業人士；若校長事先沒有充分法律思維，站穩方向，校方會敗訴。另外針對廠商倒閉之後，自救會的要求，以及是否合乎公家機構的法規處理，更是要步步小心，不可沒有見證人或相關長官、律師在場。千萬不可輕易跟下游廠商作出任何協議文件，否則事後責任終得由校長自己一人承擔。

　　工程招標問題，學校進行第三期校舍更新，必須依照採購法進行各項發包，標單截標時間的訂定，一般看法都是到下午下班前截止，可是公告上已註明截標時間是中午，這項爭議廠商自己看不清楚卻以自己思維來判斷，說明自己合乎情理據與力爭，苦了業務承辦人員，在各種法規的認定上，熟讀並且隨時擺在工作桌旁，提醒自己，避免誤觸法規，解讀錯誤。今年碰到經濟不景氣，在拆除校舍工程招標時出現有史以來特殊案例，廠商在底價上竟出現低於底價80％的數字，擔心廠商找碴或品質堪慮，給與廢標處理，若是出現負數字，又表示廠商願意回饋學校經費，作為公益活動；這特殊現象主要是鋼筋漲價，廠商評估拆除中的鋼筋和廢鐵、器物，能夠回收，大膽出招，學校因此受惠基於

公平合理及考慮法規符合，校長才能大膽決定此一招標定案；同時受整體物價波動，建築物價更是居高不下，調整預算金額依然無法順利發包，校長為了執行度和合理標兩難困境，在等待中受盡煎熬，一次又一次的開會檢討並計畫呈報，消耗精力與時間令人痛苦不堪，等待中出現生機，結果高出底價，但未超過核定底價 4%之決標範圍，到底要決標或廢標，考驗校長智慧，必須承擔水電發包經費不足的風險，爭取補助經費怕沒著落，延誤工程進度，又是一項績效大考核不通過，不是校長沒有魄力承擔而是考慮進度落後，造成中央與地方及財政、會計部門績效不彰，環環相扣，校長怎能不慎重。

　　充實法律與法規常識對校長而言有其必要性，只是法律知識浩瀚無邊，校長本身又不可能樣樣俱全，所以平時對業務相關或有特殊任務執行時，就必須先做功課，徹底的了解全盤狀況，平時結交幾位司法界的好朋友，了解社會司法單位處理事務的邏輯思考方式及對答方式，給自己一些另類的想法與做法，才不會事到臨頭驚慌不知所措。平時對事件報導也要用心探討，與主任合力分析研究，若發生在自己身上如何來解決，虛心探討，自能迎刃而解。

肆、菰蒲深處疑無地　權變危機解讀

　　環境變遷，很多為推展校務而做的權宜事務就逐漸曝光，造成學校處理彈性機制不見了，加上網際網路的方便流通，因此校長在治校方面就必須審慎小心，凡事先依法處理最後才可講情，任何事情要透明、公開會議或委員會制多數決定，避免因校長個人決定，造成不必要的紛爭。

　　政治中立原則實施後，學校受到政治力介入情形減少很多，甚至幾乎不受影響。除學生違反校規處理細節，或學生記過處理關說個案等等，外加上常態編班政策實施後，議員關說入班情況也沒有，了解校長依法執行立場之後，減少執行層面很多困擾與衝突，家長也漸漸了解學校行政之用心而給與諒解。

　　政治因素有時也會影響學校教育，有一次歷史老師出題，教師依其歷史發

展背景，出了一題與政治黨派相關連問題，家長馬上電話密告教育局要求試題不能與政治混在一起，教師政治色彩濃厚要查辦，小小試題風波，最後歷史老師經過解釋和澄清題意，風波才平息。另外一事件，中午時刻紛紛接到許多家長電話告知，某電台廣播說明學校有位教師上課不中立，批評某政黨，社區家長知曉，督學也來了解，但是何人也？電台廣播未能說明清楚，空穴來風造成學校過度傷害。

採購法的實施讓廠商們到校公平競爭，得標的廠商以低價服務品質回饋學校，這是一大福音。但有些人情世故或盡速處理的服務品質，也就差強人意。學校就必須自己找其他方法處理之。在整體經濟不景氣，財力吃緊情況下，學校經費又採取校務基金制，對校長經濟財務能力及法規部分給與很大的考驗。尤其校務基金制對校長而言更是一個新名詞，必須重新認識、了解，才能執行的法規，增加校長對學校財力的管控與經費籌措的負擔，開啟校長另一個學習的管道，以因應未來校務經費經營的準確度與效度。

學校校門口椰子樹經常掉落，里長非常關心行人和學童安全，特別提出希望改種其他樹種，由里長來提供，但移除或拆除椰子樹卻惹來綠樹協會及養鳥協會的抗爭，認為樹都有樹靈，難得長成 30 幾年的成果，若要拆除非常不捨也違反人性，是否有其他替代方案？整個事件被媒體炒熱，不得不請教育局和養工處來協調。因為人行道上之各種建設與樹木的維護不是學校一方能夠決定的。面臨雙方意見相左情形，協調過程又十分火爆，這時家長會也出面協調。但居於環保意識抬頭和捍衛綠樹精靈措施，里長強硬的措施引來綠色協會反感，造成愈演愈火爆的場面，多次協商無效，學校只能拜託要求養工處給與協助摘採和修護，並達成協議由養工處定期維護這排椰子樹，並且依安全原則隨時摘採。這椰子樹事件才漸平息，目前按照此協定持續進行，未發生任何意外。

學校經營充滿許多變數，考驗校長機智和團隊的用心和敏銳度，如何讓菰蒲深處疑無地，柳暗花明又一村，讓危機化轉機，是校長經營必須步步為營、處處小心的地方。

伍、翻手作雲覆手雨　教育盡我本職

　　教改教改，讓校園風起雲湧，讓校園動盪不安，在執行過程中經常省思與評析，觸動心靈的無奈和忠誠，惟有「甘願受歡喜做」，教育總是不斷在追求環境中的弔詭。

　　目前倡議小班小校的聲浪很大，但是台灣腹地狹小，學習外國小班小校並不適宜。學校設備受限，因此實施小班制，人數逐年降低。本校實施小班制之後，教師教學非常愉快，對學生的了解也能掌握，但受限財力窘困情況，又恢復到班班人數達 40 人，再一次陷入教學的困境，無法帶好每位學生。大小校宜採資源共享，只是受到使用者的不方便及私心所誘導執行不力。如何配合策略聯盟及互為相關主體績效，自然有共同生命體，才能化解彼此教育競爭所帶來的困擾。

　　在班級教學方面，堅持常態編班與學生多元發展本是我辦學理念，礙於社會大多數人想進明星學校的觀念很深，一直無法落實常態編班，推行常態編班後，一切手續依法執行，教育局也統籌協助處理，學校雖然失去彈性和校務發展特色的權利，家長也不再提供高額經費支援學校活動，但在社會公平正義原則下，恢復教育應有的本質，提供學生公平發展機會，這也是一大福利。

　　力行常態編班之下，受社會升學風氣影響，家長期待孩子成龍成鳳，希望學校成立升學特攻班，學校又必須依法行政，若無法達到要求，校長、學校都變成家長不信任的對象而不再支持校務。校長、學校老師只能夾縫中求生存，在最短時間內爭取最有效果的課業輔導策略與成績，適性教育，因材施教，在先進民主的時代反而更難達成。

　　能力分組教學依法規執行，造成導師、任課英數理教師對學生秩序掌控難度較高，另外瀕臨中上中下邊緣學生也會失去學習努力的動力。兼顧學校師資與學生學習情況，適度彈性調整，成為校長最高智慧。

　　在學生多元進路升學方面，每每到了報名繳費及多元宣導時刻就是教務處的夢魘，甩不掉的時間壓力與催促的聲音，查帳的時間，讓註冊組長年年更換。

簡易而必須的付費或報名手續，以不增加學校負擔方式來完成，對多元入學方式說明過於複雜，造成學生家長老師都必須花費額外時間去了解，內容不同又常造成誤解，學生又不願花太多時間或對多元方式的報名、推甄、甄選方式認真了解，經常錯誤連連，修正時效有錯誤時該如何彌補，或是該負的責任該由誰負？通常都是私底下大家自認倒楣不了了之。多元入學應該全面考量學生處理事件能力，及家長時間和經費的許可。若是對科系及學校的認識不完全，叫他們如何選擇適合自己的學校？而在學生成績考核辦法方面，造成多種版本的成績計算方式，累倒註冊組長，又造成家長不了解，多方解釋避免造成誤解，同時又增加學校負擔。如電腦操作軟體因系統的改變，而必須更換，也增加校方很多負擔。

學生訓輔工作，先前推動教訓輔三合一方案，也有一些實際執行上的問題，執行時要調整行政體系，牽涉到舊體制的不易更換，思考模式的僵化，與人員思維觀念改變不易，推動極為困難，造成執行績效不佳，勉勉強強局部調整，績效可想而知。

政策創定者應該從實際層面去了解，不應該自創新名詞或新規定，從實際層面了解困難度，和應改革之處極力督導學校配合改進，方能有所進展並能達成績效。從「璞玉專案」到「牽手計畫」等等都是輔導工作的推動，卻被許多專有措施方案占去全部輔導主力，必須推動的學生輔導工作，常因時間不夠，造成荒廢或輔導不佳的後果。目前整合為友善校園把所有既定政策融合在一起，這是較符合人性的做法。

對校長遴選制也有一些問題值得思考，根據問卷調查：校長有責無權，已是近來校長的無奈，對教職員工只有蓋橡皮章的份，缺乏實際考核權，若等待校長想退休之際，再全面去推動，似乎緩不濟急。校園中校長不能考核教師，卻又要被教師考核，老闆必須接受員工考評，老闆如何嚴加督促員工努力上進？這些內在外在有互相違背之處是當今校長執行行政最大困擾和無奈。過去也許有一些校長不尊重教師，但也因時代潮流改變而消失了，怎可當局者以過去思維，繼續加諸在不同時代背景養成教育的這群校長身上，現在校長必須經過層層學習與考試才能任用，對校長能力應給與肯定和掌聲，使校長們順利完成教育的使命。

陸、盧山煙雨浙江潮　悟道但求良師

　　教育問題其實都是有解，只是有些是過於強調並不是最好，有些事認真執行之後，其實最後還是回歸教育的本質，沒有好爭吵與遺憾的，只要凡事都請益三師，凡事總盡教育的良知，堅守教育這塊淨土。

　　有人說：「聰明的人與富有的人、有權、有勢的人比較，有可能獲得更多更好的資源。」站在社會公平正義與教育機會均等的呼聲中，校長要能釐清各項教育的本質，資優或學習不利學生的受教權益，站在教育平衡的槓桿上尋求最大公約數，兼顧學生最大利益考量，方能贏得許多敬重與佩服。

　　學校在做任何決策時，當然必須以學生公平性原則考量。若是特殊學生的問題，在以不妨礙全體學生利益考量之下，當然是可以適度裁量決定給與學校特殊彈性機制。如特殊表現的資優生或學校同仁子弟，對資優班入班學習採寄讀或部分選讀的權宜辦法絕對是合宜的。對同仁福利及對特殊學生的栽培都是有貢獻的。

　　學習是因人而異，若是師生衝突嚴重，絕不勉強教師繼續收留，經審慎評估由家長決定改變環境或離開學校，家長常以為學校必須要靠議員、民意代表、里長或教育局長官才能夠解決事情，或申請相關資料。其實校長秉持做人處世踏實誠實公平正義對待每一位家長。若是每位家長能夠照學校相關規定申請相關文件，卻受到百般刁難，則校長一定出面協調，當然以服務家長為原則，學校能給與彈性方便處理之立即處理；若在法規難處，則依法處理，但盡量在解讀上給與寬鬆不至於為難家長。

　　校長對家長若用強權壓制，或藉以財力來奉獻想取得特權，這部分是校長最困擾的，尊重學校自訂的法規也是必須的，否則很難取信教師或家長，若能圓融處理掉紛爭與衝突，校長有時吃點悶虧、忍辱負重也是必須的。曾經有位單親母親來校，要求校長把她女兒編入某位教師班級，孩子學習潛力佳獲獎無數，是位資優生，學校肯定孩子是非常優秀的，但編班是教育局統籌處理，校

長真的無能為力，家長突然說明她願意把贍養費捐出，作為學校發展基金，唯一拜託校長成全心願進入某班級，令校長為之動容，很想全力照顧這位資優生，但是法理情一線之隔，校長怎能違法、違背情理呢？當然不能接受她的請求，不過告知這麼優秀的孩子，學校一定盡全力照顧她，否則她又要尋求另一轉學管道，爭取名師相伴，雖然我也重然諾，會全力照顧她，可惜在國二時，母親即辦理出國手續，想必回到父親的學習環境，希望她有更突出的表現，將來成為社會國家棟樑。

問題家庭的孩子，在缺乏愛的養育，經常轉入、轉出、退學、休學，往往又附帶偏差行為，藉助民意代表訴求，要求不記過或轉學、轉入、轉班處理，令學校非常頭疼，對於民意代表常因不了解學校狀況而答應了家長的要求，顯得非常無奈，校長立場只要能夠順利解決問題，維持學校體制原則，有時只能對議員、立委說抱歉，該堅持的仍須尊重教育法源。

柒、有梅無雪不精神　共塑學習社群

學校是學習的場所，隨時可學習，處處可學習，人人都願意學習，校長是學習領導者，帶動學習氣氛與環境建置，身體力行，激勵學習風氣，發展學習社群，自然水到渠成。

首先增加學校圖書館各種書目藏書，培養借書閱讀的習慣，並且也適度規定某時段不批閱公文，全體一起看書，享受書香優雅休閒活動。

發展學校成為學習社群，同時必須考量教師文化特質。本校教師過去受升學影響為了贏得家長的認同，每位教師為提升自己專業素養極力爭取完成進修，不管是研習或進修都是輸人不輸陣。以此觀點適逢教育改革試辦九年一貫課程，在理念上邀請最直接決策者蒞校演講，取得教師信念的一致性，接近核心概念，得到較完整的改革必要性之理由，因此連退休的老師都告訴我：「他想參加聽聽看九年一貫課程究竟是什麼？」這是促進學習社群發展的第一步；接下來校長必須虛懷若谷用心學習此一專業領域，同時加入學習行列，跟著一起學習一起寫作業，更要回家加緊了解相關內容，以利安排講題與講座。更重要工作坊

主題的擬訂，都必須以學校能達成狀況來思考。鼓勵全部教師參加，避免校長偏見私人情誼厚愛某位教師而引起爭風吃醋。

　　從平時較具號召力的夥伴中挑選幾位擔任召集人，由他另覓興趣相投的合夥人自成一組。校方只規定相關的細節，慢慢引導。此時校長必須適時鼓勵，給與人力、物力及行政上支援，並當「垃圾桶」聽取召集人的訴苦，並協助完成作品。完成之後，全校分享，看到教師能力的展現，才了解平時不願表現者，也會有不一樣的成就。

　　至於主動想成立學習社群者，更要給與全力的行政支援，如本校英文話劇營，完全由教師主動爭取願意自己學習，同時教導學生完成此英文話劇比賽等等，如此學習社群的建立，由下而上的草根模式，值得鼓勵與獎勵。

　　有梅無雪不精神，學校是一公眾組織，要帶動全體同仁，齊心合力，共塑學習社群的願景才能指日可待。

捌、不相菲薄不相師　五育精神創新

　　五育均衡發展，是全人教育發展目標，為未來學習發展更寬廣，學習力更渾厚，造就通才成功舞台。

　　為推動學校本位品德教育，我們由日常生活教育著手，持續推動禮貌運動，禮節是一切的開始，早上遇見師長一定要行禮，注重服裝儀容，包含頭髮的美觀、守法觀念、遵守校規等等。設計精美的星座獎勵卡，鼓勵學生行善，教師班級經營優良的整潔秩序比賽前五名班級導師，也請家長會長頒發獎金，以茲鼓勵。

　　在學生學習成效的表現方面，優異者給與公開表揚，對班級前5名同學和各項學科競試優勝者及三年級模擬考前15名等等在升旗時頒給獎狀、禮券，並與校長留影。至於學習低成就的學生則請任課老師施予補救教學，以期貫徹「將每一位學生帶起來」的教育理想。

　　另外為配合目前高雄市極力推動「一校一團隊、一人一運動」和體適能健康健檢活動，以增加學生體能，增強健康管理觀念，本校積極發展各項體育活

動。籃球是本校學生的最愛，每天放學之後，籃球場一定看到喜好籃球運動的同學，天天練習，直到太陽西沉，才背著書包回家，校長有空也與學生互相較量較量，想當年我也是球場上的健兒呢！體育組每學期舉辦三對三籃球班級賽，另外拔河和接力賽、健康操、趣味競賽也配合校慶舉行。加上良好的羽球館設施，期望學生每人加強籃球和羽球的技能學習，養成良好休閒活動。社團更有很多項目提供學生選擇如劍道、跆拳道、空手道、溜冰、直排輪、柔道、桌球社等等，達成多元多樣化的學習活動，並藉與國際姊妹校互訪機會，進行籃球和羽毛球競賽，提供學生觀摩與技巧，發揮體育教學績效。

除此，一年級實施戶外教學，二年級實施露營公民活動、三年級實施畢業旅行，班級慶生活動，冬至及聖誕節舉辦校園街舞和吃火鍋湯圓活動。童軍課程校園內紮營活動，學生班級幹部訓練、自治會與師長座談、教室布置、舉辦合唱比賽等等，激勵團隊合作，以涵養學生彼此分工合作、在團隊生活中完成各項活動並爭取榮譽之群育精神。

學校其他重要活動的設計方面，才藝表演是學生最愛的活動，綜合活動領域協同教學進行模特兒走台秀的經驗；英文話劇演出，參加全國話劇比賽也得過第一名的最高榮譽；學生更愛穿班級運動服，秀出他們愛美超流行的美觀。但學校絕對禁止染髮和戴耳環，班級合唱和直笛演奏比賽，詩歌教學和新詩寫作納入社團教學活動，成立客家義軍團，打擊節奏樂團；週會時間邀請行政院文建會和高雄市文化局有名的劇團，配合稅務局演出土地公和房屋婆的稅務短劇表演、紙風車劇團的生活默劇；鄉土答嘴鼓、為阿公阿嬤話童年相聲活動、爵士鼓音樂團精采演出，訓育組精心安排，都是為了提升學生美學鑑賞與美學能力。

玖、何當共剪西窗燭　卻話數位科技

誰能掌握資訊誰就是贏家，現代資訊流通迅速的社會，數位化學習已是現代人重要武器，光纖化、數位化、科技化，行政教學學習樣樣通。

　　資訊已成為生活中不可少的工具，配置行政組長每人一部電腦；公文檔案資訊化，並能以簡報系統減少浪費紙張的無紙會議；各項通知和公文上網公告，也透過網路和國際姊妹校交流；行事曆和各項研習活動也都上網知會同仁、家長，與上局單位各級學校間，都進入網路傳輸的年代。

　　教師教學部分，科技的設備，帶動教學更新，讓教學更出神入化，讓學生的學習走出紙本的世紀，其實都是實現「教室像電影院」的目標，活化教學，激發學習樂趣。另外設置教學視訊車，提供教師推動教學車至班級教室上課，視訊教學推車包括電腦、光碟機、投影機、單槍等等，提供教師方便教學。

　　師生完成網路博覽會鄉土教材設計（儲木池的故事、屋角風鈴少年法院、港都食衣住行）；建立采風錄——用鏡頭說故事；網頁上提供活動剪輯供校友們閱覽及回憶。教師個人網頁教學製作也放置學校平台，目前正學習如何利用數位學校開課，要求學生上網學習，寒暑假規定學生上網完成作業。

　　學生學習資訊電腦課程，除彈性課程外，第8節輔導課也排電腦課提升學生電腦操作能力，校內共有2間符合水準配備的電腦教室，資訊人員經常在維修電腦，以維持最佳的品質學習環境。家庭聯絡簿也正使用班級網頁互通消息；舉辦校內電腦繪圖、網路徵文、海報製作、獨立研究等等，老師都能適度提供學生運用電腦學習的機會，以利學生展現各種學習成果。

拾、壞壁無由見舊題　校園文化傳真

　　文化是歷史的象徵，塑造學校文化的精神與靈魂，必須靠敏銳的洞察力，展現教師、學生獨特的風格，建立學校品牌象徵，長長久久綿延不斷。

　　學校傳統文化的了解非常重要，本校以往是明星學校，每位教師對自己要求甚高，專心教學，配合家長需求全力以赴，歷年的升學率可說是成績輝煌，考上第一志願學生人數最多，成績優秀，每位導師站在自己崗位上兢兢業業，提升學生學習能力，犧牲奉獻不斷為學生服務，整個暑假及黃昏輔導課都盡力衝刺，大家互相感染也不服輸，盡力把學生課業拉高起來，贏得家長的肯定。

隨著時代的變遷，這批教師在這一波教改中，幾乎全都退休了，傳統校園文化激起了傳承的呼聲，但是新進教師的師資培育背景不相同，造成傳承有了鴻溝，彼此沒有交集的地方太多。校長在形塑校園文化時，就必須更加賣力，透過私底下互相交流，溝通、關懷，搭起彼此的橋樑。藉著推動九年一貫課程的機會，發揮教師卓越的教學經驗，共同來發展課程是最佳時機，很自信地提出試辦計畫，經過幾次工作坊的研習，編纂出好幾本學校自編教材，頗受指導教授的肯定。發展出學校全新的教學風貌與文化，給與教師不同的教學舞台，重視每位教師自己的專長與潛能，適時發揮，改變學校文化，老師們樂意試著打開自己的教室王國，肯配合學校議題推動教學改革，讓學校在九年一貫課程實施中也能 2 次獲得標竿 100 的佳績，同時參加創意教學獎也有很好的成績表現，獲得嘉義縣及台南縣紛紛到校取經，教師教學團隊也被邀請至各縣市演講，對學校來說：「教改像月亮，初一十五不管一樣不一樣，對我都有改變，教學型態的改變，沒被打倒，反而大放異彩。」

針對學生知識的追求和人格陶冶等方面，學校要有活力，校長本身要能動靜自如，參與學生活動並且隨時與學生交談，了解孩子的想法；給與學生舞台，舉行各項競賽，發揮學生的專長，激勵其他同學的學習與模仿。圖書室充實圖書並舉辦借書排行榜活動，班級自治圖書櫃，營造書香環境，介紹新書發表會，票選最喜歡讀物活動。可惜行政人員開放的心及願意突破極限、戮力推動者不多，大家都存有多一事不如少一事的心態，除非遇上知音，願意自己提出創意點子，否則校長在推動上壓力太大，這也是校長有志難伸的困境。尤其，行政壓力、工作太忙，升學壓力更是無法扭轉教師的觀念，老師除了提供學生升學知識外，實難去配合打造精緻的校園文化，而說實在的老師們也是心有餘而力不足，許多創意活動常被升學的壓力抹煞。惟有要求教師提升教學品質，隨時提供典範，分享別人的做法，爭取好的教學成果，奠定老師教學團隊的自信心。

活力與動能是學校的精神與靈魂，鼓勵學生與教師參與各項競賽，出門前一定在校誓師，如童軍活動和國際姊妹校交流活動的授旗儀式。平時週會、升旗活動該有的儀式、慶典活動不可以缺少，養成學生精神號召力量，必要時用歌聲代替，校歌以及彙整學生喜歡的歌曲，啟迪心靈建立彼此共同的理想目標。

拾壹、芒鞋踏遍隴頭雲　春在枝頭已十分

　　凡事多請教別人，共同參與的部分也盡量學習，抱持肯虛心，用心學習，加上天時、地利、人和，自然而然迎刃而解，水到渠成。

　　擔任校長之前，有些處室工作並未擔任，校務工作繁雜，大約在擔任校長第 3 年開始，才對校務較嫻熟，感覺較輕鬆，長期的行政工作歷練下來，多少了解性質與方向，提供主任資料、意見、把握執行重點績效，共同策畫引領校務推動漸入佳境。

　　此時還會利用每學期開始的校務會報，別出心裁找出當時的教育政策問題，比較跟學校有關的事情，設計出 3～5 個有獎徵答題目，如今年寒假教育部舉行全國教育博覽會，放假前鼓勵同仁自行前往參觀，把參觀過資料蒐集變成題目，開會前來個暖身活動，校長準備茶葉或禮物當作獎品贈送教師，營造溫馨場面，或遇過年前的校務會報，更可以出個對聯彼此猜一猜，邀請家長會長出個小禮物以資鼓勵，歡歡喜喜迎接新的一年。第 3 年開始對主持校務重點較能抓住精要，該綁該鬆，從同仁口中知道他們覺得校長主持會議，或是授權處理的事務已贏得家長、學生心目中的好印象時，對外參加比賽又能獲得獎項，自然對校長領導的肯定與欽佩。

拾貳、獨看簾月到三更　掌門學問傳承

　　上位者必須有前瞻與睿智，制定政策面能夠多廣角考察與了解，最好也能是位師傅校長，引領教育往前進，學者風範與教育家的精神，值得闡揚。

　　校長職務多又繁雜，在知識領域部分也要經常自修或參加研習，更要獲取

高學歷、不斷的讀書，與時俱進，了解時代更迭、變遷。知識的淘汰率又愈來愈快，隨時充實自我是有其必要性，但也不可忽視學校的工作，寒暑假期間鼓勵校長出國考察，平時辦理校長經驗分享及聯誼活動，進修研習更是不可少。

相關重要議題政策層面能事先與校長們溝通，徵詢意見，成立一個校長進修研習中心，開設各種課程，由校長依自己需求報名參加；另外網路學習也是很好的學習與成長跟溝通的管道，問卷以及意見交流都是很好的學習與成長。

其實校長間透過彼此的分享，都能讓學校經營再現曙光，值得傳承和發揚。

拾參、走來窗下笑相扶　畫眉深淺生書

O與1之間，1是快樂源泉，保有健康的身心；O是空，名利、財富樣樣空，追求愈多，得失之間會令人不堪回首，兩袖清風做個教育家的堅持，學會照顧自己和家人。

這是非常難的一件事，兩者均能兼顧是不可能，但也疏忽不得。聽到很多校長因為蓋校舍建築，發生中風或過度操勞而過世，或健康亮起了紅燈，如何維持自己的健康？我個人較無運動良好習慣，看到有些校長定期安排運動，如打網球、高爾夫球、桌球、游泳、泡溫泉等等，非常羨慕，可是自己在工作中一直無法調適出來，不過有體能競賽活動一定參加，藉以施展筋骨，或參加同事們定期爬山，走訪名勝古蹟，逛逛街，帶家人共同旅遊，定期與家人親戚聚會，不把工作的牢騷帶回家。但是回家之後的倦怠，經常影響家人活動的安排，或是學校假日活動太多，影響休息時間，盡可能減少一些應酬式的飯局，個人較不習慣公眾式的應酬，能不參加盡量不參加。在家休息陪伴孩子，所幸孩子較獨立堅強，能夠自理家中事務，不用我操心，自己盡量低調處理自己事務，有歡喜的事隨時與孩子分享，困難時更需要家人伸出雙手共同支持，平時自己整理家務，當做運動，並與家人一起參與完成，也與親人隨時小聚，話聊家常，建立家庭溫馨和樂的活動，帶動家人共同參與、包容情感，支持與協助，才能公而忘我，在工作中勝任愉快。

拾肆、何方化作千身億　但看白雲無盡

　　很多偶像劇如果能夠重來,男女主角一定不會如此悽慘悲劇收場;現實社會峰迴路轉、險象環生,重來之路,可以重拾失去的,但未必沒有另一個驚濤駭浪出現,把握現在,珍惜現在,不讓機會流失,凡事都可煙消雲散,不必斤斤計較,看淡前程似錦、繁花散盡,我依然是一個平凡中的我。

　　假若能夠重新來過,相信有很多地方我會做得更好。剛接掌時,學校校舍建築進入施工期,校舍建築的規畫與設計很多的理念尚未能融入就已錯失機會;對校務經營未純熟之際,已啟動九年一貫課程,課程發展工作坊及教材編撰部分,實務參與不夠徹底,蜻蜓點水、觀賞角度,若能直接參與創作完成課程編撰事宜,各項討論會也完整參與對話,直接了解情境,對行動研究績效成果更好。學校校史建檔工作,也能盡速分配工作,建立期程,完成光碟及照片重要文件存檔工作。

　　諸如此類的行政和活動,本尊和分身都難照顧,恨不得能化身千萬,每樣都能親躬力行,讓校務蒸蒸日上。但其實呢?何方化作千身億,一樹梅花一放翁。最重要的是這些活動,要花時間持續去推動,搭配天時人和,才能成功。不然即使有心去落實執行,想重新來過會有更好的思維,一樣亦不可得。

拾伍、但肯尋詩便有詩　靈犀一點是吾師

　　一位教學經驗豐富的教師和多年行政經驗豐富的校長,都有其成長的背景,學習如何當校長,可說是一門高深學問,不入虎穴焉得虎子,師傅校長可不是蓋的,學習的秘方靠自己。

　　校長應該學習的能力非常多,每個人都有獨特的專長,依照自己興趣多方

閱覽並身體力行，個人修為能夠不被激怒且能夠圓融處理事務，才是上策。平時說話得體，應對合宜，站在老師的立場，回應相關問題，爭取一家人的感覺。

論教育，以專業取勝，多參與進修，了解教育現況，隨時掌握資訊，尤其資訊年代，誰能掌握最新資訊誰就是贏家，關於資訊的整合與應用，是最先要學習的，行政作業程序的了解，以及對政策施行、了解投入等等，應該聽講方式與實務並重交錯學習，讓自己永遠擁有領導人的風格和睿智，才能指揮校務經營。

經驗的累積，也是成長的最佳契機，俗謂：「不經一事、不長一智」，危機出現有時是促使你經驗成長的學習歷練機會，從實務的操作歷程中，真正體會學校經營的理論和實務，其實也有其相融相長之處，值得校長用心和投入。

拾陸、諸葛大名垂宇宙　校史見證英雄

教育是百年樹人工作，在校園的花圃裡，種樹種花，期待開花結果，教育的春風桃李，更有一股無上快樂的成就感，校長若對學校有影響力，貢獻極大化，為君消得人憔悴，春蠶到死絲方盡，也能甘之如飴。

談貢獻似乎太偉大了，但是在學校校風呈現谷底時，能夠把學校形象逆轉過來，這也是非常不容易的事。當時學校受媒體報導校內發生性騷擾案，一時之間學生流失很多，家長對學生行為不認同，紛紛轉學，致使學生人數一直降低，在這期間加強學生訓輔工作、偏差行為學生的認輔與管教、加重訓輔人力，同時努力建立社區互動關係，讓學區家長了解學校的努力，並且舉辦親職教育與親師座談，行銷學校，建立制度化讓家長有信心。學生學習表現，對外比賽，展露成績，升學績效維持良好紀錄，終於學校的校譽才逐漸扭轉起來。

學校是一生命共同體的建立與共識，是領導者必須時刻去經營和維護的，感謝教育局長官的支持與協助，積極鼓勵大家建立生命共同體的意念，同仁也體會「校譽」對學校影響之大，願意積極改變，加上個人親和力的領導，很多資深教師告訴我，之前他們感覺校長很嚴肅都不敢靠近，也許是個人人格特質

較不拘束，願意跟他們交談，甚至與他們打成一片，讓我與教師同仁建立良好關係，不再有派系鬥爭或明爭暗鬥的情形，老師之間其樂融融，建立校園和諧的美好事情。

個人對事務的敏感度較快，且能洞悉未來的環境變化，及時帶領大家進行課程革新並進行教師評鑑工作，因為試辦期間讓教師感受比其他學校更早因應課程的革新，所以並未給教師帶來極大的壓力，全校同步進行課程發展，展現教師專業努力學習及成長的喜悅，分享大家努力的成果是非常高興，且完成校內因應九年一貫課程所帶來的課程創新成果，兩度獲得標竿100的殊榮，這是我在課程領導部分，覺得較驕傲的地方。尤其國中課程，在因應九年一貫課程改革，期間的困難和教師的教學轉折，沒有相對的付出是很難去達成任務的。

另外完成校舍更新工程方面，從廠商倒閉到完成驗收，過程艱辛與挫折，與目前人人稱讚校舍好用及美觀的形象，就別有一番安慰了。

能夠讓校譽起死回生，校長要付出的代價不是白髮和皺紋可數出的，但對領導校務發展無愧於長官同仁的期望，這才是個人所謂的貢獻吧！

落木千山天遠大，校長領導哲學，一山望去一山遠，因應學校組織生態的不同，如何攜手同行，創造校園的各項高峰，校長永遠都是幕起幕落的指揮家，願圓此舞曲，讓校園永遠欣霑化雨如膏。

作者簡介

呂淑媛，女，1957年出生，台灣澎湖縣人，台南師專音樂組67級畢，在國小服務期間，為提升自己的專業知能，報考進入國立高雄師範大學教育系、國立高雄師範大學40學分班、國立高雄師範大學學校行政碩士班進修，吸收各種教育的進階理論以及教育改革的相關知識，奠定自己在基層服務的信念，奉獻自己培育人才。

從事教育工作已27年，擔任過幼稚園、國小教師、唱遊科、音樂科輔導員，國中導師、衛生組長、特教組長、總務及輔導主任、國小兩性

平等教育評鑑副總召集人、資優班招生事務總幹事，童軍教育聯團活動總召集人和榮獲銀狼獎章、金鉈獎章，高雄市數學科輔導團副組長、課程計畫審查委員、深耕團隊諮詢委員、校長儲訓班輔導員、中途班訪視委員，教育局特殊教育審議委員會委員、國中資優教育研習中心召集人、社區婦女社會參與促進小組委員；同時撰寫教育部國民中小學九年一貫課程試辦與推動工作國中組學校經營研發輔導手冊，也參加國中小校長經驗談徵文比賽獲佳作，也曾代表高雄市參加校長領導卓越獎複賽，在教學與行政歷練中不斷滋長，蘊育個人教育生涯的夢想。

一、兩句擔任校長最深刻的心得，

校務經營像象棋一樣千變萬化，

從優越到卓越，就是找對人，做對事；

從組織發展到品牌特色，

就是要一步一腳印，用心經營。

珍惜福氣，常存感恩
——「傳承→肯定→創新」的校務經營

丁文祺
高雄市中山國中校長

壹、前言——調好心情、做好事情、秀好表情

　　學生就像一張白紙，看你如何去教育他。教育的結果可以讓學生成為流傳千古的一幅名畫，也可能成為丟在垃圾桶裡的廢紙。

　　人類真正重要的是心靈、心智方面的提升。心智需要長遠的陶冶、教育，才能漸次深入，所以更彰顯教育非常重要。

　　珍惜現在擁有的福氣，常存感恩的心。珍惜擁有經營一所學校的機會，對於所有教職員生、社區家長、相關單位主管的關心與投入，常存感恩的心。更可以凝聚學校經營的氣氛。傳承學校優良的傳統，肯定前人與現在投入的相關人員的付出，在舊的基礎之上，創造與創新學校經營的績效。

貳、跋——擔任校長之前的準備工作

一、擔任校長的念頭

　　教育沒有選擇學生的權利，打從進入師範院校的第一天，便一直提醒自己做好教師的角色，雖然不敢說比照至聖先師教育家的風範，但一直提醒自己把自己的學生教好。所謂「人在公門好修行」，只要在自己的崗位上做好自己的工作，便不負教育的使命。所以，剛開始，也沒有擔任校長的念頭，一直到原

來服務的學校面臨減班超額教師的壓力，我必須離開原來服務的學校，至於要到哪一所學校服務，又是一個未知數。從此，才走入行政的工作，開始擔任組長，之後才知道：「有怎樣的校長，就會有怎樣的學校」這一句話的內涵。至此，頓生擔任校長的念頭，當可對於教育更寬廣的奉獻與影響。

二、如何邁向擔任校長的目標

在每一個位置就把那個位置的事情做好，這一直是個人的處世態度，從事行政工作，在主任與組長的工作崗位上，不斷的在傳承過往前輩的精髓，在舊有的基礎之上，找尋創新的泉源。除了在工作崗位創新之外，也從多位校長前輩的口中，了解身為校長所應該必備的條件為何，歸納邁向校長目標所應採取的步驟有三：

㈠資績爭取：厚實研習時數與程度；進修碩士學位；發表文章與出版刊物；積極參與活動並整理所有行政工作的成果與績效……。

㈡筆試練習：考古題資料的蒐集；請教校長前輩答題架構的建立；教育時事問題的關切與看法；教育政策與走向……。

㈢口試練習：校長談話的氣度；對教育宏觀的看法；領導概念的理論法則與應用；現場氣氛與時間的掌控……。

當然這些步驟只是大原則的做法，平時在工作崗位上經驗的累積，實事求是的做法，事後成果的彙整，都是平時一點一滴實力的累積。個人深信一個法則——「柏拉圖法則」：比別人多 20%的努力，成果會比別人多 80%，甚至於更多。事實證明，的確如此。

三、對於校長儲訓的反省

身為一校之長，所應顧及的層面更廣，在就任之前的儲訓工作，可說是職前很重要的訓練，累積校長功力與內涵的重要階段。除了一些教授的理論教導之外，更重要的是前輩校長的經驗分享，讓理論與實務的落差減到最低。因應實際經營學校的需要。所以，儲訓過程中，對於個人啟示最多的是校長實習，前輩校長的經驗分享與親自到實習學校的所見所聞，累積處理校務的實際作為與實力。另外，在儲訓階段所建立的同期儲訓學員的情誼，更是未來共同在教育上互相諮詢與協助打氣的基石所在。

四、對於擔任校長之前，有助益的想法與經驗

校長的一言一行都是學校學生的表率、教師的遵循對象、社區的期待。所以，也是別人用放大鏡檢驗的對象。更顯示出身教的重要性。身為校長之前的行政職務歷練，也是相當重要的經驗，對於學校的領導與決策，更能有相得益彰的功效。但是，校長也是人，不是萬能的，所以不斷的自我導向學習與建立諮商的網絡是很重要的。畢竟，學校是多元的，經驗是累積的。

參、校務經營理念與具體策略

一、個人教育思想的源頭

教育是百年樹人的工作，不是一蹴可及的。傳統教育的根基與美德，全球化、資訊科技時代的來臨，對於現今的教育可說是一大考驗。如何兼顧，讓學生成為良性公民，又能有社會適應力與競爭力，一直是個人對於教育的期許。所以，個人一直秉持著「傳承→肯定→創新」的教育理念，來從事學校的校務經營。

二、行政領導的具體作為

找對的人，才能把事情做對，並能做對的事（Do the thing right, and do the right thing.）。經營有績效的行政團隊，要有一些對教育肯積極付出，有使命感的團隊。使命感是可以激發的，團隊是人的組成，所以，把人的問題處理得當，團隊績效自然顯現。

平時的行政領導，注重團隊個人的心靈感受，激勵其對於自我的實現是常用的方法。例如：團隊成員的生日一定公開祝福與致贈生日蛋糕邀請處室成員，共同為其祝福。讓其感受團隊重視的情感與力量，轉化其對於團隊的付出與使命感。假日團隊戶外活動：例如舉辦鄉間田野攜帶家庭成員共同採地瓜活動，兼顧個人家庭休閒與凝聚團隊內聚力。

三、教學領導的策略

老師的教學成效，直接影響學生的受教權益與學校經營的成效。所以引導老師的教學成效是身為校長的重要要項之一。

教師的熱忱與積極樂觀的教學態度常是教學成效的最重要因素。國中學生常常因為喜歡這個老師，而對於該學科非常的認真，甚至於視該老師為偶像，除學業成就的進度之外，更能引導學生的生活常規，養成良好的品格。

在教學領導的策略上，平時勤走動，發現老師們特殊表現，立即口頭嘉許。老師們生日，校長特地到該班級，贈送教師生日卡片，並請學生唱生日快樂歌，共同祝福老師辛苦的付出。在學校教職員工會報上，鼓勵教師們正面的思考，對於學生以訓練來代替懲罰。在朝會上，公開表揚教師的相關成就，以教育學生遵循的方向，學校正面的激勵與學生正面成就的回饋，常是老師們使命感、熱忱教學的動力。

只要教師們有樂觀積極的教學態度，就是教學成效的最佳保證。教師們就會積極的研究教材教法，視學生為己出，便能一切為學生，為學生的一切而付出。學生感同身受，教學成效立現。

四、課程領導的規畫

「大原則堅持，小地方彈性處理」，找到可行的方案，才是最佳的領導。在課程規畫上，掌握教育當局的政策方向，配合社區地方需求，展現學校現有特色，就地取材，傳承舊有基礎優勢→肯定多方人員的貢獻→創新符合潮流趨勢，即是所謂的大原則；在執行上，除尊重教師專業，力行各科教學研究會的功能，來推動各項課程方案。

剛就任校長之時，學校體育班面臨招生不足，有裁撤的危機，當下指示二度招生，發展「撞球」項目，增加學業導向的全方位教學。以現有入學的學生為行銷主要對象。結果招生額滿，更有備取人員多名與向隅者。2個月的訓練，得到高雄市國中組團體撞球冠軍，更包辦個人單項第一、三名，成果豐碩。第一次段考成績該班學生全年及排名全校前 50 名者占了 15 位，體育班的表現，獲得社區家長的認同，與學校的肯定，達成全方位發展的特色。次年，體育班的招生，更是爆滿，但也造成了人情關說的困擾。

五、特殊學生的照顧

「讓每一位學生在校期間都有成功的經驗」一直是個人辦學的目標，對於每一位學生，都應該提供其展現的舞台。學校特殊班級除了「體育班」、「分散式資優班」、「資源班」之外，更有社團活動時間，提供多樣社團活動，發揮學生特殊潛能。尤其是學校「火球隊」社團，更獲得全高雄市的肯定，在全高雄市、社區的跨年晚會、每年的高雄燈會表演、2004年國際貨櫃藝術節……等重大活動均應邀參與表演。各大媒體的報導給與學生莫大的成就感。更難能可貴的是學生僅利用社團活動的時間練習，而且大多數的學生就是所謂學業成就不高的學生；學生們在這裡找到了個人的定位與成功。

與附近高職學校「技藝式」的合作教學，更提供了特殊學生在電腦資訊、餐飲製作、汽車修護……等各方面的職業試探與學習。在校自辦美容美髮班滿足各類學生需求，並在校慶、園遊會等重大場合提供學生表演的舞台。

設立專任輔導教師（在校內授課）1位，各年級輔導教師3位，配合學校輔導處的行政資源，構成輔導專業網絡，提供特殊需求學生的諮商與需要。專任的輔導教師是所謂弱勢、文化不力（如單親、隔代教養、原住民、外籍新娘之子）的學生重要的心靈慰藉。並輔導其參與學校所提供的各項特殊班級與社團，找到自己的定位，與未來發展方向，每一學生在學校均有其發展的舞台。

六、教育資源的爭取與運用

學校人力有限，外界資源無窮。學校的各項設備、建設、活動均需要經費與人力資源。但是教育預算編列有固定的模式，所以，以計畫式的個案，申請專案的補助是個人積極採取的措施。例如申請青輔會「服務學習專案計畫」、「社區學生步道整建計畫」，結合社區「校園亮起來」方案、航空站「噪音防治工程」計畫，社區焚化爐的回饋金、鄰近企業——中鋼、中船、台電、中油的補助金……等。讓學校的整體建設、設備獲得最佳的改善。

七、對外關係的經營

讓學校走出去、社區走進來，社區總體營造的概念是教育改革的方向。對於社區關係的經營，當有助於獲得社區的肯定與學校的行銷。只要社區肯定學

校的辦學，各項活動的推展當更加順利。前輩校長曾告訴我說：菜市場 3 個歐巴桑足以影響學校辦學的成效。可見社區關係的建立與行銷的重要性，關起校門辦學的時代已經過去了。

本校特地成立了「家長顧問團」，吸納社區仕紳、民意代表、政府單位……等相關人員，給與學校支持，平時拜訪顧問團成員，重大典禮頒發感謝狀與邀請蒞臨致詞。共同經營學校。平時參加「校園新聞工作坊」與新聞媒體保持互動，重點行銷學校特色。

八、家長與家長會關係的經營

「家長信任參與」是學校經營的願景之一，也是學校行銷成功的所在。家長會參與學校活動在國民中學而言，近年來，因為常態編班的政策實施，以往為子弟選擇班級的情況不復存在，而導向正規制度的家長參與學校事務。雖然暫時家長參與不若以往熱絡，但也是避免人情困擾，而消弭以往所謂「人情班」的狀況發生。

學校訊息透過學校網站，第一時間只要家長連上本校的網站，就可以了解學校的運作與最新資訊，達到資訊暢通，溝通零障礙的目標。重要場合邀請家長會長與及重要成員參與學校公開的活動，拉近距離，促進家長的信任與參與。

九、對內關係的經營

「共創經驗與價值」是全校教職員工團隊力量展現的重要關鍵。人的問題處理好，關係就可以建立好。以對方的立場為主要的思考點，在輔以生命共同體的觀點，營造共同的經驗、創造共同的價值，便有和諧大家庭的溫馨感，任何事情的推動，當可發自內心，激發潛力，無怨無悔的付出。

開學第一天的全校教職員工會報，開會前播放溫馨輕音樂，營造氣氛；讓早到的同仁欣賞音樂、心情穩定，讓遲到的同仁，匆忙趕到，緩和尷尬氣氛。教師生日親送親筆卡片至任課班級，與學生共唱生日快樂歌為教師祝福。關懷其個人婚喪喜慶與其他需要協助的特殊需求，同仁們就可以在自己的崗位上盡心盡力。校長只需要平日多走動，立即讚美與激勵，讓同仁們感受溫馨，便可以共創學校的價值與歷練共同可貴的經驗，團隊自然形成。

十、學生關係的經營

「學生快樂學習」，行於外，安於內。學生是需要學習與教導的。過程中更需要不斷的鼓勵與輔導。平日要求學生禮節與整潔二大要素。禮節讓學生與師長顯得親近，更願意受指導。整潔讓學校環境煥然一新，營造優質的學習環境。

早上在校門口迎接學生上學，與學生親切的打招呼。下課時間，甚至於上課的巡堂，學生均熱情的與校長招呼。校園中與學生最常用的打招呼方式是「Give me five!」最常聽到學生開玩笑的一句話是：「今天不洗手了。」

十一、上級單位關係的經營

學校成教育局的督導，執行相關的教育政策與平時的校務經營。有幸承蒙教育局長官的器重，承辦全高雄市教務主任業務研習；全高雄市特殊教師聯合甄選主任委員工作；中央與地方教育座談會（行政院長親臨主持）；世界童軍大會師（在花蓮東華大學）；全高雄市國中童軍聯團大露營（高雄市澄清湖）……等全市性以上的大活動。

個人方面，承蒙教育局的器重，也擔任全市「國中課程審查委員會委員」、「高雄市中、小學英語推動委員會委員」、起草「國中常態編班注意事項」……等工作。在自己的位置上，做好自己的事情，創造每一個學習機會，付出的過程就是一種學習。不是照章行事，也非刻意經營與上級關係，創造自己的行事風格與特質，關係的脈絡自然而成。

十二、發展學校特色

「升學率」是國中辦學實務中，社區家長最重要的期待。常常也是辦學績效不成文的指標之一。所以，大多數的國中校長在發展學校特色的過程中，必然或多或少結合學生的升學方向。例如：影「英」研習營；數理科技研習營……等。

創造學校結合社區特色的唯一性，是除了升學之外，校長所積極推動的。例如因為學校鄰近高雄小港國際機場，於假期舉辦「運將英語營」，訓練學生基本英語對話能力及相關機場用語，計程車上的基本對話，讓學生親自到機場

與運將司機聊天，了解常遇到的問題與用語，研習後燒錄成光碟，贈送運將司機，既可練習英語又可結合社區發展學校特色。

十三、學校變革的經營

推動學校變革首重契機的掌握，剛就任之初，難免有一些教育的理想亟待實現。「急」，可能是一般的通病，推動變革的決心與持久力便是重要的要素。了解一所學校的傳統與風格之後，才能傳承優良傳統，肯定前人與現任人員的努力與付出，再深切了解應該變革之處。而不是為了變革而變革。

教師是學校推動變革的重要成員與執行者，所以，從學校教師的對學校認同與感知做起。利用暑假期間辦理「新進教師研習營」，活動中凝聚向心力，了解每一位新進教師特質。並介紹學校的願景與做法，讓新進教師快速了解學校，更能配合共同達成學校的願景。每年舉辦，除了可以傳承之外，更有促進新陳代謝的功能，創造持續變革的動力與持久力。

肆、學校經營的法律層面

「依法行政、依法辦事」是公教人員的基本概念與守則。所以具備相關的法律知識是身為校長經營學校的基礎。基於法律的根基之下，創造學校最大的績效。

丹麥哲學家齊克果說：「表象如浮標，本質如魚鉤」，這也讓我們知道大多數的人，都是自己認為應該怎樣、如何，就認為事情的相貌就是應該如此，常常是行之有年的方式，卻是不符合法令的。尤其是一般社區家長的概念，更是身為一個校長應該去加以引導的。具備法律知識才能引導學校健全發展，引導學校安然無虞，不受外力因素之影響。

個人對於充實法律與法規的做法與建議：

一、傳承原有的社區學校法律顧問：本校原有社區人士擔任本校法律顧問，熟悉學校現況與事務，駕輕就熟，一舉數得。

二、建立法律諮詢中心與管道：法律專業多如牛毛，法律系畢業生尤恐不足，更何況非法律系的專業人員，更難窺其全貌。為恐緊急事件一來，造成慌亂，平日建立法律中心諮詢管道，隨時請益或委託，才是萬全之道。

三、建立社區資源（法律）聯絡網：取之於社區，用之於社區。讓學校經營融
　　合情、理、法三者一體。

伍、環境對學校校務運作的衝擊與學校因應之道

　　科技發展快速、知識來源管道多元、知識半衰期縮短、外籍配偶人數的增
加、本土文化意識的抬頭、全球化的衝擊、台灣價值的重估、大陸經濟的突起、
後現代社會的觀念瀰漫，在在都影響學校經營方式及教育的衝擊。

　　但是我們常說觀念轉個彎，心境無限寬，從校長本身自己做起。讓本身的
身教，人格的影響力逐漸的去擴展。在現有資源、環境框架之下來經營學校的
校務：創意除了是跳脫框架思考之外，創意更是在框架之內運用現有的資源來
成功的經營學校。所以，不管是環境與外在多方的衝擊為何，身為學校的經營
者，我們現在與未來最需要的是腳踏實地的「行動家」。那就是從校長本身做
起：一、先修練自己的想法。二、能問較好的問題。三、最後付諸行動。讓校
長的「個人擔當」（Personal Accountability）成為學校校務運作的核心價值。

陸、近 10 年來，教育部及教育局所推動的各項教育政策與行動方案，在小學及中學階段落實程度的反省與評析

　　新的教育改革政策與方案，常常必須實驗、預先研習，了解與投入，進而
加以宣導與落實。但是舊的制度與教育行動方案仍然必須要陸續的執行，學校
的人力、資源固定。所以在研習方面，常常面臨公假，但必須要課務自理的現
況，學校補課不易，新、舊政策皆要付出行動，但是時間有限，卻要雙倍付出，
故要執行新政策時，常常捉襟見肘，意願不高。

　　教育鬆綁，是鬆？還是綁？目前仍有多元的思考方向與見解。教科書的開
放、課程的銜接、經費的來源有限、學校彈性結束的運用、本位課程的發展、
現有政策難免有受政治影響的痕跡。常常造成相關教育人員，有多一事不如少

一事的心態,造成政策落實的絆腳石。

在具體因應方面:個人認為,校長個人正面思考的心態,教育是崇高使命的心靈建設,當可以影響教育的好夥伴,校內面臨第一線的教育從業人員。從內心散發出來的感受,更能讓教育政策落實。所以,在政策的制定與落實時,更應該注重心靈的重建層面,才能找到對的教育從業人員,因為「對的人」才會也才能「做對的事情」。

柒、有關價值與倫理的思考

身為校長,在做各項決定時,個人一向秉持著守法的原則,在校務的經營過程中,難免會遇到家長、教師、學生或社區外界的需求,會有所衝突的時候,當無法兼顧的時候,總是以學生的利益為最大優先,因為學生才是學校最大的主軸與主角,其他各項皆是教育的合夥人,學生才是顧客,當然要以顧客的利益為優先。在做法上,雖然一切以合法為最大的原則,但是,有部分的法令與現實的作為難免窒礙難行。所以,在合法的考量、不違法的最大原則下,創造符合學生利益的最大空間,一向是個人在處理相關價值與倫理思考的因應作為。

個人思考方向與相關的因應作為:「大處堅守原則,小地方彈性處理」。在合法與不違法的原則下,創造最大的彈性空間。舉例來說,國中的家長最重視學生的升學問題,關於升學輔導措施上,學校的因應做法,最受到學生家長的關心。所以,在三年級的學科能力分組上,難免有家長的關說,晚自習與在學校加課、上課的要求。個人的做法是,學校經費的編制,每位學生所享受的資源是一樣的,不可因為學生的學業成就不一而厚此薄彼。晚自習所增加的經費,學校在遵守教育局法令之下,不涉入相關運作事項,而由家長會在使用者付費的原則之下,滿足所有學生的個別差異。

捌、發展學校成為學習的社群:具體想法與做法

學校位於社區之內,又是學子的教育機構,秉持著社區總體營造的政策概念,所以成為社區學習資源的發展中心是必然的趨勢與作為。校長本身更應該

是學習的領導者。所以在做法上，除了本身力行自我導向學習的方向，自我學習進修的要求，更在學校的師資、設備許可之下，因應社區民眾的學習需求，開設了市民學苑相關的學習班級：如中級、初級日語班、手語班、書法班等。

　　舉辦市民學苑課程不僅可以讓學校成為社區學習的資源中心，更可以讓社區民眾走進學校，了解學校的作為，更可以促進學校行銷。每學期皆舉辦相關市民學苑課程成果展，讓社區民眾所學有表演的舞台。促進學校與社區共生共榮的總體營造，社區生命共同體。

玖、在學校推動德智體群美的具體做法

　　推動學校成為全贏的教育，一直是不變的理念與目標，九年一貫課程融入原有的德智體群美的教育目標下，兼顧每位學生的個別需求的適性教育，就顯得相當的重要。所以，在具體作為上，兼顧學業成就導向的學業能力分組；就業取向的技藝班教育與高級職業學校的技職教育合作；運動導向的體育班；資優學生的資優資源班；學習障礙的一般資源班。各項特殊的分組與適性教育，皆以學生的利益為優先，才能兼顧五育均衡發展。

　　而一般學生平日的生活教育與課堂學習，除了讓學生能有各項學業、才藝，表演的機會與展現的舞台。如榮譽卡制度、表現優良同學可以點播中午的歌曲播放、與校長共進午餐⋯⋯等。落實於日常生活當中，在學校有師生、同儕的互動；在家更能體諒家長，共同分享校內、校外的經驗，共創生活經驗與價值，五育才能均衡發展。

拾、學校行政電腦化、資訊融入教學

　　學校效能的提升有賴學校 e 化的程度甚深。所以，資訊的融入與落實更能彰顯學校落實的程度。

　　在具體做法上，成立學校資訊小組：設立資訊執行秘書、系統管理師與相關資訊教師人員。並有學校減課機制，以利資訊業務的推行。目前所推動的項目有：班級網頁、教師網頁、電腦教學 CAI 軟體的製作、「會聲會影」的多媒

體教學軟體建置、學校設備網路報修系統、學校第一訊息的網路公布欄，親師生皆能在任何時間、地點了解學校最新的訊息。架設全校無限上網的網路架設，各辦公室與教室皆能上網；訓練學校種子教師，承辦教育部多項軟體設計與教學的教師研習。學生電腦打字練習比賽，與相關軟體設計競賽，落實在所有行政人員、教師與學生身上。校長個人率先使用電腦網路公布學校相關訊息，以推動電腦教學。開會時，校長及相關行政人員皆能使用電腦宣達與報告相關事項。資訊的落實，由校長及行政主管個人的點；進而資訊教師與所有教師的線；拓展到學生、社區家長的面，讓資訊在日常生活中都能時時接觸到，感受到資訊時代的來臨。

拾壹、塑造學校的文化

「傳承、肯定、創新」是個人一直想要形塑的校園文化。而成就一件事，單打獨鬥是不可能的，必須凝聚一股群體的力量，彼此呼應，才能產生無可抗拒的好效應。

在環境設備上，設立校史館，找出前人的努力痕跡。在舊有的基礎之上，創造嶄新的績效。

在學校人際關係的做法上，強調相互關懷的人際關係之重要性，每位教職員工的生日，校長親自致送生日卡片，表達關懷與關心。為讓學校教師有對於學校的認同感，每學期舉辦教職員工聯誼，教職員皆帶著自己的家人到農田裡收割地瓜。具有鄉土教育與聯誼功能。舉辦新進教師 3 天的研習，讓新進教師了解學校的文化，快速傳承並融入大家庭。

在師生關係的建立上，強調讓每位學生皆有成功的機會，都有上台表演的舞台，展現自己的學習成就。對於學生，除了教學之外，在相處上，應以「訓練來代替處罰」。讓學生願意學習，改善師生關係，更可以學習更多。

拾貳、對校務的嫻熟

我們不可能生下來就能夠了解所有的事情的真相，學習是唯一的辦法。所

以就任校長近 2 年以來，不斷的學習與請益，一直是個人努力的準則與方向，過程中，前輩校長的指引，個人內心的體會，與自我心靈的開展，讓社區民眾逐漸熟悉與認同學校的相關作為，再加上校長與行政之間領導風格的磨合期，在第 2 年，校務的運作趨於熟稔，行政與教學能相輔相成，學生為最大的受益者，學生快樂學習與喜愛學校，喜歡和校長噓寒問暖，讓個人覺得校務經營逐漸得心應手。不斷的自我導向學習，認真的觀察與請益，事事留意，處處關心，是讓我熟悉校務的最大作為。

拾參、對教育部或教育局與學校關係的建議

在教育改革大環境的政策概念之下，培養校長解決問題的能力，是帶好每位校長的最佳方案。上級單位如為了解學校辦學與經營績效，可從社區、家長、教師、學生的心靈反應感受，取代現今形式化的校務評鑑。外界環境是一個開放系統，學校在這混沌的環境中，更應不斷的調整，在眾多社會因素的回饋過程中，不斷的採取應變措施，才是最佳的方案。

在校長的學習與成長過程中，培養領導的特質，是最重要的因素，如校長應有第五級領導的才能：「專業的堅持＋謙虛的個性」。校長本身更應該要有支持系統與諮詢管道，這些除了校長同儕的互相激勵之外，校長個人本身不斷的吸收最新知識之外，更需要教育當局的長官，在體制內，給與行政與資源的支持。

拾肆、校長的身心健康的維護與家庭的經營

常言道，健康是一切事業的基礎，日常瑣事繁多，身心必須保健與適度的調適。而總體的健康維護應該包含身、心、靈三個部分。

一、身體健康

適度的運動、保持適度的睡眠、定期健康檢查，及正常的作息是維持健康的基本法則。擔任校長，突發事件、緊急狀況處理，以及人際關係的應對進退，

要有正常的作息時間是過度的奢求。

　　「把握每一個運動的機會」，每天約1～2次的巡堂，就以一個健走的心態來運動，就有半小時的運動。持之以恆，既達成工作效率也符合健康運動的需求。在辦公室站著接電話，順便做伸展操，也是運動的時間，既緩和接電話的緊張氣氛，也達到運動效果。一個時間同時達成兩項工作效率，是個人對於事情（包括健康）的基本要求。

二、心靈感受

　　「珍惜擁有的福氣，常存感恩的心」。「愛」與「關懷」是荒漠中的甘泉，賦與心靈新的希望與動力。愛自己的工作、家庭、小孩；進而關懷到學校、社區的各種現況。當心靈常存愉悅的心，自然能增進細胞的活力，抵禦負面的因子，身體健康是自然天成。心靈絕對是身體健康的「雞湯」。

　　我常常為求心靈的成長，會從網路上、暢銷書中、心靈團體的互動與分享中，獲得與增進心靈的成長與健康。把一些「智慧小語」寫成小卡片，既可當書籤又可以當小禮物送人，增進人與人之間的互動。

三、家庭經營

　　「能夠看到家人、別人的用心，就可以感受到世界的美好。」平時，內人負責家庭整個內務的工作，我常常稱內人為內政部長，平時照顧全家的起居、小孩的接送與功課的督導，甚至假日父母親的照料，可謂是一位全職且盡職的好媽媽！讓我有較多的時間投入學校相關的工作。為加強親職、家庭的互動，有幾件事情是我要求自己一定要撥出時間去關懷與實踐的。

　　㈠小孩學校家庭聯絡簿的審閱：照顧學校的小孩，要從照顧自己的小孩開始。更可以從自己小孩的心思，推己及人感受到學校小孩的想法。

　　㈡每週家庭共同用餐的時間：不管時間多忙，只要有心，就會有時間。家庭每週上小館子的心情期待與互動，促進全家心靈的契合，也聆聽家庭中每個成員的心靈的聲音。

　　㈢慶祝與珍惜重要節日：每位成員的生日、各項紀念日（結婚紀念日、過年、清明節、中秋節等三大節慶、情人節等感性的節日……），除慶祝以外，也了解家庭每位成員共同生命中的歷程，共創家庭內聚的經驗與價

值。

㈣「Talk to me」溝通與分享的時間：重要經驗或傷痛與成就的分享，讓家庭
共同面對，家庭是全世界最佳的工作與生活團隊。

拾伍、如果重新來過

學習是把「知道的」轉化為「行動」，所以，學習是一種改變。人生經驗
中，最困頓的時期，往往就是智識和經驗最豐收的階段。若重新來過，仍然有
所堅持：變與不變，常存於教育的理想中。

重新來過，「不變」的堅持：教育理想不變。教育是人類升沉的樞紐的概
念不變。校長領導是實踐個人的擔當，決定做出正向貢獻的做法不變。

重新來過，「變」的原則：校長領導是無時無刻修練自己的想法、問出最
好的問題、最後付出行動。過程中，依環境社會的變遷，而採取適當的行動。
即使行動導致錯誤，卻也帶來了學習與成長。

所謂智慧是經驗的累積。若是重新來過：掌握大原則的技巧，彈性處理小
原則的方式，當可拿捏的更好。

拾陸、對校長培育的反省

「培養解決問題的能力」當是校長培育的終極目標。所以，在這個原則
下，校長培育的課程內涵應包括：法令規章、制度政策、校務章則、個人擔當、
人際關係、EQ 培養、學校行政、學校願景的實現、學生、教師、家長、社區、
社會的總體營造，民意代表與媒體經營、行銷與績效……等。

過程中，課堂理論與實際經驗分享的實務演練不可偏廢。個人認為課堂聽
講與實務演練應該為 3：2 的比例，讓儲備校長能有基本的先備概念。

若能擔任師傅校長，以「珍惜福氣、常存感恩」的心態，傳達「傳承→肯
定→創新」的理念：傳承前人的優良傳統，肯定其過程中的所有貢獻，在現有
的機制與資源下創新自己的領導風格。「大原則堅持、小原則彈性」永遠是中
國社會、機構、學校的基本領導原則，免於自己受傷，又能創造特性。

拾柒、校長最大的貢獻所在

「人有善願，天必從之；一念真誠，恆通法界」。在「珍惜福氣、常存感恩」的心態，與「傳承→肯定→創新」的理念下，達到「學生快樂學習、教師尊嚴教學、家長信任參與、社區共生共榮、社會良性成員」全贏教育的願景。

過程中，強調賦權增能（empowerment）的理念運用，不斷的激勵，惜福感恩的正面思考。行政人員、教師、學生、職員工都能有做好自己職位工作的使命感。

從學生社團表演練習，代表學校對外表演的榮譽感，師生平日常帶笑容，樂意與師長、同儕打招呼……等。讓我感受到「珍惜福氣、常存感恩」——「傳承→肯定→創新」的學校經營理念的實現。從我自己做起，看到大家的快樂，心靈教育的提升，是個人對教育盡的棉薄之力。

拾捌、結　語

教育是人類升沉的樞紐，有效能的校長，在校務經營上，個人期許除了要有專業能力外；更要有優質的人格素養；負責學校經營的績效成敗責任，為自己的思想、行為及其產生的後果承擔起責任的個人擔當更是基本特質。

學生是學校的主體與顧客，教育更要為我們的學生點亮心燈，把心燈傳下去，照亮自己，也照亮別人，讓每個學生都能珍惜擁有的福氣，常存感恩的心。在這個前提之下，才能做好「傳承」的工作，「肯定」所有人的努力，在現有資源之下，「創新」作為，促進教育的成功與正面的效益。

作者簡介

　　丁文祺，1962 年 6 月 22 日出生於雲林縣台西鄉。國立高雄師範大學工業教育系 74 級畢業；英語系 81 級畢業；英語研究所 40 學分班 88 級結業；教育系學校行政碩士 90 級畢業；國立高雄師範大學成人教育博士 97 級畢業。在高雄師大共就學 19 年。教育職場歷練國中導師、技藝班導師、A 組班導師、組長、訓導主任、總務主任、教務主任、大學兼任講師。現任高雄市中山國中校長（2003.08.01 迄今）。

第 二 編

初任校長經營小學

我的小學校長生涯

李寶琳
台北市關渡國小校長

壹、擔任校長之前的準備工作

我是 1981 年從省立台北師範專科學校畢業，因為師範生必須義務服務的命運，我倒是沒有刻意去想未來的路如何去走，只是在工作中發現自己對行政管理類的事情比較能投入，所以漸漸往行政工作方面爭取與發展。然後個人生命有了一些波折，困頓之後才會靜下心來思索未來，才有了邁向校長之路的明確方向。

首先，當然是正式當上主任，經過考試與培訓，歷經請託長官或民代介紹至學校擔任主任的歷程，覺得制度上有其荒謬之處，但也因為個性較獨立，懶於求助援引，就這樣乖乖的在同一所學校擔任了 8 年主任、1 年組長後，遴選為校長。在這 9 年當中，我拿了 2 個學士學位（社會工作與初等教育），和 1 個碩士學位（兒童發展），擔任過訓導、總務、輔導等主任工作，這些學經歷的確幫助我成為校長。但與同仁頻繁的互動（無論是溝通或摩擦），使我處世做人更加圓融；長官師長的激勵與指導（無論是善意或故意），讓我累積了可貴的個人經驗資產；當然，身為已婚有子女的職業婦女，家庭生活的穩定，也提供了支持的力量。

貳、校務經營理念與具體策略

國民小學教育，是非常龐雜與吃力的工作，每天要維持學校的正常運作，外界人士看起來好像十分容易，因此對國小教育總是輕率的發表批判性的意見。

如今大部分的人類經驗與文化傳承，都要靠學校般的組織才能達成，如果社會對學校的功能與任務有疑慮，那應該是社會與政治問題的糾葛，不應該化約是教育本身的問題。

擔任校長，主旨在經營學校，使它在社區中發揮其應有的社會功效與責任，絕不是發展校長個人的專長，常見有學校因為校長的資源與專長，因此而獨尊一隅而發展，固然是一種特色的表現，但忽略了公共教育資源的真正目的——培養公民的基本能力。

當然，目前教改的趨勢，已經要求教學現場，由教師本位移轉為學生能力本位，校長必須有教學與課程領導的能力，教師也必須有經營班級與教學精進的能力，這都是教育專業的表現，但卻是不容易達成的目標。我沒有在教改的歷程中擔任過教務主任，因此在擔任校長之後，將大部分的精力放在教務處的經營上，一方面這是學校經營的主軸，另一方面，也在增進自己欠缺的視野與能力。校長在領導上，經常需要精益求精，立即應變，我必須能敏感於自己的需求，並且找到管道去滿足專業需求。但是教師的能力增進方面，就是一道很難跨越的障礙，如果教師分級與教師教學評鑑再不實施，身為校長，也只有面對愈來愈多的失能教師，或看似靈活，實則方向不明的制度徒呼負負而已。

不過，校長如果有成熟穩健的行政團隊，可以擔負起學校大部分的運籌折衝，所以挑選或培養行政幹部，是校長領導的重要任務之一。我希望同仁減少開會，但要隨時隨地的保持溝通，多參與實際的工作運作，一旦開會，會必有議，有議必決，有決定要執行，執行必定檢討，如此系統化進行，才有績效可言。也因如此，有些同仁備感壓力，但也有同仁因此而覺得行政領導方向明確，工作有進度、有績效，因此而勝任愉快。但有些同仁會誤解，以為績效就是辦很多活動，對外爭取很多資源，其實我的原則是，學校在學習活動持續進行的氛圍下，必須有一定能量的動態，才能展現學習的效能，產出一定的學習成果，但是活動量過大，恐會干擾學習，阻礙學習。至於如何才是恰當，就必須根據校務與教學計畫的目標來做精確評估。我喜歡同仁給我實證與數據性的資料來佐證他的判斷與建議，這的確讓有些同仁對我甚有怨言，尤其行政職位有時是用來安插不適任教師的。

資源的爭取要適量，要根據計畫，不必人云亦云。但在教育開放參與的今天，有時很難拿捏，時常，家長會令人左右為難。家長經常會因為別的學校有

什麼，便要求自己的學校有什麼，有時既定的計畫因此而被攪亂，造成親師的對立與誤解。所以對家長的溝通，我採取多元的態度與即時的績效來處理，無論是家長個人或家長會找我，我都親自會晤，將會談的問題聚焦，找到大家認同的解決方案，或靜觀其變後下次會晤再談。學校日或大型活動，我都會把校長名片放在簽到處，讓家長有直接與我溝通的管道，有時家長親切包容，有時家長粗魯無理，無論如何，這都是現在校長要面臨的實際戰場，無法也不必刻意去迴避。但家長反映校務問題，經常採取匿名的方式，寫匿名信或打匿名電話，就算你圓滿的將事情水落石出的處理好，也找不到可以說明的對象，這種狀態雖然習以為常，但久而久之會讓人瘋狂，尤其是教師同仁會強烈反映，學校不應該處理匿名檢舉的任何事才對。但如果這些匿名檢舉到了市府層級，往往有政風單位的介入，不去慎重處理，往往造成學校的傷害。

由於校長遴選制度的實施，有了許多團體的介入參與，更開放或更封閉的現象層出不窮，就拿教育局對校長的控管來講，有時將學校管理的本位權限下放給你，有時局長為了一件不大不小的事，又會親自打電話督促於你，加上現在電子媒體的發達，校長經常接到局裡發出的電子郵件與簡訊，可以說局裡的管制無所不在，但面對民意的壓力，局裡的處世方針，亦有愈來愈開放明朗的趨勢，長官們對校長的態度也是彬彬有禮，殷殷垂詢，令人感激莫名。但是，灰色地帶似乎愈來愈多，舉例而言，本校有 2 棟鑑定為危險建築的教室待拆，上級要我們的報告上列出處理的優先順序，於是我們列出補強或重建兩項方案，經費與效益評估也在其中。呈上之後，不斷有意料之外的發展，常讓我和總務單位不知如何是好，最近的發展是要我們做出一個對學校最有利的決定，相信是局裡下放本位管理的一個行動證明，可是經費的撥付與否，卻不是本位管理所能決策的，屆時做了決定，卻沒有預算，一切可能又要重頭再來，工程的事情有其時效與複雜性，令人憂心非常。

參、學校經營的法律層面

學校的確是依法來經營的，教育局已經著手在編撰國小相關的教育法令，鉅細靡遺搜羅的話，想要遍覽與熟悉大概不可能。不過，嚴格的說，學校每天都有法律事件要面對，就看主事者如何處理了。例如我目前的學校，與鄰居有

土地糾紛，因此常接到法院的公文書。據老同事告訴我，前一陣子有老師在電腦使用上有著作權的糾紛，也鬧上法院，要求賠償，最後是前任校長負責這一筆不算太多的賠款。而某些兒童有家暴或兒保的執行問題，毫無疑問的，這些都必須要依法解決與執行。而體制內有一些做法，也讓人啼笑皆非，舉例來說，人事制度上有呈報服務滿 10 年、20 年、30 年等資深優良教師的例行工作，有一次我要求人事室是否可不呈報「資深但不優良」的同仁，人事主任很客氣的建議我說：「校長，此舉不宜」，我也只好從善如流了。再如與鄰居的土地糾紛，原告找了民代向教育局關說，並向學校暗示，是否有私下處理的空間，雖然我們必須依法行政，但是也是不知道原告一告再告的做法，會不會導致其他校務運作與社區和諧的問題，學校依法行政在此將受到考驗。

肆、環境對學校校務運作的衝擊與學校因應之道

個人認為，外在的社會價值體系扭曲崩潰，內在環境異軍（教師會與家長會）突起，校長經常要有意無意的宣示自我的存在，否則許多無形之手將宰治行政權威。行政效能的發揮，仍然需要有相當的權力與威信，否則學校無法合理化的運作。因此，據我個人的體驗與觀察，遴選時代的校長，反而有高度的威權需求，否則後現代的解構思維無法解決校園實際面問題，反而製造層出不窮的怪現象，校長不拿出權威下下馬威，我行我素者大有人在。如零體罰政策推行、本位課程走向等問題、職務安排的優先順序等，如果沒有規範或規範不明確，校長的權威運用就很需要，也很重要。但威權可以提升績效，卻讓人有如影隨形的壓力，屆至校長再度面臨連任遴選，諸多批判將會如排山倒海而來，似乎 4 年的努力為的只是抵抗莫名的批評。

面對衝擊，因應之道相信各有千秋，但希望有識之士是否能將焦點現象單純化，讓學校回歸教育單純功能，而非諸多社會需求的窗口，以國民小學級任導師的任務而言，現在不比 20 年前班級人數多，但工作量不減反增，學習多元、科目增加、個別指導增多……，增加編制是務實的解決之道，但權不在我，又奈若何？有一次與實習老師的指導教授談起所謂的小班教學，多少人才算小班？我們 2 人都同意 30 人不能算是小班，35 人更不能言小。又有一回，去香港參訪中小學，發現香港校長的待遇是本地的 2.5 倍，人力素質與工作表

現之較，豈不昭然若揭。

面對如浪潮般的變遷衝擊，有因應之道是策略與機制之圖，但道統既失，中心泯滅，莫衷一是，唯恐只有徒勞再徒勞而已。

伍、最近 10 年來的政策推行與落實

教育局要求各校校長，要辦 2 場九年一貫第二階段進修研討，最好是校長與教務主任針對本位課程發展與同仁做近距離溝通，我演講的部分作出的結論是，教育改革經過 10 年之久，覺得改革成功的人並不多，因此將引發更多、持續更久的改革，也許教育事業中，改革才是「永續經營」的項目。其實，大家都清楚，教改落入了解構的窠臼，卻找不出再度整合的道路，真是公說公有理，婆說婆有理。身為教育行政人員，當然就跟著政策走，什麼九年一貫的試辦、九年一貫的逐年實施、課程統整、本位課程、行動研究、創新研討會、論文發表會……，沒有一項缺席，收穫雖然有，但好像永遠有新的東西待學習，因此而弄得大家疲憊不堪，我個人認為，以基本學力為優先的國家本位的主流課程模式，應該要確立，由教育部開宗明義的作出宣示，免得教育愈來愈綜藝化。

陸、有關價值與倫理的思考

教師會提出一份職務分配的做法，希望我背書，作為下學年度教師職務安排的依據，裡面將資歷數據化、積分化，積分高者為優先選填志願的依據。我告訴教師會長與主任們，這份做法我很有意見，但基於校內和諧，我會背書。其中我最不滿意的一點是：年齡條款，50 歲以上的教師，可以無條件的加若干分，可優先選擇較輕鬆的職務。這是同仁的價值觀，倫理信念，卻有相當的偏見與迷思在內。年齡愈大就需要愈輕鬆的工作嗎？讓經驗與思考最成熟的人，做最不重要的工作嗎？年紀大就理所當然的占據好缺，這是一種稱為倫理做法嗎？科任就是肥缺，級任就是次級品，這種思維正確嗎？凡此種種，值得深入探討，但風氣已成，很難扭轉。

校長遴選時也有價值觀與倫理的問題，小學校的校長，一定要跳往大學校

嗎？大學校就一定比較有經營價值嗎？校長遴選一定要讓現任校長的動向先確定，再由候用校長來遴選嗎？資深就是優秀嗎？校長團體領導人一定要由最資深的人來擔任嗎？

任何一個團體都避免不了倫理與價值觀的思辯問題，但制定一套遊戲規則是共識，既是共識，就讓大家公開表達意見後確定規則，並要求與監督參與者在現階段要遵守，這才是真正有價值與倫理觀的表現。

柒、發展學校為學習社群

討論這個問題，基本的假設有些待釐清，因為，學校基礎的任務就是學習，所以又要在學校發展「學習」這件事，實在有些吊詭。你我心知肚明，中小學的學校文化，有其反智、反進步，甚至反學習的傳統，真的非常難以想像。學習的真相是，學習任何一件新知與技能，都是需要付出時間與能力去換取的，因此缺乏時間與動機，學習不可能成功。因此，在發展組織為學習社群之前，要確定組織的行事安排，有沒有學習的空間與時間，例如，國民小學都有所謂的週三進修；好，時間有了，那空間呢？空間舒適不舒適？適不適合討論？能容納多少人？等等細節都要考慮。畢竟，成人學習的方式與場所，是引發動機的一部分。再者，學習的主題是否適合，但因為學校文化的反進步，專業的主題進修，就要非常認真的去考量、規畫，才會有人來參加，因為參加而受益，才會逐漸形成學習的社群。簡單的說，只要大家交談的對話從「教務處又在要求些有的沒的」，轉變成「建議教務處，凡事事先規畫，讓老師在寒暑假中完成」，行政與教學的對話有了焦點，社群的雛形將逐漸形成。

我要強調的是，社群的形成，成員的身心狀態非常重要，因此了解成人的學習模式，將之適用於學校學習社群的形成。成人學習不宜有過多的評比壓力，空間要舒適，彼此能對話的座位安排，茶水點心倍增輕鬆氣氛，活動有進程，從閒話家常的暖身開始，到主題討論焦點的議定，最後作一結論，層次井然，大家都能跟上，都有所收穫，就是學習社群的表現了。

捌、在學校推動德智體群美的具體做法

　　五育並重是國民小學發展的方向，但是一般班級教學仍無法跳脫重視智育的教學方法。要改善這種現象，恐怕茲事體大，一般社會大眾的認知，也都在智育的加強方面。君不見坊間補習班的廣告，都在加強學科，甚至各縣市政府在國民教育階段辦理的特殊性向才能班，據傳，內行的家長都視之為資優班的變身。要破除獨尊智育的魔咒，除非是體制外的教育才有可能。現在任職的學校，原本有意走藝術人文領域為主的本位課程發展，但是在教師職務時，據說美勞科任老師被質疑與杯葛，憤而集體轉任級任，放棄原已經營頗有成績的領域。但是，我擔任校長之後，我大膽的向教務處提出我的見解，我認為國民小學教育，主要在於生活能力的培養，所以級任師資是最重要的人力資源，基本學力是亟待培養的能力，因此，長期走藝術人文的本位課程，在公立學校來講，恐怕遲早招致上級與家長的質疑。再者，級任老師的訓練，是一個小學老師的基本功夫，每一個教師應該都要具備級任老師的經驗，對專業生涯發展才有助益。而這幾位老師，在初次擔任級任教師的表現，並不像是資深老師帶班的表現，有時甚至比初任老師還生澀，真讓我有些尷尬。後來，我在一次進修的場合，介紹老師們在宜蘭的華德福小學，一所以自然主義與藝術人文為課程走向的公辦民營學校，讓老師們了解，學校經營、師資培育、課程走向三者是息息相關，不可能各走各的路，尤其是完全接受政府經費的公立學校，在課程與學校特色經營上，不能不聽聽上級與社區的要求與需求。

　　因此，五育並重的教育理想要達成，師資的多元是首要條件，教師文化的改造也是必須的要求，我當然知道我可以辦很多相關的五育相關的學習活動來達到五育並重的要求，但是我視我的工作環境是一個可長可久的地方，我希望用穩紮穩打的方式來經營，凡是各項行政與教學規畫，都必須與學生的學習成長相關，而不是活動辦完就算了。

玖、塑造學校的文化

　　每一個學校都有其特殊的文化，有些人會認為習以為常就好，但我認為學校文化不能逾越專業和法令的範疇。在我初任校長時，發現這所 12 班的學校，幾乎每一班的班規都有「我不在早上才寫功課」之類的規定，我看了當然非常好奇，詢問之下，才知道有許多小朋友在早上來校時才寫昨天的回家功課，這個習慣一旦養成，幾乎都無法改善，家長工作忙碌，社經地位不高，老師著力困難。但是我在教師晨會與老師溝通，我說既然是回家作業，就沒有理由早上到學校才寫，否則老師早自習再出作業就好，也免得抄聯絡簿，如此要求之後，情況才漸漸改變。還有一次，我發現營養午餐的水果是直接從紙箱中取出，未經清洗就發下給班級，小孩子很少會去先洗了水果再吃，有時連包裝的塑膠袋、保麗龍都還在。我詢問訓導主任和營養師，這樣合乎衛生標準嗎？起初的回答是：「我們一直都是這樣。」直到我一再追問，這樣是否合乎衛生？2 位同仁都不敢言語，隔天立即就要求廚工改善。第二任來到目前任職的 48 班學校，諸如此類的事情更多，我會發問，得到的答案都是「校長，這是這裡的文化，這裡的風氣，見怪不怪就好了」。我來了大半年，未見有作業抽查，詢問之下，才知道作業抽查已經取消，我問取消的理由，大概都說是教師會認為只是蓋蓋章，沒什麼意義，乾脆不要抽查，省去大宗的麻煩。我又發問了，我說，如果督學或家長會詢問我學生學習的成效，教務處從來不看學生的學習作業，那麼應該如何回應上級或家長的詢問呢？沒有人「敢」回答吧，於是恢復了部分的作業抽查。剛來這所學校的第一次兒童朝會，陽光普照，滿操場都是垃圾，女老師撐著洋傘唱國歌、升旗、向學生行早安禮，我被傘花朵朵的景象嚇壞了，還有老師會在兒童朝會時厲聲指責訓導處的人員，這幾件事我也要求改善，結果是教師會的幹部反過來要求校長要道歉，因為學校多年來就是如此，朝會完才打掃，老師撐傘朝會，看行政人員不爽就罵，有何不對？校長不道歉，他們就要連署陳情。教師會會長及幹部連番來說服我道歉，主任們也勸我低姿態，因為教師會不好惹。我說，校長如果做錯了，要求我道歉，我當然從善如流，但是，如果同仁們有待改進之處，也應該彼此共勉之，就這樣平息這場紛爭。

　　這就是學校文化很真實的縮影，難道沒有比較正向或感人的一面嗎？當然

有，但沒有人會因為真善美的事件而群情騷動的，總是爭取權益比較吸引人心的動向。如果再加上家長的心態，校內次級團體的互動，校園文化的良窳，不是寥寥數語可以道盡的。校長遴選制度的實施，助長了校園文化更加的泛政治化、泛績效化、泛活動化，只有讓所有人的智慧與熱情更加的消耗殆盡而已。

拾、對校務的嫻熟

　　校長是一個需要從基層做起的職位。我做過一到六年級的導師、啟智班的老師、組長、兼任人事、兼任會計、四處室主任，只有教務沒當過，待過有 9 班幼稚園的學校，所以幼教業務也了解不少，還算是見多識廣。我擔任校長 4 年不到，棘手的事件當然有，但都在經驗範圍之內，跟同仁溝通想法與做法時，不至於讓人覺得用權威壓迫人。有一次與校長同學閒聊，我們兩個發現大部分的校長都有師傅加持，我們兩個孤苦伶仃的，只有好友的友情義助，好不感慨，應該快快去拜師求教才是。不過後來我們發現我們年紀太大，個性過於獨立，大概沒人會收我們這樣的徒弟，就放棄這份嚮往了。但也不必擔心沒有人可以請教，參加各種會議，時常有意想不到的收穫，不然硬著頭皮請教前輩或長官，也不失為一種好方法。但領導事務的嫻熟，單靠請教與經驗是不夠的，我認為還是要對科層體制、行政制度、領導哲學等理論層面有所涉獵，在做判斷時思考有架構，不易亂方寸。在混亂變動的 21 世紀，再用「處變不驚、莊敬自強」來處人處世，多半會被視之為鄉愿，我的看法是，現在的校長，處理任何事件，都要掌握住速度，一定要在最關鍵的第一時間，做出最佳的判斷，最好的選擇，嫻熟事務固然重要，臨機應變的能力，更不可少。這種應變的能力當然不能在當了校長才具備，應該是專業人士都要具備的素養，尤其是主管級的人員。記得在當總務主任的時候，新式課桌椅開始做資料調查，事務組必須依照學生身高的組距做人數調查，以作為各式課桌椅訂單的依據。那時的事務組仍由教師兼任，我思考了這個問題，告訴組長去問護理師，小朋友在半年之內身高平均長高多少，再扣除畢業生的人數，依此調查來推估新式課桌椅的需求，結果我們學校在新式課桌椅送達之後，是退換率最低的學校。因此，對事務的嫻熟，在現在多變的世界裡，單靠經驗是不夠的，觀察、思考與調查是需要的技術。

拾壹、對教育部或教育局與學校關係的建議

對教育部與教育局的要求，都必須遵守，但因為國民學校依法為地方政府所直轄，教育部的要求應該透過教育局來轉達，依科層體制，我們也不能直接與教育部做公務的傳達。但是近來都會直接接到教育部的公文，有時弄得我們相當尷尬，尤其是中央與地方的做法不一致的時候，當然是先請示教育局再行動。

至於與教育局的關係，顯然要十分慎重的加以處理。長官蒞臨，交辦事項，都必須依要求辦理，我是從不敢怠慢與馬虎的。以中興國小併校為例，我知道局裡的立場是希望併校，但從沒有給我壓力，而是讓我自己去做判斷。我接任中興國小半年之後，督學才以詢問的方式探尋我的意見，因為接任半年，情況已經了解，中興的學生只會愈來愈少，沒有什麼新增的入學來源，教師與學生長期在人數極少的環境中互動，有一些無法突破的問題。所以督學既然開口問了，我也據實以告，認為併校是較好的選擇，才開始了一連串的併校行動。基本上，我是有「揣摩上意」意圖，但也要以自己的專業判斷為主要基礎，如此與長官相應對，是我一貫的做法。初任校長時，尚不知天高地厚，不知道督學對校長的治校管理能力評價，關係校長的考績，現在是第二任學校，學校大，我也比較老到，對行政同仁績效不佳屢勸不聽者，只好搬出尚方寶劍說，如果我因交代同仁應做到之事，卻未照計畫達成者，承辦人要對校長的考績負責。此話一出，稍具威嚇效果。

一次餐會，與局長同桌餐敘，時值校長遴選期間，幾位校長同時向局長表達局長辛苦之意，局長也許是餐會較輕鬆，很感嘆的說，我要不是為了你們這些校長，我怎麼會這麼頭大。說得在場的校長，不知如何接口。因為遴選，不少校長已有「將在外，君令有所不受」的心態，對教育局的規定並不是很重視，因此有些措施，局裡開始重辦，「零體罰」是一例。

我與局裡的長官並沒有維持深刻的私人情誼，不是不願意，而是真的沒有那麼熟，人家說有人在朝好辦事，我倒沒有這種感覺，倒是局裡長官常在校長會議的場合要求校長，不要找民意代表去局裡施壓關說。到目前為止，我還不太清楚這是怎麼一回事，當校長還有那麼大的本事去要求長官，也許就是局長

頭大的原因吧。

拾貳、校長身心健康的維護與家庭經營

　　一般而言，校長的家庭生活都有其成功或失敗的一面，因為校長也是尋常人，也有一般人的苦惱或欣慰。但尋常而言，校長家庭的家教算是不錯的，君不見陳水扁總統的女婿，都出身校長教育世家，就可想而知了。我的女兒還在國小讀書，所以是跟我一起上下班，從前在中興是小學校，尚且有時間照管她的功課，現在到了較大型的學校，各項公文書、批閱文件都是倍數增加，變得忙碌而缺乏耐心與女兒互動，只好請了一位家教來照管她，甚至要送她回家。因為如果我去東區開會，是來不及在放學前趕回來接她，所以必須另外設法。許多時候校長會帶著子女參加會議，也許是年輕的校長愈來愈多，而且不限是男校長或女校長，偶而都有機會看到校長帶著子女與會的景況，由此可知校長工作的家庭部分現實。雖然有些女性校長的研究指出，女性校長的成功與成長十分艱辛，但是可能已經不適用現在的家庭結構與兩性關係，我所知道的女校長，有許多是在另一半的支持與鼓勵之下踏上校長之路的，我也是如此，因此，我們的另一半大都會去分擔家庭中的許多事務，雖然不能完全達到兩性平等的境界，但是比起前輩女校長，相信是進步很多了，但現實的一面是，現在的就業女性，沒有些許才幹與本事，也許就沒有願意配合的另一半了。

　　至於如何維持身心健康，應該是見仁見智，不過校長生涯工作量十分沉重或龐雜，要快樂開心大概不大容易，但是心情樂觀輕鬆是做正確決策的重要基礎，我個人認為，為了使決策品質不至於太差，校長必須適時維持身心的健康與思維的敏捷，適時的舒壓是必須的。我採取閱讀、旅遊、做 SPA、Shopping 等方式舒壓，但最近想找一種可以與家人一起從事的活動或運動來學習。

　　有一次我請休假去做 SPA，結果學校臨時有事非我去解決不可，我就渾身精油未處理的趕回去，心情惡劣可想而知，但仍然要極力的維持理智與形象，與人周旋。

拾參、如果我重新來過

　　到目前為止，我認為我在工作上的能力與表現都還不錯，但是，如果有機會重新來過，我希望不要再讀師專，不要再當老師，不要再當校長。因為我深知自己的興趣並不在此，我比較適合做商業或法務管理的工作，有明確目標與績效的領域。教育是一門很藝術又繁瑣的工作，不確定感很重，在這個時期更是如此。

　　其實我很懷念我的師專生活，而且，現在再也沒有這種免費的優質教育，真正的五育並重，又沒有升學壓力，畢業即就業，跟現在多元師資培育進路相去甚遠。我也覺得當老師的生涯很不錯，同事與學生都帶給我很多的收穫。有一次在新光醫院，一位小姐叫住我，說：「老師你還記得我嗎？我是你天母國小的學生，我叫薛雅蓮，現在是醫學系六年級，在新光醫院實習……」，我當然與有榮焉。現在擔任校長，我也覺得遊刃有餘，勝任愉快，尤其是有跟著優秀的同仁一起工作，更讓人覺得不虛此行。但是工作上沒完沒了的重複性、不確定性，不只是讓我，我也發現讓許多教育工作者心情憂傷，甚至表現失常。因此，我並不鼓勵實習老師結業後一定要當老師，從事自己能樂在其中的工作，都算是成功的人生。我不是說我的人生不成功或很成功，我只是想人生只能從事一種領域的工作，雖然你可能經常換工作，但始終在一種領域之中，並終生奉獻於此，我仍然覺得如果有機會，我願意從事我有興趣、獨一鍾情的行業。

拾肆、對校長培育的反省

　　校長培育是相當重要的工作，花的時間比想像的還長，校長之路愈來愈難走，因此雖然目前設下了種種的要求與限制，但是，沒有從優秀的族群中去篩選，花再多的時間，也無法有較為可用的人才。

　　話說現在的行政工作人才難覓，已是普遍的現象，主任的工作績效攸關辦學品質，但是培養適當的人才，真的很不容易，人力資源的品質相當參差，以此類推，校長的人力品質也會有很大的落差。這是因為我從事這個行業 24 年

了，見過的主任、校長也不少，所以這樣下了註解，也許武斷，但是直接對圈內詭異的現象做表達，應該是時候了。至於師徒制的人才培育方式，提出多元智慧理論的 Howard Gardner 也提到這是 21 世紀教育的方式之一，學習並不一定在課堂中發生，但在校長培育過程中的師徒制，應該是發生在擁有校長資格前的種種磨練，如今在圈內公認的師徒檔，卻不一定是這樣，我自己沒有這樣的經驗，也不便去褒貶，如果有幸被列入師傅級，我想我會婉拒這樣的稱號。我目前的處世方針是，經常參加會議，聽一些小道或八卦消息，重大的決策召集主管會商再做決策，始終遵從上級的政策要求，有家長來告狀一定處理清楚，至目前為止，尚不致有我應付不了的事，也希望以後也能如此。

　　但我還是羨慕有師傅帶領的校長同僚，有加持畢竟不同，擁有的身價與資源，可以睥睨同僚，平步青雲，令人稱羨。

拾伍、校長最大的貢獻所在

　　我覺得自己最大的貢獻，在妥善的運用公共資源，做公共教育的工作，使得公平與正義，可以在公民社會中實現，堅持有利於公眾的制度，堅持對兒童有益的措施，並且懂得如何達成正確的堅持，這就是我的看法。

作者簡介

　　我是現任關渡國小校長李寶琳，1961 年出生在台北市一個平凡的台灣家庭中。家中有姊弟 3 人，我排行第二，姊姊與我均就讀師範學校，弟弟大學畢業後曾短暫從商，後來也進入國小服務。我們姊弟 3 人都在工作中與另一半結識，所以幾乎家族中人都在國民教育界服務。

　　我與外子育有子女 3 人，分別在國內大學、小學就學暨企業就業中，外子亦曾任台北市國小校長，退休後至私立高職任教。我夫婦 2 人雖然從事教育工作，但對子女的要求是要先學會生活，再談學問的精進，所

以家事與運動是必修的人生課程，我們希望孩子能從身邊的小事開始奠定人生的基礎，並以運動保持身心的平衡與健康。

績效管理概念在特色學校經營之應用
——以台北縣「九份礦夫營」為例

林忠仁
原任台北縣九份國小校長
現任台北縣育林國小校長

壹、前　言

　　九份這個視野遼闊，面向無垠大海的山城，曾經因擁有小香港、小上海盛名，而繁榮紅極一時，依山傍水的金礦故鄉，如今仍是東北角觀光、休閒、文化知性之旅、領略冶金文化的明珠。一直伴隨參與黃金礦區興盛衰弱的九份國小，就位在這煙霧繚繞的山城中，過去學生班級人數曾多達 40 餘班 2,000 多人，如今成了師生共 100 多人的偏遠小學，面對九份商圈再造第二春，我們該如何規畫在這充滿自然美景、特殊人文歷史環境中學習的創新經營課程呢？同時，九份社區中的人文歷史和商圈經營，已成為學生最豐富的學習教材和課程，學校該怎樣加以發展？該如何規畫學校的特色？這些都是校長到任後，時時刻刻在思考的問題，而「九份礦夫營」的誕生與發展，就是從細微處著手，由一個行動方案開始——發展九份國小「特色學校」的啟動。

　　現今九份正是在締造觀光休閒第二春的時候，吸引人的地方，從黃金採礦換成礦業文化休閒景觀，為九份帶來無限的商機，相對地，功利的社會也以極快的速度蠶食九份固有黃金人文特色，學校站在傳承歷史文化，努力營造成為社區文化中心的立場，理當亟思保存九份鄉土文化，因而於 1995 年末，當時任職本校之林廷美老師有鑑於此，本著年輕時國立藝專所學的專業知識，憑著藝術家的教育熱忱，號召 84 學年度家長會長林建功先生、副會長陳金和先生、常務委員蔡添光先生、黃志聰先生等，利用學校原有空餘教室自行規畫裝潢，蒐

集九份鄉土文物，創立了「九份國小礦坑文物館」，並且於 1996 年 4 月 26 日學校暨社區運動會當天，正式成立開放參觀。因為有了「九份國小礦坑文物館」，學校善用鄉土文物館資源，不斷培訓小小導覽解說員，介紹如何探礦、採礦、煉礦，以及採礦的工具、煉礦的過程，還有一些礦坑裡的禁忌故事，深獲好評，這樣的培訓制度，也一直延續實施至今。

貳、績效管理的重要概念

　　績效管理（performance management）是一個組織績效管理與成員績效管理相結合的體系，它根據一定的程式與方法，對組織各部門、成員和管理者的工作過程和工作產出，進行綜合管理與評鑑，其目的在於提高成員的能力與素質，改進與提高組織的績效水準（鄭彩鳳，2004）。雖然，績效管理常被應用於企業經營，而且，對不同的機構有些許不同的方式，然而基本上它與品質的提升、創新經營策略有密切關係，如果要落實特色學校的經營，績效管理概念在學校教育上的應用是可行，而且是必須的。

一、平衡計分卡

　　平衡計分卡（Balanced Scorecard, BSC）是哈佛大學商學院教授 Robert S. Kaplan 和一家企管顧問公司總裁 David P. Norton 提出的一套策略行動思考和績效管理的技巧（Kaplan & Norton, 2001）。它是一套將策略指標化的策略管理工具，可將策略有效轉化為行動，指引組織達成目標。近幾年來，平衡計分卡逐漸導入各類型組織，並且已獲致相當之成效（謝文全，2004）。從 1990 年代發展至今，平衡計分卡已不再是一種績效評估制度而已，甚至已成為相當有用之策略性績效管理制度，而教育組織對於平衡計分卡的應用，要比企業來得晚，國內教育行政組織最早以平衡計分卡制度作為績效管理者，係台東縣政府教育局長張志明，於 2001 年引進該項制度（張明輝，2004），作為教育局之績效管理依據，後又推展至花蓮縣政府教育局。

　　平衡計分卡描繪出的策略行動，不僅可用來組織策略行動溝通之用，更可以供策略行動的指引和績效檢核的工具，Kaplan 和 Norton 提出應用平衡計分卡有效執行組織策略行動的原則為（黃宗顯，2004）：

㈠將策略轉化為執行的語言，以建構策略地圖。

㈡整合組織各部門，以創造綜合成效，即創造和整合部門單位間的綜合成效。

㈢將策略落實於成員的日常工作中，建立策略認知、界定個人及團隊目標與平衡計分卡的策略實踐相結合。

㈣使策略成為持續性的運作流程，銜接策略規畫與預算，善用回饋與學習。

㈤由高階領導帶動變革。

二、差異性卓越要素

　　Kaplan 和 Norton 的平衡計分卡的策略行動概念，倡議將組織的競爭因素，分為「基本要素」和「差異性卓越要素」（黃宗顯，2004）。前者意指組織為維持競爭力，在包括內部流程、財務、人員學習成長、顧客需求考量與滿足等四個重要向度層面上，應做到的一般性基本要求，而後者則是指，在每一個重要向度層面上意思創建出「優於組織現狀，且具獨特性的不同作為」，也就是創發出具有與自己或別人現有作為不同（差異）的優良作為（卓越），以提升組織的競爭力。

　　因此，「基本要素」是屬維持性與基本要求，「差異性卓越要素」則具有開創性與獨特性的性質，是特色學校計畫發展組織競爭力與創發績效之可行模式，此種策略行動觀點，可以提供作為學校創新經營的參考。

三、各層面平衡考量與連結

　　平衡計分卡的重要向度層面，包括財務、顧客、內部流程，以及學習與成長四個構面（張明輝，2004）。

㈠財務構面：指組織獲利能力及投資成本，其構面概念包括營業收入、資本應用報酬率及附加價值等。

㈡顧客構面：指與組織往來之其他組織或個人，其構面概念包括顧客滿意度、獲利比率及新顧客增加率等。

㈢內部流程構面：構面概念包括製造、行銷、售後服務、產品開發及創新等。

㈣學習與成長構面：構面概念為組織對員工技術與資訊能力專業成長的投

資。

所謂平衡，指在規畫組織策略與績效管理時，應兼顧四大構面的平衡，不宜有所偏頗或遺漏，亦即意味著多項平衡與連結，其中有兼顧財務與非財務面（內部流程、學習與成長），兼顧內部與外部（財務、顧客）因素，兼顧短期（財物）的現實與長期（學習成長）的發展（謝文全，2004）。

參、九份礦夫營之績效管理概念應用

上學年度（2003）開始，台北縣教育局積極推動偏遠地區小型學校「特色學校方案」計畫，鼓勵各校充分運用資源，期能整合並發揮既有人力、經費、環境、社區等資源效益，把各校資源條件特性、進行參觀、遊學、研習、交流等活動，發展偏遠學校之場域課程與特色教學。「特色學校方案」計畫提供九份國小未來發展的思考方向，發展當地文化及多元發展，於是，配合校內既有之礦坑文物館設施，小小導覽解說員培訓制度，結合九份社區人力、環境資源，經過與家長會顧問商討如何發展學校特色課程後，開啟「九份礦夫營」的特色課程之路，辦理體制內學校遊學制度，創新學校之經營模式。

一、台北縣「九份礦夫營」特色學校遊學活動計畫概要

㈠活動名稱：九份礦工體驗營。

㈡緣起：九份為舊礦業社區，有獨特的人文歷史背景，除了九份商圈外，另有基隆山登山步道、茶壺山等，各種自然生態非常豐富，更是假日登山健行的最佳去處，民眾休憩的好場所。本主題式校外教學參觀及城鄉交流遊學以「八番坑」、「礦坑走廊」、「洗金體驗室」等教育館作導覽學習內容，並進行校園學習步道，九份老街探訪。

㈢活動目的：認識坑道裡的歲月，如何探礦、採礦、煉礦，以及採礦的工具、煉礦的過程，還有一些礦坑裡的禁忌故事。也讓孩子了解生活演變和文化，進而珍惜自己的文化以及對自己的省思。

㈣活動對象：全國不限資格與年級，由教師或家長帶隊參加。

㈤活動內容：規畫有九份礦夫營＋黃金博物園區行程。活動內容如活動流程表。

㈥活動時間：九份礦夫營＋黃金博物園區行程：即日起，每日早上9點30分至下午3點30分止。

㈦活動地點：黃金博物園區、九份國小（文化礦坑走廊、文物館、洗金室）、九份老街。

㈧活動經費：參加九份礦夫營＋黃金博物園區行程每人350元（含黃金博物園區門票、洗金礦石材料、專人導覽、精美礦車模型、金砂小魔瓶、礦工午餐）。

㈨報名：以傳真或電話報名〔各級機關學校（大學，國、高中，國小等）、社會團體、親子團隊均接受報名〕。

㈩聯絡諮詢：電話：02-24972263 轉 22，九份國小傳真：02-24968712。

● 台北縣九份國民小學——礦工體驗行活動流程表

項次	時間	活動內容
1	9：30～10：10	金瓜石「黃金博物園區」本館參觀 當中展示全世界最大之黃金磚塊（220公斤）與許多採礦的器具與設施。
2	10：10～10：50	金瓜石「黃金博物園區」——「本山五坑」礦坑隧道參觀 全國唯一的真實礦坑隧道（本山五坑）體驗隧道中前人採礦的足跡。
3	10：50～11：30	金瓜石「黃金博物園區」環境館、太子賓館參觀
4	11：30～12：00	由金瓜石搭車至九份國小
5	12：00～12：30	九份國小——傳統美食：活力午餐
6	12：30～13：00	文物館參觀、模擬坑道體驗行 全國唯一的校園文化礦坑，不但完全比照實際坑道摸擬而建，更有專人解說使你了解採礦的過程，及地底下的「黃金傳奇秘密」。
7	13：00～14：00	洗金變變變 利用洗金室整套工具讓你體驗洗金過程，並備有小魔瓶可愛項鍊，裝入製作出的金沙帶回家作紀念。
8	14：00～14：40	老街巡禮 九份最有名的老街，品嘗最有名的小吃。
9	14：40	快樂回航

二、「九份礦夫營」之差異性卓越要素概念應用

　　「九份礦夫營」規畫之初，其目的即在於以學生優先受益為出發點，以學校暨社會環境之資源來規畫遊學課程，提供其他地區學校進行「特色學校遊學」之跨校學習活動，讓全校學生增加團體互動，其次，整合並發揮既有人力、經費、環境、社區等資源效益，進行體制內校外教學制度。欲達成特色遊學方案的目標，首先，學校必須作好績效管理，擬訂有效之經營策略，於是，應用平衡計分卡的績效管理概念，分析特色學校發展計畫的策略要素，在基本策略要素上，主要策略有：設計特色遊學課程、實施城鄉校際交流、擇期舉辦遊學活動、學校資源共享等（如圖1），這是一般學校在實施計畫上常會有的作為，但是，在特色學校計畫的經營上，必須利用「差異性卓越要素」，才可以突顯學校創新經營的特色。

　　因此，經過績效概念之分析後，學校在規畫特色學校計畫之時，即應以遊學課程之「差異性卓越要素」，加以構思「九份礦夫營」卓越方案策略，以提升辦理特色學校計畫經營之績效。其卓越要素的策略內容有：

　㈠創新設計「九份礦夫營」方案——設計全國唯一的校園文化礦坑，名為「九份礦夫營」，以呈現當地礦業文化特色。

　㈡多元特色遊學課程規畫——「九份礦夫營」注重的是多元情境和過程的課程設計，而不是教育結果，避免辦理特色學校遊學課程，流於一場熱鬧繁忙的嘉年華，卻難以促成教學內容與課程的品質提升。

　㈢創意文化產業思維——「九份礦夫營」以實踐「地方產業課程化、特色課程產業化」之目標，締造偏遠地區小型學校之新價值與學校經營之邊際效益。

　㈣持續性舉辦遊學課程與活動——課程活動設計上，首要目標，係透過討論發現九份之人文歷史特色，社區老師的專業導覽解說過程，讓學生認識建築風貌、特殊景緻，重新回顧與創新九份礦區的發展。自 2004 年 5 月起開始實施，天天皆可行。

　㈤永續經營的模式——「九份礦夫營」一開始即以建立永續經營的模式為目標，整體行動的社區營造，重在象徵意義如何如何被創造、被認知，才能可長可久。

㈥融合為學校本位課程——特色遊學課程中，學校應該加進本土化的文化內涵，以在地化的角度和思考，也透過真正的老礦工們導覽，重新定義和架構學校本位課程。

㈦不增加學校班級老師的工作負擔——必須從設計規畫到運作，邀請社區老師共同參與，由家長會委託家長會顧問作適當人力的調配與支援，不動用任何一位教師的額外人力。

㈧不影響班級任何一位學生的正常學習——遊學課程的規畫上，避免學生活動與學習的路線互相干擾，也將學校教學區與遊學課程區作適當區隔。

㈨學校與社區總體營造——特色學校方案成為社區自行運作的制度，不會因校長異動而停滯，因此，社區經營才是運作的核心，建立起學校與社區共同的夥伴關係。

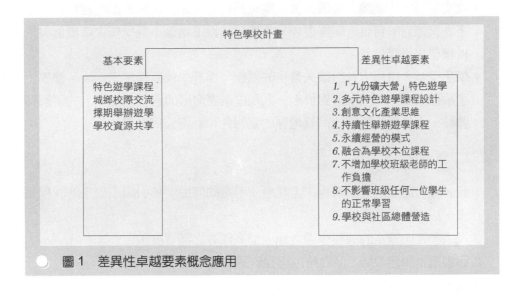

圖 1　差異性卓越要素概念應用

三、九份礦夫營之各層面平衡考量與連結概念應用

　　將九份礦夫營遊學課程的「差異性卓越要素」概念，與財務、顧客、內部流程、團隊成員的學習與成長等相關層面，作有效連結，使永續經營九份礦夫營的實踐，不偏於特定或某些局部性的思考和措施，以減低過程中因思考不周或片面思考造成的不利影響（如圖 2）。

(一)財　務

1. 自籌財源，先由團隊成員從無到有、以犧牲奉獻的志工精神，有錢出錢、有力出力，結合不同的藝術、木工、礦坑文化專長成員，組合成「九份礦夫營」團隊，尤其「四劍客」與學校共同合作。
2. 使用者付費，是經濟社會的最重要原則，「九份礦夫營」的課程設計，是歷險、致富、多樣情、生動原始的行程規畫，主要有「九份廟廟廟」、「黑屋頂的世界」、「懷舊巷道」、「文物館參觀」、「坑道體驗行」、「礦石大樂透」、「洗金變變變」、「礦車DIY」、「元氣午餐」等，每一項主要活動課程，都是有價的實質分享與使用，使用者付費才符合社會公平原則。
3. 收支平衡，才能讓九份礦夫營方案可長可久，尤其在無公部門經費補助之下，又能自給自足，順暢運作，才能締造偏遠地區小型學校之新價值與學校經營之邊際效益。
4. 學生受益，借用「九份礦夫營」的課程，提升學校課程教學內涵，讓學生了解礦業文化的內涵，對於金、九地區礦區發展的過程，能深入的了解與體驗，九份學生將因此而具地區的獨特性和社區公民意識。

(二)顧　客

1. 設計顧客需要之遊學課程，尤其應該考量如何提供吸引國小學生的課程元素，以增加新顧客。
2. 規畫多元而豐富的課程學習內涵，提高顧客之滿意度。
3. 印製遊學課程DM，促進特色課程資訊的流通與效果。
4. 建置九份礦夫營網頁，提供顧客數位資訊平台，便於顧客參與之互動機會。
5. 平面媒體專欄報導，給與顧客更多了解課程之途徑。
6. 電子媒體資訊提供，將實施內容及活動情形，以視聽有趣方式呈現。
7. 發行成果專輯專書，保存及傳承課程活動實施效果，作為未來檢討與發展依據。
8. 利用全縣或區校長會議擴大行銷，以增加顧客對課程之認識。

(三)內部作業流程

1. 九份礦夫營結構設施及相關硬體施作，結合既有「礦坑文物館」，規畫設計相關軟硬體設施，應包括有「藝術文化走廊」、「碾金體驗室」、「洗金體驗場」。
2. 調整學校組織團隊，編組為遊學發展團隊與班級教學團隊。
3. 蒐集與彙整遊學課程資料，團隊成員共同決定遊學課程之取向。
4. 社區人力資源整合，以「四劍客」為核心，增加社區人力資源之參與。
5. 金、九地區學校策略聯盟，善加利用附近九份、金瓜石地區學校不同特色，跨校資源共享，共同提供與分享各校寶貴資源。
6. 進行學校與博物場館契約合作，善用金、九地區場館豐富資源，尤其黃金博物園區開幕後，是最重要的場館合作夥伴。
7. 遊學發展團隊與班級教學團隊建立交叉發展模式，班級教學團隊成員可以支援遊學發展團隊，以深層發展遊學課程內涵，另外，遊學發展團隊也可以協助班級教學團隊，發展學校本位課程素材，二者是相輔相成的學習過程。

(四)團隊成員的學習與成長

1. 遊學課程理念說明，以建立遊學發展團隊成員之間的共識。
2. 遊學課程教材之設計與編寫，共同發展本土化之學校本位課程。
3. 學校本位課程與教學專業的螺旋發展，遊學發展團隊與班級教學團隊，雖分屬兩個團隊，卻是課程資本互相支援發展，在學校本位課程理論與實務上，互相辨證批判，具有螺旋發展作用。
4. 導覽人員培訓，促進導覽人員的專業技巧成長。
5. 定期進行特色學校實施結果之檢討會，增進未來遊學課程品質的改進與提升。

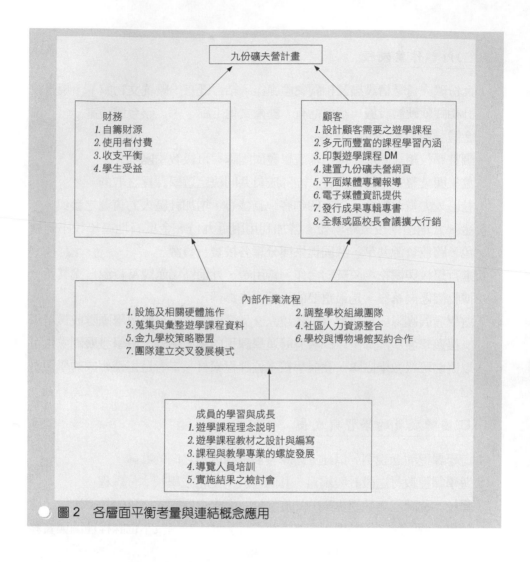

財務
1. 自籌財源
2. 使用者付費
3. 收支平衡
4. 學生受益

顧客
1. 設計顧客需要之遊學課程
2. 多元而豐富的課程學習內涵
3. 印製遊學課程 DM
4. 建置九份礦夫營網頁
5. 平面媒體專欄報導
6. 電子媒體資訊提供
7. 發行成果專輯專書
8. 全縣或區校長會議擴大行銷

九份礦夫營計畫

內部作業流程
1. 設施及相關硬體施作
2. 調整學校組織團隊
3. 蒐集與彙整遊學課程資料
4. 社區人力資源整合
5. 金九學校策略聯盟
6. 學校與博物場館契約合作
7. 團隊建立交叉發展模式

成員的學習與成長
1. 遊學課程理念說明
2. 遊學課程教材之設計與編寫
3. 課程與教學專業的螺旋發展
4. 導覽人員培訓
5. 實施結果之檢討會

圖 2　各層面平衡考量與連結概念應用

肆、九份礦夫營經營之策略與內涵

2004 年初，由本校家長會顧問林建功先生、黃志聰先生、陳金和先生及藍明富先生接受家長會委託，秉持以往奉獻學校教育的精神，再度與學校共同合作，規畫打造「九份礦夫營」相關設施，以社區文化人士與學校的總體營造，將金礦文化結合既有「礦坑文物館」，規畫設計相關軟硬體設施，包括有「九

份礦夫營文化走廊」、「洗金體驗室」，使參觀、導覽層次提高到實地經驗操作、深入系統學習層次，成為「礦業文化課程學習區」，完整呈現九份特有之人文與藝術特色，是學校與社區、教育與文化的資源共享，也是社區總體營造最具體的呈現，並實踐「地方產業課程化、特色課程產業化」，締造偏遠地區小型學校之新價值與學校經營之邊際效益。

一、經營創新策略

㈠文化觀點的規畫設計

真實化的「九份礦夫營走廊」、「八番坑礦坑文物館」、「九份老街」之旅，轉化了真實實物造景的難題，使學生立刻感受礦車、礦坑、輕便鐵軌、九份商圈的親切感，甚至芋圓、草粿是那麼的可口，充滿九份的風味，增加對文化產業的深一層認識。

㈡從打造藝術環境著手

「九份礦夫營」課程學習區的主要藝術特色有幾個部分，一是現場復古塗裝之材質應用創新的設計，例如，九份礦夫營文化走廊石牆的牆面採用彈力泥加水泥漆塗料繪圖而成，走廊礦坑生活及採礦壁畫使用柏油的國畫做法；其次是運用原來走廊的彎彎曲曲特性，營造九份曲徑通幽的視覺美感，屋頂使用黑色紗網隔層，並特地罩上 50 年代的老燈泡，更加充滿鄉土文化氣息；三是器具多樣的輾金體驗館，甚至提供學生 DIY 彩繪的礦車模型設計，都是別出心裁的藝術作品。

㈢學校課程的延伸學習

在特色課程的教學活動中，洗金體驗的學習一直是深受學生喜愛的活動之一，為什麼他們都喜歡洗金體驗？答案各有不同，因人而異，不過最常聽到的是好玩、很新奇、以前沒玩過、有趣又可以學到採礦淘金的知識。如此寓教於樂的課程學習方式，就是我們所設計生活體驗吸引學生參與的誘因，也是學校課程的延伸。

㈣實地礦工生活的體驗

活動行程安排有「礦坑文物館參觀」、「坑道體驗行」，讓學生了解九份採礦時期的居家屋舍、日常用品器具、生活起居概況，尤其，坑道是採金的動脈，運輸供給延伸，什麼面貌？如何架構？沒有實地一探究竟，外人難以了解。

㈤社區共同參與的場域

「九份礦夫營」是以家長、社區及學校共同參與的方式，使方案與行動因為共同參與而具有意義，「九份礦夫營」從構思規畫施做到實際作，均透過家長會的討論與委託，尤其，核心人物林建功等 4 位顧問更是經常秉燭夜談，歷時半年始完成。這樣的社區參與，讓團隊能從社區實際事務中學習民主運作，進而凝聚社區意識。

二、經營創新內涵

㈠後現代的課程觀

在團隊成員參與特色遊學課程發展過程中，不斷與學校老師彼此對話，建立學校本位的礦坑文化議題，導引出「九份礦夫營」的文化概念，協助老師發展出屬於九份社區的特色遊學課程，是一種非線性模式的後現代課程觀。

㈡本土化的文化思考

實施「九份礦夫營」特色遊學課程中，學校老師加進不少的本土化的文化內涵，尤其在詮釋的過程中，以在地化的角度和思考，增加教師的課程與教學資本轉化能力。

㈢永續經營的合作模式

團隊建立社區永續經營的模式，成員鼓勵班級邀請熱心家長擔任社區教學教師，加強親師互動機會，支援各項課程與教學專業指導，把社區的人際資本、社會資本整合，不斷持續在運作活動中，讓社區資本建立制度性的運作，繼續累積循環。

㈣礦業文化的傳承與創新

「九份礦夫營」將黃金山城的人文歷史，重新在九份國小發揚光大，並且創造九份礦業文化新生命，使得學校成為「社區的文化中心」，其持續發展，提供邁向學校本位課程發展，本土化、在地化的最佳平台。

伍、結　語

績效管理的概念，可以應用在特色學校遊學課程的經營上，創造學校的競爭優勢，提升教育的品質，這是非營利組織可以考慮的使用模式之一。以下僅就平衡計分卡績效管理概念應用於「九份礦夫營」遊學課程方案，在創新經營的績效成果向度上，試加以歸納之以代結語。

一、卓越品質的追求

㈠在顧客滿意度方面，本學年度參與「九份礦夫營」特色課程遊學人數，至今已超過 5,000 人次以上。

㈡有效達成計畫目標方面，「九份礦夫營」永續經營與完整呈現九份特有之人文與藝術特色，既是學校與社區、教育與文化的整合資源共享，也是社區總體營造最具體的呈現。

㈢最有創意的人文風貌與礦業景觀，團隊創設完成全國唯一，長達 40 公尺的藝術文化走廊，包括鄉土走廊區、生活走廊區和柏油畫走廊區，以及室內面積達 500 平方公尺的礦坑館、鄉土文物館及洗金體驗館等三館，並提供礦業及洗金等文物設備、古董，至少數百項以上。

㈣高信度的產品與服務，「九份礦夫營」團隊草根性及自主性的課程發展，成為社區有教室課程的最佳典範，已超越一般社區導覽層次，達到課程資本轉化、教學資本轉化的最佳見證，除「九份礦夫營」課程外，已發展出「九份之美」、「九份媽祖祭」、「社區有教室」等主題之課程。

二、組織再造的精神

因應「九份礦夫營」方案之發展，將學校組織成員，包括教職員工及教育

替代役等人員，加以發展任務組織再造，分為特色遊學發展團隊與班級教學團隊，提升組織績效。

㈠特色遊學發展團隊，成員主要以發展特色遊學課程之實施，課程之開發與充實為主軸。

㈡班級教學團隊，成員主要以班級課程領域之教學為主軸。

三、市場競爭力的提升

㈠多元的特色遊學課程產品規畫，有純洗金體驗行，也有金瓜石加九份之黃金遊學，符合不同的顧客需求。

㈡遊學課程產品正達發展期，邁向成熟期，成為卓越品質的動力。

四、專業知能的進步

㈠知識經濟概念之下，專業的知能是遊學課程的主要賣點，持續性而有效的導覽培訓，得以增進團隊成員專業知能的進步。

㈡運用績效管理的概念，有效解決人力資源整合的問題，發揮團隊功能。

（參考文獻略）

作者簡介

　　林忠仁，台南人，國立台北教育大學教育政策與管理研究所博士候選人，台北縣第 1 期校長班結業，原任台北縣九份國小校長，2007 年 8 月轉任台北縣育林國小校長。

　　對於九份，有份家鄉的情懷，九份的海，是他的心，九份的山，是他的情，愛九份是他永遠不變的心情，認真、樸實是他的作風，給與孩子黃金的未來，是他不改的初衷。

　　「九份礦夫營」是一所特色學校遊學課程的創新經營方式，從細微處著手，啓動傳承人文歷史的行動方案，以保存九份寶貴礦業文化的開始。

教育理想的實踐在力行

黃秀君
台北市力行國小校長

壹、學習與成長的歷程

一、踏入教育的殿堂──是立志、也是定向的時候

從小就喜歡塗塗寫寫，小學是在高雄小港國小就讀，鄉裡是一個大型的遊樂場，無論是海邊划竹筏、抓螃蟹，溪裡游泳、抓大肚魚，或是午後在樹屋上辦家家酒、玩官兵抓強盜，「快樂的童年」是成長與愛人的動力來源。

求學過程順利完成。最早興起擔任校長念頭，是就讀高雄師範大學教育系時，曾有轉英文系的念頭，當時班導尚永格老師熱忱的分析教育系畢業生的出路，可以從事學術研究、擔任教育行政工作、老師或校長，當下即有生涯規畫之觀念，了解教育系的工作是誨人不倦、貢獻與付出，也因而立志走向教育之路。

大學畢業之後，考上高雄縣蚵寮國小，初任教師期許自己成為學生「生命中的重要他人」，重視學生品格優於學業。對於孩子的特殊性向亦盡量輔導，如：兒童美術、自然科學等，課餘常義務指導學生參加寫生比賽或參觀畫展，並且屢次指導參加世界兒童徵畫比賽，獲得優異成績。在擔任 6 年半的導師之後，1983 年考上 48 期輔導主任，隔年分發高雄縣仁美國小。仁美國小是一所約 30 班的中型學校，單親家庭、低成就及適應欠佳的孩子比率偏高，任內對特殊性向、興趣，有才華的孩子與適應欠佳的孩子積極的輔導與指導，如週三課間的兔寶寶時間、午休時的低成就補救教學，適應欠佳孩子的小團體輔導、家訪及諮商等輔導工作，仁美國小也因此榮獲輔導績優學校，個人亦當選高雄縣

十大愛心老師。其他參與社團的推動如：幼童軍、民族舞蹈、兒童樂團、兒童劇展、國語文競賽、科展等，均踏踏實實協助推動，成就學生，成就自己。

二、教研所進修課程──是耕耘、也是增能的年代

(一)師大進修課程

在擔任輔導主任2年之後，申請上師大教研所暑期40學分班進修，當時同班有4位同樣來自高雄的同學，結伴而行，不覺辛苦，跟從教育界的前輩大師學習，樂在其中，樂此不疲。教研所的課程以教育行政、教育學、心理學、教育研究等學科為主，記憶中，黃昆輝教授分享在省議會接受議員質詢時，答詢的內容面面俱到，令人激賞；上吳清基局長的課時，採用分組的方式，學習治學的方法──撰寫論文報告，本組報告題目是「從潛在課程談國小教育問題」，深獲好評；有時候週六、日沒有回高雄，就在圖書館或宿舍讀書、寫報告，4個暑假下來，讀了不少書，而最大收穫就是學得「釣魚」的方法，也就是能自學、蒐集資料、整理資料、撰寫報告、做研究，這些能力是在這段期間奠定的。

(二)讀書會成長課程

師大課程結束後第2年，外子因職務調動，舉家搬到台北，揮別任職6年半導師及5年半輔導主任的高雄縣。調來到台北，重考主任，年資積分重頭算起，時值外子工作再度調動到他縣市，家庭工作兩頭忙，無暇專心準備校長徵選，直到1995年參加羅華木校長的讀書會，才又開始準備，其後又與5位好友另組小型讀書會，到1999年小組成員堅持到底的只剩我、木柵國小春滿校長及老松國小曾菊校長3人，維持3人規模的小型讀書會，3人常相約到政大圖書館，蒐集教育類的雜誌、論文，還記得曾菊校長在1999年即考上台北市第9期校長儲訓班，結訓之後仍陪我及春滿繼續讀書，練習答題，盛情感人，隔年我們也雙雙上榜，3人因此建立「革命情感」。

(三)研究所課程

1999年，9所師院成立研究所在職進修班，當年即考入台北市立師範學院

國民教育研究所學校行政碩士班，課程以國小學校行政的理論與實務為主，為國小學校行政奠定紮實基礎。2000 年考上台北市第 10 期校長儲訓班，隨即到陽明山參加教師研習中心 8 週儲訓，儲訓期間繼續選讀研究所課程，下了課，還需披星戴月的趕回研習中心，極為辛苦。2003 年在林天祐教授的指導之下，取得碩士學位，論文題目是〈知識管理在教師教學應用之研究〉，感謝林教授的耐心指導與親切溫馨的鼓勵，林教授認真嚴謹的治學態度，令人敬佩、仰慕，並且獲益良多；此外，論文口試委員吳清山所長及陳木金教授在論文的方向與內容的架構上，多所指正，非常感激與感恩。

㈣儲訓課程

校長儲訓課程緊湊而紮實，理論與實務兼顧，課程主要是教育理論，學校行政領導與管理、課程與教學、教材與教法、人事、會計、危機處理等，均含括在內，甚至於還包含茶道、社交舞、太極拳等養生休閒活動，是全方位的校長儲訓課程。唯儲訓課程廣度有餘，深度不足，且重複性高，課程太緊湊，無暇融會反思，儲訓過程中製作的檔案，成為擔任校長後遇到問題時的查詢資料之一。

8 週研習，也成就 20 位好夥伴，結訓後成為好友，在校長路上相互關懷與扶持，除了定期聚會之外，分享辦學經驗，彼此打氣，分憂解勞與學習成長。

2001 年派任校長之前，參加台北縣校長「活水讀書會」，成員中有資深校長、年輕校長，更有國北師林文律教授、政大陳木金教授，以及國語日報記者昭瑾等，同質中帶有異質，每次的對話，新知與經驗的分享，激盪出智慧的火花，擴展視野與提升辦學的專業能力。

三、師傅校長引領

擔任主任工作，跟隨專業校長學習，師傅校長各有所長，都有值得學習的地方。第一次擔任主任，是在高雄縣仁美國小，跟隨黃世興校長學習。黃校長領導風格是充分授權與尊重關懷，仁美國小在黃校長的領導之下，學校組織氣氛極佳，工作士氣高昂，尤其是承辦全校性生活教育觀摩，校內教職員工，大家不分彼此，全員啟動；舉凡學校簡介（15 分鐘錄影）、校園壁畫繪製、教師油漆、綠化美化、製作 80 多件對開看板等，大家同心協力，戮力完成，深獲好

評。

調來台北，跟隨法學專家劉永泉校長學習，劉校長處世圓融、嫻熟法律，校務推動一切依法行事，對部屬是尊重包容、提攜關愛，跟隨他，按部就班的推動行政工作。其後是羅華木校長，羅校長操守才華兼具，任內有計畫的推動國語文之「作文賞析」，並以身作則，示範作文教學，全面提升教師語文教學能力。儲訓時，到志清國小跟隨師傅張文宏校長如影隨形的學習，張校長理念清晰、用心踏實，志清國小在他的規畫經營之下，校園教材化，各項競賽均表現傑出，成為文山區的績優明星學校。其他如吉林國小藍美玉校長行政閱歷豐富，領導風格是高倡導、高關懷。5 位師傅校長各具不同特色、各有所長，對我當任校長職務均有長遠之影響。

貳、校務經營的理念

韓愈有云：「風俗之厚薄，繫乎一二之人心。」此所謂一、二之人心，意指領導者之理念與意象。校長是學校的領導者，也是掌舵者，校長的教育哲學觀與領導理念，深深影響學校發展方向。

一、我的教育哲學觀

笛卡兒說：「我思故我在。」思想引導個人行為，而行為養成習慣之後，就成為個人的特質與風格。每個人的童年只有一次，快樂自由地沒有壓力，允許孩子犯錯、能主動探索，建構屬於他自己的認知體系；其次，以「人」為本，一切作為以「學生」為中心，回歸教育本質，不放棄每一個孩子，讓每個孩子能適性發展、試探多元性向，是個人的基本教育哲學理念。

㈠回歸教育本質

教育的本質在「教人成人」、「教人成仁」，教育的對象是人，因此教育應以「人」為本，視每一個孩子為獨特的個體，尊重每一個孩子的個別差異，提供適性化、個別化、個性化的學習，讓孩子在快樂的環境中培養自信心，成為一個有自信、有活力、有能量成長的個體。

(二)結合教育與生活

「教育即生活」，學習必須在生活中進行，日常生活是學習的最佳素材與舞台，學校應提供孩子最有利的學習環境，讓學習融入於孩子真實生活的情境中，並且指導孩子學習「讀書」，學習「做事」，學習「做人」，與學習「生涯發展」。讓孩子在未來的舞台中，具備有終身學習的基本能力，懂得安排自己的生活，懂得與人相處共事，懂得追求生活的目標以及解決問題。

(三)開展多元智慧

每個孩子都是獨特的個體，每個孩子都有他不同的優勢能力。美國心理學者迦納認為，人類智慧有八大類型，含語文、音樂、空間、社會、肢體、數學、內省、人際及自然等。每個人有其優勢智慧，也或多或少含有這八大智慧。因此，教育應該要「揚其長，帶動其短」，讓孩子發揮他的優勢智慧，在他擅長的領域中學習，並從中獲得成就感，進而激發學習其他領域的興趣與信心，充分開展孩子的潛能與多元智慧。

(四)追求均等與卓越

均等與卓越是兩個不同的概念，如何在兩者之間取得平衡，是教育的理想。不論孩子的社經背景、智力、性別、貧富等，每個人均享有教育機會均等的權利，教育的起點應是「有教無類」，過程要能「因材施教」，終極目標是「人盡其才」。在講求均等的基本條件之下，追求卓越，讓每個孩子潛能與才情均能獲得適性發展的機會，促進孩子的自我實現。

(五)構築全是贏家的學校

學習的主體是兒童，教師是學習的專業領航員，行政是教學的補給站，家長則是教育的合夥人，彼此共同努力結合社區的資源攜手共進，無論是教師、家長或行政人員，大家的目標一致，就是營造一個安全無障礙、涵富刺激的快樂學園，讓孩子快樂的學習，健康的成長，在這裡每個人都是贏家。

二、我的領導行為哲學

領導是引導或影響他人（或組織），以達到特定（組織）目的的過程。因應時代的變遷，校長應體認校園生態之改變，隨情境而彈性調整領導行為，以服務代替管理、以教導配合領導，能知人善用、激勵教師服務熱忱，營造溫馨校園文化，帶領全體教職員工，共同提升行政效率及教學效能。

(一)知己知彼、百戰百勝

了解自己、了解成員及組織的特質，以為領導之基礎。不同的特質，有不同的領導策略。透過測驗與自我省思，了解自己的特質、領導風格，並了解不同特質與領導風格的優劣勢，能透過不斷省思、自我勉勵，調整自己的特質，發揮各項特質的優勢，預知並避免可能的缺失；對於同仁特質與個性的了解，能採用最適的領導與溝通方式，帶領同仁，完成任務。對於組織的特質了解，能分析組織氣氛屬性、組織控制幅度、成員彼此互動，次級團體的形成等組織特質，以便採用最適當的領導方式，提升組織效率與效能。

(二)採用僕人式領導，提供服務關懷

僕人式的領導特色，是領導人須以謙虛的態度與專業的知能，關心學校中的人、事、物。僕人的心態是一種自然的情感，一種發自內心願意服務他人的意願，而僕人的角色主要表現一方面是為所領導的人服務，另一方面是為學校的目標、使命服務。無論是哪一面的服務，均是根植於愛的犧牲與奉獻，滿足同仁們愛、自尊及自我實現等心理上的基本需求。以此領導方式，目的在打造有助於同仁生命成長之健全環境，與同仁建立關愛、尊重、信任、接納及承諾的關係。透過校長的威信及影響力，激勵同仁，發揮個人最大的潛能，全心投入心力、才能及創造力，達成學校共同目標。

(三)打造教導型組織，搭建成長鷹架

因應時代的快速變遷，專業知識及技術也不斷推陳出新，校長不僅要「終身學習」，更要發揮隨時「教導」的功能，培育各層級領導人員。透過整合資源、親自授課、鼓勵創新及不急於告知答案等技巧，讓同仁對於本身的工作，

能用心思考並發揮創意。校長應善用自己的真實故事，教導各層級領導人員，對於學校的發展與運作有一套清楚、完整並富有創意的想法，將教育的價值觀念，完全融合於學校的各個處室之中，成為所有教職員工個人信念的一部分，也成為各處室老師共同追求的目標與運作的準則。

㈣知人善用、充分授權，促使權責分明

「把對的人，放在對的地方，作對的事」，為了使全校教職同仁對校務有更深的參與感及對學校具向心力，校長應該充分的信任教職同仁，尊重其專業能力，不以威權式的領導風格，而應將權力下放到各相關處室主任、組長、職員，依校務的輕重，充分授權、分層負責，使同仁能獲得被重視、被需要的感受，而對學校有更深的隸屬感，願意為學校付出更多的心力，而授權之外，同時必須擔負起必要的責任，務期權責分明、權責相稱。

㈤採用價值領導策略，建立共好共識

為了使學校達到更高的水準，校長應該建立核心價值觀念，並與同仁分享，這個核心價值觀念是正面積極的，讓同仁認清自己的角色與工作的價值，了解努力奮鬥的目標，時時反省已存在的觀念與思想，並且明確指出學校未來發展的目標及遠景，讓校園內資訊透明化，彼此資訊共享，也讓彼此知道組織運作，仍以達成目標為主要方向，激勵同仁為達到目標而共同努力，也為達成雙贏與共好的目標而努力。

㈥運用獎勵賞識，激勵服務士氣

實施走動管理、隨時了解部屬工作的現況、困難與需求，真誠的傾聽部屬的心聲，關懷其工作狀況，並適時及時的給與讚美和鼓勵。對於表現優異者，對其具體的行為表現，盡量於公開的場合表揚；對於表現欠佳的同仁，應特別予以關懷，並協助找尋其原因，以積極的指導，代替責備的語氣，改善同仁的服務態度，維持學校氣氛的和諧及同仁工作表現的卓越，激勵同仁服務士氣，提升學校行政及教學的效率與效能。

總之，領導是一種技術，也是一種藝術。一校的領導者即校長必須先了解自己、同仁的性格及學校的特質，採用權變的領導方式，掌握學校的核心價值，

整合各方資源,虛心而專業的領導同仁,朝向學校目標邁進,繼而達成學校目標。

三、校務經營理念

個人擔任校長的第 1 任是在力行國小,力行國小是一所綠意盎然、校舍新穎、設備充實的學校,不僅教師教學活潑、學生學習認真,家長亦熱忱參與校務。個人擔任力行國小校長,秉持「學生第一,教學為先」的理念,營造溫馨和諧的校園環境,讓孩子快樂學習,健康成長。

(一)以學生為中心,落實全人教育

秉持以「學生為中心」的理念,辦學以學生的需求為考量,舉凡學校的環境設備、情境布置、課程研發、教材選編、教學設計、活動規畫等均應考慮學生的興趣、能力和需求,只要是對學生有利的事都優先考量。此外,重視孩子五育均衡的發展,以愛、尊重與關懷為孩子規畫多元學習的機制,以落實全人教育。

(二)以制度化的運作,形塑優質行政

行政的積極意涵是「支援教學」,秉持知識管理的理念,再加上充分授權、知人善用、用人唯才,以建立廉能效率、積極主動的行政制度,提供師生安全的環境及充裕的教學設備。此外,透過參與式的互動、制度化的運作、人性化的關懷及專業化的組織,形塑優質的校園文化,以獲得社區及親師生的肯定,提供學校精進的動力。

(三)以專業化的教學,提供多元學習

學校教育的核心工作是教學活動,為提升教師教學效能,辦理多元教師進修,激勵教師實施愛的教育,提高教師專業知能,使教師具備規畫統整課程、設計生活化教材、實施活潑教學與適性的評量的能力,讓孩子涵育在始於快樂終於智慧的學習歷程。其次,為發展學生多元智慧,規畫多元學習活動,例如才藝社團活動之推展,各類學習成果展演,多語文學習,資訊教育等,提供孩子展現才華的機會。

四以多元參與的導引，促進團隊合作

家長參與層面很廣，包含諮詢、參與及告知等。秉持親師合作、尊重包容的理念，力行「參與管理」，整合學校行政、教師會、家長會的各項資源，透過各種機制，匯集多方力量，促進彼此良性互動，建立休戚與共的服務團隊，以提高行政及教學效果，讓教育的生命力更加旺盛。

五以學校特色的建立，確保永續發展

依據學區特性、學生需求、教師專長、家長期望，選擇適合學校發展之特色項目，逐步建立，並且確保特色之發展具備整體性、教育性、卓越性之特質。建立校務評鑑機制，定期與不定期回饋與修正，以促進校務革新與永續經營發展。

總之，校務經營是一門頗大的學問，校長必須清楚了解經營校務背後的教育及領導哲學思考，以發展出經營校務的理念，脈絡清楚執行方能掌握核心價值而不會有所偏頗。

參、校務經營的具體策略

一、行政管理具體策略

有效的行政管理，除了人際和諧之外，首重制度的建立，透過周延的計畫、切實執行，以及完善評鑑機制的建立，不斷的檢討改進，形成自我檢核機制，以全面有效的推動校務。

㈠訂定周延的計畫

1.訂定校務發展計畫

校務發展計畫係以學校願景為主軸，結合教師專長、學生需求、家長期望、學校特色及社區資源，規畫學校辦學的整體方向。透過蒐集老師、家長及各處室之意見，擬訂計畫，內容包含依據、學校願景、辦學理念、需求及學校背景分析、學校特色，以及具體行動方案、經費需求、預期效益

及評鑑考核等。計畫訂好之後,利用各項會議宣導校務計畫之精神、理念及策略,讓全校教職員工及家長了解校務計畫並配合推動執行。

2.訂定各處室年度工作計畫

各處室年度工作計畫,依照校務發展計畫為中心主軸擬訂,完備的工作計畫,以期達成校務發展計畫之目的。並於每週1次之主管行政會議、每月1次之擴大行政會報檢討成效。教務處擬訂計畫的重點在:推動九年一貫課程、提升教師專業素養、資訊教育的推動及融入各科教學、鼓勵閱讀活動、整合教學資源、充實教學設備等。訓導處則為加強生活教育、安全教育、危機管理、營養午餐供應、體育與藝能社團活動及加強學生體適能等為重點。輔導室則在學生輔導、學校日活動、家長參與、學校公關、資源班運作等方面著力較多。總務處扮演稱職的教學後勤單位,重點是校園環境的整修、美化,以及設備資源的供給和維護。

(二)召開各項委員會議,落實執行檢討

本校各項委員會組織健全,計有校務會議、午餐供應委員會、課程發展委員會、特殊教育委員會、校園規畫及預算審查委員會、體育委員會、教評會、教科書審查委員會、考績委員會、擴大行政會報、主管會報、學年會議領域小組會議等各項業務之推動,均依會議決議執行。各項會議均有專人負責記錄,含會議地點、時間、過程、決議、參與人員等,會議紀錄除分送與會人員外,必要時並公告於學校網站,另學年會議、主管會報、處務會議等皆備有專用之會議紀錄簿。各項會議決議事項均交處室擬辦決行,並追蹤檢討。

(三)訂定自我評鑑辦法,實施檢討改進

1.訂定自我評鑑辦法

依教育局之評鑑計畫,成立本校務評鑑自評小組,小組成員包含行政代表、教師代表及家長代表,進行評鑑工作。各處室所提之自評資料,除於主管會報先行檢討外,並提交由校務評鑑工作小組進行複評工作,以確實檢核,作為改進之參考。此外,學校重大活動舉辦後召開檢討會,如體育表演會、午餐供應委員會等,廣徵眾議以作為下次辦理規畫改善的依據。對於學年會議中的建議,相關行政處室均加以回應,如有具體意見也加以

採納，配合教師教學改進行政作業。

2.落實自我評鑑與改進

校務評鑑自評結果依時呈報教育局。各處室活動之規畫執行，在前一年之基礎上，依當年時空背景之轉換，配合教育政策之推動，逐年修正加強推動，預期達到由無到有，由有到優秀，由優秀到精緻的程度。

二、領導課程發展與教學策略

課程是學生學習的實質內容，課程應與學生生活經驗結合，才能幫助學生適應現實生活，西諺有云：「我們無法對未曾經歷過的事，有深刻的體認。」可見體驗學習的重要。

㈠建構課程發展願景

學校願景如燈塔，指引課程發展的方向，願景需要經由全體教師共同討論，從學校核心價值、學校存在的社區環境和學校發展的基本理念，以及未來發展的方向，逐一釐清。力行國小的願景是：「真知、力行」、學校行政圖像「精緻校園、創新思考、提升效能、追求卓越」、教師圖像「溫馨關懷、合作協調、專業成長、教育熱忱」、學生圖像是「尊重欣賞、自信自省、崇德好學、健康快樂」、家長圖像是「熱忱貢獻、互信互諒、終身學習、愛心包容」。圖像建構之後，據以擬訂課程總體計畫及達成圖像的具體策略，課程實施之後，檢討、修正及評鑑。

㈡課程的規畫與領導

九年一貫課程之推動，強調生活體驗。透過課程發展委員會，分析當前之教育政策及本校之優勢及劣勢條件，經由各學年及各學習領域討論，訂定課程目標。課程目標之發展注意橫向及縱向之聯繫，除於各領域小組會議中討論各領域之課程目標外，並據此發展本校之校本課程，規畫利用彈性時間、綜合領域時間實施之外，並於其他領域中做融入式教學。至於各項教育政策均配合宣導推動，如閱讀活動、科學展覽、法治教育、性別平等教育、特殊教育、環境教育等皆列有完整之計畫，並於規畫學校課程計畫時，以融入課程之方式或於彈性課程中實施。

(三)課程的設計與執行

在推動課程設計方面，首先，訂定課程發展委員會設置要點，該要點於校務會議通過，並於課程發展委員會修正，委員會由校長、行政、教師及家長代表等組成，其下設有七大學習領域小組，以期推動課程之發展。

學校課程計畫之訂定，透過校本課程發展小組，編擬以「休閒與學習」為主題之校本課程，提供給老師作為規畫課程計畫之參考，並結合學校重要活動及行事融入課程計畫之中，透過教科書之選用、調整及創造教材，設計統整性課程，並加以實施、評鑑，以引領教師專業，落實九年一貫課程之推動。

(四)強化領域小組運作

領域小組之組成，乃依教師個人之專長及興趣，編入七大學習領域小組中，並進行對話及討論下列工作：本校學校願景、學生圖像、課程目標、各學習領域目標；討論各學年及領域間課程銜接之問題，並研擬可行之改善策略及配套方式；研討各領域小組學期發展之主題、領域補充教材或 e 化教材等，充實各領域之教學內容等，並於期末時將成果發表。

(五)促進教師專業成長

面對此波教育改革，優質的教師，必須具備課程設計、統整教學與創新教學的能力，教師需要有課程及教學之地圖觀念，教師教學專業之提升，是推動九年一貫課程發展應重視的焦點。在提升教師專業方面，鼓勵教師投考研究所、寒暑假辦理教師進修活動，如發展性教學視導、領域讀書會、課程編擬研習，週三進修每學期選定不同的主題，例如：90 學年度重點在九年一貫課程之相關議題，如課程統整、協同教學、多元評量等；91 學年度在兒童閱讀之推展，92 學年度為領域小組補充教材之研發。透過教師之專業對話、學年會議及領域小組會議進行，提供教師進行課程經驗交流及課程實施後之檢討，由反思得到回饋。

(六)推動多樣協同教學

協同教學的模式有多種，例如：主題式協同、同學年型班群協同、循環式

協同、班群內親師合作協同、引入社區人才型協同、交換教學（互助小組）、教學助理人員等。鼓勵各班發展不同的班群教學模式，教師依專長、興趣編組，透過班親會、家長會、實習教師、行政人員發展不同的協同教學模式，如：生命教育、植物尋寶、晨光活動等特色課程的規畫與實施，均採用協同教學方式進行。

(七)落實課程發展與評鑑

課程評鑑範圍以教師自編之校本課程或年級自編之特色課程為主軸。依課程籌畫階段、設計階段、實施階段、成果評鑑階段及評鑑結果等歷程，評鑑自編教材之得失，並經由實施、檢討、修正、發展等不斷的循環過程，使校本課程及教師自編課程更臻完備。

三、對弱勢學生的照顧的策略

力行國小有 1,700 多位學生，弱勢的孩子透過制度化規畫，提供支持與支援。首先整合社區與學校相關資源，和社輔機構保持聯繫，提供行政支援服務。

(一)加強生活與學習輔導

辦理認輔制度、小團輔及補救教學活動，針對學習欠佳的學生安排行政及科任老師加強課業及生活輔導，此外，由輔導室誠徵愛心媽媽，利用晨光活動時間進行個別輔導及注音符號補救教學。

(二)落實融合教育推動

規畫融合體育、殘障體驗活動，培養普通班孩子包容與尊重特殊兒童。教室是社會的縮影，特兒回歸普通班上課，有助於適應未來社會，並輔導普通班孩子認識與接納特殊兒童；與伊甸園燈殘障機構合作，辦理殘障體驗活動，讓普通班的孩子體驗特兒的不便，激發普通班孩子的同理心與接納態度。

(三)急難救助金之補助

協助低收入戶申請教育補助，包含營養午餐、教科書及獎助學金等；合作社並對於清寒學生提供簿本費減免之支援；學校顧問並提供單親畢業生獎品。

對於家境清寒的孩子，當家庭突然發生變故時，透過導師申請仁愛基金，視狀況提供 600 元至 2,000 元補助。

(四)免費供應營養午餐

力行國小有中央廚房，是午餐供應群組學校，每天生產 3,000 多份營養午餐，供應鄰近 3 所學校。清寒或家庭突遭變故陷入困境，付不起午餐費用之學生，可透過導師提出申請午餐免費，由午餐供應商吸收（列入契約）。

(五)其他

視需要可向家長會提出申請補助。

四、教育資源爭取的策略

教育不是政治、經濟與社會的附庸，公正公平的預算編列與審核制度，有助於學校教育的健全發展。近年來政府財政困難，教育經費拮据，學校修建工程、設施改善與設備充實之經費亦顯不足，除了教育局預算之編列之外，透過下列方式，積極爭取經費，改善教學環境，提升教學品質：

(一)爭取財政局土地重劃經費

力行國小位於景美溪第二期土地重劃區內，具備向財政局申請「財政局土地重劃抵費地出售盈餘款基金補助」之資格，每隔 3 年可以提出與開放校園，與社區區民共享的整修工程經費，2002 年提出 3 大棟共 20 間廁所及夜間照明設備的整建工程，共約 470 萬元，至此全校廁所整修完成，提供師生安全衛生的如廁空間。2005 年再提出校園積水改善工程，共 370 萬元，預計明年（2006年）暑假施作。

(二)提出 e-school 計畫

2002 年開始與研陽基金會及明道國小、木柵國小共同提出 e-school 計畫，由研揚基金會培訓與招募大學志工，共同合作研發資訊教材，2003 年、2004 年提出合作計畫，向教育局資訊室提出資訊設備補助，共約 360 萬元，目前已補足班班有單槍投影機，並提升教師資訊素養。

(三)爭取統籌款補助

歷次地震，校舍部分磁磚剝落、鋼筋生鏽裸露及龜裂漏水，感謝駐區趙平南督學及教育局八科邱麗君小姐協助，爭取93年度校舍裂縫補強約180萬元工程款；同年，力行樓四樓2間教室滲漏嚴重，無法上課，且適逢5年使用期滿，於是再度申請屋頂防漏工程約170萬元，並於近期內完工。

(四)運用課後活動結餘

利用放學之後辦理多樣化的課後活動，每年有約1、20萬元的結餘款，可添購教學圖書設備及整修校舍，以補預算之不足。

(五)其他

家長會補助學校課內社團及教師進修活動；樂團家長捐贈添購樂器；東龍獅子會補助獎助學金等。

五、建立學校公共關係的策略

(一)對外關係的經營

媒體、社區居民、民意代表及各級政府機關，均是學校互動機制的重要關係單位。因應急遽變遷之社會環境，開放校園，促使「學校社區化、社區學校化」，是學校本位經營的重要趨勢，秉持社區學校資源共享之原則、結合學校、家庭與社區資源、塑造合宜的學校公共關係，共同建構優質的學校環境。

1. 規畫參與社區發展活動

   教師教學規畫校本課程，充分利用鄰近公園、郵局、警察局、消防隊、超市、傳統市場、廟宇、教會、苗圃等社區教學資源。走入社區，訓導編排學生定期清掃學校四周環境，職工協助修剪花木，教師配合校本課程教學，帶領學生拜訪社區安養中心，表演節目、致贈卡片等活動。參與社區公共藝術表演，如：國術、說唱藝術等，參與區公所節慶。

2. 爭取與運用社區資源

   引進社區人士及家長，協助教師教學活動，如：晨光活動、校外教學、社

團活動等；成立愛心服務團，計有導護媽媽、書香媽媽、輔導媽媽，並加以培訓，以提升其能力；配合鄉土教學，調查文山區社區資源，提供老師教學參考，充分運用社區自然資源，如：景美溪、指南山茶園。校內大型活動邀請鄰近文山區衛生所、萬芳醫院到校設置急救站或簡易健檢；防災中心提供地震體驗車，並行文警政單位派管區維護校園四周安全。

3.建立大眾傳播媒體良好互動

學校辦理各項活動，主動發函議員及大眾傳播媒體，學校重要活動及重要事項均主動發布新聞稿。與各傳播媒體保持良好活動，如：聯合報、國語日報、中國時報、中視、大愛電視台、小世界週報等，均適時報導本校相關活動；重要活動隨時公布學校網站，公告周知。

4.建立學校夥伴關係

本校為幼童軍分區群組召集學校，與文山區 11 所學校策略聯盟。為台北市立師範學院、國立台北師範學、政治大學、世新大學、嘉義大學等實習學校；91、92 學年度與明道國小及木柵國小合作發展 e-school 研究計畫，充實資訊設備，提升教師資訊及自製教材能力；承辦 93 學年度九年一貫中心學校第一群組業務，負責推動整合文山區九年一貫課程業務。

5.開放校園提供社區使用

依校園場地開放辦法規定，開放校園及教室，提供班級家長及社區人士使用。課後及假日開放校園及戶外運動場地，提供社區人士休閒及運動空間。此外也提供夜間照明設備，給與更多活動機會，如：放學課後供校內教師進修社團、學生課後社團及班級課後活動，每週二、三、四晚上，則開放中庭及穿堂場地，提供社區家長韻律舞蹈健身班使用。

(二)對內關係的經營

學校教師、職員、工友、學生等是對內公關的對象，校長天天與教職員工生朝夕相處，微笑點頭、關懷問好是基本的禮貌，婚喪喜慶、購屋搬家等是免不了的禮俗，學年會議、領域會議的專業對話，教師康樂聯誼、慶生會、社團比賽發表，雖不能場場都到或全程參與，但都盡量參加致意，非必要絕不離席，表達對當事人的尊重、關懷與肯定。關心與關懷拉近彼此的距離，專業的領導，辦好學校教育，才是最好的公共關係。

六、塑造學校文化的策略

　　力行國小是一所 48 班的中型學校，教職員工共 112 人，學校歷史即將邁入 20 年，教師平均年齡 38 歲，教師教學認真、學生素質高、家長熱心參與，校風開放自由，是一所優質的額滿學校。

(一)凝聚教職員工生向心之具體做法

1. 辦理各項溫馨活動：定期辦理教職員工迎新、送舊及教職員工慶生會、忘年會、謝師宴活動，活動內容溫馨感人。此外，結合課程辦理相關溫馨活動，如節慶感恩教學活動、文康活動等，凝聚師生向心力，營造溫馨和諧的校園氣氛。
2. 鼓勵教師專業成長：鼓勵教師投考研究所，獲得系統化的專業知識，提高教師專業知能，提升學術研究風氣，目前力行已有 20 位教師取得碩士學位。
3. 表揚優良教師：透過教評會審查，提報優良教師參與師鐸獎或 supper 老師，激勵教師服務士氣，目前計有 2 位獲得老師、2 位獲得 special 老師，今年度提報幼稚園團隊 10 位老師參與教學卓越獎，促進教師自我實現。公開表揚優良師生，激勵學生學習的動力及教職員工服務的熱忱。家長會並提供參加各項成績優異師生之獎勵金及指導獎金。

(二)凝聚家長向心之具體做法

1. 辦理校務推動說明會：利用學校日、家長會等會議，辦理校務推動說明會，含九年一貫、各處室實施重點工作等。各班均成立班親會，健全班親會組織。參與家長會議，校長率同四處主任出席，充分溝通討論校務應興應革事項。
2. 擴大參與層面：家長代表參加學校會議，透過參與、了解並支持學校運作。如校務會議、教評會議、午餐供應會議、編班會議、體委會議、課發會等。
3. 多元行銷管道：定期出版「力行童聲」、「家長會訊」、「寶貝園地」，暢通親師生意見交流之管道。透過新生家長座談、畢業生家長座談、學校日、親職教育講座、家長義工會議、學校網站、班級網頁、畢業生與校長

約會——愛的叮嚀、班親會等多元交流活動，凝聚家長對學校向心力。

4.協助家長會辦理親子活動：如迎新活動、教師節敬師活動、耶誕節聯歡晚會、千人寫生比賽、義工聯誼活動、父母成長班、班級親子戶外聯誼活動、班級慶生會等，藉由親子活動建立親師生情誼，建立學校與家長之良好關係。

每所學校有其傳承的學校文化，學校文化會影響校長辦學效能，影響學校文化形成的因素極多，校長的人格特質及辦學理念是重要的因素之一。透過專業對話與辦理各項文康活動，讓全校教職員工了解校長的想法，減少衝突與猜忌，營造溫馨和諧的校園。

七、學生學習願景達成的策略

對於力行學生學習之願景，乃以九年一貫課程綱要為依據，衡酌學校之背景條件及本校之願景「真知、力行」，建構學生學習之願景為「健康快樂、崇德好學、自信自省、尊重欣賞」，並據此訂定推動策略以配合課程之進行與發展：

㈠健康快樂

健康與體育為本校特色發展之一，有計畫的規畫校本體育課程，充實體育教學設備，提升體育教學水準；辦理教師體育教學研習，提升體育教學成果，增進教師體育教學效能；辦理各年級班際體育競賽，提升學生體適能及倡導運動風氣；重視學生體適能活動之檢測及提升，培養學生健康之體魄；發展運動社團如：田徑隊、桌球社、籃球、國術等，開展學生運動潛能；鼓勵參加校外競賽，提供學生展現舞台；定期實施各年級之營養教育，建立學生正確飲食觀念及行為；辦理各項防治工作，潔牙、保眼、環保、春暉、交安、防震等各項促進健康身心之活動。

㈡崇德好學

品格是教育的根本，學習是成長的動力。推展兒童閱讀活動，培養閱讀風氣，增進學生欣賞、表達、溝通、分享，以及探索、思考能力；規畫學校本位課程，編輯教學補充資料，融入各領域課程教學；加強生活教育，舉辦用餐禮

儀、禮貌小天使選拔、「小紳士、小淑女」活動等，培養學生良好生活習慣及品德；進行多元教學活動，如英語科之萬聖節、英語拼字王等；國語科之端午節、中秋節及年節等慶典，讓學習多樣化，並與生活結合。加強資訊教育，培養學生蒐集、整理、運用資訊的能力；辦理各種社團及學藝活動，增進兒童自我了解及自我探索的能力；舉辦另類教育活動，強調體驗學習，如：童軍活動、戶外教學、體驗學習、藝能發表或戲劇表演等，擴展學生生活領域，豐富學生生活經驗。

(三)自信自省

規畫生命教育、性別教育、生活體驗、成長與學習等課程，讓學生在學習中，培養自我反省之能力；配合學校行事，加強辦理團體或個人之才藝展演活動等，讓學生在活動中展現自我，培養自信心；辦理幹部訓練，培養學生服務奉獻的熱忱，學習領導與被領導；辦理法治教育，讓學生建立正確的法治及人權之觀念；辦理團體及個人輔導，如小團輔、轉學生輔導、畢業生與校長午餐約會，增進孩子適應生活之能力。

(四)尊重欣賞

加強藝術與人文教育推動，鼓勵學生創作、發表，開展自我，尊重欣賞他人；建立緊密的輔導體系，辦理教師輔導知能研習、輔導學生懂得尊重欣賞自己及別人、進而培養關懷社會的心；規畫特教多元活動，如：殘障體驗、視障者的天空等，讓學生體驗殘障者之不便，學習尊重及同理他人，並能發揮愛心與包容；配合季節規畫統整課程，如：我愛大自然、春回大地、民俗與藝術、海天遊蹤等，培養學生欣賞大自然景緻及藝術之能力。

八、發揮家長會組織功能的策略

本校自 1985 年成立以來，歷任的家長會長均能秉持「教育合夥人」及「參與而不干預」的精神，參與並協助學校，投注人力、物力主動協助校務運作。並能依照現行法令辦理各項家長會業務，正向發展學校合夥人關係。

(一)班級家長會的組織與運作

本校位於重劃區，學區包含新社區及部分老舊社區，家長社經背景高，故多能關心教育，熱心參與班級事務。各班均依規定成立班級家長會，定期召開班級家長會及學校日活動，共同討論班級相關事項，主動協助教師進行班級活動。各班於學校日推舉出正副召集人參與家長代表大會，並依規定選出家長會委員及正副會長。學校依家長會自治規定提供家長會相關家長資料，加上各班設立之班親會組織，形成緊密快速之連繫網絡，積極推動各項教育學習活動，議決各項會務事宜。

(二)學校家長會的組織與運作情形

本校家長會組織健全，分工合作計有出納組、會計組、文書組、活動組及秘書組等，主動積極協助校務運作。家長會依規定召開家長委員會，報告家長會決算、預算及會務，並聽取家長會成員意見，以凝聚共識獲得配合和肯定。家長會並派代表出席學校各項重要會議，如校務會議、課發會、教評會、午餐供應委員會等，積極參與校務推動。家長會籌措與運用經費，支援各項教學活動，教師進修及社團等，符應學校需求，專款專用，發揮最大效益。愛心團設於家長會之中，參與學校運作，協助各類愛心支援工作，維護學生上下學交通安全，衛生保健、圖書館利用教育、補救教學等事務。家長會組織健全並能發揮積極正向的功能正常運作，主動辦理各項親子成長活動及義工成長活動，頗獲好評。家長會設置策畫、教育成長關懷、支援、總務及財務組，組織健全、分工合宜。

九、學校特色發展

(一)系統化的推動資訊教育

擬訂資訊工作計畫，成立資訊小組，充實資訊設備，推展資訊融入各科教學。目前本校之資訊設備已班班有電腦及單槍，2間專用電腦教室，1間多媒體教材製作中心，各公用會議室及專科教室，架設固定式單槍投影機，以利會議或教學活動的進行；校內規畫無線基地台，提供校內同仁無障礙的網路空間。

此外辦理電腦研習，指導老師應用資訊媒體操作，提升教訊素養，及資訊融入各科教之應用能力，編擬各年級電腦課程架構，使學生學習循序漸進。

㈡制度化提升教師專業

因應教學需求，掌握現代教育趨勢，教師打破傳統孤立的角色，制度化規畫週三進修活動，鼓勵老師參加學分及學位進修。不斷充實新知、凝聚共識，教師團隊積極投入教育，分享與交流教學經驗，將寶貴的知識匯集、加值、建置共享的教學資源庫，提供師生優質的「教與學」環境。結合家長與社區資源，充實教學的內涵，提高教學成效。

㈢多元化的學習適性發展

社團活動蓬勃發展，秉持「多元化」、「適性化」的教育原則，推展說唱藝術、兒童樂團、籃球、圍棋、舞蹈、美術等項目，尤其在體育與藝文社團的表現亮眼，歷次對外比賽成果卓著，學校並安排展演機會，激發孩子學習動能，提供孩子優質的選擇，以試探多元性向興趣，開啓多樣的智慧與潛能。

㈣家長會積極參與校務

本校家長會歷年來均本著「教育合夥人」、「生命共同體」之精神與理念，進行家長會之組織與運作，因此在作為學校後盾與親師溝通之角色上均頗為出色。不僅「傳承」傳統支持學校發展之合作精神，亦能配合時代「創新」同步成長，成為學校「合夥人」，並依法參與服務、監督、共享共負教育之責。踴躍參與正向支持，家長會成員活力十足，展現主辦動、靜態活動之執行能力，並能激發班親會成員共同參與。

㈤有計畫的推廣深耕閱讀

擬訂兒童閱讀計畫，添購閱讀好書，規畫閱讀獎勵制度，推動晨光共讀，新書介紹，辦理閱讀心得寫作比賽，建立閱讀專屬網站，另有家長協助班級讀書會，在師生共同合作推展，為台北市 92 學年度閱讀成果績優學校。

㈥全面性的推廣運動項目

本校校地雖小，但有二座排球場、一座綜合球場及半座足球場，體育師資健全，體育風氣鼎盛，學生體育社團蓬勃發展，計有：田徑隊、籃球、桌球及國術等；教師社團則有：男桌球、女桌球、女排隊、女羽球、瑜伽等；社區利用本校場地則有：元極舞、有氧舞蹈、拉丁舞等。其中尤以田徑隊、國術隊表現傑出，田徑隊歷年參加南區運動會屢獲佳績，得獎無數，培育不少田徑優秀人才。在此環境下，不僅培養孩子良好的運動習慣及建立運動家的精神，更提升孩子健康的體適能，培育健康快樂的力行兒童。

㈦適性化的藝術與人文

本校在藝術社團的經營，計有：說唱藝術社、兒童樂團及兒童美術，藝術社團成立的時間雖短，但因有健全的師資，及堅強、熱心服務的後援會，使得近2年來，異軍突起，表現亮眼，進而帶動本校藝術風氣，培養藝術人才，造福莘莘學子。

肆、省 思

「海納百川，有容乃大；壁立千仞，無欲則剛。」欣賞清朝林則徐豁達的精神，這句話也一直當作座右銘。當校長，不僅要有容人的雅量，不結黨營私，不組小圈圈，溝通管道暢通，以同心圓原則，對待校內教職員工，大家一視同仁、平等對待，就不會顧此失彼或厚彼薄此；當校長的品格操守也必須攤在陽光下，接受考驗，降低欲望，堅持教育的理想，勇往直前，一切作為以學生為優先考量。

校長的專業領域有其「不變」，也有「變」的時候，專業的精神、專業的態度與價值觀是不變的；而專業的領導與管理策略，則隨著時空的轉換，而有所改變。因應時代的變遷，校長必須不斷的自我充實，除了校長專業領域之成長外，屬於身心靈整合與健康的部分，也是必須兼顧，唯有健康快樂的校長，才有健康快樂的老師和學生，也才能營造健康快樂的學園。

伍、結　論

　　長久以來，提起校長總是令人肅然起敬，校長代表的是社會的典範，是中流砥柱，具備令人景仰的地位。邇來，教改潮流風起雲湧，校長職位也成為教育改革對象之一。校長既是學校的領導者，也是教導者，學校經營的成敗，校長應責無旁貸的負起最大的責任。

　　力行國小是個人擔任校長的第 1 任，校長的角色扮演在摸索中學習成長，雖然只有短短的近 4 年，自己的一套領導哲學與管理理念，以及辦學的策略與得失，均未能作統觀性或微觀性的省思，經由本次參與校務經營的理念與做法之專書撰寫，整理出一套屬於自己的東西，並且深入了解校務推動的點滴與得失，也為走過的路程，再一次的回顧與省思，就更珍惜未來的校長生涯，並且確立專業發展的走向，此為參與撰寫本書的最大收穫。

作者自述

　　自幼生長在高雄市小港海邊，家父任職台糖，無憂無慮的快樂童年，造就我樂觀進取、勇於接受挑戰的特質。1979 年結婚，育有 2 子，分別就讀台大醫學院醫學系及中央大學土木工程學系；外子服務於行政院環保署，家庭幸福美滿。從事教職 27 年，我熱愛教育工作，並將教育視為一生的志業。「接受挑戰，不斷學習」是我的人生哲學，「營造溫馨和諧的學習樂園，讓學生健康快樂成長」是我工作的目標，對於教育工作有一份責任與使命，我以擔任教育工作者為榮。

校長之路——追尋眞善美的旅程

黃美惠
原任台北市博嘉國小校長
現任台北市忠孝國小校長

壹、前　言

　　2005 年新春，台北市國小校長會議中，吳清基局長期勉校長們：「能當上校長非常不容易，是祖上有德，要珍惜、認真做好……。」當其時，一股暖流滋潤心田，想到個人今生有幸，成為一位校長，應心懷感恩，感謝祖上賜福、感謝眾生相助，成就校長之路。

　　回顧 4 年來的校長之路，深刻體認一校之長的責任重大，校長的領導，關係著學校發展命脈，在校長崗位上，須接受無數的挑戰與考驗，品嘗酸、甜、苦、辣百般滋味。但是我常自勉：擔任校長是幸福的，能夠懷抱理想，為社會服務，能夠承擔壓力，操練性靈，提升自我，追求真善美的人生，是多大的福份啊！

貳、序　曲

　　回顧校長之路的準備工作，當然要溯自我的教學生涯之始，或許，更早自我的出生、成長、學習之路。

　　回想從前，似乎不曾有擔任校長的念頭，甚至想不起自己為什麼要當老師，也許在當時，老師這個行業是清高、穩定、形象良好、適合女孩子的工作，媽媽極力鼓勵我走的一條成長的路。

　　回溯成為校長之路，我搜尋過去留下的文字篇章，探索個人成長的軌跡。

我的教學 Time Line

我的教學年資已經 25 年了，回顧使我整理了我自己，這是個有價值的歷程。

我是一個乖乖牌的學生和老師。

但回憶師專所學，幾乎想不起：教育是什麼？也許當時的年齡、思慮就僅止於這樣。留在我身上的最實際的能力可能是：美勞科教材教法加上自己對文學和藝術的喜好。但當時的我總是認真的教學、帶孩子，關於現實社會的競逐，我毫無所覺。家長出國，我就幫忙帶孩子，孩子不會的就是要教到會；未婚的我，假日總是帶孩子烤肉、遊山玩水，常常，一群孩子在老師家玩，媽媽還煮點心給大家吃，有時，媽媽來學校找我，孩子們總是：「阿媽、阿媽」的叫，讓媽媽也樂不可支。

直到 8 年後有一天，校長叫我做行政工作，我才開始學做體育衛生組長，我還是一步一步的認真做事，畫跑道、掃廁所、視力保健、帶球隊，樣樣都來，然後開始看一些教育書刊，參加輔導研習，這時候，教育的原理原則才在我身上慢慢重現，與我的教育工作，密密的結合。我不是會讀書、會考試的人，但喜歡讀書，教育的原理原則總是通過職場中的歷練、實證、體驗，然後逐漸成熟。

1989 年開始擔任主任，那時懷孕大腹便便的我，擔任天母國小100 多班學校的總務主任，跟著陳巧雲校長學習，我仍然是一步一腳印的走，爬屋頂、清理地下室、看工地，樣樣去學。但在同時，對我最有意義的是聽了楊茂秀教授的演講，接觸了兒童哲學，讓我開始對人生價值更有一番省思，我自忖是個笨笨的人，十幾年來泡在這裡，從讀書會召集人培訓、探索團體、合作思考教學、有機教學、繪本演奏、到生活哲學，孕育出今天的我，及我的教育信念。

接著我有 4 年輔導主任的資歷，對於輔導專業相當投入，面對人生中各種困境的兒童，我總有不忍人之心，悲天憫人，極力要去幫助學生。

1995 年開始，410 教改起步，我參與了教學評量改進班、幼小銜接、開放教育、《教師法》修訂、多元智慧理論、家長參與學校教

育、小班教學、行動研究、九年一貫課程等變革，在教務主任任內躬逢其盛，一邊在學校現場擘畫、一邊也在國教所進修。

　　理論與實務、教學與研究、教育與輔導，加上教育哲學的思辨，融合成今日的我。

　　今日的我，深深體會：「有什麼樣的校長，就會有什麼樣的學校」的使命，我仍在學做校長，更期許自己擁有教育家的思維。（2002/3/20 札記）

　　在每個崗位上盡力而為的我，當了 8 年級任老師後，接任組長，才知道要參加主任甄試，擔任主任之後，才想要參加校長甄試，似乎「做了過河卒子，只得拼命向前」，擔任行政工作後，理所當然的跟著大家向前走，才有了擔任校長的念頭。

　　擔任校長的準備工作，不曾積極，但成長與進修，在工作上的自我要求，在教育上對兒童的愛心，激發我追求成熟的熱忱，幾乎就是擔任校長的準備。那時，懷抱「教育的理想」，不論擔任什麼工作，總是自發的去規畫各項工作，廣泛的吸取相關的知能，一頭栽進去，絲毫不覺得苦，這股傻勁，現在回味起來，自己也不禁莞爾。我相信，校長這個位子，我是用我的一生去準備的。

　　對教育充滿熱誠，傻呼呼的我，歷經了 10 年主任的磨練，才通過校長甄試，上山儲訓。

　　儲訓是一段學習的歷程。每一位準校長都經過相當程度的歷練，學識、經歷均佳，大家齊聚一堂，加上教師研習中心的積極規畫，前輩校長們的經驗累積傳承，儲訓課程已經相當完備，但用在校長這個職位上複雜的場域，永遠嫌不足。我覺得儲訓是出任校長前一段涵養、沉潛的時光，20 位準校長像兄弟姊妹般的培養革命情感，彼此合作學習、成長，是將來互相支持、互相勉勵、互相提升的最佳基石。

　　校長工作的挑戰很大，複雜度很高，雖然有長官及校長夥伴們的支持、鼓勵，但凡事都要自行擔當，要有極大的智慧、能量、耐力、願力來面對，校長要懷抱堅定的教育理想、操練性靈、涵養品格，才能雍容大度、兼容並蓄，領導校務發展。

　　每一個校長要能陶冶性情，照顧好自己及家庭，有健康的身心狀況，加上

終生學習的精神，以及對國民教育的熱誠與使命感，才能堅守崗位，不偏離成為一位教育家的初衷。

參、基　石

成為一位校長，是一種外在的頭銜；內在的我，支持的力量是對每一個兒童的心心念念，自勉的是成為一個教育家的期許，這應是我教育思想的源頭。

2000 年參加台北市校長遴選，當時我寫出如下的教育觀：

壹、我的信念

一、築夢踏實，日新又新

細數過往，從小學到研究所，熱愛學習，是我一貫的風格。知識的奧秘、良師益友智慧的開啟，引領著我享受這份甜滋味，教育是學習成長的歷程，校長應提供優質的學習環境，創造熱愛學習的氛圍，掌握終生學習的價值，鼓舞親、師、生一起來參與校務，開創新猷。

二、承先啟後，活出如來

我是平常人家的女兒，一路走來，家人的愛與包容，師長、朋友的指導與提攜，乃成就今日的我，個人深深感受到愛與關懷是支持人類成長發展的活水源頭，教育是成就他人的志業，校長辦學要能承先啟後，讓每個孩子活出自己的如來。

三、心懷本土，放眼世界

鄉土是孕育人類成長的根源，我們都在這塊土地成長。出生於迪化街，成長於台北市，對鄉土，我有一份濃濃的情感，教育是社區營造的核心，唯有發展本土特色，再培養新觀念、新能力、新科技、新倫理，才能躍升國際舞台，成為地球村的公民。

貳、學校經營理念

一、優質學習

以兒童為主體的教育，除了創造孩子們的快樂天堂外，提供有品質的教育，優質學習是學校經營的重要目標。優質學習始於優質的環

境營造，充實的設備，多元、活潑的教學，以兒童身心發展為基礎，學習領域及生活實用交互整合的學習內涵，學校將是人文與科技並行，興趣與體驗為先，最終的目標是建立一個兒童能自主學習，教師能專業成長，家長能樂於參與的學習型學校。

二、人文關懷

以兒童為中心的教育，要讓學校成為愛與尊重的園地。在民主與人權為基礎的教育環境之中，創造人文的、關懷的環境與氛圍，親師生在這樣的園地裡成長。師長們能疼惜孩子，傾聽兒童的聲音，貼近兒童的生命世界，接納孩子的生命節奏；孩子們能在生活中學習，珍愛生命，充實人文與藝術涵養，經營健康快樂的人生。

三、社區營造

以兒童為傳承的學校教育，是培育社區人才的搖籃。親師生共同參與的社區總體營造，是文化的、社會的、生活的、工程的全面改造，其目的在培養「做事有品質、生活有品味、做人有品德」的社區人才。我們須凝聚社區意識，由下而上的經營，先由改造環境的行動入手，進而改造人心，使得我們的社區成為現代桃花源，人人喜歡參與，家家快樂安居。（2000/6）

這些篇章粗略勾勒我對學校經營的理想，等到我遴選成為博嘉國小校長，在博嘉網站上，登錄了「校長的話」。

共築孩子們的快樂天堂

小班小校是我夢寐以求想要經營的學校，我將在此構築溫暖的大家庭，這兒——是兒童學習的樂園，教師成長的天地，家長參與的舞台。教室是我們的家，庭園裡有我們種植的花草，我們在大樹下嬉遊，在廊下共讀，在野地裡觀察，在台上高歌，在台下鼓掌……，這美好的時刻就要到來。

在博嘉，我要誠懇的邀請全體教育同仁、孩子們，以及社區家長，一起來營造學習社群。我們要有：

一、美麗的家園——庭園、校舍是我們的最愛，一磚一瓦，一草一木

都要珍惜維護，為生活與學習提供服務，為綠色地球留下生機。

二、親愛的家人——和諧的家庭氣氛是我們的需要，親師生在有愛的
園地裡相處，關懷、尊重，服務、互助，支持與鼓勵讓我們充滿
力量，迎向挑戰的未來。

三、豐富的社區——大自然、家長、社區成員、企業、機構，學術團
體都是教學資源，能充分的整合，開發，促成品質的提升，是我
們最大的福氣，社區學校的理想才能實現。

四、人文與科技的對話——知識經濟時代來臨，重視人文與科技，拓
展生命世界，追求知識的奧秘，提供資訊的服務，走向寬闊的學
習領域，人生視界將無限高遠。

五、健康與活力的人生——健康的身心，活力進取的人生觀，為生命
提供源頭活水，充滿生機。當我們遭受命運的粹鍊，將更堅強而
富含生命力。

六、藝術與文化的傳承——藝文生涯充實我們的人生，文化傳承豐富
社會的命脈，我們生命的根源將因此而豐碩，生命的大樹將因此
而茁壯。

以「兒童為中心的教育」，端賴老師與家長的通力合作。我們要
從觀念開始革新，以行動來支持理念。若我們的眼中有孩子的容顏，
我們的心中有孩子的期待，我們的心貼近孩子的心，我們必然能伸出
關懷的手，引領孩子成長學習，我們的所做所為將環繞在「愛、生
活、學習」。

我們的學校在自然資源豐富的社區，有活潑可愛的孩子，有追求
專業成長的教師，有支持與鼓勵的家長，只要我們有信心、有熱誠、
有理念，結合成為學習的社區，一定能營造優質、學習，人文、關
懷，社區參與營造的綠色學校，我在此邀請您一起來為博嘉而努力。

肆、舞　台

初任校長，滿腔的教育的理想與熱忱如何來實踐呢？當然是落實在日常的

學校行政領導、教學領導及課程領導當中囉！

　　我們要辦什麼樣的學校？我們要教出什麼樣的孩子？其實跟我們對教育的看法與想法有相當大的關連，我想透過理念與經驗的分享來帶領教師，以下是我幾年來努力的痕跡。

一、全語言的閱讀課程

　　我在教師進修及行動研究上著力，首先，在週三進修中安排了 8 次「全語言工作坊」，邀請林文韵教授指導，從「建立一個學習團體」、「從教學活動談全語言教師之信念」、「全語言教室：課程統整／學習如何學習」、「兒童文學在課程上之運用」，到「全語言的全在哪裡」……。我對全語言的認知在於：

全語言的「全」在哪裡？

作者／Ken Goodman　　譯者／李連珠

　　　　全語言除了融合語言相關的理論，也融合了杜威「學習者為中心」的課程觀及省思式教學，皮亞傑的認知理論，以及維高斯基所探討學習的社會因素等精義，而超越了只是一種語言課程論。

　　　　全語言不只是一種語言教學法，它更是一種教育哲學觀，是對語言、學習、課程、教學與老師等五者的重新思考，所產生有別於傳統的態度。

　　　　全語言既是一種教育哲學觀，嘗試了解全語言，宜著眼在其哲學觀的掌握；而非尋求一種可套用於各種不同情境的教學方法。……教育不應是風潮的追逐；教育實是理念的執行。台灣最近的全語言熱潮，希望不是一種新教學法或課程風潮的追逐，而是教育理念的實踐，能夠長期貫徹與堅持。（2002/3/6 閱讀札記）

　　我認為，語言教學是學習的基礎，我期盼，透過全語言工作坊系列的研討，引領教師經由探究語言教學的歷程，省思自己的教育觀，進而更新教育的思維。

　　接著搭配木柵國小深耕閱讀「與書共舞閱讀工坊」，研討「閱讀的樂趣」、「兒童文學與閱讀活動」、「學習閱讀與閱讀學習」、「讀書會的經

營」；在此同時，我邀集家長會的支援及學校經費，大量添購整批繪本圖書，並且申請成人家庭教育經費，開辦「故事媽媽培訓」課程，楊茂秀教授特別來校支持，讓本校的義工媽媽，及鄰近學校的家長接受培訓課程的洗禮，希望埋下深耕閱讀的種子；接著國北師院陳佩正教授，更將他培訓的師院高材生推薦到本校進行一整年的繪本故事教學；名作家簡媜，因為是本校家長，也長年投入班級閱讀指導，並多次與學生、老師、家長有約，分享創作的心路歷程。

幾年來我投注相當大的資源，在語文與閱讀課程，想要創造一個閱聽人的氛圍。直到上個月，在木柵國小閱讀研習上，再度聆賞吳敏而教授的演講，當我聽的津津有味，陶醉其中，忽聽得吳博士講：「你若不喜歡閱讀，不要教孩子閱讀……」，這一聲敲在我的心上，頓時大悟，但願我能在博嘉灑下喜歡閱讀的種子。

二、綠光交織的學園

> 如果您來博嘉，漫步於校園之中，您將訝然驚覺，處處皆是俯拾可得的綠意。首先，踏入校園前，就已望見牆內的樹木，如阿勃勒、樟樹、楓香、台灣欒樹、茄苳，紛紛探著頭，向您輕聲招呼；滿眼盡是擋不住如浪潮般的春光綠意！（軼名）

當初不知道是不是受了這一段話的影響，與博嘉國小一見鍾情，參與了博嘉的校長遴選。進了學校，文章的作者已無從查考，但綠色校園的經營由此展開。

博嘉生態園雖是本校招牌，但荒涼失修，欄杆損壞，謠傳蟲蛇出沒，算是校園危安重點。幸有高人指點——本校家長會長，師大環教所周儒教授介紹動物園蛇類專家來校，讓師生對蛇類有初步概念；接著，請工友將步道兩邊雜草清除，減低蛇類出沒危機，師生經常結伴上山，降低隔閡；緊接著帶領老師進行九年一貫課程研討，同仁都知道，博嘉是田園小學之一，發展學校本位課程非此莫屬，教務處不斷辦理田園教學研討，家長會長周儒教授也不斷就近指導，生態園教學成為學校本位特色課程勢在必行。

接著在第2年編列概算整建生態園，透過家長，邀請建築師進入校園規畫，

全體教師經過一學期的研討，規畫出入口意象磁磚彩繪拼貼、步道整修、拆除陰暗的涼亭、整理露營區、闢建林間教室等方向，發包施工，師生在這段歷程中與生態園產生了結合，很自然的，有些班級，常在課程中或課餘時漫步在生態園中，生態園已經是學校的重要資產，即便在今天，隨機問學生：「你覺得學校最值得介紹給大家的地方是⋯⋯？」答案多是生態園；如果更進一步追問：「生態園裡有什麼？」孩子就會如數家珍，告訴我們「蜥蜴、蝴蝶、金龜子，筆筒樹、杜鵑花⋯⋯」就是現在，4月底，油桐花開了，孩子的身影在林間，朵朵桐花飛舞，紅的、黃的花心，孩子的手心捧著，髮際插著；就在今天，孩子手中小小的攀木蜥蜴，孩子手中裝著蝴蝶的奶粉罐，孩子手中非洲鳳仙花的種子炸彈，他們與大自然的相遇，都興奮的與我分享。

綠色校園的經營，其實並不局限於生態園的硬體整修，包括生物多樣性的規畫，園區的樹種多年來自然發展，蟛蜞菊勢力龐大，占據了地表，撲滅了灌木，大樹的幼苗也被掩沒，相思樹盤據山頭，遮蔽著陽光，造成些陰暗蚊蟲孳生之處，荒野保護協會的義工建議，保存珍貴樹種，適度剷除蟛蜞菊、相思樹等，為了誘鳥，栽植烏桕，為了幫校園增添色彩，我們栽種了鳳凰木、台灣苦楝、紫色馬櫻丹，為了同事們喜愛前庭的魚池，我在工程規畫中加入了後院小小的生態池。這樣的作為，其實包含了我個人對綠色學園經營的理想。

現在，如果您來博嘉，從大門口開始，先有高高的駱駝門柱歡迎您，沿著圍牆走，飛舞的蜻蜓、蝴蝶，吸引您的視線，穿透鏤空的葉脈圍牆，整排楓香陪伴著您前行，操場上大片綠地，野草花招徠蝴蝶飛舞，入口巨大的老樟樹下平台，您可以坐一坐，繽紛艷麗的九重葛，也是必賞的景點，接著成排的台灣欒樹伸展枝幹，您可以沿著七里香花道再往前走，小小的、無中生有的生態池就在那兒，您可以駐足，欣賞小小蝌蚪在池裡優游，當然您也可以爬上平台，看看孩子們種的玉米。

環境的規畫，課程的研發，教學的實施，不就在於產生了教育的價值嗎？我們的課程計畫，獲得了台北市群組評鑑優良的成績，也被推薦登上「哈特網」，更欣慰的是，宜臻老師自發的帶領4個孩子，建構小小的生態水池，「從什麼都沒有開始⋯⋯」的學校本位課程行動研究，這一切的一切，我了然於心，但我終於看見，4年來綠色學校經營心血的萌發，此刻，來自內心的微笑，悄然在我嘴角揚起，我的心情，恰似初見校園裡螢火蟲亮晶晶閃爍飛舞般的興奮。

三、教學與輔導的核心價值

多年來的輔導專業進修，個人對於輔導工作體驗相當深入，也相當支持學校輔導工作。我了解：兒童必須在適宜的環境中成長發展，學校必須提供這樣的學習與生活環境，至於適應欠佳兒童的肇成，照養的成人得負相當大的責任，學校教學與輔導工作必須在此著力。

進入博嘉後，剛好有位同仁進修高師大輔導博士課程返校，我邀請他擔任代理輔導主任的工作，希望在輔導專業上把握正確的方向，他也甚得同仁的支持，此段時間推動「輔導室個案工作的模式」，來幫助適應欠佳的學生，同時也引進遊戲治療，請教授來校指導家長「親子遊戲治療」，也對部分個案兒童實施，在人力資源上則邀請大學輔導科系研究生協助。緊接著召開個案會議，聘請校外專家督導，還有進行特教服務工作，培訓愛心家長進行補救教學，引進社會資源，這樣的個案管理模式使得學校的訓輔工作產生質變，過去對適應欠佳兒童的訓導模式，逐漸削弱，協助兒童的觀念提升。

主任的檢討報告提到：「改善個案也改善教師：透過個案研討會，個案協調會，許多不同的角度來看待與詮釋個案問題，而在參與討論的過程中，老師的想法也會改變，除了對個案有幫助外，同時也提升老師對於問題的解決能力。」也提到「加強導師班及管理與輔導的技能。」認為「導師往往是站在第一線，而個案每天的生活和導師息息相關，如果老師能運用一些輔導的技巧，則個案改善的空間就會增加，例如運用同儕輔導可以增加個案的人際關係；教學輔導可以減少個案的課業困難；及運用許多班及管理技巧或是改善師生關係都是有助於個案的生活適應力的提升。此外，個案的日記、聯絡簿、作文、造句，都是提供團隊了解個案的很好工具。」

我知道，學校教育品質的提升，教師的教學與輔導專業是學校的核心價值，輔導室個案工作的模式的建立，開啟博嘉教師教學輔導專業發展的一扇門，自此，老師的教學輔導知能，不斷的透過教師進修、個案管理及校園偶發事件的處理，逐漸在調整當中。

今天，我可以很自信的說：幾年來博嘉的輔導工作，有相當長足的進步，博嘉的孩子都曾在博嘉感受到這份人性關懷的美與好，博嘉的老師和家長也在此體驗中成長。

四、多元發展的學習舞台

　　吳英璋教授認為學生輔導工作是為學生搭建紮實的平台，平台上就是學生多元發展的空間。我期盼教務處帶領老師規畫課程的實施與教學，讓學生能夠透過各領域的教學，紮紮實實的培養基本的學力。至於訓導工作，我期盼除了做好國民教育核心價值的生活教育、品德教育外，要提供多元的教育活動，讓學生參與及學習。例如：學校的體育活動，具有優良的風氣，躲避球隊、越野賽、田徑隊歷來有優秀的成績，能激發孩子們不斷的練習，校長總是不斷的支持打氣，平常看他們練習，出賽前的授旗典禮，很慎重，讓全校同學們認識他們，球賽時也親自到場加油，載譽歸來時，也有盛大的表揚儀式，校長還慰勞球員，請他們吃飯，這些作為不僅鼓勵這方面有興趣與能力的孩子，也讓大家產生了楷模學習。

　　除了體育活動之外，訓導處安排週五兒童朝會的活動空間，讓孩子們自主展演才藝，孩子們小小的才藝，我們都視為珍寶，不吝以熱烈的掌聲鼓勵，加上老師適時的引導，孩子們逐步累積的表現，有時讓人眼睛一亮，讚賞不已，小小布偶劇團演出、三隻小豬的真實故事、鋼琴王子的鋼琴演奏，都曾在校園裡風靡一時呢！

　　在此目標下，孩子有各種機會體驗各種活動，學校成立了幼童軍團，除了例行的團集會，每年都與友校辦理一次隔宿露營；學校雖然小，但是添購了齊全的樂器設備，讓孩子們有機會參與樂隊的練習及演出；五年級的孩子都有機會參加城鄉交流，與他校互相學習，六年級的孩子必然穿起正式服裝，到開平中學餐廳，學習西餐禮儀並享用大餐。學校也辦理許多課後社團：魔術社、圍棋社、陶藝社、創意美術社來充實學生的學習活動。我們所做的，就是架設校園中堅實的平台，讓每個孩子找到自己的位置，自我欣賞，也能欣賞他人的表現。

五、藝術與人文的陶冶

　　九年一貫課程的實施，將音樂、美勞加上表演藝術整併為「藝術與人文」領域，個人認為國民素質的提升在於藝術與人文的薰陶，在 4 年中，逐年編列預算，充實音樂科設備，學校的小小樂隊樂器樣樣齊備；陶藝教室設施，從燒

窯、練土機、陶版機、轆轤陸續添購，學生陶藝社團已經開辦；藝文走廊展示空間也規畫完成。除了內部師資的教學外，我常邀請校外團體來校展演。歡喜扮戲團的阿公阿嬤帶著「歲月百寶箱」來校展演，分享他們的生命故事，並社區公演他們的年度大戲「母親」；如果劇團的「抓馬特攻隊」介紹戲劇，還有愛護流浪犬的宣導短劇、原住民熱情的歌舞表演及藝術創作、歌仔戲的身段與唱腔、長笛大師的演奏，都曾在博嘉的小小禮堂現身，全體親師生都是最好的觀眾。我希望博嘉的每一份子都能由認識、欣賞到親身體驗，融入藝術與人文的生活。

六、每個孩子都是特殊的

每一個兒童都是「特殊學生」，因為每個兒童都是特殊的，「特殊」並非專指「障礙」，學校的經營必須能夠kidwatching，營造以兒童為中心的學校氛圍，讓每個孩子自在的在校園中生活、學習，參加各項活動，就是特殊教育的基礎工作。

但是，對於有障礙的特殊兒童需要有更多的關懷，新到任，我請特教組長將資源班學生姓名、班級、類別……等基本資料一一介紹，主動認識學生，參加特殊兒童家長座談會，傾聽家長的聲音，我相信校長支持的態度，是特殊教育最大的力量。校長關心特殊兒童，與特殊兒童、家長、老師同甘共苦，深刻體會他們的心聲，秉持開放的態度，彈性調整學校的各項作為，來服務特殊兒童，特教團隊經營結合輔導工作，適時的引導，全體同仁也都能盡力配合。

比如學校有一兒童，家中三兄弟均患肌肉萎縮症，隨著年齡增長，孩子的身體狀況愈來愈差，目前兩位兄長都是在家教育，唯有老三尚在本校就讀，家長照顧這三個孩子，心力疲憊，在學習參與上採取消極的態度，無奈的接受命運的安排。

我認為這樣的生命失去希望，當然對學習也產生不了興趣，若要激發他生存的意志，唯有鼓舞他參與多樣化、有意義、有趣味的各種學習活動，我鼓勵老師朝這個目標努力，我們向特教中心爭取資源，提供輪椅，讓他在校內學會自己推著輪椅活動。學校為鼓勵孩子多元學習，規畫各種活動，帶著孩子參與各種活動，班上孩子的每一樣活動他都要參加，老師及特教助理員不辭勞苦，輪流揹著他出門。我們帶他搭上公車，到中山堂欣賞市立交響樂團的表演；我

們將他帶往台北縣雲海國小校際交流，兩校的孩子互相聯誼，一起用餐，一起攀登二格山，即使他不能爬山，我們也把他和輪椅推到登山口去體驗山的壯闊；我們帶著他搭上捷運，到動物園去學習、到華納威秀影城看電影、到陽明山摘海芋、參觀十三行博物館、到開平中學主廚之家上西餐禮儀課程；萬聖節的社區裝扮遊行，他也在行列之中，看著他逐漸開朗的臉孔，愈來愈重的身軀，老師們雖然辛苦也感到欣慰。

七、引進公共資源拓展學習視野

我們的學校在偏僻的市郊，公共資源稀少，家長多為謀生而努力，除了學校教育可以提供很多的助益外，公共資源的爭取也很需要。我認為本校在人文與藝術方面參與的機會較少，所以積極主動尋找公共資源的投入。

我曾經利用文建會的資源，邀請歡喜扮戲團來校公演，並開放社區居民一起來看戲；也曾請如果劇團演出「大家來抓馬」向兒童介紹戲劇的由來；還有舞台表演甚有經驗的歌仔戲生、旦，來現身說法，教小朋友「歌仔戲身段與唱腔」。

在藝術創作上與富邦藝術基金會「藝術小餐車」活動結合，參與「家」的裝置藝術創作與展出；也參與「馬諦斯爺爺說色彩」、「章魚姊姊玩色彩」等活動。

在音樂方面，則爭取參加台北市立交響樂團的演出，也曾邀請長笛演奏家來校演出。

我們也擅用社區資源，學校附近的施恩堂，牧師積極走入社區，參與社區活動，除了濟助貧困兒童外，到校園說故事，擔任導護義工，支持學校活動也不遺餘力。

還有大學院校的人力資源也非常重要，政大手語社固定在本校教學手語，輔大魯啦啦社團、世新大學社團都在學校為學生辦理夏令營，師院自然教育系在本校辦理科學夏令營，都為學生提供了各項的學習資源。

此外，為擴展孩子視野，也向教育局爭取經費，辦理城鄉交流活動，邀請外縣市學校學童互訪，彼此學習成長，認識他校鄉土資源特色，也展現本校經營成果。

八、與鄰爲善建立好名聲

公共關係是校長經營學校的重要課題。學校是社區的重要資產，自創校以來，必然承受鄉親、居民的照護，因此，到任後我即親往拜訪里長。從里長口中，我們可以對社區及學校沿革有進一步的認識，了解里民意見及需求，與里長建立友善關係，里長必然也會照顧好學校。

社區的重要機關要建立良好關係。當地派出所、分局主管、區公所主管都要撥空拜訪，區、里活動更要主動參加，讓大家多多認識博嘉國小，也能支援博嘉國小。

我曾親自拜訪學校巷口欣欣客運公司汽車修理廠主管，因為巷口是師生出入要道，汽車修理廠車輛出入頻繁，關係著師生上下學安全；附近的木柵焚化場，空氣品質的管控，影響著師生健康，里民活動中心工程工地，就在學校隔鄰，工地安全、巷道安全的維護，都需要彼此保持良好的互助系統來維護。

博嘉國小雖因捷運及二高開闊，成為交通便利之地，但因位置偏在市郊巷內，附近無商圈，多數人開車經過，不知巷內有一所美麗的田園小學，為博嘉建立名聲，十分重要。幾年來，我們努力增加博嘉國小的知名度，去函交通局，將公車站名更改為博嘉國小，在巷口張貼大型廣告招牌，斗大的「博嘉田園小學歡迎您」、學校生態園及孩子們活潑的笑靨，吸引了來往行車者的目光。此外，承辦校際活動，讓各校師生多到博嘉國小來；場地外借，讓社區居民及社團使用，漸漸的，大家認識了博嘉國小。

九、正向的家長關係經營

由於校長遴選制度的實施，校長與家長會的關係產生了質變，校長遴選委員會家長浮動委員的設置，使得家長會的權力升高，因為，透過遴選產生的校長最先認識的就是這些委員代表們，但是別忘了，我們是全體學生的校長，也是全體家長的校長，我們要關照的是全面性的學校。

博嘉國小家長會是很健全的家長會，帶領的會長及副會長都相當有理念，能夠協助及支持學校的教育措施。他們會來校擔任義工，協助學校大型活動，贊助學生活動獎品，添購新書，辦理家長成長活動，親子遊學等。

當然對學校應興應革的做法也會提出意見，我採取開放接納的態度去調整

學校的作為，如果做不到的不能妥協，但必須婉言說明，溝通協調，取得諒解，我也經常以不同的方式向家長說明教育的想法。今年的學校日，我提出了如下的報告：

回歸「國民教育本質」的教育思考

校長是學校教育的領航者，擔負學校教育發展的使命，要不斷思索教育的航向。國民教育的目標在培育優良的國民，想要有什麼樣的國家，就要培養什麼樣的國民，因此，我常常去想我們學校教育的總總作為，是否可以培養出我們心中期盼的國民素養──有文化、有關懷、有創新、有活力、有根源的社會面貌。從國民教育本質去思考，國民教育的核心價值是什麼？我提出幾個努力的方向：

一、品格與道德的生活教育

生活的點滴就是教育，有禮貌、守秩序、愛整潔，師長以身作則，帶著孩子來做，上學期學校幾位老師重視生活與品德教育，提議校規的擬訂，經過冗長的討論，研訂出努力的方向，希望家長的參與，一起來保守傳統優良品德的實踐。

二、培養基本能力的領域學習

學習為了培養孩子的能力，語文與閱讀幫助孩子打開視野、表達、溝通與欣賞，孩子的表現除了分數的呈現之外，讓我們欣賞、肯定孩子們在各領域所展現的特色，唯有師長、同學的支持與鼓勵，是孩子成長的動力。

三、學校本位的特色課程規畫

根植本土，放眼世界。愛家庭、愛學校，認識與關懷鄉土，才是國民教育的根源，您深愛博嘉國小的一草一木、一磚一瓦，認識我們所居住的陂內坑、軍功社區嗎？您對木柵、景美溪有多少的想念？它們都是我們將來與世界接軌、競爭的根源。

四、活潑創新的團隊合作學習

合作產生力量，團隊成長有如樂隊演奏，保有個別的特色，但能展現團隊的魅力，讓我們帶著孩子學習，有時獨唱、有時協奏，共同成就美麗的樂章。

博嘉的美，博嘉的好，從孩子的歡顏看得到，新學期伊始，校園
中孩子們活力充沛的身影，讓學校更添新氣息，讓我們齊心大步向
前，開創新局。（2005/2/19 學校日書面資料）

因為學生少，家長人數也少，大多忙於生計，能投入的資源相對也很少，
家長參與學校活動除了學校日、校慶活動外，辦理親職教育活動時家長的參加
人數也很少，所以必須改變服務的方式，例如開辦親子電影院、火星觀測活動、
親子電影院，鼓勵親子一起參加，增進親子互動，此外則提供個別化的協助，
最後更編印「家長專刊」，將學校活動訊息送到家長的手中，暢通學校與家庭
的管道。

學校與家長的關係經營，除了主動出擊外，引導家長觀念，協助家長會正
向發展之外，讓家長的資源充分運用在學校教育上，例如：周儒教授在環境教
育上的支持，簡嫃女士的與作家有約⋯⋯等，當然，學校經營的品質才是最好
的公共關係，只要家長肯定學校的各項教育活動，必然能放心支持學校，與學
校成為最佳拍檔。

十、教育專業的期許與支持

學校經營是團隊合作的歷程，校長必須掌穩校務經營的舵，帶領工作同仁
向國民教育目標邁進。「教育之道無他，愛與榜樣而已」，現今的校園環境歷
經教師會崛起、家長參與教育、校長遴選制度的洗禮，與從前「校長說了算數」
不可同日而語，但是校長仍需肩負使命，辦好國民教育，要讓國民教育的核心
價值不偏廢，必須高度倡導，實質把關，達成學校教育績效。

初到博嘉，前任校長很客氣，要求全體主任、組長總辭，在此情況下，主
任組長全部更新，幸好留下 1 位主任，雖經調整職位，但仍然靠他協助而順利
導入，我從校外聘請 2 位主任加入，組長則全為新手，老師也很年輕，較少資
深老師經驗傳承，教育專業及行政歷練上都須一一調教，且在教改思潮風起雲
湧之際，舉凡小班教學精神，教師行動研究，田園教學，九年一貫課程教學創
新，資訊融入各科教學，教師檔案，學校本位課程，教訓輔三合一，課程評鑑，
教學輔導⋯⋯等等議題，都在這幾年來教師專業進修中陸續推動，教師要跟上
腳步並不容易，所幸老師大致都能克盡職守，逐漸成長。

至於職工方面，年紀較長，在一般事務上，依例行事，尚能盡職，但對於教育事務認識較少，需要更新觀念，讓他們體認：過去能做的事，在現在時空環境下，不能再做。例如：體罰。在早年成長過程，幾乎人人都是這樣長大的，所以許多人存著「不打不成器」的觀念，很容易在公開場合，如：校門口、警衛室裡大聲討論，同聲撻伐「禁止體罰的政策」，對學校形象產生負面影響而無所覺，必須伺機說明，降低衝突，維護教育政策。

幾年的經驗累積下來，覺得學校團隊領導，最重要的事是要先找對人，找對人上車，才能開往目的地，若不幸找錯人，真是養虎為患，危機四伏，痛苦萬分，但現今校長並無人事權，不適任人員處理，困難重重，只能靠智慧與機緣，適時職務重組，調整於無形。

校長領導是心智的粹鍊，校長要用心擘畫、細心帶領，讓學校運作順暢，又能兼顧公平正義，讓認真的同仁得到鼓舞、關懷、支持，善用個人的優勢，團隊合作，發揮長才，校長要學做伯樂，賞識千里馬，讓人人有發揮的機會。

十一、以愛為本關照學生

博嘉國小的孩子大多淳樸可愛、有一點調皮，學生人數少，很容易親近，只要時間許可，我會盡量參加學生的各種活動，上學、放學、排路隊、吃飯、兒童晨會、才藝表演、班級活動、球賽、運動競技、各種教育宣導，我總在會場出現，孩子們走過校長室，會大聲跟我問好，在校園裡遇見時也會大聲招呼，孩子純真的面貌總是讓我非常開心，每個孩子都可以自在的跟我話家常，活潑的孩子還會向前來抱抱我。

每年球賽優勝的隊伍，校長還請他們吃飯、慶祝，這種親近的關係在我來說是相當自然的，但是一開始，訓導處的同仁有些疑惑與擔憂，她曾問我：「校長跟小朋友這樣親近，那麼學校的底線在哪裡？」言下之意，校長是學校師生行為的最後把關者，似乎是應扮演黑臉的角色，我的作為一時不能解開她的疑惑，隨著時空間演替，相信她能逐漸明白。因為：

> 「愛、生活與學習」是博嘉國小的願景，也可以說：「愛、生活
> 與學習」就是博嘉國民小學教育的核心價值。
> 到底「愛、生活與學習」是什麼呢？我曾經解讀為：「寬懷的愛

心、樂觀的生活、不斷的學習。」

　　在博嘉學園裡，我試著來尋找愛、生活與學習的軌跡。

　　2月底一天，二甲的小朋友到校長室來，他們告訴我，丁翊要轉學了，來和校長說再見，我跟她握手、道別、祝福，希望她有空再回來看看大家，其他小朋友也爭著一一握手。溫馨的氣息，替代了離別的感傷。老師說，她帶著班上栽植的台灣欒樹苗當作紀念，這是她1年多來的學習歷程紀錄之一。

　　3月8日，一、二年級小朋友高高興興的走出校門到貓空賞花、健行，我答應他們，等會兒上山看她們。中午，驅車到達樟山寺，禮佛完畢，轉身尋找孩子們的身影，看見二甲的孩子們拿著掃把，勉力打掃廟埕，還不忘大聲叫著：「校長來了，校長來了……」孩子跑向前來，摟著我的腰，得意的說：「我就知道，校長會來！」

（2005/03/14 博嘉楓情）

十二、辦好學校就是最佳的關係經營

　　辦好學校，落實教育政策，是學校領導人應盡的責任。有位老師問我：「因為馬英九市長推動游泳教育，我們學校就要執行嗎？假如換了市長，你會怎樣？」

　　我的答案當然不局限於此。試想：台灣四面環海，海洋與我們息息相關，海洋教育必然是國家發展的重要資產，國民教育工作當然與國家方向同步發展，培育國民基本的知能，並非因人設事，學校推動游泳教學，乃勢之所趨，並非奉承上級。

　　因此，我常思考的是主管教育單位推動的政策在國民教育上的價值，對國民教育的影響何在，也思考在本校現有的環境、資源、能力中如何來推展各項教育，凡事盡己力而為，在這種思慮過程中，幾乎不偏離國民教育的宗旨，學校的經營管理掌握教育的方針與品質，上級主管也能放心支持，肯定校長的辦學。

十三、發展學校生態特色

　　博嘉國小為台北市 9 所田園小學之一，校舍依山而建，校園有一面為山坡地，闢為生態園區，歷來以發展田園教學為學校特色。但當年闢建的水泥步道已年久失修，所以我到任後逐年編列預算整修。藉著九年一貫學校本位課程研訂、生態園教學研討，邀請全體同仁參與規畫，最後議定，增建入口意象，加入師生共同彩繪磁磚拼貼；拆除破損水泥扶手，改為親和性木製材質，闢建林間教室，讓師生在林間上課，拆除陰暗的亭子，改為開闊的黃椰子平台；清理露營地並植草皮、木座椅，讓師、生能在生態園區活動與遊憩，園區內具有生物多樣性的特色，蝴蝶、昆蟲、鳥兒在期間飛舞，植物四時更替，這是博嘉國小得天獨厚的寶貝。

　　生態園整建完成後，配合當年度校慶運動會辦理「生態園啟用典禮」，在孩子們的歌聲中，種植蜜源植物，親筆寫下對生態園的禮讚，我也朗誦了祝辭，接著請荒野保護協會的義工為大家導覽解說，讓大家享受生態體驗，進一步認識我們的學校特色。當時我寫下這一段：

生態園啟用祝辭

　　博嘉國小的孩子們是幸福的。

　　我們擁有綠意盎然的學習環境，與自然世界接觸而來的樂趣是持久而非短暫的，歡迎想要親近的人一齊來共享。

　　來到我們博嘉國小，

　　圍牆外，台灣欒樹會用嫩黃與淺粉的笑顏迎接大家，

　　校門口，老樟樹伸出枝葉向我們揮揮手，

　　爬上生態園區，阿勃勒綠色的棍子像風鈴，迎風唱起歌，

　　現在，我們有林間教室，

　　我們可以坐下來聽風，聽鳥，聽樹葉沙沙的聲音……

　　黃椰子平台歡迎你來走一走，

　　還有──枯木區，過一陣子會招來小動物，

　　如果你到了相思亭，穿過相思樹林，是否你也會思念起遠方的人呢？

　　好天氣時，約了老師、同學、爸爸、媽媽、兄弟姊妹，

　　提著野餐，到露營平台上聚一聚，別忘了鋪上美美的桌巾，

　　享受博嘉的盛宴，這時候，蔚藍的天空中，或許有大冠鷲來和你

打招呼呢！這些都是大自然給我們最珍貴的禮物。

　　讓我們一起來，謝謝天地、謝謝萬物、也謝謝大家。（2003/11/15）

　　博嘉國小的孩子們是幸福的，每一個博嘉國小的畢業生都曾擁有一生中在最珍貴的大自然洗禮，它將是生命中源源不絕的寶藏。

十四、重塑學校文化

　　由於萬芳社區開闢，捷運及北二高興建，社區居民向外搬遷，博嘉國小從擁有 700 多名學生的學校，逐年降為 1、200 人的迷你小學，教師異動頻繁，校史文件散失，直至近年才逐漸安定，學校文化傳承不易，建立制度相當困難。

　　我試著從學校的重要儀式、象徵開始尋根。首先，在校慶運動大會儀式中唱校歌，詢問校歌為何？多數人不知，或根本沒聽過，努力去找，幸運的找到了，將歌詞和歌譜電腦輸出，張貼在校園通道牆上，讓大學容易看見，又請音樂老師列入課程教學，總算在儀典中大家可以一起唱校歌了。還有校徽，也請老師繪製電腦圖檔，現在在學校網站上，已經可以認識校徽，可以聽到校歌了。

　　緊跟著第 2 年，恰好是創校 30 週年紀念，我帶領大家開始尋根之旅，廣邀博嘉人回娘家，徵集 30 週年校慶精神標誌，請老同事及師生、家長撰寫文章、提供老照片，出版創校 30 週年紀念特刊，大家一起過一個不一樣的校慶活動，一起創造博嘉人共同的回憶。

　　今年博嘉國小慶祝 30 週年校慶，在校師生家長緬懷前輩師長校友辛苦創校經營有成，心存感恩，敬邀博嘉人共襄盛舉，返校歡聚。

　　羅華木校長親臨校慶大會，黃鳳瑛校長致送壽桃分享師生，林塗生校長的花籃賀禮，本屆家長會全力協助及歷任家長會長的祝賀，博嘉里許演佳里長的支持，許多博嘉人熱情參加盛會，使得博嘉國小喜氣洋洋，孩子們說：「今年的校慶不一樣！」

　　今年的校慶不一樣！博嘉國小已經是大人囉！今日的博嘉人聽一

聽博嘉前輩敘說過去，也要來說一段博嘉現在的故事，為博嘉國小傳承優良的校風，建立博嘉新風貌。如今，30週年校慶專刊付梓，正可以為校史留下美好的見證。（2003/06/17建立博嘉新風貌）

　　這樣的努力營造校慶的氛圍，無非是要喚起博嘉人共有的記憶，凝聚珍惜博嘉的熱情，創造博嘉新文化。

　　如今再次翻閱這本紀念特刊，五年級的陳婷育老師和韓明潔同學寫著：

博嘉印象

　　我永遠不會忘記這所學校。曾經在博嘉國小上學的人，應該都知道，我們這所美麗又迷人的小學，有座又高又大的山。可別小看這座山，學校有很新鮮的空氣，都是這座山給我們的禮物。還有！還有！它最大的用途是，當火球出來時，也就是夏天來臨時，高大的山可以把火紅的太陽遮起來，形成一個巨大的陰影，讓我們躲避炎熱的太陽。

　　我喜歡博嘉國小，也喜歡學校裡的每一棵樹，和每一朵花。博嘉國小風景很美，山上的樹，因為有足夠的空間，便向大操場伸展出細細的樹枝，它們喜歡什麼呢？它們喜歡在草地上跑來跑去、跳上跳下的小朋友們。這所學校裡，人數不多，一陣陣微風吹過一片片葉子，彷彿自古以來都是這樣的。當我6歲時，在這所學校就讀幼稚園，那時候我天天都很快樂的和朋友玩。直到五年級，我除了平時的學習以及和朋友玩以外，還會和動物們玩喔！

　　有一天早上，我站在學校的魚池前，一邊吃早餐，一邊看著水裡游來游去的魚，牠們在石頭旁徘徊，看起來很餓，我丟了幾塊麵包下去給牠們吃，過了一會兒，石頭上突然出現一隻烏龜，牠的眼睛好奇的看著我，脖子愈伸愈長，我過去看牠時，烏龜的頭卻縮回去，還趕緊跳進水裡，我覺得很奇怪，我有那麼可怕嗎？不過，過了一會兒，牠的頭又露出水面，看看四周，好像在找什麼似的，後來，眼睛又開始盯著我，我再次接近牠時，牠又不見了。就這樣我在陸地，牠在水裡，玩著躲貓貓，我和一隻烏龜玩著這種遊戲，實在很有趣。

從那天開始，每當無聊的下午，我都會悠閒的坐在魚池前，讓一陣陣的微風吹過我的臉，這種感覺的確非常奇妙。

我在博嘉國小快樂的讀書、學習、吸收知識和玩樂，天天都很高興。博嘉國小的動物和昆蟲，和我一樣，喜歡這所在大自然的小學，這裡有山有水，還有不用錢的知識。博嘉國小的校長永遠那麼慈愛，老師們永遠關心著小朋友，而同學們永遠那麼友愛，在這所學校裡，我得到了許多看不見的禮物，博嘉國小不會老，在這裡讀過書的人，也不會忘記這所小學校。

十五、身心靈及家庭安康

我認為教育工作是很有福報的工作，能夠幫助他人又能幫助自己，生活單純有規律，又重視德性的修養，能夠不斷成長，經濟上也不匱乏，家庭生活單純，子女教養也有經驗，內心非常感恩。

若說困難，則在於身為女性，傳統女性包袱沉重，角色眾多，要為人女、為人媳、為人妻、為人母，加上工作繁重又認真投入，自我要求高，容易過度耗損，傷及個人健康或忽略家庭生活，必須及時警醒，自我放鬆，尋求家人的支持與諒解，妥善規畫時間，保有個人空間及家人時間，即時調整角色，轉換心情，尋求身心靈的平和。

校長為公眾人物，社會對校長角色期望高，責任重，壓力大，除了自我調適外，應尋求同儕、師長的資源，交換經驗，相互支持，安排進修成長、旅遊，調適身心或在工作中尋求樂趣，都是最佳法則。

伍、結　語

就在母親節前夕，母親節慶祝大會上，我向全校師生提起，感恩我們的母親，即使母親不在身邊，她會永遠在我們心中。我感念我的母親養育之恩，也感恩親人、師長、社會、國家的栽培，才能成就今日的我。我將全部對母親的愛及對眾生的感恩，回饋於社會，回饋於我工作的職場，從事教育事業，就是最好的修練。校長的歷練使我更成熟、更謙卑、更包容，視野開闊、心胸寬大，

真是福上加福，怎能不珍惜，更加努力呢？

教育理想終身秉持

　　如果再一次，我還是我，終身抱持對教育的理想，恪守價值倫理與道德。我必有終生學習的精神，精研教育的理論與實務，鍛鍊身心靈保持健康，涵養藝術與人文，關懷社會，服務人生，為國民教育盡心盡力。

　　如果再一次，我要耐心謹慎，觀察學習，建構優質的學習環境，服務學生、老師及家長。

　　如果再一次，我要有更多的笑容，更多的喜樂，更多一起同喜、同樂，一起學習、一起成長、一起打拚、同甘共苦的夥伴。

作者簡介

　　黃美惠，原任台北市文山區博嘉國小校長，2005 年轉任忠孝國小校長。

　　65 級台北女師專國教科美勞組畢業，1982 年東吳大學中文系畢業，對語文及藝術與人文較具專長與興趣，曾修輔導 20 學分、台北市立師院初教系輔導組畢業、國立台北師院國教所 40 學分班輔導組結業，2004 年又從市立師院學校行政碩士班畢業。想像一下，我如何熱愛讀書，1971 年進女師專，2004 年又自市立師院畢業，2008 年進入國立台北科技大學技術與職業教育研究所博士班就讀。曾擔任 4 年輔導主任，對輔導工作投入甚深，另有 6 年教務主任、3 年總務主任經驗、3 年半體衛組長資歷。

國民小學校長路——
學校經營的理念與做法

廖文斌
原任台北市三民國小校長
現任台北市新湖國小校長

　　教育是引領人類進步的原動力，而國民小學教育是一切教育的基礎；時代雖然在變，教育鬆綁、民主開放已是潮流，但校長仍是學校之舵手，西諺有云「有怎樣的校長，就有怎樣的學校」，巴特爾及丹特勒（Baltzell & Dcnter, l985）也指出，只有好的校長才能營造出好的學校，將學校建構成學習之場所，學習之社區，進而使學校成為教育改革之中心；尤以現階段而言，校長是教育政策的執行者、學校的靈魂以及重心所在，其領導品質深深影響學校的辦學品質（Duke, 1992; Edmonds, 1997; Hallinger & Murphy, 1987; Hughes & Ubben, 1989）。國內教育學者王鴻年（1976）更主張：要辦好一所學校教育，固然需要優秀的師資，健全的組織，合理的建築，充實的設備，優美的環境，以及周密的計畫，充裕的經費等條件配合；但其最大的關鍵，卻在乎校長一人，因為校長乃是全校的領導者，政策的執行人，是學校的靈魂，重心之所繫，若其稍有差錯，則將影響全盤設施；可見校長無論是遴選制或是派任制，其影響學校之運作、發展仍是十分深遠的。

壹、由教師發願——引領校長之路

　　當校長是責任、是重擔，如能落實自己的理念也是一種榮耀；當然這要靠努力，不只是專業的成長，也需要專業之持續實踐，更應具有專業之績效；當然也有一部分的積德與運氣，想來從小時立志當老師，到演而優想導（學校經營），不禁思緒伏起，憶及童年，常想生命是漫長之路，生活卻是首古老之歌；

歌詠之路，雖有心酸，卻有多少師長之關懷協助、身教言教……影響我的一生。

記憶中的觀音國小，有一群相當優秀的師資；由於需要升學考試，每一位教師都面臨壓力，尤其是高年級的老師，諸如廖文宗、范姜文庚、羅春榮、廖文送、范富美……等，皆「日出到校，日落回家」，極盡一切幫助學生，殷殷企盼學生努力學習，能成為上駟良材以及好國民，並希望能至中壢參與省中聯考，金榜題名為自己爭前途，為觀音爭榮耀；腦海中那時的校長如許順藤、歐鴻淦先生也是溫文儒雅，以學生為念之胸懷，他們都是良師的楷模，這也是我等這屆獻身教育工作特多的原因，不也正應驗身教、言教之重要。

由於自小窮困，處處受老師之關心，讓我覺得教師是解決家庭負擔也是楷模傳承的最好途徑；於是在初中畢業後，參與學校初中直升高中，升學五專（當時五專分別招生），師專招生……等升學考試，最後選擇省立台北師專就讀，從此走入教育，此期間，也因為要解決兼出納組長、會計等業務，以及因未完成大學學業而立志插班，選定商學院國際貿易學系就讀，讓我及早響應教師應有兩項之專長，但仍未脫離當初老師之職志。

及至當了將近 10 年以上之老師，偶然之機會，一位熱忱之郭主任即時規勸，認為男教師應多嘗試學校各項之工作，以體驗不同之領域、服務；從此投身行政，從組長、主任至校長約有 20 多年之光景，尤其是歷經國小四處主任之經歷，在校長經營學校，是甚為難得與珍貴之歷練；真是印證好言一句，影響之一生。

貳、教育改革引發遴選制度

有謂教育改革之第一波是「理念之衝擊」（如 410 教改團體之呼籲），主要是對傳統教育觀念與做法之挑戰；教育改革第二波主張「體制改革」，倡導鬆綁開放，期望建構一個合理之教育環境；教育改革第三波即「課程改革——又謂寂靜之革命」；從學校組織再造（Restructuring school）和學校文化新生（Reculturing），激起教育領域中課程與教學生態之變革，對學校而言已隱然興起「寂靜革命」（歐用生，1999），希望從根本改善課程、教學與評量，以提升國民教育之品質。由於體制改革呼聲甚高，導致《國民教育法》增修條文（1999）明確規定，如：

第九條　國民小學及國民中學各置校長一人，綜理校務，應為專任，並採任期制，在同一學校得連任一次。國民中、小學校長任期屆滿時得回任教師。縣（市）立國民中、小學校長，由縣（市）政府組織遴選委員會就公開甄選、儲訓之合格人員、任期屆滿之現職校長或曾任校長人員中遴選後聘任之。

　　自本法公布後，各縣市政府當即組成校長遴選委員會，發布校長遴選要點以形成制度；「校長」從前被視為「萬年校長」也被誤認為缺乏生生不息之競爭力，造成惰性，無法為教育注入活水，遑論成為首席教師、學校之舵手；加以極少部分校長民主素養、行政專業能力欠佳、防衛機轉過度——造成許多反教育措施，引起非議，這也是極少部分校長之作為常受訾議；時代潮流引致教育改革之聲不斷，現今依《國民教育法》規定校長任期屆滿需經過遴選；但是校長遴選制度之設計，運作之過程，順暢、良窳關係學校經營，學校校園之氣氛，學生家長及社區家長之信任，更關係著校長個人生涯規畫……等；校長素養心念影響學校運作績效；學校運作績效影響教育良莠；教育良莠影響學生未來；學生未來影響國家及人類發展（陳益興，2000）。因此，遴選校長是要為學校找一位能促進校務發展的最適當人選，遴選過程必須重視兩個焦點：一是遴選結果是否得到最適當的校長；二是遴選過程是否合程序正義，即遴選過程依循制度而不受質疑（吳明清，2001）；是以，如何透過制度選出能使學校邁向卓越、追求良好教育品質的領導者，成為遴選制度所需考量的關鍵點。

參、構思理念參與校長遴選

　　學校能遴選出好的校長，是引導邁向成功之關鍵；是以，遴選成為現今民主社會之趨勢，家長、教師深切之期許，遴選歷程中讓校長感受尊重與和諧，兼重去蕪存菁為學校遴聘賢才，更能使遴聘者有效發揮本身之人格特質、專業知能及行政組織效能，以一展學校之新風貌，進而提升教育品質；這是學校、家長、社區、教育主管機關之期盼，也是校長遴選之目的。

　　校長遴選「是為學校找好校長，而非為校長找好學校好位子」，當時甚為流行的一句話，也促成參與台北市校長遴選（2001）家長會之對的校長理念、一貫之作為甚是珍視；家長會的角色地位在校長遴選時，亦扮演著舉足輕重的地位；誠如台北市家長協會（蕭慧英，2002）所揭櫫者：

> 校長是園丁　耕耘學校是：花團錦簇？還是荒廢消沉？
>
> 校長是學校靈魂　影響學校的是：向上提升？還是向下沉淪？
>
> 家長會的任務是替學校找一位適合的好校長！

　　由上可見家長會在當時是舉足輕重的角色，至今，遴選理想之校長仍是家長會重要之角色與任務。由於供過於求，候用校長比缺額學校多出甚多；是以，當時台北市三民國小家長會所舉辦的校長說明會即有 9 位報名參加，並舉出下列重點條件：

一、希望能在九年一貫課程有經驗並能做課程領導解決。

二、是教師之楷模，曾獲獎勵，能匯集團隊精神，提升三民校譽，避免減班之虞慮。

三、能解決學校長期無使用執照之困擾，讓師生安全得以保障。

　　當時除提出「民主的領導　團隊的精神」之治校理念（重要的如下列），並參與面對面之對答。

(一)優質的環境　學習的文化

1. 民主的領導：鼓勵多元參與，提供具體方案，深度理性對話，決議執行有效率，以發揮績效責任。

2. 團隊的精神：組織的名字叫團隊，校內資源共享，課程共同開發，班群協同教學，校際相互合作，行政、家長、教師合為「教育社群」，向孩子教育負責。

3. 優質的環境：俯拾即是的學習情境，運用資訊的科技校園，資訊能讓好老師因資訊科技如虎添翼，資訊亦能讓「教書：面臨前所未有的挑戰」、「教育：展擴前所未有之空間」；做好防噪音建構「綠學校綠建築」的園地。

4. 學習的文化：教師、父母的名字叫「學習」，善用專業、適時關懷以引領孩子。

5. 學習：如何與人相處、學做事、學做人、學習如何學習。

6. 身為校長，理念的建構應以：人文哲學為依據，以教育政策目標為經緯，以保障學習權、選擇權、專業權為前提，經過思考之用心、思辨、分享而

形成；並以回歸教育的本質為思考建構以「兒童為學習主體」的校園，時時期許教育民主化、學校安全化、設施便利化、教學多元化、學習生活化。

有效的開放校園，結合學校、家長、社區、企業為「教育合夥人」，形成教學資源網絡，充分支援九年一貫課程的實施，以達成下述學校教育的目標：

培養健康成長、快樂學習的學生。

激發專業成長、自我實現之教師。

倡導社區關懷、多元開放之學校。

另以 DISC 人格取向（校長儲訓課程），自己是偏向 I，即較能關懷，亦能傾聽、接納、統整各方的意見，經合議而形成決策，身為現今時代的校長，主要的任務亦即接前後任、承上啟下、洽內外、合異同後，以專業作為，集合眾人智慧擬訂計畫、分層負責，適時依進度觀摩評鑑，檢討改進。

(二)我事事盡力　但求無愧於心

「要怎麼收穫就要怎麼栽」，教育非移山填海的工程，而是細針密縫的刺繡，以身教、言教、制教……等精緻教育的歷程，以培養具基本能力的現代化國民。個人在教育路上一路走來，累積近 30 年的優勢經驗：

*1.*基層教師 12 年──深體教師辛勞

從沿海、郊區小學至市中心小學，深深體會基層教師在教學、輔導班級經營的苦心，其仰仗行政支援的殷切，如何以行政即時、效率「全方位」的服務，以激發教師專業熱忱，是校長應時時思考的方向。

*2.*積極的行政 15 年──了解角色功能

歷經組長、教務、訓導、總務、輔導四處室主任，熟稔行政運作，深知行政、家長會、教師會組織、目標、任務，希望時時以「學生為中心」教學第一，行政簡化流程，充分支援；並鼓勵參與行政，發揮「同理心」，以實現工作的成就感。

*3.*強力的資源──匯為學校後盾

近年來，皆利用暑期夜間在師院、台灣師大進修，授課的教授、師長都是請益的對象，支援之後盾；同時參加台北市國民教育輔導團環境教育小組，教授、團長、各團員皆是最佳諮詢的對象，也是課程實驗，教學觀摩的同儕視導

者，復加以與家長會、愛心團相互協助成長，亦是最佳的資源分享者。

4.無後顧之憂——為教育全力以赴

家中 3 個小孩，1 個孩子在陽明大學醫學系二年級，另 2 個今年分別投考大學、高中，都能自立並努力向學，分擔家務盡自己責任，內人也在國小服務，我等崇尚運動喜好慢跑、爬山，生性簡樸，三民國小就在新湖隔橋之遠，人員可以交流，資源可共享。

希望能入夥三民向三民負責！許孩子一個美好的未來！

在對話中以誠懇之態度，希望在深入了解學校後不論在團隊之塑造，課程之領導、工程問題之解決……，都願依優先次序善用學校人力、外部資源，面對問題、解決問題；家長會在事後透過種種管道之調查，從主任之作為、對學校之貢獻，校內之EQ，對社區家長態度……等（這些都是在事後得知），因而雀獲中選，從此過著犧牲享受、享受犧牲重責大任的忙碌生活。

肆、以過來人談校長遴選

校長遴選制度實施至今，仍有些應興應革，雖甚多反對之聲音，但這是法令要做改變，非短期可見；筆者研究中，曾參考台北市國民中小學校長遴選自治條例修正草案條文為對照表暨訪談意見彙整做研究，當時並訪談前後科室主管意見，綜合歸納發現原先遴選需掌握原則：

一、家長會應是參與，非完全主導決定。

二、專家學者——專業判定。

三、教育局主管——負完全責任。而非只把遴選之歷程走完。

四、需建立遴用制——遴選與主動聘用兼顧，較能尊重資深校長。

從以上之原則可看出，經過遴選由於時間倉促，期程中各方利害關係之角力，以致遴選稍有變調，今日除積極朝向自治條例修正外，近程上期許台北市教育局應以負責的態度，充分主導校長遴選：

一、透過公正專業績效之評鑑說服遴選會——讓校長安心辦，而不必去請託、靠誰。

二、審慎聘任遴選委員——發揮專業、公正、協助之熱忱支持教育局。

三、教育局事前審慎評估志願。

　　在台北市政府教育局近年來三任科室主管訪談綜合分析顯示，在自治條例家長推薦權未修正前，有效勸導制止舉辦校內遴選說明會，並引導家長會主導權過重的問題，綜合分析其方法有：

一、要有正確的觀念——讓家長完全參與而非決定。

二、釐清自治條例的規定——家長有推薦權但不一定可辦說明會。

三、資訊之公開——透過積極之宣導及資訊之公開。

四、推薦權之更改——只可拜託認為理想之校長，受校長遴選說明會推薦後去報名登記，遴選會開會時不可提人名。

五、校長亦須改變思維觀念，導正往小校之趨勢——大菩薩應到大廟。初任校長不宜到大而複雜之學校；如此從政策上把握遴選制度設計之精神，教育局更以負責任之精神主導，家長充分參與，校長改變思維模式勇於承擔，才能在遴選過程中順暢與真正贏得尊重。

　　另外，依筆者之研究發現，初任校長、家長會及教師會參與國民小學校長遴選與實際運作方式之經驗感受，可供讀者、欲參與遴選校長及教育當局做參考：

一、「讓校長有受尊重的感覺」是辦理校長遴選說明會時重要的指標，家長會及教師會代表均表認同，家長會、教師會需合作無間，遴選運作方能達到尊重之境界。

二、參與校長遴選未獲選者之感受普遍不佳，有一些失落感，但都能探究失敗原因，找出適合自己發揮之學校，終能獲致遴聘。

三、參加多所學校之遴選，獲聘學校非自身優先選擇時，多數初任校長認為個人心態要健全，能有舞台才能發揮理念，一展學校經營之長才。

四、對於校長遴選委員會的組織，家長會代表反對「刪去家長會浮動代表」，教師會代表教師會代表、校長及教育主管趨向贊成。家長會及教師會代表均不同意將學者專家增至 3 人，多數認為各自之代表人數應增加；教育局科室主管認為學者專家應增加，以回歸專業之遴選制度以避免利害關係之角力。

五、在校長遴選過程中，學校家長會、教師會與行政三方應合作無間，對理想校長人選凝聚共識，家長會與教師會若各持己見，則較不易取得共識。

以校長遴選之過來人，筆者之研究暨參考相關文獻，在現階段有關校長遴選運作之建議：

一、對教育主管當局的建議

(一)適時修正台北市國民中小學校長遴選自治條例

在校長遴選組織編制方面，一般而言均支持現有之組織架構，但筆者之研究、甚至在訪談中，校長、教師會代表及科室主管皆有刪除遴選會委員中家長會之浮動代表之建議，以免家長會主導性逾越專業性之遴選；另外如訪談科室主管所強調教育局主動推薦權（非等到出缺學校無人報名時方才推薦）；期程安排，改變出缺學校、續任學校之次序；校長遴選委員會委員人數 13 改為 15 名，增加學者委員數至 3 名能以更專業的角度遴選校長；透過政治運作，順利修正改進自治條例相關規定，使教育主管當局在校長之遴選中發揮更積極的角色。

(二)校內校長遴選說明會如何定位

目前校內校長遴選說明會雖法未明文規定各校可以辦理，但是現階段各校幾乎均自行辦理；大多數校長建議取消出缺學校所辦之校長遴選說明會，以回歸一階段之遴選制度，教育局科室主管亦認為應禁止候選校長參與此項未定位之活動以維護校長之尊嚴，然因候選校長多於出缺學校，執行不易。經調查，家長會、教師會代表有高度之意願，校長意願較低，但如何辦理？此校內遴選說明會的成員為何？因未有具體明確之規定，各校做法不一。目前校內遴選說明會以家長會主導居多，但教師會代表及校長較不同意「校內遴選說明會由家長會主導」，故教育主管當局除了要求各校不得辦理，且提醒候選校長盡量不要參加外，但在候選校長多於出缺學校時，即供給多於需求執行甚為困難，宜應積極在校長遴選自制條例適時修正，使校內校長遴選說明會之定位明確化。

(三)教育主管當局在校長遴選運作過程中扮演更積極的角色

候選校長均希望在參與校長遴選的過程中能受到適當的尊重，且經訪談指出，唯有在家長會與教師會合作無間、凝聚共識的狀況下，尊重之境界方易達

成。校長遴選應屬教育專業領域，教育主管當局理應扮演更積極的角色，主動協助家長會與教師會基於教育專業之考量，提出理想校長之條件。

二、對出缺學校參與校長遴選過程之建議

㈠校內凝聚共識，提出理想校長條件，是尋覓合適校長的關鍵

家長會與教師會平時即應做好良善的溝通，當校長出缺時，能很快的凝聚共識，提出理想校長的具體條件，甚至能攜手同心力邀候選校長參與遴選，較易覓得合適之校長人選；當兩者間不和諧時，許多優秀候選校長可能會打退堂鼓，影響參加遴選的意願。

㈡營造尊重的情境，吸引優秀的校長參加遴選

經由訪談資料可知，在校長遴選過程中，家長會與教師會均認同讓候選校長有受尊重的感覺，而候選校長亦希望在參與遴選的過程中能獲得校方的尊重。所以「尊重」應是辦理校長遴選過程中重要的指標。經由問卷調查與訪談資料得知，尊重之表現如：家長會、教師會應和諧相處，應普遍發函邀請參與遴選、校長遴選說明會應錯開候選校長說明時間、查明候選校長之相關黑函……等，教育主管機關平時應積極重視家長會、教師會與學校行政和舟共濟。

伍、順暢校務運作實踐遴選理念

自校長遴選說明會（學校家長會所辦）先研議出缺學校所需候選校長之條件，至兩階段之遴選會（教育局辦理）皆重視候選校長之學校經營理念，預先發表後，再經遴選會透過任職學校之實地訪談、檢視其以往實踐之績效，及日後獲聘後在校務運作之五個層面中，都能透過與家長會、教師會之溝通，甚至利用各種會議將理念融入計畫之中，再透過校務運作之結果，其理念之實踐情形及其學校效能之發揮，大致都需獲得教育當局、家長會、教師會相當肯定，否則任期一到皆會逐一檢視，當對其續任、轉任有些影響。

「校務運作量表」參考林文律博士指出之方向、廖文斌（2003）綜合所編之量表，含校務發展、教學領導、行政管理、公共關係、專業責任五部分；以

下就不同對象、不同學校規模、不同學校位處、不同學校創校年數……等，對台北市國民小學初任校長之校務運作與理念實現之情形及其差異性之分析探討，有如下列：

一、不同對象對於台北市國小初任校長校務運作均持肯定的態度。

二、家長會代表對校長在校務運作之看法中，以行政管理符合度較高，對公共關係及校務發展之符合度稍低；教師會代表則以專業責任滿意度較高，對教學領導及校務發展之滿意度稍低；校長本身對校務運作中專業責任之滿意度最高，而對校務發展之滿意度偏低。

三、不同學校規模與不同創校年數之初任校長的校務運作狀況無差異存在。

四、在校務運作方面，位於西區之學校認為校長在校務發展的符合程度高於位於北區之學校。

校長能善用遴選理念、經驗來加強校務運作，對日後連任轉任必有莫大之助益；從校長遴選說明會對「獲聘校長所發表之治校理念會加以求證」獲得家長會代表、教師會代表、校長代表之同意度甚高；再從筆者訪談校長所獲得之綜合分析中得知：參與本校的校長遴選說明會，因受校內委員的肯定並是屬意人選，提早至學校了解學校，說明理念，遴選感受良好，然而需有制度；又從筆者之研究發現家長會代表對校長在校務運作之看法中，對公共關係及校務發展之符合度稍低；教師會代表對校長在校務運作之看法中，則對教學領導及校務發展之滿意度稍低；校長本身對校務運作中對校務發展之滿意度偏低；綜上所述，家長會、教師會重視校長之治校理念，日後會加以印證，是以候選校長提早去了解學校，順暢溝通，建構並發表理念爭取認同，有助於校務運作，在校務運作之過程中，對公共關係、教學領導及校務發展多關注些，則學校之效能、經營績效必將指日可期。

陸、校務經營舉例──環境教育永續校園之推廣

依台北市永續發展願景與永續教育課程之範疇而言，永續發展的面向常包括：一、永續的環境──主要涵蓋自然保育、公害防治、環境規畫；二、永續的社會──公平正義、民眾參與、社區發展、人口健康；三、永續的經濟──綠色產業、清潔生產、綠色消費；簡言之，期是希望透過永續發展能使經濟發

展能由節能、減廢之綠色生產技術達到效率成長；由環境保護使生態多樣化，進而能使社會公平均衡共享人們得以健康生活。

台北市市政規畫方向——四生四化，四生即是經濟發展重視生產環境、生活環境、生命環境、生態環境；四化即是市政規畫發展朝向永續化、價值化、人性化並能兼顧社會公平，其簡圖如下：

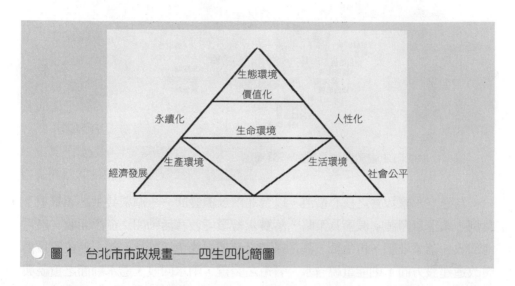

● 圖1　台北市市政規畫——四生四化簡圖

因此台北市永續發展委員會初步訂定以「智慧成長、循環共生、進步共享」為永續發展願景之願景，透過各局、處整體之運作，共同打造永續發展的世界級首都城市。

根據永續發展願景，為實現台北市永續發展之願景暨永續教育之重要方向，綜合教育之理念與實務，建構下列之架構圖（見圖2），以為各級學校課程設計、活動實施之參考，亦使永續發展教育有導引之依歸。

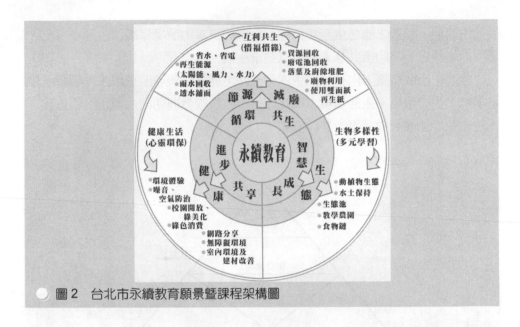

● 圖 2 台北市永續教育願景暨課程架構圖

為建立永續教育之核心價值,以台北市永續發展——循環共生之願景項下為例,希望以節源、減廢為策略,落實永續環境教育活動如:資源回收、廢電池回收、落葉堆肥、再生紙、甚且採購盡量朝向綠色採購;而在永續校園技術與改造建設方面,則能重視省水、省電之裝置,雨水回收、透水舖面之重視與建構,另外再生能源(太陽能、風力)之宣導與推廣,由以太陽能之宣導與推廣,台灣大都用在太陽能熱水器上,其普及率約達 2%,遠不如緯度高、條件較不良之日本之 20%(陳顯明,2004);從上述願景、策略、落實在永續環境教育與永續校園技術與改造建設兩方面,使學校是一個互利共生(惜福惜源)學習新天地。

再者,以台北市永續發展——智慧成長之願景項下,亦是透過生態化,讓校園生物多樣性,亦蘊含學習多樣化,學習步道、生態池或景觀角落(景點),促成食物鏈之生態,讓自然是良好的生命教育的導師,也符合「處處是教材時時可學習」的生態校園。

永續教育應從優質校園著手,永續發展是半世紀來全球目標移轉的最新願景,亦是國家發展之重要政策,永續教育之落實,也是劍及履及;台北市教育局目前積極推展「優質教育」,是一種紮根之教育,計有行政管理、課程發展、

資源統整……等七大項，其指標之一「校園營造」含括：安全校園、人文校園、自然校園、科技校園、藝術校園等，亦正是永續教育所積極企盼在學校能落實之各項次；是以優質教育之落實，是永續教育成功之關鍵；優質教育有賴優質學校普及化，優質學校首須建構永續校園。

　　茲就以優質學校之校園營造所呈現之「自然校園」，各項指標與永續校園之生態節源減廢而達到健康生活的目標大致相同，由結合社區推廣透水、親水、節水，以及種樹、保樹、愛樹等生活環保理念，實踐物質循環使用、資源回收再利用、省包裝、低噪音、零污染等綠色消費行動，從而建構多樣生態校園、培養環境覺知能力、力行環保儉樸生活，並透過身教、言教、境教來啟動孩子的「公德心、環保情」，真正發揮學校為社區總體營造的功能。

　　「自然校園」具體經營策略由本市國中、小自然校園組校長們共同研討激盪，約略說明如下：

一、健全推動組織，爭取各方資源

㈠成立優質校園及環境教育推動小組，訂定年度具體實施計畫。

㈡定期召開小組會議，逐年檢討推動優缺，不斷追求卓越精進。

㈢組織校園綠色小天使，培訓環保志工及種子教師。

㈣結合社區人力、物力及經費，善用史蹟人文及生態資源。

㈤鼓勵各校加入綠色夥伴學校，爭取校園環境改善專案補助。

二、建構生態校園，改善學習環境

㈠定期分區修剪花樹草地，積極處理落葉堆肥。

㈡增設校園生態景點，建置各領域環境教學步道。

㈢美化校園牆面地面，善用情境融入各科教學。

㈣推展植物名牌標示解說，建置自然校園環境地圖。

㈤鼓勵師生家長認養校園植物，培養服務美德及愛校情操。

㈥辦理老樹尋根活動，建立完整校樹校史資料。

㈦增闢校園透水性舖面，擴增校園綠覆地面積。

㈧減低校園各區域噪音干擾，清理校園髒亂死角。

三、珍惜有限資源，鼓勵回收利用

㈠加裝省水省電設施，推廣盥洗用水、雨水回收。

㈡舉辦舊愛新歡活動，培養學生惜福愛物情操。

㈢宣導再生能源利用，增設風力及太陽能設備。

㈣各項開會自備茶杯餐具，鼓勵辦公室紙張重複使用。

㈤推行班級資源分類回收，做好校園垃圾減量管理。

四、維護校園清潔，加強環境管理

㈠做好廁所清潔消毒工作，清理校園水溝容器。

㈡定期保養飲用供水設施，建立實驗廢水排放管線。

㈢妥善安排校園打掃責任分工，落實生活教育。

㈣管制流浪貓狗進入校園，避免使用列管殺蟲藥劑。

五、推展環教活動，回歸自然理念

㈠引導師生解說校園花樹，建立生態學習認證制度。

㈡宣導節水節能減廢，各項研討融入永續校園理念。

㈢辦理環境教育學藝競賽，鼓勵各校師生教唱環保歌曲。

㈣建立環境教育資源網站，設置宣導專欄及圖書專櫃。

㈤推展校園喝白開水運動，舉辦親子淨山親水活動。

六、配合領域課程，融入各科教學

㈠彙整環境教育議題指標，鼓勵教師各科融入教學。

㈡編寫環境教育補充教材，規畫各學年主題教學活動。

㈢舉辦師生家長生態環保研習，實施戶外教學參觀。

㈣組成環境教育議題群組，獎勵各校教師加入行動研究。

㈤校本課程融入生態多樣化理念，充實永續教育教學資源。

　　當然這些指標項目有些是學校經常舉辦的，已經形成為習慣，習慣成自然，成為學生生活的一部分；一些課程有賴各校組成教師團隊積極去落實，讓學生從教學活動體驗學習，孕育良好之環保情操；又如在生態校園的部分，要

達成有時需伺機以待，所謂「有計畫不亂，有原則不慌，有預算不窮」，當機會、預算配合時，盡量以指標為方向，則公德莫大焉。

柒、校務經營舉例──談三民特教推行委員會之運作

參與環境教育，讓我深覺教師應引導與孕育國民之公德心與環保情，讓我們邁向地球村，讓人類、動植物、山川河流和諧共處；走進特教，深深感受我們應有接納心與人文情，畢竟我們要讓他有生存之空間，他是我們的手足同胞；公德心與人文情是文明與進步國家的象徵，也是現代教育應積極培養未來國民所須具備之情懷。

一、夢幻之團隊

品質來自價值與尊嚴，制度有賴高品質之教師團隊積極的運作，方能顯出卓越與優質；「水水三民、幼幼童心」是特教活動之名稱，他們的心也是水水的，常以幼幼童心為胸懷；走過危機、度過榮耀，總是有令人感動之點點滴滴：

(一)師鐸獎頒獎之場景

孩子的媽媽主動帶著扶著助行器的孩子，訴說孩子入學從一句話不會說，一步路也不會走，受到羅老師……等團隊之指導，到今天會說會扶著助行器走……，「教師之愛有多大，進步就有多大」，不禁讓人眼眶紅潤，也看到特教類別的頒獎人──特殊教育學會理事長吳武典教授感懷而暗自拿下眼鏡輕輕拭下感動之淚，畢竟他見證了常諄諄教導我們要發揮教育愛──平常心、特殊關懷。

(二)緊急危機之場景

特教個案之學童常會因天候之變化而有情緒之起伏，但也有因人群匯集、選舉電視轉播搖旗吶喊……等深受影響，有時因不自覺之走失，全校動員尋找；也有因週末過於輕鬆晚睡，看過多喧囂吵雜之電視……，產生週一症候群，老師難以察覺，有時在防範中之迷失，產生意外……，親、師相擁，淚流滿面，

相互對不起，這一刻，令人動容。

(三)流浪孩子的場景

一個流浪過好幾個學校的獨生女，當教育局轉介到本校時，特教委員會立即開會，覓妥普通班，輔以特教、科任教師，形成教師綜合團隊，時時開會，親、師、生相互諮商，提供資源與支援，解決教學問題，至今適應甚佳。

這群抱持「無回報之服務情懷、無計較的全心投入」可敬愛之特教教師團隊，讓我直覺響應知識份子最高貴的就是將知識與經驗與大家分享。

二、特教現況

本校特教班6班，資源班1班，特殊學生教育當局登錄的共有62名，實際在特殊班學生44名、教師14名、助理員4名（2位編制內，2位鐘點制臨編）、物理治療師、職能治療師……等皆是視需求申請到校鐘點服務；相對於國立宜蘭特殊學校國中部學生20人，高職部108人，總計學生120人；教師30名，職員18人，工友13人，物理治療師1人，職能治療師1人，社工師1人，就業輔導員2人，教職員工總計65人（2004.10學校概況）；設備有韻律室、水療室、復健室……等不勝枚舉，想想三民只有專科2間——生活教室、感統室，真是懸殊！相對比較，同樣是中、重度之學生，差距如此之多，國立不能比，比宜蘭縣冬山國小特教班全面木質地板……，也是差距甚大；當教師問起，只能啞然無聲，我們是以熱忱、專業取勝，但工已善其事，利其器又要待何時？

三、運作情形

(一)安置與申訴

1. 戀戀三民，不願畢業：○童是重度學生，修業期滿，擬依特教法得經申請核准後延畢1年，○童父母不願他畢業，經過轉銜學校密切之溝通，妥適之安置方才解決。

2. 在家教育：亞斯伯格症學童須全力輸入，使其知道愈多學得愈好；需要環境刺激——社交要帶他去；常常以演劇之方式促進學習；然其進步甚多也無法補足該生全部之缺陷，只好依據家長之需求、醫生之證明，委員會開

會同意，陳請核准在家教育。

(二)融合教育之實施

目前，特殊教育亦極力推展融合教育，將本是在隔離環境學習之特教生，納入普通學校之普通班級中共同學習，然而教師必須調整課程、改變上課之方式、執行個別化教育方案，以符合特殊生之需求；但如未能提供符合個別需求之學習工具、內容及方式或醫療資源，學生可能因學習條件及情境不利導致挫折感叢生，問題行為產生，影響學習表現（葛竹婷，2003），為避免上述情形，本校將特教班與普通班師資與實習教師形成團隊，目前全時制有 1 班，已實施 2 年，部分時段制有 3 班，採音樂、生活、健康與體育實施從何教學，實施效果甚佳；過程亦有參與教師行動研究，獲致佳績。

(三)參與學校本位課程

本校之學校本位課程為「翱翔天際」，特教班亦積極之參與，每年定期前往鄰近之空軍基地，由基地指揮官安排詳盡之說明，也許是特殊生，亦作特殊之接待，讓有的學生一生可能難得踏上飛機，亦有機會上去坐坐，體驗飛機上之種種，興奮心情溢於言表；另外城鄉交流，不忘配合學校本位課程，選擇宜蘭縣冬山國小，參觀其耗資近千萬之風箏博物館，亦是全力輸入學生生活之經驗，寓樂於治療。

(四)午餐有約

普通班學童在五年級，每 1 班皆須有 1 週時間與特教班共同吃飯，一則提供服務之機會，二則從特教服務體驗中，養成學生珍惜生命，奮發向上之心，往往經過 1 週後，許多學生會主動參加日後之服務志工。

(五)畢業典禮

本校特教班之班親會主動籌畫年度之畢業典禮，通常都以 2 天 1 夜旅行之方式舉行，去過飛牛牧場、杉林溪、宜蘭臨海度假村……等，請父母、老師共同參加，車上之歌唱瘋狂，晚會之律動活動，住宿時之照顧，不自覺之哭喊，往往讓人側目，加以有些家長不能排除萬難，無法出席，教師所負之責任與體

力,真是超乎想像。

四、研究與發展

(一)落實個別教育方案

當辦理個案親師座談,不但個管老師、相關老師、主任必須參加,筆者亦常受邀參與,只見每位授課之老師對特殊生之生活、學習如數家珍,辦理後並作檢討、評估、改進……書面化資訊化等精緻化之處理。

(二)身障生個案輔導評量

當教育局特教科推出此案,以鼓勵之方式請老師參加,其實澳洲昆士蘭教師每5年必須接受教育專業評鑑;部分學校可能轉達方式稍有差錯,或有老師了解不清,對專業之評鑑怕怕……,但本校特教團隊出於自我要求,每位老師都做,在開會討論適合本次評鑑之對象,選出2位教師代表參加,記得負責評鑑的專家學者直接指出:「這就是特教所要的個案輔導評量」,此情此景,讓我真心感動。

(三)行動研究

走過留下痕跡,教學留下檔案;親師生互動之過程必有困擾,行動研究可從教學中發現問題、解決問題,是實踐進修與研究重要之方法與途徑;本校參與教育局行動研究甄選計有4篇之多——占本校參與之多數,篇篇獲獎。誠如指導教授所寫:求真、求善、求美——行動研究與優質學習環境的營造。

五、良師輔導制度

由於有各類之特教生,使得各師院之特教系所皆喜歡來校參觀實習,每每讓輔導主任、特教組長忙碌不堪,但良師傳薪,能夠安排且不影響教學下,總是不讓教授、學生失望;在師傅老師有限下,亦有超過甚多的實習老師登記來本校實習,只好用實習計畫、面談之方式遴選了,對滿懷熱忱、吃苦耐勞之實習老師真有說不出之歉意!

六、結語與建議

　　證嚴法師曾說：「人性之美莫過於誠，誠為一切善法之源……」他們是歡喜做甘願受，筆者只是平實、誠懇的將其所作平鋪直述，猶如名律師之夫人來校作親師座談講座提及：為了自己的一個特教孩子，花了許多時間，分別走遍美國、日本，才發現三民適合她的孩子；也如日本麒麟牌啤酒駐台高級職員為了孩子急急忙忙的找住所，須符合本校學區，當得以入學我們順便要求其正常孩子也最好轉來時，他們毫不猶豫，但也進來一個只會日語完全不會中文的學生，一句話又需偏勞普通、特教老師成立輔導團隊，也讓他們放心……。特教團隊無悔之付出，帶動三民向上向善、優質創新之氣氛，也常讓我思考我又能協助他們什麼？

捌、校務經營舉例——建築物無照之取照

　　本校學生活動中心（中正樓）興建工程於 1985 年 3 月，至 1987 年 10 月因承包商財務困難遭停止營業，以致無法結案取得使用執照。因活動中心無使用執照，所以屬於違章建築，無法整修、無法租用，連本校民航局防噪音工程二期補助也無法施做，再加上以內政部處理違章建築督導考核組第四次決議：「機關學校最遲應於 2006 年 12 月底前拆除違章建築」，也就是說，活動中心無使用執照即屬違章建築，若至 2006 年底仍無法取得使用執照，即將面臨被拆除的命運。綜合以上之因素，激起廖校長及教育局全力解決問題的決心。活動中心沒有使用執照如此經歷了 10 餘年的歲月，在廖校長等人長達 2 年多來的努力下，積極投入人力，溝通協調，發揮團隊精神，最後終於在 2004 年 3 月 31 日取得了使用執照，完成師生共同的心願及解決 10 幾年來之困擾。

　　為取得使用執照，依相關建管法令要求，需重新申領建造執照，故委請結構技師工會公會就該建築進行結構安全鑑定，經結構鑑定後，發現該建築物實有修復補強之必要。

　　有修復補強必要之處，共包括「結構修復補強工程」、「消防系統改善工程」、「水電系統改善工程」三大部分，約述如下：

一、結構修復補強工程施工要點

㈠地質改良工程；㈡樑柱、板、牆修復補強工程；㈢屋頂防水防漏工程；㈣剪力牆施工；㈤防潮壁施工。

二、消防系統改善工程施工要點

㈠火災警報系統工程；㈡消防緊急廣播系統工程；㈢室內消防栓系統工程；㈣消防避難系統工程；㈤緊急停電照明系統工程；㈥發電機安裝、測試、管路配線；㈦滅火器安裝。

三、水電系統改善工程施工要點

㈠電源改修工程；㈡動力設備更新工程（地下室）；㈢燈具設備更新工程（活動中心）；㈣建築環境給水工程；㈤校區管線改善工程；㈥活動中心插座設備管線改善工程。

本校中正樓（學生活動中心）是師生從事教學及學習活動的重要場所，但長久以來因建築物結構問題，尤其地質基礎、屋頂漏水、承重力及樑柱強度……等所潛藏的危險，雖沒有立即傷害，但考量安全層面，實在應該立即改善；再加上建築物沒有使用執照，實屬違章建築，不但有被拆除的危機，而且無法編列修繕之預算，嚴重影響師生教學及學習的權益。而結構修復補強、消防改善及水電改善等工程對學校有很大的幫助，不但解決建築物安全的問題，還給師生安全的學習環境，也促成學校能重新取得使用執照之關鍵，尤有助於後續的修繕、維護、管理工作暨校園開放。此期間由衷感謝上級教育單位之核撥經費、關心指導，本校各處室鼎力協助，尤其，本校之團隊劉煥賢主任、章聖雄建築師、工務局李技正、教育局局長之支持，工程科長、承辦許伯辰先生等用心付出，才能解決各項困難，雖感覺辛勞備至，但一想到 10 幾年來學校未解決之困擾，已結案完成，卻也釋然。

玖、校務經營舉例──校園危機管理處理

本校六年級智能障礙學生阿德（化名），於 2003 年 10 月在家以及在學校

都出現有「我不想活了」、「我要跳樓」之類的言語與不當情緒，本校特教洪老師在校觀察到，即向媽媽反映，媽媽表示阿德是因為看了電視新聞而學習那些句子，洪老師建議媽媽挑選適合的電視節目給阿德看，在校運用諮詢技巧以及教學紀錄幫助阿德找出煩惱，同時告知媽媽，希望可以帶阿德去看兒童心智科醫生，希望醫生的專業可以幫助阿德解決煩惱。

　　從此洪老師對阿德的教學口語特別注意，掛上哨子，繼續寫觀察紀錄。阿德這陣子表現穩定，卻在老師拿下哨子的那天中午（2004年3月22日）的午休時間一直哭，坐不住，一直掉眼淚，後來站起來說「我要跳樓」，洪老師趕緊把門關起來並站在門前擋住，阿德走過來要開門，但拉不開，便出手打了老師兩拳，踢了一腳，老師一躲開，他便開門跑出去，同班的夥伴老師快速跑過來也來不及拉他，阿德踩上三樓洗手台後不慎墜樓。阿德墜樓後直接掉落在花圃中，並壓倒1棵小樹。

一、危機處理過程

㈠導師迅速趕至墜樓地點，另一位教師請實習教師照顧班上其他同學，自己趕去通知校護及訓導人員協助救援。

㈡校護第一時間趕到現場照顧傷患；訓導主任透過廣播要求級任將學生集合在教室內（事發時正是午休結束的下課時間）；新聞發言人迅速了解事發經過後，草擬新聞稿。

㈢校長召集各處室主任，交代處理事項後，陪同傷童到醫院就醫，並直接向督學做口頭報告。

㈣訓導負責校安通報；學生放學前，分發書面通知給全體家長。

㈤下午第1節下課鐘響，緊急召集全校教職員工，由新聞發言人說明事發經過及處理概況，並聲明由新聞發言人對外聯絡及面對媒體採訪。

二、後續處理

㈠維護學生身心健康

1. 教師陪同學生和家長看心理醫師、外科醫師。
2. 教師到學生家裡探望學生復原情形。

3.班級同學歡迎該生回到原班上課。

4.回校之後做授課空間及課程的規畫。

(二)加強學校門禁安全管理

1.隨時注意進出人員。

2.與警消單位配合與聯繫。

(三)全校學生心理輔導

1.該班班級輔導。

2.其他班級輔導。

3.全校團體輔導。

(四)全校師生宣導

1.當天告知各班導師及學生和家長，安撫學生情緒。

2.隔天教師緊急晨會，說明情況。

3.特教班個案會議協助處理（教師課務及學生課業輔導）。

(五)協助家長照顧學生

1.就醫期：醫院裡每日都有教師陪同照顧學生。

　　　　校長、主任行政及其他教師到醫院陪同與看護。

2.在家復原期：教師群協助學生身心及課業發展。

3.回校就學：注意時間和空間及課程的配置。

4.申請急難救助金。

三、危機處理方式探討

就發生原因而言：

㈠直接成因：

　1.學生心理不穩定及偏差觀念。

　2.天氣燥熱。

㈡間接成因：師生互動過於信任，始料未及。

就決策者的認知及決策過程而言：

㈠維護師生安全及尊嚴。

㈡緊急處理及送醫：打 119，護理人員第一時間的急救處理。

㈢聯繫陳報：通知家長及報局、警之處理。

㈣媒體應對：確立發言人制度對外統一發言，撰寫新聞稿，面對媒體。

㈤安撫全校師生情緒：說明事情始末與處理流程。

㈥輔導學生珍惜生命。

四、就溝通過程而言

㈠給與家人支持及協助

1. 校長、輔導主任、個案導師及特教班資深老師在第一時間陪同到醫院急診並與家長說明事件經過，並與家長討論個案最近的情緒及行為問題，及需要學校協助支援的事項（醫療保險的申請、照顧個案的人力分擔）。
2. 由特教班資深老師及個案導師共同陪同母親到市立療養院兒童精神科就診，詢問個案長期就醫的主治醫師，告知個案在學校發生的事件。
3. 協調特教班老師每天 1 人輪流到醫院協助家長照顧個案，穩定個案情緒及分擔母親照顧個案之辛勞。

㈡轉介專業的支援與協助

1. 與市立療養院兒童精神科陳正雄醫師密切聯絡，接受醫師建議，嘗試安置於「市療又一村」，個案導師及特教班資深老師共同陪同母親到市立療養院參觀又一村的學習環境及課程。
2. 學生痊癒出院後，由導師陪同家長帶個案至又一村就讀。
3. 轉介個案至東區行為處理支援團隊，由團隊老師及社工接手個案後續輔導，導師及行政單位持續密切聯繫了解各案狀況。
4. 在校學生的輔導，及發通知單知會家長。

(三)返校就讀的溝通與準備

1. 與家長及行為支援團隊教師社工召開個案會議，協調返校事宜。

2. 調整教室位置，改變其活動空間，避免造成心理壓力。

3. 協助返校後的生活適應。

五、就媒體的處理而言

(一)迅速了解事實真相：新聞發言人利用等候救護車送醫前短暫時間詢問導師事發經過並陳報校長。

(二)撰寫新聞稿：邀請同教室另一位教師協助，完成新聞稿內容。

(三)配合記者採訪：事發半小時後，第 1 位報社文字記者到校要求採訪，放學前又來了 3、4 家媒體，包括電子媒體及報社。校內由新聞發言人負責接待媒體，主動說明事件始末，配合媒體要求採訪與拍照（特教學生不能清楚照出）；醫院部分則由校長直接發言，新聞發言人與校長隨時保持聯繫。

(四)蒐集媒體記者的看法：次日新聞報導、文章內容與學校對媒體所呈現的資料相符，並無負面報導。

六、結論與建議

任何意外都是大家所不樂見的，而為了防止意外的發生及做好意外的處理，平時學校即應建立一套完善的危機管理機制。危機管理乃是組織為了避免或減輕危機情境所帶來的嚴重威脅，而所從事的長期性規畫及不斷學習、適應的動態過程。因此，對於本校在處理學生墜樓意外事件過程中，我們也認真檢討來尋求改進，並將所獲得的經驗列入本學校未來的危機管理計畫中，以便本校在未來面對此種類似的危機挑戰時能有所因應。

(一)加強危機意識

本次學生意外墜樓事件的發生，一部分的原因在於學生的憂鬱症病情，導致在情緒不穩定的狀況下所做出的衝動行為，若家長及學校人員在事前能多一分注意，給與適當的隔離措施，或許可以降低意外的傷害。經由這次事件的教

訓，也讓我們更須正視憂鬱症等情緒障礙疾病是否適合就學的問題；如果學生有情緒障礙疾病時，老師更應多注意學生是否有自殺傾向，並向相關單位請求支援。當然我們希望透過多與教育專家、心理諮商與輔導者，乃至於學生家長們進行工作經驗上的交換，以聽取不同的聲音，並可邀集學者專家來舉行研討會，透過意見交流及對目前環境做解析的方式，來時時督促自己危機意識的警醒及反應能力的加強。

(二)專業是解決危機之基礎

行政處變不驚，按專業專長分工，明白危機處理之流程，並且發揮效率，無論是新聞稿、危機事件報局之文件，皆須在極短之時間完成；教師亦須專業熱忱，平時即需贏得高度之信任與讚譽，並有良好的 EQ，相互合作，遇事發揮團隊精神，讓危機迎刃而解，並化為轉機與生機。

(三)擬訂危機管理計畫

本次的事件發生時，校內已擬訂一套完整的危機管理計畫，而且相關的應變措施也在第一時間做適宜的處理，校長也親自到達現場指揮處理相關事宜。所以，學校發生重大事情時，最重要的是成立危機管理小組，事先掌握狀況並對症下藥，而在對媒體說明時，也以公開、坦承的原則處理。

(四)檢討校園環境安全問題

校園安全是師生教學與學習的最大保障，有良好而安全的學習環境才能帶來良好的學習成果，目前本校已建立起所有教學設施的安全檢查機制，希望透過更多的關心與注意，將校園中會對學生造成意外傷害的可能設施做最好的防範，以使傷害減至最低。

所謂有效的危機管理，是一項非常重要且非常複雜的動態管理過程，學校中欲對危機作有效的管理，首先要建立「凡事豫則立，不豫則廢」的正確態度來面對危機，再以長期規畫的觀點來對學校可能發生的危機作準備，並建構一套周詳的危機管理策略，從不斷的學習過程中來達到危機管理的成效，這一次的意外事件，除有慶幸阿德只受了輕傷外，我們也從中得到了許多經驗與教訓，平時即做好應有的防範，只希望意外不要再發生了。

拾、校務經營舉例──良師楷模之推薦

　　優質學校有賴良好之校園文化，而其文化有賴優良老師的開創與傳承，茲舉教育有愛在三民──深愛幼童的覃辰玲老師之例說明：

　　台北市三民國小附幼的老師們是一個集智慧、美麗、才華、創意、愛心……的堅強陣容團隊，他們無論在教學、慶典活動、親師活動、保育健康、視力保健……等各種活動都是辦得有聲有色、逗趣活潑，讓學校同仁、家長為之讚嘆！我也是以他們為典範，引為全校之楷模。尤其這 2 年來，幼稚園在覃辰玲園長的領導之下，更是煥然一新，一路走來「獎」不完，幼稚園猶如一隻蛻變中的蝴蝶，令人驚豔，受家長肯定！

　　辰玲老師平日在學校和同仁相處融洽，是大家敬佩的好老師，也是行政同仁中我最為賞識的一位。每天早上早早到校、晚晚回家，「只知道上班，常忘了下班」，為幼園前景之策畫、幼兒保育之內涵豐潤而構思……，從不抱怨、不計較，像姊姊一樣默默的帶著幼稚園的老師們戮力同心，為民族的幼苗奉獻犧牲，其認真負責的精神令人感佩！這 2 年在她溫柔堅持的原則及不怕任何困難下，幼稚園頻獲殊榮、屢創佳績！

　　她的努力與付出，讓幼稚園開出一朵朵美麗的花，讓「三民附幼」的優質、精緻、卓越、創新聲名遠播，獲得大家一致讚美，我與同仁、家長亦與有榮焉。

　　在教學方面，她更是深獲家長信賴、學生喜愛的好園丁，因材施教，孜孜不倦的為孩子準備教材、布置學習情境，常常看她和孩子走出教室，在永續校園──大自然校園環境中和孩子一起探索、一起遊戲；也常看她帶著孩子一起拜訪社區、善用社區資源教導孩子，是一位超有愛心、耐心、關心孩子的「孩子王」。

　　這樣一位優秀的教育工作者，是杏壇的楷模，值此特殊優良教師遴選之際，忝為三民之同儕與大家長的身分，特為之舉薦，期許大家能肯定她的付出與傑出，則幼稚教育定能發光發亮，亦能讓幼稚園展現「幼幼童心」之新風貌。

拾壹、校務經營舉例──國外校際交流

　　有幸能夠與台北市教育局之長官、教育界之前輩校長所組成之澳洲昆士蘭州教育參訪團，千里迢迢，遠赴甚為陌生的大島國──澳洲參訪，雖造訪學校校數甚多，但 Kelvin Grove College 這所學校卻讓我記憶深刻；以下就學校之經營、生活教育、親師合作……等，約略道來，以為借鏡，並為爾來教育之潮流──國際交流、校際結盟作為重要之參考。

　　澳洲昆士蘭州之學校皆重視價值與生活教育；國內最近常談永續發展──環境教育是關鍵，邁向地球村的兩樣通行證──公德心與環保情，這是台灣要進入已開發國家常為世人詬病，也是亟需改善的重要一環；它落實之道由生活教育做起，應是關鍵；渡過萬水千山，沒想到普世之價值──重視生活教育，卻在昆士蘭州各學校處處可見，自小就強調 character、leadership、influence、breakthrough；尤其是這所規模不大之 Kelvin Grove College 也是一再強調：對生活教育、價值引導、社會道德……等應予重視，常有謂：「放棄基本價值、道德即放棄自由」，另外從 Dr. Brendan Nelson 所說：「廣泛且明確之價值教育，和渴望學習是一般重要；我們喜歡天賦，最後品格才是重點。」（Comprehensive explicit value education will be as central to schooling as is transferring a thirst for learning. We all love talent , but in the end it is character that counts）亦可印證其對生活教育、品德教育之重視。

　　行萬里路讀萬卷書，是古來之明訓，在今日天涯若比鄰、地球村的時代是更容易，且是更有其必要性；在台北市，教育應讓國人走出去，也應讓世界走進來，其關鍵是國民應具有世界通用的語言能力；而英語的學習是台北市教育之發展重點，如家庭環境經濟許可、在孩子生活具有自理能力時，若能夠讓孩子出國遊學，親身體驗國外寄宿家庭英語的學習，必能增長學習語言之信心，而該校對遊學課程的安排，也能激發其學習之興趣，也由於學校對品德、生活教育之重視，亦能令父母放心，值此國際交流、學習語言成為教育之趨勢時，距離台灣較近之澳洲，應是極佳之選擇。

拾貳、結　語

　　筆者恩師林文律教授有心將校長從發心、有願、築夢踏實，至用心校務經營之苦心，希望從心思考，以事實敘述，秉持著：「知識份子最高貴之事莫過於將知識與經驗傳授予世人」；筆者就研究之題材以及擔任台北市環境教育輔導團、很淺之校長資歷，內心所感暨平日在《教師天地》（台北市教師中心出版）、《環教季刊》（台北市立師院環教所）、《環教簡訊》、本校校刊、《輔導親橋》……等發表所出刊之文章，綜合彙整而成，願教授及方家先進們惠予指正，如能對教育發生些許之省思與提升，則屬幸甚！

（參考文獻略）

作者簡介

　　作者廖文斌，出生於桃園縣觀音鄉偏僻之小村落，家中人口眾多，父母親務農維生，目不識丁，常以「再窮也不能窮教育，再苦也要讓孩子去求學」勉勵我們努力向學，孕育日後為人處事皆以農夫之精神——待人以誠、良好EQ、以身作則，終身學習；曾經歷國小教師、組長、教務、訓導、總務、輔導四處室主任；並榮獲台北市特殊優良教師——師鐸獎（1993）；經遴選獲聘為台北市松山區三民國小校長，現任台北市內湖區新湖國小校長，服務期間，兼任臺北市國民教育輔導團國小環境教育小組輔導員、主任輔導員；除本身學校經營被譽為特教夢幻團隊、幼教「金學園」、永續發展中心學校、深耕閱讀績優學校……等外，並致力於精緻教育——優質學校經營（自然校園）之建構與發展，隨即，新湖國小榮獲市長頒贈「2007台北市優質學校—學校文化優質獎」。教育需不斷的提升，希望能繼續為打造創意、關懷、分享、健康、永續之校園而努力。

小學校長校務經營理念與具體策略 ——以台北市忠義國小爲例

林騰雲
原任台北市忠義國小校長
現任台北市幸安國小校長

壹、緣 起

個人出生於台南縣北門鄉沿海的村落，1977 年考上屏東師專，1982 年畢業，圓了當老師的夢想。任教之初，分發於南部小型學校擔任高年級級任兼教務組長，協辦相關行政工作，也踏出了我學校行政工作的第一步。

2 年的努力，受校長肯定和推薦，並獲教育局頒發獎狀鼓勵，逐漸萌發了個人以行政服務師生的念頭。之後，爲了成長和進修，北調服務，除了擔任級任之外，也接任事務組長、輔導組長等工作。1993 年考上台北市國小候用主任，儲訓後應聘到台北市文山區明道國民小學擔任總務主任，8 年之間歷任總務、訓導、教務等三個處室。

在此段行政工作的歷練過程中，很感恩的是，一直有校長、長官的鼓勵和指導；有主任、同儕的砥礪和分享。因此，個人學習和效法之心油然而生，願意爲教育肩負更多的責任，願意挑戰校長艱鉅職務的熱忱與念頭，也漸漸的浮上心頭。

2001 年 5 月參加台北市國小校長甄選，很幸運的獲得錄取，並於 5 月 14 日至 7 月 6 日參加爲期 8 週的儲訓，結訓後參加校長遴選，承蒙忠義國小校長遴選委員會及台北市校長遴選委員會各位委員及長官們的青睞，才能有機會與忠義國小的全體教職員工和家長們結緣，共同爲孩子們的教育而努力。

一、校長築夢之路

　　仔細回首，從挑戰自己到實踐理想的過程中，個人在內心想法、行為態度、工作與家庭、現實與理想等層面都受到很大的牽動，個人試著從下列四個向度去思考與解決：

　　㈠自我評估：個人思考到校長的工作職務與其他教育人員略有不同，所執行的人、事、物層面較廣，工作的時間較長，工作的內容也常是特殊的、即時的、棘手的不特定勤務。因此在決定踏上校長之路前，對校長這份工作的性質、可能的困境，以及是否與自己的個性、興趣符合等，進行了較多的自我覺察、了解與評估。

　　㈡角色調適：雖然校長、主任、教師都是學校教育人員，但因角色的扮演和任務有所差異，因此在認知、想法、態度等方面，必須有所調整。個人嘗試運用整體校務經營的角度，以較宏觀的視野，較多關注的面向，來應對和處理相關的事情或問題。

　　㈢尋求支持：在邁向校長之路的過程中，不論是準備甄試、接受儲訓，或是參與遴選，甚至是正式接任之後校務的經營，都是一段相當艱辛、甚至是寂寞的長路，因此格外需要與家人溝通，獲得家人的支持陪伴及溫馨關懷。

　　㈣自我激勵：要不斷的激勵自己，尤其是在校長甄選未通過時，經常會陷入是否要「屢敗屢戰」，或是要重新調整生涯規畫的矛盾與掙扎中。最後個人以「經驗是可以累積的，智慧是可以增長的，策略是可以調整的，理想是可以慢慢達成的」不斷的自我激勵，並秉持「就從此刻開始吧！」的心情，以及不怕苦、不怕磨練的意志，來面對一切的艱難與挑戰。

　　其次，從甄試筆試和口試的準備，到錄取後的儲訓，再到儲訓合格取得證書參與遴選，一直到正式擔任校長，是一連串繁複艱難的過程，不但要有周詳的計畫，也要有循序漸進的步驟，方能逐步達成目標。以甄試的準備而言，以下是個人幾個努力的重點及心得：

　　㈠計畫周詳，自我檢核：要求自己擬訂候用校長甄選筆試口試的準備計畫，列出進度表，將可運用的時間作妥善的規畫，並定時自我檢核，期勉自己不斷精進，持續的自我充實。

㈡理論實務，相輔相成：「盡力工作就是培養實力」，讓自己認真的投入工作中，從各個校務層面學習規畫和執行的具體做法，以及各項疑難問題的解決能力，再配合研讀教育專著、期刊，提升專業知能，讓書本上的理論得以檢證活用，如此理論與實務並重，兩者相輔相成，效果最佳。

㈢不吝請益，虛心學習：不論是實務的經驗，或是應試的技巧秘訣，前輩校長都有許多寶貴的經驗，可以作為個人學習和參考的指標，更難能可貴的是這些校長都願意傾囊相授，不藏私，也沒有門戶之見，只要自己虛心請教，一定是獲益良多。

㈣加入團體，支持成長：參加讀書會可以交流彼此的讀書心得、工作經驗、把握最新的教育政策和訊息，並透過模擬筆試及口試之應答，以增加臨場經驗。此外，考前心理壓力會倍增，還有不斷湧現的不確定感，均可以透過夥伴團體的支持、鼓勵，以舒緩應試的壓力。

二、儲訓與經驗之儲備

經過候用校長甄試錄取之後，緊接著就要參加候用校長儲訓研習。就個人的觀察和體驗，台北市校長的儲訓制度是相當完善的，課程的規畫設計也相當周延，不但有理念清楚的課程脈絡架構，更有檢核儲訓成效的尾端管控和共同評鑑機制，還有精緻的「每日省思」活動，來沉澱儲訓期間的所學所感。

最值得一提的是「師徒制」的輔導制度，在實習期間採取 3 位實習校長對 3 位師傅校長的「學習小組」設計，讓實習校長能如影隨形的跟著師傅校長，作全面性的學習，獲益最多，非常值得其他縣市參考。

除此之外，在擔任校長之前，有一些實務的經驗，對日後校務的經營是有相當大的幫助，個人舉其要者如下：

㈠豐富的歷練：依個人的體驗而言，能擔任不同的行政處室職務，歷練不同的行政層面，對於校長的領導，校務的經營是有相當大的幫助。因此，以總務工作紮根，從服務的方向出發，是一個滿好的開始，因為只要努力就可以看到收穫，是相當有成就感的，特別是環境的美化、設備的增置、工程的建設，以及職工的帶動等，可以具體看到努力的成效。其次，歷練訓輔工作，才能深入了解和學習如何規畫並推動學生相關事務。之後，有機會再任職教務工作，接受課程改革的洗禮和挑戰，並透過與全體教師同仁

真誠的對話,學習引導教師們教學專業的成長。

㈡研習與進修:雖然擔任行政工作相當忙碌,但是研習與進修卻是不可忽略,除了甄試積分的考量之外,最主要的還是透過研習與進修,可以了解最新的教育政策、法令規定,學習最新的教育理論、工作要領,掌握最新的時代脈動、社會資訊,並增進校際之間的經驗交流。

㈢參訪與觀摩:研習與進修多半是以講述和經驗分享為主,如果再搭配實際的參訪與觀摩,透過親身的觀察和感受,不但印象深刻,也常能觸發新的創意,效果更加顯著。例如,10多年前個人參加台北市國民小學綠化美化觀摩活動,對於觀摩學校的用心規畫以及創意巧思,至今仍記憶猶新。

貳、校務經營的理念和方向

「教育是百年樹人的大業」,尤其是國民小學階段的教育,乃是教育的紮根工作,對於兒童良好生活習慣的培養,健全人格的發展,以及奠定日後追求新知的基礎,都有深遠的影響。個人認為,校長是學校教育的引航者,隨著21新世紀的來臨,學校校長更應建立正確的教育理念,才能提高學校教育的品質,創建優質的教育環境。

一、個人的教育思想

教育思想是教育學者的觀點論述,是理論的;而化為教育歷程時,卻是一個具體實際的行動,身為學校教育的引航者,其潛在的教育思想,在在都會影響著整個校務的規畫、經營、推動與實踐,其重要性不言可喻。因此,以下謹從教育觀、哲學觀、心理觀和行政觀等四個面向,略述個人的教育思想:

㈠人文主義的教育觀:教育的本質是肯定人性尊嚴,尊重人的價值,教育的目的在於促進自我實現,完成人的價值;教育的內容強調課程之統整與學生實際經驗;教育的方法強調因材施教,重視啟發性、創造性與探究的方法。

㈡後現代教育思潮的哲學觀:教育應朝向鬆綁、多元、權力下放的方向發展,符應民主化社會的精神,注重多元文化教育,並尊重個別差異。

㈢多元智慧理論的心理觀:打破傳統狹隘智力觀念,鼓勵以宏觀的角度來看

智力，認為人類的能力至少含有 8 種智能，包括語言、邏輯數理、空間、體覺、音樂、人際、自知、自然觀察等多元智慧，每個人都有其不同的專長、不同的能力與不同的特質。

㈣轉型領導的行政觀：現階段應該是一個強調發揮團體智慧的時代，身為行政領導者，也應該具有現代化的領導思維。在同仁方面，領導者須具備前瞻性的眼光及個人的魅力，運用各種有效的策略，激勵同仁專長與潛能，以提升工作動機及工作滿足感，進而達到自我實現的境界。在組織方面，強調縮短層級決策，簡化作業流程，發揮行政效率與效能，並加強溝通，建立有組織、有共識、有默契、有彈性的工作團隊。在目標方面，藉由個別的關懷，能力的肯定，邀請同仁發展共享的願景，促進目標的實現。

二、校務經營的理念

基於上述的教育觀點，個人的校務經營理念如下：

㈠以學生為中心，落實全人教育：秉持以「學生為中心」的理念，考量學生的學習需求，舉凡學校的課程研發、教材編選、教學設計、活動規畫、環境設備、情境布置等，均考慮學生的興趣、能力和需要，做最適當的安排。

㈡以教學為核心，提供多元學習：教學活動是學校教育的核心工作，為提升教師教學效能，應辦理多元教師進修，以提高教師專業知能，有專業的教師，設計統整的課程，提供生活化的教材，運用生動活潑的教法，進行適性的評量，才能活化教學，讓孩子涵育在「始於快樂，終於智慧」的學習歷程中。

㈢以團隊為動力，形塑優質行政：秉持「行政支援教學」的理念，建立主動積極、廉能效率的行政，提供師生安全環境及充裕教學設備，透過參與式的互動、制度化的運作、人性化的關懷及專業化的組織，形塑優質的校園文化，提供學校精進的動力。

㈣以合作為基礎，整合多方資源：從資源的整合中，匯集多方力量；從親師合作中，開創無限的資源。力行「參與管理」，以開闊的心胸，整合學校行政、教師、家長的智慧與力量，共同合作同心協力經營校務，建立休戚與共的服務團隊。

㈤以永續為原則，發展學校特色：依據學區特性、學生需求、教師專長和家長期望，逐步建立具備發展性、延續性、卓越性之學校特色。此外，配合校務評鑑機制，不斷實施回饋與修正，以促進校務革新與永續經營發展。

三、校務發展的方向

學校是社區的一部分，學校的發展與社區環境資源息息相關，為了能讓學校與社區環境脈絡融合，在校務的經營上，有必要先了解學校與社區發展的背景，再據以研訂最好的發展方向。

㈠檢視校務經營背景、研訂中長程發展計畫

校務經營背景的了解，可採用SWOT分析法，了解學校概況與特色、社區環境與資源、學校發展的有利條件、學校發展的不利因素，以及學校願景、未來發展的契機等。

以本校而言，忠義國小位於台北市第一期國宅「南機場公寓」社區，交通便捷，是一所溫馨和諧，具有社區草根特性的學校。但社區環境較為老舊，經濟收入以「南機場夜市」為代表，人口結構高齡化，學生班級人數較少。學校如何在這些社區環境較不利的情形下，掌握時代的脈動和教育的趨勢與時俱進，發揮都會區小班小校的有利條件，為本校校務發展首要重視與深思的課題。

㈡落實學校社區化，整合社區學習資源網路

學校為社區的一部分，與社區的關係非常密切。本校透過區級學區調整會議，除保留原有學區之外，並爭取開放成為大學區，以充分應用學校資源，吸納更多學生入學。此外，仍需積極建立親師合作關係，辦理學校日活動，成立班親會規畫班級親師活動，協助班級教學。發揮家長會組織功能，積極成立志工團體，協助校務推動。廣納家長及社區資源，推動社區總體營造。進行策略聯盟，建立學校群組策略合作關係，引進民間優質團體，豐富學習資源。

㈢力行校園民主，建立網狀溝通參與模式

建立主動、敏捷的行政，積極支援教學，尊重教師專業，給與教學自主空間。暢通溝通管道，定期舉行學年會議、校務會議，邀請家長會代表參加，以

擴大參與層面,提高決策品質。力行民主領導,健全各處室組織、專才專用、分層負責、勞逸均衡、充分授權。

㈣尊重教師專業,提供教師發揮舞台

落實小班教學精神、推動行動研究與九年一貫課程,成立課程發展委員會,發展學校本位課程。推動精緻教學,組織教學群,實施協同教學,鼓勵同儕視導,提升教學效能。促進教師專業成長,辦理學校本位進修活動,組織教師成長團體,透過教師專業對話,討論教學經驗,並將教師教學研究成果集結出版。

㈤維護學生權益,營造優質的學習環境

實施成就感教學,運用科技及教學媒體,使學生有成功的機會。加強英語教學,聘任教育部認證合格之英語師資,布置英語學習環境。推動資訊教育,使學生能具備上網搜尋及運用資訊能力。提供發表機會,辦理各項社團活動,試探學生多元性向,鼓勵每個孩子學會一種才藝,辦理各項營隊,提供學生多樣化的學藝和休閒活動,如城鄉交流、育樂營等。

㈥營造安全溫馨的校園環境,促進學生健康成長

定期檢修遊戲器材,維護學生安全,加強導護及校警之巡邏。配合各年級課程之需求,規畫教材園、設置學習步道。加強綠化美化之管理,規畫小小藝廊,提供師生發表舞台,改善專科教室設備,提供舒適寬敞之教學空間。充實教學設備,添購視聽教學媒體,依教師需求採購圖書教具,豐富學習內涵。落實認輔制度、加強小團體輔導與補救教學,辦理輔導活動,促進學生身心健康。

參、校務經營的具體策略

校務經營的層面相當廣泛,茲就行政領導、課程與教學領導、公共關係的營造、特殊學生的兼顧、學校特色以及組織變革等諸多層面,分享個人校務經營的具體策略:

一、行政領導

「行政領導」是以「人」的領導為核心，運用「溝通」、「人際吸引」產生凝聚力，並善用權力，建立衝突協商機制，以提高行政效能。而學校的行政團隊，是校務發展的成敗關鍵，因此，有必要先建立堅強合作的行政團隊。

(一)組織「Teamwork 團隊」

1. 透過主管會報、行政會議等機會加強宣導團隊運作的理念。
2. 接任校長新職時，誠心的邀請每一位優秀而且有豐富經驗的主任繼續為學校共同努力。
3. 組長的人事部分，完全授權處室主任選用最適合的工作夥伴。
4. 當主任職務外調或出缺時，優先遴用校內最優秀的行政人才。
5. 各處室的個別工作，由處室團隊成員，以協同一致的團隊合作模式，講求機動效率、彈性調配、隨時補位。
6. 跨處室的工作，則事先做充分溝通，以分工合作的團隊運作模式，注重分進合擊、相互支援。

(二)發揮行政團隊的戰力

在如何有效發揮行政團隊的戰力方面，謹以本校 93 學年度代表台北市國民小學，參與全國交通安全教育評鑑，在時間並不是很充裕、資源並不是很充沛的情況下，行政團隊之有效運作為例，說明如下：

1. 觀摩學習，經驗交流：本校與其他 5 所參與評鑑的學校行政團隊，在教育局長官的安排帶領下，前往本市文林國小、桃園縣同德國小進行觀摩活動，吸取寶貴的經驗。
2. 責任分工，任務明確：經過全盤的分析了解評鑑內容、進程後，將評鑑應行準備的事項，逐一列出，再依權責分工，分配明確的任務，包括校長、四個行政處室、人事、會計、全體教師，甚至家長會、學校志工等，全體總動員。
3. 橫向連繫，縱向協調：利用主管會報和行政會議時間，就本評鑑相關準備工作，進行討論、溝通、連繫與協調。重視校內各單位之間的橫向連繫，

讓處室之間及處組之間的工作進行能更加順暢、效率能更加提升。同時加強校外各相關單位的聯絡工作，包含交通警察大隊、派出所、交通部、交通局、捷運局、鐵路局、高速公路局、監理所等資源單位；教育局、台北市汽車駕駛訓練中心等協助單位；以及外部評鑑委員之評鑑細節連繫等。

4. 掌控進度、籌措經費：確實把握計畫時程和進度，以目標的達成作為最高指導原則，時時關注現況，了解疑難與問題，協助克服。經費方面，除了妥善規畫運用教育局之補助款外，不足部分也勻支相關經費，給與支援。

5. 肯定支持、獎勵嘉勉：本項評鑑工作，在發揮團隊戰力下，圓滿告一個段落。對於團隊的優異表現，立即誠摯的、公開的給與肯定與褒揚。若有敘獎機會，把握「獎由下起」原則，依敘獎名額給與獎勵。

二、課程的領導

(一)具體策略

就課程領導的角色而言，校長是課程發展的啟動者、課程設計的輔導者、課程實施的協助者，也是課程評鑑的檢驗者。以本校發展九年一貫課程為例，個人在課程與教學領導之具體策略，分別從規畫、設計、實施和評鑑等四方面略述：

1. 在規畫方面：校長是課程組織的啟動者，依規定成立課程發展委員會，組織成員涵蓋校長、處室主任、行政代表、教師代表、家長代表共 21 人，參與的層面廣。並分析了解學校發展的優勢與背景、家長期望、教師專長、學生需求，期能建構符合本校的學校課程。

2. 在設計方面：校長在課程的設計過程必須扮演輔導者的角色，充分掌握課程設計的原則，深入了解課程設計的內涵。本校自 91 學年度起全校實施九年一貫課程，各學習領域教學時數之規畫設計，先經各領域小組討論，再將小組意見提請課程發展委員會通過實施，原則上以符合課程綱要各領域之上下限為最高原則。本校的本位課程以柔道角力課程、校園自然生態課程、鄉土社會統整課程等三項為發展主軸，並積極發展綜合學習領域，目前已設計完成一、二年級的自編教材，開始實施。除此之外，尚把學校行事與班級活動融入各領域教學，並在彈性學習時間妥善安排。

3. 在實施方面：校長是課程實施中的協助者，協助解決問題，突破瓶頸與限制。因為本校同仁不是很多，意見的傳達、諮詢、聯絡都很快，除了定期召開課程發展委員會外，如有緊急事項，教師早會、週三進修等時間，都是討論課程的重要時機，因此，課程組織運作順暢。

4. 在評鑑方面：「課程的發展，基本上是沒有終點的」。因此，經過實施之後，校長必須扮演檢驗者的角色，透過評鑑的過程自我檢視，以便修正學校課程計畫，及調整課程領導的步調。課程評鑑可以採多元化方式實施，分「內部評鑑」與「外部評鑑」，兼重形成性評鑑與總結性評鑑，包含教學檔案和學習檔案等書面資料檢核、訪談、問卷、教學現場觀察與回饋等。參酌學者專家與各校課程計畫評鑑表，設計本校課程評鑑表，請全體教師依評鑑指標，按時檢核課程計畫。

(二)實施成果與困境

透過課程發展委員會的運作及全體教職同仁的努力，九年一貫課程推動順利，除了產出部分良好的成果，並能融入了本校的發展特色，例如：

1. 經過本校同仁共同的努力，學校課程計畫從 90 學年度起，均能依規定期限完成，送交教育局備查時，也都是一次就審查通過。

2. 90 學年度第二學期學校課程計畫，榮獲教育局推薦為優良課程計畫，並參加教育部「標竿 100 九年一貫課程推手」選拔，92 學年度下學期及 93 學年度上、下學期，更連續 3 個學期榮獲第三群組學校課程計畫優良獎，並獲推薦上傳「哈特網」的殊榮。

3. 學校本位課程中的柔道角力課程，清楚的呈現課程的結構，目前發展漸趨周延，是學校「特色」與「課程」結合的良好模式。

當然，在修正的過程中也發現部分實施上的困難，例如：

1. 在課程計畫實施方面的一些技術性問題，其中授課節數分配問題是重點，經檢視「彈性學習節數」實際執行情形，發現沒有落實，原因乃出在「節數規畫」。因此，新學期的「彈性學習節數」，我們必須仔細規畫每一節課的實施進度與內容，才能找出時間發展本位課程。

2. 教師的教學負擔重，可運用於課程發展的時間相對不多，而外在的環境也缺乏適當的評鑑機制、激勵措施，這些都是課程發展較不利的困難點。

三、教學的領導

在教學領導方面，個人覺得「教學」是學校教育的主軸，也是教育工作的核心。因此「教學領導」是透過「資源整合、品質管制」的過程，以「分工＋授權；能力＋遠見；動機＋堅毅」的原則，引導老師發揮教學成效，達成教學目標。

因此，舉凡對教學目標的掌握、對學生身心的了解、對課程的合理安排、對教材教法的改善、對教學情境的用心布置、對資訊教學媒體的妥善運用，以及有效的班級經營和作業指導等，都是相當重要的課題。所幸本校教師同仁具有認真敬業的教學態度，是校務經營最大的功臣，讓個人由衷的感佩，而不斷給與肯定與鼓勵。

除此之外，個人推動「隔週二晨間進修」活動，邀請校內教師同仁於隔週二晨間活動時間，交流彼此寶貴的教學和成長經驗，成效良好。學生部分則由訓導處統一規畫，於該時段辦理豐富的兒童宣導活動。

將來若能提供更多的研習機會，鼓勵同仁研修「發展性教學輔導系統」，並充分運用，相信對教學效能的提升一定有莫大的幫助。也更期待能達到帶領同仁進行「同儕教學視導」的目標，透過彼此的相互觀察，改進教學，提升效能。

四、特殊學生的兼顧

愛是跨越障礙最大的力量！特殊的孩子，只要多一點關愛，多一點尊重、鼓勵和包容，他們的天空就無限寬廣。本校無資優班，但設有資源班 1 班，以提供智能、學習、行為、情緒等身心障礙學童服務，其中多數為學習障礙的孩子、少數為自閉症兒童，為了有效協助特殊孩子的學校生活和學習適應，具體的措施如下：

㈠落實特教組織活動：校長及各處室行政人員參與委員會組織，委員成員包括特殊學生家長代表。定期召開特教推行委員會會議，確實評估特殊孩子的個別需求，並透過學期前新生安置會議、IEP 會議等，作個別化課程設計與最佳的安置，再經由學期中重新安置會議、期末檢討會議，確實檢討修正，執行回歸或轉介，並作成相關紀錄。

㈡鼓勵教師專業成長：聘用合格特教教師，擔任本校資源班教師，並鼓勵教師不斷參與特教專業進修與相關專業研究活動，以提升特教專業知能。目前 2 位特教老師已經取得學障、情障初階和進階種子教師資格。

㈢規畫完善的無障礙校園：在融合教育的重點下，除了照顧大多數學生外亦特別考量少數學生的權益。目前本校無障礙環境規畫相當完善，計有無障礙坡道、廁所、扶手、電話、專用電梯等設施，讓特殊學生在最少限制的情境下，充分發揮潛能。在教室空間的使用方面，當特教學生安置於普通班時，優先考量學生需求安排座位、分組、設置小老師等。當特教學生安置於資源班時，則以簾幕區隔出不同學習區域、活動區塊，以降低影響學習專注的因素。

㈣關注弱勢學生的個別需求：考量特殊學生的需求，除了提供特教學生空間與心理上的無障礙環境外，並提供相關的服務，如編班、身體病弱者教室的安排、獎助學金申請、國中小的轉銜工作等，並視特教生的個別需求，申請提供職能治療、語言治療等相關服務。

對於資賦優異的學童，也經由級任老師或家長的申請，透過鑑定、會議討論後，作最適當的安排。此外，對於低收入戶、原住民、單親、隔代教養等較弱勢家庭的學童，也依其家庭情況之不同，盡力給與協助，包括午餐補助、書籍費減免、課後才藝班和畢業參觀減半收費、協助學童申請補助款或獎學金、辦理補救教學、辦理弭平落差課業輔導計畫、加強親職教育、辦理教育優先區計畫等，以提供弱勢家庭學童更多的關懷和實質的協助。

㈤充實特教的經費與設備：視經費狀況和學生需求情形，隨時更新補充特教學生之教學設備與輔具。例如，本校某位學童雖未達視覺障礙規定補助標準，但考量學生學習之需求，仍然設法協助申請大字書給與使用。

五、公共關係的營造

學校公共關係的經營如水資源的作用般，可以載舟也能覆舟；可以灌溉但也可能氾濫成災。學校不應防堵而應疏導，才能化阻力為助力，做妥善有效的運用。基於學校經營是總體營造的觀點，因此，不論「對外關係的經營」、「與家長、家長會關係的經營」、「對內關係的經營」或是「與學生關係的經

營」，都應予以兼顧，以下分別說明之：

(一)對外關係的經營

　　基於「學校是政府與社區的公共財」的理念，開放學校公共設施、結合社區資源、廣泛應用傳媒、公開學校辦學資訊、包裝行銷學校教育成果等，以取得社會大眾的認識，營造合宜的對外關係，已成為現代學校教育相當重視與運用的一環。在對外關係的經營上，應重視「與社區的互動」、「與大眾媒體的互動」、「社區資源的整合利用」，以及「社區與學校資源共享」等方面。

1. 與社區的互動：本校一直與社區保持良好的關係，例如本校配合「忠勤社區環境改造計畫」，將學校外牆、騎樓、櫥窗一體施工；櫥窗以專欄方式公布各項資訊；騎樓地板配合布置學生的彩繪磁板作品，變成藝術步道，充分展現學校與社區合作之精神。此外，也結合社區基金會辦理兒童讀經班，陶冶社區小朋友良好之道德教育。

2. 與大眾媒體的互動：與大眾媒體保持良好的互動，有益於學校特色的行銷，本校有重要的活動資訊，均以發布新聞稿的方式，邀請媒體進行採訪報導。此外，學校舉辦大型活動時，社區聯維有線電視公司，均會到校錄影轉播，讓學校活動能傳送到學區家庭，甚至學區外，對學校的介紹幫助很大。

3. 社區資源的整合利用：本校與警政單位、社區居民建立良好的夥伴關係，並充分整合資源，建立家長人力資源庫與社區資源庫，讓家長與社區能共同關懷學校的教育，豐富教學的內涵，維護學童安全。例如：爭取社區玩石專家林俊男先生，提供畢生的收藏，辦理「大自然寶藏展」，讓全校師生對大自然有進一步的學習認識。社區救國團前主委，協助爭取大專學生到校服務，辦理冬令營、夏令營等活動，以嘉惠本校學生。

4. 社區與學校資源共享：社區團體定期於夜間或假日租借本校集會場，作為球隊運動使用。而校園操場、運動設施等，均按規定於夜間及星期例假日，開放提供居民使用。此外，本校與中正區、大安區的群組學校，保持密切互動，持續研討九年一貫課程相關議題，對學校課程的發展幫助甚大。

(二)與家長、家長會關係的經營

在歷任會長、副會長、全體委員及多位榮譽會長的努力下，本校學生家長會建立相當良好的傳統，是學校強而有力的支持後盾，也肩負親師良性溝通與互動的雙向橋樑，對創造一個優質的學習環境，有相當大的貢獻。

個人非常認同「學校行政、教師、家長，是學校教育事業的共同合夥人」的理念。因此，加強學校與家長、家長會關係的經營方面，是本校校務推動重點之一，具體做法如下：

1. 維持良好的夥伴關係：協助家長會建立健全的組職、愛心志工團；出刊「忠義通訊親子園地」，提供學校及家長會各項資訊；頒發愛心志工感謝狀、辦理期初座談與期末感恩聯誼餐會，以凝聚並持續其助人的熱誠；辦理家長成長班、親職教育講座，提升全體家長各項知能；舉辦「學校日」活動，溝通班級經營理念及教學計畫；辦理「新生家長座談會」，進行校務說明及溝通子女教養方法；校長及處室主任列席家長代表大會及家長委員會，報告校務及交換意見，以建立共識。

2. 鼓勵積極參與校務：引領家長適切而不干預的參與學校事務，包括參與「班級層級」的事務或是參與「學校層級」的教育事務，如體育嘉年華會、母親節感恩活動、教師節及兒童節慶祝活動等。家長對於學校若有建議事項，皆能透過學校日或家長會，對學校提供良性建言，協助學校朝向更完善、更美好的未來發展。

3. 落實檢核績效責任：學生家長會設置的目的，在於結合全體在學學生家長，支援教學活動，參與學校事務，共同完成學校教育的理想。而校長亦是基於同樣的教育理想，經由學校校長遴選委員會及台北市校長遴選委員會委員們共同的決議遴選而產生。因此，個人覺得對於完成學校教育的理想，是有必要對家長及家長會負起績效責任。基於這樣的理念，個人隨時督促各行政處室、教師團隊，落實各項活動的計畫、執行、考核工作，並於學校日、新生家長座談會、家長代表大會、家長委員會議，或學校校刊「忠義通訊」中，將績效成果與家長和家長會分享。

(三)對內關係的經營

在校園權力運作結構中，校長居於家長會、教師會和行政等邊三角形的中心位置，應善用「風箏哲學」，以風箏線掌握方向，不讓任一方偏離目標。因此，經營良好的對內關係，凝聚教職員工生的向心力，是學校校務推動的重點，也是本校良好的傳統之一，本校具體做法如下：

1. 關心同仁服務情況：了解同仁的工作情形，體諒同仁的工作負擔，各項活動在計畫階段，進行周詳的考慮，做好適當的安排，並呈現在學校行事曆中，讓同仁可以及早準備規畫。
2. 協助克服工作困難：當親師之間、師生之間，以及同仁之間產生一些學習上、生活上，或工作上的問題或困擾時，盡量運用相關的資源，協助排除問題或困難。
3. 提高行政服務效率：加強服務的品質，簡化行政的流程，縮短維修、請購的時程，以提高服務的效率。
4. 改善同仁工作環境：妥善規畫及進行普通教室、專科教室，以及廁所改善等各項建設工程、加強校園環境的綠化美化、充實資訊教學設備等，提供舒適的服務環境，並建置「親師一線通」電話系統，方便家長和級任教師之電話連繫。
5. 辦理溫馨關懷活動：辦理新春感恩祈福、敬師活動、文康活動、迎新送舊、榮退祝福等活動，以溫馨聯誼的方式，凝聚同仁的情誼。

(四)與學生關係的經營

學生是學校教育的主體，因此，個人認為學校的一切教育措施與教育作為，均應以學生的興趣、需要和能力為考量，尊重學生的個別差異，重視適性化教學，讓學生能快樂學習、健康成長。因此，就學生的觀點言，「親切和藹」是學生對校長的感覺，而「指導者」、「關懷者」或「協助者」的校長形象，則可從學生們遇到困難或糾紛時，主動跑來告知可以看出。對於與學生關係的經營，本校具體做法如下：

1. 設計溫馨的活動：於每月的第 3 週辦理學生各月份壽星的慶生會，時間、形式由各班級自行決定，透過慶生會活動，讓壽星肯定自我的價值，也讓

其他同學懂得欣賞別人的優點及長處。在六年級學生畢業前夕，由校長及各處室主任與六年級各班同學進行面對面的座談，回顧小學 6 年的生活點滴，希望所有的六年級學生帶著全體師生的祝福，繼續邁向另一階段的求學路程。

2. 建立良好的制度：除了確實執行「教師輔導與管教學生辦法」外，推動「學童榮譽制度」，鼓勵每個學生積極向學，重視榮譽，努力做好每一件事，並於學生朝會公開表揚良好的行為表現。

3. 提供個別的協助：每學年度調查各班適應欠佳兒童，透過級任老師觀察與初步接觸，由輔導室安排具熱忱的認輔教師提供協助，給與更多關懷與鼓勵。建立校內輔導網路、學校資源網路，公布學生申訴處理要點、校園緊急事件處理要點，繪製學校安全地圖，務使學生能於第一時間獲得所需的協助。

六、發展學校特色

本校於 1965 年創校籌建，即確立朝向人性化、精緻化之理想學校規畫。雖然學校基地較小，面積僅 7,025 平方公尺，每生活動面積約 15 平方公尺，卻因為校內各項教學設施一應俱全，校區又鄰近青年公園、植物園、南海學園等，社區資源豐富，因而提供了學校發展最好的基礎。因此，在教師專長、家長期望、行政支持、經費挹注等條件配合之下，經過多年的傳承與努力，學校特色能有以下之發展：

(一)提倡體育風氣，發展柔道教學

本校自 80 學年度成立柔道體育班，從艱辛的起步開始，歷年來在教練、教師及全體同仁努力下，獲得非常好的成果，不論是台北市還是全國比賽，本校柔道隊都能名列前茅，更多次創下全國冠軍的佳績。柔道之外的體育活動，本校亦全力發展，因此，本校曾獲得全國 10 大體育績優學校，92 學年度接受教育局「體育評鑑」，更榮獲特優的榮譽。

(二)重視自然環境，推動生態教育

本校自然科學教師群陣容堅強，校園內有生態植物園區，學校附近有植物

園、青年公園、新店溪等豐富的教學資源。因此，本校教師自編教學手冊、建置小毛毛網站、校園植物步道等，讓本校學生能獲得最直接的學習素材，也方便教師進行鄉土生態之教學，提升教學效果。此外，本校自 92 學年度起，參加綠色夥伴學校，積極推動生態教育，期能培養學生地球村的概念，2004 年 6 月在師生的努力下更榮獲「台北市永續校園──綠色夥伴學校訪視」優等獎的殊榮。

㈢建置人文環境，陶冶藝術涵養

本校美勞教育成果，一向值得驕傲，歷年來參加比賽均有很好成績，全國及世界兒童美展也多次獲得特優、優選與佳作的佳績，成績相當良好，此外，本校學童參加台北市兒童創作展的比例高達 50%以上，在美勞老師用心的指導及家長的鼓勵下獲得金牌獎、銀牌獎及銅牌獎的學生相當多，因此，本校在藝術教育上，努力執著推動，終於形成一項優異的特色，其目的也在於期望透過藝術教育陶冶學生涵養，培養審美的人生觀。

㈣建構網路資源，培育資訊人才

在教育局經費的挹注下，本校積極充實資訊設施，大力推展資訊融入各科教學，為鼓勵並符合師生的使用需求，規畫設置電腦教室 2 間；目前在全校任何地方均可以上網，沒有網路線的地方，也都可以無線上網。班班都有電腦及單槍液晶投影機，對教師實施教學或製作教學媒體，都能提供最佳服務。此外，2004 年本校也經教育部審查通過，並核予經費補助，成為初級資訊種子學校，目前持續積極推動資訊教育成為另一個嶄新的特色。

㈤傳承民俗技藝，展現特色風華

傳統技藝的傳承是相當辛苦的，尤其在師資及經費的困難方面相當難以克服。所幸，本校在訓導處的努力規畫下，爭取教育部教育優先區計畫，獲得發展學校特色的經費補助，而得以順利發展傳統的舞龍民俗技藝。於是，邀請名家親臨指導，鼓勵學生參與學習，並配合學校及社區活動進行展演，龍隊、旗隊、鼓隊、鈸隊精采的表演，均獲得師生、民眾的肯定。對於這項民俗技藝的傳承，不但提供本校學童一個很好的學習機會，為本校開創了一項新特色，也

為民俗技藝的傳承走出了一條新路。

回顧學校特色多年的傳承與發展，讓人不禁感佩前人的努力，以及後繼者的用心。事實上要創立一項優質的學校特色，都需要多方條件的配合，才能賡續發展。其中，師資專長是最重要的關鍵，其次，行政的支持、經費的挹注也是不可或缺，而家長的支援、社區的配合等諸多條件，也要能依發展的需要而予以兼顧，才能永續發展。

七、學校變革的經營

近年來，國內中小學組織面臨重大的變革，讓學校生態產生了劇烈的改變。學者張明輝（1999）指出，我國中小學學校組織最主要的變革，包括教師會的成立、教師評審委員會的設置、家長會功能的強化以及學校行政運作程序的調整等。面對這些變革，科層體制的學校組織，產生適應上的問題，學校組織結構面臨變革的需求，組織再造、學習型組織成為這一波改革的方向。因此，謹就組織再造以及建構學習社群，這二項學校變革的經營分別概述如下：

(一)組織再造

本校於 90 學年度起，因為減班的因素，班級規模減少至 25 班以下，行政組織大幅縮編，一下子少了 5 位行政組長。在工作負擔突然增加、人力不勝負荷的情形下，經會議討論決定把握改革的契機，於 91 學年度起，參與台北市「國民中小學組織再造及人力規畫試辦方案」，在不增加員額的基本條件下，進行組織結構的調整，調整前後的組織結構及說明詳如表 1：

● 表 1　台北市政府教育局 93 學年度「國民中小學組織再造及人力規畫第二階段試辦方案」結構調置比較表

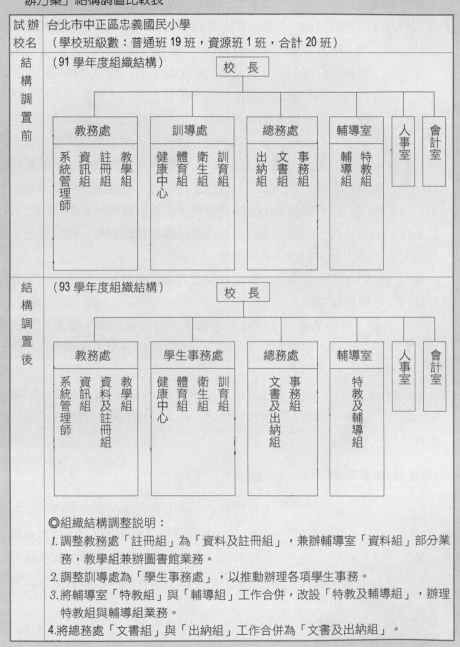

試辦校名	台北市中正區忠義國民小學 （學校班級數：普通班 19 班，資源班 1 班，合計 20 班）
結構調置前	（91 學年度組織結構） 校 長 教務處：系統管理師、資訊組、註冊組、教學組 訓導處：健康中心、體育組、衛生組、訓育組 總務處：出納組、文書組、事務組 輔導室：輔導組、特教組 人事室 會計室
結構調置後	（93 學年度組織結構） 校 長 教務處：系統管理師、資訊組、資料及註冊組、教學組 學生事務處：健康中心、體育組、衛生組、訓育組 總務處：文書及出納組、事務組 輔導室：特教及輔導組 人事室 會計室

◎組織結構調整說明：

1. 調整教務處「註冊組」為「資料及註冊組」，兼辦輔導室「資料組」部分業務，教學組兼辦圖書館業務。
2. 調整訓導處為「學生事務處」，以推動辦理各項學生事務。
3. 將輔導室「特教組」與「輔導組」工作合併，改設「特教及輔導組」，辦理特教組與輔導組業務。
4. 將總務處「文書組」與「出納組」工作合併為「文書及出納組」。

　　根據試辦組織再造及人力規畫方案的實施成果進行檢討，同仁們的回應約有以下幾個重點：

1. 經試辦方案重新調整後之組織架構，本校行政同仁已能適應，對於自己的業務亦能充分了解且順利推動，教師同仁也給與高度支持。
2. 局部調整「資料及註冊組」、「文書及出納組」與「特教及輔導組」，經近1年之實行，各項相關業務之推行並無困難，惟一人兼數職之情況仍為當事者所困擾，有賴日後多加檢討調整，並尋求更完美之對策。
3. 試辦組織再造及人力規畫方案，讓學校有機會重新調整組織架構，也有機會重行檢視組織的人力配置，以及檢討工作內容及工作負荷，對於學校行政運作是相當有助益的，不但可以提振工作士氣，並能增進行政效能。
4. 中小型學校因為組織編制較小，雖然業務予以檢視歸併，仍然無法改善行政業務的過量負荷，因此，未來仍須透過組織結構的調整，採取穩定、微調的方式，逐步發揮組織再造的功能。

　　此外，同仁們在試辦組織再造及人力規畫方案實施之後，也仍有以下幾項困難與限制，需要加以克服：

1. 人員縮編後，各項活動與工作量更趨繁重，且分身乏術，業務亦無法專精，有需要運用群組學校人力，共同分工建立學校各項工作標準化作業流程，以增加學校行政效率。
2. 教師視行政工作為畏途，擔任行政之意願較低，以致行政人員更迭頻繁，根本解決之道除了調整不同規模學校之行政人員編制外，激發行政同仁的服務熱忱也相當重要。

(二)建構學習社群

　　學校在現有的組織結構下，內外均有諸多的限制，國民小學要轉型成為學習社群，除了校長必須扮演設計師的角色，規畫學校發展藍圖之外，學校老師、學生、家長與職工更要有追求教育願景的決心和毅力，使學校轉型成為具有學習能力的組織，才能面對環境變動的需求。依個人實務經驗，建構學校成為學習社群之理念和做法如下：

1. 凝聚全體共識，建構共同願景：首先必須凝聚老師、學生、家長與職工等成員的共識，透過對話討論，建構大家共同的願景，而此願景須築基於學

校需求、社區環境，並能配合社會變遷和時代潮流。

2.鼓勵自我超越，改善心智模式：要改變心智模式並不是件容易的事，但唯有改變成員的心智模式，建構學習社群才有成功的可能，因此老師、學生、家長與職工要培養自省的能力。此外，就個人層面而言，自我超越是一種個人的成長；就組織層面而言，則在達成組織的目標。面對教育改革更需要全體成員的參與，因此，激發成員的潛能是必要的策略之一。

3.鼓勵團隊成長，推動團隊學習：「團隊表現優於個人表現」是一般的認知，若能在團隊學習的過程中發揮協同合作的精神，更能激發優異的表現，也有利於學習型組織的發展及學習社群的建立。具體的做法包括：

(1)在教師學習社群方面：成立讀書會、組織教師成長團體、辦理週三進修活動、鼓勵參加校內外研習進修活動，以增進學習樂趣，提升學習氣氛，開拓知識視野，改善傳統的心智模式，進而激勵成員追求自我超越。此外，規畫教師研究室，提供教師相關書籍，以方便教師進行行動研究和分組教學研究。而在教師團隊學習分享的部分，如設置全校視訊廣播系統、創設週二分享活動、實施教學觀摩、班級經營計畫、教學計畫上網、分享教師個人或班級網頁，以及彙編教師行動研究成果專輯等。

(2)在學生學習社群的部分：分組進行科學研究、小組進行學習活動、鼓勵成立社團、班級讀書會、推動閱讀計畫、積極辦理公辦民營教學計畫，引進民間活力與資源辦理課後活動等，讓學生接觸不同學習機會，習得更豐富的經驗與知識。

(3)在家長學習社群的部分：辦理親職教育、參加成長團體、辦理志工進修研習、成立班親會、協助組織健康互助網，以及親子免費上網研習、親子英語研習等。

(4)在職工學習社群的部分：參加資訊研習、校園綠美化技能成長、每週工作座談、校園安全防護訓練、參加公訓中心及相關專業研習等。

為增進學校成員成長機會，本校鼓勵老師、學生、家長與職工共同參與學習社群，成員也大致認同學習社群的理想，但在實務運作上仍有包含組織、人員、時間、經費等方面的困難：

1.在組織方面：如組織結構不易調整、編制人力不足等。

2. 在人員方面：如認知不足、本位主義等。

3. 在時間方面：如缺乏共同協調時間、尋求共識費時較多等。

4. 在經費方面：則包括經費有限、籌措不易等。

對於上述學校轉型成為學習社群所產生的問題，經集思廣益、共同討論而有以下的解決之道：

1. 鼓勵發揮資深引領示範作用：俗語說：「家有一老，如有一寶」，資深、年長的人員，其豐富的經驗與敬業的態度，值得年輕一輩的夥伴們學習與效法，如能鼓勵資深年長者，提供經驗分享，發揮示範、引導的作用，將更能有效促進團隊學習和共同願景的建立。

2. 有效調整彈性化的組織結構：新的學校組織應是一種能持續轉型、不斷地進行變革的組織模式，但是國民小學在現有的組織結構下，仍存有諸多的困境。因此，依本校現況，可配合所參與的「國民中小學組織再造及人力規畫試辦方案」，逐步推動改造，調整組織結構趨於扁平、精簡與彈性，使學校蛻變成為更具有學習能力的組織。

3. 群組團隊合作提升組織效能：新的學校組織，不單是為了適應環境，更是要創造未來。為改善「時間不夠」、「經費不足」的困難，除了需善用資訊科技，提高效率之外，更須藉由行政機關的政策力量，鼓勵學校之間組成群組夥伴關係，彼此合作交流，運用整體配合的行動力，一方面可以充分運用資源，減輕財政壓力；另一方面也可避免重複工作，減輕工作負擔，一舉數得，因此，促進學校群組關係的建立，可以有效發揮團隊學習的效果，進而有助於學校組織效能的提升，值得學校及教育行政單位鼓勵推動。

肆、校務經營的省思

校長是一校之長，帶領全校教職員工為落實教育目標而努力，其學校行政領導的角色與功能至為明顯。然因社會變遷急遽加速，教育發展日漸多元開放，校長也必須隨著社會變革的需要，轉型成為更多元的角色，也要關注更多的校務經營面向，以期符合並滿足整體教育發展的需要。

就校長需要關注的校務經營面向而言，至少含括校務發展計畫、課程與教

學、員工人事、學生事務、工程勞務、社區關係、與上級行政機關及與民意機關之關係等，因面向廣泛，職責自是相當龐雜。而防災搶救、校園安全、校外教學安全等，不定時可能突發的狀況，也都必須隨時注意、小心防範、妥善因應。除此之外，也需要在學校經營良好的基礎上，追求精緻卓越，發展優良的學校特色，而這些重要的事項，都是校長要帶領全校教職員工一起努力的。

　　一位優質的校長，要「認清自己的身分，謹守自己的本分，善盡自己的職分」，在初任校長 3 年多的服務過程中，個人期許自己帶領學校在平實中穩步發展，不敢說有多少辛苦或貢獻，但是看到學校在教育局的預算經費協助下，環境愈見舒適美觀、設備愈趨新穎充實，而行政同仁兢兢業業、教師同仁用心付出，學生的學習更加豐富，家長會的鼎力支持、社區的充分配合，讓校務發展更符期望，則是令個人不禁由衷的感佩與感謝大家，真的，「學校有你，真好」。

　　因此，如果時光倒流，能回到校長初任的原點重新來過，個人還是誠摯的希望有機會以更健康的身體、更圓融的智慧、更豐富的學識和更親切的態度，與夥伴們共同打拚，為忠義的孩子們而努力。

伍、結　語

　　印度哲人庫斯南第曾說：「真正的教育，乃是幫助個人，使之成熟、自由，使之綻放於愛與善良之中。」

　　個人一直認為學校教育應培育學生成熟、善良的人格，培養真正懂得愛與尊重的現代兒童。因此，每一項教育措施均應以生命教育為基礎，完全學習為歷程，以全人發展為目標，讓每一位學生，在學習型學校中，確立寬廣多元的人生價值，開發無限創意的智慧潛能，充分實現自我，成就和諧社會，實現學校教育的理想。

　　俗語說「有心路不遠」、「有願就有力」，期勉有志於校長之路的教育夥伴們，共同攜手合作，以一顆熱忱的心，為學校教育的理想和目標而努力。

作者簡介

　　林騰雲，原任台北市忠義國小校長，2005 年 8 月轉任台北市幸安國小校長。出生於台南縣北門鄉，1982 年師專畢業後，開始加入教育工作的行列，服務於屏東縣、台北縣、台北市近 20 年，前後擔任級任老師、組長、以及總務、訓導、教務等三個處室主任工作。2001 年參加台北市國小候用校長甄選錄取，儲訓後經遴選通過，有緣至中正區忠義國小擔任校長，為國民小學教育階段的紮根工作而努力。

灑滿夢想的教育路

方慧琴

原任台北市西門國小校長

現任台北市立教育大學附設實驗國民小學校長

壹、走上教育理想的不歸路

　　每天早上我總會站在校門口，滿心歡喜的迎接一群群的孩子、同仁和家長來到學校，在一聲聲的早安聲中，掀開了學校教育的生機，此時如果聽到孩子的聲音是洪亮的、歡欣的，我知道孩子一天的學習將是快樂的、豐富的；若是看到孩子蹙眉嘟嘴、腳步蹣跚的走進來，我一定要向前安慰孩子，期使能稍稍撫平他心中的不快。我深信：孩子的童年只有一個，必須努力營造一個吸引孩子喜愛學習的優質環境，協助孩子建構美麗的金色童年，一直是我內心深處的聲音與信念。

　　校長的生活步調是緊湊與忙碌，多年來忙於學校公務，也忙於家務事，已養成下意識的將煩憂惱事自動摒棄或拋諸九霄雲外，也許這是減輕壓力的方式吧！隨著時光的倒流，打開記憶匣子，那是 1973 年初接教職的時候，心中還煩惱著將如何度過至少義務服務的 5 年，沒想到屈指一算，從事教育的日子已邁入第 32 個年頭。教學生涯中逐漸體會教學是藝術的樂趣，早年曾經以學生輝煌的成就為榮，而今卻有不同的體認，教育不僅成就學生，也期勉隨時成為學生生命中的貴人，尤其是弱勢兒童。

　　為體驗不同的教育角色，我擔任國小各單位主任達 15 年之久，本以為就此退休畫下句點，沒想到上天賦與我更重要的使命，2001 年通過校長甄試，2002 年獲遴選至西門國小服務，從此過著一切以學校為念的日子。所幸家中孩子雖皆就學中，但都能獨立自在學習，先生在大學教育行政領域服務，有長期的學校領導經驗，在我的職場上，常常是最佳的支持者、討論者與激勵者。邇來聽

聞周遭同年紀教師同仁，一片退休聲浪而偶有心動，然而總覺教育上還有夢想，不該這麼樣就放手，自勉要競競業業，在最能將教育發光發亮時刻，奉獻教育園地！

貳、一向秉持的教育想法

我常這樣想：教育是「讓每一個孩子都有發揮潛能而獲得自我實現」，目的在培養健全人格與現代化的國民，教育的功能在協助兒童探索生命的意義、人性的啟發、價值的判斷、創造未來以及適應環境變遷的能力。因為兒童具有「發展性」、「可塑性」、「個殊性」和「主動求知的天性」的特質，故要掌握是「學習的主體」，給與適當的教育，讓每一個兒童皆能快樂學習、健康成長。

我也堅信帶領教育團隊要藉由凝聚教育信念的共識，因心動而感動，因感動而行動，要讓老師家長認同學校，對學校產生信任感和歸屬感，進而一起探討我們要教育出什麼風格的學生。特別是在知識經濟的今天，「追求卓越，提升品質」、「強調績效，力求創新」、「機會均等，正義對待」要求日殷之下，建立共同教育願景，成為親師生努力齊赴的目標。

參、構思可追尋的教育理念

教育工作者肩負百年樹人的神聖使命，學校領導者必須秉持教育理想，掌握教育本質與信念，帶領有效能的行政團隊，營造優質的學校環境，在教師能專業自主的教學以及家長願熱忱的支援協助之下，使學生獲得成就感的學習，才能充分發揮學校教育的功能。對於教育，我有下列的理念：

一、卓越

「追求卓越，提升品質」，是有效能學校的特徵，更是教育思潮的共同趨勢，教育在量的方面普遍達成後，理應推動所謂的「精緻教育」，教師能多加關懷、愛護學生，親師良好的教育夥伴關係，行政支援教學，則學生當能快樂

的學習與成長。

二、效率

企業界講究效率、服務、顧客取向，往往鰲領專業領域，足堪教育界之借鏡，如全面品質管理、知識管理、品質保證等績效責任觀念的建立，相信「有怎樣的學校品質，將吸引怎樣的學生和家長」，未來多元化的教育型態將刺激學校間的競爭，辦學的績效不容忽視。

三、創意

學校教育在培養學生適應社會的能力、養成學生健全的人格，也在學習社會文化的精華、發展學生的豐沛的潛能。教育團隊應日新又新，匯聚集體智慧，不斷的提出創意，引導教師活潑的教學，學生快樂而有意義的學習。

四、公正

公平與正義是教育不變的法則，教育機會均等的倡導，不僅追求立足點的均等，更要講求過程的均等，提供發展其不同潛能的教育機會，甚且以多元智慧的觀點，發展優勢智慧之餘助長其他智慧，而對於弱勢或文化不利之兒童加以扶助和補償，始能充分學習。

肆、踏實理想需充分儲備能量

本著教育理念及對教育的執著和投入，長達 13 年擔任第一線的教學生涯，實地發揮教育愛的光與熱，贏得家長同事的一致讚譽，最欣喜的卻是教學獲致的成就感，惟鑑於教育專業需不斷精進與欲擴大教育視野，曾利用夜間進入台灣師範大學教育系就讀，以提升教育專業，畢業後調職古亭國小擔任導師及輔導室資料組長。通過主任甄試後，擔任忠義國小總務主任、師院實小教務主任、訓導主任、研究主任、研究暨輔導主任，期間自我惕勵再度進修獲得北市師院國民教育研究所學校行政碩士。20 幾年的教學經驗以及學校行政生涯，深切感受行政支援教學的重要性，也體會到學校行政需要科學化與人性化的掌握，才能有效達成卓越的教育品質；長期擔任校長的幕僚角色，主要在執行校長的辦

學理念，不免偶有「難以伸展個人教育理念」的想法，累積多年的學校行政經驗，此時通過校長甄試和儲訓也應是水到渠成的時候。

回想多次校長甄試的慘敗經驗，過程難免失望，檢討之餘，卻也接受實在是諸多考量不甚周延，顯然是火候未到的事實，因此平時在實務上加緊淬煉，教育理論的充實，臨考前模擬演練答題，且在師傅校長細心指點之下，終於通過甄試門檻，欣喜之際也深知這只是一小步，經營校務之路還長著很呢！

蓄勢待發準備邁向接下經營學校之際，評估個人的優勢足以勝任經營學校的條件。

一、清楚認識教育改革，明確學校發展方向

㈠曾參與帶領師院實小九年一貫課程實驗研究。
㈡曾規畫台北市小班教學精神實施與訪視工作。
㈢規畫台北市在家自行教育實施及訪視工作。
㈣協助規畫台北市學校總體課程訪視工作。

從豐富的經驗中，自信有能力在學校的人文環境中，與親師及學者專家，建立起學校未來發展的主軸，並逐步付諸實施。

二、具有豐富的行政資歷和教學實務經驗

㈠曾擔任師院實小教務主任 3 年。
㈡曾擔任師院實小訓導主任 3 年。
㈢曾擔任師院實小研究主任 5 年。
㈣曾擔任師院實小研輔主任 1 年。
㈤曾擔任忠義國小總務主任 3 年。
㈥曾擔任古亭國小輔導室資料組長 2 年。

教學是學校教育的核心工作，承擔作育英才的重責大任，行政工作扮演支援、協助教學的後勤角色，主動、敏捷的服務才是老師的需求；個人歷經學校兩種角色的生涯，深切感受之間要能攜手合作，共同以學生為主體的學校教育而奮力不懈，才是首要之務。

三、具備課程發展及研究能力

㈠與北市師院教授群共同研發課程經驗豐富，並有多樣成果。

㈡帶領或參與研究工作或發表論文，研究成果或報告數十篇。

㈢現正進行研究台北市國民中小學行政組織再造之研究。

㈣現正進行台北市教學導師實驗研究暨推廣工作。

　　課程是教育改革的軟體工程，研究將使教育日新又新，學校經營強調創新與精緻，帶進於課程發展與研究風氣，使學校朝向卓越發展。

四、具備領導教學能力

㈠曾帶領師院實小小班教學教師討論群，與師院教授共同討論教學，大幅度提高教師教學知能。

㈡親身規畫執行教學實驗工作，了解第一線教師的需要與焦慮，有效支援教學。

　　一位優秀、全方位的學校教育領航人，除具備行政領導能力之外，亦需兼具教學領導，個人豐厚的行政經驗和紮實的課程教學經驗，足以帶領老師一起專業成長。

五、取得親師共識逐步改革

㈠曾在古亭國小、忠義國小及師院實小擔任教學與行政工作，深切了解推動任何教育改革一定要取得親師共識。

㈡改革要先統整現有資源以及各種力量，並區分輕重緩急逐步推行。

㈢在現有文化及資源中，凝聚親師生共同的學校願景，提出符合學校內外在背景條件的有效策略，一起努力。

六、具備溝通協調能力

㈠曾擔任家長會秘書工作 6 年，協助會務收穫豐碩。

㈡在擔任行政主管期間，為人處事與家長會、教師會關係良好。

　　為人誠懇溝通無礙，從做事中獲得教育局的信任，以及北市師院的支持，對資源的引進有所助益。

伍、西門國小校務構想與規畫

西門國小是台北城西近百年的名校,有著豐碩的教育文化傳承,教師教學執著認真,學生活潑但質樸善良。帶領成名老校,我這樣的構想規畫:

一、西門國小的學校發展方向

初到西門國小,懷有相當遠大的夢想,有鑑於學校已建立的特色,在現有的基礎上,匯集大家的共識,未來一定會是朝向精緻卓越、民主參與、人文關懷、創新教學上發展,對學校發展的方向具體而言,朝向以下五個方面:

(一)安全快樂的學習環境。

(二)有效適性的課程發展。

(三)合作無間的親師關係。

(四)團隊效率的行政團隊。

(五)人文氣息的校園氣氛。

二、攜手共同要走的路

經營一所具有效能的學校,需有明確的學校願景,同時設立努力的目標,作為學校共同努力的方向;而為達成目標,更需訂定確切的策略,作為擬訂執行方案的依據。學校未來進一步發展的願景,一定會在大家的共識下形成,主要內涵必然包括:兒童快樂成長、教師愉快教學、家長熱心參與、行政敏捷支援、校園溫馨和諧,其策略如下:

(一)多元學習課程,豐富學習內涵

1. 提升教師專業成長機會,增進教師專業能力。

2. 運用社區資源,豐富課程內容實施多元教學。

3. 成立多樣社團,提供學生選擇與多元學習機會。

(二)運用學校管理技能,提升行政運作

1. 明確的工作責任劃分,人人各有專司。

2.實施人性化管理，凝聚學校成員向心力。

3.有效資源管理與運用，協助教師教學。

(三)加強學生自律習慣，培養尊重別人行為

1.培養學生了解自我，發展個人優勢智慧。

2.促進學生守規習慣，達成自律尊人目標。

3.激發學生愛人之心，追求合適行為表現。

(四)共構溫馨和諧校園，人親土親西門親

1.尊重誠信的互動態度。

2.精緻化的硬體設施。

3.人性化的激勵措施。

4.以校為念的團隊精神。

三、西門國小學校發展的構想

(一)延續創新學校優良傳統

西門是個富有傳統又現代化的學校，深植著特有的校風與文化，學校團隊經營要能融入此一特色，結合老幹新枝，帶來前瞻的統合視野，在校園逐漸民主化的今天，積極推動「任務團隊與協商合作的運作模式」勢在必行，期使「民主、尊重」落實教師的專業自主，以及家長參與的理想，使西門翹楚於台北市教育圈。

(二)帶領學校進行教育改革

雖然個人有豐富的教育改革經驗，並多次規畫台北市整體的教育革新，但領導西門進行有效的教育發展，一定考量學校的人文環境、教師才能、家長參與、社區背景，群策群力帶領學校進行教育改革，邁向卓越。

(三)建立特色的學校本位課程

國民教育推行九年一貫課程之後，學校必定推動具有特色的本位課程。西

門已規畫有學校總體課程計畫，相當的踏實可行，在這基礎上採PDCA的回饋機制，以前瞻的視野，在執行中作穩健踏實修正，將使本校的課程發展在台北市教育中具有一定的特色。

(四)推動人文藝術資訊教育

透過學校的電腦網頁，外界能迅速的了解學校，對學校發展一定有相當不錯的評價。西門有豐厚的人文背景、深邃的藝術內涵，也有卓越的資訊基礎，匯集人力、物力、財力，順利推動多元的人文藝術與提升資訊教育績效遠景可期。

(五)廣納資源豐富教育內涵

學校師資優秀，老幹新枝共繁茂，且擁有教育專業知能；家長參與學校教育，組織完善工作熱誠；學生純樸健康有活力，發展潛力與可塑性相當不錯。學校可廣納社區、文化、政府、各行業資源，建立學校特有風貌。

(六)多樣化學習活動啟發多元智慧

「玩」是兒童的天性，從活動當中培養學習的興趣，西門已設立一些不錯的社團活動，未來不僅可增加社團的多樣性、提升社團內容，更佐以增加校際間交流活動的機會，期使讓兒童拓展學習廣度，發展各自的優勢智慧，並培養修己、善群的人我關係，俾能適應未來多元的社會。

(七)群策群力完成校園規畫和充實教學設備

學校部分校舍老舊，在學校行政人員與親師的共同努力下，已逐年正在整修。為提供舒適的學校環境，提升教學效率，校園需作整體規畫，依輕重緩急，逐年編列預算付諸實施；此外教學科技化的設備是老師所企盼，有待我們投入心力，群集力量精緻規畫，在可見的將來逐步付諸實現，讓親師生有令人滿意的結果。

(八)真心投入帶來活力邁向卓越

先前來自教育改革中的實驗學校，也踏實的推動課程與教學的工作，並均

能親身參與。這些都會在現有優秀的西門教育場域中帶來加分加成的效果。我有心投入西門，先前在師範學院所建立好的教授支援體系，也將在西門教育成長發展中，發揮助力帶來新氣象。

陸、細數西門成長的足跡

「歲月不能留白，教育不能間斷」，到西門一個學期後，回溯初來對未來懷有相當的期許以及壯志豪情，特別是治校藍圖充滿了教育的理想與願景，一副急欲築夢踏實、躍躍欲試，惟看到學校整體景象，內心委實受創，更夾雜許許多多的不捨與難過，校舍破舊、設備簡陋、壁癌處處可見、教室電扇像直昇機嘎嘎作響、學生作品欄蟲蛀破損、牆壁磁磚正一片片掉落中、學童午餐意見四起、學童管教問題、親師生衝突事件點燃中……等，經多次校園巡視、親師生座談之下，卻也感佩老師們的安貧樂道、學生的「認份」以及家長的關注，在細閱西門的優勢文化，老師們默默春風化雨作育學子、學生善良有禮體育競賽、語文競賽優異表現、家長熱心協助學校教育……等；長年以往，個人在所謂明星學校以及一般性學校任職，相形之下，我不斷地在思索：校際之間教育是這樣的不均等嗎？傳統學校的教育仍是墨守窠臼、一成不變嗎？於是思慮再三，個人深深覺得必須修正那個夢想與藍圖，更需花加倍的心力來為西門兒童開拓新的未來。

立基於學校既有文化傳統，卻也無法抵擋來自外界的衝擊，學校整體發展勢必有前瞻的思維，活力的行動，務期獲致整體卓越的表現，讓西門真正成為一個翹楚的教育園地。

教育的主體是學生，孩子有個別差異，具有不同的優勢智慧，教育的功能之一是發展孩子的個殊潛能，因此規畫多元學習機會，鼓勵兒童參與，校內教師節敬師活動、萬聖節和耶誕嘉年華等全校親師生溫馨互傳真情，校外弦樂團與台中烏日國小、大元國小聯合音樂會，更規畫與花蓮太巴塱國小文化交流，藉由活動讓西門之愛傳送與飛揚！

軟硬體設備亟待更新，由於經費之所限，如何開源節流，統籌既有經費，在教學優先原則下依輕重緩急排列順序、逐步更新與添置，要感謝家長配合學校之需求提供熱心贊助，如班班電話、教室粉刷、紗窗裝置、電化設施……等

等，此外學校經評鑑證明資訊設備明顯不足，除了大力向有關單位爭取之外，希望藉由接辦研究案增添設備，當然教師之資訊素養以及培養運用資訊教學的習慣有待繼續強化。

行政團隊的再出發，希望本著行動、務實的理念，提供老師教學上的服務，教務處推動九年一貫課程、結合學校願景發展校本課程、資訊教育的亟欲突破困境之用心；訓導處學童安全巡視與維護、衛生工作及學童午餐改善、體育活動普及和輝煌成果、弦樂社團演出等相當盡心；輔導室週三進修的規畫、資優教育和融合教育以及認輔活動的推動、愛心家長業務之辦理等等極為投入；總務處除了配合各處室之需要提供支援之外，對於校園安全維護不遺餘力，校園景觀在有限經費之下，仍力圖做最好的呈現；行政團隊除了恪守各自業務之外，活動的舉辦常常以任務編組方式，互為補位，期使達成任務提高效率。

教師專業教學、熱切教導學生，西門老師總是如亦師亦母，努力的想把每一個孩子帶上來，設計課程、編輯教材、實施教學與評量，沒有稍時有空，此外對於孩子生活及行為輔導更費盡心思，每天下午 5、6 點時，校園中放眼望去，仍有老師留在教室處理課程或級務，總讓人無限感動！

家長是學校最有力的支柱，一個有效能的學校，家長能否投入協助是重要的指標之一，吾等應深知家長參與校務是時勢之所趨，參與校務的方式很多，最基本的是配合學校教育關心、參與學校各項活動、在家指導課業的完成和生活指導，其次撥空到校服務，項目因學校或班級教師之需要，協助導護、圖書館、說故事、教材園整理……等，班級則協助校外教學、收費、整潔……等，也有家長因忙於事業而以捐贈設備，另有協助學校舉辦相關活動，以上是家長本學期參與學校之舉隅，在此致上最誠摯的敬意與謝意！

西門大家庭每一成員的努力，無非希望孩子得到最好的學習與成長，更需要激勵與鼓舞的原動力，做好外在的公共關係實屬必要，因此展開新聞的對外發布，無論弦樂團北市台中演出、跳繩隊出神入化表演、創金氏雙胞胎活動、萬聖節和耶誕嘉年華活動、結合社區紅樓探訪，以及本學期孩子各項優異表現，除了電視報紙等新聞媒體之報導，校門口活動資訊看板亦不時的更換張貼，西門要走出去，西門的努力與成果要讓大眾檢視與另眼相看，西門確實是一顆閃亮的明星！

「有夢最美，希望相隨」，要築夢、要圓夢，非個人克竟全功，檢視半年

來西門的成績，待努力或克服的校務相當多，期許西門人——親愛的全體同仁、敬愛的家長以及社區人士，為賦與西門新生命、創造西門新願景，我們手牽手、心連心，戮力以赴！

柒、深耕課程活化教育，賦與西門新生命

西門國小歷史悠久，人文資源豐富，隨著時空轉移，西門國小也跟著西門町的蛻變走過無數的歲月，承襲優良傳統文化，在親師生共同經營之下，展現出階段性不同的績效與風貌。但面臨教改的趨勢，學校不再是以傳統的思維來經營與發展，加上社會急遽變遷帶動整個校園生態逐漸改變，如資訊科技融入教學、統整課程與活動、有效活潑的教學與多元多樣的評量，皆要讓孩子快樂學習順利成長。教育導向以學生為主體，無庸置疑的要提供孩子有更寬廣的學習空間，養成各階段應有的能力，把每個孩子帶上來。

近年來學校課程發展模式多由「中央—邊陲模式」轉為以學校為本位的課程發展，英國 1988 年教育法案，就決定一方面強調中央的教育決策權，另一方面則強調學校本位的管理；國內於 2000 年公布《國民中小學九年一貫課程暫行綱要》，即明訂各校之課程計畫應由學校課程發展委員會充分考量學校條件、社區特性、家長期望、學生需要等相關因素，結合全體教師和社區資源，發展學校本位課程，並審慎規畫全校總體課程計畫。因此，九年一貫課程綱要的一個重要特色，即在於以學校本位課程發展提供學校較多彈性教學的自主空間。

因應推動學校本位課程之故，西門國小每學年開始的暑假，召集全體老師辦理校本位課程研習工作坊，共同討論校本位課程，依學校文化背景、師資、教學設備、社區環境等去探究西門國小校本位課程的方向與內涵。由於本校位於商業地區，學生家庭環境較為富裕，但卻有將近 11.6％學生是隔代教養，學生家庭環境背景懸殊大，環境優裕學生的價值觀念無法感受文化不利兒童的失落與無奈。因此，透過各學年充分討論與溝通取得共識，各年段老師認為應加強培養學生人本情懷，凝聚共同信念建構本學年校本位課程活動主題「溫馨傳真情」與「生命活力」，經過學校本位於課程的研討，訂出各學年的學習主題，由各學年的實習老師與教學團隊依其學習主題編擬各學年教材架構，適時配合重大議題，統整相關領域融入正式課程實施，落實應用生活中。

為了解學校本位課程實施成效，每學期終了透過校內親師生進行省思、檢討與修正，讓校本位課程更趨於精緻、卓越，以落實校本位課程的發展。

一、人力資源的儲備和整合

為了儲備和整合人力資源，西門國小將學校本位課程發展有關的人，包括行政人員、老師、家長和社區人士進行整合，也就是欲達到學生有效學習的主資源的提供者，因此堅強的行政團隊、專業的教學團隊以及支援的家長團隊肩負著重要的任務。

(一)行政團隊

在共同願景「前瞻、活力、卓越」之下，行政業務單位各自訂定追求的目標：

教務處——教學專業、豐富學習；
學務處——多元活力、熱情有序；
輔導室——溫馨關懷、快樂成長；
總務處——資源統整、有力支援。

在學校本位課程發展過程中，教務處主導課程規畫兼新聞發言人；學務處與輔導室推動活動進行，總務處則為事前幕後積極主動的支援單位，各單位之間無論縱向或橫向密切互動與合作，更能互為補位，行政績效顯著。

(二)教學團隊

老師是教學最前線的人，老師如何充滿教學能量，發揮課程設計、展現有效教學是相當重要的課題；西門國小老師必須並且都能踐行下列數項成長活動：

1. 不斷進修研習，養成終身學習的習慣，參加一系列的校內週三進修之餘，鼓勵老師依個人之需求至校外研習，以及至各大學進修碩博士學位。

2. 建立同儕學習的觀念與行動，同學年、同領域不定時利用共同空堂，就課程或教學活動、教學技巧、班級經營等充分討論，不僅建立共識並能互為分享與支持。

3. 參加教學實驗和行動研究，安排老師於晨會或週三下午發表與分享，互通

經驗並能藉此拋磚引玉，經由研究過程強化專業素養。

4. 接受各師院長短期的「教育實習課程」，擔任實習生的輔導老師，透過師徒在課程上不斷的討論、切磋以及實務上的演練，不但提升實習生的臨床經驗，無形中老師也累積了教學相長的教學能量。

(三)家長與社區

家長與社區資源，包括人力、財力和物力等若能運用得當，源源不絕的助力對學校教育有莫大的影響；利用各種場合與管道，輸出學校發展的方向與實施策略，憑著對教育的熱忱，去挑動家長和關心學校之社區人士的心弦，渠等因感動而樂意盡力提供支助，學校這 1、2 年來，除了一向「晨間說故事、學習輔導、圖書館、教具室、導護」繼續付出愛心之外，全校教室學生學習布告欄、班班有電話、感統教室、游泳池 SPA、西門藝廊、校史室、愛在西門期刊……等等建置，不僅提供學生學習的機會，並拓展孩子學習的領域。

二、學校本位課程的建構與發展

西門國小位處西門町，校齡近 90 年，早期是日籍學生就讀的學校，曾經有過的輝煌教育績效，惟「傳承之餘，更待創新」，本校進行校本位課程規畫時，結合學校共同願景——「前瞻、活力、卓越」，希望教育團隊面對驟變的時代與社會變遷，能匯聚集體智慧，有前瞻的思維，去蕪存菁的行動為西門注入活水、活化生命，使學校教育日新又新更臻卓越，首先對學校進行SWOT內外部環境分析，提出行動策略：

(一)西門國小 SWOT 情境分析

表 1 及表 2 是對於學校之地理環境、學校背景、學校規模、家長、教師資源、學生以及教學設備等各面向，作一SWOT內外部背景情境分析，如表 1 與表 2。

● 表1 台北市立西門國民小學學校情境分析表（外部背景）

項目	O 機會點	T 危機點	S 行動策略
地理環境	1. 位於西門町都會區內，交通便捷。 2. 社區資源豐富：紅樓、天后宮、龍山寺、青山宮、捷運站、西門徒步區等。 3. 為西門町都市更新要地，可再創城鄉風貌。	1. 西門鬧區人潮洶湧，鄰近巷道狹窄。 2. 學生校外生活亦受西門町風氣影響。 3. 偶有流浪漢逗留，有礙安全與觀瞻。	1. 加強校內外安全教育。 2. 結合鄰近社教機構，推展戶外步道教學。 3. 敦親睦鄰，結合社區力量，共謀學校發展。 4. 強化警民連線，巡邏維護治安。 5. 結合都市更新規畫學校未來藍圖。
學校背景	1. 校齡 89 年，歷史悠久，與日籍校友常連繫，充滿人文氣息的校園。 2. 退休職工的「常青會」組織堅強。	背負傳統文化，與外在社區前衛和現代化象徵頗格不入。	1. 傳承本校優良文化並力求創新。 2. 培植新進人員提升教育文化活力。 3. 「前瞻、活力、卓越」為學校現階段願景。 4. 整合校友、退職同仁之資源。
學校規模	1. 普通班 48 班，資優資源班 2 班，身障資源班 3 班，幼稚園班 3 班，屬大型規模學校。 2. 特殊教育績效良好。	1. 位處商業老社區，加上原越區之三重以新建學校，學生人數逐年降低。 2. 隔代教養占 11.6%，文化不利、情緒障礙學生日益增多。	1. 依學校發展計畫逐年減班至 40 班左右，符合建築設備。 2. 加強特教鑑安輔工作以及提升同仁特教素養。 3. 設立輔導網絡、認輔制度，發揮輔導功效。
家長	1. 家長關心孩子教育，常提出建設性的意見。 2. 親師彼此間互動良好。 3. 家長會組織健全，與學校行政教師會密切合作。 4. 部分家長熱心學校與社區發展，提供人力資源。	1. 一般薪水家庭，難籌募較多基金，充實設備。 2. 家長幾乎都是雙薪家庭，招募志工困難。 3. 單親家庭比例逐年提高。 4. 家長間差異性大，教育觀念不易整合。	1. 強化家長會功能，支持與協助家長會承辦課後社團，家長是學校的另一支柱。 2. 推動與落實親職教育。 3. 建構家長圖像，提升家長參與教育熱忱。 4. 訂定家長服務核章制度。

表 2　台北市立西門國民小學學校情境分析表（內部背景）

項目	S 優勢	W 劣勢	S 行動策略
學生	1.熱情活潑，勇於夢想。 2.好奇心強，可塑性高。 3.大部分學生保有單純禮貌、愛整潔、守規矩的習性。 4.家長主智育觀念下，學生讀寫算基礎較紮實。	1.越區就讀學生多。 2.部分學生過度保護或疏於管教。 3.學生家庭社經背景參差不齊。 4.學生人數日益減少。	1.培養學生自律自省的能力。 2.提供多元社團活動。 3.規畫體驗性活動課程，深化學習成效。 4.促進合作學習，增進人際關係。 5.實施多元教學，重視個別差異。
教師資源	1.與師院建立教育實習契約，藉由師徒關係，獲致教學相長。 2.推動教師同儕視導。 3.提升教師研究精神，由點而線而面。	1.公費生服兵役，帶給學校困擾。 2.採積分的教師職務選填辦法，無法完全讓教師適才適所，影響教學品質。	1.教育局的師資分發需尊重學校發展校務的需求做考量。 2.顧及學生受教權透過校務會議溝通協調修正教師選填職務實施辦法。 3.培養教師終身學習習慣，提升教師的專業素養。
教學設備	1.依教師需求逐年增添教學設備，經費有限，仍以支援教學為優先。 2.教學設備分置各教學場所，使用方便。	1.校舍老舊，嚴重欠缺高互動教室資訊設備，影響教學品質。 2.部分教學設備老舊。 3.經費短缺，無法購置新型設備。 4.圖書數量太少。	1.積極改善教學環境增添教學設備。 2.主動向資訊室爭取資訊重點學校，充實高資訊設備。 3.充分利用社會資源，充實教學設備。 4.積極向家長會爭取經費充實圖書。 5.教學設備管理電腦化。 6.設置資訊中心，進行網路教學。 7.逐年添購各種教學媒體教材以輔助教學。

(二)學校本位課程主題的訂定

暑假中全校老師、家長代表聚集一起，在學校願景之下，再次探討現階段學校發展方向，建構學生圖像——我們要培養什麼樣的西門兒童？腦力激盪下終於有了共識與結論，上學期主題是「溫馨傳真情」，下學期主題是「生命的活力」，之後各年級在主題之下設計年級活動子題和活動設計，原則上現階段兩大主題不變，子題則因應節慶時事作修改。

(三)學習活動的展開

秉持重視孩子基本學力的教育心，學校設計「生命活力」學校本位課程，課程內容除顧及橫的統整外，在縱的銜接上，也依人生歷程「生老病死」進行課程規畫與設計，藉此希望每一個孩子能真正體驗與感受「生命活力」的意涵。

人終其一生就是在生命旅程中探索自我生命，建構正確的價值觀念，學會負責任，與人合作、尊重、包容、欣賞他人，學會與自然環境共處，進而適應社會帶來的衝擊與挑戰。回顧學校本位課程的推動與實施，其中別具意義的是「老樹－銀杏」的活動實施，學校特別邀請樹醫生楊甘陵為 80 幾歲的銀杏進行診療，透過搶救銀杏的活動，帶領學生認識銀杏、心疼銀杏，並進而化為全校的搶救銀杏護樹行動。由於全校小朋友的關注，讓雖然只有兩成存活率的銀杏獲得重生，並且綠意盎然。

走入社區訪問天后宮長老，進行一場「Young 與 Old」的對話，孩子們體驗感受到「長老智慧的話語」，不僅體認自己將來也會變老，並願付出實際行動關懷老人、尊敬長者。

「我的未來不是夢」活動中，強調有了健康身體，才能實現自己的願望，懂得珍惜自己的生命也珍惜他人的生命，此外有了健全的身心，更要展現毅力與努力去實現美好的願景。由於 SARS 疫情的關係，為了學生的健康，原先與台大醫院合作「小小醫生體驗營」活動，在與院方協商後遂取消活動，改成透過欣賞「小小醫生體驗營」活動錄影帶，讓學生感受對生命的尊重，重新建構生命的意義。

主題「溫馨傳真情」的課程拉至外縣市，主要是為提供孩子更多元、豐富的學習，3 天 2 夜參訪花蓮縣光復鄉太巴塱國小，進行台灣東西部城鄉文化交

流，目的不僅要增進學生認識鄉土文化及風俗民情，並且透過多元學習管道，增進生活經驗，培養人與自己、人與自然環境、人與社會文化之人本情懷，讓生命中充滿著絢爛的陽光。

推動校本位課程，如何落實校本位課程發展到實際教學，行政單位勢必扮演極重要課程領導的角色，夥同教師積極規畫學校整體課程之餘，並編輯學校本位課程專書，讓走過留下痕跡。

(四)評鑑、反思與修正

課程是必須經過師生不斷交互作用去創造意義，為求課程能永續，必須加以質疑、批判、驗證和改寫，尤須經由評鑑的行動以控管實施成效，因此透過課程評鑑的指標的檢視當可看出課程實施的情形，為求校本位課程的永續發展，更需在評鑑之後將課程進行修正，逐步達成學校的課程目標和學校發展願景；針對前述校本位課程實施後之評鑑獲致了以下的結論：

*1.*親師生明確清楚學校本位課程目標與架構。

*2.*課程領導獲致成效，行政支援有努力空間。

*3.*活動課程多元多樣，展現學校特色與風格。

*4.*教師追求專業成長，對話與分享亟需強化。

*5.*學生展現熱烈參與，感受諸多能力的獲得。

*6.*家長給與高度肯定，有待相關資源及互動。

基於評鑑所獲致的結論，欣慰的親師生皆能清楚學校本位課程目標與架構，乃歸功於定案之後透過學校日、家長會、班親會等各種管道宣達，提供家長協助參與之依據，學校本位課程推動的成功要件之一，即在學校教育的核心人物——親師生充分清楚學校本位課程內涵、目標與架構，一起戮力以赴的推動，才能克竟其功！而「活動課程多元多樣，展現學校特色與風格」與「學生展現熱烈參與，感受諸多能力的獲得」等，主要是由於課程設計是考量學生身心發展序階，配合節慶、校園內、社區性垂手可得之課程設計，活動強調生活化、活潑化的體驗性學習，學習場所涵蓋教室內、校園、社區以及外地，多元多樣開展學生學習領域與機會，學生相當喜愛活動課程，也覺得增長不少能力與知識。

欣喜之餘，仍有部分教育團隊努力的空間，例如「課程領導獲致成效，行

政支援有努力空間」、「教師追求專業成長，對話與分享亟需強化」和「家長給與高度肯定，有待相關資源及互動」等，亟需學校行政單位、教師團隊和家長繼續努力，這些將為爾後課程修正的重要依據！

捌、爭取認同積極主動取得資源

學校經營需結合外來資源，積極行銷辦學績效，以獲得家長及社區人士的認同與支持，因此公共關係的建立愈形重要，特別 89 年老店的西門國小，昔日風華與名望隨著歲月的流轉，社區的老化、人口外移，加上年久失修的破舊校舍，早年 2,000 名的學生數節節下降，目前有 1,200 名，且逐年減班之中，因此要挽回往日聲望，談課程發展的同時，同時整頓校園環境卻是當務之急，創新清新明亮、乾淨整潔的優質環境，外在資源的開發為首要之務，累計 3 年募集社區及家長之資源，收穫尚屬豐碩。如：

一、設置感覺統合教室，提供早期療育之機會；
二、設立籃球場、游泳池 SPA，完成孩童游泳戲水的美夢；
三、設置西門藝廊，提供一個學童藝術創作欣賞的舞台；
四、設置校史室，為學校歷史留下見證；
五、獲得市府政策游泳池冷改溫工程，提供親師生長年游泳的機會和場所；
六、獲得營建署經費即將進行校園暨社區休閒景觀改造工程，學校與社區整體景觀的改造，學校新風貌指日可期。

外來資源對學校而言猶如注入一股活水與希望，歸結建立對外公共關係的可行策略如下：

一、擘畫學校發展藍圖，提出經營策略

探究學校文化與特色以及社區特點，訂定學校發展的優先順序，逐年完成，兼顧時效和教育的原則，第 1 年以教室和科任教學設備優先，行政單位求簡單為原則，讓老師、學生和家長直接感受學校的用心。

二、回歸教育本質，提升學校效能

在「學校教育以學生為主體」的前提下，不僅倡導行政團隊和教學團隊要

能既競爭又合作，在積極逐步改善教學環境，充實教學設備之餘，規畫學校特色課程，注入活力，開啟學生熱情活潑的本性，對於一向傳統著稱的學校，吸引學生樂於上學，願意學習，社區家長投以欣慰的眼光。

三、行銷辦學績效，爭取家長、長官認同和嘉許

積極傳送特色的教育活動的訊息，不僅發新聞稿通知媒體記者，並公告於校門口之「校園活動訊息」櫥窗，藉由報紙和電子媒體熱烈的報導，不僅有助於社區家長對學校辦學認真的認同，社會大眾、上級行政長官亦常嘉許予以鼓勵；此外家長通知單、「愛在西門」校刊、「家長會訊」的報導、利用家長會相關會議和學校日宣達學校各項活動等機會，讓外界分享教育成果的喜悅，有助於外來資源的挹注。

四、參與社區各項活動，建立學校與社區共存共榮的觀念

鼓勵並帶領學生和社團參與西門町社區相關活動的演出，例如紅樓內外廣場、西門市場、天后宮、誠品書局、中興醫院前廣場、二二八公園露天劇場、艋舺公園等等都是學生表現才藝常常前往的場所，弦樂團、跳繩隊、韻律舞蹈、報佳音、迎春揮毫、淨街活動、訪問耆老……等，學生走進社區，社區人士亦感受西門學生的純真可愛。

五、留意各項資源資訊，積極爭取

學校雖隸屬教育局，但仍是市政府各局處間接相關的單位，都發局、衛生局、環保局、文化局、新聞局等等多項活動或政策，在當今資源共享公平公開公正情況之下，若有心願意付出，針對宗旨用心提出規畫案、周詳報告，被採納而受到經費補助機會亦屬可能，而平常拓展人脈、建立良好關係，也會有貴人相助的機緣。

六、感謝家長與社區人士之贊助

接獲贊助立即表達誠摯的謝意，無論有形的設備、人力的協助或精神的鼓勵，口頭上的感恩、感謝狀、感謝匾額、硬體設施旁立致謝銘，向教育局或民政局舉薦傑出市民，校慶表揚傑出校友和特殊貢獻退休老師等等，都是表達學

校感懷德澤可風之心意。

玖、教育展真情，校園見活力

　　「幼吾幼以及人之幼」——我常喜愛以此言自勉勉人，「當孩子生命中的貴人」——也喜歡以此話自勵勵人，西門是個溫馨和樂的大家庭，因此學校本位課程以「溫馨傳真情」為主軸，教師的領域教學除以此主題設計之外，更結合節慶規畫全校性活動，如教師節謝師恩、耶誕嘉年華、感恩的心送退休老師、花蓮太巴塱親善天使之旅——「把愛傳出去」、弦樂團乘著樂音的翅膀，跨過淡水河與台中烏日、大元國小聯合音樂會——讓愛飛揚……等，而對於弱勢和文化不利的孩子，學校行政人員、級科任教師與愛心家長，懷著菩薩心，用心用情，點點滴滴的給與關愛與呵護，不為什麼，只因為他是孩子，是一棵小小的幼苗，而你我都是西門的志工、都是西門的園丁，我們嚮往的是西門花開滿園花香滿地！

　　「生命的意義在創造宇宙繼起之生命」，以「生命的活力」為課程主題，期許能激發孩子對生命的認識與熱愛，愛家愛校、愛己愛人、追思緬懷前者和逝者——包括人事物，也涵蓋學校與社區，孩子將藉由活動的展開，無論小豆苗的生長、老樹的追思、紅樓建築的回溯，或是西門新校園的構思與再造……等，讓孩子深層體驗生命的無常和永恆，進而珍惜現有、展現生命的活力與創意！

　　學生是學校教育的主體，家長與教師要攜手合作，才能達成彼此的共同目的——讓孩子健康快樂的成長，真心期望家長的到來，除了了解學校的校務發展與相關措施之外，其次能進一步知道老師的教學計畫與班級經營，此外家長經由與教師會談，對於孩子的學習情況能充分了解與掌握之後，當能在孩子學習的過程中提供密切的支持與配合；家長要能深信且尊重教師的教學專業，而教師也能體會家長愛子之心，提供適度的教育參與機會，如此孩子才是最大的受惠者，衷心盼望：西門——處處傳真情！西門——時時見活力！

作者簡介

　　方慧琴，原任台北市西門國小校長，現任台北市立教育大學附設實驗國民小學校長。憑著長期擔任一至六年級的教學經驗，以及教務、訓導、總務、輔導及研究等處室紮實的行政歷練，在接受基礎師資教育後，不斷進修及研究發表，對經營學校萃聚出一套理念與規畫。加以其親和、陽光、有理想、富幹勁的個性，為學校經營與課程教學注入新生命，該校教育主題與活動常為媒體所報導。在近百年老校重構校園環境、凝聚海內外親師校友力量，引導學生快樂豐富學習，舊瓶新酒日新又新。

摸著石子過河──初任校長的可爲與難爲

朱淑英
台北市實踐國小校長

壹、楔　子

　　對於一個曾歷經過訓導主任 5 年、總務主任 5 年、教務主任也 5 年的我而言，「會不會當校長？」從來就不是我的擔憂，而是如何當一個「稱職的校長」，才是我念茲在茲的思考。初任台北市文山區實踐國小校長已進入第 3 年，也是該對自己的初始期許與現今發展的成效做回顧與檢核了！感謝林文律老師提供這個機會，讓懶於用文字寫故事的我，不得不逼自己動手做一些整理！

貳、學校的文化脈絡

　　當初我會選擇實踐國小，是因為它是離我家最近的二所學校之一。那年（2002 年）的校長遴選，候用校長要到各校做校務經營報告。事後我被告之我被實踐的家長會與教師會票選為第二順位，是因為排序第一名的候用校長在師院實小，做了很多的課程發展，「實踐國小這幾年來的課程發展呈停滯狀態，我們需要一位能帶領老師做課程發展的校長！」這樣的訴求，讓我深深震撼！「竟然會有這麼一個自覺並期待教師能專業成長的學校？一般學校教師都怕新任校長新官上任為求績效，這也接、那也做，沒想到這個學校這麼正向！」這堅定了我放棄另一所學校，而執意填選實踐國小，作為我校長遴選的唯一志願。或許真與實踐有緣，他們心目中的第一人選先被他校選走了，我終於能在遴選委員的全數支持下，擔任實踐國小校長！

　　進入實踐後的第 1 年暑假，陸陸續續會聽到各方人員向我反映一些真相，

包括：「校長（已退休）的執愛偏寵、缺乏擔當、獎懲沒有建立機制、主任組長年年更迭、行政的推動動則得咎常常在教師晨會被老師公開抨擊、行政非常弱勢、家長會因前任校長連任與否而分成二派意見……等。」家長會會長也給了我一封信，期待校長能：「一、有擔當有抱負。二、能整合行政團隊。三、引進社會資源提供家長參與。」這些都是我要去思考面對的問題。

參、邁向優質學校的切入點

優質學校的向度非常多，就《精緻教育——台北市優質學校經營手冊》（2004）所提，優質學校可從領導、行政管理、課程發展、教師教學、學生學習、專業發展、資源統整、校園營造、學校文化等九個層面來探討經營，這九個層面，幾乎是彼此關連相互影響。一個校長如果能全面關照到這九個層面，那是邏輯上的最大合理化，但就我個人能力而言，是我目前無法勝任之負擔。思索這九個層面的內涵，我認為「學生學習」才是這九個層面的目的，其他的層面都是手段，都是為了成就「學生的學習」。校長要從哪個手段切入，是個人價值性的選擇！這就是為什麼我們會說「有怎樣的校長，就有怎樣的學校」！

那麼，我要從哪個手段切入呢？我認為「課程發展」是建構優質學校最核心內涵，而且為了受益於所有的學生，學校的課程發展應該是普及於每個孩子，而不是獨厚於少數菁英；我又認為學校的課程發展應該是由學校的需要出發，因此自然形成於有別於他校之特色。因此，「發展學校本位的特色課程，以成就學生的學習」成為我第一個關注的焦點！

但是要發展課程，是要靠老師來參與、研發並實施的，如果不提升教師專業發展能力，課程是發展不出來的！「沒有教師專業的課程發展是空的；沒有課程發展的教師專業是盲的」。因此，「從教師專業發展切入，以建構具有學校特色的校本課程」成為我第二個關注的焦點！

課程要發展是要有一些環境因素的促成，包括安定和諧的人事、健全體制的行政運作、積極正向的教師文化等。其中「人事安定」是學校發展的第一要務。沒有和諧安定的校園文化，要談課程發展那是天方夜譚。在這方面，我花了很多心思與策略運用，也獲致一些心得與成效，限於篇幅與涉及敏感的人、事、物，在這部分我著墨較少，並選擇以較中性的案例做一些分享。因此，「重

新檢討一切校務運作之制度、辦法、方式及成效，以建構一個公平、合理、公義、明確、效率的行政管理機制」成為我第三個著力的焦點！

此外，教師是一個獨立自主性非常強的團體，沒有教師的支持與認同，校長不可能隻手改變什麼！如果只靠校長等少數人在努力，那樣的成果一定不可能紮根、不可能落實！沒有得到老師支持的課程，常常會變成書面資料的表象，也常常成為校長的理想而不務實！因此，如何說服老師願意共同營造一個信賴、支持、積極、成長的教師文化，實在是建構優質學校成敗的關鍵。我採用介入、反思、提問、闡述的方式，隨時隨機不斷的傳達「校長」的想法與期待，期許營造一個正向的學校文化，成為我最核心的經營目標！

至於家長會部分，在彭國能會長的善意溝通、熱忱服務與誠意整合的努力下，家長會不但消除雜音，更成為一個服務導向、支持校務、提升家長成長、提供孩子多元學習的活力團隊。這部分我真的很幸運，不但不用耗損能量在家長會的人事上操心，還獲得堅實支持的後盾！

因此，在優質學校指標上，「行政管理」、「學校文化」、「課程發展」與「專業發展」，成為我邁向優質學校必須同步優先關切的議題！

以下我就「行政管理」的人事物方面做說明與分析；再就「學校課程發展的經驗」說明「課程發展」與「專業發展」的推動歷程；至於「學校文化」的營造，則散見在這些說明或案例中，並適時傳達與分析我的一些領導觀與教育觀。

肆、我的行政管理及案例

為了讓自己迅速了解學校校務的運作，第 1 年的暑假，我先一一約談各處室主任及組長，以了解學校過去運作的內容，讓自己能盡速進入狀況：你會發現有不少是學校具有創意的特色；有些是只要稍微調整一下，就能更符合理想與期望；有些則只能先暫時擺在心裡，並列為未來努力的目標或等待適當的時機再處理。

接下來，我一一檢核了解所有與學校續存關係中的合約資料，包括各項工程合約、電梯保養合約、電氣消防安檢合約、影印機租用合約、油印機租用合約、保全合約等。並做了一些要求與調整：諸如電梯保養是為學生午餐供應而

設置，寒暑假期間因為沒有供餐，電梯是不啟用的，可是我們的電梯保養費卻要繳足 12 個月的費用。我要求總務主任與廠商洽談，要求廠商仍舊要做全年服務，但電梯保養費只能給 10 個月，寒暑假期間除非電梯有故障必須配合來處理，否則免除寒暑假之保養。廠商如果不願意，那合約到期後，我們就另換一家。再如影印機之租用合約，我要求廠商更換機種，提供可自動雙面影印、分類裝訂的機器，並請事務組長多方訪價，針對紙張價格及影印卡之費用要求調降，否則另尋替代廠商。這些措施，幫學校減省一些例行性的開支，並提供更佳的服務。

在學校的財產管理方面，我要求財產管理人員要落實財產的盤點與管理，財務的採購流程要經過驗收並經財產登錄、移交給使用者簽認保管章後，才讓校長核章。這樣的要求引發出一些問題，包括：書面帳目資料與實際財務有落差、帳目資料的財產在哪裡？像活動中心固定的體育設施誰保管？教務處的冷氣機誰保管？各班老師所配撥的資訊設備是老師保管？還是設備組或資訊組保管？保管者與使用者如果不是同一個人，要如何釐清權責？從請購到保管點交，這些流程是不是建立一套有制度的運作模式？各處室是不是都同意沒有意見？這些清查與運作機制的討論，足足進行了一學期才建立明確的體系與運作機制！

在公文的收、發、簽、辦、會陳、歸檔及銷毀等作業，也都各有狀況，需要一一討論擬出最適合學校運作的模式！

以上這些功課，只是在做好「事務性的行政管理」，你感覺不出它的績效，雖然它讓你忙了將近 1 年，但第 2 年起，就都不必再處理這些問題，它對學校行政運作最有實質的幫助。

「怎樣的人要擺在怎樣的位置」是初任校長最大的考驗。雖然「主任」由校長聘用、「組長」由主任邀任，仍有很多迴旋的空間，包括：有些人想當主任，你的整體評估覺得不適宜，想明白告訴對方，又希望對方諒解你的決定，而且能不破壞彼此的關係，就是一種考驗！其次，有些主任找組長很容易，有些組長要挑主任跟，造成有些主任有將無兵而倍覺沮喪，你一方面要鼓舞主任的士氣、一方面要動員其他關係甚至親自出馬幫忙說服。當你方法都用盡了仍求不到人來當時，就要抱定這樣的宗旨：「沒有學不會的事」、「沒有不能相處的人」，就讓積分最低的新手老師或開缺的新進教師來擔任吧。

在危機處理方面，老天爺也給了我一次震撼教育：學校發生營養午餐疑似

中毒案件。當事情浮現時，原以為低調處理就不會驚動媒體，沒想到媒體記者也隱身在醫院中，只要一發現有穿同樣制服的孩子2個以上出現在醫院，他們敏銳的嗅覺就嗅出新聞來了！整個事件的處理過程都算圓滿，為了避免傳話的失真造成誤解，我特地寫了一封信，讓所有的家長與老師都能明白整個事件的真相與學校盡心盡力處理的過程。

　　親愛的家長
　　　　　　　新年平安：
　　敬愛的老師

　　　　淑英承蒙各位家長與老師的信賴，有機會在實踐與大家結緣，對我而言不但是份榮耀更是期許！淑英常自我惕勵要全力以赴，期待在家長、教師、行政三方的戮力合作下，能讓孩子的學習更精緻、教師有揮灑的舞台、校務發展更優質。

　　　　在這半年的校務運作中，學校於12月16日發生學童午餐中毒事件，幸賴全體實踐團隊的分工與合作，在歷經一天的驚慌後，所幸全部的小朋友都在第二天返校上課，淑英心中的大石頭才算落了地！對於學童午餐中毒的真正原因以及後續的處理情形，謹依時間之發生順序向各位家長及老師報告如後：

12月16日

1. 12：50 六年一班導師發現有4、5位學生有腹脹、噁心、想吐、頭暈、肚子不舒服等現象，送往健康中心後，隨即通報訓導處及校長。
2. 13：00 又陸續有其他班學生發生相同症狀送來健康中心，校長指示訓導、總務、輔導三處主任進行了解，啟動應變小組機制，除通知味帝午餐供應廠商外，並請衛生組長到各班了解調查。
3. 13：40 與萬芳醫院連繫，並請求支援醫師到校協助確認症狀。
4. 13：50 校長召開第一次全校緊急會議，指示級任教師進行全校性普查。
5. 14：20 將不適之同學登錄後由訓導主任、輔導主任及廠商分批送往萬芳醫院，並通報教育局及視導督學。
6. 15：00 通知家長會，校內同時分4組人員電話通知送醫學生家長。

7. 15：30 共送出 4 批學生（共 41 名）。

8. 16：00 校長對校內全體學生精神講話，並簡單說明事情緣由，請學生不要驚慌。

9. 台北市政府衛生局派員到校檢視廚房環境設備，並將留樣食物備份帶回檢驗。

10. 16：10 校長召開第二次全校緊急會議，說明處理進度，請老師能到醫院關心；指示總務主任、教務主任及訓育組長留守校內，並對等候在外的媒體作近況說明後隨即趕赴醫院。

11. 晚間 6～8 點，陸續有 5 名學生前往醫院就診。

12. 晚間 7 點，在萬芳醫院召開診療情形說明會，急診室主任醫師研判非細菌性食物中毒，可能是某些食材諸如味精等導致食物過敏引起身體不適反應。

13. 晚間 8 點，由學校就醫院留守之家長及家長會成員召開第二天供餐替代方案，決定由味帝公司就教育局提供的合格盒餐廠商中擇一供應，經味帝連繫由欣欣盒餐公司以桶裝午餐供應。

14. 味帝公司提供麵包飲料供在醫院照料的家長及學校同仁充飢；並購買蘇打餅乾及舒跑飲料等供孩童出院後進食。

15. 感謝教育局康副座、三科吳科長、視導李督學、七科葉股長、高辰雄里長及李新議員、秦儷舫議員、林奕華議員、厲耿桂芳議員等到醫院關切並給與指導；更由衷感謝本校家長會及前柔花會長的全程參與協助。

16. 20：00 校內留守人員解除留守任務，前往醫院會合了解狀況，經校長指示後先行返家。

17. 22：00 又有 1 名學生前來醫院就診。

18. 23：30 除尚有 2 名學生在點滴注射中外，其餘學生均已陸續出院。醫院最後留守人員（校長、訓導主任、吳明建副會長、秦家娣副會長、味帝公司負責人等）結束任務返家，並和醫院保持連繫。

19. 17 日凌晨 2 時，最後 1 位學生離院返家。

12 月 17 日

1. 47 名學生均來校上課。

2.學校暫停味帝公司之供餐，今日起由替代廠商欣欣盒餐公司供應學童午餐。

3.味帝公司同意無論結果如何，47名學童之醫療費用均由其支付。

12 月 18 日

1.台北市政府衛生局（以下簡稱衛生局）來函要求味帝公司暫停力行群組學校（包括力行、實踐、永建、明道）的供餐作業，俟複查合格後再恢復供餐。

2.連繫學童平安保險承保公司台灣人壽到校洽談，了解集體食物中毒之理賠要件及申辦手續。

12 月 19 日

1.與萬芳醫院連繫，討論由學校代辦申請47份學童診斷證明書之相關程序。

2.指示校護及總務處負責彙整承辦47名學童平安保險及集體食物中毒理賠事宜。

12 月 23 日

1.衛生局來函說明當日留驗食物檢體 未檢出食品中毒菌 ，但本校食物驗出 過氧化氫 ，不符《食品衛生管理法》規定。

12 月 26 日

1.與教育局七科連繫研議權責問題，建議依合約規定處理。

2.與衛生局連繫了解過氧化氫在食物的製造過程中准予添加，它具有殺菌漂白防腐之功能，但 當食物已製成半成品或成品時，則不應驗出有過氧化氫成分 。

12 月 27 日

1.衛生局再來函說明針對本校食物中毒案，依《食品衛生管理法》，味帝公司應處新台幣4萬到20萬之罰鍰（罰鍰入公庫），並移送法院；並要求味帝提檢討改善計畫。

2.下午3點，力行國小召開午餐供應群組會議，決議味帝廠商若通過衛生局複檢合格，永建、力行與明道國小均同意恢復供餐至合約期滿，本校家長及學校代表返校經商議後同意比照群組決議辦理。

12 月 31 日

1. 指示訓導處通知午餐委員會召開本校與味帝廠商的午餐中毒事件權責處理會議，並調查47位學生家長對於食物中毒事件罰則的意見，包括：①要求精神補償並提建議金額、②罰款金用於添購餐車、③給與廠商明確行政處分、④其他意見等，並通知受害學生家長出席1月3日的處理會議。

2. 中午，李督學蒞校視導關切午餐事件後續處理事宜，並指示依合約處理。

3. 下午，教育局七科蔡科長蒞校了解午餐後續處理狀況，並指示力行群組續約之決議需報局核准始具效力，隨後即赴力行國小了解。

01 月 03 日

1. 召開午餐供應委員會議（47名學生家長調查表原有1位家長填具要出席，但是日未出席），味帝廠商負責人亦應邀出席。

2. 說明與本事件有關之合約規定：合約第八條第十一款：倘若甲方（學校）教職員生因食用乙方（廠商）供應之飲食，致發生食物中毒或其他意外事件經衛生單位證實者，乙方需負擔醫藥費用並承擔法律上之一切責任；其責任應歸屬於乙方者，甲方得立即要求解約並知會台北市政府教育局列入本市公辦民營評選廠商紀錄參考。

3. 說明家長意見調查統計資料：
   ‧發出47份問卷，回收21份（截至開會前止）。
   ‧選擇罰款者6位，購置餐車0位，給與書面行政處分5位，其他（如要求廠商日後多加注意、加強餐具消毒、加強衛生教育、交校方全權處理、無意見等）13位（有些採複選）。

4. 報告廠商已支付受害學生之費用明細（包括當日醫療費用、飲料點心、診斷證明書工本費）。

5. 委員會經充分討論認為，廠商雖已負擔醫藥費用並依法由衛生局課以4萬到20萬之罰鍰並移送法院，然考量受害學生及家長所承受之驚恐與不便，雖然只有6位家長回條要求罰款，委員會仍決議應對廠商提求償要求，廠商亦誠意接受。

6. 求償金額經委員會提議有三：致予每位學生慰問金新台幣①1,000

元、②1,000 元及學生禮物各一份、③象徵性懲罰金 1 元。

7. 決議：致予每位學生慰問金新台幣 1,000 元及學生禮物各一份，禮物內容由廠商自行選擇。另但書如下：①廠商仍應受託提供代理商供應本校學童午餐，並負代理廠商衛生管理監督之一切責任、②本校仍依力行群組午餐委員會之決議，俟廠商獲衛生局暨教育局核准恢復供餐時始恢復供應、③力行午餐群組之決議若不獲本屬上級機關（教育局）之核准而要求解約時，今日之求償決議仍應履行。

01 月 07 日

教育局來函略以：味帝廠商違反《食品衛生管理法》，市府衛生局將處以罰鍰並移送法院，請本午餐群組學校確實執行合約罰則，與廠商解約並重新辦理招商作業。

01 月 10 日

經與力行國小連繫，力行刻正辦理解約事宜中。

後記

1. 本午餐群組學校預定哪天與味帝正式解約，有待力行午餐委員會之決議（午餐供應，力行為正約學校，其餘各校均為副約學校）。解約後力行再上網公告作業期間，各校之午餐供應則必須由各校自行負責。

2. 在等標空窗期間，學校將再發函通知各位家長，除了籲請家長能自行為子女準備乾淨衛生並蘊含濃郁親情的學童午餐外，學校亦會洽請至少 2 家以上的優良便當盒餐公司提供家長選擇。

　　整個午餐事件處理過程，學校雖已盡最大努力，俾讓學生受害減至最低並力求各項決定能滿足眾意，但淑英深知個人資歷淺薄、經驗不足，闕漏之處在所難免，尚請各位教育合夥人不吝指教！今後除應繼續加強衛生教育並積極督導檢核廚房衛生以及相關工作人員作業規範外，對於實踐行政團隊的辛勞、家長會的支援以及萬芳醫院的協助，均在此深表謝意與敬意！另外味帝廠商自始至終一直展現最大的誠意與負責的態度，其雖有過失（麵條含有過氧化氫），但對味帝公司勇於任事、積極處理、善意回應的態度不得不對其表達由衷的佩服。

　　對於 47 位受害的學生及家長，淑英在此謹代表學校向您致上最

深的歉意，淑英深知午餐委員會的決議實不足以彌補您的驚恐於萬
一，也不足以表達您期待孩子處於安全無慮環境的心聲，淑英將率領
學校老師繼續努力，希望您一秉愛護學校的立場，繼續給與學校支持
與鼓勵！

　　學期即將結束，除了感謝各位老師認真的付出及家長不吝的支持
外，更祝福大家在新的一年
身體健康　事業成功
家庭美滿　萬事如意

實踐國小校長

朱淑英　敬上

92/01/13

　　這封信所傳遞的處理過程，博得了老師對「初任校長」的信賴，也贏得了
家長對「新任校長」的信心！我對自己面對危機時所表現的冷靜、條理分明以
及思慮之縝密，亦覺得滿意！所謂「危機就是轉機」，真是最好的寫照！

伍、我的學校課程發展經驗㈠

──從促進教師專業發展著手

　　我認為要發展學校課程要從兩方面著手：一是促進教師專業發展，一是建
構學校本位課程。以下先就「促進教師專業發展策略與步驟」來分別說明：

　　個人認為要促進教師專業發展首先要從塑造專業發展文化、建立共同信念
開始；其次從推動教師教學檔案著手，另外提供多元教師進修工作坊來滿足教
師不同的專長。

一、建立共同的信念塑造專業發展的文化

　　在促進教師專業發展的過程中，最需要校長耳提面命的是信念的說服與改
變；最挑戰校長的是要如何軟硬兼施的推動老師踏出第一步！為達成上述的目
標，我總是一再隨機的傳達一些教師必須專業成長的信念，諸如：「除非您能

退休，除非您能保證結婚生子永遠待在這個學校，否則您拿什麼去調校？拿什麼去和別人競爭？」「在以前的教室王國，您教完了就結束了，在今天家長積極參與的教育生態下，您不可能再關在教室裡不被比較！」「教師教學檔案就是您的嫁妝，您不從現在為自己準備，將來教師分級實施，您如何證明您的教學績效？」「不要讓自己拿忙當藉口，每一年要求自己好好的、用心的規畫一個議題，不管是主題活動、是教案設計、是班級經營或是親師合作，把它整理出來，並參加各類相關議題的發表投件，能得獎是為自己的教學專業做證明；未得獎也為自己的產出留下見證！」「少子化的衝擊讓我們憂心，唯有專業保證您才能立於不敗之地！」

二、推動教師教學檔案帶動教師用文字寫故事的習慣

　　過去的老師只要在教學現場上展現豐富的教學內涵，就是一個優秀的好老師。但是現在的老師，卻更需要將現場的故事用文字或聲音影像記錄下來，才能證明你是個怎樣的老師！因此要老師改變習慣做教學紀錄，推動教師做教學檔案是一個具體可行的策略。

　　上任的第 1 年，當我一再的耳提面命、一再的提醒老師本學年度的下學期我一定要拜讀各位老師的教學檔案，如果還沒有很好的作品，那麼老師在教學上的學習單或參加研習、報章雜誌剪輯等資料也可以。並將校內教師教學檔案的參與辦法早早發下，也安排學者專家蒞校指導教師如何做教學檔案時，一切都很順利！都沒有聲音！等到時間愈來愈接近，教務處提醒老師收件及展示的時程時，教師會長嗆聲了：「校長要老師提交教學檔案，應該讓老師自由決定，想提的人就提，不想提的人就不要勉強……。」結果台下一片鼓掌喝采……！我緩緩的站起來回答說：「中國人是個很奇怪的民族，當你說大家可以自由提交時，我敢保證沒有一個人願意交！理由很簡單：大家都很謙虛、也不願意當異類；唯有學校要求大家都要交、也都能幫別人寫回饋單時，你才有機會欣賞到其他老師的教學點子與創意！」「教師會除了為教師服務外，另外一個很重要的功能不就是要促進教師的專業成長嗎？教師會在這方面是不是應該協助老師一起來努力？」「另外，這種鼓掌喝采的文化，帶著極大的挑釁意味！我真的很不喜歡！很不喜歡！以前學校的文化是怎樣我不知道，但我希望從今以後讓我們理性溝通，不要再用這樣的方式來溝通！」

我執意要老師提交教學檔案，除了為提升教師專業成長的考量外，最重要的是，對一個初任實踐校長的我而言，我急於知道老師的專才在哪裡？我想知道實踐教師的優勢在何處？我也想了解哪些老師最積極踏實？哪些老師還沒準備好？

校長要推動教師做教學檔案當然要展現校長的重視作為：第1年我除了認真拜讀一一回饋外，更為撰寫較為完整、具特色的作品，提供可參與各類比賽的建議單來鼓勵教師送件，包括參加教師教學檔案、或參加台北市教師行動研究、或參加教育部標竿100等。感謝老師的支持與迴響，第1年，我們就獲得了多項亮麗的個人成績，並累計榮獲台北市教學檔案團體第三名；參與行動研究也獲得1件特優、1件優選與多件佳作！

第2年繼續辦理校內教師教學檔案專業大餐，這一年校長也做回饋，但沒有寫建議單（我認為已進入第2年，行為模式應該固著了！校長的增強可以撤離了）。不知是不是少了這個增強的動作，我們的成績只有零星的個人獎，沒有團體獎；今年（第3年）校長不但更認真寫，還提供一些可修正的建議，並事前請教務處將教育部和台北市的各類教師教學競賽訊息列表出來，以方便教師可以針對個人的教學發展，選擇適合的參賽機會。今年到目前為止，我們已知榮獲台北市教學檔案團體第二名的殊榮！日前，教師再提送行動研究與教案設計等參賽作品有14件，包括有21位老師已加入用文字寫故事的行列！這對一個過去從不習慣參與校際演出的學校而言，它鼓舞了老師的士氣！也證明了實踐的老師是真的有實力！更奠定了我的課程領導的堅持與方向！

以下我擇取部分資料說明個人參與學校教師教學檔案閱覽後寫給同仁的建議單如下（作參考）：

表1　91學年度教師參與專業發展建議單　　　　　　　校長朱淑英 9205

項次	作者	參賽類別	主辦單位	承辦單位	作品規格	收件截止日
1	邱瑞溫	教師教學檔案	教育局	天母國小	80頁以內資料夾	05/16
2	賴明鈺	教師教學檔案	教育局	天母國小	80頁以內資料夾	05/16

● 表 1 　（續）

3	教務處	標竿 100——學校團隊	教育部	基市南榮國小	1. 推薦表 2. 資料夾 5 冊 3. 電子檔	05/22（國語實小及三科）
4	一年級教師團隊（低年級的閱讀指導策略）	教育專業經驗分享——教材編撰	教育局	永安國小	1. 10,000 字以內及 15 頁以內 2. 一式三份及電子檔	05/30

93 學年度教師教學檔案回饋分享意見　　校長　朱淑英 940503

一年級

- 一年級的閱讀教學策略包括：童詩童話、唸讀注音符號、繪本、週末共讀、閱讀節令等，循序漸進指導孩子進入語文天地，看起來是學年共同設計的精華，可惜以學習單的呈現居多，如果能將其轉化為理念→策略→指導重點（淑芬有此部分）→實施歷程→成效驗證→省思回饋等方式呈現，則更符合檔案精神，也符合各類比賽之要件，更可以參加團隊類的教學參賽。
- 一 3 玉惠的閩南語自編教材「菜市仔」可再充實為一完整的單元教案設計。

三年級

- 三 1 瑩潔：「閱讀海報」、「鄰里地圖複製機」構思很好，惟缺少教學設計之歷程。
- 三 2 國隆：著重各類文章之蒐集。
- 三 3 瑞絪：推薦參加教師教學檔案送件。

  以生命教育融入彈性與綜合活動、生命教育融入社會課程、生命教育融入語文活動，每一主題均很精彩，可擇一參加項目 5「行動研究」教案設計類、項目 8「教學創新徵稿」。

  建議：受限於教師教學檔案頁數之限制，建議從生命教育「人—自己」、「人—社會」、「人—自然」架構出發，將彈性與綜合活動、社會課程、語文活動安排在架構之下，以力求主題結構完整並精選單元，以符合頁數規範。

- 三 4 盈秀：綜合活動——我的好朋友單元設計完整，另陳列各類學習單。

• 三 4 佳慧：

1. 國語科「小寶寶的膽石」可參與項目 5「行動研究」教案設計類、項目 8「教學創新徵稿」、項目 7「自製教學媒體」。

2. 「拼圖記憶遊戲」、「紙偶劇場」、「做小書」、「競選傳單設計」等等，可整併為一主題，參與項目 8「教學創新徵稿」。

• 三 5 寶文：

1. 鄉土踏查架構完整、流程明確，可再省思回饋部分。

2. 戶外教學的「多元評量闖關活動」，具創意設計，可參與項目 5「行動研究」教案設計類、項目 8「教學創新徵稿」。

3. 學年閱讀「古典文學」設計，可參與項目 9「閱讀教學設計」類。

• 三 7 叔真：

1. 以「人格教育」（建議改為品格教育）為主題，符應當前重點政策。

2. 教學設計主題結構完整，並含有自我評鑑。惟以表格化的方式呈現主題各層面，反而喪失檔案的「情意」部分，閱讀起來較覺冷硬，建議去表格化重新撰寫。

3. 教師的教學歷程為教學設計之精髓，可補充交代。

4. 建議參與項目 5「行動研究」教案設計類或經驗分享類。

五年級

• 五 1 秋惠：「語法予修辭」之指導，有層級性之構想，但未見實施之歷程、策略、省思，只有學生的作品集，殊為可惜；「數學可以輕鬆學」的認識圖形、等值分數等具創意，惟份量不夠多。

• 五 2 瓊慧：推薦參加教師教學檔案送件。

1. 「班級經營篇」從學校願景出發→班級願景→教師祈禱文→理念→約定→策略→內涵，體系完整，非常具有實務參考價值。

2. 「教學篇」包含主題教學、協同教學、自勵學習；「自勵學習」主題，具創新性。

3. 「美在顏色」教學設計，可參與項目 5「行動研究」教案設計類、項目 8「教學創新徵稿」。

4. 「小小義工學習歷程」，是很值得分享的「品德教育」推動策略。

5. 「景美溪」鄉土踏查，架構完整，但尚未完工。

建議：從「美在顏色」教學出發，以「自勵學習」為策略，內容包括「主題海報」、「主題研究報告」、「小小義工」等部分，並納入如教師祈禱文→理念→約定→策略→內涵等脈絡，編撰為教師教學檔案送件。

• 五3玉琴：推薦參加教師教學檔案送件。

1. 鎖定單一閱讀主題，建構出一份非常完整且有深度有份量的教師教學檔案。

2. 檔案的排列上可稍作調整為：為什麼選這個主題（緣起）→多元智慧架構（學理依據）→古典小說之教學引導（教學流程）→教材分析（包括作者、題材、取材、主要人物；精采情節；技巧、結構、人物刻化之特色；傳達的思想等）→戲劇教學（教學策略）→教學實施（《聊齋誌異》用廣播劇；《封神演義》用布偶劇）→評量方式→教學歷程檢討（失敗經驗）。

3. 建議尚可參加項目 5「行動研究」教育專業經驗分享、項目 8「教學創新徵稿」、項目 9「閱讀教學設計」類。

• 我的說明：

◎有些檔案的創意構思不知是來自教學者或版本教科書之提供？

◎檔案如果只呈現各類學習單，卻沒有說明「教師如何教」與「學生如何學」之歷程，學習單的意義就大打折扣。

◎以一年級為例：團隊共同合作設計是很值得發展的領域，但它的「質」與「量」均要夠份量，尤其每個人負責的部分，均要展現其殊異性，但整件大作品中卻要能脈絡相連具銜接性。否則 7 個人做等於 1 個人做，其作品反而不如個人作品有份量。

◎檔案的累積歷程可以像玉琴、叔真、明鈺等一樣，構思單一主題，並事先縝密規畫一個完整的課程地圖，並依步驟完成。優點是聚焦且份量夠；困難點是要有較強的邏輯思維，能預先做縝密的規畫。

◎檔案的累積歷程也可以像瓊慧、瑞綢等一樣，就不同類別分別整理。它像大廚作菜時一樣，流理台上已備好青菜、豆腐、絞肉、雞蛋、香菇、蔥、薑、蒜、醬油等，你可以煮青菜豆腐湯，也可以煮紅燒獅子頭。它的優點是你可視參賽主題的不同，自由組合搭配，一魚多吃；困難點是你每個面向都要照顧到所以不容易深入（阿綢例外），造成量多但質不精之窘境，所以要花功夫找「連接詞」來重新排列組合。

三、以工作坊的產出學習取代統一規範的週三進修

　　失敗的案例也是有，就教師週三進修自主性的主題工作坊而言，我的構思是教師也有個別差異，對一個將近有 80 位教師的學校，要用同樣的菜單來餵食，是無法滿足教師的個別需求的。如果要教師專業發展，行政的作為是一方面提供固定的對話時間、一方面提供限額的經費，最重要的是將菜單的決定權交給老師，讓老師自主規畫，包括：尋找志同道合的夥伴、決定小組領導者、自訂發展主題、自聘徵詢的學者專家、擬訂研究進度與成果。當然，如果老師想獨立作戰也可以，只要期末能提出成果。

　　教務處花了很多的精力與時間去作上述的整合，但是 1 年實施下來，將近 6 個工作坊，只有 3 個作出團隊性的成品，其中有好幾個工作坊已變成 1 人公司在運作，其他的都變成掛名顧問！這一年結束後，我還是回歸到一般的週三進修模式。並確立了讓教師的個人發展從教師檔案中出發；讓學校本位課程的發展，交回到行政來主導運作的方向。

陸、我的學校課程發展經驗㈡
——從建構學校本位課程勵進

　　要提升學校課程研發的能量，除了要促進教師專業發展外，更應該從學校願景出發，凝聚教師的共識，發展具有全校性共同目標的學校本位課程。發展全校性的、縱軸銜接性的校本課程，目的在藉由全體教師的參與，以激發教師對學校的認同與願力；最重要的是應該讓實踐的孩子們，不管身處任何年級階段都能接受到體系完整脈絡清楚的校本課程學習。譬如「閱讀」很重要，每個老師都在加強閱讀指導，如果行政能做個整合，去討論出低年級的閱讀和中年級、高年級的閱讀是有所不同，那麼孩子在閱讀上的學習，就不會因年級教師間的接續與更迭，而漏失在一再重複或闕漏不足的狀況下。

一、我的學校本位課程觀

　　我將「顯著課程」分為三個區塊，包括：㈠版本教科書的課程；㈡班級本身或學年班群之間自己研發出來的主題或統整課程；㈢以學校為主導發展出一到六年級具層級性的縱軸銜接課程。第一種課程是老師本職要教，也是讓家長可以放心的課程；第二種課程是老師們自由創意揮灑，校長樂觀其成但不強迫要求自主性課程；第三種課程我界定為「學校本位課程」，既然是學校本位，就要教師人人參與、學生人人學習，這種課程因為跨越各年級，所以需要學校行政來整合、支持與促進。第三種課程是我最關注的焦點，也是我在課程參與上著力最深的地方！

　　「推動校本課程發展」要從願景出發，並對願景底下的課程內涵作定義，再因勢利導從教師覺知要改變的教學現況中著手。校本課程主題的選擇要以大多數教師能參與為優先，主題的實施要以融入領域教學為目標，並以一年一主題之原則逐年發展。

　　因此校本課程的發展應該是：

　　㈠它應該從學校願景出發，才能有一貫相承的脈絡。

　　㈡校本課程的主題發展應採逐年研發實施的模式階段性發展。

　　㈢校本課程的主題應選擇最多數教師可參與為思考。

　　㈣行政要規畫校本課程發展的配套措施。

二、建構校本位課程的方案與步驟

㈠確立從學校願景出發的課程意涵與圖像（91學年度）

　　學校的願景「健康、活潑、智慧、能力」，在我之前已建立，但實踐的「健康」與他校的「健康」有何不同？實踐的「活潑」與他校的「活潑」差別在哪裡？我試圖在學校願景的項次下，將學校行之有年的各項例行性教學與活動做一個歸類，並將第1年打算推動的師生學習檔案及主題工作坊列入「智慧」的項次下，如圖1，並請老師就願景下的子項提出檢核與修正。

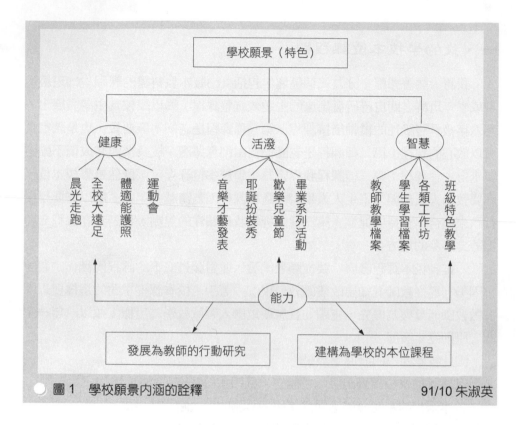

● 圖 1　學校願景內涵的詮釋　　　　　　　　　　　　91/10 朱淑英

　　實施 1 年下來，只有師生的教學檔案推展開來，但教師的主題工作坊成效不如預期！另外我也普遍發現教師對行之有年的「全校大遠足」產生懷疑，不知道帶學生到社區走一走有何意義？此外，學校承襲當年「校長跳天鵝湖」推動閱讀 100 本好書的傳統，各班教師及行政都在做推動閱讀活動，但只停留在量的檢核，質的深耕較缺乏探討！這些發現讓我找到了推動校本課程的著力點！

(二)從變調的「全校大遠足」出發（92 學年度）

　　「全校大遠足」的立意良好，從學校的基地出發，透過踏查走訪的方式，體驗探索以學校為核心的鄉土活動，一方面讓知識走出書本，再方面讓孩子深刻認識自己的鄉里。但由於缺少年級間的整合與規畫，學年老師所「遠足」的路線常常相互重疊、缺乏年級間的進程與教學設計。為了賦與「全校大遠足」新內涵，我們將原來的「全校大遠足」名稱更名為「實踐心文山情」的鄉土踏

查課程。

校本課程的研發，不是只擺在書面上做成果，而是要落實於教學中才是目的。因此何時教？教什麼？誰來教？如何教？成為我思考的重點！也是我必須去解決的問題。以下就推動的「原則」、「步驟」與「行政」三方面來說明：

1. 原則的掌握上

(1)何時教

在各領域都已塞滿的情況下，我們一定要採融入領域的方式，尤其要融入社會、自然、綜合等領域的教學中，不足的部分再用彈性節數補足之。

(2)教什麼

素材的選擇要掌握由學校出發，依年級別循序漸進及由近而遠原則；素材的選取，在人文、變遷等方面從社會領域去取材；在自然、生態、環教方面從自然領域去取材；體驗性的活動從綜合領域中完成；將這些組合後缺欠完整性的部分，再利用彈性節數自編教材補足，以建構成為一個完整的有機主題。

(3)誰來教

以級任（社會、綜合、鄉土）為主、科任（自然）為輔。

(4)如何教

先進行靜態的事前蒐集、調查、解說；再進行實地的走訪、踏查、體驗、印證；最後做分享、回饋、檢討與彙編。

2. 步驟的執行上

(1)提供範例

為了將構想清楚傳達給老師，我親自將一到六年級下學期的社會領域版本教科書找來，就各年級課本中符應「鄉土教材」目標之單元擷取下來（詳見「實踐心文山情的設計構想」）。

(2)尋找組長

擷取下的單元是零散的，我請託學校社會領域召集人陳慧芳老師來擔任組長，她不但是社教研究所畢業、更是個頭腦清楚、非常有責任感的好老師。我請她依鄉土教材之要素，幫我將上述零星的單元，架構出有體系、有主題、有年級銜接的縱軸課程。這部分才是方案成敗的靈魂！

⑶小組運作

縱軸課程架構草案出來，能不能貼切於教師的教學，就要由學年老師代表（我們稱為訓輔代表）、社會行政科任以及教務處相關成員組成的「鄉土踏查」研發小組進行不斷的討論與修正。

⑷確立架構

小組討論有共識後，則需肩負向學年老師說明、彙整意見，再帶回小組討論修正等不斷循環的歷程，最後終於確立主題架構與內容要點。

⑸細部規畫

確立了主題架構與內容要點，後續的路線勘查、單元設計、學習單的編擬、評量方式、教學媒體製作等等細節，就可以交給學年去分工了。

⑹確實執行

研發出來的課程我們不但要提列於學校總體課程計畫中，並列入學校行事曆確實執行。前置性的靜態課程在學校裡教學完後，綜合性的戶外體驗踏查活動，我們就動員訓導處做安全護送、科任老師做隨隊支援、學年老師分站解說與拍攝，這一天成為學校的大事。

⑺成果發表

成果發表安排在週三進修，期中期末各 1 次。期中是要了解各學年進行的進度，並確保方向的妥適性；期末是在做檢核回饋並驗收成果。

⑻彙編成教師研究專輯，並建置專屬網頁將教材資料收錄於學校「教學資源庫」內，供大家下載運用。

3. 行政的運作上

⑴提供象徵性的減課

本小組屬任務編組，在任務研發期間（92 學年度），給與社會領域召集人、綜合領域召集人、各學年訓輔代表酌減 1 節課，以慰其辛勞！

⑵安排討論的時間

在週三進修時段、週五下午時間優先排出定期參與時間，以利延續發展。

⑶規畫全校性的參與

全校動員、縝密分工與運作，都須靠行政來整合與規畫。

4. 以下是當時為了向老師說明「鄉土踏查課程」建構的想法與做法，所撰寫

的案例說明。

實踐心文山情的設計構想　　　　朱淑英　920225

一、課程地圖的位階

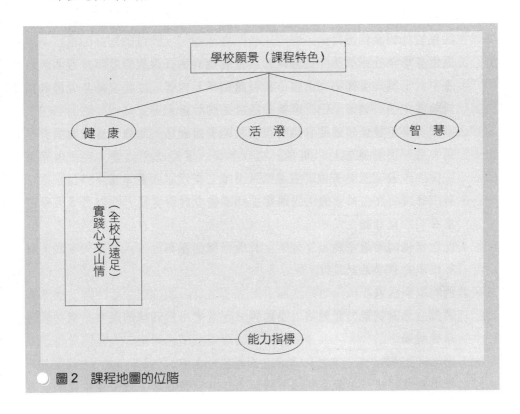

圖2　課程地圖的位階

二、可行的策略

　㈠在內容上

　　1.以版本教科書的社會領域（含生活課程）為核心。

　　2.以認識實踐國小、文山社區的人文、自然、生態等為補充教材。

　　3.以版本教科書的自然生態為參考教材。

　　4.整合上述 1、2 及 3 的內容，以主題方式呈現設計一到六年級的縱向課
　　　程。

㈡在教學時間上

    1. 以<u>社會領域（含生活課程）</u>為主要授課時間。

    2. 以<u>綜合領域</u>為次要的授課時間。

    3. 酌以納入<u>自然與生活科技</u>的教學規畫內。

    4. 必要時以<u>部分的彈性節數</u>吸納之。

㈢在課程設計的參與上

    1. 先由各學年社會領域（生活課程）及自然科的任課教師就年度版本教科書中列出與「實踐心文山情」相符應的單元內容，並提交<u>學年教師共同討論確定</u>……請於 03/12 學年會議中完成討論。

    2. 召開各學年社會領域及自然科代表教師聯席會議，除就上述討論的符應單元外，另增補教材以規畫一到六年級「實踐心文山情」的主題草案……請教務處及慧芳老師召集於 4 月底以前完成主題草案。

    3. 將「實踐心文山情」的主題草案提交課發會討論定稿……請於 5 月份密集召開課發會議完成。

    4. 就已定稿的年級主題，交付學年教師以個個參與、人人分工的模式，發展細項的教學活動設計。

三、其他的配合措施

    ㈠應將綜合活動的能力指標納入主題檢核，若有未能涵括的能力指標必須另列單元教學之。

    ㈡各學年的主題教學設計應於92學年度開學前完成，以利92學年度課程之實施。

    ㈢各學年應反覆進行：教學實施→檢討修正→回饋分享，最後彙整成果並專書印製。

四、「實踐心文山情」相符應的單元內容舉例

● 表2 「實踐心文山情」單元內容舉例

㈠年級　　教材來源：（仁林）版（生活）領域	
可選用之單元	單元重點
一下 三　校園走一走	*1.* 學校的建築 *2.* 學校的方位 *3.* 觀察樹木的形狀

● 表2　（續）

㈣年級　　教材來源：（康軒）版（社會）領域	
可選用之單元	單元重點
四下 一　家鄉的人與地	1. 祖先來源 2. 居民增加 3. 居住型態 4. 人口變遷 5. 家鄉向前走
二　家鄉的產業	1. 家鄉的農業 2. 家鄉的服務業
三　家鄉的交通	

㈤年級　　教材來源：（翰林）版（社會）領域	
可選用之單元	單元重點
五下 三　中華文化	1. 傳統建築（文山會館參觀） 2. 傳統表演藝術（國光劇校）

　　在單元內容舉例方面，我就社會（含生活）領域版本教科書中，摘取與「鄉土踏查」有關的單元做列舉，它當然是不完備也缺少主題的系統！所以很重要的下一步，我要和社會領域召集人的陳慧芳老師交換意見（她不但是社教系的高材生，更是一位認真務實有能力的好老師），請她就這些闕漏的子題中，把握課程內涵、考慮年級差異、掌握從學校出發由近及遠之精神，去將這些零散的子題，補充建構成有系統的年級主題及教學要點。

　　感謝慧芳老師的著力，草案出來後，後面的進行就快了：我先找來年級老師代表，將草案交付她們討論，有共識了再帶回學年討論修正，如此來來回回多趟，年級課程架構表就出來了。由於年級教師也是討論的參與者，所以接下來的主題活動設計、學習單的編擬、路線的規畫、行前的勘查、年級課程的實施、成果的發表、實施後的檢討省思，就都是學年老師為主角了！這個成果我們建置在學校網站的教學資源庫下供大家瀏覽參考。

(三)進行質變的深耕閱讀指導（92 學年度）

與「鄉土踏查」同步進行的是「晨光閱讀」。在曾志朗部長任內推動閱讀年活動時，台北市也倡導「校長跳天鵝湖」鼓勵小朋友閱讀 100 本好書活動。學校為了響應此活動，特別將週三的兒童朝會改為全校「閱讀時間」，讓老師可以利用這個時段指導孩子閱讀。實施 2 年下來，我看到了推動上的停滯與落差：

1. 讀什麼？視各班老師的喜好自由選擇。

2. 讀完後要不要指導？各班落差不一。

◆我對閱讀指導的想法是

(1)大多數的時候，閱讀是可以不帶目的的讀；但有時候，如果是經由老師有意規畫所指導的閱讀，那更能提升閱讀推動的成效。

(2)針對孩子喜好的書，老師不可能對每一本書都有時間做指導，因此選擇適合孩子年齡層又具有類別代表性的書籍，是進行閱讀指導的第一步。

(3)如果希望老師做深度的閱讀指導，對於指導的書目應該提供每一個孩子都有 1 本相同的書，才能方便老師做共讀指導。因此找財源買共讀的書（每一本書買 35 本）成為要克服的第二步。

◆推動閱讀指導的步驟

帶著這些想法，我和老師們談。在沒有阻力就是贊成的機會下，我再套用「鄉土踏查」的研發模式，請語文領域召集人李宜勳老師負責，找來學年教師代表（我們稱為教總代表），請他們將想法帶回學年並化成實際行動。包括：

(1)考慮孩子的年級層，選擇適合他們閱讀的書籍類別。

(2)分別就各年級的類別書目中，依其購買的優先順序開出每種 35 本（1 個班級的數量）共讀的書單。

(3)針對閱讀書籍，學年的每位老師要共同分工，設計閱讀指導要項及學習單。

同樣的運作模式來來回回多趟，全校閱讀的縱軸課程就架構出來了（如表 3 及表 4）。接下來各書目的閱讀活動設計、學習單的編擬、年級閱讀課程的實施、師生成果的發表、實施後的檢討省思以及專輯的彙編就一一產出！感謝宜勳老師做整個課程架構的串聯；更感謝教務處陳茜茹主任、李叔貞組長、覃永

隆組長的行政整合與投入，這個成果我們亦建置在學校網站的教學資源庫下供大家瀏覽參考。

● 表3　92學年度各年級閱讀課程重點

年　段	低年級	中年級	高年級
發展重點	a.繪本教學 b.童詩童話教學 c.親子閱讀	a.寓言故事、成語故事及童話故事教學 b.古典文學（小說）賞析	a.少年小說選讀 b.文學名著（傳記文學）賞析

● 表4　92學年度各年級閱讀書目

年級	閱　讀　書　目						
	1	2	3	4	5	6	7
一	美術課	起床啦！皇帝	巫婆與黑貓	威廉的洋娃娃	媽媽的紅沙發	精采過一生	爸爸媽媽不住在一起
二	我有友情要出租	風喜歡和我玩	小巧的志願	大狗醫生	媽媽心媽媽樹	爺爺一定有辦法	威廉的洋娃娃
三	男生女生ㄅㄟˋ（小兵）	中國寓言的故事	伊索寓言	安徒生童話故事	愛麗絲夢遊仙境	綠野仙蹤	格林童話故事
四	西遊記	水滸傳	三國演義	封神榜	七俠五義	聊齋誌異	鏡花緣
五	鐘樓怪人	小婦人	孤星淚	基督山恩仇記	湯姆歷險記	柳林中的風聲	秘密花園
六	少年噶瑪蘭	再見天人菊（民生報）	順風耳的新香爐（民生報）	綠衣人（民生報）	少年龍船隊（天衛）	珍古德傳（文經社）	朱銘傳（文經社）

柒、3年下來的學校經營成效與省思

　　3年下來不敢說是有成，但確實也有一些心得，分享如下：

一、在行政管理方面

在學校校務運作上，均能建立明確的制度。在制度的運作中，如果是因法令規章之新增或因現況之改變而不適用原有規定時，均能隨時檢討修正調整之。

二、在教師專業發展方面

我意圖從教師教學檔案切入，以激起百花齊放的風貌；並鼓勵教師投稿送件以散播專業種子蔚成風氣。經過第 1 年的相互角力磨合與調適，第 2 年老師的成績出來了：有人參加教學檔案競賽、有人參加班級網頁比賽、有人參加教師行動研究、有人參加閱讀教案設計、有人參加教學創新徵稿、有人參加生命教育競賽。參與的老師有 17 人，送件作品有 9 件；今年（第 3 年）截至目前為止，參與各類比賽的老師有 24 人，送件作品有 18 件，而且 90 % 以上的作品是有參加就有得獎。其中「教學檔案」項次，第 1 次就榮獲團體獎第三名（不分學校類型）的肯定；今年再度榮獲乙組（依學校規模分組）團體獎第二名！不得不讚佩實踐國小老師素質之優良。

此外，92 學年度我們首次強力推薦老師去參加師鐸獎評比，張寶文老師脫穎而出榮獲台北市 93 年度「導師類」特殊優良教師。今年我們再推薦特教班的盧香伶老師參加，亦榮獲 94 年度「輔導與特教類」的優良教師（今年辦法修正，前 6 名為優良教師，其中前 2 名為特殊優良教師）。這對從未參加此類推薦的實踐國小而言，更是一股強心劑！實踐教師的專業發展真的動起來了！

三、在校本課程建構方面

92 學年度我們從教學現場的需求中出發，研發了「實踐心文山情」的鄉土踏查縱軸課程，以及「圓一個實踐閱讀夢——縱軸閱讀課程在實踐」2 套校本課程。也因為水到渠成，我們順勢拿這兩份資料參加教育部 93 年度標竿 100 學校的參選，竟然榮獲「九年一貫標竿 100 典範學校——學校行政團隊類」的殊榮，真是無心插柳柳成蔭！

今年我們再送出以「生命教育」為主題、結合家長社區與學校團隊共同指導的生命教育教案設計及實施，再度敲扣教育部 94 年度的標竿 100 學校評比。目前成績雖然還沒下來，但大家在付出的過程中，卻已享受了果實成長的喜悅。

四、個人的成長與省思

　　將近 3 年的校長生涯，雖然辛苦但卻覺得頗為欣慰：硬體的改變最容易討好並立即見到績效，這方面我將其列為「不是很重要但是很急迫」的事項。3 年中的持續改變，獲得了家長與老師的滿意及稱許；軟體的提升最不容易立即見到成效，而且也最挑戰校長的能耐，這方面我將其列為「不是很急迫但是很重要」的優先事項。在這 3 年的奮鬥折衝中，我也悟出了一些安身立命之道，尤其是下面的幾項體會：

　　㈠操守品德，自我高標要求是立於無懼之基石。

　　㈡抱持不伎不求不戀棧的心態是自我尊嚴的起步。

　　㈢以「學生學習權」為校務決定最高原則，並要堅守原則始終如一。

　　㈣有空間時充分給與他人機會；沒空間時要堅持法理情優先原則。

　　㈤事情成敗的關鍵常常不是事情本身，態度和語氣才是彼此最在意的重點。

　　㈥接受高處不勝寒的事實，老師不願被標記為「國王的人馬」，並不代表他不支持你。

　　㈦EQ 要高，別自怨自艾。不要寄望別人都會記得你的好，只要你有某件事對他不好，大多數的人會選擇只記住你這件不好。

　　㈧不要叫主任去當炮灰，如果要扮黑臉，只有校長最有「權力」扮黑臉。

捌、繼續努力的方向

　　學校校務的運作已依循一定的軌道在進行；教師的專業發展也在持續的肯定中成長進步；有關校本課程的發展方面，由於要動員的人力太多，老師們是不是有動力一直維持於「高原期」不墜？依心理學及相關企管經營的案例，答案都是不樂觀的。因此如何維繫學校好不容易提升上來的能量，成為我再度要思考的課題。

一、維繫校本課程持續發展的動力

㈠每年一定要至少研發一項校本課程，才能延續學校課程發展的活力和能量。

㈡課程的研發應賦與不同類群的老師都有機會參與，大家輪流做才能讓大家有喘息的機會。

㈢如果能夠搭上政策推動的便車，則能爭取經費給與研發教師象徵性的鼓舞與獎助。

二、換批人來做——校園自然學習步道（植物）的建置（93 學年度）

學校本身就是個大教具，植物的學習實在不必捨近求遠！基於相同的理念，由自然領域教師所組成的「自然學習步道」課程研發小組，利用每週三下午定期的聚會，開始了教材蒐集及教學架構的設計。比照「鄉土踏查」研發之模式，小組老師初期先分析自然領域各年級版本的教材內容，並結合校園植物環境，編擬出以「校園植物」及「環境教育」為相互關連的課程架構與主題，再提經學年老師討論修正後，目前正進行一到六年級的教學活動設計。修正後的教學設計將於下學期先在研發小組成員的班級進行試驗教學，並於學期末校本課程成果發表會上發表後再全校推廣。本項專案計畫已獲得台北市「學校經營與創新」案例申請的經費補助。

三、申請教育部「大手牽小手」九年一貫課程領域教學活動專案（94 學年度）

學校的年級主題閱讀進行了 2 年，我發現在「共讀指導」這個區塊上，學年老師之間有很大的落差：有些老師非常用心在指導，有些老師已流於讓孩子自學自讀並偏重以書寫「學習單」為指導形式。

「共讀」應該如何指導？「不同類型的書籍」如繪本類、童話類、小說類等是否有不同的指導要領？這些都有必要探索與釐清！更何況現在的師資來源多元，有些非語教系所畢業的老師，真的是不太清楚如何做深度閱讀指導。因此如果能結合一些對閱讀領域有興趣的語文專長的老師，共同來建構一些閱讀

指導模組,供校內其他教師參考,將是一件非常有意義的活動。

目前我正在做理念的傳達並進行招兵買馬的工作。正巧教育部有一個「大手牽小手」專案,經小組成員推薦,我們邀請「大手——台北市立師院馮永敏教授」來牽手指導,並送上計畫。不管計畫有沒有通過,這一項工程已成為我們 94 學年度要開發的校本課程。

玖、結　語

從學校文化的脈絡中出發,我一直秉持著當初學校遴選校長時的期望:「我們需要一個能帶領我們做課程發展的校長」。雖然現在我知道,當時的這個聲音並不代表所有老師的心聲,但是以我擔任教務主任多年的了解,它才是讓學校得以與人競爭的利器!也是學校未來生存的必經之路!今天不走,再過 3、4 年你就會被遠遠拋在後面,很難跟得上了!

九年一貫課程最大的貢獻是解除了教師專業的緊箍咒:從以前只知道「如何教」,到現今要問「教什麼」;從以前放諸城鄉而皆準的「學校課程目標」,到現今各校蓬勃發展的「學校本位課程」,這些變革挑戰了老師的專業能力,也激起了各校發展學校特色的動力!一個學校如果不能發展出具學校特色的課程,它只能說是穩定,但絕對稱不上卓越!而行政確實是掌握有較多的資源,尤其是「校長」更是資源分配的關鍵決定者。教師的課程發展如果沒有校長的支持,充其量只能在自己的班級,或自己的學年中施展,因此不容易持續深耕並產生影響力。所以校長對課程的關注與否,確實相當程度的影響著學校課程的發展!

上任第 1 年的四處室主任,除了輔導主任是舊任、其餘 3 個主任都是新手(教務與訓導是新科主任、總務是由訓導轉任)。因為幾乎是初任,大家都非常投入與用心,對校長的忠誠度也非常夠,這是我在行政團隊領導上的優勢;但也因為是學校教師升任上來的主任,在行政運作上會較習慣於循例辦理、在一些突破的作為上,會有較多的包袱與顧忌,諸如:規畫老師暑假到校研習,擔心會引起老師反彈;對於整潔、秩序等生活競賽只希望鼓勵表現優良班級,不太有勇氣去公布各班的表現……。這些我都可以理解:校長到底還是過客,1 任 4 年,2 任最多 8 年,可是主任是教師兼任,在位階上他和老師還是屬同儕

關係，他不會因為校長離開而離開，他甚至是要和學校的老師常相廝守的。我可以理解主任的難為，因此在校務的推動上，如果它不是那麼急需性或必要性，我會諒解主任的難處而全權依照主任的意見辦理；如果它是我所堅持的項目，我一定做主任的後盾，請主任當執行者就行，觀念的溝通我自己來說、執行歷程中的決定我來承擔、老師有意見我來約見說明。因此在教師專業發展的推動上，我要站在第一線領軍；在校本課程的推動上，我也要第一線的規畫參與及運作。學校的各項成就，固然是老師素質佳、肯用心、願成長的努力；行政團隊的配合與運作更是成功的要素，另外，我也深自安慰，沒有校長的方向指引與堅持，沒有校長的親自督軍與參與，這 3 年的校本課程發展不會方向這麼明確、運作這麼有體系！

對一個較少關注於教師專業成長的學校而言，要老師走出去真的很難！除了不斷的說服、校長自己更要做功課，就像對老師教學檔案的建議一樣。這中間還有一個小插曲：我不小心用複製的方式將某一位老師寫成「產假中」，當教師晨會進行中有人提醒我寫錯了時，我當場致歉（該老師正好導護巡視不在現場）。事後聽說該老師在辦公室發飆，第二天我想親自到她教室再向她道歉，結果被她冷冷的說了一句：「對不起，我現在沒有心情聽，請你先離開！」當校長的我，也只好摸摸鼻子離去，誰叫我把人寫錯了！雖然事後在晨會的公開場合中，我又再度致歉，該老師至今看到我還是把臉別過去！我已盡心，老師不領情，也只好算了！

我期許再過 2、3 年，當實踐的老師已習慣於專業團隊發展時，或許我也可以像別的校長一樣，只要拍拍手，只要用鼓勵，就可享受源源不絕的教師專業成就，而不必做功課再寫建議單或事事跟隨了！

「校長」真的不好當！但它提供你一個可以成就理想的舞台！你真的可以築夢踏實，只要方向對、方法對、下工夫、肯耕耘，摸著石子過河，早晚必能走到彼岸！

認識朱淑英

　　從事教育工作 30 多年的歲月中，感謝其中歷經訓導、總務、教務以及借調台北市教育局 1 年的行政歷練，這些累積的經驗與能量，讓我雖身為初任校長，卻不覺得惶恐或生澀。

　　從省北師專、師大教育系、師大教研所 40 學分班到國北師院學校行政碩士班畢業。隨著年齡的增長、教學行政現場的參與，以及長期在職進修中的洗鍊與薰陶，對教育的價值性愈能清楚形塑，並建立「學生優先」的堅實信念與最高行政決定準則。

　　優勢的邏輯思維與公正的處事準則，雖然讓自己贏得不少掌聲，但強勢的特質也讓別人無法輕鬆的認同！嘗試「柔軟的力量」一直是我在用心學習的課題！

邁向成功的領導──打造美好的校長圖像

江新妹
原任台北市陽明山國小校長
現任台北市三興國小校長

壹、追隨前輩邁向校長之路

一、以何因緣想擔任校長

　　小時候喜歡上學是為了可以學習新知，從未想過要當老師，更沒想到會「擔任校長」。師專生享有公費的誘因讓我進了省北師專大門，師範教育的洗禮更叫我立定決心以「鐵肩擔教育，笑臉對兒童」為終身志業。畢業後安定的教育職場使個人在工作與家庭間得以兼顧，30餘載的教師及行政生涯中，不管擔任何種職務，總是踏實盡責的在自己的崗位上為孩子盡心盡力，也不斷的獲得長官、同仁、學生與家長的肯定與稱許，算得上是個稱職且快樂的老師。然而，對自我期許甚高的我並不十分滿意，總認為自己還可以為教育做些什麼，即將退休前夕期望以「做校長」來達成「自我實現」的崇高理想，加上當時校長江國雄先生及同事的鼓舞，因此，在徵得家人同意後報名參加校長甄試。

二、如何準備取得資格

　　「既然有理想，就要努力實現」是我一貫的作風，要通過考試就必須全力以赴，更是不移的定律。所幸憑著30餘載一步一腳印的教學相長，以及平日永不停止學習腳步的自我敦促，和願意與許多好友分享互動所累積的實務經驗，讓我得以立足於良好基石上並規畫出理想的藍圖。在考前1個月我更學著放下生活瑣事，每天思考的都是教育現況和自己可以施展的面向，特別是學校經營的各個課題，如何將心中的想法形諸文字，再理出一套面面俱到流暢的答題技

巧。如此日復一日針對主題練習作答,參加筆試時因胸有成竹而下筆如有神助,面對口試也能從容不迫條理井然的應對,終於水到渠成幸運的通過校長甄試,與其他 23 位夥伴,共同成為陽明 11 期校長儲訓班的一員。

三、8 週儲訓通過考驗

台北市教師研習中心將「候用校長儲訓」當成首要任務,期望經由用心規畫的課程能打造「新世紀全方位的新校長」。首先,不惜巨資安排 3 天的黃金成長動力營,讓我們透過討論、實作、體驗、澄清等活動,增強對教育事業經營的決心與毅力;其次,聘請專家學者對教育政策闡釋、對課程領導挹注、對教學視導觀照,以提升準校長的教育專業;接著,敦請楷模校長擔任講座和輔導老師及實習師傅,藉由資深校長寶貴的經驗傳承以提攜後進,並且提供了校長的典範學習;更進而以參觀實習讓我們見識各個學校的經營特色,使理論與實務結合;最後,以每日省思、每週主題作業、學習檔案等來評量我們是否通過考驗,我們則以自我激勵且與團體互動成長來回應。儲訓課程指引我們明確的「校長學」方向,而我們揮汗深耕「學校長」,目的即為取得「候用校長」的資格,且期望能自信滿滿的「長學校」。

經過 8 週儲訓課程的淬鍊與洗禮,隨即摩拳擦掌參加遴選,「校長遴選制度」讓學校可以找到最合適的人選來經營,也讓校長可以發揮所長找到最適合的園地去耕耘,原是兩全其美立意良善之事。然而,對於剛出爐的新科校長而言卻是十分辛苦的差事。首先,必須分析「目標學校」的現況,融合自我的辦學理念整理評估,再作成學校經營方向的書面資料後報名參加遴選。然後,受邀到各校遴選委員會自辦的說明會去展現個人魅力,最後通過台北市校長遴選委員會的認定才成。感謝教師中心紮實的儲訓課程讓我做好萬全準備,更感謝師傅曾校長無私的教導與經驗傳承,讓我有足夠的毅力與勇氣面對遴選的考驗,終於在 2002 年 8 月 1 日就任台北市陽明山國小校長。

四、期許自我努力「學校長」

在我服務過的幾所學校中,有幾位敬愛的資深前輩校長,他(她)們的人格特質、領導方式、處事風格及領導風範帶給我許多啟示,並留下許多嘉言懿行,引領我學習的方針,也影響我至深且鉅,謹以表格方式分析(見表 1):

● 表 1　前輩校長對我的啟示

校　長	人格特質	領導方式	處事風格	使我感動的嘉言懿行	備　註
陳校長	溫文儒雅	尊重關懷 民主尊重 真心相待	體恤下屬 關心周遭 不疾不徐	健康的身體和美好的家庭生活是事業成功的基石。	桃源國小
吳校長	謙和有禮	無為而治 同甘共苦 自由喜樂	身先士卒 善體人心 老成持重	教育無他，唯「愛與榜樣」而已，處處表現「愛與關懷」。	西園國小
莊校長	溫和寬大	溫馨和諧 尊重包容 消弭衝突	敦厚誠懇 愛與榜樣 高EQ能力	今天是開學準備日，讓我們一起努力把明天的事情做好再下班吧！	敦化國小
王校長	敏銳覺察	平等對待 善體人意 純潔真誠	身先士卒 活力充沛 卓越創新	幫助他人不是義務，是又一次咀嚼自己的幸福。	敦化國小
田校長	謹慎行事	主動積極 專業投入 明辨善惡	不苟言笑 不卑不亢 有條不紊	勤於耕耘，豐收自然來，「今日事，今日畢」——做事不拖延，快樂沒煩惱！	光復國小
曾校長	真誠懇切	胸襟寬大 兼容並包 廣結善緣	誠樸親切 智慧圓融 勇於突破	每個人都有超乎常人的優點，對自己要有信心！要悅納自己，尊重他人。	明湖國小
江校長	熱誠無私	全心投入 善惡分明 明察秋毫	洞燭機先 劍及履及 績效領導	不斷惕勵超越自我，善用潛力，發揮你的潛能，也別忘了散發光與熱給他人！	三興國小

　　這幾位前輩校長是我生命中的貴人，能夠學習他們的「優質領航」是我的幸運，讓我體會「校長領導」之箇中奧妙，並激發我願意全心努力奉獻所學經營學校的動力，我將追隨前輩校長的腳步，帶領全校同仁同心協力，發揮高品質的行政與教學服務，建構兒童歡心來上學，家長放心託付的親和與人文學校。

貳、校務經營理念與具體策略

一、發揮優質領航，建構五心學校

　　地靈人傑、人文薈萃的陽明山國小，過去在歷任校長帶領全體教職員工努力經營，以及家長、社區居民全力配合之下，展現傑出的草山風華，擁有為人津津樂道的口碑。2002 年 8 月 1 日，邱校長將「校長」的職務交棒於我，個人感覺十分榮幸，且內心充滿無限歡喜與感恩。新人新希望，在就職典禮上，我許下對自我的要求，希望建構自己投入全「心」經營，結合行政同「心」協力，透過教師用「心」教學，激發學生歡「心」學習，使得家長放「心」託付的「五心學校」：

　　首先，我會清楚的認知自己肩負的使命與職責，謙虛的修養自己，誠懇的尊重他人，處處以學生為念，時時為學校設想。其次，我會謹言慎行，不卑不亢，自我激勵，終身學習，為崇高的教育理想，主動積極與家長溝通觀念。第三，我會尊重教師專業自主，鼓勵教師進修成長，帶動教師研究風氣，活化教學內涵，提升教學品質。第四，我會充實各項教學設備，充分支援教學活動，開展學童多元智慧，落實生活教育，強化體驗學習，提供學生舞台，展現學習成就。第五，我會發揮行政效能，行政安排公平，人事安排透明，經費配置公開，擁有危機處理的決策能力及堅韌的抗壓能力。第六，我會暢通學校與社區間的溝通管道，建立社區民眾學習機制，親師合作以開啟孩子的潛能，使達到「學校社區化、社區學校化」的互動效果。

　　我期盼家長能夠秉持過去對學校的支持與愛護，時時關心子女教育，熱心參與學校活動，隨時隨地以身作則，當孩子們的好榜樣，且勇於對學校提供善意建言，有捨我其誰的體認，而成為學校教育最佳合夥人及提供學校最大後援力量。

　　我希望教師能夠秉持「學生為學習主體」的教育信念，形塑學習型組織，創造學習文化。營造優質教育環境，提升教學效能，改善教學與評量，辦理多元活動，開發學生潛能，且能全力以赴帶好每位學生。

　　我期許小朋友能夠以眼到、耳到、口到、手到、心到的學習態度，學習如

何學習。並且能夠鍛鍊強健體魄，學習多種運動技能，主動參與社團，培養多樣休閒活動。而且天天喜歡上學，時時刻刻高興學習，樂於追求成長，豐富多元技藝學習。進而成為健康活潑有禮貌、整潔秩序愛讀書、有期待、有願景、懂生活、會玩樂，符應新世紀的新兒童。

二、營造校園民主，提升行政績效

　　學校行政乃是對於學校的人、事、物、經費做一系統的管理，以達成教育的目標。它是影響學校效能的重要因素之一，在現代組織文化趨於民主開放，鼓勵參與合作的校園中，該如何健全學校行政運作以提升學校效能，有效激勵校內教師員工為個人首要任務，以下為學校行政運作層面的具體做法：

㈠強而有力的行政領導：校長是學校的靈魂人物，帶領學校的整體運作與發展，需要具備教學領導與參與教學計畫的能力。更要術德兼修，以身作則在校內扮演最好的言教、身教、境教、制教的示範。

㈡完整可行的校務計畫：完整可行的校務計畫是學校發展的指針，學校發展的任何政策都透過周延的計畫來執行，統整學校的需求，評估學校人力或物力的條件，擬訂確實可行的校務發展計畫，以引導同仁工作方向，落實學校校務發展，發揮學校效能。

㈢清楚的目標及分享的願景：學校行政將權力下放以取得全校共識，讓成員能根據學校各種內外在條件與特色，訂定學校願景、學校目標，激發全校同仁對學校之目標、願景全力以赴。

㈣健全的組織分工系統：依據校務發展，建立校內人力資料庫，有效的規畫人力資源，發揮組織成員的專長，並分層負責充分授權，讓人人都能貢獻專長完成任務，真正的適才適所，透過組織人員的系統規畫，協助學校效能之提升。

㈤暢通無阻的溝通管道：學校行政營造暢通無阻的溝通管道，建立深度會談的機制，不僅尊重成員的意見，更提供效率與服務，協助成員解決問題，透過不斷的溝通建立共識，共塑願景。

㈥公正、公開的獎懲制度：學校行政制定公平、公正、公開的獎懲制度，對於工作表現積極優良的老師或工作同仁，給與適當的鼓勵與表揚來建立其成就感，讓認真投入工作的同仁更具信心，更加發揮所長，有助於團體士

氣的提升。

三、充實教育專業，增進教學效能

㈠發揮行政效能，充分支援教學，倡導校園倫理，促進校園和諧。

㈡推動精緻教學，實施協同教學，鼓勵同儕視導，促進教師合作教學。

㈢充實教師專業，提供適性的教材及教法，讓每個孩子根據自己性向發展。

㈣鼓勵教師進修，帶動教師研究，發展專業自主，提升教學品質，打造全新
教師形象。

    1.教職員專業進修活動的規畫

      ⑴週三下午時間：安排內容為「學習領域工作坊」、「全校性專題講
座」、「教育局規畫之進修」、「第七群組集中研習」等。

      ⑵學群會議：在週三時間安排 1 至 2 次，其餘由各學群利用課餘時間，
進行教學經驗分享及課程研討。

    2.各項專業進修訊息的公告：各項進修訊息利用學校網站進行公告，並將
詳細紙本資料裝訂成冊供老師查閱。對於指派性質研習由業務單位直接
通知相關教師與會，藉以提升教師專業知能。

    3.教職員參與校內外專業進修活動：

      ⑴校內週三進修活動，原則上全體教師皆參與研習，如有其他事情無法
參加，依規定辦理請假手續。

      ⑵鼓勵教師多參加校外研習，並利用教師晨會時間進行研習心得分享，
進行教師間的經驗交流。

      ⑶利用教學觀摩活動，針對教學技巧及班級經營能力進行相互研討。

    4.教職員專業進修檔案的建立：

      ⑴利用台北市教師研習電子護照系統，管理全校教師研習時數及進修活
動。

      ⑵協助教師建立個人專業成長檔案，鼓勵教師透過教學檔案呈現教學成
果、教學省思及個人專業成長紀錄。

四、進行課程研究，提升教學品質

以學生為課程設計的主體，一切校園規畫、課程與教學活動、設施與設備

均以學生的需求為考量。以學校本位的管理，訂定明確的學校發展方向來設計課程，進而提升學生的學習成效。

㈠成立學校總體課程發展委員會，學校行政、教師會及家長會三者共同參與課程設計，進行課程研發，為學生規畫最適切與最適時的課程。

㈡推展領域工作坊，形成各領域課程教學研究小組，依各學習領域之相關能力指標制定具體學習目標。

㈢發展各年級主題式課程，以學習領域課程貫穿統整，建構學校課程發展計畫。

㈣鼓勵教師課程研發，發揮團隊合作，結合社區資源，進行課程與行動研究，強化學校本位課程的發展。

㈤設置電腦教學網路平台，建構圖書室教學資源中心網路，提升教師統整課程與規畫班群教學能力。

五、推展特殊教育，照顧特殊兒童

㈠發揮特教推行委員會之功能，推展特教事宜。

㈡建置校園無障礙環境及設施，照顧特殊兒童。

㈢推行融合教育，增進普通班學童與特殊兒童之交流。

㈣實施適性教學，協助特殊兒童回歸主流。

㈤實施補救教學，協助特殊兒童克服學習障礙。

㈥加強家長連繫，協助推行特教事務。

六、整合社區資源，推動社區服務

㈠開放學校場地，舉辦社區教育，推展終身學習，使人人參與活動，學校社區融合。

㈡邀請社區民眾參與學校各種教學活動，暢通學校與社區間的溝通管道，藉由密切連繫，逐步形成學校與社區共同意識。

㈢社區家長尊重教師的教育專業，教師關懷學生家長，形成接納與包容的相互對待，建立學校與社區共享共榮之美好願景。

㈣建立社區民眾學習機制，親師合作以開啟孩子的潛能，使達到「學校社區化、社區學校化」的互動效果。

㈤引進社區大學師生人力資源，輔助學校推展社團活動及實施補救教學。

㈥鼓勵學生參與社區環境整潔服務，發展「學校與社區一家親」之文化。

七、凝聚家長共識，營造溫馨校園

㈠結合親師家長及社區有力人士，共塑學校發展之願景與目標，建立學校人才專庫，共同規畫學校未來發展方向。

㈡重視家長參與教育，暢通社區與學校意見交流的管道，結合家長力量，發揮「幼吾幼以及人之幼」的精神。

㈢健全學校行政運作機制，強化學校行政服務，建立網狀溝通參與模式，辦理親職教育活動，增進家長教育子女知能。

㈣邀請家長參與各種會議，鼓勵家長參與學校各項活動，加強溝通協調管道，導引良性互動的夥伴關係，營造民主開放校園氣氛。

㈤重大校務決定，廣納家長、社區人士及學者專家的意見，以期許更好的表現，共謀教育發展，導引校務發展方向。

八、開展多元智慧，激發學習效果

㈠以學生為中心，辦理多元活動，開展多元智慧，提供學生舞台，展現學習成就。

㈡用心規畫屬於學生的大活動，有效運用家長及社區資源，讓孩子有無限發展空間。

㈢帶好每位學生，使學生感受到自己的獨特，並學習如何學習，進而能適應社會生活。

㈣落實生活教育，強化體驗學習，培養身心健康，快樂、有期待、有願景、能讀書、懂生活、會玩樂，符應新世紀的新兒童。

㈤設有學生成績評量要點，採用多元評量方式，激發學習效果：包含學習單、上課發言、研究報告、作業表現、紙筆測驗、闖關評量、觀察、表演、學習檔案等多元評量方式。

㈥依學生成績評量要點實施各項評量，針對學習困難學童施以補救教學，有嚴重學習障礙者編入資源班個別輔導補救。

㈦依據上學期評量結果作為下學期教學規畫和選編教材改進之參考，進而對

個別學生輔以個別差異教育，以期照顧到每一個學生。

九、落實教師參與，發展學校特色

㈠以寬廣遼闊的校園、完善的設備、豐沛的自然生態環境，發展學校特色課程。

㈡全校教師依任課領域與專長興趣，擇一領域參與課程設計，協助推動學校本位課程。

㈢組織學習領域工作坊，展現教師專業責任，落實教師參與課程研究。

㈣教師熟悉「學群操作」，具體實踐教師群體的專業知覺。

㈤推行有效的電腦教學活動，並能充分檢視學習的品質。

㈥鼓勵教師進行運動培訓教學，協助成立桌球、溜冰、越野田徑等多項運動團隊。

十、追求突破創新，邁向卓越精緻

㈠引進企業經營理念，掌握學校發展方向，善用學校組織再造的技巧，建構學校團隊為「學習型學校」。

㈡利用走動管理來打破「科層體制」與「教師專業」間的扞格，以促使「教學行政」與「事務行政」之結合。

㈢運用「全面品質管理」的精神，建立P→D→C→A循環評鑑回饋機制，定期評估成效，促進校務革新進步，永續發展。

㈣群策群力，發揮教育理想，努力教育革新與教學改進，進而形塑學生歡心、教師愛心、行政用心、家長關心、社區合心之卓越、創新、親和與人文的高效能學校。

參、配合推動教育政策

一、依教育政策訂定學校校務發展計畫

本校校務發展計畫之訂定，經廣泛徵求各方意見，再依據國家教育政策、《國民教育基本法》、九年一貫課程綱要、台北市教育發展綱領、台北市政府

教育局訂定之教育政策白皮書、精緻教育、優質學校指標等教育政策，教育相關行政措施等，再依據本校學區現況、師資及家長之期望……等等，由各處室及學年科相關同仁提出草案，透過主管會報討論，再經行政會報、家長會議充分討論後達成共識。並依此編擬校務發展計畫，再依計畫逐年逐項實施。期能達成學校教育目標與學校願景——「愛、生活、學習，讓孩子活出自己的色彩」，以下將我們努力的方向，臚列於後：

 ㈠經由系統規畫，展現績效行政；形塑學習組織，營造優質學校；

 ㈡鼓勵研究進修，提升教師專業；激發創新教學，發揮教育大愛；

 ㈢舉辦多元活動，開發學生潛能；運用資訊科技，拓展國際視野；

 ㈣全員齊心努力，營造溫馨校園；共同深耕鄉土，建構優質學園；

 ㈤親師真誠溝通，凝聚全體共識；意見充分協調，永續經營學校。

二、依學校本位概念規畫九年一貫課程

㈠學校願景制定及修訂：依學校本位概念建置「特色課程」課程架構，經過4次重要課程發展相關會議確定發展「草山風華」，並具體勾勒6項課程主題及12項次主題。

㈡規畫九年一貫課程：發展各年級主題式課程統整，注意領域課程在各年級的發展統整；倡導班群協同教學，研究發展課程；規畫全校鄉土語言研習課程；實施國中小課程銜接教學。並考量學校條件，依本校內在師資設備，外在的社區資源，交通地理環境、社區特性、教師特質、家長期望，以及學生需求，結合教師與社區資源，多次提出討論，逐漸發展形成學校本位課程。

㈢資訊融入各科教學：辦理電腦研習課程，製作教學檔案、建置班級網頁，連結在學校網頁。資訊教育課程架構已建置完成，並經課發會決議本校三至六年級實施「一綱一本」電腦教學。

㈣貫徹游泳教學實施：因學校沒有游泳池設備，向平等國小商借游泳場地實施五、六年級游泳教學。

三、落實學童健康促進活動與推展環保政策

㈠辦理健康檢查、疾病預防、視力保健、口腔保健，以促進學童身體健康。

㈡配合環保政策宣導，實施校園整潔衛生、環境保護、資源回收及營養午餐
　教育……等。

㈢與清江、關渡、逸仙等國小建立夥伴關係，分享永續校園實務經驗，進行
　「環境教育校群聯盟——珍愛校園行動」，發展區域特色課程。

㈣推廣「環境教育」與「綠色建築」概念，建立生態、節能、減廢、健康的
　理想校園。

四、配合教育局政策進行衛生保健宣導

㈠配合人口教育政策，落實宣導活動。

㈡辦理天天五蔬果活動，建立小朋友正確的飲食觀念。

㈢對高年級女生進行經期護理知識，以增進其身心健康。

㈣於級會時討論如何預防登革熱、腸病毒等各項疾病。

㈤配合教育局政策，製作各項宣導海報，於朝會時宣導。

肆、形塑學習型社群

　　學校行政透過學習型組織的運作，讓學校所有的成員建立共識，以「創造
優質學習環境，培養人文關懷情操，開啟兒童多元智慧」，建構一個充滿「愛、
生活、學習」的兒童樂園為願景目標。所有的教學活動、情境布置，皆考量適
合孩子的個別差異，激發兒童多樣思考的空間。使學生們活潑健康、快樂成長，
個個活出自己的色彩，人人擁有豐盛快樂的童年，更進而達成全人發展之教育
目標。

一、凝聚全體共識，形塑全校共同願景

㈠營造「愛在心中生根、樂在生活學習」，溫馨和諧、團結合作的校園氣
　氛。

㈡訂定適合學校發展的各項辦法，並適時修正，營造學習型組織的團隊。

㈢了解及評估學校環境、校史與社區資源，建構學校願景的鷹架。

㈣蒐集其他標竿學校的資料，激發及考量親師生的教育需求與期望，分析學
　校教育與發展的未來趨勢。

㈤激勵全體教職員工積極參與校務,強化學校成員工作士氣,分工合作為共同目標而努力。

二、營造參與環境,建立師生參與平台

㈠開創「愛、生活、學習」三合一的校園環境,實現「讓孩子活出自己的色彩」的教育願景和圖像。

㈡在教師專業自主的潮流裡,透過教師間的經驗交流,提升彼此教學技巧。

㈢規畫與辦理教職員專業經驗分享的活動,建立學生參與平台,提升學生參與學習和團隊合作能力。

㈣落實教職員工生參與校園規畫與執行實務,學校之重大工程,除了依校務發展計畫執行外,並且調查老師之需求,改善校園環境,以符合教學之需求。

三、進行專業對話,提升教師教學效能

㈠行政主動提供支援,建構「專業對話」機制,營造「教學分享」環境,以利教學活動進行。

㈡透過學群會議,讓教師能夠針對教學及學群活動,作即時的回饋與討論,藉以提升教師的教學效能。

㈢提供教育機構研習之相關資訊,鼓勵教師參與進修活動,提升教師教學效能。

㈣與國立台北教育大學、台東大學、台北市立教育大學建立見習與實習合約,提供實習教師實習機會,並藉以提升輔導教師與實習教師的教學效能。

四、建立分享檔案,提升反思及自我批判能力

㈠透過建置班級網頁及教師個人網頁,讓教師與同仁分享自己的教學成果,藉由專業對話活動改善課程、教學及行政運作。

㈡鼓勵教師建置個人教學檔案,藉由檔案的專業經驗分享,以提升教師對自我教學的反思及自我批判能力。

㈢由老師指導學生建立學習檔案,記錄學生個人的學習軌跡,並提供教師作

為教學回饋資料。

㈣利用學校領域小組會議及課發會管道，針對各學年及領域發展的特色課程
　作討論及修正，使得課程得以持續發展。

伍、五育並重來推動

為達成國民教育目標，學校發展願景訂定為「愛、生活、學習、讓孩子活
出自己的色彩」。以養成德、智、體、群、美五育均衡發展之健全國民為宗旨。
一切教育作為以「學生為主，教學為先，情意為重」，達到「止於至善」。以
合於價值的、合於認知的、合於自願的三規準，作為教育目的指標。

一、注重品德教育，培養孩子健全的人格

人格教育對孩子的人生發展，有決定性的影響，培養孩子建立良好的人
格，是老師和家長共同的責任。在孩子成長的過程中，不只是學習書本上的知
識，而是讓他們接觸和學習各種生活經驗，建立正確的價值觀，並養成認真、
負責、正直、誠實與關懷他人的生活態度。為收行政效率、落實生活教育融入
課程之效，因此，學校將各項與生活教育相關之委員會組織成「生活教育委員
會」，由生活教育委員會訂定生活教育計畫、校規及學生行為輔導處理要點。
由於本校學區尚保有傳統大家庭形式，故學生品德尚保有純真、樸實性格。

㈠落實生活教育的實施

1. 訂定生活教育實施計畫及制定校規，以作為教師實施生活教育的依據。
2. 於校務會議通過校規訂定，各班再依據校規訂定班規，以作為規範學生行
　為之依據。
3. 各班導師將生活教育納入班級經營計畫重點，培養學生養成良好的生活習
　慣及自我管理的能力。各任課老師上課時隨時教導學生生活常識及糾正不
　當行為。
4. 利用兒童朝會及導師時間對學生進行各項生活常規訓練與教育宣導，針對
　時事對學童進行機會教育。
5. 每週排定導護老師巡視校園，落實指導學生生活規範與禮儀，並處理學生

偶發事件。

㈡重視品德教育的實施

1. 每學期選拔模範生，製作每位模範生的簡介資料及優良事蹟公布於布告欄，並於兒童朝會公開表揚，以供其他學生學習效法。

2. 為獎勵學生誠實的行為，給與拾金（物）不昧的學生獎勵卡以資鼓勵；若拾獲價值較高的金錢或物品，則於兒童朝會頒發榮譽狀予以表揚。

3. 配合榮譽制度，學生有優良表現即給與初級榮譽卡，集滿 10 張初級榮譽卡可換 1 張中級榮譽卡，集滿 5 張中級榮譽卡則可於兒童朝會接受表揚，並頒發最高級榮譽狀。畢業時每班取前 3 名頒發最高級榮譽狀及獎助學金。

4. 為鼓勵學生熱心公益的行為，於學期末整理訓導處小義工的服務情形，提供導師作為評量的參考。

5. 老師配合教學活動，加強品德教育的養成。學生若有重大違規事項，則交由訓導處或輔導室來進行管教與輔導，並以公共服務性質來警惕學生為自己的行為負責。

二、創新教學活動，啓發孩子的多元智能

㈠多樣化的進修活動，包含資訊、表演藝術、課程設計、教學領域課程研討、教學成果發表……等，以促進教師專業成長。

㈡使課程多元化、評量多樣化，提供多元的學習機會，讓孩子在不同領域發揮所長，享受快樂學習與成功的經驗。

㈢以正面鼓勵的言語代替負面的說教，尊重每個孩子的心靈成長。

㈣注重學生在精神氣質的陶冶，使孩子身心健康、樂觀進取、心情愉悅、有幽默感。

㈤提供安全的學習環境及營造和諧的學習氣氛，以建構優質的學習情境。

三、重視健康體能，推動學童健康促進活動

學校體育教學以培養每位學生具備良好的身體適應能力為首要，藉由豐富多元的體育活動，激勵兒童運動興趣，開發運動潛能，落實正確的健康概念於日常生活中，以達厚植生存實力、提升生活品質、豐富生命歷程，並與健康生

活結合之目的。

(一)提升兒童體適能

1. 本校四至六年級學生於每學期開學後 3 週內實施體適能測驗，包括身體質量指數、1 分鐘屈膝仰臥起坐、坐姿體前彎及 800 公尺跑走等項目。
2. 體育專任教師指導學生將測驗結果登錄於體適能護照上，作為日後從事體能活動之參照依據。同時針對學童體適能受測結果，協助辦理教育部授與金、銀、銅質獎章工作，對學童深具鼓勵之效。
3. 每年舉辦之運動會，為增強學生體適能，增加 800 公尺賽跑，以強化激勵學生培養心肺功能。

(二)辦理各項體育活動

1. 每年舉辦體育表演會，以活潑趣味的競賽方式進行，檢視體育教學成果，達到激勵學生參與競賽，鍛鍊兒童強健體魄之目的。
2. 每學期舉辦 1 次班際體育競賽，競賽項目配合體育課程項目為主，增加學生對運動之興趣，每週一、四兒童朝會時間，實施健康操及慢跑活動。
3. 利用週三教師進修活動時間，辦理教職員工與家長之樂樂棒球比賽及桌球比賽，以老師率先運動，引導小朋友培養運動興趣與習慣。
4. 成立桌球、溜冰、越野田徑等多項運動團隊，並列為教育局重點運動培訓項目，每年積極參與校外競賽，成績優異。

四、舉辦多元活動，增進孩子的人際互動

(一)成立課外社團推動委員會，進行豐富的社團活動。

(二)強化各社團之後援力量，以充沛之人力、物力及財力之支援，增進社團發展。

(三)豐富的社團活動：利用學校現有場地進行，內容有籃球、羽球、桌球、唐手道、幼兒武術，靜態活動內容有客語、英語、英語故事閱讀、直笛、書法、作文練習、幼童軍團、圍棋、紙玩意、巧手DIY、舞蹈等。學生均能快樂學習。

(四)助人的幼童軍活動：本校於 2002 年 5 月 4 日成立幼童軍團及幼女童軍團，

並於 91 學年度開始進行幼童軍活動。由學校老師及家長擔任服務員工作。本團幼童軍及幼女童軍各 12 名團員，各分成 2 小隊，共 4 小隊。團集會活動時間為每月之第 2 個週日上午 09:00～12:00，團集會活動除自行舉辦外，另安排與華崗團第 140 團一起活動。

五、強化境教功能，陶冶孩子的藝術情操

(一)人性化學習環境規畫與執行

本校於 2000 年已完成校舍總體規畫，由於所需經費十分龐大，且山坡地禁建之法規限制，在目前法令下學校仍處於等待階段，未來將較老舊的樓層拆除，增建為綜合教學大樓，並增設游泳池、地下停車場等，可免除學生必須借用平等國小之游泳池上課之舟車勞頓，且校園美景可期。

(二)校園綠化與美化維護規畫與執行

在美化綠化方面，由 2 位警衛及 5 位工友負責全校之花木照顧，定期修剪施肥。並且向花卉試驗中心索取草花、木苗，以美化校園，並節省學校之經費。在校園內各樓層並增設畫框、公布欄，展示學生學習成果，並定期更新。

(三)校園栽植各類花木，永續經營綠色學校

落實全校綠化美化工作，栽植各類花木，豎立植物名牌，並有水生植物園區，提供自然教學需要。校園內常可看到攀木蜥蜴、蚯蚓、馬陸、蝴蝶、蝗蟲及螳螂等小動物，本年度並與關渡、逸仙、清江等國小合作，結為綠色夥伴學校，申請教育部之永續校園經費，以更進一步美化校園。

陸、重視資訊教育環境與教學

一、建構優質的資訊教育環境

(一)充實各項資訊設備，建置 e 化環境。
(二)設置學校網際網路，推動 e 化行政。

㈢提升教師資訊素養，實施 e 化教學。

㈣舉辦多樣資訊活動，拓展學習領域。

㈤建置學校及班級網頁，活化資訊流通。

二、規畫適切的資訊教育課程

本校依據「台北市資訊教育白皮書」第二期計畫及「台北市教育局國小資訊教育發展計畫」規畫本校資訊教育發展計畫，並建構優質的資訊教育環境：

㈠資訊業務負責人為教務處資訊組，另設 1 名系統管理師，協助有關系統與網路維護等相關工作，並設立「資訊教育推動小組」協助資訊教育推動等相關事宜。

㈡「資訊教育推動小組」由校長、各處室主任、資訊組長、教學組長、系統管理師、各領域之重點教師組成，每學期開會 1 次以上。

㈢本校學生資訊教育實施，中高年級每週安排 1 節電腦資訊課程，由電腦資訊專長之教師任課。

㈣全校教師皆會運用資訊科技實施融入教學，但依教學課程領域不同，而有不同的實施情形。

㈤中年級學生能認識視窗環境、熟悉輸入法、使用網路，並能使用文書編輯；高年級學生能使用 e-mail、FTP 檔案傳輸、影像處理，並製作簡單的網頁。

㈥學生能將上課所學實際運用於課業中，學校辦理網路競賽、快打神槍手、電腦繪圖等競賽，學生皆有良好的表現。

三、問題與建議

㈠本校資訊課程架構於 93 學年度開始，從三年級的學生實施，四、五、六年級的課程只能盡量配合新訂的課程架構，實施的成果仍有待 94 年 6 月做評估。

㈡資訊教育推動小組由部分行政人員及教師組成，系統師個人時間有限，在系統及網頁維護和教學研究部分實有困難。

㈢教育局不定期辦理相關資訊競賽，立意良好，但時程的規畫常影響實際教學進度，若教育局能完整規畫整年度的比賽，並事先讓學校知道時程，學

校便能將比賽的項目實際融入教學，真正讓學生的學習與競賽做適當的連結，達到學習的目的與效果。

柒、塑造學校的文化

陽明山國小創校至今已 88 年的歷史，有歷史的學校必有其豐厚的人文條件，個人有幸接掌校務，如何在既有的基礎上再接再厲，開闢出一片璀璨的未來是領導人該努力的課題！期許自我能發揮優質領航、展現績效行政，且提高全體向心力及教學品質，形塑和諧溫馨、全員參與、團隊合作、持續創新、永續發展之學校文化，擬從下列幾點措施著手：

一、發揮優質領航營造和諧溫馨的組織氣氛

㈠以民主、多元、開放的領導風格，以精緻教育為核心，潛在課程為半徑，繪出人性化教育的同心圓。

㈡辦理專業成長研習活動、進行校務座談會、學年專業對話、學習領域小組會議、與校長有約等溫馨、增進同仁情誼並藉由溝通、討論，說明使同仁對於學校願景更清楚，營造溫馨專業的共識。

㈢規畫溫馨的員工活動，如自強活動、親師聯歡會，並由辦理文康活動，增進教師身心健康，並聯絡教師感情。

㈣於歲末舉辦親師聯歡會，增進親師情誼。

二、建立全員參與機制，分工合作為共同目標而努力

㈠重要行事決策，力求多做公開說明，並廣徵意見分享決定；運用走動式服務，進行非正式溝通，相互提醒勉勵。

㈡公開表揚優良表現學生、同仁，激勵學生學習的意願及教職員工服務的熱忱。

㈢各學年教師成立大小班群，平時互動頻繁，並不定期聚會聯誼，互相支援教學。

㈣激勵全體教職員工積極參與校務，強化學校成員工作士氣。

㈤建立學生參與平台，營造參與環境，提升學生參與學習和團隊合作能力。

㈥加強校友之連繫，爭取校友的認同與回饋，建立良好的學校公共關係。

三、建立以團隊合作為成果導向的信念

㈠引導團隊成員信守的承諾，建立信賴之合作團隊。

㈡建立團隊成員相互要求負責任之機制。

㈢建立團隊合作明確的規範程序及獎懲辦法。

㈣團隊合作做好衝突管理，消弭校園危機，有效防範危安事件於未然。

㈤爭取家長及社區人士的支持，合作辦理親師和社區各種活動。

四、持續創新營造優質的教學環境，形塑永續發展的學校文化

㈠展現知識領導，推動績效化的行政運作，提升學校教育競爭力。

㈡增進親師生體會生命的意義與價值，建立共同成長機制。

㈢鼓勵教師不斷進行研發與改善，增進教學創新能力。

㈣辦理專業成長訓練，提升同仁專業能力，促進學校不斷成長。

㈤落實研究發展與評鑑，舉辦精緻化的教學活動，培育全人發展的學生。

㈥建立明確回饋機制，強化學校反省與改進能力。

㈦營造優質的教學環境，形塑信任及分享智慧，創造永續發展的學校文化。

捌、穩健經營靠嫻熟

　　在個人教學生涯成長過程中，感謝前輩校長的領導風範及經驗傳承帶給我許多啟示，讓我體會校長領導之奧妙，並敦促我以民主開放的領導方式、嫻熟穩健的行政經驗、誠懇親和的態度來經營學校，因此，帶領學校行政同仁用心規畫溫馨人性的工作環境，提供績效的行政服務，例如：人性化的設備、優美的環境布置、參與的文康活動，以及符合人性化的工作時間表……等，盡量讓同仁在優質的工作環境中保持愉悅的心情，使全校同仁間溫文有禮的對待，進而創造學校積極、關懷的文化，更進而提升大家的工作士氣，我做了以下的努力：

一、推動學校行政資訊化，從業務活動公告、會議紀錄、申報設備維修、檔案

分享、慶生、留言討論，高度使用學校網站及行政電腦系統的功能。公文
e 化與歷年檔案回溯亦頗具成效，使未來查詢更容易且便利。

二、以學期為單位設置各處室工作手冊，事先彙整各處室相關業務之「實施計
畫」、「實施辦法或要點」、「競賽報名表」等，於開學後第 2 週發出，
期能達成「計畫」、「精確」、「效率」的預定目標。

三、主動與行政和教學人員協調掌握年度預算細項，盡力滿足個人和學校整體
需求。

四、對家長提供即時且親切的服務，凡是家長所提出的學生行為問題，行政同
仁都給與圓滿答覆解決。

五、推展各項與同仁有密切性關連的活動，都透過充分討論，達成共識後再實
施。

六、及早規畫校舍配置和整修、電源照明等設施，不但預防問題之產生，且有
助於教學品質的提升。

玖、假如時光能倒流

「學然後知不足，做而後知不易」、「通過校長甄試不容易，參加儲訓更
辛苦，參與遴選須勇氣，真正上任才知難」──這是許多初任校長的心聲。感
謝前輩校長的期勉：「現在校長不好做，只剩兩權──『有責無權』和『委屈
求全』，要做成功的領導者必須也是最能忍受孤寂者。」印證 3 年來的心路歷
程，許多預言果真一一浮現，早知如此何必當初呢？然而轉念思考，當感覺自
己的教育理想得以實現時，「擔任校長」還是值得我等教育工作夥伴努力追求
的。例如：當經由自己踏實盡責無私奉獻，為學校盡心盡力付出後，走過美麗
溫馨的校園，看到小朋友的歡喜與成就，聽到小朋友的歌聲與笑聲，感受到同
仁與家長的肯定和稱許，無可取代的快樂與滿足感油然升起，所有的辛苦就都
不算什麼了！然而，「成功的領導」是一門深奧的學問──如果時光能倒流，
我會提早下定決心，自我激勵努力進修選擇這條路，且會追隨前人的腳步，處
處以「成功的校長」為表率。朝向「真正能造福學生的好校長」之理想邁進！
我還會將以下「校長守則十二條」奉為金科玉律，壓在桌面自勉且努力實踐，
以建立自己獨特的風格，雕塑自己的形象，打造自我特殊的品牌：

一、養成每日運動習慣，使自己活力充沛神采奕奕。

二、勤讀書且努力學習，建立自己獨特的處事風格。

三、明辨是非善惡分明，充滿正義感與承擔責任心。

四、增進時間管理能力，有條不紊從容不迫的做事。

五、訓練危機處理能力，有效防範危安事件於未然。

六、善用溝通協調策略，凝聚學校團隊之共享願景。

七、廣納各方諍言諫語，營造溫馨和諧與民主氣氛。

八、勇於突破求新創新，不拘泥於固有傳統之束縛。

九、培養敏銳覺察能力，期能消弭衝突與校園危機。

十、以誘導式各個協商，化反對干預為積極的參與。

十一、敞開心胸尊重接納，調整好心情做好情緒管理。

十二、以身作則無私奉獻，勤於耕耘做師生家長表率。

拾、校長培育重實務

　　回想 8 週台北市教師研習中心為「候用校長」用心規畫的課程，真是受益良多。尤其是「每日省思」、「每週主題作業」、「學習檔案」的製作，讓我們接受洗禮後勇於面對「校長遴選」的考驗；「黃金成長動力營」的討論、實作、體驗、澄清等活動，增強我們對教育事業經營的決心與毅力；專家學者對「教育政策」闡釋、對「課程領導」挹注、對「教學視導」觀照，足以提升準校長的教育專業；其次，「楷模校長」的典範學習、「輔導校長」的理論與實務結合、及「師傅校長」寶貴經驗傳承，藉由資深校長以提攜後進，並讓我們見識前輩校長經營學校的特色，明確的指引我們向「校長」的目標邁進，使我們充滿自信。

　　個人接掌陽明山國小校長後，有感於肩負使命之深廣，為了不負全校師生家長之期望，且期許自我能真正造福學生，成為廣受師生家長愛戴的「好校長」，乃毅然決然參加國北師院「校長培育專班」之進修，激勵自己努力學習「校長學」。感謝教授們專業的教導及友伴校長們無私的經驗分享，透過同儕團體的互動讓我快速成長，更深層的印證「實務與理論結合」的迫切需求更有助於校長培育課程。

目前國立台北教育大學與台北市立教育大學有為「校長培育」設計的特殊學程，精心的課程設計與實務傳承的實習經驗，讓有志於當校長的主任們參與其中，可透過專業的「校長培育」課程，再努力進修通過校長甄試，如此深耕當可為自己打下紮實的基礎，且為國家造就更多專業的校長人才，是未來學校之福。以個人的服務經驗，建議準備當校長的夥伴們，最好級任、科任、各處室都要歷練，這樣更能增進自己的信心及穩健。

拾壹、永續經營深耕陽明

本校位於陽明山國家公園入口，環境優美，景觀天成，得天獨厚，在歷任校長帶領下，全體師生、家長共同努力經營學校綠美化工作，如今已頗具規模且奠定推展環境教育的良好基礎。如何利用現有條件，結合豐富的鄉土自然資源，推動學校本位課程，使學校成為教與學的理想園地，並使學童從體驗學習中體悟生命的珍貴，進而擁有樂觀進取、積極向上的人生觀，是個人有機會接掌校長後積極努力的一環。

91 學年度為配合整體教學環境改善工程，帶領同仁及家長師生不辭艱辛、勤奮不懈，或種樹、或植盆栽、或認養照顧，並剪除大樹下之小灌木叢、雜藤枝蔓等，清理環境中的廢棄物質，闢建成花圃菜園，而展現花團錦簇、綠意盎然的校園新貌。接著又喜獲陽明山花卉中心贈送 25 棵櫻花樹和各式植栽花卉，搭配當屆畢業系列活動，舉辦畢業生植樹活動，並在每棵櫻花樹上留下植樹者的名牌，為每位小小畢業生留下彌足珍貴的紀念。

92 學年度教師進修活動，鼓勵陳弘甫老師帶領「草山工作坊」團隊，設計了「草山風華虛擬水域——水晶宮完全步道」之課程架構，提供各學年安排教學活動之參考方向。在教學活動上，為了讓學生從日常生活中學習，增加對植物的認識，著手辦理教材園蔬菜種植區認養計畫，配合九年一貫各領域相關教學課程，循序漸進，讓小朋友由欣賞植物，愛護花木，進而學習栽種技術，分配責任區域，澆水、除草、施肥等勞動服務，個個逐漸成為擁有「綠手指」的小小園丁，實為推展多元化生活教育的一大體現。

92 學年度獲陽管處經費補助，修建生態水池及充實蕨類植物教材園，為了滿足學童認知需求，特邀請林南忠教授主講「校園生態環境保護」，讓師生和

家長獲得寶貴的學習經驗。並爭取建設局綠化教室補助經費，協助安排系列講座，提供親師及社區民眾學習環境的課程，開啟學校與地方性社團合作的契機，且建立環境保護美化綠化永續經營的觀念。

93 學年度與清江、關渡、逸仙等國小建立夥伴關係，發展區域特色課程。進行「環境教育校群聯盟——珍愛校園行動」，分享永續校園實務經驗，推廣「環境教育」與「綠色建築」概念，建立生態、節能、減廢、健康的理想校園。設計優質環境教育主題活動，增進學生認識自然資源及環境問題的能力，增強學生實踐的態度，提升淨化、美化、綠化校園的教育，並推廣至社區及家庭，建立永續發展的綠色學校。

坐擁優質學風、家長熱心支援、師生期許甚深的陽明山國小，個人有機會接掌校長，真是無比榮幸！「付出才會傑出，投入才能深入」，雖生也愚鈍且為初任，但本著服務教育之初衷，自上任以來，所有校務經營皆透過親師生間的充分討論與溝通，更在原有基礎上再接再厲、精益求精——依法行事求得心安，說之以理贏得信服，動之以情獲得友誼！期許自我朝向「成功的領導」邁進，更進而激勵自我打造「成功的校長」圖像，願以「永續經營，深耕陽明」自勉！

作者簡介

我出身苗栗鄉下農家且排行老大，從小養成勤勞、節儉、愛人、惜物的習慣，且在視野遼闊、風景優美的環境下成長，培養了開朗的個性與寬闊的胸襟。小時候喜歡上學是為了可以學習新知，進了北師大門即立定決心以「鐵肩擔教育，笑臉對兒童」為終身志業。在個人的教師及行政生涯中，一直踏實、盡責的在自己的崗位上為孩子盡心盡力，也不斷的獲得長官、同仁、學生與家長的肯定與稱許，及至 2002 年暑假，很幸運的通過校長遴選的考驗接掌陽明山國小，願意全心努力將所學用於經營學校。現任台北市三興國小校長。

欣欣向榮，永續發展，耀我華江

李月娥
原任台北市華江國小校長
現任台北市福林國小校長

壹、我的生命故事

一、農村生活多磨練

　　我出生於寧靜純樸的鄉村，小小年紀的我便能體會父母親的辛勞與艱苦，在艷陽天烈日下揮汗如雨的工作情景，現在仍歷歷在目，彷如昨日。就因為小時吃過太多苦，流過太多淚水與汗水，所以現在再大的苦也不以為苦，這該感謝父母賜給我如此磨練的機會，讓現在的我是那樣的勇於承擔、樂於負責、積極熱忱、充滿生命力。這樣的成長經驗更讓我在 2002 年參與華江國小校長遴選時，以親身體驗的切身經驗回答了當時遴選委員的提問：你如何照顧學校弱勢兒童？

二、教學生涯樂無窮

　　近 20 年的教學生涯，其樂也無窮，早期教學生涯中，雖專業素養不夠豐富，但憑著一股熱誠與對教育的「真愛」，每天與孩子們快樂的相處，教學自也充滿著挑戰與歡樂，我喜歡為學生營造快樂活潑，而富有創意的學習環境，對他們真誠的關懷與愛護，我愛學生、學生愛我，看著他們成長懂事是我的驕傲。另外為了帶給學生更好的、更新的教學方法，我積極參與研習或利用寒暑假到師院進修，10 年寒窗完成暑期大學進修、暑期輔導 20 學分進修、台北市立師院輔導教學研究所畢業、國北師行政碩士 40 學分進修，校長培育班 26 學分等課程，幾年磨練下來也練就一番絕活，感覺教學生涯樂趣無窮，行政工作

成就多，這也是日後成為校長前的很重要的專業儲備與醞釀。

三、網球運動身康健

生完老二時，才二八年華，就常覺得腰痠背疼，老公說我運動不足，建議我要多運動，於是才開始學打網球，沒想到一頭栽進之後便欲罷不能，如今網球已是我生命中之最愛，在十幾年網球生涯中，認識了不少異業界朋友，讓交友更廣闊生命更豐富，生活中充滿期待與活力，這項休閒活動也將與我終身相伴，日後在我所帶領的學校，我將帶動全校運動的風氣，讓全校親、師、生都培養並沉醉在運動的樂趣中，建立終身運動的習慣，鍛鍊強健體魄。

四、行政工作歷練多

10 年前初任組長工作，從此似乎便踏上了行政的不歸路。記得當初要接任體育組長時，我告訴陳校長自己沒經驗，加上自己又非體育科系畢業，是否有能力勝任，巧雲校長說「他也是沒當過校長才當校長的」，於是我便勇敢的接下體育組長工作，如今經歷過體育組長、訓育組長、輔導主任、訓導主任、教務主任及校長一職，一路走來才發現自己很有潛力與能力，十幾年來的行政歷練，加上自己腳踏實地、真誠付出、思慮周密、負負勤快，行政工作得心應手，同事們都說我做什麼像什麼，擔任組長主任時老師們也常給我鼓勵與喝采，聽到同仁們的那一句話：「你做事我們放心！」尤其在初任輔導主任時，每天都忙於充電，求知若渴，每天都有大死一回，日日精進之感。在天母國小擔任訓導主任 2 年中，成立了管弦樂團、辦理了無數大大小小的校內外活動，雖然辛苦，但是每次辦完活動都很快樂、很有成就感。擔任教務主任 2 年中，擔任「台北市教育局九年一貫推動工作諮詢輔導組」執行秘書，更為自己學校九年一貫課程的規畫，榮獲全市特優佳績，在 2002 年 2 月及 4 月，陽明山教師中心主任儲訓班蒞校教務工作實習，對本校教務工作及行政團隊讚不絕口有口皆碑。在學校行政工作上，我秉持「歡喜心，甘願作」、「多做多得，少做多失，做別人的事學自己的功夫」、「勇於承擔、樂於配合、隨時補位、合心互愛」、「用智慧裝扮自己，用真愛照亮別人」，這也是我在擔任天母國小主任時的辦公室文化，也因為多做多得，才更有機會學習。

我更是個有福氣的人，我在天母追隨過 4 位師傅校長——吳秉勳校長、陳

巧雲校長、陳根深校長、張輝雄校長，以及我在台北市民生國小臨床實習的師傅校長戴寶蓮校長，他們都是台北市一流的校長，而我有幸親自跟隨這麼多位楷模校長學習，除了感恩外，他們的典範永遠在我心中，並化為具體行動，讓我有信心讓自己成為優秀、稱職的好校長。

個人在擔任組長一職時，曾不斷的反問自己：難道我就要這樣過一生嗎？這是個證照的時代，如果自己比別人多一張主任證照，人生不就多一扇門嗎？因為有這樣的思考與行動，才有今天邁向校長之路之機會。另外我想說，如果你想成為一位好校長，那你先要成為一位好老師、好組長及永遠不讓校長操心的好主任，在行政工作多付出不計較，自然水到渠成，這也是醞釀與磨練，以及天公總是疼惜好人的，不是嗎？

五、慈濟世界福份長

「從台北到花蓮，坐火車快的話 3 個小時，坐飛機 30 分鐘，但對某些人來說，卻是一生一世的改變，這或許是人生的不安與困頓中上天的恩賜。」自從加入了慈濟的世界，生命充滿了歡喜與感恩。這幾年來很多時間參與了慈濟的活動，身邊的這群朋友，大家都是如此無怨無悔不求回報的付出與犧牲奉獻，每個人臉上都充滿愉快的笑容，知足、感恩、包容、善解，是我們的信念。在慈濟「愛」的世界中，你時刻都有體會，當你處處以愛心與善念來面對你身邊的人、事、物時，你將發現生命的光與熱。「付出讓生命更圓融」，加入慈濟讓我上了一門珍貴的社會大學，也讓我在擔任教育工作中體會什麼是「教育志業」以及心甘情願的為教育付出的使命感。

貳、校務經營理念與策略

一、思考校長辦學之教育哲學觀並融入學校願景

理念：愛、感恩、關懷、健康、快樂、希望（教育就是要讓人產生愛）。
推動：終身學習，終身運動。
人人實現：多元創新，快樂自信的夢想。

二、建構行政八大支柱

㈠健康：積極、正向、熱誠、活力、運動、微笑。

㈡知識：建立專業與形象、自我充實、團隊學習、參與讀書會。

㈢風範：抱負遠大，遇挫折不退縮，不疑惑不迷惘，所思所言所行恰如其分。

㈣視野：有敏銳度，有觀察力，具有開闊的胸襟，高遠的視野。

㈤經驗：多體會，多用心，你的舞台在哪裡？平日多累積個人能量與經驗。

㈥團隊：廣結善緣，建立人脈，團隊合作，團隊修練。

㈦創新：突破傳統，勇於創新，建立特色，提升辦學競爭力。

㈧價值：教育靠奉獻，熱誠付出，勇於承擔，多做多得。

三、發揮成功的領導

朱利安尼式領導的五大秘訣：一要擁有想法；二要具有勇氣（做該做的事，想做的，有勇氣，放手去做）；三要充分準備；四要團隊合作；五要善於溝通。成功的領導其關鍵有兩點：第一是有想法（idea），第二是有方案（program）。

四、規畫多元彈性課程

落實課程發展，建構學校本位課程，充實社團活動，重視閱讀活動，發展夥伴關係，提供學生多元適性之彈性課程。

五、提供親、師、生分享舞台

㈠規畫週三晨光時間分享與表演，落實期末各科教學成果發表會，辦理科展、美展。

㈡規畫午修「心靈雞湯」提供學生心靈成長。

㈢規畫教師晨會「知新時間」分享教師專業。

㈣家長團體讀書會、烘培班、社區成長學苑、說故事媽媽、家長會幹部定期聚會與專題分享或參觀訪問。

六、落實品格教育

　　利用晨光時間、午休時間等規畫華江劇場，研讀朱子治家格言，推展觀功念恩、善行日記等，並配合各科教學落實品格教育方案，培育有品味有德性的華江兒童，因為未來的教育趨勢，將是良善美德勝過聰明才能。近日拜讀克拉克《優秀是教出來的》這本書，或許老師們可以將克拉克這超基本 55 條列為班級經營守則與秘方，我更希望家長們也讀這本書，想一想應該如何配合老師，或者支持好的老師，畢竟我們的目標都一樣：給孩子更美好的人生，及培養有高尚品格的社會人。

七、運動會敲愛心鑼籌募閱讀活動書款

　　募款方式：校長於運動會前夕給家長寫一封信，主題為：「號外：讓敲『愛心鑼』來完成我們的夢想！並請支持運動衫義賣來築夢踏實！」

八、關懷弱勢照顧弱勢

　　成立弱勢兒童助學基金，讓本校弱勢兒童在他們成長過程中讓「愛」無「礙」。

九、發展學校特色

(一)閱讀華江——走進華江閱讀花園，迎接笑靨如花的人生

1. 深耕閱讀：班級套書 71 套並製作繪本數位導讀教材、圖書館每月主題書展融入課程、頒發小學士小碩士、結合閱讀活動辦理華江電影院、小小說書人等活動。
2. 閱讀種子學校：創意閱讀活動觀摩分享、辦理閱讀活動工作坊、成立家長讀書會。
3. 學年閱讀活動：壓歲錢買新書，平均 1 塊錢可讀 100 本好書。
4. 班級閱讀活動：深耕閱讀全校推展，班級套書配合六大議題及人格發展、情緒管理等議題，系統規畫全校推展閱讀活動。
5. 建立華江品牌課程——創新教學／課程統整／多元評量／課程評鑑／提升

教學品質。

6. 帶好每一位學生，No Child Left Behind。

7. 實現學校教育願景──多元創新、快樂自信。

(二)健康華江──運動社團蓬勃發展，健康快樂兒童活躍在華江

1. 成立女童排球隊、男童籃球隊、五人制足球隊、民俗體育扯鈴隊。

2. 女排球隊冠軍、扯鈴甲組第三名、籃球優勝、師生盃游泳錦標賽團體冠軍。

3. 落實品格教育：熟讀朱子治家格言，落實實踐體驗，觀功念恩，時時感恩。

4. 推動健康飲食：有機健康飲食觀念融入校本課程設計，促進健康人生。

5. 倡導終身運動：建構全人教育、溫馨校園、終身學習、終身運動。

(三)美哉華江──四季花開欣欣向榮

1. 綠手指校園植栽 DIY：綠手指課程融入課程，培養學生美化家園實做能力。

2. 四周無圍牆，綠籬欣欣向榮，四季花開，景色宜人，校園如公園。

3. 校園有滴灌系統設置噴灑花木，校園花木及綠籬維護良好，發揮境教功能。

4. L型建築：專科教室充足、遊戲場新穎、操場寬敞，校園擁抱陽光擁抱愛。

5. 韻律教室新穎舒適，員工停車場安全溫馨，學生活動中心全年開放，校園四季花卉欣欣向榮。

(四)溫馨華江──多元適性心手相連在華江

1. 設有駐校社工師，搭起社區與學校資源整合的橋樑：西區社區與學校資源整合的中心學校，提供各項兒少福利資源及專業輔導諮詢，建立西區完善的輔導網絡。

2. 「心靈雞湯」：午餐播音活動，提供學生生活學習輔導，享受心靈成長。

3. 生命教育媒體製作榮獲各項榮譽：「現代小蔡倫──再生紙製作」錄影帶類優等、92學年度性別平等教育優等、92學年度資優班南區發表第三名、

93 學年性別平等教案設計比賽優等。

4.成立「華江兒童慈心教育助學金」照顧弱勢：家庭的希望在孩子，孩子的希望在教育，為照顧本校弱勢及高關懷的兒童，特成立此助學基金。

5.健康活力的家長會：熱心孩子教育的家長會在歷任會長帶領下，每月1次的成長活動如健康講座及心靈層面議題的探討，共築學習型家庭願景。

6.優質的資優班教學：彈性化的選課制度，滿足學生的興趣與學習需求，重視資優生語文深究及社會情意需求，研發系列科學教育課程，協助資優生全人發展。

(五)優質華江

營造一所優質校園，並朝向「小而美、小而好、小而精」努力，讓華江國小成為台北市一所閃亮中的明星學校。

參、校務經營的法律層面

一、「教育法規」綿密相依，值得沉浸與鑽研

縱身「教育」行列，絕對是不悔的抉擇，因為「教育」的領域，寬廣多姿，令人著迷，「教育概念」繁複多樣，「教育的風貌」一體多面：「教育理論」博大精深，「教育實踐」更百年樹人的鉅大工程，而「教育法規」綿密相依，與教育牽引環扣，值得沉浸鑽研並了解其體系脈絡把握根源，以辨明法規的潮流動向，把握法規的意旨與精義，以落實依法行政之作為，更應綜觀通曉法規的運作實施與典範作為，以發展自己的教育理念與教育哲學觀及價值觀，進行成熟的價值判斷與決策。

個人於 2002 年就讀台北市立師範學院校長培育班時，修習由本市教育局副座陳益興博士所指導的「法律實務專題探討」，當時陳副局長曾要我們 12 位學員分工合作以國民中小學相關教育法令（含政策）規範等為「經」，以台北市國民小學校務評鑑規準為「緯」，進行教育法令政策規範與實務之探討。並依：相關法令條文、學校應有作為分析、相關參考案例等三個方向為主軸，敘寫專書綱領與架構；以求把握法規的意旨與精義，落實依法行政之作為，綜觀法規

的運作與典範作為，並以發展教育理念與教育哲學觀、價值觀，進行成熟的價值判斷與決策，只可惜因時間不足本書未能完稿出版。

二、以下就教育人員應具備之法令政策與規範，及校長教育法規之充實與建議簡要敘述之

(一)了解學校教育人員必備的法治素養

　　傳統的師範養成階段並無法治課程；即便是師資多元化之後的教育學程，亦缺乏相當的基礎法學課程，中小學教師在養成教育階段，並未接受正規的法律教育。事實上法學博大精深、體系完整，即使是法律常識與教育專業法規有所認識。下列各項法規，為中小學教師所必備如：1.關於教育目的、政策：例如世界人權宣言、兒童權利公約、學習權宣言、我國憲法教育文化專章。2.關於教師培育、任用及權益：例如《師資培育法》、《教師法》、《教育人員任用條例》等及施行細則與相關委任立法之各項法規。3.關於學校教育：例如《國民教育法》、《私立學校法》、《強迫入學條例》、《特殊教育法》、《幼稚教育法》、課程標準、設備標準。4.關於家長或學生教育權：例如《兒童福利法》、《少年福利法》、《少年事件處理法》、《性侵害防治法》、《兒童及少年性交易防制條例》、《殘障福利法》、《家長會設置辦法》。5.關於教學實施：例如《國民中小學學生成績考查辦法》、《教師輔導與管教學生辦法》及有關教務、訓導、總務、輔導、人事之法令與行政規章。6.其他：例如社會教育法、補習教育法、國民體育法，以及有關教育之大法官會議解釋、最高法院判例等。

(二)校長教育法規之充實與建議

1. 依法行政乃公務員之天責，違法之事校長絕對不從。
2. 可從學生家長中聘請法律專業顧問，並頒發聘書表達慎重與尊重。
3. 校長及總務行政人員一定要熟悉政府採購法，並隨時參加相關專題研習，並將政府採購法專書置於辦公室隨手可取得之位置，以便隨時翻閱與查核。

4.了解家長及學生之權利與義務，家長參與學校決策權、選擇適性環境與教師、教育機會均等請求權、在家自行教育權、特殊教育之給付請求權、拒絕體罰權等，目前在國內正逐漸受重視。

肆、環境對校務運作衝擊與因應

以下兩點個人認為是現今環境對校務運作最大衝擊：

一、校園生態環境民主化、複雜化

學校行政、教師會、家長會三足鼎立，校長校務運作往往有責無權甚或綁手綁腳，甚至有些校長不免有不如歸去之感，尤其家長參與校務權力擴增，以本校為例，2004年為了執行年度法定預算修建地下室停車場，準備發包施工規畫期間卻因為一位新加入之家長的強烈反對，並結合里長發動議員關說等，讓學校工程規畫進行困難重重，做也不是，不做更糟，陷入兩難的困境，此時校長就要發揮不怕挫折，勇於溝通協調之角色，帶領團隊共同面對挑戰，並獲取教育局長官的了解與支持，問題才能迎刃而解。

二、社會環境變遷家庭功能式微

學校特殊兒童或因家庭功能失調而產生問題行為之兒童人數日增，讓學校輔導工作日益挑戰，學校平日就必須建構完善之輔導網絡，善用社會資源，並加強教師輔導專業知能與以愛心、耐心教育兒童，校長方能安心辦學，推展校務。

伍、教育政策反省與評析

教育政策經緯萬端，個人僅以近年來處理不適任教師之政策進行反省與建議：

不適任教師的存在，無疑是危害教學品質的重要因素，我國由於《教師法》規定，將學校內教師續聘或解聘的權責，授予學校的教師評審委員會，據

非正式統計指出,各級學校不適任教師數目遠大於提報的數目,原因為不適任教師的評議與認定權限仍在各校教評會,教師審理教師,礙於人情,誰也不想當壞人。也有人認為不適任教師不易處理的原因是校長不願意展現強勢的處理手腕,各校教師評審委員會對於不適任教師的判定或處理,仍讓各界有諸多疑問。而不適任教師處理的另一個問題是學校各成員對於不適任教師處理的認知與標準並不統一,導致爭端。學校校長、家長會、教師會,以及教評會長期以來對於不適任教師的認知、界定及處理方面差距極大,也造成不適任教師的處理產生極多的爭議與延宕。

綜上分析,由於不適任教師問題在國內長期被探討,不少人認為,在以往師資培育法和教師任用條例等法令保障,以及人情考慮下的保護下,教師幾乎沒有淘汰制,因此為數眾多的不適任教師一直繼續任教,而且惡性循環,愈來愈多的老師在「鐵飯碗」的過度保障下,變成不適任教師,問題存在雖多且久,但卻一直未有效解決。個人建議處理不適任教師須以制度來處理,比照私人企業系統,每年固定淘汰 3%～5%表現欠佳之教師,因為教育乃國家之大計,要培育優秀人才,教師本身先要優秀且品質保證絕無瑕疵,如果教育單位為人師表的大環境,每年固定有 3%的淘汰率,則根本不必處理不適任教師方案,每位教師皆兢兢業業不敢怠忽,全國師資一定愈來愈精良,唯有建立此一個釜底抽薪的不適任教師淘汰機制,才是解決不適任教師之根本辦法。

陸、校長的價值與倫理的思考

一、踏踏實實的辦學

「實實在在的做事,踏踏實實的辦學」為我的理念與風格,如果以四個字來描述,那就是:

「穩」:沉穩、積極,穩定中追求創新。

「實」:誠信、務實,實實在在的辦學。

「安」:用心、盡心,讓老師、家長因為我們的努力而感受到希望與安心。

「命」:用生命傳承生命,不浮誇,不畫地自限,知所行、知所止。

校長是一種榮譽、責任、服務、挑戰的職務：

　　榮譽——人際圓融，樹立教育楷模。

　　責任——主動積極，決定教育方向。

　　服務——結合資源，提升教育品質。

　　挑戰——追求突破，提振辦學效能。

「有怎樣的校長，就有怎樣的學校」，基於此，身為教育工作者，除了自己要不斷充實知能外，必須對小學教育具有清晰的概念、堅定的信念，並落實「學生第一」的最高原則，提供「教學為先」的行政服務、發展「安全快樂」的教學環境、設計「多元適性」的學習內涵、把握「前瞻正確」的行政決定、推動「親師合作」的夥伴關係、營造「民主開放」的學校氣氛、形塑「優質典雅」的校園文化、建立「共治共榮」的學校形象，整體提升教育品質與績效，建立學校共同價值。

二、關懷弱勢照顧弱勢

關懷弱勢照顧弱勢，為我的重要辦學倫理考量，個人去年（2004 年）在華江國小成立弱勢兒童助學基金，讓本校弱勢兒童在他們成長過程中讓「愛」無「礙」。

(一)活動緣起

家庭的希望在孩子，孩子的希望在教育，而教育就是要讓人「產生愛」，讓我們用愛來點燃孩子的心燈，對本校弱勢及需要高關懷之兒童，期盼華江有心之人，大家發揮老吾老以及人之老，幼吾幼以及人之幼之精神，特成立本助學基金，以鼓勵更多華江優質兒童，在他們成長過程中讓「愛」無「礙」。

(二)本基金籌募方式

1. 本助學基金由李校長及社區賢達士紳等發起，第 1 年並由李校長拋磚引玉先捐獻 20 萬元整，其餘金額由本校家長或社區或其他公益團體或熱心人士等共同捐募，期盼大家共襄盛舉，共同關懷與照顧本校弱勢兒童。

2. 第 2 年後依本基金支出情形，原則上由本校及家長鼓勵繼續捐募，讓本基金生生不息，源源不絕，並「把這份情傳下去」讓華江弱勢兒童永遠有愛

與希望。

3. 本基金專戶管理辦法：成立本基金專戶委員會，由學校發文台北市政府財
政局，並准予開立本基金專戶。本基金之收支作業透過學校會計程序處
理，並請本校輔導中心資源組協助管理及彙整收支明細等，並列入每年移
交事項。

4. 訂出本基金支用原則：如支用對象與方式。如為弱勢兒童辦理補救教學或
其他教育活動，如英文補救教學、低成就補救教學或辦理其他關懷弱勢教
育活動，由各處室評估需求後規畫並由本基金委員會核定後實施。

三、追求校園的公平正義

校長除要有為有守外，更要有擔當維護校園公平正義，對不合理的事能主
持公平正義，對不適任的教職員工能以學校整體發展考量，勇於面對與謹慎處
理。

柒、學習社群──手牽手心連心社區學校一家親

一、帶動終身學習建構學習型學校與社區

2002 年 7 月 11 日個人參加華江國小校長遴選，於校務經營報告時，個人
曾經思考到華江最想做的三件事是：㈠營造終身學習、互動分享的學習情境：
帶領全校親、師、生進入學習狀態。㈡倡導終身運動的習慣：培育兒童健全體
格。我將重視終身運動習慣的培養，倡導全校親、師、生運動的風氣，落實體
育教學，加強辦理體育活動，增設體育性社團等，從小養成學生建立終身運動
的習慣，培育兒童健全體格。㈢實現「全人教育、溫馨校園、終身學習、終身
運動」的教育願景。

我是個終身學習的行動者，10 幾年來我從未停止過學習，10 年來我充分體
會與享受終身學習的快樂與成就，未來在我們華江國小，我會把營造一個終身
學習的環境，視為辦學的第一個重點，希望把全校親、師、生皆帶入學習狀態，
我將非常重視老師及學生的分享活動，充分提供親師生分享與互動的平台，我
期待全校親、師、生都得到「人人有表現，個個有舞台」的發展空間，人人皆

實現「多元創新、快樂自信」的夢想。

　　另外我也十分鼓勵家長成長團體的推展，並充分提供學校場地讓家長或社區之成長團體得以在學校蓬勃發展欣欣向榮，「手牽手心連心社區學校一家親，你用心我用心華江國小最溫馨」，所以從早上天還未亮就有家長到校運動，四樓活動中心及操場全年開放，夜間我們也曾為社區家長開設紳士班成長課程，週四下午的社區媽媽成長學苑，數十年如一日，本校今年的家長會成員也安排了1個月1次的成長活動，就是學習學校與學習型家庭的寫照。

二、結合社區資源，校長發起校慶募款購套書

　　推動閱讀活動必定要給老師及學生有足夠的資源，藉由 91 學年度校慶活動，個人於校慶運動會發動推展閱讀募款活動，校慶前校長給全校家長寫信，其內容簡要敘述如下：

　　㈠推動閱讀活動有什麼內涵和魅力？「打開一本書，你就打開了一個世界」。閱讀活動還可以「磨練口才與風度，訓練組織與膽識並增進溝通的實力」。

　　㈡興華國小的經驗：為了讓興華的小朋友從入學開始到六年級畢業，可以透過閱讀的豐富饗宴發展多元智慧，他們為學校的孩童設想了 100 套適用於不同階段的書籍，讓每班進行閱讀活動時，人人皆可手持共同的 1 本書共讀、對話，並經過思考討論活動，表達不同的觀點及生活經驗。我們華江國小可藉由興華國小累積 4 年的閱讀活動經驗，推展全校性閱讀活動，人人皆可手持共同的 100 本書，為華江兒童的語文教育紮根，並豐富兒童心靈，培育懂得愛、感恩、關懷、健康、快樂的華江兒童。

　　㈢我們可以怎麼做？每班大約 5 仟元，每班各買 1 套書，共 35 本，全校加起來就有 30 套書，人手 1 本，看完後再與別班交換閱讀，如此一來，每班只貢獻 1 本，但每位學生卻可讀到 30 本書，這樣的共讀計畫由一個班級到一個學群，進而擴展到學校，凡進入華江國小的孩子，即使是社經地位不足的孩子，只要跟著大家走，畢業前也可看完數十本或 100 本有價值的書。

　　㈣我們需要多少經費？每班 35 本，人手一本，若購買 100 套書籍，一套約 5 仟元，100 套就要 50 萬元，好大的數字！不過我們可以分期購置，這學期

我們先買 30 套，下學年再 30 套，再下一年再買 30 套。5 仟元 x30 套=15 萬元。15 萬元不算多也不算少，期望透過此次運動會敲「愛心鑼」，籌募打開師生共讀的 100 本書，藉此籌募專款讓我們華江的孩子，在活潑、有趣的讀書氛圍中，享受讀書之樂，並在充滿愛、關懷與人文的閱讀環境中，培養有知識、有見識、有膽識的現代化「華江兒童」！

㈤誰來敲「愛心鑼」？於運動會 2002 年 11 月 30 日星期六當天早上大家一起來，你來敲、我來敲，10 元不嫌少，萬元不嫌多，歡迎全校親、師、生，家長、老師、小朋友、社區民眾，讓我們大家一起來敲響愛心鑼，讓華江兒童亮起來！

運動會當天我們於典禮台旁規畫了敲愛心鑼專區，並事先邀請社區及地方上大家有口皆碑的仕紳主持敲鑼活動，讓場面熱起來，當然校長本身也要拋磚引玉帶動敲鑼與捐款，短短半天，當天運動會結束我們便募得將近 30 萬元，全校可以買 40 餘套專書共讀。

三、學校社區化校園全面開放

本校為台北市萬華區華江里唯一學校，故學校於下班後及假日期間全面開放，並鼓勵社區家長到學校運動與成長，社區與學校如同一家人，社區家長到校活動能以校為家的理念，愛護學校珍惜學校，並主動認養校園綠籬花木，自動協助澆水撿拾垃圾等，學校各處室也主動積極規畫社區及家長成長團體，如社區家長電腦成長班、社區紳士學苑班、每月一次之家長會身心靈成長團體、晨光神奇體操隊、夜間瑜伽班、愛心家長書法社、烘培班等，當然這些成長團體也與社區里長結合規畫辦理，以達資源共享，責任分攤，共治共榮。

捌、五育均衡教育興

我國國民小學教育目標自 1993 年「國民小學課程標準」即明示：國民小學教育，以生活教育及品德教育為中心，培養德、智、體、群、美五育均衡發展之活潑兒童與健全國民為目的，培養學生勤勞務實、負責守法的品德及愛家、愛鄉、愛國、愛世界的情操，五育均衡發展的全人教育也是知情意並重的教育。全人教育的精緻理念，除知能的培育外，也重視人文教育，藉以建立學生正確

的價值觀念，確立學生的生活規範，陶冶學生的藝術情操，使其具有高度人文素養與恢弘開闊的氣度，成為富有人情味、公德心，守法、守紀、守分的好國民。

現今九年一貫課程之推展，德、智、體、群、美五育均衡發展仍是教育的方向與理想，其具體做法簡述如下：

定期舉辦學生藝能作品展覽，以激勵學生提升學習效果，每學期舉辦音樂、美術比賽，以喚起學生對美育的關注，每年舉辦全校運動會，使學生普遍參與體育活動，藉以鍛鍊學生強健的體魄，每年舉辦露營，以增強學生群體生活。其他如：

一、在德育方面，推展感恩教育，辦理微笑小天使選拔，其他如全校老師及家長共讀克拉克《優秀是教出來的》這本書，並可把克拉克這超基本 55 條當作班級經營秘笈。

二、在智育方面，落實多元評量理念，重視學生學習成就。

三、在體育方面，鼓勵全校親師生建立終身運動的習慣，並全面開放校園鼓勵大家運動或親子運動。

四、在群育方面，重視互助合作、群己和諧的養成，並鼓勵社會服務的熱情與精神。

五、在美育方面，藉由多元發表或校園情境之綠美化，重視審美和創作能力的提升與生活情趣的陶冶。

六、在生活方面，培養主動學習、創造思考、解決問題和判斷能力的啟迪。

五育並進、均衡是作為一個現代國際人才所必具的基本條件，均衡必須倚靠整合能力的發揮，「全方位」教育目標的達成，也是「全人教育」的落實。

玖、科技校園——申請資訊種子學校爭取資源

一、資訊融入教學發展現況分析

㈠發展現況

1. 硬體設備：各班皆有一部電腦（內含 DVD PLAYER）、一個網點、放影

機、共用單槍投影機及實物投影機。

2. 軟體部分：Office、PhotoImpact、Dreamweaver MX、Flash MX、Namo、威力導演、非常好色、六角大王……等。

3. 已成立學校總體課程及九年一貫專屬網站：提供課程計畫及相關資源供親師生瀏覽，共同討論修訂。

4. 建置數位光碟資源庫：將校內光碟放置於電腦伺服器中，教師可透過網路存取，直接在各教室依教學進度選擇播放，進行各科融入教學。

5. 領域研究成果發表：教師利用現有資訊設備使用於課程上，並積極研發與自製教學相關教材，並放置於學校網站提供他人共享；架設各領域網站，將各領域研究成果發表並以多媒體方式呈現。

6. 班級網頁建置：學校班級網頁建置達到 100%，除了教師教學理念的傳達外，更是親師生交流的好園地。

7. 圖書館書籍及教學資源全面電腦化：並可透過網路查詢，提供教師更便利的教學協助。

8. 教師潛力無限：全校教師 100%通過資訊檢定，且教師皆年輕有動力，職員工資訊能力都不錯。

9. 閱讀活動種子學校：本校為萬華區閱讀活動種子學校，並榮獲閱讀活動推動特優學校，及協助各校推展閱讀活動。

10. 資訊媒體教材製作：本校教師近 2 年參與教育部資訊媒體製作皆有得獎。

11. 善用社會資源：本校已與山基（3G）數位科技公司合作，取得山基（3G）數位科技公司線上學習授權，學生可透過網路進行英語、數學、自然等三科之數位線上學習，提供學生自主學習機會減低數位落差。教師已可透過網路了解與使用線上教材，並讓老師了解數位教材之功能與規畫方向。另提供學校教師行動簡訊家庭聯絡簿，供教師透過網路傳送簡訊給家長，使親師生之連繫更密切。

(二)未來展望

1. 強化硬體設備基本建設（PFI）

　(1)學校對外網路仍是傳統 ADSL 的線路，對外網路頻寬明顯不足，企盼能全面更換為光纖。

⑵伺服器汰換，建置教學平台並充實各領域網站，提供教師及學生更好的環境以進行網路教學及線上交流活動。

⑶成立多媒體教學資源中心：為鼓勵教師運用資訊融入各科教學，方便教師自製符合其教學所需的多媒體教材，需在多媒體設備部分加強。

2.增進教師教材編輯及運用能力（PSA）

⑴教師能自行編輯或製作多媒體教材，以利校本課程及統整教學利用；人人具備應用網路資源輔助教學之能力。

⑵MCG 或串流大師製作及整編閱讀活動及英語補救教學數位教材，提供全校及萬華區或各國民小學參考，減低區域性數位落差。

⑶每位教師皆具備多媒體數位教材製作之能力，且喜好及善用多媒體數位教材。

⑷完成學群集領域教學資料庫，強化教學資源網。

3.強化資訊小組教育推動功能

⑴積極培訓各類資訊專業人才，以滿足作業層次、管理層次、知識專業層次、策略層次人才之發揮專業運作功能。

⑵資訊小組成員（亦即知識專業層次成員）在校園內所扮演之角色極為重要，其堅強陣容，有助於積極負起執行決策層與管理層之工作規畫，因此強化此方面人才是學校最需解決的困境。

4.加強教師對資訊設備的使用與管理能力

教學輔助軟體的使用大致上分為三大類，分述如下：

⑴善用學校工具軟體及教學軟體CAI，未來學生需到電腦教室使用電腦與軟體做互動式教學，教師必須會使用電腦教室。

⑵教學影片：教師須具備架設移動式單槍投影機的能力。

⑶網頁或類似簡報的方式：教師須具備架設移動式單槍投影機的能力。

5.建置學生學習平台（PLE）

⑴建置e化的圖書館及更多元的網路服務，如：線上借書、投票、測驗、報名及線上讀書會。

⑵建構數位學園，發展視訊網路教學系統，透過班班有電腦，結合資訊科技，鼓勵教師製作或彙整多媒體教材進行線上教學。

⑶中、高年級學生能使用數位線上學習，進行英語數學及自然自我補救教

學。

(三)具體方案

1. 建置教學資源中心（教具室）設備：更新並添購多媒體設備，使教具室在非上課時間能成為師生製作多媒體教材的另一個場所。
2. 增加網路頻寬：校內骨幹及對外網路更換為光纖，使得區域網路及網際網路頻寬增加，傳輸速度更快速，以利數位光碟教材之播放、多媒體教材之上傳下載及視訊教學之應用。
3. 舉辦串流大師線上影音多媒體數位教材研習：將本校已購置之兒童繪本共50餘套，規畫親、師、生共同製作數位教材，提供全校或全市各校參考與觀摩或教學之用。
4. 進行英語補救教學數位教材製作：請英語教師指導優秀學生共同製作英語科補救教學數位教材，提供弱勢學生多媒體數位教材，減少弱勢學生之數位落差。
5. 建置萬華區英語補救教學數位資料庫：策略聯盟與群組老師合作，將萬華區現有之國小英語相關數位檔案資料庫編輯、整理、分類彙整製作成英語補救教學，或加深加廣英語學習教材，嘉惠本校及各校學子。

(四)實施策略

1. 發揮資訊融入各項校務發展之機制，以 e 化取代人力傳輸。
2. 擴充資源，爭取經費，改善教材製作環境。
3. 配合軟硬體改善，規畫教師研習活動。
4. 建立 SOP 全面品質資訊管理及維修制度。
5. 資訊小組發揮社群人力資源中心，全面配合與指導教師成長及充實七大領域教學網站。
6. 建置親師生網路社群交流及知識分享平台，提高學生學習興趣。
7. 請市立教育大學資訊小組教授群指導與合作，協助完成英語補救教學數位教材。

(五)成果推廣規畫及相關配合措施

● 表1　成果推廣規畫

推廣模式	參與對象	預計人數	預定時程	預期效益
A：線上影音多媒體製作研習 1.購置MCG及串流大師等數位軟體 2.辦理説明會 3.分組製作	本校資種子團隊及全校教師	60	2004/6/21 2004/7/2	1.全校教師皆學會線上影音多媒體製作知能，並能融入在教學中運用。 2.行政人員皆能學會線上影音多媒體製作知能，並能融入在行政活動中運用。
B：影像處理進階研習	教師	60	2004/8/25～27	讓教師學會利用數位相機、掃描器及影像處理軟體將影像做進階的處理，以廣泛運用於教材製作及班級或領域網站。
C：多媒體數位教材製作（繪本導讀）	教師	60	2004/9〜2005/1	1.讓教師從實際製作多媒體線上數位教材，以自身實際教學經驗，積極參與及製作數位教材並融入各科教學。 2.教材推廣至本市各國小。
D：多媒體數位教材製作（英語補救教學教材）	萬華區群組各校英語教師	36	2004/9〜2005/1	1.鼓勵英語教師實際製作多媒體線上數位教材，以自身實際教學經驗，指導學生參與及製作數位教材，提供英語補救教學用。 2.學生可透過線上學習，減少數位落差。
E：建置英語補救教學數位資料庫	萬華區群組各校英語教師	36	2004/11〜2005/4	1.請市立師院資訊小組教授群指導與合作，協助完成英語補救教學數位教材。 2.將萬華區現有之國小英語相關數位檔案，編輯、整理、分類彙整成製作英語補救教學，或加深加廣之英語學習教材，嘉惠弱勢學子。
F：網頁設計進階研習	教師	60	2004/8〜2005/2	讓教師學會網頁設計軟體操作、網頁設計技巧，便於建置及維護班級與領域網站，及數位教材資源共享。
G：資訊融入各科教學經驗分享與發表 1.校內夥伴分享 2.校外群組分享	教師	160	2004/12〜2005/5	1.讓教師交換資訊融入各科教學的心得，並將成果加以發表。 2.辦理萬華區區域群組分享，分享本區資訊融入教學經驗。

二、建構數位化學園

　　基於學校經營目標，乃在培育優質人才，因此老師資訊能力，教師規畫課程能力，提供學生學習創新學習成效，是學校需要努力規畫也應逐步完成的重點，因此以知識管理為起步建置數位學園，以培育具科技創新能力、人文精神內涵、能關懷社區、重視自然生態、具品德才華的學生，是學校課程規畫應努力的方向。以下是本校未來數位化學園的理想：

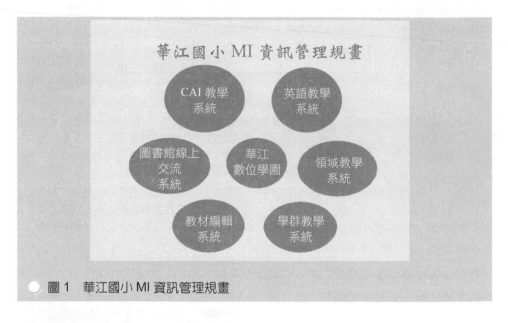

⬤ 圖1　華江國小 MI 資訊管理規畫

　　然而弱勢族群的數位落差，及對於貧困低收入家庭背景者提供資源學習，或對於原住民學生加強照顧與關懷，以利學生循序漸進學習、並解決數位落差問題，是我們教育工作者的重要責任，我們願意朝此方向規畫與努力，透過數位多媒體導讀教材，透過英語補救教學，讓學生線上數位教材 e-learning，資訊科技使得教育無國界、學習無空間限制，讓弱勢的孩子在資訊教育網路學習的旅程中，處處學習，人人有希望，讓「愛」無「礙」，唯有資訊教育與閱讀活動能幫助學校弭平弱勢，我們願意嘗試，請給我們機會，我們給學生機會！

拾、學校文化的塑造

　　學校文化的營造應設計於無形，不刻意不強求，但卻可以讓每一份子常存於心，在行政體系中，校長必須學會溝通協調，聽取各方意見，在領導與關懷並重下，促成學校全體成員愉快的相處，校長與老師、家長都是教育的合夥人，也是利益共同體，分工合作的推動著教育革新，在和諧融洽的氣氛下共事，以下就優質學校文化本校之經營策略簡要說明如下：

一、營造喜愛閱讀的文化

　　本校在校長主動及積極籌款與募款來購置班級套書推展閱讀，在行政團隊努力下已經有了70餘套班級套書，並陸續進行數位導讀教材製作，發展閱讀花園校本課程，藉由閱讀活動的推展，營造學生喜愛閱讀的文化，其他如辦理主題書展、有獎徵答、新書好書介紹、規畫小小說書人活動、頒發書香小學士小碩士證書、設立班級圖書箱、定期辦理老師及家長書香媽媽之成長團體讀書會、建置走廊書報區、圖書館硬體環境整修工程編列等等，期待所有努力能欣然見到孩子們的豐碩成果。

二、營造喜愛運動的文化

　　本校辦學理念為推展終身學習與終身運動，校長個人也屬行終身運動的習慣，積極參與台北市校長團體下班後之網球社、國際標準舞社，以響應台北市馬英九市長說的「要學生運動，老師要先運動；要老師運動，校長要先運動」，個人也積極鼓勵學校成立學生及教師之各種運動團隊，讓運動成為大家生活的一部分，本校已成立女童排球隊、男童籃球、五人制足球隊、民俗體育扯鈴隊等，讓健康快樂兒童活躍在華江。另外如推動健康飲食觀念，藉由家長會盧漢隆會長為福智基金會義工，將有機健康飲食觀念推展給家長，並帶動老師共同參與，可融入校本課程設計，讓運動與健康飲食觀念結合，以促進健康人生。

三、營造勇於分享的文化

　　本校每學期舉辦學生學習成果發表會，如藝術與人文發表會、英語教學成

果發表等,提供學生發表的舞台,每週三早上的全校朝會則為不一樣的朝會,安排學生週三朝會才藝表演或各班班際活動發表,藉由每週三晨光升旗典禮分享與表演活動,以提供學生「人人有舞台、個個有表現」的表演機會。教師新知分享則規畫「知新時間」,每週四教師晨會定期分享新知或研習資訊,每週三下午之教師進修則鼓勵同仁勇於分享,或辦理策略聯盟與萬華區各校共同辦理九年一貫研討會,安排各校教師進行專業分享與觀摩,成效卓著。而定期辦理新進老師及家長書香媽媽之成長團體讀書會,也透過分享而共同成長。

四、營造溫馨感恩的校園文化

本校設有駐校社工師,搭起社區與學校資源整合的橋樑。午休「心靈雞湯」播音活動,提供學生生活學習輔導,享受心靈成長。成立「華江兒童慈心教育助學金」照顧弱勢,本助學基金自 2004 年 12 月由校長發起後,2、3 個月來已籌募 50 萬元以上,可照顧本校弱勢兒童及為他們辦理相關教育活動等。本校家長會則為健康活力的家長會,由家長會長帶動每月一次的身、心、靈成長活動,如健康講座及心靈層面議題的探討,期盼共築學習型家庭願景。其他如相關節慶或忘年會或歡送迎新等,則常由校長公關費辦理溫馨感恩餐會,以凝聚團隊向心力。學生方面積極推展「觀功念恩」觀念,購置福智文教基金會出版之感恩教學活動設計單,讓學生學會「觀功念恩時時感恩」,以結合本校願景「愛、感恩、關懷、健康、快樂、希望」。

拾壹、悠游華江

在華江個人全力推展閱讀活動,帶動終身學習,推展全民運動,養成終身運動習慣,推展校園綠美化,建構溫馨優質校園,2 年多來已小有成果。

一、學校教育目標與願景明確

㈠以生活教育、道德教育為中心,培育德、智、體、群、美五育均衡發展的好學生。
㈡學生具體表現:愛整潔,守秩序,有禮貌;勤學習,有能力,會表現。
㈢中心思想:感恩心、華江情、教育愛。

㈣教育願景：「愛、感恩、關懷、健康、快樂、希望」。推展「全人教育、溫馨校園、終身學習、終身運動」，期勉全校親、師、生皆實現「多元創新、快樂自信」的夢想。

二、華江春曉──營造教育的春天，學習的樂園

㈠閱讀華江──全校閱讀活動推展

1. 經過努力募款 2 年多來，全校班級套書已近 80 餘套、圖書館每月主題書展融入課程、頒發小學士小碩士。
2. 2004 年榮獲教育局閱讀種子學校、創意閱讀活動觀摩分享、辦理閱讀活動工作坊。

㈡健康華江──運動社團蓬勃發展

1. 成立女童排球隊、籃球隊、五人制足球隊、民俗體育扯鈴隊，提供機會讓學生發展潛能。2004 年並榮獲女排球隊冠軍、扯鈴甲組第三名、籃球優勝、師生盃游泳團體冠軍。
2. 校園全面開放鼓勵社區民眾到校運動，推展終身運動理念。

㈢美哉華江──校園綠美化欣欣向榮

1. 綠手指校園植栽DIY：綠手指課程融入課程，培養學生美化家園實做能力。
2. 四周無圍牆，綠籬欣欣向榮，四季花開，景色宜人，校園如公園。

㈣溫馨華江

1. 心手相連，社區學校一家親：本校為華江里唯一學校，社區化小學溫馨有愛。
2. 落實親職教育，推動學習型學校，設立駐校社工師，辦理各項感恩活動。

㈤優質華江

營造一所優質校園，並朝向「小而美、小而好、小而精」努力，讓華江國小成為台北市一所閃亮中的明星學校。

三、榮譽事蹟

㈠學生學習成就創佳績

1. 全校閱讀活動推展：西區特優學校，並獲教育局推薦為閱讀活動種子學校。
2. 參加教育局 92 學年度科展，分別獲得優等與佳作及最佳團隊合作獎。
3. 資訊教育教學創新：2004 年 6 月，本校榮獲教育局評選為資訊教育種子學校。
4. 參加各項體育競賽成果豐碩：排球隊師生盃冠軍、籃球隊優勝、桌球隊優勝、扯鈴甲類季軍、西區國小田徑賽比賽成果豐碩、師生盃學生游泳錦標賽冠軍。
5. 每週三升旗典禮學生晨會，及期末各科成果發表會，學生皆展現優秀成果。

㈡落實課程發展建立品牌課程

1. 建構學校本位課程：落實課程發展，推展全校閱讀活動，發展夥伴關係，提供學生多元適性之學習內涵。
2. 總體課程規畫用心成果良好：2004 年 9 月本校榮獲教育局評選為學校課程規畫優等學校，並上教育局「哈特網」提供各校參考。

㈢資訊評鑑優、幼稚園評鑑優、特教評鑑優、社工師評鑑優、體育衛生評鑑優。

拾貳、學習型視導

　　台北市教育局吳局長清基上任時，曾鼓勵督學以學習型視導理念，帶領學校邁向精緻教育發展，本市萬華區這 2 年來在廖督學進安學習型視導理念的帶動下，成立了萬華區各級學校校長成長團體，藉由定期團體主題式研討，增進專業管理素養，提升校長行政領導效能，以自願參加、自主學習、自發成長為原則，並落實教育志業、樂在工作、同儕互助、溝通經驗、資源共享、解決問題等理念，由各校輪流承辦活動，並每月聚會 1 次，經過 2 年來的互動與成長，本區各國高中小學校長等共 22 位夥伴，已建立起如兄弟姊妹般的情誼，今年 4

月 23 日本區各級學校更共同策畫「教育連線，希望無限」萬華區各級學校優質教育成果博覽會，共同展現本區大家努力的教育成果，吳局長的這種學習型視導理念，廖督學影響力的發揮與帶動，值得其他各區或其他各縣市參考。

拾參、校長身心靈的健康管理

一、養成終身運動的習慣──身康體健

　　追求身心靈的健康，是每個人的目標，更是身為校長需努力去實踐的理想，校長一職工作繁忙，極為勞心，若不做好身心靈的健康管理，則折損很快，有人調查認為校長是老化最快的行業，個人從 30 歲生完老二時，感覺常腰痠背痛，原來是作業改太多又缺乏運動，老公建議我要開始運動，於是在 30 歲時加入學校社區網球社，從此對網球運動欲罷不能，直至今天對網球運動從不間斷，20 幾年來參與台北市女教師代表隊，現在更參加國小男校長網球隊，更重要的是，熱愛網球除了健身外，也認識不少異業界朋友，一舉數得。個人建議校長們，尤其是年輕的校長，要養成定期運動的習慣，找到一項自己可以終身運動的項目與興趣。值得高興的是，台北市在馬英九市長鼓勵全民運動的政策下，馬市長曾說「要學生運動，老師要先運動；要老師運動，校長要先運動」，於是台北市在教育局體育科的規畫及大力經費支援下，為全市校長們成立運動性社團，如網球社、羽球社、游泳社、舞蹈社、桌球社、排球社等，讓校長們於下班後放鬆心情參加運動社團，健康身體活化身心，我個人也在參加了校長們的國際標準舞社，舒暢身心，讓生活充滿樂趣。

二、參與社會公益團體──心靈富足

　　在心靈的成長方面，讓我收穫最多的則是參加了慈濟教師聯誼會，自從加入了慈濟的世界，生命充滿了歡喜與感恩，身邊的這群朋友，大家都是如此無怨無悔不求回報的付出與犧牲奉獻，每個人臉上都充滿愉快的笑容，知足、感恩、包容、善解，「付出讓生命更圓融」，加入慈濟讓我上了一門珍貴的社會大學，也讓我在擔任教育工作中體會什麼是「教育志業」以及心甘情願的為教育付出的使命感。

另一個心靈成長團體「福智文教基金會」，個人有幸參與他們每年免費為全國校長主任們所舉辦的生命教育成長營，接受了有機健康飲食的觀念，將生命無限、慈心大地、觀功念恩等善念運用於生活中，或校務推展中，無時不歡喜，無處不感恩。

三、時時感恩，處處感恩——滿心歡喜

我覺得要讓自己快樂最重要的是學會感恩心、常歡喜，並設身處地，與人為善；關懷他人，成就自己。讓別人快樂，自己更樂；讓別人幸福，自己更有福。幸福其實很容易，只要你心中有別人。我期許自己生命如山、如水、如雲，如山自在、如水自由、如雲自然。校長在繁忙的工作中更要學會放鬆，運動是最好的放鬆，泡溫泉、跳舞、唱歌也是我生活中的休閒與歡樂，總之快樂是要自己去尋找與規畫的。

拾肆、如果重新來過

生命是一個歷程，每個人都必須走過，如果把自己生命歷程做一回顧與前瞻，並為自己每 10 年命名，及如何思考家庭、工作、自我的角色變化、特殊事件、面對生死、轉捩點等方向去思考，這真是一個有趣的問題，活了 40 幾年來，我們真的有用心去思考過自己的角色任務與生命價值嗎？如果重新來過，校長一職會是不悔的抉擇嗎？

首先為自己的每 10 年命名，我可以這麼說：天真自然的 10、刻苦耐勞的 20、牛馬的 30、求之若渴成長的 40，我期盼自己往後是智慧 50、圓融 60、健康 70、自在 80，我這一生直到現在只有兩個字可以形容，那就是「感恩」。有太多的人、太多的事，成就了今日的我，我也將以這顆感恩的心回饋給我身邊的每一個人。

如果重新來過，校長一職永遠會是我不悔的抉擇，因為這是我從擔任組長主任時，生涯發展的終極目標，一步步的規畫從未放鬆，暑假進修大學課程 4 年、輔導 20 學分 2 年、40 學分進修、夜間碩士課程 2 年、校長培育班 1 年 24 學分課程，從 35 歲起彷如十年寒窗，而今擔任校長一職，深感校長責任之重大，可以為學生、為老師、為家長等做太多有意義與有價值的事，樂此不疲、

無怨無悔，校長一職雖難為，仍大有可為，唯有抱持此理念，才能在現今多元複雜與險峻的教育生態中怡然自得。

拾伍、對校長培育的建議與省思

一、親身體驗始終如一

個人是台北市立師範學院校長培育班第 1 期學員，也是校長培育班第 1 位參與校長遴選成功者，一路走來雖然倍極辛苦，但步步踏實。新時代校長遴選需「過五關斬六將」，而個人親身走過，感觸頗深。以台北市 91 學年度校長培育班為例，要獲得校長證照需過五關：

1、甄選（50%筆試、30%著作、20%口試）→2、培育（長期培育 1 年 24 學分）→3、認證（學習檔案、口試、綜合表現）→4、儲訓（教師中心整合訓練）→5、遴選（最具挑戰）。

個人於 2002 年 6 月 30 日從教師中心校長儲訓合格獲頒候用校長證書，並於 1 週內（7 月 4 日）隨即參加華江國小校內校長遴選校務經營報告，於 7 月 11 日參加台北市校長遴選，僥倖如願遴選成功，當時個人曾深刻省思校長遴選獲勝要因，今簡述於下：

㈠準備充分：機會永遠留給有準備的人。資料準備充分並提早準備，書面資料展現特色與風格，呈現優勢，圖文並茂；心情準備就緒，以校長自許；充分掌握資訊，多向優質校長前輩請益。

㈡平日耕耘：真誠、用心、務實，一步一腳印，踏踏實實的做事，心中有學生、有學校、有別人，平日辛勤耕耘，自有福報。

㈢廣結善緣：人際圓融，謹言慎行，不得罪小人，不隨意批評別人，口說好話，心想好意，多鼓勵，多肯定，隨時心中充滿歡喜，不忘時時感恩。

㈣團隊力量：家長團隊、教師團隊、行政團隊，全贏策略，平日就要經營，主動積極，多關心團隊，多協助他人，校長遴選時他們是你最有力的後盾。

㈤隨緣自信：歡喜、隨緣、自在、用心、盡力，充分展現自信。不用心機，強求不得，建立自信，保有票房。

㈥全盤掌握：把握每一個關鍵點，抓住每一次的機會。資訊來源如校內週年特刊、相關出版品、學校校務中長程計畫，深入分析，電話拜訪或登門虛心請益。

㈦建立人脈：多參與，多用心，多露臉，多做多得，少做多失，表現謙卑，展現親和專業，累積豐沛資源與人脈，用心做事就是儲備與醞釀。

㈧厚植本錢：你的舞台，你的專長，你的特色，你的優勢，符合學校需求，速配成功。

㈨治校理念：文情並茂，切入要害，打動人心，三贏策略，加上一點創意與巧思。

㈩沒有瑕疵：建立人脈＋沒有瑕疵＋有料（專業領導）＝邁向成功之道。

二、對於校長培育之建議

㈠先培育再甄選或先甄選再培育

先培育再甄選，雖可以廣納更多有心擔任校長者參與培訓課程，但對學員有多少失落感，不知辛苦參與培育課程能否甄選成功，若先甄選再培育，每位學員皆能以準校長身分，快樂自信的學習，當然學習效果自然優良。

㈡校長培育班應有配套措施

*1.*參加校長培訓班應自費，但比照教師進修予以補助。*2.*校長培訓班修業期滿仍要參加各縣市政府的校長甄選與儲訓，且儲訓課程應不能少於4週。*3.*校長培訓班之進修宜作為校長甄選時之加分條件。*4.*校長培育班在行之有年並經評估可行後，才可研議列為校長任用必要條件。*5.*校長培育班課程應加強理論與實務的結合，尤其有經驗之校長實務經驗分享更不可缺。*6.*校長之甄選、儲訓、學位或學分班，都應盡量在寒暑假辦理，以免耽誤學校校務。*7.*建立校長證照制度，不論現任與儲備校長，每隔數年應換證一次。*8.*校長培訓、進修、研習及實習之機構，應擴大而多元，勿僅限於一般研習中心、研習會，或國民中小學，而應擴及一般大學院校或學術研究機構，或成立國內校長培育專職機構。*9.*校長之遴選乃建立在校長之培育、儲訓、甄選的良好設計之上，校長培育或儲訓之課程應符合時代需求多元化、有效化，如會議主持技巧與公共關係、

校長學專題講座、人際關係與溝通技巧、校長領導臨校實習、如何募款、校務問題解決策略、校長壓力調適與休閒管理等相關課程更不可少。

拾陸、教育未來的深刻反省

綜上觀之，我對於教育的未來努力的方向：

一、加強心靈成長課程：生命教育課程、體驗課程、潛能開發課程、創意思考課程等促進心靈成長的課程，應在課程規畫上列入核心課程。

二、「人師」的培養：作為一位老師或校長，隨時都要思考自己身為人師的意義與價值何在，不斷反省求新求進，「自覺，是成長的開始」，願華江的老師人人能以成為「人師」自許。

三、推展終身運動：鼓勵學生「一人一運動、一人一樂器」，終身體驗成長樂趣，並讓運動成為每個人生活的一部分。

四、全力推展閱讀活動：推動閱讀靈魂升級，推動閱讀豐富心靈，推動閱讀促進思考，推動閱讀激發潛能，推動閱讀賦權增能。如何營造華江閱讀的情境，以及班級閱讀活動的規畫與推展，應是老師與家長的共同任務及校長辦學第一目標。

五、建構科技校園——落實網路時代的教育：整合校園網路，發展數位教材，充實資訊設備，提升教師科技專業知能。

六、照顧弱勢：成立「華江兒童慈心教育助學基金」，持續以愛與關懷讓弱勢兒童充滿希望。

如何提供「多元、創新」的學習情境，以科學的方法發掘出教育可能的未來，更重要的是建立以人為本的教育觀，培育「快樂、自信」的兒童，讓我們共同反省過去和現在的教育，深思未來的教育。

作者簡介

　　李月娥，原任台北市華江國小校長，現任台北市福林國小校長。歷任台北市天母國小主任6年、2002年6月台北市立師院第一屆校長培育班結業，第一位參與校長遴選成功者（也可說是全國金氏紀錄者吧！）。2002年7月11日參與華江國小校長遴選，以「欣欣向榮，永續發展，耀我華江」為校務報告主題，榮獲校長遴選成功、2003年參加台北市公訓中心「女性領導發展研究班」第4期，以第一名結業，榮獲馬市長頒獎、國立台灣藝術大學講師、台北市立師範學院第二十二屆傑出校友。2006年8月調任福林國小，參與福林國小校長遴選報告主題：心耕福林春風暖，譽滿黌宇鴻福臨。

在傳統裡創新，在變革中堅持

張淑慧
原任台北市雙園國小校長
現任台北市石牌國小校長

壹、教育思想的源頭

有快樂的老師才有快樂的學生，有快樂的學生才有充滿笑聲的教室，有充滿笑聲的教室才有朝氣蓬勃的學校，為學生關建一條健康、快樂的學習之路，是身為校長的我最大的心願。

學生是學校教育的主體，因此，個人一直抱持著「學生第一」、「教學為先」、「行政支持」、「家長參與」、「社區共榮」的教育理念，為孩子打造一個精緻卓越的學習環境，學校的一切教育措施與教育作為，均以學生的興趣、能力、需要為考量，尊重學生的個別差異，重視適性化教學，讓學生能快樂學習、健康成長，讓每一個孩子都能「學會做人、學會做事、學會如何學習」。並以生命教育為基礎，透過體驗學習、完全學習的歷程，達到全人發展的目標。

學校是施教的場所，施教的對象是每一個活潑可愛的孩子，而孩子們的童年只有一次，稍縱即逝。我願意以「負責」和「關懷」的心，全心投入校務經營，使它成為教師認真「教」，孩子快樂「學」，家長熱心「參與」，行政積極「支援」的優質學園。

貳、教育思想的形成脈絡

一、掌握心靈的脈動──身為校長必須具備五心一動

㈠同理心──凡事先為別人著想，可以理解不同角色與不同立場之歧見。

㈡創意心——運用水平思考、腦力激盪，營造「活力」、「創新」、「前瞻」、「卓越」的教學品質。

㈢柔軟心——領導如水的柔軟和彈性，以「關懷」、「尊重」、「包容」、「接納」作為教學領導的方針。

㈣學習心——啟動「終身學習」的動力，打造「人人學習、時時學習、處處學習」的學習型組織與學習型學校。

㈤恆久心——教育是「百年樹人」的大業，也是「教人成人」的希望工程，更是「細針密縫與滴水穿石」的終身志業。

㈥付諸行動——「心動不如行動」，力行實踐、永不放棄，是達到教育目標的主要途徑。　．

二、闡揚教育的價值——擘畫具體明確的教育圖騰

㈠符應生命教育的契機

透過有系統、有組織的行政規畫，以體驗活動、環境教育、潛在課程、情意教學等方式，使學生能夠了解生命的價值與意義，包容、欣賞、接納他人、熱愛生命、樂觀進取、回饋社會、建設鄉土。

㈡暢達完全學習的歷程

發展多元智能的學習取向，規畫適性活動，開展學生潛能，結合情意教學，重視潛在課程，推動心靈改革，引導學生由知識的建構轉化為生活的能力，是一種全方位的學習，也是一種生活本位的學習。

㈢邁向全人發展的目標

以尊重生命為起點，以全體學生為對象，從人與自己、人與社會培養學生悅納自我、包容他人，以及適應環境的能力。並透過知、情、意、行的學習歷程，讓學生在求知中得到快樂，在學習中健康成長，在生活中準備生活。

參、引導成員與願景對話

2001 年 8 月之後，各校的校務計畫要根據願景訂定。在我還沒到雙園之前，我就知道有這個願景了，因為我要來這個學校，勢必要對雙園有所了解，所以我上網看雙園網站，覺得這個願景訂得非常好。健康、關懷、快樂、創新、卓越，每一個願景都有其具體意義，但是，每個學校訂定過程不一致，雙園是經過討論，彙整眾人之智慧，由下而上，逐步、漸進，經過審慎、縝密的思考之後形成的。當然，我剛到一所學校，不宜把我個人的願景提出來，因為，願景是大家願意共同遵循努力的目標。學校的願景必須是每一位親、師、生的願景，才能成為大家的努力目標。

另外，我提出經營學校的藍圖，也就是我的治校理念，雖然是有別於願景的敘述與呈現，但是會跟學校願景不謀而合。希望藉此得到老師的肯定與認同，進而激發老師行動。而為了讓學校願景可以深刻的烙印在每一個親、師、生的心中，於是，利用規畫年度修建工程的機會，剛好有一筆經費，我就進行典禮台整修與美化，將願景圖以磁磚鑲嵌的方式，崁在典禮台的牆上，我認為典禮台是一個精神指標，學校每次活動都會用到此地，目的是希望每一個親、師、生能夠天天看到它，耳濡目染，與之對話，琅琅上口，無形中成為人人心中的主流思想。

我滿認同學校訂的願景與方向，因此在校長交接典禮時，便提出校務經營的藍圖，作為未來治校的目標。那就是：一個中心——以學生為中心；兩個面向——尊重的雙園、關懷的雙園；三大主軸——快樂的學校、活力的學校、卓越的學校，用簡單的文字敘述來表達，試圖能夠與願景扣在一起。而願景簡單的 10 個字，其實重要的是如何執行，我常跟老師說，不要把願景放在那兒束之高閣，變成空洞的口號，這沒有意義。

肆、發展學校特色

為了發展學校特色，首先，我先了解 91 年度的校務評鑑結果，尤其是評鑑

委員所描述的結論，可以作為未來校務經營的重要參考指標。被肯定的居多，建議有兩項，第一是學生社團可以更豐富與多元，第二是動態課程要加強，例如體育課，或是讓學生可以展現多元能力與潛能開發的活動；所以我就以學生為中心，擴大成立許多社團，其中有體育類（躲避球、桌球、籃球、排球、合球、樂樂棒球、射箭、直排輪）、語文類（書法、字音字形、朗讀、演說）、藝術類（合唱團、節奏樂、美勞），以及民俗活動（舞龍、武術）等等。

當時，雙園只有舞龍隊，而另外成立的這些社團都是學生喜歡的，當然，如何引導家長觀念的轉型也很重要，因為家長的傳統觀念以重視知識學習為唯一導向，而一個班級裡，知識學習表現傑出的人數，不會超過 10 名，那麼，其他的孩子呢？難道就沒有讓他們展現的機會嗎？因此，基於發展學生多元智能的考量，讓每一個雙園兒童，都可以依照個人興趣與才華，選擇最合適他自己的學習才藝與創意，是發展學校特色的原始初衷。

為學生開闢更多元的舞台，讓他們盡力表現，盡情揮灑，成為多元明星。另外，值得一提的是，這麼多的社團，如何來聘請社團指導老師呢？利用什麼時間練習？要不要收費？這些疑慮終需事先克服。首先，了解學校老師的專長分布情形，另外，亦需要考量社區家長對學生的合理期望，再則，妥善運用社會資源。

為了激勵帶團隊的老師，經課發會討論決議，帶領團隊教師每週酌減 1 堂課，當然老師要先提出團隊訓練計畫，經由課發會審議通過後執行，我們希望學校的各項團隊經過 1 年有計畫、有系統的密集訓練之後，能有些許的成效，而不至於辜負減課之美意。至於何時練習與收費問題，則請學務處研擬「雙園國小發展學校特色各項團隊一覽表」，公布周知，其中，練習時間、甄選資格、訓練內容等，均詳細明列，萬事起頭難，為了鼓勵學生踴躍參與團隊，以及可以依據學生能力甄選符合學校需求的人才，我們以不收費為原則，大部分利用晨間練習，當時團隊很多，大約有十幾類，經過系統整合之後，慢慢會發現哪些團隊較適合學校發展，因為這些團隊的支持力量較堅強，所以表現優異，取得存在的空間。

透過團隊的形塑，學生不但得到健康也找到興趣。選擇射箭、武術、合球都是比較冷門的社團，因為團隊較少，在短時間之內較容易得獎。為何要得獎？就是希望家長對團隊有信心，孩子有成就，因為付出時間與精神，如果沒有得

到相對的回饋，學生會沒有成就感，得獎之後學生才有信心與動機繼續學下去。

　　學校特色的展現，在行政的縝密規畫、老師的努力指導、學生的快樂學習，以及家長的用心配合，我們看到了活力的雙園、卓越的雙園，與快樂的雙園。不僅如此，我們希望透過學校特色的展現，來凝聚親師的共識與向心力，這是一種優質的良性互動，學校在歷任教育先進，所有老師與社區賢達仕紳的戮力經營之下，已奠定良好之根基，在台北市的教育發展，占有一席閃亮的地位，尤其學校組織氣氛溫馨和諧，在人情味濃郁的氛圍中，散發出尊重與關懷的人文氣息與親和特質，而這股人文氣息與親和特質，是促進我們雙園邁向精緻與卓越的主要動力，可說是，在傳統中保有創新的活力、在變革中擁有穩健的績效。

伍、架構課程與教學的穩固鷹架

　　一個中心──「以學生為中心」的教育理念，一直是我擔任校長以來的核心思想，也是價值領導的方向所在。「有快樂的老師才有快樂的學生」，也是個人營造溫馨校園的主流思維，因此，如何為師與生架構一個教與學的穩固鷹架，是我日夜思索的重要課題。

一、開啓教師專業的另一扇窗

　　為了實踐九年一貫課程「教師即研究者」的教學理念，即開始思索，如何激勵老師進行行動研究，於是，商請教務主任擔任召集人，籌組行動研究工作坊，鼓勵老師自願報名參加，安排週三下午時間共同研討，共邀集了15個研究團隊，其類別有，行動研究論文發表、創新教學活動設計、教育專業經驗分享與實務展示等。除了週三下午之外，也經常於中午或下班時看到老師們三五成群深度會談、專業對話、集思廣益、腦力激盪，真是辛苦，但我相信辛苦是有代價的。當彙整作品之後，亦首度參加台北市第四屆「教育專業創新與行動研究發表」，其中榮獲佳作3件、入選2件，雖然過程備極艱辛，但為雙園教師之專業形象樹立了優質典範，誠屬不易。

二、厚植學生語文能力

本校位於萬華地區，由於社區的特性，部分家長因忙於生計，而無暇關心孩子課業，因此親職教育功能式微，相對的，也加重了學校與教師之責任負擔。語文是治學的根本，為了提升學生語文能力，於是，多元開闢學生語文表達、欣賞與鑑賞之管道，例如，籌組校內語文團隊、提供線上投稿機制，利用線上投稿鼓勵孩子閱讀，孩子可以先在校內投稿，經過老師指導之後，就幫忙寄到國語日報社，當稿件被刊登之後，就會將稿費與作品寄給校長，由校長來轉發給學生，這就是對學生的肯定。

為期 2 年之辛苦耕耘，每當參加校外競賽，成果豐碩，不負眾望。尤其在去年（2004）的台北市多語文競賽，成績大放異彩，我們得到了師生團體北區第五名之佳績，消息傳來，全校親、師、生同沾共喜，這對於我們這種中小型學校而言，誠屬不易。當然，這都得感謝同仁們的用心與付出。另外，本校亦積極推動深耕閱讀活動，利用 92 學年度的體育表演會，由家長會發起社區與家長的捐書活動，廣邀賢達人士共襄盛舉，為雙園的深耕閱讀揭開序幕。尤其，頂碩里社區發展協會理事長郭祝娘女士之慷慨解囊，熱情贊助，使得捐書活動得以順利、圓滿、成功，總募得書款已逾新台幣 20 餘萬元，共購得藏書 1,000餘冊，分別放置於班級教室與圖書室，提供學童們人人閱讀、時時閱讀、處處閱讀之機會。為了讓深耕閱讀的活動得以順利的開花與結果，也特別規畫了一系列的實作課程，茲將其內涵概述如後：

㈠故事媽媽說故事

「藉由故事的魔力，帶領孩子進入語文的奇幻世界」、「當孩子與故事靠得很近，心靈便不再相隔遙遠」，雙園的故事媽媽，在蔡副會長麗芬的領導之下，共邀集成員 18 位，利用晨光活動時間，輪流到各班說故事，故事媽媽們為了提升專業，更不辭辛勞，參加研習，其積極進取之精神令人感佩。

㈡妝點閱讀樹

為了激發學生閱讀之動機與興趣，教務處特別規畫，請全校學童在彩色小卡片上，寫上自己閱讀過的一本書書名，並將卡片妝點在自己學年的一顆閱讀

樹上，各學年的每一棵閱讀樹琳琅滿目、色彩鮮艷，我們深信，這都是學童們智慧的結晶。

(三)兒童創作及閱讀經驗徵文競賽

為推動多元多樣的閱讀活動，以提升學童創作及語文寫作的能力，每年均辦理徵文競賽，共有逾 100 件之作品參與競賽，並公布優秀作品，公開表揚，提供學童學習觀摩之機會。

(四)兒童書香學位

感謝家長會之贊助、鼓勵學生閱讀與發表，特別設置了兒童書香學位制度，以鼓勵學生大量閱讀，期許孩子們因閱讀而豐富人生；因閱讀而悅納生命；因閱讀而體察人性；因閱讀而海闊天空。

(五)深耕閱讀成果彙編

「凡走過的必留下痕跡」、「凡努力過的必定讓人感受得到」，用心彙整年度深耕閱讀之成果資料，並配合母親節展演活動以動靜態方式展示，藉以引導親子共同參與以收宏效。知識可以使我們確知一些事物的本質，相對論的作者愛因斯坦說：「想像力比知識重要」，因為當他創出宇宙相對論原理時才 23歲，他自知在當時自己並沒有相當豐富的物理學知識，但卻充滿無限的想像力，而閱讀正是創造學童想像力的最佳良方。閱讀可以將別人的經驗類化成為自己的知識，進而堆砌成為豐富的想像力。

三、卓越教學的典範轉移

教育局自 91 學年度開始，實施教學導師試辦制度，其主要目的與功能在：透過學校中專業資深教師（簡稱教學導師）之引導與經驗傳承，讓初任教師（簡稱夥伴老師），在教學工作與班級經營上，可以得到有效輔導而縮短自我教學探索的時程，早日掌握教學的甜蜜點，以達到提升教學效能的目標。除此之外，亦可改善教師專業孤立的情形，促進集體合作，教師因此得以獲得友伴關係與肯定，接觸各種教學模式，不斷嘗試教學反思，尤其，對於導入初任教師、肯定資深教師、以及促進資深教師的專業成長方面，具有顯著效果。去（2004）

年度當訊息公布時，本校自不能排除於外，一方面鼓勵老師參與，一方面避免老師感覺被勉強，於是便將符合資格（教學年資8年以上）的老師，列冊候用，由夥伴教師主動邀請願意指導他的資深教師參加，如此一來，8位教學導師（名額限制）便順利產生了，更難能可貴的是，教務主任親自參與，在炎炎酷暑的八月天，齊聚陽明山教師研習中心，潛心研訓3週，始能取得專業證照。

開學之後，隨即展開教學導師輔導計畫，透過每2週一次的讀書會，老師們犧牲週三中午午休時間，聚會研商輔導心得與教學策略檢討，校長擔任當然主持人，在活動中發現老師們（教學導師與夥伴教師），彼此之間，情感更加緊密的連繫在一起，相信這是教學專業與教學反思的良性互動，以下是一位實習老師對於參與此計畫之心得分享：

　　　　這是我第一次進入校園參與一個方案、計畫之座談會，更是第一次被賦與重任，擔任座談會「記錄」的工作，一踏進會場時真是如坐針氈，不過，雙園師長們，就如我10年前在這校園時一樣地親切、活潑，所以讓我解除了不少不安呢！

　　　　對於台北市政府教育局推行此試辦方案的構想，以及學校的積極參與，讓我真正感受到了教師們的熱忱與行動力。教學導師們都是擁有8年以上教學資歷，且具有擔任此職的「意願」，始奉獻心力來服務夥伴教師，進而嘉惠於學生們；夥伴教師中也有「自願」成長參與的，這股精神更是讓我欽佩，教師們平常工作量大，但仍願意撥空互相觀摩、互相成長、互相回饋，這真的是雙園學生們的福音！平常我常聽到的「在職進修」、「活到老學到老」、「教學相長」的情景，此時也都一一地呈現在我的眼前。

　　　　在會中，我看到了張校長的大力支持、廖主任的全力推行、石老師的熱心安排、毓卿老師的積極鼓勵，以及在座老師的全心參與……，在在都讓我感受到了整個團隊的和諧與努力，希望日後我能繼續參與這個活動，為各位教師們盡點心力、也為自己充實經驗。（轉引自本校「教學導師輔導活動紀錄」，2004）

另外，亦安排教學觀摩、參訪標竿學校（漁光國小）與主動接受專家視導。當訪視委員蒞校訪視，除了參閱資料與了解觀摩教學狀況之外，也聆聽了毓卿老師充滿自信、活潑生動、豐富而滿足的簡報，教授不但投以關愛的眼神，更給與高度肯定與讚許，此時此刻，我的心中，除了感動還是感動。以下是摘錄一位教學導師觀摩夥伴教師教學時的回饋與建議：

＊這次，我運用了教學行為回饋分析表，來幫助我觀察S老師的教學，我發現S老師在教學清晰、活潑多樣等方面表現的不錯，但在班級經營與掌握目標方面，則須再加強。

＊班級經營方面，我建議S老師應掌控班上隨時發生的小狀況，例如有學生講話或在底下玩耍的現象，應加以叮嚀，另外，規定學生上課要舉手發言，也有助於幫助其他學生專心聽講。

＊在掌握學生是否達成學習目標方面，可選取部分學生上台或分組上台演示教師剛教過的曲目，以便立刻檢視學生是否了解教學內容，並能隨時糾正錯誤的指揮方式，以驗收學習成效。

＊看完S老師的教學後，我也省思自己是否也犯過同樣的缺失，有時要兼顧教學進度，又要對學生全盤掌控，也是不簡單的工作呢！

＊這次，我還是運用教學回饋分析表來幫助我觀察S老師的教學，S老師在班級經營及教學活潑多樣上，有很大的進步，例如，能提醒同學如何欣賞音樂的正確態度，並鼓勵低成就的學生學習。

＊一個成功且面面俱到的教學課程，是需要事先準備的，而我想，擔任教學輔導老師就是提醒被輔導者自己看不到的缺點，並能隨時自省，不管就教學輔導教師或夥伴老師而言，自省就是教學進步的原動力吧！（轉引自本校「教學導師輔導活動紀錄」，2004）

四、導引課程發展方向

「教學是教育之靈魂；課程是學校之架構」、「方向比努力重要」，為了讓老師可以真正掌握課程與教學的核心，教務主任妥善規畫寒暑假之備課事宜，向老師闡述學校課程發展之方針，凝聚教師共識，齊心為每一個雙園兒童，擬

訂最合適的課程總體計畫，尤其，本校於去年（92）和今（93）年度，相繼擔任萬華區（第二群組）推動九年一貫課程之中心學校，肩負起課程領導與課程研習之重責大任，為能發揮區域策略聯盟之功能。

除了嚴謹彙整各校之課程計畫，以及參加每月一次例行性之群組課程會議之外，學校老師們莫不兢兢業業在個人崗位上全心奉獻，主動積極啟動專業深度會談的機制、規畫行動研究、研擬課程銜接、製作教學檔案、安排協同教學、討論多元評量、檢討課程評鑑等，不僅如此，亦透過領域會議、領域召集人會議以及課程發展委員會，各抒己見，凝聚共識，期許雙園的課程總體計畫得以更精緻與卓越，其中在計畫內容所呈現「卓越數學」、「課程銜接」、「課程評鑑」與「課程危機處理」之細膩敘述，榮膺指導教授之高度肯定與讚賞，並推薦至哈特網站供他校參酌。以下是第二群組指導教授對於本校課程計畫的評述：

> 學校課程計畫架構完整，內容豐富且頗多創意，展現教師團隊的投入與課程領導的用心。把知識管理團隊融入課程發展組織，為校本課程主題聚焦定位，經由課程百寶箱累積研發成果，明確規畫各年級彈性節數的學習內容，並據以發展不同類型的特色課程，不僅有助於提供校內教師的分享，更足堪他校借鑑參考。（轉引自 93 學年度第一學期「學校課程計畫」審閱紀錄，2004）

五、成就課程標竿學校

2004 年 5 月，時值肩負萬華區第二群組九年一貫課程中心學校，執行規畫與整合群組課程研發之任務，另一方面，為了讓本校課程品質可以得到專業認證，遂，彙集眾人之智慧，全力以赴，參與「教育部標竿 100——課程推手」之評選，深獲評審委員之讚賞，而榮獲課程標竿學校。為發揮知識分享、落實學習型組織的功能，更結合企業「全面品質管理」的理念，由本校總務主任王章嘉首創「九年一貫課程品質之屋」的網頁，以「屋頂」、「支柱」、「基石」為主軸，將教師多年的教學成果，系統性的整理歸納於網站內，透過網站內容的累積與更新，期使能夠幫助教師在教學歷程中，可以有自我反思的機會。

另外在教學的節數安排上，除了合乎綱要法定要求外，更細心規畫彈性節數，期望發揮九年一貫「空白課程」的特色，其具體作為如：精緻學習節數規畫、91學年度將五年級彈性節數率先以3節增強數學能力、縮小「建構數學」及「課程銜接」的落差、比教育部頒定的相關措施還早；此外，亦有「班級特色」節數，配合教師個人領導風格與專業取向，藉由課程的執行，達成班班有特色的目標。

陸、布建科技校園典藏數位學習資源

一、奠基資訊融入教學

資訊教育是21世紀，拓展學習領域之教學主流，而如何有效的融入教學，更是值得深究的議題，92學年度資訊教育評鑑，雖然設備稍有不足，但，欣見教師克服不便，戮力提升資訊教學未能兼備之人文素養，尤以「融入教學」之巧思創意，令人感佩，並獲A等佳績之殊榮。茲將評審教授對於本校資訊教育之評語略述於後：

　＊教務主任親自負責簡報，可以得知，由教務主任主導資訊教育融入各科教學，成效良好。
　＊教師教學、蒐集資料，充分運用資訊媒體，是專業化之表現。
　＊學校建置資訊融入教學之平台，如結合語文，線上投稿、資訊小神通、校園網咖、天文教學，以及校本課程──艋舺鄉情的有獎徵答，均能引導學生進入e化學習之具體途徑，難能可貴。
　＊教師自製教材比例偏高，誠屬不易。
　＊自然領域教師與資訊教師的協同教學互動良好。

二、建構資訊種子學校

承92學年度資訊教育評鑑榮獲A等之佳績，為本校資訊教育注入了一股活水源頭，更幸運的是，當教育局督學室資訊督學蒞校視導時，有感於在學校

資訊設備不足的困境中，教師仍排除萬難，盡其所能，戮力提升教學品質，涵泳學生資訊素養，而深感佩服，於是，督學便主動協助學校向局申請經費，以充實資訊設備，終於，皇天不負苦心人，感謝長官厚愛，願意撥款 40 萬，隨即進行主機房與多媒體製作室之修建計畫。

另外，再商請教務處作整體教學評估，為能讓資訊教育在軟體與硬體皆能同步提升，我們不放棄任何機會，積極徵詢教師意願，籌組資訊團隊，參加研習，研擬計畫，向教育部申請資訊種子學校之建置，校長亦以行動支持，當報告計畫內容時，由校長親自操盤解析。

而在開學之後，我們的資訊種子團隊具體運作模式是：每 2 週 1 次利用每週五早上 8：00～8：40 的時間，進行主題研討。內容有：與參與國科會資訊融入教學之創意體育教學之研究、各領域在資訊融入教學之具體做法分享，以及數位教材對學生學習成效之評估等。

三、發展數位教材資源學習網

數位教材製作，是台北市 93 學年度各領域輔導小組之重要成果彙編工作之一，而在陽明山教師研習中心，亦開闢了一系列研習活動，其主要目的，在提供學生無遠弗屆之資訊學習網，其次要目的，是結合資訊融入教學，引導教師奠基數位教材發展能力，同時，教師教學歷程亦可透過視訊傳播至家庭中，幫助家長有效協助學童學習。

為了能激發教師學習之動機，首先，由欣玫老師與美英老師領銜製作自然科數位教材，並參與評選而獲特優，消息傳來，老師們除表示恭喜與佩服之外，亦破除了心中的迷思：「我可以嗎？很難嗎？有沒有時間？」於是，在 2 位老師的號召之下，從 2004 年 3 月起，我們便以各領域為主自由報名，利用週三下午時間，展開了數位教材工作坊研習營。相信，唯有老師自發的願力，才能樂在工作，而透過教師同儕相互激勵與跟隨，是最好的領導策略。

柒、全面關懷的特殊教育

自到任雙園以來，一直以「全面關懷的特殊教育」、「尊重多元文化、落實融合教育」為推展身心障礙教育所秉持的教育理念和發展方針，其目的不外

乎是將身心障礙教育立足於「教育機會均等」的基本理念之上，將融合教育的
精神完全發揮，「愛心小天使」的制度就是在這種和諧的氣氛中達到教育愛的
理想。「有教無類、因材施教、充分就學、適性發展」的教育目標，是雙園每
位特教老師的堅持與信念。「保障身心障礙學生均能有接受適性的教育機會與
權利，充分發展身心潛能、培養健全人格、增進服務社會的能力」，更是將理
想化作具體，舉凡融合慶生會、體育表演會、聖誕節闖關、轉銜升學等活動，
均深獲家長、社區以及社會各界好評與肯定。

　　為期實現理想，我們將依循下列的理念，推動身心障礙教育發展的巨輪，
步步向前進。以下為本校具體之做法：

一、教育零拒絕，安置適性化

　　對於身心障礙學生，重視其基本人權和接受教育的權力，不得拒絕或剝奪
其就學的機會，並應就其障礙類型、範圍或程度，提供適當的就學安置、輔導，
使其充分學習，適性發展。本校身心障礙學童採多元適性的安置，現今安置有
於普通班（完全融合）、部分時間於普通班（回歸教育）、身心障礙資源班、
啟智班、重度多重障礙班等，均依學生程度及家長需求做妥善的安置。

二、潛能發展個別化

　　使身心障礙學生有接受適合其教育的機會，充分發展身心潛能是本校身心
障礙理念。因此，我們就身心障礙學生的身心特質與個別差異，發展適性的個
別化教育方案，使身心障礙學生，能因其不同的障礙類別、程度、階段，人人
皆有機會接受教育，發展潛能。

三、教學需求功能化

　　身心障礙學生的學習，視其身心特質及適應環境的能力，著重生態環境
（包括家庭、學校、社會）的設計與控制，提供最少限制的環境和最大的發展
機會，強調以障礙功能為導向，提供將來獨立自主生活之基本技能，結合教育、
醫療、社政等不同領域的專業人員，發揮科技整合的教學效果。

四、支援教學社區化

考量身心障礙學生身心發展特質的需要，提供適合其能力發展的環境，做好社區化融入的教育安置，強調融合教育本質的理念，整合社區資源，發展身心障礙學生的學校教育、技職教育、生活教育、休閒教育等，尋求最適合身心障礙學生的教育支援模式。

五、班級經營多元化

為使身心障礙學生能有充分而適性的就學輔導，在班級經營方面，身心障礙學生經過鑑定、安置後，就針對學生的個別差異與需要擬訂教學目標，編擬個別化教學方案、就學輔導等教學服務問題。

六、親師溝通溫馨化

溝通特教觀念、增進輔導功能，是本校特教班教師共同的教學理念，特教組時常舉辦各類特殊教育的專業知能講座、研討會、座談會，邀請教師、家長共同參與，增進教學共識，提高教學成效。

七、教師成長專業化

本校特教推行委員會及特教教師利用特教專業研習等會議，共同討論，交換教學意見，並協助特教個案輔導及轉介事宜。

八、教學團隊整合化

延聘醫療專業人員協助教師，診斷身心障礙學生之特殊需要與服務，如語言治療、職能治療、物理治療等，並由特教組統籌辦理購置圖書教材等，提供教學之參考。

到任雙園已將屆滿 3 年，「我愛雙園」的一顆心猶如初衷的真誠，絲毫未曾動搖，當夜闌人靜時，我亦經常思索：「每一個特殊的孩子，都是天使的化身，就像一顆顆閃亮的鑽石，唯有貼近孩子的胸膛，才能發現鑽石的亮麗與璀璨」。由於特殊教育是本校的特色之一。我們的特教班陣容龐大共有 15 班，其中自足式啟智與多重障礙 8 班、臨床輔導病弱班 3 班、自閉症巡迴班 3 班、身

心障礙資源班 1 班。另外台北市西區特教資源中心亦設置在本校，其人事、經費、輔具採購、人員研訓、資訊系統管理等均屬本校統籌，可見得業務之繁重自不在話下。因此，個人深深以為校長在特殊教育的角色定位，尤應掌握下列七項：

㈠領導者：訂定特殊教育規章，辦理、規畫、配合活動，提供教師專業發展的機會，訂定鑑定、安置輔導的流程。

㈡計畫者：舉凡，特教班的設立、特殊兒童的鑑定、教育安置、師資安排、設施準備、經費分配、課程設計等全盤考量。

㈢管理者：處理特殊兒童的特殊狀況，要隨時記錄處理流程，並保障紀錄的隱私權。

㈣支持者：維護特殊兒童就學機會均等，提供資賦優異與各類障礙兒童適性的教育，滿足其學習需求。

㈤訓練者：重視教師在職訓練，尤其普通班教師與特教班教師之間的連繫以及對於兒童心理、行為的輔導等。

㈥協調者：特殊兒童的回歸主流、融合教育的課程安排、校園團隊運作、教師與家長的建立共識、多元化的溝通管道。

㈦評鑑者：每年定期評量特殊教育之實施情形，落實 IEP 的執行與考核，並協助其改善與追蹤輔導。

捌、結語：在行動中反思

教育工作的真諦在於「甘願做，歡喜受」，而身為校長者更要「忍別人所不能忍；做別人所不能做」，因為校長是推動校務運作的靈魂推手，更是一種責任、挑戰、榮譽與服務的艱鉅任務，校長不僅要具備豐富的學識，更需要穩定的情緒、良好的修養以及敏銳的洞察力。在繼續邁向「校長之路」的同時，不由得讓我駐足反思：行政領導的藝術何在？校務經營的方向是否正確？茲將個人心得略述於後。

一、在行政領導方面

㈠激勵的行政：為了達到全面品質管理的目標，我要求所有行政人員「面要

笑；嘴要甜；腰要軟；動作要快」，因此，我採取激勵的措施，我經常鼓勵他們：「由於您們的努力讓雙園日漸亮麗與耀眼，口碑傳千里」；在老師面前、學生面前、家長面前、外賓面前不忘讚美他們：「因為有您，雙園會更好！」

(二)活力的行政：為了要拓展行政人員的視野與見識，我會利用寒暑假期間，帶領行政人員參觀標竿學校，走出戶外，擁抱大自然，透過情感的融入，凝聚共識、誠心以對、深度對話、腦力激盪、活力四射，一起為孩子的希望未來，鞠躬盡瘁。

(三)魅力的行政：每週一上午 10 時的行政會報，在校長室，以溫馨茶敘揭開專業對話與意見交流的機制，沒有紛爭、沒有衝突，只有彼此絞盡心思的腦力激盪，所有疑難雜症在這個時刻均能迎刃而解，這一切的一切，都是為了每一個雙園兒童，開創璀璨的未來。

(四)亮麗的行政：經過行政人員縝密的規畫、審慎的思量，校務經營不論在各項硬體設施之更新，例如：溫水游泳池修建、球場與遊戲場之整建、花架護欄與洗手台、整妝鏡之更新、多功能視聽教室、15 間普通教室改造工程、遊戲場地坪整修、第一與第二教材園之規畫，均呈現煥然一新之風貌。另外，在學校特色、教師教學、學生學習表現，以及參與各項評鑑、訪視，績效卓著，佳績頻傳。展現在眼前的是一張張亮麗的成績單。

二、在校務經營方面

(一)中心思想：以「完全學習、體驗學習、統整學習」勾勒學習圖像。

(二)價值領導：教育價值的變革與轉化，是考驗一位成功的領導者，能否創造教育奇蹟的最佳途徑，引導組織成員認清事實──「品質是尊嚴的起點」。

(三)制度領導：教育改革如跳水，動作優美，彈高入水卻無水花，這是最高的領導境界，制定各種典章制度，人人跟隨、人人依循，知人善任、充分授權，讓校長有思緒沉澱的契機，得以思考校務經營的格局，將有助於組織運作的功能和績效。

(四)衝突管理：對於有智慧的團體而言，衝突是促進組織進步的潤滑劑，勇於接納不同的聲音與歧見，以尊重、包容的態度強化團體動力。

㈤時間管理：有人說：「浪費時間就是慢性自殺」。校長的一天，忙碌而充
　實，若能做好時間管理，不僅能辦好學校，又能兼顧家庭，則各項事務必
　然井然有序，各類障礙必定蕩然無存。

㈥壓力管理：「有怎樣的校長，就有怎樣的學校」。校長角色重要，任務唯
　艱，必須肩負辦學成敗之重責大任，若說沒有壓力，那是騙人的！因此，
　如何妥適規畫休閒活動，以淨化身、心、靈合一的抒壓心境，是身為校長
　的迫切需求。

　　個人以為一位校長，不僅要造勢、順勢，更要導勢，隨時掌握時代的脈
動、順應社會的潮流、傾聽同仁的意見、關注家長的期望、促進社區的發展、
彙整眾人的智慧，敞開心胸，以多元、民主的領導藝術，領航組織成員邁向智
慧的燈塔，然，曙光乍現之時；破曉時分之際，就是您一展長才之最佳良機。

張淑慧小檔案

　　我是張淑慧，非常感謝林文律教授給我機會，讓我成為校務經營的
編者成員之一，個人深感與有榮焉。以下是個人的專業表現，請不吝指
教：台北市立師範學院第二十二屆教學類傑出校友（2003）；國立台灣
體育學院傑出校友（2003）；編寫國民小學審定本體育教科書與教學指
引共 20 冊；擔任教學錄影帶監製與腳本撰寫共 3 卷；獲聘台北市教師研
習中心講座、生活輔導員、基隆市九年一貫課程講師；推展輔導工作，
榮獲中國輔導協會列為「92 年度推行輔導工作績優學校」；闡揚特殊教
育，績效卓著；領導本校特教班參加台灣北區啦啦隊比賽，榮獲特優及
最佳團隊獎；推動教師行動研究，參加「台北市教育創新與行動研究」
在團體獎、論文類與經驗分享均表現優異。發展學校特色，成立躲避球、
射箭、排球、桌球、直排輪、合球、武術、游泳、樂樂安全棒球、田徑、
節奏樂、合唱團、國語文、英語文、美勞等，建構團隊學習機制，活化
組織氣氛，形塑精緻、創新與卓越的優質學校。形塑課程標竿學校，領

導本校教師發展課程，績效卓著，榮獲 2004 年教育部九年一貫課程推手——標竿學校之殊榮。

自 2002 年 8 月擔任校長至今，個人認為校長應掌握「四多一少」之原則。多看：力行「走動式管理」之領導模式，校務經營、運籌帷幄、全盤了解、操控自如，事半功倍。多聽：「聽見不同的聲音」，有助於各項決策之客觀性。多想：在「在行動中反思」，一直是我擔任校長以來每天必做的功課，期許創意的靈感可以帶領雙園，邁向更亮麗璀璨的明日。多做：「施比受更有福」、「滿招損謙受益」，凡事以身作則，設身處地多為師生著想，就能獲得掌聲。少說：多言必失，以行動和默契來建立溫馨和諧的學校文化。

建構社區、學校與學生的生命共同體 ——經營大成的理念及作爲

林瑞昌
原任台北縣大成國小校長
現任台北縣龍埔國小校長

壹、來到大成——歡喜面對挑戰

　　2002 年經過不斷地尋尋覓覓，如願以第一志願遴選到台北縣三峽鎮大成國民小學（以下簡稱大成）服務，這是筆者第一次擔任校長職務，不管對大成這所學校或對校長這個職務的感覺，都是非常新鮮及抱著期望的。大成給我的印象，來自於外界的評價是非常優質的，「茶」的經營更受到許多人的稱許，能夠到大成服務，覺得非常幸運。

　　進入大成後，對大成的體驗更加深了。從社區的層面看，茶在過去帶給社區豐富的地方文化並促進經濟的成長。但隨著經濟型態轉變，以茶為主要經濟來源的人口逐漸減少。在茶文化不再獨尊的同時，社區文化隨著環境呈現多元發展，同時失去凝聚的核心價值與文化，社區的整合更加不易。這幾年來，因本土文化及地方產業逐漸受到重視，許多熱心人士思考地方發展的可能性，該以傳統的茶文化為基礎，重新賦與茶的生命力？或應從其他的優勢資源上另找出路？這樣的議題困擾著社區，也困擾著大成的經營取向。

　　從學校的層面看，大成的整體形象很優質，得到家長及外界的肯定，午餐教育、特殊教育、衛生保健、圖書教育、課程發展等，都得到很好的成績，茶藝教學更成為學校的標誌。在這樣良好的基礎上，該如何配合時代環境變化，進行學校的轉型經營並深化過去之成效？學校經營需要優質的人力，大成的教師多數為初任且流動率高，具有新的教育理念及高度熱忱，但對大成了解不足，

師多數為初任且流動率高，具有新的教育理念及高度熱忱，但對大成了解不足，許多工作好不容易形成默契，發展出一些運作模式後，教師就準備異動了。面對這樣的師資特性，從好處來說，沒有傳統包袱，校務可以配合時代而成長；但壞處是，校務處在不斷的變動中，難以建立成熟、永續的發展模式。想要引進外在資源，大成位在偏遠地區，交通不便，要邀請大學院校或民間企業進行合作，都不是很順利的事；在爭取實習教師方面，也一直未能成功。許多的事雖有想法，但也因為人手的問題，而無法快步前進。在環境方面，學校周遭飛舞著各式各樣的生物，如鳥類、蝴蝶、昆蟲，可謂生態豐富。如何讓生命進校園，將地區的學習材料引進校園，成為學生認知學習、生命教育的教材，並鼓勵學生一起經營、改善學校環境，是需要做全面性的思考並運用策略來達成的。

在學生方面，大成在教育優先區的指標中，屬於文化不利地區。在這樣的環境下，許多家長期待學生在學校努力學習，在課業上得到好成績，做好離開家鄉到外奮鬥的準備。因此，不管家長或學生，眼光都是向外的，總覺得學習都市文化才是正確的選擇，對於本身的文化及環境並未感受到珍貴性。大成社區所擁有的茶、生態，以及具有深厚基礎的三峽歷史，任何一項對都市人而言都是寶，但這些並未受到地區民眾的認同。在這樣的環境下，學生認同的是外地的文化，無法建立自身文化自信心。如何透過社區資源的經營、發展學生多元能力，以建立學生的認同度、自信心，似乎是身為大成校長的我，應該負起的責任。

面對這樣的學校，該有怎樣的理念及作為？可以幫助這裡的孩子？以下就個人在大成的 3 年工作中，對校務經營的思維及作為做一番敘述，當作個人初任校長生涯的自我省思。

貳、累積能量、順勢而為──成為校長

回顧師專畢業那一年選擇到台北縣服務，當年台北縣依畢業 T 分數高低順序分發學校。記得參加分發作業當天，我從頭遍尋不著自己的名字。心想從後面開始找找看，老天！我的名字出現在最後一個。我以台北縣最後一名的成績分發到雙溪鄉泰平國小（現已廢校）服務，但這次的分發，以及未來的境遇，卻讓我在校長之路走得格外順利。

　　滿25歲當年，我通過台灣省國小主任甄試，是該期最年輕的候用主任。滿34歲當年，又通過台北縣國小校長甄試，同樣是該期最年輕的候用校長。對於這樣的好運氣，許多人認為我是一個很有規畫的人。但其實不然，我除了喜歡讀讀書、喜歡小孩子之外，對於擔任學校行政工作，我是有想法但沒有具體做法。當年主任甄選需要先比積分，積分中有一項是服務年資，算法上在偏遠地區服務 1 年加 3 分（泰平屬偏遠，我在那裡服務了 3 年），擔任代理主任 1 年加 2 分（我代理了 2 年）；這些外加的積分讓我在服務 5 年（含服役）後，就跨過了考試門檻，並幸運地一次通過主任甄選。校長甄試也一樣，當年只算年資分數，主任 1 年 3 分，我比較早當主任，且代理主任 2 年，積分剛好滿 35 分，也是幸運地一次就考取。真正要說何時有擔任校長的念頭，應該是主任當了 6、7 年之後的事，當時覺得已經有了多年的主任經歷，同期主任班的同學也有多人通過校長甄選，覺得自己也應該要試一試，當校長的念頭才逐漸強烈。

　　這條路走得順，讓我經常和資深行政人員有接觸機會，加上行政工作所接觸的複雜環境，使我有更多學習的機會。面對比自己年長的教師群，更讓我學習以尊重的心態推動校務。在這樣的成長歷程中，我學習到兩件事：第一、在情境中累積能量。任何情境都有值得學習的地方，面對困境或危機，其實也擁有更多的學習機會。第二、順勢而為。能否成為校長，除了能力外，還存在著一份機緣。平時累積能量，當機會來時，自然能夠掌握。這兩種想法對我在推動校務上有很大的影響力。其一，面對不同的社區、學校及學生特質，努力探討及發掘其體質中的優勢特性，並結合大環境的需要進行發展。其二，校務經營要順勢而為，對於學校各種人、事、物，以及學校以外的大環境（包含教育單位、教育思維）都有清楚的了解；平時營造時機、創造局勢，當時機點成熟時，集中力量奮力前進，自然水到渠成。學校的任何作為，除了達成本身的目標外，也要能累積能量，為下一次的成功而準備。因此在工作的推動上，要先評估目前整體環境、教師及學生狀況，再決定行動策略。

參、校務經營理念與具體策略——活化生命力

　　在校務經營上，個人從生命力的角度出發。教育是人的場所，不管是教師、學生、家長或社區，都是具有生命之個體；且擴大來說，社區文史發展、

學校整體運作、學校與社區關係、學生與社區關係,都是生命與生命之間的連結。從生命力的角度經營校務,注重所有個體的發展,啟發社區及學校的發展等,是主要的理念,我將這樣的理念融入於校務經營的各層面。在領導理念上,將重點放在「動力啟發、共構專業」上,希望啟發教師的專業動力,一起為教育事業努力。利用機會與家長、社區人士、教師談學校經營理念,是讓教育及領導理念體現的主要方法之一。對於教師,每學期書寫課程計畫前以及開學校務會議上,我會將該學期學校發展重點、歷史脈絡、階段任務及理想做一些交代;從91學年度起,我曾談過的內容包括「大成課程發展理念」、「從課程理念到課程計畫」、「從學校成就到師生成就」、「92學年度的五大願望」、「環境中的生命教育議題」等。對於學校經營理念及各種政策等,也都利用家長日、親師交流通訊、新生家長座談、家長委員會等機會,向家長提出。更利用私下場合,與社區人士談論社區發展與學校經營之關係及建議,以促成社區與學校更多的合作關係。也就是,不斷思考自己的理念及在現場運作的情況,並運用各種場合及機會說明自己的理念,是凝聚共識的主要方法之一。透過這些方法,發現社區及家長更清楚學校的作為,社區資源更能成為校務經營的一大支持。

以下再從「行政領導、課程領導、資源運用、特殊教育、環境經營、內外關係、學校特色」等七個層面,做進一步的說明。

一、行政領導——目標與行動的對話

大成屬於偏遠學校,在行政團隊的運作上,有優勢也有劣勢。優勢在於學校人數少、狀況單純,很容易掌握;其次,科層體制觀念不明顯,兼任行政工作者認同教師角色,行政與教學容易整合。但缺點是教師平均年資低,有意擔任行政工作者少;另外人少事繁,以較少的人力處理逐漸龐大的行政工作,有愈來愈吃不消的感覺;再次,人員異動頻繁,工作的傳承不容易。

面對這樣的環境,個人有幾個策略。首先,在大成服務的第1年,努力建構學校整體發展走向及內涵、課程目標及結構、內容等。這樣明確的目標,一方面作為行政團隊工作的方向,一方面作為學校永續發展的基礎;希望在行政人員異動時,接任者仍能接續發展下去。幸運的是,因為學校目標明確,也吸引到志同道合的主任到大成服務,有了優質的主任,學校經營就夠更接近成功

了。其次，為行政人員營造一個無礙的工作環境，使其能全心投入。這樣無礙的工作環境，包括社區公共關係的經營、資源的掌握、教育政策重點、政府專案資源的了解，並建立與大專院校的合作關係等。因此，大成行政團隊只要想推動的事，我就努力尋求資源，支持其推動。在行政管理上，盡量將校內舞台留給行政團隊及教師，行政人員能做的，就不要太早介入。我所做的，一方面透過走動了解現場，適時給與工作人員激勵；另一方面透過不斷觀察，了解工作成效與學校發展方向是否相契合，並做適度導引。

總之，優質的行政團隊成員是具有思考力的獨立個體，對於校長的想法都有轉化詮釋的自主權，外控式的管理絕無法長久。順其本質發展，營造一個環境，讓工作發展與學校整體目標進行對話辯證。給與支持、給與鼓勵，朝教育的價值前進，是我的主要想法及做法。要重視的是目標及方向，至於具體的工作內容，可多尊重行政團隊。總之，對於行政團隊我掌握兩點。其一，明確的工作目標，其二，鼓勵團隊成員的轉化思考，也就是進行目標與行動的對話，現場更加活絡。

二、課程領導——信念與團隊的整合

在課程領導上，從整合性思維的角度；著重價值信念形成、社區意識建立、專業團隊建構及教育資源整合運用等幾個面向（林瑞昌，2003；林瑞昌、林錫恩、田耐青，2004；歐用生、林瑞昌，2004）。

(一)發展課程信念

以課程信念凝聚團隊共識，信念有五：
1. 每一個社區文化都有其存在價值，能幫助自身發展並貢獻於整體社會。
2. 社區資產如果能轉化為學校課程的一部分，將幫助學童對社區文化產生自信與認同，這樣的認同將成為參與社區事物、傳承社區文化的原動力。
3. 教師應以專業能力為基礎，參與專業對話，經過不斷成長及反思，展現出優質的專業表現，建立本身的專業信心。
4. 對社區做深入的探索，透過課程發展委員會的深度對談，得出學校發展方向，成為學校課程的基礎。這樣的課程將是穩定而持久的。
5. 學校本位課程以學校作為課程經營基地，整合社區及學校資源，在學校教

師的專業規畫下進行，滿足學校及學生的發展需求。

(二)形塑學校願景

結合社區多元發展及轉型之特性，透過課程發展委員會的討論，將學校願景訂為「愛、智慧、生命力」。據此願景，以「茶的迴響」作為校本課程的核心，這個核心主題一方面代表學校及地方對茶的珍惜，一方面期待茶文化的新生；在意義上，茶不只是一種材料，代表的是整個茶鄉，希望學生透過這個課程，能夠愛茶鄉、以智慧的方式展現茶鄉生命力。

(三)與教師一同建構課程

學校課程主題的建構，完全是教師的努力。首先透過課程發展委員會的討論，訂出「茶的迴響」、「大成之愛」及「生態之美」等3個課程主題，並以「茶的迴響」為核心。在具體的材料上，結合學校及地區特有資源、社區轉型相關活動等，形成4個主題軸，分別是「秋：茶鄉丰采」、「冬：流水一家親」、「春：蛙鳴鳥叫彩蝶飛」、「夏：大蒐茶線」。根據這4個主題軸，學校教師分成4組，在資深教師帶領下，發展各年級的學習活動。

在每學期的課程計畫及推動上，則尊重主任領導及教師自主。我所努力的，是形成「以學生為主」的學校文化，並建立清楚的課程目標。近3年大成的課程計畫，在分區的核備中，所得到的優良案例件數都是名列前茅的。

(四)運用資源進行課程深耕

為讓課程落實，大成申請教育部課程深耕計畫。第1年在歐用生教授的指導下，建立學校本位課程架構。第2年與國北師院自然系三年級學生合作，在陳佩正教授的指導下，根據本校教師所發展的學習活動，設計學生學習手冊。這本手冊在編輯過程中，參照綜合活動能力指標，完成後將作為大成綜合活動學習之主要材料，有了這本手冊，就不用再選用綜合活動教科書了。

為讓課程有演練的機會，運用學校環境及生活議題（如午餐教育、運動會、畢業牆製作等），進行課程實作；以及接受教育資料館委託拍攝教學影帶、接受大學及小學生參觀。讓教師習慣成為課程的主人，並從生活中尋找課程議題是大成的重要做法。在大成，隨處可見教師在課程上的經營。

(五)建立與社區合作機制

大成依九年一貫課程精神所發展的校本課程，有很大一部分需要與社區合作，社區能否配合或支持就變得很重要。為整合社區資源，我經常利用機會了解社區發展走向及想法，除學習外也提出一些意見，並讓他們了解學校目前的辦學重點及方向。這樣的做法，對於資源的整合及運用有很大的幫助。因學校目標結合社區發展，很容易獲得社區支持，人力及物力資源自然進到學校來，而且進來的是適當的、正向的資源。舉個例子，社區希望推廣茶，辦了製茶比賽、綠茶體驗營等活動，社區茶行也希望做一些轉型發展；就學校教育角度，則希望學生透過茶的學習，創發出茶的新價值（關懷、幸福等）。在整合上，配合學校課程進行之需要，找到幾個合適的活動及場所，如製茶比賽活動、製茶場及茶園，與他們一起討論活動如何辦，或與他們討論製茶場、茶園如何增加教育功能。因此，學校課程進行以及一些團體到校參觀，有了良好的社區資源，課程進行更加紮實；社區也因為有學生的參與，而更增加了活力。也就是社區與學校一起共創茶的新價值。有了社區正向的提升，學校教育也有了更好的支持力及永續發展的能量。

(六)經營學校環境

大成整體環境經營，主要從課程角度思考。希望學校環境都是學生學習的一部分，發揮境教功能外，也創造實質的學習內容，因這樣的努力，獲得縣政府考評為環境經營優良學校。其次，希望學校環境就是學生實踐學習成果及共同營造的一部分。例如，在學校整體生態園區的建置過程中，留下一些區域讓學生自行經營（如各班的花圃區）。另外在工程的進行中，適度留白，讓學生參與規畫（如溜滑梯改造工程）。有了適合進行課程的環境，師生的教學創新就更可能在這個場域中發生。

三、資源運用——施與受的迴轉

大成是一所 10 班的偏遠小學，教師 15 位，在教師編制未增加的情形下，許多事雖有想法但很不容易推動。為了讓學生有好的學習環境，大成除了編制內教師更加投入外，在人力擴充方面做了許多努力；包含組織再造、與多所大

專院校合作、建立與專業團體的合作關係、運用社區人力資源、義工家長組織經營、引進外籍教師、爭取實習教師、專案資源等。這些資源，一方面是對大成的幫助；但從另一方面看，大成提供這些資源發揮的場域。在施與受之間，並沒有明確的角色定義，我努力做這兩者間的媒介。

　　大成所引進的資源包括社區資源、專家資源及行政資源。在社區資源方面，因為大成的整體辦學方向與社區發展有緊密的關係，社區在進行相關發展活動時，也自然會期待學生參與。以 2004 年度鎮公所及三峽鎮農會辦理的第一屆綠茶製茶比賽活動為例，本校「茶鄉丰采」課程主題軸，即結合製茶比賽發展許多活動。例如五年級全程參與採茶、製茶，即透過社區人士的安排，所需的茶葉、解說及材料費都由社區活動經費中支出。也因會搭社區活動的便車，學生可以看到製茶的整個流程、龍井茶的傳統製法、評鑑茶、訪問到鎮長及農會總幹事，還順道參觀鎮公所，這些都是難得的體驗經驗。社區辦理這些活動，也因為學生的參與，展現一股新的力量，社區人士對於文化傳承更具信心，社區製茶專業人員對於本身受重視，也產生一種尊榮感（歐用生、林瑞昌，2004）。在專家資源方面，透過專案辦理的方式，大學生自然進到學校來；與教育資料館合拍教學影帶，也促成學校課程的成長。在行政資源方面，教育部及縣政府在推動課程及教育改革時，往往會投入許多人力及物力資源。配合學校發展需要，適度爭取一些專案，可以讓這些資源進到校園來。這些年，大成爭取的專案資源有綠色夥伴學校的參與、英語教學專案、閱讀 100 專案爭取、資訊種子學校的申請，透過這些資源，學校相關團隊成形，在「環境、資訊、課程、輔導、英語、閱讀、茶藝、午餐、特教、體育、視力保健、潔牙」等各層面，都得到不錯的成績。到校參觀的團體也很多，從小學生、教師、家長團體、大學生、碩士班、博士班研究生都有。

四、特殊教育──普通與特殊的交融

　　大成有 1 班在家巡迴輔導班，所要服務的對象是行動不便且經鑑定為重度以上的孩子，由教師到家裡輔導。如何讓這些孩子從家裡走出來、積極面對人生，並透過普通班孩子和他們的互動與接納，幫助普通班孩子認識多元、學習關懷，是大成在經營特殊教育的主要目標。

　　學校空間雖然不足夠，但仍將一樓唯一的1間普通教室設為特教資源中心，

作為他們每週二回來上課及治療的場所，代表對這群孩子的重視。在教學上，安排他們每週回校進行團體課程，並設計與普通班融合的多元學習活動。

以92學年度進行的「茶餐饗宴」課程為例，這個課程讓學生進行茶點心的設計及製作，並鼓勵將製作好的茶點心奉獻給要感謝或關懷的對象。三年級學生在邱秋菊老師的引導下，以特教班的學生及家長作為奉獻對象。該班學生在設計茶餐時，想到特教學生無法食用太硬的食物，因此所設計的水果茶凍，都選用容易咀嚼及吞嚥的水果。看到三年級學生細心為特教班孩子做茶點、親自將茶點送到特教班、餵他們食用、幫他們按摩、表演給他們看，心中深表感動。經過這樣的活動，特教班的學生、家長感到非常幸福；而三年級的師生感受到的是一種喜悅，從幫助中得到快樂，是一種肯定、也是一種成長，這些是特教班的孩子帶給他們的；這群特教班孩子真是帶給人類幸福的小天使。

五、環境經營──生命與環境的共存

在都市裡，擁有綠地不是一件容易的事，但大成生態非常豐富，綠地及生命是隨處可見的。生長在這樣的環境中，學生該有怎樣的環境觀念？學校該如何做，才能將豐富的生態資源，轉化為學生能力的一部分？為此，大成訂了一個環境教育政策（林瑞昌，2005）逐步執行。㈠將學校視為一個大生態園。學校經常看到生物活躍於生活周遭，只要環境營造好了，生物很自然會進到這個場域中。㈡了解及認同地區環境特性，加以珍惜及尊重。大成的自然資源，有其獨特性及豐富性，是其他地方（特別是都市）所沒有的。希望學生發現居住地方所蘊藏的豐富材料，充分運用自己的環境特色，成為這個地區孩子成長過程中最大的資產。㈢讓學生感受對生態及環境的責任，並付諸行動。㈣善用語文、藝術等媒介，欣賞環境及生態的美。環境教育要落實在生活中，走出更寬廣的道路，需要各領域媒材的支撐。㈤親師生以行動進行環境改造，達永續經營目標。

在這樣的環境政策下，學校環境經營都是順著自然而發展的。在做法上，提出「讓生命進校園」的想法，將學校經營成一個大生態園區；環境營造好了，生物很自然會進到這個場域中。因此，大成努力增加草皮區域、種植花草、植物，對植物進行適度的整理，讓蝴蝶、昆蟲進來，鳥類也跟著進來，這樣的環境營造，成為師生教學的最佳場域。以慈恩園藝術生態園區為例，原本四周是

一個大排水溝,在規畫上採自然滲水的方式。但因初期滲水不順,三天兩頭的積水,竟讓學生觀察到蝌蚪的出現;這個驚奇發現,促使學校決定「就地養」的策略,將水池做成小型的生態池。經過半年的努力,水中及池邊也陸續出現青蛙、蜻蜓、紅華娘、魚類及多種水生植物;這個場域成為學生學習、平時觀察及談天、聚會的最好場所。順著環境的特性,生命自然進到校園中。

環境好了,課程也就跟著進來。以校園裡一座即將廢棄的溜滑梯為例,因師生對溜滑梯存有的一份感情,溜滑梯本身造型又美;因此,配合藝術進入校園的政策,在洪珮華老師的投入及師生的共同參與下,大成將溜滑梯改造成藝術品。改造過程讓師生共同參與,舉辦創意繪畫及造型比賽。以這座溜滑梯造型為基礎,讓學生以各種媒材、各種形式進行表現。學童想像力豐富,有人把溜滑梯變為褲子、長頭髮、滑水道、小溪流、吊橋、大樹、麵條、魔豆、雙龍搶珠等等。比賽結果,個人獎得獎作品,邀請學童親人,一起將得獎作品彩繪在溜滑梯下方的牆面上。團體組得獎學生,則被邀請親身參與學校溜滑梯改造工程之規畫設計,不僅讓小朋友的作品有可能真實在校園中展現,更能透過這難得的工程計畫與建築師對談,學習溝通與協調的互動模式,進而關懷周遭的學習環境。在這樣的參與過程中,學生的自信心自然呈現出來。改造後的溜滑梯,成為慈恩園藝術生態園區的精神象徵,讓藝術與生態融合。也讓學生透過這樣的參與過程,以培養愛校愛家,改造環境,為環境盡一份心的目標(歐用生、林瑞昌,2004)。

六、內外關係──親師與學校的一體

教育的對象是人,執行教育的也是人,學校是與人有直接相關的機構,在運作上必須從人的角度進行考量。在多元的社會中,人的意見及感覺會直接影響到現場的運作,尊重個人的想法以及達成學校目標,是必須兼顧的兩個點。

學校內外主要面對的對象有家長、教師及學生。對於這三種不同對象,有共同性的做法,也有針對特殊對象的不同做法。在共同做法上,除了正式會議開放讓教師、家長表達意見外,平時也找機會進行非正式的溝通。例如對於家長,平時運用親職通訊、學校網站、聯絡簿、臨時通知等方式傳達學校訊息。每學期的家長委員會議或校務會議,我一定就校務經營的想法及成效進行報告,並徵詢他們的意見,覺得效果不錯,家長對校務也都非常支持。在非正式管道

上，經常到處走走，與人接觸，能發現到一些不錯的想法，可作為做決定時的參考。其次，透過不斷的接觸，了解問題所在。對於教師，我要求行政人員必須走動管理，了解教師所遭遇的困難，以及教學設備上的需要，以最快的速度解決。最後，以相互關懷與尊重的方式，來營造具有人情味的校園氣氛，這點也是我最重視的。例如對學生，每天早上只要有空，我都會到門口歡迎學生，與他們相互道早，對於身體不舒服、受傷、心情不好的學生予以關懷，與教師或與接送學生的家長聊聊，彼此之間的關係更密切。特別是新生入學前兩天，我會到教室與家長及學生做第一線的接觸。透過以上行為，覺得與家長、教師及學生間的互動很好，都會相互關懷。

與家長關係方面，配合學校發展的需要，引進家長協助的力量，如義工組織。大成發展茶藝、午餐教育、健康保健、圖書教育、說故事、各種校內活動等，都有穩定的義工支持。班級親師會也很穩定，各班辦理校外教學、班級活動，都有家長出面協助。若活動比較大，男性家長也會出面協助交通、安全等工作。透過這些人力的進入，學校許多教學能夠推展，也因為他們的參與，看到教師的努力，對於學校有更多的支持。因此在大成，只有家長協助學校，而沒有家長干預學校的情況。當然也有家長會對學校或教師有不同意見，但因為大成的家長很真誠，平時所建立的溝通關係也還不錯，所以家長有意見，不管是間接傳到學校或直接反映到學校，都能適度了解，且溝通順暢。

與教師關係方面，對於教師意見及專業自主權給與很大的尊重、了解他們的需求，鼓勵教師對教育的投入。大成的教師對學生是非常用心的，經常利用下班時間指導學生，對於學校的整體運作也都很配合，只是平時的工作已經很多，對於學校整體面向的東西，需要學校有整體的規畫，才能融入於班級經營計畫中。因此，我除了對學校整體發展有清楚的想法外，就靠主任將這些想法進行轉化性的工作。也就是，行政即早規畫，讓教師明瞭學校的整體作為，融入於班級經營計畫中落實。

七、學校特色──學生與社區的永續

目前教育強調個人意義的建構，學校本位課程、學校本位管理等的提出，都是希望學校對本身背景、條件及需求進行深度思考，作為學校發展的基礎。大成秉持這樣的想法，所發展的學校特色是建立在社區發展、學校歷史的基礎

之上。

就整個社區的特性而言，從茶及生態兩個主要的議題作為特色發展。以茶為議題，主要是因為 1990 年起，學校成立茶藝社團，經過 10 多年的努力，茶與大成已經劃上等號，社區人士對於學校推展茶也有一定程度的支持，在這樣的歷史脈絡下，累積許多的資源與經驗，值得再發展下去。目前要做的，是紮根在課程上，讓茶的議題跨出社區、走向精緻。以茶藝社團為例，過去作為學生表演、辦理「茶鄉之旅」育樂營、成為鄉土教材等之用。這 3 年來，隨時代之需要，大成在茶的議題上做了一些努力。首先將「茶的迴響」作為課程核心，配合地區特性、資源及活動發展出幾個課程軸，成為學校的特色課程；因為結合社區所以課程進行很順利。其次，成立社區茶藝推廣班，讓更多的家長了解茶藝，讓茶藝走出學校、走入社區，這批人力對於學校推動茶藝幫助很大，他們協助班級推動茶藝，更讓龐大的參觀團體得以進入校園，也就是經由他們，讓茶藝更加推廣。其三，希望茶的議題作為學校經營、學生成就的主要材料。例如茶餐響宴課程接受國立教育資料館的拍攝、將茶餐與服務學習結合紛獲縣府午餐教育及服務學校的績優學校，教師帶領學生進行的鄉土語言繪本競賽，也融入茶的新價值，而得到全縣第一名的好成績。也就是說，大成從將茶的新價值，與個人、學校的多元能力列結合，創造學生的新成就。這樣的成就對個人、對學校、對社區都是很有意義的。最後，希望創造機會，與大專院校、國際友人、團體接觸，進行相互間的交流與合作，讓社區及學生建立更廣的視野。因為以上的努力，到校參觀的團體更多了，也接受許多單位邀請做成果發表，包括教育部、國立大學、縣政府、鎮公所等單位。

肆、感謝大成——體驗校長的價值

如果重新來過，我仍會以累積能量、順勢而為的精神，面對校長之路。也就是說，並不強求一定要當校長，或何時當校長，而是重視平時能量的累積。不同的是，當時在邁向校長之路的社會背景是從單元走向多元，如果能有重新來過的機會，在多元的社會中，找出自己真正的興趣與專長，並努力為之，應該才是可長可久之計。也就是後現代社會所追求實質價值，而非表面價值。所以，追求自己實質上真正想要做的事、有興趣做的事，也追求實質上可以幫助

社會、幫助學生的事比較重要，至於是否當校長，仍然是順其自然的想法。

在當校長的能力上，有關教育價值的引導，我覺得從先前跟過的校長身上學習很多；但在實務工作方面，則與個人工作經驗及進修背景有密切相關；而思想的啟迪，則來自於教育研討會、演講。因此，相關思想的啟發、理論及實務經驗，透過集中儲訓的方式來進行是合適的，但若是教育價值的引導，我覺得可藉由師傅校長的帶領，進行正面的引導。所以在儲訓課程上，一套理想的校長應包涵教育思想的啟迪，這可邀請各領域具啟發性的人進行專題講座；其次是理論實務工作的研討，可請教育學者及實務工作者，進行最新理論、教育政策的介紹，以及學校經營實務中最可能面臨問題的探討或實務演練。在實習課程方面，我覺得慎選具教育家精神的校長擔任師傅校長是很重要的，在這些教育家的帶領下，優質的教育精神才能一代傳一代，永續不朽。所以，若我是師傅校長，教導候用校長之原則在價值的引導，幫助他們面對實務問題時，能藉由各種策略，讓自己的理想與價值落實在實務現場中。

擔任校長 3 年不到，個人覺得最大的貢獻，在於促成社區、學校與學生三者間的關係更加緊密，成為一個生命共同體。在大成，社區及家長支持學校，也感謝學校對其幫助。學校的環境及課程，取材自社區環境資源；社區資源也逐漸轉化成為學校特色。在學生方面，與社區環境有更多接觸的機會，學生藉由社區環境條件及教師指導，逐漸展現多元的能力。看到社區、學校與學生彼此間的交融，看到三者更活絡、更有生命，心中感到非常高興。若要舉例，學校目前整體形象良好，環境變得更美麗，有更多的生物進到校園來，學生與生物互動的方式改變了，他們會以觀察者的角色、以關心的態度與這些小生命互動，對於傷害生物的人也會予以譴責，這是一種進步：這種對生命尊重的態度，也會影響到他們對人的態度。因此，許多到大成參觀的人都會說，大成的孩子很親切、很有禮貌；在我們的觀察中，學生與教師的互動很好，見到面都會互相的關懷與問候，這是在潛移默化中逐步成形的。當然，大成的社區，學校及學生給我的回饋，也讓我的生命更有價值、更有意義。是我對社區、學校及學生的付出多，還是他們對我的貢獻大，其實也已經分不清楚了。最後，我還是要感謝大成、感謝跟大成有關的人、事、物，因為你們，我的生命更有價值了。

（參考文獻略）

作者簡介

　　林瑞昌，原任台北縣大成國小校長，現任台北縣龍埔國小校長。國立台北教育大學教育政策與管理研究所博士候選人。作者每到一所學校，都會針對工作走向及具體作為，進行深入思考，並為文論述；其代表性的有〈五育均衡的榮譽制度〉、〈從尊重與關懷的角度看原住民學生學校適應問題〉、〈三階段的教師成長模式〉、〈綜合活動在學校本位課程中的定位與運作〉、〈大成國小課程改革的使命與道路〉等。

　　擔任校長感言：「當校長讓人重新學習如何對待人，大成的孩童、自然與人情味豐富我的生活，更是促使成長的原動力。」

從企業經營理念轉化談學校行政管理策略
——以台北縣漁光國小為例

郭雄軍
原任台北縣漁光國小校長
現任台北縣屈尺國小校長

壹、一所偏遠小學的故事

　　台北縣漁光國小是一所「3 個班、8 位學生、5 位老師」的超迷你偏遠小學，外界經常討論或猜測這所學校何時被裁併？她卻在現行體制內的學校情境中存活下來，除了兼顧「8 人正常教學」，更締造「創意遊學—全年無休—每年萬人」奇蹟，還要接待每年約 3 萬名的參訪人潮，包括來自全國各縣市的教育團體、家長團體，還有學術團體和企業團體，甚至海外參訪人士。漁光到底有何魅力？如何發展設計課程？如何配置人力？教師為何願意配合？在行政管理和營運模式方面有什麼秘招？讓很多教育界和企業界人士，感到不可思議和好奇！似乎這所學校藏著許多秘密……。

　　漁光國小首創體制內學校的遊學型態，起初並未獲得長官的同意，而必須放棄「以計畫爭取經費」的慣例思維，改採「以成果贏得肯定」的迂迴策略。於是，展開一連串艱辛的團隊改造過程：「喚起危機意識—建立領導團隊—提出構想願景—進行溝通程序—分項授權執行—搶攻近程戰果—鞏固與持續—形成組織新文化」。後來，漸漸得到教育局長官的鼓勵和支持，雖然沒有額外人力和經費補助，但也真正考驗漁光實踐「教育產業化」的概念和執行能力。

　　漁光遊學牧場開辦 3 年以來，總共指導 3 萬名來自各地的遊學生，接待近 10 萬名各界訪客和貴賓，獲得 200 餘則的媒體報導，寫下許多動人的教育故事，創下多項榮譽的紀錄。2003年《師友月刊》稱為「創新價值的學校」；

2004 年《今周刊》稱為「五星級學習旅館」；2005 年《商業周刊》稱為：「遊學名校」。

事實上，漁光就是以「一不四沒有」的經營法則，企圖走出一條救亡圖存的改革之路。所謂「一不」就是不讓學校走入歷史。所謂「四沒有」就是一、「沒有冗員的角色」──貫徹執行力。二、「沒有閒置的角落」──開發環境力。三、「沒有虛擲的角銀」──整合資源力。四、「沒有失敗的角逐」──提升競爭力。目前，漁光展現創意能力和卓越執行力，兼顧正常教學與創意遊學，研發 4 大系列 20 項主題課程，建構 SOP 運作流程、異業策略聯盟、率先實施教師評鑑分級制度，將本校與外聘遊學教師分「特級、優級、良級」三級給與差別待遇。

現在，有人說：漁光遊學牧場的點點滴滴……

不只是一次遊學活動；更是一段教育故事。

不只是一堆紀錄資料；更是一份研究文本。

不只是一項例行作業；更是一件行政作品。

貳、教改的現場紀錄──2 本書帶動校園改革

自從市場導向的教育改革浪潮以來，各學校不斷追求經營上的創新點子。在行政作為方面，通常提出一大堆概念性、空洞化的願景口號，或是像曇花一現的舉辦若干所謂創意性活動，很難窺見行政管理或校園文化的革新風貌。

台灣地區有將近 600 所國民中小學，全校學生總人數百人以下，每年人事經費高達 50 幾億，連同資本門、經常門的經費，總共投入上百億元，卻只能服務 3 萬名左右學生。這種高單位成本的教育投資將逐年嚴重惡化！因為台灣社會少子化的趨勢，除了都會區的大型學校之外，其他鄉村型或小鎮地區的學校，可能因為人數逐年遞減而趨向迷你化。於是，監察院 2004 年正式提議裁併這些小型學校，以節省教育部門的經費支出；教育部委託學術單位進行這項研究，研究結果提出「分階段、逐年裁併」的建議。

各縣市的偏遠小型學校，大多存在豐富的自然環境與社會人文資源，而這些珍貴的學習資源，卻是都會區學生最難擁有和迫切需要的。「學校是為學生服務」，當服務對象減少到一定程度的時候，學校的存在價值，甚至教師個人

的教育生命價值，都必須面對反省和檢討。全國近 600 位迷你學校的新銳校長，以及 6,000 位年輕教師，可能像龍困淺灘一樣，被制約在行政體制之中，教育專業的武功將逐漸衰減，因而失去挑戰力、執行力和競爭力。

　　以漁光國小為例，本校創校已有 85 年，位於台北縣坪林鄉的偏遠山區，地處翡翠水庫水源管制區內，學生人數逐年遞減，僅有社經弱勢的茶農子弟，目前為全台灣最迷你的小學。全校總共「3 個班、8 位學生、5 位老師」，每位學生成本高達 100 萬元，政府部門表示不再投入任何資本門的經費。可以預見到一旦輕言裁併，則學校和社區的文化，寶貴的環境資源可能走入荒煙漫草之中……。

　　一般人都認為「學生變少，不敷成本，只好關門」、「學生人數太少，同儕互動不足，不利群性學習」……。這種種論點看起來頗為正確合理，卻是一種僵化而消極的思考，漁光這所眾目所矚的超迷你小學，積極籌畫轉型經營，企圖顛覆體制內學校的慣性思考。於是，就在 2003 年 1 月「漁光——假日學校」啟航，同年月「天下文化」出版一本名叫《執行力》的中文書；另外，早在 1998 年「大塊文化」出版的《80/20 法則》一書。就憑這 2 本企業經營的教科書，漁光國小參考產業界的思考和概念，並且堅守「教育本質」和「課程發展」核心價值，進行體制內學校的行政管理革新。以「創造力」和「執行力」為主軸帶動教師團隊進行一連串的校園新運動，2004 年推出「漁光——漂流教室」，2005 推出「漁光——遊學牧場」等。2、3 年來深受全國各縣市學校，甚至國際的學者和友人的矚目，讓漁光走出另一片天空。

參、師法企業精神——運用經營法則

一、「一不」—不讓學校走入歷史—展現生命力

　　在產業界的經營法則，如果「製造業沒有市場，服務業沒有客戶」，就只有關門一途。學校是為學生服務，當全校學生剩下個位數的時候，「漁光即將廢校」的傳言甚囂塵上，全校教師和家長充滿不確定感和惶恐難安，教學情緒深受影響，整個學校氣氛十分低迷……。

　　於是，喊出「先打造豐富的今天，再期待亮麗的明天」、「果真沒有明

天,尤須珍惜今天」用以喚醒全員的危機意識,提出美麗的發展願景,溝通具體可行的方案,逐步展開轉型經營的系列行動,嘗試透過全新的行政管理和執行,充分運用既有人力效能和環境資源效益,企圖營造卓越的教學情境,建立一套明確規範,一套合理期待,一套象徵系統,激勵全員的思維與行動,建構優質校園文化,尋找漁光的春天。希望以漁光的特色成果,建立品牌和口碑,以創造學校的「存在價值」為指導原則,贏得外界的肯定和支持,爭取「漁光生存的契機與空間」。

二、「四沒有」──

(一)沒有冗員的角色──貫徹執行力

首先,針對本校編制教職同仁和約僱人員 12 人,進行一連串的遊說和心理重建,希望達成「每人對學校都有貢獻」的認知,並且建立「教學或工作管制表」的制度,讓成員發揮個別的角色功能,每半個月提出「個人貢獻績效表」,以擺脫外界質疑「12 人領薪水,卻只服務 8 個學生」的嘲諷。

另外,以「貢獻績效表」來檢視全校每位工作夥伴在教學表現、行政工作、勤務工作的進度成果和疏忽盲點,逐步提升服務熱誠和專業能力,讓校園「沒有冗員的角色」。

(二)沒有閒置的角落──開發環境力

漁光堅持維護「多樣化生物」的校園特色,調查全校上千種的動植生態資訊,一一拍攝存檔,再選擇歸類編製成教材,對於「動物明星」、「百年老樹」、「樹上旅館」、「螢火蟲棲息區」、「異樹同體」……等賦與教育意涵。除了生態學習,還將全校所有的硬體設施與空間設備,重新整理應用,設置學習步道,生態英語教學牆,童話故事牆,學生彩繪與陶魚藝術牆……等。幾乎,全校各個角落都是環境學習的素材。

另外,規畫學校周邊觀光茶園步道課程,稱為:「第 1 個 5,000 公尺操場」,沿途觀察野鳥蹤跡,探訪實習茶園生態,學生體驗製茶場,遠眺美麗山川,走訪當地文史傳奇等。

為了延伸場域學習的平台,充分應用環境資源,積極開發學習基地的特色

課程，將學校通往大舌湖的山林古道和溪谷景觀步道，設計成一系列的走讀課程，稱為：「第 2 個 5,000 公尺操場」，沿途觀察古道風情，探索山林各種動植物生態，包括繁多保育類的物種，並且踏察溪流地形吊橋景觀等，讓漁光成為全國最大的校園和學習牧場。

(三)沒有虛擲的角銀──整合資源力

「一角銀」就是一毛錢，台灣俗諺：「一角銀勿使浪費」。外界人士曾經對漁光兩個問題感到興趣。一是政府未補助經費，學校如何籌錢開辦遊學？二是漁光遊學產業興盛，是否為學校帶來滾滾財源？我們的答案是：「一角一銀得來不易，千萬不可虛擲，務必花在刀口上。」

起初，我們創辦遊學的目的，在於吸引外地學生能夠轉學到漁光就讀，希望增加學生人數。因此，由教師團隊自掏腰包，配合若干民間募款，才籌足 20 萬元的開辦經費。「教師捐款辦學」恐怕是現行體制內學校的奇蹟，也因為這樣的教育情懷，對於任何經費和物力，就格外珍惜與講究效益。

基於「學校乃非營利」的立場，漁光遊學報名係以「成本價收費」，所有經費均納入學校公庫，依會計程序收支。除了支付外包伙食費和門票費，印製精美的教材專書；其餘優先支應教師鐘點費，藉以吸引優質的教師投入遊學帶團的行列。長期累積若干款項，則建置生態展示屋、教學展覽室、教學情境布置、添購相關器材設備等。因此，漁光不需倚賴政府經費補助，能夠經營遊學活動，充實教學各項設施。

(四)沒有失敗的角逐──提升競爭力

台灣俗諺說：「輸人不輸陣」，小小的漁光小學，所有師生樂以接受各種挑戰與競爭。例如，行政團隊和教師團隊參加「全國學校經營創新獎」、「教育部教學卓越獎」等各項評比和競賽；學生參加「全縣語文能力大會考」、「全國教育博覽會」等競試和展演。由於充分規畫和準備，均能榮獲佳績和好評，充分表現教師專業的知能和學生多元的展能。

漁光團隊有一種信念：每月每年都要看到「蛻變和成長」，「參加角逐的結果可以不得獎，但是不可以失敗。」因為角逐的過程就是一種動力、一種檢視、一種激勵，更是一種自我的競爭力。角逐的結果也可能是一種分享，透過

媒體傳播分享全世界。

肆、學校行政管理新策略

一、發展學校特色

㈠向大地學知識

一般而言，孩子從教科書得到知識，但是我們期待讓知識走出書本，建立孩子與大地景物的新關係，欣賞山水景觀的奧秘，漁光的大地就像一本有趣的教科書，學生可以在這本書中學習各種不一樣的知識。

㈡與萬物交朋友

漁光課程是介於學校、家庭和補習班的學習，期盼培養孩子與自然萬物的新友誼，讓學生認識多樣化生物的生態，讓校園中上千種的動植物都成為學生最好的朋友，教師指導孩童與牠們密切的互動。例如，大家都知道漁光校園的果樹，都是鳥朋友的食物。

二、運用兩項組織

㈠以「教導型組織」啟航

漁光教師年資尚淺，教學經驗不足，初期的行政規畫，遊學課程的執行，必須擬訂妥善規範，透過不斷遊說說明，亦步亦趨的跟隨示範和指導督促；甚至以「管制追蹤表」，密切檢視工作流程。

㈡以「學習型組織」續航

當團隊成員累積新經驗，必須讓他察覺到自我超越，肯定個人的角色功能，未來可能是「遊學名師」，並且互相交換「自我提升」的心得。接著喚醒「遊學事業夥伴」的熱忱，慢慢展開教師團隊的同儕討論和成長。目前，已有較成熟的課程發展機制，以及系統化的運作模式。

三、倡導三化哲學

(一)活動故事化

「活動不只是活動，應該可以讓人感動」。一般學校辦完活動，只是一齣戲的落幕。漁光辦理每梯次的遊學活動，或是學校例行性活動，包括交流參訪，校慶運動會、畢業旅行、畢業典禮等。對學生而言，都是一段有趣而難忘的故事，這個故事可以讓孩子記憶久遠，甚至廣為傳述。

(二)資料文本化

「資料不只是資料，應該是可以被研究」。一般學校經營和課程發展等皆建立許多檔案，甚至各項教學資料，遊學或參訪團體的互動文件，都是最有價值的文本，應妥為收存列管，可以提供學術研究或行動研究之用。

(三)行政作品化

「作業不只是作業，應該是創意智慧的作品」。作為體制內的學校，難免被要求處理諸多行政業務，配合辦理各項行政作業，例如各種計畫、表格、執行成果與評鑑作業等。我們跳脫應付敷衍或作假抄襲的作業思考，選擇朝向「創意智慧、精雕細琢、值得典藏」的作品化風格。

四、參考四種思維

(一)成本效益

執行一項新的計畫或發展一套新的課程，應該評估投入人力和物力的全部成本，期能發揮最大的教育效益，包含受益人數與品質，並且重視機會成本和持續效益。例如遊學課程的設計、遊學平台的開發，都事先估計成本，盼能延伸出更多教育的效益。

(二)課程品牌

如果將學校比喻成製造業，學校生產的產品就叫做「課程」，漁光的學校

基地可以開發出特有的「茶葉課程」、「水源溪流課程」、「自然生態課程」等品牌課程。這些課程有獨到的配方,內容精采有趣,深受學習者歡迎,可以分享很多人。

(三)專業品質

任何產品均應該重視品質,漁光課程更必須合乎教育專業的三規準——「價值性、認知性、意願性」,我們鼓勵教師團隊從課程設計到帶團解說,均需自我要求所謂的「教學品質」,讓解說教學的過程,散發出名師般的魅力,深深吸引住學生。

(四)市場行銷

產品上市之後,就面臨市場的考驗。因此,漁光課程必須接受消費者的檢驗,以及市場的口碑反應,隨時調整課程內容和教學方式。另一方面,則透過課程競賽得獎、教學經驗分享和媒體傳播等方式來行銷,讓「休閒旅遊與專業學習」能夠相得益彰。

五、堅持六要守則

(一)要漁光優先

學校的人力與資源運用,應該以漁光學童為優先,避免辦理遊學活動,產生教師人力或教學資源排擠作用,務必維持正常化和優質化教學,以確保原有學童受教權益;並透過外校遊學交流程序,增進學童人際關係與群性學習,同時加強建置各項教學措施,嘉惠本校學童。

(二)要兼顧本務

維持體制內學校的特性,參與遊學的編制人員,必須兼顧本職業務和課務,確保行政與教學的運作順暢,對於例行性的行政作業,應該充分兼顧,讓正常校務與創意遊學相互為用,達到相輔相成的效果,達成學校本位管理與經營的目標。

㈢要熱誠接待

創辦遊學帶來參訪人潮，包括各界人士、教育專業團體和媒體朋友蒞訪學校，本校同仁要展現教育專業和友善態度，親切而熱誠接待。讓漁光「成為一所好客的學校」，對於電話洽詢禮貌和接待簡介流程，都應該展現「服務業」的格局和要領。

㈣要課程精采

本校自行研發設計的主題課程，除了合乎教學的專業規準，必須講究遊學課程的實質內涵與學習效益，充分應用學習場域特色和課程平台，發揮「漁光課程產業化」的市場吸引力。

㈤要教學有趣

本校規畫4大系列20項主題課程，每項主題都是一則有趣的故事，透過教師傳神的導覽解說，力求教學活潑有趣，讓孩子在真實情境中，從事快樂而充實的學習，在學習熱忱之中，獲得直接體驗和分享啟示，讓遊學成為有趣教學過程。

㈥要環境優雅

漁光打造美麗而豐富的環境，包括生態資訊的呈現，校園整理布置，食宿的設施條件，必須維持清潔雅致，並且創造處處可學習的空間，實現「休閒生活與專業學習」二合一的目標。

六、善用 20/80 定律

秉持「有效整合、精準運用」的原則，務期將關鍵 20%的量能，充分發揮 80%的效能。漁光迷你小學以微薄的人力和資源，掙脫體制化的行政束縛，以本位化經營管理的概念，極力推展企業界最樂道的「80/20」法則。例如：

1. 我們以 20%的人力——發揮 80%的工作能量。
2. 我們以 20%的環境——營造 80%的學習資源。
3. 我們以 20%的經費——產生 80%的實質效益。

*4.*我們以 20%的事蹟──行銷 80%的榮譽聲望。

*5.*我們以 20%的溝通──達成 80%的改革共識。

*6.*我們以 20%的規畫──產出 80%的運作績效。

*7.*我們以 20%的管理──掌控 80%的校務執行。

*8.*我們以 20%的課程──提供 80%的顧客滿意。

*9.*我們以 20%的時間──接待 80%的訪客貴賓。

10. 我們以 20%的經營──改變 80%的學校文化。

七、建置 SOP 流程

　　漁光將有限的人員，以複合式的配置和自動補位，對於電話洽詢、受理報名、食宿安排、接待遊學訪客、經費收支作業、環境復原整理、遊學課程的帶團教學等等龐雜的執行細節，以及危機處理和反應機制，均建置一套書面化的「標準作業」流程。

八、推展異業結盟

　　創辦遊學曾經引起附近休閒旅遊業者的大力反彈，隨即進行一連串的遊說工作，導正「同業競爭」的誤解，進而擴大遊學平台，推展「異業結盟」的策略，將附近觀光茶園、溪谷景觀步道、民間休閒渡假山莊、露營旅遊區、茶業博物館等，甚至相關學術文化機構、私人企業等列為結盟對象。

九、首創教師分級

　　目前各縣市展開試辦「教學評鑑」，引起不同的聲音。漁光遊學團隊率先推出「教學評鑑與教師分級」制度，以自我評鑑和同儕評鑑的原則，根據「接待熱誠、解說教學、專業進修、服務口碑」4 個項度和 8 項指標，分為「特級、優級、良級」三級，比照大學「副教授、助理教授、講師」的標準，分別給與不同待遇的鐘點費，藉以鼓舞教師的專業發展。

伍、創新經營——創新績效

一、拚創意

「創意遊學—全年無休—每年萬人」，漁光效法「台華陶瓷公司」名言——「勇於開創，才能突破現狀；不斷創新，才能無畏摹仿」。當各校紛紛援引漁光的招牌和標語，漁光每年推出全新的遊學套餐來區隔市場。包括 2003「漁光——假日學校」、2004「漁光——漂流教室」、2005「漁光——遊學牧場」等。

二、拚人氣

漁光雖為全國最迷你的小學，卻可每年招收 1 萬人次的外校遊學生，接待 3 萬人次教育人士和各界貴賓參訪。2003～2005 三年內共計 3 萬人次遊學、10 萬人次參訪；全國各大平面媒體和電子媒體報導超過 200 則。漁光教師團隊合力編撰出版《細遊坪林》、《大舌湖掠影》、《遊學手札》、《漂流教室》、《遊學牧場》等專書。不但獲得家長和社區人士的讚賞與支持，並深獲「遊學顧客」的熱烈迴響。

本校經常應邀到各縣市、各學校，分享「遊學經營與行政運作」的經驗，總計達 100 場次。各縣市教育局、偏遠小學；各學術機構包括台灣大學、台北大學、台灣師大、師範院校等相關系所，紛紛到校參訪，期盼吸取或複製漁光經驗，並將漁光視為品牌學校。

三、拚榮譽

漁光勇於接受挑戰，參加各項競賽和展演，爭取各項榮譽，曾經獲得諸多獎項，包括——

2003 年 08 月獲「全國學校經營創新獎——資源應用」特優。

2003 年 12 月獲「全國學校創意領導獎——人力運作」首獎。

2004 年 07 月獲「全國學校經營創新獎——課程貢獻」特優。

2004 年 09 月獲「教育部教學卓越——探索教學」金質獎。

2005 年 01 月獲教育部邀請參加「全國教育博覽會」動態展演。

四、拚生命力

我們深知漁光的生命力在「創造力」與「執行力」。因此，不斷以創新價值的思維，執行各項計畫，獲得具體成果。並且結合民間企業的經營概念與經驗，以實踐產業的精神，運用方圓 10 公里的自然生態、文化遺產、人文景觀等環境資源，獨創 4 大系列 20 項主題課程。「發現漁光生命力」的驚奇，被全國各大學和師範院校研究所學生，列為學位論文的研究對象，總計達 10 篇左右。

漁光教師團隊展現出高度「熱誠、專業、自信、卓越」，頗獲各界一致的好評和稱頌。漁光學童與外校遊學生的交流互動，促進群性發展和信心表現，曾多次應邀至各校參訪展演。學校的聲望提升之後，也形塑了校園的新文化和新生命力。

五、期刊推薦

漁光以行政管理和轉型經營的方式，深受媒體界的矚目，獲得多家期刊雜誌的青睞，包括教育專業和商業財經雜誌，均以專題的方式報導——

2003.05《師友月刊》：「漁光假日學校——啟動思維‧創新價值」。

2003.09《台灣教育雙月刊》：「漁光遊學之轉型經營」。

2004.02《今周刊》：「永續台灣——漁光成為五星級學習旅館」。

2004.03《北縣月刊》：「漁光迷你小學——創意遊學大有看頭」。

2004.05《國際廣播雜誌》：「郭雄軍 創造漁光國小新價值」。

2005.03《商業周刊》：「郭雄軍把該關閉的學校變成遊學名校」。

陸、結　語

國內統一企業總經理言：「領導人應將整個靈魂沉浸於企業經營，進而將執行力視為一種紀律，使深植於企業中的執行力與美好的願景相呼應。」而所謂執行力就是：「設定了對的目標，建構達成的方向和流程。不只是一管理的原則，更是一種達成績效的原則。任用對的人才，採取對的策略，完成對的營運。」

　　學校組織體的行政管理與企業體的本質，雖有所區別卻可相互為用，而教育界經常倡導「創新的教學能力」和「卓越的執行力」，也是援引產業界的概念。最近，教育部遴選產業界人士出任國立師範大學校長職務，雖該校長因為資格認定問題而去職，但足見「企業管理概念」已經走入「學校行政管理」的範疇。

　　自從推動九年一貫課程以來，「學校願景」變成了流行的口號，但是，缺乏「執行力」的實踐系統，願景就像天邊的彩霞一樣。漁光的行政管理運作，根據「執行力」的精髓，企圖發展一套系統化的流程，嚴謹管控「如何」和「為何」，持續追蹤進度，並確保權責分明。讓「執行力」成為組織文化的核心成分，全校的每個成員能夠了解並執行例行的紀律。

　　漁光只是教育體系的一個小點，就像汪洋大海裡的一條小魚，就像廣闊牧場上的一頭小牛，期盼漁光是一頭「小紫牛」，帶動學校行政管理經營的全新意識，能夠引發各界熱烈討論。如此一來，「漁光效應」就不只是天邊的彩霞，而是腳邊「滿園春色」的玫瑰……。

作者簡介

郭雄軍　小檔案

學　歷：大學法律系、國北師院研究所

經　歷：小學教師、主任、校長

　　　　教育部課程宣導專書主編

　　　　教育部課程標竿 100 評審委員

　　　　九年一貫教科書審定委員

　　　　教育部政策白皮書論述文宣撰寫人

獎　項：兩度蟬聯全國學校經營創新──特優獎

榮獲第二屆教育部教學卓越——金質獎

著　作：*1.*發表「校長角色與專業」、「九年一貫課程大餐」、「吸
　　　　蜜式教學態樣」等教育專論 100 餘篇。
　　　*2.*編著《春風舞桃花》、《細遊坪林》、《上課真好玩》、
　　　　《漂流教室》、《遊學牧場》等專書 10 餘冊。

智慧的話：教育尖兵堅持理想，接受各種挑戰，把受傷當作勳章，
　　　　　把黑函當獎狀，最後將贏得別人的尊敬，留下自己的懷
　　　　　念。

一個菜鳥校長經營學校的心路歷程

吳煒增
台北市萬大國小校長

壹、步步為營　活在當下

　　記得黃埔軍校校門的對聯是：「升官發財請走別路；貪生怕死莫入此門」，身為一個師範生，早在就讀師專時，心裡就已清晰的認知自己未來要走的路，我總認為「升官發財請走別路；貪名愛利莫入此門」就是我心中的圖騰。自從師專結業踏入教育界，面對教育的各項工作或作為，總是以兢兢業業的態度面對，我未曾規畫要從事行政工作，只思考如何把份內的工作做好，因此，我自認為自己是一個「做一天和尚敲一天鐘」，而缺乏規畫個人未來的人；這絕非我的工作態度不積極，而是我認為不管擔任什麼工作，都是以達成學生的學習目標為職志，步步為營、踏踏實實才是從事教育工作應有的態度。

　　承蒙過去服務學校的主任、校長的提攜與鼓勵，我通過主任、校長的甄試，並在過去同仁的全力支持下，我通過校長甄選，回到曾經服務 8 年的台北市萬華區萬大國民小學擔任校長。在接受台北市教育局委託國立台北師範學院，所辦理的第一屆台北市國民小學候用校長培育班的培育期間，由於班主任林文律教授的悉心規畫培育課程，因此所修習的 26 個學分內容，對日後擔任校長一職，在理念、認知、實務上均有很大的幫助，尤其優秀校長前輩的經驗分享、1 年培育期間同學的互動情誼、教授認真務實的作風，都是個人心中的典範。

　　在候用校長培育班的培育期間，透過不斷的反思、心理調整、重新思索，對未來擔任校長的角色，會有較充分的心理準備。再加以過去擔任級任工作、組長工作、主任工作，可說角色各異、面對的問題不同、面對的族群不同、承擔的責任也愈來愈大，所幸我經歷了每一種職務，對各種職務的甘苦也較能體

會，相對的較能易地而處、同理心相待，對後來擔任校長，在做決策時可以做比較準確的判斷。

貳、但求理念踏實　策略具體可行

初任校長來到萬大國小，明知過去本校曾有過行政與教師會（本校教師會為全國第一個成立的學校教師會）之間的鴻溝，我想化解鴻溝，唯有以誠意與熱忱追求全校的和諧。個人深知，校內任何一股不合的勢力，都將抵消所有行政措施的美意，因此在主任的任用上，必須謹慎思考，以識時務為優先考量。個人判斷以自己資淺的年資加上在短短時間內，很難從校外延聘到資深優秀的主任來服務；又萬大的問題以萬大人最清楚，所謂解鈴還需繫鈴人，因此從校內延聘 3 位個性溫和認真、爭議較少，但經驗稍微不足的代理主任。任何一位稍有判斷力的人，都能明眼看出我心中的盤算：以追求校內和諧為先，再讓時間來砥礪主任的行政能力；因此不可否認的，這是一個「防守型」而非「攻擊型」的陣勢，唯有先求穩定，才能談未來發展。

離開 5 年後再度回到萬大國小服務，估計有七成教職員工是過去的老同事，對於他們的個性、說話的風格、做事態度，我大致可以掌握，個人深知這群同事的認真做事風格，因此在教學領導上較不必操心。但就在離開萬大的這 5 年中，推動九年一貫課程如火如荼的展開，由於校內鴻溝造成的內耗空轉，喪失了教師間深度對談、進修成長的先機，再加上本校大部分教師較為保守的個性，更難一窺校外推動九年一貫課程的究竟，因此在課程領導上，是我該好好著力的向度。個人深信「課程是發展出來的」，個人認為，以萬大教師的認真努力，只要好好引導，讓他們體會團隊合作的力量，並身體力行從事課程設計工作，相信很快會有所成果。但我面臨的問題是，如何讓已有心結的團隊，敞開心胸坐下來一起討論課程？面對一個大多數人在觀念上認為教學工作比課程設計重要的傳統團隊，在經過大家的討論後，又如何真正設計並實施課程？

針對上述第一個問題，我極力改善組織氣氛，希望形塑和諧的團隊，諸如：促成全校文康活動的舉辦、重視退休教師的經驗傳承與歡送、對同仁及其親屬的關懷、強調晨間共同進修、討論的重要等，希望在彼此良善的互動中，重新尋找異中求同的任何可能；希望從行政人員的和善態度中，培養同仁「正

向思考」的態度，凡事不要先往壞處想，不以小人之心度君子之腹，也希望同仁能了解：今日的校長也可能是未來的教師；現在的教師也可能是明日的校長。只要抱持以學生為主體的教育理念與工作態度，以「是否對學生有益」來檢驗任何教育措施，相信不難判斷我們的所作所為，是否真的符合教育的規準。

　　面對上述第二個問題，首先我著力於讓同仁了解課程的意義，認知到課程屬上位思考的概念，唯有明確的課程目標，才能讓整個教學方向正確。因此在召開課程發展委員會時，本人大聲疾呼，甚至以書面的資料闡明目前實施中的課程與教學的優缺點、差異性與其中意涵，以溝通與辨正同仁對課程的認知。由於過去教師教學使用部編教科書，不需自行設計課程，而多數人在師資養成階段又未修習有關課程設計的相關議題，因此大多數教師對課程的設計較無概念，冒然要求教師設計課程，只會徒增怨言，甚至引起反彈，而一事無成。因此本人鼓吹資深教師提供實務經驗、資淺教師提供教育理論、創意與資訊能力，通力合作來完成。重點是：行政要先溝通校內優秀教師設計課程作為範本，化解老師憑空思考、漫無目標的慌張心理，初期只求教師臨摹揣度，從實做中去體驗、融會貫通。慢慢的，在本校課程發展的過程中，我能看到教師不斷的成長，專業不斷的提升。

參、提升特教知能　追求公義的教育

　　本校有 1 班資源班、2 班身心障礙班、1 班資優班，師資更是符合專長需求、教師教學也是盡心盡力，在推動特殊教育方面算是齊備的。但只有勤奮教學，卻無其他創意或措施，也很難符合家長或普通班老師的需求，例如：普通班教師缺乏實施融合教育的概念或經驗、特教班教師認為普通班或家長不知如何配合他們的教學需求等。我發覺到本校的問題，特教班集中在校園的某一個角落（某一棟大樓），與普通班所處的大樓不同，環境上已造成特殊班與普通班的隔閡；又過去特教班與普通班各做各的，特教班教師努力的過程或成果，普通班看不到，無法彼此互動、共同成長。

　　由於本校校舍不夠用，加上先天上的限制，因此在環境隔閡上無法立即克服；但如何讓特教班與普通班教師之間產生充分的互動、建立共同的認知，則是可以著力的。首先由輔導室編輯「萬大特教園地」、「超優 e 刊」等刊物，

讓所有教師及家長明瞭特教班的運作，也能充實特教方面的知識，唯有特教班自己先走出去、先推銷自己，才能喚起別人對特教班的重視，憑著特教班老師的專業知能，要把特教的理念與實務行銷出去，是不難的。接著重視融合教育的落實，在寒、暑假備課時，強調未來一學期的融合教育課程設計的重要性，從課程的設計到教學的進行，特教班教師主動與普通班教師接觸，共同商討課程的設計，教學時特教班及普通班教師充分合作。最後強調召開特教相關會議的重要性，唯有教師（含普通班教師）、家長、行政人員一起坐下來共謀特殊學生的教育需求，才能了解特教班的運作與需要，共同規畫特教班的發展願景，提升特教方面的知能。如此一來，藉由進行課程設計、平時商討、會談及教學進行等過程，無形中促進雙方互動、了解彼此需求與觀點，也提升彼此在課程設計、特教知能等方面的專業，化解無謂的鴻溝，達成為特教工作共盡心力的共識。

肆、發展學校特色　激勵學習氣氛

　　盡量提供學生學習的機會，以探索並發展學生的興趣與潛能，應該是現代教育的一個重要思潮。當學校的師資、場地、設備、師生意願等條件齊全時，學校樂意為學生開發新的學習課程，在學習有成之後，自然成為學校的一項特色。本校未雨綢繆的檢討學校特色的未來發展狀況後，發現退休教師、新進教師的專長會有相當大的轉變，因此不得不思索重新發展特色的必要性。例如：扯鈴老師再過 1 年即將退休，平日參加民俗體育演出的校隊（社區及學校均有此需求）立即陷入無以為繼的窘境；此時本校即提早尋覓其他方面的專長教練，因此順利成立民俗舞蹈社，並與教練規畫未來發展方向，準備購置適當的器材、設備、服裝。當我們新進 2 位擁有手球專長及訓練意願的體育教師後，發展手球特色便成當務之急；在學生參加校外競賽榮獲好成績後，判斷手球可以穩定發展成為特色，學校立即為未來參加競賽的餐點、交通費等問題積極籌湊經費。

　　個人認為，發展學校特色，可以激勵團隊士氣，凝聚學校的向心力，爭取全體親師生的認同感。由於國小學生模仿力高、易被團體氣氛所影響，因此學校特色亦可帶動全校學子的學習風氣，強化該項特色的穩定性與發展性；而運用身懷這些特色技能的學員，更可成為教師教學中的得力助手，對推動多樣化

的教學有所幫助。隨時檢討學校各項資源，調查學生、家長的需求，留意學校特色發展狀況，有計畫的推動學校特色發展，才能確保學校特色的歷久彌新。

伍、溝通首重誠意　兼顧各個層面

每個學校的組織文化不同，因此溝通的方式也就有很大的差異，但展現「誠意」應該是可以放諸四海皆準。本校是一個相當重人情味的組織，因此花在溝通上的時間也就不可省、誠意更不能少。

在與教師會溝通方面，個人認為，學校教師會既然依法成立，那校長就有必要加強與教師會的互動，甚至導引教師會成為提升教師專業、協助行政推動校務的組織。本人深知過去本校教師會與行政間有著很大的歧見，當歧見無法化解而變成阻力時，再好的良法美意全都無法落實，甚至造成組織的緊張、人人自危，其結果就是要嘛封閉自己，在組織中自動消音或當隱士，凡事消極應對；要嘛把自己豁出去，在組織中成為烈士或英雄，一味往前衝。這樣的發展，會造成學校同仁極端的個性，形成相當詭異的極端組織文化（例如：同一件事，會有兩種相當極端的不同看法或評價），難以建立共識、形塑共同的願景。試想，當同仁上班一進入校園時，只要有人像刺蝟一樣，想著今天要如何「過下去」，那這個組織的不定時炸彈就存在，火藥味就特別濃，不愉快的校園組織氣氛怎會有快樂的老師？不快樂的老師又怎麼能教出快樂的學生？

在這樣的情境下，我認為行政人員要夠認真、措施規畫要夠仔細、行政人員間的互動要夠和諧，表現出行政人員的專業與修養，才足以服眾。在與教師會的互動溝通中，先聽取他們的主張，但也要聽聽其他未加入教師會人員的看法，而校長下決策的規準就是「是否符合教育目標」。當然有些事情的決策規準不是以「符合教育目標」就能了事，其中牽涉到組織文化的現狀、時勢（時機）的成熟度、同仁認知的程度、潛存的後果等，此時可能就要緩做決定（事緩則圓），或是抱持少輸為贏的策略（一個沒有人跟隨的先知，與凡人的差異幾希），先執行推動部分措施（因為學生的學習不能等），只要彼此維持和諧的關係，則等待時機成熟、萬事具備時再來重新檢討亦不遲，我認為這種決策的規準就是「不要弄得全盤皆輸」。本人抱持的態度是：不管是如何做決策，絕對不把對方當作次等組織對待，展現個人誠意，接受多元的思考模式，到目

前尚未遇到大的阻礙，在溝通上尚稱順遂。

在與同仁的關係建立上，我覺得抱持同理心很重要，舉凡同仁及其親屬紅、白事的參與、傷病的慰問探視、參與校外競賽時現場的加油打氣、同仁管教或教學問題的處理、同仁間關係的建立（例如：舉辦文康活動、冬至時請同仁吃湯圓、化解個別同仁間的不合氣氛）、危機的處理、同仁生日的祝賀等，本人都詳加思索、全力支持、盡量參與；必要時舉辦座談會或約談同仁，主動了解狀況與需求，並做成紀錄，會同相關處室辦理，並持續追蹤檢討。本人認為，唯有平時以誠意建立較為親密的關係，臨事時同仁也才比較會為我們著想，這個感情的撲滿不怕存得多，就怕真的要用時不夠；本人也認為，個別化的關懷，是組織溝通成功的基石，唯有平時多燒香，才不會臨時抱佛腳。

在與行政人員的關係建立上，除了上述作為外，定期舉行主管會報、擴大行政會報，都有利於溝通協調。每學期期末辦理所有行政同仁聚餐，感謝行政的辛勞，採取透明化的行政措施，必要時校長與行政人員共同參與任務的執行，承當決策的責任等，均有利於凝聚行政同仁的向心。個人感覺，唯有放下自己的身段，尊重各方的意見，才不會高處不勝寒，別人才願意提供高見，如此組織才會有源源不斷的創意、另類的思考模式產生。

當一個教育人員，若沒有自己的子弟兵，那是一件很可悲的事。偏偏校長一職很少有（時間上可能也不允許）近距離、長時間與學生面對面接觸的機會，若自己未隨時警惕到這一點，則只算是一個在教育現場的「純」行政人員罷了。因此在與學生的關係建立上，除了加強校內外的巡視關心、安全關懷、頒發各項獎勵措施外，對於個別特殊學生（如：身心問題、家庭問題、表現良好、境外轉入、學習困擾、親師關係等）的鼓勵與褒獎、班級特殊表現的嘉勉、兒童朝會或各項集會的教育性指導，都是很好的機會。本校輔導室規畫的迎新活動、畢業班與校長有約、「彩虹橋」（畢業班與校長及主任的會談），亦是建立關係的絕佳機會。校長在學生的心目中，其實已占有一定分量的先備優勢，除了行政決策與作為外，只要再適時採取一些關懷的措施，相信對學生會有一定的教育影響力。

陸、親師合作　最佳拍檔

　　家長會代表全校所有家長，在本校教師的心目中，其屬性比較偏向行政單位。據聞過去本校家長會由於相當支持行政的觀點，因此家長會與行政被劃上等號，甚至認為家長會盲目支持行政的任何措施。我想這是一個很大的誤解，在這講求行政、家長會、教師會三者共同為教育打拚的時代潮流中，只要三者被一分為二或一分為三，那可憐的就是學生了，因此我必須化解這樣的觀念，讓三方真正為學生的學習而努力，期盼三者的力量是加乘而非內耗相抵的。

　　為了改變教師對家長會過去的刻板印象，本人採取的方式是從家長會服務學校的所有作為上著手，例如：一、協辦學校的各項活動，減輕教師負擔：協辦學生課後活動、體育表演會、畢業典禮、畢業旅行、校外教學、新生迎新、歡送退休人員、幼童軍團集會、各種晚會、園遊會、慶祝教師節、兒童節、母親節等活動；二、主辦教育性活動，提供學生多元學習機會：籌辦寒、暑假教育營隊、社區宣導活動、關懷弱勢學生活動；三、參與各項重大會議，以理性共同籌畫學校各項教育措施：參與校務會議、行政主管會報、擴大行政會報、課程發展委員會、教科書評選委員會、教評會、編班委員會、學生申訴委員會、特教推動委員會、教師職務延聘會議、午餐供應委員會等多種會議；四、慰勞探視親師生與獎勵師生，建立和諧親師生關係：獎勵資深優良教師、校外競賽得獎師生、參與校外競賽時加油打氣、慰問探視本校親師生及其親屬傷病、參與本校親師生紅、白事活動等；五、扮好親師溝通橋樑的角色，化解親師間無謂的困擾：針對輔導與管教問題、學生家庭問題、家長特殊需求問題等做妥善的溝通與協調。

　　為了充分彰顯本校家長會的清新形象及協助學校推動校務、促進教育發展的夥伴角色，除了上述所提的作為外，個人覺得關鍵點在於家長會的行事態度（運作態度），尤其是家長會長本身的觀念與態度更為重要（因為大部分家長委員忙於事業，無法真正參與校務）。家長會長在剛開始參與校務時，不管其過去是否曾參與學校運作，當角色轉變時，校長有必要以自己的影響力及誠意做適度的引導（但非干涉家長會運作），並協助建立其內部組織架構與運作模式，絕不可放任其自由運作與發展。因此校長應於事前對家長會作充分的說明、

溝通、協調，闡述自己的治校理念、學校發展願景、學校需求的輕重緩急等，唯有建立共識與默契，家長會才能充分發揮其功能。另外，校長必須彰顯本校同仁的優點與努力，並適度表明個人支持教師教育專業的態度，使家長會建立對學校的信心，如此家長會自然能為全體教師設身處地著想，經過一段時間，同仁便能感受到家長會的誠意與功能。

當本校同仁願意對家長會提出自己的意見、能主動關心會長是否太勞累、會主動對會長及委員微笑問好、寒喧時，我想家長會長的職責已博得認同，家長會的角色已受到肯定。但校長千萬不要忽略下列事項：一、當家長會長（或某些家長委員）為了學校活動，到校外爭取一些資源後，其身後所揹負的一些人情債，學校必須予以慰勞、肯定，必要時提供協助，也讓學校同仁能理解此種狀況，簡單的說，就是彼此要充分支援與理解；例如：家長會借調救國團人力到校舉辦活動，他日救國團舉辦活動時，當事人可能就要去參與協助；對家長會多一點貼心，他們往往回饋得更多。二、當家長找校長或學校處理個別問題時，不要忘了家長會的角色，有些事讓家長會充分參與，家長會才能感受到學校對他的尊重；切勿讓家長會覺得：「凡事只要找校長就可以解決了（感到家長會不被家長尊重）」，也避免家長有這樣的錯誤觀念。三、鼓勵家長會多召開會議，使家長委員能明瞭家長會的運作，以避免無謂的誤解或傳言；學校請求家長會支援的事項，應事先規畫，讓家長會有充分討論的時間，避免倉促之下，僅由少數人做決定，而陷家長會於寡頭領導的不義認知。四、營造家長會長於師生聚會場合公開露面的機會，以增進家長會長的代表性與影響力，建立親師生對家長會長的口碑。五、校長除積極列席參與家長會的各項會議外，家長會的任何對外信函、措施，校長應盡量事先取得訊息並充分了解，必要時提供自己的見解，堅持教育的原理原則，務必謀求合法、合理、合情，避免事後無謂的困擾。六、校長不可高高在上，有時也要承受家長會的一些委屈，校長精神上的支持，絕對有利於家長會與學校的互動關係。

隨著時間的過去，家長會建立獨立運作的模式，績效愈卓著，愈能獲得親師生的信任與激賞，更加彰顯家長會的功能與存在的價值，化解家長會是行政附庸的誤解，強化親師合作的正向概念。

柒、發展各種學習社群　提升辦學績效

教育工作應該要有追求「他好、你好、我也好」的企圖與胸襟，個人認為教育要辦得好，絕對不可獨善其身，唯有大環境都好，教育才有希望，例如：推動良好的親職教育，才能落實家庭教育的功能。

以本校來說，為了培育優秀行政人才，本人鼓勵參加主任甄選的人成立讀書會，並蒐集資料供其參閱，聘請優秀前輩來作經驗分享，企盼他們在提升自己的專業後，未來能增進行政效能；個人認為，哪怕培養的人才為他校所用，那也是一種力量的擴張，我們都樂觀其成。規畫週五晨間教師進修，藉對談、討論的機會，溝通同仁感情、建立彼此共識，提升專業知能，趁此機會也使資深老師有機會對新進教師傳承經驗，建立楷模學習的機制，避免學校優秀組織文化因退休潮而造成斷層。鼓勵教師進修成長，提供進修的訊息，藉著進修機會走出學校，看看他人、策勵自己，發覺他校優點、引進先進或具創意的觀念，也藉此完成個人人生的理想（例如：取得學位），提高對自我的期許。

在家長方面，鼓勵家長會成立家長成長團，如：說故事媽媽成長團（培養說故事技能、編排戲劇）、成立英語讀書會、家長讀書會等。家長成長團的成立，除了凝聚家長感情與向心之外，有利於親職教育的落實，並且回饋學校，擔任愛心志工，指導學童學習。學校也積極辦理親子免費上網研習、親子英語研習，除了促進親子互動外，也可建立家長終身學習的觀念、作為子弟學習的楷模，提升子弟學習的意願。

在學校夥伴關係的建立方面，積極參與萬華區各級學校校長專業成長聯誼會的活動，鼓勵主任參與萬華區主任成長團體，充實行政專業知能，學習他校優良措施，建立學校夥伴密切關係，平時可以互相協助支援，提升行政績效。本年度（2005年）萬華區所舉辦的第一屆文化嘉年華會中，由萬華區各級學校所共同辦理的「教育連線希望無限」優質教育博覽會，就是萬華區各級學校夥伴關係的具體展現，也為萬華區家長對萬華區學校推動優質教育的決心，打了一劑強心針。

以上的活動，校長要表示支持的態度，隨時關心（哪怕只是在活動進行時去打聲招呼、說句肯定或鼓勵的話）、適時參與，彰顯校長對該活動的重視，

可以增進學習的氣氛，提升學習的意願。

捌、身心健全的校長　推動健全的校務

校長雖然說不上「日理萬機」，但每日所要處理的校務的確很多，因此碰上挫折的事也不少。由於校長身處校務經營的制高點，思慮的範圍要以全校為考量，因此任何措施難免不得少數人的意，各種決策也可能難以被認同，雖不能說「夏蟲難以語冰」，但要把事情的前因後果說清楚，限於時間不足、經驗有別，與觀點不同，有時還真的很難，因此平時真誠相待所建立的信任感、多溝通協調、凡事謹言慎行，就變得很重要。校長的心情反映，往往會影響所有同仁的情緒，甚至家長、學生都可感受到，愈是慌張或急迫的事情或狀況，校長更要沉著應對，不可偏聽、隨之起舞或失去耐心，以免造成更慌亂的景象；說校長是「高處不勝寒」或許太嚴重，但面對挫折或不愉快的事，校長還是要「笑」，因此要培養自我調適的能力、「見山是山」的定見，不可因一時盲動，造成事後需要更多的彌補措施。

由於忙於校務，平時需要時常加班，假日又常要參加一些校內外活動，因此家庭成員的諒解及自己所堅持的人生價值，是支持自己繼續走下去的動力。因為忙碌，往往也影響到自己休閒與運動的時間，壓力往往也籠罩在自己身邊，這常是旁人很難協助化解的。我曾經有過「妻像離子似散、家將破人快亡」的危機感，面對一個時常 1 週只見 1 次面的幼女（目前不滿 4 歲）、被戲稱為假日夫妻的家庭、因工作壓力而造成的身體不適，支持我走下去的只有對教育的理想，以及明天會更好的期待。

玖、塑造學校優良的文化　促進學校長遠的發展

一個校長在一所學校至多經營 8 年，很快的就變成「流動的兵」。我常思索擔任校長能為學校留下哪些較長久的影響力？到目前為止，我還是認為塑造學校優良的組織文化，才有至深、長遠的影響。

在塑造學校優良的組織文化方面，目前所努力的方向有：建立和諧的組織

文化、主動提升專業的認知、「彼亦人子也，可善待之」的責任感及「學習是不能等待」的積極態度。本校過去擁有一批非常認真盡責又有愛心的優秀老師，為萬大建立良好的口碑，隨著時間的逝去，這批教師已邁入退休期，這種任勞任怨的工作態度，需要予以傳承；但隨著時代的轉變，「認真盡責又有愛心」是否就完全具備優秀教師的條件？我們需要能反省、有創意、要能敏於時代潮流，隨時提升自己的本職專長的教師。希望本校的組織文化，對學生能有：「『萬』丈高樓平地起，『大』師也自童稚來」的期待；對全體同仁是「『萬』事有容乃『大』」，而非「『萬』事自『大』」的期許。唯有教師永遠懷著「虛心」、「不滿足的心」，兢兢業業於自己的教學工作上，學生才有可能成為大師，我想這也是身為校長的最終期盼。

作者簡介

　　作者吳煒增，1965 年 8 月出生於嘉義縣東石鄉，家中從事養殖業。國小畢業後，到台北縣就讀國中，隨後考上台北市立師專。自 1985 年結業至今（含實習 1 年，不含服役近 2 年），曾擔任二至六年級級任共 5 年半、擔任組長 5 年半、擔任主任 5 年，目前服務於台北市萬華區萬大國民小學任職校長第 2 年。作者的教育信念是：教學生如何學習與思考、追求公義與卓越的教育、愛可以彰顯教育人員的特質。本著盡其在我的精神來服務學童，從中找尋生命的意義與價值。

我和灰姑娘——學校組織變革的故事

吳昌期
台北縣白雲國小校長

壹、楔　子

童話裡的灰姑娘，是個沒有受到人賞識的丫頭

我的學校我也叫她「灰姑娘」，因為她是個沒有妝扮的美麗公主

穿上水晶芭蕾舞鞋就是舞會裡迷倒眾生的窈窕淑女

但要如何讓麻雀變鳳凰

就是這個故事的開端

　　2003年6月，那是一年一度幾家歡樂幾家愁的日子，因為剛剛公布校長遴選的結果，研究者有幸在本次校長遴選中心想事成，也因為還在教育局上班的關係，沒有太多時間處理即將上任學校的一些事情，只能藉一些空檔與學校校長、主任溝通了解學校的狀況；2003年7月初學校上了報紙頭版，原因是校園開放的問題，體健課長特別交代局長的指示，到學校之後立刻處理校園開放的問題；8月2日在學校舉辦校長歡送迎會，我參加過許多歡送迎會，這是一場不見地方人士、不見學校老師的歡送迎會，雖然心中有許多疑惑，但仍帶著滿腹狐疑，挑戰這個艱難的任務。

　　「生存」與「發展」是組織所追求目標的兩個層面，組織要求生力存，就不得不維持內部的穩定（stability）和延續（continuity）；要想求發展，則又不得不求對外在環境的適應（adaptation）和發展（development）（金志達，1996），而學校組織與一般企業組織相同，要維持的組織持續的發展，就必須學習克服外在系統的障礙迎接變革，學校變革也是組織變革的一環，是一種開

放系統，隨時接受內外在環境的考驗與挑戰，為求生存發展，學校組織必須維持內部的穩定和適應外在環境的變遷（陳建東，2003）。

學校的問題，沒多久校長就可以窺見全貌，灰姑娘正面臨內外發展的問題，學校對外的公共關係不良，故步自封引發居民反彈、里長不悅、學生升學問題、外移流失學生、學校家長會的奇異作風；內部組織氣氛冷淡、老師不滿行政、學校制度沒有建立、九年一貫課程進度落後，灰姑娘有太多生存與發展上的問題，這些都等著我去解決。沒有任何一位領導者願意成為組織的「終結者」，然而如何改？如何變？正考驗著我如何去改變這一切了！

愈來愈多的組織因應現代快速變動的環境，「不變革，就滅亡」已是全球各地管理者自我嘲諷的名言了（李青芬、李雅婷、趙慕芬譯，2002）。學校雖然不如企業界有強大的競爭壓力，但絕不能因此而鬆懈，尤其面對 100 公尺外台北市的 2 所小學，他們有更多的師資編制、更多的經費預算，我們拿什麼跟人家競爭？還是眼睜睜看著學生流失，學校一天天減班下去；近年多項教改措施，逼迫著學校不得不邁步向前，特別是九年一貫課程的實施，對於學校而言，它不單是一項課程的變革，在課程目標、內容及實施的方式上均與過去有極大的不同，學校實施九年一貫課程可視為一項學校變革（school change）；在此歷程中，基層學校的校長能否發揮變革領導（change leadership）的功能，將決定其實施成效（謝文豪，2003）。

本文研究者自身的故事以敘說方式，說一段 2 年來研究者如何在學校中推動學校組織變革的故事，並試著說明其間所採行的策略與方法，本研究透過個人的敘說，企圖藉由說故事來反思這 2 年來的所做所為，是否達到了組織變革的目的，以符合家長的期待與促進學校的發展。

根據上述，本研究之目的可析論如下：

一、藉由個人的敘說了解學校組織發展的現況。

二、探討研究者如何重新解構與建構學校組織。

三、分析研究者在歷程中所採用的策略為何。

四、省思研究者在學校組織變革中的所做所為。

為了試圖讓本文不致成為研究者的自說自話，本文在完成後邀請校內同仁，共主任 2 人，教師 3 人審閱並提供修正的意見，確保不因研究者的個人主觀意識而失去了真實的原貌。

貳、為什麼要變革

灰姑娘每天要忍受後母的虐待，卻得不到疼愛，如果灰姑娘加以妝扮、施點脂粉，也是落落大方的美女。

　　這是研究者多次在公開場所對學校的描述，學校先天的條件很好，卻因為缺乏整頓，顯得處處不如人，尤其隔壁就是台北市知名國小，學生動不動就轉學，學生數不斷的流失，學校面臨減班的壓力，老師必須被迫超額離開，領導者必須感受到經營上的壓力；因此，學校必須做一些改變（change）。

　　變革（change）是指因應外在變化而產生內部的改變，即組織因環境改變而做的調適（李明堂，2002）。Hillrigel 和 Slocum（1994）認為「組織變革含有兩項相互關連的目標，一是使組織能適應外在環境的變遷，二是改變組織成員的行為」。William（1997）認為：「組織變革是指一個設計好的、有計畫性的改變，藉由改變多數人的行為，以改進整體組織績效」。

　　校園開放事件只是冰山一角，其實背後意涵是整個組織封閉與保守的作為，已經讓家長及社區的不滿到達一個飽和的狀態，這其中還包括許多的問題，例如學生午餐問題、學校環境及設備的改善，甚至還有教師教學層次的問題，學校作為不改變，家長只有一個一個離開，遑論組織績效。更重要的是，身處在組織中的成員，也會自然而然形成一種僵化的行動模式而不自知，這些都需要藉由「改變」來加以提升。

　　Kotter（1999）提出：變革最根本的問題就是改變人們的行為，人們開始接受變革，行為就產生轉變（引自陳建東，2003）。張慶勳（1996）則認為，組織變革係指組織受其內外在因素影響後，在有計畫性或非計畫性之下，從事對組織個人、團體或組織相關層面的改變。

　　雖然在許多的文獻中指出，學校是個養護性組織，並沒有立即而明顯「績效」的壓力，但不可否認的是，「灰姑娘」外在環境的挑戰已是一股強大的壓力，內部若不再思考如何因應，勢必要面臨社區民眾的淘汰，那學校屆時將難以自處，學校又應何去何從？因為學校組織是人類社會組織的一環，因此也常須隨著主客觀環境的變動而機動調整，甚至有計畫地進行變革，以引領整體社

會的變革（吳清山、林天祐，1997）。

吳清山、林天祐（1997）更指出，學校組織變革是一個由「穩定狀態」變成「不穩定狀態」再轉變成「穩定狀態」的過程。當內外在因素（如教師會、家長會）對組織的現狀產生不滿時，組織便會形成一股推或拉的力量，造成組織內部的緊張與不穩定，當超過某一限度之後，將造成組織的瓦解。為了消除過度緊張與不穩定的狀態，組織本身必須調整，直到緊張或不穩定的狀況得到舒緩為止（頁 62）。組織變革亦稱為組織變遷、組織興革或組織革新（張慶勳，1996）。依組織行為學觀點，組織為了適應內外環境的挑戰與考驗，必須隨時自我調適，以維持組織的生存發展，此種調適即為一種變革。

學校因應內外在環境的改變，而所做的調適就是一種變革，灰姑娘又如何走出一條生路，各位看倌請繼續往下看。

參、影響組織變革的因素

灰姑娘不是想休息就能休息，因為她有個惡毒的後母，還有 2 個專門
欺負她的姊姊……。

學校亦是開放的社會系統中的一環，特別是在教育改革以來，學校教育愈來愈不能遠離社會而自成一個封閉的系統，因此與一般組織相同，受到內外在因素交互的影響，這些因素直接或間接促成了學校的變革。身為組織領導者必須有足夠的敏感度，能夠體察這些因素對於學校所造成的影響，一般而言，以社會系統理論的觀點，學校正是社會系統中的一個環節，而學校內部也自成了幾個小的系統，這些就成為影響學校組織變革中的內外部因素（如圖 1），以下就將灰姑娘所遭受到的內外部因素與造成的影響，分析如後（表 1）：

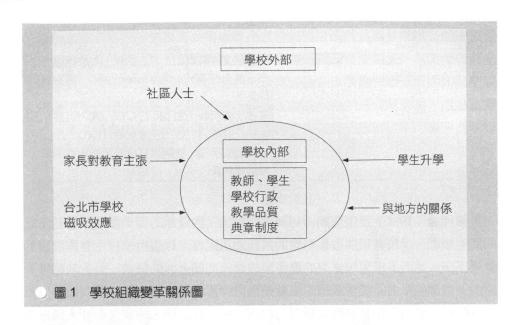

圖 1　學校組織變革關係圖

● 表 1　影響學校組織變革的內外因素分析表

影響來源	內容	對學校發展的影響
學校外部	與社區人士及地方關係不良	學校長期採取閉關自守政策，地方人士對學校不支持、不諒解；同時也得不到社區資源的挹注，學校建設停滯。
	與家長互動的不良	學校家長會習慣採取自力救濟的方式，許多事情家長會跳過學校自行處理或者學校該做的事丟給家長會，造成家長對學校信心不足。
	學生升學問題	畢業生為了到就近的台北市國中就讀，到了五年級學生就開始轉學，造成學生流失。
	台北市學校的磁吸效應	一方面家長認為台北市學校比較好，二方面因為交通因素，學生到台北市學校比到本校方便，造成學生大量外移，學生流失、學校減班、老師超額。
學校內部	教師教學經驗	教師教學經驗普遍不足，親師溝通、學生問題的處理、教學技術等仍有再提升的空間，造成家長沒有信心。
	學生學習成效	學生學習成效表面上不如台北市學校，家長信心不足。

● 表1 （續）		
	典章制度不全	許多制度沒有書面化、正式化，每每面臨考核等屢有怨言，工作分配難以平均，影響組織氣氛。
	行政欠缺效率	行政同仁欠缺主動為同仁解決問題的習慣，對於行政未有完善的規畫與執行能力，教師群間感到不滿，教師與行政隱藏著對立，學校組織氣氛冷淡。

　　張德銳（1994）及張慶勳（1996）均指出，內外部的因素彼此影響且不斷的產生變動，學校必須採取相對應的措施加以因應，以維持學校生存與發展的動態平衡，進而追求學校未來的進步與成長。如同上述的分析一般，灰姑娘面對內、外部的壓力，其實總結起來就是源自內部教學與行政體系的問題，以及因為學校長久的不作為導致家長自力救濟，這可以從期末的家長會介入編班事件與成立水滴基金等事件探知一二，也許出發點都是善意，但是不良的溝通跟想當然爾的做法，造成了學校行政的傷害，更影響了老師工作的情緒，身為校長我當然著急，問題是，我能怎麼辦？

肆、學校組織變革與領導

一、何謂學校組織變革

　　變革（change）是指因應外在變化而產生內部的改變，即組織因環境改變而做的調適（李明堂，2002）。

　　Hillrigel 及 Slocum（1994）認為：組織變革含有兩項相互關連的目標，一是使組織能適應外在環境的變遷；二是改變組織成員的行為。

　　William（1997）認為：組織變革是指一個設計好的、有計畫性的改變，藉由改變多數人的行為，以改進整體組織績效。

　　Kotter 及 Cohn（1997）提出：變革最根本的問題就是改變人們的行為，人們開始接受變革，行為就產生轉變（引自陳建東，2003）。

張慶勳（1996）則認為，組織變革係指組織受其內外在因素影響後，在有計畫性或非計畫性之下，從事對組織個人、團體或組織相關層面的改變。

從上述的分析可以知道，組織為了因應內外在環境的改變，所做的調適就是變革，而變革的目標希望達成藉由有計畫性組織內成員行為的改變，以達到提升組織績效的目的；張明輝（1999）也將變革一詞中納入組織改進（improvement）或革新（innovation）的意涵，強調組織變革係朝向組織革新的方向發展。

在此前提之下，學校組織的調適就是學校的組織變革。林郁絲（1999）視學校組織變革為「學校組織為能更有效達成其教育目標而考量內外環境需求，並調整其內部結構、技術和行為的歷程」。Fullan（1992）更指出所謂學校變革，任何企圖改進學生學習的結果都可以視為學校變革。

Ownes（1995）認為學校組織變革係指學校發展組織自我更新的能力，以因應組織內外環境的改變，進而改善組織的績效。Fidler（1996）指出學校組織變革係指藉由學校內部的改變，促使學校更有效率達成學校教育的目標。

對於學校變革，李玉惠（2003）有一套她的詮釋：

> 學校生存於社會系統環境脈絡之中，無法真空存在於理想國的烏托邦裡。必須因應社會環境的急遽變遷，而自行調適因應與發展。因此，學校革新就是要讓學校教育能配合時代潮流與社會脈動，推陳出新，與日俱進，讓學校在市場競爭過程中，提高品質增進效能（李玉惠，2003：33）。

面對學校環境的艱難，身為「菜鳥」校長的我，如何與同夥伴共同努力，走出一條大道，擺脫學校給家長及社區的不良印象，藉此自我更新與成長，最後能達到學校發展的願景，達成教育目標，下一步就是校長的變革領導了。

二、變革領導的意涵

雖然前文說明學校組織面對現代多變的社會環境，必須適度變革以回應社會的需求，然而相關的文獻卻顯示學校變革失敗的案例遠比成功者為多，變革常是徒具形式而缺乏實質效果（引自謝文豪，2004a），造成學校變革失敗的原

因很多，然而一項不可忽略的因素是學校缺乏有效能的變革領導（change leadership）（Hall, 1992; Kanter, 1989）。

Segan（1986）研究 10 所小學改進學校效能的變革歷程，即發現影響學生學業成就的因素，校長變革領導遠比較經費的投入來得重要。

變革領導是指一種帶領人類社群塑造未來的能力，持續這種有意義的變革；是一種掌握創造性張力（creative tension）的能力，這張力的能量源於人們清楚地提出一個願景且盡全力說明真相（廖月娟、陳秀玲譯，2001）。

江美滿（2003）指出組織變革領導是一種過程，通常漫長且曲折，不是戲劇性或英勇的單一事件。

謝文豪（2004a）認為變革領導者所致力就是在「倡導變革」、「促進變革歷程的開展」及「使變革工作持續」三項工作，而其將學校變革領導定義如下：

> 學校變革領導是學校領導者對引導學校成員進行學校組織更新的
> 歷程。學校變革領導者，依其對教育價值的體認及對學校現有情況的
> 了解，構擬學校組織的變革方向；經由溝通以使學校成員體察學校變
> 革的必要性，並透過個人影響力使學校成員認同學校變革方向；進而
> 轉化變革理念為學校的日常工作，並統合學校系統各元素的力量，以
> 提升學校教育品質增進學生的教育福祉（頁 68）。

而變革領導者就是透過一連串的策略，完成下列幾項工作（謝文豪，2004a）：

㈠體認學校變革的必要性。

㈡激發學校成員參與學校變革工作的意願。

㈢提升學校組織整體的革新能力。

㈣調和學校變革措施對學校組織造成的衝擊。

㈤學校變革制度化，以落實學校變革的效果。

一項成功的變革必須確保組織變革不是領導者個人的工作，而是全體成員（或大部分成員）所認同，其源自於上述所說學校組織成員體認到學校變革的必要性，這是整個組織變革中最困難的一件事，因為如果流於一人變革，必然得不到全體的認同，甚至有唱反調的情形，而這就是組織變革的關鍵因素；其

次，就是組織的領導者用什麼方法來帶領成員，共同做一些改變。

三、變革領導的策略與歷程

　　組織行為學家 Robbins（李青芬、李雅婷、趙慕芬譯，2002：585-587）歸納出組織變革可以四方面著手：結構變革、技術變革、實體擺設變革及人員變革。結構變革指的是改變原有組織中的分工與工作內容、流程，減少層級、增加授權、增加正式化或者變成以工作團隊為主的矩陣式結構，此外，還可變更組織的酬賞制度，以提升工作的效率與效能；技術變革指的是運用新的設備、工具、營運方式或組織力行的自動化、電腦化，藉由工作技術層面的改良，達到變革的目的；實體擺設變革則是指工作空間基於考量工作的需要、正式互動的需要，以及社交需要，再制定有關空間規畫、室內設計與物品擺設等；最後人員變革係指幫助組織中的團體或個人，工作得更有效率，變革者可透過溝通、參與決策及解決問題的過程，來改變組織成員的態度及行為。

　　Hall 與 Hord（2001）曾指出在分析領導者的變革領導策略時，須將變革領導者之日常介入行為（intervention behavior）做綜合分析，方能窺見其變革領導策略。

　　吳明清（1997）對國民小學組織變革的策略，認為應該著重：㈠社群觀念的重建；㈡組織學習的加強；㈢學校再造的推動；㈣學校特色的發展；㈤專業文化的營造。

　　李明堂（2002）則根據 Kotter 所提八個變革階段，以自身所帶領的學校團隊，分別對應的領導策略，其歸納成表 2：

● 表 2　變革階段與策略

階段別	Kotter 變革階段	李明堂所採取的策略
一	建立危機意識	1. 持續進行對話 2. 形成組織改革氣氛
二	成立領導團隊	掌握關鍵少數
三	提出願景	有計畫推動教育改革
四	溝通願景	1. 給與改革團體成員資源 2. 透過團體學習

表2 （續）

五	授權員工參與	1.重視民主決策過程 2.轉移反對者的目標，答應反對者的要求 3.任用有創新思考能力者擔任行政幹部
六	創造近程戰果	1.凝固近程改革成果 2.未急於全面改革，採取逐步漸進方式 3.公開表揚有功人員
七	鞏固戰果再接再勵	1.引導不同團體進入同一目標 2.組織調整與運用社區人力資源
八	讓新做法深植企業文化	建立願景，深耕學校文化

　　陳建銘（2004）指出學校面對變革，應有下列之策略：

㈠發揮行政領導的整合功能。

㈡營造學習型組織的情境條件。

㈢建立專業化組織運作機制。

㈣落實全面品質的教育理念。

　　謝文豪（2004a）指出學校進行變革領導應有下列策略，以持續學校變革的進行：

㈠以領導代替管理。

㈡實施道德領導。

㈢人員的改變先於組織的改變。

㈣建立有利於組織變革的組織結構。

㈤進行組織的系統性改變。

㈥協助成員因應變革歷程的不確定性。

㈦以理性對話消弭變革抗拒。

㈧以集體領導代替個人領導。

㈨領導重點隨變革歷程階段而做調整。

㈩建立學校持續變革的機制。

　　郭木山（2003）認為創新變革起步維艱，事先徵詢有興趣、熱忱的志願者先行組成核心工作團隊，一方藉以相互支持及奧援，不因挫折與流言而停頓；一方面為播散熱忱和經驗的種子教師，以為擴散、分享、諮詢的精良團隊。

綜合上述的變革策略可以發現，變革領導必須把握幾個重要的關鍵：

(一)改革觀念的認同

前文提及，人的觀念是難改變的一環，組織中要進行變革，非得從觀念下手不得，沒有認同改革的組織成員，一切都只是空談；因此，像社群觀念、危機意識、溝通願景等，這些都必須透過各式的場合，一再地、反覆地，讓大多數的成員都相信，變革對個人及組織都是有利的，才有成功的可能。

(二)領導方式的轉變

組織變革的成敗與否，領導者占著重要的因素，而領導的方式又是其中最重要的。上述的文獻中指出團隊領導、道德領導、整合等重要的領導概念，也就是一種身為表率的、權力分享的領導方式，讓組織成員共同來為組織的變革奉獻心力。

(三)組織結構的調整

組織結構的調整不一定是類似時下所推動的「組織再造」，只是將工作處組的調整，他的精神應是因應不同的工作需求，能組成各種靈活彈性的工作團隊，以解決各種組織遭遇到的困難與問題，回應外界對組織的期待。

(四)教育專業的提升

不論是組織學習也好、學校特色的建構或是專業文化的營造，這都是社會對於學校最殷切的期盼，學校任何的作為，都要以「教育專業」作為最高指導原則，以學校變革為例，當然是要愈變愈朝教育專業化才對，不論教學、輔導或是學生事務工作，都要以回歸教育本質，教人向上也向善，也就是達到各級教育的目標。

伍、灰姑娘的變革故事

灰姑娘穿上了美麗的衣裳、蹬上了美麗的玻璃鞋，立刻成為舞會中最耀眼的明星，王子立即趨上前邀請她共舞，直到舞會終了。

所謂「人要衣裝、佛要金裝」，要促成學校的改造也需一定的步驟與程序，研究者在灰姑娘的身上，依照 Robbins 組織變革的四個方向，採取了以下的策略：

一、實體擺設變革

記得國小課本有一課文名為「一束鮮花」，說的就是環境對一個人深遠的影響，吳昌期（2004）指出改造物理環境是校長進行組織改造的第一步，因為改變人，人會有意見，但改變環境比較不會受到阻撓。抱持這種想法，我也是先從物理環境先著手，其中又可分為幾個具體策略：

㈠改善工作環境

過去因為經費的關係，行政人員及教師並沒有較好的工作環境，特別是相關的設備，尤其目前已是資訊時代，對於行政人員沒有好的電腦來幫助行政效率的提升，令我無法忍受。因此，第一步先從改善行政人員的電腦設備，首先更新了所有行政同仁的電腦；其次，再撥 2 部電腦放置在教師研究室，教師用的電腦因為經費的不足，只有先用舊的電腦湊和著用，其他如印表機、數位相機、燒錄機等，在經費艱困的情況下一一添購，所謂「工欲善其事，必先利其器」，先讓各處室有堪用的機器設備，才有辦法談到下一階段的問題，這是首要的工作。

㈡善用每一個空間

學校原本有許多閒置空間，而因為空間未能善用，而必須遷就改用其他不方便的場所，這是我所不能同意的；舉例而言，學校沒有會議室，每次開朝會都要爬上四樓視聽教室去召開，這是很浪費時間、空間的事，而事實上總務處旁就有 1 間空餘的教室，不但有釘地板，黑板、插座等都很齊全，就是堆滿了雜物，廢棄的電腦、未開封的電視機、多餘的蒸飯箱，堆滿了整個教室，令我不解的是，總務處旁開會又近又方便，為何捨近求遠？因此，我要求總務限期完成整理工作，在暑假的某一天出差，我要求總務調齊人力，並開玩笑地說要看到天花板與地板（後來的二板傳說），果然當晚總務來電，工作已完成，閒置 3 年的雜物間，轉眼間成為舒適的會議室，搬入了會議桌椅，就成為現在本

校開會或者週三進修的場所；類似的例子還有桌球室、雨具間、體育器材室、處室倉庫及電腦主機房、圖書室……等等的例子不勝枚舉。總之，現在的學校看不到空餘不用的教室，盡可能讓每個空間都發揮功能。

(三)美化與充實設備

有了空間，下一步就是要有相對應的設備，這是最為難的一個地方，因為目前政府經費困難，沒有辦法大量補助學校修繕與充實設備的經費，可是不能不做。因此將學校幾個需要充實及美化的區域，先設想好應有哪些設備或者是空間如何充分運用，做好一些初步的計畫，再一一向地方人士爭取經費，這其中有兩位關鍵人物，一是地方的里長，一是家長會的副會長，透過他們結識了許多地方民代，雖然地方民代的補助款使用上必須小心，但因為《政府採購法》的實施，反倒讓校長省卻許多麻煩，一切「依法行政」避免違法的風險，也幫助學校改善了設備。

二、人員變革

所有的變革事項中，「人」是最難改變的一環，特別是人的觀念，一但固著於舊有的事物，任何的改革將無法深入而流於形式，事實上要改變一個人的觀念並不容易，尤其一位新的領導者進入一個新的組織，將會面臨傳統組織文化的衝擊，從許多的案例中可以發現，往往在甲校表現良好的校長，到了乙校卻適應不良甚至是引發衝突、對立。因此，如何一方面達到人員變革的理想，另一方面又能將改革所帶來的衝擊化為無形，將是考驗領導者的智慧。

當我來到學校，其實從家長、同仁的口中知道了一些組織人事的現況，而這些情形在我心中都有譜，事實上我做了以下的工作：

(一)進行組織流動

所謂「問渠哪得清如許，為有源頭活水來」，組織要保持生氣與活力，就必須是個動態的組織，過去學校常見的現象就是「久居其位，不謀其政」，造成僵化的思考與本位主義，在我一接任校長之初，隨即宣布了行政工作輪替的原則，並且立即進行人員的調整與異動，我並不擔心行政業務會因為人員的更替產生了銜接的問題，因為只要有心，這些問題都可以解決。

(二)注入活水

目前學校之中，因為教師甄選方式的改變，造成了學校人員流動不易的現象，因為只要一調動，老師就可能成為下一個學校的超額教師，所以許多老師都不敢輕易的調校。也因此，新血不易補充，學校舊有文化、制度就會不斷傳承，就某個角度而言，這是組織安定的力量；但從另一方面來看，這也是阻礙組織進步的力量，因為新血的加入可以帶來新的想法與舊有文化加以融合，產生新的元素。正如同劉志成（2001）以基因工程來比擬組織變革的人事更迭，組織中新的高階主管本身所具備的文化特色將對新的組織產生根本性的改變，透過此一改變可以掌握到組織變遷的方向。

劉志成指出組織中的高階主管替換，通常會對組織產生相當程度的衝擊與改變，其產生的根本改變就如同基因工程的植入一樣，生物體內被植入一新的基因後，該基因會產生一些前所未有的蛋白質（功能）：新的主管就如同一個基因載具，承載了原本組織的一些特性（被植入的組織的基因），在新的主管進入組織（被植入寄主）後所帶來新願景、新政策，甚至組織內擺設與裝潢都是組織前所未有的，而這些改變在新主管原來所屬的組織內或多或少都可以看到一些端倪，其對應關係如圖2所示：

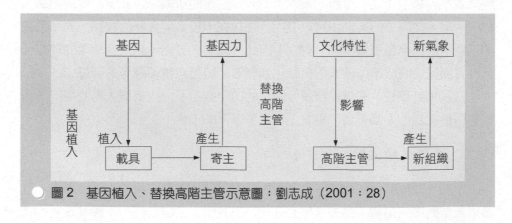

● 圖2　基因植入、替換高階主管示意圖：劉志成（2001：28）

對應學校的情形便是，藉由調整、置換學校中的行政人員（特別是主任），來達到組織變革的目的，每一個團體的新成員都會帶進他或她在先前團

體所習得的文化，但團體在與新成員融合的過程中，會發展出經過調整的，或是全新的假定，這樣便促成組織與文化的革新（Schein, 1992; 陳千玉譯，1996）。而研究者有幸在第 1 年及第 2 年皆有主任退休，讓我得以從外校找來 2 位優秀的主任，投入行政工作行列，這其間還有因為主任究竟要內升或外補，引起同仁的討論與家長會的關切，但研究者認為還是應該由外補來為組織注入活水，雖然短時間不能得到同仁與家長的認同，但時間一久，也終能了解我的苦心了！

(三)建立新觀念

在組織變革的歷程中，必須加入觀念的引導，讓整個組織產生化學反應，除此之外，領導者本身的力行實踐也是新觀念能否落實的關鍵因素。研究者到學校之後，就不斷利用各種場合宣導一些觀念與做法，例如個人之前曾有借調教育局 2 年的經驗，因為承辦業務的關係，就不斷利用各種場合，宣導「零體罰」、「輔導」及「教訓輔三合一」相關的理念，所以老師很清楚校長堅決反對各種形式的體罰，因此學校中也不曾傳出體罰的事件；校長提倡三合一，倡議「整合」的觀念，學校裡就會有整合的做法。在組織的研究中，領導者所重視的也通常是組織成員所重視的，就看校長如何將這樣子的想法強而有力地傳達給老師。

三、結構變革

學校具有「雙重系統」的特性，從行政的角度而言，從校長、主任、組長儼然形成一科層化的組織結構，但從另一個角度來看，教師之間互不隸屬各自獨立又具有鬆散組織的特性，但要打破這種局勢，讓學校組織更具有機動力與執行力，需要花心思加以設計規畫。下面幾項是我努力的方向：

(一)提升幼稚園為一「處」

許多小學附設幼稚園常有「小媳婦」的怨嘆。幼稚園感覺地位被矮化，是我接任學校後第一個要克服的難題。方法就是提升幼稚園的地位與其他處室相同，許多活動如運動會、畢業典禮都要求幼稚園的小朋友一律參加，不要單獨辦理，讓幼稚園成為學校裡頭的一份子，幼稚園的主任也要參加行政會議，幼

稚園的各項需求由總務或學務予以協助，讓幼稚園知道他們並不孤單，而且是學校中重要的一份子。

(二)落實行政會議

行政會議是學校中最重要的決策機制，也是溝通與整合處室間最重要的場合，透過行政會議也可以達到管制工作進度的目的，行政會議成為學校中最高決策與執行的機制，透過會議的討論，成為工作整合的小組，因為本校並不大，所以並沒有太多的小組，倒是集中到行政會議上，提升整體的執行力。

除此之外，為確實掌握工作的進度，研究者會定期檢視行政會議上的決議，提醒各處室，把握工作的進度，避免「議而不決，決而不行」的缺失，落實行政會議的功能。

四、技術變革

學校與企業不同的是，學校的工作具有重複性（每年都要重複做）、特定性（特定的時間就要辦特定的活動）與不可逆性（一批孩子過了就過了，不能再來一次）。因此在許多的工作都要謹慎，但要求品質的同時也要注意到效率的提升，尤其工作智慧的累積必要看得見成效，否則年復一年即變得失去價值與意義，這就是在同一個位置上做久了，常會導致疲乏，所以許多工作變得不知為誰而辦，也不知為何而辦，讓整個組織失去了動能，為了避免這個現象，在整個工作技術上我強調幾個重點：

(一)學校願景的執行

在推動九年一貫課程之後，許多學校都有屬於自己的教育願景，問題是多數的學校是將願景束之高閣，學校同仁辛辛苦苦訂了願景之後，如何執行反而沒有人去關心，研究者發現到這個現象，於是從兩個方面著手：一是利用學校各個空餘的牆面，揭示學校的校徽與 3Q 與 HERC 的教育願景（3Q：IQ 有智慧的孩子、EQ 有禮貌的孩子、MQ 好品德的孩子；HERC：Health 健康、Efficiency 效率、Responsibility 責任及 Collaboration 合作），例如學校大門川堂、會議室、視聽教室、學校的班旗、幼團軍團徽等，到處可見校徽與願景，讓校徽與學校願景的印象印烙在每個成員的心中，類似企業界中 CIS 識別系統的功

能；其次，就是願景的落實，從校本課程的發展、幼稚園的發展、各項活動的規畫設計以及各種行政工作的推展，都圍繞著學校教育上發揮，從上至下，都不斷告訴全體成員要落實學校願景，齊心為學校願景來打拚。

(二)加強知識管理

要讓組織的工作智慧（內隱知識）不會因為人員異動而流失，我特別要求組織做好知識管理的工作。從個人而言特別是行政人員的部分，每一個人的電腦必須將資料有效的分類，透過不同的工作資料夾讓人一目瞭然，一旦工作有輪替也不必擔心；其次，要盡可能將相關的計畫辦法呈現在網路上，讓所有的人都能有效地從網站上下載必要的資料（內隱知識的外部化）。

(三)標準化作業流程

為了讓行政工作能提升效率，標準化作業流程的建構也有其必要性。特別像是學校各處組所分發的各項資料，有直有橫，字體有大有小，這樣其實不利於資料的彙整與流通，因此要求各處室在提供資料時，建立一套標準化的格式，讓彙整的單位能夠方便處理，除此之外，也希望在其他的方面建立標準化的作業程序，讓每一成員夥伴都容易遵行。

陸、時間到了，灰姑娘會變回來了嗎

> 12 點鐘點響起，美麗的公主急急忙忙衝出皇宮，因為她擔心會不會
> 魔法失效，讓她變回原形。

雖然學校組織面對現代多變的社會環境，必須適度變革以回應社會的需求，然而相關的文獻卻顯示學校變革失敗的案例遠比成功者為多，變革常是徒具形式而缺乏實質效果（引自謝文豪，2004b），造成學校變革失敗的原因很多，然而一項不可忽略的因素是學校缺乏有效能的變革領導（change leadership）（Hall, 1992; Kanter, 1989）；不可諱言地，校長在整個學校變革之中所肩負角色的重要，但更重要的是，這種改革究竟真為學校帶來改變，亦或只是「人在政在，人亡政息」？不會因為敲響了午夜 12 點的鐘聲，美麗的公主就變

回了灰姑娘呢？

研究者與灰姑娘相處只有不到 2 年時間，我不敢說為學校帶來哪些改變，我只是盡心盡力要做好每一件工作，但這其中我有一些省思，其實這樣的聲音也是不斷在我心中衝擊著：

一、教師、學生、家長與行政的平衡點在哪

推動改革的歷程中，勢必會衝擊到一些舊有的模式與習性，尤其歷經 2 任校長完全不同的作風，對於老師而言或多或少一定會增加一些工作負擔，自然老師會有一些聲音，但這種聲音聽或不聽，常在我內心天人交戰；從老師的立場當然希望愈輕鬆愈好，但學生的立場來想，老師一點點的付出就可以讓孩子多學一點，為什麼不做呢？同樣地，家長與行政也會同樣有一些不同的看法，偏向哪一邊都不對，而這中間的平衡點在哪裡？真的很難。

例如有一次，老師向我反映，因為學校上午的晨間社團，許多的學生都在社團上課，所以很多學生不在教室，因此老師沒有辦法做班級經營，所以我們學校班級經營不好，學生常規不好；我心中在想，當我還在當老師時，學生也一樣參加田徑隊、合唱團、節奏樂隊，學生一樣不在教室，甚至有時候我自己也要下去指導一些團隊，我們班級不因為學生或老師不在教室而顯得常規不好，反而是每個學生各忙各的，一點也不覺得會有任何影響。為什麼現在的老師就有這種困惑呢？是老師能力退步了，還是怎麼樣？那我該退讓嗎？甚至有老師建議要求訓練團隊的老師從上午 7 點就開始練習，8 點以後的時間還給級任老師，我心在想，這可行嗎？訓練團隊的老師有什麼好處呢？為什麼他就要從 7 點就來上班呢？就算老師願意，學生也不一定來得了，只是老師的想法很簡單，簡化了問題的複雜性，更重要的是沒有掌握到問題的關鍵，類似這種衝擊，憑良心講，我還沒找到答案。

為學生好，不能只停留在口惠而不實的階段！

二、我的強勢作風

「強勢」、「霸氣」是不少人對我擔任校長的評語，其實這一點我也並不否認，但我寧願解釋其為「擔任校長的工作有所為、有所不為」，在某些時刻我確實會堅持，甚至會遭到一些批判，我也在所不惜。92 學年度下學期，家長

會介入老師排班就是一個例子，我不肯聽從家長會的建議，其實這件事情我不惜與家長會正面衝突（至今，家長會部分成員仍然否認他們做法不當），從會長的電子郵件中可以窺知一二：

> 校長：
>
> 　　我覺得校長今天的作為，意氣用事的成分大於解決問題，只有擴大對家長與老師的傷害，對於事情的解決，沒有幫助。您認為家長會常務委員的處理不當，這部分那天在愛心服務站，已經向您解釋說明過了，今天您再度指責參與的委員的不是，比起我們的作為，是更不恰當。
>
> 　　以我的立場，我認為對他們是嚴重的傷害，只有加深學校與家長間的誤解，對老師、對家長、對學生都沒有好處，因為好不容易建立起來，家長會與學校的和諧關係，今天幾近破產……（930624，會長來函）

　　為了爭取學校行政的完整獨立，在某些我認為符合教育的原理原則、學生的學習權與老師專業自主權最大利益上，我的確會有所堅持，但這中間的尺是必須拿捏得很精準，我覺得這也是最困難的地方。

　　有一次，老師在一次課程訪視的綜合座談上，提到奉勸校長不要「衝」太快，這件事著實在我心中迴盪了許多天，什麼是「衝」太快？我無法理解，其實我對學校的要求，就是要回到一個正常學校應有的運作，九年一貫課程早已實施多年，學校竟然還沒有一套完整的校本課程（或者是特色課程），難道不該著急嗎？其他像「標竿100」、「教學卓越」等的學校，我們還是望其項背，我應該繼續等待，還是講求效率？講求績效？

　　當然「強勢」總讓人有不好的聯想，我想還是溫柔的堅持比較好！

三、「補位」哲學

　　所謂「補位」就是當處室發生困難時，校長跳上火線，直接執行某些工作，該與不該？常常很為難。像運動會，校長下去綁三角旗、鋸樹、教大會操、教大會舞，這到底對不對？其實很難說，因為我不想讓品質下降，某些時候就

必須站上火線，其實以前教育局長常說一句話：「主任能幹，校長就吹電風扇」，可是如果不上第一線，勢必會影響整體工作的效率，甚至又導致老師的不滿，可是當我站上第一線，能不能讓承辦同仁感受到校長的苦心，或者只是樂得有人做；同樣地，老師的不滿也會再起，怎麼辦呢？這「補位」的哲學可是很艱難的，何時補位？如何補位？一再一再考驗著我。

也許我該學習等待吧！

四、表裡是否如一

雖然灰姑娘做了許多改變，外表變漂亮了，也多了許多掌聲，問題是骨子裡改變了沒有？還只是強撐起美麗的外表，內心仍是一片零亂？行政處室因此工作得更有效率？更能整合為師生服務？還是依然故我？這些答案也許要從老師的嘴巴裡說出來才算數，但我由衷期待表裡是一致的，我不希望是只因為我個人，我希望看到是一個團隊。

希望大家都跟得上我的腳步！

五、老師如何看校長

我們校長像馬，因為做事任勞任怨。（931205，老師評語 a）

我們校長像大哥哥，因為很親切。（931205，老師評語 b）

我們校長像魔術師，因為看似不可能的事都可以想辦法變出來。（931205，老師評語 c）

我們校長像老爸，因為很忙也很關心大家。（931205，老師評語 d）

我們校長像超人，因為什麼都可以迎刃而解。（931205，老師評語 e）

我們校長像主持人，因為他必須掌握整個節目的進行，並且隨時維持全場的熱度。（931205，老師評語 f）

我們校長像超人，因為做事快又好。（931205，老師評語 g）

這是在 93 學年度上學期，研究者做了一份學校文化問卷中，其中有一題是希望了解老師如何看待校長的領導，題目是採開放式問題「我們校長像……，因為……」，由老師自由填答，我所擔心的事，在我一連串的改革措施與領導

的過程中，是否會遭到老師的反彈而不自知，或者是自以為是向前，而忽略了老師們的感受；所幸，老師們對我的評價不算壞，老師們心目中，事實上也希望校長能帶領大家走出一條光明坦途，也就是到目前為止，老師對於研究者的變革領導還算可以接受的。

柒、破繭而出，期待灰姑娘真能獲得王子的青睞

2 年了，灰姑娘當然不再是過去那個灰姑娘，在家長的心目中，白雲跟過去絕對是不一樣的，1 年多來的各項活動，家長都看在眼裡，其實家長並不迷糊，學校是否用心家長其實清清楚楚，93 學年度的運動會家長目睹了一場應有的運動會，一場夠水準的運動會，但這還不夠，我們還要讓所有沒有進來的家長也能進來，至少讓學校不必因為學生流失減班而大傷腦筋。

Schlechty（2001）曾指出，組織進行變革時，常只強調對原有實務工作進行「程序性變革」（procedural change）及「技術性變革」（technological change），忽略變革活動的價值層面因素，因而產生目標置換（goal displacement）現象導致變革失敗。他因而主張組織領導者進行變革時，要對組織進行「系統性變革」（systemic change），領導者除推動「程序性」及「技術性」的變革外，更要採取「策略性行動」（strategic action），有計畫的進行組織結構及組織文化的調整，而不應汲汲營營於追求技術層面的短程變革效果，唯有如此，組織才能產生有意義的變革。

至於我的學校變革是否已達到了系統性變革的目標？我實在不敢想，因為這還處在於進行式之中，成果或是績效也尚未彰顯；至於研究者在變革領導這部分，做得好不好？是否注意到所有的事項？我想仍有段距離。因為這篇論文的撰寫，讓我重新思考了許多的事情，包括對不對？理論上告訴我們的，在實務工作的推動上是不是真的都實踐了，需要有更多的檢證，如果從正式論文的角度來看，這篇文章需要有更多資料的佐證，否則流於自說自話，恐怕難以服眾，不過就研究者本身而言，透過深思與檢討才是研究者最大的收穫。

（參考文獻略）

作者簡介

　　吳昌期，1968 年生，自認為是個菜鳥校長，一生最大的願望是當個在北師讀書最久的人，從 1988 年自北師專畢業之後，後來的大學部、研究所與博士班都在北師就讀，目前是國立台北教育大學教育政策與管理研究所的博士候選人；在教育工作的歷程中，經歷了老師、組長、主任等各項工作，也曾經借調台北縣教育局擔任輔導員的工作，2003 年在台北縣的校長遴選中獲派台北縣汐止市白雲國小擔任校長的工作，這篇「我與灰姑娘」寫的就是擔任白雲國小校長 2 年來的心路歷程，個人對於學校組織變革、組織文化等一直有很高的興趣，也希望自己的論文就是朝著這個方向邁進。

　　作者目前除了在白雲國小擔任校長之外，同時也是國立台北教育大學、國立藝術大學與國立空中大學的兼任講師，在不斷的教學相長中，努力讓自己能將理論與實務融而為一，作者著有《教育全壘打》一書（翰林出版社），其他作品散見於教育類期刊與論文發表會上。

我的選擇我的路

林興兆
台北市龍山國小校長

壹、前　言

　　每當我沿著溪邊小圳回到母校（高雄縣美濃鎮吉東國小），總要佇足環視四周，久久無法自己；回憶起那充滿著歌聲、笑聲與讀書聲的金色童年，心中更是一份雀躍；還記得小時候自己參加才藝表演、國語文演講、寫生、棒球、手球等比賽及全校勞動服務、社區打掃的情景；雖然當時升學掛帥，但學校落實五育均衡發展的理念與做法令人印象深刻。

　　自己童年即立下「秉良師興國之志，持春風化雨之業」，如今從教師而主任乃至現在擔任校長，憑藉的就是那份「教育愛」，一份懷抱憧憬，發揮影響力，希望帶上每個孩子的執著；20多年漫長的教育生涯中，深知教育是「人成人、人化人」的良心志業，校長不僅要對自己負責，更要對歷史交代，邁向「以教育為活水、以鄉土為土壤、以法制為空氣、以國際為陽光」的終極關懷，堅持「穩、實、安、命」，沉穩踏實，實實在在的辦學，安心知命，徹徹底底的奉獻。

　　擔任北市龍山國小校長近2年，在行政用心打拚、全體教師付出愛心與發揮專業以及家長支援、校友關懷下，本校校務穩定中求發展，全體同仁全力以赴，在邁向e世紀充滿競爭與挑戰的今日，學校兼顧人文與科技、傳統與現代，本土化國際化並重，重建教育與社會的生態與價值，發揮學生潛能，培養學生具備適應生活的各項能力，共同努力營造一所優質、卓越、精緻——「全是贏家的學校」。

貳、我的專業信念

一、教育哲學理念：「學生第一，教學為先」。以愛為出發點，以專業為導向，以團隊為動力，以社區為依規，落實人文思想的教育精神與內涵，培養學生多元智能，帶上每位學生。

二、領導哲學理念：尊重專業，充分授權；敏於決定，勤於關懷；樂於服務，善於溝通。

三、學生圖像：愛整潔、有禮貌、守秩序、勤讀書、會思考、展才華、露健康、秀創意、負責任、為人想。

四、教師圖像：專業敬業，與時俱進；積極正向，關愛孩子；犧牲奉獻，服務熱忱。

五、組織管理圖像：行政革新，績效責任；增進情誼，良質互動；人性領導，有效溝通；協調合作，激勵士氣；監督考核，研究進修。

六、個人領導特質分析

　　㈠行政領導方面：能兼重行政領導、教學領導、價值領導、轉型領導、互易領導等各種領導理論，以權變的方式，達成組織效能；如能加強說話技巧，增加幽默感、豐富創意生活，定更顯魅力。

　　㈡行政管理方面：強調人性化領導，運用走動管理、目標管理，發揮績效責任；強調以理服人、以德昭人、以情感人、多授權、充分與有關單位保持良好關係。

　　㈢行政溝通方面：能掌握溝通技巧，因人、事、時、地、物等做有效溝通。

　　㈣行政決定方面：兼顧法、理、情，能冷靜、周延思考，考量最佳狀態，以符合眾人需求與期望；惟偶因其他因素致權變而改變原決定。

　　㈤工作績效方面：重視計畫、執行、評鑑的歷程；所謂有「有計畫不亂、有進度不忙、有預算不窮」，勇於任事，依事情緩急輕重，按部就班，掌握時效，妥善完成。

　　㈥服務態度方面：強調苦差事率先士卒，勤參與學校有計畫的活動。同仁有事需協助或支援，常立即予以協助，並以熱忱的心服務人。

　　㈦待人接物方面：個性隨和，易與人相處，好與人接觸，強調誠懇為要；對

事客觀，待人真誠；與人相處，重然諾，人際關係較積極主動，易建立親
密夥伴關係；道德感重，責任心強。

㈧生活自省方面：生活簡單，作息正常，保持定期運動。自我反省能力強，
知錯能改，常不斷自我省思，改進缺失，唯要再加強時間管理，做最佳運
用。

參、校務經營的理念與方案

一、學校現況簡述

龍山國小創校於 1919 年，悠久歷史，附近交通便利，校地廣闊，硬體設施
完善，目前普通班 27 班、特教班 2 班、幼稚園 4 班，學生有 720 人；教師素質
高、進修意願強，學生聰穎反應快，可塑性高，團隊對外比賽表現優異；歷任
校長用心經營，打下基礎；教師會、家長會熱中參與校務，社區資源豐富，有
利鄉土教學；唯近年來，因人口外流，學生人數逐年減少；家長多數從商，親
子相處機會少；單親與隔代教養家庭人數較多，鄰近觀光夜市喧鬧、誘因多；
附近街道短小擁擠，社區整體建設人文色彩待提升。持續凝聚親師共識、統整
教育資源、發展學校特色、開創「龍山」新氣象，是重要課題。

二、經營理念

以愛為出發點，考量學校、社區特性，專業導向，發揮團隊動力，期許透
過生命教育、完全學習、全人發展之教與學的歷程，培養學生帶著走的能力，
建構精緻、卓越、優質的學校教育。

三、精緻優質的學校願景

㈠健康：增進身體適能、培養正當育樂、促進心理健康、適應周遭環境。
㈡快樂：五育均衡發展、群我和諧進步、愛在心中生根、樂在生活學習。
㈢新國民：具備民主素養、展現統整能力、鄉土情國際觀、導向終身學習。
㈣活力：行政主動敏捷、教師勤於研究、學生活潑有勁、家長積極參與。
㈤溫馨：關懷寬容尊重、感恩善解惜福、師生有愛、親師有情、同事有義。

㈥發展卓越：追求質量並重、邁向獨特優質、表揚傑出同仁、展現群「龍」
學校。

四、學校經營策略與行動方案

㈠建構績效的行政團隊：倡導人性領導、學校本位管理；充分授權賦能、有
效激勵士氣；發揮集體智慧、共創學校願景。

㈡打造活力的組織文化：整合教訓輔組織、建立明確規範；辦理城鄉交流、
發展群組關係；掌握有效溝通、營造開放氣氛。

㈢形塑學習型專業社群：積極鼓勵進修、促進專業發展；強化行動研究、增
進資訊素養；鼓勵專業對話、激發團體動力。

㈣開放多元的創新教學：落實九年一貫、開發校本課程；發展小班教學、規
畫文化巡禮；加強多語能力、關懷生態教學。

㈤規畫多樣的體驗活動：辦理運動競技、增進學生體能；拓展童軍活動、加
強服務學習；推動勞動教育、培養感恩惜福。

㈥營造適性的學習環境：更新硬體設施、充實教學設備；建立文化走廊、規
畫教學步道；加強綠化美化、營造溫馨校園。

㈦闡揚輔導的人性光輝：落實心教育、推展生命教育；推動兩性教育、加強
親職教育；關懷特殊教育、建立支持系統。

㈧強化親師的夥伴關係：加強親師溝通、增進教學效能；整合家長資源、建
立支援系統；開放學校場館、催化親子成長。

㈨發展優質的學校特色：重視學生才藝、營造書香校風；實施文化交流、提
升英語能力；成立多元社團、增進資訊能力。

㈩追求卓越的回饋機制：加強危機管理、增進安維機制；落實教學視導、強
化知識管理；善用網絡科技、重視評鑑機制。

肆、校務經營的具體做法

一、校務計畫與學校願景建立方面

在校務發展計畫形成方面：2003 年 6 月校長遴選前，個人即對本校做過一

番功課，不管是學校的現況、教師的專業背景、學校SWOT分析、家長的期待……等；開學後，利用一學期的觀察與修正，兼顧以校長提出構想的「由上而下」與由教師、家長建議中長程發展的計畫內容之「由下而上」的做法，透過主任會報、教師進修時間討論，最後於校務會議中定案，確定了學校未來的發展方向；在簡報過程中，與會人員聚精會神熱烈參與討論，深怕一個疏忽，而影響了未來學生的學習，真正令我感動。

確定了校務發展計畫，接著即修訂本校的願景，過去本校以「健康活潑、快樂成長」為願景，為配合學校未來發展方向、學生的能力、教師的專長、社區的特性、家長的期待……等，遂提出「健康、快樂、新國民、活力、溫馨、展卓越」為新願景，接著請藝術與人文領域的吳筱南與郭金昇老師設計新願景圖，總共繪製了7張，由設計者利用朝會時間向全體教師、學生說明創作意涵，並做票選產生願景圖；之後，即公布於學校川堂，不多久，全體師生甚至家長都知道學校的願景，不僅引導我們邁向共同的方向與目標，也可以激勵與規範我們要隨時檢視一番。同年5月到台東縣海端鄉霧鹿國小（布農族的學校）實施的城鄉交流，我們穿著印有願景圖的T恤，大家展現的是生命共同體，一種為龍山任重道遠的使命感，真的，大家的心情一直是澎湃的。

雖然，多數新任校長到一所學校幾乎不修正校務發展計畫與學校願景，但經過自己長時（至少有半年）的思考，個人覺得因應新時代的來臨，為了提升學生的各種能力以及學校的競爭力，在既有基礎上略做修訂，以符應時潮與方向，應該把握契機，這也是檢視校長任內的作為，校長有責任提出草案或構想；事後，許多新任校長向我索閱龍山新的校務發展計畫與學校願景時，證明當時的構想是正確的。

二、教學與課程領導方面

由於「教育鬆綁」的呼聲，以及「學校本位」的倡導，九年一貫課程之實施，課程管理是課程實施的重要課題，且校長發揮「課程領導、教學領導」雙重角色，帶領教師發揮專業素養與精神，以呼應時代潮流和教改需求，首先在行政措施方面，加強宣導與規畫，成立「學校課程發展委員會」、「學習領域課程小組」，並持續不斷運作；其二加強課程研發，創造學校課程特色，為持續實施課程發展，本校調整組織結構，設立研究組負責課程研發與創新，重新

規畫總體課程，含學校願景、各學習領域課程規畫、學校行事活動，創新課程與教學，如課程統整、協同教學、多元評量，舉辦成果發表、校際交流，彙整實錄簡訊，分享經驗，自今年（2005 年）起修正本校課程特色，以「龍山悅讀、生活體驗、鄉土教育」為特色課程的架構；其三是辦理研習進修活動，提升教師專業知能，鼓勵教師參加校內或由教師中心、輔導團辦理的相關研習進修或活動，並培育種子教師，提供發表園地；其四鼓勵教師進行行動研究及製作教學檔案，以及強化教師課程設計、科技融入教學……等能力；其五是建立教學資源網絡，改善學習環境，增進教學效果，建立課程與教學專屬網頁，提供教師、家長上網查詢，結合學校圖書館、社教單位，擴大資源分享，且不斷充實圖書、教學、教具設備。

「課程領導」與「教學領導」是教育改革的重心，也是艱鉅的改革工程；在「教育」、「專業」、「民主」、「參與」、「協力」下進行課程規畫、設計、教材編輯、教科書選用、教學實施，期跳脫專家主導的設計，改變僵化且缺少彈性的課程制度，以達到學校本位課程實施的可能。

三、學校策略聯盟方面

隨著全球產業競爭日益白熱化的情況下，學校參考企業聯盟的做法，運用競爭策略，強調差異法，優質、與眾不同，用心設計、注意形象、重視品質……，是提升學校自身競爭力的關鍵。

本校與台北市立師院、體院、輔仁大學、東吳大學進行建教合作，除了提供教師實習名額外，提供對方學校學生實施教育服務機會，如協助本校體育表演會編舞指導、社團與團康各種育樂營活動；其次萬華區群組學校定期實施課程研商、發表，以及相互支援；再者，94 學年度起，本校亦將提供多功能教學研討室給「中華民國紳士協會」進行系列專題講座，一面讓本校家長與社區民眾隨時進修成長，亦可為學校推廣社會教育盡一份心力；另外，有鑑於本校位於文化不利地區，單親與隔代教養比例偏高，有幸「中華智慧人生」特別關照本校特殊需要協助的學生，給與課業輔導，讓家長非常放心。

目前萬華區成立了各級學校的校長、處室主任、幼稚園園長及資訊組長的成長團體，希望透過學習型組織的建立與運作，藉由交流分享、學習成長以提升專業知能；未來，學校在學校群組與夥伴關係之運作上，亦將運用企業策略

控制的方法，掌握有關資訊、運用直接接觸、實施任務編組、落實團隊績效，
以發揮教育、經濟等附加價值，以提高教育效能。

四、教師專業成長方面

　　學校鼓勵教師參加教師進修、讀書會、工作坊，每月最後一週星期五辦理
經驗分享，提供教師發表園地。

　　教師行動研究方面，每年定期彙輯成冊，如2003年專輯：明風主任的「從
行政觀點看龍山的客家風情之旅」細說探訪「原鄉人」來龍去脈。龍山國小創
校85年來，首度與高雄縣龍山國小締結姊妹校，在全體親師生支持下，促成此
段姻緣，未來還要結更多良緣，讓「雙龍吐珠」變成「群龍爭輝」；其次是五
年級教師團隊（美惠、文娟、武德、淑玲、昇樺）的「美濃行上行下的活動報
導」，除介紹當地典型的客家風俗民情外，小小記者的採訪與學生學習心得的
分享，肯定了此行的成效；再者是筱南老師的「美的饗宴——教師對西洋美術
作品鑑賞活動的應用」以深入淺出的方式，讓我們體會美的形式與價值，藝術
創造過程的孤獨、寂寞，非旁人能道，因此在指導學生創造時，老師須洞悉學
生的內心世界，循循誘導，激發學生的想像力與生命力；其四是倩瑛老師的「數
位科技學習輔具在自然科學教學的應用」，探討教師運用數位科技學習輔具輔
助國小自然科教學的應用模式與方便性暨建立資訊融入科技教學的模式；其五
是乙峰老師的「主題課程設計——理論與實際的結合」，從教學模式的理論
中，透過課程設計了解是否達到教學目標；其六是明風主任的「學校組織再
造——龍山國小行政組織架構調整之可行途徑」，藉由許多文獻探討與學校特
性的討論，作出學校行政組織架構局部的調整，期許以建構績效的行政團隊迎
接創新且艱鉅的任務；其七是瑩瑩老師的「Formosa-A beautiful island」英語課
程設計，透過生動有趣的福爾摩沙報導，讓學生學習語言技巧與整個世界；其
八是附幼美語教師詩涵老師的「提升幼兒美語學習興趣之行動研究報告」，透
過蒐集資料、製作教材、學習幼兒美語課程……等一連串的美語教學，讓他們
從律動、遊戲中快樂的學習美語。2004年專輯首先是人事室瑞玲主任的「學校
行政人員實施績效獎金制度之研究——以台北市公立國小為例」，期望透過良
好的績效管理制度刺激員工追求卓越，提升學校效能與競爭力，本文並榮獲92
年度台北市政府機關學校研究計畫甲等獎。其次是教務處明風主任的「人際溝

通之鑰——談語言溝通」，的確，具備良好的語言溝通能力，不僅能讓學校行政與教學工作無往不利，更能讓人充滿樂趣，增進生命的寬度。再者是輔導室進勳主任的「一位國小新進警衛工作與環境的真實世界」，以「人」為導向的質性研究，透過參與觀察、深度訪談及閒話家常等方式，理論實務並重，提供了有志研究者在激勵員工服務士氣方面重要的反思探究題材，本文並榮獲 92 年度台北市政府機關學校研究計畫甲等獎。其四是會計室美蘭主任的「預算制度對學校經營效率影響之研究——以台北市立國小為例」，適逢政府財政在開源與節流不易的情況下，在各校努力追求績效的同時，提供經費運用更具彈性之預算制度是政府再造過程的重要選擇。其五是鴻德與睿甫老師的「健康促進學校行動研究」，期透過「健康活力班——體重控制」的主題推動，達成全面減重的目的，並能增進學生正確的飲食衛生習慣，與培養規律運動的習慣。其六訓導處啟村主任的「走訪花東探索——霧鹿國小城鄉交流記」，布農族的教學、歌謠教唱、傳統美食的品嘗、蜘蛛編的學習以及傳統技藝的學習，讓小朋友體驗了不同族群的文化內涵，開啟了他們另一次嶄新的學習之旅，更拓展了師生知識的領域。其七是乙峰老師的「台北市萬華區鄉土教材分析」，透過本校與華江兩校之鄉土教材分析，以促進學校與社區的互動，重新發現社區之美，更能落實培養學生愛家、愛鄉、愛國家兼具鄉土情與世界觀的宏大視野。其八是盈如老師的「午休時段進行作業指導、資訊融入教學與主題統整活動的運用」，由於學生的可塑性超過老師的想像，如何適時的引導、適度的彈性以及足夠寬廣的空間，常能讓學生展現驚人的表現，因此教師的付出，在學生成就的輝映下，此汗水是值得的。其九是淑惠老師的「英語教室的班級經營」，英語科任教師透過事先課前準備，清楚課程的流程，掌握明確的目標，若同時兼顧課程活潑多樣、教法流暢多元，相信定能克服障礙，成為班級經營的高手。其十是鈺婷老師的「教師引導與學童發言之分析研究」，建議教師提問應明確化、具體化，增加學生待答時間並給與正面回饋，再強調上課的規範與原則，將有助於學生的學習氣氛及成效。其十一是瑞祥、慧美、靜端、秀蘭、子瑄、明正、淑雯及鈺婷老師等「有效推動國小三年級班級閱讀活動的行動研究」，顯示「好書交享閱」、「閱讀存摺簿」和「班級讀書會」是有效的策略和行動計畫，當然教師充實閱讀的教學和理論的專業知能，以及鼓勵家長能親子共讀，增加孩子閱讀動機和興趣，更是關鍵。最後是筱南、愛齡、美珍、麗芬與怡寧

老師等「深耕閱讀在龍山」的系統經驗分享，說明學校推行深耕閱讀運動，並規畫本校的特色課程——龍山「悅」讀，期望藉由閱讀豐富學生的知識，培養學生的人文素養，進而與世界接軌，開拓學生的視野。

有關九年一貫各領域課程，所有教師均用心設計教學活動，並主動參與有關的競賽，雖然常受名額的限制無法一一上榜，但老師不氣餒以及積極向上的精神，更是令人佩服。

五、學生學習方面

九年一貫課程實施，除了領域教學為主外，我們以「龍山悅讀、生活體驗、鄉土教育」為校本特色課程的架構，每個月有「主題月」，讓孩子習得求知的方法、學習的策略與態度，以開發學童的潛能，奠定終身學習的基礎。

以生活體驗為例，包含生命教育的體驗與關懷，學生才藝發表以及藝術與人文成果發表，童軍的體驗及服務學習；自然與科技的成果與資訊教育的實施，辦理五年級城鄉文化交流或締結姊妹校。

在主題月方面，如9月的「敬師月」，有畫我老師、卡片製作、優點大轟炸等系列活動；10月的「鄉土月」，如社區服務、古蹟巡禮與認識社區人文風俗；11月的「校慶月」，展現健康與體育的教學成果；12月的「環境月」，有校園美化、創意及詩意的對話、社區打掃等；元月的「藝術月」，有迎新年才藝發表、新春大揮毫、藝術與人文成果發表等；2月的「禮貌月」，強調愛、關懷、尊重的生活教育；3月的「科學月」、4月的「語文月」，頒發龍山小學生、小碩士、小博士；5月的「感恩月」，如園遊會、才藝發表、母親節慶祝大會等；6月的「鵬程月」為畢業班同學安排系列活動，如：西餐禮儀、畢業音樂會、畢業宿營、大地遊戲等，均由不同的處室或組長負責擔任，呈現不同的靜動態教學成果。

除了發展特色外，在此要感謝許多老師身兼數職，指導學生多語文（含國語文、英文、鄉土語文）、科展、電腦動畫、合唱、藝術繪畫、桌球隊、棒球隊、籃球隊、體操隊、網球隊、田徑隊等代表隊，成績大放異彩，都是老師犧牲自己的假期，用心為學生付出的成果。

六、強化家長組織運作方面

龍山國小的家長一直是學校校務運作及老師教學活動及班級經營的最佳支持者；家長更是學校重要的合夥人。由於家長積極的參與，老師快樂的教學，學生高興的學習；學校處處展現活力與朝氣，形塑淳樸、踏實、創新和溫馨。

㈠參與班級事務：如愛心媽媽補救教學、導護義工、圖書館說故事義工以及各班教室整潔指導媽媽。

㈡參與學校事務：如學校日行政宣導、親職講座暨親師懇談活動、家長會代表參加校務會議教評會、課程發展委員會、特殊教育發展委員會、午餐委員會、編班會議……等，熱心積極，並提供寶貴意見，以維兒童身心健康及受教權益；有關廁所清潔基金，由全校家長自由樂捐，共同維護校園衛生與整潔、學生團隊到校外參加比賽，家長主動陪同維護學生安全。

㈢家長會活動：每年體育表演會、忘年會、母親節園遊會等活動，家長會成員都會邀請愛心志工、社區里長、熱心人士參加，並獲贈捐款，或提供獎品，讓家長會會務得以順利推動。

　1.定期出版《親師心龍山情》雙月刊，增進社區、家長、學校的溝通與互動。

　2.定期辦理「學校日」活動，建構學校行政、教師與家長溝通的橋樑，並加強班級經營與輔導管教，教學計畫的專業對話。

　3.實施家長人力資源調查：鼓勵家長就其專長與可奉獻的時間，建構檔案並開闢管道，鼓勵家長蒞校愛心服務。

　4.辦理愛心媽媽電腦生活化研習營，結合親子上網，擷取資訊科技，促進親師生三者良性互動。

　5.辦理週末親職教育，邀請家長蒞臨研討，針對教育局兩性教育、生命教育、特殊教育的推動，溝通教學觀念，化阻力為助力。

　6.應用教育部教育優先區經費，規畫「親職講座」暨「學習輔導」活動，凝聚家長對學校之向心力。

　7.辦理愛心媽媽補救教學，導護義工等志工活動，鼓勵社區家長奉獻專長，成為學校行政與教學活動的重要資源。

七、學校文化形塑方面

本校透過親師生共同討論學校願景與教師、學生圖像的描繪，訂定本校未來發展的方向與目標。有助於家長更了解和認同學校教育理念，共創龍山優質的教育園地。

首先是校長及處室主任親自參與「學校日」班級親師懇談及各層級家長會議，傾聽家長心聲與建議；其次家長代表參加學校校務會議、課發會、教師遴聘、教科書遴選等各層級會議，實際參與並了解學校運作；再者透過親師座談、親職教育講座、家長義工組織等溫馨交流活動，凝聚家長對學校的向心力；其四家長經常排除萬難，參與學校及班級活動及週三週末親職講座、成長研習，令人感佩；其五於歲末年初辦理全校教職員工與家長義工聯歡「忘年會」及宜蘭自強活動，感謝全體教職員工與愛心媽媽義工的犧牲奉獻；其六於學校資訊網站公布各處室活動有關訊息，讓全體家長事前知悉並能鼓勵子弟踴躍參與；其七是透過教師節、體育表演會、才藝發表會、母親節園遊會等慶祝活動，連繫親師生感情；其八是應用教育優先區經費辦理親職講座及愛心媽媽義工電腦資訊研習活動；其九是定期發行龍山校刊及《龍山心親師情》雙月刊、非定期之「龍山抱報」通訊；最後是利用學校資訊網、班級網站加強親師生感情的溝通與連繫。

八、營造校園教育環境方面

本校地處台北市萬華區中心位置，因此校園綠化美化格外重要；教室花台草花種植以適合之季節為主，校園景觀花圃定期植栽花草。考量學校整體區域之分配，作全面性及前瞻性之規畫，利用編列之經費訂定計畫，並運用社會資源，結合師生、家長力量，發揮最佳經費效益；校園綠美化由專人管理維護，定期及不定期由專人與環保義工修剪養護，以維持校園綠意盎然，樹木花草扶疏之景象。

另定期綠化美化走廊、廁所、花圃，樓梯空間設置閱讀角、規畫水生植物區、校園植物步道等，以營造多元學習環境。調查全校植物，標示植物牌，於課程當中設計舉辦認識校園植物等活動，提高學生對植物的了解，增進其研究大自然的興趣。改善安維機制，如增設消防火警設備、保全設備、監視系統等，

以建立安全之校園環境。

　　為配合與國際接軌，打造雙語環境與提升英文素質，校園內建置雙語環境設施，包括將校內所有公共標示牌文字改為中英文對照、電話總機語音說明雙語化、學校網站雙語化、員工識別證雙語化等措施，營造並提供優質的雙語化等生活服務。並透過實際教學活動及學習情境的營造、觀摩、研討，以建構優質的雙語生活環境。

九、學校公共關係方面

　　社會快速變遷，面對多元社會環境，人與人的互動頻繁。學校本位經營首重社區資源之共享，如何塑造合宜的學校公共關係，結合學校、家庭、社區，連結一個緊密的網絡，豐富學習內涵，建構優質學習環境，拓展學生視野。

(一)參與社區發展活動，爭取與運用社區資源

　　如提供場地給社區里民辦理「元極舞」、「年貨大街」等各項活動；提供夜間照明，社區利用晚間到學校作體育休閒活動；學校教師教學充分利用鄰近雁鴨公園、龍山寺、植物園等社區教學資源；走入社區，安排學生公共服務，定時協助清掃學校周邊環境，職工協助修剪花木；參與萬華社區「成年禮」等端正禮俗活動，本校合唱團經常配合參與演出；爭取社區內商家認同成立「愛心商店」，結合社區家長建立聯絡網，隨時留意社區子弟的安全。例如有一次晚上本校特教班學生走失，還是透過社區愛心家長的聯絡才將之安全送回家；本校定期所舉辦的活動如運動會、畢業典禮或不定期舉辦的表演活動等，常常邀請社區有線電視台到校為學生全程錄影，並於該電視台中播出共賞；參與萬華社區「甘蔗節」活動，本校幼稚園參與演出；參加萬華區「青年公園」兒童節慶祝活動，本校普通班參與活動演出；本校兒童節慶祝活動於「雁鴨公園」舉行，普通班暨幼稚園全體參與寫生、放風箏等活動。

(二)建構與大眾傳播媒體之關係

　　如設立學校網站提供校內各項活動資訊，隨時公布學校動態；鼓勵本校師生積極參與各大眾媒體舉辦的活動，且鼓勵師生收看、收聽電視、廣播優質節目；辦理各項活動時，上網公告並主動發布新聞通知，提供大眾媒體相關訊息。

㈢建立學校夥伴關係

訪問新生、天母、美國學校；與高雄縣美濃龍山國小諦結姊妹校；辦理雲林成功國小、南投郡坑、台東霧鹿原住民小學；接受西門國小中央廚房學童營養午餐供應；辦理萬華區國小資訊組長群組研習；舉辦萬華區國小「五人制足球賽」、「樂樂棒球」邀請賽等，透過學校特色與環境之不同，彼此相互支援，資源共享，建立夥伴關係，提升學校辦學的績效。

伍、學校特色與榮譽事蹟

一、精緻多元的語文教育

制定「龍山悅讀」為本校特色課程，規畫晨光閱讀時間、愛心媽媽說故事時間、利用彈性學習時間實施班級共讀、推動書香列車、規畫設置讀書角與讀報窗、推展龍山小詩人並結合本校自行編印之「龍山兒童閱讀護照」，全面推展並落實深耕閱讀計畫；每週三、五實施「生活英語教學」，運用廣播及視訊系統實施生活化的英語教學，並結合資訊設備及英語圖書成立「英語活動室」，鼓勵學生課餘時間自主學習；每月辦理「閩南語日」活動並結合「城鄉交流活動」提供學生豐富的鄉土語言學習機會；辦理多語文學藝競賽活動、英語教學成果發表會、參加北市多語文競賽，提供多元的表演舞台。

二、科技創新的資訊教育

充實的學校資訊設備、完善規畫校園資訊網路、健全的校務行政系統，有效提升行政效能；教師有資訊成長之主動意願、豐富的教學資源分享、普遍的資訊科技融入教學，顯著改善教學效果；堅強的電腦師資、豐富的電腦課程、辦理多樣化的繪圖、WORD、網頁製作競賽，增進學生資訊運用能力。

三、善用校園廣大優勢空間、致力各項體育社團發展

本校具備寬大操場、網球場、活動中心及地下室空間，特延聘專長師資發展躲避球隊、排球隊、籃球隊、網球隊、體操隊、桌球隊及扯鈴隊。其中躲避

球隊、排球隊、體操及桌球隊相繼榮獲北市比賽佳績。桌球、體操更為本校重點運動項目。

四、定期舉辦各學年班級競賽，強化學生體適能

由體育競賽引導學生運動風氣，依據各年級學生能力辦理跳繩、桌球、躲避球、三對三籃球等班級競賽。除課間活動實施健康操外，每日掃地時間前為晨光活動時間，開放各項體育器材供學生使用，長期實施達到鍛鍊體適能力。

五、有效整合愛心志工，齊心造福學子

除訓導處所屬導護志工，定期舉辦志工座談會以整合其他含圖書館、環保、課後輔導、保健室、幼稚園及各班級志工等合計近百人，表達校方謝意之餘並鼓勵志工不限單一範疇而能多所奉獻，及解決志工服務困難之處。

六、舉辦才藝發表會，鼓勵學生表現自我丰采

為養成學生多才多藝，定期辦理才藝發表會，提供學生發表空間，從報名漸趨踴躍，足見龍山國小學童具備勇氣，表現自我並蔚為校風。

七、重視親職教育與親師生的成長

透過學校日、親職講座、家長會、愛心媽媽等活動、凝聚全校親師生對學校的共識及向心力，並結合社區的資源和家長的專長，推動親師懇談、專業對話，辦理各項家長成長團體、親子等活動，項目琳琅滿目，動靜皆宜，有效提供全校親師生最佳的學習環境，並蟬連「學校日」評鑑多次的「特優」，以及辦理教育部「教育優先區」績優的獎勵。

八、加強特教宣導

本校為落實教育局重視「生命教育」、「真實生活體驗」、「特教宣導月」等活動，邀請伊甸基金會蒞臨本校辦理「殘障生活體驗活動」；目的在培養小朋友設身處地、感同身受，也唯有真實的、動心的體驗過、才能體會生命之可貴並深入小朋友的心坎裡頭、勇於實踐而身體力行。

九、營造適性的學習環境

學校的建築與環境規畫以「教」與「學」為中心，不斷提升校園環境設施之軟硬體改善，如加強安全無障礙的校園設施、設置休憩空間、增進科技化教學學習設備、規畫多元彈性多用途的空間設計等等，以營造適性的校園環境，提供師生更優質的教學設備，進而提升學校競爭力。

陸、結　語

近 2 年由於台北市政府都發局針對萬華區停車空間不足，以及每人擁有公園綠地及廣場等開放空間面積低於北市平均值，加上少子化以及學校學生減少等因素，遂提出利用國小用地檢討整併來增加公有土地利用。

30 年前，本校曾有超過 6,000 名學生，班級數達百班以上的「大」校史，當然此方案也是衝著本校來；所幸教育局吳清基局長以併校後不符小班小校的教育政策以及近百年老校的校園情感，堅決反對併校，同意建議釋放部分校地規畫公共空間。「滲著淚水的歡笑更加甜美，帶著傷痕的戰果更加輝煌」，看到新校門「時報悅讀書屋」門口斗大的書《不看破，要突破》、《不生氣，要爭氣》（戴晨志老師著），彷彿告訴龍山人要努力、要爭氣，讓我們共同省思邁進與突破，求更大的成長空間，謹記：「孩子的成長無法再來一次」。

作者簡介

我生長於高雄縣美濃鎮，童年時期，景仰教師，立志為人師表。相繼自省立屏東師專美勞組、國立台灣師範大學美術系、台北市立師院國民教育研究所體育教學碩士班畢業，歷經教師、組長、主任職務達 22 年，擔任過教育部校園人權教育講座、教育部補習教育音樂與體育課程標準暨教材編輯委員、九年一貫健康與體育領域講座、台北市教育局幼

教行政革新小組委員、台北市家庭教育暨終身學習推動委員、台北市健康與體育領域訪視委員、台北市教育局幼教評鑑委員、台北市國民教育輔導團國小健康與體育科輔導小組、台北市教師手球隊員、校長羽球隊員等。

築夢踏實——教育價值的體現

林鶯仙
台北市西湖國小校長

壹、前　言

Just Value——隱藏在每個人心中的價值觀，決定了個人行動的方向和強度。

身為女性，出生在充滿性別歧視的窮苦工人家庭。我成長的過程中無所不在的性騷擾，以及生活周遭充斥著男尊女卑的種種生活禁忌，不但扭曲了女性的思想，限制了女性的行為，也禁錮了女性追求成功的念頭，形成所謂「害怕成功」症候群。

和當年選讀師專的絕大多數女性一樣，只因為師範教育體系提供公費，畢業後工作既有保障，又方便相夫教子，正符合社會上對女性的角色期待。至於對教育專業的追求與對教育理想投入的熱情，這些我後來覺得非常重要的元素，在當時甫開始從事教育工作的我而言，卻是非常模糊隱約的。

猶記得當時與我個性相近的大哥，也和我同時進入職場工作。但他第一次給我帶來的震撼，即是他對成就的渴望非常強烈，目標非常明確，行動因之也就非常積極。雖然當時家中無力供給他學費，但他寧可半工半讀，吃盡辛苦，也不放棄念建國中學；考大學選填志願時，他很堅決的表示：「絕不填師大，我不要因為公費的保障而失去發展事業的機會，我要追求自己的人生目標！」

人格特質原本相近的我們兄妹兩人，就因為社會對男女的差別對待與期望，自然而然形成不同的價值觀；當然，更因為價值觀的南轅北轍，決定了日後完全不同的人生走向。師專畢業後，我年復一年在同一個學校按表操課，日復一日重複著穩定卻單調的工作，縱使工作多麼兢兢業業，薪資的漲幅其實只

與你的歲月成正相關。

至於大哥，卻幾乎每 2 年就會聽到他職務晉升的消息，而且忽而到美國拓展業務忽而又飛到歐洲協商問題。34 歲那年，他已經是一家數百名員工公司的總經理，而今，更成為世界知名集團的董事長了。

許多人佩服我大哥，是因為他以一個窮苦工人之子，在毫無背景、沒有任何奧援的情況下，獲得事業上的成就。而我從小和他一起成長，更知道他如何在工作上不間斷的學習；如何勇敢的面對一次次的挑戰；如何一步一腳印的邁向卓越；他堅持品德操守，雖然面對誘惑仍然不失去原則；總是在最艱難的時候選擇承擔重任；在公司遭遇困境的時候，堅毅的帶領著員工進行一次又一次的轉型。

從大哥的經歷中，我深刻體會到「價值觀」也就是所謂的「願景」，對一個人生命的深遠影響。那是一種看待自己及對待人生的態度，所謂「願有多大，力量就有多大」，所謂「態度決定一個人的高度」。無論個人願景的建立，或組織願景的凝聚等，看似模糊，卻具有無比的影響力，它能帶給人熱情，帶給人前進的動力，讓人願意在困苦中忍耐，在挫折中堅持。

凡此種種觀察與歷練，讓我逐漸體會到教育對人性啟發的重要性，也開始用心思考教育相關的問題，讓當時已逐漸進入職業倦怠期的我，願意學習大哥不斷學習的精神，追求教育的專業與發展，學習大哥面對挑戰的勇氣，在充滿問題的教育環境中努力貢獻自己的心力。

貳、女性校長多方鼓勵與提攜　培育實習與儲訓邁向校長之路

就如同《Good Luck：當幸運來敲門》（Alex Rovira, Femando Trias de Bes, 2004）一書所言：「幸運草的故事絕對不是偶然間讓您聽到的。」凡事自有其因緣，機會始終都存在。就在我嘗試著修正自己因過往的經歷，而對校長這個角色根深蒂固的醜惡印象，願意積極學習教育行政工作的當時，便「幸運」的遇見了生命中的貴人——柯校長。她有著女性校長特有的溫柔婉約、親切體貼，以及對教育的熱情投入，尤其對人的尊重與關懷，更與以往男性校長留給我的

印象迥然不同。她用賞識的眼光激發我工作的動力；用極大的耐心，一層層解開我對教育工作的疑惑；讓我參與許多活動，拓展我視野的高度與廣度；更經常介紹相關的教育書籍給我，鼓勵我專業進修。就在她諄諄帶領及良好的榜樣下，我開始有了「有為者亦若是」的念頭。因為她讓我看到一位女性除了關心學生、照顧家人外，還可以在工作上有怎樣的作為。也體會到昔日師長的耳提面命：「教育工作是志業而不只是一份職業」這句話的真正意涵。她那種經常面帶微笑、真誠的關心他人，讓他人覺得自己很重要……的領導風格，可說盡得「卡內基理論」的精髓；而以服務代替領導、充分的授權以及參與式的溝通方式……等作風，都對我後來擔任校長時，在校務經營及領導的方式上，有極大的影響與相當大的啟迪。而她對我的鼓勵提攜，也讓我了解到培養人才以傳承教育理想，也是校長責無旁貸的工作。

在教改風起雲湧的 90 年代，新興的教育理論、各種的教育政策與措施讓人應接不暇。「變」可說是唯一不變的原則。有些人在劇變中選擇抗拒，有些人則選擇觀望不前。我躬逢其盛，選擇以積極學習來提升承擔的能力，以服務來尋找解決問題的方法。在前輩校長的鼓勵、指導再加上自己實務的磨練下，2001 年 8 月我順利的考進台北市立師院第 1 期的校長培育班。24 個學分的理論學習，讓我能與最新的教育趨勢接軌；每週 8 小時在師傅校長學校的實習，讓我在如影隨形的觀摩中，逐漸掌握到教育領導的關鍵，琢磨出校務經營的心得。

在激烈競爭的校長遴選制中，只有真正專業且具領導實力者方能勝出，承擔起一校之長的重責大任。回顧這 1 年多來的培育、實習與儲訓經驗，讓我無論在理論、實務及人際關係的經營能力上都大幅的躍升。而最關鍵的地方則在建立明確的教育價值觀，增強了自我效能，以及提高了自信心。「吾心信其可成，則雖移山倒海之難亦有成功之日。」這種不怕橫逆，隨時願意面對困難去解決問題的精神，我認為是今日校長必須擁有的積極心態，也是在變動不居環境下進行轉型領導必備的能力。

史丹佛企管研究所柯林斯教授在《從 A 到 A+》（Jim Collins 著，齊若蘭譯，2002）一書中，研究了 11 家從績效良好到成效卓著，而且保持卓越績效達15 年之久的公司，得到所謂「第五級領導人」的典範──結合了謙沖為懷的個性和專業上堅持到底的意志力，這樣的領導典範正是我個人學習的目標。

參、逆向思考順勢而為　成功通過遴選小組的考驗

校長遴選對候用校長而言，是嚴苛的考驗也是成敗的關卡。通不過遴選，前面的學習與所有的努力，便沒有了揮灑的舞台。而遴選制為人詬病之處，除了實施方式的不斷變動外，因各地方政治環境、各學校組織文化的不同而充滿太多無法掌握的變數。有的候用校長戰鬥力旺盛，抱著有參與即有機會的心態積極投入各個校長出缺學校的遴選。我則採取深耕的策略，決定「選我所愛、愛我所選」，展現我專一執著的特性。因為我認為唯有能懷抱無比的熱情，才願意全心全意投入校務，也才有可能秉持著教育理想，創造出卓越的辦學績效。因此我抱定「弱水三千，我只取一瓢飲」的心態，選定我心中最愛的一所學校為目標。許多師長好友都奉勸我不要如此孤注一擲，怎可把「所有雞蛋放在同一個籃子裡」？更何況我的目標學校早放出訊息：「本校校長遴選不歡迎女校長！」我實在沒料到，推動兩性平等教育多年後，在女老師占多數的國小校園裡，仍然充斥著刻板的性別歧視。不過我衡情度勢，經過一番理性分析後，心中對通過遴選一事已有九成的把握。因為一般人看事情都習慣直線思考，學校既然明確表示不歡迎女校長，那麼可以想見的，所有的女性候用校長幾乎就會裹足不前，如此一來，我的競爭對象很明確的將是男性候用校長，所謂「知己知彼，百戰百勝」，我只要善用行銷理論中的差異化策略，突顯女性校長的長處，再加上如此的性別歧視觀點必然引起遴選委員中女性委員的反感，到時候，我只要不卑不亢的表現出校長應有的專業與自信，獲得她們支持的機會一定大增。經過如此分析，我心中十分篤定，因此也就以很輕鬆的心態專心準備單一所學校的遴選。

果然一切都如我所料發展，當女性遴選委員尖銳的問我：「人家已表明不歡迎女校長，您如果擔任該校校長，將如何讓他們願意接受您的領導？」這是我早已深入思考過的問題，因此胸有成竹的回答：

「如果一個男校長願意傾聽，那麼女校長便可以是耐心的傾聽；

如果一個男校長願意溝通，那麼女校長便可以是微笑的溝通；

如果一個男校長可以堅持，那麼女校長便可以是溫柔的堅持；

身為女性，我們永遠會比男性更努力，更多那麼一點的細膩與用心，

更何況，在工作場合應該只論專業不論性別！」

我深知遴選的時間有限，因此選擇用簡短而讓人印象深刻的文學語言包裝我的領導理念與女性風格。由於策略應用的成功，讓我在眾多比我更優秀、更傑出的男性候用校長群中脫穎而出，而我「耐心的傾聽；微笑的溝通；溫柔的堅持」幾句動聽易記誦的語言，早在我上任之前便傳遍了校園，為我的領導風格做了最佳的宣傳，也為我初任校長之路鋪好了坦途！這次的經驗，更讓我深信：面對多元又多變的時代，正確的策略運用往往是突破困難達成目標的重要關鍵。因此日後我在處理學校事務時，不再被表面的困難所迷惑，而是抱持「以終為始」的目標管理方式，先做優劣勢分析，擬訂具體策略，再按部就班從容以赴，問題往往都能迎刃而解。

以本校兒童歌仔戲團的轉型為例：1997 年，因為當時孫翠鳳女士的女兒就讀本校，因此，在明華園的協助下，西湖國小成立兒童歌仔戲團。從平常基本功的練習，到公演前的彩排、化妝、道具、戲服、文武場、音響、特效……等，全部由明華園提供。由於訓練紮實、服裝華美，以及各種特效與明華園的名氣，幾乎每場演出都讓人驚艷，在親師生心中留下非常深刻的印象。

然而，隨著陳團長的孩子畢業，以及明華園因演出日益頻繁，及陸續增加的子弟團都需要他們的照顧，明華園對本校兒童歌仔戲團的支援也就漸漸感覺力有未逮。而且多年來，同樣的戲碼一演再演，無論演員或觀眾都漸覺得乏味。再加上每次演出時龐大的費用支出，造成學校極大的負擔，校內戲團的指導老師更因多年來承擔了過重的壓力而萌生去意。

眼見戲團面臨存廢的關頭，該何去何從？它既是學校的特色，也曾是學校的榮耀，況且對學生的學習的確深具成效，因此我決定戲團絕不可廢！但既然不再能完全依附明華園，便需朝向自給自足及多元發展的方向尋求轉型。目標確定後，隨即擬訂三個策略：

一、尋找明華園以外，但路線接近的劇團或專家（戲團各有門派），協助支援教學及編寫新劇本。後來很幸運的獲得同在內湖區的「台灣戲曲學校」師生的協助。

二、組成後援會，並展開說帖。將戲團的家長們組織起來，大家分配工作、定期開會並分擔部分經費，逐年購置所需道具、服裝、頭套及化妝品……等，期能成為獨立的戲團。

三、改善戲團與學校、社區的互動。讓戲團在社區與校內作小型的表演，讓老
　　師將歌仔戲融入課程中實施，讓歌仔戲真正成為學校本位課程之一。並整
　　合資源，爭取經費以挹注戲團的發展。

　　1年下來，我看到社區居民及家長會改變以往視歌仔戲社團學生為「戲子」
的負面印象，而行政團隊與教師團隊也認為戲團是「我們的社團」，而投以更
多的關心與支援。而與明華園及「台灣戲曲學校」同時保持良好的互動，讓戲
團擁有更寬廣的發展空間。原來的指導老師因為責任有人分擔，困難有人可以
商量，而且戲團有了新願景，因此又信心滿滿的投入戲團的訓練工作中，不再
意興闌珊的喊著要退休了。

肆、以行政領導作為主軸　帶動課程與教學發展

　　哈佛大學商學院教授約翰魁許（John Quelch）說：「在過去商業環境相當
穩定的時代，單憑管理能力就可以應付了，可是商業環境如此多變，每一個人
所需要的應變能力超過想像！這個時代需要的是領導能力而非僅是管理能力。」

　　企業如此，學校亦然。傳統的校長重視的是行政管理，但處在如今多元多
變的時代，校長不但要懂得管理更需要全方位的領導技能，懂得適時將理論與
實務結合，並作權變應用，成為一個轉化型的領導者。本校王姓技工，聰明勤
快又多才多藝。學校的水電設施維護、校舍修繕種種疑難雜症都難不了他。甚
至老師們許多奇怪的需求，他也都能應付裕如絕不推託，因此職位雖低，卻是
學校倚賴甚深的人才。只是個性上頗具藝術家脾氣，不喜受人約束，需要主管
充分的尊重。而偏偏新任的總務主任，個性耿直，做事一板一眼，又不善於言
詞溝通，常常用一張張的書面通知，說明新的規定或指定工作任務，缺乏面對
面的溝通與言語上的鼓勵。不到2個月，這位已在本校工作8年，家住學校附
近的王姓技工，竟然提出了辭呈，預備另謀高就！

　　事務組長拿著辭呈，氣急敗壞的向我求援：

　　「拜託校長出面慰留王先生吧！」

　　「你找王先生談過了嗎？」我必須先釐清狀況。

　　「我約了他3次，甚至還說要請他吃飯，他理都不理我呢。看來真的是生
氣了！」

我了解後，知道王姓技工是不滿總務主任的「管理過當」，他認為那是對他工作方式的否定與對人格的不信任，心裡非常受傷！於是，我費了一番唇舌才讓他打消去意，同時也與總務主任多次溝通，協助他改變領導方式，這才慢慢讓暗潮洶湧的總務處同仁們，逐漸又恢復了工作士氣。

此一事件讓我更體會到所謂「帶人要帶心」的領導藝術，而「人心不同各如其面」，需視組織文化、個人特質及所欲達成的組織目標而採取不同的方式，中間的奧妙需要學識、經驗更需要智慧。

近幾年來因應課程改革的趨勢，許多學者專家：不斷呼籲校長要負起課程與教學領導的重責大任。但一個人的時間精力終究有限，所謂「三流的領導用自己，二流的領導用團隊，一流的領導用組織」，組織最重要的資產在優秀可用的人才。「轉型領導奠基於一個信念，即組織的資源就是豐富的人力資源，包括：觀念、知識、創造力和活力」（林明地、楊振昇、江芳盛譯，2000）。

擁有新觀念、領先的知識，肯創造又有活力的員工是組織的資產，反之是組織的負債。資產應超過負債，是組織卓越的基本條件！因此，校長應善用行政的權力與資源，建立有效率、有紀律的組織文化，然後拔擢優秀的人才，讓他們有發揮的舞台。因為只要找對了人上車，他們便會激勵自己追求卓越的績效。

我相信人群關係學派的理論：「人並非天生就厭惡工作，端賴工作環境而定。人能自動完成肩負的組織任務，願意肩負組織目標並從中獲得滿足感；能應用智力與創造力來解決問題，兼顧組織目標與個人目標的達成。」所以我提出「成就老師，造福學生」的理念，希望藉著一些措施，激發老師們的成就欲望，培養更多的專家老師。所謂彰權益能，老師們的專業能力強，參與度高，自然會在課程與教學上全力投入，如此一來，不但學校的課程可以落實發展，學生的學習成效必然提高，而學校的績效自然也就水漲船高了！

本校的課程特色在環境教育與藝文領域。由於強調專才專用，因此各科任老師在自己領域內的專業是無庸置疑的。但為免除學科之間不必要的重複課程及活化學生的學習，我鼓勵教師們進行協同，並積極推動統整教學。今年六年級同學在畢業之前便作了一個以水資源為主題的課程博覽會，相當具有深度與廣度。負責籌畫的自然領域及藝文領域老師，從去年就開始構思，不斷的與相關人員討論，包括徵詢我的意見。當然我了解所謂的徵詢，一方面是尋求協助，

但有相當大的成分是希望獲得校長的肯定。我每次從與他們短短的互動時間中，不斷的鼓勵他們，增強他們信心，並承諾給與他們全力的支援。隨著老師們不斷的腦力激盪，所引發的創意點子愈來愈多，課程博覽會參與的層面也愈加擴大。終於，2005 年 4 月 28 日這天，在本校的活動中心，包含動態的戲劇表演、趣味的科學遊戲、大幅的水墨連畫；生動的學生導覽以及精采的影片及豐富多元的看板及作品導覽……等，將 5 個多月來跨領域及學群協同教學的成果完整呈現。當天參觀的學者專家、來賓、長官很多，對於學生的表現、對於教師教學的深度與廣度都非常肯定，身為校長的我，更被這場完全由老師團隊自行發展而成的課程博覽會深深感動，因為它再次證明了教師的能力是可以被引發的。而校長的課程領導絕不必是深陷火線的自己跳進去做，而應該是當一個稱職的催化者、激勵者與引導者。

伍、行政服務教學　運用知識管理　成就教師專業

行政與教學是一體的兩面，相輔而相成的。「轉型的領導者非常了解，領導不是命令和強制，而是鼓勵從屬者的持續成長和發展，這是教與學的歷程」（林明地、楊振昇、江芳盛譯，2000）。但必須要有理念、肯服務的行政團隊，才能帶領教師進行專業成長。我需要服務創新、行動力強的行政團隊，但又擔心變革太快，容易引起校內保守勢力的抗拒。因此決定採取漸進與平衡原則，先從校外延聘年輕又專業一男一女 2 位優秀主任，擔任教務與訓導的工作。我向他們清楚描繪學校經營的理念後，只要求一件事：任何變革或創新計畫，一定要先向校長報告，只要校長點頭，則行動成果豐碩時，我會及時獎勵並將功勞歸給大家；偶有失算校長也絕不苛責，並且一肩承擔後果。這樣的承諾、信任與充分授權，讓新進的主任們願意全心投入放手去做。不但學校多年無法解決的問題一一獲得改善；各種創新活動紛紛出籠；對外比賽迭創佳績；亮麗的成果不但讓家長們耳目一新，也讓教師們相信「行政服務教學」不再是口號，而願意與行政不分彼此、互相信任、攜手合作。至此，以行政領導帶動課程與教學的理想總算逐步展現成果。

陸、5 個第一名背後的競合實例

本校現任系統管理師在就讀師院時即是資訊高手，因此他一畢業，我們即主動延攬到校，並支持他繼續帶職進修資訊研究所。以此後起之秀，結合校內原有資深資訊教師，組成堅強的資訊小組。他們有理念、有活力又有創意，為學校教師設計完整好用的資訊平台，以此為中心，結合各個課程領域專長的老師，架構出堅實的教學網絡，進行各種課程設計與教學活動。由於有科技作為加速器（《從 A 到 A+》的理論），使得各領域老師之間無論顯性的知識或隱性的技能，迅速的被儲存、傳遞、分享與轉化，運用知識管理的方式，自然形成一個學習型的組織。

2004 年台北市舉辦第一次主題網頁設計比賽，在短短的時間內，本校便有10 位老師合力產出 6 件作品參加比賽，由於質量皆優，輕易的便獲得台北市團體總冠軍！藉著這樣的成功機會，我安排他們在校內進行成果發表，讓老師們有機會上台擔任講座，提高他們的榮譽感與自信心，鼓勵他們成為專家老師；也期待其他的老師們因此而能見賢思齊，並利用機會觀摩學習。當然，就在他們信心滿滿的同時，我趁機提高他們的願望水準，鼓勵他們準備隔年進軍世界學校網界博覽會。

事非經過不知難，儘管老師們滿懷雄心壯志，但要將理想付諸行動，仍難免困難重重。只要工作上遇到瓶頸，我除了給與精神上的支持外，也提供資源，協助排除實務上的困難；並支援經費延聘講座，補強其能力之不足。有時因為參賽的壓力太大而會有放棄的念頭，但由於同時報名了 5 件作品，在彼此既競爭又合作的情況下，礙於情面，誰都不願意輕言退出，因此只好轉為互相激勵。（所謂相濡以沫吧！奮鬥的路上有人相伴，力量豈只加乘？）結果，參賽的 5 件作品，都獲得台北市網界比賽各類組的第一名！亮麗的成績遠超過大家的期待，不但各大報爭相報導，讓參與的同仁體會到人生中難得的高峰經驗。更重要的是：經由這樣的過程，不但大家課程設計及資訊能力更上一層樓，彼此的感情因這美好的一仗而結合得更加緊密，而追求卓越的組織文化也已悄然成形！此後，各處室、各領域、各學年爭相投入自己的園地裡耕耘，追求卓越、重視績效已成為組織的基本假設，就像一個動力十足的飛輪（《從 A 到 A+》一書

中的譬喻），校長只要輕輕一推，它便快速朝著既定的目標前進。

柒、試辦教學輔導老師制度　全面推動教師行動研究

　　領導的目標是在組織中建立人力資本，改變領導者和從屬者的關係，藉由組織的目的和共享的價值引發參與者的活力和動機（林明地、楊振昇、江芳盛譯，2000）。

　　擔任教學輔導老師是一種榮譽。不但在陽明山受訓 3 週期間，可以提升班級經營、教學專業以及助人的技巧。而在與夥伴老師的互動，與其他輔導老師的合作與分享的過程中，更學會溝通的能力，體會團隊合作的重要，以及最珍貴的：大大提升對教育工作的熱情！

　　本校教學輔導老師的成長方式是由校內老師輪流擔任講座。從自己專長的領域切入，彼此分享自己的閱讀心得、教學經驗及創新課程內容。最後更將個人的資料、心得加上省思做成教學歷程檔案，方便自己做成長規畫，也與其他夥伴相互切磋。

　　藉由這樣的活動方式，我們看到了老師們的優秀能力與無限發展空間。因此從教學輔導老師開始，組成行動研究工作坊，延聘講座帶領大家進行行動研究方法的研習，再進而擴大至領域及學年。當然，老師們在繁忙的工作中，要再抽出時間進行行動研究，難免有壓力也會有抗拒。但我常適時引用老師們自己的話來勉勵他們。比如要推動新事務，便用「勉強成習慣，習慣成自然，大家試試看啦」（三年級的老師說的）、「他們學年行，我們學年為什麼不行？輸人不輸陣啦！」（五年級學年主任說的）同仁們最喜歡說一句話：「工作不到最後關頭，絕不輕易完成！」我也將這一句話作正面解讀，至少同仁們都是願意做的。既然不到最後關頭絕不輕易完成，那麼我們便將每一件工作都定下完成期限，當作所謂的「最後關頭」。果然，老師們說話算話，總會在「最後關頭」交出漂亮的成果來！

　　而經由一次一次的行動研究及成果發表，教師們由以往的知識消費者角色，逐漸轉成為知識的產出者。而對外參與行動研究比賽的作品也逐年增多，

已連續 2 年獲得台北市教師行動研究團體第三名、第四名的佳績。也因此帶動相關的教學檔案製作及教師的課程設計能力。

以今年一年級學群老師協同進行一項「提高學童體能的研究」為例。他們將所有一年級的小朋友分為實驗組及控制組。先進行完整的前測。實驗組的班級每週利用 1 節彈性時間及每天的晨光時間，由低年級體育老師設計體能訓練課程，學年老師進行協同教學，控制組則無。經過將近 1 年的實施後，再作體能檢測，將結果進行統計及分析，結果發現實驗組的孩子們，不但在體能上有相當顯著的進步，對體能課的興趣亦相當濃厚。教師們依據研究結論，在課發會提出相關課程時數安排的建議。老師們能以研究成果作為討論的依據，大大的提高了說服力，家長們對教師、對學校更加信賴，不但課程與教學的進行非常順利，各種變革措施也很容易受到支持，相對的，各方資源的引進也就順理成章了。

捌、錢會愈用愈多　只要作出成果　資源自然會來

學校的發展除了本身優秀的人力外，各種資源的引進也是不可或缺的助力。以前常聽到學校喊窮叫沒錢，因此大家已習慣因陋就簡安於現狀的生活，不敢提出任何要求。現在的校長卻鼓勵大家編織美麗的願景，頻頻問大家：「有什麼需求？」「可以做什麼改變，讓環境更好？」「學校可以添購些什麼？讓教學更方便？」而且都能有求必應。

保守的總務主任憂心忡忡，常向人抱怨：「校長這樣花錢，學校要破產了。」

我將總務主任請到校長室開導一番：「學校有多少錢可用，我心裡有數。有沒有錢支付都由校長負全責，你不用憂慮，只管用心工作！」

我相信「錢是愈用愈多的」。許多人或許無法苟同我的思考模式，但近 2 年來，事實證明：事情做得愈多，錢就進來的愈多。我只擔心同仁們不做事，只要肯做事，肯提出具體的計畫，我一定提供所需的資源。

因為大家的眼睛都是雪亮的，看到學校日新又新，積極為孩子營造優質的學習環境，心中必定覺得安心而且會充滿感激與敬佩之情。只要我們提出的計畫，是以孩子為中心，是符合教育的理念，絕對會被認同，也不必擔憂資源不

會進來！相信嗎？今年（2005）兒童節的才藝發表會上，竟有常向社區募款的一所教會——救世軍教會主動捐了 3 萬元贊助活動。

另外有一家科技公司的老闆（也是學生家長），就因為看到我們資訊小組的努力及成效卓著，便每年固定捐助 20 萬元作為學校資訊發展的基金。像內湖晨泳會因租用本校泳池，為感謝學校提供良好的設施，每年也捐助 12 萬元作為學校改善運動設施之用。舉凡設立國樂團時、歌仔戲舉行公演時，或學生舉辦畢業旅行、校際交流、羽球隊比賽成績卓越時……等，只要所辦的活動獲得認同與肯定，都會有相當的捐助。而里長、獅子會，以及地方仕紳的不定期捐助，甚至緊鄰學校的好鄰居——西湖市場定期捐助學校導護工作費用等，都讓學校在日益緊縮的教育經費下，仍然可以順利推展校務。

除了財力的挹注外，學校家長及志工們的人力支援，也是學校非常重要的助力。尤其本校志工團，已有 16 年的歷史。組織嚴謹、人才濟濟、服務更是熱忱。已連續獲得 2 次台北市十大志工團體獎的表揚。至於個人的金駝獎、金輪獎等獎項，更是不計其數。學校任何活動需要協助，志工團一出手，一定辦得盡善盡美無可挑剔。不但是學校同仁心中最美麗的團隊，更讓孩子們在正式的課程以外，提供了一個充滿關愛與服務的榜樣。良好的身教，正悄悄的在孩子幼小的心靈裡，播下一粒粒真善美的種子。

玖、整合人力資源　重視學校行銷　進行組織再造

「只有藉著創造能夠促進、關注和授權給成員的組織環境，成員的力量才能完全的發揮」（林明地、楊振昇、江芳盛譯，2000）。

面對快速的社會變遷以及家長積極參與校務的現實狀況，傳統的學校行政組織，無論在角色、功能、分工及適應能力上都顯得僵化與不足，因此，我計畫依據學校目標、需求及考量現有的各項資源，適度調整行政組織及分工模式，進行學校組織的再造，以提高學校效能，強化服務品質，協助教師的教學與幫助學生的學習。當然礙於教育經費的日漸窘迫，所謂的學校組織再造，亦只能在不增加總員額的限制下，作微幅調整。有鑑於知識經濟時代，資訊運用及資料管理與傳遞的需要，本校在原有四處室之外，另增設教學資源組。以原有優秀又具創意的資訊小組為班底，結合具課程發展專長的教師，整合學校的資訊

管理、網路設備、圖書、資料等領域,以協助教學研究與發展為重心,兼重學校行銷策畫與公共關係的建立。

教學資源中心不只作為學校的資料庫,更像是智庫。教師們製作畢業光碟,他們提供所有活動照片及技術支援,班級參加戲劇比賽,他們幫忙編劇本、剪輯、錄音和錄影;教師們製作班級網頁,他們提供素材;學校日各班播放用「魅力四射」軟體製作的班級活動影片,從基本技巧學習到剪輯、錄音、甚至完成後光碟封面的設計,他們提供課程與設備;各處室辦理活動,他們拍攝照片、錄製影片,隨時存檔、歸類;有計畫的蒐集學校所產出的各種知識加以編輯、出版;再加上學校圖書館的書或非書資料,建構成學校的知識管理中心。有了這樣的「百寶庫」,教師們無論自製教材、製作班級網頁、教學檔案或進行行動研究、課程博覽會展演……等,都能如魚得水,感受到行政對教學的支援,也能體會到團隊合作的力量遠遠大過個人的單打獨鬥。

拾、豐富社團活動　提供展演舞台　造福學生學習

學校是為了學生而存在。所有的教育作為最後都須歸結到學生的學習層面。九年一貫實施以來,大家普遍感覺到學習時數的不足,在無法滿足需求的情況之下,只有擴大供給面,才是解決的方法。但正式課程的學習時數受限於在校時間,很難再增加,因此我請教務處廣設課後活動課程,孩子在下課後學習自己有興趣的事物;請訓導處成立各式各樣的社團,讓孩子可以深入發展自己的專長,以補正式課程之不足。

「有教無類」是教育工作者的責任,「因材施教」是教育工作者的理想,這兩個看似矛盾的概念,藉由課後活動、各類社團,以及資優班、資源班和雙語教育班的設立,可說幾乎弭平了其中的落差。雖不能說已達到「將每一個孩子都帶上來」,但已盡力做到「讓每個孩子都有機會被帶上來」,以符應社會公義。

本校設有 1 班資源班、1 班雙語教育班、2 班資優班。這些特殊教育班的老師照顧的是身處常態分配兩端的孩子,數量或許相對較少,但須面對的狀況卻更具挑戰性。因此我要求他們成為「教師中的教師」。他們不但要比普通班老師修更多的學分,作更多的研究,更須自編有創意的教材。因此本校資優班不

但自行設計符合學校特色又卓越的生態教育課程，更申請教育部的研究計畫，每年發表研究成果，10多年來成績斐然。常有海峽對岸的教育參訪團到本校進行交流與觀摩。

更讓我引以為傲的是本校資源班教師設計的潛能開發，及體操結合感覺統合課程。當他們為孩子設計 IEP，並提出此構想時，我心裡為2位老師的用心暗暗喝采。我請總務處提供桌球場地、請輔導室鼓勵退休老師擔任義工協助，並向家長會爭取經費補助，購買體操訓練用具，以配合本校原有感覺統合訓練的場地及設備。經過1年多持續的練習，當今（2005）年4月2日，在學校舉辦的兒童節才藝發表會上，這些從不曾有機會站上舞台表演的孩子們，在布置得美輪美奐的舞台上，作了一場超水準的演出，獲得了台下觀眾如雷的掌聲。當我向坐在身旁的吳世正議員說明，這些是我們資源班的孩子時，我永遠不會忘記吳議員臉上那不可置信的訝異表情。

我一直相信：只要提供舞台，每個人都可以成為舞者。

每一個人都喜歡掌聲，每一顆心都需要被肯定。

因此除了盡量規畫動態的舞台表演外，學校的每一個地方都可以是靜態展覽的舞台。除了西湖藝廊、陶然雅集、西湖碧落⋯⋯這些正式的展出場地外，利用牆面、樓梯間、圖書室、會議室、校史室，甚至司令台、花圃、窗台、走道⋯⋯等，都是小朋友作品展示的空間。琳琅滿目、充滿童趣的作品，是老師們教學成果的呈現，也是學生彼此欣賞互相觀摩的好機會。

當然，校園也因此顯得更美、更具有活力。而且，充滿了童年生活美麗的回憶。

拾壹、結　語

從準備校長甄試、培育、儲訓到通過遴選，承擔校務發展的重責大任，一路走來，雖有歡喜，但更多的是辛苦。有時校長們會消遣對方：「為了3仟多元，這麼辛苦，值得嗎？」（因為主任和校長的職務加給只差3仟多元。）

以金錢衡量，確實不值。

常常為了完成校務，披星戴月；

常常為了思考問題，輾轉難眠；

為了參與會議，捨棄了回家吃晚飯的機會；

為了辦理活動，犧牲了與家人相處的時間；

所有的付出，只為完成心中對教育價值的那份執著。

我曾問身為董事長的大哥：「你已到了事業的頂峰，下一步，您要做什麼？」大哥回答：「過幾年，訓練好接班人後，我準備退休。希望能好好帶自己的孫子，栽培他成為卓越的人才！」

我想這就是答案。

教育，是愛的工程，也是築夢踏實的工作。

成為校長的歷程雖然辛苦，但卻值得。

所有攀越高峰的人，最後雖還是回到平地，

但是若和始終站在平地上的人相比，

視野終究大大不同！

作者簡介

林麗仙（女）台北市內湖區西湖國民小學校長。

1955 年（民國 44 年）生。於台北縣三重市正義國小畢業後，以第一志願考進當時的台北市立女子中學（現在的金華國中）。國中畢業後，再以第一志願的成績，進入台北女師專（現在的台北市立師範學院）就讀。歷經工作、結婚、生子後，覺所學不足，又考進淡江文理學院（現淡江大學）英國文學系夜間部二年級就讀；翌年，再轉進台灣師範大學中國文學系三年級。1997 年，又至高雄師範大學國文研究所 40 學分班結業。2001 年 8 月，考進市立師院校長培育班第 1 期，2002 年 8 月完成陽明 12 期校長儲訓課程，取得候用校長資格。2003 年 8 月初任西湖國小校長。

近 2 年來，全心投入校務經營，常以作為一個「教育家」期許自己，希望「用理想激勵自己，用熱情感動別人」，以發揮教育工作者的最大

影響力！

　　擔任校長職務，讓我有機會實現許多教育理想，雖然遇到困境時，難免偶有落寞之感，但總提醒自己要能「耐得住寂寞，忍得了厭煩」，忘記個人利益，努力澆灌教育園地。

從追夢與圓夢中深耕教育園地

黃鳳欽
原任台北縣雙城國小校長
現任台北縣豐年國小校長

壹、築　夢

　　鳳欽雖然出身於清寒家庭，但父母親非常重視教育，母親因排行家中老大，那個時代外公無力提供母親就學，但母親不但肩負照顧弟弟妹妹的生活，亦不斷自我學習，記得在孩提時，常聽母親哼著日本歌謠，陪孩子們入夢和散步，亦常聽母親說：「家庭貧窮不要緊，要認真讀書，風水是會輪流轉的。」父親則因身體健康因素，曾因無力提供孩子們順利就學而落淚，但父親卻是孩子們學習的最佳示範者；記得父親因病住院時，還努力的背誦英文單字，並且告知孩子們，堂伯父是苗栗縣造橋國小的校長，要孩子們努力學習，才能有好將來。

　　就讀苗栗縣錦水國小時，受到當時的級任李老師和廖老師的照顧，擔任班長和模範生，還有那時的陳主任和陳清梅校長特別疼愛我，不但個別指導我要在畢業典禮時致答謝詞，陳校長亦多次請我到校長室，鼓勵我要勇於擔任兒童節奏樂團的指揮，雖然當時的兒童樂團指導老師並沒有給我機會，但陳校長、陳主任發揮的教育愛，已深深烙在我幼小的心靈中──原來當校長可以關心到我這貧困的小孩呀！也期勉自己將來也要做個有能力照顧他人的人。

　　在新竹師專讀書時，二年級開始被選為中隊長、四年級擔任女青年聯誼會總幹事、五年級擔任畢業班的班長和實習校長，在此階段有機會替同學們服務，並總籌規畫各項教育活動，服務績效良好，受到竹師師長及附小校長的勉勵和肯定，讓我有信心的從事教學行政工作。

　　畢業後分發到台北縣板橋市沙崙國小，第 1 年擔任一年級的老師，第 2 年

已故林清華校長鼓勵我發揮體育專長，擔任體育組長，指導體操隊及田徑隊。第4年因結婚懷了老大，不便做劇烈體育活動，而申請調至離家較近的板橋市國光國小。在國光國小服務10年，亦受到當時幾任校長的鼓勵，指導學生參加舞蹈比賽、啦啦隊比賽、跳繩比賽、踢毽子比賽、科學展覽活動等項目都得到全縣優異成績，1986年朱阿甜校長調至國光，鼓勵我再度兼任行政工作、陸續擔任體育組長和生活輔導組長的職務，直到1991年考上主任，分派台北縣瑞芳鎮瑞亭國小服務2年。

貳、追　夢

一、決　擇

　　從事教學行政工作，非常忙碌，自從懷了老大後，我腦子裡一直思考，我急於擔任行政工作嗎？加上老大出生後第2年，又產下一對雙胞胎兒子，家中還有70歲的公公與我同住，全家五口男生，老老幼幼，嗷嗷待哺，最後我衡量生命是要追求圓滿，才不致造成遺憾；倘若我的孩子沒有照顧好、教育好，我的行政之路又有何意義？於是我先選擇擔任級任，一直到朱校長鼓勵我再度擔任行政工作，那時已是36歲了，3個孩子也已上了小學三、四年級，於是我和先生商量，準備參加主任甄試，獲得他的支持，並告訴我不要擔心，「碰到問題，再解決問題」，那時我選擇報考平地主任，希望以通勤方式兼顧一家大小；每天早上為孩子們買好早餐，再趕搭自強號火車到八堵，換騎機車到學校，4點下班再騎車到八堵坐火車返家煮晚餐，辛苦2年後，恰逢朱阿甜校長調動，將我帶回樹林文林國小，先生亦考慮我上班的方便，遷居到學校圍牆旁的社區，以便我夜間辦理各項社會教育活動。

二、歷　練

　　到文林國小服務，從1993年到2001年，歷任訓導主任2年、教務主任6年，其中1998年因朱校長2月份退休，擔任代理校長半年。這段期間追隨朱校長，校長給我工作上最大發揮的空間，除了推動開放教育外，多次帶領手球和排球隊到歐洲和韓國參加國際錦標賽和友誼賽，獲頒台北縣體育有功人員獎；

推動社區成人教育包括補校、成教、社區學苑、義工成長班，獲頒教育部推動成人教育有功人員獎，及台北縣社會教育有功人員獎。

1998 年 8 月徐森炎校長到任，亦全力支持試辦九年一貫課程，我們評估教育現場的實際狀態，以務實的做法，逐步帶領老師規畫、設計、執行課程，並將老師辛苦編擬的教材，於年度末辦理三鶯區試辦九年一貫課程成果發表會，分享試辦經驗。

2001 年，雙胞胎兒子順利考上大學，當年 4 月參加台北縣第二屆國小校長甄選，也幸運的考取，感謝台北縣教育局特教課曾慧媚課長的勉勵，於 2001 年至 2003 年 7 月，到特教課擔任輔導員，承辦台北縣國中小音樂、舞蹈、美術、數理、一般智優班等資優教育業務，及帶領台北縣視障輔導員及在家教育巡迴輔導員，實施全縣視障輔導教育和在家教育，擴大了服務的層面；2002 年建立台北縣未足齡資賦優異兒童鑑定入學的制度，包括申請、鑑定、安置流程及相關鑑定人員培訓及宣導資料。2003 年 6 月，經台北縣國小校長遴選委員會遴選，派任台北縣新店市雙城國民小學擔任校長。

三、感　恩

回想擔任主任的歲月，要感謝共事過的校長、課長和局長，給與我充分發揮的空間；記得初到瑞亭當教導主任時，學校除鐘文彬校長和總務羅老師兼任主任為男士外，新調進的 8 位老師都是女性，但鐘校長給與老師們充分發揮的空間，在大夥同心協力下，第 2 年我們學區的學生回流了，鐘校長亦肯定我們這批「娘子軍不讓鬚眉」。

朱阿甜校長待我如女兒，從擔任老師、組長、主任，到朱校長退休後的代理校長半年，一路相伴推動體育活動、社會教育、開放教育，讓我充分發揮專長和潛能。代理校長半年，適逢學校小班教學 30 間教室大樓興建，及學校零星工程採購，增進了個人在總務事務的了解；在當時有 86 班的校務經營上，我的時間管理是：上班時間協助各處室處理事務、下班時間再批閱教務公文、夜間亦持續辦理各項補校、成教業務，那段期間非常辛苦，呼籲全體老師同心協力，節約能源，將有限的教育經費充實設備，增添自然專科教室桌椅、修繕視聽中心場地和設備。亦於 7 月份帶領學校手球隊到斯若法尼亞，參加歐洲盃手球國際錦標賽，獲得冠軍。

候用校長期間，到台北縣教育局服務期，曾慧媚課長分派我承辦特教業務，推動資優教育、視障教育、在家教育，有機會就相關業務的改進就教課長和教授們，我亦秉執行動研究精神，深度探討學理、法源、現況，並務實提出改進方案，落實推動特教制度的建立，當時要感謝前後任局長（吳財順、潘文忠）及副局長洪啟昌、曾課長的肯定與支持，順利建立台北縣未足齡資賦優異兒童鑑定入學制度。在作業過程中，也熟悉縣府各項經費申請、核辦作業流程，並且非常懷念特教課同事們的相互鼓勵、討論、分享和關懷之情，這段在縣府歷練的日子，在我人生中，留下美好的回憶。

另外在文林國小擔任主任時，要感謝張濬哲校長、林兩成視導及袁友冠視導給與校務經營的經驗傳承，還有林秀地校長，在擔任三鶯區視導時，學校試辦九年一貫課程，林校長給我很多肯定與指導；她不僅是我校長班的輔導校長，並且是我專業對話的心靈導師。其他還有許多專業教授的指導，完成師院 40 學分班進修，並繼續進修國立台北師範學院課程與教學碩士班，充實了辦學的專業學養。因此在邁向校長之路，一路走來，要感謝這麼多的長輩和長官給與成長和實踐的機會，包括很多的前輩校長們在甄試時不吝給與經驗分享和指導，才能實現我在校長之路的追夢。

參、圓夢──深耕雙城教育福田

雙城國小位於新店往三峽之間，學校在新店市安康路三段路旁，依山設立。校地總面積僅有 8,041 平方公尺，92 學年度，班級數有 54 班，教職員工103 人，學生數約有 2,000 人。本校最大困境乃在於地稠人密，教學活動空間不足，體能活動設限。所以經營雙城國小，首先仍需朝著安人、安事方面來努力，讓老師用心教學，學生快樂學習，家長和社區人士才能放心。初派雙城國小，我的做法：首先是深入了解學校急需克服及努力的地方，以利解決困境、建立制度，掌握校務發展的契機。其次：凝聚辦學共識，結合各方資源，深耕課程與教學，周延照顧每一位學生。最終乃求在溫馨校園中，帶領親師生共同追求卓越與創新。我的做法，詳述於下。

一、深入了解學校亟需克服及努力的地方

校長經營學校三部曲，一般原則：大都先求安定，再求發展；有了發展，再求創新。但派任校長仍需快速進入狀況，了解問題、評估需求，才能精準的掌握學校應興、應革的契機；雖然在參加台北縣校長遴選時，必須提出個人前三個志願學校的校務經營計畫，但對學校內部真正的了解，仍需在正式遴派之後，多方傾聽教職員工及家長的意見，才能全盤了解學校深層的問題；換句話說：面對學校存在的問題，必須敏於覺知、深入了解、詳實評估，才能了解問題的癥結，針對問題，提出有效解決的策略，在適當的時機解決問題；有些問題必須當機立斷，盡速提出解決問題的策略，有些則需依制度運作，逐步調整，讓學校的劣勢化為優勢，危機化為轉機。例如以下事例：

(一)重整行政團隊，強化行動力

行政團隊的角色，不是四頭馬車，各自奔放，而是要四處同心協力，目標一致。到了雙城國小，主任們反映各處所擔任的職務已有 4 年，希望職務能輪動，當下我評估了每位主任的人格特質、辦事能力、可成長空間、學生被了解的需求，及校長本身可盡力協助的面向，決定了雙城行政團隊的重組。由原學務主任轉任教務主任，發揮其溝通協調能力；原教務主任轉任總務主任，增進其採購及庶務管理能力；原總務主任轉任學務主任，借重其帶領學生參加校內外活動的能力；輔導主任續任，以充分掌握特殊學生的狀態及安置情形，避免因全體主任職務變動，而怠忽了特殊學生應有的關懷和權益。組長則授權各處主任，自行禮聘合作團隊。新年度透過每週行政會報及定期擴大行政會議統合議題，協調分工，發揮行政效能，其中教務主任亦榮獲 92 學年度師鐸獎的殊榮。

(二)資遣超額廚工，提升午餐品質

本校設有自立午餐廚房，聘有營養師及廚師辦理午餐業務，提供全校師生週一至週五午餐。有關廚師人數的聘用，需依縣府規定學生用餐人數的一定比率聘請。剛到雙城所面臨的第 2 項人事問題，為廚師超額問題。在上年度午餐經費無結餘，又 92 年度減 3 班用餐的情形下，解決廚師超額是當務之急。首先

請營養師調查全縣學校型態類似的學校，了解各校聘用廚師人數有幾人？其次蒐集各校聘約，重新擬訂廚師聘約，為了避免廚師間因工作任務的爭執，另行建立職務分配與輪派制度，及工作評鑑制度。並請營養師核算10位廚師若自願資遣，每個人可獲得的資遣費，再行尋求家長會的了解與支持，召開資遣協調會。透過人性化關懷、法制化、數據化的說明及制度化的建立，感謝廚師們的體諒，了解校長為了照顧雙城孩子獲得應有的午餐品質，依法所做的抉擇；協調會中，在1位資深廚師的自願資遣表態下，最後共有4位廚師願意接受資遣，使學校午餐從危機中獲得轉機，並順利於92學年度8月底完成資遣作業。此案例在短短1個月內，以個人先行墊資的方式，快速解決問題，重建制度，使學校面對逐年少子化的情形，預留了學校以時薪聘用廚師的彈性空間。

(三)變更工程設計，克服設計不當

本校校地小，建有3棟校舍，其中群賢樓倚山而建，因後山山高，須嚴防山水大量下注，有危及校舍安全之虞，因此到任後，接續辦理後山左右方護坡工程。在開始施工時，一大早，突遭鄰校多位地主抗議，謂開挖溝渠的道路是其私人用地，不准學校開挖。於是請回建築師，重新於本校圍牆內，就地形地貌重新變更設計，以通暢後山大量水流。工程完成後，每當下大雨，我巡視校園時，常見90歲的地主，亦是本校前會長，總會站在圍牆旁查看溝渠的水流，是否通暢；有一天，他老人家突然站在我辦公室的門口，提著一包文山包種茶送給我，當下我感動的掉下眼淚，此幕「關懷之情」亦不時在我的腦海裡迴轉。

(四)接棒解決校地徵收問題

本校在19年前有一筆校地，已徵收未完成過戶，經過多任校長的努力，至今仍未完成徵收手續。到任後積極整理過往資料，釐清來龍去脈，夥同前後任3位主任以任務分工方式，連繫及拜訪地主；總務處同仁亦協助到地政事務所，蒐集因時空變遷所造成地主資料的異動。並邀請縣府相關承辦人員、工程視導、律師、及市長、議員，地主們等到校參與解決土地徵收協調會。目前此項作業已進入縣府相關單位會簽處理程序。

(五)建立各項採購制度

本校總務主任為原教務主任轉任,未有總務工作經驗。在各項採購作業的程序上,我皆深入探討採購法,親自研訂各類招標文件,以教導型方式,依不同採購型態,以檢核表協助總務主任建立採購檔案。學校採購物品則必須依申購程序辦理,每項小額採購,亦求貨比三家,務求每分錢發揮最大效益。在同仁的眼中,校長做事公平、公正、公開、廉潔;雖然做事嚴格要求,但亦能體諒採購畢竟需依法行事,謹慎處理,才不致產生後續麻煩的問題。

二、精緻課程品質,提升辦學成效

校長是學校辦學的舵手,校長的教育理念牽動著教師教學的熱忱與學校文化的特質:我秉執教育本是教人成人的工程,辦學必須回歸教育的本質;學校應以學生為主體,一切作為以學生最大獲益為依歸;雖然學生個別差異為存在的事實,但必須以多元智慧的觀點,成就每一位學生;因此耕耘雙城,我以誠懇、關懷、務實、合夥、感恩、反省的作為,凝聚老師和家長的共識,並充分結合社會資源,提供師生更趨優質的教學環境,促動老師更關愛學生,更用心教學,使學生能獲得多元適性的發展。因此我以「一步一腳印」、「全力以赴」、「共同分享」的精神,精心耕耘雙城這塊「教育的福田」,期盼能營造溫馨、精緻、卓越的學校。具體做法如下:

(一)凝聚辦學共識

學校是社區教育的中心,教育的對象不僅是社區的孩子們,還有社區的民眾。校長必須以開放辦學的態度,帶領全體教職員工發揮專業的能力,帶好每位學生,並使學校發揮社區學校的特色。因此,學校願景意涵的再論、校務經營目標的明確化和達成校務經營的具體作為,必須透過各種會議和途徑,進行討論和宣導,以凝聚本校辦學的共識,針對建立願景圖像,凝聚親師夥伴合作共識,我的做法如下:

本校願景在九年一貫開始實施時,由全體教師共同討論研訂為「健康成長、樂在學習、多元發展、感恩惜福」,其意涵並無多加闡述。因此在檢視本校校徽及家長會徽章後,個人認為應以親師攜手合作培育雙城學子的

精神，將本校校徽及家長會徽章，結合成為本校的願景圖像，透過課程發展委員會討論通過，彰顯本校的辦學目標及課程與教學的核心概念說明如下圖1：

◎本校校徽　　　　　◎本校家長會徽章　　　　◎本校願景圖像

圖1　本校校徽、家長會徽、願景圖像

⑴本校願景圖像以親師攜手合作的雙手，捧者學校與家庭，希望透過親師合作，與感恩惜福的人文教育，讓雙城的孩子獲得快樂學習與健康成長，並且適性發展，開展潛能。猶如幼苗在沃土裡成長，不僅蒼勁挺拔，並能開花結果。

⑵梅花花瓣象徵本校以全人教育為宗旨，培育五育均衡發展的健康兒童，具體做法和成效如下：

①德育：注重生活教育：推動服務學習、童軍活動、強調日行一善。

②智育：提供多元適性課程，開展學生潛能。推動圖書閱讀活動、定期舉辦學習成果發表，並實施補救學習、鼓勵老師創新教學等。

③體育：推動學校本位體育活動課程，並定期辦理各項年級體育競賽活動。

④群育：定期舉辦班級學習成果發表及體育活動班際競賽。

⑤美育：推動藝術與人文課程，並辦理各項藝文社團包括：兒童樂團、合唱團、南管樂曲、舞蹈社團、舞獅社、客家山歌及鑼鼓、二胡社等。

(二)明確學校辦學目標，提升辦學效能

辦學有了方針，親師才能攜手合作，戮力以赴。我的校務經營目標朝下列三項重點努力。第一：以全人教育的觀點，培養質樸、矯健、情溫、德美、有智慧、有能力的學子為目標。第二：以學校社區化，社區學校化，發揮社區學校的功能。第三：倡導專業團隊的合作，形塑學習型學校，提升師生教與學的成就。分述於下：

1. 以全人教育的觀點，培養質樸、矯健、情溫、德美、有智慧、有能力的學子。從三方面做起：
   (1)加強學生體能、休閒能力的培養，鍛鍊學生體魄，柔化教育的情境，促使學生身心健康。
   (2)結合資訊科技、藝術與人文、鄉土與國際課程，暨多元社團活動，開展學生多元智慧和潛能。
   (3)透過課程規畫使學生具備人本情懷、民主素養、關懷自然、懂得感恩惜福的靈性兒童。

2. 以學校社區化，社區學校化，發揮社區學校的功能。具體做法如下：
   (1)使學校社區化：主動開放學校資源，加強親職教育，促進親師合作，辦理社區各類教育活動。
   (2)使社區學校化：帶領老師統合社區資源，建立資源檔案，規畫學習地圖，建構快樂學習園地。

3. 以專業團隊的合作，形塑學習型學校，提升教師教學的成就。具體做法：
   (1)倡導夥伴合作，結合學術單位，推動行動研究，落實教學研究會功能，發展學校本位課程特色。
   (2)建構知識分享的平台，善用科技媒體，舉辦工作坊、論壇、實施教學評量，開展師生潛能。

(三)訂定願景核心概念，作為教師課程與教學設計的主軸

學校願景是凝聚親師生共同努力的標竿，亦是教師設計課程的依據，其內涵必須詳加闡述，讓全體親師生有所認知，教師才可能規畫適切的課程，使學生獲得知識、技能及情意的培養。

本校教育願景為「健康成長、多元發展、樂在學習、感恩惜福」。其要旨乃在使學生獲得全人教育，以健康成長為基礎，以快樂學習為歷程，以多元發展為途徑，培養具備高尚情操，懂得感恩惜福的優質國民，其核心概念如下：

1. 健康成長的意涵包括
    (1)身體健康方面：強健學生體魄，養成良好健康習慣及運動休閒能力。
    (2)心理健康方面：兼重學生個性及群性發展，培養肯定自我、尊重他人的民主素養。

2. 樂在學習的意涵包括
    (1)快樂主動學習：提供優質的情境教育，培養學生應用科技能力及主動探究的精神。
    (2)強調體驗學習：結合各方資源，落實體驗學習，實施多元評量，肯定學生學習成就。

3. 多元發展的意涵包括
    (1)鼓勵多元創新：提供多元學習活動，實施創意教學，活化學習，開展學生潛能。
    (2)發展學生潛能：精緻課程設計，培養學生認知、做人、做事及自我發展的能力。

4. 感恩惜福的意涵包括
    (1)尊重關懷他人：營造溫馨校園，實施感動教育，培養愛自己、愛他人、愛自然的情操。
    (2)合作分享：形塑學習型學校，倡導夥伴合作，透過分享、評鑑，追求卓越品質。

㈣落實校務經營十大策略

校長辦學除了要凝聚親師生對於學校願景和目標有明確的認識和共識外，最重要的是必須運用適切的策略和方法，促動親師合作及教師教學熱忱，使老師享有成就感的教學，學生亦能獲得多元適性的學習。依據本校特質，我採取以下 10 項策略經營雙城園地：

1. 以專業化的領導形塑教育社群。
2. 以制度化的運作提升辦學效能。

3. 以人性化的交融實施感動教育。

4. 以情境化的導引豐富課程內涵。

5. 以社區化的經營營造社區學校。

6. 以務實化的策略紮根師生能力。

7. 以多元化的參與凝聚夥伴合作。

8. 以科技化的技能拓展學習場域。

9. 以知識化的管理創新教育作為。

10. 以權變化的因應突破學校困境。

　我的期待：

1. 讓雙城的學子們◎健康成長◎多元發展◎樂在學習◎感恩惜福。

2. 鼓勵雙城的老師◎倡導倫理◎發揮教育愛◎精研專業◎帶好學生。

3. 期盼雙城的家長◎關懷兒童◎尊重專業◎親師合作◎支援老師。

㈤結合各方資源，提供優質教學情境

　　提供優質的教學情境，是校長辦學的首要任務。統籌資源、籌湊經費，妥善規畫情境，公平分配資源，讓全體師生享有優質的教學情境，是我辦學的原則，因此我以下列 8 種方式爭取人力、物力、財力、自然及機構資源，改善教學情境，充實教學設備，爭取學生活動經費。各種方式略述於下：

1. 以校務計畫，依項籌湊資源。

2. 以辦學成效，爭取廣泛支援。

3. 以慈愛辦學，廣結民間資源。

4. 以專案計畫，爭取各項經費。

5. 以夥伴合作，推動社會教育。

6. 以社區教室，延伸學習場域。

7. 以專家資源，提升教學品質。

8. 以物盡其用，移轉機構資源。

　　由於認真辦學，廣獲各方人士的肯定和支持，獲得多方資源，經費來源包括行政院客家委員會、教育部、教育局專案計畫經費、公所及焚化爐夥伴合作經費、地方回饋金管理委員會經費、地方民代經費、家長會經費等，得以充實及支援學校各項教學設備和活動。其他還有包括向獅子會、佛教團體、廟宇、

善心人士、提供午餐補助經費、贈送白米、毛毯、圖書,照顧弱勢學生生活。

(六)從課程檢視中,深耕課程與教學

歐用生(2004)認為改革學校和整體教育系統是校長的道德責任,周淑卿(2004)亦認為學校教育的改革,應朝向素樸的課程,回到師生互動經驗課程本質,以尋回教師與學生的主體性,讓技術與方法為人所擇用。九年一貫課程已全面實施了,身為校長更應具備道德的勇氣,帶領老師檢視九年一貫課程實施後,學校課程組織的運作、課程的規畫實施,有哪些面向需要修正、調整、充實、支援與精進,以精緻課程品質。我的具體做法:

1. 透過檢視和評鑑,發掘仍待努力的面向

   九年一貫課程實施後,校長不但是行政領導者,更需兼辦課程領導者的角色;我為了深入了解課程決定、課程規畫、課程實施與課程評鑑,首先以行動研究的方式,蒐集台北縣各校相關資料,評析本校課程決定的適切性;其次是參與本校課程發展委員會的組織運作,深入了解學校課程實施仍可努力的面向。第三:透過每學期全校老師對課程實施的評鑑結果,作為精進課程品質改革的依據。以下為本校 92 學年度的學校狀態,分述如下:

   (1)學校教師專業潛能有待開發

   在參與本校課程的發展中,發現本校因位居城鄉交界地區,教師年輕且流動率高,教學資歷淺,但具專業發展的潛力。針對本校課程發展的觀點,急需成立行動研究小組,培訓種子教師,以增強教師專業的能力,並期盼種子教師在課程發展委員會和學習領域小組中扮演課程領導者的角色。

   (2)行政人員應加強資源統合及課程領導能力

   93 學年度,本校教師因退休和遷調,行政團隊已有新的布局。行政人員除了必須扮演支援教學的角色之外,九年一貫課程的落實,仍需加強行政人員參與課程規畫,展現課程領導及實施課程評鑑的能力。

   (3)需強化課程發展委員的道德觀及課程觀

   課程發展委員會擔負著學校課程發展的重責大任,其任務包括規畫學校課程發展的方向和主軸、各領域教學節數的決定、課程計畫的審查、課

程評鑑的實施等。因此課程發展委員會成員的素養，將影響學校課程品質的優劣；強化課程發展委員會成員的道德觀和慎思課程發展的能力，將是本校教師精緻課程品質可以努力的課題。

(4)須調配學習領域小組專業對話的時間

學習領域小組功能的發揮是課程發展與課程實施的基石。倘若各領域教師沒有規畫共同時間，則無法深入進行專業對話和課程研討。92學年度每週三，除安排課程發展委員會、學習領域小組會議外，又安排教師進修活動，多重會議同時間進行，相對的也剝奪課程發展委員會及學習領域小組成員的進修機會。因此，教務處若能審慎安排課程，善用週五中低年級下午課餘時間，或是改變週三教師進修的方式，以落實學習領域小組功能，皆是可以思考變革的方向。

(5)期盼全體老師更精進課程專業

建立終身學習的理念，是教師與時俱進不被淘汰的不二法則。本校老師共76位，目前已取得或正在進修碩士學位者僅9位，因此鼓勵老師繼續進修更高學位、建立第二專長，或是參與校內行動研究小組、教學工作坊，都是充實教師教學能力的途徑。

(6)圖書設備與閱讀空間不足

學校是學生生活與學習的主要場所，具備完善的教學環境和設備，是有協助師生教與學的第一要務。本校因校地小，班級數多，雖然3棟大樓已充分應用頂樓和地下室，作為各種教學活動空間，但是仍缺師生的閱覽教室。考量93學年度新生入學人數已降低，應調配教室，擴增閱讀教室空間，並充實圖書設備，以提供師生更優質的學習環境。

2.本校在精緻課程品質的努力

(1)學校願景意涵的再澄清

學校願景及教育目標的意涵需釐清，學校願景是凝聚親師生共同努力的標竿，亦是教師設計課程的依據，其內涵必須詳加闡述，讓全體親師生有所認知，教師才可能規畫適切的課程，使學生獲得知識技能的學習及情意的培養。

本校教育願景為健康成長、多元發展、樂在學習、感恩惜福。其要旨乃在使學生獲得全人教育，以健康成長為基礎，以快樂學習為歷程，以多

元發展為途徑,培養健全優質並具備高尚人格情操,懂得感恩惜福的優質國民。

(2)組織行動研究小組

本校結合縣府推動社區有教室及行動研究方案,編擬專案計畫,爭取補助經費,由老師自籌小組進行。93 學年度聘請于安邦教授及莊金榮主任,蒞校指導老師以工作坊方式進行社區教室及閱讀教育行動研究,希望藉助學術專業帶動老師自發學習及培訓本校課程領導的種子教師。

(3)強化課程發展委員會組織功能

課程發展委員會每月安排一次,成員各有任務分配。學期開始前明訂每次會議主題。透過正常運作及評鑑檢討,提升成員的道德觀及使命感,為本校課程規畫擔任促進者與評鑑者角色。

(4)增進學習領域小組專業對話

為了落實各領域教學研究會功能,我單獨約見各學習領域召集人,進行深度會談,了解教師意見與問題,並導引各領域小組發展學校本位課程,以促進成員用心討論課程規畫及共同創新教學。

(5)落實學校本位課程進修

本校 93 學年度教師進修活動重新統整,在時間規畫上除週三教師進修活動共同安排集體主題進修、教學研究會討論、學年會議外,並由教務處於開學排課時,安排週五下午各課程發展委員空出時間,以方便參與課程發展委員會運作,討論主題由下而上提出規畫,以增進進修內容的實用性。

(6)逐步發展學校本位課程

學校本位課程發展,可依據學校型態大小、學校社區資源特色、教師人數及專長、學生學習需求,由不同的面向來切入發展。本校屬中型學校,考量團隊運作及學生多元學習需求,本校以學年團隊及領域團隊來發展學校本位課程特色,讓各學習領域的老師都有創意規畫課程與教學空間,以活化每位老師教學,此策略不但展現本校多元多貌的課程內涵,亦透過學年團隊及領域團隊的共同分享,使本校課程獲得縱向和橫向的統整。

⑺改善教學環境，增進教學成效

　為增進教師專業團隊課程經驗分享，本校於 92 學年度爭取各方經費，充實單槍投影機共 10 部，以利各學習領域及各學年教師進行教學及經驗分享時借用。其次增設圖書室，由原來的 1 間擴充為 3 大間，向政大及師大爭取圖書櫃之移撥、向民間及公所爭取經費，增購圖書 30 萬。電腦教室配置新電腦，調撥電腦教室 20 部電腦於圖書室，提供師生上網查資料，擴充各社團團隊學習空間，增設鄉土教育資源中心、生態園、水生植物池、添購教學設備等，以改善教學環境，增進教學成效。

⑻推動社會教育績效卓著

　本校以學校社區化，社區學校化，發揮社區學校的功能。具體做法如下：①主動開放學校資源，加強親職教育，促進親師合作，辦理社區各類教育活動。②帶領老師統合社區資源，建立資源檔案，規畫學習地圖，建構快樂學習園地。具體事例：校長定期透過給全體家長的一封信，向家長報告學校教學活動動態及成果並附帶貼心叮嚀。另外本校為新竹社教館新店社教站，推動社會教育不僅善用學校設備、場地、師資，盡心推動各項社教活動，夥伴們更不辭辛勞的走入社區，結合社區教室，進行各項教育活動，包括提供失學民眾補習教育、針對外籍配偶開設成人教育班、還有電腦研習班、在各個社區裡實施親子英語共學班、親子閱讀共讀班、外語學習班、家庭教育班、低收入戶婦女資訊研習班、老人歌唱班及培訓故事媽媽走入社區推動閱讀教育；涵蓋課程內容層面包括醫療保健、家庭經營、親子教育、理財觀念、法律常識、星座命理、生活禮儀等多元課程，提供社區人士參加各項學習活動的機會。這些努力使學校不僅帶動社區教育，同時亦廣結社區教室資源，拓展了師生教與學的舞台。

⑼2 年來辦學具體成效

　92 學年度本校學生服務學習被評為全縣特優獎、舞蹈競賽獲全縣優等全國甲等獎、兒童樂團獲 92 學年度全縣優等獎、93 學年度全國優等獎；合唱團 92、93 學年度獲全縣優等獎、鄉土歌謠 92、93 學年度全國優等獎、南管樂團 93 學年度獲全縣優等獎。英語創意教學獲全縣特優獎、本校社教站業務亦獲新竹社教館評定優等獎、本校課程實施獲得績優

獎、推動鄉土語言教育,獲得全縣前三名,被推薦為教育部訪視學校,其他還有老師和學生參加各項競賽亦獲得多項優異成績,展現多元多貌的教學成效。在學校教學環境改善部分,已擴增各項社團練習教室及圖書室,並設立鄉土資源教室、生態園及水生動植物池,更新電腦教室設備,增購 7 部單槍投影機及各班 DVD,豐富校內教學環境。

尤其難得四處主任有三處室是新手,亦能主動積極服務,承辦教育局交辦的各項會議辦理及協助鄰近達觀國中小設校各項前置作業任務,表現的可圈可點。

三、營造優質的校園文化

學校文化是指學校行政人員、教師、學生、家長及與社區人士等人員在學校整體環境互動中,所展現出來的表現:包括態度、目標、理想、價值、學習成就等。本校教師 70%是 30 歲以下的老師,45 歲以上的老師僅 7 位,整體而言,教師年輕有活力,但仍需強化教師專業及倫理,因此個人強調校園倫理、以教育愛為主軸,希望年輕老師多尊重資深老師;資深老師亦能多向年輕老師學習,營造師愛生、生敬師、家長支援教師的和諧、溫馨的校園文化。具體做法:校長尊敬資深教師、拔擢資深教師擔任主任、定期辦理教師慶生活動、參與教師課程研討、支援教學活動、表揚績優教師等。

在照顧學生方面:本校學生若以種族來區分:大致可分為閩南族群、客家族群、原住民族群、新住民族群;若以身體健康狀態來分,則可分為一般學生和身心障礙學生;身為校長不但兼負籌湊教育資源的責任,亦掌握了教育資源的分配;個人堅持公平與正義的資源分配原則:以全體學生為主體、充分結合社區資源、爭取各項專案補助,豐富各類學生的學習內涵。並且充分掌握弱勢學生狀態,以資源協助不重複原則,照顧每位需要照顧的學生;爭取各項經費,提供多元發展的社團活動,過濾家長未安排課後學習活動的學生,給與該生免費參與學校社團,讓弱勢學生能獲得充分照顧,並協助學生發展潛能。

最值得一提的是:本校有多位在他校適應不良的學生轉入本校後,在級任老師循循善誘及學校提供免費社團學習後,已增進該生自我了解及自我肯定,改善了他們的人際互動,和增進了學習動機;這幾位學生行為之改變及藝術技能的展現,使得這些孩子的家長主動向學校表達謝意。因此我要再次感謝雙城

的全體教職員工及家長會，大夥兒能相互關懷，共同照顧雙城的學子，讓孩子們快樂學習，獲得適性發展。

肆、感恩與分享

感謝台北縣 92 學年度校長遴選委員會各位委員，遴選我擔任雙城國小校長，讓我在已無家庭後顧之憂時承擔重責，到新店市服務；記得在參加校長遴選提出前三志願校務經營計畫的綜合結語中，我是這樣寫的：「……務實教育志業 26 年，以『一步一腳印』築夢踏實；我將以感恩的心，『化所有貴人的助力』，『全力以赴』，以『精緻教育』的作為，及特殊教育『全方位關照每一位孩子』的精神，精心耕耘教育福田；讓孩子們在『愛的搖籃裡蘊育』，學會『愛自己、愛他人、愛自然』；並以圓融的生命智慧，匯集各方資源，凝聚老師和家長的動能，共同培育『立足本土，邁向國際』的優質學子；以真情營造健康、活力、溫馨、和諧、卓越的教育園地。」

到雙城服務，很快的已邁入第 2 年的 5 月了，回顧 2 年來的努力，我仍秉執參加遴選時的諾言，以「全力以赴」、「一步一腳印」、「全方位關照每一位孩子」的精神，帶領著雙城優質的教師團隊和家長團隊，共同為雙城社區的孩子及民眾服務；2 年來師生們參加各項教學活動，所展現的亮麗成績，已為雙城國小寫下優異的史頁。學校團隊辦學績效，亦受到市長、民代及家長的肯定。這些努力的成果要再次的感謝雙城的行政團隊、教師團隊、家長團隊、社區賢達及教育各方長官的支持與支援，讓雙城的孩子們能快樂學習，體驗高峰學習的經驗，也期待雙城家族更加團結和努力，共同導引雙城邁向創新與卓越。

作者簡介

黃鳳欽，原任台北縣雙城國小校長，現任台北縣豐年國小校長。曾任台北縣教育局輔導員，文林國小代理校長、教務主任、訓導主任，瑞

亭國小教導主任，國光國小生活輔導組長、體育組長、級任教師，及沙崙國小體育組長和級任教師，服務教職共計 28 年。

幼年家貧，感受師長的教育愛，立志成為有能力愛的人，在擔任教職以來，以「一步一腳印，務實辦教育」的客家勤耕精神，邁向校長之路，秉持回歸教育的本質，在真實中求創新的純樸態度，帶領雙城的家族成員們共同耕耘雙城園地。

我要藉此感謝家人的支持，及長輩、同事和默默協助我追夢、圓夢的貴人們，我將永懷感恩的心，精心耕耘教育福田，讓孩子們快樂學習，並獲得適性發展。

建立關係發現意義
——我的校務經營理念與做法

翁世盟
台北市溪山國小校長

壹、對教育的熱情與 10 年的準備

　　會走上校長這條路，仔細思量，應是對教育工作的熱愛，並從中獲得的自我實現的成就感使然。

　　約 10 年前，在擔任組長的工作時，便有當校長的想法。對當時學校活動的規畫理念與執行的感受上，所湧起的深刻動力。覺得自己如果能參與其中，能使活動的創意與品質提升。雖然學校行政工作繁而雜，常讓人望之怯步，但自己如果不深入其中，如何能體會箇中滋味，並產生關鍵性的影響。如同清朝名將曾國藩所言：「凡天下事，在局外吶喊總是無益，務必親自入局，方有成事之計。」因此，從擔任組長到主任，常抱持的心態是全力以赴。當看到教學或活動成功的完成，參與的師生都深受其益時，再多的辛苦似乎皆值得，心中總會湧起一股無言的喜悅。

　　教育工作的影響力，有時是不分職務高低的，而看你有多少心願及熱情，願意投入及付出。由於這樣的信念，與對教育工作的熱情，在歷任教務、訓導、總務、輔導等行政工作時，常能獲得學校親師生的肯定，也逐漸建立個人穩定而正面的形象。更由於對理論知識的喜好，在執行行政工作時，常能回歸理論面來思考，讓實務活動的規畫與執行，呈顯出意義與價值，因而較能獲得參與師生的認同。並以此累積的經驗與領導能力。這些在每日實務工作上所累積的經驗與知識，理論與實務的對話思考，對自己在參與主任及校長甄試時，有莫

大的幫助。

有幸考進國立台北師院校長培育班培訓，在 1 年的學習過程中，是蛻變成長的 1 年。除實務經驗的分享與對教育各面向的探索外，影響最深的應是培育班林主任。其對學習品質的要求，為達成目標鍥而不捨的精神，對班上同學如同父母般，愛之深責之切，總希望將最好的帶給大家，以身示範一位教育家與領導者的風範作為。在擔任校長的日子裡，總常會浮起培育班老師們對我們的期許，而重新燃起熱情與前進的動力。另外「教育政策與領導」此課程，亦有很大收穫。吳老師以問題為導向的論述與心得撰寫，每週出一與當下政策相關題目，要求繳交一篇 1,000 字以內文章，並需將論點清楚有力的表達。並於課堂上交互批判。吳老師認為校長的思考與批判能力非常重要，簡潔有力的公共論述能力，更不能缺乏。在吳老師嚴謹的要求下，提升了寫作與論述的能力。

省思校長培育班的培訓，對自己最大的幫助在於對擔任校長此一角色的主體性的建立。深刻了解校長應有的內外在能力與心理質素，因而在未來面對順逆境時較能泰然處之，並能較不受干擾的，以肯定的步伐向目標邁進。

貳、探尋教育源頭、梳理教育信念

校長影響學校相當深遠，不僅可以帶來學校發展的空間與契機，更能影響整個社區與師生的進步成長。探尋自我教育思想的源頭，必會受成長與受教育的歷程所影響。由於自己是農家子弟，有較困頓的生命體驗，因此在教育工作的詮釋與執行上，總會特別關注弱勢的學生與社區，對公義與品質的信念相對執著。

另外，在花蓮縣秀林鄉崇德國小的初任教師的教學經歷中，這一個泰雅族的原住民部落，更讓自己大幅的轉換個性。在看起來是那麼不佳的環境中，我的原住民的學生們，依然隨時都可以找到快樂，並把快樂傳染給你，強烈對照出自己（一位漢人教師）來到部落的蒼白與無力。當時的驚覺，把自己那悲嘆的性格，感染為樂天的個性，從守本分的明哲保身到積極發聲忘我投入，只求為社區盡份心力。

梳理自己近 20 年的教育作為，深刻體會教育深受政治、經濟、社會、文化等不同範疇的影響，在個體與環境的互動下，教育是本質論的，同時也是工具

性的。在教育的本質論下，學校的經營需不斷檢視，各項教育活動是否能激發個體的成長。鑑諸以往，教育制度或學校常有許多違反教育本質的作為，不僅戕害個體的發展，也成為身心成長上的夢魘。教育是人影響人的型態，必須引領個體向上發展，追求成長，鼓勵自我實現，獲致與環境的和諧關係。雖然當下的學校生態環境不全然樂觀，但身為校長必須有此理想體認，才能帶領學校朝此方向發展。

在教育工具論的觀點下，教育既背負國家賦與的任務，卻也必須突破各種不同權力（來自政治、經濟、社會、文化的等）的宰制，因此教育的經營必須具有充分的彈性與創新，學校的活動必須均衡的兼顧各種不同的需求。學校的經營要提供學生認識他所身處的環境（包含政治、經濟、社會、文化等），教導學生體認各種不同的知識權力所建構的成長環境。盡可能的培養學生認清不合理環境，突破環境的限制，進一步學習改善的能力。學校要在當代社會的議題下，多元發展學生能力，提供給學生符應其社會與文化脈絡的教育情境。

參、建立關係　發現意義——校務經營理念與具體策略

學校的進步與發展須靠全體親師生共同努力、點滴累積而成。擔任校長，個人常以規畫者、引導者及參與者的角色，投身各項校務經營中。以走動式的經營，發現問題，賦與權責解決問題，採取適切的行動。與家長、社區建立密切的合作關係，藉由社區與家長等重要人士，傳達教師教學績效。以勤奮積極的作為，激勵、肯定的信念領導團隊，建立優質的學校形象，實現學校願景。回顧一路走來的足跡，團隊的步伐可謂步步踏實、步步向前。過程中雖然辛苦，但心中的踏實感，卻也常常油然而生。團隊對於教育品質的堅持，更讓人深感無愧於心。

鑑往知來，梳理校務經營理念與具體策略，茲加以結構整理如下：

一、學校經營的概念與構想

㈠在概念上，將教育場域或校園中的觀念、行為或課程教學等活動事物，

　　以材料的角度看待，機能性的加以組合運用。

㈡在構想上，運用創意將學校課程與教學活動，加以結構化及脈絡化，建立議題、概念與課程教學活動之關係。

㈢執行過程中，掌握「活動課程化」及「型態教學化」的理念，力求呈顯出學校活動的意義、知識概念及價值。

二、校務經營的具體策略

㈠發展「社區營造」觀點的學校本位課程：以「自然學習、主動探索」為課程願景，規畫「創意太鼓」、「故宮巡禮」、「親子上網」、「親子英語共學」、「溪山學習日」等特色課程。在教育局的課程計畫審查上，92學年度上、下學期，皆獲得「課程計畫優良」學校的榮譽。
校長以規畫者、引導者及參與者的課程領導角色，與全體教師共同討論、撰寫和執行。在過程中，建立並發揮課程發展委員會及學習領域小組的制度與實質功能。在執行時，將重要的課程規畫、選擇與決定，透過組織的運作討論，讓全體教師從對話與決定中，學習課程組織運作，多元認識課程的形式與內容的關係，在規畫、討論、決定與實施檢討的過程中，形成課程學習與課程組織的有效運作。

㈡推展以「議題」為導向的校外教學與校際交流：選擇重要議題，運用體驗學習，帶給學生深刻的學習經驗。以「活動課程化」的理念，選擇適切的課程形式，搭配議題內容，將形式與內容作機能性的設計。規畫「傳統與再生──新竹北埔客家文化之旅」、「山與海的對話──石門國小海洋文化體驗之旅」、「音樂賞析──國家音樂廳之旅」、「從溪山到玉山──第42屆畢業生畢業學習之旅」。擴大學生學習視野，體會處處皆是學習的材料與場所。延伸並活化教室內的課程與教學內容，試圖將當代的知識議題，融入學校既定的行事與活動中。

㈢發展「有故事」的主題慶典活動：在執行慶典活動時，以「型態教學化」的理念，呈現的型態力求以教學活動方式來進行，讓活動品質提升。例如結合閱讀教學，將故事繪本與慶典活動建立關係。以「記憶」為主題，規畫實施「松鼠之家新生入學──上樹屋」、「留下校園生活記憶──開學典禮」，結合故事繪本《威威找記憶》來進行教學。另

外，「尋找古早童年的香味：爆米香──兒童節慶祝活動」，以劇場的概念，將路邊爆米香的師傅、道具與貨車等，邀請至學校演出，並與鄉土語言教學相結合，學生透過視覺、嗅覺、味覺及聽覺等多方面的體驗學習，留下多元的記憶。賦與慶典活動當代的意義，並與學生生活經驗和學習課程相結合。

以「尋找古早童年的香味：爆米香──兒童節慶祝活動」為例，乃延續「記憶」此一主題，希望為校園生活留下「味道」深刻的記憶，期望帶領溪山的孩子們，體會、品嘗舊有農村時光的香味，為童年留下有香味的記憶。

從 4 月 2 日（五）上午 10 點開始，邀請爆米香的師傅帶著器具、食材，現場烹煮。老師搭配爆米香的場景，結合閩南語教學，教導爆米香的唸謠，如「一仔炒米香、二仔炒韭菜」等。在爐火旺盛、密閉圓鍋輪轉的期待中，介紹爆米香的器材、食材與製作過程，如：米、糖、麥芽糖、火、鍋、瓢等。最後在烤煮成熟後，米香師傅的吆喝聲中：「耳朵摀住喔！」「碰」的一聲，米香爆開來後，播放郭虔哲的大提琴曲：「爆米花的香味」。在美妙的樂音中，一邊享受爆米香的滋味，一邊發表描述香味的語句，過一個富有古早童年香味的兒童節。

㈣形塑「校園出走、走出校園」的資源整合理念與策略：透過社會活動呈現學校教學成果，並將社會資源引進學校。應國網中心邀請，表演「幻色紫蝶」的行動劇。搭配劍南路蝴蝶復育活動及陽明山國家公園「蝶舞草山」活動，結合相聲、唐詩新唱、舞蹈等，演出「蝴蝶劇」，呈現藝術與人文領域的教學成果。結合樹火紙博物館及帝門藝術教育基金會，進行「藝術家駐校課程」，擴大學生學習視野，體認當代藝術，並將教學成果引用為校園外牆的公共裝置藝術。不僅美化校園，更能呈現學生的創意，帶給孩子自信與成就。與慈心慈善基金會合辦「趣味數學營」，擴展學生學習數學的興趣。將數學的學習融入於生活及遊戲、操作中。

㈤建置「溝通」與「整合」的行政與教學 e 化環境：運用學校網頁整合學校行政及課程與教學活動，並作為親師生間訊息傳播、溝通的平台。運用於學校日、校外參觀團體、里民大會等場合，讓溝通與學習無障礙。

設置「校園氣象站」，呈現社區的氣象環境，並成為自然與生活領域的最佳教材。辦理「親子免費上網 3 小時訓練」，帶給社區家長及學生運用網路的能力。由於學校身處的社區條件呈現文化不利現象，弱勢學生比例超過 20%弱，資訊環境的提供及資訊能力的培養相形重要。將東吳大學贈送（淘汰但可用）及學校更新汰換的電腦，搭配電腦廠商的技術支援服務，免費贈送並到府安裝給 20 位學生家庭，期盼對學生與家長，提供良善的資訊學習條件。

㈥分享研究成果，建構團隊經驗：出版教師研究專輯，並整理近 10 年來的研究專輯，梳理教師關注主題與成長脈絡，引用為規畫「教師自主學習研究」之週三進修活動，經由發表與分享，塑造具理解與溝通質地的學習文化。以 93 學年度的 4 本專輯：《溪山採風集》、《蝸牛異想家》、《社區營造觀點的學校本位課程》、《創意生活產業規畫的台北市藝術人文學習地圖》的形成為例，《溪山採風集》是「教師自主學習研究」之週三進修活動，發表與評論的作品集結，是教師專長的作品發表與對話的紀錄。《社區營造觀點的學校本位課程》乃是申請教育局的課程發展專案，在半規畫、半整理學校活動的型態下，從「學校社區化」及「社區學校化」的想法，全體教師共同進行的行動研究。《蝸牛異想家》是自然領域專長教師申請教育部科教專案的研究報告，以社區自然資源進行研究紀錄的延伸。而《創意生活產業規畫的台北市藝術人文學習地圖》則是從國家重大政策與課程的關係的角度切入，所做的課程發展與教學實踐。期盼藝術與人文領域的課程實施，能與當下的生活與議題相結合。

研究的規畫、申請、執行與整理，校長必須居於積極推展與教導的角色，力求將研究用於提升教學，帶領教師參與及省思，追求有品質的結果，才能讓這一趟難得的研究旅程，帶給教師正面而肯定的研究經驗，師生皆有所成長，而願意繼續投入。

㈦以「體驗學習」及「入班教學宣導」的方式辦理特殊教育活動。由於學生數的增加，特殊學生的比例亦相對提高。因此以各班特殊學生的障礙類型，作為入班宣導的主題，搭配鑑定安置的過程，擬訂以其優勢學習能力及提供特殊需求的個別化教學計畫。另針對單親、隔代教養等弱勢

學生，積極申請補助，提升其生活及學習上的條件。辦理電腦免費贈送、到家安裝，學科補救教學，親子免費共學電腦及英語等課程，以學校為中心，申請與整合各項資源，積極協助。在成效上，從家長對學校的認同，及學生學業成就的表現來看，確實有相當助益。

㈧營造多元的學習情境：以校園現有學習空間的再定義，並加以轉化運用，及選擇適當的媒材來組合塑造等方向來著手。運用創意開發空間的多元功能，例如樹屋談心、樹下茶敘、大榕樹下的迎賓太鼓、地下花園的表演與討論教學等。讓創意活動賦與空間多元的意義與價值，呈現環境與空間的特質和精神性，進一步為環境、空間與人（親師生）的互動，塑造校園的生活記憶與文化氛圍。

㈨運用媒體行銷學校教育績效與教學特色，擴大招生來源。學校的教育活動，經由媒體報導呈現團隊在活動經營上的創意，彰顯活動的教育價值與深刻意義。期望獲得社會大眾的認同，肯定學校團隊的專業創新與努力，進而願意選擇成為子女學習成長的最佳環境。例如「松樹之家——新生入學」、「留下校園生活記憶——開學典禮」、「一沙一世界、一葉一祝福——共同創作祝福老師的地景」教師節感恩活動、「尋找古早童年的香味：爆米香——兒童節慶祝活動」、「從溪山到玉山——第四十二屆畢業生畢業學習之旅」等活動，皆受到媒體的關注與正面的報導，對學校正面而積極的形象有相當的助益，並經此累積團隊的榮譽感與向心力。

以教師節慶祝活動為例，延續「記憶」此一主題，希望為校園生活留下「印象」深刻的記憶，以「一沙一世界、一葉一祝福——共同創作祝福老師的地景」為主題，帶領孩子們，探索地景藝術的表現與特質，體會藝術與環境之間的關係，為教師們留下視覺印象深刻的祝福。

由於校園深具自然環境特色，運用當代地景藝術的表現方式，帶領全校同學共同創作祝福老師的作品。由於活動深具創新與視覺藝術教學特色，因此吸引中國時報大篇幅的報導，並將完成的地景作品刊出，充分的行銷學校的教育創新與教學特色。

㈩以「作業共同評鑑」取代作業抽查，利用領域教學研究會（週三進修時間），每學期安排 1 至 2 次的評鑑，觀摩一至六年級國語、數學、社

會、自然、作文及英文等習作與作業,深度了解學生的學習及教師的教學結果。運用共同討論所建立的規準,引導教師較全面性且細膩的關照學生的學習表現。並在評鑑會議後,共同討論教師在作業批閱上的優缺點,作為學習與改進的依據。

肆、活化組織、轉化危機的行政領導

2 年前,初接任校長職務時,全校學生數約 70 人,在地學生與外學區學生的比例約為 6:4。外學區家長關心教育事務,參與學校事務多。之前,或許是理念的不同與溝通的不足,校內有著些許的不安。接任後,以溫柔的堅持、創意的活動規畫及快速呈現正面績效的做法,活化組織的運作,展現學校的效能,贏取親師生的認同,目前學生數增加為 95 人。歸納行政領導作為,分述如下:

一、以柔軟的身段建立可以溝通與傾聽的空間

例如就任前後,以有邀請必前往的態度,聆聽不同立場家長對校務的建言。在多次而長期的溝通與傾聽後,逐步與不同立場的家長建立關係,累積彼此的信任感,進而請其相信並尊重校長的職權與能力,建立穩定的溝通與傾聽的互動機制。

二、以做法的堅持,事理的陳述,呈現行事基調

例如任用英語教師的爭議,以法理情的條理陳述,從學生的學習品質出發,呈現決定前的專業思考與判斷。並以對決定的堅持,呈現個人的行事基調,接受校長在專業思考後所做的決定。

三、了解需求,積極規畫執行,突破困難,以速度建立積極的任事風格,滿足親師生需求,建立口碑

例如職務安排的迅速決定,穩定學校運作。新生入學典禮的創意規畫,獲得家長認同及媒體的報導。成立課輔班,安置下午需要留在學校的學生,滿足家長迫切的需求,贏得家長的肯定等。

四、以主動溝通、正面回饋，開發教師展現的舞台，形成集體與自我的榮譽感，而自尊自重

例如整合多方資源成立太鼓隊，讓教師專業得以展現。推薦並爭取獲得特殊優良教師，對用心投入之教師給與正面回饋，以此形成集體與自我的榮譽感，進而自尊自重。

五、注重紀律、注重細節、貫澈執行力，建立行事威信

例如工友澆水，要求水勿外流滿地，而形成走廊長滿青苔。再出現，立即提醒改進。若再有，則召開工友會議，展現徹底執行的決心，建立行事威信。

六、勤於做事，主動招呼，願意傾聽，遇事勇於協調解決，建立穩定的互動關係

例如行政空間的整體規畫，確立空間的使用以人為要，置物次之的原則。對行政同仁們多方協調解決，積極整理各個閒置空間與物品，加以調整美化後，獲得所有參與者滿意的認同。

七、每個活動都要辦成功，讓決策與執行力的落差降至最低。建立講究品質與效能的團隊紀律。在每一活動中，累積領導者說話的份量與決策信任度

例如體育表演會預演、慶典活動的創新、晨間民俗體育活動等，多能達到預定的目標，贏得親師生認同，逐步累積領導者的決策信任度。

伍、謙和尊重、把握契機、廣結善緣──建立全面性的關係網絡

學校經營成敗的另一關鍵在於對內外關係的經營。個人以「謙和尊重、把握契機、廣結善緣」的做法與原則，試圖建立如八爪章魚式的全面性關係網絡。

內外關係是學校形象與口碑的一面鏡子,若經營得善,真是一雙乘風飛翔的翅膀,協助學校御風而行。茲從下列幾方面分述個人之想法與做法。

一、對外關係經營

在對外關係的經營上,社區(以里長為主)與直屬上級單位(尤其是督學與國教科)列為首要。里長對社區了解深入,與社區里民之接觸頻繁,在社區亦有相當的人脈。因此在遴選後就任前,便邀請原學校社區的里長與家長會長,在前任校長引介下,專程拜訪里長,建議良好的初步關係。而後學校有相關大型活動及餐會,必邀請里長與會致詞。更進一步與里辦公室合辦「學校暨社區聯合運動會」,以「魚幫水、水幫魚」的態度建立穩定而互信的合作關係。並運用網頁,在里民大會上行銷學校經營特色,及開辦免費學習的「親子上網」及「親子英語共學」等學習課程,讓居民充分體會學校的活力,以及感受學校是社區的學習中心。把握契機、廣結善緣,終能點滴成事,目前學校深獲里長支持及居民的口碑肯定,已建立正面積極而穩定的形象。

在與直屬上級單位(尤其是督學與國教科)的經營上,以創意的活動吸引媒體呈現學校特色與績效,以「校園出走、走出校園」的資源整合理念與策略,積極參與教育局及各行政單位的活動,行銷學校的經營效能與教學品質,打開學校正面形象後,亦逐步獲得直屬上級單位的肯定及重視,而後並獲督學指示向高國中小 30 幾位校長介紹學校的經營特色,穩實學校與上級單位互動關係。

二、對內關係經營

在對內關係的經營上,親師生關係的建立皆相對重要,缺一不可。每天在校園中,以尊重謙和、親切微笑的態度面對每位親師生,逐步形塑關懷親切的校園互動氣氛。在家長方面,以迅速正面的學校績效(例如課輔班、寒暑假學藝活動、週六藝術家駐校及學生讀經班等)滿足郊區家長的需求。提供超過家長原預期的學校服務,建立口碑(從學生數的快速增加得知)。以積極的帶領與引導,成立家長自主團體(太鼓隊、故事媽媽、讀經班等),建立互信互重的合作關係,進而能信任尊重校長在校務的決定。

在教職員工方面,以溫柔的堅持、主動溝通傾聽的態度,建立樸實誠信的互動基調。透過各種公開會議,隨時給與職員工正面的回饋。從各項對外發行

的學校出版品中，在文章中肯定同仁的付出。但另一方面，堅持紀律，重視工作表現，對於部屬的錯誤，清楚的指出，並請其改進。建立組織運作的正義感及領導威信。在溫馨氣氛的經營上，每學期末的感謝餐會，每月的慶生會，教師節及五一勞動節的祝賀卡片與禮物等，皆是肯定與回饋同仁的機會。

　　在學生方面，「鐵肩擔教育，笑臉迎兒童」是心情與做法的寫照。以身作則，每日讓孩子感受到校長親切的笑容、朝氣與活力的身影、熱情主動的招呼。與孩子作朋友，把握任何機會隨時肯定學生良好的表現，注意孩子身體及心理的情況及需求。生活點滴，累積成關懷與傾聽的互動關係，從每次學生朝會和學生問早時，學生總會報以熱情又開朗的回應，心中真是充滿喜悅。看到孩子總能大聲又主動的向校長問好，我知道，我們是由衷的喜歡對方的。

陸、平實樸質的看待人生高峰

　　以平實樸質的心態看待人生的此段高峰旅程，生命的情調與節奏會更加和諧。心中常想：「職位是短暫的，生活是長久的」。在為教育工作盡心盡力時，別忘自身的所來處。平實樸質的心態，讓我們得以較全面性的關照生命此時此刻的多元價值，而不至於太偏頗。學校、家庭與健康的穩健成長，具有等同的位置，這一多元等同的價值的認知，更有助於我們在教育工作詮釋與理解上的豐富與寬廣。去除經營上的渣滓，有效的管理時間，安排有序簡單的生活。以固定的運動保持身心健康，以樂觀開朗和家人及朋友相處，誠實而質樸的看待校務的經營，學校、家庭及身心的健康，皆可同等關懷。

柒、結語：省思與再發現

　　擔任校長，事多而繁雜，學校事務常縈繞心頭。當理念的堅持與熱情逐漸褪去時，閱讀與反思應可帶給你新生與再出發的力量。當校務的經營陷入慣性而固定化（僵化）的運作時，跨領域的思維，可協助保持彈性、創新作為，活化校務的經營。

　　以「主體」形成的擴散思考與脈絡化聚焦的方式，更可協助自己從不同的

觀點來轉換思維，獲得新的發現，擴展出創意與解決的機會與空間。校長站在學校的高塔上，俯瞰學校生態變遷，應體認其多重的意義，理解其多元的價值與多元化的形式。在高塔上的人應不斷省思與自我更新，對環境與材料的敏銳度才不致流失，新的理解、創意與發現將源源不絕。對教育、學校、校長及每日相處的環境與夥伴等，將會有新鮮的體會及感動。

作者簡介

　　生長於嘉義縣農家，世代務農。父親非常重視孩子的教育，就讀台南師專，是心願，也是父母親的期盼。專二時，受王家誠老師影響，愛上藝術，並以此為終生之興趣與職志。

　　初任教職，在花蓮縣秀林鄉崇德國小，一所泰雅族原住民的社區學校。原住民的生活情境與待人處事，開闊了自己生命視野，深化教育哲學的思維，而後至國立花蓮師院暑期部初教系美勞組進修畢業。

　　基於教學精進的渴求，來到北市任教。由於對理論知識的喜愛，再至國立台北師院課程與教學研究所進修畢業及國北師校長培育班結業。

　　在教學專業的表現上，曾獲得 2001 創意教學獎優等及台北市第一屆行動研究教育經驗分享組特優。在研究方面，現成物利用之觀念在國小藝術教育上之運用（2000）、從社區營造觀點的學校本位課程發展（2004）、從創意生活產業規畫的台北市藝術與人文領域學習步道（2004）等都是個人興趣所在，目前仍關注當代藝術與藝術教育及課程美學等課題。

浴火鳳凰新文昌
——培育健康自主國際觀的現代兒童

蕭福生
台北市文昌國小校長

懷念與感恩

　　父親總是非常掛念我在學校服務的情形好不好？壓力大不大？學校有沒有好的表現？在父親臨終前的幾個月，因為洗腎的緣故，意識不是很清楚，有一天我陪伴在病床前，父親突然清醒著關心問我在學校好不好啊！父親過世已經2個多月了，學校在全體同仁的努力之下得到了全國「九年一貫課程推手標竿100」的榮譽，我想告訴父親：我很認真的在學校當一位校長，我每天都很認真，學校的表現也都很不錯，要請他放心，我更想告訴他，「我真的很想念他！」我要感謝父親給我的勇氣與智慧，讓我在人群中前進而不致迷失方向；感謝父親給我善良與溫暖，讓我有能力去關心照顧別人，除了感謝還是感謝，再來就是無盡的思念。

　　在2003年的夏天初到文昌國小，校舍新穎綠草如茵，各樓層的花木笑臉迎人，真是一所美麗的校園，原來這是全國第一所因海砂屋拆除重建的學校。文昌國小在1981年8月1日正式成立，1993年發現校舍建築為海砂屋結構，為求學生上課安全，於1994年開始規畫比圖，1998年核發建照，1998年9月11日全體師生搬著桌椅移至向國有財產局借用之土地（舊美國學校士林教室），搬遷後師生在舊校舍上胼手胝足的整理舊房舍，並將之重新整理成活潑開放之新學校，雖然只是借用校舍仍是盡心整理。1999年4月19日舉行動土典禮，正式開工拆除原舊校舍。2001年9月11日納莉風災礦溪潰堤，舊美國學校校

區慘遭洪水全面淹沒達 120 公分，學校設備損失慘重幾近全毀，經全校教職員工、學生及家長、國軍弟兄、慈濟義工及社會人士，全力動員搶救復建，得以在短短 5 天內恢復上課。

新校舍土建、水電、景觀等工程陸續於 2002 年 8 月完工並取得使用執照，於 2002 年 8 月 2 日依依不捨的搬離借用校舍，正式搬遷回新建校舍，並於 2002 年 11 月 14 日由馬英九市長親蒞主持舉行落成啟用典禮。所以文昌國小可以說是歷經劫難的浴火鳳凰，正等待著展翅高飛，遨遊天際，也可以說是一所兼具優良傳統倫理美德與創新校園環境的現代化小學。

壹、教育理念與信仰

教育是什麼？我對教育的看法一定影響著我的教學，對於學生的態度，是嚴格認為恨鐵不成鋼，還是包容認為人人有機會，或是放任認為兒孫自有兒孫福，這對身為老師的我是一個充滿著變化的過程，過去成長的經驗將影響對教育的詮釋。

一、對學生而言──教育是包容而緩步成長的過程

從小到大都是一帆風順，會認為自己條件與能力不錯，因此在教學現場所呈現的是嚴厲的，認為我所要求的，學生應該可以完成，為什麼不能完成呢？一定是小朋友不努力或是偷懶所導致的，這時發生了一件事，可以說改變了我一輩子。1993 年間，小兒子突然有一次大發作，身體抽筋，眼球往上翻，身體成為僵直的狀態，我們大家都嚇壞了，我借了幾本書，突然看到嬰兒點頭式痙攣的病例分析，再比照平時的徵兆，我的心不禁一直往下沉，因為我看到上面寫著，這一類的小孩因為是先天性腦部受損，所以大部分是屬於智力低下的兒童，這時的我好像身陷冰窖一樣，一直往下沉沒，只看到遠處上方的燈光愈來愈微弱，當我起身到房間去看小兒子的身影時，不禁淚流滿面。

有人說時間是治療創傷最好的良藥，的確是如此的，當小兒子慢慢的成長時，我也慢慢的檢討與思考，因此經過了這樣的衝擊，將我對我兒子的期望從低點開始，原認為我們將來可能要照顧他一輩子，可是他慢慢的長大，我們也不斷的給與學習上的刺激活動，看到他的成長與進步，讓我們可以從零分開始

起步，雖然進步不一定讓人滿意，但對於我們而言，有進步就是一種希望，目前已經就讀六年級了，雖然功課不是頂尖，字也寫得歪歪扭扭，但他仍能跟一般正常的小朋友一起學習，這樣的情景是我們當初所不敢企盼的。

自從這樣的情形發生之後，讓我的眼光從高高的頭頂降到最低點，能讓我看到人深層內心感情的部分，當我看到弱勢的兒童總投以溫柔的眼神，想去拍拍他的肩膀、摸摸他的頭，總希望能給與他一些支持鼓勵的力量，雖然人生的這條道路並不好走，總希望他能持續的往前走去。這樣的想法反映到我的教學上，我對於學生不再是這麼嚴厲，總希望給與支持與鼓勵，讓他發覺學習的興趣，現在不想學或是學不會，一定有現在的問題困難，而老師就是要協助兒童共同來解決這樣問題的人，這樣才是真正扮演老師的角色。現在好喜歡學生遠遠的看到我，就大聲的叫著我，深怕我沒看見他們似的，那種學生對於老師的喜愛與信賴是從前所無法體會的。

擔任校長以後，有夥伴問我：當校長之後最喜歡做什麼事？我最喜歡的事就是到幼稚園抱小朋友，記得開學後不久的放學時分，當我往校門口走去，突然聽到對面階梯上一群小小朋友大聲叫著「校長好」，我抬頭一看，一群幼稚園的孩子們坐在台階上等著爸爸媽媽來，當我看到他們時，不由自主的張開雙臂，這時聽到幼稚園老師就告訴小朋友說：「校長要抱你們，趕快跑過去給校長抱一抱」，於是我們就像電影情節一般，我從這頭，小朋友從那頭分別跑過來，大家抱在一起，然後分別把小朋友舉得高高的，從此以後每天有空我就去幼稚園抱小朋友，將小朋友舉得高高的，看到孩子純真的笑容，真是一天中快樂的時光，真的是滿心歡喜。

二、對教師而言——教育是溝通而波此互助的過程

我之前在健康國小擔任籌備處總務工作一職，協助陳順和校長籌建校舍工程，在健康國小開辦前一年轉任教務主任的工作，並進行教師培訓的研習工作，在 1998 年的 5 月份我製作一份宣傳單「徵求實踐教育夢想的夥伴」一起來參加研習活動，共有約 7、80 名教師一起參與。於是在暑假期間開始辦理研習，大家建構出健康國小的校訓「健康、主動、尊重」，也就是要健康國小畢業的每一位兒童能有快樂的身心，能有主動積極的學習態度以及尊重他人的情懷。

當學校成立後，也就是 2000 年的 2 月份，我們是採取班群空間來運作，因

此人與人之間的溝通連繫增加，相對的衝突也會增加，而且當初來到健康的理想也受到現實的衝擊，在這樣充滿了困頓與疑問的當時，由輔導室黃主任引薦了師大特教系的王華沛及宋慧慈夫婦，經由 2 位的安排，於是在 2000 年的寒假由陳怡安博士帶領著一批激勵協進會的夥伴陪同學校老師進行 2 天半的對談研習，難得的是，此次的活動還有家長會參加，一起與學校老師形成共識，輔導室黃凱霖主任提到「對話」是本次活動的主軸，有人說這 2 天半的對話時間，遠超過一個星期的總和，大家把問題通通拋出來，經由會談的方式，建構出屬於我們共同的語言。我們意識到這次活動的結束是另一個階段的開始，接下來的改造工程才開始，誠如陳怡安博士最後與我們共勉的：

> 共同的願景　共同勾繪　　共同的問題　共同解決
>
> 共同的資源　共同分享　　共同的成果　共同慶賀

擔任新任校長之後也是將這樣的理念實現的時候，但有些時候並不是這麼了解真正事情的拿捏程度，有時候也會徬徨無措，我非常感謝陳彥玲老師，在與陳老師的對話之間讓我澄清了許多觀念，剛到學校時會聽到許多完全不同的意見與看法，我會擔心到底什麼是真的，會不會做了錯誤的判斷。陳老師問我：「擔心些什麼？」我說：「擔心這些不同的意見會產生衝突」，陳老師說這些事情的發生就是有其發生的意義，因為在我成長的背景與過程中是比較少面臨衝突與意見分歧與整合，所以也就缺乏這樣的能力，事情的產生帶給我們的是困擾難過或是考驗然後有能力的產生，完全看我們面對事情的態度而定，這樣的說法讓我豁然開朗，也就能從正面來看學校的人事物。不要以為經過一次的學習就能了解真正的意涵，過了不久發生親師管教的溝通問題，對校長而言，當然希望學校的教育能讓家長安心的將孩子交給學校，孩子能在學校快樂的學習，老師能熱心的教導學生，似乎再圓滿不過了，但陳彥玲老師卻給我當頭棒喝，說這只是我自己的假象，我並沒有看到真正的問題，我並沒有真正的看見，也就是說學校所存在的價值與目的就是為了教導學生，如能看清楚怎樣的措施是對學生有幫助，這樣才算是真正的看見與了解。有時在處理校務的過程中，心情往往也會受影響，有時也會感到挫折與難過，再度詢問陳彥玲老師，陳老師說道：「如果有挫折，您就要回到您想擔任校長的初衷，如果您是為了想要

多為學生做事，如果是想要多為老師家長服務，想清楚了，您就會像透明人一般，這些挫折的箭是會穿透您而過的，否則您會一直受到波及的。」非常感謝在我擔任新職的初期有這樣的名師與我對話，讓我能澄清自己的看法。

三、對家長而言──教育是互助合作而雙贏的過程

由於社會變遷，家庭子女減少，家長對於子女的教育愈來愈重視，教育參與也增加了，因此目前學校和家庭已是互助合作共同努力的雙贏夥伴關係，例如在學校教育中班級晨光媽媽，或是學校各種志工的參與，亦或是學校教育決策的過程都有家長參與，例如課程發展、校務會議等。而家長教育參與的提升也得藉學校多辦理親職教育，提升家長的觀念，唯有家庭與學校共同合作才能培育身心平衡發展的未來社會中堅。

以文昌國小這 2 年為例，家長和老師已經成為教育合夥人，呈現多采多姿的教學饗宴：

㈠家長參與教學活動：剛入學的一年級的教學中邀請在飯店任職的家長協助西餐禮儀的教學指導，許多班群的家長協助班群教學環境布置，有家長協助冬至煮湯圓的教學活動，林煥彰爺爺教導孩子們進行新詩寫作，陳王時先生教導孩子們認識鳥類蝴蝶及昆蟲等。

㈡徵求義工家長協助：文昌國小有導護志工維護孩童上下學安全，圖書志工推動閱讀活動，品格教育志工進行品格教育教學活動，園藝志工將校園整理得美輪美奐，課輔志工協助孩子們課業的學習活動，午餐監廚志工協助督導學童午餐的品質及孩童健康飲食習慣的養成等。

㈢家長辦理多元活動：中秋節與教師節結合的「今年的中秋節很師意」的烤肉敬師活動，在中秋節的晚上，家長老師及孩子們一起烤肉同樂，另外配合母親節的社區感恩園遊會活動，各班群的家長使出渾身解數招攬生意上門。假日還辦理親子自然觀察營活動，有些是靜態的室內課程再搭配室外的觀察課程，進行多元的學習。

現在教育的方式也是由老師與家長共同策畫，學校日時老師會與家長溝通教學計畫與班級經營計畫，以多方容納家長意見作為教學計畫與班級經營計畫的參考；學校也會在家長主動反映的情況下，站在老師的立場向家長說明老師的原則與立場。當然，最鼓勵家長的，是有疑問時主動、親自與老師溝通，許

多細微的小事才能立即有效且清楚的獲得了解。目前社會上許多親師溝通不良或是衝突事件，甚至現在流行的話題「體罰」事件，不論是老師或是家長都是為了孩子好，但彼此的態度與管教方式不同，因此老師平時就應多了解孩子的生活習慣與學習情形，安排適宜的學習情境與管教方式。家長也能多了解老師的班級經營模式，彼此共同配合，營造良好的溝通管道，一定可以達到「親師合作，共創雙贏」。

貳、凝聚共識與核心價值

新到一所學校最重要的就是凝聚學校人員共識，找出學校教育目標與核心價值，建構學校願景圖像，因此我分別從教師辦理教師共識營研習活動、與學年教師深度會談溝通，家長透過學校日與家長進行互動溝通，並定時寫信給老師與家長們及學生到每班上課與學生進行互動等幾方面著手。

一、辦理教師共識營研習活動：透過 2003 年暑假研習，邀請陳彥玲老師辦理教師共識營活動，陳老師要我們在地上畫一個文昌國小的圖案，每一位老師用不同的材質做一件象徵自己的圖案放在文昌的模型上，並說出個人願意為這樣的團體做些什麼事或可以貢獻怎樣的專長，有的人願意貢獻關懷的眼光，有人要貢獻具有行動力的手，更有人貢獻溫暖的心，每一個人都是文昌的貴人，也唯有這樣的心手相連，才可能給文昌一個新的未來。最後老師們看著地上每一個人共同構築的文昌圖像，分組寫下：

「這是一個心的城堡，宛如多采多姿的樂園。」

「這是一本充滿生命耐人尋味的立體繪本。」

「這是小型社會的縮影，每一個人都有自己負責的工作，在局限的範圍內各司其職，共同營造美麗的新世界。」

「在地底下分工合作的秘密基地──蟻窩。」

「快樂向前行。」

每一位老師願意貢獻自我的一份心意。因此我在寫給老師的第一封信上說：文昌的新文化要建立在營造一個溫馨、和諧、安全、互助的校園組織氣氛下，學校就如同一個大家庭一般，我們的子弟也是在這所學校就讀，唯有老師與老師的互助合作，才能展現我們的教學專業；唯有老師與行政的互

助合作，才能展現我們整體的力量；唯有老師與家長的互助合作，才能展現相輔相成的效果。彼此相互照顧，彼此相互提攜，每一個人都是大家庭成員的一份子，就如同玉米田裡的玉米，唯有隔壁田裡的玉米成為好玉米，我們家裡的玉米才會有好收成，因為玉米是靠風來傳播花粉的啊！

二、與學年教師深度會談溝通：接著暑假期間分別邀請各學年到校長室的秘密花園喝下午茶，分別對建立該學年優質團隊中「對學生的能力培養」、「對同儕的互動需求」、「對行政或教師角色的認知」、「對家長角色的期望」、「對自己的目標設定」，擬訂共識與願景，彼此經過焦點對談彙整意見，並透過文字確認，彼此都簽下名字與日期，作為共同的行為準則，如下：

◎透過深度會談溝通觀念，凝聚學校教育目標與核心價值之共識。

（五年級班群）

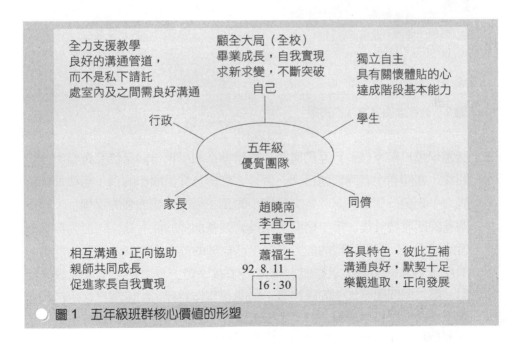

圖1 五年級班群核心價值的形塑

◎透過深度會談溝通觀念，凝聚學校教育目標與核心價值之共識。

（教務處團隊）

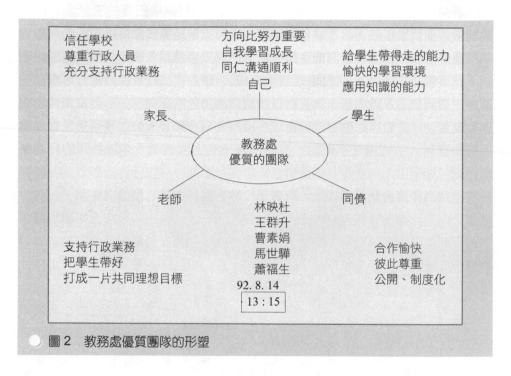

信任學校
尊重行政人員
充分支持行政業務

方向比努力重要
自我學習成長
同仁溝通順利
自己

給學生帶得走的能力
愉快的學習環境
應用知識的能力

家長

學生

教務處
優質的團隊

老師

同儕

林映杜
王群升
曹素娟
馬世驊
蕭福生
92. 8. 14
13：15

支持行政業務
把學生帶好
打成一片共同理想目標

合作愉快
彼此尊重
公開、制度化

● 圖2　教務處優質團隊的形塑

三、透過學校日與家長進行互動溝通：在學期初的學校日向全體家長發出一份
問卷，在問卷中有兩個題目，一個是「您認為文昌國小的孩子需要加強的
能力」，另一個是「您認為文昌國小的孩子最需要或加強的課程」。經由
問卷的回收統計後，第一個問題家長認為應加強的能力為：㈠自動自發學
習的能力。㈡時間管理的能力。㈢生活自理的能力。㈣解決問題的能力。
㈤反省感恩的能力。這些能力都是孩子在學習上及生活上不可或缺的能
力。第二個問題應加強的課程有：㈠閱讀寫作課程。㈡處理日常生活問題
課程。㈢數學科學課程。㈣英語學習課程。㈤運用資訊網路課程。以上這
些課程都是非常基礎的學科能力課程，也列入學校課程實施依據及努力的
目標方向。

四、到每班上課與學生進行互動：為了解孩子對自我的期望與對學校期望，我

請教務處安排校長到每一班級上 1 節課，我詢問孩子們兩個問題，第一個問題是「當你從文昌國小畢業時，你希望具備什麼樣的能力？」第二個問題是「你希望學校辦哪一些活動？」看似兩個簡單的問題，卻引起許多不同的爭議，在討論的過程中，可以看到班級中互動的氣氛，有的班級熱情活潑，孩子們個個爭先舉手表達意見，有的班級含羞木訥需要多加引導，但不論哪一種風格，都達到討論的目的。

我們來看一看孩子們的反應吧！孩子們希望具備的能力有：㈠運動方面的能力：有的希望跑得快，有的希望會打球，有的希望能游泳，他們都希望有一個健康強壯的身體，低年級的孩子說，希望能長大、變高、變壯。㈡學科方面的能力：有的要國語文強，有的要英語說得呱呱叫，有的要有電腦的科技研究能力，也有許多孩子希望會畫圖，低年級的孩子說要認識很多字，由孩子所表達的意見也可以看出平時大人對孩子的期望。㈢品德方面的能力：有的希望有禮貌，有的希望能熱心助人，有的要做一位善解人意體貼別人的人，這些特質都是現代社會所缺乏的。㈣其他方面的能力：有幾項能力也是被許多班級所推選出來的，例如保護自己的能力，大概因為最近社會事件增多的緣故吧！此外要有良好的人際關係，具備溝通能力，擁有團隊精神等也是高年級的班級所提出來的，真不愧是大哥哥大姊姊喔，最為學校的表率。

接著來看一看孩子希望學校辦理哪些活動呢？孩子們希望辦理的活動有：㈠接觸自然與文化的戶外教學活動：例如爬山、攀岩、高空彈跳、海邊戲水、騎腳踏車等。有一位高年級的孩子提出來希望能帶大家去爬玉山，此外像不同文化的體驗也是學生的最愛，例如校際交流活動、農村生活體驗、海邊漁民生活體驗都非常吸引人。㈡可讓孩子自主的綜合性活動：例如展現各項才藝的表演活動，發揮體能的運動會，買賣東西的園遊會活動，交換物品的跳蚤市場等，這些活動都是讓孩子可以有自由選擇的機會，展現孩子的成就，獲得鼓勵與肯定。㈢有關學科技能的活動：有許多孩子希望能安排游泳課程，這學期開始我們已經連繫五年級學生借用文林國小的游泳池來上課了，此外孩子也希望能多安排電腦課，培養未來社會所需要的資訊能力。㈣其他方面的活動：有的班級提出來希望學校給他們快樂，讓我心中不禁震驚了一下，也不斷的提醒自己不斷的努力，有的班

級提出來希望我們大人能陪他們一起長大,真是好溫馨感人,也有的班級希望校長天天來上課,真是讓校長熱淚盈眶啊!

五、定時寫信給老師與家長們:校長隔一段時間就所看到的、感覺到的、心想到的,寫信給老師及家長,就像剛開學時看到老師忙碌的整理班級物品,非常感動,就寫到「我將我的心,倒入每一杯咖啡之中;我將我的情,融入您我的接觸之中」,因個人喜歡喝咖啡,所以平時巡堂時會提著一壺咖啡,一邊與同仁分享並慰勞老師們的辛苦,所抱持的精神就是好東西與好朋友分享。我也在給家長的信中提及「親師共同合作幫助孩子的眼睛『躍過』圍牆」。

孩子是由一百組成的,
孩子有一百種語言,一百隻手,一百個念頭,
　　一百種思考方式、遊戲方式及說話方式;
還有一百種聆聽的方式,驚訝和愛慕的方式;
　　一百種歡樂,去歌唱去理解。
　　一百個世界,去探索去發現。
　　一百個世界,去發現。
　　一百個世界,去夢想。

這是義大利瑞吉歐學校的構想創始人及推動者洛利斯・馬拉古齊的詩作,說明孩子的內心有著豐富的世界,在成長的過程中,必須藉由家庭中的父母、學校中的老師及同學的引導來學習與創造。

因此,父母與老師最重要的是能幫助孩子的眼睛躍過那阻隔的圍牆,這裡的眼睛代表兒童的心智、教學和教育,只有當眼睛躍過圍牆時,才能真正開始看,開始推理,開始學習,開始更新。在孩子的成長過程中,必須感覺自己存在的價值,感覺自己的重要,願意主動參與,如此,積極創造的精神才得以發揮。這時成人就要扮演支持的角色,充分的尊重,從成人與兒童共享的經驗中建構出健全的知識與態度。

參、追求專業提升與精緻卓越

一、擬訂努力目標及執行策略

我會在學期初提出願景及目標,而在期末進行檢核與慶功,在92學年度第一學期開學校務會議時提出營造「健康、自主、國際觀」的學習新樂園,說明文昌發展的幾個要素:

文昌的土壤:教師、學生、家長的發展需要,就是要建立在營造一個溫馨安全互助合作的校園組織氣氛下。

文昌的滋潤:學生的成長需要教師家長共同灌溉,學校的願景目標是健康自主國際觀,勉勵老師但要有健康、自主、國際觀的老師家長才能培育這樣的孩子。

文昌的核心:學校教育目的要激勵教師發揮教育熱忱,鼓勵家長共同陪伴參與。

文昌的領導:校長本人不僅是校長、老師,更是大家的朋友。

到了第一學期的期末校務會議,我提出了這一學期中20項我們共同努力過的大事,我們已經達到營造溫馨和諧安全互助的文昌校園,我的「心得」與「新得」是:唯有誠心才能溫暖彼此,唯有付出才能成就您我。並且勉勵大家「共同願景,共同勾繪。共同資源,共同分享。共同困難,共同解決。共同成果,共同慶賀。」

到92學年度第二學期初校務會議提出:

文昌的未來:邁向自主、專業、多元、精緻的未來。

文昌的願景:健康、自主、國際觀。

文昌的目標:*1.*溫馨、和諧、安全、互助。*2.*自主、專業、多元、精緻。

文昌的原則:*1.*良好溝通。*2.*彼此尊重。*3.*誠心付出。並列出15項做法。

因此到92學年度第二學期期末校務會議,我亦列出20項我們共同走過的痕跡,不只是營造溫馨、和諧、安全、互助的文昌新校園文化,更邁向自主、專業、多元、精緻的專業化未來發展。

我的「新得」與「心得」是「感謝有您,文昌有福,彼此皆貴人;共同付

出，共同成長，猶如一家人。」

二、建構知識平台進行專業分享

在邁向國際化，講求競爭力的時代，教育品質的良窳不僅關係著這個國家是否具有競爭力，也關係著整個國家社會未來發展。從整個教育的結構來看，教師素質扮演著教育目標是否達成的關鍵角色，西諺云：「有怎樣的教師，就有怎樣的學生。」教育家畢比博士（Dr. Beeby）在其所著《開發國家的教育品質》一書中提到：「教育品質是教師素質的反映；沒有好的教師，就不會有好的教育。」唯有教師專業品質的提高，教育才會有所進步。於是教師專業化遂成為各國提升教育品質努力的方向。

初到文昌上任在第一次校務會議時即提出「營造溫馨、和諧、安全、互助的學習新樂園」，學校的經營如同植物需要一個安全穩定的肥沃土壤，因此學校的經營建立在營造一個溫馨、和諧、安全、互助合作的校園組織氣氛下，經由老師與老師的互助合作才能展現我們的教學專業，經由老師與行政的互助合作才能展現我們整體的力量，經由老師與家長的互助合作才能展現相輔相成的效果，因為文昌的教室空間是採班群環境規畫的，這樣的硬體環境有利於這樣的合作氣氛的產生。但如何提升教師專業化的發展一直是學校應追求的核心重點，彼得‧聖吉（1994）在《第五項修練》──學習型組織的藝術與實務中，指出團隊學習（team learning）是促進團隊專業化發展的重要方法之一，因此在學校內如何進行組織學習是相當重要的課題，而成為學習型組織，必須進行知識管理的運用，如何建立一個知識分享的管理機制與平台是首要的工作。

1999 年微軟（Microsoft）的總裁比爾‧蓋茲在其《數位神經系統》一書中指出：「未來的企業是以知識與網路為基礎的企業，未來的競爭則是植基於知識與網路的競爭。」麻省理工學院經濟學者梭羅（Lester C. Thurow）曾斷言：「21 世紀最有價值的企業，是以知識為基礎（knowledge-based）的企業。」管理大師彼得‧杜拉克（Peter F. Drucker）在 1993 年所著的《後資本主義社會》（post-capitalist society）當中更表示：「我們正進入一個知識社會，在這個社會當中，基本的經濟資源將不再是資本（capital）、自然資源（natural resources）或是勞力（labor），而將是知識（knowledge）；知識員工將成為其中的主角。」換言之，員工因擁有生產工具與方法，並在組織的實務運作中累積資

產。因此，組織如能促使員工分享資訊與知識、貢獻智慧，則其生產力或創造力將會遠勝於資本、勞工、土地和機器的價值創造。知識管理在團隊學習中的集體決策將提升組織的成效，而成為組織成長最重要的貢獻者。

　　有效的進行知識管理，其流程係指有系統地蒐集、獲取、分類、整合、累積、儲存、分享、擴散、更新知識等。所謂有效的運用就是讓需要者可以隨時、隨地、隨手獲得所需要的正確資訊，因而能快速採取行動，以利實務運作。這些知識，可能存在於組織文件、檔案、資料庫中，但也可能存在於組織例行的工作流程及實務規範中。知識管理最大的挑戰在於如何鼓勵員工分享知識；知識分享不是一個可以自行發展的過程，而必須有一個正式的基礎才可以讓這項文化茁壯。知識管理推展最大助力及阻力，均來自公司內部全體員工；其最大的障礙來自於缺乏分享的意願、動機和習慣。人們花許多時間發展個人知識，作為在組織中突顯自己的方法，這很自然地引發所謂「知識即權力」（Knowledge is power）的態度。傳統上，員工擔心自己辛苦獲得或因時間累積而得的知識與人分享後，職務將被取代或是工作朝不保夕的可能，深恐變成「教了徒弟，沒了師傅」，因此降低了分享的意願。成功的知識管理需透過組織文化的改造，轉移員工的心智模式並培養「知識分享」的文化。

　　因此文昌的知識管理就由教師的教學觀摩分享活動開始著手，我們利用星期三的上午進行全校老師的教學觀摩分享會，再利用週三下午的進修時間進行分享與檢討的活動，進行的原則只有一個：跨出班級與別人進行協同教學活動，因此看見老師們發揮不同的創意，有的是 3 個班級級任老師的協同，有的是級任教師與科任教師的協同，有的是學生學習內容時間的協同，有的是教師教導內容的協同，但都呈現教師們不同的合作模式。在週三下午的分享活動時我向大家說明報告，我們是以溫馨、和諧、安全、互助為知識管理組織學習的起點，而以思考、反省、對話、實踐為組織學習的依歸，讓原本隱藏或是靜態的知識經由教學觀摩、領域會議學年會議、研習進修、協同教學等相互間的同儕學習，達到知識的取得、處理、儲存、擷取而醞釀組織間的相互學習活動，將這些有用的知識轉化為核心能力，也成為學校的競爭力。

　　教學的討論是持續進行的，以教學觀摩者為例，可分成三大階段，第一階段為教師群組針對教學所進行的專業對話歷程，包括學期初的教學計畫擬訂，教學前的教學程序研討，再與教務處及校長共同對話。第二階段為教學觀摩及

分享與回饋實施現場，利用週三上午的實際教學觀摩，欣賞不同教師的教學專長，欣賞不同領域的教學內容，到了下午的分享與回饋，進行提問與對話，深入的探討研究，現場並作紀錄。到了第三階段建立學校知識儲存、傳播分享與運用的平台，鼓勵老師將教學觀摩的主題寫下來參加創新教學活動的行動研究，並榮獲優秀的成績，學校將各學年的創新教學研究成果彙編成冊，建置知識資料庫，命名為《精緻與創新的總合》，並將此成果分送各單位，這都得感謝教務處馬世驊主任及教學組陳佩雯老師的規畫與執行。此份專輯除了教師教學觀摩的過程，還有教師們參加行動研究的創新教學成果，以及各學年老師參加國內各項教案設計或是創新經營的成果，所以文昌老師展現出蓬勃的朝氣與生命力，教育部標竿100的選拔時，評審委員對於文昌老師的熱情與活力感到佩服，這也是我們能得到全國榮譽的主因。

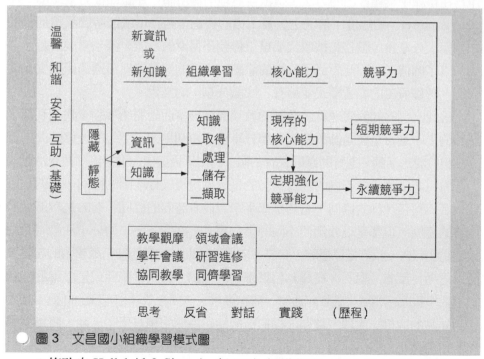

● 圖3　文昌國小組織學習模式圖

＊修改自 Helleloid & Simonin（1994）組織學習、核心能力與永續競爭力

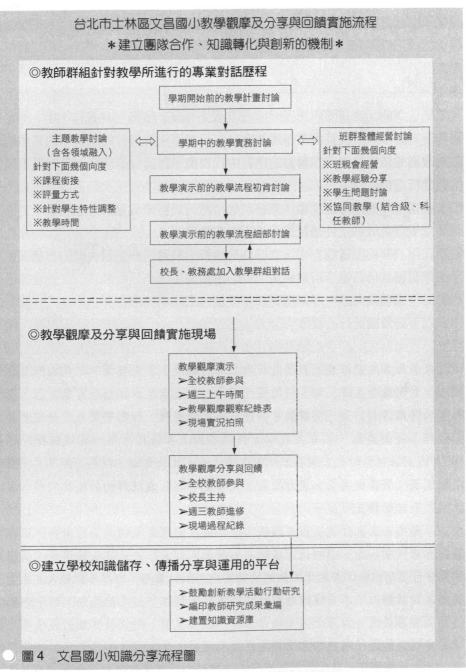

台北市士林區文昌國小教學觀摩及分享與回饋實施流程
＊建立團隊合作、知識轉化與創新的機制＊

◎教師群組針對教學所進行的專業對話歷程

　　　　　　　　　　學期開始前的教學計畫討論

主題教學討論　　　　　學期中的教學實務討論　　　　班群整體經營討論
（含各領域融入）　　　　　　　　　　　　　　　　針對下面幾個向度
針對下面幾個向度　　　　　　　　　　　　　　　　※班親會經營
※課程銜接　　　　　教學演示前的教學流程初肯討論　　※教學經驗分享
※評量方式　　　　　　　　　　　　　　　　　　　※學生問題討論
※針對學生特性調整　　　　　　　　　　　　　　　※協同教學（結合級、科
※教學時間　　　　　教學演示前的教學流程細部討論　　　任教師）

　　　　　　　　　校長、教務處加入教學群組對話

◎教學觀摩及分享與回饋實施現場

　　　　　　　　　教學觀摩演示
　　　　　　　　　➤全校教師參與
　　　　　　　　　➤週三上午時間
　　　　　　　　　➤教學觀摩觀察紀錄表
　　　　　　　　　➤現場實況拍照

　　　　　　　　　教學觀摩分享與回饋
　　　　　　　　　➤全校教師參與
　　　　　　　　　➤校長主持
　　　　　　　　　➤週三教師進修
　　　　　　　　　➤現場過程紀錄

◎建立學校知識儲存、傳播分享與運用的平台

　　　　　　　　　➤鼓勵創新教學活動行動研究
　　　　　　　　　➤編印教師研究成果彙編
　　　　　　　　　➤建置知識資源庫

圖4　文昌國小知識分享流程圖

＊感謝教務主任馬世驊主任及教學組陳佩雯組長規畫、建制與執行

三、定時回饋檢討並策畫未來

(一)教師教學的檢討策進

到了 2004 年的暑假，現有的各學年及各處室的團隊已經運作 1 年，一定在運作上有許多有成就且非常得意的事，但也必須檢討運作的過程中的某些缺失作為改進的依據，因此在暑假的研習中我規畫了討論分享活動，針對以下幾個主題進行心情對話：

1. 在這一年的團隊運作中，您感到最得意、最自豪或是最感動的事？
2. 您覺得能成就這件事情最大的因素有哪些？
3. 在這一年的團隊運作中，您感到最挫折、最難過或是最失敗的事？
4. 您覺得如何改進？可以避免上述的事情發生？
5. 其他您想說的話。（面對新學年期望自己做些什麼？）

以下是會議進行的實錄：

接著由各處室報告，教務處在馬主任的領導下首先發聲，但是由佩雯負責報告，教務處今年雖然都是新的團隊成員，但各項業務推動得有聲有色，資訊教育的評鑑名列前茅，閱讀教育榮獲推展有功團體，行動研究也是全校參加，4 件作品得到獎勵，共有半數以上教師參加，又榮獲九年一貫課程推手標竿100，感到最得意的是大家在工作中獲得成長，並且素娟、群昇、佩雯家中都添了新成員，教務處真是生產力驚人。教務處將這些成就歸功於彼此的用心與專注，能和諧的相互成就。

學務處由王主任親自出馬報告，學務處感到很自豪的是合作愉快，因為學務處有老、中、青、小四代，各種年齡層的人都有，彼此能經驗傳承，英傑、鴻章有豐富的經驗，都能很主動的協助其他同仁的業務，昭慶年紀輕人見人愛，很願意請教別人，木金護理師都能隨時支援，擔任學務處的後勤工作。例如防治愛滋宣導榮獲全國第一名、視力保健、校際交流、防溺教育都榮獲優等，學務處將這樣的成就歸功於大家都是為文昌做事，應該說是為了文昌的孩子們做事，並不是為了某一特定的人做事，有了這樣的共識大家做起事來就容易多了。

在總務處方面，今年可是人員異動最多的 1 年，也就是因為如此，所以同

仁也發揮了互助合作，相互扶持的精神，林主任最感得意的事就是剛接總務工作時茫然無緒，到現在已經建立總務工作的制度，強調標準化作業流程，將來不論誰擔任這個工作都有現成資料可參考依循。廁所清潔及美化評比榮獲全市第二名，這樣的成果感謝總務處的同仁的包容與協助能將阻力化為助力，大家都有分享知識的心以及服務共榮的心，形塑溫馨安全的環境。

在輔導處方面，特別感謝各處室行政人員以及各學年老師的共同協助，照顧班上的每一位孩子，讓孩子們能專注於學習上，而輔導處所舉辦的北區資源班育樂活動，初期困難重重，由於各處室老師共同協助將不可能化為可能，最後受到教育局長官的肯定。而特教評鑑榮獲特優也是一個大家通力合作的例子，由於班群老師、科任教師、家長及社會人力資源各方面的鼎力相助，形成和諧的特教團隊令人感動。這樣的成就得歸功於全校團隊成員的互助合作以及愛心家長志工的全力奉獻。

六年級的團隊由秉訓代表報告，感到最自豪的事情是從寒假結束後，在 1 個月內完成宜蘭校際交流校外教學之規畫，畢業系列活動之溝通、規畫協調工作，在大家順利合作下很圓滿的完成。能在這麼短的時間完成這麼不可能的任務，就是因為碧雲、怡靜和我都能彼此尊重，而且由於大家各有所長，彼此專長互補，才能如此團隊合作成功。

五年級是由閃亮三姊妹所組成的班群，最得意的事情就是完成影史上最偉大的鉅作──探訪士林夜市，這部影片是國立教育資料館為宣導綜合活動的教學活動而拍攝的。從腳本的設計討論到拍攝工作的完成只有短短的 2 個星期，能成就這件事情的最大成功因素是因為三姊妹原本已有良好的默契，又能彼此合作無間，才會完成曠世鉅作。

走進四年級的班群教室空間，猶如是一個自然生態的水族天地，因為四年級的 3 位老師秀宜、科甲及開平都非常喜歡養魚，因此 3 位老師感到最得意的就是復育蓋斑鬥魚。起因是去參加了一個復育蓋斑鬥魚的研習活動，所以產生了興趣，3 人從頭學習，通力合作，也因為這項工作使得 3 個人感情融洽，默契更好，使往後的合作更順暢。能有這樣愉快的班群合作經驗最大的因素是彼此興趣相投。

三年級的班群有許多件事情是感到非常得意的：一、參加了萬人排舞活動，練習了排舞，也破了金氏世界紀錄，然後排舞也在北區資源班育樂活動再

秀了 1 次。二、三年級上學期和三年級下學期各做了 1 次學生學習成果的發表會，在親師生熱情全力參與下，獲得好評。三、班親會中對班群活動的全力支援，像戲劇表演活動時，家長參與道具製作，樂器表演指導，全心全意的投入。四、暑假期間規畫的馬祖之旅，在王主任及木金護理師的規畫安排之下 very happy。能有這麼多的滿意與自豪，三年級的老師認為最大的因素是教師的創意與投入及親師間的充分合作資源的妥善運用。

二年級的班群感到最滿意的事是和家長的互動，家長能全力協助班群事務的推行經營，因此無論是班級經營、學校行事等都能順利進行。能和家長有這麼好的互動關係歸功於：一、老師 2 年來努力用心經營和家長的關係，親師彼此互信，因此家長都願意配合班群活動。二、班親會組織完整，定期開會，會議決議能確實執行。

一年級的老師感到最得意的事就是每項教學活動都美滿成功，此外園遊會時由親師生共同合作，以最低的成本創造出最大的利潤，提供學校水電支出費用。這樣的成就歸功於老師們的班群協同，彼此分工合作，大家各展所長，此外家長能認同教師並充分的支持，讓親師合作非常愉快。

最後報告的是由科任老師秋慧及力仁所共同討論的，秋慧老師表示看著節奏樂隊的成立，許多小朋友從凌凌亂亂的演奏中，慢慢的整理經過練習，到漸漸成型參加學校的主要活動，看著小朋友整體的表演應該就是這一年來最感動的事。秋慧老師認為節奏樂隊能有今天的成就有幾個因素，其中有學校行政的協助再加上各班導師的配合，最後當然是 50 位小朋友花了許多時間來練習，其實我覺得秋慧老師利用課餘時間的指導也是很重要喔。而力仁老師目前正加緊桌球隊的練習，心情一定和秋慧老師一樣的。

經過 1 年大家的相處互動，我覺得文昌真是具有溫馨、和諧、安全、互助的新校園文化，由老師們的對話與笑聲中我知道文昌的老師具有專業精進的態度與包容扶持的精神。

(二)校長的自我檢討與改進

到文昌國小服務即將滿 2 年，凡事認真負責盡心盡力，但校務經營有許多不同的向度及層面，很希望能不斷的檢討改進並將校務推展得更好，剛好這時

接到台北市教師會的電子報提到校長遴選時有一份「台北市中小學校長各項表現」問卷調查表，我雖然還不到遴選階段，但有些指標可作為檢討並修正，指標中有「理念與操守」、「專業與管理」、「溝通與發展」、「民主與參與」，我打算請教務處用無記名方式協助讓老師填問卷，並將統計結果告訴我，我也會在指標下設計一些開放性問題，供老師提出建議，讓老師們共同建構文昌的未來發展。這就是：

共同的願景　共同勾繪　　共同的問題　共同解決
共同的資源　共同分享　　共同的成果　共同慶賀

作者簡介

　　蕭福生，現任台北市士林區文昌國民小學校長。曾服務於花蓮縣富里鄉富里國民小學、台北市文山區力行國民小學及台北市松山區健康國民小學。先後畢業於新竹師範專科學校自然科學組、國立台灣師範大學衛生教育系及國立台北師範學院課程與教學研究所。因對自然科學教育的專長與興趣，曾參與台北市教育局國教輔導團視聽教育輔導小組、自然科學輔導小組、國立教育資料館自然科、綜合活動領域媒體製作委員、公共電視——今天不補習及少年哈週刊節目顧問，並編撰審定本自然教科書及九年一貫生活領域教科書、教育部僑教會遴選至東南亞九年一貫宣導教師。

　　假日喜歡接觸大自然，曾擔任陽明山、玉山、雪霸國家公園義務解說員及農委會及動物園自然保育志工。希望有機會為別人帶來成就與快樂，感到最愉快的場景是同事、好朋友及家人一起聚會，大家很快樂的交談，臉上充滿了愉悅的神情，因此希望每一個人都能被了解與欣賞，彼此相互尊重，發現內在的聲音，發揮自我的潛能，獲得專業上的成長與進步，實現自我，幫助個人與組織邁向精緻與卓越，帶領兒童邁向未來良善學習的道路。

有心，路就不遠；行動，夢就會實現

曾金美
台中市信義國小校長

壹、回首來時路

一、心中的種子

　　信不信由你，我在國小五、六年級的時候，就「立志」以後要當校長！

　　說來有趣，記得小時候就讀台南縣永康鄉三村國小，每學期老師對我的評語都是「活潑、聰明」，但「好動、愛講話」。當時的級任陳照美老師不知道是不是看中我這個「缺點」，特別指導我作文、演講，為我奠下了良好的語文基礎。陳老師很有才華，又非常上進，她曾經告訴我們，將來她要考主任、當校長，做更多的事，希望我們將來也要「青出於藍，更勝於藍」。老師當時那敬業樂業、積極進取的態度深深的影響了我，讓我產生了「有為者亦若是」的想法。雖然老師後來沒有當校長，但她在我心中埋下的這顆種子，卻促使我日後朝向校長之路邁進，多年後，終於實現了這個夢想。

二、萌芽與伸展

　　當老師以後，陶醉在作育英才的樂趣中，並未積極規畫未來的生涯。真正釐清自己的人生目標，則是在擔任主任以後，在長官的肯定和同仁的鼓勵之下，更上層樓的念頭才逐漸萌芽，開始有計畫的讀書、進修，準備校長甄試。由於主任年資尚淺，第一步是先考上國民教育研究所學校行政碩士班，有系統的研讀領導與管理理論，與學校行政實務相印證，以豐富自己的學養；其次是在教務、訓導、總務、輔導、人事等各處室都歷練過，熟稔各處室業務，提升自己

的「經驗值」，儲備校務領導的能量。

在國立教育研究院籌備處接受校長儲訓期間，最受用的課程是輔導校長的辦學經驗傳承、同儕的互動討論、到辦學績優的學校進行教育參觀，以及跟隨在師傅校長身邊進行短期的教育實習。從資深校長的現身說法、經驗分享、專業對話、問題討論及實際觀察學習中，汲取前輩的人生哲學、教育理念等思想精華及辦學經驗，深入了解如何帶人帶心、如何發展學校特色，以發揮辦學績效——凡此種種，都對我日後的校務經營與領導有許多啟發。

三、灌溉與滋養

擔任校長之前，除了各處室的業務歷練、校長儲訓的實務課程以外，學生時代參加救國團、童軍團等社團，以及後來擔任國教輔導團輔導員和指導學生比賽的經驗，對我現在擔任校長幫助很大。因為曾擔任童軍團團長、救國團康輔人員，帶團隊、辦活動的經驗豐富，所以辦理校內外各種大型活動一點兒也難不了我。後來專心鑽研語文及美勞，指導學生各項演講、朗讀、作文、相聲、辯論、話劇、繪畫比賽屢次得獎，擔任語文輔導員時也經常應各校要求擔任示範教學，各種版本、單元或主題幾乎都教過，進行過各類諮詢輔導、教學視導、教材教法研習，因此，擔任校長以後得以稱職扮演教學領導的角色。

事實上，校長本身教學經驗、行政資歷及承辦大型活動的實務經驗豐富，對校務的經營確實有很大的幫助。尤其遇到新手主任、組長時，校長的實務經驗豐富，便可以帶著新手們一起做；一方面培養人才，讓部屬覺得有所依靠，不至於產生抗拒或恐慌，一方面則可以實際監督，避免出錯，使活動順利完成。

貳、校務經營的理念與具體策略

一、我的教育理念：愛與方法

我來自一個非常平凡的家庭。我的兄弟姊妹不是做「黑手」的，就是做女工。我一度認為，我的人生也不過如此，直到我遇見了恩師。她激發了我的潛能，也建立了我的信心，從此開展了不一樣的人生。這使我相信，教育是一項有價值、有意義的工作，因此成長以後，抱著感恩與回饋的心，積極投入這項

「百年樹人」、「把愛傳下去」的志業。

　　從事教職以來，我一直秉持著這樣的信念：「教育的目的就在開展孩子的無限潛能──為孩子打開一扇窗，才能讓他們看得見世界」。我經常鼓勵老師有一分熱，發一分光，為孩子們照亮他們的人生方向，也經常提醒老師們「教育初心不可忘」，特別是要多愛不可愛的孩子，因為教育工作的價值就在於能用愛改變一個人。我相信，天下沒有不可教的孩子，校長所要做的，就是幫助老師和家長找對教育的方法，讓每一位老師都能成為孩子生命中的貴人，每一位家長都是陪伴孩子成長的夥伴，幫助孩子快樂學習，健康成長。

二、我的領導理念：人和與人本、卓越與創新

(一)人文為本，人和為貴

　　我深信，人心的開闊弘遠，人性的高尚善良，人情的從容優雅，是科技時代最可貴的生命資產。有豐厚的人文情懷為本，孩子們才不至於在快速變遷的時代中迷失，產生生命的異化。因此，在教學上，我積極以文學、藝術為發展重點，期望能涵養孩子優雅的人文氣質。

　　在行政上，為提升服務品質，我會要求績效，但績效不能高壓強求，它應該是人和之下，自然、快樂的產物。因此，我本著服務的理念，以民主參與的方式，結合教師同仁與家長的力量，共同營造溫馨祥和的校園環境與快樂積極的學習氣氛。平常，我待主任們如朋友，主任待組長、職工亦如是。處室內成員相處融洽，工作氣氛愉快，處室之間也經常連繫，互相支援，不會有本位主義、各行其是的現象，行政效率自然提升。

(二)追求卓越，鼓勵創新

　　時代在變，教育環境也在變。環顧國際的現況和世界的潮流，我深知，教育不只是每日歡喜耕耘，用心春風化雨而已，它更需要前瞻的思維、宏觀的視野，以及不怕澆熄的熱情，因為教育的進步和改革是一場永不停止的接力賽，而我們正站在一個歷史的新高點。面對未來高度競爭的知識經濟時代，我將本諸生活化、人本化、適性化、科技化、國際化的教育觀點，與學校同仁、學區家長共同努力，不斷追求學校教育的卓越與創新。

三、經營有效的行政團隊

本校包含附設幼稚園、補校共有 81 班，教職員工生共有 2,700 餘人，如此龐大的組織，如何維持正常順暢的運作？學校愈大，隱藏的需求及問題愈多，校長不可能事必躬親，因此我只掌握二個簡單原則：一是透過主管會報及各項會議掌握學校概況，二是運用走動管理及非正式溝通發現問題、解決問題。

(一)主管會報及各項會議

每週一早上，我會定時召開主管會報，透過聚會對談，溝通理念，連繫各項業務。

會議前，我已備妥精緻的茶點，擺上主任們專屬的雅致茶杯，桌上咖啡、凍頂、養生茶各取所需，讓會議在輕鬆愉快的氣氛中進行，也讓主任們每週的工作有個愉快的開始。

這個會議除了各處室的工作檢討、活動連繫外，學生輔導問題、巡堂所發現的教師班級經營問題、環境設備修繕問題、教師或家長反映的意見等，也經常被提出來討論，共謀對策。

至於學校重大決策，如教職員福利、編班、排課、減課等辦法，事前都會透過教職員晨會、學年會議、領域小組會議等管道彙整同仁的建議，並諮詢教師會、家長會的意見，再擬訂草案，於主管會報中充分討論，形成共識，並就可能發生的狀況沙盤推演，研擬因應策略，以避免在正式會議上形成各唱各的調、自亂陣腳的現象。我發現，這種「會前會」的功能不僅有助於發揮行政團隊戰力，而且正式會議中也較能凝聚共識，節省討論時間。由於學校重要決策均透過事前諮詢、主管會報商討草案、正式會議討論決議等民主程序而決定，故施行起來均能無礙。

開完了主管會報，各處室會視需要召開處室內的工作會議，總務處則定期於每週二早上召開工友座談，了解工作概況，激勵工作士氣。學務處也有定期的導護會議、校園安全會議，檢討各項校園安全措施，防範於未然。至於每月的學年會議、領域小組會議，如有重大議題交付討論，則我與主任會先邀集學年主任、科任主任詳細說明，先行磋商，以免會議如亂槍打鳥，缺乏具體共識。學年會議紀錄所提建議必具體回應，建立雙向溝通管道。掌握好學年主任，不

僅能充分掌握「民情」，避免行政措施悖離民意；也能適時傳達政策理念，引導「民意」正向發展；而直接探訪民意，更可以避免少數不肖的教師會代表操弄民意，這是最直接有效的溝通管道。

(二)走動管理及非正式溝通

走動式管理的好處是在巡視校園時發現問題，可以立即解決問題，減少危機的發生。此外，經常透過正式及非正式管道了解教職員工動態，對於情緒不穩定或作息不正常的同仁適時關切及溝通，必要時請與其較要好的同仁隨時協助或關照，也能有效解決潛藏的問題。

本校現在是「五、六年級」當家，行政團隊年齡層輕，個個具有高度服務熱忱，勇於任事；每 2 年輪調 1 次，既能分層負責，又能相互支援，發揮高度的行政效率。由於校內外活動頻繁，行政業務非常繁忙，校長如果沒有帶頭輕鬆一下，大家工作的情緒將會一直緊繃，不利於團隊的永續發展。所以，我經常有事沒事捧著點心、茶水到各處室「串串門子」、「哈拉」幾句，一來紓解彼此工作壓力，二來也順便了解工作進度，交代一些細節，溝通一些想法，美其名是「走動管理」、「非正式溝通」，其實是在製造輕鬆、快樂的氣氛。

曾有一位調出去別校服務，不久又積極請調回來的主任，以及另一位是從外校調進來的主任私底下告訴我，其實在信義的工作量比原來的學校大，但是他們工作得很愉快、很幸福、很心甘情願，一來是因為校長的領導風格讓他們不會覺得有壓力，推動業務有被信任和支持的感覺，不會的地方也有校長可求救、可依賴；二來是行政團隊氣氛和諧，讓他們有「家」的感覺，所以士氣高昂，樂於為工作賣命。

其實，我自己也有這樣的感受。雖然校務經緯萬端，雜事、瑣事不斷，每天時間都不夠用，但依然活力充沛，生活在快樂、滿足和感恩之中——因為我喜歡我的工作夥伴，喜歡我的行政團隊！這種工作滿足感，我想才是提升每一位成員組織承諾的最大原動力吧！

四、營造溫馨、人性化的校園環境

學校需要企業化的經營，也要家庭化的氣氛。

我們每個月辦理教職員工慶生會、學生慶生會，每年辦理新春團拜、員工

自強活動,聯絡同仁及師生情誼,提振工作士氣。晨光時間或下班後,鼓勵同仁成立運動團隊,從事校園健走、桌球、羽球、排球、有氧舞蹈、瑜伽等正當休閒活動。家長會每年均辦理教師節敬師活動,每月並與學校行政主管及教師定期聯誼,畢業典禮辦理謝師宴,互動良好,氣氛融洽。輔導室辦理吾愛吾敬師活動、母親節感恩活動,培養學生感恩情懷。而我與處室主任也經常主動關心及協助同仁婚喪喜慶活動,形成關懷與支持氣氛,使學校像個大家庭一樣溫馨,因此教職員流動率非常低。

我們對弱勢學生的關照也不遺餘力。愛心工作隊及員生社關懷貧困兒童,提供各項學用補助及急難救助,家長會長也會在過年時包紅包給貧困兒童。每個月配合榮譽制度,邀請品行優良、榮譽卡蓋滿章的小朋友到校長室當小客人,與我合照、共進早餐,這是小朋友最快樂和驕傲的時光了。

五、教學領導──願者先行,發展學校成為學習社群

哲學家卡謬曾說:「請不要走在我的前方,因為我不愛跟隨;但也請不要走在我的後面,因為我不愛當嚮導。」在教育的路上,教師、家長是我們並肩合作的夥伴,惟有親師共同攜手努力,才能使學校成為一個快樂學習的園地,孩子成為有知識、有能力、有涵養的優質下一代。而欲提升教育品質,必先提升師資水準,促進教師專業發展,此則有賴校長的課程與教學領導。

我的課程與教學領導原則是:當校內某些教師有足夠的專業與成長意願時,校長只須給與鼓勵、支持及提供人力、財力、物力、時間等資源,協助教師專業團隊的組織與運作;而當校內教師專業不足時,校長則可採「願者先行」的策略,鼓舞有心的教師參與種子團隊,並由校長親自或安排專業教師示範、帶領,適當扮演教學領導的角色,以促進教師專業成長。在推展過程中,配合教師團隊的需要,提供研究場地、充足的資料、資訊與設備,必要時給與公假、減課等誘因以激勵教師的持續參與。當種子團隊漸有成效時,給與口頭獎勵及發表機會等精神酬賞,一則以提升教師的成就感,二則以吸引更多成員加入種子團隊。如此,由點的布樁、線的串聯至面的推廣,先求質的提升,再求量的擴充,相信假以時日,必能帶動團隊學習氣氛,促進教師的專業發展。

(一)當教師具有足夠專業與成長意願時……

　　我十分注重科學教育，雖然曾經僥倖得過本市科展第一名，但科學教育其實非我專長。正好本校唐益國老師對植物昆蟲研究十分在行，溫媛容老師對奈米科技等新興議題非常有興趣，便鼓勵他們成立自然科學研究團隊，一方面協助唐老師申請教育部科學教育6年計畫經費進行「可攜式蝴蝶盆栽之研究」，近一步發展成「許願蝶」、「蝴蝶天燈」的美麗計畫，一方面協助溫老師參與教育部「K-12奈米科技教材」之研究，各獲致令人激賞的成果，實際運用於教學，引起學生對科學莫大的學習興趣。對這些有心的老師，我當成「國寶」來支持和尊重，除了為他們安排成果發表的機會，爭取上級的表揚以外，也邀請記者到校專訪，讓教師備感榮寵，對其他教師也產生見賢思齊的激勵作用。

(二)當教師專業與成長意願不足時……

　　在語文課程的教學領導方面，有鑑於九年一貫課程實施以後，國語課由原有的10節銳減為5～6節，加上網路語言及電視媒體的推波助瀾，學生語文程度有每下愈況的情形，因此我積極推動兒童閱讀，並結合語文及藝術人文推展繪本創作與教學。但，觀察校內教師生態，並非人人對語文或藝術皆有興趣，且受限於教師教學工作負荷仍重，全面推展兒童閱讀不易，於是採「願者先行」的策略，先從有興趣鑽研、有心成長的年輕老師帶起。

　　首先是加強圖書館利用教育，積極爭取社會資源捐助，充實圖書館各類藏書，並專案建立生命教育、兩性教育、輔導書籍刊物、影帶目錄並有效管理，以確實提供教學資源。本校圖書館已有自動化管理系統，配合專人管理及義工協助，使圖書管理井然有序，除每週安排1節閱讀課以外，更鼓勵學童隨時借閱。其次，與台中圖書館進行館際合作，借用圖書箱，每箱各有40本相同的繪本故事書，各班定期輪流交換，以利班級讀書會運用。接著，將圖書館利用教育結合各年級主題課程「成長小書製作」、「好書推銷高手」、「啃書高手獎勵制度」等活動實施教學，並以「咖啡廳」、「書香下午茶」方式，推動無壓力的班級閱讀、親子共讀，使學生喜愛閱讀、親近閱讀，提升閱讀風氣，並將書香延伸到家庭及社區，因成效良好而成為本市推動閱讀的種子學校。

　　此外，為了促使兒童閱讀與寫作結合，激發創意，我更大力推展繪本故事

的教學與創作,親自示範說故事的技巧,帶領親子讀書會思考與討論,指導教師、學生及家長製作故事繪本,參加本市的兒童手繪本比賽,獲得非常豐碩的成果。我將這些優秀的作品數位化,配上音效做成電子故事書,放置在校園網路上供大家欣賞、觀摩學習,激起許多迴響。許多老師、學生做出了心得,更互相打氣,共同研究如何使繪本製作得更精緻、更有內涵,充分發揮文學與藝術之美到極致,也使校內儼然蔚成一片閱讀與創作繪本的風氣!

鼓勵孩子閱讀,就是打開孩子生命的一扇窗,開發孩子生命智慧的疆土。但閱讀習慣的養成並非一蹴可幾,必須靠親師合作,長期耕耘,潛移默化才能達成。我希望藉由推廣師生共讀、親子共讀活動,能把書香擴散到家庭及學校的每個角落,讓學校與家庭都能真正成為孩子們快樂閱讀的桃花源!

播種,不必急於看到成效;深耕,才能穩定發展。

我相信,教師的能力可以被提升,教師的意願可以被激發。因此,我採「願者先行」的策略逐步推展繪本的創作與教學,慶幸的看到它已漸漸萌芽、開花、結果;採「願者先行」的策略組織語文團隊,親自培訓種子老師,指導學生參加演說、朗讀、作文等各項語文競賽也大有斬獲。站穩了這一步,下一步我將朝向提升學生的語文能力全面發展!

六、在地與深耕───對內關係的經營

我初任校長就在這所 81 班的大學校(含補校、幼稚園),而且我在這所學校從教師、主任一路到擔任校長,共有 16 年之久,許多老同事可說都是「看我長大的」,說我是在地深耕的「平民」校長也不為過。

記得曾有前輩告誡,在原校當主任還好,畢竟跟原先的教師同仁感覺差距還不大,但當校長最好到別所學校,千萬不要留在原校,因為跟教師同仁的階級差距感拉大,和原先平起平坐的主任同儕之間的身分地位也產生微妙的變化,將會打破組織氣氛的平衡,迫使彼此必須重新調適,勢必造成某些成員的心理抗拒,且學校裡舊有的人事包袱,也將會造成新校長領導的阻力,難以促進組織的進步。

不過,「鐵齒」的我並沒有聽從前輩的話,反而選擇在原校更上層樓,因為我了解學校的文化與生態,可以省去許多摸索與適應的時間,而我也逐漸調整領導風格,在同仁心目中成功的從同事逐漸「轉型」為校長。但對於大家突

然對我必恭必敬和尊崇的態度，卻仍一直難以適應，彷彿大家把我「隔離」在校長室。因此第二學期起，我選擇重新走入人群，利用分批邀請學年教師餐敘聯誼的機會，聽取民意，也拉近一些距離。餐後曾有同事告訴我，這是他到本校服務十幾年來，「第一次讓校長請吃飯」，和校長面對面共餐，那種感覺，很被尊重，也很感動。

　　因為是原校直升為校長，少數同仁並不把我當校長看，要樹立領導權威較困難，凡事都只能靠協商、拜託。記得有一回，因為教師會理事長主導讓合作社拒辦下學期學生營養午餐，引起行政與教學關係的緊張對立。而我擔心大多數教師在有心人的黑函及耳語操弄之下，無法分清楚是非黑白，只會盲目反對，造成學生及家長不便，也會影響教師形象，因此極力遊說合作社理監事承接，且給與4大保證（學校協助辦理採購招標、負責衛生監督、聘專人兼午餐秘書、理監事優先減課），終於獲得理事們的同意，但沒想到仍遭到一位監事激烈反彈，在教職員晨會上向我炮火全開，斷章取義的報告協商過程，冷嘲熱諷的指責我專權、霸道，讓我十分難堪。遇到這種被公開羞辱、尊嚴盡失的情形，我固然痛心，但並沒有失去校長應有的格局與他激辯，只是自嘲的交代主任們，如果我接下來 3 天以上沒到校，就比照中輟生一樣向教育局通報為「中輟校長」。不過，在發表感性與理性兼具的口頭及書面說明之後，許多老師以 e-mail、傳簡訊、親自到校長室或託人帶話等方式來為我加油打氣，家長會也紛紛到校表示全力相挺，更有行政人員主動願意兼任下屆合作社理監事，承接午餐業務以平息紛爭，使我感受到許多溫情和支持。而引發對立的教師會理事長及合作社監事也在輿論之下趨於低調，不再阻撓，讓事件快速的落幕。

　　「危機就是轉機」這句話真是一點兒也不錯。雖然這次衝突引爆了我上任以來最大的領導危機，但衝突過後，反而更奠立了我的領導威信；而我也在這次的事件中學習到領導者應該更謙卑、更寬容、更放大格局。雖然自認為對全體師生有益的，該堅持的就要堅持，但方法上則要柔軟、圓融些，不能躁進。我相信，只要真心誠心做事，耐心疏導溝通，不信真理喚不回。

七、亦師亦友———與學生關係的經營

　　因為個性活潑，所以我跟孩子之間沒什麼距離。幼稚園的小朋友看到我，會跑過來拉著我的手叫我「校長阿姨！」、「你比我媽媽還漂亮！」雖然是童

言童語，但甜蜜得令人陶陶然。而高年級的小朋友則會注意我的穿著打扮，他們背後偷偷用台語諧音叫我「粧真水的校長」。因為我很注意孩子們的服裝儀容和禮貌，走在路上，我會主動親切的向每個小朋友打招呼，也會隨時「雞婆的」要求小朋友把上衣紮好。

記得有一個六年級的學生，我每天巡視校園打掃情形時，總是看他穿著鬆垮垮的體育短褲，頭髮染紅紅的，上衣也不紮進去。原以為他的褲頭太鬆了，請級任老師叮嚀他，回家要請媽媽幫忙換鬆緊帶，結果情形並沒有改善。級任老師說，他是個鬼靈精，老愛唱反調，行為狀況不斷，老師和爸媽都拿他沒辦法。以我當高年級級任多年的經驗直覺認為，六年級的孩子正進入成長的關鍵期，孩子會變壞，往往從服裝儀容的改變看出徵兆。既然老師和家長都「隨他去」，那麼校長就只好「介入輔導」了。

這一次，我直接上前去問他為什麼褲子總是鬆垮垮的，三分褲穿成七分褲，好像快掉下來似的，他不敢回答，旁邊的同學卻爆料說：「校長，他是故意這樣穿的啦！」我說：「哦！你是不是比較喜歡穿垮褲？」「你認為學校的制服這樣穿比較帥，對不對？」他不好意思的笑了笑，趕緊把褲子拉上來，衣服紮進去。我說：「你長得這麼瘦小，褲子穿得這麼鬆垮垮的，反而很不協調，看起來腿的比例變短了，感覺更矮了！」我問其他同學：「你們覺得他剛剛和現在的樣子比起來，哪一個比較好看？」大家異口同聲的說：「現在這樣比較好看！」「這樣穿比較有精神！」我說：「對嘛！小帥哥，如果你要穿現在流行的垮褲，校長也不反對，不過，你得先把自己養胖一點，再長高一點。穿衣服要搭配自己的體型，這樣穿起來會更有特色哦！」他笑了笑，說：「謝謝校長！」就繼續打掃了。

過兩天又碰見他，還是故意穿得鬆垮垮的，我覺得有點氣餒，而他看到校長來，也有點緊張，想要閃人已經來不及了，乾脆大聲喊：「校長好！」我笑著說：「今天褲子怎麼又好像快要掉下來了？要不要拉上來一點？校長很喜歡你那天穿得很整齊的樣子，真的很帥哦！」他卻把頭搖得像波浪鼓一樣，護著自己的褲子說：「不行不行！今天不行！」我好奇的問：「為什麼今天不行？」他神秘兮兮的湊過來，掀起衣角，露出一點內褲頭，說：「因為……」我一看，忍不住噗哧一笑！這小子還真時髦，裡面穿的是市面上正流行的大紅花色「樂透彩」四角內褲，比外面的體育短褲大，當然得把外褲拉下來一點，

才能遮住紅色大花褲啊！我也神秘兮兮的跟他說：「噓！我跟你說哦！校長的兒子現在是國一，也穿得跟你一樣喔！」我又提醒他：「你們現在正在發育中，穿這種寬鬆的四角內褲是對的。不過，你要請媽媽幫你買小號一點，才不會比外褲大，瞭了嗎？」「知道了，謝謝校長！」

此後，我經常看到他，他大老遠就向我問好，我也發現他不僅穿著和其他同學一樣正常，而且頭髮也染黑回來，就常常誇他又帥又有禮貌。後來，畢業的時候，他還特地拿畢業紀念冊來找我簽名，跟我合照。級任老師來問我到底有什麼神奇的魔力，讓這孩子態度有了 180 度的改變？我說：「我哪有什麼魔力？我不過是了解成長時期孩子的心理，把這個孩子當作朋友、當作自己的孩子一樣看待罷了！很多事情，表面規定、禁止、處罰是無效的，了解孩子的心，適當的讚美和引導才能讓孩子的行為真正改變。」

八、廣結善緣、厚植人脈──對外關係的經營

(一)禮尚往來，廣結善緣；合情合理，嚴守分際

學校對外的公共關係還包括與社區民眾、地方仕紳、民意代表、企業或廠商、各政府機構等，校長能夠廣結善緣，厚植人脈，對校務的推展自然有許多幫助。其中對學校影響最大的應是民意代表，尤其是議員，掌控學校預算的生殺大權，自然是得罪不起，因此平日即需建立友善關係。

本區的議員素質不錯，對校長總是客客氣氣的，還時常問我學校有沒有什麼建設需求，他們可以幫忙爭取。因此，校內舉辦重大活動，我會禮貌性的邀請議員，如果議員到場，在會場上也一定給足面子。議員請託之事，合情、合理、合法範圍內，我一定會幫忙，但如果違法，我會誠懇的向他說明學校困難所在，還會請他幫忙「教育」請託的民眾。例如：有議員要拜託提早入學的，我就把教育部禁止提早入學的公文及本市提早入學鑑定的簡章影印一份給他，請他轉告家長，循正常管道參加提早入學鑑定。也有議員來關說雇用臨時人員的，我也會把市府「警衛及臨時人員遇缺不補」的規定給他看。只要態度誠懇，委婉說明，議員大都能接受。但也有編班時議員硬是要指定老師的，我會請家長會或其他關鍵人物幫忙溝通。議員如果了解「幫一個民眾關說，得到一票，卻可能會失去學校教師及家長會的眾多選票」這層利害關係，態度就不會那麼

堅持了。由於民意代表有選票的壓力,如果到學校代為關說不成,面對選民面子就掛不住,因此校長如何堅守底限,並且讓關說不成的人仍然高高興興的回去,這需要很圓融的溝通技巧。

其實,避免人情壓力干擾校務經營的最好的辦法就是不欠人情。學校需要各項經費都循正常管道編列預算提報市府審核,不需要運用旁門左道爭取經費。如果請議員向市府關說或施壓,一來帶給教育局長官困擾,二來欠下人情,日後難免要還,校長就不易堅持教育原則了。

不過,上述理想歸理想,在議員仍能掌控學校經費的現行制度下,遇到特殊緊急情形,校長還是得為五斗米折腰,因為求助議員效率真的比較快!這僅有一次的經驗是因為學校電動鐵門老舊損壞,必須更新,但編列入下年度預算,待送市府審核、議會審查通過後再執行,冗長的程序曠日費時,此段門禁管理空窗期,校園安全形同不設防,令人憂心。復以當時社會轟動一時的「精神病丈夫殺妻,經療癒後返家又殺女,再經強制療養三年後即將重返家庭」的案例發生在本校,為了預防該位精神不穩定的父親復出後到校再對就讀本校的次女下毒手,同時避免類似「螢橋國小潑硫酸事件」發生,以保護全體師生安全,故電動鐵門勢必立即更新,以強化門禁的管理。

我向市府相關單位反映上述情形,但得到的結果是「大家都要爭取經費,所以請提下年度預算,照排隊——而且不見得有」。由於爭取下年度預算係未定數又緩不濟急,我將心中憂慮告知家長會,家長會也認為此事關乎校園安全,非同小可,必須馬上處理,因此由會長偕同地方人士向顏議員反映,果然不到1個月,就爭取到市府的第二預備金,迅速的辦理招標,更新了電動校門,讓我大大的鬆了一口氣。不過,這次雖然是由家長會出面請議員幫忙,但受益的是學校,這筆人情帳還是會算到我頭上。唉!校長難為。

(二)水能載舟亦能覆舟——善用媒體的正面功能

除了民意代表之外,媒體記者也是學校重要的公共關係,不管是報紙、廣播電台、有線或無線電視台,與各家都要維持良好的互動,如有具新聞性的學校重大活動、特殊成果或創意的教學點子,除了發預告稿給每一家媒體,再個別電話通知記者採訪以外,活動完畢我也會立刻 e-mail 成果報導及不同照片給記者參考。

　　善用媒體對學校教育活動的正面報導，有助於學校形象之行銷，但校長不應為了新聞而搞新聞，而是因為活動有教育意義，值得讓社會大眾聽聞、了解學校教育成果的，才通知媒體記者報導。我曾配合社會領域課程辦理校內親善小天使選拔，向區公所借來票箱、票匭等工具，布置投開票所、聽政見發表、驗證、領票、投票、開票等，一切程序比照正式選舉辦理。由於小朋友們表現有模有樣，創意、趣味十足，激烈的競選活動及民主教育意義吸引了大批電視媒體到校採訪，家長及社區民眾從新聞中看到了，直誇學校課程活潑、有創意。

　　由於學區內外籍配偶子女日增，形成學校教育隱憂，因此我未雨綢繆，率先開辦外籍配偶生活知能班，讓外籍配偶學習適應本地生活、語言及文化。課程中 2 次實施校外教學，皆受到平面媒體、電視記者的矚目，紛紛大幅版面報導。第 1 次是為了讓外籍配偶了解本地民主運作及公家機關為民服務情形，因此帶她們參觀市議會、市政府、區公所，並到戶政事務所學習辦理國籍歸化手續。第 2 次則是為了提升外籍配偶親職教育知能，帶他們參觀國立自然科學博物館，並到台中圖書館辦理第一張借書證，鼓勵她們善用公共資源教育子女。我希望借助媒體力量呼籲社會大眾正視新移民的文化適應問題，以及所衍生的新台灣之子的教育問題，建立「現在幫助外籍配偶，就是幫助我們的下一代」的觀念，而 2 次媒體的報導也都發揮了正面功能。此後學區內外籍配偶的學習活動便受到夫家的鼓勵，許多外籍配偶的先生甚至主動幫她們報名就讀本校補校或成人教育班，這便是善用媒體正面功能的一大成效。

　　但現今某些媒體報導似有走煽情、聳動路線的偏畸現象，尤其喜歡挖掘社會底層瘡疤大肆報導，以刺激收視率、閱報率。前述精神病家長事件及另項家暴案件，記者神通廣大查到孩子就讀本校，要進入校園採訪，我即基於保護學生、級任教師及家長的立場委婉拒絕。其中一位記者表明其報導立場，係為突顯此類案件的家庭、教育、社會、司法問題，供政府單位修改不合宜法規的參考，並同意新聞稿中不出現足以令閱聽大眾猜測得知當事人姓名、地址、學校等相關訊息，善盡保護當事人的立場，且具有正面社會意義，我才同意記者報導。事後，當事人也確實未再受到該報或其他媒體的騷擾，安心回復生活的常軌。

　　其實，有社會良心、新聞道德的記者還是很多，不過，也有些媒體令人不勝其擾，校長必須妥善因應，以免產生不利影響。我初任校長時，接到不下 10

通電話，都是一些聽都沒聽過的某某報社打來的，千篇一律是「關心」本校最近有沒有什麼活動需要報導的，然後再說該報社幾週年社慶，要校長「共襄盛舉」，捐個 1、2 仟元，刊登版面慶賀；也有的是在學校舉辦活動時來拍張照片，趁機要價千元的；還有某報社直接寄來帳單，說是前任校長答應刊登的，要學校付款。當時深怕得罪記者，不知如何是好，趕緊打電話向前輩校長及教育局張局長（曾經擔任過新聞局局長）請教應對策略，再打電話向平日較要好的某大報記者探聽，才發現一般正當經營的報社根本不會以此方式斂財。後來再有報社記者打來要我「共襄盛舉」的，我就會回答說：「對不起啦！學校無此預算」、「最近開銷太大，個人無此財力」、「最近太多家報社打來相同電話，學校非生財單位，無法一一滿足，只好公平處理──謹以口頭祝賀」，如果還有記者糾纏不清的，我會說：「本校家長會經費有限，但仍決議贈送貴社花圈一對以示慶賀，請問要送到哪裡去？」對方一聽，就會「現出原形」，不悅的說：「謝謝，不必了！我們沒地方擺。」──因為他要的是現金。雖然如此應付可能得罪了對方，但此後就不會再接到類似的電話，耳根子清淨不少。

九、顧客、朋友與股東──與家長會的關係經營

家長是我們最重要的教育夥伴，組織健全的家長會更具有豐富的人力、物力、財力資源，因此與家長會建立良好的關係，是校務經營成功的另一關鍵。

我把家長會的成員當做顧客、朋友與合夥的股東。我重視顧客的意見，尊重股東的權益，也像朋友般關心他們的家庭、事業和子女。為表示對家長會的重視，我和主任們必定出席家長代表大會、委員會等會議，了解家長會對校務興革意見，並宣導政府重要政策與法令，溝通教育觀念；家長會每月召開的常委會議，由常委們輪流作東餐敘聯誼，我也會邀請教師會理事長、各學年教師分批參與，順便做親師溝通；學校舉辦畢業音樂會、藝術季系列活動、運動會、兒童才藝表演等重大活動時，我一定邀請所有家長及家長會委員們到校欣賞孩子們的傑出表現；而家長會每年也都會配合新年、教師節及畢業典禮，辦理新春團拜、謝師感恩聯誼餐會活動，或不定期辦理各項旅遊聯誼，增進學校教師、愛心義工、家長會之互動。

在向家長會做校務報告時，除了讓家長看到學校經營的成果以外，我也會讓家長知道我對校園規畫的藍圖及學校經營的困難處。例如：陳舊的中庭遊戲

器材地墊及設備需要更新，讓低年級學生下課有可以盡情遊戲的地方；教室內須增設電話以便家長與教師聯絡，全校老舊電話系統須一併更新；另外，為了推展英語每週一句、即時報導師生參加校內外競賽獲獎的榮耀、宣導各項社會教育，須在校門設置大型電子資訊看板……等構想，都立刻獲得熱心家長的支持。其中一位為善不欲人知的家長更主動捐贈80多萬元助我實現了我的理想，且在完成遊戲器材更新與設置電子資訊看板工程後，他還會主動詢問是否需要其他校務建設，打算再幫助我規畫兼具休閒及教學功能的美麗庭園造景──這種「貴人」真是可遇不可求。問他何以願意持續捐助學校，他說是因為看到學校各項績效良好，感受到校長辦學用心，所以願意幫助校長把學校規畫得盡善盡美，使孩子就讀的學校成為台中市最棒的學校──這份心意，真是令人感動！

本校家長會每年均編列預算，積極支援學校活動及協助校務發展，如：贊助「耕心」及「愛在信義」等學校刊物編印、頒發獎金獎勵教師指導學生或參加各項比賽等。此外，又募集「體育團隊基金」，支援學生運動團隊的訓練、辦理籃球育樂營，協助學校體育特色發展。為了增加學生比賽機會，我們甚至與鄰近9所國小家長會策略聯盟，辦理了第一屆會長盃籃球聯賽。

記得第一次開籌備會的時候，各校家長會長們的意見不同，反應非常冷淡，活動幾乎難產。後來我與會長鍥而不捨，私下再邀集所有會長們聚餐。一頓飯吃下來，賓主盡歡，正式會議所達不到的共識都形成了，會長們個個都把錢掏出來共襄盛舉，很快就把活動所需的經費都湊足了。接下來，透過這些會長們的人脈，又募集到更多資源，使活動辦得有聲有色，建立了良好的口碑。

在活動中，我們還有一些創意、貼心的設計，讓共同籌辦的會長們感到面子十足，對本校的行政效率大為讚賞，例如：在每一位選手的獎狀上預留空間，貼上比賽當天的各隊團體照，護貝後由會長們頒贈，讓孩子比賽的榮耀與英姿為童年留下深刻的回憶。此外，比賽用球各打上會長的名字，比賽後分贈給會長做「獨一無二」的紀念，連特地訂製的籃球鑰匙圈也大受歡迎，被索贈一空。也因此，比賽完後，大家感情融洽，商議活動要年年繼續辦下去，甚至訂立章程，正式成立東南區家長會長聯誼會，日後更準備招兵買馬，擴大成為以「協助校長校務經營、推動會務經驗交流」為宗旨的「台中市國小家長會長聯誼會」。

藉著這次活動，我們與各校家長會建立了良好的合作關係，意外的催生了

一個組織,也成功的行銷學校的形象,讓學校的經營向外伸出更廣大的觸角。而我,更乘勝追擊,繼續運用這個新成立的組織與人脈,成功的為下個月即將辦理的全市藝術教育聯合展演暨藝術小天使表揚活動募足了大筆經費!

「良好的互動」產生「信任」,「信任」引出「資源」,「資源」又帶來了「更多資源」,這真是活動外的另一收穫。

十、源頭活水滾滾來──資源的爭取與運用

學校推動各項活動、發展特色、幫助弱勢族群、改善環境與設備,需要很多人力、物力、財力的教育資源,這些資源從何可得?我認為校長要用心觀察、搜尋、挖掘,許多隱藏的可貴資源其實就在身邊。

㈠開源與節流

在經費的運用方面,最基本的功夫是「節流」。新電腦教室成立後,舊電腦教室的速度和設備就顯得令人難以忍受。雖然電腦設備已逾年限,應該報廢再更新,但政府的經費補助有限,還得「排隊」,緩不濟急,於是我們撙節各項開支,例如:校內資訊專長的教師很多,電腦能自己修就自己修,因為有時候可能只是電源接觸不良的問題而已,簡易的故障可以自己排除,但請電腦工程師一出門就要不少車馬費。諸如此類「克勤克儉」、「胼手胝足」、「同儕互助」的省錢做法,雖然耗時,但也讓資訊組長和資訊教師練就了一身解決疑難雜症的好功夫,同時為學校省下不少維修經費。籌足了「自備款」以後,再請求家長會的「配合款」相助,自力更新舊電腦教室的所有設備,並建置全校網路系統,使班班有電腦可用,便於實施資訊融入教學。

但「節流」終究是小家子的做法,「開源」才是大展身手讓校務經營順暢的高招。我經常留意網路上政府及民間單位各項經費補助訊息,如覺得有利於師生學習及校務發展的,就立即徵詢處室主任、組長、教師意願,開始寫計畫、編概算,申請經費補助。例如:爭取教育部的「教育優先區計畫」、「退休菁英風華再現」、「生命教育關懷週」、「關懷弱勢弭平落差」等專案經費,辦理弱勢學生課業輔導、適應欠佳兒童小團體輔導;爭取「學習型家庭」、「親子共學」、「親子共學英語」等專案經費推動親子閱讀、繪本教學;爭取「觀光英語班」、「城鄉接軌人人同步發展學習」、「全民上網終身學習」等專案

經費辦理外籍配偶生活知能班、民眾電腦班，推動社區成人教育；爭取「科學教育六年計畫」、「環境教育」、「K-12奈米科技教材研究」等專案經費發展自然與生活科技本位課程及研發新興科技教學媒體；爭取「藝術行腳校園」、「藝術與人文學習列車」等專案經費發展學校藝術教育特色……，舉凡教育部的各項經費補助專案，我們皆一網打盡；推案之多，讓教育局笑稱我們是「搶錢一族」，到最後連承辦人也乾脆─遇到有經費補助案就會主動打電話來問我們「要不要錢？」

其實錢要太多，執行起來也很累，但看到受益的是弱勢學生，感受到教師與家長一起成長，聽到社區民眾對學校用心辦學的肯定，就覺得很值得。此外，利用各專案經費結餘的雜支添購許多文具用品、紙張、墨水等耗材，讓總務處儲備的「物資」豐盈，「彈藥」供應無虞，使原來寅吃卯糧、捉襟見肘的統籌事務費可以多用在其他支援班級教學方面，對阮囊羞澀的學校經費可不無小補呢！

(二)有效整合運用社區資源

本校學區有很多學術單位、文教機構、醫療單位、慈善公益團體的資源可運用，學校家長也有許多潛藏的人力資源，透過級任老師調查、地方人士或家長會引薦，都可以成為學校經營的重要助力。例如：成立愛心工作隊，協助學校推展資源回收、交通導護、圖書教具管理、綠化美化、午餐教育、學生輔導等工作；培訓故事爸媽，負責各班晨光時間說故事；長期與中興大學基層文化服務隊、台中師院諮商輔導系所合作辦理「大手牽小手」的攜手計畫，由教授率領學生到校義務輔導適應欠佳的兒童，進行情緒障礙小團體輔導、小領袖成長營；與崇正文教基金會合作推展夜間免費的中英文兒童讀經班；與YMCA合作辦理小海豚兒童課後照護班，長期免費照護身心障礙、低收入、原住民、單親、隔代教養、家庭失能的弱勢兒童；與崇正文教基金會、YMCA合作辦理多期的父母成長班，提升父母教養兒女的知能；結合彩虹教育協會志工，實施每週1節生命教育課程，培養學生知恩、感恩的情懷，同時推展品格教育，每月加強一項主題，如：專注、順服、誠實、感恩、慷慨、井然有序、饒恕、誠懇……等美德，培養學生良好品德；引進921震災生活重建中心、勵馨基金會、幸福家庭協會、動力學習協會、YMCA等機構相關輔導人力，協助學生個案輔

導、課業輔導、家庭訪視、小團體輔導等,有效提升輔導效果;與鄰近醫療機構訂立合作契約,平時可立即有效處理學生意外傷害事件,舉辦校慶或其他大活動時可機動支援醫護人力;或與中興大學、消防局、救國團、頂橋仔社區讀書會等單位合作辦理學生校園尋寶、消防護照闖關活動、社區嘉年華跳蚤市場、體適能歡樂週末營,宣導防火、環保、正當休閒活動觀念,提供學生及家長多元學習機會。

有時候,校內教職員的配偶也是一項可貴的資源。本校教師的另一半有教授、醫生、律師、企業老闆、派出所所長等,義務協助學生校外教學、到校專題演講、認養女教師排球隊、協助辦理人權法治教育等。家長會也有律師及地方調解委員會的調解委員,擔任學校法律諮詢顧問。這些可貴的人力資源正可以補校長校務經營能力經驗之不足。

十一、化干戈為玉帛──校園衝突與溝通

擔任校長以來,處理幾次家長與家長、教師與家長之間的糾紛,我發現,對於再難纏的人,再棘手的事件,只要心懷誠意和適度的幽默,往往可以讓一場即將短兵相接的戰爭化為皆大歡喜的聚會。

對於學生、家長或老師的投訴,我會特別耐心傾聽,了解事情的原委;對於情緒激動失控的人,我會先安撫他;場面緊張對立時,我會先請大家喝喝茶,緩和一下氣氛;尷尬的情況下,我會用幽默的方式輕輕帶過,讓對方有台階可下。

處理衝突事件前,我會先尋找法條或諮詢法律顧問,把法律責任先釐清,以確立談判、溝通的底限,再研擬以和為貴的調解策略。記得有一次處理一件學生打傷學生,引起家長互告的事件,第一次協調會因為被告的家長怕被索賠,自我防衛的態度太強硬,對受傷的孩子一直不聞不問,引起原告家長極度不滿,揚言索賠 240 萬元(要捐給公益團體),否則要叫「兄弟」處理。為了避免事端擴大,我立即帶被告家長登門道歉,並請家長會長、副會長、前會長等跟原告家長熟識的重要人物陪同。因原告家長是本校常委,行前我還先請會長知會他「待會兒要給校長一個面子」,並對被告家長先進行「勤前教育」,以免不當言語態度再激怒對方。被告家長曉得事態嚴重,才態度丕變,願意全力配合。果然二度備禮登門拜訪,在眾人喝茶、聊天的愉快氣氛中,原告家長隻字未提

索賠之事，事件圓滿落幕。離去時，我還順手包了一個紅包給常委家中甫出生的嬰兒，樂得阿嬤呵呵笑，直誇校長「年輕漂亮又懂禮數」──其實這也是為了表示我對常委給我面子的感謝啊！

另有一次處理教師開車撞傷學生，致學生手骨斷裂，恐終生成殘的重大事件，也是帶著會長、顧問（兼地方調解委員）、主任、教師親自登門致歉，事前事後都展現絕大的誠意、負責的態度，極盡關懷，全力協助安撫家長的情緒，處理學生治療、復健、心靈撫慰、課業補救等事宜。到最後，家長僅象徵性要了一些醫藥費而已，讓終日忐忑不安、情緒低落的教師能從此安心工作。

其實，很多校園衝突、糾紛的起點並沒有那麼嚴重，有時候只是雙方「面子」、「奇檬子」（情緒）的問題沒有處理好，就容易擴大到不可收拾的地步。如果能敏於危機發生的初始狀態，在第一時間立即「消火」、「滅火」，事件就能圓滿處理。而要「消火」、「滅火」，在溝通時，就應展現關懷和誠意，盡可能同理對方的想法，從對方的角度重新看事情，找出雙方認知上的差距與共通點。在共通點上先建立共識、互信，再進一步就歧異之處討論、折衝，獲致圓滿的結果。談判、協調的時候，不急著說、搶著說。先弄清楚對方的需求，掌握自己的底限在哪裡，創造雙贏的局面。在非關鍵的部分，不妨率先釋出善意，做出讓步。談判、協調、溝通後，要感謝對方的建言，讚美有創意、有意義的地方，使對方感覺受尊重、感覺他對這一場溝通有貢獻。我相信這樣的誠心，不僅有助於雙方友好關係的建立，更能成為下一次良性溝通的開始。

三思而後言，不毀其言。領導者經常要做的一件事就是「溝通」。火候不夠的領導者常會讓不該說的話衝口而出，因此，「適時說出一句漂亮的話」、「及時打住一句不該說的話」，是我時時謹記在心的警語。我期許自己，多說感謝的話、關懷的話、讚美的話，少說批評、指責、命令的話，為行政領導、人際溝通多鋪一條路，少砌一道牆，創造和諧圓融的校園環境。

十二、包容與接納──塑造學校輔導關懷的文化

本校積極辦理兒童及青少年輔導工作，連續數年皆獲得中國輔導學會或教育部評鑑為輔導績優學校，主要關鍵在於我及後續接棒的輔導室主任都能積極規畫與推動輔導業務，耐心的帶動老師形塑校園輔導關懷的文化。

在具體做法上，我們擬訂輔導處年度工作計畫，辦理多場教師輔導專業知

能進修研習,有效提升教師的輔導專業知能;篩選適應欠佳兒童,鼓勵教師及義工認輔,並定期召開認輔教師會議,進行個案研討,發揮學生輔導之初級預防、二級預防功能。因實施認輔制度績效卓著,年度受獎的績優認輔教師非常多。

此外,積極引進各項輔導資源,善用專業輔導人力,實施團體輔導、遊戲治療與個別諮商,可以補教師專業之不足。例如:依照學生特殊需求辦理個別諮商或毛毛蟲、小小領袖、女生向前行、小蜜蜂、親親寶貝、小小藝術營等小團體輔導,有效培養學生情緒管理、人際互動、壓力處理等能力,建立正向積極人生觀。

生命教育及品格教育是本校特色課程,採融入式教學,提升學生道德意識,培養道德氣質,兼用以易記口訣,規範學生行為,使深化為良好習慣,內化為良好品格,成為「對事盡心、對物珍惜、對人感恩」的好孩子。每週1節的課程,藉由角色扮演、話劇欣賞、故事討論發表等活動,培養學生認識自我、尊重他人、關懷社會的生命情操;透過生命體驗活動、團體輔導、進修研習活動,提升教師、學生、家長對生命深層的體認,學習珍惜自己,珍愛生命。

鑑於校內身心障礙及疑似學習障礙、情緒障礙學生人數漸多,除了落實執行特殊學生鑑定、安置、輔導與個別化教育計畫,提供輔具、專業治療團隊、家庭支援服務系統等,落實零拒絕的教育目標以外,也積極規畫設置資源班,以協助特殊學生生活及學習適應,確實帶好每一個學生,讓孩子都能在輔導與關懷的環境中快樂學習、健康成長。

十三、提升品質,樹立品牌形象——發展學校特色

基於家長的期待及學生的需要,社區資源及教師專長的配合,本校經多年來校長及師生、家長的共同經營,已發展出多元社團活動、豐富藝文教育的特色如下。

(一)多樣選擇,適性發展——多元活潑的社團活動

在做法上,主要是善用社區資源,成立多樣社團,其次是辦理多元活動,提供展演舞台。

本校校地廣大,球場設備充足,加以社區資源豐富,如:鄰近健康公園,

有溜冰場、游泳池等設備；附近中興大學、中山醫學大學有大專社團及師資可支援推展各項體育及社團活動，因此，成立了合唱團、節奏樂隊、直笛隊、跆拳道、空手道、劍道、網球隊、籃球隊、足球隊、溜冰隊、韻律舞蹈、泳訓隊、桌球隊、田徑隊、幼童軍……等社團，外聘教練或本校專長教師義務指導，利用晨光時間或課後時間練習，提供學生多樣選擇的機會，培養學生多元智慧，發展學生優勢能力，導引學生適性發展。每年並辦理兒童節才藝表演、社團及教學成果展，提供學生動、靜態充分展現自我的舞台。

(二)擁抱藝術，涵蘊人文——藝術教育的發芽與滋長

本校以藝術與人文為學校發展特色，是台中市推動藝術教育中心學校，歷年來培養不少藝術人才，參加音樂比賽、學生美術比賽、全國花燈製作比賽等，迭創佳績，其主要原因在於音樂及美勞師資陣容堅強，多位擔任藝文輔導員，形成推動藝術教育的最大利基。

其次是校園環境藝術化。除了藝文走廊、藝術化中庭、鄉土文物、石雕等情境布置，得以涵養兒童藝術氣質，成為社區民眾假日最喜歡的休閒散步之處以外，為了增加學生接觸藝術的機會，豐富學生的藝術視野，在我的積極催生之下，努力騰出部分地下室空間，成立「喜悅藝廊」。配合教育部藝術行腳校園計畫展出不同主題的中西世界名畫，並結合校內的電腦、美勞課程，讓學生嘗試數位化、多元藝術創作媒材的創作樂趣，展出部分學生童趣作品、愛心媽媽習畫作品相互輝映。為了使藝術教育資源能夠共享，我們也開放喜悅藝廊，提供數位美術資料庫、藝術教案及學習單等教學資源，供鄰近各級學校作為校外教學參觀的場所。

另外，校內藝文活動豐富多元也是一大特色。本校音樂教師積極推展一人一笛活動，策畫班級音樂會、畢業音樂會、露天感恩音樂會，辦理全市藝術教育展演活動，配合藝術天使護照，使藝術教育向下紮根。去年一系列信義藝術季的心靈饗宴，結合了視覺藝術、音樂藝術、表演藝術等展演，讓校園藝術氣息從白天一直璀璨到黑夜。除了辦理全市中小學教師陶笛、皮影戲、藝術賞析研習，也與台中縣文化局合作辦理兒童創意聯想畫作品展，更結合本校教師、愛心媽媽與家長的創作，推出「師長書畫聯展」為信義藝術季暖場。同時，邀請友伴學校台中縣益民國小皮影戲團在夜幕低垂的草地上進行一段「光與影的

對話」，聯合本校與台中縣教師在舞台上來一場悠揚的「木笛饗宴」，讓師生家長在光與影、色彩與線條、躍動的音符與飛揚的旋律中，享受生活與心靈的饗宴。

信義藝術季一連串的活動非但將學校平日師生的教學成果及學校特色充分展現出來，也邀請了社區家長共襄盛舉，更跨縣市與其他熱中藝術教育工作的團體策略聯盟，讓藝術的活動走進社區，貼近生活，深入心靈。為了培養未來更多藝術欣賞的人口，我們安排一系列藝術學習及欣賞活動，進行藝術向下紮根的工作，期盼我們的孩子們在欣賞戲劇及音樂表演時，可同時經驗音樂、舞蹈、文學、美術及其他視覺藝術之美，達到陶冶性情，培養氣質的目的，讓藝文的種子能在信義永續生根、發芽、成長！

參、教育環境的衝擊與因應

選人／用人／育人／留人──談校長的「人力資源管理」

近幾年，由於政經情勢的轉變，台灣的企業面臨寒冷的景氣冬天，許多白領工作者也被捲入一場優勝劣敗的生存淘汰賽中。企業鎖定不能為公司創造未來價值、沒有競爭力的高成本員工，希望他們快快離開；同時，又想盡辦法搶來最能為企業創造利潤、最有價值的明日之星。

無獨有偶地，教育界也在進行大換血──推行九年一貫課程，引起教師提早退休的風潮；校園自主管理之後，教師聘任、校長遴選制度也促使教育界面臨一場優勝劣敗嚴酷的淘汰賽。教改的列車早已出動，何以成效無法大舉擴張？關鍵仍在現行的用人制度無法讓不適任的人及早下車，讓好的人才趕緊上車。

面臨公辦民營、非學校型態教育實驗、私立雙語小學、校務基金、家長選擇權、策略聯盟、校長遴選、九年一貫課程、學校組織再造及人力重整⋯⋯的挑戰，學校經營型態不轉型，校長領導方式不調整，就無法生存。學校轉型的希望，更寄託在「人才」身上。學校要淘汰舊人，進用新人，學經歷漂亮已非第一考量，因為學校需要專業人才，但更講求員工的「性格」。什麼性格才是校長眼中的頂級人才？誰才是校長眾裡尋他千百度，驀然回首，就在燈火闌珊

處的那個「對」的人？面對競爭，學校的用人策略有什麼轉變？身處無法選擇的大環境，個人的機會又在哪裡？以下茲就學校所面臨的用人問題，思考解決的策略。

(一)校長培育及遴選的問題

　　校長是學校的領航者，有什麼樣的校長，就有什麼樣的學校。教育改革的推動障礙在執行面，缺乏正確理念的校長就缺乏執行力；要推動教育改革，必須培育、遴選適任的校長，在學校發揮帶動基層的火車頭功用。縣市遴選委員會的成員應有共識，選出「對的人」，才能領導學校擺脫平凡、超越優秀、邁向卓越。

　　對此，我有些戲而不謔的想法，建議教育當局甄選、儲訓、培育、遴選校長的時候，可以參考以下組裝「卓越校長」的頂級配備：

1. 「CPU」中央處理單元功能要龐大、「Cache」快取記憶體要強：處理經緯萬端的校務才能有效率。
2. 「硬碟」容量要夠大：博學多聞，裝得下行使校長職務所需的各種法令和專業知能；能包容異己，接納異見，滿足各類需求。
3. 「RAM」記憶體要夠大：才能記得住每一位同仁的生日、學經歷及家庭背景，記得每一位來賓的姓名、身分，記得長官交代的任務、家長請託的事，以及校內外各種婚喪喜慶和大大小小會議的日程……等等雜事，才能面面俱到，不至於掛一漏萬。
4. 「浮點運算功能」要強：頭腦清晰，對程序、數字有概念，掌控經費才不會出差錯。
5. 電源供應器「Power」要夠：也就是身心健康，耐磨耐操，能超時工作而不「當機」。
6. 滑鼠、鍵盤、手寫板、觸控板等周邊「輸入」設備要多元：能廣開言路，與外界充分溝通，接收各種訊息，再做決策判斷。
7. 網路卡的頻寬要夠大：人緣佳，人脈廣，與外界的連繫能迅速而不會斷線，資源才會源源不絕的進來。但同時也要安裝功能強大的「防火牆」，才能清楚分辨義利，堅持教育理想和原則，不被私利病毒滲透傳染而中毒。

8.還要有足夠的「擴充槽」：能夠隨時進修，充實教育新知，隨時代進步而「升級」。

9.搭配的「Monitor」監視器畫素要高：眼睛夠亮，有識人之明，能知人善任。

10.安裝的音效卡、喇叭品質要好：口才佳，溝通能力強，說話夠動聽，讓人容易陶醉、被說服。具有杜比立體音效，餘音環繞室內，不會單音老調，讓人睡著。

11.「Case」外殼造形設計：服裝儀容打扮得宜，形象兼具新潮與穩重典雅風味，才能不褪流行，增加專業說服力。

當然，有了以上的頂級配備，培訓、組裝出來的校長還要安裝能和別人相容的「作業系統」，才能使校務順暢運作。在現行校園環境生態下，學生有學習權，家長有教育選擇權，教師有專業自主權。當大家的校務參與權愈來愈大，校長的行政裁量權愈來愈小時，那麼校長就只好委曲求「全」。因此，性格「微軟」（Microsoft）的作業系統會比較受師生歡迎，作風「太硬」的可能就會不相容，導致內部系統當機，這是教育當局、校長遴選委員會及有心要向校長之路邁進的人所應特別注意的一點。

(二)教師聘任的問題

人才是學校最重要的資產。但，卓越性格比專業人才更難找。學校的教師甄試委員會、教師評審委員會的成員應擺脫人情的包袱，為學校長遠發展考量，遴選具有教學專業與服務熱誠的人，才能有助於學校日後的發展；如果一時不查或私心自用，引進不適任的教師，將會後患無窮。

由此觀之，現階段的教師甄選辦法也有改進的空間。目前僅以短短幾分鐘的試教和口試就決定了學校未來數十年要用的人，此攸關成千上百學生學習的權益，個人認為仍有許多「識人」的盲點，日後不妨仿效大企業徵才的模式，先用性向測驗把關。若是測出來的人格特質孤僻不合群、缺乏服務熱忱、情緒不穩定甚至有暴力傾向，無論學經歷如何優秀，一定不能錄用。

此外，對於校內現有的人才，可分成三級來管理；對有潛力的人加碼投資，不好的就淘汰、出清。校長要有星探般銳利的眼光，發掘學校中可貴的「資產」，將適當的人擺在適當的位置，並持續給與磨練的機會，使之累積能量，

則這些人才將會是學校邁向卓越最大的推力。

(三)不適任教師的處理

在這個時代，哪一所學校擁有比較多人才，就容易勝出。但要容納更多人才，就必須把不適任的人請走，好空出位置。何況不適任的人愈多，好的人才就不願意留下來或進來，形成劣幣驅逐良幣的反卓越現象。因此，對於不適任的員工，要加強考核，形成壓力，主動勸退，或透過教評會的力量解聘。但經費資源易找，人事問題難解。現今學校普遍存在人情文化，處理不適任的教師，需要校長的大智慧、大勇氣及大魄力。有些人事問題由來已久，校長如果要以鐵腕明快處理，恐怕反彈的力道反而會先傷害了自己，因此只能持續關注，不要讓情形惡化、讓不當力量坐大，再慢慢尋求解套。這類問題一時急不來，最下下策就是等待時間自然淘汰，讓新陳代謝的自然法則解決人事問題了。

(四)多元人力的運用

教育部自 2001 年積極推動國民中小學組織再造方案，所遇到最大的瓶頸是缺人、缺錢，無法提高教師編制、給足幹事及護士等法定編制，及增設總務處專任組長，以達成行政專責、教學專業的目標。單靠調整處室，重建組織文化，僅是換湯不換藥的做法，對紓解基層教師教學及行政工作負荷並無幫助。但我善用其中「運用多元人力」的策略，倒也獲得實質的益處，成功的讓教師授課節數降到最低，讓老師減少擔任導護等工作，能全心於教學及輔導學生。

首先是利用增班及教師退離的機會，保留 3% 教師缺額，聘請鄉土教學支援人員及兼任教師。有些優秀的實習老師取得合格教師證卻未能考上正式教師的，聘為以鐘點費計算的兼任教師、代課教師或補校教師，其服務績效及熱忱不下於正式老師。且每保留一位正式員額的人事費，可改聘 45 節左右、2~3 位兼任教師，可大大的減少正式教師授課節數。

其次是申請教育替代役，並大力招募愛心義工，協調鄰近警力支援，取代部分教師交通導護工作，讓教師校外導護工作逐步撤回校內，使班級學生能受到充分的照顧。

在國家財政及教育預算無法把餅做大的現狀下，校長彈性的運用兼任教師、教學支援人員、義工、替代役等多元人力協助推展校務，也算是自力救濟、

解燃眉之急的一項好策略。

肆、結語——衣帶漸寬終不悔

凡走過，必留下美好的痕跡，必發生有意義的影響

我常想，接下了校長這任重道遠的一棒，在學校既有良好基礎之上，我能把學校帶往什麼更好的方向？也經常提醒自己、督促自己：「我們正在寫歷史」。凡走過，必留下美好的痕跡，必發生有意義的影響。如此，在學校教育永續發展的生命中，才能俯仰無愧的完成階段性任務。

燈火闌珊處，衣帶漸寬時……

其實擔任校長的這一段日子以來，對校務已相當嫻熟，也能夠勝任愉快，對學校最大的貢獻，當屬爭取各項資源，建立學校特色，促進學校形象行銷。但，人生豈有一直處在順境中的呢？遇到工作低潮的時候，我也曾懷疑自己的價值和選擇，感覺自己每天案牘勞形，「先全校之憂而憂，後全校之樂而樂」，為校消得人憔悴，真是何苦來哉？當個陽春老師「日出而作，日入而息」、「躬耕於南陽，帝力於我何有哉？」不是很快樂嗎？

站在生涯的巔峰，體會到高處不勝寒。校長的一職的表面榮光，值不值得讓人在學校與家庭方面蠟燭兩頭燒？燈火闌珊處，才發現所謂的女強人，也不過和常人一樣有著柔弱的一面。

遇到這種情形，我便知道，我把自己繃得太緊了，我給自己的工作壓力太大了，所以，我該休假了。給自己一天、一個下午的時間「離校出走」，逛街、血拼或坐在咖啡廳裡看一下午的八卦雜誌都可以。有時候，甚至啥事也不做，一覺醒來，重新「開機」，又是活力十足，所有的問題似乎都可以迎刃而解了。

如果重新來過……

如果重新來過，我還是會做一樣的選擇。因為每天到學校，我都覺得自己正在做「校長」這件非常有意義、有價值、有影響力的「志工」工作。如果能像太陽一樣，把對教育的熱情、活力散播給每一位教職同仁、家長、社區人士，那麼，教育哪有不進步、孩子哪有不幸福的呢？既然是歡喜做，就得甘願受。只要問心無愧，又何必在乎全心全意的付出是否獲得應有的評價和回饋呢？

回到根本，找到力量

　　一朵花不能成就一個春天，因為春天是萬紫千紅的。相同的，一個校長也不能獨自撐起學校發展的一片天，一定要有教師、家長、義工所組成的優秀團隊共同努力，才能造就萬紫千紅的春天。未來的路還很長，我期勉自己，回到根本，誠懇踏實與堅持專業，糾合眾人的力量，做一個開創新局的推手與忍辱負重的橋樑，面對紛擾的世界，永不放棄教育的理想！

　　有心，路就不遠；行動，夢就會實現

　　～與有心邁向校長之路的人共勉～

作者簡介

　　曾金美，台中市南區信義國民小學校長，1963 年生，省立台南師專美勞組、國立中興大學中文系、國立台中師院國民教育研究所學校行政碩士班畢業。曾任台中市協和國小、信義國小教師 14 年半，太平國小訓導、總務主任，信義國小輔導、教務主任共 7 年，期間兼任人事、童軍團長、國教輔導團國語科輔導員多年，推展童軍活動、語文教育，指導中市語文競賽皆有傑出表現，擔任校長甫 1 年半。現兼任台中市國教輔導團藝術與人文領域副召集人、台中市國民中小學愛心工作隊總幹事。

一位初任校長的校務經營理念與做法

李智賢

原任台北縣直潭國小校長

現任台北縣雙城國小校長

山中何所有？

嶺上多白雲；

只可自怡悅，

不敢持贈君。

～南北朝・陶宏景・詔問山中何所有賦詩以答～1

壹、前言：我的校長之路

　　校長（或是說學校行政）一職原不在個人的生涯規畫之中，因為師專（國北師 75 級）時所學和所選的組別是美勞組，自己喜歡的是水墨畫的創作，當時還曾拜在書法老師杜忠誥、詹吳法老師門下習字及水墨畫老師林昌德和陳慶榮老師門下習畫，並對陳慶榮老師許諾要好好地發揚水墨畫特質、傳承水墨藝道。殊不知畢業進入教育職場後，隨著時代的演進和師資提升的政策所求，至國北師院語教系進修、爾後更至花蓮師院國教所 40 學分班及國北師國教所（教政所前身）學校行政碩士班進修。這已與當初職志背道而馳，手藝、手感荒廢已久，

1　筆者於 2004 年 8 月 1 日遴選至台北縣新店市直潭國小擔任校長一職，對於校務經營方面屬於新手上路，尚無具體成績和績效，但對於教育的投入和熱忱，是有個人的執著及認真，因為個人以奉獻教育工作為畢生服務的職志。因此，不嫌揣陋地提出個人管見及經驗，以就教同行前輩及各方朋友；同時以報答國北師政策所諸位師長及導師林文律教授教導之功。另本詩出處引自於呂自揚著（1990），《歷代詩詞名句析賞探源初篇》——南北朝、陶宏景「詔問山中何所有賦詩以答」之詩句，p. 23，河畔出版社。

只餘「心」還在！

這 19 年來，一直嚮往於藝術的創作，但在教育現場中，經由長官、學長們的導引和提攜下，卻一步一步走向行政的路途，以至於 2004 年能出任直潭國小校長一職，實與當初人生規畫相去甚遠，回首前塵往事，著實讓自己訝嘆不已！這次銜奉導師文律教授之命，囑題書寫有關校務經營實務方面的內容，於此之便、趁機將個人目前擔任之校務經營概況及以往各階段努力的心得，振筆書寫整理如後，以就教方家。

一、跳蚤＆大象 2

英國管理大師查爾斯・韓第先生曾著《大象和跳蚤》一書，書中曾提及大象就像是政府機構或是大公司及大集團所成立的跨國企業（大型企業），其是有固定工作型態、工時、升遷、退撫，是有固定薪資和雇主的，反之跳蚤則為個人工作室的性質（獨立工作者），無固定工作型態、升遷、退撫和自由工作時間，因此無固定收入來源亦無雇主的。在此我借用跳蚤和大象的名詞和其內涵在學校的型態描述：跳蚤指的是 12 班以下的小型學校，學校的組織型態特徵為人員少、流動性高、組織文化塑造不容易，但彈性和變動的可塑性卻高，大象則指的是 5、60 班以上的大型學校，學校的組織型態特徵為人員眾多、流動性較低、有悠久的內部文化和傳承，相對的其彈性和變動的可塑性則較低。

今日我之所以有機會以接近 40 歲的年紀，出掌校務工作一職，最主要的原因是，在師專求學的階段，除了一般課業外還參加了許多技藝性的社團，諸如：書法社、國畫社、詩歌朗誦隊、攝影社、手語社、讀書會等，以及班級對抗賽之籃球、手球和田徑競賽等學習活動。這些經歷涵養了日後指導學生和個人參加競賽的成績表現，加上身處跳蚤型的小學校，長官都願意給年輕人嘗試和學習的機會，再加上活動多，每個人輪流上場和規畫、策畫的機會也較多，累積經驗、成績和成長的速度，自是比在身處大型學校的教育同仁較快些！這是在分發結果的當年（Ｔ分數較高的同學分發在都市中的大校，Ｔ分數較低的同學分發在較偏遠的鄉村小校），是始料未及的現象，此種人生的轉折，是任何人

---

2 本辭引用於英國國寶之管理大師查爾斯・韓第先生所著《大象和跳蚤》一書書名及名詞內涵。

都無法完全於事前規畫評估的，就如同前北縣縣長蘇貞昌先生對縣府服務的員工曾說的話語內容：「人生的劇本已經寫好，無法偷看，只有兢兢業業地在自己的工作崗位上把事情做好，才不會有負縣民所託。」

在個人服務於不同學校的長官們，都有願意提攜後進的長者風範和胸懷，一棒接一棒地給與愚昧的我磨練和成長學習的機會，才造就今日的我。基於此，個人要建議對於學校行政有興趣的年輕朋友們，在人生未來的規畫上不妨將此可能影響的因素納入考量。

二、耐力&執行力

要想成為一個台北縣國小的校長，在主任學習的階段，除了在自己的工作崗位努力工作外，同時也要有爭取輪調不同處室主任的歷練機會，經歷不同業務的處理，以增強自己全面觀的經驗和人際互動的訣竅，於此，考驗自己在轉換工作性質時，應對和面對處理自我內心深層情緒的操控能力。

位處於不同的角色，雖然教育的本質和對象不變，可是所執掌的業務性質和任務內容就大不相同，可是同仁、長官的要求和對成果產出的期待卻是一樣的——是以個人以往的績效成就和所塑造的口碑形象來評斷，而非以業務性質來區分的，根本不給與適應和摸索的相對時間。所以一個主任能否勝任各處室的專業執行能力，是考驗其成為擔任校長職務前的試金石。

之後參加校長甄試、遴選則又是另一個階段的考驗，經過層層的焠鍊，較能提升校長的挫折忍耐力及面對龐雜校務的情緒管理能力，此一做法除了增強校長的 EQ 能力，亦可讓校長們珍惜自己努力得來的職位，對於所喜愛的教育事業更加投入和付出，這對教育工作來說，是一件美事。

三、創意&深意

個人在當老師和主任之時，對於班級經營和處理業務執行時，往往首先想到是前人、前輩怎麼做，自己依樣畫葫蘆，雖不中亦不遠矣，總能勉強應付過去，可是對於自己來說總嫌不足，想想要如何去突破自己和提升自己呢？採取兩個做法：一方面是藉由各種進修的機會吸收別人演講內容的精華，另一方面則是透過大量的閱讀、和前輩討論、經由實作或是參加競賽、之後再檢討改進，透過這樣的程序不斷地來提升自己的眼界和能力，使自己猶如飽吸蜜汁、花粉

的蜜蜂，才有可能焠鍊出精華的蜂蜜和蜂膠一般，日漸成長。

在個人初任教職時，有 2 位學長師傅對我的人生啟發居於重要的角色，尤須一提：一位是程瑞源主任，他教我做事、參加比賽要注意如何提綱挈領、抓住重點，這樣才能讓事情能很快有雛形、然後再去修改，讓事情更加完整、精確；另一位是陳木城校長，他教我做人和如何保持對教育的熱愛以及如何突破教育現狀困境的做法（就是打開世界的視窗，提升自己的眼界和處世的能力），其論點簡單來說：自己想要將班級經營處理好，就要將自己當作是一個傑出的教師來做自我觀看和分析，由此蒐集資料和觀照之下，就能具體的了解自己不足之處及更需要努力加強的地方；同理延伸，當主任就須提升眼界至校長的視界、當校長就須提升眼界至教育局長的視界、當局長就須提升眼界至部長的視界……等等。要如何突破教育現狀的困境呢？則須長期觀察教育的脈動和世界潮流的趨勢，當我們每個人有能力之時，就在自己的工作崗位進行一點改變的試驗，然後再把這種改變的結果和教育先進們一同探討和分享，相信透過這種歷程，必能實際地解決一些教育的困境，如果教育界的同仁都有這樣的體認，相信教育的問題一定能經由群策群力的努力，而逐漸獲得改善，漸趨符合兒童的需求和家長的期待。

貳、初任校長經營校務之理路

個人出任直潭國小校長的機緣，可能與一般校長的經驗較不同，因為直潭國小是我教育生涯第二所服務的小學，在這裡曾經擔任 5 年教師和 1 年主任，並同時與屈尺國小聯合成立北縣第二所聯合教師會的學校，在這裡完成自己重要的人生的生涯階段：訂婚、結婚、生子和考上主任，最後有機會再回來出掌校務工作，是極其幸運的事！這要感謝長官、師長、朋友們的協助和幫忙，不斷給與個人的指正和開導。因此，對於直潭的經營想法和情感自不同於其他未曾服務於此地的校長們，較能深入地去面對學校的經營型態和轉型的銜接及準備的工作。以下的內容是個人的教育理念和哲思以及接觸校務經營後的想法：

一、我思故我在

每位校長在經營學校時，都會有自己的中心思想，去為教育工作付出些什

麼？當作是自己努力的目標和方向，個人的哲思如下：

(一)理念：教育是一種藝術；Education is ART（Action、Renew、Tops）。

    1. Action：行動；以人為本、服務社群、全球視野。

    2. Renew：創新；知識管理、組織再造、資訊傳播。

    3. Tops：顛峰；尊重自然、共同願景、永續經營。

(二)願景：每個直潭的孩子都能具有自然心、人文情、創新意、能力行的本事。

(三)目標：培養直潭的孩子成為謙和、創意、活潑、樂觀、自信的學生。

(四)理想：營造一個優質、希望、活力的學習環境。

(五)做法[3]：

    1.以教育哲學的思維、人本的情懷，建立以學生為中心的教學樣態。

    2.以實用科學的精神，深化學習的內涵，蘊育校園成長的學習氛圍。

    3.以企業經營的原則，發揮扁平授權領導功能，創造行政機動效能。

    4.以美學欣賞的觀點，整合各項教學資源情境規畫，擴充學習場域。

二、接力長跑＆短跑衝刺

    新接任一所學校的校長，除了新設籌備學校外，通常會面臨到兩個情境的考量和抉擇，那就是如何兼顧前任校長們所發展出來的學校特色，和學校現今又該轉型發展出哪些新的作為，以符應學校永續發展的需求。是故對於一所學校的背景資料分析和校務經營計畫的內容，自己一定要清清楚楚，同時也要透過行政運作讓行政團隊、所有教職員工和家長都能知曉和主動參與。

    能明白自己的責任和任務所在，校務的規畫在任期的期限內就能逐年安排妥適，考量哪些是要在近期內就要開花結果的？哪些則須於現在紮根、等待日後成長茁壯的？有具體的發展目標和方向，對於學校的同仁來說，較能凝聚組織的氣氛和向心力。同時能化除各方對於新校長期待的壓力，亦能避免前後任比較的尷尬。因為前後任校長就如同大隊接力賽的選手一般，我們是同一隊的隊友，每一棒都有每一棒的任務，我們重要的是要完成自己接棒後的新任務，而不是花時間在同隊友之間的比較。不避諱前人努力的成果，讓自己站在巨人

3　此部分的內容及構想得自於亦師亦友的趙家誌校長之創見。

的肩膀上繼續努力，大家有這種心情和認知，相信新校長所受到的關注及壓力就會從人的身上轉移到事的方向來，去除人為的干擾因素，校務的經營就能逐漸上軌道。

三、領導整合&合作激勵

一個學校的經營成敗，考驗著行政領導者的能力，因為想要做的事十分繁多，細數起來不下百條，加上政令、政策不斷出現，樣樣皆要學校配合施行，在眾多的要求下，如何衡諸並整合學校的本位條件持續發展，須特別下功夫研究，其中減輕教師的工作負荷及明確的努力方向，可能是教師們最容易接受的聲音。因為曾有教師對我說：「校長您知道嗎？我們教師的工作負擔已經如此之重，您能不能不要再告訴我們要再加什麼？而是告訴我們不要再加什麼？甚至告訴我們要再減什麼？」這樣的聲音提醒了我，的確只有整合學校的願景和確定重點實施的優先順序，反而能讓教師們不感覺工作量的加重，卻能以高昂的工作士氣來度過愉快的每一天，這對促進校園和諧方面有其功效。

至於激勵教師工作士氣的方法有很多種，但在小型學校中則須考慮同仁較少的因素，對每一個成員的激勵和獎賞都極為重要，都必須受到重視。加上現今處於課程教學的改革階段，強調協同及班群教學的進行方式，因而校長在讚許教師的工作表現時要思量獎勵的方式，除了表揚讓大家公認的標竿同仁之外，亦同時能以群組教師的優異表現方式進行鼓勵，如此，既可符應教育改革的演變趨勢，又可激勵以結合群體力量和任務分組協同的新校園合作模式，一同來達成學校的願景和辦學的目標。

四、安內攘外&團體動力

學校辦學想要有所成效，一定要教師、家長和社區三方的共同支持，新到任的校長在接掌校務之時，除須對學校的SWOT的分析瞭若指掌外，更重要的是如何針對學校目前的優劣勢進行補強和拓展的機會。撫平學生、老師面對新任校長不安的情緒及爭取家長對學校辦學的支持和信任，可藉助動態的課程設計以及人際互動的往來溝通，來化解人與人間的隔閡和誤解，促使每個人願意打開心房去接受對方的善意建言，共同來思考如何使學校在既有的基礎下還能繼續不斷成長茁壯，以及如何跳脫以往的窠臼和拋棄沉重的包袱，呈現嶄新的

面貌再出發。這需要靠這三方的力量來共同經營及心血澆灌，才能日進有功。因此，學校不能像一潭死水，每天只是照表操課而已，要在靜態的課程設計中加入動態的活動設計，透過體驗、實作、反省、自覺的歷程，來激化學習和成長酵素的作用，以達學校活化的目的。

五、潭深魚躍&直上青雲

面對學校特色產出和永續成長的方式，個人認為應從學校的稱謂和時勢的結合來營造努力和發展的契機，因為學校的生命力來自於本身的文化及傳統的養分之中，因此，往下紮根和向上發展都是在校務經營的過程中都須兼顧的。是故個人在直潭國小的經營策略，即針對廣度和深度兩層面進行設計和努力。藉由理念的溝通和多元化經營的步驟，希望在第一任期時能讓學生接觸各層面的學習活動產生興趣進而悠遊其中（潭深魚躍）。而在第二任期之時再讓學生透過深化的教學歷程，促使興趣培養成專長，建立自信而能敢說、敢秀、勇於展現自己（直上青雲）。

因應時代的多元進步，我們希望所培養出來的孩子除了能順應時代的潮流外，更進而能掌握時代的脈動，引領時代的趨勢。這其實是所有教育工作者的企盼和最高的理想。所以學校經營的手段不可只一味求快和速成的績效展現，而須相當負責的為學校的未來發展定位和定調，再尋求眾志的支持與努力，共同來完成百年樹人的工作。

六、變&不變

進行學校的轉型和改造工作之時，最常為教師及家長質疑的一件事，就是新校長上任是不是又是新官上任三把火，幾個月燒一燒就沒事了，學校的運作又恢復成未曾實施改造之前的作為和做法，如同石頭丟入潭水中起一陣漣漪後又趨於平靜一般。

身為校長對於學校的轉型和改造，必須找出學校發展的關鍵處，評估出何者是需要繼續持續發展的，何者稍加修改即可據以發展的，而何者卻是不合時宜必須捨棄、割除的。當訂出發展的雛形後，在公開的場合拋出議題讓同仁、家長們一起討論、激盪，產生看法和共識，再依性質訂定發展的優先順序，接下來才是任務分組和研發的工作，這樣的做法是將不動的靜水改成活水源泉、

生生不息。在變革的歷程中，雖然會面臨陣痛和不捨，但在期待和希望的信念支持下，會願意接受和包容這個實施的方式，如此，形成一個理想對話情境的校園文化，於焉不遠。這樣的學校就能產生真正學習型組織文化，也就不會畏懼和抗拒任何的改革和改變，並願意勇於面對任何的話題和挑戰。

參、成長與學習

　　校長這個職務，在社會以及教師群來說，是備受尊重的，因此，不論教師、家長或是社會大眾對校長的期待也較高，早期希望校長是一個擅於經營學校的卓越領導者即可，因而對校長的培養過程，大多著墨在校務經營的領導理念的訓練，較少投入於課程研發的工作上。但是當面臨九年一貫課程的改革之時，校長被要求要授課，並帶領學校同仁一起研發校本課程，以發展學校的多樣態特色。這對校長來說，要學習的地方和領域就相當廣泛，不但要熟稔校務經營，更要深入課程的結構和實作，所以身為校長更需要尋求讓自己成長的途徑和方法，在個人投入校務經營的過程中，恰有參與一些校長成長團體的機會，願意就個人參與的觀察和心得提出報告。

一、學習社群 & 讀書會

　　在個人成長和學習的旅程上，一直有良師益友的陪伴和提攜，讓愚鈍的我能不斷的跨出井淖之中，伸頭向外在寬廣的世界探索和學習，尤其在出任校長之後，經常會形成高處不勝寒的情況發生，在自己學校中容易陷溺在校務纏身的枝節之中，而對於自我提升的功課給遺忘了！這對校長本身的素質提升及生涯規畫是一大致命傷。自己以往都藉由每年在不同階段的學位進修的時機，加強自己專業和彌補認知的盲點，但是總是有結束的時候，幸好透過參加校長讀書會[4]的機會，讓自己又有成長的契機。謝謝吳順火校長讓我加入活水讀書會，和劉吉媛、何建漳讓我加入萬年讀書會成為學習討論的一員。

　　這兩個讀書會的運作方式和內涵不太相同，但是其宗旨都是透過互動的歷

4　校長讀書會在台北縣有多個團體紛紛成立，例如：活水、萬年、晨曦、心寬理得、
　　陽明等，成員各不相同，都朝向專業、成長的自我要求的目標來努力。

程來提升校長的專業形象和素養，朝向專業、遠見和永續成長的目標而努力。以個人的觀察和粗淺的感受來說，個人覺得：活水於校長的專業能力和未來領導經營哲學趨勢的課題內容著墨較深，萬年於學校實務經營的交流和人生生涯規畫的精神層面的探討著力較深；這兩個讀書會對於我而言，助益極大，因為當我遇到迷失和困境之時，都能透過跟前輩請益和互動的機會去澄清和吸取前人走過的經驗歷程，當作自己對學校經營決策的參考依據和學習的楷模對象，這樣的知識分享平台，可以省去各自再去花費盲目摸索的時程，而能集中心力去面對尚未碰觸或亟待鑽研的地方。這是個人最大的收穫。所以挑選合適的團體加入，未來也可能會形成校長們為尋求專業成長的另一種發展趨勢。

二、三鏡＆三友

唐太宗的三鏡：以銅為鏡可以正衣冠、以古為鏡可以知興替、以人為鏡可以明得失；又孔子亦曾言：益者三友，友直、友諒和友多聞。都是時時刻刻提醒要有自省和反觀自我的能力，在當上校長之後，尤其要警惕自己不忘來時之路。固然在校務經營時，有些決策和決定的考量是不得不為的，也花費了相當多的時間和精力去完成設定的目標。於此，就個人的經驗來說，要建議校長們，仍須有一群好夥伴、好同事、好朋友（諍友們），一同來檢視自己的做法和決策、成效是否妥適，給與適時的提醒和建言，可避免因自己的獨斷和一意孤行的做法，引起同仁反彈的結果，甚至有部分次級團體發動為反對而反對的抵制型態產生。

有人說這會限制學校的發展和造成校長施政的掣肘，無法大展鴻圖，個人認為只有以更開放的心胸和處世的態度，才能化解真正的阻力和誤解，否則所推動的內容項目只是表象的績效而已，不去碰觸深層和禁忌的問題就無法解決真正系統性所產生的癥結問題，校務的發展就容易受挫而停滯不前。

三、試煉＆磨練

校務的經營並無絕對的對錯和優劣可言，學校遭遇到的問題也是千奇百怪的，只有衡諸當時處理的時機是否符應了天時、地利、人和的條件因素，學校領導者的施政作為，除了朝向教育目標努力邁進外，能否滿足大多數的學生、教師和家長的需求，和面對危機的預防和處理的因應，是每位校長必須鑽研的

課題。

在經濟不景氣的大環境氛圍下，繼續耕耘社區的總體營造工作和人力資源存摺的逐步擴充，既要兼顧法令規章的辦理規定，也要符應資（協）助者的心理期待，設法為學校經營找尋出一條可供資（協）助的安全路徑，這是對校長成長的一項重要試煉。此方面是在純學術性的校長養成教育階段中，較少碰觸和探討的課題，只有藉助與視導[5]、前輩校長們互動的請益時機，透過案例的分享和實際經驗的傳授，方能初窺究竟，爾後經實際運作後的接觸和經驗的逐步累積，才能逐漸養成一位具有全方位視野和能力的校長。因為校務的經營不能只是純靠熱情和理想，就一股腦全般投入的作為即可，是必須審慎而全盤思考周詳後，判斷何者較能獲取較佳的經營成效，再下決定朝此方向去做較為妥適，畢竟校長除了要帶頭衝外，也要學會適時的踩煞車，其中的拿捏惟有身在情境的當事者方能體會。因之，個人於接掌校務經營運作後的感觸是：校務經營是急不得的、唯有堅持教育理念和透過不斷溝通的歷程，以達成共識，上下齊一、努力以赴，才能獲致經營的成果。

肆、代結語──校長的時代新使命──如何讓學校持續成長、茁壯和永續經營

瑞士著名教育學家斐斯塔洛奇[6]在他的墓碑上寫道：終身盡瘁他人，自己別無所求。現代教育哲學清楚的剖析現在的時代：正處於現代、非現代和後現代三種混沌交雜而又多元的情境之中。因此經營學校的校務時須具備天時、地利、人和三種條件齊備，方能將校務經營妥善。

舉一個本校於今（2005）年承辦教育局全國教育博覽會之全球視野館的

---

5 視導的督導制度為台北縣首創，各縣市亦於參酌北縣的做法後紛紛設置，北縣的做法是，視導人選由縣長聘請優秀的退休校長擔任，提供各校校長遭遇辦學問題時的協助和諮詢的服務，其角色目的在於補足現今督學於校務辦學經驗不足的地方，採用雙軌輔導學校正常辦學的模式，這對於學校的順利運作和發展的協助，成效卓著。

6 西元 1746 年，瑞士人斐斯塔洛齊出生於蘇黎世。斐斯塔洛齊是現代國民教育的創始人。2005.2.19 參考網頁 www.socialwork.com.hk/child/read/famous/famous_e3.htm。

「友自遠來」展覽攤位的籌備例子來說，本攤位最主要的主題是教育部高教司的吸引外國人至我國留學政策，其內容當然須以教育部的數據和各國在華大學學生的留學生活型態為動、靜態的展示主題為主。雖然承蒙教育部和教育局的長官多方協助、連繫及指導，但是，因為辦理日期恰逢各大學放寒假期間，有許多學生都須返鄉探親故無法熱烈的支持，因此，學校團隊就必須窮則變、變則通，集中眾人之智，針對此主題所掌握的教育部提供之資訊以視聽化處理展示和外國學生特色舞蹈表演團隊之外，另須靠展示本國特有特色來吸引來賓和學子來參觀，因此規畫了生態講座及文化特色簡介（國劇簡介及臉譜彩繪）等動靜節目。果然在展覽期間，既不會奪走主展場之氣勢又能吸引參觀人潮，產生良好的互動態樣。

　　反思其上實例，在於本校團隊事前經過說明、參與、沙盤推演，在達成共識後互相協力支援，貢獻個人心智以完成本次任務。此一經歷雖無法遷移至所有校務經營之上，但是，溝通、講理、激盪終至達成共識的歷程在小型學校的經營是必須的手段，這在領導哲學中，恰符高學歷教師的雙系統（鬆散結構）的學校生態，須以高倡導和高關懷來引領校務之節。以往對校長一職，認為是仰之彌高、瞻之彌堅，於我而言，是遙不可及的夢想，這輩子可能不會有這個機會！殊不知人生真是奇妙，如今竟然有機會出掌其位，因此，在其位就要謀其政，尤須預見其先。因為《孫子兵法》有云：死生之地，國之大事。校務經營亦須如此，況乎現今教育生態丕變，少子化和新住民的新學子世代已逐漸來臨，身為教育行政的領導人如不能引領學校同仁一起轉型和因應，將會錯失改造學校文化和組織架構的契機，而面臨逐漸流失學生的現象，導致學校活力漸失而逐漸沒落、終致關門結束的命運。這是目前身為校務經營者的我們，正在接受的一項考驗和試煉──想辦法在現階段研擬出一套讓學校能持續成長、茁壯和永續經營的模式。

作者簡介

　　李智賢校長自省北師專75級畢業並分發至台北縣服務，於1992年國北師院語教系進修畢業、2001年則於花蓮師院國教所碩士40學分班結業，現於國北師院教政所碩士班修業中。其服務教育界19年，歷任教師7年、主任9年、台北縣教育局輔導員2年、校長1年；並曾擔任台北縣汐止市金龍國小創校總務主任及台北縣直潭、屈尺教師會理事長和台北縣教師會文、汐、瑞分區聯誼會會長各1年之經歷。2002年通過北縣第3期候用校長甄試和儲訓課程，取得候用校長資格，後於2004年8月1日參與校長遴選，獲遴聘至其曾於該校任職教師、主任經歷的台北縣新店市直潭國民小學服務。現任台北縣雙城國小校長。

歡喜心甘願作

彭吉梅
原任台北縣大鵬國小校長
現任台北縣保長國小校長

壹、回首來時路

　　「有夢最美，築夢踏實；制度變革，渡化有緣人。」

　　在一次研習場合，參加對象有現任校長和候用校長，當時演講的長官開場說到：「大家都說現在的校長很難當，可是每次辦理的校長甄選，報名的人數還是像過江之鯽，競爭的不得了。」的確，對於服務於國小的教育工作者而言，從純粹教學的老師到組長，嘗試了行政工作的開始，有機會擔任主任，通過校長甄選培訓成為候用校長，再經過遴選出線，成為正式校長，這一段路是漫長的，也是每一位有興趣走行政路線的最高目標，更是一項無上的光榮。

　　2000 年，台北縣候用校長甄選制度產生重大的改變。過去兩階段的甄選制度，先在學歷、年資、經歷、考績、獎勵、著作等方面進行評比後，進入第二階段筆試和口試，兩階段的成績合計訂定錄取名額。修訂後的甄選制度刪除獎勵、著作積分後，讓平日默默耕耘且較少獲得獎勵機會的主任們產生一線生機，獲得競試機會，我就是這種制度變革下的幸運者。2002 年除了台北縣自辦甄選外，另委託國立台北師範學院辦理甄選，其中最大的不同就是報名時需繳交校務經營改善計畫書並列入評分，此刻，有志擔任校長者，對於未來校務經營的藍圖，將有一份深入的思考機會，有幸成為國北師第 1 期候用校長培育班學員，在理論與實務的雙重洗禮之下，對於校務經營之路增加一份自信。

　　「瓜熟蒂落，水到渠成」，2004 年校長遴選口試時，遴選委員問：「假如你在這次遴選未能出線，你會怎樣？」我的回答是：「能夠成為候用校長已經非常幸運，而且每個人都非常優秀，加上遴選委員的把關，相信每一位出線者

都是最適任的校長，如果我不能遴選上，應該是那些人比我更適合擔任校長，我會祝福他們，不過……，如果我未能出線，將是一所學校學生的損失。」……很幸運的，我在許多人祝福聲中，來到一所交通方便、景觀優美的偏遠小學，應驗了「在公園裡上班」的心願，滿心的歡喜上心頭。

貳、學術殿堂的洗禮

台北縣在 2002 年一共辦理了兩次候用校長甄選，並採公、自費雙軌制進行培訓，第一梯次甄選錄取者由縣內安排課程公費受訓，第二梯次係委由國立台北師院校長培育中心辦理，進行為期 1 年總計 23 學分的自費培訓。在國北師的課程安排之下，接受一系列的專業訓練，獲得許多非常寶貴的經驗。

一、言教

綜觀培訓課程，整體校務經營內涵領導理論與實務並重，並融入企業經營理念，邀請企業、媒體、醫學、科技、資訊、藝文界等各行業之經理人親臨授課，課程內容包含媒體經營、產品行銷、數位時代的新趨勢、組織管理與士氣激勵……等，不同於校園環境的經營模式，讓我們隨著時代的脈動前進。

二、身教

授課教師來學術系統、行政系統、中小學教學現場等多元面向，每一堂都是精采的對話，從對話中體會到經驗的形塑過程都是不斷的修正、不斷的微調來的。對本份的投入是敬業，之後結合了專業，才能在工作職場擁有的一片天，愈有成就的人，身段愈柔軟，散發出迷人的風采和親和力。

三、境教

駐校實習是一項非常重要的歷練，4 人小組前往 6 所學校，每所學校每星期 1 天共計 3 天，總計實習天數為 18 天。實習學校校長排除繁瑣公務傾囊相授，舉凡校務經營、領導藝術、危機處理、校園特色、校園文化等，因地制宜各有其運轉的軌道，校長令人崇敬的圖像是經營來的，擁有大格局的教育理念才是有為的領航者。

四、蛻變

理論學習結合實務體驗產生新的思考面向，專業對話呈現了腦力激盪的成果，臨床實習跨出學校的圍牆，為期1年的專業培訓，歷經不同的人、事、物、境精練的洗禮，結合同窗、師長以及師傅校長的加持，對於未來校長之路更具信心了。

參、校務經營停看聽

就組織架構而言，校長是一校之長，對學生、對家長、對社區、對整體教育政策，擔任領航者的角色，帶領著全體親師生航向最適合的方向。93學年度參加遴選來到台北縣一所偏遠小學，碧海藍天相輝映，青山綠野繞身旁，孩子的淳樸、家長的信賴，教人好生歡喜。

一、探索

(一)家長的話：正式上任後第一次和家長會長會面，諮詢家長方面對學校有什麼樣期許，會長說：「啊！嘛沒啥啦！只要孩子功課好就好！」對於孩子教育的重視由此可見。

(二)教師流動：詢問家長對學校的看法，家長說：「學校代課老師太多了！每年都在換老師，有時候上下學期都不一樣。」思考一下，這是偏遠地區學生無奈的宿命。

(三)學習成就：學校沒有身心障礙的孩子，卻有不少學習成就低落的孩子，定期評量時，筆試成績6、70分已經很滿意了。

(四)教學設備：環視校園，資訊、視聽、自然與科技、體育器材等相當充足，教學時足以進行個別教學，美中不足的是教具使用率不高。

(五)社區環境：寬闊的校園，擁有豐富的自然生態資源，學區內溫泉產業達10家以上，成為校本課程絕佳素材。

二、經營理念

以孩子為核心價值的經營理念，包含下列面向：

㈠教學方面：以學生為主體，建構快樂學習園地。

㈡行政方面：合作團隊、活力形象。

㈢家長方面：相信學校、義工支援。

三、發展重點

㈠推動體育社團各項活動。

㈡資訊教育建置班級網頁。

㈢英語教學營造學習環境。

㈣閱讀教育提升語文能力。

㈤社會行動取向課程研究。

四、行動方案

㈠學習成就大躍進

1. 教務方面：實施校本課程協同教學、建置教師教學檔案暨學生學習檔案、提升班級網頁點閱率、課後班轉型、校際策略聯盟、辦理教師進修等。

2. 學務方面：戶外教學體驗學習、晨間運動走讀校園、小天使服務學習結合加分獎勵計畫、小小解說員培訓等。

3. 輔導方面：新住民子女輔導、低成就補救教學、高關懷除霸凌等計畫推動。

㈡立體圓球服務系統

1. 這是我的家：學校雖小，整體運作更須流暢，校園的每一份子須了解整體行政運作流程，工作內容經由協調採行任務導向；學校經費透明化，建立推算制度；修繕通報馬上辦，期使全體師生獲得人性化的尊重和服務。

2. 永續綠校園：建置和善校園環境，花木定期修剪與整理，校園生態景觀結合教學共創綠地，加強環保教育、落實垃圾分類暨資源回收，引用山泉水灌溉校園植物等，提供校園環境分享大眾。

3. 為校園發聲：多一隻眼睛觀察校園的每一個角落，多發出關懷與肯定的話語，師生需求的反應隨時作筆記，急迫性的事件立即向主管單位通報，其

他則計畫和概算隨時準備著，相關的支持獲得回應後，將解決學校經費不足的窘境。

(三)傑出校友回娘家

1. 您們是我的榜樣：本校校齡 62 歲，孩子們的父母長輩以校友居多，李姓、蔡姓、郭姓為大宗，彼此間也有不少的親戚關係，和地方耆老的對話中，校友的努力是值得現在學子引以為榮的。

2. 爸爸媽媽的母校：母校情懷是不容割捨的，邀請家長參加校內舉辦的各項活動，展示學生學習的成果，祖孫、父子、母女同是校友，別具一番親暱的感覺。

3. 親親寶貝上台了：給孩子一個展現學習成就的舞台，是身為教育工作者的責任，動態的、靜態的、校園網路上、在校園藝廊、在公布欄都有親親寶貝的學習成果，讓父母與有榮焉。

五、微調修正

(一)家長參與

1. 不參加並非不關心學校：現行學校教育需要家長參與者很多，包含家長會、親師懇談、課程發展委員會、教評會、校務會議……，對於偏遠地區的小型學校家長而言，沒有時間參與並不代表他不支持學校，以一顆包容體諒的心尊重他們，打個電話知會一聲，尤其在重大議決事項，家長會將是最重要的支持力量。

2. 徵詢家長可以參加的時間：利用非上班時間辦理活動，隨之產生加班補假的問題，此刻了解附近學校現況，放開心胸，在不影響課務原則之下進行補假，將能提升教師參與意願。

3. 活動內容力求精緻與熟練：親子活動是很好的構想，鼓勵家長參與的同時，教師、學生必須先做良好的準備，除了書面通知外，電話邀約，將是可行之道。

(二)轉型服務

1. 沒有圍牆的學校:少子化暨就業人口外移,導致就學學生人數急速下降,在現有教學品質力求精緻外,如何分享學校資源引進外來學習人口,形成另一種學習場域,成為努力的方向與目標。

2. 學習情境社區化:校園內有台電核一實驗室及原能會觀測據點,學區內還有台電核二展示館和多家溫泉會館,眾多的學習資源成為學校本位課程的重要素材,如何在教學和社區發展層面編製教材,考驗著學校教師的專業能力。

3. 保障學生學習權:教師流動是常態,如何留住教師服務於偏遠地區,其實不是一件容易的事,因此建立一套教學模式,不因教師流動而減少學生的學習機會才是要務,每年5、6月間,實實在在的規畫下年度的課程計畫,在新年度教師介聘、甄選完畢再行深化微調,將不至因教師異動影響學生學習。

肆、校園文化

一、找尋寶藏創新意

文化的形成,絕非一朝一夕,接掌了學校,一切都是概括承受,舉凡移交清冊上所列有形項目,同時包含校園文化及學校形象。懷著一份開發寶藏的心進到學校,其中的寶藏包含校園景點、各項設備及動態人力,可朝這幾方面來著手:

(一)美化校園景點

春天裡杜鵑花花團錦簇、夏天裡大學社團到校來觀星、秋天裡山茶花含苞待放、冬天裡溫泉硫磺香瀰漫,還有一片大草原,成群鷺鷥翩然漫步在其中,這一切視為理所當然的景觀,默默的放在心上,正好行事曆安排有兒童節路跑活動,擔心孩子無法長距離跑步,因此有了「晨間慢跑走讀校園」的構想,同時成為運動人口備增計畫的具體行動之一。

㈡堪用設備再利用

走動管理是非常好的經營策略，學校原有的設備有時因為時空的移轉或重點發展方向緣故，可能有閒置或堆砌的現象，掌握初任踏進校園的契機，循著一定的程序，可以掏出來用的盡量想點子來用，可以當成廢物處理也不要怠慢，因為新到任的蜜月期是不會太長的。

㈢挖掘人力資源

學校的人力包含全體親、師、生以及教職員工。家長參與的過猶不及都不是好事，老師也有老師的看法和想法，這時候，唯一可開發的是學生，鼓勵家長參與學生學習活動，幫助老師願意花時間在孩子身上，提供親師生都有表演的舞台，讓人力資源隨時等待著開花結果。

二、陳酒新用咖啡飄香

擁有自然景觀的優勢，結合藝術與人文的氣息，將使校園情境有加分功能。

㈠校園廣播增加適合學童的音樂，除了流行音樂以外，增加些輕柔的音樂、童謠，結合英語教學，讓校園播音豐富多元。

㈡認真跳健康操：鼓勵學生把每一個動作認真的動出來，成為最佳肢體語言。

㈢建置學校藝廊：視覺藝術課程完成的作品、參加美展、製作海報的優良作品，加個畫框懸掛出來，自然而然形成學校藝廊，配合圍牆彩繪，讓學生在欣賞作品之餘，同時提升了學習興趣。

三、借力使力開創新機

習慣過去，「過去如何如何」是轉型的最大障礙。否定過去不是好事，肯定過去的好，再把過去的好增加一點新意，在既有的基礎上略加調整是可行的。

㈠附近學校作為可借鏡

教師在意的是授課分鐘數以及行政工作的分擔，職員工友在意的是上下班

的時間和工作內容，若能參照附近學校的做法，或許比依法行事來的有彈性，不要放棄校長本身應有的法職權，白臉和黑臉之間其實是可以互換的。

(二)學校困境共承擔

少子化的結果，學生人數銳減，大校減班、小校轉型為分校成為政策，在學生減少的情勢下，讓學生獲得更為精緻的學習是全體教育工作者的責任。這番訊息時時刻傳達給所有教職員工，經由溝通取得共識之後，隨時適度的提醒、檢視，對偏遠學校而言，不要讓校友找不到母校，成為一項重大的任務。

(三)階段性目標的完成

在速食文化的今天，目標訂的太大，達成時間太久，往往很難持續，因此，依據學校願景，擬訂目標，每一項行動方案都是達成目標的要項之一，繞著目標走，時時拋出新的點子，每一個點子都是協助學生學習的具體做法。

伍、行政領導

一、熟諳法令

一般人以為：大型學校講「法」，小型學校講「情」，隨著時代的變遷，大小型學校都要把「法」擺中間，才能維護全體師生權益和校譽。內容包含：立法通過頒布各項法令、教育主管機關行政命令、學校各處室活動的實施辦法、《政府採購法》……等，唯有如此作為才有擔當。

二、目標導向

什麼樣的校長，就有什麼樣的學校。依據學校現況，評估人力、物力、環境，訂定學校發展目標，對於前任校長未完成的目標持續完成，對於新訂的目標，透過會議取得共識，擁有天時、地利、人和的目標，方能順利達成。

三、行動執行

舉凡政策推動、政令宣導，主動了解全盤狀況，提出行動方向，讓相關人

員有所依循，校長展現積極風範，工作團隊不敢怠慢。坐而言不如起而行，執行面交由相關人員去做，唯有行動，任務方能達成。

四、關懷讚美

放下身段，撥出時間，傾聽、分享，讓周圍的人感受到一份關懷的誠意；高帽子永遠不嫌多，一聲謝謝、一句辛苦了，無限的甜蜜在心頭，在會議上，在任何場合，讚美老師、讚美學生、讚美家長，相對的就是提升自己聲譽。

五、適度妥協

尤其對初任校長而言，尚未弄清狀況避免推翻現有機制，山不轉路轉、路不轉人轉，人只要轉個念，一切海闊天空，兩利相權取其重、兩害相權取其輕，即使堅持也須柔軟，任務導向一切好商量。

陸、課程領導

一、了解教育政策

所有課程實施皆以教育政策之完成為最重要目標，舉凡相關法令之條文內容，實施方式、經費使用、執行方針、預估成效及未來發展等，校長本身需要強烈的使命感，進行充分了解規畫學校發展方向，期使課程達成學校教學目標。

二、建構校本課程

學校本位課程之實施為教育改革重要成果之一，學校獲得校本課程主導權之後，如何建構本位課程相關要項，為各校重點工作，整合相關資源，訂定本位課程實施要點，期使教育鬆綁的美意得以達成。

三、運用社區資源

無圍牆的社區型學校已然成為趨勢，了解社區人力、物力所在，依據學校可能需要之資源分別分類建檔，進行評估分析，於適當時機進行交流與互動，讓社區資源成為學校發展之最大助力。

四、提升教師專業

教師具備第二專長是每一位教師共同的體認，針對學校現在及未來發展，訂定明確的發展方向，提供教師進修的管道與機會，將是留住人才的方式之一，也將是學校特色持續發展的重要因素。

五、家長需求評估

地區環境之不同，家長需求各有差異，在不違反教育政策的原則之下，家長需求必須列為課程教學的考量重點，方能使家長真正成為學校教育的合夥人，獲得家長支持之後，各項教學活動進行成效更為卓著。

六、建構能力指標

讓學童獲得充分學習為課程教學的主要目的，多元能力的培育融入各學習領域課程，明確訂定各學習領域能力指標，將使學生前景充滿希望。

柒、教學領導

一、正確傳達學校任務

學校主要任務就是根據教育政策，訂定各項教育目標，藉由教學活動，培養學生適應現在及未來的各種能力，校長是各項政策的推動者，應站在整體觀的立場與各處室及教師們共同訂定適合本校的執行方向，課程規畫系統化之後，教學內涵方能豐富紮實。

二、提供教學支持以促進教師教學表現

有形的支持和無形的支持同等重要，有形的支援表現在教學活動進行之前的準備工作，包含場地、空間、設備、經費、時間、人力各方面給與必要的協助與支援；無形的支持表現在安全感及精神上的鼓勵，言語上的關懷與讚美，讓老師盡情發揮專長，致力各項教學工作。

三、學生學業成就之精進

學業成就的精進表現是多元化的，教學時知識、技能、情意三者兼具，語文、數學、人際、律動等多元智慧能力充分發展，生活教育各方面獲得完全規範與學習，學習成就不只老師看得見，家長學生同時都滿意。

四、增進教師專業發展

提供教師專業發展的空間，專業對話往往激起另外一種思考方式，拓展教師教學視野，不再局限於現象的敘述或是對環境的抱怨，對學生素質的不滿，或是現行教育政策教育制度的不是，將不滿的思考模式轉化為尋找對學生最有利的教學方式，引導發揮老師正向的專業素養。

五、促進學校之學習氣氛

學習氣氛的提升是全面性的，教師樂於研究樂於進修，影響到教學內容的豐富多元及教材教法的改進，讓學生的學習能力在教師精心的設計之下充分發揮，學習態度以及學習成果都在預期成效之內達成，如何讓師生共同融入學習的環境，需要校長的鞭策與支持。

六、建立良性溝通與發展支持的工作環境

學校組織最為扁平化，但是溝通不良的情況時有所聞，究竟是哪一個環節出了問題，能否平心靜氣的檢討思考，是一個重要關鍵，校長有校長的立場，老師有老師的想法，放下身段，柔性的堅持，讓老師感受到的是關心與支持，才能建立良好的學校氣氛。

捌、公共關係

一、好形象

幾分機緣加上幾分的運氣，尤其外賓進入學校，當下所見所聞就可能傳銷出去，校園整潔、教師活力、員工熱忱、學生禮貌等等，整體和諧氣氛，只要

進入情境，一下子就感覺出來了。

二、說好話

對於校內同仁的要求和期許說話委婉並有一定的堅持，一旦走出校外、面對家長，對於校園團隊的每一個人，必須給與肯定及讚美，說好話代表一種氣度，也是保護自己愛護學校妙方。

三、拜樹頭

初任校長，拜訪學區村長暨社區理事長是非常重要的一件事，了解社區型態直接了解學生的居住環境品質，是有助於未來發展方向最重要的助力，結合社區辦理各項活動，將使學校與社區更為親近，達成學校社區化之目標。

四、尊民俗

偏遠地區的家長對於學校通常是支持與肯定居多，除了希望孩子功課好以外，要的是一份尊嚴和尊重。社區大拜拜的時候，家家戶戶擺上流水席，校長的任務就是帶領全體教師挨家挨戶吃拜拜，一份熱情和觀照，充滿了濃濃的人情味。

五、擅行銷

掌握學校的現有的成果和特色，逢人就說，外賓一到學校，立刻帶領參觀，這是土法煉鋼。對外參與各項活動力求精緻，校內辦理各項活動發布新聞必須慎重，結合相關單位強力放送，避免急躁而未能達成預期效果。

玖、經費爭取

一、來源

㈠專案呈報：有關校舍安全部分，除了教育局擴充修護計畫外，可以主動和教育局連繫專案呈報，附上照片和概算，很快的會獲得回應。

㈡相關會談：以計畫爭取經費為必然趨勢，學校平時就要計畫附加概算表，

　　俟機會、相關場合、有關人士會談時即可提出，大計畫、小計畫，依據不同的場合和對象適度的提出，可能會獲得認同而核可。

㈢成果演出：學校平時培訓特色社團、專案活動等，參加比賽獲得佳績，得以走出校外參加演出時，將可獲得補助，如民俗技藝、原住民舞蹈等，而這些社團的演出通常必須有一定的水準。

㈣教學活動：校際交流、永續綠校園、社區有教室、與大專院校攜手合作等，學校有人力參與實施並有成果產出，都可提出申請。

二、策略

㈠結合課程團隊攻勢：目前教育經費投注較多者在課程教學上，課程的形成，有賴教學團隊共同完成，從計畫擬訂、課程訂定、教材撰寫、課程實施、教學活動、學生評量、成果展示等等，都需要團隊的每一個人共同投注心力，團隊成員包含指導教授、校長、主任、教師、家長、社區人事等等，經由共同合作、對話，完成計畫報請相關單位，獲得經費支援是好事，未獲經費支援也是學生的學習活動，只要有心願意投注，機會將會降臨。

㈡細水長流：平時有準備，一項一項登錄下來，爭取經費除了硬體設備以外，軟體的充實同樣重要。學生的學習尤其需要長期的培養，學校發展和教師專長相結合，為避免教師異動影響社團的持續，就近尋求社區專長人士的支持也很重要，辦學不一定要大錢，要的是一份心及持續的努力。

㈢跟著政策走：舉凡新的政策比較容易獲得經費補助，諸如：英語情境布置、新住民教育、閱讀計畫、人口倍增計畫……等當前政策推動要項，問題在學校是否有此需求、是否有執行的能力，倘若僅僅校長一廂情願，將很難達成任務。

拾、命運的鎖鏈

一、訓練所的迷思

㈠生態說：初次和家長非正式的聊天，家長的反應是「老師常常換」，今年

學校正式教師計 9 名，提出調動者有 6 名，原因是想調回家附近，偏遠地區教師調動頻繁，即使認為不太可能調得出去，還是提出申請調動，擋也擋不住，家長的心聲，也只有無奈的心領了。

㈡常態說：教師異動是常態，學生流失也是必然現象，因為家長有教育選擇權，身為校長必須認清事實，同時更加盡力，疼愛一群願意留在學區內的孩子，同時提升教師的工作士氣，共同為這些孩子來努力，期待老師在此服務的生命歷程是彩色的。

㈢模式說：課程的實施不應因為教師異動而改變，每年學年結束，及早完成下學年課程規畫，學校的願景目標沒有改變時，確立大的方向納入課程計畫，俟新進教師報到或代課教師招考完畢，立刻著手進行細部計畫，新舊老師的傳承只有靠書面來傳遞了。

二、學習弱勢

㈠老師：定期考查完畢，呈閱各班學生筆試成績統計表，成績分數分布如偏低分的鐘型圖，老師說是家長不關心，作業不會沒有人指導，即使功課沒寫家長也不管，充滿著失望、推諉、無奈，因為老師說的是事實。

㈡學生：調閱作業時，整體說來發現孩子們的字體很端正，基本上說家庭應該是重視功課的，定期考查當天早晨，小朋友的手上是拿著書本做最後的衝刺和努力，表示小孩子是重視學業成績的。

㈢家長：召開親師會或辦理學校活動，家長的參與不高，對學校或老師的建議事項幾乎「沒有」，在此情況之下，更應感謝家長，善待這裡的每一個孩子，應該是我們的責任。

三、策略應用

㈠擅用政府美意：對於偏遠地區，政府給與相關的優惠措施，包含興建教師宿舍、補助自立午餐廚工薪資、偏遠地區學習弱勢課後輔導，對於得之不易補助經費更應善加利用，務必為這群孩子進行補救教學，讓他們有機會追求更美好的未來。

㈡發揮教育良心：老師可能是過客，記憶卻是烙印，不能讓自己的教育生涯留白，服務一天良心就是一天，沒有失望的權利，因為我們都是帶著任務

來的，看到孩子們靦腆、淳樸的眼神，所有的責任頓時湧上心頭。

拾壹、結　語

當校長需要準備嗎？答案是肯定的。當校長需要訓練嗎？答案也是肯定的；很幸運成為國北師校長培育中心候用校長培訓第 1 期學員。參加北宜校長培育班的時候，理論與實務兼具，教授與學員間的對話，學員與學員間的切磋，密集式的訓練課程，真的很辛苦，也很有收穫。

因為機緣，借調到教育局服務，純粹的行政體制、作息、工作內容、服務對象完全不同於學校，學習公文處理、為民服務的處世態度以及整體的思考模式，這段寶貴的歷練過程，對於現在擔任校長真的很有幫助，感恩同時感謝生命中貴人的相助。

初任校長，來到一個充滿善意的地方，記得就任拜訪地方仕紳，最常聽到的話是：「來到庄腳所在，妳會慣習嘛？」其實，這裡的好山好水真的叫人喜歡，碧海青天綠草原，最重要的是，當校長的感覺還真的很不錯。

作者簡介

吉梅來自風景秀麗的東部小鎮，從國中開始，就以投考師專為第一目標，因為東師是台東縣的最高學府；畢業後，分發到台北縣，因為到北部來有比較多的升學機會。台師大畢業後，遠赴高師大國研所 40 學分班結業，目前於台北市立教育大學課程研究所進修中。

2004 年初任校長，來到台北縣萬里鄉大鵬國小，最喜歡孩子放學時的景象，在夕陽的餘暉中，揹著書包的孩子排成一行，一路上玩著走回家的背影，彷彿回到了童年一般，教人不由得陶醉了。現任台北縣保長國小校長。

夢想起飛　建構鼻頭海角新樂園

楊文達
台北縣鼻頭國小校長

當一位好校長，當思如何使學校進步，以及如何透過老師，
把每一位小朋友帶上來。

——林文律

以上這句話是我們阿律老師（林文律教授）對第1期北宜校長班（台北縣、宜蘭縣候用校長於國北師共同受訓）於93學年度初任校長的勉勵詞，我們隨時謹記在心，念茲在茲，不敢稍怠。每當遇到挫折或不順心時，總是會把這句話再唸一遍，霎時阿律老師殷殷盼切的臉龐即浮現腦海，敦促著我們加油！加油！再加油！（好幸福喔！）

由於個人擔任校長年資不到1年，經驗有限，需要學習的地方尚有很多，但基於分享的理念，就斗膽提出個人這些日子來的一些心得就教於各位教育先進，若有不成熟或錯誤的地方，尚祈各位先進給與寬容與指導。

壹、校長目標：循序漸進　二十始成

在台北師專就讀時，就比較喜歡「學校行政」的部分，1983年畢業進入教育現場，一則聽到前輩的勉勵：「年輕人要趁現在努力，否則到了4、50歲，年老了還在與一年級的小朋友蹦蹦跳跳，不僅自己體力也有限，家長也會嫌棄，尤其是男生，那種畫面會相當不協調。」二則隨著服務年資的增長，發現在學校真正具有較大影響力的人是「校長」。基於以上的看法，就帶領著我往行政路線努力，直至今日依然如此。

參與主任、校長考試，必須要有一定的年資、績效（獎勵）與學歷。因

此，除了白天用心於教學之外，晚上也至師大進修，一方面充實自己的知識與能力，一方面也累積考主任、校長的積分。在這過程中，確實辛苦，好在那時年輕有體力，才能如此的耐操。

擔任教師 8 年後，考上主任並於 80 學年度派任平溪國小擔任教導主任。經歷 2 年磨練，轉調安和國小並在安和國小依序歷練總務、教務、訓導、輔導等工作後，於 93 學年度派任鼻頭國小校長。對於校長一職，個人一直認為「實力重於一切」，自己也不斷的反省自己是否已經準備好了，如果尚未準備好就去接任如此重大的工作，其壓力必定是沉重的，且對於那所學校的全體師生與家長而言，也是不公平的。

有人說：「考校長，只有放榜和被遴選上那天最高興，之後就是痛苦的開始」；因此，又有前輩說：「當校長如同牆外與牆內，還沒進來的拚命想進來，進來的卻想著要出去。」這些雖然是玩笑話，卻也滿切合實際的。其實，無論擔任任何一個職位，只要用心求好，相對的也一定會有壓力，端看自己如何去看待和調整壓力。在初任平溪國小主任期間，因為對環境與工作的陌生，心理確實感覺壓力很重，愈想把工作做好，壓力就愈重，壓力愈重，臉就愈無表情，也難怪好同事會對我說：「文達，你幹嘛整天愁眉苦臉，好像我欠你一百萬似的。」真是一語驚醒夢中人，這讓我深切體認到，就算工作再辛苦、再累，也不能忽略自己的笑容和人際關係的經營。就如同校長班受訓時，賴萬年校長曾經勉勵我們：「擔任校長一定會有壓力，但這壓力並不是沉重的壓力，而是一種健康的壓力，敦促我們繼續不斷的往前邁進。」所以，若要問我：「你準備好了沒？」我的回答是：「Yes，I am ready！」

貳、剖析學校發展情境　架構校務發展主軸

在上任之前，我們常聽前輩說：「剛上任，不要急著點三把火，一切照舊，先觀察 1 年再說。」再加上在前任潘慶輝、張信務校長帶領下，鼻頭國小已是很有名聲與制度的國小，所以一切活動安排皆照舊辦理。因此，在就職典禮上，個人僅提出未來希望發展的方向，說明本校教育一切以學生為核心，掌握「本土化」、「國際化」、「資訊化」趨勢，以「積極」、「成長」、「快樂」為願景，期能展現生命活力、涵養生活自信、催化學習創意、蘊育人性關

懷，期許親師生共同打造一個「學生開心」、「老師盡心」、「行政用心」、「家長安心」、「社區同心」的「五心級」優質學習型、*e* 化海角新樂園。

　　接下來隨著日月的作息，學校行事除了按照行事曆操課外，也因為擔任「特色學校」、「北縣 18 條學習步道」及「社區有教室種子學校」任務，臨時接辦著許多活動。全校教職員和我可說是在忙碌中度過了一學期，所辦的活動幾乎平均每個月會見報一次，一切看起來似乎相當美好。然而我心中非常清楚，這些成效可說是前幾任校長、同仁及家長共同努力所打下的基礎，我們只是繼續加以維持推動罷了。

　　經過一學期的運作，大家真的非常忙碌。尤其是接任外部的工作，如特色學校參訪（親師生遊學 1 次）、特色學校發展方案、18 條學習步道踏查、教育優先區訪視、社區有教室的研討與編輯（共 3 次，2 次隔宿）、校際交流（安和、樂利、侯硐）、外賓參訪（明碁電腦、金美、老梅、宜蘭學進），加以本身學校的新生入學、家長日、藝術饗宴活動、地方廟會、音樂比賽、校外參觀（體育場、林家花園）、溫馨關懷活動、畢業旅行、耶誕活動等等。真是活動一個接一個，熱鬧非凡，除此之外又加上 3 次強烈颱風來襲，造成校舍嚴重受損。又有校地與占有校地房舍（王金瑞房子）等問題。這些一直交錯於鼻頭的行事之中。

　　在忙碌中，雖然有個堅定的教育信念支持著我們，實際上仍有些實務上的問題待解決。因此，接任接近一學期後，雖然我們的團隊是如此耐操又有效率，但是在一次的課程研討中，個人赫然發現，團隊夥伴仍然期待新校長給他們新的願景與發展目標。與主任對談後，發現現職夥伴對於學校活動的計畫比較不會花時間思考，需要校長或行政先給與一個方向或方案，再從方案中研討適合的做法。因此，初任校長的觀察期緊縮，無法等到 1 年，1 學期後，個人決定於學期末的校務會議中發表學校的校務發展計畫。

　　我們知道校務發展計畫的提出，必須考量當前的教育政策、學校條件、家長期望、學生需求與社區背景等等因素。這學期來，雖然忙碌，個人仍不忘細心觀察，在與教育局長官、教師、家長、學生或是社區耆老接觸中，盡量體察各方的需求與問題。計畫擬訂的整個重要思考在於如何兼顧保有學校原有傳統優點及呼應現代教育的發展趨勢，讓我們的孩子真正能具有帶著走的能力。以下就提供鼻頭國小未來 3 年校務發展主軸架構，如圖 1，供各位教育先進參閱。

學校教育一切以學生為核心，掌握「本土化」、「國際化」、「資訊化」趨勢，以「積極」、「成長」、「快樂」為願景，期能展現生命活力、涵養生活自信、催化學習創意、蘊育人性關懷，親師生共同打造一個「學生開心」、「老師盡心」、「行政用心」、「家長安心」、「社區同心」的「五心級」優質學習型、e化海角新樂園。

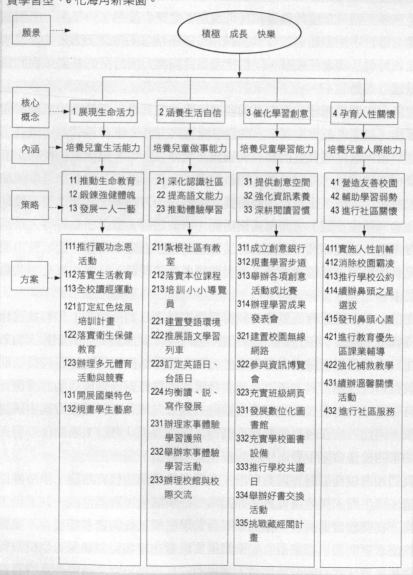

圖1　鼻頭國小未來3年校務發展主軸架構 94.01.19

參、有夢最美　築夢踏實

　　「有夢最美、築夢踏實、夢圓更美」，打造一所 e 化學習型海角新樂園，是我們共同的目標。分析鼻頭國小的優勢，在地理環境上，我們擁有最豐富的自然資源──鼻頭步道，因此我們結合校本課程發展學生導覽能力；在學生體能上，孩子每天要走一段上坡的路到學校，因此腳力特別好，我們運用天然地形訓練學生體能，持續發揚「紅色小辣椒」盛名；[1] 在生活學習上，我們著重生活能力培養，辦理家事體驗學習，鼓勵學生每天都要協助家裡做家事；在藝術才能上，學習國樂已是鼻頭的傳統技藝。

　　所以，在鼻頭國小的小朋友，除了要擁有最基本的禮貌與好品格外，至少還要具備導覽、國樂、家事與田徑四項的能力。這些能力的培養當然也必須融入在未來校務發展的方案當中。個人深知，如果方案不能化成實施辦法務實的執行，那麼這些理想或計畫就會束之高閣，僅供參考罷了。於是個人利用行政會議及教師晨會中闡述各方案的目的與重點，並請相關業務承辦夥伴擬訂具體的實施辦法，更重要的是列入課表或行事曆中執行。例如，「培訓紅色炫風計畫」，計畫經由大家共同的研討，訂定於每日的 7：30～7：40 分實施晨跑。小朋友若能持續 1 個月從不間斷，就頒發「小炫風」獎狀。為了鼓勵小朋友能持續進行，進而養成每日運動的好習慣，校長每天親自帶頭與小朋友一起晨跑並且也鼓勵老師一起參與。漸漸地，小朋友跑習慣了，老師慢慢參與了，甚至家長也來參與晨跑，每天早上，整個學校都充滿著活力與朝氣。

　　國小教育最基本且最重要的是生活教育與品格教育，《優秀是教出來的》這本書的出版，造成教育界很大的傚仿。書中所談的超基本 55 條，有些正是目前孩子所欠缺的，也是老師一直想教孩子學習的。藉由贈送全校同仁這本書，導引夥伴閱讀，在大家彼此有些共識之下，我們檢視目前鼻頭孩子所欠缺且極需要具備的能力，從中挑選 20 條列為「鼻頭超基本」。我們每 2 週推行 1 條，除了級任老師於課堂中強調說明外，並利用全校兒童朝會時間，讓小朋友分享

1　田徑錦標賽中，鼻頭孩子穿著紅色運動服，雖然個子小，在運動場上卻一馬當先，看似紅色小辣椒般，愈小愈辣。

自己經驗與心得。如其中一條：「與人互動，眼睛要看著對方的眼睛」，小朋友分享以往因為害羞缺乏自信，眼睛不敢看著對方，現在與人互動，看著對方的眼睛也沒那麼難，別人因為我看著他，說話也比較客氣，互動良好的過程中，自己也有信心多了。

任何策略或計畫的推行，先取得共識很重要，同仁有了共識之後，就必須將之化為具體的實施辦法，考量其可行性，並列入課表中實施。因為有一點很重要，個人深切的體認：學生上學的時間就這麼多，我們無法把每一個重點都排入課表中，因此，我們必須要有所篩選並排列其優先順序，分年分階段實施，所以，鼻頭未來 3 年校務發展架構中的方案，也不是集中在 1 學期或 1 年中實施，而是分年推動的。

肆、逐戶家庭訪視　密合親師關係

小型學校，因為學生人數不多，因此親師之間的互動應該可以做到更親密和更精緻。鼻頭國小自從潘慶輝校長開始，對於親師關係的密合就有一項優良的傳統。那就是每位級任老師在新的學年度開始，必須於暑假結束前一週，對新任班上所有孩子進行家庭訪問。一方面讓家長了解孩子的新老師是誰，另一方面也讓老師初步了解每位學生的家庭狀況、父母對孩子的教養觀念及對學校的期望等等。

在鼻頭，老師進行家庭訪問，這制度雖然實施多年，一切看起來似乎也很順利。但是，個人卻發現老師對於到學生家中拜訪，心中仍然有些緊張。尤其對新任教師而言，特別明顯。一方面因為自己年輕，沒有為人父母的經驗；二方面師資培訓過程中並未有如此的課程，就算有，也未落實實務的練習，因此真正上場時，一時之間不知道該如何和孩子的父母溝通。相對的，在溝通過程中就比較無法掌握到重點，讓家長充分了解老師的教育理念及需要家長充分配合的地方。好在，海邊的家長都非常熱情，對老師也相當尊重，常常準備很多東西來款待老師，甚至邀約老師共進午餐或晚餐，化解了親師之間的一些尷尬。

不過，從中也讓我體會到，下個學年度開始前，應再強化老手帶新手的制度，讓新進的同仁在鼻頭服務的初年，能有師傅老師隨時給與協助與指導。

依目前狀況，鼻頭學生雖有單親或隔代教養的學生，卻並沒有身心障礙

生，因此老師在教學上並沒有太大的問題。為了充分照顧鼻頭孩子，學校積極申請教育優先區的經費補助，由於各班的學生人數不會很多，最多不會超過 14 位，因此，每位級任老師都會把全班小朋友留下來，一同加強學生較弱的部分，這部分家長對於老師的付出給與肯定與感謝，因此對學校的各項活動也相對的抱持支持的態度。

伍、深化課程內涵　確保基本能力

經由老師的家庭訪問，雖然家長對於學校所推行的各項教育活動都抱著支持的態度，但是令家長感到有些憂心的是，有些孩子到了國中與其他學校畢業生比較，程度上就比較弱。因此也有些家長反映，希望學校活動可以減少些，老師能多加強國語、數學的教學。

九年一貫課程實施至今，鼻頭國小在歷任校長與老師、家長努力下，結合校本課程，發展「社區有教室」理念，把學校擴大了，學生學習的場域不僅是在學校，可以是在社區，也可以是在海邊、草皮、涼亭或燈塔；我們老師也增多了，不僅是學校老師，也有耆老、船長、藝術家、店主作為我們的社區老師；我們的課程活化了，不再只有課本中的「死」知識，而是與孩子生活息息相關的「活」知識。[2] 因此，鼻頭國小的孩子確實比一般的孩子快樂多了！（因為我經常會問小朋友快不快樂？回答幾乎都是快樂。）

能夠看見孩子在學校快樂學習，並且擁有帶著走的能力，是一種教育成效，值得老師驕傲，也值得家長欣慰；但孩子升學後，面臨學科程度的比較，卻是一種現實。活動化的快樂學習與學科的程度提升，表面上看起來兩者是衝突的，其實，經由深思，兩者應該是可以兼顧的。

坦白說，自從九年一貫課程實施至今，學生學科能力一直受到各方的質疑。許多文章發表孩子的語文能力降低，數學的運算也大不如前。但是，孩子的創意卻是比以往豐富且多樣。綜合以上所言，如何能讓孩子在具備學科基本能力外，擁有帶著走的能力且深富創意，是當前我們一直在找尋及努力的地方。

2　在前面所謂的死知識，並非否定教科書，只是強調書中一些與孩子生活脫節且無關的教材。

在如此情境下，個人常思索，想運用 2、3 年的時間，嘗試著發展鼻頭國小各年級各領域應該具備的基本能力為何，再將此能力融入課程之中確實的實施，並且進行學習評量，以確保孩子都有學到應該要學的基本知識。如此，我們能大聲說：從鼻頭畢業的孩子，至少具備了什麼樣的能力。不至於因一次私立學校的入學考試，全盤否定了鼻頭團隊的努力。

陸、賡續策略聯盟　促進教師專業成長

小型學校，除了學生數少，教職員數也少。除了學生彼此互動對象少之外，同年級任教老師的互動對象幾乎也沒有。為了增加老師互動機會，促進教師專業成長，發展策略聯盟已成為解決問題的重要策略。

台北縣瑞芳區學校大部分屬於小型偏遠學校，非常適合組織學校間的策略聯盟。在教育局鼓勵下，瑞芳區也有幾個策略聯盟的組織。鼻頭國小在前任張信務校長努力下，也集合了吉慶、九份、瓜山、濂洞、侯硐、和美等校組成「東北角課程策略聯盟」，共同聘請教授指導，合作發展各校的校本課程。在過程中，老師們雖然辛苦，但互動的對象多了，在教授指導與專業對話中，對於如何規畫、設計、實施、評鑑課程也有更深一層了解與體會，這對老師的專業成長助益可說是非常的大。

當每個好的策略實施一段時間並已達成當初設定目標之後，策略實施方式就是必須面臨轉型的時候。東北角策略聯盟亦是如此，經過 2、3 年的運作，聯盟各校的校本課程發展也趨於穩定，正面臨轉型或解散的抉擇。

接任鼻頭校長之後，正是面臨抉擇的時候。思考再三，雖然自己資淺，對策略聯盟的運作又不熟悉，但深感策略聯盟是小型學校必走的趨勢，有必要繼續維持。正在思索如何予以賡續時，恰逢吉慶國小申請到資訊種子學校的發展經費，因此，上學期就安排資訊融入教學的一系列研習。

經由一學期的研討，非常感謝吉慶團隊為大家的付出。然而或許是缺乏強而有力的聚焦（即老師無強烈的需求與共識），讓研習的成效大打折扣。為避免如此情形再發生，便利用學期末召集聯盟的圓桌會議，共同研商下學期共同研習的焦點。經由多方意見表達，認為瑞芳區的各校課程發展幾乎都走在前頭，目前教師教學評鑑似乎已漸成趨勢，瑞芳區也有學校參與縣府的試辦，因此決

定規畫有關教學評鑑的系列研討。透過教學評鑑理念溝通與試辦學校教師實務經驗的分享，也讓老師對教學評鑑有了初步的認識與了解。

雖然漸入佳境，個人仍常思索要如何才能真正有效的促進教師專業成長。個人認為透過資訊科技與網際網路，架構聯盟各校老師間的溝通、討論、分享平台是相當有必要的。這也是我們未來所要繼續努力的地方。

柒、廣納地方資源　協助校務發展

積極爭取與有效運用各項教育資源，是校長必須掌握的重要課題之一。鼻頭國小是位於全台灣最東北的偏遠小型漁村學校，無論在人力、物力、財力或空間上都相當有限與不足。但是，我們卻不因此而氣餒，反而更加的積極尋求各種解決的方式。

在人力資源上，我們不僅招募義工協助導護與各項活動支援，更聘請社區老師，義務協助老師教學並提供一些物力與財力的支援，因此只要鼻頭國小辦大型活動，幾乎是全體動員，家長、義工、社區耆老或居民皆熱情參與，大家就如同一家人般的親密。

在物力與財力資源上，鼻頭國小平時就受到東北角管理處、瑞芳鎮公所、鎮民代表會、台電深澳發電廠、中油等機關的協助，因此我們每年利用12月感恩的季節，全校師生扮演聖誕老人分組到各個機關團體與社區，進行溫馨關懷的感恩之行。這活動一方面培養小朋友感恩之心，另一方面也建立鼻頭國小良好的公共關係。像台電的員工感觸就特別深刻，據他們員工反映，一般人至台電都是以激烈抗爭的方式來爭取經費補助，惟有鼻頭國小與眾不同，他們透過非常柔性的關懷，讓台電員工非常樂意協助學校。在此要感謝張信務校長的熱忱傳承，在初次上任前，帶領我一一拜訪在地機關團體與地方仕紳，讓這些豐富資源能夠繼續支援鼻頭國小。

在空間上，我們充分運用自然資源。鼻頭國小校地面積雖然不大，校舍也剛好足夠使用，但我們擁有全世界最大的游泳池——太平洋；我們也擁有世界級的御花園——鼻頭步道，我們更擁有豐富人文的漁村社區。因此，我們學校非常大，上山下海處處是道場，小朋友們時時可學習、處處可學習。

捌、白天做事　晚上做人

　　小地方，家長彼此互動非常密切，校長對於地方上的經營需要特別的細心。海邊的家長，為人海派、熱情又純樸，對老師相當尊敬且好客。學校要辦理什麼活動，只要告訴一部分的人，很快的就會傳遍大街小巷，彼此相約來學校幫忙，親師生真的如同一家人。

　　家長是教育的合夥人，小型學校學生數少，家庭數相對也少，學校與家長的互動因此可以做的更精緻些。我們級任老師除了對自己班上每個學生家庭都了解外，連其他班級的孩子都能了解熟悉，甚至連我們學校的教職員工，對全校學生及其家庭也都能了解。幾乎可以說是：每個孩子都是老師的學生，每位老師都是學生的老師，這非常符合個人理想的溫馨校園。在校園中，不分彼此，每個老師都會協助指導犯錯的學生，每個學生也都能順從老師的指導。

　　當然鼻頭國小親師生能夠互動如此密切，一定是經過努力與累積的。校長在這之間，也扮演著搭介親師之間橋樑的重要角色。如同前任張信務校長有句口語：「上午做事，下午做人」。上午時間，張校長專心處理學校的事務，到了下午就到社區拜訪家長。在拜訪的過程中，除了感謝家長平日對學校幫忙與支持外，也傳達學校目前的近況與即將辦理的活動，同時也邀約家長共同參與。家長感覺受到尊重，對學校也相對更加支持並願意付出。在聊天過程中，校長也讓家長了解老師的付出與辛苦，希望家長協助校長多給老師肯定與鼓勵，為鼻頭多留住好老師。個人因為能力較不足，公事無法在上午完全處理完，必須延續到下午，因此只能晚上去拜訪家長。所以我是：白天做事，晚上做人。

　　家長是學校教育的合夥人，這不是口號，而需要真正架構在校長及全體老師的觀念裡。如我們辦理與安和國小「樂醉安和龍躍鼻頭」的校際交流，特別把交流的場所安排在社區，讓社區人士能夠方便參與，讓社區家長一方面聆聽鼻頭國小國樂團的演奏，一方面欣賞安和國小龍獅隊壯觀的表演。這一文一武展演，活絡了鼻頭社區。除此之外，我們也參與了鼻頭廟慶活動，聘請藝文團體在社區表演。學校辦理各項活動也會邀約家長共同參與，如創意英語校名製作或「鼻頭采風」藝文牆創作等等，都有家長與師生共同合力完成的倩影。

玖、善用社區優勢　發展特色學校

為因應少子化與小校裁併壓力，鼻頭國小自 92 學年度即參與台北縣特色學校發展方案。我們運用國家級的鼻頭自然景觀與漁村特有人文風俗發展「社區有教室」的校本課程，作為我們特色學校發展的主軸。

校本課程中，我們選定了燈塔步道、鼻頭步道、濱海步道及稜谷步道等 4 條路線，並設置了自然教室、地質教室、人文教室、海鮮教室及漁村體驗教室等 15 處社區教室，也聘請了 17 位社區老師。特色學校活動方面是以一日遊學的社區體驗學習營方式辦理，課程包含校園特色巡禮、步道自然景觀踏查、海蝕平台生態教學、社區人文教室體驗學習、社區海鮮教室、漁船教室、軟絲廣場體驗學習等等，參與者踴躍，學習內容豐富，遊學課程相當緊湊，大部分同學都依依不捨賦歸。

由於結合了校本課程並善用了社區的優勢，讓鼻頭特色學校的課程既豐富又有趣，並且又不會造成學校行政與老師的太大負擔。有時候外校學生可以和本校學生同時至社區教室一起上課，反而能增加鼻頭國小學生與他校學生的互動機會。另外對社區老師而言，能將鼻頭特色與自己經驗分享給更多的學生，不僅感到高興，也更加有成就感。如此，也造就了學校與社區雙贏的局面。

拾、高處找伴　彼此鼓勵

校長在學校中是最高的行政首長，就如同站在高山的頂端，可以俯視一切，但相對的也不免孤寒。在校長培訓班時，國北師張玉成校長曾勉勵我們說：「校長是每天最早到校，為大家打開總電源的人。」校長本身要為全校師生帶來動力，但畢竟校長並不是自動發電機，也是需要充電。因此，要如何充電，除了自我的省思之外，於高處找伴也是很好的策略。

基於以上的需要，個人參與了一些夥伴成長團體。首先是加入「晨曦讀書會」，會員大都是校長或主任，包含高中職及國中小學校，我們每個月利用假日於某位會員的學校聚會 1 次，一方面分享彼此的讀書心得（每月排定 1 書），

一方面也吸取該校的辦學經驗，在彼此和諧愉快又無壓力情形下研究討論，讓自己的視野也隨著自由氣氛的空氣，隨意的擴散開來。會中若有討論到辛酸的一面，當然，會員彼此都會提供良策並互相加油打氣。

其次是參與雙貢校長聯誼會，成員是雙溪鄉、貢寮鄉全部學校的校長（包含高中、國中、國小），我們每 2 個月聚會 1 次，會中除了分享彼此辦學經驗外，各校也報告學校近況及需要各校協助配合支援的地方，大家一起互相扶持。這種模式，對於資源較少的偏遠學校校務推動有很大的助益。如某校辦理運動會或各項大型活動，各校可以提供一些設備或支援節目的表演，讓活動能夠精采豐富。由於每次聚會猶如家人圍爐般親密互動，因此號稱「雙貢火鍋黨」，也正式推舉「黨魁」及幹部，甚至訂定一些有趣的黨規，煞有其事的運作著。

拾壹、體認甘苦　終身學習　創新求變

擔任校長至今，感覺有兩件事是非常重要。第一是要有明確的目標並且讓全校老師知悉與了解，如此老師才會知道學校發展的方向與重點，在心理上也比較踏實與安心，知道如何去努力。第二是如何去激勵老師，校長隨時要懂得稱讚老師，給與老師充電。所以個人深覺校長培育課程中應該加重「如何激勵部屬」的課程。

對於激勵部屬的方式很多；個人覺得有以下幾個方式：

一、生理方面

滿足老師生理需求，請客吃飯或送東西（校長花費大，效果卻不大，但也必須做，因為人畢竟還是有欲望）。

二、心理需求

㈠對其優良作為給與口頭稱讚（建立其信心與成就感）。
㈡請家長或其他人士給與肯定稱讚（向家長透露老師的好行為並請家長有機會向老師表達）。
㈢請學生給與老師回饋感恩。如生日賀卡或優點轟炸。

三、賦與容易達成任務

　　任務過程給與關心，達成後給與大大的稱讚。

　　擔任校長是辛苦？或是快樂？常有不同的聲音，但一般聽到的是辛苦。思索校長為何如此辛苦？個人覺得是因為負有太重的使命感，希望學校在自己的領導下能夠非常出色。但是，如果這使命感與老師理念不一樣時，是最辛苦的。遇到這問題，校長不是硬著頭皮辛苦的經營，就是與老師的看法做個調節，校長快不快樂就此分別出來。

　　擔任校長將近1年的時間，深感「校長學」是一門很特別的學問。為何特別？因為它不是僅靠一般的領導理論足以應付，它是一門潛藏且深廣的綜合智慧。除了需要多方不斷的學習、請益前輩之外，最主要的仍舊需要自己用心的省思與靈活運用，並兼具「右肩擔智慧、左肩扛慈悲、頭頂著勇氣」的作為，腦海中也時常以這句話勉勵自己。總之，在這講求績效的時代，如何做個快樂的校長，至少需抱持終身學習的精神，與時俱進；掌握核心價值與方向，方法創新求變，才能做個既有績效又快樂的校長。最後很感謝阿律老師的邀稿，讓我有機會與大家分享淺見，誠摯的祝福大家心想事成！萬事如意！

作者簡介

　　有幸與教育結緣，以教育為終身志業。個人生長在一個腳踏實地、熱愛生態環境、關心教育，以生產油紙傘出名的淳樸鄉鎮——美濃。從小家人給我們的教育就是——孩子第一，一切為教育。自懵懂入學以來，有良師為伴，滋潤著心靈，對教育的熱愛已深烙內心，5年師專陶冶，更堅定教育為個人的終身志業。1983年台北師專畢業後，服務過台北縣後埔、平溪、安和國小等國小，歷任級任、科任、組長及教務、訓導、總務、輔導主任，現任鼻頭國小校長。

　　有福同教育成長，以學習為終身目標。進入教學現場，貼近孩子，

與孩子共同學習成長，雖然忙碌，卻是甜蜜。經過幾年經驗累積，深覺教育孩子不只需要決心和熱忱，更需要專業的智慧。終身學習理念於焉深植，誓不做「過期的產品」，繼續至師範大學教育系、台北市立師院教育研究所進修。平日不斷創造機會與人對話，反思自己作為，期能與時精進，邁向專業。也知福、惜福、感恩，期許自己成為孩子成長中的貴人。

有願許教育承諾，建構溫馨至愛學園。「點燃孩子的心燈」，為教育許下終身奉獻的承諾，奉行「寧可燒盡，毋寧銹壞」的教育愛，本著「真心生活、真善處世、真誠待人、真意學習」四真座右銘，期能展現恢弘的教育豪氣，激發「行政服務承諾、教師專業承諾、學生學習承諾、家長助學承諾、社區為學承諾」五諾合一，追求卓越，共同營造一座有情有愛的溫馨至愛學園。

教育的領航與守護

黃鈺樺
台北縣北峰國小校長

壹、夢想的萌芽

一、灰姑娘的變身

　　童年時鄉親及家人的鍾愛與看重，讓生長在「女孩子小學畢業即得到工廠工作」的純樸鄉下的我，潛意識裡不甘就此認命，一股將來一定要成就一番事業，回報眾人厚愛之鬥志，在小學時已然滋生。校長在當時的家鄉儼然如同神明一樣地被敬重，於是我堅決地告訴自己：將來我一定要當上校長讓親族及全村的人以我為榮！1979 年考進政大教育系之後，往校長這個目標邁進的念頭更加濃烈。1987 年開始到小學服務，隨著對行政工作的投入愈多，及在長官及良師益友們的肯定與鼓勵之下，更篤定地往校長的巔峰步步攀升。

二、校長之路不畏難

　　早期雖非刻意為當上校長這個目標而有所為而為，但這個目標仍無形中帶領著自己的腳步亦步亦趨，於種種的歷練中產生一股激勵的力量。為儲備日後勝任校長職務的實力，勇於接受各種挑戰，盡量從事各項職務的學習，在實事求是中逐步充實教育事務的專業知能與實務經驗，為達成目標勇往直前。

三、精雕細琢的修練

　　為期 10 個月的校長培育課程讓自己脫胎換骨，不僅提供自己反思過往所學是否能符應當前及未來教育所需、理論與實務是否能相互融通應用之機會，進

而於系統化的儲訓課程中深化自己對教育面向的認識，開拓更為宏觀的視野，並於與北宜校長班的教育先進長期切磋中互通有無，大幅增廣見聞。感謝溫騰光、何瑞蓮、萬家春、李柏佳、張秋鶯及葉瑞芬等 6 位師傅校長於教育實習中的殷切提攜及傾囊相授，讓我對身為一個優質校長所需具備的襟懷與專業素養有更深一層的體認，對日後擔任校長助益良多。

四、奮鬥成長的軌跡

　　為了未來能當一個全方位的校長，於初派到台北縣汐止市的保長國小擔任教導主任時，主動兼任人事業務，後來請調回母校北峰國小，除先後擔任總務、學務及輔導主任，還於 1994 年開始擔任「七星、瑞芳區成人教育資源中心」執行秘書暨「汐止社會教育工作站」會計、總幹事及秘書等職務，全心投入本職及社會教育工作不遺餘力，不斷累積豐富的行政與教學經驗。多年來秉持認真負責，竭盡所能為他人服務之精神，體恤同仁，並以全力支援教學為己任。另外，全力提供社區民眾及家長充分學習的機會，促成社區學校一家親，歷經十幾年幾乎以校為家的日子，陪著學員一起成長，甘苦與共，從學員身上獲得的肯定與溫情，是支撐自己持續投入社教工作的最大原動力。

　　校長儲訓完畢後，於 2003 年借調到台北縣教育局社教課擔任輔導員 1 年，承辦全縣成人教育、2003 全運藝術節活動、外籍配偶及子女教育專案、藝術與人文教育資源網專案，並協辦全運博覽會、全國燈會、藝術饗宴系列活動及其他社教活動，不僅學習的層次大幅提升，更從長官及許許多多本縣資優校長身上見識到以前瞻的知識管理策略、問題解決導向的學習及科技整合的能力等卓越的風範與辦學能力，從而對本縣未來教育發展的政策與理念有更深的體認，也讓熱愛教育工作的自己更加深對教育的那份使命感。十多年來的廣結善緣與多元學習打下的深厚基礎，在在成了自己擔任校長後之最大助力。

貳、校務經營理念與策略

一、校務經營理念

　　以積極的領導觀，盱衡國教工作的全貌，洞悉國教業務的關鍵，體察學校

整體的能量，思索學生權益的保障，建構學校工作的圖像，掌握社會脈動的訊息，建立無礙的溝通管道，經營以服務代替管理的行政系統，形塑精緻和諧的校園環境，在「有愛無礙」及「培育始於快樂、終於智慧的兒童」的教育理念下，以培育出「品質優良、品味高雅、品德高尚」的「三品國民」自許，造就出生活統整、獨立自主的學生，以落實「全人教育」的理想（見圖1）。

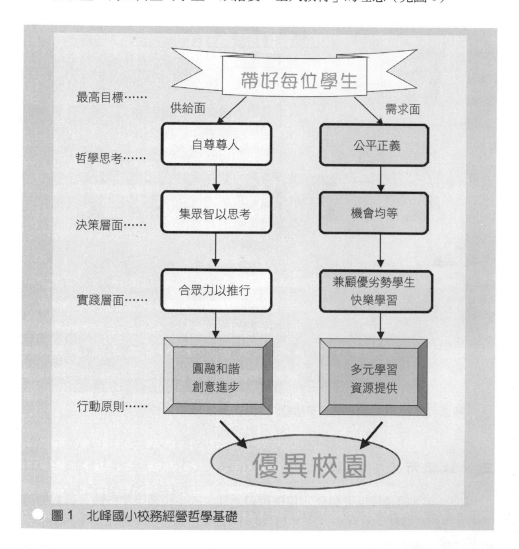

● 圖1　北峰國小校務經營哲學基礎

二、校務經營策略與方向

本著於圓融和諧中營造優質校園的教育理念與領導理念，透過下列策略而加以體現（見圖2）。

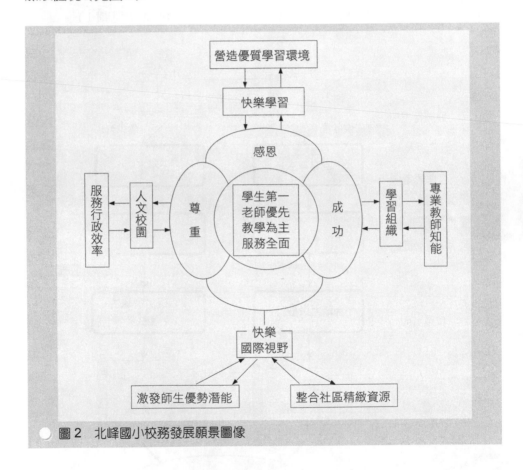

● 圖2　北峰國小校務發展願景圖像

三、效率行政有擔當

2004年8月遴派回北峰國小接任校長之前，因學校教師與行政人員對授課節數意見顯其分歧，而行政人員與4月甫成立的教師會之間又產生極大的衝突，導致行政人員集體反彈而堅決下台，雖經本人私下多方請託，皆因同仁有所顧忌而婉拒，以致到7月中人事一直無法定案，最後只好緊急拔擢學校2位優秀

的組長及從他校甄選 2 位候用主任，終於 7 月底底定四處室主任，並透過主任們的懇託於 3 日內把所有組長找齊，在有驚無險中使得校務終能順利推展。再於 8 月中召集各學年及行政代表，針對授課節數誠懇協商，幸因過去多年與同仁間建立的友好情誼，行政人員勇於承擔及大家願以大局為重的共識下，在雙方禮讓的和諧氣氛中，出乎意料之外的順利破除了先前的衝突與對立，在驚喜中化解了學校最大的危機。

四、全面品質管理戰鬥機

以培育行政同仁負責盡職的態度及品德操守為首要，加強各處室間的縝密連繫，竭盡所能支援教師教學，重新建立行政的好形象。於行政領導方面，乃透過下列理念經營有效的行政團隊：

(一)服務行政管理

1. 秉持學生第一，老師優先，教學為主，服務全面的原則，使組織再造。
2. 行政與教學系統緊密結合，以發展具有特色的學校。
3. 重視人性化的管理，加強溝通，建立共識，增進處室之間的協調整合。
4. 實施目標管理，講求績效責任，形塑組織支援的行政學習團隊。
5. 與家長及社區營造良好的公共關係，整合社區資源，促進校務的發展。
6. 推動法治行政，一切行政作為以法治為依歸，建立合法有效的服務系統。

(二)成就教學教務

1. 強調以人為本、重視多元價值的教育觀，培養學生健全的人格。
2. 落實教師進修及強化九年一貫課程在生活上的應用，培養學生優質能力。
3. 擴展學生學習領域，激發優勢智慧，加強英語、鄉土及多元教學。
4. 強化教師研習活動，增進教師專業信心，落實評鑑機制，以提升教學品質。
5. 推廣資訊教育，建立資源共享網絡，減輕教師負擔，加速教師專業升級。

(三)優勢智能學務

1. 落實安全教育，建構校園安全網絡，消除死角，確保學生安全。
2. 加強生活教育，培養民主法治觀念，傳承現代化社會價值。

3.實施環境及社區服務教育，培育感恩回饋及負責任的現代公民。

4.辦理學生自治活動與多元社團活動，培養領導人才，促使優勢智慧明朗化。

5.重視學生身體保健，推展各類體育與民俗活動，增進學生體適能。

(四)優質環境總務

1.積極爭取經費，加速舊大樓的改建、活動中心建造及各項工程的進行。

2.充實教學設備與資源，鼓勵教師善用教學設備的知能，並能不斷創新。

3.加強校舍安全檢查，提供舒適環境，綠美化校園景觀，以發揮境教功能。

4.有效維護、使用與管理教學設備，營造無障礙環境，發揮最大教學效益。

5.加強與家長會及社區各單位的良性互動，組訓與培訓服務支援團隊。

(五)柔性評鑑輔導

1.積極辦理「教訓輔三合一」與特殊教育，照顧學習遲緩學生與弱勢族群，提供各項資助與服務，以促進社會流動；並審慎協助資優生提早入學的相關事宜，使其能適性發展。

2.落實生命與兩性教育，培養學生惜福感恩情懷，發展互助合作兩性關係。

3.舉辦親職講座，溝通家長教養觀念，善用社會資源，建立輔導網絡。

4.進行教師心靈改造，提升教師服務熱忱與輔導專業知能。

5.加強義工培訓，厚植校務發展潛力，有效運用人力資源。

參、教學與課程領導面面觀

一、教學領導

基於人文主義的教育哲學思想及終生學習的教育理念，抱持「積極而不勉強」的理念，力求激發學生之學習潛能，開發其優勢智慧，但求每個學生竭盡心力即好，多鼓勵少懲罰，不以分數來論斷學生之學習成效。另透過週三進修及校外研習活動，全力提升教師專業知能，並提供學生多元學習之機會，營造一個溫馨和諧的學習環境，以培育能主動學習、尊重他人、具批判力與創造力

及勇於負責的學生。

　　本人之經營理念與策略如下（見表 1）：

● 表 1　北峰國小校務經營觀

教育理念	經營策略
學生第一，老師優先，教學為主，服務全面。	1.高關懷滿足師生所需，建立校園公平發聲的管道。 2.高倡導加強生命共同體理念，凝聚共存共榮之共識
以人為本、重視多元價值，培養學生健全的人格。	1.建立師生多元認知系統，擴展學習領域，發揮專長。提倡多元評量的成就感教學與有效教學。 2.加強運用空間，增加學生體能與教學活動機會。
營造無障礙環境，提供多元學習機會，發揮境教功能。	1.積極爭取經費擴充設備，有效維護、使用與管理，加強與其他機構合作，發揮最大協同教學效益。 2.改建舊大樓，改善雨天的教學問題。加速廚房旁空地蓋活動中心，以利大型活動推展。
形塑民主氛圍，加強多向溝通，以誠信對待，增進彼此的專業對話空間與質感。	1.以專業、服務及道德來促進領導風格的轉型，尊重每位教師及家長的主體性。 2.採取策略聯盟，建立資源共享網絡，減輕教師負擔，加速教師專業升級，提振教師工作士氣。
促進行政與教學的「鬆散緊密結合」，實施目標管理，講求績效責任，追求多重化的教學效益。	1.建構民主、平等的溝通平台，強化各處室的連結，縮短彼此認知的差距。 2.組織高效能行政團隊，形塑共同願景，追求卓越的服務品質，符應師生、家長與社區的需求。
擴展學生學習領域，激發優勢智慧明朗化，以積極性的差別待遇，增進社會正義與流動。	1.加強英語、鄉土及多元教學，辦理學生自治與多元社團活動，培養感恩情懷，傳承現代化社會價值。 2.加強對弱勢學生的照護，辦理高關懷教育，實施行為偏差及學習遲緩學生輔導，加強特殊學生的轉銜。
正視家長期望，樂於接受家長建言，建立合作對等關係，促使家長成為教育的合夥人。	1.舉辦親職講座，溝通家長教養觀念，落實班親會與家長會之正向功能。 2.舉辦核心家長成長研習，加強義工服務支援團隊培訓，有效運用人力資源，厚植校務發展潛力。
營造良好的公共關係，形塑社區優質形象。整合各界資源，促進校務發展，創造多贏局面。	1.加強與家長會及社區各單位的良性互動，廣納各項資源，實現「大社區」的理想。 2.擴大辦理各項「成人教育」與「社會教育」活動，激發社區之生命力，豐厚社區文化資產，實現「社區總體營造」之理想。

　　總之，鼓勵教師在生態環境與鄰近資源充裕的優勢下，將累積數十年的雄厚資源與生命力有效發揮，以民主開放的胸襟，廣納無數的資源與人氣，逐步實現「學校現代化」的理想，厚植學校永續經營的後盾。在「學校社區一家親」的共識下，充分運用家長及社區人士之資源，形塑具創造力、批判力與行動力的組織團隊，以前瞻的眼光實現學校願景，趨近「培養21世紀全人發展的快樂兒童」的理想。

二、課程領導

　　由於本峰國小已有數十年的悠久歷史，緊鄰基隆河，鄰近亦有一些自然資源可資運用，因此於校本課程的規畫上，著重在人文與生態資源的考量。以「北峰俊秀，造極登峰」為核心，北峰國小願景「感恩、知足、進取、健康」為內涵，經由「儀典、時令、教育政策、教學資源、重大事件、社區活動及學校特色」等7個面向，來建構校本課程（如圖3）。特別是部分老舊校舍即將改建、綜合活動中心（含游泳池）即將興建，校門亦即將重建，校園將配合作整體之規畫與綠美化，將更有助於學校特色之建立。

　　依此校本課程架構（見圖3）妥善規畫各年級、各領域之學習內容，不僅因應九年一貫課程之實施，並配合教育部或教育局在課程方面的各項指示，同時兼顧學校之特色與學生之需求，在學校有效推動各項課程方案。

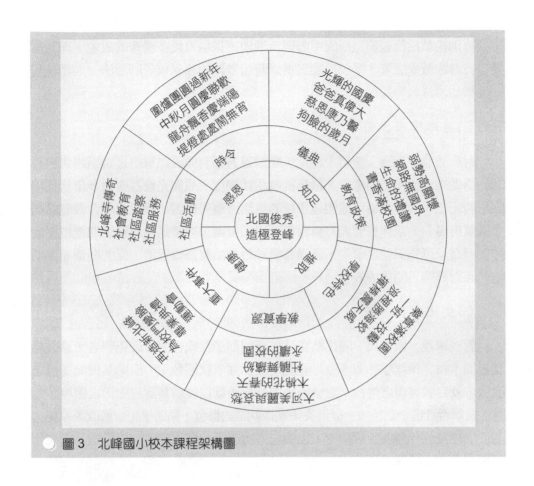

⬤ **圖 3　北峰國小校本課程架構圖**

三、特殊學生之教學

(一)運動技能方面

　　北峰國小的棒球隊歷史悠久，遠近馳名，在專業教練全年無休、不分日夜的努力操練下，多年來征戰無數，屢創佳績，並竭力朝遠征國外之路邁進；游泳隊在國手教練克服本校並無游泳池之困難，及回饋母校的全心奉獻與精準指導下，化不可能為可能，培訓出一批批令人驚嘆的游泳健將，為校爭光無數。在學校及家長後援會的全力支持下，他們努力的成果受到外界普遍肯定與奧援，不僅善心人士捐贈專車接送選手訓練，在地方人士的奔走與協助下，汐止市公

所還特別撥款給學校建造活動中心與游泳池，以培育更多優秀的人才。而為儲備日後游泳教學師資，學校於週三進修時請教練指導學校老師游泳，並積極規畫後續的游泳教學課程。

(二)特殊障礙方面

對於智能、行為、情緒、社交、學習等方面有障礙之學生，透過專家與教師的協助來評估他們的需求，積極推展認輔制度，並與光寶基金會多年合作培訓認輔志工，共同來協助他們在學校的生活適應與學習。而近來配合教育當局「風華再現——退休教師人力資源再利用」方案，敦請退休教師定期返校協助課業困難及行為偏差之學生，透過各項社會救助及醫療管道，從旁關懷並協助他們面對難關，頗具成效。

(三)文化不利方面

對於單親、原住民、隔代教養及外籍配偶子女或任何方面不利者，除鼓勵其參加本校之棒球隊、游泳隊等社團，並加強成就感教學，協助其優勢智慧之發展，及自我實現之機會，更積極爭取外界善款以協助其解決生活之困境。此外，還聯合社區企業機構，提供失業家長就業之機會，協助學生徹底改善家境，而於學校及外界辦理的活動中，也優先考慮讓這些學生參與，以縮短其因文化刺激少所造成的落差。

肆、社區教育的推展

除了在學校積極帶動老師、學生、家長、職工全方位的學習，努力扮演好「學習的領導者」的角色，與社區、地方仕紳、媒體、民意代表、企業、各級政府單位等關係的經營，更是長期維持良好的互動關係。茲以推展社會教育為例：

由於「七星、瑞芳區成教資源中心」及「汐止社教工作站」設於北峰國小，在歷任召集人及總幹事等人的用心籌畫與推展之下，秉持「集眾志以思考、合眾力以推行」的理念，網羅汐止地區眾多德高望重的耆老，更有幸聘請到台北縣9大區各社教工作站的主事者及眾多學校校長、家長會會長暨委員、里長、

文教基金會主持人來共襄盛舉，出任「社教站推行委員會」委員及顧問，廣納眾人對汐止社教站各項活動的支持及建言，共同為大汐止地區的社會建設而戮力以赴，讓汐止社教站的站務蒸蒸日上，非但凝聚社區民眾情感，更為汐止市民拓展更寬廣的學習領域，提供更多元的社會教育服務，大幅提升社區文化水準，而深獲汐止各界之肯定與讚揚，更由於汐止各界的總動員，讓人深深感受到眾人同心協力為形塑新社會的決心，為社區的總體營造開展光明的契機。

又有感於社教工作乃引領社會善良風氣，激勵敦厚純樸之人性，涵養溫文儒雅之氣質與提升市民生活品質之最佳捷徑，「汐止社教工作站」遂集結各機關單位、社團組織及學區內的家長共同來辦理各項社教活動，諸如學術研究、文化講座、知性活動、傳統藝術、社區建設、生活技能、親職教育、社區活動、慈善活動及典儀活動等 10 大類，兼具知性與感性的社教活動幾乎是應有盡有，可謂造福市民無數，也吸引愈來愈多有心人士的投入，切實將「取之於社會，用之於社會」的理念發揮到極致，期盼能加速汐止市的文化建設，建立祥和社會。而本站歷年來迭獲國立新竹社教館及台北縣政府舉辦的「社教活動成果評鑑」優等及特優的佳績，更增添眾人未來積極辦理社會教育的決心。

「汐止社教工作站」近年來致力於各項軟硬體設備的充實與應用，尋求社區及其他各區資源的統整與配合，重以自 88 學年度開始本站所辦理的「社區領導人才培訓班」及「讀書會人才培訓班」，為本站造就許多人才，並全體投入後續的社教活動中。此外，90 年度透過「師大成教中心」向教育部申請專案補助，辦理專業義工知能研習活動，培育「社區刊物編寫、攝影與美工人才」、「資訊網頁製作人才」、「企業經營人才」及「成果資料匯整專業人才」等 4 批義工，因為他（她）的加入而使得汐止社教站在人力、物力與經費的籌措上更有著力點，進而加速其轉型。未來希望透過各鄰、里長及社區委員會的共同推展，切實符應社區民眾的學習需求，培育社區導覽義工，整合社區各項資源，落實社區的文化生根，期盼未來能開枝散葉，有效推展社區的全面改造。

由於多年來的全心投入與顯著的成果，社區、地方仕紳、媒體、民意代表、企業、各級政府單位等都給與高度肯定，對於學校各項需求多能給與適時之協助，對校務的推展不啻是一大助力。

伍、校內外關係的經營

一、與家長及家長會關係的經營

自 1993 年以來，本人即負責北峰國小社教與成教工作的推展，與社區民眾及家長一直保持頻繁而良性的互動，而社區民眾及家長也一直是學校的好夥伴。加上家長會會長及委員們皆為社教站的志工，彼此形成一個生命共同體，發揮最大的戰鬥力。正因為多年建立的如同家人一般的情感，在校長遴選的過程中及擔任校長後，他們一路護航，襄助到底。在滿心感恩之餘，不僅提供家長更多參與校務的管道，與家長會之間的互動有增無減，家長會成了校務推展最大後盾，攜手為師生的成長及社區民眾的福祉而克盡全力。

二、與部屬關係的經營

擬訂學校未來發展之願景，激勵全體教職員工共同為理想而奮鬥。支持、肯定教師會的存在，將教師會視為同仁發聲之民意殿堂，鼓勵同仁以理性之態度，對學校應興應革之事宜踴躍提出建言，並提供充分溝通之機會，形塑民主之氛圍。提供教師會施展的舞台，共同規畫教師進修及校本課程，協助教師專業知能的提升，同時鼓勵行政人員加入教師會，以消弭教師與行政之隔閡，進而發揮相輔相成之功效。為了鼓勵教師出任行政工作，在力求公平正義之前提下，讓全校教師透過多次討論明訂出教師職級務分配辦法，以為後續人才晉用之依據。並盡量為全體教職員工謀福祉，提供全然支持與關照，以人性的領導來凝聚情感與共識。讓教師、教師會、校內行政體系之部屬在和諧的氣氛中共同為學校更好的遠景而勠力。

三、與學生關係的經營

真心希望學生也能享有自己當年就讀北峰國小時的快樂時光，讓孩子在愉快的氣氛中學習與成長。因此，致力於多元活動的設計與童軍團康的教唱，讓校園充滿著歡樂的氣息與朝氣，透過輕鬆的活動將童軍之紀律與精神帶給學生，達到「寓教於樂」的目的。並盡量以愛與鼓勵來引導學生朝向正向之發展，只

要學生在各方面的表現有一丁點的進步，都不忘給與肯定，同時兼顧資賦優異與成就低落學生的需求，予以適性教育與關照，以強化學生向上之動機與信心。在「零拒絕」中營造「零距離」的氛圍，已然與孩子建立親密而友好的關係，他（她）們每個人在我心中都是獨一無二的寶貝，而我也相信自己將會是他（她）們這一生最為懷念的校長！

四、與上級單位關係的經營

向來以上級政策的推動者自居，於校務的推展秉承本縣之教育政策，著重教育資源的分配與管理、因應九年一貫課程、教訓輔三合一、外籍配偶及其子女教育方案等重要議題，透過藝術與人文教育方案、特色學校方案、運動健康紮根與運動選手生涯輔導等教育政策加以轉化並於學校全力推展，積極建立學校教育之特色，全力營造一所優質的學校，以培育「全人發展」的學生為標竿。對於教育部的各項政策亦盡力於教育現場加以實踐，克盡教育工作者的職責。

陸、學校變革的經營

一、推動變革的契機

由於學校過往未建立明確的制度，以致一些模糊地帶常造成校園內不公平的現象，一些怨言的流竄對團體造成極大的殺傷力，然而上任前學校之種種白熱化的亂象，卻反倒給了自己改革的利基。處室主任的重新拔擢與對外甄選反倒避開對立雙方的火線，得以在沒有包袱的情況下，和平地轉移政權。又鑑於人心思變，有心興利除弊，遂利用此契機正視過往的各項缺失，在溫柔的堅持中，透過全體教師協商後的決議，擬訂了一些共同遵守的規準，在兼顧人性與法制中，讓學校得以朝向更穩定的開創中發展。「危機」正是「轉機」——此言確實不差，端看領導者如何因勢利導啊！

二、教育政策與行動方案之省思

在本縣教育局潘文忠局長前瞻而有魄力的積極擘畫下，為因應當前之重大教育政策而推出的各項措施，處處顯見局裡推陳出新及回歸教育本質之決心。

面對這些立意良善的政策，各校莫不全力配合以示支持，而要如何將之融入教學，既不造成師生負荷過重，又能充分展現正面之效益，時時考驗著學校主政者之智慧。以組織再造而言，隨著少子化所導致各校普遍減班來看，處理超額教師尚且不暇，哪來餘額聘僱彈性人力分攤行政事務？再以九年一貫課程為例，鄉土語言的教學使得本國語文的教學時數受到排擠，引發親師擔心學生國文程度日益低落的隱憂；於建構雙語教學環境部分，大多數學校英語合格教師不足，推動英語活動備感吃力而不免觀望。而為導正過去偏差的校外教學文化，促進本縣藝文場館及文化產業的再生，鼓勵各校以校館結盟或校際交流的方式來提升親師生藝文素養的藝術與人文教育方案，多數學校選擇參觀的場館仍多限於少數交通便利或較知名者，其餘場館則顯見冷清。特色學校的營造及運動選手的培訓，本身即具有得天獨厚之優勢者自易推行，其餘學校如何克服人力與資源的不足，將是後續要面臨的一大挑戰。

對於陸續登場的各項政策及相關活動，學校主政者莫不樂觀其成，並祈藉由各項活動的創新，來激發校園的生命力，提供親師生更多元的學習機會，厚植學生的學習內涵，然而其成敗關鍵主要在於教師對於這些創舉是否能欣然接受並落實於平常教學中。值此過渡時期，如何協助教師去除對任何變革的畏懼實屬當務之急，而如何依據能力指標來整合課程，以使教師免於被教學進度綁架，終日趕課而無暇他顧，此乃解決困境之根源。有鑑於部分教師未深入研究能力指標以致在編訂學校總體課程時，不知如何裁剪，或各領域之間未能共構教學內容，不是流於疊床架屋，就是各行其是，難有餘力再為學生提供其他學習機會，因此，唯有協助教師確實從課程的組織架構做有系統的發展與擬訂，方能為聞政策色變的教師解套。至於鄉土語言教學因外聘師資而不易與學校整體活動搭配，且受限於教學時數，較難同時兼顧參賽項目與課程教學，是故，學校往往須提供額外的人力支援方有以支應相關活動所需。又學校雖平時即不斷推展英語教學活動，並於兒童朝會進行每週英語教學活動，或提供成果發表的機會，但多只限於常用會話或歌曲演唱，至於為了因應西洋節日、話劇比賽或闖關遊戲等特殊活動，教師多得利用課餘時間加強練習方能站上檯面，讓英語教師頻頻卻步。

為了強化教師各方面的教學知能，本校除了加強週三的教師進修之外，多朝鼓勵教師依專長與興趣組成各種團隊，長期針對參賽項目培訓學生，逐步提

升師生內涵與實力，並透過獎勵措施對教師選擇教學年段或調校時之積分給與實質上幫助之方向努力。然而，協助學校行政人員及教師建立一個正確的態度更屬重要，亦即，以「積極而不勉強」的心態彼此共勉，並尊重教師與學生的資質差異而給與合理的要求與期待，透過漸進式的協助與鼓勵，引領師生多看多做多學，進而激發其興趣，並建立其信心，以削弱教師之抗拒與學生之恐懼心理，自能使其願意主動付出與學習。唯有凡事「積極而不勉強」，但求因勢利導，按部就班拾級而上，竭盡所能地去做，而不揠苗助長以致扼殺了往後的生機，方能有開花結果、水到渠成的一天！

三、發展學校成為學習的社群

在學校及社區民眾有心改革之共識下，若能一鼓作氣，透過相互主體滲透，建立共同行動領域，取代過去「理論—技術」教育行政模式運作的對話行動舞台，從制度面、結構面、管理面、觀念面及文化面著眼，兼顧品質意識與績效責任，強化親師生的「存在智慧」，方能達成教育目標。加強落實「集眾志以思考，合眾力以推行」的理念，以民主開放的胸襟，匯通產、官、學、研的力量，有效發揮學區內各機構的雄厚資源與校內旺盛的生命力，期使在「重建北峰圖像」的共識下，實現「再造北峰榮耀」的願景。

四、身心健康的維護與家庭的經營

自1990年教育部及教育局開始推展掃盲運動，基於回饋的心態一腳踏入成人教育這個陌生的領域，在層峰及學員的高度肯定下，意外地開啟了自己獻身社會教育的不歸路。不論是專題講座或是識字教育，擔任終身教育輔導員或協助局裡推展全縣成教業務，自己十年如一日，一直都是站在第一線。所幸孩子有公婆及先生協助照料，家事則請傭人代勞，在家人的體諒及先生的尊重與支持下，自己得以毫無後顧之憂地全心投入社會教育工作，雖然忙碌，但卻樂此不疲。

自覺校長必須是一位終身學習者，而自己一直都奉行不渝，對於一路走來的點點滴滴常深自警醒，以謙遜之心態用心體察學習，以誠信與熱忱去面對周遭的每一個人，並勇於為自己所做的決定負責。當了校長，較之以往更多了一些使力點，而隨著孩子的日益長大，對社會教育工作做加深與加廣的推展更覺

游刃有餘。回顧來時路,檢視過往所做的一切不僅絲毫不覺後悔,反倒滿心慶幸正確的抉擇給了自己豐富、美好而有意義的人生!如今,只想滿心歡喜地繼續在教育園地深耕,因它不僅是自己的志業,更是責無旁貸的使命。

作者簡介

1. 國立政治大學教育系、國立台北師範學院國民教育研究所畢業,目前於國立台灣師範大學社會教育研究所博士班進修。

2. 2002 年考取校長,2003 年借調台北縣教育局社教課 1 年,2004 年遴選回母校北峰國小擔任校長。

3. 自 1990 年開始協助教育部、教育局推展成人教育及社會教育,目前擔任「七星、瑞芳區成教資源中心」執行秘書及國立新竹社會教育館「汐止社會教育工作站」召集人。

4. 自 1996 年開始擔任行政院「心靈改革推行委員會」及台北縣「家庭教育」講師。

擔任校長心得:專業領域內內行,專業領域外也不外行,做一個完美的教育人及有人文素養的現代人。

關於雙峰——我的第一次

魏素鄉
原任台北縣雙峰國小校長
現任台北縣大觀國小校長

壹、前　言

　　雙峰國小在北宜路旁，是一所偏遠的山林小學，獲遴選到這所學校擔任校長，每日開車往返時間約需 2 個小時，在台北縣初任校長中，算是幸運的人，但是對一個不敢開車上高速公路的我來說，卻也是一項大挑戰，不過終於可以去實現自己的教育理想與抱負，雀躍的心情使我忘了「高速公路」的恐懼。縣政府統一辦理了交接典禮後，我正式成為「菜鳥校長」，生澀中我勇敢的上路。

貳、菜鳥報到——雀躍自信的上任

　　上任了！

　　縣政府辦完交接典禮後第二天，先生、孩子們一早就催著我快快準備、快快打扮，要把我「嫁」到雙峰去，心中七上八下的，既期待又惶恐，猶記得遴選結果剛揭曉時，親朋好友絡繹不絕的祝賀：「恭喜呀！你終於可以實現理想了」、「雙峰的家長參與校務很深，你可要小心喔」、「雙峰不但家長很自主，老師也非常有自己的看法，就需要你這種特質的校長去才好」……，有祝福、有期許、有提醒，雖然校長應有的治校理念與做法，早已累積相當的知識，但是要實際「上戰場」，不免又有點緊張。

　　這是所開放學區的學校，遴選前已盡可能的蒐集了一些校內外人、事、財、物的資料，並且多次向學區督學請益，也拜訪了當地里長及重要人物，同時初步研擬了治校方向與策略，可以說做了萬全的準備。今天的歡送迎會，大

家就是要看這個「菜鳥校長」的表現。

　　這齣戲我是主角，但是原任校長退休，從今以後將正式離開教育界，因此，特別交代主任們，歡送迎會以卸任校長為主，讓卸任校長在教育界最後的舞台依然是耀眼的主角，我只要安排 10 分鐘的致詞即可。

　　「菜鳥校長」的 10 分鐘公開演說，如何給各界來賓、親朋好友、學校同仁留下深刻的印象，是最最重要的「賣點」，我是「有備而來」的。

　　　　主席、各位教育界的先進、各位女士、先生們大家好：

　　　　承蒙大家的厚愛，撥空到雙峰來給我支持和鼓勵。……，各位都是我生命中最最重要的貴人，在此讓我先表達深深的謝意。

　　　　我能有今天的機會與榮耀，首先要感謝局裡的曾課長和王課長……，她們是我敬仰與學習的榜樣。

　　　　當然我也要藉這個機會表達我對家人的感謝。……，你們的扶持，我是滿懷感激和感恩。

　　　　有緣從江校長手中接下這個棒子，是我最大的榮耀，……，江校長將一個「對內居中協調、整合資源；對外溝通協商、尋求資源」的校長角色扮演得相當稱職，也由於他的面授機宜，使得我在面對如何承先啟後、繼往開來，帶領雙峰迎向更多的挑戰，深具使命感與信心。……。

　　　　今天，有這麼多疼愛我的長官、教育界的先進及親朋好友來到這裡，我也提出一點經營雙峰的初步構想，除了向師長們再次請教外，也向雙峰的老師、家長們表示我的用心與真誠，……，創造讓雙峰孩子們發展最大可能性的機會。

　　　　過去，在我需要幫助的時候，得到許許多多的人的幫助，讓我深深感受到人間的溫暖；現在，我有能力服務大家的時候，我會盡力的服務大家，來創新自己生命的意義和價值，「望大家來牽成，望大家來相挺」，最後敬祝在座的各位貴賓，平安喜樂、萬事如意，謝謝大家！

　　有表示感謝、有尊重傳統、有請求支持，也有將理想抱負言簡意賅的陳述，是一場非常成功的「演出」，尤其是在娓娓道來的清晰聲浪中，配合著輕輕柔柔的音樂和一張張由 power-point 秀出來的成長照片以及未來經營校務的策

略圖，更是贏得滿堂彩，用心創意的安排，雖然只有短短的 10 分鐘，展現出親切友善的誠意，我相信已贏得信任、獲得了解，給人的第一印象是美好的。

　　史懷哲先生說：「為人類服務是最高的信仰，為公眾做事是最好的善行」，證嚴法師也說：「做好事不是有錢人的專利，而是有心人的參與」。校長難為，尤其是這個時代的校長，但是如果將校長的工作當作是善行，是做好事，每個月又有高薪可領，何樂而不為呢？因此：

　　　　我要尋夢，

　　　　尋人生的大夢，

　　　　為自己尋夢

　　　　為孩子尋夢，

　　　　為教育尋夢……

參、快樂出航──展開多采多姿的教育新生涯

　　學校位在台北縣新店市與石碇鄉交界的山區，群山環抱、綠意盎然的校園，面對著一座雙峰相連的奇特尖山，長年來，以「活潑多元的探索學習」、「尊重關懷的照顧孩子」的口碑，創下了全校有八成五的學童越區就讀的傳奇，是台北都會族心目中的「明星森林小學」。

　　為維持既有的明星地位，充分展現自己的專業素養，一定更能贏得家長、同仁的肯定。猶記得遴選結果剛公布，前任會長即應家長們的要求，要我到學校與家長們面談，當時尚未正式接任，身分尷尬，因此，請教前任校長，他以提攜後輩的胸懷，邀請我參加學生的畢業典禮，再趁機與家長們見面。初次見面，家長們即提出三項要求，第一，學校應擔負解決學區外學生交通車問題；其次是不管九年一貫課程的節數如何，一定要維持校外探索及社團活動的課程；第三，學校自辦午餐必須有生機飲食餐。這些內在的問題，遴選前是無從知道的，而詳細的情形、過去學校的主張又是如何？一時間也無從問起，然而，已是既定的接棒者，就應該勇於面對問題，因此，答應家長我會積極了解之後再給與回應。

　　開學了，老師、家長都等著看我如何處理，正反意見彼此較勁角力，校園瀰漫著令人窒息的氣氛，主任、組長不知如何是好，只好等著「看好戲」，直覺告訴我，不處理已不行了，因此，利用星期三的下午，召集全校教職員工閒談我對家長訴求的一些想法，希望能先獲得大家的認同與支持。

　　「……要打造孩子快樂、健康的學習樂園，行政、老師、家長都應以學生為主體，『先合作、再分工』，然而在合作與分工上，如何讓彼此之間願意各盡其份，就需要大家認真的思索我們彼此的角色、責任、權利與義務。在各項校務推動中，期盼大家考慮彼此的角色，盡量取得做法上、心理上的平衡。要做法上取得平衡，則須思索情、理、法的適切性，要心理上取得平衡，則在意見溝通中，盡量達到知道、理解與認同……。」

　　信心滿滿的陳述理念，接著以「家長租用學童上下學交通車問題」作說明，學校應以孩子的安全為考量，兼顧情、理、法的適切性談親師合作。法不外人情，但人情絕不能違法、不能私情，因此，就學童搭乘家長共同租用的私人交通車問題，學校應協助作 double check 的工作，如：家長與交通車公司訂定的合約內容、交通車司機的人品、租用車況的建議，以及學童搭乘車輛的安全宣導等，都是學校可以幫家長共同關心、督導的點。而在「兒童午餐增加辦理生機飲食餐上」、「家長主導的課後社團問題上」說得口沫橫飛，可是，老師卻安安靜靜的聽著，突然心中浮現「校園之病，在於冷漠；校園之痛，在於內鬥」，難道我有心解決校務問題，老師要冷漠以對？

　　疑惑不安中過了幾天，突然有一家長捐贈學校 50 萬元，並表明不指定用途，完全由校長自由運用，這個捐款事件引起全校老師、家長振奮，因為最近 10 年來從未發生過，「新校長是福將」紛紛傳開，「菜鳥校長」一上任就碰到這麼好的事，懷疑中也增添了幾分辦學的信心。

　　面對現階段的學校文化，期許自己辦學注意下列的措施：

1. 堅持引人向善的理想：校長必須堅持教育理想，引導教師積極、主動的「向善」。
2. 抱持敬業樂業的精神：校長應以從事教育工作為榮，並發揮敬業樂業的精神。

3. 注重教育目標的實現：應考慮如何打造安全、健康、快樂的學習樂園，將目標具體化並力求實現。

4. 勇於與親、師溝通：接納家長、老師多元的需求，與他們誠摯的溝通，取得彼此平衡。

5. 積極面對校務問題：面對社會變遷與時代挑戰，組織中若有不合理的措施，應有積極面對，勇敢改革的魄力。

6. 人生以服務為目的：以教育家的精神辦學，以「服務重於報酬」態度工作。

肆、誰來共舞──Tempo 怎麼老不協調

帶著既興奮又懷疑的矛盾心理，繼續編織校園中我們的故事：

「小朋友在山藥叢下發現如桑椹般大小的糞便，循線追查，發現了巨大的毛毛蟲，翠綠色的，長得很像鳳蝶的幼蟲，約有 15 公分長，2.5 公分粗，大家都嘖嘖稱奇。好玩的是毛毛蟲受到干擾，還會猛力甩頭，讓人嚇了一大跳……我們把牠養起來，看看羽化後是什麼蛾的幼蟲。」

「美術系、戲劇系畢業的子寧媽媽和宣安媽媽，在川堂上的大屏風，推出『眼觀藝術』系列特展，陸續要推出畢卡索、女性書法家董陽孜、拼貼藝術等美術作品，屏風前的長條桌上，媽媽們毫不吝惜的擺放每本高達數千元的藝術叢書及畫冊，提供孩子自由翻閱，大屏風的背面設計成塗鴉區，讓孩子對藝術的感動，能任意自在的塗鴉，媽媽的用心，真讓人感動。」

校園的活動循著一定的軌跡運作著，但是我一直覺察自己是身處門外，無法融進這個團體，隱隱約約覺得行政冷淡、老師冷漠、職工閃躲，想要讓校務活絡點，卻使不上力。教師晨會老師遲到、兒童朝會姍姍來遲；學校的開放特性，有不少特殊個案需要協助，老師似乎沒有配合的興趣；再加上家長大剌剌的對我說：「一個月了，看不到學校的改變，看不到校長的作為，我對你很失望。」校長空有理想，無法推展，我真的深感惶恐與無助。

一天，學生放學後，學校最資深的 A 老師來找我，他說：「我是應老師們的要求來的，校長在處理這幾年學校與家長之間拉鋸的事件上，態度很明確，

讓老師們面對家長的要求，能有所依據，大家非常感謝，至於教學與學生活動上，學校有一定的傳統，校長的要求速度太快了，老師有點嚇到，所以就責怪主任為什麼那麼聽校長的話，校長說什麼就接什麼，主任處在中間，本身也很為難……」

陳述中帶有些許的埋怨，我的心中也有一絲絲的委屈。我是菜鳥校長，2個月來，戰戰兢兢，不斷的鞭策自己，並沒有正式要求過老師，老師怎麼會這樣說呢？不過可以清楚的知道問題的癥結——我的認真帶給老師很大的壓力。

現代的管理思潮，非常重視非均衡系統理論——混沌理論（秦夢群，1997），認為系統本身就是混亂而沒有規則的，其中更充滿了許多未可知的事件，在這種混亂的本質中，即使只是微小的起始行為，也可能引起軒然大波而導致系統的崩潰，因此，在「A老師的反映事件」中，我有如下的啟示：

1. 調整步調，注意校園尋常細微不起眼的事件，同時設法防範不尋常、不起眼的細微現象，以避免引起莫大不良的影響與衝擊。
2. 在辦學方面，方法應該再更彈性，以符合人與人之間不確定狀況的發生，應付正向與負向意見的隨機回饋。
3. 在領導方面，幫助主任了解老師的情感依賴程度、生活的波動、奇特吸引子（如：老師的冷漠態度）和各個因素之間的重疊與回饋關係。

伍、破冰之旅——讓我用心，讓你放心

因為A老師的反映，我放慢腳步，利用一次又一次正式、非正式的閒談機會，不斷的肯定過去校長、老師們的努力，明白的向同仁們表達，希望在既有的基礎下，繼續打造一所充滿友善的山林小學。因此，抱持著「傳承、統整、再出發」的心態，尊重行政、老師的想法，參入同仁們的意見，著手調整上任時所提出的校務經營策略，重新架構雙峰未來發展的方向。

「友善校園、全人教育」是不變的核心概念，在這樣的概念下，共同整合出3個主要經營目標，分別為：資源的分配與管理、重要議題的因應與推動，以及學校本位特色的確立與建構。為了避免一下子增加太多的改變，激起老師

由冷漠的態度轉變成強烈的反彈，每一個目標下，限制只列出 3 項可行性高的方案（如圖 1）。身為領導者，我可以自我管理，然而不斷的了解現況，開拓視野，與同仁們共同建立經營的原則，才能達到有效領導他人的目標。

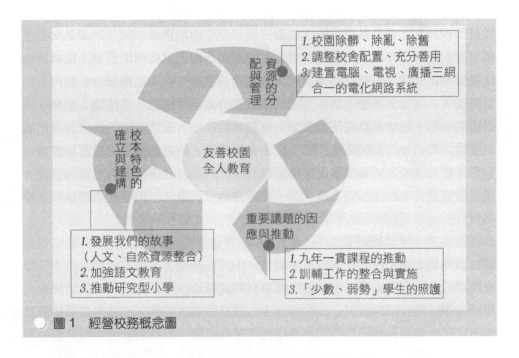

1. 校園除髒、除亂、除舊
2. 調整校舍配置、充分善用
3. 建置電腦、電視、廣播三網合一的電化網路系統

資源的分配與管理

校本特色的確立與建構

友善校園全人教育

重要議題的因應與推動

1. 發展我們的故事（人文、自然資源整合）
2. 加強語文教育
3. 推動研究型小學

1. 九年一貫課程的推動
2. 訓輔工作的整合與實施
3. 「少數、弱勢」學生的照護

● **圖 1　經營校務概念圖**

確立了經營方向之後，首先進行校園的「除髒、除亂、除舊」計畫，這項校園整頓方案，以職工為主要配合協助的人員，老師參與不多，因此，也就相安無事，順利推出。

接著拋出議題，請大家腦力激盪。學童的「安全」第一優先，我們如何讓遊戲區的鞦韆更安全？鞦韆一直是孩子們的最愛，但是因為架設位置不理想，常常有小朋友受傷，在不拆除孩子們的最愛的原則下，如何做一些安全上的改良？幾經對話，決定把遊戲區的鞦韆包括爬籠都轉個 90 度，果真變安全多了。不花任何經費下，師生共同把「鞦韆搬家」，成為校園中的喜事，老師、學生、家長都熱切的談論著。

一場意外的小車禍，又讓我有機會進一步切入老師的小團體裡。校外探索課程，一直是學校的特色課程之一，12 班的小學校，一學期校外探索活動次數

高達 40 次以上，因為是教學活動，老師、家長們都期望愈簡便愈好，但是學生離開學校進行的學習活動，必要的安全措施行政一定要堅持，加上學校向家長收取任何費用都要入公庫，每一項的支出，要經過會計手續，的確繁瑣加麻煩。校長在校外教學應注意事項的叮嚀，變成了讓老師難於忍受的「龜毛」，因此，校長說校長的，老師做老師的，直到一年級發生擦撞車禍事故，才讓老師們驚覺事態的嚴重。每一次的校外教學，縱使老師行前籌備如何的謹慎，家長參與協助如何的踴躍，仍然很難保證完全沒有意外發生。利用這個機會，我再次告訴老師：「老師為了學生的學習勇於承擔校外教學的風險，真是讓人感佩。以學校的立場，更應該為老師們著想，交通車的租用，配合老師的教學計畫，統計次數由學校辦理公開招標，學生參不參加保險，請老師把決定權還給家長，至於經費入庫部分，請總務再與主計溝通，簡化手續，若是仍然無法取得共識，校長願意站在老師這一方支持老師，我願意負行政責任，但拜託不要讓我負刑事責任……。」

　　這次的小車禍剛好發生在校門口，趁著這事件，指示主任再次聯絡交通局，請他們盡速在校門口安置反照鏡及手控式紅綠燈，改善家長接送孩子、學童穿越北宜路上的安全。由於偶突發事件的通報窗口是教育局，由教育局介入協助，很快的校門口裝置了反照鏡及手控式紅綠燈，老師、家長對這項措施讚佩不已，「校長真的很用心在經營學校；校長很關心學童的安全；校長很有辦法……」，讚譽聲傳遍滿校園。

　　「領導」不只是一項理論，也是一種相互的關係──校長與主任、組長、老師之間相互影響的關係，促進校長與主任、組長、老師間關係的途徑有下（參考蕭子馨，1995）：

1. 接納──領導上的接納，是指領導與被領導者之間相互接納而言，是雙向的，對於同仁，我要認識他、了解他，才能接納他。這是需要我自己用智慧、判斷和行動去完成，而不是聽信他人的傳言或小語。

2. 欣賞──心理學家與行為科學家們一致認為，人熱切的希望其表現能獲得他人尤其是主管的欣賞和讚揚。所以我要以欣賞的態度去欣賞同仁的努力。

3. 支持──接納與欣賞是消極的領導，支持才是積極的領導；人才是培養出來的，不是自然成長或天生的，只要有人願意為學校付出，就應該支持

他。

4. 關懷——關懷不僅是校長對同仁所給與的關注、關心與愛護,更是校長對同仁的一種溫暖程度,應充滿人情味,才能彼此建立深厚情誼,相互關心鼓勵,共享學校組織成就的榮譽。

5. 恕諒——校長與同仁間,若能本乎上對下時時寬恕,下對上處處體諒,則必能合作無間、精誠與共,所謂「恭、寬、信、敏、惠。寬則得眾……」。

陸、風雲再起——高齡警衛不續聘

12 月是時序交替的季節,不論這一年來過得順利不順利,快樂不快樂,都要利用這個歲末年初的時機,好好檢討一番。

到雙峰已邁入第 5 個月,非常感謝警衛張爺爺的「看頭看尾」,但畢竟他的年齡已高達 76 歲了,執行職務指揮交通,偶爾也會讓家長的車相碰;學童上放學,由於他本身動作遲緩,北宜路車多、速度快,根本不敢指揮交通、協助學童通過馬路。對於老人家的安全,學校一直很擔心,也不便要求他一定要確實執行任務,但是每逢輪到他的班時,總是叫人提心吊膽的。另外,學校屬偏遠地區的小型學校,人力少,因此,駐校警衛也必須協助校園的整理,張爺爺年紀大,動不動就受傷,這種情況更讓人惴惴不安,又加上他家住學校附近,夜間、颱風天有無留守在校園,總是上演「羅生門」,顧及老人家的顏面,2個月前已有意無意先行口頭勸慰,感謝他對學校的付出和努力,但希望他對自己好一點,能多給自己一些空閒,或陪太太唱唱卡拉 OK(張爺爺和太太都很會唱歌,很喜歡唱歌),或到子女家走走,享受享受天倫之樂,或整整田地,種種蔬菜,拿來賣老師……。

續不續聘張爺爺,這個月一定要做個決定,若續聘,等於僅有的 2 個警衛人力,只能發揮 1 個人的功能,而且還必須隨時隨地為張爺爺執勤的安全擔憂;不續聘,他是在地人,在地人的輿論壓力會不會形成未來校務推動的阻力?幾經深思熟慮後,決定還是重新聘用新人。

這一決定,果然立刻引來壓力,張爺爺悲情的訴求、家長會會長的說情、

民代立委的關心、學校同仁更因此事，批評校長冷血、沒有感情，對年紀那麼大的老人家，一點生路都不給……，好在早已心裡有數，心中反而能「定、靜」的看待這些流言與壓力。為了能順利聘用新人，也利用自然的機會，向相關的人解釋，說明學校是堅持為學童的權益把關，才做這樣的決定，請大家能體諒。當然，這個決定，之前已讓地方上的家長們了解，因此，地方上的家長也運用在地的語言，協助溝通，勸慰、安撫張爺爺的情緒。

12月是個豐收的季節，由於有書香媽媽的協助，圖書館不斷的推出「來看阿公阿嬤的故事書」、「歡樂童年書展」、「自然探秘」、「快樂聖誕」等主題書展；熱心的家長牽線及邀請伯大尼美僑學校樂團到學校進行一場別開生面的校際交流活動；1學期1次的全校性綜合活動——2004年歲末大活動，也在全校老師、家長聯手策畫下，以「感恩惜福、健康環保、生活創意」為主軸，設計了各種科學創意競賽活動；樓梯轉角藝術情境的布置；彩虹媽媽配合聖誕節的戲劇演出，一項項精采的學習活動次第推出，無論是班級的個別活動或是行政主導的大型全校性活動，表面上順順利利的展開，可是老嗅到詭譎的氣氛，這裡面一定有問題，詢問主任，回答一切都很好，不禁讓我懷疑是不是自己想太多了。

12月22日那天的教師晨會，資深的B老師發言了：「為什麼學校做什麼決定，都不能考慮當事人的需求呢？張爺爺告訴我，他根本不願意退休，是換了新校長才硬要他走路的，他根本不稀罕學校替他辦退休歡送會，學校是不是太過於一廂情願，有沒有想想當事人的感受，是不是會造成當事人的傷害？」B老師善意的提醒中，帶著責備的口氣；柔聲的表達中，含著濃濃的火藥味，不只是我，連其他老師也嗅到B老師的不友善，一時間鴉雀無聲，我清楚的感覺到有人擔憂、有人幸災樂禍、有人冷眼旁觀等著看好戲，心跳不由得急促起來，「怎麼會是這樣？等一下該如何反應？要義正辭嚴的告訴B老師，事情不是如他說的那樣呢？還是以不變應萬變不理他？亦是就事論事，將來龍去脈向全校老師說個清楚、講個明白？」

等待的時光總是漫長的，所有的目光都聚焦在我身上，當我正從不可置信的情緒中抽離出來，要釐清究竟是怎麼一回事，心中不免仍有些慌張，卻佯裝老神在在，拿起麥克風，深呼吸了一下，誠懇的謝謝B老師的提醒，並以和緩的語氣，懇請老師體諒，不是我無情，而是身為校長不能濫情，為了學生的福

祉「要堅持，才會有品質！要講究，才不會將就！」

接著，我以對事不對人的原則，將5個月來張爺爺執勤的情形做一報告，並據實告訴老師，以「退休名譽辦理歡送會，讓張爺爺光榮離開學校」是應張爺爺本人、他兒子及民意代表的要求，我真的很感念張爺爺為學校的奉獻與付出，因此願意用慎重的態度辦理他的榮退歡送會；也拜託各位老師配合，在2004年最後一週「祝福滿滿，把愛傳出去」的課程活動中，指導小朋友寫感恩卡或製作感恩小書及禮物，在張爺爺工作的最後一天，我們全校一起給他最最誠摯的感謝與祝福。

2004年的最後一天，我們為76歲的警衛張爺爺，舉辦了溫馨又感人的歡送會。五年級老師和小朋友合作製作了一本繪本《我最喜歡張爺爺了》，把張爺爺一天的工作畫進繪本裡，圖畫和文字都充滿了童趣，大家都很讚嘆他們的創意和製作的細膩。六年級做了好幾個精緻的小擺飾，結合很多不同的素材和造型，看得出來師生的用心。四年級做了一個很美的門簾，其他年級也做了大大小小不同的卡片和不同的禮物，家長會也在這最冷的一天送上了最暖的電毯，最後全校師生共同合唱一首歌「因為你、因為我」，很多小朋友感動得哭了。接著全校師生排成長列，歡送張爺爺離開。

聚與散都是緣分，深深的祝福張爺爺健康快樂。

「好人不講話，壞人聒聒叫」。一個學校的進步需要很多人，尤其是有理念的人願意多多說話，有機會和老師交流與對話，我覺得很棒，老師不能真正了解學校的決策，不是消極反抗冷漠以對，就是私底下杯葛、批評。像B老師這樣願意在會議上公開提出質疑，是難得的舉措，值得肯定。

學校是一個「教育性」的組織，承擔了社會的根本功能，每一項措施都會關係到學生的福祉，影響到每一個學生，因此在作決策時應持著慎重的態度、多方面的考慮，因為現在的家長、老師，在愛之深、責之切的情況下，往往勇於提出建言，甚至批評學校，但是要堅持，才會有品質！要講究，才不會將就！。

教育工作是一種專業（profession），專業工作的性質就是一種「服務重於報酬」的事業，是以，在做決策時，應全面性以SWOT分析的模式來思索學生的福祉，而不是只顧慮到不得罪人而已。

柒、天公疼憨仔──一場虛驚，撞開了心牆

學校之所以需要校長，是因為需要他來讓校務正常運作，要讓校務運作起來，校長可以走在學校行政團隊的前頭，帶著或拖著大家走，也可以走在團隊的旁邊，陪著大家走，就好像揹著紅帶的值星官，偶爾下達各種口令以節制部隊的行進方向與速度，更可以走在團隊的後面，推著大家走。多麼希望我是走在團隊的旁邊陪著大家走。

自從到任之後，就隨時隨地觀察學校人、事、財、物的各種狀況及其交互作用的影響，我也知道校務能不能運作良好，關鍵在於人，而對同仁一無所知並不能等同對同仁的一視同仁，因此，很努力的調閱同仁的學經歷資料，透過非正式的接觸，了解同仁的家庭生活、嗜好，細心的注意同仁的性格、理念及意識型態等，也安排時間與同仁面談，朝著做個「與人為善」的校長努力，所以只要合乎情、理、法的範圍，都提醒自己要盡量給老師方便。

我很清楚知道，我不是在討好老師，而是真心的感受到雙峰的老師非常優質，是值得尊重的。學校自從實施開放教育以後，十幾年所形塑的文化，讓在這裡的老師們都變成專業且自信。這個學校絕大多數都是來自學區外的學生，家長的需求不一樣，甚至呈現兩極化的現象，要滿足家長的需求又能守住教育的專業，沒有兩把刷子，絕對無法在雙峰好好生存，因此，我非常佩服在這裡服務的老師，期望因為我的尊重，能創造一座無限可能發展的舞台。

但是，已經過了 5 個月了，不論我是走在團隊的前頭，還是走在旁邊，或是走在後頭，我都有唱「獨角戲」、「單兵作戰」的感覺，可能因為我擁有法職權，老師才不得不配合演出，很明顯的演得不夠投入；也許是第一次當校長，無法清楚的掌握校務運作的要項，讓老師無所適從，或者是因為新的校長會有新的想法、做法，老師們就一切等著被動因應吧！

要有所作為，一定要團隊願意和我合作，顯然我並未真正獲得同仁的信任與愛戴，這令我不安，可是同仁信任不信任我、愛戴不愛戴我，又不能運用「蘿蔔與棍子」的方法來獲取，我極力想要親近同仁、主動為同仁服務，可是大家卻又顯露出疑惑甚至冷漠的表情，我深感落寞，真的有高處不勝寒的孤單，不由得懷疑自己沒有能力擔任校長。

那天，上班途中，就在心中苦悶下，車子被碰撞了一下，也許因為自己還在恍恍惚惚中，只聽到撞我車的人連下車都不下車，坐在駕駛座上厲聲的責罵，之後一溜煙就把車子開走了，一頭霧水的我，只好繼續開車上班。比平常晚到學校，主任們也覺得奇怪，主動關心校長怎麼啦？處在莫名委屈的情緒下，不禁想起：「為什麼我在正規道中行駛，是別人的車不守規矩硬往我的車道擠，我為了躲避它、不撞到它，緊急煞車，自己反而遭到後面的車子撞，惹事的車子像沒事人一樣跑了，後面沒有保持安全距離的車子，撞了我，罵一罵，自己也像沒事人一樣跑了，這情況真像我們學校的文化，校長努力的、認真的、戰戰兢兢的在推動校務，偏偏有人故意扭曲事實，校長為顧全絕大多數人的利益，不忍戳破指責，刻意躲避不理的同時，卻引來另外不相干的第三人理直氣壯的責怪，難道當校長一定要不間歇的承受這種莫名的委屈嗎？」

一時間，也為主任這一陣子夾在校長與老師間的左右為難而心疼，更因自己用力想要融入團體，卻有被排拒在外的感覺而懊惱，忍不住滴下眼淚，主任忸忸的看著我，似乎懷疑一直自信滿滿、樂觀積極、笑口常開的校長怎麼也有感傷柔弱的一面，也許是對他半年來協助推動校務上也別有一番滋味在心頭，靜靜地陪在一旁，這種情境反而讓我侷促不安，率先破涕為笑，自我解嘲：「倒楣的事全都結束了，不用費心來安慰我，不然人家還以為你們集體欺負校長呢！」

之後，校園裡馬上有另一種聲音傳開，「校長也是很感性、很柔弱的人喔！她只是為了這300多個學生、老師們的權利，不得不堅強的堅持著，她不是冷面無情，大家不要再錯怪校長了。」

是不是因為處理警衛不續聘的後遺症我無法肯定，但是可以肯定因為這一場意外的擦撞車禍，破除了主任夾在中間的尷尬。大家拆除心牆，拉近距離。主任順利搭起了校長與老師之間的橋樑。

期末舉辦的「才藝大拼盤」，各班報名踴躍，遠超過往年，節目開始以五年級的詩詞吟唱揭開序幕，場景用書法布置，穿著唐裝、配著音樂，一開場就給人一種很中國風的感覺；再來有三年級的舞蹈、四年級的魔術表演、六年級的紙偶戲，紙偶做得很可愛又很有創意；然後是四年級的彩帶舞、一年級的唐詩吟唱，一年級除了吟唱二首唐詩外，還可愛的演出詩的意境，讓大家哈哈大笑；五年級的阿拉伯舞，在服裝和舞蹈動作上，也相當用心；四年級演出「新

店有個瑠公圳」，成功結合社會與藝文課程，是很獨特的演出；接著是五年級的舞蹈、六年級的「調皮搗蛋功課交了沒」，誇張的演出不交功課小孩做的惡夢，在場景變換的速度上，實在有職業水準，讓人佩服；之後又有二年級節奏樂演奏、英語話劇演出，全場以英語對話，由學生自己編劇、做道具，難度很高；最後在三年級的圍巾舞、一年級的吟唱加「恭喜恭喜」的舞蹈，完美、精采、又符合年節的氣氛中結束。今年節目內容精采度相當高，顯然是經過老師用心指導過。

　　休業式那天，彩虹媽媽特別為小朋友們準備了約 30 分鐘的戲劇表演，題目是「壞杯杯」。彩虹媽媽精采又有趣的演出時下壞人的一些伎倆，提醒小朋友要注意假期中的安全（如：如何避免被壞人利用、如何注意回家路上的安全、如何避免不當的騷擾……等），寓教於樂，博得了滿堂彩，彩虹媽媽用心的為孩子的安全努力，帶給小朋友很不一樣的新年禮物。

　　看到老師、家長這麼用力的付出，可見在冷漠的外表之下，有些很熱的東西需要「人」統整了、「心」協同了之後才會表達出來。我已真正成為雙峰的一份子了。

　　主任的影響力很大，除了謹慎遴用外，平日的溝通協商更不能少，因為他們會自然而然的成為校長的代言人，他的理解正確與否成為推動校務能否順利與績效能否彰顯的關鍵。

　　主任在校園中應扮演「教導性角色」——如宣導決策；及「助長性角色」——如執行決策，但是在這段時間，主任自己本身已產生了角色彼此間的衝突，分析如下：

1. 價值觀念的衝突：

　老師的認知和校長的教育理念不同，對工作的要求有異，因此造成主任在執行決策上感到左右為難。

2. 角色與人格上的衝突：

　明知校長的辦學理念，現階段還不是成熟時機，卻又不得不委屈自己，不斷的與老師溝通協商，以致本身情緒低落。

3. 角色與參照團體間的衝突：

　對於事件的處理態度與方式，主任自己會考慮到「校長、同事、家長等不

同身分的人，希望他怎麼處理，對他有什麼不同的期望」，因此造成了主任本身感到無所適從。

4. 角色內在的衝突：

主任本身的教育理想與校長的辦學理念不符，因而在心理上產生矛盾、不安與困擾。

　當主任自己產生衝突時，最好建議他以開放的心胸，尋求他校信任的主任同儕協助，藉由彼此的對話，讓自己再次沉澱思路，釐清問題的癥結，這樣就能快快的從低潮中恢復對行政工作的信心。

捌、滾石不生苔──「變」帶來校園的新氣象

　　校務能不能運作良好，關鍵在於人；推動能不能立即呈現績效，切入點在環境的整頓。上學期與老師取得校務推動的共識之後，就著力在環境的「除髒、除舊、除亂」的策略上。學校操場長年來只要雨勢大一點就淹水；雖然有校長宿舍，但是宿舍老舊且在 8 年前報拆核准，卻至今未拆，並借給年輕的老師居住，只要有人在宿舍內發生意外事件，絕對構成國家賠償；專科教室在 11 年前已完成興建，卻因為當時沒有申請建築執照、使用執照而不能使用；警衛室設置在校園最裡頭的位置，無法有效發揮警衛門禁管控的功能；廚房風扇、抽油煙機壞了……等等的環境、設備上的老舊缺失，需要有系統的一件一件的解決，為了活化校園的環境，上學期已陸續擬訂改善計畫，向縣政府申請經費補助，也一一核准下來，利用寒假辦理發包、施作是最理想的時機，另外為了讓校舍的使用能發揮多重功能及維護學童活動中的安全，也利用學生、老師放寒假這段期間，調整校舍配置，行政人員簡直忙翻了。

　　家長會劉會長非常熱心推動法輪功，也想利用寒假邀請老師、家長及學生一起參加相關研習，他的目的是希望大家有機會了解法輪功這個團體，以便後續舉辦的活動，如：「你今天說了好話了嗎？」可以獲得更多家長的支持，家長會如此用心，學校應盡量配合，因此，指示行政全力協助，不但提供場地並幫忙發通知單給學生帶回家，鼓勵有興趣的老師、家長踴躍參加。對於這項活動，B 老師特別提醒我要小心處理，因為這個學校的家長，各種宗教信仰都有，

學校不中立，馬上就會招致家長的檢舉。B老師是一個非正式組織的靈魂人物，又是資深老師，他的看法、想法、做法，一部分的老師非常擁戴他，而與他持不同意見的老師，為了不得罪人也不會公開表示，校園中他的意見便成為主流意見，甚至能影響主任，經過「警衛張爺爺事件」之後，他能主動善意的待我，真的很不簡單，證明那座與校長無形的防衛牆已卸除了，這麼短的時間能獲得老師的接納，我成功了、我存在了、我會得到肯定的。果不其然，活動資訊一發布出去，立刻有家長來電反映，質疑學校與家長會的立場。主任又卡在中間不知如何是好，看得出主任的辛苦，因此，決定找主任談一談。

「在不利用上班時間、不影響教學、不強迫學生接受的前提下，不論是老師或家長個人的宗教信仰，校長絕對尊重；各個不同宗教團體舉辦的活動，請就其內涵，以議題導入的方式思考，評估其目的是不是在形塑普世的價值，例如：佛教、基督教、法輪功都推動『生命教育』、都強調『愛惜自己；尊重別人』，而『生命教育、愛惜自己、尊重別人』也是學校課程的主要內涵之一，且是普世認同的價值，學校與他們合作共同推動，更能增加學生學習的豐富性，我們就依據這樣的原則，和不同宗教信仰的老師、家長互動，相信他們一定可以成為學校的助力而不是阻力。」

事件在一團忙碌加上一致看法的情境下，進行的頗為順暢，很快的寒假結束，第二學期開學，今年的開學日正好還在春節年假期間，因此，邀請家長會共同策畫一個不一樣的開學典禮，家長會長親自粉墨登場，扮演財神，表演天官賜福，並為每一個孩子準備一份紅包，裝著一元、棒棒糖、圓形糖果及幸運卡，分別代表著：「一元復始、萬象更新的一年，小朋友都能一級棒，萬事圓圓滿滿、甜甜蜜蜜、順順利利的，這一年小朋友的幸運就如同幸運卡所寫的一般。」

每一個拿到紅包的孩子，情緒都很高亢，接著各班同學分享彼此新年的樂趣，並將自己新學期的新希望寫在天燈上，一同到操場放天燈，看著紅、澄、黃、綠、藍、白、紫的天燈，冉冉升空，老師、學生、家長都high到最高點。

如果說孩子的一生就像一幅畫一般，我們親、師共同的合作，就是希望在孩子的人生畫上，留下最適當、最美麗的色彩。

我的教育觀：

1. 安全，是學習的要件——維護學童的安全，是校務推動的首要目標。
2. 健康，是成長的根基——積極的安全教育，是健康的生活教育。
3. 潔淨，是品質的形象——培養孩子愛整潔的習慣和公德心，才是學習品質的保證。
4. 快樂，是生命的活泉——給與孩子展現自我、追求超越的機會，才能朝氣蓬勃、自信喜悅的成長。

　　接任雙峰，我以「安全、健康、潔淨、快樂」這四向度來推動校務，並以培養孩子成為「心中有己，目中有人」，身、心、靈健全的人為鵠的。因此，推展上，我遵從以下原則（王連生，1991；葉學志，1994）：

1. 在重心上，採兒童中心立場。
2. 在原理上，重視感情的交融與人心的感動。
3. 在模式上，採用輔導的方式，注重鼓勵與引導。
4. 在氣氛上，強調民主的態度。
5. 在方法上，運用多重角色扮演與溝通技巧。

玖、茶壺裡的風暴——南橘北枳，建立一個優質的學習情境最重要

　　學校的校務座談，按慣例是安排在第一學期的家長日，當天剛好碰上「911大豪雨」提前結束，所以新校長一直沒有機會向家長介紹自己及經營學校的理念，當開學一個月就面臨到家長理直氣壯的質問：「看不出你這位新的校長有什麼作為」時，詫異中也感到委屈。家長熱切的渴望改變，但是無論是環境、組織氣氛、學校文化，不是說變就能馬上180度的轉變，它是必須在既有的基礎下作微調與修正的，因此，再利用上學期歲末大活動當天，特別安排了一場校務經營簡報，從教育的大環境、教育的核心價值，一路談到雙峰的過去、現在和未來學童可能面臨的挑戰，在場的家長和老師對我能在短時間內，如此了解學校並能規畫出雙峰未來的發展方向，感到敬佩不已，同時也表示對校長有

絕對的信心，可惜那一次參加的家長不多。

　　第二學期開學第一週，一樣安排家長日活動，主任建議校長再一次向家長們說明未來校務經營的方向與策略，評估之後也覺得有必要，當日參加的家長多了許多，聽了簡報及現場雙向意見交流之後，一樣獲得不少家長的肯定，但是隱約中也嗅出了幾位家長不友善的眼神，他們似乎對學校目前正在施作的排水工程及規畫家長交通車接送區持反對意見，顯然總務主任的說明，沒有獲得這些家長的認同。

　　學校在艾莉風災之後，申請了一筆修復校園的補助經費，工程施作項目中，整理了一塊校園土地，作為家長交通車接送區，這塊校地原來是裸露不長草的泥土地，地面凹凸不平且經常積水，因為它離校園出入口很近，如果能適度的運用，可以改善目前家長車輛長驅直入校園的現狀。

　　我們的孩子，不論是學區內或學區外的，都需要家長接送，車輛多且不定時行駛進入校園，影響了孩子的活動空間，也造成了孩子遊玩時的危險，經常讓我們提心吊膽的。為了讓孩子在校園中能更安全、更自由自在的奔跑，學校透過工程規畫小組會議討論，決議把這塊泥土地整理後鋪上植草磚，作為家長接送區，雖然之前的兩次校務經營簡報都有說明，但是工程實際施作之後，一些標榜愛好自然、崇尚自然環境的家長，卻帶來驚天動地的反對聲浪，這些反對的家長，躲在背後發聲，堅定、強烈的要求學校立即停工，重新與家長開會之後，另覓施作項目與地點，頗有山雨欲來風滿樓的氣勢，但是，學校的工程有一定的施作程序，況且這項工程受縣府列管並限期完工，不是廠商的錯，不能家長說停就停。當工程繼續施作下去，這群不願表明身分的家長，竟然傳話，恐嚇不惜舉白布條、發連署函抗議。「工程」引起的紛紛擾擾，看似有愈演愈烈的態勢，此時非介入不可，不能坐視不管，讓家長的「流言」肆無忌憚的高漲，因此，先請家長會會長與傳話的家長連繫，轉達學校很誠摯的希望與他們做意見上的交流，請他們現身，學校才可以好好的向他們說明。這同時，這群家長已付出行動，向縣政府檢舉校長「蓄意破壞大自然環境」。

　　撲朔迷離經過了幾天，我也約略知道是哪幾個家長、為什麼反對，「想要解決他們的問題，必須用心去觀察、去體會，而不是用耳朵去聽」，是以，利用不點破的自然情境，向他們做了部分的說明，在一切以孩子的安全為第一優先考量下，他們對整地鋪植草磚作為家長接送區，已不便反對，但卻又見風轉

舵，把焦點移到新規畫的體能區，認為該區無法讓孩子隨心所欲的去遊玩，失去了當初他們選擇這所學校的目的。

　　謠言滿天飛，老師們也擔心我被家長「打敗」，一直為我加油打氣，給與我精神的支柱，讓我很窩心。這些日子，腦子裡轉個不停，總睡不好覺，北新國小潘校長曾說：「當你為校務煩惱到睡不著覺時，就是你真的開始當校長的時刻了。」如此說來，要感謝這一場風波，因為「它」，我才真正當了「校長」。

　　當家長會長提出要求，請學校再辦一次工程說明會，詳細的將這個工程規畫理念、施作目的好好的讓家長明白，為了避免校務運作內耗與空轉，並伺機製造機會給家長台階下，我一口答應。氣氛泥滯而緊張，雙峰自從 80 年代實施開放教育之後，家長一向非常強勢，有時甚至凌駕在學校之上，影響校務的推動、教學的進行。這一場風波的處理，關係到學校與家長未來合作的親密度，如何巧妙的讓家長贏得面子、學校討回裡子，我的腦筋不停的在飛。

　　工程說明會當天，由總務主任先說明，之後家長一切的提問由我回應，我選擇盡量貼著家長的感覺走，以誠懇的態度，肯定他們為人父母的用心。家長這麼熱絡的關心學校事務，完全是基於孩子的「學習與安全」考慮，學校校園重新整頓，著重的也是孩子的「學習與安全」，基本上家長和學校的立足點是一致的，在共同的立足點上，讓我們一起思索有限的校園空間，如何有效的運用，以降低學童危險的發生，同時請家長們一起留意，造成孩子危險的因素主要有四個，包括：「危險的情境、危險的設施、危險的使用及危險的人」，這是一次難得的機會，請讓我們藉由這次事件，和孩子們討論如何「長出」自我保護的能力來。

　　說明會相當成功，家長紛紛不吝惜的聲援學校、肯定校長及行政團隊的用心，並且讚美與支持學校的做法。在「講之以理、動之以情」的互動中，我們創造了親、師雙贏的局面。

　　我喜歡和諧，用「和諧的途徑」來「解決問題」，才能夠「圓滿」。這是一次非常讓人滿意的溝通，會議中我謹慎的說出第一句話：「有愛的地方，就有陽光；有心的地方，就有希望，雙峰是個陽光普照，希望滿滿的好地方。」接著以誠懇的語氣來使家長放心，讓他們了解我們不會採取敵對或

者讓對方沒有面子的方式來進行溝通,接著提醒自己「中國話有時不是用聽的,而是要用看的」,因而不要專門聽他的話,而是看他怎麼說,抓住他言外之意,理解他含含糊糊的明確用意,才能在含含糊糊的情況下獲得清清楚楚的訊息,並作出最合適的反應,因此,整個溝通過程中,分析之下,我運用了以下溝通原理(王家通,1995):

1. 營造了情感的配合─與家長有事聊─我們都非常關心孩子的學習與安全。

2. 迎合了家長的知識水準─和家長有話聊─自然生態,孩子的感受,我們很在乎……。

3. 語意明確,態度親切─不卑不亢的談─我們一直在積極倡導孩子的安全。造成孩子危險的因素:「危險的情境、危險的設施、危險的使用及危險的人」,我們相當重視。

4. 注意時效,掌握先機─製造台階給人下─愛是人間的解答,「感覺」是沒有對錯的。

5. 善用經驗,曉以大義─適時宣導經營理念─俗語說:「螃蟹要走,也要八隻腳」,因此,期盼家長們支持,一同為孩子們的學習與安全努力,以創造孩子們發展最大可能性的機會。

6. 主動積極─活絡話題,維持熱場─為人父母的用心,我們了解。

7. 提供真實的訊息─供對方作判斷─家長車輛不定時長驅直入校園中,不但影響了孩子的活動空間,也造成了孩子遊玩時的危險。

8. 妥善處理各種批評與攻擊─適度澄清,並宣導─把泥土地整理後鋪上植草磚,是透過學校工程規畫小組會議共同決議,並不是校長一個人的決定。

　　我喜歡透過和諧的途徑,化解不必要的猜忌和懷疑,「和諧絕非討好」,而是以和平的方式,帶動組織往前邁進。

拾、後　記

　　我在雙峰,柳絮飛揚。

　　我好像變聰明了,也更放得開了,經歷過校園風暴的洗禮後,對於校務的運作,從容中能帶著「幽默」,一些持批評、反對的家長向同仁們表示,曲解

了校長的用心，讓他們很不好意思再看到校長。其實一件一件的事情，都是美好的經驗，也是值得珍惜的教訓，縱使有酸、甜、苦、辣，也是累積我能量的活水泉源。知道家長的擔憂，我利用機會主動親近他們，感謝他們表達不一樣的意見，因為有了不一樣的意見，學校才能在未來的校務發展上，考慮得更周詳、更有彈性。

4 月份，應屆畢業生畢業系列活動次第展開，首先是六年級學生用自己的能力籌募畢業基金辦理早餐週，接著是 3 天 2 夜的畢業旅行，進行中、南部文史考察活動，旅行回來之後，還有學生自己選擇主題做畢業著作展，同時也要展出學生在校 6 年的各種甜蜜回憶與紀實，當然更少不了考驗體力及耐力的雙峰山挑戰活動，精采又豐富。

我很幸運，能在這所不是很遠的偏遠山林小學服務，我們的學校，地理環境，雖然讓孩子距離世界有些許遙遠，但是學校帶給孩子、家長和老師的是：一個超值的學習環境、一個才能展現的舞台，還有一條跨越城鄉差距的道路。遠方的雙峰山上有 3、5 隻大冠鷲在翱翔，作為一個「菜鳥校長」，也希望能如同牠們一般，奮力振翅的往高峰飛翔，縱使有風雨的阻擾，也無懼無悔。

對於「雙峰」——是一個既陌生又熟悉的地方；對於教育——我一本初衷、一往情深。

我的工作哲學觀：

熱忱幹勁——家長義工的關懷，主任組長的帶領，老師麻煩的協助……都是我熱忱有幹勁的一面，只要有「再試試看」、「再向人討教討教」的念頭，再棘手的校務問題也能夠解決，也因為有熱忱，自己都覺得變得更有智慧，更有創意。

素直開朗——在工作上、在人生路上，以「素直的心」、「開朗的作風」與人相處，自然老師、家長、學生就喜歡親近；任何小消息都肯虛心接受的人，自然老師、家長、學生就願意提供更多的資訊，像「茶壺裡的風暴」那則故事，也是因為之前老師、家長已提供我許多訊息，讓我在還沒面對意見領袖的家長之前，有充裕的時間不斷的思索解決的方案。

關懷聆聽——愈是一個講步驟、道理、理由的世界，愈是需要人與人之間的互動及體諒。若是現在的學校環境是現實的，但也別忘了處理這些現實

問題的人,可都是有血有肉有感情的人。將心比心,自然就能產生體恤對方的心,而當對方了解我們的用心時,自然也會心生感激,像故事中的「南橘北枳,建立一個優質的學習情境最重要」那段,就是展現關懷與聆聽的工作哲學觀。

作者簡介

我喜歡尋夢,為孩子尋夢、為教育尋夢。

從 1979 年畢業於省立台北師專後,一直以一顆「回饋、感恩的心」,不斷的嘗試各種角色——級任、科任、資優班、資源班老師,教務、訓導、總務及輔導主任等。

初任校長,讓我從新沉澱、從心成長,史懷哲先生曾說:「為人類服務是最高的信仰,為公眾做事是最好的善行」,因此,勉勵自己以「歡喜做,甘願受」的心情,立志「擁有一分力量,就負起一分責任」,為孩子營造一個友善的學習樂園。

校長辦公室的那個人

謝朝宗

台北縣八里國小校長

壹、邁向校長之路──快樂向前行

　　1971 年考取台北師專，4 年後被選為集中實習校長與教學參觀團團長，從此萌發了當校長的念頭，畢業以後返回母校任職，自此積極爭取各項積分，參加研習受訓，辦理各項藝文活動，獲得許多獎勵，於 1986 年至全縣最偏遠的吉林國小擔任主任，大家同甘共苦，共同營造優質的校園文化，擔任主任期間凡事以身作則，參加學習型組織，本著 Senge 博士之「第五項修練」──改變心智模式，自我超越、建立願景、團隊學習、系統化思考，並且參加語文競賽、全國合作常識測驗、命題比賽等、在多元化經營下，為自己奠定良好基礎。

　　經過多年的奮鬥不懈，終於如願以償，考上台北縣第 3 期國小候用校長，在當年的暑假到陽明山受訓，這段時間與同期候用校長經驗分享，取人之長補己之短，在課堂上聚精會神，全心全力的學習，結訓後在淡水國小等 3 所學校實習，透過參觀、訪問、討論、報告等方式，精雕細琢追求真善美，對於擔任校長，有著莫大的幫助，尤其是師傅校長的經驗談，讓我們大開眼界，宏觀了我的視野，奠定往後實事求是的良好根基。擔任校長之前，一心一意在學習怎樣當個優質的校長，常會角色替換，假如我是這個學校的校長，我會怎樣去做，尤其是在察其言、觀其行之細膩入微下，給了自己很大的成長空間，正因為自己擔任過教務、訓導、總務、輔導的工作，而且在大型學校任職多年，許許多多的經驗都化為自己的能力，譬如學務主任時，親自辦理中央餐廚，上任後一個月的時間，就把師生的午餐辦理妥當，讓全體的家長刮目相看。

貳、校務經營理念與具體策略

一、探尋教育思想的源頭

在師專的養成教育中，感謝教授的提攜與指導，我的導師洪文彬教授，視學生如己出，在老師的春風化雨、循循善誘、耳濡目染下，洪教授成為我們的學習典範，這種以學生為主體，教之使之成為人的教育理念，深深打動我們，他的道德領導，先對自己作高度要求，致力提升本身的道德修為，再以道德魅力，發揮對學生潛移默化之影響，使學生心悅誠服，接受其領導，進而建立義務感、責任心與正確的價值觀，完成組織任務，促成組織永續發展。

二、卓越績效的行政團體

個人抱持吾日三省吾身，自我檢視反思，以服務他人為職志，把自己的教育與領導理念，透過正式、非正式組織或教導型組織，加以溝通說明，使其付諸實現。在行政團隊上，個人秉持以身作則，服務為先及走動管理，期待各處室能獨挑大樑，也能同舟共濟，重視目標管理與績效責任。藉著主管會報察納雅言，透過行政會議的溝通達成共識，發揮行政三聯制的功效，而且事後召開檢討會，今年本校學校暨社區運動會即是如此辦理。

三、追求精緻的教學品質

在教學領導上，觀念的溝通至為重要，鼓勵同仁參加學校在職教師進修，辦理教學觀摩會、研討會，大家知無不言、言無不盡，經由教學相長，實施專業對話，並做巡堂之教學視導，若有不當之處，要求改善，以提高教學成效。在第二學期推動教師教學經驗分享，從當初的懼怕，經過溝通協調後，各學年都全力以赴，這是讓自己覺得最滿意之處；在師生共讀上，部分老師未能體察學校行政之用心良苦，誤解了美意，以為一定要於新購買之圖書上取材，以致添購圖書設備未能如願以償，功虧一簣，殊為可惜。

四、課程改革與課程領導

　　課程領導也是學校著力之處，經由課程發展委員會、各學習領域小組的研討，依學校願景，加以統整之，並由課務編配小組，決定級任老師、科任老師、兼任行政老師之上課節數、團隊指導老師之減課，各項課程方案，將學校之特色發展、重大活動行事、學年特色也都涵蓋在內，本校在推動館校合作部分，與十三行博物館，無論在課程、教學、活動上，都積極配合，如「水筆仔娘娘過生日」之兒童劇演出、校外教學、創館兩週年慶、學校鼓儀隊應邀演出深得好評，這對推動學校社區化、社區學校化、社區總體營造，有相當大的助益，也讓服務學習、社區有教室發揮的淋漓盡致。

五、落實教育機會均等──學生主體說

　　學校並無資優班之設立，在社教站全心全力辦理下，計有美術創作、跆拳道、直排輪溜冰等才藝班，知名團隊部分則有大鼓隊、田徑隊、鼓儀隊，都在老師認真的教導下締造佳績。對於障礙生部分，則實施測驗診斷，觀察記錄，做好各項分析，經由 IEP 個別化教學方案，實施有教無類、因材施教、適性教育，落實教育機會均等，實現葛德納教授倡導之「多元智慧理論」，學校設有啟智班、資源班共 3 班，給與身心障礙類孩子回歸主流、融合教育，促成最少限制環境理想之實現，使其生活適應與學習能漸入佳境，因為孩子的成長只有一次，不能重新來過。對於單親原住民、隔代教養或文化不利兒童，爭取教育優先區之經費補助，辦理補救教學，親職教育，響應退休教師風華再現，積極協助學童成長，並透過 TVBS 獎助學金、民間財團法人之幫助或由本校合作社、仁愛基金專戶、愛心家長，給與關懷幫忙，在補校方面也提供最佳學習機會，外籍新娘在上課期間，由學校遴聘愛心人士照顧其子女，增進父母效能。

六、整合社會資源，建立優質學園

　　整合社會資源，促成資源共享，本校教職員工共 102 位，志工 80 人，目前專科教室不足，圖書館設備自動化正在改善中，財力部分則爭取立委、縣議員、鄉代、家長會及鄉公所之補助，經費使用依據優先順序逐一辦理完成，所有資源用於教學、用於社區，以提升社區文化水準。

七、推動公共關係，提高辦學績效

公共關係的建立，除了讓學校走出去外，還會將資源帶進來，學校不應該採取閉關政策，而應主動出擊，參與地方事務，因為唯有如此，才能讓大家認識學校，本人接掌八里以後，積極拜訪各機關首長、民意代表、村長，所謂見面三分情，適度的行銷，將帶給學校更大的辦學空間，建立親和力的形象，配合學校發展特色，提高教學品質，把學校的每項活動，透過有意義教學，邀請賢達仕紳參與，並發布新聞稿，這次「日本鬼太鼓座」到校文化交流，即是一次漂亮出擊。

八、家長會的行動地圖

家長會是學校資源，除了可提供志工服務以外，更是學校合夥人，正因為家長擁有教育選擇權、校務參與權，因此與家長會建立良好關係乃學校之福，可由以下幾個途徑進行之：主動積極、誠心相待、開朗作風、關愛學生、排難解紛、同步成長、同心同德；家長會參與校務，則力求動機單純、觀念正確、多數議決、尊重包容、協助立場，家長會走向：*1.*從定位共識到健全制度、正確觀念、學習成長、分工合作、建立職掌。*2.*尋找資源、運用資源、掌握資源。*3.*推動志工服務、編組、參與、建立資源網路。

如果把家長、學生視為消費者，則學校必須向家長及家長會負起績效責任，所以個人會主動和會長連繫，將學校重大行事活動或家長會活動，透過書面資料讓家長了解學校運作，利用家長日，家長會開會，闡述自己的辦學理念，並且邀請家長委員及家長參與兒童節慶祝大會、才藝發表會、學校暨社區聯合運動會，並且行銷辦學績效，使其肯定支持校務發展，校刊、輔導刊物、班級通訊、校門口電子看板、藝文櫥窗、公布欄，也都幫我們打廣告，功不可沒。

九、家和萬事興

對內關係的經營至為重要，本人參與以教師為焦點的草根模式進修，善用正式與非正式組織，與教師建立友善關係，主動關心老師的生活，促進教師專業成長，同仁住院，帶領主任們前往關懷，老師們有優良表現則論功行賞，藉著公開場合給與隆重表揚，重視教師權益，在行政方面則講究民主式參與、分

享式決定，用人唯材，適才適所，充分激發潛能，以服務代替領導，或採取後英雄式領導、道德領導，建立優質校園文化，個人深深覺得尊重、接納、同理、關懷的重要，因此可以從同仁的回饋中，讓自己活出健康與快樂，在教師會部分，協助鼓勵成立，邀請專家學者蒞校專題演講，建立專業成長，重視教師權益，強調自律反思，學生主體論述，履行教師責任，使教師會成為學校向上向善的一股洪流，與行政、家長會共創三贏。

十、學生心目中的校長

學生是教育的主體，提供優質教育環境，讓學生健康成長，快樂學習，校長責無旁貸。為了關愛兒童，本人主動參與小朋友的活動，表揚優良表現的孩子，在校園裡只要看到小朋友有好的行為，就給與正增強，對於行為不當的學生，則給與勸導使其改過向善，所謂「比馬龍效應」及班都拉的「社會學習論」、馬斯洛「需求層次論」等，充分的運用於學生的生活與學習中。在本校網站上，提供校長的留言版，和親師生討論問題，進行平等對話，共同關心校務之發展，經由彼此的陳述說明，暢通溝通管道，親師生民主參與，減少誤會的發生，進而拉進彼此間的距離，使校務經營成為公共論述，大家都會在網站上關心他人，給人方便、給人信心、給人希望、給人快樂。記得去年的聖誕節和家長會張會長攜手合作扮演聖誕老公公。自己放下身段，穿起特大號的服裝，背著大大的紅布袋，裡面裝滿了各式各樣、五彩繽紛的糖果，分送糖果與喜悅給大家，小朋友快樂的合不攏嘴！親師生水乳交融不亦悅乎！

十一、與上級單位關係的經營

教育局是我們的上級單位，對於教育政策的推行教育經費的運用上，學校依法（或規定）行事，絕不打折扣，學校在運籌帷幄中，邁向卓越績效的新目標，建立適性多元的新價值，建構專業積極的新典範，產生協同合作的新文化。如果是承辦局裡的重大活動，長官也都會徵詢校長的意見，在獲得學校首肯後，才會召開籌備會或協調會，而在會議中，承辦學校或與會人員，都可以就事論事，提出興革意見，局裡長官也會接受大家的善意，如果做不到，也一定委婉說明，使賓主盡歡，達到溝通的目的。在資源爭取部分，局裡預算有限，需關照的層面又多，尤其是教育大縣，各校都盡量配合並且另闢財源，此即所謂「戲

法人人會變,各有巧妙不同」。

至於與教育部或教育局的平行單位互動上,雖非直接隸屬關係,但是學校只要能力所及,或辦理的活動是有益親師生,學校一定也會力挺到底,但就公共關係而言,在量力而為之的情形下,廣結善緣、全力以赴,一切順其自然,因為刻意經營,反而讓人覺得太政治化了。學校應回歸教育本質,建立健康、安全、乾淨、人性、進步、友善的校園環境。

十二、形塑學校願景,發展學校特色

學校必須透過SWOT分析,才能掌握機先,結合社會資源,推動學校社區化,社區學校化,建立生命共同體,發展教育社區。本校歷史悠久,已經 106 歲了,已是老幹新枝,也是老店新開,所經營的內容項目,必須與時俱進,不斷推陳出新,落實學校本位管理、全面品質管理,才不會老態龍鍾、了無生趣。歷任校長各有各的辦學理念,而且時空場域不同,每人想法不一,價值觀也未盡相同,發展的重點也就各異其趣,有的強調綠化美化,有的重視教學品質,有的形塑優質校園文化,有的發展語文,都各有一片藍天。社區家長與教師都期待八里國小成為「五心級學校」──教師專心教學、學生安心學習、行政用心服務、家長放心參與、社區同心支持,希望發展為前瞻思維、開放多元、品質卓越、持續改進、發展特色的學校。學生們認為:改善教學環境、提供優質活動空間、辦理多元教育活動、豐富學習內涵最為殷切。當然囉!發展學校特色,必須兼顧學校歷史發展、校長的價值觀、社區家長期待、教師想法信念及教師校長專長、學生同感喜好,即是基於上述論點,去激發學生潛能,開啟多元智慧,來帶好每位學生,也因為有了善意的共識,積極正向目標,促進共同思考,建立良性互動,籌集足夠經費,充實學校設備,在教師認真教學後,尋找表演舞台,達到美好結果,學校特色於焉產生。

十三、從「心」出發,求新求變

學校唯一不變的原則就是改變,有人認為新官上任三把火,為了去蕪存菁,應該大刀闊斧的力求改變;剛到八里,先要感謝歷任校長的用心經營,使學校欣欣向榮、綠化美化、校舍整建、校園文化等各方面都令人刮目相看;當然啦,精益求精、美中求美、好還要更好,有些地方還需要更上一層樓。首先

是領導型態的改變，透過校園民主化，容許不同的聲音出現，要求一切為學校，避免人身攻擊；在課程與教學上也推動革新，讓教師重新檢視學校本位課程；另外充分授權，採取績效責任及目標管理。至於變革幅度，則循序漸進逐步完成，而且小幅度調整，因為剛到一個新環境，人事不宜大搬風，改革也不要急驚風，俗云：「吃緊弄破碗」，凡事先靜觀其變，全體考量後，了解癥結所在，再加以改善。而變革順序及契機的掌握，要恰到好處，過猶不及，推動改革必須有堅定的決心和持久力，千萬不能虎頭蛇尾，三分鐘的熱度，那註定會失敗。面對變革應有的做法：首先必須建立團隊共識，熟悉學校願景，了解帶來衝擊，化解不安因素，發揮團隊默契，建立回饋機制，追求永續發展，如此才能提升教學品質，追求卓越教學績效，營造優質校園文化，創新發展全方位教育。

參、學校經營的法律觀

　　最近基隆市某校校長發生觸犯公務人員權益迴避法，被法院判決最低額度罰款新台幣 100 萬元，該位校長謂稱不知道觸法，而且是受他人之託，才進用自己第二任丈夫的媳婦，法律並不因犯法者不知法律而判決無罪。在讀師專的時候，曾修讀法學緒論、《憲法》，後來從事教職，認識了《兒童福利法》、《特殊教育法》及《教師法》等法律、條文、法規，對於教育相關法律，在校長甄選前已廣泛閱讀，了解其時代背景、條文內容、修正前後之比較，並深入了解專家學者之批判，收穫不少。身為校長對於法律知識必須熟稔，以免誤觸法條而不自知，而且會貽笑大方，當自己認識法律後，才能保護自己、同仁、學生、家長和學校。

　　善用家長與社區中飽學法律知識之人士，將為學校帶來莫大的方便，學校危機處理、校地被占用、教師輔導與管教辦法、學校法治教育，均可網羅身任律師的校友，因為有一股血濃於水的情感，勢必為學校盡九牛二虎之力。在一般法律與規章及教育法規方面，身為校長必須做中學，使基本素養、專業知識、專業才能、專業精神同步成長，由獨立自主學習、合作學習、學習型組職工作坊、研習、進修到深度匯談，進德修業，成為具有法學專業之人。

　　校長充實法律與法規知識刻不容緩，可依下列方式實施之：首先於校長會

議安排法律講座，各校學校本位教師進修時，邀請專家學者蒞校專題演講，充實學校法律叢書，於師院研究所開設法律必修課程，利用空大開課，或者請家長、教師中具有法學專長者至校主講。

肆、環境變遷與學校因應

當今政治民主化、社會多元化、經濟自由化、文化多元化，對學校經營與發展衝擊頗大。尤其政治民主化，國家解嚴之後，校園民主化相繼而至，《教師法》等各項法律，陸續產生；社會多元化後，亂象也接踵而來；經濟自由化，消費者權益受到重視，教育經費在修憲後相對降低，最近國中小學教師課程稅引起廣泛迴響，身為校長對於政治、社會、文化、經濟造成對教育的衝擊，不得不去正視與做好妥善的評估。

學校教育中，學生受教權應受到重視，教師本身自主權需要建立，家長的教育選擇權、參與權也如火如荼的展開，學校組織再造，友善校園，社區有教室，給教育帶來新氣象，相對也產生許許多多的問題，此時校長必須做好妥善的評估，期使多元價值、學習權益、社區參與、組織變革，能隨著時代而調整運作模式，千萬不要以不變應萬變。

在做法上必須善用 Senge 博士之「第五項修練」調整教師心態、力求自我超越，建立共同願景，促進團隊學習，導向系統化思考，充分掌握時代脈動，確立時代使命，讓每一項教育措施，均以生命教育為基礎，完全學習為歷程，全人發展為理想，每一個人在學習環境中，確立多元的人生價值，充分實現自我，成就和諧社會。

伍、教育政策與行動方案之面面觀

教育政策與行動方案貴在執行，「教訓輔三合一──輔導新體制」已推行多年，在初期階段，政府補助各校經費，希望在師資、設備、研習、兩性平等教育、生命教育等上能展現成效。對於小學教師而言，因為有週三教師專業研習，因此提升教師輔導知能、進階研習，較易呈現效能，而且做得相當徹底，

但是近幾年來，好景不常，因為經費上遭到大筆刪減，甚至人存政舉，人亡政息，政策常因人而異，我們都知道，教育若無法持續，虎頭蛇尾，只有三分鐘熱度，那效果當然大打折扣，現在小學經費苦哈哈，不能自編預算，一切仰賴政府補助，金額少之又少，常常是校長的最痛！

教育部推動「全國兒童閱讀實施計畫」，本校正方興未艾的展開，在政府完全沒有補助下，各校只好自籌財源，學校實施「兒童閱讀運動」，相關配套措施不得不做，例如圖書館自動化，改善圖書館閱讀環境，充實圖書館藏書，推動師生共讀，辦理文藝活動，都需要挹注經費，還好本校獲得李立委的大力支持，慷慨解囊 20 萬元，促進學校圖書館自動化，真令人敬佩，可是仍嫌不足，後來因為辦學理念績效獲得肯定，在鄉公所及李議員補助款支持下，才讓兒童閱讀運動有模有樣。

教育政策創造者，在規畫教育政策時，宜考慮到城鄉差距，因地制宜，對於經費的編列，更應依班級數及學生數之多寡而給不同的補助，「工欲善其事、必先利其器」，巧婦難為無米之炊，政策要落實必須給學校資源，否則變成上有政策下有對策、各搞各的，那就變質變調了。

陸、教育價值與倫理的思考

身為校長，在做行政決定時，秉持前瞻性、整體性、經濟性、教育性等原則，當學校內部與外界有所衝突時，本人所做各項決定，都是以學生為中心（主體）來考量，當然，有時所做決定是無法滿足各種學生之需求，這時要了解對象是誰，若是針對弱勢族群，則當視為第一優先處理，實現 Noddings 之關懷倫理學。

本人做決定的來源包括一級主管會報的共識、大型行政會議的意見徵詢、利用教師晨會，請同仁提供建議，甚至請教校長或督學視導，使最後所做的決定能盡善盡美。記得曾經有一次做了決定，卻不是大家所要的，那時是在上次總統選舉時，本校參與選務工作者已達法定人數，依規定可停課一天或另行找時間補假，後來就做了停課 1 天的決定，事後老師有少許怨言，他們認為自己需要時再補假多好。自己一廂情願的想法，卻無法滿足大家的需求。在今年的選舉補假時，我就不再重蹈覆轍，這樣我好、你好、大家好，兩全其美下，各

取所需,全校都喜歡,而且快樂得不得了。

柒、推動學習社群、建立教育社區

校長是學校的領導者,也是終身學習者,促進同仁的專業成長,營造優質的學習環境,校長理應如此,我的做法如下:首先強調以身作則,成為楷模學習者,所謂「上樑不正下樑歪,上正孰敢不正?」知行合一,即知即行,從來不含糊,因此週三學校本位教師進修,本人除了負責介紹主講人外,其餘時間一定和同仁們一起進修成長,進行專業對話;教學觀摩也是勤作筆記,教學研討會更是如此。同仁們深知我的個性與要求,尤其是週三研習,請假者一定要經校長核章,當初大家約法三章,週三下午只能請假2次(公假、公差除外),教學視導也是採取走動管理,好壞分明,建立獎勵制度,透過「揚善於公堂,規過於私室」,雖然當了校長,求知欲望卻不落人後,參加了讀書會,而且當上了主持人,出模擬試題每週2次,大家戰戰兢兢,全力以赴,不但提升自主學習,更為合作學習打下良好根基。

對於建立教育社區,本人始終興致勃勃,學校本身為八里鄉社教站,一年下來推動數十項社教活動,而且都是學習型組織,譬如茶藝社、淑女彩妝班、紳士學苑等,本人都前往聆聽、致意,讓家長、志工、教育合夥人都感受到我的關懷與支持,親職教育講座也是如此,甚至學校為大家爭取經費,以減輕學員經費負擔,而且讓導護志工深深覺得他們的犧牲奉獻是值得的,所以八里國小有許多的阿嬤,每天仍神采奕奕的為全校師生服務,真讓我們佩服之至,該叫他們第一名。八里的各項活動只要是為志工、家長辦理的,黃大隊長極盡能事,到處招兵買馬,時間一到,開班絕對不成問題,好窩心唷!這是成人之美,美人之美,美美與共的最佳寫照。

捌、培育五育均衡發展的新世紀國民

馬克吐溫說:「孩子的成長只有一次,無法重新來過。」本校除了重視正式課程以外,潛在課程也積極為之,舉凡學校的典章制度、身教、言教、境教

等都重視之，此外改善學校教育環境，建立優質校園文化：包括硬體建設及軟體改善，尤其是營造最少限制的環境下，讓融合教育能全面展開；推動教訓輔三合一──輔導新體制，建立三級預防系統，本著發展重於預防、預防重於治療，使人人都是輔導老師，建立最佳互動模式，構築輔導網路，促成資源共享；另外推動校園民主化，重視民主式參與與分享式決定，辦理自治鄉長選舉，賦與責任榮譽，培養孩子人親、土親、文化親的情操，成為新世紀的好國民。

加強生活教育，實施成就感教學、合作學習、體驗學習、服務學習，推動社區有教室，豐富學習內涵，整合社區資源，建立教育社區，鼓勵家長志工達成自我實現，響應退休教師風華再現，讓生命更光彩；辦理親職教育重視輔導與管教，增進父母效能，並能同步成長，其他如建立專業制度，辦理多元教育活動，激發學生潛能，實施補救教學，開啟多元智慧，建立友善校園等，犖犖大者，值得欣慰！

在困難之處為：受升學主義與智育掛帥之影響，部分家長忽視孩子的品德人格教育──「萬般皆下品，唯有讀書高」，多數家長價值觀的扭曲，造成錯誤的教育方式；極少數同仁忽略生活教育，班級經營未盡全力，因此小朋友在衛生保健，環境整潔，秩序禮貌未臻理想，值得反思！當今努力之處，先要凝聚共識，建立正確心態，群策群力，行政系統妥善規畫，有效班級經營，發揮導師責任制，強化訓輔功能，成功有效教學，方能發展全人教育，培養五育均衡發展的健康、快樂國民。

玖、實施有效教學，促進完全學習

本校行政電腦化，已具相當之規模，行政人員電腦資訊能力素養極佳；資訊融入教學也在倡導實施，然而少數老師資訊能力有待提升，在教師教學上，鼓勵使用多媒體，以提高學習興趣，增進學習效能；學生學習除了電腦課，學校圖書館自動化，充實班級教室電腦及周邊設備也在改善中，針對資訊教育，個人秉持的理念是培養國際觀的國民，具備知識管理能力，善用資訊作為溝通平台，增進學習效果。在做法上，首先必須了解師生需求，訂妥資訊教育計畫，充實電腦資訊設備，培育教師專業能力，落實資訊教育，爭取社會資源，永續創新經營。

在推動上一定有他的難度，凡事豫則立、不豫則廢，要有所為，就必須去突破困境。經費是較大的問題，因為政府的補助杯水車薪，因此爭取社會資源，實現資源共享是不錯的方法，辦理親子電腦成長營或進階班，由使用者付費，以達到好維護、好使用、好管理的目標，開放電腦設施與廠商合作，或是與大專院校教育學程互惠，由他們提供優良師資，以落實本校資訊教育，這些都是好的途徑。

拾、形塑學校文化，提升教育品質

每個學校都有自己的學校文化，教育家Harpin曾說過：「當一個人慢慢步入某個學校，就可以感受這個學校與他校不同的地方」，這就是學校文化的差異。一所學校的文化特質，具有隨社會文化的發展與變遷，而發展改變的共性，同時又會因其構成或具體環境的不同，而具有區別於其他學校的個性。學校中這種共同性與個性統一文化特質，我們稱之為「學校文化」，它是指這所學校成員在教育、教學、研究、組織和生活長期與發展演變過程中共同創造的，對外，具有個性的精神和物質共同體，如教育和管理觀念、歷史傳統、行為規範、人際關係、風俗習慣、教育環境和制度，以及由此而產生的學校校風和教學精神。

學校文化是一種獨特的文化，它的存在使學校所有成員，尤其是學生受到規範及影響。學校文化如果從其形式來看，可分為精神文化、物質文化和制度文化三類。學校精神文化包括學生文化和教師文化，主要是人或人際關係為基礎構成的文化型態。物質文化是指學校物質環境所構成的一種文化。學校制度文化是指學校中的規範所構成的一種文化，包括學校傳統、學校儀式、學校規章。

當校長不只蕭規曹隨，更要力求創新卓越，如果是好的典章制度、優良的傳統，則應給與保存並發揚光大。至於傳統的做法：先要建立共識，當絕大多數的人都認為應予傳承，接著要擬訂計畫、辦法，並且設立推動執行小組，透過班級經營或覓妥師資，整合社會資源，不斷的培訓與教育宣導、安排成果發表，經由評鑑檢核，給與優良表現者或有功人員肯定與激勵，方能永續經營。學校另行發展的契機，構想理念是很重要，提供發表的空間，完全自由民主的

校園文化，讓大家知無不言，言無不盡，提供計策，成為學校的智囊團，除此以外，本人會全面了解資源在哪裡，誰去主導，如何組成一個堅強團隊，大家任務分工，了解經費籌措有無困難，這許許多多的考量，都可循序漸進去推展，時機一到自然而然就會水到渠成。

　　本人對於塑造教師的新習慣，學生在知識的追求與人格陶冶上有下列看法：必須再三強調校長的決心與毅力，徵詢大家的意見後，接受要認真的去執行，並且追蹤輔導、建立評鑑回饋機制，創新研究發展。塑造學校的精神與靈魂的做法：努力營造親和力的行政文化，接著建立專業性的教師文化，推動積極性的學生文化，落實溫馨友善的校園文化，建構互利性的社區文化。在運作實施中，遭遇困難乃是家常便飯，需要溝通協調，找出窒礙難行之處，給與各個突破，或是加強公共關係，尋找有利資源，讓理想逐一實現。也可採取走動管理、全面品質管理、學校本位管理或行動研究，勇敢的面對困難予以解決。

拾壹、一回生二回熟，投入才能深入，付出才會傑出

　　有理念才有動力，有實踐才有專業，有超越才有創信，成長與創意是校長專業發展的活水源頭。因為有心，所以用心，因為用心，所以創新。擔任校長之前學做校長，當了校長之後要做更好的校長，艾德蒙曾說：「有怎樣的校長，就有怎樣的學校」，有專業才有品質，有品質才有尊嚴，有尊嚴才會快樂。

　　擔任校長之後，經過一段時間的調適期，一方面了解校長的工作內容，處理校務的方法技巧，如何經營公共關係，怎樣落實課程與教學，因為以前在大型學校，歷任教訓總輔四個處室主任，行政歷練充足，加上能傾聽教師的心聲，放下身段和小朋友一起生活，家長的意見也給與適度的尊重，行政人員的縝密規畫、教師專業成長、教育團隊的努力，讓學校安全化、學習生活化、教學多元化、學校社區化、社區學校化；使教務得以發展、組織文化延續，發揮團隊精神，重視本位管理，建立 360 度績效評估，完成校園整體構造。

　　校長的校務工作能得心應手，個人的敏感度不可或缺，因為它讓我們看到問題的癥結，而且能防患於未然，此乃發展重於預防，預防重於治療；另外校

長的用心學習身先士卒，自我要求，參加讀書會，進修研習，經驗分享，閱讀文獻，取人之長補己之短，才能進入智慧的殿堂。

拾貳、好還要更好──建議與展望

如果我是教育部長或局長，我會引導中小學校長，把學校經營好，其做法如下：先要求校長專業成長，其次應使校長做好 SWOTS 分析，提高教師專業能力，增進公共關係，改善教學環境，提升教育品質，整合社會資源，建立教育社區，創新研究發展，建立回饋機制。對中小學校長的校務經營，我將訂立有效政策：一、訂定校長評鑑。二、辦理校務評鑑。三、實施校務經營訪視。四、依評鑑結果區分等級。五、頒布獎懲辦法。從教育部長或教育局長的角度來看，我對校長的學習與成長，將採用以下幾種方法：一、訂立校長學習成長與辦法。二、嚴格要求進修研習時（節）數。三、辦理校長課程領導、教學領導等工作坊。四、每月辦理 1 次校長會議。五、參觀績優學校。六、校長經驗分享，進行深度會談。七、建立學習與成長機制。八、進行考績評比。九、辦理獎懲。

拾參、個人健康的維護與家庭有效經營

擔任校長，每天忙得不可開交，如何維持身心健康，是重要的課題。最近本縣某國小校長因過度疲勞，突然腦溢血，送醫急救雖保住了性命，可是腦部已經受到重創，短期間不易恢復，實在令人感嘆世事的無常。個人維持身心健康的方法有許多：譬如下班後和學校同仁打壘球，每天早上到各個交通崗位關心值勤的志工與導護老師，閩南語：「一兼二顧摸蛤仔兼洗褲」，一舉數得何樂而不為！同時學校也辦理登山健行活動、玩樂樂棒球，偶爾也打桌球，每天巡堂全校走透透，將近要一節課，假日則散步或慢跑，最近更在執行瘦身計畫，午餐以水果餅乾裹腹，不暴飲暴食，每天喝 2,000 CC 的水，不過度勞累，充分授權，分工合作，以維護身心健康。

校長責任重大，日理萬機，瑣事不斷，許許多多的事情等著做決定，家務

也要事事關心，假日學校活動或區內學校運動會，鄉內各項宣導、教育、節慶活動比比皆是，不勝枚舉，僕僕風塵奔走四方，辛苦是常有的事，所以事先將行程告知家人，獲得他們的諒解，或有時帶著妻兒一起參加，或在附近從事有益身心的活動。內人在教育界服務，所以相當體諒我人在江湖身不由己，利用假日居家生活時間，陪同家人旅遊，安排飯局，看電視、唱歌、逛街，適度娛樂消遣，來獲得家人更多的支持。

拾肆、如果讓我重新來過

如果重新來過，我一定會好好的準備好「邁向校長之路」，做法上可從幾個方向著手，練就好校長的條件。包括依法行政有效領導、妥善規畫校務發展、建立發展願景、重視師生教與學需求，具有風趣幽默的人格特質、言行一致、身先士卒、擁有良好的溝通協調能力、危機處理的能力、精進研究發展的能力。自己真正走上校長之路，之前之後，會持相同的做法，因為在準備期間，已了解校長所作所為，而且自己已經盡了最大的努力，俗云：「凡是用心走過的，必留下痕跡」，在擔任校長之前的準備工作或實際擔任校長的工作，在思考層面、實務面的落差，責任的感受都有顯著的差異。真正當上校長，對於公共關係的經營、校務貫徹的決心、教育理念的活化和同仁間的良性互動，事務的掌握推動，將比之前做得更好。

拾伍、校長培育的反思

學會當校長是自己學來的，也是大家教出來的，如果硬要區分兩者何者為重，實在難分軒輊，個人覺得它是一個連續的過程，而且交叉進行，兼而有之。若要我來設計一套校長培育課程，它的內涵應包括：一、基本素養：如品德健康、一般基本知能。二、專業知識：理論基礎、行政實務。三、專業才能：包含設計、規畫、領導、執行、協調、調查、宣導、評鑑等能力。四、專業精神：堅守倫理，奉獻精神，研究創新等。以上四個向度，都是校長應該具有的，而且要與時俱進，抱著終身學習的態度，營造學習社群。

學習內容的順序分別為：教育法規探討、永續校園、環境教育、課程領導與教學領導、營繕工程、採購法、校園整體規畫、會議規範、發展學校特色、公共關係的建立、校務評鑑、組織再造、校園危機處理、綠色學校、學習型學校的營造、學校行政教師會家長會如何營造三贏等課程。學習的方式則可採取多元，例如演講、論壇、研討、上課、演練等，能夠重視「教育三規準」，即真理的認知性、價值的可欲性和學習的自願性，讓校長樂學好學。聽講的用處與實務演練的用處，何者為大？實在很難區分，那要看課程的內容才能決定，課程的設計能多樣化，而且有互動討論發表、演練、多媒體教學等，那是最好不過了。

當了校長，要感謝大家的提攜與指導，同時也要積極去培育人才，使自己成為師傅校長，我的教育理念是：一、校長是教育理想家：用心培育 21 世紀現代化國民。二、系統改革者：校長是協調者、促進者、規畫者。三、協調合作者：整合、釋權、合作、分享。四、公開支持者：挑戰、詢問、批判、檢視、革新。五、建構認知者：成為啟發者、促進者、分享者。六、評鑑回饋者：提供決策當局、權責單位參考改進，而且秉持學校經營的五大方針：強調學生主體、提升教育專業、鼓勵家長參與、促成資源共享、永續社區發展。

拾陸、自己最大的貢獻所在

感謝歷任校長對八里國小用心的經營，讓我能在大家盡心盡力下接棒子，八里的成就是屬於大家的，如果硬要說我有怎樣的貢獻，那也是長期經營而來的，在校園民主化的過程中，歷任校長都全心全力的經營，在這個部分，我也大力的提倡，重視教師的心聲，鼓勵家長的參與，推動學校社區化，社區學校化，進而社區總體營造，最近學校教師會，也在全體同仁和家長的祝福中，即將誕生，我想這一切都是民主式參與和分享式決定的結果，相信大家會向明天會更好邁進。

本人透過親和力的營造，關懷、接納、同理、尊重等輔導學重要技巧，改善組織氣氛，重視組織承諾，建立組織文化，學校是大家的，追求校園民主化、學校社區化、教育精緻化、學習多元化、發展全人教育、倡導終身學習、形塑教育社區、促成全方位學習，讓「八里深根，深根八里」的教育理想早日實現。

　　英國前首相邱吉爾說：「今日我們塑造環境，明天換環境反過來塑造我們。」國家的希望在孩子，孩子的希望在未來，教育決定台灣的未來，你我決定台灣的教育，落實教育機會均等、有教無類、因材施教、適性教育，重視教育三規準，真理的認知性、價值的可欲性、學習的自願性、建立學習型學校，邁向教育社區，迎接社區總體營造的到來。

作者簡介

　　謝朝宗，台北縣人，國北師院初教系、市立師院國研所40學分班輔導組畢業，目前仍在國立台北教育大學教育政策與管理研究所進修。曾在特偏小學、中型、大型學校擔任教導、教務、訓導、總務、輔導主任，曾任學校教師會理事，家長會幹事，主任聯誼會會長，員生社理事主席。曾經榮獲全縣特殊優良教師，社教、輔導有功人員，教育研究著作優等獎，民主法治教育、校務評鑑、視力保健評鑑委員，並獲教育部多項獎勵。現任八里國小校長及八里鄉教育會理事長。

　　擔任校長最深刻的心得：有願就有力，歡喜做、甘願受。

第 三 編

小學校務經營

教育是眞善美的志業

詹正信

台北縣枋橋國小退休校長

　　因為愛，所以我在；因為在，所以我愛。身在杏壇數十載，未曾見異思遷，未曾絲毫懈怠，更不敢稍忘先慈「做什麼，像什麼」的訓誨，只因教育工作聖潔無比，唯有真心熱愛、盡情奉獻與全力付出，方能終生從事，終生無悔。能和天真爛漫的學生相處，能帶給他們快樂的學習成長，能看到一朵朵如花燦笑在孩子紅靨綻放，這就是教育的可貴與可愛。無論身為老師、主任抑或校長，個人總以「擇其所愛，愛其所選」自勉。尤其，教育是真善美的志業，透過和學生的直接互動，最能體驗教學相長的樂趣。

　　早期國小的行政組織是延續日據時代的體制，校長之下設有教導主任（日據時代稱為教頭，其地位類似副校長），教導主任之下，再分設教務、訓導、研究、總務等單位。擔任第一線教師多年後，在學校徵召下開始負責訓導工作，強烈的使命感換來莫大的工作成就，也讓我對學校行政工作感到興趣。在當時校長的鼓勵下，個人參加教導主任之甄試儲訓後，分派他校擔任承上啟下的教導主任。

　　值得附帶一提的是，1974年，國小行政組織作了改變，取消教導主任此一編制，直接在校長之下設教務、訓導、總務三處（小型學校則僅設教導、總務二處），其後又為加強輔導工作，增設輔導室。

　　接觸行政工作後，深深覺得擔任校長不僅可以實現自己的教育理想，在社會及地方上又備受尊崇，所以有了參加校長甄試的念頭，期盼有朝一日也能獨當一面，擁有一所可實現自己夢想的學校。皇天不負苦心人，當了3年多主任後，懷抱著打造教育理想國的夢想參加校長甄試，很幸運的一試及第，更在受訓後3年多即派任校長，迄今歷練5所學校。

　　今日，蒙國立台北教育大學林文律教授謬賞，願將個人辦學經驗及粗淺心

得，獻曝就教於諸位教育界先進，尚祈前輩們不吝指正。

壹、校長甄選儲訓之回顧

早期，校長甄試及儲訓是由台灣省教育廳統一辦理。各縣市依所需要的名額報請教育廳核定後，由各縣市依積分辦法初選 3 倍人數，再由教育廳辦理甄試，甄試項目則為筆試及口試，錄取人員再集中至台灣省國民學校教師研習會接受為期 8 週的儲訓。

儲訓課程包含精神課程、知能課程及實務演練課程，整體而言，對一個初任校長的教育人員，實有莫大助益。儲訓班亦設有輔導員制度，由經驗豐富的校長擔任輔導員日夜相陪，除做品德考核外，也傳授寶貴的辦學經驗，讓學員們受益匪淺。此一做法，正如現今國立台北教育大學於培訓校長過程中，安排深富經驗的「師傅校長」帶領準校長熟稔治校事務一般。

儲訓課程還安排有 3 分鐘即席演講，學員必須輪流抽題上台。這段經歷讓我們獲益良多，畢竟校長上台致詞的機會不少，臨機應變更是必學的功夫。此外，當時仍屬威權統治時期，在那樣的時空背景下，每天早上的讀訓課程及心得報告可謂時代的特殊印記，與當今多元而民主的社會，有著很大的差異。

貳、教育思想的源頭和辦學理念

掌理學校的第一要務，在於仔細思量如何有效經營、有效管理學校，以及自己想要帶給學生什麼樣的教育。在涉獵前賢的教學原理與多年的實際教學經驗中，個人的辦學理念早已成型，今簡述如下：

一、在信念上：從「敬天愛人」到「天人合一」為教育主軸，深信唯有教學生尊敬自然、接近自然、了解自然、喜愛自然，並且學會與人相處，才是真正學會生活的人。

二、在境教上：建構一個優質的、溫馨的、快樂的、尊嚴的校園文化。

三、在學習上：因應社會變遷，經營學生多元智慧、帶領學生多元學習。

四、在情感上：期許親師攜手連心，進而推展學習型的學校、學習型的家庭、

學習型的社區，建立終生學習的機制。

參、校長的角色扮演

一所學校裡，可以有上百位老師，可以有許多位主任，卻永遠僅有 1 位校長。所以校長的角色定位、行事風格、治校方法，辦學理念等，無不影響一所學校的教育績效與風評輿論。因此，若想經營一所深得家長與學生肯定的好學校，校長必須清楚自己該扮演什麼樣的角色。

個人認為，在現今「以人為本」的教育風潮下，校長對於自己的角色定位，應有如下體認：

一、校長不是長官，而是學校的一份子

在體制上，校長雖是機關首長，職責在於綜理校務，但學校的行政體系，並不像一般行政機關具有明顯的科層體制。

學校同仁在同一時間利用共同的資源，卻分別在各自教室進行教學，因此有其獨立性。校長要尊重老師的自主性，對老師不可頤指氣使，而應多鼓勵多協助，才能贏得同仁的尊重，同仁也會樂於奉獻。

二、校長是首席教師，是學校教育的領導者

校長的本職是辦好教育，因此要重視教學與課程領導。除了不斷成長與進修以取得更高學歷外，個人更在多年前創立台北縣「活水讀書會」，集合近 20 位校長每月共讀 1 書，並且每月聚會 1 次，交換讀書心得及辦學經驗。每次聚會，校長們都能在腦力激盪下有所獲益，也因此，目前全台北縣的「校長讀書會」，已發展計 7 個之多，

為了帶領學校老師發展學校本位課程，校長應多提供資訊給與老師並鼓勵老師勤於進修。學校辦理進修課程時，下列幾點值得注意：

㈠徵詢教師的需求，力求進修內容的多元化，不可注入式行銷，以引來教師
　　反感。

㈡鼓勵教師成立工作坊、讀書會或行動研究團隊。

㈢提供經費協助老師出版著作或辦理展演。

㈣提供富教育意義的影片作為教師進修的題材,可收意想不到的效果。

㈤教師若有優異的教學策略或編寫出深具創意的教學設計,校長應公開予以表揚,並分享給其他老師。

《教師法》訂立後,實習制度讓輔導老師與實習老師得以互相切磋,精進彼此教學知能,校長應鼓勵輔導老師毫無保留的將教學經驗傳授給實習老師,也應鼓勵實習老師將最新的教學理論向輔導老師報告。對於班級經營不甚理想的老師,校長及主任也應常至教室觀察,適時提供意見給老師參考。

因應國際化潮流,學校應提供學生適應未來生活的課程,因此個人特別重視英語與電腦教學。以個人服務的板橋國小為例,英語教學從一年級即開始進行,教學重點在於培養學生學習英文的興趣;電腦教學除了安排最精良的師資來指導學生,個人亦不斷爭取經費充實電腦設備,因此「班班有電腦,班班可上網」在板橋國小已不是口號而是事實;各班老師更能利用電腦輔助教學,學生也能獨當一面製作網頁。

三、校長是師生快樂的泉源

想要將學校打造成一座快樂的學習城堡,讓學生喜歡上課,讓教師熱中於教學,校長必須多策畫可「寓教於樂」的活動,使活動與課程相結合。學生在活動中享受到學習的快樂,也在快樂學習當中,學到所要學的知識。

個人一直以「始於快樂,終於智慧」和學校同仁互勉,所以學校常舉辦才藝表演、體育競技、跳蚤市場、園遊會等活動,一來滿足老師在教學上的需求,二來讓老師方便教學、認真教學、樂於教學。

四、校長是突破現狀的開路先鋒,也是擅長拋球的人

天下唯一不變的真理就是「變」。學校優良的傳統需予以保留,但對於不合時宜的舊文化、舊制度,也要隨時調整。經營一所學校要能主動發掘問題,並設法提出足以突破現狀的策略。

校長動腦想到的新點子,究竟該由哪一處室或哪位老師來執行,校長也該詳加考量,才不至於「所託非人」。亦即校長把球拋出去時,不但要拋得準,而且要有人樂意接這個球,也就是校長要有知人之明,要能用人之才。

五、校長是學校資源的開創者

要把學校辦得更好，校長要能爭取資源、善用資源。

在人力方面，諸如健康中心、教具室、圖書室等單位的業務及交通導護、愛心媽媽等工作，都可邀請家長、退休教師協助。此外，還可邀請女警隊參與「護童」工作、尋找熱心商店作為導護商店。個人曾邀請研華企業基金會推展訓練「故事媽媽」，也曾邀請民族藝師薪傳獎得主廖瓊枝老師指導歌仔戲，許許多多校外的優秀人才，其實是可以跟學校同仁一起為教育下一代而努力的。

充實設備、舉辦活動都需要經費，政府編列的經費卻往往有限。俗話說，巧婦難為無米之炊，因此一個能幹的校長要能為學校爭取經費。除了向上級爭取外，若能與當地鄉鎮市公所、農會、企業、扶輪社及國際獅子會等社團保持良好互動，爭取經費補助自然不是難事。除此，學校的家長會、熱心的家長或事業有成的校友，甚至廟宇等宗教組織，都可能是經費的來源，校長應設法讓他們覺得捐款襄助學校，是件別具意義的事情。個人在樹林國小服務時，一位老校友慷慨捐輸千萬元，此筆鉅款加上縣府補助，我們興建了一座可容納 800人的視聽中心，老校友之後還陸續捐了數百萬元，這樣的善舉，正是植因於他「為善最樂」的人生信念。

此外，為籌辦樹林國小 90 週年校慶，個人敦請頗具名望的校友出任主委，該校友曾任立委及黨政要職，藉其豐沛人脈，具名邀請當地大廠商餐敘，席中並向廠商說明興建圖書館的計畫及募款辦理校慶的構想，請廠商回饋地方、共襄盛舉。廠商的反應比預期熱烈，少者 5 萬，多者數十萬，加上其他校友的捐款，共計募得 1 千 5 百餘萬元，不但校慶辦得隆重，四層樓的圖書館也在眾人的解囊及關心下，巍峨誕生。

學區內香火鼎盛的廟宇，也是不可忽視的經費來源，個人曾經因為和管理委員會保有良好的互動，一次募得了數十萬元充實學校圖書。另外值得一提的是，當前台灣首富郭台銘先生在得知母校——板橋國小辦理百週年校慶後，郭董事長主動捐出 500 多萬元，如此義風善舉，讓身為校長的我及全體師生，無不感激萬分。

六、校長是學童的大玩偶

　　國小階段的學生,最是天真純潔。校長雖然忙碌於校務,也應多找機會接近學生,如此,可以在雙方互動中,了解學生真正的需要。

　　傾聽童言童語是很有趣的。個人喜歡利用中午帶著午餐到各班與學生一起用餐,並定名為「午餐約會」,這樣的安排很受學生歡迎;兒童朝會時,由校長講講小故事,學生也很喜歡;兒童節等各種慶祝活動中,為讓小朋友留下難忘回憶,個人更曾扮演土地公、耶誕老人、哈利波特等各種角色,小朋友發現平日西裝筆挺的校長竟成為漫畫書中的可愛人物,無不捧腹大笑。

七、校長是同仁的保護傘

　　學生人權日益受到重視的今日,老師對學生的管教,或因一時疏失,或因雙方觀念差異,總不免有一些問題發生,此時校長要勇於承擔,善盡保護之責,替老師把問題圓滿解決,讓老師感受到校長的真心關懷。我常對老師們說:「在我服務的學校,我不願看到任何一位老師受到處分。」因為個人深信,有事一肩挑的校長,才能贏得同仁們的敬重。

　　任何事件發生,校長倘能妥善處理,盡早讓事情圓滿落幕,不僅當事人心有所感,其他同仁看在眼裡,也會對校長的肩膀感到信服,校長也就活在同仁心目中。記得曾有一位畢業生因病而未參加該班的畢業照拍攝,畢業紀念冊付梓後,該生名字與照片皆未能於紀念冊中呈現,家長對此至為不滿,亦對級任老師諸多責怪,甚至企圖訴諸民意代表及各大媒體。個人在了解情況後,一方面安撫老師情緒,一方面傾聽家長心聲並盡力滿足其需求,作好一切補救事宜,原本可能引來軒然大波的事件,便在親師誠意溝通與個人的極力奔走下,得到家長的諒解而平和落幕。

八、校長是學校的守門員

　　校務繁瑣,來自四面八方的廠商與民代,難免會對學校有不盡合理的要求或期待,有些依法應該堅持的原則,絕不可被「有力人士」突破最後防線,否則衍生的的麻煩,不但得自己承擔,還可能損害校譽。但在堅持原則時,校長的姿態要軟,不可過於強硬,言語也要謙和,並且多加溝通說明,留給對方下

台階，這正是所謂「人情留一線，日後好相見」。

九、校長是社區總體營造的推手

學校教育與社區的關係甚為密切──社區是學校教育場域的延伸，學校則是社區公共空間的一部分。現代教育思潮強調「社區有教室」，學生上課的地點不該局限於教室，社區裡有許多地方都是可供學生學習的場所，學校應該多加利用。

校長不但要參與社區的活動，還要與社區的理事長或里長常有往來，將學校與社區的資源、人力相互結合，以求同心打造社區新風貌。具體做法如下：

㈠安排學校的藝能團隊在社區展演。

㈡將社區的名勝古蹟納入學校本位課程，作為鄉土教學教材。

㈢學校開放操場、活動中心讓社區民眾運動，並提供社區民眾進修學習的機會。

板橋國小旁有一座 200 多年歷史的土地公廟，為了辦理廟宇登記，找上學校幫忙。在順利辦妥登記後，個人深獲管理委員及信徒的感謝，不但受邀一起擔任管理委員，廟方每年還提供 5 萬元作為本校學生獎學金，可見學校若能與社區相處融洽，彼此都將受惠。

然而，對於地方派系問題，校長則要保持中立，保持和兩派等距的關係，選舉時千萬不要介入，否則在地方上難以立足。

肆、營造良好組織氣氛，建構和諧校園文化

校長在清楚自己的定位後，又應該如何與學校同仁及家長、學生互動呢？個人以為，唯有營造良好的組織氣氛，建構和諧的校園文化，才能讓教育環境優質化，才能讓教學效果精良化。至於具體做法，個人有如下淺見：

一、順利接軌，遠勝於重大改革

新接掌一所學校，務要深入了解校園文化，並尋求同事接納。社區的背景、地方士紳、家長會長等都要去認識拜訪，鄉鎮市長及民意代表也要尋求機會接觸。對於原任校長，應多加肯定；對於過去的學校運作，則只作讚美不作

批評。當然，人際關係的經營更是重要，校長應放下身段，多建立友誼，少樹立敵人。「人和」是推動校務的不二法門，人和之後才能帶動團隊締造另一個高峰。

開學前的「新生始業輔導」，由於家長都會陪同孩子前來，我們不妨抓住這個機會，讓家長對學校產生第一個好印象。個人的做法如下：

㈠請教務處在校門口布置一道「入學門」，並由校長率同主任們在前庭迎接家長和新生。

㈡請一年級老師利用暑假先將教室清掃乾淨並完成教室布置，課桌上則擺置學生名牌。新生來到教室時，老師親自帶領每個孩子入座。

㈢請家長到活動中心集合，由校長做校務報告並闡明辦學理念。

㈣安排專家做一短時間之親職教育演說。

上述做法，必定能讓家長在第一天就感受到校長、主任及老師的用心，學校也必能贏得家長的信賴與讚美。

二、善用笑聲管理，校園就是笑園，校長就是笑長

校長與老師互動時，萬不可以長官自居；會議中若形成僵局，校長不妨以幾個笑話化解尷尬。在和諧快樂的氣氛下，不但容易形成共識做出決議，老師們也會更加願意把事情做好。

在充滿笑聲的校園中，老師們精神舒暢心情愉快，教學時自然生動活潑，學生們也會受到老師的感染而喜歡學習。笑聲加上悅耳的歌聲、琴聲、讀書聲，這不正是學習的天堂？

三、鼓勵與讚美可帶來無窮的工作驅力

一束花不如一個微笑，一柱香不如一句好話。任何人都喜歡被讚美、被鼓勵，校長若能多鼓勵老師，老師定會更認真教學。

個人深信「讚美會使人更進步，讚美的口角會留有餘香」。所以我常在卡片上寫下對老師的讚美，這小小的動作卻往往帶來意想不到的效果，老師們或將卡片壓在玻璃墊下，或將喜悅與同事、家人分享，更優異的表現更是伴隨而來，舉手之勞帶來無窮益處，做校長的何樂而不為呢？

四、金錢無法取代真誠的關懷

早期美國經濟起飛時，企業或工廠的優秀員工常會被其他公司挖角，即使企業主一再提升員工待遇，也阻止不了員工的跳槽。幾經研究，發現只要公司多關懷員工、多為員工舉辦康樂活動，讓員工間的情誼由淡轉濃，員工在對團體產生歸屬感後，反而不容易跳槽。

學校也是一樣。校長若能真心關懷每一位同仁，甚至關心同仁的家庭狀況，在同仁遇到困難時適時伸出援手，助其度過難關，同仁一定會感受到團體的溫暖及主管的貼心，在向心力與認同感產生後，同仁的表現一定更臻佳境。

五、別指望成員的意見和你永遠一致

任何人都希望自己的想法和作為能得到團體成員的全力支持。然而，個人從行政經驗中卻發現，校長的一句話聽在不同老師的耳中，會有不同的解讀，校長不能奢求同仁全數認同自己的想法。

當異見產生時，校長要善用溝通技巧，誠心的與同仁溝通，並學會用同理心傾聽同仁心聲，讓其感到被尊重、被關心，這樣才能化解歧見。團體中產生了不同的聲音，正是帶給主管自我省思、自我檢討的機會，不同的意見反而可讓主管提高警覺，有助團體的成長。

六、尊重教師專業自主，歡迎家長參與校務，一切以學生需求為依歸，致力校園民主化

學校是為學生而設，學生的名字叫做「今天」，學生的學習無法等待，因此學校的各項措施都要以學生的需求為依歸。當然，校長更要尊重教師的專業，在教師專業自主下，提供老師自由揮灑的空間。

年輕一代的家長無不關心孩子的教育，校長應鼓勵老師多與家長聯絡，要把家長定位為學校教育的合夥人。當然，家長對教育的了解往往並無學理支撐，所以學校不妨定期舉辦親職教育講座，使家長對孩子的關心能適切得法。

針對義工或擔任家長委員的家長，校長應協助其養成正確心態——「參與而不干預、支持而不抱持、關心而不擔心」，如此，校務的推展才不至於受其

牽絆。記得在秀朗國小服務時，家長會長都能與學校友善而正面的互動，一位會長更在當選後立刻發表幾點聲明：

「請各委員不要把政治帶入校園，不要把利益帶入校園，希望大家都抱著單純的一顆心來協助學校辦好教育，有錢出錢，有力出力，對學校有意見時，也請委婉提高見供學校參考。」

更難得的是，每次召開家長委員會時，這位會長還會邀請專家教授前來演講，提供委員成長的機會。

七、留一點空間給別人，留一點尊嚴給得罪你的人

為了推動校務，校長難免會對同仁督促、要求，但校長也應體認，每位同仁的人格特質、辦事能力及行事風格皆有所不同，只要老師教學認真正常，校長便應針對老師的優點多給與掌聲，多給與協助幫忙。

即使老師言行有所偏差，校長也應關心偏差言行的成因，切勿一味苛責。對於同仁，更要多一點關懷，少一點計較；多一點包容，少一點仇視，有容人之量、愛人之心，才會得到同仁們的肯定。

八、不要有國王人馬，要愛那不可愛的同仁

一個學校是否派系傾軋，關鍵在於校長的領導風格。個人服務過的學校，從不見派系產生。

校長要一視同仁，要把每一位同仁的手都牽起來，如此所圍成的圓圈才會大，所發揮的力量才會大。如果學校產生了「小圈圈」，讓某些人被貼上「校長親信」的標籤，那麼其他所謂的「非親信」，對於學校的工作便容易採取「袖手旁觀」的態度，甚至找機會扯後腿，成為校務推動的阻力。

能因事擇人，能善待每一個成員，能讓每一位同仁都願意與自己同心戮力，如此才是最高明的校長。當然，有些「邊緣人」也許常會讓人心煩，校長更要多花心思、多花時間與其互動，有意無意的讓他感受到校長的關懷。

九、校長是可受公評的人物，要任勞、任怨、任謗

校長其實也能歸為公眾人物，老師、學生、家長時時刻刻都在觀察校長的一言一行。當然，「曹操也有知心友，關公豈無對頭人」，校長的所作所為，

不可能百分之百的被全體同仁讚美認同，所以校長要有接受公評、接受批判的心理準備。

聽見批評，校長要虛心檢討，並將批評作為改進自我的參考。如果確定遭到誤解，也應利用機會說明澄清，但須注意說話的技巧與說明的時間，有時候，「不作處理」也許是最好的處理方式。

十、要有風的雅量，水的精神

風可吹起湖面的波紋，也可激起波濤洶湧的海浪，但我們卻看不到風的具象；蓋房子需要水才能將水泥、沙子、小石頭混合凝固在一起，但房屋落成時，我們卻又看不到水的存在。校長就是要有風的雅量和水的精神，在需要出力時讓大家看到校長的存在，但在成果展現時將所有功勞歸功於同仁，不可居功、不可自滿。

伍、做一個有方向感的領導人

一艘船若沒有了方向，任何角度的風對它而言，都是逆風。校長是學校的掌舵者，所以必須清楚自己要把學校帶往何方，更要清楚自己所作的每一項決定，正確的機率是否遠大於錯誤的機率。

一個有方向感的校長，才能讓老師們在船上工作得安穩，也才能讓孩子們學習得安心。所以在行政運作上，校長應該有如下認知：

一、校長不是永遠的領航者，要領導別人先要學會被別人領導

領導就是服務倡導。校長若要激發同仁的潛力和士氣，若要同仁樂於付出，便要以犧牲奉獻的精神身先士卒。

為了給團隊同仁表現的機會，校長要退居幕後，給同仁更大的揮灑空間；在領導過程中，則力求民主化，愈民主化愈能取得共識和凝聚力量；要善用傾聽、接納、尊重、關懷、欣賞等諮商技巧來處理問題，如此才能扮演好領導與被領導的角色。

教師會成立後，校長要多尊重並聽取教師會的意見，維持良好互動關係，必要時也可提供見解供教師會參考，以示對教師會的關心和支持。秀朗國小教師會成立之初，個人向教師會長提出一個逆向思考──「不要向訓導處爭取廢除導護工作」，這個提議獲得了教師會長的認同，教師會決議繼續擔任導護工作以照顧學童上下學安全。個人就此訊息透過媒體報導，家長會深受感動，因此為全校老師及導護工作投保了意外險，以表對老師的肯定與謝意。在個人的誠懇請託與老師們的愛心驅使下，原本可能劍拔弩張的對立，化成親師雙贏的局面。

二、發展學校特色，提供師生成功的機會

學校依課程標準正常教學，讓學生五育均衡發展，培育出有人性、有智慧、有快樂、負責任、會選擇的好國民，是校長辦學應盡的職責。

除了正規課程教學，學校也應成立各種社團或團隊，讓學生專長得以發揮，讓學校特色得以展現。個人所服務過的學校，不論大小，都能發展出別具特色的社團：樹林國小的民俗體育、秀朗國小的游泳、音樂、科展、美術、歌仔戲等，在在提供了師生揚眉吐氣、一展長才的機會。

三、建構主動、敏捷、高效率的行政團隊

學校行政是為支援教師的教學以及學生的學習而存在，一切行政措施都要以師生的需求為考量。為講求效率和效能，行政人員要主動出擊，而不是在辦公室裡等待老師學生。總務處應派工友定時巡視校園，發現損壞，立即修繕；設備組則主動提供教學資源以滿足教師需求。

當老師提出修繕單或建議充實設備，行政人員應迅速處理，如有困難也要提出說明或以其他替代方案協助老師，但攸關安全的事項，一定要即時處理，以免造成意外。

四、不能有惰性思考，內心的思考永遠走在顧客前面

老師、學生及家長都是校長及行政團隊服務的顧客。身為行政人員，腦筋要不停的轉，每天都該思考自己能為大家多做些什麼？還有哪些事沒做好？師生最需要的又是什麼？亦即行政人員不能消極的等待，必須積極的「找事做」，

才能滿足顧客的需求。

五、授權可以增能，享受大權旁落的樂趣

一個校長如果事必躬親，每天必定有忙不完的工作，而且效率不高。人非萬能，更何況時間、體力有限，集大家的智慧才能把事情做得更好。

校長若不懂授權，主任、組長事事得看校長的指示，如此一來，不但才能會被埋沒，也延宕了事情的處理。校長愈懂得授權，其他行政人員愈能克盡其力，愈能展露才華。

校長僅需作重點、原則的提示，給主任組長們享有盡情揮灑的空間，一來可享大權旁落的樂趣，二來可有更多時間思考其他事情，企業家許文龍的充分授權，正是值得我們師法的典範。

六、不要當後座駕駛，但事事在掌握了解中

雖然「授權」是必須的，但校長不可因此而置身事外。幹部在事情處理過程中，也要隨時向校長報告最新狀況，好讓校長了解掌控，但校長不可處處干預掣肘，否則便失去了授權的意義，變成是發號施令的後座駕駛。

七、展現主持會議高效率的風範

會議的目的在匯聚大家的意見以形成共識，校長要能熟悉會議規範，了解每次會議的主題，對於大家所發表的意見要加以統整，不要讓與會人員發言時偏離主題，更要控制會議時間，不可有「會而不議」或「議而不決」的情形發生。個人常會在會議開始時以小故事為會議暖場，讓會議能進行得更和諧愉快。

八、真誠面對各方人士

上級長官、民意代表、媒體記者、學生家長等各界人士，都是校長互動的可能對象，校長對任何人都要真誠相待。在接聽電話時，要熱情的問候對答，能幫忙的事爽快答應，無法答應的事則要好言說明求其諒解，對於陳情或是無法馬上決定的事，應請其留下電話，待調查清楚後再予回應，「事緩則圓」的道理校長必須謹記。

如有賓客光臨校長室，必先奉茶以禮相待。倘非舊識，則先交換名片，並

了解其來意。即使有家長氣沖沖的進來，校長也要先耐心傾聽家長的訴說並給與真切關心，當然，處理過程要顧及維護老師的尊嚴。盡力安撫、好言相勸，用真誠感動家長，並協助其解決問題，務必讓他平息怒氣，而後面帶微笑滿意的離開。

對上級不卑不亢，應對要得體，學校萬一有偶發事件發生，立刻向上級主管單位和督學報告。平時也要與記者保持聯絡，學校舉辦重大活動或有特別訊息，主動邀請記者採訪或主動提供新聞稿件、照片，讓學校的正面新聞能為社區民眾知悉；如有負面情事發生，記者採訪時，雖可避重就輕的說明，但絕不能隱瞞欺騙，必要時請記者謹慎下筆，以求平衡報導。

民意代表為民喉舌、服務選民，常有請託事項，在法令許可範圍下，盡量予以方便；如有礙於法令無法配合的事項，一定要婉轉說明求其體諒，而且對所有民意代表，要用相同的處理方式，不可因人而異。

關懷退休老師也是校長應該著力的工作。個人每到一校，必先寫信向退休老師致意，信中不但表達個人對其生活、健康的關心，也歡迎其隨時對校務提出建言。如果已有退休聯誼會的組織，個人則與其保持密切互動，倘尚未成立，則鼓勵並協助其成立，這就是校長建立良好人際關係的一個做法。

九、面對誘惑，也不能打開後門

採購、修繕等牽涉經費預算的問題，校長務必依法辦理，各項手續務求完備，每一分錢都要花在刀口上。與廠商往來，在謹慎小心之外，手續未完整、進度未達成或未完成驗收者，絕不可輕易付款。便民與圖利只是一線之隔，校長身為教育人員，更應該小心處理。校長操守如何，廠商心知肚明，所以絕不可接受招待，絕不可接受餽贈，一生清譽千萬不可因誘惑而葬送。

十、同仁未解下領帶前，自己不能先行解下

記得擔任老師、主任時，個人總是全校最早上班的一個，當了校長後，到校的時間比過去更早。早點到校，不但可預先思考一天的工作重點，還有以身作則的示範作用，同仁、學生以及家長都會感受到校長的投入與勤奮。萬一有任何狀況發生，還可在第一時間及時處理。

當同仁還在忙碌的時候，校長要持續保持關心，絕不可作壁上觀；任何活

動結束後，校長除了叮嚀同仁重視環境的善後收拾，也要及時向有關處室及相關老師當面致謝，讓同仁覺得校長是跟大家一起辛苦的盟友，而不是坐在冷氣房裡的指揮官。

十一、成功的公關，是包裝而不是偽裝

企業或機關多設有公關室，基層學校雖然無此編制，但仍須重視公關工作。校長平時便要指導同仁，在與家長或外界人士接觸時，應該盡量給人留下好印象，最好每位同仁都能以公關人員自許。尤其門口的警衛及接聽電話的總機小姐，都是代表學校門面的第一線，說話的語氣更須溫柔和婉，說話的態度更須誠懇自然，因為公關不能虛假，因為公關是包裝而不是偽裝。

十二、善用例外管理、走動管理，走入師生的內心世界

要想深入了解老師上課情形，要想知道全校設備的良窳狀況，校長唯有多走動多巡視，才能見到最真實的一面。發現老師好的表現，不妨當面給與讚美、肯定；當然，若發現同仁有不恰當的行止，也應委婉規勸，以發揮走動管理的督促作用。

無論在哪一所學校，個人都是利用走動管理來察知同仁的勤惰與行政的運作情形，尤其新接掌一所學校時，若能不斷的走動巡視，不但可以在最短時間了解學校的生態與積弊，也可知道師生的真正需求。正因個人對於走動管理的重視，所以曾有老師私底下打趣著說：詹校長就像蘭花草，因為「一日望三回」。

學校的成員，總難免有極少數的「特殊份子」，這些同仁不僅無法幫助學校成就大事，還時常給學校招致困擾。對於這類人格特質的同仁，校長一定要善用「例外管理」，不可用對待一般同仁的方式對待他們，在深入了解其個性、能力與價值觀之後，擇定策略與其互動，若策略得當，相信會使其願意展現自己最優秀的一面。

陸、校長的情緒管理

校長也是凡人，也必須面臨悲歡離合的人生種種，也因此會有喜怒哀樂等

不同情緒。然而，教育是樹人的事業，從事教育工作者，必須鍛鍊出比一般人更成熟的人格，尤其一校之長，更需有穩重的風度與成熟的心志，才不至於因為個人的心境而影響了老師的教學與學生的學習。

要做好情緒管理，個人認為可從下列幾點著手：

一、要經營幸福美滿的家庭

個人雖然早出晚歸，假日也常因活動而沒有太多的時間陪伴家人，但自認絕對是個愛家的好男人。

對家人多一點關心、多一點讚美，家庭也就幸福快樂。真正的幸福，只有在家庭中才找得到。擁有幸福快樂的家庭，情緒自然高昂，工作時自然投入，投入後自然事事順利。

二、要養成運動習慣，保有健康的身心

有健康的身心，才能創造美滿的家庭、不凡的事業。要擁有健康的身心，必須養成運動的習慣，而且持之以恆。多年來，個人藉著持續的運動，不但讓身體更健康，也讓精神心情更為愉快。

教育部體育司不斷倡導 333 運動——每週最少運動 3 次，每次最少 30 分鐘，每次運動每分鐘心跳要達到 130 次，校長們不妨以此原則鍛鍊筋骨。

三、要會生活——活在當下，懂得放下

擁有財富，不見得能擁有高品質的生活。生活若能力求簡樸，減少無謂的慾望，就能讓煩惱離自己而去。

若遇煩惱事，要能用智慧處理；要懂得放下，不要揹著包袱睡覺；更要明白「能解決的事，不需要操心；不能解決的事，操心也沒用。」每天過著無煩惱的生活，就是好生活。

四、善用時間管理，生命可以浪費在美好的事物上

愈忙碌的人，所能掌握的時間其實愈多，只要他能把時間做最有效的運用，只要他懂得做好時間管理。

建議校長們把每天第一個小時用在自己身上，利用這短短時間看點書、聽

點音樂，提升自己的知能，淨化自己的心靈。把生命浪費在美好的事物上，有時，真的是必須的。

五、打破心中的虛假，建立一張真實的人生地圖

當我們說了一個謊言，心中一定感到彆扭而不自在、不舒服，唯有誠實以告，不虛偽、不誇張，內心才會踏實，也才會贏得別人的信任。

天下沒有永遠可以隱瞞的事情，讓我們以誠信待人，建構一張真實的人生地圖。

六、疑心是友誼的毒藥，應該化批評為分享

校長要相信自己、相信別人，而且要用人不疑，才會贏得同仁的信賴。

對任何事情少做負面批評，盡量把自己所看到的不好情事，轉化成正面的期望。「能分享別人的樂是人；能分享別人的苦是神」，校長雖非神是人，仍應努力分享同仁的苦與樂。

七、鬆開壓力的拉環

校長工作本已繁忙，而突發事件卻總喜歡在自己最忙碌的時候上門，所以校長的壓力之大，實非旁人所能想像。

個人常抱著「天下沒有不能解決的事」、「時間可以解決問題」、「船到橋頭自然直；車到山前必有路」等信念來面對問題。也要奉勸校長們，遇到壓力時，更要放鬆心情面對，不妨冷靜思考，不妨與主任們共同研議，也許所面臨的問題就能迎刃而解。

八、盡人事、聽天命、成功不必在我

凡事都該盡心盡力，訂好目標，完成縝密的規畫，並且努力完成。

事成後，校長不該與同仁爭功，應把榮譽功勞歸給大家；萬一事情沒有做好而失敗，校長更應坦然面對，多加檢討，把挫折作為未來成功的最佳祝福。

九、毋輕易動怒，毋以自我為中心

每一個人都有喜怒哀樂，但身為主管之人要能掌控情緒，不可讓情緒操控

我們；更不可因不如意事而大動肝火遷怒別人，才不至於破壞同事情誼。

生氣並不能解決問題，所以對於自己的怒氣，務必要隱忍不發。必要時去讚美另外一個人，或把心思專注於另外一件事情，當焦點轉移後，怒氣跟著消失，情緒隨之穩定，才有助於有效處理問題。

十、做一個傾聽的校長，耐煩是領導者的座右銘

優秀的主管要多用耳聽，多用眼看，多用心體會，但要少用口說。不要因事多而煩心，要禁得起考驗，要時刻調整心緒，才能做一個快樂的領導人。

柒、反省與期許

回首過去，從青春到遲暮，大半人生都獻給了教育工作，不敢自誇是優秀的教育工作者，但自忖兢兢業業，時刻不敢怠慢。也因此，在個人所經營過的學校，都能受到家長的肯定，也都能貼近學生，受到學生的喜愛，不但和學生抹去了距離，也給了他們一個快樂的學習環境。

上級的肯定以及無數的獎項，可謂個人教育生涯的殊榮。諸如生活教育的重視、輔導工作的進行、視力保健的推展、學童口腔衛生的提倡等等，均獲得教育部的頒獎，交通安全教育更獲得全國的金安獎；所培育的學生團隊，例如：游泳、足球、柔道、民俗體育、音樂、科展等，在全國大小比賽均有很好的成績，甚至出國比賽，為國爭光。

更令人難忘的是，在許安東教授及學校教練用心指導下，我們培育出了奧運游泳國手；在國寶級薪傳獎大師廖瓊枝老師及團隊老師的費心教導下，秀朗國小的歌仔戲名聞遐邇，還應邀遠赴美國宣慰僑胞。此外，秀朗國小的資優班不但特別重視情意教學及自我學習的方法，資優生畢業前還出版文學作品集錦及科展研究成果專輯，更有數學資優生代表國家參加國際數學奧林匹克競賽，奪得金、銅牌的佳績；除了資優教育的重視，身心障礙及經濟弱勢兒童也是個人所高度關心的，我們曾為失去了聽能及語能的學生舉辦個人畫展，獲得各界很大迴響，也讓孩子對自己有了十足的信心。

經營學校若欲發揮高度效能，若想形塑別具特色的校風，校長除了必須具備愛心、良心、耐心、恆心，更須積極營造學校整體的和諧氣氛、提升行政與

教學的連繫、激發全體同仁服務的熱忱、充實教學環境與教學設備、用心規畫學校特色、有效運用社區資源等等。再以宗教家的悲憫情懷面對師生家長與輔導管教問題；以企業家的積極精神，發揮學校的最大教育功能；以藝術家的美學素養，營造校園的高雅人文氣息。

在教學工作上，充分尊重教師專業與家長期許，建構一個合作、支持、分享的師生文化，鼓勵老師用「愛」與「榜樣」潛移默化每一位孩子；在訓導及輔導工作上，期許老師用「不一樣的孩子，是同樣的寶貝」的包容心態來處理學生事務，並用服務的熱忱對待學生及社區家長；在總務工作上，更須勉勵同仁懷抱誠摯的父母心，提供安全與舒適的教育環境給孩子成長學習，畢竟每一個孩子都是家長心目中最可愛的天使，「安全」是父母最大的期盼。

現今校長儲訓制度不同於以往，國立台北教育大學在林文律教授及鄭崇趁教授的精心規畫下，已為校長儲訓工作建立口碑，北部幾個縣市都委請國立台北教育大學培訓校長，課程不但兼顧理論與實務，又有「師傅校長制」帶來經驗傳承，可以讓準校長們在未來接掌學校時，減少許多摸索的歷程。每一位通過甄試的準校長，都是教育界的佼佼者，再經過嚴謹的培訓，已充分具備擔任校長的條件，學識能力絕不是問題。未來擔任校長是否勝任愉快，推展校務是否順利，關鍵在於是否具有校長人格特質，建請候用校長在這方面多加修為。

數十年的教育生涯，雖然喜樂多過於煩憂，雖然榮耀多過於指責，但榮耀只能證明過去，無法保證未來，教育工作只有「更好」，沒有「最好」。學生的心靈就像一顆顆等待萌芽的種子，我們給與豐富的灌溉、真切的關心，學生將會用茁壯與成長回饋給我們快樂與成就感，這正是我堅守教育崗位，從不疲憊的最佳動力來源。如果重新來過，個人會更積極的增強領導能力與經營人際關係；如有來生，我仍會選擇教育工作，因為教育是與人為善的工作，更是……真善美的志業。

作者簡介

　　詹正信校長，台灣省台北縣人，國立台北師範學院畢業，國立台灣師範大學 40 學分班結業。歷任柑園國小教師 13 年；三和、厚德國小 2 校主任共計 6 年；和美、崇德、樹林、秀朗、板橋等校校長共計 26 年，2005 年 8 月自板橋國小校長退休。

　　詹校長曾任台北縣國教輔導團之健康教育、幼稚教育、自然與生活科技等領域之召集人，也兼任台北縣青少年輔導團副團長；對於推展生活教育、輔導工作更是不遺餘力，因此績效卓越，屢獲教育部頒獎，2004 年更榮獲杏壇最高榮譽——師鐸獎。

　　詹校長耕耘教育園地數十寒暑，一直把學校當作自己的家，把同事當作自己的兄弟姊妹，更視學生如己所出。強調教育需與生活相互結合，並以「始於快樂，終於智慧；始於知識，終於能力」為辦學目標，期許能為社會培育出具備全人特質的學生：讓孩子孕育自信，開展潛能；讓孩子做事主動，無畏挑戰，無懼失敗；讓孩子活得振奮，為自己言行完全負責；讓孩子懂得避免錯誤，更懂得鍥而不捨的學習。

　　百年大計需要優秀的人才來經營、實踐，詹校長正是這樣一位受師生愛戴、受家長支持的專業領導者。在他的戮力奉獻下，教育的四部曲——「説給他聽，做給他看，放手讓他做，讚美鼓勵他。」奏得無比響亮，孩子有了金色的童年，也有了璀璨而充滿朝氣的未來。

校長 22 年

李聰超
台北市雙蓮國小退休校長

　　我不知道應該如何為這篇文章取個篇名，而這文章的內涵是關於校長生涯與理念的陳述，我的小學校長生涯正好進入第 22 年，數字的感覺還不錯，就取來當篇名，雖然有點取巧，但省掉許多的煩惱。還有一個可能的好處，那就是在這集子中，這個題目會重複的機率應該是很小的。

壹、校長機緣

　　從進入師專到分發小學教書，而後高等考試教育行政人員及格，分發到台北市政府教育局工作，還曾經取得台灣省縣市督學的資格，我沒有想過有一天會當校長，因此從沒有所謂的「準備當校長」的念頭。

　　1982 年夏天，當時的台北市教育局長毛連塭先生，有意使局內人員和學校行政人員進行交流，從局裡具有資格的人員挑選一位出任小學校長。在教育局 10 來位股長級的人員中，我是比較夠資格的一個，屬意派我出任南港區某一小學校長，但因為溝通上的問題，我的直屬長官沒有點頭，因此在我都「不知情」的狀況下，與小學校長失之交臂。

　　第 2 年夏天，對 8 年多的公務人員生活頗感厭煩，而且身體似乎有了「職業病癥」，每天上班到下午 3、4 點鐘，開始頭痛欲裂，而大約 1 個月 1 次的腸炎，更讓我意識到「該換位子啦！」想到既然有前年的例子，就大膽的請求一位對我很好的長官，幫我留意。於是我就在一通電話的徵詢下，也可說是在一夕之間，回到我所學的主體——小學教育，從事學校行政工作。那是 72 學年度開始，到這個學年度結束，整整 22 個年頭的小學校長生涯！

　　我當小學校長是「意料之外」的事，我沒有經過校長儲訓，所以也就沒有

小學校長的「證照」。而我當校長前的經歷,除了不滿 2 年的山區小學教師經驗外,其他的 10 年中,都和小學沒有多大的關連,包括服預官役 2 年,以及在台北市政府教育局的主辦業務——5 年中等教育業務、3 年職業教育業務;即使兩度出國考察,也與小學業務無緣。有趣的是 8 年之間,我的工作都和私立學校脫離不了關係;因為這樣的緣故,我以小學校長的身分去修在職教育行政碩士專班,寫的論文是〈我國私立高級中等學校監督與輔導政策之研究〉,和本職工作也沒有關連。

雖然前一段經歷是有點「不務正業」,但教育行政機關 8 年多的閱歷,對我後來的校長工作,應該有很深的影響。我自己覺知到的應該有三方面:

一、和行政機關有著「自然建立」的人際關係:我當校長的前 15 年間,還有許多教育局的長官是我的老同事,他們認識我這個人,很多事也就容易得到理解和諒解。

二、處事過程中對法令規定與行政程序的重視:承襲在教育行政機關所養成「依法行政」的習性,處理校務過程中,決定大小事務先了解法規規範,同時相當尊重人事及會計幕僚意見。

三、校務推動充分的授權:行政機關的科層體制或不能全部移植學校,但分層負責的精神應足參照。我在學校服務充分授權,促使學校行政人員有所作為,承擔起該負的責任,而非大小事情都非仰賴校長不可。

這裡我用了一些篇幅,來說明自己當校長的背景,我不知道這異於一般正規體制出身的狀況,是否影響了所謂的「領導風格」;可惜「教育行政」出身的小學校長不多,要不然做個對照研究,會是很好的論文題目。

接下來的,進一步交代長期以來試著實踐的一些理念,應該是這一篇文章的重點了。

貳、理念與實踐

個人一生所學主要是教育,從學校畢業後做的是教育工作,國民小學學校行政是我工作的主體,在教育理念、學校經營以及行政運作,累積了些許的想法和作為。以下很多的篇幅,我就要從「基本理念」、「經營原則」與「行政運作」來陳述自己的看法和經驗。

一、基本理念

　　教育是什麼？教育工作要怎樣作？有什麼是可以作為指針的？教育工作者
應該有自己的「教育理想」。個人對於「教育」，有三個簡要的想法，一直是
在教育工作上的基本思考，我必須要先說明的，這三個「理念」，是我初任校
長時閱讀到 IBM 公司的經營理念，對自己的工作所產生的想法。這 20 年來一
直與我「如影隨形」，到哪個學校服務都成為我努力的方向，包括：

(一)尊重個性

　　我提出的「尊重個性」，第一個層面有著因材施教的意涵。教育之可貴在
於面對諸多不同的個體，每個個體都是活生生的、有思想、有其獨特性，教育
的實施不應該要求一定的標準，必須保有充分的彈性。如果教育的主要目的是
在發展潛能，每個孩子的潛能是不一樣的，這也正是因材施教之所以必要的主
因。在現有的教育體制下，因材施教具體化的個別化教學，或多或少具有理想
成分，但畢竟是教育實施中一個崇高的理念，教育工作者應該奉為圭臬，盡所
能的實踐。

　　而作為學校的領導人，尊重個性的意涵還擴及對待學校的工作人員，只要
是為學生好、為學校投入、為教育盡心的，都應鼓勵他們發揮特長，貢獻所能。
與其規範教師齊一做法，造成某方面欠缺興趣、能力較弱的同僚的痛苦，不如
鼓勵發揮所長，輕鬆自在的完成有品質的事務。我一向不勉強老師做行動研究，
基本的思考就在此；相對的是鼓勵教師在教學及班級經營中，發揮自己的專長，
創造班級的風格，精進教學品質。

　　當然必須進一步陳明的，我不是反對教師做行動研究，而是要鼓勵有興趣
的、有研究基本概念的教師，在不影響教學的前提下進行行動研究，創作有點
品質的研究報告。分派承擔或輪流的結果，老師即使勉為其難的接受，在教學
工作及研究品質上是否兼顧，是需要審慎評估的。

(二)啟迪智慧

　　教育在傳遞文化、在發展潛能，但就一個教育工作者而言，教育在引導、
協助受教者的成長，成長應包括身心兩方面持續的向上發展，以適應社會生活。

我用「啟迪智慧」作為教育工作的基本理念,一方面相信教育的效能,另一方面則作為教學及行政的準繩,期盼在所能影響的範圍內,學生學到的不只是知識、不只是身心的健康,而是有智慧的適應人類社會群體的生活。

智慧是什麼?既然奉為教育工作的理念,自應有一番解讀。我曾試著把智慧解釋為:智慧是知識加經驗的結晶,是對人對事甚至對生命透徹的理解,在行事處世中都能讓自己滿意,而且不讓人不快。很多人有知識,也有許多人很有經驗,但不見得就有智慧。我知道教育以「啟迪智慧」為理念是個高遠的理想,但相信這樣的理想對我的校育工作是有深切影響的,最基本的是不強調成績,而是給學生機會,豐富他的學習經驗。我會經常提出呼籲:學校應該提供每位學生表演的舞台,提供學生體驗、嘗試的場域,也就是基於這樣的理念。

(三)追求進步

雖然人們對「進步」的意義所指或有不同,有人認為財富的增加是進步,有人認為生活品質的提升才是進步;有人認為文明的創新就是進步,也有人認為文化的提升才是進步,但不容否認的,追求進步應是人類社會普遍存有的理念。教育是人類社會重要活動之一,是提升生活品質、是提升文化水準的主要動力,教育當然必須追求進步。

我把「追求進步」作為教育工作的理念,是基於四個層面的考慮。其一是經由不斷的探究教學,有效的引導學生學習;其二是教學情境持續的更新,提供更為理想的學習環境;其三是教育者身心持續的成長,增進對教育的信心與教學的自信;其四是提供教學的服務,隨時能更掌握效益與效率。而作為學校的領導者,除了自己有追求進步的理念,怎樣促使學校教師及行政人員都能排除沉痾、往前邁步,則不只是口頭說說能及的。

以上花了許多文字在說明我的教育基本思維,不可否認的在 20 多年的學校工作中,到底產生了多少影響,是我說不上來的,當然也就無從以實例來驗證了。然而我確信理念是很重要的,支配了我對學校教育事務的思考,甚至及於所謂的「領導風格」。

二、經營原則

校長是學校的經營者,學校的經營成為工作的主要內涵,就學校的經營,

個人也有三個原則：

(一)維護優良傳統

　　一個學校有了若干年歷史，在行政的運作、家長與社區的參與、教職員工的互動之下，自然的會有校園文化的形成。校園文化的結構因子，有符合社會期望與教育規準的，也有可能為社會所不容或悖離教育的；一個學校教師普遍的熱中進修研究，是符合社會期望且具教育意義的，而早期許多學校教師熱中課後補習，應是悖離教育專業精神且違反教育法令的。優良傳統是長期蘊濡而成的優質校園文化，理論上不應該隨著校長的變動而消長。

　　學校的優良傳統常為社會大眾所熟悉、且是師生引以為榮的，當然是校長經營學校的助力。優質的校園文化形成不易，成為校園優良傳統更需時間的考驗，學校的領導者應有善加維護的認知，至少是不加負面的干預造成損傷。我在服務過的學校中，都有著優良的傳統，就我的理解各以幾個為例：

　　第 1 所學校是良好的生活教育與視力保健績效優異。學校規模小、學生少，師生比在 1：12 上下，師生互動頻繁，校長都能與學生亦師亦友，生活教育易於落實；而學生來自眷村及鄰近農家，本性純樸，易於接受教師的指導。在視力保健方面，由於學校綠化徹底，附近空曠有益眼球調節視距，加上學生課業負擔較輕、課外輔導不多，因而少有戴眼鏡者，在學童視力普遍惡化的情況下，成為台北市國小中頗受重視的特色。

　　到任以後了解到這兩項都會地區難得的特色，將之視為學校的優良傳統，請求全體同仁珍惜並善加維護。在生活教育方面更注意落實於行為當中，注意提醒學生實踐；在視力保健方面，重視愛眼教育及活動，發現視力問題立刻與家長連繫，共同採取有效措施進行矯正。在我離開學校時，我的檢省是：這兩項仍然是學校的優良傳統。

　　第 2 所學校則是員工之間的人情味濃厚。由於學校頗有歷史，許多位老師從師校畢業後就在這裡服務，對學校本就感情深厚；而學校減班過程中，教師大量外調後留下的同仁，有著一種休戚與共的情感，表現於校園中的現象，則有友誼團體的存在、學校活動的熱中參與、婚喪喜慶的聚合等。

　　人情味的濃厚對校務的運作，或有負面的影響，例如遇事因循、鄉愿缺乏原則，但相較於一個同事之間冷漠以對的校園，應該是一種較容易激勵正面發

展的校園文化，應視為學校的優良傳統之一。我身在這環境中，珍視這樣濃厚
的人情味，也學會了融入這個大家庭，因而當年我已過不惑之年，有半數以上
的同事比我年長，大體還能相處愉快。

第3所學校在於家長的校務參與積極與編班的制度化。80年代以前的小學
校園，一向較為封閉，對家長的參與以負面看待者多，我服務的學校位在文教
區，家長學歷及知識水準較高，與老師間的互動積極，對校務的參與相當熱中。
我到這所學校服務後，或多或少的聽到前幾任校長的善意提醒，要注意與家長
的應對；也有同仁對家長的關心教學，表示是不當干預而無奈。我的解讀則是：
家長的熱心是學校發展的重要力量，學校之所以普受肯定應是家長參與後，了
解到教師的努力和用心，如果教師都能以專業理念面對家長，取得家長的認同，
應是增加助力的管道，應該善加運用。

至於編班的制度化，在前任校長時有了妥善的規畫與宣導，並且排除各項
困難——尤其是有子女就讀的校內教師的反彈，以及校外人士的干預，而創出
的優良傳統。我到學校初期，教師反映其他學校有教師子女選班情事，要求比
照辦理。我的回應是：好制度建立不易，要家長接受常態編班，教師卻不遵守
制度，如何能使家長信服？況且員工子女選班，表示不信任某些同仁的教學，
員工之間缺乏互信，如何讓家長信任學校、相信教師的教學。8年多期間維持
這優良的措施，後來幾年由於大眾的了解，全無關心編班的事情發生，省卻了
許多的心煩。

現在我服務的學校，它的優良傳統則在於家長與退休人員的志工服務，以
及校園開放的頻繁。過去服務學校的志工，以交通導護為主，並無完整的組織。
這所學校的志工組織健全，包括園藝、圖書、交通、資源回收等等，運作純熟，
且機動投入其他業務的支援。退休人員聯誼會成員，許多以校為家，經常出入
學校協助各項業務，令人欽佩。到任以後樂見這種情況，參與了志工團園藝組
的工作，並經常拜訪曾在校服務的退休前輩，與之共享經驗。學校辦理2004年
啟智班育樂活動，動員退休老師及家長近百名支援，承擔活動進行的各項服務
工作，工作效率與服務精神，讓與會各校頗為稱許與訝異，就是最好的事例。

校園開放也是這個學校的優良傳統，包括活動場地的外借，與開放空間提
供課餘利用，在學校行之有年，是學校與社區共享資源的典型。校園開放固然
是教育局政策，但開放時間的設定、開放時段的安全維護、場地設施的整備，

都須不斷的檢視。而透過校園開放，社區人士將校園當成休閒場所，他們得到益處後對校園產生的情感，則是維護校園的主力。有鑑於此，校園的開放仍為學校行政積極運作的事務之一。

(二)把握現有資源

校長能利用的資源包括人力資源和物力資源，除了既編預算及原有員工編制外，或多或少有些許資源可以運用。在人力資源的運用上，志工的運作在各校已經普遍；而就學校人力的運用，應有另一層解釋，那就是在校務推展之外，能夠適度的參與其他活動的辦理。但實際的運作上，物力有限，人力的額外運用則還需考慮同仁的意願和權益，都有客觀因素的限制。實際上較能運用自如的，應該只有預算外的經費，主要來源則是家長或社會人士的捐助，善加利用、積小成大，也能為學校增加必要的設施。

10 多年前在第 2 所學校服務時，家長會每年或多或少的募集一筆經費，供學校運用。我和歷任會長建立的共識是以投入設施為先，用在交誼、敬師為次，每年固定完成一種教育設施，視經費多寡來規畫施作。6 年之間分別完成了圖書閱覽室、視聽教室、藝廊、團體活動室、玄關、閱覽室冷氣等的設施，有效的改善了學生學習的環境。這樣的結果，讓我離開這所學校時，頗感安慰。

(三)展望美好未來

這裡的展望美好未來，當然沒有九年一貫課程推出後，所揭示的「學校願景」涵義寬廣，但應該也有觀照學校未來發展的意義。個人以為：就校長的職務而言，是引導師生往前邁進的指標；就全校師生而言，則是凝聚向心力共同努力的方向。具有未來觀的校長，才能把學校推向新的境界，校長要把學校帶向哪邊？全就在這一念之間。

我的第 1 所學校正配合信義計畫擴校，校地由原來的 2 千餘坪增加到 1 萬坪上下，規畫理想的校園、提供優良的學習環境，成為全校共同關心的議題，大家共同展望美好的未來，雖然因而業務擴大、受到的關注也多，但同事們都引以為樂，因為有著「美好的未來」。

第 2 所學校因為急速減班的關係，教室閒置者多，管理不易，利用也費思量；加上校舍老舊、外觀斑剝者多，且各項教學設施欠缺嚴重。我到任以後先

從學校植栽的整理移植開始，讓原本花木隨意種植的情況改善，形成新的校園植栽景觀，引發同仁對環境整頓的共識。然後進行校舍整修與利用的規畫，為環境的改善畫藍圖，幾年下來，教學環境有了很大的改變，外來的人士會說：學校改變不少！

學生太多、校地狹窄、校舍擁擠，是我第 3 所學校的問題，是老師及家長們都期待解決的問題，我們展望的未來是：每學年減去 2 班，空出 10 多間教室，增加專科教室及教師研究室，師生都有較好的校園空間，學校附近正新設學校，到我離開時，我們的想望部分獲得實現。

三、行政運作

學校的行政運作，事關學生學習成效、教師教學品質、學校社會聲譽，影響深遠，個人運作的基準是：先尋求法源；如法無明文，則依據教育理念說之以理；再則透過會商尋求共識。

(一)遵守教育法令

我們的教育法令用「多如牛毛」來形容，是有點言過其實，但如果說是「鉅細靡遺」，應該是相去不遠。問題是學校教育人員的法律觀念普遍的欠缺，這種說法是有依據的，例如：應家長因兒女入私立學校要好成績的請求，更動原記載的成績；應家長的請求，在戶籍不合實情的升學資料上簽章，雖然事小，卻都有違法之虞。而由於法律素養的欠缺，對行政常有「以前可以為什麼現在不可以」的質問，或者類似「校長說……」的用語，誤以為不用管法規規定如何，只要校長同意或沒意見，就可以為所欲為。

「依法行政」是法治國家的重要原則，公立學校校長推展校務，自應在法規的規範下，依據規定來進行。依據教育法令行事，除了免於負擔難以承擔的責任之外，更是抗壓的利器，可因而排除不必要的紛擾。校長萬萬不能有「維護權威與尊嚴」的心態，讓同仁誤以為只要校長點頭，一切就沒問題；我常提出這樣的觀點：違反法規的事，即使校長同意，一樣是違法。

我在第 2 所服務學校發現這樣的事情；校外教學時科任老師隨行，但少數教師出校門後即離隊他去，尚且請領當天的誤餐費。知道這種情事發生，除要求當事人請假外並註銷誤餐費之申領，引起相關教師之情緒反應。我的處理是：

要業務主管的訓導處轉知，既未前往校外教學，誤餐事實不存在，自無申領誤餐費之理，否則恐有法律責任；一方面請人事人員通知當事人，奉派帶學生校外教學，未執行工作即擅自離去，應屬曠職，請假已法外通融。如此才消弭紛爭。

(二)衡酌教育理想

教育法規雖幾近鉅細靡遺，但總有未盡周全或由學校彈性處理情事，校長運用權威以「命令」形式，要求執行，可能窒礙難行或出現「虛應故事」的情況，訴諸教育理念應是可行途徑之一。學校工作的成員，都屬受過高等教育的、受過教育理論薰陶的，對教育理想的理解與接受，當屬可期。現階段教師自主意識高漲，說之教育理念較易獲得善意的回應，尤其是以「專業展現」的觀點來進行溝通和互動。

在服務的第 2 所與第 3 所學校，為了推動全校參與校內科學展覽，對同仁進行說服工作，向老師們說明科展的製作，是師生互動的好機會，透過這一有意義的活動，具有凝聚班級向心力的實質效果，同時也啟發學生發現問題、探究問題的興趣，是教師教學的延伸。因而得到教師們的支持，參與情況普遍熱烈且積極。

近年來因應教育發展所提倡的教學檔案製作，推動初期，教師因對檔案陌生且無例可循而卻步，或因教學工作忙碌及其他因素，而藉詞推託。此時說服的策略之一，就在陳明製作檔案的意義，尤其強調此乃教師專業表現的具體呈現，老師將平時教學中所儲備的資料，系統化、結構化整理，即是累積成果展示專業的「教學檔案」。呼籲教師們以展現專業能力為念，投入教學檔案的製作後，觀察教師的回應，大都欣然接受。

(三)透過民主機制

校園中各種委員會、推動小組林立，許多的校務基本上需透過民主機制──會議來協商、討論、決議，既然經過討論與決議，應該允許參與的成員，有充分發言的機會，依照會議程序作成決議，始能讓意見未被接受的成員信服，不可以獨斷的作為，強做結論而招物議，更可免橫生枝節。尤其必須開會決定的事，不可預設立場要求與會成員無條件背書，否則開會意義盡失，難防悠悠

之口。

　　個人的經驗是：校長本身因立足點不同，切入事件角度亦不同，難免會有必須「獨排眾議」的處境，可以據理陳述，透過廣泛的意見交換，獲得多數成員的認可，不能自以為是而驟下結論。學校中的人事問題，遇到校長與考績會或教評會成員意見相左的情事，並不少見，妥善因應處理為上策。

　　個人曾經遇過這樣一件事：多年前學校招考一位英語教師，報名應試的只有一位 50 來歲的男士，原任職明星高中，辭職出國返台，在國小代課。甄選小組就試教與口試結果，建議錄取；但在教評會開會討論時，有委員認為該男士一再強調渠在代課學校，訓練學生參加校外英語競賽，成績輝煌，似有扭曲小學英語教育之疑慮；又有委員提出渠教學用語，對小學生而言較難理解；我亦認為渠服務高中 20 餘年，對小學生態恐難適應。

　　經過一番討論後，甄試小組對錄用與否並無定見，但憑委員會決議。在徵得與會委員因事關重大，需出席委員超過三分之二，始可否決甄選小組錄取建議之共識後，進行表決。結果是反對錄取者超過三分之二，該次教師甄試錄取名額從缺，原建議錄取之甄選小組亦無異議，遵照委員會決議，也消除所有疑慮，防範以後可能出現的教師不良適應的問題發生。

參、學校的經營

　　到目前為止，除了現在服務的小學，我的校長生涯經歷了 3 個學校，第 1 所任職 5 年、第 2 所任職 6 年半、第 3 所任職 8 年半，現在服務的學校將滿 2 年。我的學校經營本諸前述理念，也深受本身個性、詩學論點的影響。

　　我的個性是有點拘謹的，尤其面臨陌生的環境；對不熟悉的人欠缺主動關懷的熱情，更缺乏主動溝通的意願。影響所及，每到一所新學校，與同事之間的互動都必須較長時間的互相觀察和磨合，才有較多的互信與較無障礙的溝通。也因此我留給一般同事「不容易接近，但容易相處」的印象，這是對我個人的不了解，也是我該修正的地方。

　　我大學念的是中文系，對中國詩學「水中著鹽，不著痕跡」的境界欣賞有加。我在學校的校務推動，受到這觀念的影響，對事情的要求，不會過度積極的尋求改變，而是知道問題所在，找尋適當時機，做最好的切入，避免對原有

的生態產生太大的衝擊，也收到「追求進步」的成果。

　　檢視服務過的 4 所學校的情況，好像都沒有刻意的經營，但似乎也都能「因勢利導」的呈現我經營學校的重心，我試著將之歸納為：

　　第 1 所學校：打破班級建制、引導學生發展。

　　第 2 所學校：激勵師生信心、提升教學品質。

　　第 3 所學校：適應教育變革、建立運作體制。

　　第 4 所學校：運用校園特色、營造永續環境。

　　以下是我一些經營學校的思考與心得：

　　我服務的第 1 所學校位在信義區眷村內，原是兵工廠子弟學校，由於校地牽涉到都市計畫關係，一直維持木造平房的格局，也無所發展。雖然是個環境優雅的小學，但家長缺乏信心、學校缺乏競爭力，學生人數也一直沒有超過 200 人。怎樣在既有的主客觀因素限制下，提供學生豐富的學習經驗，成為學校校務推展的重要課題。我在和同事溝通後，採取幼童軍小隊制度的精神，將全校 150 多位學生，打破年級建制編成 6 組，由高年級帶低年級，每組由 2 位老師指導，進行各項正式課程以外的教育活動。

　　活動的項目包括蔬菜栽培、話劇表演、體能競賽等等。學生自己種的蔬菜收成的時候，在老師指導下採摘烹煮，分享耕耘的成果，樂趣無限的成為校園中難得一見的場景；分組表演的投入，學生們不在乎分配到什麼角色，演起乞丐來比演公主的還傳神，令人拍案叫絕。

　　我還曾經帶著 5、6 位輔導室專責輔導的學生，在校園的角落利用工地土塊，和砍下來的多餘樹枝，造土窯、烤番薯，讓學生有了不一樣的經驗。

　　我喜歡那時期的生活，20 多年後還會有學生記得這個校長，打電話或寫信問候，我常自認那是我從事教育工作的「黃金日子」，真正的實踐了對教育的一些想法。

　　由於交通因素和工程招標不順的因素，我在 1988 年夏天，轉任萬華區一所老學校的校長，校地寬廣但校舍老舊，空餘教室過多，加上校園植栽雜亂，環境的改善當然是重要工作，但更嚴重的問題是教師喪失自信、家長對學校失去信心，如何重振校風成為我面臨的難題。

　　學校從 60 年代的 100 餘班，驟減到我到任時的不到 50 班，人事調動的欠合理，造成教師年齡老化，年輕教師取到較高學歷又轉任國中，加上畢業生在

國中表現不如家長期望,因而信心動搖。教師心態存在著「我幾十年都過了,有必要改變嗎?」、「社區背景不佳,學生教不好是應該的!」的想法。試著轉變校園文化,成為我任內最大的負擔。

面對問題,我所採取的策略,包括:

積極面的

一、接受教育參觀及教學實驗:讓各師範院校到校參觀,並配合板橋國民學校教師研習會進行道德與健康課程實驗,教師逐漸有「見世面」的勇氣,從與外界的接觸中獲得肯定而建立自信。

二、適當的舉辦各類才藝活動:每個學期以各年級一靜態一動態活動為度,讓學生有公眾演出的機會,提升學生學習興趣。

三、鼓勵參加校外活動:學校資源有限,選定重點項目參與校際比賽,包括舞蹈比賽、話劇公演等,並且每年積極參與手球比賽、科學展覽等活動,建立家長對學校的信任。

四、承辦大型活動及教材編印:辦理台北市啟智班育樂活動、編印台北市第一套國小鄉土補充教材,獲得主管機關稱許,也肯定同仁的能力。

消極面的

一、勸導停止課後補習,避免填鴨式的反覆練習並排除考試評分不公的質疑。

二、禁絕參考書進入校園,消弭測驗卷使用的氾濫,以促使教師採取多元的教學活動,進行有效的教學。

三、勸止教師於學校上課時間內任意外出情事,形成到校就應專注於學生的認知與風尚,改變社區及家長對教職員服務精神的觀感。

6年多下來,學生素質是否提升,因為沒有可靠的資料可以解釋,不敢妄加揣測。1994年中承辦一次教育局委辦的「藝術走入校園」活動,蒞校主持開幕典禮的單小琳副局長,在觀看學生配合的藝文演出後,頗為讚許的說:「沒料到在這裡也會有這麼具文化水準的演出!」讓我們頗感欣喜。

到第3所位在文教區的學校服務,是個很大的挑戰。這所學校年年額滿、家長教育程度高、學生程度優良;雖然家長對校務的參與積極,與教師的互動更是頻繁,行政在教學上的著力有限,凡事多加說明溝通,以專業和理性陳述,校務推動大都可以得到認可。但是逢80年代中後期,教育改革呼聲四起,法令的變革及新課程的實施,促使學校轉型,體制的建立成為校務推動的首要工作。

　　在家長參與校務的要求下，首先需要著力的是健全家長會組織。學校家長方面的特質是雙薪家庭多、在法院服務的家長也不少，家長會組織有關章程、運作要點等，在「依法訂法」的操作下，很快的進入正軌。除了校務的參與，請家長參與學校各項服務性質的工作，則在適當的時機提出，也大多獲得有力的支持，例如教育局宣布老師不值交通導護勤務時，隨即請求家長會成立志工團支援等等。

　　學校本身因應法令的更張，需成立許多任務編組，在法令規範不明確之下，考量學校各方面的因素，做更細膩的規畫，俾利爾後的運作，需審慎進行。這期間成立的教評會、課程發展委員會、教科書評審等，都一再的折衝才定案，運作下來也都順當。例如教科書的評審，除了組成專責小組、宣導相關規範外，舉辦研習增進教師知能、舉辦說明會讓書商有相同的發表機會、透過溝通形成同年段不更動版本的共識等，都有明確的體制可循。

　　在制度的建立過程中，並非凡事順當，我個人最為在意的是教師會的「職務安排積分制」的要求。在許多學校以積分作為安排職務的潮流衝擊下，這樣的請求順勢而起，是可以理解的。個人的觀點是：如果積分採計的內涵和比例是合理的，應該符合大多數人的利益，也容易為大多數的教師所接受，並為家長所諒解。但在制定實施要點的過程中，教師會無視於「專才專用」的職務安排原則，一味要求以在學校服務年資為積分依據，並在開會時一再要求以表決處理。

　　學校行政方面的因應，認為職務編排「專才專用」有明文規定，以年資積分完全悖離這項原則。個人了解後亦期期以為不可，提出年資積分與「專業發展」對等積分，並採計他校服務年資的觀點；其中的「專業發展」積分應包括學歷專長、研習進修、著作專論等。後來經過數度開會，在個人依著理念的堅持、家長會的支持，以及擔任檢察官的家長會長對會議表決方式的解釋下，才結束紛擾。

　　不可否認的，這事件造成我對某些教育人員思考模式的不解，也在任職屆滿的情況下，完全不考慮家長會的一再要求連任，毅然決然的離開。

　　現在服務的學校位在老社區，人事安定、學校與社區互動平穩，而就整體教育環境審視，九年一貫課程的推動已逐漸定型，校務運作已然制度化，教學方面雖然仍有改進的空間，但短期內應不致有過大的變異。而學校校地寬廣，

綠美化工作已建立基礎，校園動植物資源豐富，為都會區學校中較為特殊者。就學校條件來思索學校的發展，結合「永續校園」的理念，運用資源營造生態環境，應屬可行。

審視學校既有條件，提出永續校園的六大方向，做為規畫、運作的基礎，包括：

一、善用現有校舍建築。

二、校園空間永續經營。

三、各項資源循環利用。

四、創造校園生態環境。

五、結合社區頻繁互動。

六、提供學生學習資源。

而當前努力的重點則是，在「永續校園」理念引導下，著力於：

一、持續現有的成果，繼續舊有基礎，規畫辦理永續校園相關措施，建立「雙蓮國民小學」與「永續校園」堅固的連結線。

二、持續儲備相關教學資源，並鼓勵教師將之轉化為教學活動設計，融入九年一貫課程的教與學。

三、採取有效措施，促使師生實踐永續校園的行動，使永續校園的理念，落實於日常生活中，而不是只喊「口號」。

四、結合社區，將學校永續經營的努力與成果，影響社區，共同創造永續經營的社區文化。

五、3 年內廣植蝴蝶食草及蜜源植物，創造蝶類繁殖及生存環境，使校園成為一個蝴蝶飛舞、生態意象鮮明的大花園。

我的第 1 個學校是無所選擇的，既然決定離開教育行政機關，就聽從長官的安排，學校位置在哪裡都還不知道。第 2 所也非我志願的學校，發布以後才知曉的；我第一次去拜訪時還找不到校門在哪裡。調任第 3 所學校在寒假，當時國中小校長調動早已發布，原本有繼續在原校服務半年的準備，誰知農曆年過後又有一位國小校長升任國中，我就倉促間去頂他留下來的位置；這所學校我只進過一次，幾乎沒留下印象。第 4 所學校是參加遴選的，原來所接觸的學校並沒有列入考慮，而據聞學校也有了意中人選，而我最後是來到這裡；第一次來拜訪家長會時，還要原任校長清楚的告訴我，該走哪條道路、該在哪個路

口左轉或右轉呢！

到目前為止服務過 4 所小學，都歸為偶然和機緣。這很符合我的人生觀：一切順其自然！因此我不太認同校長遴選中，針對單一學校敘寫「學校經營方案」的做法；校長的學校經營策略應該是對學校有深入的了解，掌握社區特性、校園文化特質以及可運用資源後提出，在溝通建立共識後，才能有效實踐，否則將流為紙上作業。

肆、展望「校長 33 年」

個人 20 年的學校行政經歷，除了本諸以上的思考外，隨時所感動、啟發的，也都念茲在茲的希望和本職工作相結合，時時提醒自己，多為教育盡心力。在此，願就幾個深切感動的舊事，和大家分享：

有一年的 7 月下旬，我第 8 度踏上金門，以自助旅行的方式，更深入的認識了金門的自然風貌與人文景觀。雖然熾熱的陽光讓人皮膚刺痛、褥熱的溫度讓人難受，但深覺收穫豐碩、不虛此行。印象最深刻的是：一座規模很小的小學大門前，一排近百公尺的高大楓樹，讓人震懾、敬佩。敬佩的是在幾十年前設校之初，主事者就有「樹人樹木」的遠見，教育工作就需要這般的遠見。

有一回，我在假日到了服務學校處理事情，發現外人車輛進入了學校大門，大大方方的停放，心中有點不悅，就以一種報復的心態，將一向不緊閉的鐵門給關上了。後來我才發現，另一位也要到學校的老師，卻因此而進不了門，正為無處停車而著急。這給我的啟示是：行政絕不可只看單向，或者有一種要權勢的心態，否則會帶來負面的結果。

近年讓我感激的家長有很多，但讓我最感動的是：有位子女已經畢業離校好幾年的家長，突然打電話來說：好不容易找到一棵紫藤，希望種在校園裡，讓孩子們對它的生長有所體驗。我很支持他的行動，正要約定請人取回栽種，他就掛了電話。不到 10 分鐘的時間，他已經扛著一株攀藤植物，出現在三樓的圖書室了。這株紫藤已種在校園一角，我期待它的美會感動每個人，也相信背後的故事更感人。

太多生活周遭發生的、讓人在工作上有所啟發的故事，一時間道不盡、說不完，對於自己的教育工作，也都能本著一種敏感度，隨時吸納、接收新的事

物，不斷的省思教育的得與失，審視所為給了學生些什麼？是不是能有效的協助他們的成長？

如果退休制度的變革不大，我可能在現職任滿後退休，也就是在 2 年以後歸隱故里，做個實質的農夫；如果沒有退休，繼續好好的做下去，到 65 歲才屆齡退休，我的校長生涯會有 33 年的時間，也許也是個很好的數字。但不管如何，對未來的校長生涯，還是有些自我期許與惕勵：

一、我非全能：我最欽佩那些凡事躬親、鉅細靡遺的校長們，他們精力過人也聰明睿智；但我常告知同事，校長並非萬能，不能解決所有問題，學校的好需要大家共同努力。過去如此，將來更要隨時提醒自己。

二、相信人性：人性善惡的爭論不定但對教育的必要都不否定，作為一個教育工作者，我寧可認定人都有向善、向上的本性。要相信學生是可教的，更要相信教師都有一顆善良的心，期許孩子在自己的扶持下不斷的成長。

三、尊重制度：校園民主在潮流的激發下，已生根茁壯，校務共同參與分攤，運作逐漸成熟。學校行政首應尊重體制，透過合宜的機制運作，避免陷入「校長霸權」的泥淖，避開因獨斷而造成的紛擾與不安。

四、謀定而動：面對教師的年輕化、家長的強勢參與，以及溝通管道的便捷，校長必須面對及處理的校園事件，必然愈來愈多；遇事了解情況、全盤掌握，謀定而後動應屬上策。

五、教學為先：多元的社會，影響教育的因素相對複雜；一切活動應考量其教育意義，在資源及時間都有限的情況下，教學的常態化應該是最優先的。

六、承擔責任：在「首長制」的前提下，校長必須承擔學校經營的責任，無可旁貸；更重要的是要體認到：諉過給同仁是不義，推責給前任校長是無德。

我努力的在使這篇文章符合主編的意旨，但 22 年的時間是有點長，經歷過的大小事情也有些雜，既然不是回憶錄、又非流水帳，就試著釐清一個脈絡，照著脈絡來抒發，也許還是沒有講清楚，但我只能這樣做了！

作者簡介

　　我出生在雲林古坑偏遠的山村，早年是貧困、樸實的地方。隨著 921 和土石流的危害後，人們開始賣咖啡、經營民宿，成為商業味濃的地方，我的「原鄉情」盡變了味！

　　師專畢業沒做多久的老師，跑到教育行政機關辦公，偶然的機會回到小學當校長，一過 22 年。前些時間還有人會問：如果你留在教育局……。我的回答是：人生沒有「if」，如果重新選擇，我還是選擇現今的路！

　　我的人生觀是：一切順其自然，肯定自己的選擇，接納生命中的一切！

不悔的青春

楊宗憲
台北市仁愛國小退休校長

壹、校長之路多曲折

　　小時候，對於自然科學極有興趣，不論是生物、天文、地理、物理、化學都讓我深深著迷。所以每次老師問到我未來的志向時，我都斬釘截鐵的說：「科學家」。

　　初中畢業，除了母校保送直升高中，我也參加了升學考試，第一志願——工業專科學校意外落榜，卻考上不想念的師範專科學校。放榜那天，家裡來了許多客人。他們除了恭賀我這個村裡第一個師範生，為村裡帶來光彩之外，最重要的是都勸我不要念高中，因為念高中要繳許多學費，3 年後還要考大學，念大學更要一筆龐大的學費，不是我的父母親能負擔得起的。而師範學校享有公費，畢業後又有安定的職業，就讀師範學校有許許多多的好處。我心裡雖然有些不願，可是看到父母辛苦的模樣，想到家庭經濟的窘困，我最後還是選擇了走上教育這條陌生的道路。

　　在師範專科學校那 5 年師資培育的日子，卻讓我漸漸喜歡教學這項工作。在每一次教學實習的時候，都讓我深深體會到和天真無邪的孩子們在一起真是一種幸福。師專一畢業，我放棄了分發都市任教的機會，馬上申請回到故鄉的偏遠小學——桃園縣樹林國小服務。

　　在故鄉服務 8 年的歲月，是我一生中最快樂的時光。因為我把我的志趣——自然科學和教育結合在一起，我包下中高年級全部的自然課，我帶著孩子們做實驗、觀察星空、製作標本、參加科學展覽，我們師生共同設置自然專科教室。我們的足跡遍及海灘、防風林、田野和小河，我們拜訪過農夫、工人、漁夫和

修理電器的專家。我在教學中享受到無比的快樂，所以那時候的我只有一個心願——永遠在鄉下當一輩子的老師。

我在 1977 年結婚，情況有了 180 度的改變，我調到繁華的台北市服務。環境在轉眼之間一切都變了樣：海灘看不見了、防風林看不見了、星空也看不見了，孩子們下課後急著上補習班，無法跟著我一起做實驗一起做研究。我的教學工作不再那麼順手，不再那麼迷人，我的心中有一股深深的失落感。

當時學校的人事葛澄真主任鼓勵我參加國小處主任甄選。雖然我對教育行政的興趣缺缺，但拗不過她的美意，我參加了甄試並且獲得錄取。經過幾個禮拜的嚴格儲訓後不久，便帶著一絲忐忑和生澀，應聘到博嘉國小擔任訓導主任的職務。博嘉國小位在台北市的郊區，交通較不方便，所以會選擇那裡，只因為要報答一位未曾謀面的簡進財校長，他為我保留了一個職缺，所以我也義無反顧的到那裡服務。

很快地，我就從行政工作中找到了樂趣。我在校內推行生活教育，讓學校到處整潔美觀，教導孩子們有秩序有禮貌。帶領孩子們種植許多樹木花草，不但美化環境，也推廣到社區。下課後我們訓練女子足球隊，我們的女子足球隊曾獲全國學童盃冠軍。這些成果給我一個啟示，那就是——教育行政工作與個人的理想是可以相結合的。這個啟示的產生，可說是我有志擔任校長這個念頭的開始。於是我在工作上盡心盡力，也積極的向前輩校長們學習辦學的理念和經驗，並且利用夜間參加進修，同時和一位學弟——陳根深主任結成夥伴，一起讀書，彼此相互勉勵，積極準備參加校長甄試。雖然經過失敗的打擊，反而讓我們更加用功。這樣的努力，終於在 1986 年得到報償：我們如願的考上了台北市國民小學校長甄選。經過 8 週嚴格的儲訓，及格後我立即被分發到心目中的理想學校——平等國小服務。

平等國小雖然校地不大，學生也不多，但是各項資源極其豐富，是一個施展教育抱負的好地方。我們為學校與社區之間建立了很好的互動橋樑，家長和社區成為學校最有力的支持者。我們成立傳統布袋戲團，不但提升了孩子們的學習興趣，並且經常要到國內外表演，孩子們變得更有自信。我們和其他郊區學校一起推廣田園教學，讓我們的孩子們從自身周遭的環境中開始學習。我們設立幼稚園、新建游泳池、充實圖書館的書籍，讓我們的孩子有更為良好的學習環境。所以可以說在平等國小服務的那一段時光，個人的教育理想真正得到

充分的發揮。

　　就是因為有了全心的付出，所以深深體會到一個領導人對於一個學校的影響有多大。就因為有了平等國小這些寶貴的辦學經驗，才讓我有勇氣在1991年接下籌備南湖國小這個重擔。我當時已有自信——我可以蓋一個好學校，因為我已經知道什麼才是好學校，並且我已做好準備。

　　籌備南湖國小的3年期間，是我一生中最忙碌的日子，幾乎是全年無休，但也是最充實的日子。縱使籌備處的人力不足，經費有限，但是能夠把自己的教育理想－建構一個國際的、人文的、科技的學校－充分的融入建築和設備之中，為新學校打造一個遠景，並且一步一步的實現，那種滿足和快樂，是筆墨無法形容的，只有當時唯一的夥伴——籌備處的王素蘭主任可以體會。

貳、校務經營藝術化

　　學校經營經緯萬端，絕不是一個原則、一個方法所能涵蓋。每個學校的條件都不相同，所以「因校制宜」是非常重要的原則。因此經營一所學校，必須對於學校的優勢劣勢、各種資源、學校文化、學校歷史和學校目標有深入的了解和認識，然後根據教育理念，擬訂一套可行策略，集合所有可用資源，凝聚親師生的力量，共同促進目標之實現。

　　就個人而言，一直認為教育行政工作是服務、是支持、是分享，而不是管理也不是監督。校長有責任為教師指引方向、提供他們資源、給他們一片天空，幫助他們解決無法解決的問題，當然也一起分享他們的過程中的辛苦和達成目標後的快樂。至於紀律和規範，則需透過尊重和教師自省的工夫，將之內化，使教師能自我管理自我要求。校長要不斷鼓勵教師能站在一個更高的地方，讓自己的光和熱，不但能照亮別人，更能點亮別人，讓更多的人一起發光發熱。

　　教育的推動靠一己之力是不夠的，必須有一個齊力同心的團隊來共同努力。所以行政團隊的組織就顯得十分重要。對於行政團隊，「幫助個人的自我實現」是我的承諾，「用人不疑」是我的原則，「授權而不授責」是我的做法，所以行政團隊可以放心做、大膽做，因為後面有校長支持、有校長負責。幾年來我們行政團隊都是緊密的團結，在共同的目標之下，各司其職，更能相互支援，再大的困難也一一克服，再重大的任務也都一一完成。

　　然而學校行政只是手段，必須透過課程的設計安排、教學的實施，才能達到教育的預期效果。九年一貫課程的實施，為了適應地方不同的需要，課程方面預留了若干彈性，這正是發揮校長課程領導的最佳所在。我在平等國小服務期間，學校位在陽明山上，擁有豐富的天然資源和人文環境，我們把這些有利的條件，融入我們的課程與教學之中，成為學校的特色之一，因此吸引部分市區家長，不辭辛勞的把子女送到山上來就學，也解除了郊區小學被廢校的危機。後來的校長和老師們，更將這些成果彙集成冊，提供給更多的學校和教師參考。從此郊區學校在台北市國民小學教育中，扮演了更積極的角色。

　　近幾年來，國家財政每況愈下，相對的對於教育的投資也日益減少。因此學校的硬體更新、軟體的添購、設備的維護等等經費都受到限制。於是如何拓展社會和家長的無窮資源，成為一個校長最重要的課題之一。我認為最好的方法是邀請家長和社區一起來建構學校願景，並且一起來追逐夢想。也因為有了參與感，社區和家長的力量、資源將會源源不斷的加入，特別是首善之區的台北市。我曾經為了成立布袋戲團，向家長會報告我的想法，並向他們請教，希望能一起為學生做點事，也為傳統藝術做一點貢獻。這個想法得到他們的認同，同時也募集到一筆經費，足供布袋戲團活動之用。

　　當然家長和社區的參與也可能有負面的作用，他們不當的要求與不當的干涉常會為學校帶來困擾。因此校長平日對外關係的經營就顯得十分必要。這並非要求校長可以不理校務，天天和家長會、地方仕紳、媒體記者、民意代表們交際應酬，而是要維持適當的良好關係。只要校長公正無私，品德端正，其實還是可以得到尊重的，甚至他們還會在學校需要協助的時候能夠助一臂之力。1991 年，我接掌南湖國小籌備工作，市長指示校舍工程交由新建工程處辦理，可是新建工程處人手嚴重不足，加上和學校單位曾經有過不愉快的合作經驗，所以對於南湖國小校舍新建工程並不重視。眼看著時間不斷流失，招生的日子也一天一天逼近，我決定不再消極等待，於是和總務主任一起帶著設計圖，到新建工程處面見處長、科長以及相關的人員，向他們說明這個學校設校的迫切性，並介紹這個學校將是一所最新穎的學校，邀請他們一起來蓋這所好學校，相信他日我們將以曾經參與建校的過程而引以為榮。也許是這番話打動了這些人的心坎，南湖國小校舍工程被新建工程處列為最優先的工程之一。這個理想也獲得建築師、營造廠和社區人士的認同。有了這些力量的加入，使得工程進

展順利，並且在 1994 年如期招生。

　　對於一個新學校，校舍的竣工才是真正教育的開始。新學校首先需要一批專業的行政同仁來管理校務及提供各種服務。我們以真誠、信任來選拔行政同仁，並透過一些正式和非正式的聯誼，讓大家目標一致、步調一致，建立「一家人」的情感。並以這種情感做出發，我們帶著宣傳單到師範生分發現場去宣傳，吸引了許多優秀的新進教師加入我們的行列。這些新進老師充滿教學熱情，我們又有資深同仁予以指導，加上新學校有許多可供發展的機會，所以這些老師日後都成為學校的重要骨幹，是學校不斷往上提升的主要動力。

　　1996 年，是學校權力結構發生邅變的一年。教育當局立法同意學校除了家長會之外，也可以成立教師會，兩會與學校行政鼎足而三，共同議定學校重要決策，打破傳統行政獨大的局面，當時引起很大的起震撼和衝突。我個人一直認為學校的決策權應該由全體師生家長所共享，與教育當局的理想是相符合的，所以對於學校成立教師會，我不但樂觀其成，並且還鼓勵教師們踴躍參加，自己也成為教師會的榮譽會員，學校有重大的政策決定，一定邀請教師會一起研商討論。所以學校教師會不但沒有遭到少數人把持，更能以理性的態度來參與學校事務，一起為學校的進步與發展共同努力。

　　學校是一個正式組織，很自然的就會有非正式組織的存在，兩者如影隨形，校長必須以健康和包容的態度去面對。不論是因工作關係或情感因素而自然結合的非正式組織，他們都可以提供同仁們安全的心理空間，安定同仁的情緒，促進同仁繼續努力的動力。當然也有可能使組織僵化，限制組織有更大的發展。所以容許非正式組織的存在，並賦與適當的組織任務，以及架構非正式組織和正式組織之間的橋樑，建立與非正式組織的良好關係，是校長必須重視的所在。例如有幾位老師喜歡運動，假日喜歡一起去游泳，一起去參加馬拉松比賽，校長對這些老師除了給與肯定之外，可以聘請他們協助訓導處擔任學生各種運動社團的指導老師；喜歡音樂的老師聘請他們協助指導合唱團或是各種樂團；喜歡旅遊的老師可以協助規畫自強活動或是校外教學，如此可以發揮非正式組織的正面功能並增加學校的效能。

　　教育的終極目標，乃是要讓教育的對象──學生們有「有效的」學習。基於此，每一個教學活動都應該要有教育的意義，而不是為教師或為了行政而辦活動。在學校裡的每一個人，不論是校長、教師或是工友，每一個人都應該成

為一個身教者，一言一行都是學生行為的楷模，校長更應以身作則。無可諱言的，師生對於校長的刻版印象不外乎嚴肅、挑剔、囉唆等等負面觀感，為了扭轉這些負面印象，建立容易親近、願意傾聽、提供協助、可以信任的新形象，我每天總是早早到校，晚晚下班，上班之前先調整好自己的心情，帶著愉悅的笑容上班去。每天都會到校門口歡迎師生，並且向大家打招呼是我的例行工作，每天也都在彼此親切的問候聲中展開全新的一天。在各種會議中我盡量不囉唆，講重點，並且在參加會議之前，先掏空自己的成見，以傾聽每一個人的意見。在日常生活上盡量和孩子們貼近，例如和孩子們一起掃地、一起吃午餐，常常彎下腰來聽聽孩子們對我說悄悄話。所以我從學生那兒得到許多的回饋：假日走在街上，甚至在國外常常會遇到學生、家長親切的打招呼；有時候從報章媒體上，看到學生們參加校外比賽得到好成績，我也都會感到快樂。這種突如其來的快樂，是教育同仁所能獨享的快樂。這種快樂是延續我們願意奉獻教育工作的最主要動力。

台北市教育局是學校的上級機關，它提供學校教育目標、教育資源，並且監督學校的運作。所以學校應該遵從教育局的領導，才能達到教育的一致性與效率。然而為避免教育局因為距離教學第一線較遠，難免產生決策偏離的現象，這時候校長有必要向教育局做適當的建言，適度的表現校長的風骨與擔當，而不必擔心考績不佳或教育經費被刪減。1994 年 4 月，南湖國小校舍甫完工，亟需申請建築執照才得以接水接電。但是申請使用執照的時程曠日費時，而開學又迫在眉睫，唯一的解套是簽請市長准予先行接水接電。當時教育局承辦人員並不答應我的請求，認為市長一定不會答應，如果答應則一定會處分相關人員。我向局裡切結若有處分我願意一人承擔。結果是市長同意本校因為招生在即，准予先行接水接電，使學校如期招生，本人和教育局承辦人員也未受到任何處分。

教育部是教育局的上級機關，和學校雖然沒有直接關係但有間接關係，市政府其他各單位亦然。與這些單位保持良好的關係是必要的，因為這些單位常常辦理各項活動，有些活動與教育有關連，學校可以選擇具有教育意義的活動參加，可因此而獲得部分的教育資源。2000 年，南湖國小要發展資訊教育，卻苦無設備和資訊師資。在一個偶然的機會裡，我們勇敢的自願參與電子書包的實驗。我們和中央大學、民間廠商一起合作，因此獲得了大量的資訊設備，並

且也得到許多資訊人才的支援，使得學校在資訊能力上提升不少。

　　校長是學校的掌舵者，他的價值觀是決定學校特色的絕對因素，校長的專長和好惡可以影響整個學校甚至社區的發展。所以常常聽說「有什麼樣的校長，就有什麼樣的學校」這句話。例如體育專長的校長，大都以體育為學校經營的特色，如果換了一個藝術專長的校長，可能就改成以藝術作為學校的特色。這樣會使得各校的特色無法生根，所有的努力會在換了校長後一夕之間化為烏有。校長要發展學校特色，首先要檢視學校和社區的可能資源為何？師生家長的支持度如何？可能長久嗎？最重要的是：有教育意義嗎？如果這些答案都是肯定的，那麼，就值得去做，縱使有再多的困難都要去克服。

　　1986 年初到平等國小，當時學校的交通不便，師生與外界缺乏交流，學生的自信心較為不足，學習意願和學習成就相對低落，可是家長對學生又有很高的期待，因此家長與學校之間的關係形同對立。對於一個剛上任的菜鳥校長來說，這是一個非常嚴苛的考驗。有一天，本校紀淑玲老師手中拿著兩尊布袋戲偶在操弄，問我可以不可以支持她組織一個布袋戲團，我馬上一口答應。我認為布袋戲可以讓孩子們對學習有興趣，可以培養他們的自信心，對於健全人格的培養也一定會有幫助。我們把布袋戲列為平等國小的課程之一，融入在美勞、音樂和團體活動之中。我們得到老師和家長的贊同，老師們加入了學習布袋戲的行列，家長更成為最有力的支持者，不但出錢出力，還跟著小朋友一起到處演出，分享他們的榮耀。後來紀淑玲老師甚至因為發揚傳統民俗藝術有功，而獲得特殊優良教師的殊榮。這個布袋戲團歷經 16 年，換了 5 任校長，至今仍然存在並蓬勃發展。更重要的是，因為有了布袋戲團，使得學校和家長結合成為一體，師生的視野也為之開闊，學生的學習動機和學習成就也相對提高。

　　隨著時代不斷的進步，學校也要有若干變革以為因應。然而安於現狀抗拒變革是組織成員的特性。校長如何選擇變革項目、變革幅度、變革程序與變革的最佳切入點是一項領導藝術，也是影響變革成敗的重要關鍵。校長必須有洞燭教育未來的大方向，並妥為釋放若干訊息，讓同仁點滴接受。我在規畫南湖國小時，就認為資訊教育絕對是未來教育不能不走的方向，所以校園的資訊化都預留有發展空間，甄選行政人員也以熟習電腦操作當成必要條件。同時把資訊教育當成學校的發展目標，要求教師必須具備足夠的資訊能力，以推行資訊融入各科教學。雖然當時仍然有些教師排拒學習電腦，但是透過不斷理念的宣

導、不斷的辦理研習，不斷的充實資訊設備，帶著有意願的老師不斷向前跑，漸漸發現其他的老師也跟上來了。後來我們勇敢的加入了資訊重點學校的行列，並成立數位天文教室，獲得更多的資源及能見度，學校的資訊教育可以說相當落實，資訊教育成為南湖國小的特色之一。

參、知法守法　心安理得

校長掌握教育資源，按照自己的教育理想經營一所學校，能夠達成自我實現，的確是一件榮譽的事。但是當校長也有風險，因為他必須做各種決定，這些決定的形成與後果是否符合師生的期待與法律的規範，校長都要負全部的責任。偶爾會有校長因涉及不法而黯然去職甚至身繫囹圄的例子，足供校長夥伴們引以為鑑。

不犯法首要知法，我國為一個法治國家，自然有許多相關法令來約束人民有所不當為，以保障其他人的權益。但是法令多如牛毛，又常未能趕上時代的腳步及時修正，不免有不合時宜或彼此相互矛盾之處，縱使大學法律系念 4 年都無法完全通曉，遑論比較缺乏法律知識的教育人員。但是身為一個校長，對於《憲法》、《民法》、《刑法》、《採購法》以及相關的教育法令，則必須有相當程度的認知，以免觸法而不自覺。至於其他與教育較無相關的法律，倒也不必花太多的時間去深究，只要學校聘有法律顧問，遇到問題向他們請教即可。自從師資培育多元化之後，相繼有許多法律系畢業生加入教育行列，各校家長也不乏具有法學素養之人，只要待之以誠以禮，縱使沒有酬勞，也可以聘請他們當學校的法律顧問，在必要的時候提供法律諮詢，以確保師生的權益不受到侵犯。

校長對於法律有基本的認知，又有法律顧問作為靠山，就可以無懼於一些無謂的騷擾，而能貫徹原有的教育計畫。當然校長也要與時俱進，不斷的充實法令新知，並且要求同仁一體守法，避免因為下屬觸法而受到牽連，蒙受不該有的傷害或損失。

肆、體察時代脈動　符應時代潮流

進入 21 世紀，社會變遷愈來愈快。校長再也不能躲在井底，固守以前的老觀念老方法，而拒絕跟上時代的腳步。校長應該站在更高的位置，體察時代的脈動，看到時代的未來潮流，提早準備因應之道。以我個人的認知，21 世紀將是一個變化快速、沒有絕對價值、資源枯竭、人際關係疏離的時代，因此教育要不斷的創新求變、建立正確的價值觀、開發人類智慧以及重視溝通能力的時代。教育必須揚棄傳統記憶背誦、重視文憑的舊觀念，以啟發關懷代替傳統的嚴管勤教。所以資訊能力的培養、知識的管理與運用、人格及態度的養成、創造潛能的開發以及語言文字等溝通能力的提升、休閒興趣之培養，這些目標儼然已成為教育的新主流。校長必須有這些前瞻思考，並且要將這種思考落實在學校的目標與課程之中，教育才可以跟上時代的腳步。

伍、堅持教育的公平正義　維護學生的基本人權

人生而平等，是一句人人可以琅琅上口的話，然而現實並不見得是這麼美好。每個人對於出生於誰家？出生於何處？性別？美醜？聰明或愚笨？是否健康？幾乎沒有一項是可以由個人所決定。這些不平等有賴於教育給與適當的補償，給分布於常態分配兩端的少數人，提供較多的資源讓他們和正常的孩子們一樣，盡量取得立足點的平等。所以在學校之中，有必要設立資優和資源班，提供特別的師資和設施，以符合他們特別的需要。這種做法乍看之下似乎不公平，但這種人為的不公平卻可以補償一部分先天的不公平，這才是真正的公平正義，這種觀念要讓老師家長們明白，推行特殊教育才能事半功倍。不過為了達到這種公平，難免會排擠到正常學生的教育資源。為了避免這種現象，特殊教育的經費都應另行編列。學校可以為特殊教育籌募基金，並且成立特殊教育志工團，給與特殊需要的孩子們更多實質的幫助。

學校裡的組成份子不只是學生而已，還有從事教學工作的教師和行政服務的同仁，每一個角色都很重要而不可或缺。但由於教育資源的有限，有時不免

發生何者為先的困擾。每當有這種困擾時，我都以「學生第一、教學為先、行政再次之」的原則來處理，大體上都能圓滿解決。我常和同仁分享一個觀念：因為有學生需要教育，所以國家受家長之託，聘任教師，蓋好校舍，遴聘一批行政同仁來管理各項設施，並且為教師提供服務。所以是因為有學生才有老師的存在，有老師才有行政的存在。昔日的學校行政是監督管理，校長穩坐在金字塔的頂端，第二層是各處室主任，第三層是組長，再下一層是老師，最下一層才是學生。今日的學校行政是支援服務，整個金字塔倒了過來：校長在最下層，他支持和服務行政同仁，並負全部責任；行政同仁支持服務老師，老師則為學生提供服務。這種以學生為核心的觀念，不但統合了學校的目標，也減少了許多不必要的紛擾。

陸、寧開風氣不為師

胡適先生曾留下「寧開風氣不為師」這句名言，我深受感動。身為一校之長，當廣開各種優良風氣，倡導各種社團的組成，以培養優質的校園文化。

學校是一個分工相當精細的專業組織，每一個教師在自己的教學場域裡，各自擁有相當大的自主權，因此彼此之間的互動以及情感的建立並不容易，特別是大型學校。這種組織型態不利於學校優質文化的發展。唯有打破學年的固有藩籬，組織不同的社團例如讀書會、合唱團、舞蹈社等等。這些不是以提升教學為主，而是促進身心平衡、發展人際關係、減少工作焦慮等等的社團，不但要打破學年水平式的關係，變成水平式垂直式兼具的關係，把全校的師生都納入其中。我為了發展布袋戲的社團，我們也讓老師們一起參加，和學生一起練習，甚至不怕向學生請教。校長更要以身作則，校長不要擔心自己學不好，倡導風氣的形成才是最重要的。校長在社團進入軌道以後就要淡出，交給一個後進按照既定的制度去運作。校長必須再去倡導另外一個社團的成立，所以校長應該是一個「學習的領導者」，就像技藝團中轉盤子的那個人，他把盤子轉動後就把它放在棍子上讓它自由旋轉，然後再去轉另外的盤子，如果棍子上的盤子慢了下來，他必須及時的給與一些動力，讓它繼續的旋轉。除了成立布袋戲團之外，我也成立「自然科學研究社」、「天文研究社」、「教師薩克斯風樂團」等等社團，至今大部分都繼續在運作之中。

學校成立學習型組織是促進組織團結、保持組織活力的重要因素之一。校長要讓每一位老師都有「拒絕學習是落伍的開始」的警覺，並且體察教師的需要，成立各種學習型組織，帶領教師們不斷的進步。校長應鼓勵教師教學創新，教學經驗分享，並將優良教師的具體事蹟介紹給媒體，這些做法都可以建立學校的優良校風。

柒、德智體群美兼具　五育均衡發展

小學教育是屬於國民教育階段，教育目標是培養每一個孩子成為健全的國民。健全國民是要德智體群美五育都能有均衡的發展，而不能有所偏廢。可惜的是「五育均衡發展」已淪為口號，大部分的學校仍然無法做到。究其原因有二：第一，家長傳統升學主義觀念，就怕學生輸在起跑點上，家長的壓力促使學校只重視智育，忽略了其他各育的發展。第二，校長自己學有專長，體育藝術資訊英文等等，因此會傾一校之資源來發展學校特色。所以不乏體育校長、美術校長，他們到哪裡特色就到哪裡、他們一離開特色也跟著消失，這是教育資源的浪費。做一個校長要為學校負責，也要為學生負責，並所以應該有教育的宏觀視野，不能被世俗所左右。校長更應該了解學校的教育不足部分，而給與更多的關注與資源，讓每一個學生都能受到真正五育均衡的教育，身心得以健全發展。

捌、重視資訊教育　跟上時代腳步

資訊教育走入學校是不可避免的趨勢。利用電腦及其周邊設備來幫助教學、處理行政業務可以增進學校的行政效率和教學及學習效果。但是在小學推行資訊教育的困難有二，一來自家長的經濟水準不一，無法每家都有電腦設備和網路；二來自年紀較長的教師的消極抗拒。前者學校較無能為力，後者可以運用策略加以改變。在觀念上，要讓老師有「電腦可以幫助我們的教學，但不可能取代我們的專業」的安全感。在做法上，充實設備、辦理研習、成立資訊服務團隊，以解決教師有關電腦的軟硬體問題、舉辦資訊能力檢測、請資訊能

力較佳的年輕教師帶領年長的教師。更重要的是，校務行政的全面電腦化，促使教師主動或被動的去增進資訊能力。

學校資訊教育普及化之後，接著要特殊化。鼓勵教師從事以資訊教育為基礎，將之運用到教學方面。例如南湖國小參加電子書包的實驗、資訊重點學校的實驗、數位天文館的設立等，都因此獲得更多的資訊設備補助、更多的資訊資源，使學校的整體資訊能力也獲得進步。

玖、形塑學校新文化

學校文化是一個抽象的名詞，但是它可以從學校成員的價值觀、對待人、事、物的態度、教育的方式以及學校的氣氛中體察出來。學校文化會影響每一個成員，甚至左右學校教育的成效。但學校文化不是一朝一夕就可以形成，而是經過日積月累而成。但是有一點可以確定的是：校長的確扮演了影響學校文化的重要角色。校長的言行舉止、觀念態度都深深的建構成為學校文化結構的一部分，身為校長者豈可不謹慎。

個人觀察當今社會亂象，皆起因於每一個人對他人缺乏安全感，凡事過度保護自己，甚至攻擊他人；對事則不能腳踏實地，只求不勞而獲或一步登天。要改革這種觀念，唯一的做法只有從教育做起。因此我一直努力推動「踏實」和「友善」的校園文化，讓每一個師生都浸淫在這種氣氛之中，而漸漸人格受到薰陶與氣質的變化。校長首先要取得行政同仁的信任，革除行政是監督、是考核、是命令的心態，而是主動服務、提供資源、解決問題的觀念。校長應凡事不推諉、不逃避，確確實實做好每一件事，以作為行政同仁的表率，作為師生的楷模，並且影響到家長和社區，共創一個有禮和諧安全的優質校園文化。

拾、用心校務　漸入佳境

我的校長生涯今年進入第 19 個年頭，一共服務了 3 所學校。第 1 所學校是陽明山上的迷你小學，只有 6 個班級，100 多位學生。初任時是由教育局派任，沒有選擇的餘地。當時學校和家長會處於緊張狀態，家長不時到學校監督老師

的教學，干涉學校的行政運作，所以老師們的士氣相當低迷。前 2 年花了很大的功夫在親師關係的建立，過程中難免會遇到挫折。但是過了 2 年，親師關係進入良性循環之後，校長的工作一下子變得輕鬆不少。接下來的日子，由於得到教師和家長的信任和支持，許多教育的理想作為開始可以盡情發揮。到了任期屆滿，仍然捨不得離開，又繼續延任了 2 年。第 2 個學校是籌備處，一開始的籌備工作壓力之大簡直無法想像，因為只有 2 位人員要擔任此一重任。可是我們勇敢面對、積極主動，所以資源不斷湧進，問題也一一的加以解決，心中也充滿成就感。尤其規畫新學校可以實現許多教育的理想，發揮許多創意，讓我們忘卻了籌備過程的艱辛。校舍落成招生，吸引一批有理想、肯吃苦的老師加入教育的行列，帶領著他們一起向前走，是我一生中最快慰的事。第 3 所學校有悠久的歷史，並且有完善的典章制度，因此校務運行順暢，辦學績效也受到各界的肯定。但是學校家長人數眾多，家長的教育程度和社經水準也比較高，對於教育就比較有不同的意見，需要花比較多的時間去溝通。但是最後如果家長認同校長的理念，家長的資源就會源源不絕，支持校長實現教育理想。

拾壹、健康事業家庭三者兼顧

校長綜理校務，一天 24 小時都要負全部的責任，身心的壓力之大可想而知。有些校長為了公務，因而犧牲了健康，有些則犧牲了和家人相處的時間，這些都會留下遺憾。其實健康的身心和和樂的家庭，是作為一個好校長重要的基礎。

有些校長當得非常輕鬆，校務也很順暢；有些校長當得很辛苦，校務卻常常出狀況。我認為關鍵在於是否充分授權和是否能做好時間管理。授權可以讓成員在授權內充分發揮所長，為團體做出最大的貢獻，整個組織就能發揮最大的能量。校長只盡一己之力是不夠的，他必須能領導眾人，盡眾人之力才是一個稱職的領導人。

做好時間管理是校長另一個重要的功課之一。校長每天都要兼顧三類工作：一、處理昨天未能妥善處理的問題，以免事態擴大，變成愈來愈棘手。二、處理今天要處理的問題，不要讓今天的問題變成明天的難題。三、先行處理部分明天才要處理的問題，讓明天的問題沒有問題。校長不需要經常把公務帶回

家,也不必做過分的應酬,把下班後和假日的時間留給自己和家人。這種觀念要傳達給我們的同仁和家長,讓大家一起同步。這不只是個人的原則問題,更是一種社會教育。

校長是一種折舊率很高的工作,特別是在現代的教育環境。有人謔稱現代的校長開了兩家公司,一家是「權力有限公司」,另一家是「責任無限公司」,倒也十分貼切。校長在學校的人事任用、經費支用、員工考績、獎懲方面的影響層面,可說已經極小化,都由各種委員會取代。可是學校發生的任何一件事,校長都必須負全責:師生意外事件、親師衝突事件、天然災害的發生等等,時時刻刻都像一塊大石頭壓在校長們的肩膀上,沉重得讓校長們笑不出來,也快樂不起來。久而久之,校長們的健康就會亮起紅燈。台北市教育局注意到這種現象,規定校長們每年必須做健康檢查一次,由教育局編列經費支應。這幾年來常有校長因為健康有狀況,因此申請資遣或提早退休的人數,也愈來愈多。而做到 65 歲屆齡退休的校長,有如鳳毛麟角。

校長的壓力絕不可免,但是必須有一套壓力的因應方式。首先應有正確的態度,積極的去面對,不可逃避。當你面對它的時候已經解決了一半。第二是壓力分擔,藉由團體組織的各種資源共同面對,不要單打獨鬥。如此不但容易解決問題,同時成員也可以得到成長。第三是要有傾吐的對象,不論是家人或是朋友,至少要找到一個能在你承受很大壓力時,可以聽你訴苦但不會給你任何意見的對象,你可以從訴苦發牢騷之中釐清壓力的本質,甚至自己找到解決之道。第四要學習借力使力,讓壓力回到施壓者本身,或由其他的人或團體來承當。例如民意代表的關說,就可以由家長會來出面,常常可以有效的解決問題。最後一項就是要做最壞的打算,也就是隨時有下台的心理準備,這種「無欲則剛」的氣魄,是面對壓力的一道重要防線。

不過,解決問題不是結束,要在心情低落的時候回頭,看看曾經努力過的歷程,欣賞因為克服困難而綻開的美麗花朵,體會面對壓力解決問題後的結果是如此甘美,這些是燃起繼續努力前進的原動力。

拾貳、回顧與自省

進入教育界,36 年的時光忽然間飛逝,已達可退休之齡,同期甚至後輩校

長紛紛求去之際，不禁讓我隨時也有「不如歸去」的念頭。可是檢視還有一些教育理想尚未實現，現在就放手實在過意不去，會愧對一起構築共同願景，願意共同努力的家長、老師和行政團隊，就是這樣的掙扎天天在腦海裡上演，使退休一事就一再耽擱下來。

擔任校長一職以來，自認尚稱職，也曾為學校解決一些問題，留下一些典章制度或是軟硬體，也交到幾個知心的好朋友，自認為對得起自己的良心，也對得起國家的栽培。常常有人問我一個假設性的問題，那就是「下輩子你還願意當校長嗎？」我的回答是「不願意」。因為每一個生命都會有不同的使命，我這輩子曾經擔任這個角色，我會把它努力做好，至於如果有下輩子，我要嘗試擔任不同的角色職務，做不同的奉獻，那將是多麼美好的事。

當然我很樂意把我的經驗提供給後進，避免他們在「邁向校長之路」上有太多不必要的挫折和嘗試錯誤。我的第一個缺點是自信不夠，所以在做某些決策時貽誤先機，甚至失去同仁的向心力。究其原因不外乎小時自卑及缺乏訓練所致。奉勸後輩校長不要把年輕時候的困苦當作日後無法超越的理由，反而是自我砥礪的要素。並且在思想上不但要與時俱進，更要超越時代，才能在理想上有所依據，行動上也才能有所堅持。所以校長不只是一個行動家，更要是一個思想家。我的第二個缺點是廣度不夠，不能綜觀全局，常常只能「治標」，不能「治本」，沒有真正的解決問題。建議後輩校長，要做一個稱職的校長，只靠數年的師資養成教育是不夠的，你必須不斷的進修，不斷的獲取新知，而不能以教育相關知識為已足。不論是哲學、科學、數學、經濟、政治、法律、歷史以及資訊都要涉獵，這些都是當一個好校長的背景知識，也是校長具有大格局，解決大問題，營造大願景的必備基礎。

拾參、汗水灌溉的花朵

擔任校長一職，要負一校的成敗，攸關數百甚至數千學子的前途，自然會油然產生使命感。當我接下學校的關防那一刻起，學校和我個人已連成一起，再也無法分割。不論我在何時何地，都謹記我對學校的承諾，時時刻刻都朝向預定的目標。努力了幾年之後也看到一些成果：

一、郊區學校發展「田園教學」特色，免除了廢校的危機

1989 年左右，台北市議會有部分議員認為郊區學校學生人數過少，不符合經濟效益，因此有廢除郊區學校，改以交通車載送學生下山就學之議。此舉雖然可以減少市庫財政負擔，但不符合國民教育的精神。經本人和郊區數所學校校長商議，向教育局提出郊區學校「發展特色」、「開放大學區」的建議，獲得教育局的採納，並積極提供給郊區學校更多的資源，吸引不少山下的家長把孩子送上山去就學，甚至造成數校因此額滿。

二、引進多元文化刺激，拓展學生視野

我初任郊區小學校長，發現孩子們有強烈的排外行為。根據我的觀察，應該是缺乏與外界接觸互動，而產生的自我保護行為。我的策略是「學生走出去，刺激走進來」。例如學校辦理更多的校外教學，也積極的參與各種校際比賽，讓學生接觸外面的世界。鼓勵同仁把子女轉學到山上就讀，從校長本身做起，以提升孩子們的同儕學習。並創設布袋戲團，由享譽國際的李天祿老師傅親自教學，經常帶著學生到處表演，贏得許多的掌聲。不知不覺間，學生們變得有氣質，視野也更為寬闊。

三、籌建新校舍，提供教育好環境

校舍是學習的主要地方，校舍的規畫、建築都深深影響使用校舍的每一個人。個人有幸有機會籌備南湖國小，市政府撥了一塊 2.5 公頃的校地、編列了4 億元的預算，我接下了這個任務。在 3 年的籌建期間，充分的把個人的教育理念，以及教育未來的發展趨勢，做了充分的融入和發揮，所以南湖國小是一所人文的、環保的、科技的、藝術的學校。國立政治大學湯志民教授認為，南湖國小的校舍建築走在前面 5 到 10 年，是學校建築的典範之一。

四、提倡天文教學，設立數位天文台

天文教學引領學生們去探索外太空，是鼓舞學生們不斷求知的入門學科，可惜一直不受重視。我在規畫南湖國小時，便排除萬難，預留了天文館的空間。我曾經對孩子們發下豪語：「我不只要讓你們看到全世界，更要讓你們看到全

宇宙」。雖然經過多次的挫折，終於硬體空間如期完成，並獲得教育局資訊室的全力支持，於 2002 年編列數位天文館的預算，雖然當時我已離開南湖，但由更有執行力的馮清皇校長接續完成，為北台灣的小學生提供天文教學的場所，為孩子們開啟通往宇宙的大門，這種成果可能要幾十年才看得見，但是我們已經跨出了第一步。

拾肆、薪傳與心傳

教育工作像接力賽，一棒接著一棒，每一棒都很重要。因此每一個校長都要兢兢業業，做好每一件事之外，更要把個人的經驗心得、典章制度傳承給後輩，減少後輩的嘗試錯誤。為後輩樹立典範，並不斷的栽培後進，讓教育的清流永不乾涸，這是校長們責無旁貸的另一使命。

同時也寄望教育局及校長培育機構，今後對於校長之選才，不要以考試為唯一的標準，應該要以行政能力、對教育的執著與熱情、高尚的品行等為主。建立一套有系統的培育機制：由好老師中拔擢優秀人才擔任行政人員，經過長期的培訓成為副校長，再由副校長中遴選適當人才擔任校長。目前我國的校長甄選制度，常使得認真投入於校務工作者永無錄取機會，是值得檢討之處。

自從國立台北師範學院成立校長中心之後，校長的養成更為制度化與專業化，培養的校長人才具有較高的水準。各師範學院也相繼開設校長學分班，開設許多相關的課程，為有意從事校長工作的教師們提供了進修的管道，只可惜就讀的人數並不踴躍。究其原因，是校長角色權責的不相符。所以教育當局應思考如何激勵校長們的士氣，提振校長的尊嚴，授予校長適當的權限，並改善教育的工作環境，才是吸引人才願意投入校長工作的最根本方法。

作者簡介

楊宗憲

生長在桃園縣海邊的小鄉村。1969 年自省立台北師範專科學校畢業後，曾服務於桃園縣樹林國小。1977 年調到台北市，服務於玉成國小，並曾在博嘉國小、吳興國小擔任教師兼訓導主任的職務。1986 年通過校長甄試分發平等國小擔任校長，1991 年奉派籌備南湖國小，1994 年任南湖國小校長，2002 年 8 月受聘任仁愛國小校長。目前已退休。

我的校務經營理念與實務作爲

陳綠萍

台北市國語實小退休校長

現任台北市政府教育局聘任督學

壹、妳會當校長嗎

　　1985 年，服務學校的校長鼓勵主任們去參加校長甄試，個人一直覺得自己的人格特質不適合擔任校長職務，因為自己不喜歡出風頭，不善於在眾人面前侃侃而談，平易近人不具威嚴，但是學校同仁十分鼓勵去試試看，只好也和大家一起報名了。通過筆試，面臨口試時，主考官看了我的資歷，笑問說「妳是教啟智班的，妳會當校長嗎？」我也不知道自己會不會當校長，只能根據主考官的每一個問題，認真思索並回答，或許是認真的態度與有條不紊的回答，被錄取了，在沒有心理準備的情況下，居然就有擔當校長的機會，內心有點惶恐膽怯，但也只能認真學習，勇敢面對參加儲訓。

貳、毛局長的一席話

　　在校長儲訓過程中，接受了許多從未接觸過的校長學等專業課程，有許多工程、採購、財務管理、公共關係等面向的新課程，需要重新學習。雖然在儲訓中認真學習、努力、自我成長之外，當校長的信心似乎始終缺乏，然而當時的教育局長毛連塭先生，鼓勵大家的一席話，轉變了我對當校長的想法，毛局長說：「不一定要哪一種人，才可以當校長，而是要用你的人格特質與能力，去做你該做的事情，達成預定的目標。」自此，體認到如果能善用自己的人格特質，發揮教育領導的潛力，運用自己優勢的處世方法辦學，學校校長不一定要有強勢的特質或是能言善道的辯才才能擔當。

參、我的教育行政理念與實務作為

學校行政是教育行政的基層工作，校長如何做決定，如何領導校務，實是關係學校行政效率良窳的重要因素。國民小學教育是各級學校教育的基礎，國小校長如何藉其學習經驗，衡酌主、客觀環境因素及複雜的問題背景，經過研判，作成行政決定與管理。所以校長的領導影響學校教育品質至深且鉅。學校教育行政的領導與管理成果維繫在校長的素質，校長可使沒沒無聞的學校，成長為聲名遠播、辦學成功的學校；同樣地，一所優質的學校，也會因為一位校長不當的經營，很快的失去優勢。

校長的教育行政理念與實務作為，影響家長、教職員工的態度和教學實施的品質。西諺有云：「有怎樣的校長，即有怎樣的學校」。又云：「有不好的學校而有好的校長，學校會變好；但不好的校長，不會有好的學校」。身為國小校長職務，身負教育成敗責任，一路走來莫不戰戰兢兢，如履薄冰。在校長經營學校的職務時，有些事件讓自己感到刻骨銘心，永生難忘。

一、我的教育行政理念

21 世紀是要有前瞻未來資訊、胸懷國際世界、統整學習課程、實施生活科技，尊重個別差異與師生彈性自主。所以教育的本質是要提供課程，讓每一個人更有利的潛能發展，更好的行為改變，更多的自我實現；依學生的身心發展，透過學科學習，得到學科基本能力，透過生活課程學到生活運用知能；營造班級溫暖及安全的學習情境，協助學生認識自己、群己、物己的發展，適應環境；從真實環境中，養成良好的生活習慣，發展積極的人生理想。

我的教育行政理念、辦學方向，以學生為中心，結合教師、家長、行政系統的力量，共謀發展。

㈠依學校行政制度化原則，以主動、敏捷、積極的分工態度，追求工作效率。

㈡依回歸教育本質的原則，以生動、活潑、創新的開放教育，提高教育品質。

㈢依生活即是教育的原則，以安全、法治、公德為生活教育目標，培養兒童

良好的生活習慣。

㈣依行政支援教學的原則，以配合、精緻、有效的服務精神，充實設備，美化校園。

㈤依健全發展的原則，以尊重、關懷、接納的愛心引導，協助兒童發展潛能，做好融合教育。

㈥依資源共享的原則，增進學校、社區、社會資源有效運用，提供兒童最佳發展機會。

㈦依教育改革需求的原則，學校校務中、長程規畫，以學生、教師家長、社區的共同願望，作為總體經營計畫的內涵。

㈧依人事公開的原則，學校以公正、公開、和諧的團隊合作精神，實施處室專業分工，各人分層負責。

㈨依建立學校特色原則，學校建立健康、快樂、希望的優質文化，營造學校目標的本位管理。

㈩依經費透明化的原則，以歲計、會計、統計支持校務發展，執行經費預算。

二、行政實務的作為

㈠進用人員

學校教育目標的達成，校長教育理念的實現，都需要全體教職員工的團隊合作，才能臻於至善。因此教育工作成員的品質，是學校教育成敗的指標。在教育工作崗位上，雖然職位不同，但術業有專攻、聞道有先後，人的尊嚴和工作價值，應是相同重要與平等。所以提升工作人員素養，開發同仁參加校務的機會，是我用人的基本原則。

1. 主任的進用

新校長到一個新學校，最好聘用原任各處室主任，除非特殊事故否則不輕易更換主任，並且登門拜訪請求留任。遇有主任出缺，則以校內直升優先，讓有意願、有資格的學校同仁，發揮長才迅速補位，早日就緒學校行政，服務師生家長。若同時有多位新主任人選，以曾經有相同經驗的人優先，並伺機主動將校內尚未就任的準主任，介紹他校當主任。若校內無適

格適任的準主任人選，我也不挖角他校的現任主任，盡量起用新的準主任，並指導他做好學校行政服務工作。

2. 教師的進用

教師的進用，依《教師法》規定，必須由學校教評會遴聘，校長只有圈選同意權。3個月以上之代課代理教師，依《教師法》規定，也必須學校教評會遴聘，校長只有圈選同意權。短期代課教師，則由教務處依需要人選全權介聘，校長只做教學考評督導。全校教職員工職務安排，委請職務編排委員會、教師會和行政訂定編配原則；大多能依個人意願安置，教職員工有時雖不滿意但也能接受。若家長反映教師教學不力，必經教務處、資深教師、教師會、教學導師的輔導後，若事態嚴重無法改善者，不違學生受教權益，在學期結束，協商恰當人員更替。

3. 幹事工友進用

幹事以商調或分發到任者進用。工友進用均組成甄選委員會公開甄試，依學校職務之需求和特性，專長錄取。工友經過公開之評比，自覺因擇優被錄取，與有榮焉，都能努力工作，敬業、樂業發揮專長。因為公開選用職工，歡迎各界推薦參加甄試，所以人人有希望，個個無把握。能夠杜絕不必要的誤解和人情壓力，頗受學校行政人員肯定。

4. 在職訓練

主任、教師職員工進用後，實施在職訓練，並依其人格特質和身心發展，訂定工作獎勵辦法，激勵優質潛能展現，預防缺點妨礙職務。平時觀察主任、教師、職員工友資質差異，能力強、企圖心旺、學識豐富的教師、幹事、工友，輔導參加各種進修研習，報名晉級公職考試或成長學習專長。讓大家生活有保障、生命有希望、工作升遷有期望。大家在工作崗位勤奮認真，彼此主動積極相互鼓勵，校園充滿快樂和活力。

(二)校務決定

一般來說，影響行政人員作決定的因素，有個人的因素和組織的因素。在個人的因素，依個人價值觀念、知識背景、直覺習慣、人格特質等因素影響行政作決定的合理性。而在組織因素，則是組織資訊溝通系統、組織內部人際關係、組織外在壓力與平時傳統做法，也會影響行政作決定的合理性。

　　我在教育行政做決定的方式如：

1. 會議協商

　　學校重大的事務決定，多用會議協商做成決定。先由處室規畫討論題綱，經由學年老師及處室行政人員代表會議協商，彙整多數決議成為定論，再請主辦處室擬訂周詳計畫，向全體員工報告施展。

2. 諮商諮詢

　　有些行政事務非教育專業能了解，校長或主任必須向相關專業人員諮商諮詢，才能做決定。有時要向專責機構、社區賢達、學者專家、教育局長官、家長會或有經驗的校長請教、討論後才做成決定。例如建設操場跑道材質要用PU或PP或紅磚粉，先商請是項專業的學者專家評估，再請教師和家長代表、學區里長、教育局長官和專家學者開會研商而成。

3. 委託決定

　　有些決定是事務性或技術性的決定，則放手給行政處室主任全權處理，校長只是處室有困難時被諮詢，不參與做決定。例如運動會頒獎的方式，由訓導處權衡決定；教師進修活動由教務處和教師會協商決定方式和內容；教師專業成長由輔導室視學生及老師需求斟酌辦理；總務處採購物品，則校長支持但不限制的方式，由處室自主廠商和品質。

　　是班級老師的事務由導師做決定，是學年共同的工作由學年做決定，是處室的工作範圍，由處室做決定，是全體教職同仁共同工作，則委託學年代表協商做決定。校長只是參與討論，提供法律知識、經驗背景，甚少由個人獨自做決定。由於校務大家參與，所以溝通機會很多，建立共識容易，少有特別難以做決定的事項發生。

　　教育決定要符合個人的價值觀念、個人的知識能力、平時直覺習慣、暢通組織溝通系統、內部人際關係，照顧到外在壓力的平衡，企求建立正確有效的合理運作程序，依循適當有效之決定歷程作成最合理的行政決定。

(三)營造學校文化

　　每一行業都有行業特質，每一所校園，也有其獨自的校園文化特色。優質的文化，能引領行業生態欣欣向榮；劣質的文化也能敗壞行業生態體質。校園文化也因人、地、物、時的差異而各具特色，優質文化在校園會滋長教育專業

成長，促進教育品質改善，帶動教育文化追求卓越，影響社會進步發展，達到
國家期許的「百年樹人」、「良師興國」的標竿。

1. 了解學校文化

 ⑴教職同仁特質及工作主見和個性。

 ⑵教職同仁的教育理想，以及專業水準。

 ⑶教職員居住地方的遠近及流動性大小。

 ⑷教職員的工作態度和工作品質。

2. 觀察校園文化

 ⑴老師推動教育工作的用心程度。

 ⑵處室之間縱橫溝通與協調的契合性。

 ⑶學生素質與行為習慣的良莠。

 ⑷家長對學校的期許與參與教學的熱心程度。

 ⑸社區對學校的希望，支持教育的系統網絡。

3. 與教職員工座談

 ⑴排定各處室、學年餐敘，討論學校興革意見。

 ⑵拜訪家長會、教師會、社區賢達，請教對學校教育的看法。

4. 校務計畫由下而上

 ⑴校長草擬學校中長程計畫，和各處室主任、教師會長、社區里長討論後
  定案。

 ⑵處室主任擬訂的工作發展計畫，向老師請教實施的適切性。

 ⑶將長、中、近程之校務發展計畫，提交校務會議討論通過後，再做實
  施。

5. 理念宣導

 ⑴在各種會議中發送資料，宣示學校發展目標，教師專業成長目標。

 ⑵在適當時機推薦優良書籍，作為共同閱讀、討論的內容。

 ⑶開放教師週三進修機會，提供同仁自行組團合作學習。

 ⑷減少教職員及學生晨會次數，讓教師有較多的時間、空間，實施教學。

 ⑸學校的行政推展，盡量以文字提出報告、說明，以免教職員同仁疏漏。

 ⑹實施免簽到榮譽制度，養成同仁自動準時到校的生活習慣。

 ⑺學年會議意見、家長建議、學生反映，處室或教師都必須認真回應或處

理。

(8)長期召募義工、家長到校服務。廣結社區資源，家長參與教學，協助教師多元教學，活潑校園生機。

(9)開創整合性的活動課程，辦理戶外教學、團隊教學、寒暑假學習營，豐富學生各種學習活動。

(10)辦理義工家長聯誼、家長成長團體、教師成長研習。

6.校長領導風格

(1)主動去大專院校選修人際溝通、企業經營、行政效能等課程，回來向教職員同仁回饋新知。

(2)勤於校務推展，在校刊、在會議、在活動，盡量親自寫作或參與，和同仁共享教育歷程。

(3)定時向教職同仁報告學校現況及重大事件處理過程，讓同仁同步成長。

(4)力求以身作則，言出必行，讓同仁習慣於主動溝通，說出困境，共同解決各種問題。

(5)行必有方，並建立工作代理制度，任何人員遇有公出或請假，均有代理人迅速補位，避免影響教育工作之推展。

(6)校務的各種分工，均設置委員會研究、辦理。人人可以參與校務規畫，個個同仁都是校務中堅人物。

校園文化的形成是日積月累，所以領導人員要有耐心去經營。有優秀的校長，才能有良好的學校文化，產生優質的校園文化品質。

肆、當前教育重要政策的理念與實務作為舉例

一、關懷教育弱勢弭平學習落差

教育部 2003 年 9 月召開全國教育發展會議，將「增進弱勢族群教育機會，確保社會公平正義」納為中心議題，其探討對象包括身心障礙、原住民、外籍配偶及其子女、經濟弱勢、失學民眾及城鄉差距等六項。本組夥伴，鑑於政府對於身心障礙、原住民、失學民眾及城鄉差距等弱勢族群，近年來已經訂定多元關懷機制與教育措施，並且挹注大量的補償教育經費，教育成效日漸顯現佳

續，限於時間與篇幅，不列於此次討論。

(一)教育理念

　　教育的目的應該謀求教育主體之人格、智能、體能及人性尊嚴、意識之充分發揮，並促進不同國家、族群、性別、地域、宗教或文化間之相互了解、寬容、互助、互愛與友好關係，以培育愛好真理、正義、自由、民主、和平與獨立自主之人民。

　　而一國教育之良窳，可從其弱勢族群所享有之教育質量窺得一二，弱勢族群教育質量之改進提升，也正是我國邁向現代化與自由化的重要指標。弱勢族群往往因生理疾病、社經背景或文化差異而處於競爭劣勢，因此，政府除要保證其受教權在質量上的平等外，在必要時，也應該提供各種優待、資源，彌補其不利競爭的處境，並避免家庭社經地位的因襲複製，建構無歧視的人本觀、無障礙的學習空間、零拒絕的胸襟、適性的教學課程。

(二)實務作為

1. 學校解決的策略
   (1)辦理教育優先區計畫，照顧外籍配偶子女及文化、經濟弱勢學生，提供個別學習輔導措施。
   (2)加強多元文化學習課程，提供文化不利學生學習資源、諮詢網絡，建立弱勢學生學習支持系統，增進健全人格發展。
   (3)實施親職教育，培養接納、關懷及尊重不同族群的態度，孕育溫馨祥和的校園文化，營造良好的學習環境。
   (4)辦理國際日、遊園會活動，引導相互認識、欣賞與接納異國文化特色，發展多元文化學習型學校。
   (5)結合民間企業資源，建置數位共享平台，增進弱勢學生自我學習機制，縮短數位學習落差。

2. 實施輔導的內容
   (1)結合教育部「關懷弱勢弭平落差」課業輔導計畫及「外籍配偶子女教育輔導實施計畫」，聘請退休教師、大專院校學生、現職教師、家長志工，針對校內弱勢學生，進行生活適應與課業輔導。

(2)實施多元文化活動課程，舉辦生動活潑的國際日、遊園會等活動，增進彼此文化與族群之相互認識，建構弱勢學生優質學習情境。

(3)推動教訓輔三合一整合、親職教育方案，指導教師、家長有關兒童發展、子女健康講座、親師溝通技巧，增進弱勢學生父母效能，健全家庭功能。

(4)運用社會各項專業團隊資源，爭取開放頻道、資訊網絡，實施遠距教學，發展學校與家庭學習型組織。

(5)爭取社教機構資源，引導社區與學校對新跨文化的覺知與尊重，幫助學生學習、認識及欣賞不同文化的內容，營造包容、和諧、平等之社區、校園文化。

(6)提供弱勢學生課後輔導、愛心服務，培養學生基礎學科能力，增強學生再學習能力，減少學生課業落差。

(7)舉辦「關懷教育弱勢，弭平學習落差」之教學研討會，建立共識，增進教學效能，提供更精緻的優質教育服務。

(8)提供外籍與大陸配偶家庭幼兒子女，安全學習的環境與更多的學習機會，優先進入公立國小附設幼稚園就讀，幫助弱勢學生及早學習。

二、推動生命教育

文明的社會特質，在於能以社會的教化功能來充實心靈的需求，因此推動生命教育的理念，提升人文素養的努力，正是當今教育的核心工作。期盼學校、社區、家長、教師、學生能共同發展出一個縱橫支援的網絡，為我們的學生營造出全人的教育環境，而能成為一個豐富生命的現代人。

教育部國民中小學「九年一貫課程暫行綱要」明訂生命教育為「綜合活動學習領域」的指定單元，指定單元是綜合活動學習領域必須學習的課程，學校不得省略、刻意淡化、稀釋，必須進行相關課程規畫與教學。

(一)教育理念

1. 生命教育的理念——活在天、人、物、我均衡關係中的全人教育。
2. 生命教育的方向——探討生命意義與本質，尋求生活目標，追求豐盛人生。

3. 生命教育的目標──建立正面積極的人生觀，安身立命的價值觀，調和個體的知情意行。

4. 生命教育的向度──人與自己，人與他人，人與環境，人與自然。

(二)實務作為

1. 九年一貫課程與生命教育──綜合領域中有生命教育指定單元，應融入各領域課程發展。

2. 學校生命教育的課程發展──應在各領域中融入生命教育的理念、生命教育的方向、生命教育的目標、生命教育的向度、生命教育的取向、生命教育的實施原則。

3. 生命教育的實施方式──體驗生命、關懷生命、服務生命、討論生命。

4. 生命教育課程設計──體驗訓練、佳文欣賞、思考教學、融入領域教學、參觀學習、價值澄清討論、探索團體、影片欣賞、故事導讀、生命教育劇場、良師典範、經驗分享。

5. 生命教育實施的策略

(1)擬訂生命教育實施計畫。

(2)成立生命教育規畫小組。

(3)辦理生命教育研習活動。

(4)編選生命教育課程與教學活動。

(5)營造生命教育學習環境。

(6)結合社區、家庭資源，充實生命教育內涵。

6. 組織與職掌

(1)成立推動方案小組，訂定工作計畫。

(2)宣導理念──透過各領域教學，討論生命主題，研編各領域納入生命教育題材，引導學生共同分享及討論，體認生命的意義。

(3)蒐集資料──成立生命教育專櫃，蒐集有關生命教育的錄影帶，相關圖書，提供師生借閱；成立生命教育網站，提供生命教育相關活動訊息與工作內容。

7. 校園環境經營──透過週會、班會、社團等活動的進行，設計具有啟發性、省思性、體驗性的教育活動，充實生命內涵；規畫無障礙環境，形塑

尊重、關懷的生活情境；發展以生命教育為核心的行政措施，設計學生全人發展的機制。

8. 教師輔導知能研習——辦理生命教育體驗活動、辦理系列生命教育講座、辦理教師輔導知能研習；辦理家長生命教育座談會；結合社區資源，建立生命教育支持系統。

9. 實施生命教育活動——成立生命教育相關社團，如童軍活動；訪問育幼院、創世基金會等機構；舉辦社區服務；研讀感人小故事，寫出心得札記；廣播生命的故事；無壓力的生命故事好書閱讀；影片欣賞，探討生命的價值；出版生命教育專刊；生命教育相關主題宣導；鼓勵學生認養貧困的孩子。

10. 生命教育課程——訂定學校生命教育課程架構；每一學年以生命教育為核心的主題統整課程；實施生命教育課程評鑑；選擇多元評量方式，評估教學績效。

11. 學生身心輔導

(1)實施班級輔導——由導師設計不同的生命教育議題，引導學生討論，增進學生解決問題的能力。

(2)小型團體輔導——配合學生需求，規畫不同主題的小型團體輔導，增進學生身心健全發展。

(3)特殊個案輔導——視學生的特殊性，實施個案研究，幫助學生順利成長。

三、試辦行政組織調整

國民小學是兒童成長與學習的園地，學校實施的正式課程與潛在課程都與學生知識與身心靈的成長有莫大的關係，行政組織團隊的運作更攸關學校經營與發展，面對時代的改變與教育的改革，學校原有的行政組織已不敷現階段的時代需求，國語實小自91學年度申請實施試辦組織再造方案，希望從實質需求面去調整行政組織，期許從試辦過程找出學校經營最合適的模式，提供各校參考。

(一)教育理念

面對九年一貫課程的實施,課程自主權下放各校,學校本位課程的開發是這一波課程改革的重點,課程發展的業務在原有教務處教學組行政執掌的業務上,已無法勝任課程改革過程中的所增加與賦與的重。從課程整體課程規畫觀點,所有學生活動皆應納入課程實施,並以活動體驗來呈顯學習成效,特殊教育課程也應一併於學校課程整體規畫中,與普通班課程銜接,提供學生最好的課程內涵。

隨著社會的變遷,學校面對學生的問題,如:學生人際關係欠佳、家庭暴力、單親家庭、外籍配偶子女等,學生身心靈整體發展應該全面被關注,訓導處、輔導處雖屬兩行政單位,但是卻需要共同來處理學生問題,學生輔導應有更專業與專職的教師協助班級教師或家長,更需要行政組織的調整來面對。

資訊科技融入教學的需求——隨著網際網路的快速發展,改變教師教學模式,學生的學習可以更多元化,數位教材與資訊科技融入教學的應用更在校園中被重視,教師資訊知能的提升與資訊科技的應用,更須行政團隊的支持與協助,成立資源事務處的需求性也相對增加。

(二)實務作為——活化學校組織新規畫

基於學校發展的現況,國語實小現實需要調整原有組織,將處室規畫為教學事務處、學生事務處、研究發展處、行政事務處與資源事務處,以下就各處室部分任務工作調整,說明如後:

1. 教學事務處:增設課程組、特教組與體育組,調整原資訊組與設備組於資源事務處。教學組專責教學事務工作、成績評量與學生學習成果規畫及學藝活動,部分業務如教師請假代課調整於註冊組協助。從學校課程發展的觀點將特教組與體育組規畫於教學事務處。

   新設課程組負責召集課程發展委員會,規畫整合全校課程方案如領域課程、特色課程與資優資源班課程等,帶領學校課程領域教師課程討論與課程開發並規畫成長研習活動等。註冊組於原有工作上協助教學組教師代理學生編班代課業務與辦理成人基本教育專案,並與特教組合作了解特殊需求學生,並配合原輔導室資料組的裁併,整合校務行政系統保管將學生學

籍與個人基本資料。

2. 學生事務處：原輔導室資料組裁併，將原有業務如：學生社交評量、cpm
測量等調整於輔導組之輔導教師負責，學生基本資料由教學事務處註冊組
整合保管，親職專刊由研究發展處資編組負責。

將輔導組調整於學生事務處下與生教組整合學生輔導管教方法，於輔導組
下設 3 名輔導教師分別負責協助班級教師處理低年級、中年級與高年級學
生學習適應問題，辦理家長成長團體、親職讀書會等，協助家長成長與親
子互動。衛生組更名為環境教育組，訓育組亦更名為活動組，所負責工作
內容不做更動。

3. 資源事務處：從資源整合與使用觀點，設立資源事務處，負責學校資訊系
統規畫與維護、提升教師資訊知能，管理學校教學設備等，並設立系統管
理師 3 名，協助資訊組長，成立資訊種子教師，服務學年與領域教師相關
資訊。

四、國際文教交流經驗

㈠教育理念

國際文教交流，能吸取各國在文化教育上的特質與訊息，用於充實本國文
化內涵，改進不足，也能將本國文化資訊很快的傳遞到世界各地，因此，國際
文教交流成為 21 世紀世界各國所重視的問題。無論政治、經濟、教育、科學、
藝術，在相互傳遞資訊，彼此觀摩、交換研究成果的管道中，國與國之間將逐
漸演變成天涯若比鄰的關係，藉文化與教育的交流，增進各國人民之間的友誼
與了解，是世界邁向更文明與繁榮的境地。

台北市是我國首善地區，也是世界級的都市，在我國努力邁向國際化，推
動國際文教交流的發展過程，應扮演領導的角色。馬市長在市政白皮書之教育
篇中，提到「為了使學生的外語教育能夠和生活結合，應積極推展國際學生交
流活動，增加學生實際使用外語的機會，也可以增廣視野，促進文化互動」。
透過國際文教交流活動的機會，讓學生與教師學習外語溝通的能力，了解國際
禮儀，外國人生活習慣與文化，提升我國的國際化程度，促使台北市成為國際
化的城市，參與國際性組織，發展城市對城市、學校對學校的夥伴關係。

(二)實務作為

1. 國際珍古德博士蒞校參訪學校

綠拇指之校園及社區自然化計畫,提倡原生種植物走入校園,特別選定本校作為綠拇指計畫的推廣學校。協助學校校園、社區採用原生種植物,作為景觀植栽,加強環境自然化,使校園環境更趨優質,更加落實環境教育。

2002 年 11 月國際珍古德教育及保育協會,邀請珍古德博士訪台,推動國際性環境教育「根與芽計畫」,鼓勵青少年以實際的行動關懷環境、社區及生物。當日學校學生、教師、家長在活動中目睹珍古德博士親手在校園填土,種下希望之樹,象徵原生種植物走入校園中,造出豐富的生物多樣性,讓學生學習與其他生命和平相處之道,達到環境教育的意義。

2. 把愛傳去非洲布吉納法索

2004 年 1 月,本校三年級學生參加台灣兒童電視影展活動,看到「小導演大夢想——國際篇」裡的「水是生命啊!」及「水是維他命」兩部影片,描寫非洲布吉納法索水污染及缺水的情形。影片播完後,比利時的導演和學生們討論與村落裡的小朋友作動畫的動機和經過,讓本校學生很感動。回到學校,師、生、家長集思廣益,討論要怎麼幫助他們,希望以「讓愛去旅行、幫幫非洲兒」為主軸,計畫把新年的壓歲錢,捐給布吉納法索的村落,讓他們買飲水機。開學後,同學們都很熱心捐錢,學校請公視協助將捐款轉交給布吉納法索的兒童。

2004 年 6 月比利時導演來台灣參加世界電影節活動,公視就偕同比利時導演到學校來訪問,學生以音樂和英語短劇歡迎他們,並請他轉交問候卡、捐款給布吉納法索的兒童,把台北市國語實小學生的愛傳出去。

3. 海峽兩地教師文教交流

本校教師赴大陸寧波等地區實施文化教育參訪。兩岸分隔已逾半世紀,長期以來,各自在不同的政治、經濟體制下發展,人民生活方式及價值觀有很大的差異。自我國對大陸政策日益開放,兩岸民間的經濟、貿易活動日益頻繁,社會及教育文化的交流活動乃大勢所趨。為增加良性互動與交流,促使兩岸人民相互認識和了解,本校校長暨教師 20 多名,於 2001 年

1 月組團前往大陸寧波小港實驗小學、華東實驗中小學等訪問。探討海峽兩地教師文教制度的差異、教師分級的經驗、教育的興革問題、親職教育發展的方向，彼此在教育專業上學習成長很多。

4.香港中文大學優質學校計畫台灣教育訪問團蒞校參訪

2002 年香港中小學校長教師 76 人，蒞校參觀國語文教學、領域教學。港台教師教育交流工作坊，由香港中文大學教育學程中心教授，分享跨學科課程的教學理念在實踐過程中遇到的挑戰、聲情教學與協作教學理念介紹。

香港教師觀看本校教師語文教學歷程與延伸教學成果後，紛紛表示台灣、台北市的語文教學深入精湛，值得他們再學習。港台兩地教師並分組做教育經驗分享，彼此互動良好，相談甚歡，期許能有更多的機會互訪交流。

5.國際文教團體參訪交流

⑴英國首席教師（國小校長）蒞校訪問

英國首席教師（國小校長）2 人 2 個整天，希望透過經驗校務運作、觀摩教學活動，參與教育座談等活動，了解如何發展工作團隊、專家教師的養成及教師助理的訓練，創意領導風格、課程及受文化衝擊下的課程、不同學習階段的轉換如何實施，如從幼稚園到國小、國小到國中、校長專業發展的訓練規畫或課程（人力資源的觀點）、校長的教育訓練。兩天校園裡有外國人，親、師、生都要用英語和客人招呼互動，發現說英語也滿好玩的，沒有想像的困難，校園頓時活潑生動起來。老師輪流陪同英國校長和參加教育座談，英語流利不少，也增加許多英國小學的相關資訊與教育知識。好像世界變小了，英國變近了，豐富了國際觀、感受到地球村，有朋自遠方來不亦樂乎！

⑵美國年度教育局長及明尼蘇達州小學校長蒞校訪問

美國之「美國年度教育局長」以及美國明尼蘇達州（Minnesota, USA）小學校長本著來台灣學習的心情，組成教育訪問團於 2004 年 3 月 3 日到本校訪問。本校安排學生校園英語導覽、國語文合作教學觀摩、參與學生課間活動，與學生答客問座談，與教師、家長針對台灣和美國的教育制度和系統、師資培訓、課程設計、教學方式、學習特色等主題討論座談。

美國年度教育局長及美國明尼蘇達州小學校長們風趣活潑，在教室、校園、座談會上，多能和學生、教師、家長打成一片，縮小了彼此因語言不通的隔閡，暢談甚歡，半天時間有如旋風一陣，讓學校充滿了驚喜與興奮。美國不是在天涯海角，好像是比鄰而居的地方。我們從客人言談中能得知美國的教育制度和系統、師資培訓、課程設計、教學方式、學習特色，就像在研習進修時的課堂中一樣，得到相關的資訊。

(3)九年一貫課程日本國際教育文化交流參訪

國語實小榮幸承辦台北市 93 學年度國民小學九年一貫課程日本國際交流參訪活動，計有擔任九年一貫課程行政督導、工作組、中心學校、輔導團輔導員之教育局長官、校長、主任、教師等人員一行33人，自2004年 10 月 10 日至 17 日止，遠赴重洋，參觀日本東京都埼玉縣埼玉大學附屬小學，與靜岡縣靜岡大學附屬小學之教育主題研究成果發表會；考察品川市京陽小學校與新阿爾卑斯市南湖小學校之課程與教學。

藉著實際參觀與體驗，發現日本在現代教育改革中，兼顧傳統與科技，強調知識和理解，發展個性與群性，從事研究與創新。感受到校舍空間規畫，會帶動學校教學型態的改變。學習到日本小學校，年度研究主題成果發表會運作模式；體驗日本小學校、生活教育的落實、學校環境的整齊清潔、學生的守法守分、教師敬業的尊嚴、家長支持的服務。親師生的和諧合作，呈現出優質、精緻的教育，培養出優雅素質的泱泱大國民，令人感動敬佩。

伍、校長生涯的省思

當老師是我的職志，教育工作是我的生涯期盼，帶好每一個孩子是我的願望。將以教育專業，喜歡兒童的真心，與特殊學生相處的耐心，以及行政工作十多年的歷練，教誨學生，服務同事。為了學校績效，將以個人的特質，專業的能力，角色的責任，為學校研擬教育目標，為學生開啟最大的發展機會，營造最少限制的學習環境；為全體教職員工建立支持系統，提升工作品質；與家長攜手共識，教好每一個兒童；將學校發展成學校社區化，社區學校化。

我國各級學校校長的職責，教育法令概括規定為「綜合校務」。即有關學校全部事務，校長為總負責人。校長的職責可分為教育領導與行政管理兩大項

別。教育理念也會因時代的變遷、教育經驗的成長、個人研習進修以及接受教育思潮的薰陶而有所不同。當了校長以後，為了學生能得到教育機會均等，有著安全與舒適的學習環境，努力充實學校各項建設，運用家長資源，設計各種課程，安排適性教育，建立學習樂園，讓學生、教師、家長都能與時進步。為了不辱校長辦學使命，自己努力不懈，全力以赴，領導好學校、學生、家長、同事，培養 21 世紀的好國民。讓他們能夠認識自己，尊重別人，關懷社會，熱愛鄉土。

學校試辦教學導師制度有年，有很多輔導教師、夥伴教師教室觀察的課程與機會，為了要能體驗教師被觀察的感受，參加師院校長培育中心委託當師傅校長，很多機會被新進校長觀察、批判、指導。將自己平日的為人處事過程、行政領導作為，有系統的紀實呈現，讓自己省察和反思，幫助自己精進，這是人生難得的收穫。重新檢視自己的人生歷程，不勝唏噓與感嘆，白雲蒼狗、時間飛逝，竟在不知不覺中年邁花甲，自覺為人處事還是一脈純真，不知圓熟與精進。

省察自己從事教育工作的過程，受到許多師長、同儕的協助、教誨與鼓勵，才能稍事作為，克盡職責，達成使命。其中，提到的一些事蹟、歷程，只是印證個人教育工作時空過程、個人成長發展的歷程。我相信生命本身就是一篇連續的故事，只有動人的故事，才能打動每一個人的心扉。生命中的每一瞬間，過去永不再來，人生的每一次經歷都是生命中不可再得的體驗。感恩許多校長前輩的指引與教導，希望自己也能有為者亦若是，竭盡所能，恪遵教育原理原則，當好校長職務，承擔「鐵肩擔教育，笑臉迎師生」的教育使命，珍惜現在擁有的任務與機會，創造經營學校的佳績。

作者簡介

陳綠萍，台北市市立女子師範學校普師科、文化大學大眾傳播系、國立台北師範學院國民教育研究所學校行政碩士畢業。曾任：國民小學

啓智班教師、組長、主任、富安國民小學校長、蓬萊國民小學校長、雨農國民小學校長。

曾任國語實驗國民小學校長暨兼任台北市國民小學特殊教育輔導小組主任輔導員、台北市國民小學生命教育召集人、台北市市立教育大學特殊教育系兼任講師。並曾榮獲台北市 1980 年特殊優良教師。目前已退休，任台北市政府教育局聘任督學。

座右銘：生命是不斷的蛻變與成長，亦是永無止境的奮鬥前進。

因緣際會人生路

張輝雄
台北市天母國小校長

　　走過學校生涯 31 年，再來回顧當時種種的起心動念，也許還是「因緣際會」這句話最能概括。

　　1974 年我從台中師專畢業，只因為起了個「再進修學習」的念頭，我違背了自己和父母長久以來的心願——那就是返家鄉服務的單純想法。我把分發志願填了台北市，就此離鄉背井到了陌生的都會。

　　我第一個服務的學校，是個非常年輕又充滿新氣象的好學校，因為女性教師比男教師多了 4 倍以上，在當時的社會環境之下，男性教師被賦與較高的期望，承擔的事情也更多！因此我一面擔任導師，一面就兼任組長，一路走上了學校行政的人生道。如果學校行政工作有一些成就的話，或許應該感恩當時提拔我的主任和校長吧！

　　當我一面在工作之餘進修大學課程，一面又幸運的通過甄試儲訓，成為候用主任之後，我還猶豫了 4、5 年，徘徊在學術取向或是行政取向之間。

　　選擇了學校行政的志向後，每天只想到把自己應該盡力的工作和理想努力做好，要說醞釀擔任校長的念頭，只能說是「順其自然」吧！實在不敢奢言任何偉大抱負囉。倒是為了充實教育知能，我不辭辛勞繼續進修師大教育系課程，也因為對教育的理論和實務，持續寄予關心和思考，能夠一舉通過競爭激烈的校長甄試，連我自己都感覺僥倖。

　　1986 年，我參加台北市教師研習中心「陽明二期」的校長儲訓。台北市所建立的校長甄試和儲訓制度，當時已經相當完備。長達 10 個星期的訓練，課程包涵教育哲學、教育政策、學校行政、行政管理、公共關係、童子軍宿營、國際禮儀、生活考評、運動與健康、口才訓練、機智反應、文書整理……等等。相當難忘的還有台北縣市優良學校參觀與座談，以及駐班師傅先進校長的無私

分享。不論是高層政務官員的政策談話，或者是學校校長的行政經驗叮嚀，甚至於每天早晨的即席演講，都給我們充實難忘的影響。最特別的還有本期同學的定期約會，每一季都邀請一位我們敬仰的行政專家或學者給我們諮詢。

回憶起來，不論教學或是行政工作，常保赤子之心，永遠懷著教育愛和熱忱，誠摯懇切的待人處世態度，謹慎實在的工作精神，是這麼多年學校行政工作的主要動力來源和護身符。

探尋教育思想與領導思想的源頭，我一直是個喜歡哲學思考的人，長期自閱讀與思辨中，積累出一些有關「人的生存價值和意義」的哲學性的觀點，與教育思想整合成為教育理念，這些理念導引著我的行動。我曾在校長遴選的自我剖析資料中，歸納我的教育理念和學校領導（經營）理念如下。

壹、教育理念

一、人本教育的人性觀

㈠兒童的心性具備真善美的本質，教育能使其自覺與充實。

㈡兒童之潛能無限，透過自由與愛，潛能更能發展。

㈢兒童兼具理性和感性，在琢磨理性的同時，莫忘培養純真的感性。

㈣教育不僅要培養人的「臨機應變能力」，也要發展人的「創造力」。

㈤生命的意義除了貢獻給人群之外，個體的快樂和幸福也不可忽視。

二、開放教育的學習觀

㈠親、師、生共創開放且溫暖的教室情境。

㈡容許個別化的學習內容、學習速度。

㈢鼓勵具有引導、激勵性的自勵學習計畫。

㈣為適應個別差異，教學應實施多元化、個別化的評量。

㈤學校宜提供充實而開架式的教學設備資源。

㈥教學場地可突破學校圍牆和教室的圍限。

三、全人教育的生活觀

㈠提供一個安全愉悅而充滿愛的生活環境。

㈡尊重生活中獨立自主的部分。

㈢在興趣引導的原則下，發展兒童的勞動和責任體驗。

㈣設計具備誘導性、激勵性、發揚人性光輝的榮譽制度。

㈤給兒童充分的休閒時間與空間去學習從容優雅。

㈥提供「意志磨練」的自由選擇機會。

貳、經營學校的理念與願景

一、學校是一個健康的空間──營造安全的生活環境，建設健康的學習空間。在校舍建築與修繕、廁所清潔、照明、飲水、飲食設施等物質建設上，追求安全衛生；在交通導護、運動與休息規畫等制度上，達到保健需求。

二、學校是一個關懷的家庭──促動人性化的校園新文化，充滿了關懷、關心、關連、相互一體感。經營我們的學校成為：相互信賴和尊敬、相互支持合作、善解包容、感恩和感動的大家庭。

三、學校是一個體驗的場所──讓兒童從生活中學習，在工作中學習，在討論、辯論中，了解人己的差異。從觀察之中發現事實，從實驗和嘗試錯誤之中，發現可行的方法。學校是一個享受真善美經驗的場所。

四、學校是一個創造的園地──學校課程應鼓勵獨特性、培養流暢的思考能力、鍛鍊精密思考方法，激發想像力、訓練敏覺度，從語言練習、音樂學習、美術創作、解決問題的過程中，發現創造的樂趣。

五、學校是一個遊戲的樂園──遊戲是快樂的根源。遊戲的要素是友伴關係，遊戲是肌肉發展和腦力發展的活動，遊戲更是情緒抒發的方法，所以學校應該有許多遊戲的機會。

六、學校是一個學習的社區──學校是培養終身樂於學習之態度的啟蒙地方，因此，怎樣讓學習成為從容不迫的活動？怎樣讓學習成為有趣也有挑戰的遊戲？怎樣讓學習成為累積成就感的事情？是所有教師全力設計的重點。同時學校也是師生、家長學習調和不同意見，勇敢表達自己觀點，不斷在

討論和閱讀之中精進的社區。

教育理念唯有透過行政領導、教學領導的行動，才能帶動學校整體的力量，逐步去達成目標。

行政團隊是推動計畫、執行活動、檢核績效的靈魂，為學校架構一個井然有序的軌道，則師生才可安其身心，發展其智慧和能力。只可惜，在校園民主的潮流下，我國教育改革不小心走上了行政上「鬆」、「散」的路上，可以說否定了行政的角色與功能。因此，普遍聽到「行政難為」的嘆息聲，有志從事行政工作者日少，經過請託而勉勵從事者，總是無法久任。因為校園中其他職務的工作，可能比較單純、可能比較輕鬆，或可能比較有成就感、或者挫折感低一些！

回顧擔任校長18年來（1987～2005）的經驗，在整個行政團隊完整構築的過程，雖然投注許多心力，但從來也沒有達到100分滿意的境界。分析其影響因素大約有：其一，困於學校原本就存在的幹部與新派幹部之間的融合難題；其二，困於個別衝突事件的影響；其三，困於組織結構的可能因素；其四，困於領導者個人的領導方式。簡略分析如下：

一、新舊幹部的融合難題：學校在校長更替時刻並無幹部總辭之制度，新任校長通常需要承接原來的幹部群，若有更換之情形，因為被更換的人還留在原校，他可能因為面子問題，而成為反對的帶頭人物。校長與舊留幹部之間，需要一段時間互相認識、試探或教導，如果引進部分新幹部，新舊幹部之間也常須磨合、試探。

二、個別衝突事件的影響：我服務過的幾個學校，都曾經發生幹部之間的齟齬，或因為公務處理的意見不同而偶生衝突，或因為私人糾紛而導致關係緊張。有些問題可以解決，但難免留下心結；有些問題難以解決，甚至於對簿公堂，造成學校傷害。

三、組織結構的可能因素：我國的學校行政組織，在校長之下，分設各處室，分別承擔不同的工作，處室之間難免本位主義，有時候計較工作分配，有時候計較彼此的合作態度，造成團隊之間的衝突。我建議行政組織結構設計，改為：校長→副校長→行政助理。副校長人數可以依照學校規模彈性設置、打破處室之間的隔閡、由校長和副校長按照任務需求，實施整合領導分工合作。

四、領導者個人的領導方式：團隊之間相處的品質雖然有上述因素影響，然而我也同意，各種結果不等於必然，如果領導方式、互動態度不同，團隊運作的結果也可能不同。我個人較尊重、客氣，但也較少安排團隊共同休閒活動；如果領導方式為強勢、果斷，或者採取人際關係導向，則結果是否不同？

總結來說，學校的行政團隊要經營到緊密結合、如影隨形、默契十足的境界並非易事。回想 18 年來，與我一起共事的夥伴們，他們在工作上的努力與成就，讓我的行政經歷也充滿了許多的成功和感動。

如何經營有效團隊，發揮團隊戰力，我以多年領導經驗作省思，謹提出一些個人的觀點，以供參考：

一、團隊選才：組織人才徵集小組，慎選重要幹部。這可以補個人在訪才、識才、用才的限制與不足。

二、團隊訓練：把握契機，辦理行政共識訓練。有計畫的訓練課程內容，應重視成員彼此之間的坦誠會心、培養合作包容的態度、了解校務推展的重點方向、明確分工合作的團隊運作模式等。

三、團隊活動：建立定期的團隊休閒活動，調節工作緊張，增進成員互動的感情。非正式的聚會，是凝聚組織向心力的重要關鍵。

四、團隊分工：透過組織再造精神，建構一個交互作用的分工運作模式。我在天母國小嘗試以彰權益能的精神，將各處主任定位為年段副校長，負責各年段和科任團隊之進修、課程發展、親師問題諮詢……等任務。因為彼此之間業務交相支援，促進了團隊績效。

五、團隊分享：辦理教育局交辦之業務時，當團隊合作完成後，分享獎勵資源，特別也能關照平常較難獲得獎勵的人事與會計幕僚，則有助於團隊支援的行政整合。

教學領導常被定義為校長領導行為中最重要的工作。在教師高唱專業自主的教改氣氛之下，校長的教學領導實則也碰到不少挑戰。因為提升教學成效需要透過有效的教學評鑑或者教學視導，校長在各科教學的專長不一，要能對每一科教學都能專精也不容易。然而無可置疑的，校長對教學品質的要求與期許，確實能引導學校教師發揮教學成效。

我除了在態度上展現對於教學準備、教具應用、資訊科技運用、學生作業

批改、評量命題水準、多元評量方式、學生多元智能發展的關心，也對於親師溝通、班級經營氣氛的成效，持續賦與注意。在觀念上不時透過研習討論、會議宣導等方式做倡導，在教學視導方面則以課堂巡視、同儕教學輔導、安排觀摩教學、推薦校外研習、鼓勵參與教學研究方案（例如：兒童哲學教學、兒童社會化活動方案研究）等方式，以提升教學領導成效。教學領導的績效常常因為學校規模大小而有不同，學校規模太大，教學領導的績效也很難普及。

　　校長為了學校經營的理想績效，總會衡酌現有人力資源，與學校傳統資源特色，在學校課程上做一些規畫與引導。九年一貫課程實施前，學校所發展的課程方案，大都是補充性、短期性的活動。九年一貫課程實施後，雖然賦與學校發展校本位課程的任務期許，實則教學時數因為實施週休二日而減少4節課，加以電腦教學、英語教學、鄉土語言等新增之課程，使得學校課程安排相當緊張，校本位課程的發展相對困難。

　　回顧九年一貫課程實施前，我在湖田國小推動桌球特色課程，因為當地下雨天多達 200 天，學生運動量不足，導致身體發展受限，增加了室內運動課程後，學生的體力與體能發展大為提升。在陽明山國小，我結合文化大學體育系資源，引進體操教練成立體操隊，並且於三至六年級體育課程，導入體操內涵，積極促進學生體適能。於大龍國小結合鄉土資源，推動鄉土教學、古蹟解說課程，帶領教師群編輯大同區鄉土教學教材——《大同風情》一書，使大龍國小師生培養出對鄉土的深刻認識與情感。九年一貫課程實施後，我轉任天母國小，積極發展學校願景，結合台北師院專家指導，規畫一個全校性、融入領域教學、彈性節數、綜合活動的校本課程方案。雖然投入了相當的精神，但是要成為學校一致性的共識卻有點困難。倒是在原有的圖書館利用教育課程方面，採取與資訊課程結合模式，實施頗為成功。小規模的特色課程，如語文加強方案——「天母詩選百首」，規畫各年級背誦與學習的唐詩，成效不錯。

　　為了學校環境整修或活動辦理，校長需要廣結善緣，凝聚一些可用的資源，以促使學校有更大的進步。雖然也有人消極的說：「找許多資源做許多事情，只有讓自己增加負擔罷了！」但是身為校長總想為學校、為老師、為學生多做些服務。依照我在台北市服務多年的經驗，維持好與教育局長官和地方民意代表的關係最重要，因為來自政府機關的計畫型預算，才是學校長久發展的關鍵力量。這部分的經營，需要以學校具體的教學服務績效作基礎，加上適度

與地方仕紳建立良好的互動，透過他們間接的保持與民意代表的友誼，是最安全而長久的。

我服務過的幾個學校，總是能夠獲得教育局長官的大力支持，市議會方面不僅沒有刁難，還有許多的後援力量，這是我最感到欣慰的。至於家長方面的資源，因為所處的社區條件不一，總是視因緣際會，努力為學校的活動籌措所需經費，以達成學校的階段目標。最難忘的經驗，應該在大龍國小於 1996 年的百週年校慶活動籌備。

大龍國小是全台第 3 個達到百年的老學校，為了使百週年校慶活動具備對師生的教育意義、對校友和地方的凝聚力、對學校發展關鍵時刻的歷史意義。我們以「大龍百年慶、關懷鄉土情」作為活動指標，朝著整理史料、認識鄉土、凝聚鄉情、發展校本課程的方向努力。

我帶領學校團隊，從校史中找尋傑出校友、拜訪傑出校友，懇請黃信介先生擔任校慶籌備會會長。從家長會中找尋熱心校友和家長，懇請深具行動力的陳文德先生擔任籌備會總幹事。從歷任校長中找到最長老耆德的陳錫福校長做精神領導，擔任籌備會名譽會長。經過一系列的校友回娘家活動後，成立了校友會，由當時市議會議長陳健治先生的夫人陳蔡麗珠女士擔任校友會長。校長、教師會長、家長會長擔任副會長。加上當時最熱心且具活動力的家長會常委黃耀裕擔任活動組長、陳金英擔任總務組長，校友里長陳義進負責文宣組長，熱心校友柯明道藥師擔任企畫組長，教務主任黃美惠校友擔任資料編輯組長，資深人緣好的人事主任蘇美琴擔任公關接待組長。這樣的組織架構，面面俱到的整合了校友、家長、學校同仁、地方仕紳，並得到政治領袖的大力支持，因此有效達成了活動目標，留下深遠的影響，成為後來者的楷模。

最豐富的家長資源要屬天母國小了，由於前輩校長經營有成，加以自 1988 年起推動教訓輔三合一整合實驗方案，天母國小現在領有志工名牌的家長已經超過 400 人，志工家長常被稱為「愛心媽媽」、「愛心爸爸」，實則包含許多爺爺和奶奶。天母國小家長志工計有九大團，涵括導護、護理、管絃樂團、輔導暨補救教學、故事、圖書館、綠美化、大愛媽媽和班級媽媽。不僅是人力資源豐沛，物力資源也是充足有餘，每年移交給下屆家長會的基金就超過百萬元，這當然要歸功於家長會組織健全、財務管理上軌道，家長會基金已經採取預算、決算制度，各項經費都需要提列預算計畫，經過審核才能動支。更難能可貴的，

所有委員和志工的奉獻都不求回報，例如許多學校在編班上的關說，天母國小在家長會支持下，早已一律常態編班零關說。家長會委員和學校的關係，可說是水乳交融。學校在這樣強力的支持之下，校譽蒸蒸日上，成為一個楷模的標竿學校。

公共關係的維持或促進有助於學校穩定發展，其中尤為緊要的，當屬學校內部關係的穩定。如果校內關係良好，則校長才有快樂工作的基礎。自從有了學校教師會之後，許多學校面臨了難題，學校內部關係是否穩定，也增加了許多變數。教師會成員是否理性溝通？校長是否重視與教師會主要幹部的互動和溝通態度如何？二種條件交互作用下，決定了學校內部是否安寧，甚至於影響到校長連任機會。

我擔任校長的4個學校，與教職員工都互動良好，並且受到敬重。基本上我是個不擺官架子的人，因此同事們覺得校長很親切，容易親近。我幾乎不曾大聲斥責行政部屬或老師，並且關心同事的公務或私人困擾，以誠懇的態度盡力幫他解決問題。關心同事合理的需求，例如鼓勵其進修、在喜事、生日或病痛時給與祝賀慰問等，這些都只是作為一個領導人應有的關心和仁慈的態度，校內關係的經營並不困難，因為校長站在主動的位置上。

與學生之間的關係也是校長所重視的。因為學生基本上喜歡親近長輩，特別是親切的長輩。他們尤其喜歡受到校長的褒揚或仁慈的關懷。孩子們總是興奮的向校長問好，年齡較小的孩子還喜歡來抱抱校長、拉拉校長的手。我總是在乎孩子們努力拚戰的時刻、努力表演的時刻、表現優秀的時刻，我盡量親臨現場給與鼓勵。孩子得了較重的傷病，我總是親往慰問。因此孩子們不僅敬重校長，也喜歡親近校長。

學校特色是打響學校名號，提升學校光環的要素之一，在競爭的環境下，辦一個有特色的學校，同時也等於學校品質的全面肯定。

有些學校先天上擁有建築環境上的優勢，例如：位於山野或濱海的學校，擁有大自然無可取代的環境特色；傳統建築或新型校舍建築設備，常常是學校教學上的優勢，也是深受學生家長喜歡的特色之一；中學常以升學率作為重要的特色，因為它可能代表教學品質。

回顧我經營過的學校，如果以特色來觀察，是很容易隨著人事變遷而轉變的。學生僅只70餘人的湖田國小，我曾在短短的3年任期中，因為運用好的師

資而發展出桌球運動的特色，隨著新舊人事更替，現在的湖田國小卻轉為發展舞獅和國際交流。陽明山國小的體操教學特色，也隨著人去轉成樓空。大龍國小的孔廟釋奠典禮八佾舞，因為是一種歷史和地緣關係，雖然經常有著教練難尋、學生參加意願不高的困境，還是能夠勉力維持，成為歷久不衰的特色。天母國小的圖書館利用教育，因為志工團長期傳遞經驗，加以歷任校長鼓勵支持，一直是十幾年來口碑響亮的特色；教訓輔三合一輔導新體制，在我繼踵前武並發揚光大的努力下，也成就了組織再造的標竿特色。天母國小的經驗，算是在人事異動情形下，少數讓特色延續發展的學校，回顧起來，頗值得珍惜。

接下來談談校園民主化的變革陣痛期中，我面對變局的領導哲學與策略。

回憶起 32 年前，從師專畢業，分發到台北市，一個建校才 4 年的小學擔任教師。進入學校穿堂，迎接我的人，是一位約莫 25 歲的女老師。當時正是學生放暑假期間，她正在掃地。她歡迎我，並幫我辦理報到和安頓生活的事宜。後來我知道她是「生活輔導組長」，並兼辦人事業務。我不記得是否很快見到校長，或得到校長的幫助與引導。但我常常引述這位組長的態度和行為做模範，勉勵自己和同事。她的風範，對於我建立敬業的教學精神，有相當影響。

民國 60 年代國民小學的學校運作，在學科教學和班級學生輔導上，教師與行政目標一致，甚少衝突或不協調。校長透過行政單位，所要求的目標和分工，每個人都努力去執行。如果有分工不均的情形，也只是私下抱怨。

1995 年，《教師法》制定前後之期間。社會趨向開放、民主化，人民積極爭取權力的分享和參與。就社會進步的需要而言，政治事務有更多人關心和討論，則政治活動將更為清明，政治考慮將更為周延，政治事務支持度將更高。公共事務的處理，更合乎民意需求則其政策更具有效性。學校是一個教育服務機構，民眾對於教育所提供的服務內容與品質，自將隨著民主開放的思潮，而有更高的期待。學校相應於民眾的高期待，理應發揮企業經營的精神，在品質的精緻性、服務的滿意度，以及教育的理想性方面，力求提升。然而在大學倡導自主，以突破各種禁忌、發揚學術自由的過程中，中小學也流行教師治校的風潮，《教師法》賦與教師在學校組織教師會的權利，並透過團體協商以保障教師權益。中小學教師採用聘任制，並由教師為主體（過半數之代表），組織教師評審會，審議教師之聘任、解聘等評議事項。各項教學行政事務，大都需要透過校務會議團體決策。教師參與校務之權利，受到相當多的保障，學校經

營之成敗、良窳,全體教師之責任可謂重大。

國民小學教師教學與保育工作繁重,加以兒童年幼識淺,讀寫算的學習過程,更需反覆練習,因此一個負責任的教師,耗費在作業批改、訂正和指導的時間相當多,教師普遍覺得工作很辛苦。有些人以為一般教師與行政教師之間勞逸不均,因此在學校權力釋放過程中,爭執計較彼此的工作負擔之多寡。

因為《教師法》第十六條第一項第七款訂有「除法令另有規定者外,教師得拒絕參與教育行政機關或學校所指派與教學無關之工作或活動」的教師權利,本款文字之立法緣由,起初是行政機關指派教師參與選務工作是否合理的爭議,現在,因為選務機關改善了選務工作的待遇,已經沒有爭議,許多教師還樂於參加選務工作,藉以獲得嘉獎之獎勵。反倒是學童上下學交通導護工作、學校值日夜工作普受排斥,一直爭議不斷。現在台北市各校家長志工投入的導護人力,每個學校都有數十人。校園因為撤除了值日夜工作,改採校園保全服務,每年每校需編列預算 40 萬元以上,而且還經常發生重要器材遭竊盜遺失的情事。故而權利重分配結果,人員工作效率降低,教育經費相對吃緊。

教師權利高張的結果,校園理念紛雜,學校方向與目標缺乏共識,恐怕是多數學校的狀況。如此結果,恰與企業面臨顧客及市場需求壓力時,所應表現的全員參與、追求品質、提高工作效率、積極建立企業形象等作為背道而馳。這固然由於學校組織革新方向的謬誤,也因為學區制度保護傘之下,學校缺少競爭壓力。目前學校編班開課的制度,家長或學生也沒有大學生的選課權,所以教師並無開不了課的顧慮。小學生年幼識淺,教師所建立之班級王國相當封閉。一個敬業努力以赴的教師,固然可以經營高品質的教育,不求精進,渾水摸魚者,也難以由同儕的教育良知與道德勇氣而矯正之。

綜上所述,校長在法職權相當薄弱的行政領導空間中,如何安排適度的討論,形成學習型組織,以教育目標之再澄清、教育方法之觀摩求善、教育角色之期許,導致教育價值之體現為經;以熱情積極、主動敏捷的態度,提供行政支援,廣納建言、調和鼎鼐、營造溫馨和諧的學校氣氛為緯。以關懷創新的精神激勵士氣、接近家長了解需求、溝通觀念增進親職教育功能。善籌資源,改善教學環境。關心兒童健康安全與成長、促進豐富的學習生活、訓練良好的生活習慣,輔導學生建立與人為善的人際關係等等,這些專業作為與人格影響力,益形重要。

　　學校教師會紛紛成立之後，在各校造成組織權力分配的衝突時有所聞。當時我服務的學校很早就組成學校教師會，倡議者屬於「不滿份子」，曾經和主任有過衝突。我觀察情勢，預期學校將會有一些風雨來襲。果然在隨後校務會議上，教師會理事長一口氣提出了許多建議案，內容照抄如下：

一、取消簽到退制度。

二、分組活動課取消年段混合編組。

三、晨跑取消。

四、學生播音取消。

五、掃地時間改為一次。

六、天氣太熱時避免舉行兒童朝會活動。

七、成立美勞隊。

八、增加校務會議次數。

九、教職員晨會減少次數。

十、取消教學觀摩活動，改要求輔導團作示範教學。

十一、取消學生科學展覽活動。

十二、週三進修活動少辦演講，多辦理同事聯誼活動。

十三、編班不可挑選老師。

十四、減少暑假返校日數，不要增加師生負擔。

十五、教材單元編排難易不均，請反映修改。

十六、大學生不用掃地，小學生何以要掃地？

十七、研習次數應求公平。

十八、應支付鐘點費給校隊指導老師。

十九、輔導團來校或師院輔導教授來校輔導，會耽誤上課，影響學生權益。

二十、行政教師授課時數應增加。

二十一、由專人處理學生成績，減輕老師負擔。

　　這些提案夾雜著改革的期望、工作減輕的要求，也有專業的倒退，情勢隱隱蘊藏著與管理階層的對立。我當時有三個應對方向：第一是：改革的想法和心態，要比教師會更前衛；其次是：帶動討論和決議要遵守民主規範，建設一個民主決定的好基礎，和全體老師站在一起；第三是：倡導一切為教育之前提，一切以建立學校榮譽對國家和家長負責為標竿。

　　態度是接納的、欣賞的，議事是尊重的、民主的，論理是理性的、和平的，基本上成就了老師們參與的感覺，建立可以對話的情境。對於會影響學生學習內容的提議，則審慎研究，沒有更好的替代方案時，不輕易更改。例如科學展覽雖然有老師覺得辛苦，然而培養學生的科學研究興趣與能力，卻是學校的職責，不宜取消。其實老師們也接受這個道理，並不堅持。

　　我審慎控制校務會議的導向，在民主化的轉折過程中，也適度堅持校長的理念倡導。很幸運的，因為平素與大多數老師相處關係還好，老師們對校長還算相當尊重。因此能平安度過這一段權力爭執的民主化過程。

　　關於家長參與學校教育的牽引方面，十幾年來我一直有著相當成功和愉快的經驗。家長對於孩子的學校總是充滿期待，早年因為社會較封閉，家長想了解學校，只有出面擔任家長委員，捐款幫助學校。自從政治解嚴，社會更加開放，人民的權利意識高漲，對於公共事務積極參與並要求公平合理。分析家長對於學校的要求，大都合理而卑微。例如：希望孩子有個愛學生的好老師；希望老師管教合理，不隨意處罰傷害學生身心；學校午餐要吃得好、吃得安全；注意不要讓孩子受傷；學校賣的制服要質料好、售價合理；考卷試題要正確合理……等等。

　　家長對學校影響力的大小，與社區整體家長的社經水準有關，過去家長在校務會議中只有象徵性的參與權，現在雖然有三分之一比例的代表，但是大都尊重老師們的意見。學校教評會規定家長代表 1 人，更是象徵性意義罷了。當然，家長參與校務不宜過度，應相信學校專業經營能力，家長與學校的關係，維持在關心而不插手的程度最適宜。

　　為了發揮家長輔助的功能，我積極倡導家長參與學校義務服務工作，諸如：交通導護、校園安全巡查、班級晨光活動、學校慶典接待布置工作、圖書館教育服務，甚至於教室粉刷布置……等。家長義工組織龐大，他們一面服務一面學習人際互動、組織技巧，也由工作和義工學習組織中不斷成長。無形中做好了親職教育，建立了良好的溝通管道，消弭各種可能的互動危機。並促使教師更認真教學，提高學校效能。

　　學校權力關係隨著《教師法》、《教育基本法》的公布而生質變，當教師和家長對於學校發展都充滿著「我有話要說」的參與需求時，高明的領導，就是以民主開放的態度去應對，權力由成員分享，激發成員的能力與成就感，謹

慎維持正確方向，則可達到「無為而無所不為」的境界。

　　總結18年的校長工作，回顧我所歷經的學校行政階段，從「行政主導」到「校園民主」，從「家長接受」到「家長參與」，情境變化不可謂不大，然而能夠把握尊重教師、接納家長、關懷學生的基本原則，運用領導知能，修己善群，掌穩教育價值方向，整合各方資源，終能創造教育佳績，為自己的教育生涯留下值得回味的成就點滴，不枉投入教育工作的初衷，俯仰無愧亦已足矣。

作者簡介

　　張輝雄，生於1954年，自幼即以教育工作為志，初中畢業後僅報考省立台中師範專科學校。如願進入師校就讀後，勤於探索哲學與國學，寄情於音樂與文學之學習，對於各種學科具有普遍而廣泛的興趣。

　　師專畢業後分發至台北市百齡國民小學任教，其後歷任台北市湖田國小、中興國小主任與湖田國小、陽明山國小、大龍國小、天母國小校長。在職期間孜孜不倦積極進修，曾於輔大中文系、文化大學中文系、台灣師大教育系、台北市立師院輔導學分班、彰化師大輔導研究所進修，畢業於國立台北師院國民教育研究所。

　　現任天母國小校長。

18 年的校長生活回憶

胡火燈

桃園縣大同國小校長

壹、前　言

　　今年 3 月初，突然接到一封署名教育局長的邀請函，打開一看；主旨敘明為「資深校長教育座談會」，地點指明為一家日式餐廳，當時我感到一片茫然，不知這封邀請函的用意何在？不知是局長大人有任何重大任務交辦（因為個人曾長期協助教育局辦理各項活動），或者是「勸退」資深校長的「鴻門宴」（因為今年正巧逢 55 退休年齡），我也曾猶豫了一陣子，是不是要參加這個邀約，但終究抵擋不住局長的頭銜，在當日我準時赴約，抵達現場時發現有 20 幾位「資深」校長參加，我才放下心來，於是我們這群自封為「老賊」的夥伴們聚在一起，頓時熱鬧起來，於是天南地北、高談闊論起來。

　　過了不久，局長在副局長及各課長及督學的簇擁之下，一大票人進了會場，我們立刻停止交談，屏息以待；局長當然是官樣文章，先是恭維我們長期耕耘教育的成果，再是感謝我們長期默默奉獻教育的辛勞，最後才是進入今日真正的主題：希望我們這一群「先輩」繼續堅守教育崗位，並扮演好傳承的工作，不要一窩蜂的趕退休，致使本縣的教育產生「斷層」之虞。聽了局長一席話之後，心裡頓時放鬆了不少，好在局長是「慰留」而不是「勸退」，可是心裡在舒坦之餘，也帶有些許的辛酸，試想在教育界打滾了 30 餘年的歲月，終於走到要局裡長官「勸退」或「慰留」的尷尬年齡了。

　　這個宴會過了不久，又接到國北師研究所的恩師　林文律教授的來電，交代要我將過去將近 20 年校長生涯中，最值得回憶或是對於教育最有影響的點點滴滴，寫出來與大家分享。起初，我感到非常惶恐，因為深怕自己才疏學淺、

筆法鈍拙，無法達成恩師所期許的境界，所以遲遲不敢下筆，再加上學校最近公務繁忙，多所耽誤，以致進度一直落後，好在學校有兩個工程在前幾天完工驗收，讓我壓力減輕不少，可以平心靜氣的好好思索；想起自己從 1988 年上任至今，期間歷經 18 個寒暑，經營過 5 所學校（其中有 3 所新設學校，2 所老舊學校），一路走來的點點滴滴，還歷歷在目，再加深一層的思索，赫然發現自己在這一段期間真是做了不少的事，尤其每一所學校都曾留下不少的痕跡，在這些痕跡當中，有許多真是值得一提的，也有一些需要檢討的。主意既定，就利用公務餘暇或是下班期間振筆疾書，希望在期限內寫下一些回憶。

　　本文所論述的內容，大多以本人親身經歷或是自己所做過的事為主，其中也有一些是以過去所發生過的案例來敘寫，從這些案例當中尋找一些值得參考的做法，當然包括一些需要檢討的地方，希望能作為所有教育同仁的參考，更希望得到恩師及更多的教育先進的指教。

貳、學校經營的理念

一、認識校長

㈠一則兒時的小笑話

　　在民國 40 年間，台灣的經濟尚未蓬勃發展，國民生活仍然清苦，當時的小學稱為「國民學校」，學校規模小，設備簡陋，小朋友到了學校因為沒有什麼遊戲器材可以玩耍，所以盛行「過五關斬六將」的遊戲，就是在地上挖五個洞，用彈珠或圓形的石頭（窮苦家小孩因沒錢可買彈珠，就用石頭代替），玩過關斬將的遊戲。

　　這則笑話的主角是一位四年級的小朋友，有一天下課時，這一位小朋友約了一群玩伴，在教室前面的泥地玩這項遊戲，正當他們廝殺得難分難解的時候，上課鐘聲響了（當時的鐘是用鐵做成的，中間挖空，並由人工敲打），但是這一群學生還是不進教室，當時該校敲鐘的是一位 60 多歲的老頭子，看到這一群學生不進教室，於是大聲的喊道：「你們這一群野孩子，怎麼還不進教室上課。」當時除了這個主角之外（因為正好輪到他玩，他正跪在地上聚精會神在

玩），其餘的小朋友都轉頭觀望，發現有一個老頭子在罵他們，但大家又不認識他，於是這群小朋友就跟主角說：「有一個老頭子在叫我們進教室上課，我們不要玩了。」可是這位主角正玩得興起，怎麼肯放棄不玩呢，只抬起頭看了一下便淡淡的說：「我知道，他是敲鐘的，不用鳥他！」結果這位小朋友被這一位老頭子狠狠的打了一巴掌以後，才莫名其妙的進教室，後來這群小朋友才知道這個老頭子原來是他們的校長。「校長兼撞鐘」的由來應該是這樣來的。

(二)開玩笑的話

1.校長，就是笑長，搞笑的長官。
2.校長，就是ㄒㄧㄠˋ（閩南語）長，瘋子王。
3.校長，就是ㄍㄠˋ長（客語），孩子王。
4.校長，就是學校中最無能力者（孩子玩扮家家酒）。

(三)教育流傳的話

1.學校的園丁：兩種說法，一種是指一位很有能力的校長，將學校規畫並經營得很好。一種說法是指天天在「澆水種花」的校長。
2.學校的大家長：學校像一個大家庭，校長當然是一個大家長。
3.學校的總舵手：學校像一艘大船，由校長操縱船舵，航向未來。
4.校務的推動者：學校所有校務的策畫、教育的實施，都需要一位強而有力的校長來推動。

二、校長在學校中所扮演的角色

「學校經營」也有人稱之為「學校領導」或「學校管理」，但不管如何稱呼，校長都必須透過學校組織之運作，校園氣氛之營造，學校文化之形塑，使學校各項教學活動得以正常運轉，俾發揮教育功能，達成教育目標。由此可知校長在學校中，對於教學活動的推動，擔任關鍵性的角色，這種角色又可從二方面來說明：

(一)技術性的角色

1.校務推動的計畫者

任何一所學校想要正常運作，具體可行的計畫是很必要的，通常擬訂這項計畫的就是校長，所以他在上任初期，必定會配合任期，審慎評估學校需要及能力，訂定該校實施的校務計畫，所以說校長是校務推動的計畫者。

2.學校資源的分配者

學校內有許多可利用的資源：人力資源、財物資源、自然資源……等等，如何善用這些資源，讓其發揮最大的效果，協助學校教育的發展，端看當事的校長如何去分配及運用。

3.互動歷程的協調者

學校是一個團隊，團隊中的每一個成員，隨時都有密切的互動，當然在互動的過程中，可能會產生一些障礙，也可能會發生一些歧見，這個時候校長便要扮演溝通協調的角色，讓團隊中各個成員的互動能夠良好而且熱絡。

4.教學活動的視導者

學校的重點就是教學活動，而教學活動的歷程中，「教學視導」占有很重的份量，通常視導可分為「上級視導」及「校內視導」，在學校中校長為教師中的教師，因此他應為學校教學的當然視導。

5.各類衝突的仲裁者

在人類互動的過程中，難免會產生一些不同意見，有了不同意見，就會發生衝突，在這個時候，校長就必須發揮公平客觀的仲裁者角色，設法化解歧見，避免衝突繼續發展下去。

6.學校危機的排解者

在學校中，成員眾多，動輒千人以上，在那麼多人的團體中，難免隨時會發生許多問題，尤其有些問題可能非常的嚴重，甚至影響學校教育的正常運作，因此具備「危機處理」的能力成為學校校長必備的條件。

(二)藝術性的角色

1.創造學校歷史的史學家

學校自成立以來，每一天都會產生不同的事情，每一任的校長任期內，都可能替學校創造出不一樣的成果，並讓人留下懷念的痕跡，所以說校長是創造學校「歷史」的歷史學家，一點不為過。

2.擬訂學校願景的預言家

一個負責任的校長，到了學校之後，他一定會為學校訂定一張發展的藍圖，在這個藍圖當中，最重要的就是確定學校未來要發展的方向，尤其這個方向會影響學校整個教育的發展，更會在學校的歷史中留下痕跡，所以校長在擬訂學校願景時一定要慎重其事。

3.雕塑學校的藝術家

學校是教師教學及學生學習的場所，她的設備與環境的好壞，都深深的影響她的效果，因此一位稱職有為的校長，必定會竭盡所能，將學校設備充實完備，將學校環境打扮得漂漂亮亮，讓教師在教學活動中能夠方便愉快，讓學生學習效果能夠更臻完美，所以說校長是雕塑學校的藝術家。

4.操作學校運作的幕後導演

學校組織的運作，成員的互動，教學的進行，活動的開展等等，無不需要一個幕後的操作者，而這個幕後操作者的功力高低，往往會決定學校的各項互動的進行，因此一個負責任的校長必定會竭盡所能，將學校幕後導演的角色扮演好。

5.治療學校缺失的醫生

任何一個團體，一部機器，用久了難免產生瑕疵，也會產生一些病痛，如何找出這些瑕疵，醫好這些病痛，是擔任校長必須具備的條件，所以說校長是治療學校病痛的醫師。

6.操縱學校航向光明的舵手

學校教育的成敗對於兒童的成長，影響至深且鉅，校長不用心，學校將停滯不前，甚至沉淪不起，校長用心，校務將蒸蒸日上，充滿朝氣，所以說校長是操縱學校航向光明的舵手。

7.校長是學校中的出氣筒（或開心果）

學校裡，各成員的互動過程中，可說是問題重重，衝突不斷，他們可能會因問題無法解決，在衝突中可能會受到委屈，這個時候，校長就必須充當他們的出氣筒，讓他們被壓抑的情緒得以紓解，他們的委屈得以伸展，更讓他們因校長的大度能容而開口一笑。

三、影響個人學校經營的因素

(一)家庭及家人

小時候，因個人成長在貧苦的農家，當時家人（為大家族）的觀念，希望小孩子長大之後，能夠留在家裡協助務農，但是父母親早就認為耕農是一種沒有前途的職業，因此在我懂事以後，就時常鼓勵我認真讀書，將來能夠出人頭地，求取功名。尤其我的父親將我的名字取為「火燈」，其用意至為明顯：是希望我長大以後，能夠像火燈一樣（因為當時還沒有電燈），不但能夠照亮自己，開創光明的前程，更能夠照亮別人，協助他們走向光明的未來，所以我的父母親從小就給我安排好未來要走的路。

(二)學校教育

在國小時期，因為家裡向別人承租了不小的田地來耕種，為了幫忙家裡作農事，經常沒有到學校上課，因為長期的缺課，功課也經常趕不上，當然成績也不是很好，但是到了初中以後，因為長大了，思想也比較成熟，於是開始思考，為了達成父母親的期望，於是發奮向學，目標考上師範學校，將來做一個好老師，皇天不負苦心人，終於以第一志願進了台北師專（部分原因也是因為家裡窮，沒有錢讀其他學校，當時也考上建中、台北工專等）。在師專 5 年的養成教育中，不管是對於教育理論的涉獵、學校行政的了解，或者是對教學知能的訓練，都下過相當深入的工夫，最後讓我徹底的成為一個真正的「教育人」，也奠定了我將來成為學校領導人的深厚基礎。

(三)師　長

在個人的一生當中，除了父母之外，影響最深的人，莫過於師長了，自我進入學校之後，其中有 2 位最令我難忘，也是影響我最深刻的 2 位，簡單敘述如下：

第 1 位是我國小時期的級任導師——傅朝枝老師，前面提過，因為我小時候家裡很窮，中午經常是餓肚子的，所以長得又瘦又矮，營養不良，而且為了幫助家裡作農事而時常缺課，功課也因此而趕不上，是老師發揮了愛心及耐心，

時而自掏腰包，購買點心給我充飢，時而利用課餘時間，給我補習功課，更無時無刻教導我為人處世的道理，因此在那時候，我就把傅老師當作榜樣，希望將來也能學習老師的風範，去幫助更多需要幫助的小朋友，後來果然達成了願望（恩師傅朝枝老師，後來參加教育行政人員特考及格，繼續擔任過教育局督學、課長、國中校長，現已退休）。

第 2 位是我師專時期的級任導師——王秀芝老師，提起她我可能要用一個簡單的故事來說明：記得我進入師專之後（應該是 1965 年），曾經有一段時間非常的低潮，原因就是當時我們的學長一直在灌輸我們一種消極的觀念：進了師專以後，就不必太認真，平均 100 分畢業和 60 分畢業一樣都是窮教員一個，要把握時間，好好享樂一番，試想我們這一群名列前茅的優等生，聽了這些話之後，心裡當然會受到打擊，於是自暴自棄，終日懵懵懂懂的過日子。就在那個時候，王老師站出來協助我，因為在她的心目中，我是一位很出色的學生，不但頭腦靈活，而且學什麼像什麼，因此在平日她總是對我督促有加，希望我認真的學習，將來在教育崗位上，成為一位稱職有為的教育工作者，但是我一直把她的話當作耳邊風，一直到四年級還是一事無成，令老師又急又失望。

在四年級結束前，因為一次參與學校同學和對面成功新村青少年的聚眾打架事件，結果驚動了全校，甚至登上了報紙，本來學校要記二次大過，留校查看處分，後來是王老師費盡了一番唇舌，親自向訓導處及校長求情，最後以小過一次從輕發落。事後，王老師把我叫到她的面前，一番「苦口婆心」的訓誡在所難免，話說到激動處，甚至一把鼻涕，一把眼淚，說得我慚愧得無地自容，後來我就親口向老師保證，從那時刻起，認真學習，後來果真奠下深厚的基礎，所以王老師也是影響我最深的一個師長。

㈣自己學校的上司

在教育崗位中，不管是上司與部屬，同事與同事，或者是老師與學生，工作期間一定會發生一些令人難忘的事，甚至有些會影響別人的一生，改變一個人的觀念，在我的教育生涯中，就曾發生這一類的事情，敘說如下：

大概在民國 60 年間吧，我剛踏入教育界不久，血氣方剛，全身充滿衝勁，教學時不但卯足全力，而且創意十足，對學校所交付的任何行政工作，從未拒絕，可是不管你怎麼賣力，如何的創新，就是得不到上司的垂愛。沒辦法，只

有自立自強，自取其樂，有一次上自然課時，室外溫度高達 36 度，可憐 60 幾位小朋友擠在一間又窄又暗的教室中，真不知學生能夠學到什麼？在那個時候，我突發奇想：為什麼不帶學生到學校前面的河流中上課呢？主意已定，就立刻行動，率領著這一班的小蘿蔔頭，脫下鞋子，打著赤腳，一起下到學校前面的河裡，每個學生坐在石頭上，腳泡在水裡，快樂的上起課來，接著又讓學生在河中享受抓魚的樂趣，此情此景，真是讓我一輩子難忘，也是當時我認為是最得意的傑作。豈知，這件事傳到上司那裡之後，我連續被臭罵了 2 個小時以上（校長及主任輪番上陣），當時自己感到無限的委屈，但又無可奈何，誰叫自己是一個小老師呢！於是從那個時候起，我就下定決心，一定要努力充實自己，希望有朝一日，自己也能當上主任或校長，到那時，我一定不會像他們一樣，後來果然達成了目標。

(五)其他學校借鏡

自師專畢業後，30 多年來，一直堅守崗位，期間更走遍了桃園縣的每一所學校，當然也看到了很多學校的特色，得到了許多啟示，尤其在這些啟示中，影響了我擔任學校領導人的做法：例如現已退休的徐正平校長就是很好的例子；當時我這個毛頭小伙子抱著滿懷歡喜，到楊梅鎮鄉間一所小學校報到時，剛好教導主任正在上課，辦公室無人在場，只好待在門口等待，過了一會，一位身材高挑，長相英俊瀟灑的陌生人也到了辦公室，望了望辦公室，看見他站在辦公室外，於是主動的向我詢問：「請問黃主任（當時的主任為黃道明先生，現已退休）在不在？」我很尷尬的回答他說：「我是來報到的新老師，也在等待教導主任。」於是兩個人就聊了起來，當然大部分都是徐校長在說話，內容是要如何做一個好老師，要如何當主任，要如何經營一個學校，在那個時候，真是令我大開眼界，想不到在教育界中，有這樣神通廣大之人，於是便對他起了崇拜之心，當然我也默默的立下志願，要向他看齊。後來有多次機會，到他所經營的學校參觀，並得到他的指導，每一次都滿載而歸，所以我在校長 18 年的生涯過程中，能夠多采多姿，徐校長真是功不可沒。

參、擔任校長之前的準備工作

一、心理的準備

(一)要先正確自己的觀念

1. 擔任校長不用欣喜，因為它是接受嚴峻考驗的開始。
2. 擔任校長不是升官，而是為學生、為老師、為家長、為教育作更多的付出。
3. 擔任校長不是高高在上，而是服務大家。
4. 擔任校長不能隻手遮天，而是需要更多意見和支持。

(二)要積蓄承受挫折的壓力

決心要成為一位稱職有為的學校領導人，在上任之前必須要先鍛鍊自己的意志，培養自己抵抗壓力的韌性。因為校長要綜攬全校之責，學校內外大大小小之事，都要去了解。隨時可能發生的問題，都待校長去解決，所有學校教育的成敗，都要校長來承當。所以他的責任之重，壓力之大，是每一位即將上任的校長，心理要準備的。

(三)要開闊自己的心胸

既然知道擔任校長之路是一件既困難又艱鉅的工作，因此一位即將任事的校長，必須要先開闊自己的心胸；能開闊自己的心胸，才能夠海闊天空；能夠海闊天空，就能夠接受學校內一切繁瑣的事物；能夠接受一切事物，就能夠拿得起放得下；能夠拿得起放得下，就能面對一切挫折、所有壓力。

(四)要抱著「破釜沉舟」的決心

擔任校長要綜攬全校之責，尤其學校教育的良窳，影響的層面至深且鉅，所以身為一位即將上任的校長，必定要抱著絕對不能失敗的決心，在上任之前先想好對策，做好計畫，務期讓全校學生受到最好的教育，所有的教師盡情的

發揮所長，所有的家長放心的把孩子託付學校，讓我們的國民教育品質能夠大幅的提升，千萬不可有「做不好就捲鋪蓋」的想法。

二、其他準備

(一)要鍛鍊強健體魄

校長在接掌一所學校時，他必須面對那麼多的事情，解決永不停息的問題，以及承受一個接一個的壓力，所以如果他沒有健康的身體及充沛的體力，是很難挺得住的，所以一個聰明的校長，在他上任之前，必先鍛鍊強健的體魄，讓自己的身體狀況保持在最佳狀態，才能夠在上任時勝任愉快。

(二)要試著熟讀教育法令

教育的工作，看似單純，但實際上是包羅萬象，舉凡教學、訓輔、總務、營繕工程及公物採購等等工作，內容多如繁星，而其中任何一種工作都有他必須遵守的法令，試想我們都是凡夫俗子，怎麼可能精熟每一條法令呢？因此任何一個校長在上任之前，必先盡量的去熟讀這些法令的內容並了解其涵義，才不致造成將來「苦幹實幹，移送法辦」的悲慘下場。

(三)要強迫學習，累積經驗

每個人的能力不是與生俱來的，而是後天不斷的學習，不斷的充實，不斷的累積，同樣是處理一件事或是解決一個問題，有經驗的校長就能從容不迫，游刃有餘。沒有經驗的校長就可能捉襟見肘，問題愈扯愈大，所以一個即將上任的準校長，一定要多利用機會，向辦學績效良好的前輩請教，有空的時候也可以到鄰近的學校看看，把別人的優點及長處學起來，因為它可以補足自己的不足之處，長此下去，相信一定會是一位好校長。

(四)要廣結善緣，厚植實力

前面曾經提過：「擔任校長無法隻手遮天，而是需要獲得更多團隊的協助。」狹義的學校團隊是指教師、學生及家長；廣義的學校團隊，除了上述三項之外，可能還要擴及學校周邊的環境、社區居民、上級機關，甚至媒體等等，

因此，一位稱職有為的校長，必會發揮他的魅力，對於任何的管道，都會做好人際關係，相信他所獲得的支持，一定會源源不斷。

肆、校務經營的具體策略

一、經營新設學校與老舊學校不同之處

㈠新設學校是「無中生有」，經營老舊學校是「推陳出新」。

㈡新設學校可海闊天空，揮灑自如，老舊學校有如畫地自限，處處掣肘。

㈢新設學校雖人手不足，但是工作愉快順利，老舊學校人力充沛，但不一定能處處順心如意。

㈣新設學校所有制度都需重新建立，老舊學校有時必須遷就舊有文化。

㈤新設學校充滿朝氣，老舊學校安定守成。

二、新設學校經營實務

一位校長在接到要興建一所新設學校的任務的時候，必須先訂定設校計畫，再循著這個計畫，按部就班的執行各項工作：

㈠現況評估。

㈡清查土地資料。

㈢測量鑑界。

㈣修圖與設計。

㈤公開招標。

㈥興建與督工。

㈦完工驗收。

㈧招生準備。

㈨正式上課。

三、老舊學校經營實務

㈠觀察期（第 1 年）

1. 確實了解學校環境、社區背景、家長狀況。
2. 深入了解學校現況——人事、校舍、設備、學校文化、學校問題。
3. 未來可能的發展——校園規畫、教育改革。

㈡計畫期（第 2 年上半年）

1. 安定人事，做好人際關係。
2. 主動探訪，尋找得力助手。
3. 分析及計畫準備改革的地方。

㈢試探期（第 2 年下半年）

1. 由少數比較容易又不驚動學校同仁的地方開始。
2. 應利用機會向全校同仁宣布。
3. 盡量溝通，取得同仁的支持。

㈣行動期（第 3 年）

1. 找好最得力助手，各就各位。
2. 建立制度，一切依循而行。
3. 校長以身作則，以行動感動人

四、其他相關的具體策略

㈠凡事要依法行政，有時候必須六親不認

　　例如在做學校各項公物採購，必須依循《政府採購法》辦理，各種教學計畫、學校組織人事安排或有關學校進行的任何活動，都要透明公開，絕不受任何人情或關說的影響。

(二)行事要堅守原則，但不失彈性

有些學校活動除了要依法行政之外，有時候還要考量學校的需要，評估學校的能力，因此除了堅守原則之外，在不違背法令之下，可保持適度的彈性，讓活動進行的更順利。

(三)推動任何措施都要訂定計畫，按部就班

任何一位校長，分發到一所學校任職時，都必須配合自己的任期（通常為4 年，偏遠為 3 年），詳細評估學校的背景、需求以及未來發展的方向，然後訂定具體可行的實施計畫，並依循著計畫進行工作，如此才能使校務順利推行。

(四)獨木難支大廈，必須尋找得力助手

任何一個團體，想要運作得順順利利的，必須靠所有團隊的合作，一個聰明的校長，當然懂得其中的道理，因此他會選擇能夠配合自己，協助自己的同事擔任工作幹部，才能讓自己得心應手。

(五)運用智慧，善用魅力領導

所謂魅力領導是指一位領導者，發揮他的影響力，讓其他成員產生信任，進而願意自動參與團隊的一切運作的一種技巧。所以一位稱職有為的校長，一定能夠運用智慧，善用自己的影響力，讓團隊中每一成員都心甘情願能為學校盡一份心力，並讓校務蒸蒸日上。

(六)廣結善緣，能獲更多支持

任何一個校長，在任內想要順順利利，廣結善緣，做好人際關係是很重要的，校長的人際關係對象可廣了，在校內對教師、行政人員、家長等，校外對上級、社區居民、機關團體甚至媒體等等，三教九流都要隨時處理，這些對象如果都應付得很好，相信所獲得的支持會更多。

(七)學校開放可能比關閉更安全

一般傳統的學校，都採封閉式管理，大門深鎖，圍牆蓋得高高的，儼然成

為一座監獄一樣,但是關得愈緊,破壞愈多。個人創辦的第一所開放式小學——楊明國小,不設圍牆,隨時開放,因為社區家長及居民在規定時間內到學校運動,結果反而比較安全,在任 8 年,玻璃沒破掉幾塊,這是非常好的例子。

(八)有時候說給人聽,不如做給人看來得有效

一般的教師員工都不喜歡主管嘮嘮叨叨的,所以在學校內有很多事情不用經常說,有時候校長自己以身作則,會收到更好的效果,例如本人自擔任校長以來,每天 7 點鐘都站在校門口迎接小朋友,結果小朋友每位都很有禮貌,教師也不敢隨意遲到。

(九)要堅信家長為學校進步的最大助力

學校是由教職員、學生及家長組成,教師是耕耘者,學生是幼苗,家長是貨源供應者。校長在學校除了把學生教育好之外,如何將家長會經營好也是很重要的。在過去,本縣不乏校長因為和家長相處得不好,最後被趕下台的,更有很多優秀的校長因為經營家長會得法,讓校務蒸蒸日上,所以一個稱職有為的校長要堅信家長絕對是學校進步的最大助力。

(十)老舊學校舊有包袱,想要改善,需要有耐心及巧妙手法

老舊學校存在著許多不正常的事例,例如採購的不公開、教師的小圈圈、教學的不正常等等,通常一位有心改革的校長,都會先尋找較為簡單,影響不會很大的先下手,但是也有例外的,例如採購的公開化就是一刻都不能拖,該下手時就該當機立斷,縱使得罪任何人也毫不遲疑。

(土)把握機會,開創新局

校長在任何一所學校任職,機會是很多的,機會有時是很歡樂的,有時候會很悲傷的,但是不管如何,只要你把握住,一樣都能開創新的局面,就以光華國小為例:

1. 學生住宿——因為學生上學時發生嚴重車禍,趁機向上級申請補助興建學生宿舍,開辦學生住宿,嘉惠學子,深獲好評。
2. 水蜜桃之夜——藉原住民家長水蜜桃收成,辦理水蜜桃之夜,邀請親朋好

友上山品嘗甜蜜高品質的水蜜桃，順便幫忙促銷，家長感恩在心。

3. 山光計畫——因為本校女學生無故輟學失蹤，經查證後是被賣到風塵界當雛妓，於是到處奔走，尋求各方協助，最後成功的找回幾位失蹤的學生。以及改善原住民的生活習慣的實例，這件事蹟讓光華國小聲名大噪，我也因此受到上級嘉許。

㈡逆向思考，更有成功機會

危機就是轉機，例如本人在大同國小上任第一天，因為學生遊戲器材使用不當，造成嚴重傷殘，甚至被媒體大肆喧嚷，造成學校很大的困擾，於是我就利用這個機會，將全校的遊戲器材作全面檢查，並獲得上級補助修繕，現在所有器材都已經成為新穎安全的設備。

有時候最好的不一定好，不好的不一定就是不好。例如一所明星校長所經營過的明星學校，後面去接任的校長，一定是備極辛勞，有時候，一所破舊又急待改善的學校反而有更大的發揮空間。

㈢打鐵趁熱，發揮所長

例如連續規畫興建楊明、瑞塘、楊光三所新設學校，發揮自己所長，讓每一所學校都有自己的特色。

㈣轉換跑道，驗證價值

由一所學校轉換到另外一所風格完全不一樣的學校，可以考驗自己的能力，尤其這所學校自己是完全不熟悉的，如果能夠經營得很好，那種感覺是非常棒的，就像我從新設學校楊光國中小遷調至老舊學校大同國小一樣。

伍、對自己的角色深刻反省

一、個人特質方面

(一)讓人肯定之處

1. 因為從小在貧苦的家庭成長，又一直半工半讀，因此養成實事求是，勤勞節儉的習慣。
2. 因為頭腦靈活，學什麼像什麼，因此練就多種才藝，對教育工作助益頗大。
3. 因自基層做起，且負責盡職，因此對於學校校務整體運作能深入了解。
4. 自小天性樂觀，積極進取，又能擇善固執、勇往直前，因此辦學績效卓著。
5. 凡事以身作則，為全校師生表率，又能博採眾議，不擺架子，因此獲得全校師生、家長的歡迎。

(二)應該改善的地方

1. 凡事求好心切，個性又急，無形中給同事造成壓力。有時候又將理想定的太高，讓同事一時無法適應。
2. 個性強，太堅守原則，比較容易得罪人。有時候又太開放、太相信別人，反而耽誤事情。
3. 工作太投入，甚至廢寢忘食，不分假期或上班，對自己身體或子女家庭非常不公平。
4. 樹大招風，遭人非議，又因太重視辦學績效，使學校名氣過大，以致造成參觀人潮，相繼湧進學校，造成學校的困擾。對學校的正常教學造成莫大的影響。

二、處理事件方面

事件一

　　學校內有一位新進的學士後師資班的教師，可能是她以前大學教育的性質和師範教育不同，自以為是，想法偏激，尤其對當下的國民教育，處處感到不滿，每次在開會的時候，她總是會占據很多時間，發表一些理想又無法達成的看法，例如：教師不用站導護，教師不必指導學生掃除，教師不用指導學生午餐……等等。開始的時候，大家還能夠容忍她，但是一段時間之後，發現她卻愈來愈囂張，時間也全部占用，後來有同事反駁她，結果就爭吵起來，連主任好意勸告她，她都不服，於是……

(一)處理得還不錯的地方

1. 能夠提供教師們公開發表意見的機會，讓這位教師暢所欲言，說說她的想法。
2. 能夠對這位教師的意見適時的加以說明，並提出依據加以驗證。
3. 能夠用漸進的方式，由她的好友、同事、主任慢慢的勸說，希望能糾正其偏激想法。
4. 能夠接受別人的意見，給這位老師改過自新的機會。
5. 當事情無法轉圜時，能夠當機立斷。

(二)處理得不周延的地方

1. 在教師們集會時間裡，讓一位想法偏激的教師霸占太多的時間，身為校長沒有及時制止，不但影響學校團體氣氛，更會造成這位老師得寸進尺的不良習性。
2. 姑息一些思想偏激的老師，實際上就是對那些認真負責、默默耕耘的老師不公平。
3. 心腸太軟，因其父母苦苦哀求而改變心志，結果雖然該名教師自動申請調動到別的學校，但如若其個性不改，行為依舊，豈不是害了那個學校？

事件二

大概是 1996 年暑假期間，本校總務主任榮升校長，於是新聘了一位主任，這位主任因為暑假期間在高雄師範大學進修，在匆忙報到之後，便南下上課去了。可能是他沒有擔任過總務的經驗，對於一些營繕工程的法令也不是很清楚，以致在交接時疏忽了一件事，差點讓他造成一輩子的遺憾；原來本校有一件即將完工的工程，因學年度結束，補助款必須辦理保留，可是他卻沒有留意到，以致錯過了保留的時間，一直到工程完工請款時，發現工程款已經被縣府追回，初次接任總務主任的他，嚇得不知所措，於是……

(一)處理得還不錯的地方

1. 對本件事的發生，不但不會感到震驚，反而非常鎮定，並能深入了解事件發生始末，尋求解決之道。
2. 雖不必負任何責任，卻能夠挺身而出，勇於承擔過錯，讓所有同事感謝在心，因而凝聚大家的向心力。
3. 利用本事件的發生對同事作機會教育，並鼓勵大家多注意教育法令，多學習累積行政業務經驗，以備將來之需。

(二)處理得不周延的地方

我覺得本事件處理得非常漂亮，如果一定寫缺失的話，那就是：

1. 就是在知道這件事發生之後，答應主任太爽快了：「沒有問題，有校長在一定不會讓你受到處分！」萬一目的不能達成，豈不糟糕。
2. 太袒護主任不知會不會讓人非議：「裡頭是不是有文章？」又是否會違背法令。
3. 將本事件對全體同仁作機會教育，多少會對當事人造成第二次傷害，應盡量避免。

事件三

因為長期協助上級辦理各項活動，讓上級長官肯定，有一次，上級將一宗聯合採購的案子交付本校主辦，開始的時候，本以為一切依法行政，就能順順利利的完成這項任務，豈知案子一接，各方的壓力接踵而來，開始的時候，可

能是我因為太堅守原則，在執行的過程中，得罪了不少人，所以這個案子便諸多不順，預算書呈報上級幾次，就被退回幾次，就這樣整整拖了將近一年的時間，連上級也關注起來，於是……

㈠處理得還不錯的地方

1. 能夠成立統一採購小組，慎選委員，訂定採購補充規定。
2. 預算書雖一直被退，但能夠鍥而不舍，終能完成。
3. 能夠堅持原則，不受威逼，不受利誘。
4. 能夠勇於承擔過錯，堅持請辭。

㈡處理得不周延的地方

1. 自我判斷的能力太弱了，以致無法評估自己能不能接下這個棒子，就爽快答應，到頭來空忙一場，更對大家造成傷害。
2. 選擇採購小組委員，全憑自己的意思，選擇年輕又沒有經驗的委員，結果辦事不成。
3. 反應太差，當預算書被一直退時，就應該有警覺了，但是一直渾然不知，傻傻的做下去，以致浪費許多時間。
4. 太固執己見，以致本可轉圜的餘地都被打破了。結果連小組成員都紛紛請辭。
5. 有點意氣用事，當知道本件事有外力介入時，便堅決請辭，結果別人接了這項任務，很快就解決了，造成自己的遺憾。

三、對自己的惕勵

㈠要終身學習與時俱進

俗話說「天外有天，人上有人，一山還比一山高。」縱使您有千般成就，萬般才藝，但在這多元多變的 21 世紀還是不夠用的，因為各種的知識爆炸，資訊科技的瞬息萬變，令人目不暇給。如果您不去學習，立刻就會被時代所淘汰，因此，您必須試著去開闊自己的心胸，心胸開闊以後，才能海闊天空，才能夠去接納新的事物，學習新的知識。所以說「終身學習才能夠與時俱進」。

(二)處事應更加圓融一點

「凡事退一步海闊天空」，太過堅持理想，太過急性躁進，不但目標不易達成，更可能帶給大家困擾，綜觀這位校長的個人的特質，待人處世，可以說是優點多於缺點。不過，凡事急不得，必須循序漸進、分清楚輕重緩急，才不致得到反效果。

(三)應加強學習拒絕的藝術

雖然說：「助人為快樂之本」，但是毫無限制的照單全收，不但造成自己的沉重負擔，更可能帶給同仁們困擾，甚至造成學校教育的不正常，因此校長應該學習委婉的去拒絕別人，但又不會傷害別人。這樣才能讓學校同仁感佩。

(四)應知樹大招風，更要懂得「滿招損，謙受益」的道理

平日的努力大家看到了，學校的成果大家也給與肯定。但是，爬得愈高，摔得愈重，在這個時候，應該知道什麼是「謙遜為懷」，淡化自己，多去注意別人的長處，多讚美別人的優點。這樣更能獲得別人的好感。

(五)要注意自己的身體及家庭

雖然說「犧牲奉獻，默默耕耘」是教育界經常提到的美德，但是太過投入了，廢寢忘食，弄壞身體，這是很不智的，因為自己還有家庭，妻子兒女在家裡等著你。因此，還是要知所節制，為自己、為妻兒、為學校、為教育留得青山，才更有發揮才能的機會。

陸、人們心目中的好校長

一、在服務觀念方面

1. 擔任校長不是做官，而是為教育、為學生、為教師做更大的服務。
2. 要認清自己所擔任的角色，時時拿捏得宜。
3. 校長應時時抱著「學生第一，員工至上，家長為重」的信念。

二、在領導藝術方面

　　1.以服務代替領導，以規畫取代權利。

　　2.不固守職權或感情單一的領導方式，而會善用民主式「權變」的領導。

　　3.訂立規章要事先衡量學校的需要，並考慮是否能順利推行。

　　4.要有幽默感以及接受建議和批評的容人雅量。

三、在工作態度方面

　　1.凡事以身作則，身先士卒，絕不推諉。

　　2.處理事物，主動積極，實事求是，把握時效，分輕重緩急，循序漸進。

　　3.凡事以誠待人，嚴以律己，有功歸於全體，有過勇於承擔。

　　4.對於學校校務的推行，能時時檢討改進。

　　5.充分授權，分層負責。

四、在專業智能方面

　　1.要有正確而有前瞻性的教育理念，引導學校邁向進步。

　　2.要有優越的行政能力，在面對學生、教師或家長，能善盡溝通協調之責。

　　3.要了解學校一切事務，熟悉有關教育法令。

　　4.要時時不忘研究進修，終身學習，充實自己。

柒、結　語

　　經營一所讓人肯定的學校，就好像是一種「種福田，積福報」的工作，一個學校如果能夠辦得好，試想有多少可愛的小朋友因此能受到最好的照顧、最好的教育？多少的老師因為學校辦得好而更願意竭盡所學、貢獻教育？多少的家長因為學校辦得好而用盡方法，將自己的子女送進學校？相信一位稱職有為的校長一定能明白這個道理。

　　「不識盧山真面目，只緣身在此山中」，人類比較擅長於去觀察別人，批評別人。很少會回頭看看自己、檢視自己。因此，一位即將上任的校長或主任，更應該惕勵自己，努力學習，做一個讓人尊敬的好校長。

個人簡介

胡火燈，個子瘦瘦小小的，桃園縣楊梅鎮人，出生於 1949 年 9 月 8 日，今年 56 歲。從小生長在一個貧苦的農家，因為不願長期作為農夫，因此立定志向，希望長大後能夠成為一個老師。

1965 年，初中畢業後，北上參加多所學校（建中、台北工專、明志工專及台北師專）升學考試，結果均以優異成績名列前茅，最終還是選擇台北師專就讀，經過 5 年的教育專業洗禮，奠定了一個教育工作著深厚的基礎。1970 年台北師專畢業之後，便踏入教育界，平時除了勤奮工作之外，還不忘記努力進修，因此在 1988 年彰化師範大學畢業之後，又在 1999 年國立台北師範學院教育研究所畢業。

自從 1970 年師專畢業，踏入教育界之後，一晃就是 35 個年頭，在這些時日當中，經歷了國民小學教師 12 年，期間 10 年均兼任行政工作，主任 5 年當中，教務、訓導、總務三處主任都擔任過，所以在行政歷練方面是非常紮實的。

1988 年，以最優異的成績甄選上校長，並選擇桃園縣最偏遠的山地學校光華國小服務，3 年期間因執行「山光計畫」、「學生住宿」及開創「水蜜桃之夜」等活動，受到縣長的賞識，於是於 1991 年調派至家鄉楊梅鎮創辦楊明國小，因為新設學校成果豐碩，受到各界肯定，於是桃園縣政府借重長才，繼續委託籌辦了瑞塘國小、瑞塘國中、楊光中小學，就這樣連續 12 年擔任 2 個學校的校長（楊明兼瑞塘、瑞塘兼楊光、楊光兼大同），一面辦學，一面籌建學校，可說是備極辛勞，但是非常欣慰的，這些新設學校都順利的完成，並留下許多美麗的回憶以及難以磨滅的痕跡。

目前任職的大同國小因年代久遠，校舍老舊，經專家鑑定結果列為危險建築，急需要拆除重建，因此縣政府又交代將此任務完成，看來爾後的幾年，還得繼續辛苦下去。

教育資源爭取、使用與管理

柯　份
曾任台北縣鷺江國小校長
現任台北縣蘆洲國小校長

壹、前　言

　　金錢萬能，沒有錢也能，但是，有時沒有錢卻萬萬不能。國民教育階段，為了提升學生的學習環境品質，必須投入中小學大量的經費，但是經費的獲得，就要從學校校長經費爭取的方法、策略、態度、人際關係等面向去看。一所理想校園的塑造，要看校長辦學理念的哲學觀，有些校長一直要營造更好的教學環境供師生使用，有些校長則認為有多少錢做多少事即可，有些校長則認為有經費，我才做；不給我經費，我反而樂得清閒。有些校長認為我何必低聲下氣追求金錢，我是辦教育的校長，不是專搞營建工程的採購人員。

　　一所學校校長爭取經費，和經費的使用與管理，絕對脫離不了關係。有部分校長認為根據分層負責的原則，這一部分是總務處的工作，我只作監督工作即可。在政府預算艱困的年代裡，政府的經費絕對不會平均分配到各校，校長的心態若停留在監督階段，不願放下身段爭取經費，則您的學校分配到政府的預算會最少。您的學校會常缺乏經費，您會覺得經費常常不夠運用，最後再把責任推給政府不重視您的學校。然而現實是非常殘酷的，當別人的學校擁有最新的校舍，最好的教學設備，新穎的運動設施與美麗的校園時，而您服務的學校卻是老舊的、危險的、教學設備是過時的、運動設施破破爛爛的，家長可能會很快的看扁了您的能力及辦學的態度。因此校長這一個頭銜絕對不是「長官」，而是一個使人充滿希望、獲得幸福、充滿愉快的「教育工作者」，您的角色若不能給人希望、愉快、幸福，則您的校長生涯可能也不會充滿希望、自己更不會愉快幸福了。因此為了給家長、老師與學生充滿希望、愉快、幸福，

您對經費的爭取使用與管理,絕對是一項重要的行政工作。

有人說:「金錢是萬能」,似乎言過其實,但是有些大型校舍興建工程或危險教室的改建,您如果沒有錢可興建,那真的是萬萬不能。我寧可相信「有錢才能」這種心態對我們較好,因為學生、老師、家長不可能會等到「您沒有錢也能」的時候。「沒有錢也能」是會浪費許多時間去想辦法,必須等很久,但是學生的受教權是不能等待的,時光的流逝不容許我們再等下去。因此「沒有錢亦能」的基本前提是不受時間限制的事情才能慢慢來。例如慢慢引進社區資源或家長的人力資源、慢慢訓練學校工友或學校教師、行政人員來協助學校維護及充實設備,減少學校的開支,這些是可以漸進的,也的確做到沒有用錢亦能的境界。但是能運用這種「沒有錢亦能」境界的學校校長,可能人數也不會很多,大多數的校長仍然相信有錢才能做很多事情。

貳、經費管理與法律的關係

金錢雖然可以替我們做許多事情,對國家、社會、家長、學生做出很多貢獻,但處理不得當,有時會讓我們身敗名裂,甚至受到法律的調查、審判與制裁,必須謹慎為之。不該爭取的經費不要爭取,可以爭取的經費要力爭到底。爭取到經費一定要進入學校公庫,不要私自處理金錢,要依法、依程序使用,透過公平、公正、公開的態度使用經費,例如依《政府採購法》之公開招標等。

使用經費的原則,要將金錢用在師生最急需要用的地方,不能用平均的原則處理經費,必要時透過行政會議、教師朝會、主任會報,家長會等公開討論經費的使用方式,從大家的共識中去使用經費,會較合乎需求。使用經費時要注意採購物品的品質,要有一個嚴謹的品質管理過程,要有嚴格的驗收人員在把關,以物超所值為原則,圖利他人是不法的行為,更不要接受廠商的任何招待、餽贈,與廠商保持距離以策安全。除了您要潔身自愛之外,您也要強烈要求您的總務主任、事務組長及其他的採購人員,要隨時隨地潔身自愛,否則他們的行為也有可能連累到您校長的聲譽,他們有犯法的事情,您可能會被拖累進去,高明的校長會慎選您的總務主任、出納、事務組長及採購人員,「唯品德操守好的人才能用」。

參、資源有效利用及管理策略

　　資源包括了人力、物力、財力、技術、空間提供、人際關係等面向，為了了解學校可用的資源到底哪些是跟經費有關？要如何爭取使用？如何管理？有些什麼方法可用？本人根據十多年來的經驗，試圖將資源管理彙整如表 1，讓我們更清楚了解哪些是經費？哪些是人力資源？哪些是物力資源？哪些是教學設備？哪些是可爭取的？哪些是不要爭取的？這些資源如何管理、妥當運用，如何運用才不會犯法？這些都是非常重要的行政決定（making decision），讓我們知道如何有效利用資源。

● 表 1　經費爭取與管理使用一覽表

	內容項目	爭取補助之單位	經費編列	使用經費方式	品質管理	用途	備註
1	拆除老舊危險教室改建經費	教育部、縣市政府、公益團體	採逐年編列方式	依《政府採購法》公開招標	專案管理技術服務公司、建築師、監工人員、學校工程管理人員	硬體設備如教室、行政辦公室、活動中心等	
2	興建增班教室						
3	拆除違建徵收新校之校地	縣市政府	採一次編列方式	依政府徵收法令徵收土地及地上物補償	學校工程品管人員	硬體設備如教室、行政辦公室、活動中心等	
4	民意代表配合款及統籌款	縣市政府、鄉鎮市公所	小型金額	依《政府採購法》公開招標	建築師、學校工程、品管人員	教學設備、教學活動	
5	緊急災害改建危險教室	縣市政府公益團體慈善團體	一次補助	由企業或公益慈善團體自行招標	由建築師該團體聘用之品管人員	硬體設備如教室、行政辦公室、活動中心等	

● 表1　（續）

6	向外界企業、公益團體社會善心人士爭取仁愛基金	企業人士公益團體善心人士	存入學校公庫仁愛基金專戶	專款專用依仁愛基金申請辦法辦理	由校長核准補助	學童學雜費、制服費、午餐費、生活費用	
7	學校自有經費的管理	縣市政府、學校代收款	經常開支依會計程序	公開招標公開比價	由校長核准開支	學校修繕、學校設備採購	

肆、經費爭取的策略

一、拆除危險教室，新建教室（以橫山國小為例）

　　何者是危險教室？何者不是危險教室？結構已經產生問題，混凝土強度已經低於 $140kg/cm^2$，且氯離子偏高 > 0.3，造成鋼筋腐蝕現象，這些是否為危險教室，均需透過公開會勘及鑑定的程序，才能做決定。一般會勘的程序是學校呈報教育局，教育局認定有安全顧慮時，才會邀請工務局、財政局、主計室等相關局室的人員一起會勘，會勘時有幾個重要決議，必須要做決定且納入紀錄內：

　　㈠是危險教室，學生應立即撤離。

　　㈡施工品質不良，透過鑑定程序，加以補強即可，教室可繼續使用。

　　在橫山國小初任校長時，遇過屋齡已逾35年的教室，教室到處可見裂縫，黑板框四邊因為滲水長滿了青苔，老師上課無法使用粉筆寫字，在當時有記者形容為：「外面下大雨，教室裡面下小雨」，教學環境苦不堪言。當年會勘時紀錄有二欄，其一為危險教室應予拆除，請大家簽名，第二欄是安全無顧慮，可以修繕後再使用。結果我發現大家均簽名在「危險教室應予以拆除」此欄，理由有三：屋齡已逾拆除年限、教室有嚴重裂縫、教室漏水嚴重。家長發現紀錄寫的是危險教室，應予拆除，非常高興帶領會勘人員，到他們家的茭白筍田裡，採收茭白筍（三芝人種的茭白筍無黑點，潔白好吃，俗稱美人腿），心中

一高興每人均採收一大袋回家，回想這種溫馨的畫面，與爾後爭取到的 1 千多萬元興建的新校舍及美麗的校園，師生不必在教室淋雨，心裡非常高興。

二、興建增班教室，拆除蘆洲市民活動中心（以鷺江國小為例）

鷺江國小是蘆洲市學生第二多的學校，學生人數最多曾經高達 7,000 人以上，後來成立了仁愛國小後撥出部分學生，但是現今仍然有 4,000 多名師生。為了解決逐年增班、教室不足及專科教室「皆無」的狀態，嘗試向縣府及教育部爭取增班教室新建，但基本前提是已無校地可興建，必須收回蘆洲市公所借用校地興建之市民活動中心，才有可能興建。為了討回活動中心，我與家長會會長及所有家長委員與市長交涉、與全體市民代表一一溝通，屬於本學區的代表當然支持學校，但是不屬於本學區的市民代表則以市民利益為重。殊不知活動中心的土地是「學校的」，應該說是當年校長同意借他們興建是一項錯誤的決定，以至於演變為「鳩占雀巢」的現象。我當時運氣非常好，碰到非常熱心教育的副主席李翁月娥、市長黃劍輝先生及縣議員周慶陽先生、台北縣長蘇貞昌先生，在他們的全力協助下，僅 13 年屋齡的市民活動中心，在我手上被拆除，坦白說它不是危險的活動中心，但是僅蓋二層樓卻占了學校幾乎五分之一的校地，土地不能充分利用，在校地有限的情況下，只好忍痛犧牲了，心中其實也有一些不捨。

2002 年在向教育部爭取經費的過程中，教育部的長官蒞校考查，我們申請的總經費是新台幣 2 億 6 千 9 百 70 萬元整，向教育部爭取 1 億 2 千萬元整，長官在聽完學校簡報之後，向我說了一句：「我如果核定給你們學校 1 億 2 千萬元，我走出校門外，一定會被人用亂棒打死。」我當時也義正嚴辭的開玩笑說：「如果您被亂棒打死，也是應該做的。」長官說像雲林縣、澎湖縣這樣一個縣總補助金額不到 5 千萬元，您這一所學校竟然要 1 億 2 千萬元補助。我告訴長官說：「我學校裡的學生大部分是中南部縣市的學生，他們只不過是隨父母遷居到台北，您不補助我學校，中南部的學校學生數愈來愈少，您補助他們蓋教室，才會被亂棒打死。」在這一則與長官開玩笑的過程中，卻也說出彼此心中的一段心事，當然教育部依然補助了 1 億 2 千萬元，其餘的 1 億 4 千多萬元還

是台北縣政府逐年編列補助，目前這 2 棟教學大樓已完成，其中 1 棟採用 SRC 建築，1 棟採 RC 建築，解決普通教室及專科教室不足的問題，這段爭取經費改建的故事，充滿了溫馨及人情冷暖的感受，但最後的目的是改善教學環境，提升教學品質。

三、徵收校地拆除違建，新建學校（以秀峰國小為例）

1992 年的暑假，我奉命去新建秀峰國小，發現要蓋這一所學校之前，校地雖已徵收，但校地內有很多困難事未解決，如校地內靠山的一部分山坡地屬於亂葬崗，許多無主及有主的墳墓葬在竹林內，名震中外鼎鼎有名的「杜月笙先生墓園」同樣處在校地內。在處理「上海皇帝杜月笙先生墓園」時，承杜月笙先生結拜兄弟中老么王先生之幫忙，僅要求學校將先總統蔣中正先生及張群秘書長所題牌樓之墨寶妥善取下，日後安置在杜月笙先生墳墓之墓背重置，其餘無任何條件及異議，葬在校地內的其他有主墳墓的後代們，看見最難纏的杜月笙先生墓園的牌樓（號稱古蹟）、步道、相關設施都被拆了，因此，其他墓園的拆除也就因而相當順利。但是許多無主墳墓，只好以怪手一一挖除，看見人死之後，最後僅剩的只是一堆骨灰及塵土。不過，仍然要將那些一撮白色的骨灰，放進骨甕，並移置於汐止無主公墓納骨塔內受人朝拜，這些不會講話的死者，雖然比較好處理，仍然必須用很多時間及金錢處理。

在校地內墓園的一隅，有一間民房作為神壇之用，每天下午神壇生意興隆，很多善男信女來到神壇求神問卜，可能是因為靠近墓園的關係，據說神明英靈幾乎有求必應。而這一座神壇前面有一半以上屬於校地，土地徵收價款早已領走，地上物必須拆除，另外後面一半山坡地為公園預定地，為了拆除前一半校地，這戶神壇人家抗爭最嚴重，台北縣縣議員黃建清先生曾到學校關心。既然是違建，地上物的補償當然沒有，但是，為了拆除這一戶神壇，我也請求黃建清議員協助，承蒙縣議員黃建清先生私人捐出新台幣 20 萬元（非議員配合款、統籌款），透過學校交予對方神壇人家，作為額外補償，希望在拆除時不要抗爭，但是該戶神壇錢照拿，抗爭照來。後來我們還是動員縣府拆除大隊及 100 多位警察才拆除該違建神壇。在拆除該神壇的前一星期，發生神壇火災事件，該民房中間神壇內之菩薩被火燒光，兩旁民房並未燒掉，此一現象被當時協助建校的設校促進委員會解讀為「菩薩認為應該拆除，火燒了自己神壇內大

小神像」，而兩側均住了陳家的人，菩薩內心仁慈，並未燒死陳家的任何人，可見連菩薩都看不慣，自己燃燒自己以幫助我們學校興建工程。其實這房子（含神壇在內）並不是要拆除的部分，為何會發生這種現象，該神壇一直認為是縣府及學校人員縱火燒神壇的菩薩，學校蓋好之後，陳家雖重塑金身，但求神問卜的人逐漸少了，陳家的乩童陳建清先生也因為在台北市喝花酒，深夜在高速公路車禍中被撞死，陳家神壇至此一蹶不振。

在神壇的另一邊有聞名汐止的靜修禪院，是一座寺廟，內有諸多女尼在此出家修行。因為學校要興建，寺廟的一些人（非出家眾）先下手為強，將校地及國有財產局的土地，一併先以 RC 圍牆圍起來，作為寺廟廣場、停車場，要造成既成事實。學校發現校地被侵占，申請鑑界測量，發現所圍部分，大部分是國有財產局的土地及學校用地，因為被侵占甚多校地，將會影響二期工程興建，於是向汐止鎮公所及縣政府，申請拆除違建。此一違建縣政府堅持要拆，驚動了當時的汐止鎮長廖學廣先生出面協調能否不拆，我堅持非拆不可，否則學校會蓋不起來。廟方一些非出家人出言恐嚇說，他們是「洪門的人氏」，但是，我不懂是哪一門，只表示非拆不可。於是鎮長廖學廣先生出面解決，最後由鎮公所補助寺廟 100 萬元自行拆除，依鑑界結果再興建，此一筆經費應該是轟動全國的「鎮長稅」中的一部分。使用金錢解決了學校的困難，至於經費使用是否合法，這與學校無關。在此一爭議中，學校和縣府是受害者也是受惠者，其實寺廟才是最不該的受惠者。

四、民意代表的配合款，用以充實學校設備

(一)無任何目的之經費補助

有些民意代表使用其配合款、統籌款補助學校充實設備或辦活動，配合款核發並無任何目的，若有也只是爭取選民的認同而已。這樣的補助款可以放心爭取使用，這些款項我們可以視同政府經費一般，納入公庫內依《政府採購法》，辦理公開招標。既然沒有任何壓力，不必擔心違法問題，這種經費我們一定要爭取，而且爭取過很多。

(二)有利益輸送的經費補助，不能爭取

有些民意代表透過經費補助機關學校，然後使用綁標、圍標的手段，指定廠牌規範，抬高物品價格，以非正當手段中取回不當利益，這種圖利民代及廠商的經費，我「拒絕不要」，即使「登門拜託或威脅利誘」，也「絕對不要」，因為我們要為民代的回扣背書，未來東窗事發時一定有犯法之虞。

(三)家長委員會或家長爭取的經費

家長會長、委員或一般家長，與政府機關的官員民意代表之關係良好，幫學校爭取經費，將來只要有選票可以幫忙還人情，對學校並無特定目的，這種經費可以爭取。而且在政府財政艱困的年代裡，這種有選票的人比學校校長更容易爭取到錢，當然這些爭到的錢也一樣要入公庫，並且依法使用。例如本校學生國樂團家長後援會於 2005 年，向蘆洲市市長李翁月娥女士爭取 20 萬元的經費要去宜蘭縣參加全國學生音樂比賽，以彌補學校經費的不足，我們市長李翁月娥女士不但補助 20 萬元整，要出發比賽時還親自蒞臨本校鼓勵學生，學生成績斐然，獲得「優等」的好成績。

(四)民意代表或地方政府補助學校的社團經費，包括家長委員會、志工團體、學校學生社團

這些補助經費雖然可依指定用途為這些團體所使用，但這些經費一樣要入公庫，依法支用，不能由學校撥這些經費至其戶頭內，供其使用。換言之，這些錢仍然是補助學校，當然必須由學校依《政府採購法》及相關法令支用。這種經費無特定目的，其實可以多多爭取，以鼓勵這些團隊或社團。

五、向大企業家、公益團體、慈善團體、家長爭取的經費

大企業家金錢很多，而且熱心教育人士不算少數，您若敢開口爭取，或多或少一定可以要到經費。像 921 震災有許多災區學校是由大企業認養重建的案例，這些大企業認養這些學校所使用的經費，他們可以抵扣稅額。這些大企業贏得熱心教育的好名聲，又可抵稅，何樂不為？其實大部分公益團體，他們本來就在默默行善，他們熱心資助學校是他們成立的主要目的，他們的經費我們

可以放心使用。家長中也有很多企業家，可幫助學校。例如本校有一群參加網界博覽會的師生，平時在學校做各種行動研究，有機會參加比賽，參加國內的比賽使用中文，我們不必擔心金錢的問題，但是參加世界性的比賽，中文則要翻成英文，則需要中翻英的翻譯經費，以目前的行情，每件參賽的作品約新台幣 8 萬元。要參加比賽的學校要從經常費用拿 8 萬元，確實有點困難，而且有些不捨，萬一沒得名次，心中更是不捨。於是我透過學校的老師向本校的副會長李政則先生（三多利建設公司的董事長）請求幫忙，學校老師是以校長名義向副會長爭取的，副會長已連續 2 年答應補助 16 萬元正，本校 2004 年參加世界網界博覽會獲得金牌獎，獲陳水扁總統接見表揚。今年參加世界網界博覽會的三件作品已經送件參賽，其中有兩件翻譯費是蘆洲李宅文教基金會董事長李嚴秀峰女士所捐贈，換言之，本校今年要參賽的翻譯費用 24 萬元，即向校外熱心教育之企業及公益團體爭取補助，本校未花任何經費。

六、公益團體、善心人士幫助學生爭取仁愛基金

有許多學生因為家庭變故，父母失業罹病，或單親、隔代教養，繳不起學雜費、午餐費、制服費、其他急難救助金等，以本校規模每學期均需補助 15 萬元左右，本校仁愛基金的庫存約 90 萬元左右，平時若有善心人士捐款，均要捐入這一戶頭，仍然在學校公庫內，合法支用。本校有仁愛基金申請辦法，要動用經費需依規定辦理申請，經校長核准才能動用，所有捐款除入公庫外，我們一律開具三聯單，捐贈人可以持捐款單向稅捐機關抵稅，此一經費平時要多多爭取，以應學生緊急不時之需。

七、自有財源的管理

所謂自有財源分成二部分，一部分來自上級政府的年度補助經費，一般而言，政府的經費補助原則，大約離不開以「校」為單位、以「班級數」為單位、以「學生數」為單位作為分配經費的基準，因此這部分的費用，若不是急需或學校遭遇重大災害，一般而言應該是夠用的。較大修繕的經費或遇天災必須修護，可以申請擴充修護計畫，申請專案補助。

學校的小額維修，若能夠自己做好，盡量不外包，委由校內工友自己維修，學校只付材料費用即可，例如日光燈、水龍頭、玻璃、課桌椅、水管破裂、

水溝修理及清洗、油漆、種花、施肥……等小型工作，這些工作若都外包，可能 1 學期的經費，1 個月內即告用完，接下去日子怎麼辦？因此若能訓練 1 位能幹的學校工友是節省經費開支的良方。

　　經費的運用不能平分為四個處室或二處室使用，主計單位常在表面上將一個大餅分成四塊或兩塊是公平的，但這樣做，有一些處室可做也可不必做，有些處室則非做不可，於是對某些處室而言，經費可能不足而造成遺憾。因此我常阻止學校經費做平均分配的工作，即使主計提出來，我一樣不同意。因為這樣做可能誤用了經費，有人浪費金錢在消化預算，有人需要錢卻無錢可用。因此將經費花在刀口上，將經費運用在最急需的學校修繕或購買教學設備上面，是校長管理經費最重要的策略之一。有些東西的維修，若透過好好的管理根本就不會用到錢，例如打破玻璃這一項，學生若故意打破玻璃，即要賠償，非故意時則由學校負責維修，有些學校的操場施工時品質不好，爾後當然要一直維修，有些學校的操場任由汽車在上面行走或停放，1.3 公分的PU跑道哪能承受重達 1 千多斤至 2 千多斤的汽車在上面駛過，有些摩托車、腳踏車更把跑道當馬路一樣行走，學校操場難怪要千瘡百孔，要大筆維修費，我服務的學校是被禁止的。

　　經費要節流，只有加強管理學校物品不被破壞，維持其他正常的功能，不損壞、不維修是最好的管理策略，學校經費的使用及修繕的多寡，和學生的生活教育息息相關。因此要節流必須指導學生從「愛護學校公物」做起，能夠維護學校校園之整齊清潔、設備常新、小心使用，則學校校園可以維持天天煥然一新。

八、社區資源及人力資源的引進（看不見的金錢）

　　有些資源的引進，雖然看不見金錢的進出，那也是節省經費開支的良方，例如有些家長或社區人士在美化環境這一部分是專家，若由這些喜歡拈花惹草的人進入校園當志工，學校即可減少很多經費的開支，如花苗的購買、花木修剪、肥料的購買、工資的發給等項目。大部分的家長均有一技之長，在這個社會裡謀生，老師及學校行政人員若懂得善加利用，則可用的資源太多了，例如：木工、油漆工、水泥工、裝潢工……等等，沒有任何一項工作家長不會做，問題是家長及學校行政人員不會利用這些資源，相當可惜，放著資源不會利用，

到處找錢處處碰壁。

　　資源到處都是，如何引進資源進入校園，絕對不只是金錢而已，人力、物力、空間提供、技術、人際關係等的引進校園內，不假外求，學生家長即是一項重要的資源，提升家長對學校的向心力，處處協助學校的修繕，透過愛護學校運動，相信要用到的經費會更少，把不必要花的金錢節省下來，作為緊急時才使用。

伍、結　論

　　有錢能做很多事，包括充實很多的教學設備、開闢實用的教學校園、美化學校教學環境、師生的休閒設施、運動場所、很多新穎有創意的開放教室，讓老師學生充分利用這些教學設施，以達成要完成的教育目標。可是教育經費的爭取，有時候並非那麼容易，並非沒有金錢就不能做任何事，我們爭取到的「人力資源」、「對學校的承諾」、「空間的提供」、「設備及物品贈送」、「技術的提供」……等資源的提供，和金錢同等重要。921 大地震發生，許多大企業及公益團體、慈善機構大量認養重建學校，促成台灣新校園運動之產生，塑造各種不同的學校教學場景，使台灣漸漸脫離統一制式規定的學校建築規畫方式，應該是震災中因禍得福的另外一項收穫。因此，經費的提供及資源的支持，對學校教育的支持，是同等的重要。

　　校長的辦學績效與態度，與校外社區人士的人際關係，使用經費的正當性、對學生的學習好處，也是爭取經費及資源支援的有利因素。尤其是在政府經費困窘的年代裡，如何開源節流，如何充分利用資源，如何積極爭取社區認同及資源輸入，將是辦學成功的關鍵因素。我們承認「金錢是萬能」，但是「沒有金錢也能做很多事」，只要是我們的想法、做法、用心及爭取社區的認同，我們一樣可以辦得好。

　　金錢雖然是萬能，人人都喜歡，但是金錢對我們教育工作者而言，是非常危險的東西，我們應該與金錢保持距離，雖然爭取經費、使用經費、管理經費但不要碰觸經費，以免被誤解，更避免與廠商有任何牽連或關係。唯有潔身自愛，嚴格要求採購之品質，更多人參與經費使用的討論及驗收，才能取信於大眾或家長，避免誤解為黑箱作業或有瓜田李下之嫌。因此經費之爭取及利用，

雖然重要，但不如妥善管理來得重要。

作者簡介

　　作者柯份先生，曾任台北縣鷺江國小校長，現任台北縣蘆洲國小校長。曾任教師 16 年、教務主任 6 年、學校校長 17 年，服務年資已超過 39 年。自從嘉義師範學校畢業，曾進修嘉義師範專科學校、台灣師範大學教育系教育研究所畢業，是一位從基層服務擢升的校長，曾獲 1984 年全國特殊優良教師。

　　在嘉師讀書時，遇 1964 年嘉南大地震，對地震之災害銘心刻骨，於往後教育工作生涯中，非常重視校園建築工程品質，對校舍建築經驗豐富，常擔任校長儲訓班的建築講師，為各校解決工程疑難問題。在課程發展方面，曾任教育部九年一貫課程研究發展中心委員、國立編譯館教科書審查委員、行政院教育改革推動委員、台北縣九年一貫課程召集學校校長，並帶領鷺江國小團隊獲得教育部 92 年度九年一貫標竿學校。

　　校長的座右銘是：作為一位有擔當的校長，要能創造「無限可能」，讓全校師生、家長充滿「希望」、「快樂」、「幸福」。

跨潮流辦學──創新！突破？

溫明正
台北市東門國小退休校長
現任台北市政府教育局聘任督學
東莞台商子弟學校副校長

壹、前　言

　　站在 21 世紀的舞台上，我們的教育雖然累積了過去的經驗與成績，也承擔了過去的束縛與壓力，許多行之有年的教育觀念，許多承襲已久的教育體制，許多習以為常的做法，以今日的眼光審視，有必要做省思與檢討。

　　校長是帶動學校變化的靈魂人物，一般而言，一位決策者能夠改善一個複雜的社會機制，若要解決學校層出不窮的問題，往往是替換另一個領導者會比較立竿見影。變化是會令人感到受威脅的，尤其是上對下的強制。事實上，校長要快速地改變校風和文化是不太可能的。對於積習已久的觀念、信念或行為，學校老師、家長和學生往往是不願意放棄的。

　　許多教改專家也認為，學校有了權力，教育才會改進；而教師被賦與了權力，學校才有實權。教師賦權也已經是教師專業的構成要素之一。但賦與教師多大權力已經是學校教評委員會、教育行政人員，甚至老師常思考的問題。尤其是校長和老師之間的關係，校長要在什麼程度內干涉教師的教學？如果由老師自己全權決定課程內容和教學法，將會引發哪些問題？因此校長在領導學校校務發展的同時到底要扮演什麼角色？行政領導、課程領導亦或教學領導，值得大家共同深思探討。

　　有鑑於此，適值國立台北教育大學林文律教授編撰《中小學校長談校務經營》專書，邀請撰寫個人擔任校長之實務經驗談，因此貿然抒發個人擔任校長之粗淺想法與做法，一則提供經驗分享共襄盛舉，二來給自己做個省思與檢討，三以策勵將來並為自己著述以為回憶。本文撰稿方式以心得與實務敘寫為主，

不用條列、不分章節，以校務領導理念、人力資源與公共關係、專業發展與道德修養、形塑學校願景文化、學校特色發展等題材發揮，並舉二變革實例分享（詳如本文附錄）。

貳、經資歷背景

師院教授常言：「身為教師要具備的特質有二：愛與智慧。愛是對學生有愛心與耐心，以愛心包容、寬恕學生的錯誤；以耐心等待學生的成長，不要求立竿見影式的速成教育。智慧則包括專業的智慧及生活的智慧，專業的智慧使我們成為優良的『經師』；生活的智慧令我們成為可貴的『人師』。愛與智慧是教師終身的修養，也是教學的目標。」

1971 年台北師專畢業，1973 年參加考試院乙等、丙等教育行政人員考試及格，奠定一生從事教育工作的基礎，早年鑑於知識及科技的突飛猛進，進入淡江大學進修電子計算機科學系畢業，復續修讀國際關係研究所 40 學分班結業，再進修國北師院國民教育研究所畢業獲頒碩士學位。

1988 年參加台北市校長甄試及格，旋即分發擔任台北市興華國民小學校長，親手規畫設計創辦新學校，於 1992 年真除招生。同年經台北市政府教育局指定擔任台北市國民小學校務行政電腦化規畫小組召集人，負責推動台北市國小行政電腦化工作，1993 年台北市政府教育局國民教育輔導團成立國小資訊教育輔導小組，獲聘為召集人統籌台北市國小資訊教育事宜。1994 年初著手規畫台北市各級學校校際網路連線事宜，推動「E-MAIL 到中學」計畫，讓資訊高速公路進入校園。及至 1998 年獲教育部指定負責資訊教育基礎建設之擴大內需方案，擔任編製資訊教育教師在職進修師資培育教材綱要及教育部補助國民中小學教學軟體購置作業計畫，推動 TAnet 至中小學教育，同時擔任行政院 NII 推動小組民間諮詢委員會委員，負責全國資訊教育之推廣及各級學校網路建置事宜，讓網路寬頻全國暢行無阻。

一生秉持所學，從事教學研究發展，提倡資訊教育，於 1983 年起配合教育部數學科電腦輔助教學之實驗，擔任電腦教學實驗工作，積極研究如何利用電腦來幫助學生學習各種課程，以引發學生學習興趣。更利用課餘時間指導社區家長、媽媽學習基礎電腦操作，推廣社會教育，榮獲台北市政府 1985 年推行社

會教育有功人員表揚。同時整體規畫設計學校行政電腦網路系統及電腦教室網路和全校視聽、教學媒體、閉路電視網路系統，以奠定推展電腦輔助教學之基礎，深獲長官及各界之嘉許，榮獲教育部 1993 年推動中小學電腦輔助教學有功人員表揚，同時獲聘為教育部電腦輔助教學推行委員會委員。數十年來從事國民中、小學及社區資訊教育之研習與推動網路教學活動，不遺餘力，榮獲 1995 年傑出資訊人才表揚及第一屆台灣學術網路傑出貢獻人員獎。辦學績優 1997 年獲選為台北市第一屆優良校長表揚，又因推廣社會教育，1999 年再度榮獲台北市政府推行社會教育有功人員表揚，及教育部推動電腦網路建置和擴大內需方案建置有功人員表揚，2003 年榮獲台北市政府特殊優良教師學校行政類卓越獎，及中華創意學會學校行政創意領導獎表揚，並於 2004 年榮獲教育部第一屆校長領導卓越獎表揚。

參、辦學成效

　　任職興華國小期間，以前瞻性規畫校舍，建置殘障電梯、殘障斜坡步道、污水處理池、網路校園，同時率先提倡環境教育、資訊教育、校園步道、人口教育、兩性高峰會、廁所美化綠化、創辦兒童自治市長座談會、導護義工表揚活動、市長獎頒獎活動、校際網路競賽活動、兒童節系列活動等，同時利用校園特有設施，推動正常教學，在總務工作及教務工作之教育評鑑上，連續 2 年榮獲台北市政府教育局教育評鑑評選為最績優學校。另積極從事宣導學校人口教育活動，辦理各項競賽及表演，重視學校人口政策之宣導，連續於 1994、1995 兩年榮獲內政部推動人口教育宣導績優機關表揚。積極推動學校資源回收活動，設立資源回收站，做好垃圾減量及資源回收工作，配合社區及學區家庭週日清潔活動，訂每週一為資源回收日，辦理績效良好，榮獲台北市教育局 1993 年、1994 年學校環境衛生考評特優學校及 1995 年台北市十大環保學校表揚，同時榮獲台北市第二屆資源回收楷模惜福獎，次年更榮獲環保署 1996 年十大環保績優學校表揚，1997 年獲選為台北市第一屆優良校長表揚。

　　2000 年參加台北市東門國小校長遴選，經台北市校長遴選委員會遴聘為東門國小第 12 任校長，2004 年再次連任，任職東門國小期間繼續推動人口教育榮獲內政部優等獎，防溺宣導教育及學校日活動連年特優，90、91 學年度，中

小學資訊融入各科教學訪視特優，學校網界博覽會、科學展覽、多國語文競賽多年來均榮獲團體獎，田徑隊、合唱團、舞蹈班更是得獎無數，2002 年家長志工愛心團榮獲「金鑽獎」表揚，2003 年推動鄉土語言教學訪視特優，幼稚園榮獲全國創意領導獎、健康學園，2004 年台北市公立幼稚園評鑑三項特優殊榮，全國推動環境保護教育有功學校甲等表揚，獲頒無菸校園示範學校。全校推動九年一貫課程行動方案，強化學校課程計畫，連續兩年榮獲教育部九年一貫課程標竿 100 學校表揚，持續推動資訊教育、童軍活動、舞蹈教育，打造閱讀世紀，成立奈米科技融入教學團隊，建置無線網路數位校園，推動校園 e 卡，帶動東門走向國際化、科技化時代尖端，領導教師成為課程的發展者與執行者，鼓勵家長成為合作夥伴參與校務，讓社區組織及企業成為學校的支持後盾，共同建構東門學習環境，航向創新的舞台，有幸榮獲教育部校長領導卓越獎，是一生的榮譽也是成就的表現。

肆、校務領導理念

　　一生秉持「事事為學校設想，時時以兒童為念」的精神在努力工作，「不因孩子之煩以為怨，不因工作之多以為苦，而以作育英才為職志，以教學生涯為樂事」來自我期勉，同時以「安全中成長、安定中學習、安心中改革」理念，培養學生基本學力及正確有效的學習態度方法、提升民主的素養、文化與鄉土的情懷、國際視野，著重師生互動的品質提升，尊重教師專業，以更精緻、更有效的教學活動來展現教師專業責任；讓學校成為課程發展的標竿，帶動教育的未來，共創前瞻、創新的新歷程。

　　個人從事教育工作達 20 幾年，歷經級任老師、科任老師、組長、教務、訓導、總務主任，並專業進修輔導知能 20 學分，經營學校經驗豐富，擔任建校籌備主任 4 年、國小校長 13 年，堅持教育理想、尊重專業責任、提升教育品質、重視校園倫理，以傳統、創新、科技、前瞻之洞察力，為教育開創世紀的藍圖。與家長會、教師會合作，信守不背離教育準則，培養學生基本學力及正確有效的學習態度方法、提升民主的素養、文化與鄉土的情懷、國際視野、健康的休閒生活；重視生活教育與情意教育、生活輔導、學習輔導、生涯輔導；著重師生互動的品質提升，尊重教師專業，以更精緻、更有效的教學活動來展現教師

專業責任；強調優良品格的陶冶，建立正確的價值觀，造就全人格健全的國民為職志。

以下僅就行政領導及課程教學方面略述淺見。

一、行政領導方面

要經營一個有效的行政團隊非常不容易，尤其是新接任的陌生環境，隨時透過各種非正式組織及學校次級文化建構的團體運作，暢通對話機制，在班群合作及學年互動中形成合作團隊，在走動式領導及權變的思維模式下，依照教師所需求的內容提供行政服務，以身作則融入團隊，透過知識管理親和領導，帶團帶心，除了校內的各年級及各處室的活動很多以外，教育局、社區、企業都會需要學校幫忙辦理很多活動，當這麼多活動都集中在一起時，校長必須去思考切割這個時間以後，有沒有能力像電腦讀取檔案一樣，隨時將所需的資料清晰的讀取出來，當不需要時，又能隨時將資料從腦中迅速移除，馬上進入下一件事情，此外情緒也不能有遷移作用而影響到其他人或下一件事。因為校長每天要處理的事情很多，因此要排定每一天的日程表，將時間掌握好，而且事前要做好準備，了解狀況，做出有內涵的討論，這樣才不會流於空談而浪費時間。

當各處室都來找校長時，要思考優先處理什麼事情？在學校有很多的行政工作會壓迫校長，讓校長感覺很繁雜，但是真正站在老師的立場而言，則是教學需要協助時，他的後勤支援在哪裡，另外家長也會很關心他的孩子在學校的情形，所以校長也要很清楚學生在校的一舉一動，這樣家長才不會反感。因此，處理行政上的任何問題，都是要以支援教學工作及處理學生問題為優先考慮。此外，校長要立即判斷哪些事情是必須優先處理的，而且還要判斷哪些事校長必須要親自處理的，因為校務繁雜，如果是次要的事情或是主任組長就可以完成的，就要授權下屬去做，校長必須要有多餘的時間來處理真正需要校長來決定的事情。

校長並不是整天都待在校長室處理公文或與來賓聊天而已，每天都有固定看公文的時間，其餘時間則要到校園走動，透過走動的方式，師生會認為校長是滿關注老師的教學與關心小孩子的學習行為，校長是隨時注意校園的一些動態與環境安全，這時人們對你的看法是不一樣的，如果校長不到處走動，那老

師就會認為，校長也不會管我們，我們就自己做自己的，反正校長也不知道。要讓老師隨時覺得說，校長雖然不是每一件事都親自參與，但是在任何會議，主任所表達出來的，就是校長的意志力，就是校長想要做的。另外也要讓老師感受到，校長雖然須到校外參加活動而不在學校，但是並不意味這就是大家放假的時間，可以鬆散，而是校長還是很清楚學校的狀況，大家反而要做的更好。校長要達到這種「本尊無所不在」的境界，就需要靠校長平常對老師行為表現的觀察，並充分授權與信賴主任的發言與行政作為。

對於行政運作，校長要會充分授權，由一級主管去做決策，校長在幕後全力支持，有任何狀況要私底下透過主任行政會報來討論做決定；但是在晨會公開報告時，主任所做的決定，就是校長的決定，這樣才會讓大家感受到行政團隊是一體的。同時校長要專注於「本業」，使學校成為教學的最佳場所，要有知識「本錢」，以教師專業知識帶領學生學習，並有 e 化的「本事」，提升全體教職員具有資訊媒體素養，當然還有「本尊」無所不在，利用網絡讓教職員工感受到校長無所不在的功力。校務行政運作在資訊科技方面，進行全面 e 化運作，各處室透過校園網路作資源整合，每日重要行事及活動透過行政公布欄即時公告，各項競賽活動均利用網路報名系統線上報名，庶務性維護工作亦透過網路報修系統維修，全校師生利用校園 e 卡進出校園及查詢圖書資訊，讓全校的行政在網路電腦下運作。

校長要思考行政會議的召開方式，很多學校都是每週一開一上午的會，讓人覺得效率不彰，最好是沒有固定開行政會報的時間，而是隨時都在開，要求每 1 個主任在做任何決定時，都要主動找其他 3 位主任來溝通協調分工，這方式一開始很困難，因為大家都有本位主義，例如以往訓導處在辦活動時，其他處室會說訓導處有很多組長，幹嘛要其他處室幫忙；但是如果要求，每一處室的事情就是全校的事情，要不分彼此，當你不分彼此時，就是大家要一起做，久而久之，大家就習慣了要彼此分工合作，而且各種活動如果是由主任出面協調的，那運作就會很正常。東門國小各種大型的活動太多了，所以基本上我都不會出面介入，而是由 4 位主任自行去協調所有的意見並且有結果共識之後，跟我報告結果即可，再由四個處室共同完成活動，如果每件事都要由校長親自召集開會協調，這樣各處室的本位主義是無法破除的，而且也會浪費很多時間在開會上，因此這種訓練主任們自行協調出結果的方式，不但可以徹底達到分

工合作，更可以節省時間。以兒童節的活動為例，行政工作是由訓導處主辦，但是節目內容則是由輔導室設計，場地規畫則是由總務處負責，就是由各處室自行去協調分工合作。由於我是充分授權給主任，所以主任就必須透過這種方式去思考說，當有困難時，主任自己要先跟其他處室協調解決後，才去跟校長報告，而不是一開始就去找校長解決，如果所有問題都要校長我解決，那要4個主任做什麼，如果主任經驗稍嫩而徵詢我的意見，我也只是給與幾個大方向而已，但還是要由主任自己去想辦法協調。如果什麼問題都是校長的指示決定，那箭靶就會全部指向校長，校務運作就會愈來愈吃力，因此把問題讓主任們去解決，就是在貫徹由下而上的討論及解決問題，不是把問題丟給校長，而是把解決方案丟給校長，由於都是由各處室討論及決定出來的實施方案，所以大家在做事的時候，會比較心甘情願，抱怨也會比較少，這樣校長就算不在學校，各項活動仍可照常推行，運作正常。至於如果主任們的共同決定，若有問題，我就會提出幾個方向讓他們再去討論，如果主任們仍然不改變決定，那校長也要讓其嘗試錯誤，屆時若有狀況，校長才去指導他們從中學習寶貴經驗並避免再次犯錯，畢竟事情是沒有完美的，這樣主任才會從中學到更多。

二、課程教學方面

在課程領導方面，應以提升高效能的教學團隊做起，和老師共同擬訂課程發展目標要清晰可行，以組織氣氛導向來分享核心價值，建構教學專業團隊讓溝通管道隨時順暢，行政措施配合訂定相輔相成程序，學校組織文化能夠精益求精、創新求變，校長以課程領導者的姿態真誠關懷老師，坦然接受不同理念與衝突，才能共建課程願景。要引導教師發揮教學成效就必須提倡學習型團隊，以行動研究來說，我先不跟老師講這是學術上的行動研究，因為老師會認為我又不求學問，幹嘛要做那麼高深的研究，因此我一開始會說是行政要幫忙老師改善班級性的教學過程及事務性的東西，以配合現在的教育改革及九年一貫課程。老師會覺得這很有幫助也很容易，但教學改進不可能單打獨鬥，自然會有同年級中的幾個班級願意共同接受行政的協助，組成班群一起進行設計教案及活動的內容，以改進教學過程，並在完成之後提出書面說明。因此，校長對於打高空的名詞不要講太多，要用淺顯易懂的言語以及老師願意去做的東西，讓老師去推行，如教室布置及環境改善方案，學生上課座位的排列變動方式等都

可以提出來，等到老師以班群的模式改善教學過程及班級經營之後，我就會安排各學年發表教學成果及經驗分享，並說明這就是所謂的「行動研究」，其他老師看了之後，就會說其實「行動研究」並不難啊，這只是將平常的東西加以改進而已，同儕之間自然也會因為這種的相互刺激，每個年級就會開始思考，主動有好幾個班群推出行動研究的報告，運用這種方式就不會一開始對老師產生太大的壓力。我比較注重班群觀念，因為我們學校每個年級都有13班，太大了，而有些活動一開始是不可能同時由13個班一起做，因此我會根據老師的意願將每個年級劃分為數個班群，有些活動可能只是由這個班群在推廣，有的活動則由另一個班群嘗試，我會從中觀察，如果那個活動做的不錯，我就會請這個班群將成果分享出來，將這個活動推廣至全學年，對於課程與教學的提升，效果非常的好。

　　老師是教學的主體，校長並不是在每樣教學領域都有專長，所以我會信任各領域小組，尊重各領域小組對課程的決定。另外，整個課程是專業的，課程綱要早就被教育部定好了，各教科書廠商也都據此將教科書印好了，學校也無法去變動更改，所以我們會尊重專家學者們對整體課程的規畫，因此，學校所能著墨的點，就只有彈性課程與學校本位課程的部分，而這就必須找校內老師來談，從學校SWOTS分析來了解彈性課程與校本課程要如何去跟社區背景、學校願景文化結合，要如何去規畫與推廣，讓老師願意遵循。其他領域配合學校的地方特色可以增刪，但增加的部分也一樣需要共同討論，建立學校不同領域的本位課程，所以校長在做課程領導，不要想太多，就只要針對彈性課程與校本課程這兩點來進行領導就好了，領導校內課程領域小組將彈性課程與本位課程規畫好之後，全校就朝這個方向去努力。

　　校長不是在各項課程與教學領域都很有專長，所以不是每樣都要出頭、都要去主導，若校長在某方面很有專長，則可自行主導，但在不是很有專長的領域，則是要授權給教務主任，並信任各領域召集人，讓他們主導課程與教學的改進，因為教務主任本身就有這種權責要去做教學的領導與評鑑。在平常的教學活動時，校長也要適時的提醒老師要注意哪些事情，例如當我去巡堂時，如果看到一些不當的課程安排或教學方式，我不會當場糾正老師，而是記錄下來交給教務主任，讓他去跟老師談，以慢慢建立教務主任在課程與教學這方面的專業與權威，我則退居第二線擔任視導者的角色，這樣就不用每一樣都非要校

長親自出馬不可,因為校長是學校的大家長,校長講出來的事大部分是很嚴重的事,很多事如果是校長親自跟老師講,那老師的壓力就會非常大,會有校長不給面子的感受,進而造成互相猜忌,而教務主任的層級畢竟是跟老師比較親密,所以授權給教務主任去處理,老師比較會接受,向心力也比較會提升,所以這也是一種緩衝的方式。

在東門國小,積極努力推動九年一貫課程實施,在健康、快樂、負責之學校願景架構下,以 e 化設備、多元教學、追求卓越為前提,期望培育國際觀、宇宙觀的學生為目標,積極落實教師之合作機制,實施班群教學,透過學群合作,探究銜接課程,將教學及評量方式改變,落實課程評鑑,以「教學活動設計檢核表」於各學習領域各單元教學完畢進行課程評鑑,以「學校課程評鑑指標」於期中、期末進行各學習領域評鑑。推展學校本位課程,確定以鄉土、節慶、資訊、英語及藝術與人文為學習基礎,完整規畫各學期主題教學統整之課程,編輯課程專書,落實推展本土化、藝術與人文之校本活動課程。積極與同學區之中正國中、弘道國中、懷生國中校長、行政、學年、領域進行多場次「國中小九年一貫課程銜接會議」,開啟國中小銜接課程之橋樑。同時形塑學校成為課程發展的基地、校長成為學校的課程領導者、教師成為課程的發展者與執行者、家長成為課程發展的合作者、社區民間組織及企業成為教育專業的支持者、教育行政人員成為課程改革的規畫者與管理者,共同建構課程理想教學環境。因擔任台北市九年一貫課程推動委員,負責教學資源組工作,結合教育局教育入口網站「哈特網」教學資源,提供豐富的學科教學資源供教師教學參考,成果豐碩。

伍、人力資源與公共關係

一、人際公關與溝通

人力資源是教育資源的一環,不管人力、物力、財力對學校資源都是一大幫助,如何有效經營社區、媒體、民意代表、企業、相關政府單位是非常重要的工作。然而擔任校長不需要跟人家喝酒吆喝博感情,要誠心以待,最重要的就是親和力要夠,不要以校長的立場去跟同仁聊天,而是要以同仁的立場和同

仁溝通，那同仁就會認為你是值得溝通的人。如果校長要把自己弄得高高在上，人家看到你就會仰之彌高，不敢靠過來，這時人際溝通就會等於零。當所有老師願意在校長面前訴苦，或敢在其他人面前跟校長開玩笑時，這時就代表校長的關懷與親和力與人際溝通就足夠了，代表著同仁們把校長當成一位長者及值得信賴的人。

　　學校附近社區的里長常常會到學校要求這要求那的，校長怎樣把里長的要求變成對學校有利的，變成合作關係，首先就是要跟里長說明，學校可以幫忙提供人力資源辦理活動，但是經費必須要由里長去想辦法，這樣里長就很清楚學校有的是人，但缺乏經費，弄清楚之後，里長自然會樂意跟學校結合在一起。例如本校常常為社區辦理許多活動，自然里長也會親自幫忙學校站交通導護崗哨，社區巡守隊也會協助學校巡視四周維護治安。要引進對學校有利的社團，使其參與學校的事務這也是很重要的一環，例如董氏基金會、金車教育基金會、社會局、環保署、警察局等相關單位，都可以到學校參與活動或安排專業人士作消防、保健之宣導活動。校長要與鄰近的國中、高中與大學保持良好的關係，這樣在本校辦理園遊會或各項宣導活動，例如春暉專案、禁菸活動時，其他學校也會派遣社團或人員到本校來表演，或協助支援活動的辦理，這樣也會促進本校師生與家長對該校的好感，大家互謀其利，自然會拉近兩個學校的關係。

　　當記者打電話到學校來，有些校長避之唯恐不及，以為是什麼壞事，但我認為如果平常能跟記者建立良好的關係，那當學校有什麼好的事情時，媒體會很樂意幫學校報導，這時社區家長與學生看到學校有好事上報之後，對學校的觀感必會有正面的提升。因此，不管記者要來採訪好的或壞的事情，校長都要盡量接受，接受的過程當中，校長要讓媒體把學校好的一面展現出來，而把學校負面的藏起來。如果校長跟媒體的關係沒有建立好，那媒體必定會把你學校負面的消息挖出來；但如果跟媒體關係建立的好，當學校如果有負面消息，那媒體也不敢隨便把它報導出來，甚至還會幫忙學校化解事情，因為媒體以後還是會有求於學校的地方，希望學校以後能提供消息與管道讓媒體報導。

　　一聽到民意代表，很多校長都會說深受其苦，認為民意代表都是來要求學校做一堆事情，但我則認為民意代表有服務選民的壓力，其實民意代表是來幫學校解決事情的。因為當家長透過民意代表來與學校溝通時，那代表這件事情滿嚴重的，或是學校起初處理不當，讓家長心有不平，他才會請民意代表出面。

所以我平常在處理家長的申訴案件時，一定要秉持公平、公正、公開的方式來裁決，這樣才能化解與家長之間的糾紛，因為此時就算是民意代表來關切，我都樂意接受其關切。但是最後的結果，一定是與當初行政的裁決完全相同，當一次、兩次、三次的案例以後，家長都知道找民意代表的結果也一樣，家長以後所有的問題就會直接找學校解決，自然不會再訴諸民意代表了。以後家長會找民意代表，就一定是有利的，都是要幫學校解決問題的，例如家長看到學校附近的馬路需要改善，就會請民意代表協助處理。如果因為民意代表的關切，校長就改變行政作為，那老師家長自然會口耳相傳說找民意代表有用，學校就會永無寧日了。

二、家長資源利用

教育工作的可貴在於能創造「可能性」，學生快樂的學習，家長的正向回饋與支持，是因我們堅持教育理念，築夢踏實的最大支柱。對於學校學生家長會更要維持良好關係，學校凝聚家長向心力之具體做法應該要積極邀請家長參與學校教育，並主動建立溝通的管道，培養良好的溝通情境，增進親師間的溝通合作，豐富教師的教學資源，成為有效能的學校，以創造親、師、生三贏的局面，例如：各節慶慶祝活動、補救教學、小型團體輔導……等。

組織家長會，凝聚家長向心力，定期出刊會訊，並提供資訊研習，協助校務，美化環境，落實愛心團組織，提供學童上、下學安全，成立家長成長班，提升家長多元學習，利用綠手指綠化校園，「大樹下說故事」一圓學童童年夢想，加強語文領域學習。透過「學校日」促進親師情誼，製作家長意見研覆表，使家長的意見得以呈現，了解家長對校務的企盼，作為協調溝通的依據。每學期辦理親師聯誼，促進良好的親師互動關係，每學期期末及母親節慶祝活動，公開表揚熱心服務之志工家長。在推行學校本位課程的同時，更能吸納來自外校的助力，並讓家長對學校專業能力更加認同。家長愛心志工服務團配合學校行政運作，擴大服務協助學校整體發展，熱心參與出錢出力義務服務，榮獲台北市政府志工團體最高榮譽「金鑽獎」。

除家長會之外也要建立學校的夥伴關係，東門國小參加九年一貫群組學校，本校為第三群組學校之一，共參與行政研習、教師研習、成果發表。同時本校為中正、萬華 12 所資訊群組學校之中心學校，帶動群組學校資訊融入各科

教學觀摩、研習、成果發表，數位化教材設計研發等。而且每年傳統都會與北安國中、雙園國中、永樂國小共同舉辦舞蹈教學發表會，藉此互相觀摩與切磋舞藝，與永樂國小建立學校夥伴關係，成立舞蹈班聯合甄選委員會，輪流辦理聯合招生，同時與永樂國小輪流承辦台北市慶祝兒童節系列活動——兒童舞展。辦理畢業生升學輔導，小六升國一課程銜接座談，尋求中正國中及弘道國中相關支援，並將畢業生輔導紀錄轉介所屬國中，提供長期追蹤或轉介輔導。校外教學參觀成功高中蝴蝶主題館，共享教學資源。提供市立師院集中實習班級，與師院互相切磋及輔導，增進教學效能，與建國中學資優教育中心合辦國小資優教育教師課程工作坊提升教育內涵等都是建立在最佳的資源上。

三、學生互動與關懷

擔任校長除處理公文的時間外，其餘時間要到校園走動，透過走動的方式，關心小孩子的學習行為，並隨時注意校園的一些動態與環境安全。現在很多的小朋友都會主動接近校長，想表現好的一面給校長看，因此，校長不能每天站在司令台上訓話，這尤其會讓小學高年級的學生反感，所以校長要將訓話的工作交給訓導處，校長本身要扮演一位慈祥的「長者」，站在司令台上要笑容滿面，和藹親切，慈眉善目，讓每個小朋友看到你都會微笑，這樣學生才會更積極的將好的一面呈現出來。校長要隨時利用巡堂的空檔進到教室與小朋友打招呼，關懷小朋友，小朋友此時也會很高興說「校長好」，在走廊上主動與小朋友打招呼，小朋友會有受寵若驚的感覺。

校長在巡堂時若看到班上有任何的事務或活動時，要隨時主動參與，例如我看到班上有放生日蛋糕時，我就會主動進入班內詢問今天是誰生日，並且祝他生日快樂，這時小朋友的感受一定不同。另外班上如果有康樂性、節慶或特殊的活動，我如果知道，就會撥空前往班上參與這些活動，這樣小朋友就會很高興，回去也會跟家長宣揚校長的用心與關心。校內的模範生或頒獎活動，我都會跟得獎的小朋友合照留念，並且將照片送給他，因為平常他沒有機會與校長合照，所以小朋友會很珍惜這張照片，校長在小朋友心中就會建立良好的關係存在。我每天中午都會找幾個小朋友吃飯，持續辦理「與校長有約」的活動，我會讓每個小朋友在畢業之前，一定都要跟校長吃過午餐，小朋友什麼都可以聊，學生家庭的或班上的各種事情，透過這種活動，一個一個與小朋友談天，

聽聽小朋友心裡的話，也順便了解各班級的現況，了解小朋友心目中的老師形象，效果非常的好。

陸、專業發展與道德修養

我們不能把校長定義為多清高，校長在校園裡的所作所為，大家都看在眼裡，當然在校長面前不敢講，背後一定是到處講「校長也這樣」，因此校長要做到讓師生及家長說「校長做得很不錯，學生在學校一定不會有不良行為，因為校長本身就是一個很好的示範者、長者」。所以不要空談一些高標準的道德修養，而是要自然表現出來，讓大家都認為這個校長很不錯，因此校長一定要隨時確認自己的行為在師生的心目中有沒有做得很標準。當一個校長，有沒有以身作則是一件很重要的事情，在學校的行政領導上，校長怎樣看待自己是很重要的，校長的行為標準在哪裡？有些校長認為反正在學校做什麼事情都無所謂，但實際上在師生的眼光裡，校長的道德水準與行為標準是被要求滿高的，因為校長的一舉一動在師生看來，會認為校長都可以這樣子，那大家為什麼不能這樣子。所以為了要讓師生認為校長做得好，首先我在校長室內不抽菸、不喝酒，以及不與同事喝茶聊天，如果師生經過校長室，從窗戶看見我好像都沒有事情做、很輕鬆，那別人對我，就可能會有一些負面的評斷出來了。因此我除了在校長室固定時間處理公文之外，更會隨時到校園各處走動，讓師生覺得校長是關心他們的，所以校長本身要先以身作則，要先做一個全校的模範及示範動作，這樣才能得到師生的認同。

校長的操守很重要，所謂上行下效，上不正很難要求別人；校長要遠離金錢、女色，不貪不義之財、不搞男女關係、不沾不倫之戀，行得正不怕別人的閒言閒語，校長做任何事均能君子坦蕩蕩，全校同仁師生、家長都會豎起大拇指稱讚。

校長是一個學校的首長，如果校長本身不自我充實的話，有一些人也會認為校長是不學無術，只靠一點點本事就想要來領導我們，因此在專業成長不能只是空談、要求別人有多深多高，而是要真正去實踐力行與自我充實，因為老師都會看在眼裡。校長要懂的東西非常多，包括修理課桌椅、廁所、水電、電燈、門鎖、風琴等，這些基本的修繕工程雜事，校長都要懂得或會一些。校長

不能只光有一般的學問而已，對於校園事務性的知識、原理與技能要懂得更多，不要什麼都只會交代找外面的廠商來修理，因為這會影響校長在老師心目中的地位。例如校長若能當著工友的面前教其如何修理廁所的喇叭鎖時，工友一定會佩服得五體投地，同時他還會到處宣揚校長什麼都會。

真正在學校做專業領導時，學術上所學到的知識是否能真正有效落實到學校經營，有時是值得存疑的，因為理論上，校長的專業知識大家都很清楚，會說、會寫、會溝通、會行政領導，但實際上會不會做又是一回事；當問題一來時，有沒有頭緒著手去解決，則是另外一回事，理論與實務的確是有所脫節的。因此校長要經常參觀別的學校，去看人家怎麼做，在校長培育的過程中，要跟著資深校長學習，觀察其思考方式、行為舉止與處理事情的過程，以便從中獲取經驗。各種教育部與教育局所舉辦的重要政策宣導會議，校長一定要親自參加，以便懂得未來教育政策的走向，校長要有前瞻性，要比老師們懂得更多，回到學校還要分析轉達給老師了解，這樣才能領導學校同仁正確達成教育政策，如果校長對於最新的教育時事新聞比老師還晚知道，那校長在老師心目中的領導地位就會被打折扣。

商業界的管理領導是非常有活力、人性化與複雜的，相較之下學校管理領導是比較封閉與單純，因此校長自己要選擇吸收商業、企管、財政、國際關係方面的新知，以宏觀的角度，做異類思考，提出新的策略想法與點子，應用在學校的領導管理上，那會受用無窮，讓學校的經營有前瞻性、創新性、未來性與國際化；而師生的觀感也會耳目一新，認為校長帶領大家的方向是正確的，學校風氣也會隨之改變，師生與家長就會愈來愈認同學校。如果校長都只是照教育局的想法行事，那就會制式化，顯得大家都一樣，永遠跟著別人的腳步在走，沒辦法做到前瞻與創新。

我不會強迫老師要去學什麼，但是老師的壓力很大，他會覺得這個非學不可，因為學校整個環境的改變，會帶動老師無形的壓力，這個壓力一部分來自校長，一部分來自學生，一部分來自家長。如何營造這種環境壓力呢？就是校長必須跑的比老師快好幾大步，讓老師覺得如果不跟上校長，那就會輸人家了。例如我到這個學校的前半年，我從來不談電腦的事情，但是當我將電腦軟硬體的環境及設備全部更新之後，到下學期我只要辦資訊研習，每次都客滿，大家都搶著要學習，因為老師看到自己桌子旁邊有一台電腦，卻不會使用，你說他

會不會心急，小朋友在學校都學會用電腦，但老師卻不會用，那老師會不會怕，那種壓力無形中自然讓老師感受到他需要學習，只要2、3年，所有老師的電腦能力都是一流的。校長如果天天在講老師要學習、天天在罵老師為何不動，只是一味的強調由上而下的壓力，那老師的反彈就會出來了。但是如果我營造良好的環境設備之後，自然會刺激老師的學習意願，老師就會主動提出進修研習的需求，由下而上的凝聚共識，老師自然就不會說是校長逼他學習的，也就不會罵校長了。

找出一些願意配合校長思考模式去做新的行為改變的老師，他就是我的種子老師，我會在某種適當場所讓他表現，讓他發表教學成果與經驗，此時別的老師就會思考：這些東西自己也會做啊，只是過去沒有想到要改變自己而已。我不用跟老師講說要去做什麼，而是利用環境的改變與調整，讓同儕壓力在無形中建構出，他們自己會想需要再去學習，如此老師便會跟上來。

柒、形塑學校願景文化

學校事務不能死死板板的推動，首先要調整大家以往「考試第一」的價值觀，因此學校要多舉辦活動，提供小朋友更多的舞台，經過幾年的時間，老師會慢慢認同校長的做法，家長也會認為學校怎麼那麼活潑，學校風氣自然會完全改變。傳承一個學校，它的工作項目非常多，要了解到原來的老師們的一些行為習慣、學校原來行政工作的領導模式，以及校園傳統文化固著的模式，如何去打破這個固著的文化並且改變原來的氛圍與風氣，這可能就是一位新到任校長要去思考的東西。因此，一個校長剛到一所學校時，這個學校所有的願景早已訂好了，但是新任校長一定有自己的治校理念，因此必須局部修正願景來配合其施政理念，但這不能由校長直接主動提出，而是必須怎樣透過課程發展委員會內的成員，例如主任或組長，由他們提出說明報告校長，原本的學校願景是否需要配合校長的理念或時代的需要，而做部分的調整或修正，校長則順水推舟說出當初的願景已經推行了2、3年，可能某些部分的確有調整的需要。當願景在課程發展委員會修正通過之後，然後再提到校務會議去做決議，這樣的話，學校的願景才能與校長推動的理念做結合，這是一位新任校長首先必須要做的事情，這樣才不會被學校原來的願景綁住而施展不開。

　　在固著的文化之下，校長去推行某些東西，一定會有老師不習慣而產生反彈，所以一個新任校長，不要有新官上任三把火的心態，不要急著想表現，校長要先有一個觀察期，慢慢了解學校的生態，找出哪些事情做了改變之後，是立即有成效的，而且這個成效是很好的、老師不會反彈的、學生及家長都會肯定這是很清新很有創意的，這樣大家才會認同校長所做的變革。因此，校長要改變校園傳統文化，是一件很困難的事，當初我剛接任時，很多人都跟我說要尊重學校的百年文化；但是，不破壞它，就是墨守成規、不求發展，所以當校長要有所作為時，就是要顛覆傳統文化，這並不是說全盤否定，而是在創新的同時，也要保有固有優美優良的傳統文化，讓大家認為這些創新的模式與機制，仍然是學校固有的傳統文化，這樣大家就不會批評校長，自然會認同校長，跟著校長走。像這種大學校的校長，也可以天天坐在校長室內，什麼都不做，校園依舊會運作正常，不會出亂子，但在這種競爭的社會裡，這不是一位有創新理念校長所要的。

　　校長要掌握次級文化無形的領導者，要與校內小型團體的「角頭」溝通，哈啦哈啦，跟他促進一些關係，建立很好的情感，這樣他們才會支持你。透過各種非正式組織及學校次級文化建構的團體運作，暢通對話機制，這些地下領袖可能是學校的資深老師，或是曾經擔任過行政工作的老師，他們有一定的影響力，因此校長要常常與他們講話，讚美他們。例如我剛接任校長時，從暑假8月1日起我就打了幾通電話給一些素未謀面的老師，向他們請益，希望他們在未來的校務上多幫忙，多指導，這些老師會很訝異，會很感動，並且感到校長是很尊重他們，這樣他們以後自然不會興風作浪，校長要推動任何工作時也會比較方便，才能進而慢慢改變學校固有的百年文化。

　　要創新學校的學習文化，要先有說服力，老師才會主動，我會引進家長的力量協助老師的班級管理，引進社區的力量協助導護工作，把一些特殊的表演團體帶到校園內，讓老師感覺到他的教學方式是否要調整，老師自然會感受這些外力是有幫助的，雖然一開始會讓老師有壓力，但這些老師學會後，都會感謝校長提供機會讓他們有所成長，變的有自信，不會再混日子，從這就可以看出學校文化改變的成功。東門國小依據學校社區特性、學生特質、學校願景等條件，安排各項教學活動，例如中正區踩街、中正紀念堂戶外教學、青少年育樂中心教學活動、二二八紀念公園教學等各種結合中正區社區鄉土文化特色的

教學做法，讓學生利用機會了解學校社區特色，發揮社區文化特色。

　　很多學校並不重視校史文化的保留，校長要負起督促行政人員整理各項相關簿冊的文書工作，其範圍包括：掌握政策資訊的公文、計畫、行事曆等檔案管理，以及學校事蹟以專輯成果或校史刊物之呈現，保管形式多樣化，內容採多元呈現，隨時彙整資料並做系統化的歸類處理，其重要性非一般人可理解。處理平常文書校長應先過目，較能掌握重要訊息，可避免行政擬辦公文的延誤，以至於無法掌握重要政策與訊息的關鍵時刻。平時即要有專人整理學校大事紀、剪報、蒐集活動照（每一活動 3 張照片）、得獎紀錄、撰擬學校特色、剪報、剪輯和學校相關的報導、報告等。

捌、學校特色發展

一、無線網路數位校園

　　建置資訊化網路教學環境：將學校現有班級電腦、網路設備、單槍投影連線成資訊化教學環境，鼓勵教師利用資訊設備融入各領域之教學活動，不論是網路資源或線上教材以及虛擬光碟運用，同時辦理校內遠距教學活動，提供教師運用不同的教學模式，提升教學品質。建置電腦化自然教室，自然實驗室除實驗桌外再增置電腦設備、網路廣播系統、單槍投影機、實務投影機等，利用電腦資料數位化，及視訊、多媒體功能，輔助教學或實驗過程中有關觀察及數據資料的紀錄，立即統整分享討論。

　　東門國小致力於發展校園智慧卡的應用並提高其使用價值，其功能將不限於此當作學生證，尚包括可當作乘搭公共交通工具用的車資卡、出缺勤點名紀錄、合作社購物、電子繳費、圖書出納等，同時，未來希望校園卡也可用在通行管理、公共電話、影印服務和自動販賣機上。目前學校已完成學生證結合悠遊卡相關作業，提供上下學出缺勤服務，即時簡訊服務，電子郵件家庭聯絡服務，並完成圖書館 1 萬 8 千冊圖書無線射頻識別系統建置，進入圖書館無人自助借書環境，讓東門的學生提早應用未來生活科技，享受無線網路數位校園的便利。

二、奈米科技

奈米科技涵蓋的領域甚廣，從基礎科學橫跨至應用科學，包括物理、化學、材料、光電、生物及醫藥等。國小奈米科技教學應配合九年一貫課程進行，以融入七大領域為主，東門國小初步之設計活動有五大領域：包含自然與生活科技「奈米小丸子」、社會領域「文明與生活」、語文領域「奈米科技的未來生活」、健康與體育「我是奈米小丸子」以及藝術與人文「奈米小丸子吉祥物設計」等，從學生的反應可知，是抱著很有興趣的想法來學習奈米科技，再延伸活動設計「奈米島」，開發奈米融入各領域教學之教材模組五套，同時建置網頁供各校參考。我們透過簡易而深入淺出的教學方式，讓大家親自體會奈米科技的小而美，也希望透過說明會及研討會的教學觀摩，能帶動更多的種子老師來參與，透過教師研習觀摩在職訓練等方式，適當的將奈米科技知識傳遞及分享出去，期能有效率地將奈米技術聚焦於促使國家快速發展之根基上。

三、校園步道環境教育

提倡體驗學習步道教學，要求走出教室、踏入校園或社區進行教學活動，運用親身體驗、參與、參觀、訪問、調查、記錄、實驗等生動活潑的學習方式，提供學生多元豐富的學習歷程，是一種以兒童為本位的學習，也是一種生活化的學習，結合了情意教學與鄉土教學活動。設計學習活動，並出版《校園步道教學》、《校園數學步道教學》、《校園生態步道教學》專書，提供教師教學參考，讓學生從生活環境中學習。配合「綠手指行動方案」、「校園植物生態教學」融入課程，使兒童對自然界觀察深入，且培養愛護大自然的情操。規畫設置「菜園」教學區，在學校健康中心後面空地重新整理，規畫為教學的教材區，以各類常見的實用青菜為主，設置教學解說區、菜種類說明牌、控窯區、步道設計圖案等，為學校的生活課程及自然科教學帶來新的氣象。

環境包括自然環境及人為的社會環境（如學校、社區、都市、城鎮、農村），還有人工及自然混合的如區域規畫等，人就是被包容在這些環境裡面，和環境融合成一個生態系統。關心環境、認識環境，乃是環境教育的起點，當人類了解與自然環境共存的關係之後，才能進而愛護自然環境、保護環境，本校推動環境保護工作及教學活動，其目的不僅在於培養學生愛護環境、欣賞自

然的情操,及珍惜資源、節約能源、惜福愛物的生活習慣,更培養學生環境保護的觀念,增進正確的環保認知,進而力行實踐,因此各項工作均融入環境教育之各類內容,包括層面活動多,期能透過戶外學習教學方式豐富素材,潛移默化,改變兒童行為,讓環境保護理念根植於心中,形成終生環保教育觀念,同時輔導學生重視環保,將環保成為生活的一小部分,期能人人做環保、時時做環保、處處做環保,成為環保小尖兵,以影響家庭及社區,進而珍惜美麗寶島,激發愛護地球的胸懷。

四、書香校園

落實「兒童閱讀年」活動,推出「小小愛書人」閱讀運動,除擴大圖書館服務外,特別開闢校史室為「閱讀教室」,提供老師上課指導語文教學之用;其目的在於從小培養良好的讀書風氣,提升精神生活,蔚成書香社會;同時鼓勵兒童閱讀優良讀物,擴大知識領域,以培養身心健康之兒童;讓兒童在閱讀之餘,能運用優美的詞句,以提高寫作能力;並以科學化、系統化方式管理,促進圖書的維護經營,以發揮使用價值;以簡便的借用手續,促進圖書的流通,提高學生閱讀能力。書香媽媽全心投入書籍的重新編碼及整理工作,讓學校圖書室煥然一新,圖書流通借閱全部數位化,由電腦自動處理,因此書香媽媽有更多的時間協助老師指導圖書利用教育,固定於星期五早上辦理「大樹下說故事」活動,每週二、四推動巡迴書香,利用週三上午解說書的結構,讓全校各班都充滿書香氣息,全面落實「閱讀年」的推動工作。學校網頁亦特別推出「閱讀年網站」,將圖書借用規則、巡迴圖書書目、兒童優良讀物書目、閱讀導讀、親子學習單、教學教案、教師教學心得、學生學習心得等,一一上網提供資源共享與心得分享,同時配合教育部「閱讀百分百、30好精采」活動,請到教育部長、文學專家學者蒞校,現場為小朋友說故事,希望藉由東門國小的例子,能引發國內重視兒童閱讀之重要,使全民都能培養良好的讀書習慣,提升精神生活,促成書香社會之風氣。

五、藝術才能舞蹈展演

提供系統化之舞蹈教育,舞蹈是一種綜合藝術,舞蹈教育必須同時兼顧身體的訓練、音樂的欣賞及文學的素養,舞蹈班除了安排民族舞、芭蕾舞、現代

舞、即興創作等專業課程外，並重視舞蹈與各領域間的連結。舉辦校內舞蹈大賽帶動舞蹈風氣，配合推行九年一貫課程教育政策及兩性平等教育，結合舞蹈班的豐富資源，每年舉辦校內舞蹈大賽，不拘舞碼項目及內容，自由報名參加，每年參加隊伍踴躍，戰況激烈，成為東門的年度盛事。

以舞饗宴接待外賓，促進文化交流：本校地理上位居博愛行政特區，是國際外賓參訪的重點學校，舞蹈班以舞迎賓，宣揚中華文化，敦睦友邦，曾獲好評。每年辦理寒暑假舞蹈訓練研習營活動，透過冬令營、夏令營之整體課程規畫，安排戲劇、道具、化妝、體能等多樣性之學習內容，培養舞蹈班兒童展演舞台之各項基本能力。參加舞蹈展演活動，提升表演能力，每年參加教育部北區舞蹈公演及台北市國民中小學舞蹈班教學成果發表會，除了展現學習成果，並互相觀摩切磋。此外，更於兒童節前夕，參加台北市「兒童藝術舞展」，將舞蹈教育推廣至社區，提升社會藝術風氣。

玖、結　語

擔任校長工作，基於各自學區背景的需要，培養兒童適應未來生活的關鍵能力，以及世界潮流的國際村理想，多元化社會結合領域教學，全校教職員生均應以樂觀的態度接納、珍惜與擁有，懷抱「苟日新、日日新、又日新」的超越精神，凝聚全校向心力；結合師資專長，學區環境特性，運用學校周邊環境資源，建構優質校園文化使學生由潛移默化中學習，開創生命的價值高峰。行政決策以民主方式，讓全體師生皆能充分表達意見，行政人員具備服務的理念，一切決策都以學生優先、教學優先為原則。各項活動進行前皆有實施計畫及詳盡工作分配，使每個人皆能本其職責完成指定的任務。因此教育系統必須提供學生足夠的知識、資訊和技能，進而轉化為智慧應用，而一位優秀的校長和專業的教育人員即是優質的教育保證。

在帶領學校團隊的經驗中，一如美國作家肯布蘭桂的《共好》一書所描述，透過共好理念，發揮團隊精神，以松鼠的認知做有價值的工作，以海狸的精神掌控達成目標的過程，學習野雁的天職互相鼓舞，才能創造出嶄新的成果。而以身作則融入團隊還是最重要，要能前瞻創新帶團帶心不容易，校長如能經常以交響樂團及合唱團的指揮者自居，讓學校成員每人發揮自己專業知能，在

各年級、各領域中發出美妙的聲韻，共譜和諧的樂章，那麼校長的領導行為將是成功的。

作者簡介

溫明正，曾任台北市東門國小校長，目前已退休，擔任台北市政府教育局聘任督學、東莞台商子弟學校副校長。台北師專、淡江大學電子計算機科學系畢業，修讀國際關係研究所、獲頒國北師國教所碩士學位，1988 年擔任台北市興華國小校長兼台北市校務行政電腦化規畫小組召集人及國民教育輔導團國小資訊教育輔導小組召集人。

1995 年榮獲行政院傑出資訊人才表揚，及第一屆台灣學術網路傑出貢獻人員獎，1997 年獲選為台北市第一屆優良校長表揚，2000 年接任台北市東門國小校長，2003 年榮獲台北市政府特殊優良教師學校行政類卓越獎及中華創意學會學校行政創意領導獎表揚，並於 2004 年榮獲教育部第一屆校長領導卓越獎表揚。

附錄：變革與衝擊案例

主述一：以電腦編班屏除人情關說壓力

一、背景分析

㈠東門國小隸屬悠久傳統之學校，對於暑假編班有一定的關說文化存在，家長會委員或地方仕紳、民意代表經常關說編班狀況，造成學校行政上極大困擾。

㈡學校行政人員因不敢得罪民意代表或上級長官的交代，因循苟且接受編班關說行之有年，學校老師對編班的傳統亦默默接受，老師自己的小孩更提早安排適當班級，家長亦見怪不怪。

㈢新任校長初掌東門之時即收到關說文件150多件，而教務主任在揣摩新任校長之意，不敢擅自調整。家長會期待校長有新的作風，因此也在觀望學校如何處理編班關說文化。

二、關鍵人物分析

㈠行政人員：接受家長或長官的關說對校務的推行較為方便，亦可以得到家長的金援，因此不想改變傳統編班的作業方式。

㈡家長會：部分家長委員因歷年捐款協助學校，因此認為關說是正當的，而且學校必須接受他的編班要求。

㈢教師會：老師認為老師有權優先選擇班級，而且更能掌握學校老師的特質，因此對選擇班級的需求更甚於家長。

㈣民意代表：認為學校應配合服務選民的要求，達成家長編班的需求，學校應無條件的接受關說。

三、學校傳統文化分析

㈠多數學校對編班問題都無法徹底解決關說文化，造成家長有機可乘，因此變本加厲的要求學校順其意願編班。

㈡學校編班未制度化或公開透明化，因此行政人員容易上下其手，造成紛爭不斷影響學校編班的公正性及客觀性。

㈢部分行政人員因關說接受好處，造成家長流言不斷，影響學校整體聲譽。

㈣學校老師優先選擇班級導師變成是老師的權力之一，認為只有老師可以選擇級任老師，而家長卻不能有此要求。

四、處理方式

㈠按照前一學年之學期成績進行電腦編班，不接受任何關說。

㈡邀請教師會代表及家長會代表與行政人員共同監督電腦編班的流程，同時製作副本留存。

㈢對特殊個案學生由輔導室提出，經大家之認同後依照同等級之程度學生公開調整班級。

㈣電腦編班後，級任老師尚未定案，需於班級學生名單確認後，由所有導師公開抽籤決定任教班級。

五、處理結果分析

㈠新任校長在接任學校之初即改變編班方式是最佳的機會點，沒有傳統包袱及人情壓力，改革教育成功。

㈡編班之初，行政人員因站在同一陣線上，去說服教師會及家長會認同新的做法。

㈢對於以往既得利益者應屏除威脅利誘，讓新法得以實施。

㈣本案處理過程中尚發現許多弊端：

　　1.部分行政人員在事後扯後腿，說校長一意孤行不採納多數人的意見，造成困擾。

　　2.教師會站在部分老師小孩面臨編班壓力的立場，亦出面要求優先安排老師小孩的編班問題。

　　3.部分家長委員亦利用請主任及行政人員吃飯的機會要脅主任要校長放棄行政改革。

　　4.教育局長官亦出面參加地方仕紳之飯局，要求校長接受家長的需求。

六、對行政的影響

㈠開學後因用電腦編班造成許多家長的不諒解,對班級教師之班級經營態度
　持有意見,而告狀不斷造成行政困擾。

㈡開學後許多家長因小孩適應不佳要求換班,造成輔導的困擾及部分家長看
　熱鬧的心態。

㈢因老師的小孩未能依志願編班,部分老師對行政的要求有抵制的行為出
　現,造成學校的不和諧。

七、反省與問題探討

㈠編班方式行之有年,各校狀況不一,造成校與校之比較,對推展校務不
　利。

㈡對老師的小孩是否應於優先安置或是特殊安排有待探討。

㈢家長委員對學校有貢獻,是否可提供家長多重選擇的機會或填寫志願選擇
　數位老師,而不是指定一人。

㈣對特殊個案的學生應否提出由老師自行認養,未認養之個案學生再統一平
　均編班到各班級。

㈤新制的實施是否應多經溝通,得到老師與家長的多數認同後再於實施,比
　較不會造成行政的困擾。

㈥對學校老師要有信心,老師不可以批評學校老師的教學態度或提供家長選
　擇的說辭,造成不必要的困擾。

㈦從學校制度面改革編班方式是未來應走的路,關說文化應予以消除,則學
　校行政在沒有壓力之下更能從事教學研究。

㈧小孩的受教權應予尊重,未來家長有選擇老師的權力,因此老師要有開放
　的心胸,做好在職專業訓練,則不怕改革的實施。

主述二:拆遷防空警報器

一、背景分析

㈠學校為博愛特區,因此校園建築的頂樓有戒嚴時期留下的防空警報器,並

有專人駐守。

㈡政府經常測試警報，聲音超過噪音標準甚多，影響師生上課。

二、法令分析

㈠學校財產租用他人需有一定的簽約程序，並報經市府核定。

㈡經查市府財政局規定，學校場所不得任意出租非關教學之單位設置任何建築物。

三、政府機關態度

㈠教育局希望學校按財政局之規定辦理，要求警報台遷出校園。

㈡警察局因警報台置放多年且為方便起見，不願移置。

㈢消防局為特殊需求及警報發放作業，希望學校能再予租借。

㈣建管處依學校建物登記之權狀要求學校拆除非原建物之建築物。

四、處理過程

㈠學校清查警報台設置之年限及簽約過程，發現建築物建於光復初期，於80年代修建，加蓋高塔，並派人駐守。

㈡於戒嚴時期學校頂樓派駐有戍衛部隊，因此警報台由部隊看管，學校無從置喙。

㈢解嚴後，軍管退出學校，留下警報台繼續執行任務，於市府財政局要求辦理租借手續後才補辦租用。

㈣原租用契約於12月底到期，學校行文要求解約不予續租。

㈤台北市政府警察局將本案交由消防局處理，消防局又將本案函送分局代為協調處理，分局再轉請地區派出所要求學校續租。

㈥學校依市府財政局之規定，強調絕不續租，同時限期拆除警報台之建築物。

㈦警察局行文消防局尋找替代方案，在替代方案未定案前，希望學校能給與過渡時期的續約條款。

㈧學校仍依市府規定拒絕續約，再提出限期拆遷要求。

㈨分局行文學校同意拆除，但因建物拆除會影響學生安全，因此希望學校同

　　意延至暑假再拆遷。

㈩學校同意所請，但不予續約，同時要求警察局切結保證。

五、處理結果分析

㈠學校依市府的法規規定強制執行，不因行政壓力而有所退縮，終至獲得警
　察局的善意回應。

㈡處理過程中，警察局仗勢地區安全之需求及防空之必要要脅學校需同意其
　續租。

㈢在學校行政協調溝通的過程中，深深體會警察局的霸道及不管學校教學的
　影響因素一意孤行，希望學校能接受他們續約，解決他們的問題。

㈣學校附近青少年育樂中心的完成是一個遷移的時機點，將警報發射器移置
　於青少年育樂中心頂樓是學校提出的需求，經警察局研判後與地區派出所
　結合，終如所願讓雙方都能接受。

前瞻　國際　健康快樂

江銘書
台北縣土城國小退休校長
現任台北縣政府教育局視導

　　1963 年 4 月初，國北師 36 位準老師懷著緊張又興奮的心情到土城國小，進行為期 3 個星期的集中實習。這個因緣，讓我與土城結下了不解之緣。畢業後如願分發到隔壁的頂埔國小服務。1982 年回到土城國小擔任主任職務，1997 年有幸又回土城國小擔任校長，服務教育 41 年，一半的時間在土城，土城是我的第二個故鄉。

　　1972 年從頂埔請調到板橋市後埔國小服務，那是我從事教育工作的另一個轉捩點，從一個 24 班，1,200 個學生的小型學校，到一個 230 班，13,000 個學生的超大型學校。除了要適應截然不同的教育環境之外，由於教室嚴重不足，除五、六年級保持全日制外，其餘學年為上、下午班上課。更嚴重的是眾多的學生擠在不足 2 公頃的校地，活動空間用擠沙丁魚來形容也不為過，操場上寸草不生，連螞蟻都無法生存。在這樣的教育環境下，每位教師要指導 1 班 65 位學生，除上課之外，更有改不完的作業。令人敬佩的是老師們均能秉持著「專業、敬業、勤業」的精神為百年樹人工作默默奉獻，毫無怨言。

　　1973 年，也是我到後埔的第 2 年，一個偶然的機會，時任後埔國小校長張蔭全先生要我接下六年級學年主任的工作。這是一個壓力很大的任務，除了要領導 35 個班級外，以當時後埔國小國語文、現代舞、民族舞蹈、音樂……等各項對外活動在全國比賽中均拔得頭籌的頭銜下，要維持亮麗的成績著實不容易。尤其要擔任教師與行政上下溝通、協調的角色，讓我真正體會到「做事難，做人更難」的滋味了。也因為這樣的因緣，多年的學年主任歷練中，讓我發覺到我還有行政的潛能。

　　在 17 年的教師生涯中，歷經劉新楠、張蔭全、江欽銘三任校長，他們都是我尊敬的長輩，也是我學習的榜樣，各具獨特風格與領導理念，劉新楠校長的

「擇善固執」、張蔭全校長的「把握原則」、江欽銘校長的「民主權變式領導」深深影響我日後的辦學理念與領導風格。茲將三位校長的辦學理念原則以及在教育上的一些觀念與看法摘錄於後：

辦學理念與原則

一、組織領導：一流領導靠組織、二流領導靠幹部、三流的領導靠自己。

二、民主權變式的領導凝聚內聚力與向心力。

三、充分把握行政三聯制原則：計畫、執行、考核。

四、重視行政歷程：計畫、組織、溝通、協調、評鑑。

五、學校一切設施與作為，均以學生的學習與教師的教學為優先。

六、校內的一言一行、一草一木均應具有教育性。

七、適度的壓力，將促使個人與團體不斷的成長與發展。

八、高度倡導兼顧高度關懷。

九、有目標、有計畫、有理想、有制度，看千秋、不爭一時。

十、將心比心，凡事考慮對方立場。

教育上的一些觀念與看法

一、小小的親切、可以推動世界。

二、凡事豫則立，不豫則廢。

三、熟練教學技巧與方法並多變化。

四、了解理論，也要兼顧實務。

五、三明治式的領導：夾在兩大讚美中的小批評。

六、你希望別人如何對待你，你就得先要如何去對待別人。

七、面露微笑、心存感激、讚美人家。

八、成功是靠智慧、努力、機會加謙虛。

九、付出的本身就是收穫，吃虧就是占便宜。

十、凡事看人優點，世界一切都是美好的。

　　1980 年參加台灣省第 35 期主任儲訓班，並先後擔任瑞濱、土城、海山主任，一直秉持上述理念、原則、觀念處理行政事務，均能得心應手並獲長官肯定以及老師認同與支持，讓我對行政工作更具信心。6 年的行政歷練雖然辛苦，但從中獲得了非常紮實的行政歷練，奠下了此後擔任校長的基礎。

　　1986 年順利考上校長，並參加台灣省第 53 期主任儲訓班 10 週的研習，接

受了更嚴格的養成教育，從專業訓練課程以及同儕互動與經驗交流中獲取更多寶貴的經驗。

　　1988 年初派任三峽鎮有木國小，這是教育生涯中另一個嚴酷的考驗，也是實現教育理念的最佳時機。1991 年奉派至泰山鄉創設新校──同榮國小。1997 年調任土城市土城國小迄今。有木國小是 6 個班級，100 多位學生的小型學校；同榮國小是新創設 50 個班級，2,000 位學生的中型學校；土城國小是一所 137 班，4,300 位學生的大型學校。不同類型的學校有不同的領導方式與做法。以下分別以不同類型學校就校務經營理念、學校發展特色、環境對學校校務運作的影響，與學校因應之道、發展學習型的學校、五育均衡的策略，校務行政電腦化、資訊融入教學、發展學校願景、對教育興革問題、遭遇問題與解決之道……等提出具體做法與策略，希望對後進有所助益。

　　茲就擔任 3 個不同類型學校辦學經驗分述如下。

壹、有木國小辦學經驗

一、學校簡介

　　任期：1988 年至 1991 年
　　學校類型與規模：勇類，6 班，學生 130 人
　　學校位置：三峽鎮有木里

二、地方特色

　㈠純樸小農村，以山產、遊客生意維生。
　㈡環境幽美，是一個旅遊與度假勝地。
　㈢境內有「山中傳奇」樂樂谷、滿月圓、蜜蜂世界……等景點，假日遊客如織。

三、學校特色

　㈠麻雀雖小，五臟俱全。
　㈡家長純樸，忙於家計，較少關心孩子，教育工作全權委託學校、信任老

師。

　㈢老師泰半由都市型學校轉入，有專長、有個性、愛自由，不喜歡受拘束。

四、發展學校特色

㈠直笛教學：推展一人一技

　　山上孩子一般家庭經濟較拮据，無法像城市孩子可以學習鋼琴、提琴……等藝能科活動。

　　學校老師一半以上住校，均是具有專長、學有專精的老師，利用早上晨光時間指導全校學生吹直笛，讓孩子在小學的階段至少學會一種樂器，是一種最經濟又有效的音樂教學，學生將一輩子受用。

㈡推展槌球運動：只要努力就有成功的機會

　　孩子的精力無窮，必須思考如何運用學校場地，發展一項適合孩子體能且經濟實用的活動。槌球運動老少咸宜，球棍由孩子們就地取材，人手一槌，一有時間，3、5 人一組均可上場，實用又方便，頗獲孩子喜歡。推展 1 年，參加台北縣國小組槌球比賽，獲得男、女雙料冠軍，竟然擊敗了許多 100 班以上的大型學校。肯定孩子的努力，更增強孩子的自信心，讓孩子獲得成功的喜悅，相信只要努力就有成功的機會。

㈢社區有教室：善用社區資源

　　社區有用之不盡、取之不絕的自然資源。老師們設計一套完整且富彈性的課程，讓學習的內涵與社區自然資源結合，教學內容生動化、生活化、社區化，以提升孩子的學習興趣。

㈣學生家庭訪視圖：認識學區與鄉土

　　學生人數少、學區幅員廣。為了讓老師們了解孩子的家庭位置，以便隨時做家庭訪視，學校規畫一份學生家庭分布圖，讓每一位學生都了解自己的家以及同學家的位置，更重要的是從地圖中知道本學區各地的產物以及學區內的旅遊景點，是一項非常好的旅遊導覽與實用的鄉土教材。

(五)落實教學設備班級化

為落實教師使用教具幫助教學，小型學校除了共同性的教具存放在教具室外，其餘學年性的教具應存放在教室內，讓老師取用方便。

(六)創造校園特色：開闢教材園、校園植楓樹

為了學生學習方便，也為了創造校園特色，利用學校現有的空地全校學生總動員，開闢一塊教材園。由自然老師設計，將學區內野菜植物及教材植物移植到本校教材園，並插上植物牌，讓全校教師帶領學生做戶外教學，指導孩子認識可食用的野生植物，假日更提供遊客學習的場地。

楓樹是本學區特有景觀，家長們將其耕作山園內楓樹移植到校園內，每到冬天校園內滿樹楓紅，除美化校園外更吸引了無數的遊客。

(七)善用教師專長、凡事看人優點

有木國小教師一半師資來自板橋、土城……等大型學校，均學有專長但都有個性，如何引導他們願意將專長奉獻給學校，並「化阻力為助力」，是必須深思熟慮的問題，身為校長必須有包容的雅量、尊重教學自主、耐心給與輔導，「凡事看人優點，一切都是美好」，欣賞他人優點，讓他人感受到尊重，一切問題均可迎刃而解。

五、遭遇問題以及解決方法

事例一：偏見、自我的教師
行為概述：

教師甲具藝能科專長，教學認真，但對行政人員懷有敵意，只要推出任何計畫，不論內容如何均表反對，任何形式的會議只要一些內容不合他意，一定表示異議，甚至以偏激言論與行動來表達他的看法與不滿，讓行政運作產生極大困擾。

處理過程：

行政會議中要求處室主任，要有韌性、有耐心，建議問題是合理的，要虛心接受立即改進，偏激或不合理的暫且擱置，不必動氣，不必隨之起舞，包容

他、尊重他，留給空間，偏激言論經常出現必造成眾怒與反感。久之，同仁會與他保持距離，眼看周邊朋友冷漠相待，會回過頭想想自己行為、言論、舉止是否不當。各項活動表現良好時於公開場所給與鼓勵。長時間的包容與誠懇，慢慢轉變其原來偏激的言行終至願意配合。「精誠所至、金石為開」是這件案例的最佳註解。

事例二：懷才不遇的教師

行為概述：

教師乙，女性，以花師第一名成績分發台北縣板橋地區某一所大型學校實習，實習結束學校給與實習成績不及格，轟動一時，還勞駕師院出面協調，才勉強及格並轉至他校擔任教師。但由於前任學校問題，造成後任學校對她懷有成見，同仁均以有色眼光看她，造成生活上、教學上極大困擾與不安，乃下定決心調至偏遠的本校服務。

處理過程：

經過 2 個學校的遭遇，造成她對周遭同仁的不信任，獨來獨往不與任何人接觸。行政會議中針對她的遭遇與困擾表示關心與同情，並決定利用各種機會表示大家對她的關心與接納。長時間、有耐心地逐漸解除其心防，對她在教學上的用心表示支持與鼓勵。1 個學期後她慢慢的主動與同仁打招呼，並參與各項活動。第 2 年開學主動向學校表示願意指導全校學生學習立體造型活動，並於學校運動會時展示成果，獲與會來賓肯定與讚賞，尤其 1 位過去她實習學校主任、現任他校校長，參觀其作品後知道是這位過去大家認為的「問題教師」有此成就時，感到驚奇而不可思議。如果伯牙沒有碰到鍾子期，可能她的才華終生就會被埋沒的。

六、結　語

偏遠學校 3、4 年任期一晃即過，如何在短短任期內留下痕跡，是必須努力思考的問題。

貳、同榮國小辦學經驗

一、學校簡介

　　同榮國小於 1991 年創立，本人為創校首任校長，創校期間從校地徵收、校園工程設計、預算書圖製作、送審、招標、工程施作、地上物處理……等，歷經的困苦艱難，真可用「篳路藍縷，創業維艱」來形容。雖然辛苦，但是獲得的歷練對往後的工作卻提供了莫大的助益。

　　任期：1991 年至 1997 年

　　學校類型與規模：仁類，48 班，學生 2,130 人

　　學校位置：泰山鄉義學村

二、地方特色

　　㈠介於都市與鄉村的都會小鎮，二省道穿越並與鄰近新莊、五股、林口蘆洲、三重、桃園龜山、台北市……等均有寬廣道路相通、交通便捷。

　　㈡境內有台塑企業泰山廠，提供泰山人就業機會

　　㈢境內有輔仁大學校區、明志技術學院、黎明技術學院……等高等教育機構，文風鼎盛。

三、學校辦學特色

㈠學校成為社區民眾學習中心

　　同榮國小屬新設校，且位於泰山鄉中心地帶，建校過程中了解社區民眾與學區家長學習意願強，同時學校也希望在不影響正式課程之餘，開放學校資源供社區民眾使用，使學校設備與居民共享，讓學校真正成為「社區文化的精神堡壘、社區教育的主導力量」，乃向新竹社教館申請設立「泰山社會教育工作站」，積極辦理社區教育工作，每年辦理 5、60 項次的多元型態的課程，吸引了數千人次的學員，讓鄰近新莊、五股地區民眾享受就近學習之便，滿足社區民眾求知的心願。以每年社教館補助 15 萬元有限的經費補助，在「使用者付

費」的原則下，能辦理 100 多萬元的活動收入，並以其盈餘辦理免費的推廣教育、親子活動、弱勢團體活動，使社教活動更多元且更具意義。

辦理社教活動讓學校與社區距離拉近了，社區民眾更了解學校，更支持學校，學校與社區關係更和諧，更因辦理成果豐碩，「土城社教站」連續 2 年榮獲教育部頒發「社教特優獎」表揚與肯定工作人員的辛勞與努力。

㈡新建校舍造型優美

新設校的主體工程，一般均由建築師負責設計，但監造單位是學校與縣府。因此，學校對於外觀造型以及內部設計都必須積極參與，才能符合教育原理、原則。以同榮國小的建校造型為例，設計之初建築師堅持教堂式的尖形屋頂，此種尖銳外觀與建校「圓融、和諧、安定」理念格格不入，經與建築師多次說明、解釋、溝通、協商，最後採納學校建議，以圓弧形為新校舍外觀造型，不僅與建校理念符合，外觀優美，深獲家長及學生喜愛。之後，建築師更以此造型設計多所學校，深獲各界肯定與讚賞。

㈢人性化的教學準備室

在擔任教務主任期間，校長經常會要求老師在科任課時不要外出，但老師仍然喜歡外出。當時就有一個想法：「如果教室內有一個隱密的小空間，讓老師在沒課時有一個休息或改作業的場所，有多好！」

這是一個多麼人性化的想法！這次有機會擔任創校學校校長，不就是實現理念的好機會嗎？因此，在作校舍規畫時把這個理念與建築師商量，獲得建築師的贊同，認為是個非常人性化的想法。因此，整個校舍規畫就朝著雙面走廊的方向去設計。規畫之後，室內活動空間增大了，利用擴大的空間設計一間教學準備室、學生學習角，讓教室設計更具活潑化、人性化、教育化，頗受老師與學生的喜愛，更吸引很多各縣市新設學校蒞校參觀，作為新建校舍設計的參考。

四、創校歷程與遭遇困境、處理過程經驗分享

同榮國小位於台北縣泰山鄉明志路的中心點，比鄰辭修公園，環境幽美，2.3 公頃的校地內有五分之二為山坡地，為 200 多年公墓，墓地上有 2,000 多門

墳墓，其中 700 多門為有主墳墓，另外 1,600 多門為無主墳，墳墓處理過程以及建校歷程中遭遇問題、處理過程、解決方法詳述如後。

事例一：無主墳墓遷葬遭遇困境與處理

「萬事起頭難」，泰山鄉原有 2 所學校，因學生增加，原有的 2 所學校（泰山與明志）無法容納，乃成立同榮國小。

同榮國小位於泰山中間地段的公園路旁，校內有五分之二為山坡地，上有 2,000 多門墳墓，創台灣地區校地內墳墓最多的學校，其中 700 多門為有主墳墓，其餘 1,600 多門為無主墳墓。如何利用地形的特色，規畫出孩子的學習樂園，是責無旁貸的責任。雖然有專業建築師的設計，但如何規畫成富有教育性、實用性、多元性的教學空間，則有賴校長發揮教育專業的智慧。

首先是 2,000 多門墳墓的處理，法規上鄉鎮的墓政負責單位是鄉公所，但公所的答覆是鄉內沒有納骨塔。因此，鄉公所將處理責任與縣府核撥款推回學校，造成建校過程中極大的困擾。行文請示縣府與省府，確定應由鄉公所負責處理。但鄉公所就是置之不理，經縣府多次邀鄉公所、學校與鄰近五股鄉公所協商，由縣府撥款 8,000 萬到五股鄉公所，作為接納 1,600 多門無主墳納骨塔的安置費用，由縣府行文授權學校全權處理無主墳墓遷葬事宜，有縣府授權才有立場處理遷葬問題，延宕將近一年的建校工程總算有了初步的進展，其間的煎熬實非一般人所能體會，也真正了解古人「創業維艱」的意義了。

事例二：排水工程適時發揮功能

同榮國小位於山腳下，每逢大雨，山上雨水傾盆而下，尤其剛遷葬完成的 2,000 多門墳墓，地表鬆動，如未立即進行排水工程整建，山上雨水夾帶墳墓上的黃泥傾洩而下，後果不堪設想。因此，在墳墓遷葬完成後，立即進行水土保持與排水工程整建。事實證明，當排水工程完成不久，一場大雨之後，山上大水夾帶黃泥，如排山倒海宣洩而下，排水工程適時發揮疏導功能，否則校舍工程與山下居民恐將遭受池魚之殃了。

事例三：校舍工程進行中遭遇問題與處理

工程進行造成民房龜裂與賠償問題：

同榮國小為處泰山山麓，工程開挖與進行中感受到整座山的大地壓力影響，在筏式基礎工程與地下室開挖過程中，雖然步步為營、小心謹慎，但還是無法承擔雷霆萬鈞的大地壓力，原有支撐的鋼樑無法承受壓力，紛紛歪斜或倒

塌，並造成附近民房龜裂，遭致民眾抗議。茲事體大，立即召集建築師、營造商、房屋受害者、縣府長官、地方仕紳緊急會商與協調，協調結果由營建商負責修復或重建，坍塌的鋼樑由縣府緊急撥款，加灌預壘樁緊急處理，總算度過了一次重大工程危機。

防水工程施工過程廠商偷工減料：

公家機關營造工程在競標之下，經常均以不敷成本底價得標，廠商為減少損失，只要有機會常會偷工減料。因此，學校除了責成建築師加強監工外，學校總務處與相關人員更必須隨時核對書圖內容與進度，關注整個工程進行環節，否則事後造成重大疏失而未察覺，難免又要背負官商勾結的壓力。

本校第二工程進行地下室工程，設計書圖中有牆壁防水層設計，預防地下室牆壁滲水，是不可少的工程項目，經費約 300 萬，包商卻以為學校監工人員不懂工程內容，利用假日在未作防水層處理下，神不知鬼不覺直接用推土機覆蓋泥土，經查覺承造廠負責人竟想利用減價或其他方式解決，經校方嚴詞拒絕並指示按圖施工，否則依法處理。廠商無奈只好重新挖掘，重新施工，損失慘重，可謂「偷雞不著蝕把米」。

媒體的擴大報導與善後處理：

建校過程中經常會發生大大小小的偶突發事件，而媒體的觸角無所不在，如果不立即作有效處理，媒體報導經常擴大渲染，造成很大困擾。

本校新建校舍筏式基礎與地下室開挖過程，由於大地壓力造成支撐鋼樑倒塌、土方崩塌民房龜裂一事。大批記者湧到現場，訪問、拍照，學校也作了詳細說明，作及時性處理。並交代總務主任立即拍照、送洗併同偶突發事件報告書立即與縣府有關單位電話連繫，報告實際狀況，所有資料趕在媒體可能報導之前送至縣府有關單位，先讓長官了解實況，否則經媒體擴大不實的渲染將會造成莫大傷害，也增加處理上的困難。

果然媒體報導，將坍塌長度 50 公尺報導為 150 公尺。所幸學校所有資料已趕在媒體報導之前送至有關單位，長官看到媒體後打電話到校了解狀況，並作善後處理指示，偶突發事件就此落幕。其餘善後問題就由學校與有關單位溝通、協調，作明快、適當的處理。

事例四：廠商申訴與工程仲裁

同榮國小創校期間所遭遇的問題接二連三，如前述墳墓遷葬問題乃由於機

關負責人心態問題，讓工程進度足足空轉將近 1 年，最後在各方努力協商之下總算圓滿落幕。

問題概述：

校舍工程送審與招標期間受到的刁難更是不在話下，好不容易工程竣工，第一期包商提出抗議並申請工程仲裁。原因是新建校舍工程鋼筋、水泥材料由政府供給，原設計五樓的鋼筋水泥蓋到四樓已告用罄，足足缺了一個樓層的鋼筋、水泥。廠商先向學校報備，但為避免影響工程進度，願意自行墊資補料繼續施工，待工程結算，廠商欲申請不足鋼筋、水泥款項時，縣府認定工程係總價承包，追加材料費的理由不存在而拒絕補償，廠商不甘損失而向法院提出工程仲裁申訴。

處理過程：

廠商提出工程仲裁控訴後，仲裁協會接受仲裁申訴，立即由專業工程人員組成仲裁小組，成員包括：結構師、建築師、會計師、專業律師……等。廠商僱請律師於仲裁協調會中就申訴內容詳細說明；學校方面由縣府核撥律師費用聘請律師，會同校長及總務主任就問題內容作全盤了解後，代表學校出席仲裁協調會，代表資方答辯。經仲裁協會各領域專業人員，多次到現場丈量，並經專業會計師、建築師核算結果，提出仲裁報告，判決廠商勝訴，縣府必須賠償廠商新台幣 1,400 萬元。由於工程仲裁屬一審判決不得上訴，最後縣府與廠商達成協議，政府賠償廠商 700 萬元，廠商願意自行吸收 700 萬元，才讓整個工程糾紛圓滿解決。

檢討與改進：

事實上，在整個工程從設計、送審、招標、施工的過程中，有很多值得檢討與改進之處，以下就單位部門應檢討的重點分述如下。

1. 預算書圖送審與審計人員心態

本校新建校舍工程，負責設計的建築師是國內知名結構學博士。因此，在鋼筋結構設計方面有其獨到的看法。但在預算書圖送審時，受到審計人員多次退件，甚至多次經審計單位同意上網招標後，在開標的前一天，臨時通知學校與縣府發包中心取消發包作業，以致工程延宕將近 8 個月，堅持鋼筋設計一定須依審計室規畫鋼筋水泥數量才同意登報招標，建築師無奈只得依審計人員意見更改數量，才獲准招標。以致有後續工程竣工後發生

水泥鋼筋等供給品短少一樓數量，廠商提出仲裁問題，結果政府敗訴，追加預算賠償包商鋼筋、水泥不足款項。從此事可以看出審計人員蹣頇、不尊重專業的心態，使得學校建設過程中平白延宕將近 1 年，時間以及廠商訴訟過程中學校及政府浪費的人力、物力可見一斑。

2. 廠商行政手續上的疏忽

工程仲裁結果，廠商勝訴，但過程中也費了極大心力，原因是廠商在得標後核算結果發現鋼筋、水泥等供給品數量不足，向學校提出口頭報告，學校礙於審計單位當初堅持的心態，未置可否，而廠商也未堅持己見，更未要求召開協調會。以至延至工程進行至四樓發現不足事實，學校、建築師與縣府工程單位開協調會，討論結果答應向縣府有關單位反映。廠商同意並自行購料繼續施工，俟工程完工驗收、請款，並希望補足自行購料經費。不料，審計單位不同意，並認為此工程是總價承包，廠商不服，委託律師進行工程仲裁，結果廠商勝訴，政府追加預算補足不足的經費，否則廠商損失慘重。

整個過程中，包商在得標後規定期限內，發現數量不足應立刻要求學校召開協調會，並要求縣府與審計單位派員參加並獲具體承諾，口頭報告無法作為未來求償依據。

目前《公平交易法》的觀念逐漸深植人心，對消費者或買、賣雙方均有較公平機制，使雙方權利獲得更進一步的保障。

3. 學校本身應把握的立場

此項工程糾紛在廠商提出工程仲裁之前先向學校提出申請，學校也了解事實並向上級呈報，但均以「該工程為總價承包」為由，不予補償，至此學校也愛莫能助，廠商無奈只好向仲裁協會提出工程仲裁，當工程進入司法程序後，學校即代表政府，立即向縣府申請律師訴訟費，聘請律師，蒐集對學校有利的理由參與工程仲裁，校長與總務主任陪同律師參加，答詢仲裁協會提出的問題。

仲裁結果政府雖然敗訴，賠償不足經費，校長與總務主任因認真蒐集資料並代表政府參與工程仲裁而獲記功獎勵。

參、土城國小辦學經驗

一、學校簡介

　　坐落在土城市金城路邊、土城市公所旁的土城國小是台灣古老的學校之一。成立於 1913 年，長達 90 年的校齡，也許給人的印象是飽經風霜的面貌以及刻劃著時光痕跡的斑駁校舍。然而，今天的土城國小卻呈現出亮麗、活潑、充滿朝氣的現代化風貌。

　　「適性教育」與「全方位學習」是學校教育的教學特色，本校教師們以所學所長，設計出多樣化的學習內容。例如：本校管樂團、弦樂團、直笛團、合唱團，在多位學有專精的教師指導帶領下，以熟練的技巧，美妙的合聲，享譽全國。此外，規畫藝術宮，推展美術教育；合群獨立充滿服務精神的學生自治市長；推廣民俗技藝的醒獅團；在操場奔馳流汗的球隊及田徑隊師生，都為我們教學內容留下活潑、生動、豐富多采的畫面。

　　「一步一腳印」，有美好的現在，才有美好的未來。土城國小近幾年來一直不斷的在前進中。如果土城國小是一列充滿動力的火車，那麼熱心教育的校長便是列車長，他將以一貫的教育熱忱與教育理念，帶領著每一位師生，開往亮麗的明天，駛向燦爛的未來。

二、學校經營願景與理念

㈠塑造校園新文化：願景與理念

1.願景：前瞻、國際、健康快樂。
2.理念：人性化、溫馨、和諧、團結、有效率。

㈡行政領導

1.組織領導———一流領導靠組織、二流領導靠幹部、三流領導靠自己
　語云：「一流領導靠組織、二流領導靠幹部、三流領導靠自己」，經常參加各機關團體舉辦的大小型活動，感受到領導人的觀念很重要，同樣的活

動有的辦得有聲有色,機關首長氣定神閒在招呼客人,整個活動的進行井然有序,團體的每一個人各盡其責、各有所司,整個團體工作效率高,士氣高昂,這是一個成功的領導者。相反的,有的團體舉辦各項活動,卻是辦得一團亂,看到的是機關首長忙進忙出,部分幹部忙得滿頭大汗,但團體內的多數成員卻無所事事,似乎是事不關己。整個活動下來,忙的人忙得昏頭轉向,但整個活動卻看不到重點與成果。這是一個失敗的領導,因為它缺少的是「充分授權、分層負責」。

土城國小是一個大型學校,但給人的印象卻是動靜有序,有願景、有方向,活潑、有朝氣的優質學習環境。究其原因應跟整個團體成員習慣、工作態度、觀念與理念有關,學校是一個有機體,如何兼顧動態、靜態、生態、心態,讓它發揮應有的功能?則有賴領導人的用心與努力。

2.行政會議與行政進修──木樞不蠹,流水不腐

學校行政工作千頭萬緒,在行政支援教學的前提下,領導人必須定期舉行行政會議,藉機了解各處室工作重點,也讓各處室就共同議題,充分溝通、協調、討論並取得共識,才不至三頭馬車,各行其是,造成老師無所適從,也減低了行政工作效能。

「木樞不蠹,流水不腐;力行的人生,永遠光明」,要維持一個團體活力,必須經常吸收新知、新觀念,隨時掌握團體的動態、靜態、生態與心態,讓組織發揮最大功能與效能,行政人員經常進修是必要的。本校訂購一些教育刊物,選擇與學校教育有關文章,利用時間閱讀、討論與經驗分享,充分發揮團隊學習精神,讓組織成員隨時吸收新知識、新觀念,隨時調整行政作為。

3.勤走動發現問題──為政不在多言

行政最怕的是紙上談兵。因此,上至校長、主任、組長應隨時走動,去發現問題隨時提出問題、隨時討論。「預防勝於治療」,防患於未然,發現問題隨時解決,偶突發事件可以減少或消失。因此,勤於走動是必要的。

4.人格領導──帶人帶心,其利斷金

領導的方式有:獨裁式領導、民主式的領導、權變式領導⋯⋯等,應視不同場合、不同對象、不同時間、不同空間作適度調整,才能得心應手,恰到好處。

但是，不管任何形式的領導，「榜樣領導」、「人格領導」是不可或缺的必要條件。經常看到一些校長在一些場合裡，自誇如何使用不太光明的方式整老師而沾沾自喜，看在眼裡，難過在心裡，這種狡詐性格如何領導一個學校？又如何獲得同仁的信賴呢？也看到少數領導者採取分化領導，讓處室間明爭暗鬥，坐收漁翁之利，殊不知這是一種最不智的想法，遲早要自食惡果。

在每週例行的行政會議以及各種場合裡，總不忘向行政人員提醒：能在同一個學校共事是緣分，一定要珍惜，同時要培養全方位看問題的習慣，任何問題盡量能站在別人的立場思考，勿過度本位主義。一個團體最忌諱的是內耗，「三人一條心，其利可斷金」。因此，在討論問題時，都能本著就事論事的態度不堅持己見。如此，理性的討論，取得共識，任何問題才能獲得妥善的解決。

本校全體同仁均能識大體，辦任何活動都能抱著學習的態度，全力以赴，他們的觀念是：做得更多、學得更多。因此，本校雖然經常接受縣府委託，舉辦各種形式的大型活動，均能全力以赴，圓滿達成任務。

「誠懇、實在、務實、踏實」是我做事的座右銘，不投機、不取巧、一步一腳印，「精誠所至，金石為開」，「凡事看千秋，不看一時」，用心得心是千古不變的定律。

(三)教學領導

校長的工作是綜理校務。因此，除了行政工作之外，教學領導也是份內最重要的工作。一個學校經營的好壞，端看校長是否具備宏觀的願景、正確的理念。校長是火車頭，學校經營有賴校長的正確領導。教學工作是學校經營的重點。因此，身為校長必須正確的掌握教學的目標、方向與方法，督導教師的班級經營與教學狀況。因此，除定期查堂發現問題外，定期的教學研討會、教學觀摩，更應排除萬難親自參與，一方面是對工作人員的鼓勵，更可藉研討會中傾聽教師們的建言與看法，作為改進的參考。

1. 組織學習——雁行理論

為因應未來英語教學與資訊教育的發展，教師具備基本英語與資訊的知識與技能是必要的。如何將英語與資訊教學融入各科學習與日常生活中，才

能落實國小資訊與英語教學。本校教師在校長領導下，利用兒童早會與教師早會時間，進行英語與資訊研習，並定期實施檢測。實施多年，教師們均具備教師應有的資訊知識技能與班級英語、校園英語、生活英語、社交英語的基本聽、說能力，對學校資訊與英語教學提供非常大的助力。

2. 協同教學——落實班群教學

九年一貫教育實施領域教學已成為未來的教育主流，如何將領域教學發揮真正功能？落實班群教學是不可或缺的一環。

本校為落實班群教學，利用演藝廳、校史館、圖書館、英語專科教室、自然教室……等，分別設立大、中、小型群組教室，室內有單槍投影設備、電腦設備、音響設備……等一應俱全。各班群可上網登記借用，對班群教學提供完善的場地與設備，為學校群組教學提供無限的助力。

其次，學校為提升教師操作群組教室資訊設備能力，每天安排一至兩個班群，利用每天 8：00～8：40 晨光時間到群組教室，有系統安排正式課程內不好安排的法治教育、兩性平等教育、交通安全教育……等課程，每次安排不同教師輪流操作主控室內的所有視聽設備，透過多次操作與練習，全校教師均具備視聽設備的基本操作能力，對本校資訊融入教學與學生電腦教學提供了無限的助力，也為教師協同教學提供了極佳的範例。

㈣課程領導

1. 九年一貫與校本課程實施策略。
2. 資訊與英語學習。
3. 鄉土教材製作與成果發表。
4. 「十八條校外教學鄉土學習路線」暨「社區有教室」的實施與成果發表。

三、土城國小辦學特色

㈠土城國小資訊教育推廣策略、發展現況及成果

土城國小的願景是「前瞻、國際、健康快樂」，為達成上述願景，具備資訊的基本能力與素養，一直是本校努力的目標，由於全體教師的正確觀念及認真學習的態度，讓本校資訊教育推廣獲得上級長官的肯定，把本校推動資訊教

育的策略與方法作為各校推動資訊教育的範例。由於推展策略的成功，獲得教育部遴選為資訊初級種子學校，1年後經教育部評鑑，提升本校為資訊中級種子學校，並獲專款補助資訊設備經費，讓本校資訊教育更如虎添翼。

 1. 課程應用資訊融入教學推展策略

  ⑴本校目前已完成「班班有電腦、台台皆上網」之目標，鼓勵教師應用資訊科技進行教學工作一向是本校推廣之重點工作，除舉辦多場資訊融入各科教學研習及資訊融入各科教學觀摩外，也實際應用於教師日常的教學活動中。

  ⑵如以powerpoint製作教學簡報進行輔助教學、播放相關教學光碟、應用電腦進行線上測驗、應用 CAI 教學軟體輔助教學、VOD 隨選視訊系統的運用、製作班級網頁、教學主題網頁提供教學資訊……等，都是教師將資訊融入各科教學的具體成果。

  ⑶本校在班級教室內尚未有單槍投影等設備之下，更早已長期規畫重要主題（如兩性教育、交通安全、環境教育、鄉土教學……等）之班群協同教學。教師設計教案，製作多媒體、powerpoint 等教材，使用各會議室之相關設備，作資訊融入之教學，生動活潑，頗能吸引學生之學習興趣。

  ⑷每學年均規畫教材主題發展的成果發表會（限定以多媒體影片、power-point或網頁等形式發表展現），本校教師均已具備資訊融入教學的相關資訊基本能力。

  ⑸每學年各年級、各科固定舉辦的教學觀摩規定必須適度將資訊融入，亦提供了很好的觀摩演示，互相學習、激勵的機會，對提升教師資訊融入教學的能力與意願，有非常正面的助益。

 2. 初級暨中級資訊種子學校相關補助硬體規畫與實施

  教育部初級資訊種子學校，本校獲補助新台幣 230 萬元，其中資本門採購 6 台液晶投影機，10 台筆記型電腦、4 台單槍投影機，增置 130 間教室 OA 布幕、11 台數位相機、2 台數位投影機教學直撥系統，加上原有 2 台移動式液晶投影機，均予配備移動式資訊車架，分配各學年及科任教師均可方便資訊融入教學使用，以使設備達到最高使用效益。

3.提升資訊融入教學教師資訊基本素養
　(1)資訊融入教學理論與實務
　　利用週三下午教師進修時間，辦理全校教師資訊融入教學專題講座、資訊融入教學概論、網路智慧財產權及網路相關法律問題、教師多媒體設備操作研習，以期建立全校教師推動資訊融入教學共識，建立正確資訊融入教學觀念。
　(2)資訊融入教學所需基本素養與應用研習
　　本校為妥善規畫本案教育部補助相關研習，使所有研習確實符合教師之需求，特設計教師資訊基本能力檢核表暨研習需求意願調查表。依據檢核結果，辦理「資訊融入教學應用研習」，提升本校教師進一步之教材開發與主題教學網站建置能力，以作為資訊融入教學相關進階研習暨後續教學活動推展之基礎；辦理資訊融入教學「INTEL e 教師計畫」研習；使本校 200 餘位教師中，超過 50%的教師均能具備資訊融入教學教案之設計能力，並能於研習後，分享帶領同班群內其他老師，推廣至日常各領域之教學中，使能普遍的提升資訊融入教學之課堂比率；開放名額供本校策略聯盟夥伴學校（清水國小、頂埔國小、三峽有木國小、樹林彭福國小）推派種子教師參與研習，使夥伴學校相關教師能有更密切交流機會，建立合作發展共識，發揮種子學校推展之效益。

4.資訊教育推廣成果
　(1)目前本校已完成班班有電腦（電腦均與教室內數位電視連線）、每間教室均可連網，並設置 4 間具備液晶投影機、電腦之專科教室、會議室，可供班級登記使用。4 間電腦教室（具廣播教學系統）除上課用外，亦開放午休時間讓同學使用，空堂課供各班教師其他領域課程資訊融入教學登記使用。
　(2)經台北縣政府指定與公共電視合作「VOD 隨選視訊系統」建置與充實（目前公視授權提供千餘部教學影片）。利用隨選視訊系統作為教師教學輔助教材，結合多媒體影片的呈現方式，豐富教師教學的內容。
　(3)本校為「台北縣數位網路學校」資源中心學校，協助縣府發展數位網路學習進修及遠距網路視訊教學模式。
　(4)已完成全校教師、三年級以上學生 e-mail 帳號；班級、學生網頁空間；

教師網路硬碟等之申請及使用，提供全校師生更便捷的網路環境。

⑸已完成圖書館電腦系統架設，升級為web介面，提供網路查詢；書目、多媒體教材檢索；書籍借用登記等網路服務。

⑹行政電腦化——本校處室行政業務公告系統、學校行事曆系統、電子檔案分享管理系統、教學設備網路報修系統、場地預約系統（含圖書館、電腦教室、會議室、演藝廳等）、學生資料庫系統、研習網路報名系統、九年一貫各科教學資料及題庫系統……等建置。

⑺成立「電腦小尖兵」社團，訓練學生進階資訊技能，協助各班級教師推展資訊融入教學活動。並經台北縣政府教育局指定為「電腦組裝DIY小小巧手顯神通」標竿學校，辦理經驗分享供各校推展學生電腦社團參考。

⑻持續利用晨間活動、課後、夜間、假日等不影響正常教學時段，進行全校教師資訊基本能力的研習活動，務使教師皆具有將英語及資訊融入日常生活、教學之基本技能。目前全校教師皆已通過台北縣資訊護照測驗，都已具備資訊融入各科應有的資訊基本素養，為資訊融入教學打下良好的實施基礎。

⑼本校承辦台北縣國民小學英語教學補充教材編輯工作，完成教材CD之編輯製作。除壓製 CD 教材分發全縣各校教學使用外，並製作 web 版本，將分發各校，放置於校園網站上，提供全縣師生網路上便捷的使用學習教材。

⑽鄉土教材系列——以學校本位教材及九年一貫教學著眼，進行各領域教學資料之蒐集製作，第一階段以土城市鄉土教材為重點，進行相關教材之編輯。編輯方向以數位化及網路化為原則，以提高教材之實用價值。以土城市為主題教材，進行本校自製土城市鄉土教學教材編輯，目前已完成土城市的相關教學資料，包含：地理環境、歷史、經濟及交通、人文介紹、宗教……等各篇。教材型態包含：影片、多媒體、簡報、網頁等各種型態，可依不同場合及教學型態之用。

⑾英語學習主題網

規畫建置英語科教學網站，提供每週一句教學、文化剪影、英語歌謠、本校各項英語活動等影音資料，提供學生自由學習參考及課後親子共同

學習之用。

⑿校園植物教學步道學習主題網

邀請林業試驗所蒞校指導，進行校園植物介紹及分類工作，編製本校校園植物學習步道，規畫學習單，建置學習主題網。目前計畫更進一步撰寫植物特徵檢索系統，以充分發揮資訊檢索效益，讓學生學習更方便。

⒀能源教育影片

本校教師參加 91 學年度台北縣能源教育劇本創作，獲銀牌獎。本校特將該劇本拍攝成多媒體影音教材，供教師教學使用。

(二)學校的資源有限、社區資源無限

1.學生社團的經營——後援會的功能

本校社團多元有：醒獅團、溜冰團、合唱團、直笛團、弦樂團、田徑隊、躲避球隊、排球隊，在學有專精的教練指導以及社團後援會的支持與經費支援下，每年參加對外比賽均獲得優異成績。否則，學校將無法負擔參加全國比賽的龐大經費。

2.家長會的互動與經營

家長會與學校互動的良窳，直接影響學校校務的發展。如何發揮良好的公關，「化阻力為助力」，直接考驗校長辦學能力。

本校家長會長年以來，在全體同仁共同努力，群策群力下，已經成為學校校務運作不可或缺的一股力量。

(三)弱勢族群的經營：錦上添花不如雪中送炭

1.原住民文化

本校是原住民學生人數高居全縣第二多的學校，為了讓財經地位居於劣勢的原住民學生獲得妥善的照顧，除了落實政府原有的照顧政策外，並積極爭取家長會、志工以及其他公益團體的協助。例如：原住民文化傳承研習、原住民歌舞表演、原住民兒童課業補救教學……等，讓他們感受原住民文化的受尊重與保存原住民文化的責任。

2.單親家庭親子活動

隨著時代進步科技發達，農業社會「日出而作、日落而息」三代同堂的大

家庭，已經被以夫妻為主體的小家庭所取代，為生活而忙碌的日子，造成夫妻失和，沉重的經濟壓力導致家庭破裂，造成日益增多的單親家庭。孩子無辜，為了讓單親家庭孩子獲得更好的照顧，學校經常舉辦不同形式的單親家庭親子活動，安排許多生動活潑的親子遊戲與研習，讓他們及早走出陰霾，期盼社會的溫暖與關懷能協助他們獲得正常發展。

㈣志工經營與展望

「學校的資源有限、社區資源無限」。志工的經營一直是我們努力的目標。學校200多位志工對學校校務發展提供無限的助力，在晨間的導護崗位上、低年級注音符號補救教學、中高年級的英語補救教學場合裡；圖書館、保健中心、處室辦公室以及學校承辦的各類大型活動……等，經常看到他們熱心的指導學生、幫助學生、保護學生、服務社區，讓孩子學得更多、學得更好，「高高興興上學，平平安安回家」，讓學校真正成為「社區文化的精神堡壘與社區教育的主導力量」。

更難能可貴的是有50多位志工組成「故事媽媽服務隊」，自費聘請專家指導說故事技巧與方法，利用學校教師開會時間，到低年級教室說故事，讓老師放心開會。經常的經驗交流，讓她們變成說故事專家。之後，更進一步學習戲劇表演，並於兒童早會時間公演，頗受孩子喜愛，多次獲邀參加校外各項公益團體演出，獲得極佳的評價與肯定。

志工經營最重要的是，讓他們在服務之餘，也同時獲得成長與發展。因此，「永續經營」的觀念是不可或缺的必要條件，如何適度安排志工成長課程以及有計畫、有系統安排工作內容，透過溝通、協調的技巧，讓他們感受到尊重與成就。因此，各處室必須具備志工經營的正確理念，用心規畫志工經營的目標，熟練志工經營的技巧，讓志工們在工作之餘，也體會我們的誠意、用心與「賓至如歸」的感覺。

㈤社教站的經營與社區資源整合：活化社區、建立學習新視野

在這終身學習的時代，「學校社區化，社區學校化」是落實社區民眾學習的最佳途徑，社會教育工作的對象，是社區中的民眾。他們再受教育的意願如何？他們會希望再受什麼樣的教育？要如何才能把他們請來接受我們提供的教

育？但更重要的是社區結構功能的了解，在整個工作範圍內，或欲對工作範圍內的生態環境的了解。如本地區有幾所學校，有影響力的人士、客觀人士，社團種類與活動方式，農漁、工商、婦女、工廠、公司的資料蒐集，並分析每個團體當前的活動情況及我們推行社會教育活動可能的助力與阻力；各社團、政治組織結構情況社團和政治組織的領袖人物之間的關係。為了更深一層了解學校暨社區背景資料，以利「學校社區化」策略規畫依據，我們分別邀請學區家長、義工、行政人員、教師代表做了「土城國小社區教育發展背景調查」（SWOT）資料，彙整後立即作背景分析，了解學校推行「學校社區化」背景資料，知道優勢及機會點在哪裡？劣勢與危機點在哪裡？如何掌握優勢與機會點？如何扭轉劣勢與危機？並化危機為轉機？以利推展「學校社區化」活動重要策略規畫領導參考依據。

　　土城國小社區教育發展背景調查（SWOT）項目包括：*1.*位置地理、*2.*學校規模、*3.*硬體設備、*4.*地方資源、*5.*學生背景、*6.*師資背景、*7.*行政資源、*8.*家長資源、*9.*社區參與、*10.*其他。

　　土城市社教站設立於土城國小至今有 4 個年頭，每年春、秋兩季分別辦理社區成長學習活動，課程內容豐富而多元化，提供社區民眾多樣且符合時代潮流的學習選擇，並建立社區民眾終身學習的正確觀念。

　　推行社教工作並不是單兵作戰，而是建立一個溫馨、和諧、團結、有效率且人性化的社教推行委員組織，從了解民眾的需求、目前社會學習的脈動、課程的規畫、行銷的策略……等，林林總總的社教推廣學習活動，在穩定成長中逐步推展社教活動，也看到終身學習的理念逐漸在土城市生根發芽。

　　當學校成為社區學習中心，結合地方社團共同營造社區教育時，學校便成為「推展社會教育的精神堡壘及社區文化的主導力量」，讓我對教育更能以寬闊的視野、前瞻性的眼光看問題，讓社區人士更了解學校、肯定學校，更進一步支持學校。而學校也是家庭教育、學校教育、社會教育謀合的基石，因此我秉持著「取之於社會，用之於社會」的理念，當使用者付費的學習方式深植民心時，社教站便有餘力設置推廣課程，照顧弱勢的族群，讓我們的社會達到更加祥和、健康的境界！在未來，我仍一本初衷，做好應盡的責任，讓教育的根不斷的成長與茁壯。

四、遭遇問題與解決方法

事例一：危機就是轉機──行為偏差教師的個案與處理

問題概述：

本校 1 位男性教師，平時言行舉止偏激，觀念偏差，稍不如意就摔椅子並作勢攻擊，學年分配工作精挑細選，不合意者不做，任何工作與他同組總要自認倒楣，忍氣吞聲，不敢開罪他。許多老師為了怕受干擾紛紛改調其他學年或轉調他校，這種姑息與怕事心態，助長其囂張氣勢，造成校務行政上諸多困擾。

1998 年，為了些芝麻細節小事，竟不分青紅皂白氣沖沖衝進輔導室，並反鎖大門，把 2 位女性主任、組長嚇壞了。最後，幾位男性主任聞訊趕往處理，總算化險為夷。之後，學校立即召開教評會議，商討處理事宜，經當事人要求及教評委員建議，列入長期輔導個案，以觀後效。校長也認為站在教育立場應給與改過自新機會，同意委員看法。觀察一段時間委員們認為有改變的跡象，建議在年終考績上給與機會不列入乙等或丙等考核。此後，雖然小事不斷，總算無傷大雅，都在大家可以包容的範圍，平安無事。

2001 年又故態復萌，為了定期考出題問題與學年老師意見相左，竟要全學年老師附和他的偏見而不可得，憤而撕掉考卷，並重拍辦公室桌上玻璃，導致玻璃破碎，學校囑咐學年主任拍照存證，併列入繼續追蹤輔導對象。校長並當面告誡下不為例，否則將依規定處理。

事隔半年，竟又為了學年會議討論議題而大發雷霆，隨手拿起一張學生座椅欲砸 1 位身懷六甲之女老師，還好在眾人協助之下未受傷害。學年老師紛紛表示學校過度寬容，姑息養奸，才會讓他囂張、目中無人。至此，學校給與自新機會無法改變其偏激行徑，造成受害人心理恐懼，人人自危，缺乏安全感，只得依規定處理，否則將淪為鄉愿、濫好人。

學校先召集教評委員，報告事發經過與處理程序，蒐集受害人書面報告，並召開行政會議，邀請受害人參加，幾乎全學年 20 多人均是受害人。聽取受害人口頭報告，將受害事實列入開會紀錄，其他過去留存資料，包括：歷次輔導過程……等，分類整理後作為處理本案佐證資料。

為期勿枉勿縱，俟所有書面資料暨會議紀錄整理完竣，立即召開教評委員會議討論處理方案，並請當事人就受害人提出書面報告以及口頭報告提出說明，

在說明會中該師還是不斷出現恐嚇言詞，絲毫沒有悔過的意思。經教評委員討論後，一致決議將資料送考績委員會，列入年終考核處理。

年終考核結果列丙等考績，該師接獲考核通知書後，情緒激動，動作頻頻，揚言「玉石俱焚、同歸於盡」，並到處打電話給教評委員與考績委員，出言恐嚇，委員們紛紛打電話給校長，基於保障公權力執行以及委員們安全，校長立即召集行政會議，討論處理事宜，並做成紀錄以作日後處理依據；另一方面透過適當人士帶口信曉以大義，並告知他，若不服可向教師申訴委員評會提出申訴，安撫其情緒，並分析後果請其三思。

該師事後並未提出申訴，目前尚在本校上班，雖然個性稍強，但偏激行為已經改善甚多，行政方面也一直透過各種管道從旁輔導，並希望同仁接納他、給他空間，切勿排擠他，站在教育立場，只要有改善，就是好事。

「危機就是轉機」，如果，當初接二連三出現激烈行為，造成同仁惶恐不安，學校給與多次機會而無法改變其行為時，學校未做適當處理，恐會造成受害同仁對行政顢頇、無能、沒擔當、鄉愿、濫好人……等一連串的批評，也讓該師誤認任何人都不敢干涉他，偏激行為變本加厲而造成更嚴重後果。在資料齊全、人氣可用之際給與當頭棒喝，讓他有檢討機會未嘗不是一件好事。

事例二：暴力傾向學生的個案與處理

問題概述：

陳姓學生母親與生父離異後再婚，陳生隨母親與繼父同住，從小缺乏家庭溫暖，個性冷漠且有暴力傾向，常為了一些芝麻小事，隨手拿起鉛筆或刀片就往同學身上戳，班上已有好幾位同學受到傷害，級任老師防不勝防，為此生傷透腦筋，屢次通知家長，均表示沒時間到校，由學校處理，受傷害學生家長不斷向學校抗議，希望孩子到校生命受到保障，甚至提出集體轉班或轉校的建議。

處理過程：

校長立即召開行政會議，聽取處室主任與級任老師建議，並立即作成決議，由學校各處室以及有經驗志工共同負起輔導責任，學校購置陳生喜歡的習作與獎品，每天由輔導室將陳生安置到不同處室，由處室依輔導室安排系列活動輔導陳生，只要有優良表現則以獎品鼓勵。

連續數週，發現陳生學習態度與情緒有明顯改變，並主動與輔導人員聊天，如此表現讓輔導人員鬆了一口氣。兩個多月都很順利過去了，有一天陳生

繼父與媽媽主動到校，並向輔導室主任報告陳生最近心情與學習態度比過去進步很多，輔導主任將學校對陳生的安排與輔導向陳媽說明，陳媽深受感動。此後，陳媽經常與學校保持密切聯絡，並主動提供陳生的一些個案資料與輔導人員討論陳生的問題。

學校也趁此機會檢討陳生的輔導策略並獲取共識，希望以漸進的方式讓陳生回到原班就讀，行政繼續提供最佳的協助。一個學期過去了，在陳生個案輔導會議中，輔導主任發現陳生在畫畫中畫出與同學相處的和諧畫面，也畫出溫馨家庭和樂的期待，並主動要求主任幫他貼在輔導室外揭示板上供大家欣賞。

第二學期開始陳生主動要求回原班上課，回教室的時間採漸進式由1日、2日、3日……，最後終於回到原班正常上課。

一個個性殘暴，在班級內隨時會傷害同學，被家長、同學視為不定時炸彈，且為雙親視為不可救藥而放棄管教的孩子，經過行政人員全力投入協助之下，有如此的改變簡直難以置信，家長由原來採取不合作到主動與學校聯絡並全力配合，最後表達對學校的感激。雖投入的時間、精神、經費甚多，但看到孩子的改變，過程的辛苦也就不計較了。

肆、回顧與展望

校園自主、社會多元，身為校長掌握時代脈動、學校發展願景，把握、計畫、執行、考核行政三聯制原則以及計畫、組織、溝通、協調、評鑑的行政歷程，充分發揮組織領導的功能。

有目標、有計畫、有理想、有制度，看千秋、不爭一時。校內的一言一行、一草一木均應具有教育性，學校一切設施與作為，均以學生的學習與教師的教學為優先。在適度的壓力下，以民主權變式的領導凝聚內聚力與向心力，發揮高關懷、高倡導兼顧人性與效率的教育原則下，促使個人與團體不斷的成長與發展。

成功是靠智慧、努力、機會加謙虛；付出的本身就是收穫，吃虧就是占便宜。你希望別人如何對待你，你就得先要如何去對待別人；經常面露微笑、心存感激、讚美人家，凡事看人優點，世界一切都是美好的。今天你是別人的貴人，有一天別人也可能成為你的貴人。因此，學校成員上至校長下至職工，只

是工作性質不同，人格、尊嚴都應獲得尊重，任何福利均應一視同仁，不能有大小眼，如此組織領導功能才能真正發揮，俗語說得好：「一片薄薄的茅草也能割傷人」，豈能不慎哉。

　　校長的價值觀、教育哲學、自己想帶領學校走出何種特色的思考，都會影響學校要發展的教育方向。因此，常反省檢討自己的意識型態、偏見與習慣，期許自己成為一個以課程、教學領導為取向的校長。更應了解校長的角色已重新定位，不論定位為學校的領航員，或是首席教師兼行政主管，都必須擔負「學校本位管理」、「教師增權授能」、「家長教育選擇權」的改革責任。

作者簡介

姓名：江銘書

學歷：1963 年台北師範學校普師科畢業。

　　　1975 年中國文化大學大眾傳播學系畢業。

　　　1986 年國立台北師範學院畢業。

　　　1994 年淡江大學大陸研究所結業。

　　　2003 年國立師範大學社教研究所碩士班碩士。

經歷：曾任教師 17 年。

　　　曾任主任 8 年。

　　　1988 年擔任台北縣三峽鎮有木國小校長 3 年。

　　　1991 年擔任台北縣泰山鄉同榮國小創校校長 6 年。

　　　1997 年擔任台北縣土城市土城國小校長。

　　　目前已退休，擔任台北縣政府教育局視導。

生命轉折處，尋找自己的目標與人生高峰

莊清美
台北縣民義國小退休校長

壹、擔任校長之前的準備工作

我平常認真教學工作，沒有強烈事業企圖心。受到新來主任官僚架勢及由於理念差異被排擠，以至於服務情緒低落。路不轉，人轉，深深思考自己未來。向前跨第一步考主任，派到偏遠學校接受磨練，了解治校目標原則，工作上配合，洞悉同仁反應，敏銳觀察力，化解誤會，不可攪入是非，塑造和諧校園。後來有機會到市區學校，校長力求表現，參加各項比賽，要有好的表現，並且規畫辦理活動，把自己賣給工作，壓力大。每天疲累不堪，向校長請辭，給我回應「考校長，加把勁努力吧！」一些好同事鼓勵「樓梯爬一半，要更上一層樓」；家人認為試試看，於是鼓起勇氣，接受挑戰。

貳、逐步邁向目標

好友告訴我，考校長不容易；考了 3 次以上的人有不少，要我加油，看書要寫筆記，同類主題要做比較，並且和參加考試夥伴共同討論，而且要有具體可行的見解與做法；背理論的答題，得分不高。第一次參加，我非常緊張，感覺題目不很困難，然而頭腦卻空白，等到時間快結束，我思潮湧現，卻來不及了，當然慘遭滑鐵盧而失敗。

敗不餒的精神，讓我重新出發；每星期六或空餘休假日到師大、師院聽有關教育方面的演講，看最新的教育雜誌，也複習舊資料。再度上場時，抱著「得之我幸，不得我命」的自我放鬆心理去應試，朋友告訴我錄取的消息，接著很

多道賀電話，經過近一星期，我的心才平靜下來。

參、校長儲訓的反省

　　10週的校長儲訓，全體學員一起上的是共同理論課程；由學者教授及教育部或縣市教育局長官來講授，課程包括教育理論、當前教育思潮、學校行政管理、人際關係、社會資源運用、教育經濟學、課程理論、學校建築基本常識等。

　　小組則由幾個縣市學員大致 20 多人組成，2 位輔導校長主持晚上活動，學員自我介紹、校長辦學經驗談、面對教育困擾問題解決，尤其面對家長、地方仕紳言談分際，必須思考得體應對。

　　此外則由學員間互相談論在各校工作經驗，甚至趣味活動。大家最感負擔是上台即席演講，很緊張，我個人認為是膽識磨練，以後面對團體說話、致詞，就覺得自然，少畏懼害怕了！

　　研習會上課談理論，期望學員善於運用，塑造良好學校氣氛，與社區互動爭取資源，面對挫折要容忍，並且自我品德修為。輔導校長很重視行為舉止，例如助人、自動做事、環境整理，各種活動守時、惜物、感恩，強調當校長品德操守及解決問題能力。每當學校有關財務採購、修繕，興建校舍，請家長、教師，與有關人士參加，所以在當校長的日子裡，在這方面幾乎沒遇到很大困擾。

　　當我再一次省思校長儲訓，並省思自己擔任校長，碰到錯誤並力求改進時，我深深覺得別人成功的經驗，可作為參考與借鏡。因此，身為校長，要多多聽演講，閱讀企業管理的書籍，充實人際關係的相關知識。身為一個校長，要智多識廣，善於應對，也要有解決問題的謀略。對於當前的教育政策、教材的認知、教學領導等各方面，校長要能激發起自我求知慾，樂於充實學校財務管理，有效運用經費，開源節流，熟稔採購原則。校長也要充分了解人性心理，善用人才，了解人際相處與互動的原理，也要有卓越的說話的藝術。校長要展現為人敬佩的品德與風範。校長要懂得學校建築與綠化、美化的原理。校長要有藝術與人文的修養，要能塑造有創意的校園。此外，在校園安全維護、有效運用媒體，及危機處理等方面，校長都要有卓越的知識與能力。遇到問題時，要能冷靜思考，籌組應變小組，並尋求解決對策。

　　校長要有能力了解學校亟需解決的問題，了解家長對教學的需求。經營和諧的校園，要多稱讚師生優點，並多鼓勵。要善用地方資源，熱心參與地方活動，樂於自我犧牲，要展現高度的服務熱誠，奉獻心力，不要計較報酬。

　　儲訓的日子，留下美好回憶，令人遺憾的是板橋的研習會已經走入歷史，會址搬遷，夥伴大部分退休，當時創立研習會培育人才的宗旨，隨時代變遷也已消失。

肆、擔任校長之前對日後擔任校長幫助最大的想法與經驗

　　由於當主任僅在教務、訓導方面較有接觸，對總務工作很欠缺，於是徵得校長同意，跟著總務主任學習採購、了解修繕工程、文件處理。覺得當校長和地方接觸，建立善緣，必須敦親睦鄰，往後得到很大助益。

伍、探尋教育思想的源頭

　　個人教育理念比較以人本派心理學為主，從馬斯洛需求階層了解老師或學生行為，知其感受，重視教學和人性需求滿足。人本派心理強調人性尊嚴與價值，注重情意教育與潛能發展。領導上鼓勵老師參與各項活動，努力達成擴展學習領域，開放心理傾聽老師、家長意見，在看法上難免有不同聲音，必須找具有說服力者溝通，必要時和家長建立共識，適度獎勵，提升服務士氣。

陸、行政領導

　　如何經營有效的行政團隊？行政團隊戰力如何有效發揮？在我看來，要先了解學校昔日運作的優缺點，召開行政會議、徵詢意見，在大型學校，要與群體領袖（現今教師會）取得共識。

　　面對反對意見，校長要有說服力，在不佳狀況下，要延宕處理，要商請老師信服的主任或老師代表去進行溝通，放低姿態，盡量取得平衡點。事情圓滿

達成，不搶功，榮譽分享，營造快樂氣氛。

柒、教學領導

針對如何引導老師發揮教學成效，把學生教好，有哪些具體的做法？個人以為，要針對教學需要，加強教師進修，聘請本縣各科輔導員以及在教學上有卓越表現的老師，從經驗以及實際操作演練，並且教學觀摩；為減輕老師壓力，採用協同合作，互助增進成長。每學期選自己專長學科做經驗分享，鼓勵老師指導學生參加比賽，訂定獎勵師生辦法；並分區域性、全國性頒發獎勵金，如科學展、舞蹈比賽、美術比賽、球賽等，由家長會頒發獎金，給與鼓勵。查閱作業以了解教師教學，有些老師添加補充教材，並且做好親師聯絡，使人感到滿意欣慰，家長給與讚賞；另一方面，老師認為教學指導是教務處的工作，不必校長費心，我最感到不滿意的是有的老師敬業精神不足，大型學校教師會爭取老師減課，學校活動不要太多。這是當前教育的缺失。

捌、課程領導

組成課程發展委員會，從學校願景、架構學校整體課程、召開各學習領域，和各學年教學目標、能力指標統合。教學活動主題、內容設計、整個流程和學校願景以及家長的需求，尤其認知學習，潛能發展的重視。九年一貫推動之初，我在大型學校服務，為讓老師了解並減少全面實施時可能的困阻，我申請為第二年試辦學校。而事前準備工作為認真做功課看書、參考很多書籍，教師進修時，敦請試辦有經驗的學校的校長、老師，來我校做經驗分享、心得報告，以增強老師信心。在推動學校各項課程時，師資很重要，尤其藝術與人文領域的師資缺乏，為求突破困境，我運用了社區資源，並請家長會協助；例如學校管樂團由家長成立後援會，外聘專長師資，利用課餘訓練，在全國賽得到了優異的表現。

目前在我服務的小型學校，強調學校本位課程，自編的教材必須符合地區的特色。本校教師認為有自己與地方的特色，從自然景觀、人文環境、社區歷

史、以及整體社區資源探索和介紹，並且由本鎮三角湧協進會、地方藝術家、仕紳、耆老等，協助出版發現白雞的鄉土教材，涵蓋七大領域。彈性課程從一年級到六年級，都規畫教學單元，包含地理位置、社區文化、自然資源、社區環境，這是學校特色課程。由於同仁們的努力，本校在教育局課程審查中，獲為績優學校，更在93學年度獲得教育部課程標竿100的學校。那份師生努力的殊榮讓我感到無比榮耀，也因此在教育的過程中，留下我和同仁努力過的痕跡。

在小型學校，雖然同仁較易凝聚共識，彼此合作，業務推展較容易，但是人力資源不足，還有家長對教育仍然偏重知識領域、思想封閉，學校辦理親子電腦班、觀光英語，才能技藝拼布等活動，家長參與不熱烈，也曾請地方里長鼓勵里民參加，但效果仍不佳。

為了在教育上盡一份心力，我用鼓勵和宣導啟發老百姓，一切只有問心無愧。要改變成人思維很困難，只有盡力而為，讓自己心寬，拋棄功利，做好本份工作，一切順其自然。

玖、照顧特殊學生的需求

在較大型學校，學生資質差異性很大。目前政府強調常態分班，用意良善，在實施上其實有很大困難。程度差的學生，往往是課堂的陌生人，老師無法特別照顧，而且學生學習的意願也低，老師採取較簡單易學的教學方式，往往無法滿足資質優異的學生，因此家長就把孩子送到補習班。

為提升學生素質，學年採分組，社團活動分為自然科學、數理組，體能活動分為球類、田徑，藝術類的才藝活動分為音樂、美勞等，每學年辦理一人一技表演，並且鼓勵學生對外參加比賽。一切事在人為，我服務僅有6班的偏遠小學，學生參加科展，得到全縣特優。在大型6、70班的學校服務時，管樂團全國優等，推廣閱讀——愛讀書孩子，我和老師共同指導學生，參加閱讀護照比賽，獲全縣優等，至於推動熱心公益，參加環保比賽，還有美勞、體育的競賽，都有優異表現。在此，感謝家長會的支持，訂定了鼓勵師生辦法，學生優異的表現，受到家長肯定。

令人遺憾的是，有些老師認為指導老師是學校紅人，以酸葡萄語氣打擊，並且以功課藉口阻撓學生參加，甚至透過教師會表達不滿。由於家長會仍堅持

要參加活動，因此只好把活動時間調整為課後、週末，教師外聘，以避免打擾本校老師。

在照顧智能不足學生方面，由於此類學生人數未達到成立資源班的標準，因此，一些熱心的老師利用課後對學生進行輔導，降低學習要求，發展其他潛能，例如音樂、體育、美術等。至於行為偏差學生，大部分和家庭有關：單親、父母行為不良，販毒、幫派等；學校透過里長、地方大老與這類學生的家庭接觸，或由社工人員輔導，給與協助，不要公開，尊重隱私權，學校則盡量鼓勵這類學生參加社團活動，增強自信、發展潛能，生活上給與關懷及必要協助。

針對情緒、社交有障礙的兒童，學校應請專業輔導人員輔導矯正，學生在同儕間良善互動，更需要家長配合，多鼓勵學生朝正向積極面發展。處理問題學生的行為，老師要有輔導專業知識和耐心。此外，家長的再教育，也是重要的一環。政府在這方面，欠缺輔導機構，至於社會慈善機構所辦理的相關活動，參加者往往不是很踴躍，由於經費不足，在辦理時，效果並不是很理想，可見要辦好教育，不只是由學校來做，更需要家長的關心，而且社會也要有匡正的力量，才能更好。

針對單親、原住民、隔代教養等需求之學童，教育局訂頒了教育優先區，撥經費給學校辦理課業輔導，學校申請成人教育；開辦親子電腦班、觀光英語、手工才藝班，以提供學習的機會。用意很好，但是家長和孩子學習意願不高，為此請里長、社區宣導，並且贈送參加出席者禮品：香皂，背包等作為鼓勵，甚至講師捐出鐘點費，作為聚餐費用，然而卻仍是成效不彰。

拾、教育資源的爭取與有效運用

在國小的人力資源方面，有家長志工（導護、圖書館、午餐廚房、園藝、環境清潔）、體育、音樂、電腦維修專長的教練、校際老師相互支援。物力、財力方面，有家長會、里長、社區、學校附近企業家等提供修繕、獎學金，以及民意代表、慈善團體給學校小額維修。如何對學校需求作評估？校長對學校要有全盤了解，可用問卷來調查老師的需求、社區家長的反應，以教學為優先考量，另外則是迫切需要，諸如飲水系統、資訊、播音等。如何調查各項資源蘊藏，有效爭取和充分運用？發問卷調查全校學生家長興趣、專長以及聯絡電

話，建立資源網，結果大部分家長是敷衍並且以很忙搪塞。後來有熱心家長、
地方仕紳、鄰近學校相互支援，與經常往來而且有信用的廠商保持連繫，能獲
得助益。這些資源對教師教學及學生學習相關性與成效如何顯現？社區的人力
就是老師的助手；可以從事導護工作，甚至提供教學資源，在學校辦理活動時
作為助手，或協助教學輔導，弱勢學習遲緩的補救教學。這些人力也可以用來
協助帶隊參加比賽，適時鼓勵學生。

拾壹、對外關係的經營

　　校長主動和外界接觸，參與社區活動，宣揚學校優異表現，若有缺點反
映，要虛心接受，並加以改進，以謙卑的心接納。對於請託幫忙，在不違法的
範圍內，給與最大協助，本著這樣的精神，大部分都能得到支持和肯定。在這
方面，要如何防止外界對學校產生不利的影響呢？依照個人淺見，校長在力求
廣結善緣之間，要格外謹言慎行，尤其針對權勢份子的請託，在不便拒絕，但
有法理依據之下，更要注重說話的技巧。曾經家長讓子女提早入學，教務處婉
拒，還有轉班、選級任老師等問題，平常和家長會溝通，學校行政運作相關法
律規定，尊重地方仕紳意見。參加地方聚會活動，掌握訊息；不得罪權勢人物，
他們尖銳批評，我們虛心接受，忍耐比回應、解釋重要。答應補助學校經費，
後來變卦，也不必理論討公道，否則節外生枝，造成不利影響；學校旁人行道
整修，由地方處理，減少招惹是非，辦活動經費透明化，採公開透明，消除猜
忌疑慮。

拾貳、家長及家長會關係的經營

　　建立友善關係辦理懇親會，傾聽家長對學校的需求與期望。郊區學校的家
長，學經背景較低，學校可辦理親子教育，邀請其加入學校各項活動，潛移默
化，以朋友關係給與關懷；經濟方面，請當地企業家提供就業機會，發生困難，
如火災、水災等，可協助其度過難關。有關家長會方面，學校可依當地家長的
經濟環境、對於教育的期許和家長溝通，以取得共識，並適度納入學校發展計

畫。在我服務的學校中,有家長對管樂特別有興趣,極力配合;並外聘教授於課餘指導學生練習,更成立後援會,校長親自掏腰包贊助,建立友善關係,以後活動家長均樂於配合,校務推行順暢。在小型學校,許多家長經濟狀況不佳,而且學習意願不高,大部分不願參與家長會,對學校造成困擾。

有關家長及家長會參與學校校務方面,我有一些淺見。為求對地方仕紳及環境,及對人、地、事、物了解,校長要親自拜訪,在學校事務方面,多多鼓勵家長參加。在認知方面,辦理課業輔導、親子活動、才藝學習。在服務方面,推動導護志工、電腦維修、加強園藝以綠化美化環境。有關學校辦理各項活動時,鼓勵家長參與並提供意見、了解家長希望學校配合的事項,與家長共同協商,以取得共識。對於學校的辦學績效,包括校園和諧、學生快樂學習、活潑健康等,學校宜有自發性的責任,所有教育人員對於自己的工作,有一份使命感與責任感,才是教育的本質。

拾參、對內關係的經營

在與老師關係的經營這一方面,校長要參加老師的婚喪喜慶,人到禮到,並詢問要幫忙與否。要關切新到任老師的住宿,必要時,甚至提供校長宿舍供老師住宿。為塑造學校和諧的氣氛,校長可視需要辦理早餐會談及歲末宴會,並藉教師進修增進與老師之互動。此外,並可會同家長辦理外埠參觀及其他戶外活動等,以增加老師休閒機會,並拓展視野。

對於教師會,我是抱持接納和協助的心態;校內活動接到邀請函,我親自到場,並且給與贊助經費,或是提供影印資料或人力協助。學校興革,請他們提出建言,如興建運動場,請他們代表召開籌備會。午餐招標,邀請其表達意見。學校教學相關事宜,請他們主導。我以真誠、民主態度對待並且做改善,以取得老師共識。

對於行政人員,我認為他們是提供助力的左右手。我給與他們自主發展的空間,多予鼓勵,也有理想的期許。言語比較直接,工作要求也較多。很多事情,都可作為溝通橋樑。我個人喜歡創意,也期望行政人員如同智囊團提出解決對策。主任是校長任用,但當主任是前任校長任用,而接任校長不再任用,處置上必須有高度技巧,透過溝通,了解他們內心真實的思維,預防日後變成

反對勢力。做行政工作常常必須費心，協助解決問題。各處室主辦活動時，校長往往親自督導上陣。為了體諒主任們辛苦付出，除了政府功獎之外，校長可私下慰勞，例如餐敘、外出旅遊回來送些小禮物。指導學生比賽，表現績優時，由家長提請獎勵。知人未必能知心，校長敏銳觀察，也多方面收聽訊息，保持一些底線距離，以防因為自己有時思慮不周，被拿來當為把柄。對於忠心耿耿者，應有私下交情，並接受其諫言。

考慮用人，除智慧與能力之外，更重要的是品德。要找能倚重、可信賴者。校長可從家長與同儕間的人際互動，調整自我的心態。有些事情，校長要有主見和魄力，剛柔並濟。

就與職工關係而言，校長對於職位較低者，應給與尊重和關懷。放下身段，傾聽他們的聲音，有時也有一些值得參考的馬路消息。學校有任何福利、慶生或旅遊活動時，要邀請他們參加，認同他們為學校之一員，以去除他們可能隱藏的自卑心理。

拾肆、與學生關係的經營

校長如何在學生心目中建立自己的形象？校長與學生，可以利用各種管道多多接觸，諸如班級性、個別性、行為偏差學生等的各類座談會。出席這類活動之前，可以預先設定主題，盡量輕鬆，並且給學生表達意見的機會。多多給與學生期許與鼓勵。學生朝會時，可以宣布一兩項重大新聞，例如地震、水災等，以及面對災情時應有的應變能力，或當學生參加比賽得到殊榮時，都是一些校長與學生互動的良好機會。有時候校長也可以透過一些小故事大道理，給與學生啟示。另外學校可辦理明日之星的活動，參加學生的同樂會，或者設計課程，讓學生訪問校長。有時候，校長也可到班級上課，了解學生上課情形。個人認為校長要多多接近學生，以便破除「校長是校園的閒人，管老師而已」的刻板印象，否則學生畢業之後，會缺乏感情互動。

身為校長，我如何看出學生對我的評價如何呢？在我看來，學生心目中只有老師，總認為校長對他們不具決定性的影響力；例如成績評定、模範生評選等，家長心目中也常常有如此看法。有時候，在表面上禮貌性的打個招呼，在一些實質的活動，就顯現不出真摯的情誼。最心涼的是當學生參加比賽，校長

準備了水果當點心、甚至餐點,使學生得到好成績時,可以申請家長會的獎勵。當學生領到獎金時,師生餐敘,學生卻常常把飲水思源之情拋在腦後,很少學生會去想到校長的用心。個人覺得只要問心無愧,盡職、守本分,不必奢求回報,如此較能求得心安。

拾伍、與上級單位關係的經營

目前單位仍存官僚刻板印象,對上級政令規定視為必做課程,那只好依學校人力、環境、家長配合和老師討論,做可行性決策。學校人力條件不足,做選擇性參加,無可厚非。在執行上對員工不利權益,影響工作士氣,我主動提出意見,例如學校單一職員規定必須考核乙等,若每年如此,影響未來參加升遷考試,提出建言,採區域性綜合考評,政府能接受建議而改善。

如何極力爭取資源?依學校基本需求;例如運動場興建、增班教室、教學設備、電腦添購,我極力爭取,甚至透過與上級人際關係良好的家長,表達學校需求,大部分能得到補助,達到改善學校設備的目標。

拾陸、發展學校特色

在活動的時候展現學校特色,例如參加比賽、表演,與社區互動,以及家長相互傳言表達,受到肯定讚賞。有些學校很早就依教師專長及意願規畫辦理;有些學校的美術、音樂、體育、科展等,是學校原有的傳統特色,現任校長應本於舊有傳承,帶出更好的表現。我服務過的學校,學區家長對管樂喜愛,學校又有熱忱並具專長的老師配合,成立管樂團以及後援會,從基本開始,長久不斷練習,在校園並且也到社區演出,增進師生信心,在比賽中得到經驗和磨練,而獲得優等。發展學校特色時,宜評估老師的意願及學生的興趣,最重要的是要有家長的支援,設立獎金鼓勵師生,讓帶團隊的教師參加優良教育人員遴選時,能優先被錄取。多年前教師參加主任、校長甄選時,老師的這些付出都能增加積分誘因。現在取消,老師對於學校發展特色興趣缺缺,大部分以外聘協助。

在回顧學校特色的經營時，我有一些看法。在人力方面，尋找具有熱忱且願意付出的老師，勉勵其在服務生涯留下人生精采回憶。在過程中，校長更要陪伴加油。最令人欣喜的是得獎時刻，來自掌聲的喜悅，以及因成就而受到肯定，尤其得自家長的讚賞，都能增加校長辦學的信心。我曾聽到家長、社區人士批評學校無所表現，沒有參加比賽得獎、也無創意。因此，為了提升學校人員的士氣，身為校長就必須有創意，而且勇於表現。要拿出成績，必然需要費心，並且要增加自己見聞，以造就一些令人刮目相看的表現。社會常常以成功論英雄。苦幹實做，少有人體會，要拿出成就，才是重要。

拾柒、學校變革的經營

隨著時代的潮流，近十幾年來，教育的變革非常大；教改讓教育整個大翻轉，教師會的老師形成一股權勢，使得校長失去往日所受到的尊重，教師會甚至形成一種制衡力量。校長要學習接納，並且要調適心態，以服務為導向，以民主開放的做法，與教師會共同決定學校運作。九年一貫推動，召開小組會議，討論實施策略綱要，也邀請家長參與，加強教師進修，聘請領域專長教師經驗分享，並且邊做邊修改，尤其在發展學校特色課程時，要取得老師的共識與意願，才能克服遇到挫折時的壓力。在教學面，變革要以專業進行學術領導，吸收新知。在行政面，變革要以服務導向，了解大環境的轉變，開放心胸接受，降低自我權威，面對困難，才能同舟共濟。再推動學校變革時，大部分都能和樂相處。但是我也曾遇到不同想法的人員唱反調，卻有長輩護航，增長勢力，而我不善迎合，造成我的挫敗。

拾捌、學校經營的法律層面

有關學生安全方面，《兒童保護法》明示兒童安全第一。身為校長，我每天到校巡視校園，留意電源設施、樓梯、遊戲器材等，遇有破損、裂縫，必須做警戒線，並請總務處聯絡廠商處理。有關教師權，校長要熟悉《教師法》、《國民教育法》的規定，聘請熟悉人士、教育局長官以及人事室，就相關法令

進行演講。在大型學校，若能取得家長會的支援，聘請法律顧問，針對困難疑問，提供策略，作為處理問題的參考。面對現在這個講究法律與規定的時代，校長要多多充實法律知識，吸收法律新知，多聽演講，並且參加讀書會，與他人交換各種疑難問題，包括土地、學校財產、採購與建築等。學校或社區要具備有法律知識之資源，以供諮詢或聘請為顧問，隨時請益。校長要經常閱讀公報；了解當前法律新規定，遇有不熟悉之處，隨時向人請教。有時候要多多注意別的學校發生的事件，並對其處理的過程，加以記錄，以作為自己辦學時的參考。教師進修時，可視情況安排有法律背景的人士，做與生活有關的法律常識介紹，以確保每個人了解自己與他人的權益。對學生或家長，要隨時注意法律合適性，保護自己，也保護學生的權益。此外，也要了解環境對學校校務運作的衝擊，並找出學校因應之道。

社會變遷與學校及地方有密切的關係。早年在經濟較富裕的時代，就政治資源而言，議員的配合款可用來補助學校的教學設備，並提供運動器材等。後來發現這些設備或器材品質不佳，而體會到廠商和政治人物之間的利益關係，造成很多困擾，尤其廠商的設計與規格，常常無法達成學校的要求。因此，我和行政同仁、採購小組研商討論，決定這些器材與設備無益於教學，無法使學童受惠，對於廠商的提供，加以拒絕，並且退回議員的配合款。如此做法，不圖利廠商，也保護了自己。

與地方保持良好的關係，參與地方上的文化活動；例如受邀參加表演，或是提供文康活動。透過這些做法，學校可以與地方保持和諧的關係，對學校增進助益。

拾玖、對各項教育政策的反省與評析

九年一貫的實施，讓基層教師對教育改革持畏懼心理；面對課程必須以領域小組的方式來實施，同儕合作最為困難，於是採分組的方式，讓老師了解課程內容綱要、並且從網路選取範例供老師參考，另外，也組成課程發展委員會，作為老師在發展課程時，溝通與討論的平台。在大型學校，可以找出熱心有興趣的老師勇敢嘗試，也請家長、社區共同加入，作為強而有力的支援。遇到困難時，可和鄰近學校交換心得，請其提供課程發展的實際案例，也可以商請有

經驗的老師作經驗分享。

　　另外，學校必須依法組織教師評審委員會，教師權逐漸膨脹。有時家長會極力要求學校發展特色，儘管學校勉為其難答應，但在聘請專長老師時，往往會受到原有的老師排斥。

　　自從教育改革實施以來，很多老師對教育的熱忱逐漸消失。從事教育，首重老師的真誠與無私的付出，但是在當前的各種教育改革措施之下，許多教師覺得事情繁瑣，而且無心研究。發展教材，許多老師認為最好能以委託廠商的方式來處理，於是廠商以贈送教具作為誘因，以方便老師教學，如此將來老師在選擇課本時，這些教科書廠商就得到優先權。由於教科書選擇權在於老師，校長若有些意見，也往往會被老師認為有圖利廠商之嫌。

　　當今，由於教師自主，而且校長也無考核權，要凝聚一股合作團隊，需要能夠有默契的幹部，分憂分勞。不少校長私掏腰包慰勞員工，但是鼓勵未必發生效用。在學校，要推行新的政策，校長最好事前找到能夠協助的夥伴，共同研商，甚至放出風向球以做試探，等到時機成熟，再來實施，才會減少執行上的困難。

貳拾、有關價值與倫理的思考

　　身為校長，在做各項決定時，秉持教育的理想，以及學生受教的權益，還須顧及合法性。當外界及家長的需求，與老師的需求及工作負擔發生衝突時，校長必須找來相關人員討論，取得共識和可行性。對資優生與學習不利學生的需求，首要考量師資配合度、學生人數，及家長的看法。有些家長對於孩子的學習，採取自由放任的態度。當學校辦理義務性補救教學時，家長興趣缺缺。在當前的情況之下，家境富有的人，往往為孩子請家教或把孩子送到補習班。在學校，我秉持的原則就是：有權有勢的家長並不會比其他家長具有特殊待遇或資源。針對學生和家長的意願，校長做相關的分析與說明。在民主時代，校長要參考多方面的意見做決定，以便減少事後枝枝節節意見的困擾。

貳拾壹、發展學校成為學習的社群

　　學校辦理多元進修，包括親子教育講座、電腦研習、觀光英語等。這些班別外籍新娘完全免費，可惜家長學習意願不高。目前郊區學校人口外流，學生隔代教養，單親家長在生活上以及自我情緒調適都有困難。至於對孩子的關心不足，政府美意，家長接受和配合有差距，校長只有盡力配合。有些學校的社區背景，家長經濟背景與教育水準高，溝通和配合較容易。

貳拾貳、學校推動德智體群美的具體做法

　　德育——好人好事表揚、社區服務、法律常識教育、人際倫理、應對進退的指導，公共場所禮節、是非、道德及價值判斷、偶發事件處理等，學校經常提供隨機教育。對於熱心服務、樂於助人的學生，學校可適度的給與獎勵，但是對於有偏差行為的學童，則由學校通知家長予以輔導。

　　智育——學科方面力求均衡發展，鼓勵學生參加校內外各種活動，例如寫作、詩歌朗誦、數學、英語等比賽，並配合節令辦理相關活動，鼓勵閱讀，以增廣學生見聞。

　　體育——設立多元化社團，包括田徑、扯鈴、直排輪、拔河等各項體能性或趣味性活動，由學務處舉辦班際性比賽。平常亦舉行各種課間活動、每週晨跑，鼓勵學生多動一動。學校並舉辦學校與社區親子運動會。在暑寒假，鼓勵親子體育活動，讓家長了解體能與健康的重要。

　　群育——鼓勵教師在班級上，要多多營造正向且有助於學生學習的氣氛，鼓勵學生分工合作，塑造班級榮譽感，學習包容缺點，欣賞優點。學生表現優良，給與表揚。引導學生對於家庭經濟弱勢者，要展現同情與關懷的心。

　　美育——學校環境布置，要有美感和創意。可適時舉辦教室布置比賽或化妝趣味表演。舉辦戶外教學時，可參觀美術館，或參觀各項美展，並辦理音樂會等，以培養學生的美感，以及對美的事物的愛好與鑑賞的能力。

　　實施的困難——在小型學校，藝能科師資較缺乏，可請鄰近大型學校支

援。在大型學校辦理音樂會或各項表演活動，往往教師會認為增加老師工作負擔。這些工作，都有賴於老師支持以及家長熱心協助，才能達成。校長扮演重要角色，並擔負成敗責任。

貳拾參、資訊融入教學與學校行政

我所服務的台北縣，對於推動行政電腦化以及資訊教育不遺餘力，經常辦理各項校長、主任、老師資訊研習。身為校長，在學校推動資訊融入行政與教學時，要考慮的事項很多，包括聘請資訊專長老師、請電腦廠商為教師提供進修。寒暑假，每位老師都要參加進修。班班有電腦，電腦隨時提供教學使用。三至六年級，每週至少1節電腦課，晚上辦理親子電腦班，經費大部分由教育部或縣市教育局提供。近幾年來，師資年輕化，老師對電腦很有興趣，推動上沒有困難。

貳拾肆、塑造學校文化

學校文化表現學校特質，必須老師和家長、學生有所共識，成為努力的願景。首先，要了解學校以前發展的歷史、特色表現，以及現有的資源、老師的專長，並利用校務會議討論。要多多鼓勵老師嘗試創新，但最重要的，仍然是要顧及老師的專長和意願，例如推動和諧校園，校長把規畫的一些做法告訴教職員工。校長本身也要以身作則，做好典範。有時學生在知識的追求上，欠缺主動、積極，有的學校採取硬性的規定，要學生背誦唐詩，或由學校辦理說故事比賽等藝文活動；在人格陶冶上，注重學生的品德氣質，與人際相處的技巧。對於偏差行為的輔導，可透過家庭聯絡簿，把學生在校表現告知家長，家長的配合很重要。令人感到遺憾的是，單親家庭、隔代教養對於學生的學習與良好行為表現，有時候會著力不足，老師只有勸導，耐心引領。學校的精神是學生學習的標竿，校長要費心思量如何培養學生認真、勤奮、負責，勇於主動做事。學校各項榮譽制度，可以培養學生服務的精神，讓社區及家長肯定。塑造學校文化，最大的困難來自教師異動，以及教師相互影響的效應。學校的各項措施，

若無法滿足教師內心的需求，或因為受限於經費，學校無法辦理精神與物質兼具的表揚活動，都會影響到學校文化的塑造。

貳拾伍、對校務的嫻熟

擔任第一任校長之後，對學校環境生態、以及教師心理需求的配合與家長及社區關係建立等各方面，我自己用心學習，改進缺失，並且參加各項活動及研習，和知心的同仁討論學校興革，虛心接受建言，並且冷靜思考，反省自己的缺點，並沉澱心情。我深深覺得容忍批評最不容易。校長事事關心，掌控全盤，而且還要知人善任。此外，我也要學習接納同仁的缺點，把成功與榮譽歸給別人。在失敗時，提起勇氣，扛下所有責任，達到水到渠成的境界。

貳拾陸、對教育部或教育局與學校關係的建議

個人認為教育部長或教育局長要能引導中小學經營，了解家長需求，建立的制度要能合乎時代的走向，要傾聽實際工作者的意見。在課程、訓育、教材、師資、學校環境等各方面，要多多要求品質的管控，不要以政治考量要求學校達成任務。例如為了兌現縣長的競選諾言，國中小學校設立幼稚園，投入經費、師資，家長仍然不看好，選擇私校，辦理績效並不很理想，徒增學校困擾。教師考核沒有建立績效制度，辦理很多活動，老師的興趣卻缺缺。並且，老師進修時，選自己喜愛，像有些老師語文程度低落，卻沒有主動閱讀自我充實。教育局長官完全理想性配合政治需求訂定政策，師資缺乏採補強、修學分、檢冊合格聘用。加了許多課程，原來的基礎科目上課時數減少，教育混亂，讓老師只有應付規定，經濟良好的家長自求多福，把子女送到安親班加強。教育局長宜就學校類型全盤規畫，力求師資均衡，並宜訂定學校基本設備，也要訂定學生的學習水準，每科目有基本的學習要求，要求學生必須學習，並通過能力檢測，也可訂定學生寒暑假藝能科的學習護照。教育局長官要訪視各校，實際清楚校長的辦學。教育局的書面評核有很多失真。務實的做法是：教育局長官，以不事先通知的方式，親臨訪視各校，查看學校活動、教師教學，訪問家長，

並和老師座談。對認真辦學的校長，給與獎勵，有缺點的，要求務必改善。

貳拾柒、校長的學習、身心健康與家庭的經營

在自身的學習與成長方面，校長要自我進修，參加讀書會，聽學術演講，參觀展覽。平日多閱讀書報，與老師作經驗分享，改變老舊思想，符合時代思潮。校長平日注意多運動，盡量減少喝酒、宴席。校長要控制情緒，把事情簡化，要重視師生的休閒活動，保持活力。在家庭經營方面，要取得家人的共識，保持和家人共聚，不要將工作煩惱帶給家人，要積極營造家庭生活的樂趣，過著和樂的家庭生活。

貳拾捌、如果重新來過

如果有機會重新來過，在準備邁向校長之路時，我會好好充實學問，力求對教育有特殊貢獻，要有楷模形象，熟悉法律常識，並聘請律師，以便在學校發生任何狀況時提供協助，並指導因應的對策。在校務的經營與管理上，法重於情，在對人性失望時，我會依法處理。擔任學校主管，我會以服務的精神結合社區與學校，提升社區的素質。發展學校特色時，尤其重視品德涵養，我會鼓勵老師當作學生良好的典範。對於過往的日子，省思自己的缺點做改進：不要太多直言勸解，喜怒哀樂不形於色，處理事情要使用方法。道德勸說不一定能得到好的效果。有時候，要感性，來自他人的真摯忠言與建言，即使說出的當時話不是很中聽，畢竟很多可能會很受用。要熟悉法律，並加以活用。要能保護自己，對廠商要判讀心意，不能掉入陷阱。

貳拾玖、校長之路的回顧

在教育工作上，我是默默工作型，教育談不上傑出，也不敢說有展現不凡的成果；走過的歲月，應有一番省思。我擔任校長服務的第 1 所學校，瀕臨海邊，臨近台金禮樂廠，學生大部分是他們員工子弟，負擔學校水電費，並且做

維修，我經常運用社會資源。許多大家認為不可能的事，我積極克服困難，例如科展得到台北縣特優，環境的整理也得到環保署的獎勵。第 2 所學校，環境改善卓著，校園幾乎全面換新，讓家長感受到校長認真經營學校，敦親睦鄰，與社區合作。學校辦理很多活動，包括家長識字班、假日親子休閒繪畫、烤地瓜，組躲避球隊、舞獅隊等，表現優異。第 3 所學校是都會型學校，家長對音樂很有興趣，配合家長發展需求成立管樂團，鼓勵老師發展特長，為老師舉辦各項電腦資訊研習等。學校身為九年一貫試辦學校，極力多方面發展，可惜卻受到教師會置喙，難以推行。進入第 4 所學校服務之際，在遴選過程中我受到一生難忘的屈辱，教師會對我提出不實指控，經過調查，證實校長是清白的，但是對於教師會的不實指控教育局並沒有做處置，最悲哀的是視導人員也沒有深入觀察。在遴選時，有人護航的就能上任。教育失去公平、正義，有才能的寧可退卻，很多校長失去貢獻心力的熱忱，選擇退休離開；想要當校長，不乏人才，但校長遴選帶給教育無形的殺傷力。從其中，大家可看見教育亂象，老百姓的失望，難以言喻。

擔任校長的人，要有主見，做事以學生的利益為著眼點。我力倡發展學生潛能，鼓勵學生參加很多比賽，諸如民俗舞蹈、直笛、藏書票、躲避球、科展、環保等活動，改善校園環境，花時間精力。在教育工作崗位上，我不敢說我作出多大貢獻，只是無怨無悔，奉獻心力而已。

作者簡介

　　莊清美，台北縣民義國小退休校長。台東師範普師科、台北市立女師專夜間部、台灣師範大學在職班夜間部畢業，台灣師範大學碩士 40 學分班結業。歷任國小教師 14 年、主任 8 年、校長 17 年。曾任台北縣國語科輔導員、教師研習會主任班輔導員、台北縣樹林市教育會理事長。公餘之暇，喜歡寫作、閱讀、旅遊。擔任校長最深刻的心得：運用智慧、順勢而為，高處不勝寒。有春天，亦有寒冬，要走出自己的路。

過去、現在與未來——漫漫校長路

楊進成
原任台北縣中正國小校長
現任台中市葳格雙語中小學校長

　　在一個偶然的機會中，聽到台北市教育局陳副局長益興先生的一段話：
「教育要看過去，從過去找到根源感；教育要看現在，從現在找到適應感；教
育要看未來，從未來找到方向感。」這一段話，使我不自覺回想起自己的教育
工作之路。在我從事教育工作 32 年當中，有 26 年的時間擔任行政工作，包括
組長 3 年、主任 6 年、校長 17 年。算起來，在我的教育工作生涯中有一半是擔
任校長的職務，然而，這個職務卻不是最好當的，其中的喜樂與辛酸，除了家
人及少數知心朋友外，甚少有機會與別人分享，可說是「心事無人知」。

　　新世紀的學習方式是從別人的經驗中獲取最大的成功機會。猶記得在為期
10 週的校長儲訓課程中，除了儲訓班所安排的理論課程之外，我從輔導校長的
學養經驗，及來自全省各縣市同儕之間的相互學習和聆聽幾位教育家的講課受
益最多，這種「經驗傳承」讓我終身受用，因此，我不顧自己文筆欠佳之憾，
提筆將擔任校長的經驗記述下來，盼能提供有心擔任校長工作的教育夥伴些許
參考。

壹、從過去找到根源感——我如何踏入校長之路

　　踏入行政之路，有些偶然。雖起於偶然，但成於努力。回首自己如何踏上
校長之路，大致有兩項主因。

一、前輩的鼓勵

　　在擔任主任、校長之前，我一直在秀朗國小服務，跟隨著創校張培方校長

學習,張校長高倡導、高關懷的領導模式,使得當時秀朗的校譽,聲名遠播。越區就讀學生多,人數曾高達 12,000 多人,而有世界最大小學之稱。我在秀朗國小擔任了 3 年的體衛組長、4 年的主任,從張校長的勇於任事、知人善任、以身作則、關懷部屬、言行一致、賞罰分明等作為,學到了許多做人處事與行政領導的寶貴經驗,但總覺個人的個性及理念與張校長較具威權的管理不易契合,因此經常覺得壓力很大,而興起調校離開秀朗的念頭。但思及張校長對同仁的高關懷,以及另一長官的開導:「你如果調校,將對不起張校長對你多年來的關懷與栽培;你不如去考校長,考上了,不但張校長以你為榮,以後也可以施展自己的教育理想與抱負……。」前輩的鼓勵令我不敢懈怠,我在報考主任及之後報考校長,大都是在類似的情境之下投入的。

二、用心的學習

在當校長之前,曾歷經教導處、訓導處、總務處三處主任,因個人本身對任何工作都是抱著全力以赴的心態,也因此對各處業務都有相當認識,更幸運的是前後遇到的 2 位校長,都是學養俱佳、領導卓越的校長,從他們的身上,學到了經營學校的許多寶貴經驗。

在平時,我就有上學校圖書館的習慣,經常翻閱有關教育類的書籍雜誌,對教育問題與新知或多或少有一些了解,而且在像秀朗國小這種超大型學校服務,經常要面對及解決各種親師生之間的問題,也經常辦理大大小小的活動,從中累積了不少經驗,所以雖然決定報考校長的時間較為匆促,準備時間較為不足,但因考題都偏向實務面,因此能僥倖考上。

首派校長,就分發到偏遠的山地國小,因地處偏遠,交通不便,學校就如新兵訓練中心,每一年異動的老師,幾乎都超過教師總人數的一半以上,主任、組長也一樣,因此,每一年都要親自教導新進同仁如何處理行政業務,就連老師的班級經營、教學輔導及如何做好親師溝通的工作等,也要經常叮嚀。如此,等於每一年都要把校務工作複習一遍;當碰到不熟的事務時,我會再翻閱有關法規,或請教其他校長,用心學習先進的經驗。

貳、從現在找到適應感──我如何扮演校長角色

一、校務經營面

　　校長的角色猶如船長，在汪洋中鎖定目標，在風浪中調整方向，使船隻能順利抵達目的地。因此，我認為校長一定要釐清自己的校務經營理念，當然，這些目標要不悖於教育本質、不悖於國家教育目標。經過多年經驗的累積，不斷地調整之後，我個人常以下列各點作為我校務經營的努力目標：

㈠營造開放和諧情境，涵養校園倫理。

㈡建立分層負責制度，提高行政效率。

㈢貫徹校園民主參與，提升決策品質。

㈣規畫各種社團活動，提供學童參與。

㈤注重學生個別差異，激發學生潛能。

㈥加強教師在職進修，促進專業成長。

㈦強化親職教育功能，鼓勵家長參與。

㈧有效運用社會資源，擴大教育效果。

㈨注重溝通、協調，建立良好人際關係。

㈩積極營造學習型組織，落實終身學習。

　　這些理念不時出現在我的腦海中，提醒我努力將之逐一化為具體方案，落實在我的辦學策略當中。

二、行政領導面

　　行政是為教學服務，所以，組成一個主動積極的行政團隊是校長在校務推展中重要的一環。在行政領導上，我最重視的是「走動管理、溝通協調、激勵士氣」。在《從Ａ到Ａ＋》一書中，作者認為最重要的是「先找對人」，這也是我在挑選行政團隊時所使用的原則；理念相同的夥伴，僅需要花簡短時間溝通，就能達到共識，並朝共同目標一齊努力。當決定任用之後，我僅掌握大原則，其他的事則給與充分的信任與授權，使其能發揮所長。當遇到困難時我會鼓勵四處主任先共同探討解決之道，如還有問題，再和校長討論或給與提示。

雖然，台北縣並沒有規定主任輪調制度，但多年來，在我所任職的學校，主任均以 2 年輪調 1 次為原則，我認為如此除了可讓每位主任能經常保有學習之心，增加其各處業務的歷練，培養其爾後參加校長甄選的實力，也期許每位主任能互相了解大家都在做些什麼、忙些什麼，透過互相了解、互相諒解，從中培養團隊默契，團隊精神。另外，我也請各處主任、組長在處理各項事務時，建立詳細處理流程及需注意事項存檔備用，這些資料在業務交接時，能夠提供繼任者按表操課，盡快上手。

透過會議可以讓團隊成員腦力激盪、提供各種想法，經討論做成的決議，將因有其參與而更易於推動。除了各處室例行會議，還有課程發展委員會、領域小組會議、學年會議……我都親自主持或盡量參與，會中決議也必要求有關人員確實執行。另外每週召開 1 次主任會報，每月 1 次擴大行政會報，參加成員包括四處主任、組長、學年主任、科任主任、教師會理事長等，聽取大家對校務應興應革的意見，並作為校務規畫之參考依據。

三、課程領導面

學校教育的核心為課程與教學。課程領導係以領導的力量與作為結合各種校內外的資源，來支援課程的革新和教學的改進，它是對教學方法、課程設計、課程實施和課程評鑑提供支持與引導的領導行為。

猶記九年一貫課程實施之初，學校老師對於尚未獲社會共識就要實施的新課程產生了極大的疑慮和困擾，不知從何做起；例如要挑戰過去使用統一教科書的習慣與依賴，要花更多的時間去了解何謂教學統整、協同教學，要去分析、轉化抽象的能力指標，設計發展合適的課程架構等等，談何容易；傳統的教學型態要改變、評量要多元，更擔心自己是否具備足夠能力擔任教學工作，因此，老師的抗拒難免。而身為各項政策執行者的校長，雖了解老師的困境，但卻仍需透過各種途徑來執行上級的政策，夾在其中，真是難為。

因應九年一貫課程的挑戰，我所採取的策略是：健全課程發展委員會及領域課程小組的運作、確保課程依課程綱要安排、運用社區資源協助並賦權予老師、建構課程領導的對話機制、鼓勵教師進行課程與教材自我評鑑、進行教師教學視導工作、協助教師解決教學上的困難、採用多元評量、提供多種誘因提升學習風氣、成立教師成長團體、實施協同教學、鼓勵教師從事課程與教學的

行動研究、培訓種子教師協助其他老師教學等，從多面向提升本校教學社群的課程發展與實施之能力。

落實到具體實施上，我的做法大致如下：定期舉辦各年級觀摩教學及檢討會，提升教師教學技能；不定期巡視全校教師教學，並提供適時的協助與輔導；落實教師進修，提升教師教學知能。要提升老師的教學成效，除了落實教學觀摩及事後的教學檢討會之外，我也經常鼓勵教師參加校內外進修；學校週三進修則以邀請校內外績優教師分享教學實務經驗之外，也鼓勵具熱忱、有意願的老師針對特定問題進行行動研究，並成立有關教學、課程規畫、班級經營等工作坊，這些工作坊的成員，後來均成為本校在推動學校本位教師進修以及九年一貫課程的種子教師，且均能發揮積極功能。

在九年一貫的推動過程之中，雖然遭遇各種困難，但也因為這些具教育熱忱的老師所組成各種工作坊的努力與帶動，不但形成了本校老師的討論風氣，無形之中提升老師的教學品質，本校每個學期的教學設計，也都能獲得本縣及分區評審委員的肯定。另外，我們也透過各領域小組及工作坊不斷的研討，規畫出確合本校的特色課程──「戲劇」與「桌球」，目前均已陸續持續實施中；另為鼓勵全體教師從事研究、創作，以改進教學方法，提升教學績效，從93學年度開始，本校開始推動教師同儕式教學觀摩，每學期每位老師皆須進行一次同儕教學觀摩，教學演示人員、時間、科目皆由教師自行規畫，希望經由教學觀摩，讓教師之間相互切磋教學方法、研發教學技巧、觀摩班級經營，增進其教學知能。本校老師就因有這種種的努力，在92學年度獲教育部評鑑為「標竿100」績優學校，及「資訊種子」學校的殊榮。然而在團體之中，難免有極少部分老師，未能跟上時代的腳步及教改的要求，無法調整其教學的方法與親師生之間的關係，因而造成衝突及行政上的困擾，對於這些老師，我也都是本著協助，並在不傷其自尊心的前提之下，持續的給與關懷，商請與其交情較好的老師給與必要的協助，或透過 e-mail 傳達家長的意見，經過這些勸導與關懷，雖不敢說能促其完全改善，但多少總能看到一些成效。

四、同仁關懷面

「家和萬事興」是我一直堅守的信念之一，因此「營造良好的組織氣氛」一直是我當校長17年，歷經3所學校，經營校務所最注重的重點工作之一，每

到一所新學校，我會先致力於組織氣氛與團隊精神的營造，我覺得學校不論大小，如能像一家人一樣，大家互相關懷，互相包容，則親師生之間，必能同舟共濟，全力以赴。

「行政就是要做到最好的服務」、「要關懷老師、重視老師的需求」是我跟隨張校長多年觀察所得。記得我在擔任體衛組長時，帶隊的桌球教練希望能添購 2 張新球桌，當我向張校長報告時，校長並未同意採購，但隔沒多久，桌球教練在偶然機會當面向張校長提出後，張校長馬上交代總務處買了新球桌。事後，張校長告訴我：「當在第一線的老師向你提出要求時，就一定是真正的需要！」這段經驗深刻地烙印在我的腦海中，提醒我要時時關心教師的需要。

在目前近百班的學校，將近 150、160 位教職員工，老師平常忙於教學，處理級務，行政人員忙於處理公務，辦理各項活動，除了每週一次的教師朝會，很少再有全校共處在一起的機會，在連跨學年的老師都不太熟稔的情況之下，我會盡量規畫各種機會，增加相互之間的互動，例如：我常利用巡堂時間，與沒課老師或放學後與晚歸老師閒聊，拉近彼此之間距離，並輪流參加各學年的學年會議，了解老師的想法與需求，作為推展校務及支援教學的參考；並鼓勵老師在各種會議中，能充分表達意見，提出各種看法，如經討論獲共識者，均會請行政同仁優先處理；對於同仁及其家屬的婚、喪、喜慶，不論遠近，盡量親自參與；在同仁的生日送張生日卡，同仁的聘書，必定親自送到教室或辦公室；當同仁有所疏忽、犯錯時，也均在不傷其自尊心之下，於私下規勸，此皆為與同仁之間互動所採行的措施。

在學校老師可組教師會的法令規定實施之後，我即請同仁積極成立教師會，並給與必要的協助。一直到現在，我與教師會之間也都能保持互尊互重，彼此共同為全體老師謀福利及為其解決問題。

這樣的努力，讓我在擔任校長 17 年期間，雖歷經 3 所學校，均能與老師維持良好關係，直到目前，前 2 所任職學校的多位教職員工還經常與我保持連繫。

五、學生交流面

學校教育的主體是學生，所以學校的一切行政作為都是在支援老師能全心全力投入教學活動，期使學生都能在優質的校園環境裡快樂學習與成長。

校長如一直待在校長室，總給人一種高高在上、不易親近的感覺；為了打

破這種刻板印象，我經常邀請一些小朋友到校長室與校長共進午餐、下棋，也常利用巡視校園時，與小朋友互動聊天，或與在操場上的小朋友打打球；另外，除了到校外開會或有重要事情耽擱，每天一到放學時間，我會在校門口送小朋友放學，和小朋友揮手 Say Good-bye，現在，很多小朋友最喜愛跟校長手碰手「Give me Five」，尤其是有些低年級的小朋友，會突然衝出行列，抱著我不放。當學生代表學校參加各項校外比賽，我都會在出發前或到比賽場地給與加油打氣、平常我也盡可能記住一些小朋友的名字……，凡此種種都是希望在孩子的心目中，認為校長是和藹可親的。

六、資訊運用面

隨著科技的發達，在學校經營上充分運用科技，將使學校更有效能。基本上，我的理想目標有二：一是「校務行政電腦化」，二是「資訊融入教學」。

首先，在「校務行政電腦化」方面，我希望能達到下列目標：學生資料與學習紀錄資料庫建製與使用系統完備；公文傳送與簽辦能替代紙本；建立各部門資料庫定期更新讓經驗得以傳承；透過快速影音資訊傳送讓校園溝通更為暢通；透過網站窗口讓行政業務提供親師生即時服務。然而在實際運作上，卻是困難重重，諸如：軟體的開發與購置經費不足；學校專業人力資源不足，行政知識經濟尚無專責管理人員；受硬體設備的限制，未能有充足的設備讓所有行政人員使用；行政人員知識經濟的專業知能不足，不習慣知識分享與改變現狀。因此，我目前正在努力設法補強當中，方法包括：增加經費擴充硬體與研發軟體，增設專責人員；提供相關系統研習增加行政人員的資訊素養；透過有效激勵措施增進行政人員的知識分享與管理動力等，希望藉由這些策略，使本校在校務行政電腦化方面，能早日達成理想目標。

其次，在「資訊融入教學」方面，我也希望能達到以下目標：教師能依據教學目標適當使用資訊媒體；能透過豐富網路資源提升課程設計與教學效能；能建置班級網頁擴充親師生的溝通管道；能透過資訊網路將教師豐富經驗建置成寶貴之教學資源網；讓學生能透過資訊運用進而擴充學習經驗。當然，在實際運作上也出現一些困難，諸如：與僅使用教科書相比較，資訊融入教學費時費力；學校課程與教學活動繁雜，小學包班制讓資訊融入教學的成效不易彰顯與延續，付出成本較大；科任教師做資訊融入教學較有效益；缺乏有效的評鑑

與機制可以激勵教師多使用資訊融入教學。因此,我目前正在努力設法加強的包括:配合教科書建置資訊融入教學資料庫,讓教師使用方便;辦理多項相關研習增進教師之專業素養;盡量規畫讓教師有「足夠時間」且「必須」使用資訊協助教學,以發揮教學效益。

這幾年來,本校除利用教育部及教育局所補助相關經費設置 4 間電腦教室提供各年級教學之外,並積極尋求各種社會資源,如自行整修向學區內的調查局等單位要來汰舊換新的電腦後,提供全校各班使用;並利用減班所空出的教室設置 3 間多媒體教室,每間多媒體教室除了投影機、螢幕等基本設備提供老師教學之外,並各擺設 6 部電腦,提供小朋友分組上網找資料等;另外,也在各學年教師研究室擺設 3~4 部電腦及列表機、掃描機等,方便老師教學準備之用。

七、與家長及社區互動面

校長除要努力辦學,提出亮麗的辦學績效以贏得家長及社區人士的肯定之外,也要經常和他們保持良好的人際互動,才能有效匯聚社區資源作為推動校務發展的助力。

老師的教學、班級經營及學生在各方面的表現,如能獲得家長及社區人士的肯定,則家長及社區人士,均會樂於投入協助學校教育的行列,願意花更多時間參與學校各項活動,協助學校推動各項事務,如本校導護志工就有 60 多人,其他如圖書館、補救教學、故事媽媽、班級讀書志工、生命教育志工、綠化美化、運動團隊教練等志工總數就有 300 多人,對本校校務推展及減輕老師工作負擔,助益頗大。

其中,有鑑於故事媽媽受到中、低年級各班的喜愛,以及部分故事媽媽隨著孩子畢業離開學校,本校多年前即聘請居住在學區內的兒童文學家桂文亞女士蒞校,協助培訓故事媽媽及兒童讀書會帶領人,期使故事媽媽的來源不致中斷。現在本校的故事媽媽都已由資深故事媽媽負責培訓,而且有餘力前往偏遠山地學校協助推廣閱讀運動。

生命教育志工則是由原來參與「台灣彩虹兒童生命教育協會」培訓的家長在取得結訓證書後,先在其孩子班級試辦,成效獲得該班老師及校長的肯定,再經該基金會與本校合作開始培訓有意願之志工。從開始的 1 個班級、5 個班

級，到目前參與的班級已經達到50多班，使本校多數孩童都能在愛、信心與勇氣的生命信念中能正確面對、健康成長。平時，這40多位志工由輔導處安排，每2～3人一組，利用晨間時間或與級任導師利用綜合活動課程協同教學，並再利用每個禮拜一次的讀書會提升其專業知能。另外，這些志工媽媽們每年還會配合節慶至少排演一齣戲，除安排全校師生欣賞外，並受邀至其他學校公演，獲得相當好評。

　　此外，我也經常利用與家長及社區人士聚會機會，網羅各類人才，建立人才資源庫，作為本校老師教學及辦理活動之資源，如母語教學、編織、歌唱、鄉土教學、職業認識等。另外，也與地方上的社團如獅子會、扶輪社、同濟會、基金會等團體建立緊密關係，這些社團的人力、財力常是學校重要的社會資源之一。

　　除了爭取各項資源為學校所用之外，學校也要有資源共享的觀念。學校擁有很多的資源可以提供給家長及社區民眾享用，例如學校的運動場可開放給喜愛運動的社區人士使用；圖書館可開放給社區青年學生來看書；可利用學校師資及教室開辦各種成長課程，如插花班、英日語班、各種運動健身課程、成立社區媽媽合唱團；本校亦常於星期假日與市公所或里辦公處合作辦理藝術饗宴，讓學校各社團如管絃樂團、直笛社、拉丁舞社……等走進社區，一方面讓學生學習成果有表現的機會，一方面讓家長和社區人士對學校有更進一步的了解，拉進彼此之間的距離。

　　家長與學校是最重要的教育合夥人，雙方均必須密切合作，才能共謀教育的發展；而家長對學校的支持肯定亦是校務是否能持續發展的動力。目前，對於家長參與校務，在多項法規中，已有明確的規定，本校除依規定執行之外，並鼓勵各班成立班親會，加強親師間的互動，並協助辦理各項班級事務。

　　我在每月之初都會寫給全校家長一封信，將學校各項建設、活動訊息、師生學習成果表現及有關親職教育心得等，分享給全校家長及社區有關人士，讓所有家長了解學校在為孩子做些什麼。並在學校網站上公布校長的 e-mail，加強與家長之溝通連繫，也因此獲得多數家長的認同與支持。對於家長會的各項活動，必定積極親自參與；個別家長及家長委員會所提意見，如具體可行者，均委請相關人員積極處理，如有窒礙難行之處，也都委婉坦誠說明，因此，多年來，與學生家長之間均能做坦誠、密切的互動，多數家長也都能積極參與校

務，而很少有干涉校務之舉動。

八、特殊教育面

學校中存在著社經背景差異極大的孩子。有人說：「聰明的人與富有的人、有權、有勢的人，比較可能獲得更多更好的資源。」由於政府及各界人士的重視與努力，處在社經背景不佳、文化不利的兒童，逐漸走出家庭，進入學校，且人數有愈來愈多的趨勢。雖然這些孩子有時會增加行政與教學上的挑戰，但他們都必須要我們以更大的愛心和資源來協助。

本校針對特殊兒童設有啟智班、啟聰班、資源班及在家教育班各 1 班，啟智班及在家教育班的孩子均是安置中重度以上身心障礙的孩子，資源班則是安置各班在智能、行為、情緒、社交及學習等方面有障礙的學生，但資源班因受到人數所限，無法全部容納各班級任導師所提報之學生；因此，本校針對較輕微，無法納入資源班的孩子，除了利用晨間時間延聘志工媽媽、退休老師及高年級小老師給與補救教學及積極關懷支持之外，輔導處也安排有認輔制度、個別諮商、小團體輔導等課程。另外，為提供特殊教育孩子更積極的功能性學習，已逐步整合特教教師專長，目前為孩子們增設打擊樂、適應體育、韻律、社會適應等課程，提供孩子們更適性的統整教育，期能激發孩子們的潛在能力。

社經背景較好的孩子，先天上已經享有來自家庭、社會，甚至老師等方面較多的關懷，因此，在資源的分配上，我會用較大比率的資源在文化不利的孩子身上。這幾年來，我從民間社團如獅子會、扶輪社、基金會爭取的經費，幾乎全部用在這些孩子身上，如：午餐補助、原住民及中低收入孩子的英語與電腦的課後輔導、外籍配偶孩子的補救教學、低收入戶及有些家境特殊孩童的學雜費補助等。另外，對於單親、原住民、隔代教養及外籍配偶之子女中需要輔導的孩子，除了請輔導處針對家長辦理有關之親職教育之外，也積極爭取社會資源，利用放學之後辦理基本學科及英語、電腦等之補救教學；所聘師資均為本校教學經驗豐富、又具教育熱忱的現職老師或退休老師，所以小朋友的學習興致高，在每學期期末辦理的成果發表會，均有優異的表現。

對於資優學生及具有其他特殊潛能之學生，本校則商請具專長之老師廣設各項社團，提供孩子發揮其潛能的機會，例如，本校設有拉丁舞社、國劇社、管弦樂團、直笛隊、桌球隊、田徑隊、羽球隊、踢踏舞社、橋牌社……，其中

桌球隊曾經培養出 5 位少年國手，田徑隊曾培養出獲全國第一名的選手，直笛隊也曾獲台北縣第一名，與管弦樂團代表參加全國賽均曾獲全國優等，拉丁舞社的小朋友也在對外比賽榮獲優異成績，另外，因本校老師對國語文的重視，10 多年來，本校在台北縣文山區幾乎年年包辦總冠軍，在縣賽及全國賽都曾獲第一名，表現優異；在全國各項大小繪畫比賽，本校小朋友也都有很好的成績。我總覺得如果學校能提供充分的舞台，再加上對師生適度的激勵，小朋友的潛力都能充分的發揮，而這也是身為校長必須全力以赴的。

九、法律實務面

在校園民主高唱入雲之際，《教師法》、《兒童保護法》、《教育基本法》相繼制定，加上《採購法》、營繕工程招標、人事法規、主計法規等等，真是多如牛毛，一個學校領導者，必須詳細了解有關規定，才不致於誤觸法規，造成不必要的困擾。

我在求學階段，曾經選修一些教育法規的課程，後來在主任儲訓、校長儲訓的課程中，也有各種有關法規的研習，之後，在實際從事學校行政期間，為了業務的需要，更必須經常研讀各種規定，所以，對於一般法律方面的認識，雖不敢說精熟，但大致上尚可應付；如果碰到沒把握的，我會請教其他校長或上級承辦人員；另外在目前服務的學校，有位老師已獲法律研究所碩士學位，本校也延聘一位義務法律顧問，都是筆者經常諮詢的對象。

此外，教育部和教育局也都會定期將各種教育法規編印成冊，發送各校；另外，如《採購法》、人事法規等因經常修訂，身為校長應隨時蒐集，並詳加研讀，不足之處，一定要再虛心請教專業人士，避免惹禍上身。

參、從未來找到方向感──我如何看待學校變革

社會變遷快速，政府為因應變局及國人對教育改革工程的重視，相繼推出一系列的教改工程，例如：為改善中小學課程與教學的問題所實施的九年一貫課程；為因應社會變遷、民主參與的原則，所頒布的「中小學校長遴選辦法」；以及為促進多元參與所強調的教師組織與家長參與校務等等，都對學校校務運作，產生極大的衝擊。學校校長在面對這種變革，必須了解本身角色的重要性，

並深入反省，做必要的因應與調適，才能在校長的職位上勝任愉快。

以上簡述我個人在擔任校長之路上的經歷與心得，雖然不是諸事順利，但也詳實記錄我個人的省思。最後，在此也提出個人的小小建議，藉供教育同儕參考。

一、對於發展學校成為學習的社群之建議

在變遷快速的時代中，只有不斷的「學習」才是因應變局、永保卓越的關鍵，有鑑於此，企業紛紛將「學習」的觀念納入組織當中，期使組織能不斷的成長，繼而提升組織的競爭力。而學校教育是以「學習」為核心，因此，學校不能再僅是傳授知識的機構，學校必須如同企業界一般，透過個人與組織的學習，發展成為學習型組織，有效提升學校效能，滿足社會變遷的需求。而學校的發展與成長，校長扮演著舉足輕重的地位，校長如何發揮影響力，帶領全校師生努力發展學校成為一學習社群，相對顯得重要。

基於上述理念，我在營造學校成為有效能的學習社群的一些做法：

在教師方面：傳統週三進修大多邀請專家學者蒞校演講，主題以觀念的溝通較多，而多數老師則希望進修內容能對其教學及班級經營實務方面有更具體的幫助。因此，近年來，本校每月平均 4 次的週三進修，大致做如下的分配：1 次全校性進修，主題以教學實務或班級經營實務為主，演講者以校內外教學經驗豐富，有具體成效的老師為聘請對象；1 次是各領域或各學年的課程研討；1 次提供老師進行獨立研究；1 次則以主題或工作坊的形式，聘請本校或校外具各項專長的老師擔任社團召集人，如英語、戲劇、資訊、多元評量、植物染、靜思語、心智教學……等，提供全校老師依興趣選擇各組參與研討。另在週五下午也由教務處主導，組成如學校願景規畫、課程設計、實習輔導老師、實習老師等工作坊，進行較深入的教學探討。除此之外，校長也積極鼓勵老師參與校外之進修，包括研究所學位之進修，本校目前得到碩士以上學位的已占全校教師總數的七分之一。

在學生方面：為鼓勵學生閱讀，除由教務處訂定各種鼓勵閱讀的獎勵辦法之外，另將每週一晨間活動時間訂為全校師生共讀時間，也請各班老師每天都能再勻出一段時間，增加學童閱讀時間，並鼓勵各班成立讀書會，分享閱讀心得，形塑討論文化。

在家長方面：透過校長每月給家長一封信，提供有關親職教育資訊給全校家長參考，期能改善少數家長的教養觀念。另外本校每學期也規畫辦理各類課程，提供家長及社區人士更多的學習機會：如失學民眾識字班、親職教育講座、插花班、故事媽媽培訓班、生命教育志工培訓班、補救教學志工培訓班、外籍配偶教育專班，並運用社區資源，辦理多次紳仕學苑、醫療養生講座等等，期望透過多元課程有效提升家長素質，協助正確教養子女方法。

二、對於教育行政機關與學校關係之建議

傳統的「校長」一職，都是要經過「主任甄試」、「校長甄試」等重重關卡，再經 10 週左右的儲訓，現在則要再經過嚴謹的遴選制度後聘任。因此，基本上擔任校長者都已具備相當的教育專業素養、教育熱忱及領導能力，更需要有高尚的品格修養及獨當一面的能力。惟近年來，在校園民主與校務參與高唱之際，快速的改革步調，讓校長們普遍覺得「有責無權」，再加上校長還要經常面對三教九流的家長及社區人士，以及民意代表與上級的壓力，使許多的校長充滿了無力感，而興起不如歸去的念頭，這可從近幾年校長的退休潮看出；其中有正值壯年體力佳、經驗豐富、辦學績效優良者，這對教育界來說可說是一大損失。期盼有關當局，應積極檢討相關政策，並做必要的修正，讓「有責」的人也有相當權限去推動其理想，國民教育才能更正常的發展。

三、對於校長身心健康及家庭經營之建議

校長的職務是綜理校務，也就是學校任何大小事，校長都不能不管，雖然大多數校長都會授權各處主任去處理，但仍有太多的事務要校長親自去關心，如一大早，要去感謝導護志工的辛勞、要去巡視校園、巡堂、批閱公文、主持各項會議、處理親師衝突、教學領導、參與社區活動、參與各種會議、尋求社會資源、思考學校發展方向、推辭不掉的應酬等等，實在抽不出太多時間來運動；加上近年來社會變遷，所帶給校長的無形的壓力，常可聽聞一些校長健康亮起紅燈，我本身即為其中之一。回想我在前 2 所學校，都是 20 班以下的小型學校，那段期間，每週都還能保持 2～3 次，在校內或與其他校長夥伴利用晚上時間打打球，因此那段期間我身體的狀況都還不錯，但調到目前服務的大型學校之後，運動時間平均每月甚至不到 1 次，從此身體狀況就常感不適。921 地

震，本校中正樓因受損嚴重，拆除重建，在中央及地方政府對於工程期程的嚴格要求，再加上原本存在的諸多壓力，導致右眼靜脈栓塞，幾乎失明。一年前也因積勞成疾，住院半個月。出院後，深感運動保健的重要，於是自己組合一些簡單的伸展運動，利用每天早上起床之後，大約運動 20～30 分鐘，達到略為出汗的程度為止。幾個月下來，不論體能或精神總算有了顯著改善。最近，因為之前本身慘痛的經驗，我也常利用各種機會，跟全校師生以及校長夥伴宣導規律運動的重要。

另外，忙碌的校務，難免對家庭疏於照顧。在剛當校長初期，孩子都還幼小，我只能盡量回家吃晚飯，並規畫於假日全家出遊，偶爾也上館子打打牙祭等，期能增加一些親子相聚時間，還好內人也是老師，都能體諒並了解「校長」這一角色的辛勞，且能負起教養持家的責任，否則，罪過大矣！

肆、人本關懷，永續經營

「關懷」、「尊重」、「包容」、「互諒」是我與校內同仁之間互動所把持的原則。

福祿貝爾說：「教育無他，愛與榜樣而已。」這是我不論在擔任老師或行政工作所一直遵行的。凡事，以身作則，自己做不到的，絕不要求同仁去做；答應同仁的事，也一定全力去達成。

或許是因為這種信念，我所經營的 3 所學校，組織氣氛均能令人滿意，老師大都能具教學熱忱，家長也都能關心並支持、協助校務的推展，學生在各方面的表現也都能盡如人意，這也是我擔任校長覺得最有貢獻，最有成就感的地方。

目前任職的這所大型學校，沒有任何負向的小團體形成，老師之間都能互相包容，互相尊重，且能組成各種成長工作坊，自我提升教學知能，家長也都能踴躍協助各項校務工作，孩子們的表現更是優異，屢在全縣、全國比賽獲得佳績，這或許是我長期以來的努力，受到老師及家長的肯定，樂於貢獻其心力所致，也是我最值得自我安慰的地方。

以上不慚，提出自己這些年來擔任校長工作的些許經驗以供參考，盼與教育界夥伴互勉，並為台灣的教育盡一份心力。

作者簡介

姓名：楊進成

現職：台北縣新店市中正國小退休校長，現任台中市私立葳格雙語中小學校長

學歷：台灣省立台北師範專科學校畢業

淡江大學東方語文學系畢業

淡江大學國際事務與戰略研究所 40 學分班結業

國立台北師範學院國民教育研究所碩士

經歷：國民小學教師 9 年、主任 6 年、校長 20 年

　　自幼在台南農村成長，初中畢業後負笈北師，接受師範教育薰陶。求學階段除各種學科之學習外，更積極拓展多方面興趣，廣涉音樂、棋藝、痴迷體育，曾當選手球國手，並擁有國家級游泳教練及裁判資格。

　　師專畢業，先後服務於北縣瓜山、秀朗、福山、北港、中正等校，其間曾任教師 9 年、主任 6 年、校長 17 年，深感欲培養健全國民，弭合城鄉教育差距，除政府需投入大量教育經費改善環境、設備外，端賴教師具備專業知能及教育愛，方能提升國教品質。故於授課之餘，投入運動訓練工作，其中尤以在秀朗游泳隊訓練成績最具績效。此外，為了自我充實，便利用晚上及暑假期間進修，先後就讀淡江大學東方語文學系、淡江大學國際事務與戰略研究所 40 學分班、國立台北師範學院國民教育研究所學校行政碩士班等，期能透過不斷的學習，厚植自己的專業知能。

　　省思自己的行政理念，首重關懷、創新、規畫、績效，務期校園洋溢活潑、健康、快樂、卓越的氛圍。在 17 年的校長生涯中，體驗到教育目標落實與否，校長扮演舉足輕重角色，祈願全體教育夥伴，均能全力以赴，為教育盡最大心力。

校長生涯面面觀

李宏才
台北市大湖國小退休校長
現任長庚技術學院幼兒保育系助理教授兼系主任

壹、前　言

　　擔任校長之前，為了考校長曾經拜讀過高雄市苓洲國小許漢章校長的校務備忘錄──「一個國小校長的日記」，對於校長的實務工作有初步的了解。擔任校長之後，開始有了真正的體會。校長的職責只有簡單 4 個字──「綜理校務」，一般人實在很難理解校長的真正工作內涵，從表面上，大概比較常看到的工作是主持會議，不然就是批閱公文蓋蓋章，或者，在校園的各角落不時的走動。當了校長之後，為了實際檢視自己的工作內容與教育理念，曾經有這樣的衝動，寫一本自己的校長日記，只是徒有想法，在忙碌的學校生活中，總是為自己找到很好的藉口，一年蹉跎過一年，眼看著自己從初任校長，已經成為所謂的「資深校長」，校長年資今年已經第 16 年了，日記卻一篇也沒寫成。感謝國立台北教育大學林文律教授的熱情邀約，讓我有機會參與眾多優秀的中小學校長，一起撰寫《中小學校長談校務經營》一書，同時定下截稿的時間，我不再有機會找到合適的藉口拖延，卻終於有機會抒發自己校務經營的理念與策略。

貳、初任校長

　　回想初任校長的當下，仍然有相當的雀躍與興奮，嘴角還會揚起一絲絲的得意，即使在後續的實際生涯面對許多的壓力與挑戰。校長的職務在台灣的社會仍然獲得相當的尊敬與重視。

一、擔任校長的念頭

通常怎麼想就會怎麼做,什麼時候開始有了當校長的念頭?這是一個值得探討的問題。我相信很多事情其實是有跡可尋的,卻也有賴各項機緣撮合在一起。我因為家境清寒,所以選擇不必擔心學費的師專就讀,因為完成師資培育所以我有機會擔任教師的工作,也因此發現教育的確是我的最愛。在主任的邀約下我有機會擔任組長的行政工作,也因為有行政的資歷順理成章的被鼓勵更上一層樓,於是「校長」這樣的頭銜很自然的也成為一個努力的目標,考上校長是周邊同事、朋友甚至親人的衷心期待,也變成自我的期許。事實上,當校長是我過去從來未曾認真考慮的職務,而人生的因緣聚會,在長官的力邀,加上自己不排斥新的挑戰,抱持不妨一試的心情,讓我逐漸發展出教育生涯的另一個願景。

二、邁向既定的目標

在一個公平競爭的社會,有心更上一層的教育人員,都有機會圓一下自己的夢想,有了目標之後如何邁向目標,進而達成目標?我參加了兩次校長甄試,第一次抱著姑且一試的心情,當然結果可想而知;第二次發展出更強烈的企圖心,在心態上更積極,在做法上,有了第一次的經驗,更有方向與方法。我用心請教過剛考上校長的前輩,請益一些具體的做法;我蒐集現有的期刊針對當下的教育議題,深入的了解,當然跑圖書館的機會也增加了。記得台灣科技大學教授廖慶榮在他的《個人時間管理》一書,特別提出如何達成目標的有效策略,其中令我印象最為深刻的就是——把你的目標做出公開的訴說或宣示,一方面表示你的決心,一方面由於周遭朋友的期許,將會驅策自己更為努力。其實讀書、整理資料只是準備校長甄試的一部分,最重要的仍然是實務工作的用心與操作,當年因為擔任學校籌備的總務主任,一切事情從頭開始,事必躬親,因此也練就了一些辦學的基本工夫。理論與實務不可或缺,當年由於擔任行政工作的需要進修師大教育系,緊接著又投考教育研究所,於是無論在專業知識,或在人脈資源上都有相當的擴展,回想當年可真是風光的一年,同時榮獲師鐸獎、考上師大教育研究所,當然最重要的是,我終於考上校長了。

三、校長儲訓的反省

　　過去一直都是「當了爸爸再學做爸爸，當了校長再開始學習如何當校長」，校長儲訓是唯一讓我有機會做好擔任校長的準備。10週的密集訓練，對於如何勝任校長工作有相當的助益，尤其同期校長朝夕相處，建立革命感情，在出任校長之後，同儕的相互觀摩與支持，甚至定期的研討，獲益匪淺。回想儲訓期間的即席演講，是所有課程中最刺激也最緊張，事後證明校長的確需要有這樣的能耐，在任何場合，透過短暫的沉思與準備，說出最得體的話，實在是一項大考驗。現在的校長遴選制度，校長從培育、甄選、儲訓到參與正式的遴選，出任校長，必須通過重重關卡，尤其在培育或儲訓當中，設計有校長的實習課程，由資深校長實際帶領，參與學校現場的校務經營，符合「學會如何當校長再實際擔任校長」的理想。只是不管制度如何改變，擔任校長之前的儲訓工作永遠是一項不可或缺的培育過程。

參、校長的領導

　　「有怎麼樣的校長，就會有怎樣的學校」，校長永遠是學校成敗的關鍵人物，因此校長的領導就顯得更為重要。

一、行動的源頭

　　教育信念就是辦學行動的源頭，教育人員對教育所持的信念，是經由個人的學識、經驗、價值觀及其對其他事物之信念，形成對工作中教育事件所認定的意義。教育信念影響我們對教育的看法，也影響我們對教育所採取的行動。它決定了我們對教育的期望，形成了我們打算提出的教育問題，建構了我們辦學的方法。以下陳述個人辦學的重要信念，並且試圖對於信念產生的背景作一些澄清與交代。

　　有關教師的調動慰留，我曾經熱忱、強力的挽留一位表現優異的老師，以為「真誠可以感動所有人」，卻讓當事的老師無法感受到慰留的美意，徒增彼此的心理距離，讓我深刻體會「留來留去留成仇」的哲理；從此在人事的異動上，建立起「好聚好散」的信念，「沒有哪一件事情，非得某一個人擔任不

可」，這樣的信念在日後處理主任異動、教師職務安排，或教師請調的時候都非常管用，凡事盡心盡力，過猶不及，一切隨緣。

因為學位的進修，讀了一些行政管理的策略與理論，同時也確立了一些辦學的信念，例如「沒有最好的決定，只有較好的決定」，這樣的信念讓我在做各種行政決定的時候，可以更果決、更俐落的做出應有的決定，而不至於裹足不前、優柔寡斷，甚至錯過契機。

學生的安全幾乎成為每一位校長辦學的優先考慮，因為諸多變數，學生意外事件幾乎成為學校不可避免的危機，而每一次重大意外都將成為新聞媒體追逐的議題，也將成為家長責難的焦點，因此自己一直深信「沒有安全，一切辦學理想都將成為空談，或幻滅成為泡影」。也因此在每一個危機新聞案例，都是建立危機意識，共同省思危機處理最佳的時機。了解危機發生的不可預測，正可以提醒自己對於危機準備的重視。

個人的教育信念並沒有辦法隨著個人的生涯發展精準的切割與陳述，但是隨著歲月的累積，許多信念透過反省與自己平常的校務處理與實際經驗更能清楚的浮現，確實有某些堅信不移的教育信念，主宰自己對教育實際的看法與做法，以下再將自己認為核心的教育信念詳細陳述：

宇宙浩瀚，人類所知有限，因此即使在當時號稱科學的真理或常識，在經過一段時間以後也會因為時空的改變，被新的發現以及新的理論駁斥為矛盾荒謬。大自然充滿疑惑與不確定，正好提供人類無限的冒險與探知，透過不斷的觀察與檢證，發現更多的理論與事實，繼而促成人類的新技術改善人類的生活。同樣的，它也提供教育一個終極的目標——至真、至善、至美，雖然可望不可及，但是在教育過程中，學生的表現常常是青出於藍而勝於藍，也是不爭的事實，「學生潛能透過教育，永遠有無限開發的空間」。世界不確定的本質，加上學生未可限定的潛能，教育永遠有解不完的疑惑，卻也因為這樣讓教育內涵顯得更豐富、更新奇，教育雖然提供一個遙不可及的至善，也讓教師和學生永遠有開展的空間。

人類的成長和四季的更迭其實也都有類似的程序和階段，所謂春耕、夏耘、秋收、冬藏，人類在每一階段都有不同的生理及心理特徵，也有不同的發展任務。在學校長期和學生生活在一起，觀察小學長達六個年齡層的發展階段，很容易發現不同年齡的孩子，有不同年齡的表現，也有不同年齡的任務。教育

就是要協助孩子完成屬於其年齡層的發展任務。

　　教育的專業一直無法取得大眾的認同，有一部分因素在於教育本身的特質無法客觀量化。但是，孩子的成長進步、學生的氣質改變、學校的辦學績效、班級經營的成果，有一部分仍然可以藉由數據的呈現、資料的建立、檔案的保存，讓進步看的到。例如總務處的水電費支出，透過每月的統計，可以看到學校維護的努力；訓導處的意外傷害統計，可以反映常規教育的成效；教務處的學生轉出入狀況，也可以分析及了解一部分的家長認同；即使輔導室的個案紀錄，也可以反映一部分輔導的成效。要讓教育品質獲得提升，有一些客觀的數據、有一些保存的資料、必須適時定期呈現，讓數字自己說話，讓學生的進步看的到，也讓教學有客觀的反省依據，讓教育的專業地位早日建立起來。教育不能只是停留在「只做就好」，也不能「只問耕耘，不問收穫」，除了學生在氣質、習慣的具體改變外，學校或需要一些客觀的數據或具體資料，告訴自己努力的成果在哪裡。因此學校適度的行銷也成為在辦學重當中相當重要的一件事情。

二、校長的行政領導

　　校長是學校行政組織中最高的職位，因此在學校組織中被賦與期望的角色規範可以說是較具全面性的，一般組織管理者所涉及的管理活動，校長合理的也必須面對與處理。行政領導，在過去幾乎等同於校長的全部領導行為，在課程改革之後，大家對校長的領導角色有了更多的期許，希望在課程與教學的領導多所付出，即使如此，行政領導仍然是校長的首要任務。閔茲伯（Mintzberg, H.）的十大管理角色，包括頭臉人物、領袖、聯絡者、監聽者、傳播者、發言人、企業家、解決問題專家、資源分配者、談判者等，個人頗為認同。校長的工作，也是一連解決問題的過程，包括人事的安排、財物的分配、課程的計畫、設備的更新、學生的管教等等，林林總總。以下列舉幾則校務經營的實際案例，從中分析校長扮演的角色，進一步詮釋校長的行政領導。

　　在校長生涯當中，曾經面對所謂黑函的不實指控，類此案例，校長對於訊息的處理不只限於學校正式、真實或與辦學相關的訊息，也包括牽涉利益糾葛或是私人恩怨所產生的不真實的訊息，而此類訊息通常會對校內和諧、學校效能產生傷害，而校長也常成為負面訊息攻擊的對象與是非的主角，就這例子來

說，校長在平常須扮演好聯絡者角色，與學校外人士（教育局或是議會等）建立良好的互動與溝通，當學校外的單位或人士成為惡意中傷的媒介或管道時，可以獲得立即的澄清及回應的合作。同時校長必須在事件發生的先前就扮演監聽者角色，蒐集不實情報的來源及分析因應的對策與說明，在事件發生的當時才不會不知所措。另外在事件處理時應扮演傳播者角色，將事件的真相與處理原則明白的傳遞給教師知道，以收誤會澄清與嚇阻的效果，以避免事件的擴大與連鎖反應。

　　校園意外傷害的偶發事件，似乎成為無法避免的危機。學生在掃地時間嬉戲，嚴重摔傷。學校緊急連繫家長，並在第一時間內送鄰近醫院就醫，校長與醫院聯絡，請求醫院做最快最好的處理。並由校長率各處主任親自探視，一方面表達歉意，一方面表達關切，出乎意料之外，家長並不責怪學校反而感謝學校的關心。當學校發生安全意外時，無可置疑的校長必須立即扮演一個解決問題專家角色，當意外的處理是需要學校團隊合作時，校長就必須成為領袖角色帶領大家解決問題，在此案中校長率各處主任親自探視受傷學生，對問題積極面對，也同時扮演好發言人角色，代表學校向家長表達出最誠懇的關心，由此看出角色的結合應用是有利於問題解決的立即性及合適性。

　　過去教師職務是由教務處安排，學校行政人員擁有足夠的裁量權。但在教師會成立後，教師自主權呼聲不斷，要求學校能設計出一套嚴密公開、公平的制度。因此，要求以積分制度取代過去校長的裁量與決定，然而積分制度是否健全、是否能符合能力及專長導向，都受到爭議及質疑。學校教育並非工商企業，能以量化績效來評估教師的表現。過於制式化的積分制度，忽略教師教學的本質。本校於 88 學年度，抵擋不過整個教育生態的改變，校長尊重教師民意的趨勢，蒐集各校的積分方法，希望能以公平客觀的制度來分派職務，經過長時間的討論，終於有了圓滿的結果，教師依照過去填寫自願表的方式為主，如有一個職缺而多人爭取時，則訴諸積分評比，並將積分的審核交由職務編排委員會討論決定，但也同時尊重校長對於特殊教師的安置以及最後的裁量權。學校因具備公務機構的特質，因此即使身為組織中職位最高的領導人，校長能為組織成員分配的資源也非常有限，一切都在法律規定的範圍內，就此一個案來看，職務安排的爭議，也就成了學校人員資源競爭的另一種形式，校長在周全的制度尚未建立完前必須要扮演資源分配者角色，但學校環境畢竟不同於外

面的民間機構，不論校長的裁決的考量為何，一定會引發分配不公的爭議，嚴重的話甚至會阻礙學校的運作，因此對於有關資源分配、職務分派的決策，校長應扮演起企業家角色，及早主動去規畫變革，在依法行政的原則下，將易引起爭端的流程，予以制度化標準化，而不是被動的等待問題發生，才去扮演解決問題專家的角色。

家長直接向校長反映要求轉換班級相信是許多校長常常會碰到的問題，在平時，校長對於全校每位老師上課的大概情況，就要扮演一個盡責的監聽者角色，才不會在家長反映問題時發生無法掌握狀況的窘境，也不會因一面之詞而對老師產生誤解。對於提出轉班要求的家長，校長扮演的是一個發言人的角色，向家長陳述校方在轉換班級上的行政作業與必須的考量，盼其能體諒學校運作上的流程，並提出替代解決的辦法。在另一方面也要對老師教學與班級經營進行了解，此時要對老師扮演傳播者角色，傳遞家長的期望與改進的建議，雖然問題的本源不是來自校長本身，尤其老師在教學方法或態度上的改變也不是一朝一夕，但在家長的傳統觀念中校長在學校的權威仍是不容置疑的，因此校長在觸及類似議題時，若以訊息溝通角色去處理可能比較不會激化問題。

校長的行政領導當然不只局限於校務問題的解決，校務的經營創新更需要校長的積極作為，而所謂創造性的決定就顯得相當重要，創造性的決定不只是校長的專利，每一位主任、組長或老師都有創新揮灑的空間，校長的責任在於統合大家的共識，支持創意的點子，如此校務永遠有進步的空間。因此，行政到底「由下而上」或「由上而下」？我自己的看法是「上下交融」。學校人才濟濟，如何讓所有人員各依專長，各就定位，如何讓所有行政人員及教師有舞台、有成就，是校長行政領導的關鍵，而在教師有所表現及成就之後，如何給與適當的激勵，是保持學校持續進步的動力，相對的，校長如何尋求各項資源，提供適當的酬賞，就看校長的本領了。

三、校長的課程領導

隨著社會的變遷、法令的變革、新課程的實施，校長角色已有重大改變，學校本位課程的發展有賴校長的方向引導與資源提供，校長既然是課程發展委員會的召集人，對於課程領導的角色責無旁貸，校長為達成確保學生學習品質之目標，塑造學校願景與目標，導引課程規畫、設計、實施與評鑑，並協助教

師專業成長。課程領導包含課程的專業知能、領導的概念與技巧,以及學科的專業知識。校長雖無法精通許多學科領域但必須熟悉課程設計的過程,了解課程判斷標準,尤其對於課程相關的概念要有正確的認知。基於順利過渡到新課程的需求,本校在88學年度率先參與九年一貫課程之實驗,雖無前例可循,仍然鼓勵教師發揮創新教學的潛能,達成學校本位課程的發展,增進自省及反思的能力,由於溝通宣導的需要,個人勉力完成系列的專文,間接促成本身的專業成長,同時彙編成果報告留下老師努力的痕跡,作為後續課程發展的基礎。在課程領導上從實際參與課程改革的實驗當中,大致歸納出課程領導的可行的策略包括:

(一)健全組織:尊重教師專長與興趣,考慮各年級教師比例均衡分配,組成各學習領域課程小組。

(二)慎選召集人:考慮人際溝通技巧、領域專長,禮聘召集人發給聘書,並酌予減課。

(三)安排共同時間,定期開會研討。

(四)培養召集人成為課程領導者:提供資源與行政的支持,協助召集人發揮影響力。

(五)促進專業對話:建置領域小組辦公室,提供優質環境。

(六)鼓勵課程與教學專業分享:領域召集人率先分享各領域課程發展與教學經驗,帶動開放、專業、分享的校園文化。

(七)彙整研究成果,協助出版發表,帶動研究的風氣,提供討論的素材。

肆、校長的公共關係

依系統理論觀點而言,學校本身是一個開放系統,學校常會受到外在的政治、經濟、社會及文化環境的影響,尤其社會環境的社區及人口對於學校更具有影響力。公共關係具有雙向傳播,提供回饋的作用,學校必須重視公共關係的推展。唯有利用適當的雙向溝通管道,獲知公眾對於教育的企求,學校所提供的教育服務及產品才能符合公眾的要求。

公共關係是學校行政重要的一環,透過有系統、有計畫、長期性的雙向溝通活動,結合公眾利益與意見,以獲取內外公眾對學校的支持,共同為增進學

生福祉，達成教育目標而努力。在公共關係的經營過程當中不可陷入一般人對公共關係的迷思，以為公共關係是特效藥、萬靈丹，公共關係是一種單向的宣傳活動、公共關係是交際應酬、公共關係是「一夫獨擔」即可的工作。事實上，公共關係仍然要以校務經營為基礎、公共關係是彼此互動的過程、公共關係絕不等於交際應酬；公共關係不是校長一人可以獨力完成的。

公共關係的範圍一般以為只有對外之關係，事實上對校內的人際關係也是不可忽略的。以下簡略分為對外關係以及對內關係，分別說明校長的公共關係。

一、對外關係的經營

初任校長，或新到任校長，第一件事情就是熟悉地方父老，其意義不僅只是「拜碼頭」，畢竟學校不是孤立於社區、地方的，學校是地方有力人士或重要人物所共同關心的，因此地方的民意代表，區長、里長、社區發展協會理事長，以及學區的中小學校長、治安單位的派出所主管，都必須保持經常性的互動，建立良好的關係，因為學校與地方絕對是共生共榮的，許多校務仍然需要各單位的全力配合才能竟全功。本校在溫妮颱風來襲之後的救災工作，事實上就靠社區所有單位的合力協助，才能在最短的時間重建復原。在校務經營的過程當中，學校的重要活動諸如節慶活動或大型的藝文活動，都應熱忱邀請相關人士共同參與，相對的，地方單位如有重要的活動也應該不吝於親自參與或捧場。對於民意代表的互動也應該保持有「一點黏又不會太黏」的關係，只要不違法的請託也能盡力配合，如果實在無法配合也要委婉說明，畢竟民意代表也有服務選民的壓力，通常民意代表也都能知所進退，不會太為難學校。校長也不應凡事透過民意代表請託，透過正式的行政程序還是比較合適。

新聞媒體是公共關係的另一個重要對象。透過媒體的報導是學校行銷的最好管道，同時，學校形象也可能因為媒體的偏頗報導，破壞殆盡。與媒體互動如何恰到好處，有賴校長對媒體特質的深入了解，與媒體打好關係，可以為學校帶來實質的邊際效益。學校一些重大的教育活動，目前都可以透過新聞稿的方式，邀請媒體記者採訪，媒體是否有興趣採訪，最主要的關鍵是學校承辦的活動是否有創意，具備所謂的新聞價值，因此在行銷之前不妨先檢視學校的教育活動是否真正值得採訪。與媒體互動，擔心的不是好消息不能上報，更擔心的是壞消息占據報紙大幅版面，因此校長必須慎選發言人，適時澄清或說明，

化解不實的傳言或迅速的化解危機。必要時自己也應成為一位良好的發言人。當然避免壞消息上報,最根本的策略就是不要有壞消息。

對外關係還包括與教育局的關係,有些因緣際會或者因為教育局的器重,委託承辦一些專案,我總是虛心以對,不輕易拒絕,畢竟協助教育局推展教育政策也是學校的重要職責,當然也是校長的任務之一。承辦跨校或全市性的活動,對於自己的行政歷練是一項考驗,相對的,也會拓展自己辦學的人際關係與辦學資源。承辦教育局的活動盡量以不影響校務為原則,盡量以行政人員為主,畢竟行政人員就是希望以服務、創新、效率為指標,對於行政人員也是一種成長的機會。

二、對內關係的經營

對內關係包括教師家長與學生,尤其在這個家長參與的年代,如何與家長建立良好關係,是一個重要的課題,家長會是家長的合法組織,因此談校長與家長的關係,就必須先談論校長如何經營與家長會的關係,首先必須先確立學校經營的主體性,仍然在於專業的教育人員,因此任何教育措施,仍然倚賴校長及教師作專業的判斷與主導,不能全然依據家長的好惡。家長會是一個獨立的正式組織,聽聞部分學校家長會有派系之分,因此校長首先必須超然於會長、副會長或委員的選舉,不必企圖掌握家長會的選舉結果,先有起碼的尊重,在後續的互動才有良好的結果;其次,不必過度期待家長會在金錢上的挹注,有多少錢辦多少事,過度的期待徒增加家長委員的心理負擔。經費只是家長會可以貢獻的資源之一,其他還有許多包括人力的支援、意見的溝通與協調,甚至只是精神上的支持,都是家長會可以貢獻的地方。如何經營學校與家長會的關係,最終還是得回歸到辦學的績效。家長對於學校的了解,如果只是靠定期的幾次家長委員會絕對是不夠的,因此全面與家長的溝通機會就必須確實把握,不斷傳送自己的辦學理念與具體作為。例如學校日、各種節慶活動、書面的校刊……都是很好的管道,當然家長會包括愛心團的各種活動,校長都應親自參與,一方面是尊重,一方面也是一種激勵。

校長與教師的關係,絕不僅限於各處室的主任,固然主任與校長互動最多,也是最為倚賴的關鍵人物,但是絕不因此而忽略與其他教師關係的經營。就像經營班級一樣,第一件事情必須熟記所有老師的名字,只要叫出名字,與

教師的距離就拉近一些，如果能夠深入了解每一位老師的興趣、專長甚至家庭背景，對於教師的專長發揮有相當的幫助。一般人總是注意到頭尾兩端的老師，往往忽視沉默的大多數，作為一位優質的校長，必須想辦法對所有的老師有更多的互動，因此，所謂的走動管理就顯得格外重要，如何適時伸出友誼的手，不吝惜的關心與鼓勵，可以營造良好的人際關係，也比較容易凝聚教師的向心力；如何傾聽教師的意見，適時以具體的作為，回應教師的積極建議，更能拉近彼此的距離。想一想今天是否與大部分的教師都作了互動？還是自己關在校長室忙碌一整天？

　　學生是辦學的主要對象，雖然學生有各自的班級，有各自的老師，但是不要忘記校長也是學生最好的老師，因此校長必須是學生最好的榜樣。學生的活動與聚會校長絕對不能輕易缺席，校長的出席象徵對學生活動的重視，而實質上的意義，校長可以利用這個機會提供教導與激勵。因此無論例行的學生朝會、開學日、結業式、各項比賽、各種節慶活動，以及校外教學、畢業旅行等，都是校長與學生建立良好關係的機會。事實上，走動管理也適用在學生的身上，只要是下課的時間、上下學或打掃時間，校長都應走出校長室與學生在一起，只有這樣才能更了解學生，更容易發現問題。放下身段，保持一顆年輕的心，了解學生的次級文化，適度的參與學生的活動，就是建立良好關係的管道。我一直相信教育的過程是人影響人的過程，沒有互動、沒有人際關係，教育的影響力就非常有限。

伍、多面向的校務經營

　　如果仔細觀察，「變」似乎才是生活的常態，天氣每天在改變，科技日新月異在改變，課程教材也不斷在推陳出新，而學生也會因為新的學年度，重新編班，接觸新老師、新同學，即使在同一班，一樣的老師也會有不一樣的新氣象。因為未來的不確定性，賦與人類豐富的發展性。教育的目標在各個階段容有不同，但是終極的教育目的卻是一致的、不變的，那就是止於至善，說白話一點，就是讓人類生活更好、更幸福、更圓滿。校務經營千頭萬緒，包羅萬象，一方面要堅持教育的永久性，追求至真、至善、至美；一方面要保持教育的適應性，隨著時代變遷在觀念上與做法上做具體的改變，以下針對大家關心的重

要的議題，發表自己的看法與做法。

一、發展學校成為學習的社群

　　終身學習的社會已經到來，終身學習是各行各業持續進步的動力，在專業進修上我幾乎沒有中斷過，我修了兩個大學學位——淡江大學的英文系、師範大學的教育系。之後，繼續修讀師大教育研究所，1999 年，進入政大教育博士班進修，幸運的在 2003 年年底順利取得博士學位。校長本身奉行終身學習，或多或少可以樹立楷模，帶動學習的風氣。知識管理已經成為大家耳熟能詳的一個重要名詞，而學習型組織也是學校努力的重要標竿，在正式組織上要發揮教學研究的功能，因此在九年一貫課程的架構之下，如何讓課程發展委員會以及領域小組的正常運作，是發展學校成為學習社群一個重要的議題。在例行的週三進修如何有效的規畫，邀請到符合教師需求的講座，是校長必須重視的問題。在教師晨會上不必僅限於行政的報告，適時邀約教師做教學、研究或參訪的心得分享，是發展學習社群有效的策略之一，校長只要做到力邀與激勵的角色，大部分教師都願意盡全力分享，如果能夠給與實質上的鼓勵更佳。辦學的預算或家長的經費支援，如果用來出版教師的研究結果，更能激發教師的分享意願，提供老師最大的成就感。透過教師內隱知識的分享成為外顯的知識，進而激發其他教師的啟發與省思，成為各自的內隱知識，如此透過知識螺旋的運作，將是形成學習社群最好的動力。教師的潛能無限，如何被充分開發利用，考驗校長的能耐。

二、照顧特殊學生的需求

　　教育機會均等一直是教育追求的理想，而因材施教也一直是教育人員奉為圭臬的信條，如何兼顧兩端的學生，給與適性的教育是校長辦學必須慎重考慮的一個議題。校長必須關心學生特殊行為問題，並給與以適性的安置、教育和輔導。學校必須依規定設立特殊教育推行委員會，每學期初、期末定期召開會議，推展校內特殊教育事項，盡可能讓每一位特殊需求學生達到無障礙的學習環境。尤其對於肢體障礙的特殊學生，在樓層的安排，學習輔具的提供、總務處可以盡最大的努力，做妥善的安排；教務處依據特殊需求學生酌減級任教師的班級人數，適度減輕教師的負擔，在排課上也給教師最大的空間；訓導處提

供特教學生安全上的支援服務；輔導室在幫助學生認識特殊兒童以及如何協助特殊兒童，必須大力宣導。統整行政處室的努力，全校親師生一起來，才能真正照顧到特殊需求的學生，實踐教育機會均等的理想。

三、有效運用教育資源

學校的發展，必須投入相對的教育資源，在教育經費愈來愈窘迫的環境之下，校長如何爭取並有效運用教育資源，是一個重要的議題。學校正式的預算是學校最主要的財源，如何合理的編列預算，並透過有計畫的編列是校長應該用心的地方，校長必須敏銳的觀察，了解學校的真正需要，更可以透過許多正式的管道，例如學校日、定期的行政會報或者校務會議，甚至與學生的座談，都可以透露師生對學校在設施上或教學上的殷殷期待。校長必須重視每一次的建議，有系統的列入學校的近程及中長程計畫，依序完成。其次，談到預算爭取，與上述公共關係的經營有相當密切的關係，例如教育局各項政策的配合推動，讓教育局更了解學校的真正需要，可以順利爭取到需要的預算。當然教育局在政策的推動上，每一年有不同的重點，例如午餐的推動、生飲的計畫、夜間照明的新設，甚至廁所的改善或教室設施的更新等，此時，如果學校能夠配合政策的推動，常常有優先編列的機會，校長只要判斷這樣的政策對於學校教育有正面的影響，就必須毫不猶豫的率先配合。事實上，最好的公共關係仍然是辦學的績效，辦學績效獲得肯定往往有更多的教育經費挹注，當然學校如果有一些創新的教育措施或實驗，例如新課程的開發、新科技的引進等，往往也會得到經費的支持。在正式預算之外，家長會的投入與支持也是教育最好的資源，如何與家長會有良好的互動，以及學校教育措施是否能夠照顧到學生的需求，獲得家長的認同，往往是家長是否願意投入更多資源的關鍵，例如本校的深耕閱讀計畫，家長發動全校的家長一起共同來推動，在圖書的購置以及閱讀相關的設施與活動，相對的有足夠的資源可以利用。教育資源不僅限於財力，在人力上，家長及社區都是最好的人才庫，學校只要妥為調查規畫，對於資源提供的單位或個人給與適當的激勵，都會有意想不到的結果。

四、發展學校特色

每一個人的成長背景不一，興趣專長不同，因此各人的表現也不一樣，有

的擅長體能賽跑；有的熱愛球類、精於球技；有的熱愛演說、精通口語表達；有的能夠精準把握節拍，能歌善舞；有的沉浸在閱讀的世界，見解豐富……。每一個人有自己不同的發展特色，學校如同個人，因為所屬的行政區、學校規模、成立的早晚、組成的成員甚至資源的投入等不同的因素，讓學校在發展上各有不同的面貌，因此各自發展出不同的特色。所謂特色，不只是與眾不同，而且是比別人更好、更創新。學校的特色必須建立在學校共同的水準之上，換句話說，學校在各方面要先有一般的水準之後，再求某一方面的特殊發展。學校的特色可以凝聚師生的認同與尊嚴，學校的特色可以提供師生在某一專長特別發揮的機會。校長經營學校，如何發展學校特色，依個人的看法與做法，比較偏向「順勢而行」，換句話說要評估學校自身的各項發展背景，考慮家長學生的需求，評估教師的專長與能力，當然整體社會發展的趨勢也應列入考慮。以大湖國小而言，因為音樂教師的長期耕耘，有各種不同的音樂團隊，包括管樂、合唱、琵琶、打擊等樂團，尤其家長有認同、學生有興趣，而家長也願意投入，於是行政上只要妥善規畫，安排招生、給與支持，提供舞台，定期發表，久而久之自然發展出音樂表演的學校特色。再以體育活動而言，學校有定期的晨跑活動、有整齊的師資陣容、有結構式的體育能力認證、有定期舉辦的田徑之星，加上卓越表現的體育社團，自然發展出學校在體育方面的學校特色。以目前重視學校本位課程的趨勢，學校要發展學校特色終究必須透過課程發展委員會的討論，融入學校本位課程，才能提供具有結構而能夠持之以恆的發展。

五、推動全人的教育

在發展學校特色的同時，推動全人的教育是每一個校長的重要任務。在方向上，設定全人教育的目標，必須同時重視孩子的生命教育、體育發展以及藝術教育；在觀念上，大人必須重視孩子的受教權益；在策略上，必須加強教師專業的提升，建構學校成為優質的受教環境，推動閱讀風氣，建設 e 化校園並加強國際交流。

學校課外社團提供學生一個自由選擇的機會，學生在正課之餘，可以就自己的興趣與專長。社團的推展正是全人教育的實踐，其中更涵蓋藝術的紮根以及體育活動的推展。校長的責任在於提供每一個孩子有發展自己的天空，而具體的策略就是讓所有的老師也有自己的舞台，換句話說，校長不偏於某一個領

域的發展，校長的視野必須寬闊，校長的資源分配必須公正客觀。

如何發展五育健全的孩子？在德育上要倡導「五 e」的教育模式，包括示範好品格（example）、教導好品格（explanation）、勸勉好品格（exhortation）、提供親身體驗的機會（experience）、塑造良好的環境（environment）；在智育上，要協助布置一個容易學習的環境，要充分支持教師帶領學生從事觀察實驗，要推動閱讀的風氣；在體育上，倡導每日固定的晨跑對於體能的增進有相當的幫助，開辦多元的體育社團，滿足學生不同的運動嗜好，學生天生好動，學校定期舉辦一些體育競賽也是提倡運動風氣最好的方式。在群育上，要形塑學校的認同，建立一個「我們的學校」。要多舉辦團體體活動與競賽，鼓勵競爭與合作；在美育上，要布置校園成為美育境教的優質環境，並且多提供展演或展覽的機會，只有透過發表才能提供更多成就，成就帶動信心，信心豐富學習。

六、重視行政電腦化及資訊融入教學

電腦資訊和英語已經成為走向世界的兩大工具，資訊能力的養成不是一蹴可幾的事，和其他教育改革一樣，必須循序漸進。在實際做法上，不斷提供老師進修的機會，增長運用的能力是最基本的策略，而透過分享與觀摩漸漸將老師帶到資訊運用的道路，尤其在班級網頁以及教師網頁的建置，校長必須有所堅持，透過教師彼此觀摩，達到百分之百建置的目標。當然在行政上必須起帶頭作用，因此行政會議透過即時的電子資料，不但一目了然，更節省記錄的時間，充分達到溝通的目的。教師的資訊融入教學，必須透過激勵與引導，而最重要的是提供方便使用與管理的各項資訊設施。在整個推展的過程當中，也必須有相當的耐心，畢竟有少數老師在資訊能力上要花費更多的時間，而校長本身在資訊能力上也要達到一般的水準，畢竟校長還是有帶頭或楷模的作用。

七、塑造學校文化

學校文化影響每一個學校成員的思想、觀念及行為模式，它不知不覺塑造了師生的態度與價值，也影響了師生在教室的學習活動，大家都知道學校文化的重要，而學校文化的塑造卻又是最難的一部分。已故林清江部長對於學校文化有深入的分析，對於學校文化形成的因素區分為行政人員、學生、教師、社

區家長、傳統儀式規章制度以及整個環境設施。塑造學校文化可以從這幾個層面下手，學校建築設施是親師生每天生活的地方，寬廣亮麗的學校環境，本身就有潛移默化的功能，校長在學校建築設施的改善與增建必須融入文化的意涵，像學生的陶藝作品，構築學校的大壁畫，像生態池的新建，融入自然教師的教學理念，讓建築不再只是建築。例行的制度儀式，例如升旗、晨會、畢業典禮等程序如何進行，都會深深影響一個學校的文化，在畢業典禮上一一呈獻學生的個人介紹與離別感言，雖然短暫卻意義深遠。行政人員的服務態度、行政觀念以及開會模式、合作方式，日積月累自然形成所謂的行政人員文化，校長在這一方面，必須不斷強調創新、服務及效率的優良文化；家長會如何參與校務、愛心團如何組成、聚會的方式、與學校的互動方式，在在影響家長的次級文化，學校宜藉親職教育教導正確的期待，形塑優良的家長與社區文化；理想的教師文化，是同儕的相互分享與合作，是專業的不斷成長與進修，校長必須保持與教師良好的互動，才有能力影響教師的文化。至於學生文化是否能夠朝向尊重有禮、勤學好問，有賴全校教師共同的教導與努力，尤其對於學生的次級文化最好有更多的了解，才能加以運用或適當的引導。

　　文化形成的因素，雖然分為不同的層面，但是彼此都是相互影響，互為因果，因此在文化塑造上必須重視每一個層面。校長對於學校文化應有某種理想的目標與期待，反覆不斷的修正與引導，經過長時間的累積，終將成學校傳統的一部分，也將成為學校成員特殊的價值觀以及生活模式，一旦優良的學校文化形成，辦學也將易如反掌。

陸、外在環境對校務運作的衝擊

　　學校經營無法獨立於整個大社會，因此外在環境的改變勢必牽動學校教育的變革，以下針對學校變革的經營以及各項教育政策的反思陳述個人的看法與做法：

一、學校變革的經營

　　近年來因為社會的急遽變遷，教育的生態也有全新的風貌，老師與家長的角色扮演已有極大的改變，但是在改變之中卻也有其永恆不變的地方。首先，

教師不再有固定的教科書，教師必須共同決定教科書版本，加上補充教材或自行設計教材，適時配合學生及不同環境的需要，其次，教學的型態雖然仍有固定的班級，但是必須突破班級的限制，加強與其他班級的合作，共同擬訂教學計畫，實施班群教學。當然最大的挑戰在於引進豐富的資訊科技，運用網路資源，教導學生如何運用電腦科技作有效的學習，資訊素養變成教師必備的能力。現在的學生數雖然變少了，但是學生的問題卻變多了，過去權威式的教育方式不再有效，教師必須運用更多不同的輔導與管教策略，導引學生正常的學習。雖然面對這麼多的改變，卻隱然也存在一些永遠不變的教學原理，確保教學有效而成功，例如：師生的親密關係是教學成功的基礎、教育的愛仍然是無條件的給與，絕不因為兒童本身的價值高低，有所差別。其次，親師的合作，大人一致的期望，以及彼此的互信，可以讓教學有加乘的效果，最後，教學的歷程由「不成熟到成熟」、由「不好到好」、由「好到更好」也是不變的。

家長在這一波的教育改革之中也有關鍵性的改變，過去的觀念，教育是學校的責任，老師全權處理就好。現在已有不同的想法，教育是教師與家長共同的責任，因此家長也被賦與更多的權利，因此家長可以共同決定課程教材、可以透過教評會共同徵聘老師、甚至可以決定孩子是否在家自行教育。相對的，家長必須透過學校日了解學校與班級的教學措施，成立班親會、家長會參與支援班級與學校的教學活動，甚至組織龐大的愛心團，支援學校各種不同的教育措施。家長的角色的確有相當大的改變，但是仍然有其永遠不變的地方，例如：家長對於孩子幸福成長、潛能開發甚至出人頭地的期望永遠不會改變，家長對於孩子不求報償的愛心永遠不會改變，而家長對於教育專業的尊重也不應改變，因此參與而不干預應該是家長支援教學活動最基本的觀念。

通常改變有它的漣漪效應，換句話說，一項改變會牽動更多的改變。因此如何體察外在環境的改變、調整自身的因應、做出較好的改變，應該是一件非常重要的事。校長在變革的經營，務必敏感於社會的變革趨勢，盡早因應，讓師生有更多緩衝的時間，盡量避免跳躍式的改革方式，尤其在制度變革之前，不妨都以試辦的方式或採取自願的方式進行改革，容許有更多修正的空間。在改革的過程務必把握教育的變與不變，讓變革成為平緩的過程。在九年一貫課程的變革上，個人對於變革經營有相當的體會，在變革理念上要能夠說清楚、講明白，充分了解變革的理由，要先能夠說服自己，才能夠說服別人，在變革

之前，要適度釋放「試探氣球」，試探有關人員及重要人士的態度與看法，以調整變革的速度與腳步，而在變革過程中適度提供資源與獎勵，可以吸引更多成員參與，而變革的方案也必須尋求多元與變通，可以保證變革的成功。

二、教育政策的回顧與評估

教育政策通常用法令規章予以表述，用來規定教育人員的行為。要了解教育政策就必須探討教育法規，例如《教師法》、《國民教育法》、九年一貫課程綱要、《師資培育法》等。教育政策具有規範性，含有應該或必須的層面，教育政策也有其實徵性。在教育政策的執行過程當中，可以實際檢驗政策的合理性、可行性及有效性。學校是貫徹各項教育政策的最底層，教育政策是否能夠真正落實，就看學校執行的程度。校長處於居間決策的角色，如何詮釋政策，讓教師產生認同，提供執行的策略，作為教師遵行的參考，是校長責無旁貸的任務。

教育政策往往是針對時代的變遷環境的需要，往往因為各項配合因素未臻周全，不是半途而廢，就是未竟全功。例如早期的自願就學方案，以及之後的多元入學方案，雖與小學校務經營並無直接關係，但是對於整個升學制度確有重大突破，立意很好，理想很高，但是由於就讀明星學校的升學觀念無法改變，加上各項配套措施不足，自願就學方案終於草草結束；至於多元入學方案，仍不免鑽入聯考的死胡同，實在可惜。開放教育的政策喧騰一時，對於開放的定義、實際的教學策略等，並未有見諸法規或書面的規定，以至於如何開放卻各有詮釋，甚至有所誤解，於是從一個極端邁向另一個極端，得不償失。教評會的設立固然強調學校的自主，執行校內老師的新聘、續聘或解聘，卻礙於教師的專業不足或校內教師的人情牽掛、或選任委員的辦法不周全、或主客觀因素的變化，例如教師的缺額愈來愈少，教師甄試，一位難求，幾年下來教評會的運作功能多所詬病，常遭質疑。於是教師甄試又走回頭路，進行教師的聯合甄試。至於九年一貫課程的推展，在各項配套措施不足之情況下，如師資之培育，且戰且走，確有可議之處；當然有一些觀念的突破，確實帶動教育革新，例如對於課程觀念的釐清、教師專業自主的能力、協同教學的提倡、班群合作的嘗試以及課程計畫的事先擬訂，甚至對家長全面的說明等，都是新課程實施帶來觀念的突破以及具體的成效。

　　總的來說，教育目標在止於至善，教育又必須與時俱進，因此教育政策的推陳出新，乃是不可免的事實，只是在教育政策的擬訂必須考慮到政策的適宜性，調和理想與現實；其次，採取個別累增的策略，先謀求小部分的改變，再帶動另一小部分的改變，教育乃是日積月累的事業，一切教育改革仍然必須循序漸進，切忌躍進躁進，尤其在政策理念必須先行釐清，從小規模到大規模，從試辦到正式實施，比較能夠保證改革政策的落實與成功。教育政策的推動如此，校長在校務經營的變革當中也應如此。

柒、校長生涯的深刻反省

　　校長綜理校務，設定辦學目標，統合學校的所有資源，概括承受學校的成敗與榮辱，影響的不只是個人的生涯，也是教師的生涯，更是學生的發展以及家長的期待。因此校長的專業成長、校長的身心健康，甚至整個校長培育制度都值得討論與反省。

一、校長的專業成長

　　校長的專業成長來自於各種不同的管道，首先是經驗的累積，在同一個學校運作多年之後，漸漸可以體會領導的藝術，熟悉校務的運作，問題是光有經驗歷練，仍不免嘗試錯誤有其代價與遺憾，尤其成長還需仰賴自我深刻的反省與檢討，甚至牢牢記取經驗。因此前面提到的撰寫校長的日記，或記載校務的備忘錄，都是很好的方法。對於教育的熱門新聞，適時的發表自己的看法，也可以適時釐清自己的教育理念，以及各項校務推展的及時省思。當然，透過學位的進修也是很好的方法，只要終身學習就會強迫自己緊緊的與時代脈絡銜接：過去同期校長定期聚會分享，甚至邀請講座，針對熱門教育議題舉行座談，也是增進專業成長的好方法。如果僅僅受限於自身的校務經營經驗，對於自己的專業成長仍然有限，因此走出學校，擁抱外界就顯得更重要，透過網路瀏覽是一個方式，實際走出國門參訪學校，更是讓人印象深刻，迅速成長。

二、校長的身心健康

　　留得青山在不怕沒柴燒，校長的職務絕對是一個需要耗費體力的工作，早

出晚歸是每一個校長共同的認知，比別人多付出也是大多數校長的共識，尤其校長要處理許多校務的疑難雜症，有時還需要面對盛怒的家長、生氣的老師甚至桀傲不馴的學生，更需要成熟的情緒管理，因此校長的身心健康就顯得格外重要。

與校長合影常常是表現良好學生的共同期望，也是學生覺得非常榮耀的事情，因此常常戲謔自己，校長還不能長得太醜或太胖，否則對得獎的學生還真有點不公平，大家都希望畫面還是美美的較好。除此之外，校長照相的機會還真不少，至少每一年的畢業紀念冊就少不了自己的照片，就憑這樣象徵的觀點，校長還真要保持良好的身材。

事實上，校園本身就是一個很好的生活環境，校長好好經營學校的美化綠化，不只是為學生營造健康的環境，自己走動在校園也是賞心悅目的一件事情。校長老師絕對是學生的楷模與榜樣，健康本身就是教育的重要目標，因此體育活動的提倡，校長更需要以身作則。近年來，教育局提倡游泳教學，定期實施檢測，校長在這方面千萬不能輸給小朋友。最少保持或培養一個自己喜好的運動項目是學校推展運動的策略之一，校長更需要身體力行。

工作忙碌常常是校長不運動的最好藉口，校長的時間管理，也是校務經營良好的重要前提，在時間管理上有一個自己深信而且也常常能夠貫徹的想法，就是「隨時記錄，即時行動」，校務的處理常常是接踵而來，因此如果不牽涉需要慎重思考的重大問題，最好即時處理，否則一經拖延，小事情有時也會變成大事情。時間有了良好的管理，才會有較多的時間進行運動。

三、校長的培育制度

校長的培育長久以來並未受到應有的重視，通常都是依賴經驗的累積，從教師而組長而主任而校長，許多校長都是當了校長以後才開始學習當校長，大家相信只要實務的經驗就可以勝任愉快，因此許多學者及實務工作者不斷對校長的養成教育有所批評與建議。近幾年來，校長培育班的開辦，對於校長的養成開創一個先例，校長培育班的職前培育課程最能突顯過去只考不教的弊病。校長培育班在招生之初即有完整的規畫，重視理論與實務的結合，尤其實習課程的設計對於校長經營校務的能力養成有相當實際的助益。台北市整個校長的養成過程當中，校長培育班雖屬自願就讀的性質，但是由於校長甄選制度的設

計，在資積上有特別的加分，間接鼓勵有志於擔任校長的主任或老師踴躍就讀培育班，其次，校長的甄選在積分上採取多元的方式，應試者的實務經驗、專業成長以及工作績效都在考慮範圍，只是計分的比例常有爭議，如何在理論與實務上取得一個平衡，讓投入實務工作者也能獲得鼓勵，讓多數人有報考的動機，真正拔擢優秀的辦學人才，才是整個制度設計的關鍵。

捌、結　語

　　雖然已經用了不少篇幅，卻難道盡校長的工作生涯，一方面局限於自己的文筆，一方面還是局限於自己的能力。「綜理校務」這麼簡單的 4 個字，卻是一份複雜而高深的學問。擔任校長必須是一個全方位的校長，視野要開闊，關照要全面。綜理校務就是概括承受學校的成敗榮辱，校長在現今的社會仍然具有相當的地位，因此相對的也要接受社會較高的期許與壓力，感謝這個公平競爭的社會，加上親朋好友的期許以及恰到好處的機運，讓我在歷練教師、主任之後，也有機會邁向校長的生涯，感謝所有共事的教育夥伴，由於大家的努力與包容，讓我服務過的學校平穩發展，甚至有一些值得沾沾自喜的績效。近年來，整個教育生態丕變，無論教師或行政人員只要一達到可以退休的年齡就紛紛求去，對我來說，在退與不退之間，確實也讓我猶豫好一陣子，最後我還是選擇繼續奮鬥，最主要的原因還是我樂愛這份工作、樂愛孩子天真無邪的笑容，尤其孩子的可塑性，讓我有成就的喜悅，教育工作今年已是第 34 年，卻從未感受教育的倦怠感，也許就像前面所說的，教育是我一生的志業，教育是我真正的興趣。

作者簡介

　　作者李宏才，台北市內湖區大湖國民小學退休校長，現任長庚技術學院幼兒保育系助理教授兼系主任。從小在物質艱困的環境中長大，練

就樂觀堅毅的性格。因為家境的關係，就讀師專成為作者最佳的升學選擇，教育工作也成為作者一生的志業與抱負。

作者是新竹師專第一屆畢業生，竹師向來以純樸的學風見稱。畢業以後秉持踏實的校風，在教育的最基層擔任導師、也做過體育衛生組長。其後，有機會通過主任甄試，擔任台北市文山區力行國小總務主任，參與籌建學校工作。1988 年通過校長甄試，1989 年初任校長，奉派到北投區 6 班規模的迷你學校──洲美國小，期間，與其他台北市 7 所郊區小學共同推展「田園教學」，試圖營造迷你小學的新風貌。3 年之後調任大安區銘傳國小，大力改善校園環境，收回校長宿舍、處理校地徵收及房屋拆遷，完成活動中心延宕多時的使用執照申請，處理海砂屋補強問題。5 年之後調任大湖國小。

在專業進修上，作者分別畢業於淡江大學英文系、台灣師範大學教育系。並陸續取得師大教育學碩士、政大教育學博士。作者兼任市立教育大學及政治大學的教育實務課程，讓學校的實際經驗與心得帶進課室與未來的老師分享，同時多次擔任師傅校長，協助校長的實習工作，對於校長生涯有深刻的體會與見地。

孩子王的校長夢

簡毓玲

台北市靜心國民中小學校長

壹、時勢造英雄

　　從小在玩伴中，我就擁有「孩子王」的頭銜，小學 6 年當班長當到怕了，當年還請求媽媽提著家中自產的「雞蛋」（因家中有大養雞場）請託老師不要再讓我當班長。小小的心目中，直覺得當老師是很神氣的。因此，在「我的志願」中，「當老師」一直是我的夢想。求學的路，一直是平步青雲，嘉義女中的高中部遠不及師專的魅力，選擇了師專，就已注定了奉獻杏壇的命運。10 多年的教學，因培訓教師合唱團而經常聲音沙啞，而有轉戰「行政」的念頭，轉任行政歷程中，因用心投入，換得夥伴們常有「她就是想考校長才那麼認真」的耳語。各位，比馬龍效應還果真在我身上應驗了。這句話是酸葡萄也罷，是激勵也罷，無形中「校長」的概念、形象、作為，逐漸在小女子心中烙下痕跡，也逐步的引導著我往「校長」之路前進。

　　「不斷的想突破」是我個人的特質，所以在教了 11 年書，當了 10 年的家庭主婦之後，突發奇想的考進師大夜間部教育系，抬頭一望，都是比我小 10 歲左右的學弟妹，書本已離 11 年的學生，可想而知之生澀，再一次的當學生，其中的感受，只有當事者能體會其酸甜苦辣。4 年教育行政課程的洗禮，師長的指導，同學的切磋，讓我有勇氣接受行政工作的挑戰。轉任行政工作，頓覺接觸面的廣泛，溝通協調以及行政規畫、執行、考核能力的重要，也享受到團隊回饋的尊榮感。因此，搭著「她就是想當校長」的列車，一步一步的步上了校長的旅程。

　　人不是生下來就可當校長的，校長也需學習，更需有計畫的培育。校長培

育的搖籃——「校長培訓班」，我們是何其的幸運，有完整的課程設計，有經驗的長官及校長前輩引導、陪伴，8 週的魔鬼訓練，多少個夜晚在床頭燈陪伴下，戰戰兢兢的 K 著「即席演講」的資料；情境演練的模擬；校園參觀的點點滴滴，如今歷歷在目。感謝這些曾經陪我、教我、提攜我、鼓勵我、成就我的「貴人」，有您們的用心、盡心成就了成千的「優秀校長」，在各個角落繼續培育更多的「主人翁」。

　　結訓後，經過自我檢核，在口語表達、溝通、協調、激勵、領導上，總有切不入的感覺。於是我將那年的年終獎金，拿去報名卡內基訓練。在那 13 個星期的專業訓練中，我找到了信心和方法。運用卡內基的魅力，的確，在 16 年的校長生涯中，真是受用無窮，尤其在人際互動上，我秉持著「吃虧就是占便宜」、「你好我好大家好」、「我相信我一定做得到」的信念經營學校，不知有多少次，儘管風雨欲來，也都能化解於無形中。感謝上帝，感謝我的好夥伴、家長、老師、學生們，我愛你們。

貳、凡走過必留痕跡

一、初生之犢，不畏虎

　　1989 年的 7 月，是我人生極大的轉捩點，欲分發學校，在選擇學校的戲劇化過程中，曾經看過大屯、湖田、雙溪、忠孝、永建、雨聲、忠義等國小，但礙於自己的排序以及住家地理位置，在徵詢了很多教授、師長、前輩校長及家人後，最後在我的師傅校長指導下，勇敢的選擇「忠義」國小。當年的忠義，有 36 班，校舍建築中地下室有 500 坪的空間被社區發展委員會占用，正在協商收回當中。從 1973 年開始努力欲收回，至 1989 年尚在努力中；新任校長最大的挑戰即在此。當時有位資深校長告訴我：「學校最大的問題都呈現出來了，你去了，只有更好，不會更糟。」這句話，是讓我決定選擇這所學校的關鍵。

(一)地下室回歸校產，校園脫胎換骨

　　4 年的經營，可以用「心想事成」4 個字加以形容，由於自己的教學理念，凡事鍥而不舍，相信人性本善，誠懇待人，身體力行，真誠付出，帶領團隊一

起工作，達成任務，有功歸主任、組長、老師、家長，注重感覺，「以和為貴」，校園絕不衝突，只要對學生、老師、學校有利的，全力以赴。

1990 年的 5 月 11 日是我終生難忘的日子，經過 10 個月左右的折衝協調，社區委員會終於在這一天，把地下室幾百輛的汽機車一部一部的駛離學校地下室，還給師生一片教學淨土。

1989 年 8 月 1 日到忠義國小後，一方面要深入了解校務，並正常運作外，更即時展開與忠勤社區理事會的溝通協調。一次再一次，不知有多少個夜晚，與當時的古亭區長、家長會長、理事長及學校主任，在餐桌上、校長室裡不斷的協商，理事長一下子答應，一下子又反悔，不知道反反覆覆了多少次，最後與地下室停車管委會負責人及理事長談妥，以 12 萬元請他們搬出。當他答應的那一刻，我們馬上簽下同意書，並由校長及總務主任先墊錢支付給停車管委會負責人，再慢慢募款解決經費的問題。困擾學校 25 年的地下室問題，終告解決，並於 1990 年的 10 月 25 日校慶，將地下室 500 坪裝修成圖書館、教師研究室、開架式的合作社、韻律教室、桌球室、多功能教室以及停車場，舉辦啟用典禮，可以說將學校所不足的場所，均在此補齊了，對忠義來說，是極大的蛻變，更奠下了忠義國小日後發展的雄厚基礎。

(二)打造孩子的美夢──柔道王國

忠義國小是典型的社區型學校，位於台北市中華路南機場，是台北市第一批國宅，均是 8 坪、12 坪的公寓，除了退役官兵在此安居外，更多是中南部到北部謀生的跳板，家長多數無暇指導學生，生活作息更是自理的較多。因此，孩子的教養亟需學校多加關照。基於此，學校恰好有位亞運柔道銀牌的高手──許燕君老師，幾年來，一直與夫君默默的培訓柔道小選手，只是場地不足、器材不足、師資不足，加上家長不太了解而漸顯「無力」。幾次的深入溝通後，決定向教育部申請體育班，為忠義的孩子開一扇門，培育明日的柔道國手。

一經決定，即開始著手寫計畫、申請，教育局、教育部到學校現場勘察了 2 次後，終於核准了，前後撥了 400 多萬元，讓學校改善場地，增添設備，當年應是最完善的柔道館，更增派柔道專任教練駐校與許老師一起指導學生。如今，只要有柔道比賽機會，忠義國小選手包辦三分之二以上的名次，由此可見，只要給機會，孩子是有無限的潛能，「柔道王國」與「忠義國小」早已劃上等

號,預祝忠義的孩子,永遠保有「柔道王國」之寶號。

二、巧遇知己,如魚得水

在一次的研習機會中,巧遇「日新國小」的名譽會長,更巧的是次年
(1993 年),我即奉派到日新國小服務,在周名譽會長(日新校友)的引薦
下,認識了現任的李會長(亦為日新校友),在與當年李校長等 4 人一起繞校
園一圈後,回到校長室,現任李會長問我:「請問簡校長,妳有什麼構想
呢?」當時,我非常直接的回答想做這,想做那,林林總總的提出了好多的構
想,李會長馬上接著說:「校長!一句話,妳儘管去做,我會全力支持妳。」
當時只覺得這個會長很熱心,也很誠懇、友善,沒想到,他還真是「日新國小」
的大貴人。

(一)整合校友資源,創造無限的利多,回饋母校,嘉惠學弟妹

接下來的 5 年,是我在 16 年校長服務過程中,凡事最得心應手,只要局裡
的經費不足或無法爭取到,找到李會長,他就會想辦法一一的加以克服。印象
最深刻的是,改建操場 PU 跑道及籃球場及周邊設施。1994 年 4 月,學校操場
欲將紅土跑道改成 PU 跑道,局裡只給 415 萬,而跑道周邊的白沙遇風即塵土
飛揚,恐怕不要半年,PU 跑道即失去功能。但無論如何爭取,仍無法爭到教
育局的經費,只好轉向家長會。沒想到會長、名譽會長告訴我:「校長,先做
了再說。」然後,利用無數下班後的時間,由他們 2 位帶著我,一家一家的拜
訪,令我最難忘的是,第一次拜訪的蔡副會長(他家三代都是校友)聽完我的
來意,毫不思索的說:「我一定支持,我的幸運號碼是『38』,我就捐 38 萬
元。」如此的定心丸,果然,一路走下來,很快的,經費就有著落了。

這樣的場景令我士氣大增,全心全力的想把學校帶到更優質的目標。舉凡
校園的美化、足球校隊的培訓、圖書館的裝修、校史室、北管樂團、管樂團、
23 條的教學步道、鄉土教材中心的設置……等,在在都是校友們的熱忱及實質
的財力、人力挹注,成就日新完整傲人的校園教學環境,才有優質的教學品質
產出。

5 年不算短的日子,經常享受家長、校友、退休校長、主任、老師的溫馨,
是我一輩子忘不了的恩情,從過程中,見到校園的和諧、真情、責任,無怪乎

能孕育出那麼多台面上的傑出校友,這一切真是其來有自呀!

(二)薪火相傳——足球王國

另一則令我至今難以忘懷的,是對特殊孩子的關照。日新一直有足球校隊,除了教育局有指派專任教練外,幾乎都是校友自動返校擔任義務教練,不僅在球技上指導孩子,更利用課餘指導孩子的功課,曾有一位三年級的小朋友,個兒非常的小,每天不做功課,老師非常頭痛,這位小朋友的爸爸正好是足球教練,我建議讓他與四、五、六年級的足球隊一起練習,剛開始仍有些跟不上,但漸漸地,他小巧的身軀,靈巧快速是他的特色,經過1年半後,他擠進二軍,從此信心大增,再過半年,他便可代表學校與六年級的大哥哥到高雄參加全國賽,同時他的功課也一日千里,所以我非常的相信:只要有成功的經驗,以此經驗去學任何項目都容易有成功的機會,相信,可以讓孩子都擁有帶得走的能力呢!

三、向「不可能」挑戰——做,就對了!

「不經一事,不長一智」,若不回頭省思,未必經一事就可長一智。在日新5年,正逢410教改,校園環境、文化、生態大幅變動。敏感度高的我,早已嗅到了,校長的任務已快速在轉型,但礙於傳統的包袱,校園生態非一朝一夕可作改變,因此常有「力不從心」之感。幾經思索,勇敢的接受「不可能」任務的挑戰,請調「國語實小」。奉派到「實小」,自己的目標很清楚,也想藉機與實小師生、家長共同學習、成長。皇天不負苦心人,巧合的是,調任實小那年的暑假,我也幸運的考取國立台北師範學院碩士班,自己再一次回到學生角色,體會學生、老師立場,將心比心,同心協力,共同打拚。除了秉持一貫的行政領導特質外,更積極的找尋課程領導的最佳模式。實小的任務即在課程的研究、教材的研發、教法的實驗、推廣,因此,勇敢的接受第1年的九年一貫課程實驗,從無到有,的確每跨一步都有如履薄冰的心情,戰戰兢兢,深怕有所閃失,所以凡事自己跑在前頭,所有資料自己先閱讀,預想老師們可能會有何顧慮,再來一一解套,所以從下列步驟,一步一腳印的往前邁進。

(一)深入了解老師的想法、需求、目標

透過正式、非正式的對話，一次再一次的協商溝通，多少次的無解、待答問題，但最後都在大家充分的互動後找到暫時的共識。課程的發展歷程，沒有走過的人，是體會不出其可貴，有如懷孕生子的母親，才能體會孩子的珍貴。

(二)自己與老師併肩作戰，共同成長

九年一貫課程實驗之初，大家的共識尚未達成，加上對新政策也了解不夠，記得開會時，有位老師站起來說，「學校」他認得，「本位」他也知道，「課程」他更清楚，但把這6個字合在一起，他就不知道在說什麼了。如此的場景一而再、再而三的浮現，但都在我們一次再一次的對話互動中，慢慢的變成了大家的共識。也曾有主任跟我說，她覺得每天都在開會，開會時大家語氣都不太客氣；到了第2年，她又來與我分享，她說：老師們對話開始不一樣了。她認為從同事對話中，學到好多，自己成長好多喔！這不正是九年一貫課程所要達成的目標之一嗎？

(三)尋求直接可協助的資源給老師

人不是生下來就會當老師，他必須接受培育，因此九年一貫課程的實施也必須讓老師有機會學習，因此，當校長的我，除了隨時與老師併肩作戰外，人非聖賢，不知之處仍多，因此，特別禮聘學有專精的教授群、校長或主任蒞校，協助老師盡快的擁有更多的功力，只要是老師能提出名單需求，學校盡全力促成，無形中，讓老師們安心，也充滿信心，當然受惠最大的仍是孩子們。

(四)捨得付出，不管財力、人力、時間、空間

只求績效，不計成本代價，這也許不是經營的正常模式，但學校經營，的確應是不計成本，尤其在一項新政策欲推展之際，因此，盡量釋放所有的利多，不管時間，人力、財力、空間，盡量配合老師的需求。我們也曾將資優班的成果發表，帶到香港發表，拓展師生的視野；也開始發現老師們常用假日帶著家長學生到雁鴨公園觀賞；甚至老師主動的回饋：「現在才真正享受到教學的樂趣，因為可以自己設計，自己教，不必教別人設計的內容，真有成就感」，由

此可見，體驗的教與學，身體力行，才是教育的本質呢！

　　實小的 3 年是我成長最大的階段，局裡長官賦與我磨練的機會，實小師生家長賦與我服務學習的機會，不眠不休的付出，卻也練就了不怕苦、不怕難、不怕不懂的硬骨頭。

　　3 年間遭逢母喪及愛女中風的不幸，在所有老師、家長的支持、協助下，逐漸的平復，本想暫時退下，照顧愛女，在很多恩師的反對下，我轉至另一跑道（私立學校），繼續著教育馬拉松。

四、放下名利，路更廣闊

　　帶著 12 年校長的經驗，將所有的名利拋下，突然覺得路更廣。主要乃因私校的生態與公立學校的確有些許的不同，承蒙董事會的力邀，戰戰兢兢的接下靜心學園的接力棒，繼續往前邁進。

　　靜心是一所私人創辦的完整學園，從托兒所、幼稚園、小學、中學 13 年的學習歷程，可以說是人生成長最重要的階段，有幸能陪孩子一起學習、成長，真是得好好的把握，把最優質、最有效益的全部投入在此園地中。

　　的確，一個從基層老師、主任，歷練到 12 年（走過 3 個學校）的校長，帶著完整的學經歷，以及豐沛的行政、人脈資源，投入到這樣一個優質，有自主經營空間的校園裡，應該更可以揮灑。

㈠董事會的授權、支持

　　靜心學園有兩個董事會，國中、小各一，兩個董事會對校務完全授權，支持校長，讓校長有完全的發揮空間，其中有一件事，一直讓我覺得非常窩心。當我第一年服務期間，難免會有某些不同的聲音，董事會總是會對老師說：我們尊重校長的專業，我們支持校長；若有家長有不同聲音，董事會會告訴他：我們要和校長跟你們一起談。由於如此，慢慢的，老師、家長們都知道：原來董事會和校長的理念、做法、要求是一致的，對校務的運作真是如魚得水，事半而功倍。

　　另外，在人事財務方面，董事會也完全的授權，讓校長可以因應學校的發展需求規畫而運用，以往在公立學校，政府一年給的資本經費，最多不超過 800 萬元，甚至只給 1、200 萬元，而在靜心，董事會每年都撥 1,000 萬左右的資

本，供學校增添設備、修繕校舍，同時對教師的進修、福利，在在都非常的支持，正因如此，學校氣氛、教學素質、學生氣質、教師專業，真是有口皆碑，特別藉此，感謝董事會的全力支持。

(二)友善校園植基於「Hello！早安聲中」

一天上午，一個媽媽帶著四年級的女兒，通過興隆路交通崗到校門口，遞上一本書，媽媽告訴我：「今天是女兒生日，女兒說她很愛校長，我們共同挑了這本書——《永遠愛你》送給您，校長我們永遠愛您。」當時我忙著與孩子打招呼：Say Hello！早安！大家早安，媽媽早，爸爸早，同學早，小朋友早！要挺胸喔！天亮了，眼睛張開來呀！妹妹，你今天好美喔！誰幫你梳的辮子……等等，無暇打開看，直到中午靜下來，打開書從第一頁、第二頁……看著：「在靜靜的夜裡，媽媽懷裡抱著剛出生的娃娃，搖啊搖，媽媽說：我永遠愛你，我永遠疼你，你是媽媽的寶貝，我永遠愛你。一直到2歲、9歲、14歲，到孩子長大成人離鄉，媽媽一直如此的抱著這個孩子。」我觸景生情，不自覺的眼淚奪眶而出，「最後孩子受媽媽的感動，回到家也抱起自己的小女兒，搖呀搖！輕輕拍著說：爸爸愛妳，爸爸疼妳，妳是爸爸的寶貝，我永遠愛妳……。」此情此景，令我多麼辛慰，再多的苦，再多的付出，都是值得的。正因如此，每天一點一滴的累積，建立起我與孩子、家長、老師的默契，假如今天校園中，所有的孩子這麼愛校長，那絕對是因你先去愛他們，讓他們感受到；尤其是幼稚園、托兒所的孩子，更是直接可愛，只要我一到園區，他們馬上圍過來，又是抱，又是親，甚至灌迷湯：校長是大美女，是世界、宇宙超級大美女……等等。因此，只要有煩惱，不由自主的就會往幼稚園區去找回信心。如此友善的校園，真是值得與大家分享。

(三)優質的行政團隊，績效令人感動

感謝董事會，同意我依校務發展需求，帶領行政團隊夥伴，各路最菁英的行政人員，每個人都有非常傑出的成就，獲得教師最高榮譽「師鐸獎」的肯定的人，才夠資格進到靜心團隊，每個人都擁有一身的工夫，除此之外，他們的智慧、經驗、熱忱、人脈資源，都帶給靜心園地即時的滋潤，讓靜心能以最短的時間，作最大的變革，馬上跟得上時代，這真是得力於行政團隊的優質及努

力，實在令我感動。

㈣引進校外師資，提升教師專業水準

由於私校自主經營空間較大，得以彈性安排校外師資，如教授、有經驗的教學輔導老師駐校指導，協助老師成長，每週1次、2次、3次不等的指導，1年、2年、3年累積下來，教師的成長真是看得見，當然除了教授及輔導教師很認真外，最可貴的是私校老師的敬業、樂業、勤業的態度，因此，整個教學品質全面提升，學生學得開心，家長放心，老師更有信心，這一切，也是私校經營的主軸，因為，師資正是學校永續經營的命脈。

㈤親師互動，共創雙贏

私校的家長，大多認為把孩子交給學校，就是學校的全責了。但靜心卻不一樣，因為我的理念是：家長是教育的合夥人，沒有家長的參與、支持，要把孩子教好，那是不可能的。剛開始家長質疑我：「我們是私立的，妳可不要把我們經營成公立的。」我只能告訴她們：「我會把公立的優點和私立的優點融合起來經營這所學校。」她們又說了：「妳不要畫大餅給我們，我們等著瞧。」我又告訴她們：「我經營學校又不是三天兩天，請妳給我一段時間可以嗎？」辛苦的歷程，只有親身經過的人才能體會，正因雜音非常的多，有些有理念的媽媽說：「校長，您不是都在上課嗎？您可以為媽媽們開課呀！」真是一語點醒夢中人，我利用每週四的早上在「靜思軒」為媽媽們講解十大能力的培養，設計教具、教學活動，從活動中讓媽媽們體會到，要把孩子的能力培養起來，不是只有老師的責任，家長的責任更重要。也因此以這些當種子，漸漸地，家長聲音愈來愈少，也透過志工團的組織，一方面分工合作，協助行政，教師的教學，也運用學校場地，為志工團開設各種成長班，如親子知能成長班、讀書會、律動班、插花班、串珠班……等，甚至還有咕咕劇團，配合學校推展生活教育主題，以戲劇演出。如今校園中，志工家長天天服務的有6、70位之多，總人數也有380多人，如此龐大的隊伍，真是學校行政、教學最大的後盾，也因此，家長因參與而了解，因了解而更支持、肯定，受惠最大的就是學生了。其實，很多的爸爸、媽媽也因此變成了莫逆之交，在學養上也更增進了。

㈥大力整理環境，化腐朽為神奇

個人經營學校，總會去思考，從哪裡切進去，效果最顯著，那當然是硬體設施的改變，因此經營每所學校，我都會從環境的改造做起。當然，這一站也不例外，靜心是一所 50 多年歷史的學校，有許多地方因時代的變遷，也得跟著改變，因此我很用心的了解後，先從前庭改造起，感謝董事會在沒有預算的情況下，特別撥了一筆款項，讓我把前庭的教學生態園及學生植物教學區先做起來，這麼一來家長、老師對學校就有一番新的看法，接下來教學步道、校史列車太陽系、數學步道、遊戲器材、體適能器材、球場、中央播放系統、資訊設施，一樣一樣的被開發出來，原來，老師都來告訴我教室不夠，沒有會議室、沒有活動空間，經過 4 年的開發，投入近 5,000 萬元的資金，如今，校園美化、綠化一級棒，處處是學習的空間，時時是學習的時間，不禁要說，靜心的孩子真是福氣。

㈦深耕生命，讓愛傳承出去

所有的人都猜，我的血型是 B 型，要不就是 O 型，再不就是 AB 型，偏偏我是道道地地的 A 型，也許血型並不能成就你什麼，限制你什麼，但先天骨子裡仍有那性格在。我從小心思就較細膩，也曾多愁善感，也極任性，但因環境、工作、職責當會練就你不同的性格，但我仍是極感性的。因此，除了從小培養多才多藝的工夫外，在輔導領域個人也從不缺席，因此，我在乎校園的氣氛，校園的文化，老師、學生的氣質，但這些特質不是用教的，它是用感化的，校園環境的營造，活動的設計、帶動，讓師生在此環境活動中感受、體會、潛移默化。所以，從忠義國小的校長禪修班、日新國小校長的開悟式諮商，到國語實小的學生成長班、音樂團隊，到靜心的 EQ 工作坊、學生的親子輔導班，用生命感染生命，讓孩子感受被愛，被關懷的感覺。我知道孩子會用相同的手法去回饋周遭的人，把愛傳出去，這也是靜心最可貴的地方，靜心家族的串聯，榮譽護照的優點形塑，音樂專長孩子的另類培養，孩子！我們就是希望你有一顆柔軟的心，寬闊的胸懷，有能力去關照你周遭的人們。

(八)掌握優勢，實施英語分組教學

　　說真格的，在國語實小就一直想實施英語分組教學，無奈先天、後天條件均不允許，師資、財力空間均不可能。但在私立校園，只要是不違法，對學生有利的，董事會、老師、行政支持，學校人力、財力、空間問題可以解決，那麼就可實施了。靜心就在天時、地利、人和的條件下，我們於90學年度即開始實施，當然一開始仍得面對許多困難，家長的疑慮要一一的加以溝通、說明，直到家長都能接受，3年下來，孩子真得到適性教學，不再浪費時間，不再聽不懂老師教什麼。也因此，運用英語教學中心的師資，參考劍橋認證公司的題庫，我們自己研發了一套認證工具，每一學期每一年級的孩子都得經過聽、說、讀、寫的檢測，並依此作為分組及補救教學的依據，實施下來，效果顯著，家長更拍手叫好。

(九)落實本位經營，自己開發教材

　　九年一貫精神最可貴的地方是回歸學校本位管理，但更重要的是品質的保證，私校正好在此關鍵時刻，當行政鬆綁之際，私校如何拿捏，掌控教育的品質，這是極嚴厲的考驗。靜心得天獨厚，因為我們有專業的經營團隊，有專業的規畫、帶領，有專業的指導教授引導、指導，有專業的師資群，共同研發、編輯適合我們的教材，有完整的課程架構，加上選用適合我們的優質教科書，相信，在這樣優質的組合經營下，學校特色一一呈現，孩子的優質看得見。

(十)重視資訊科技融入教學

　　數位化時代的來臨，*e*化校園的運作，靜心不落人後，這幾年單單投入在資訊設備上的經費不下千萬，只有硬體的提升是不足的，最可貴的是，我們特別成立了教學資源中心，有專人規畫、執行、培訓、考核的工作，教師專業的提升，才有可能將這些設施融入教學中，班級網頁的普遍、多樣。真的，大大提升了教學效能，更難得的是，我們拓展了師生的視野，我們與世界同步，希望培育出擁有與世界接軌能力的下一代。

參、回首來時路，點滴在心頭

　　到今年暑假，校長歷程將屆滿16年，回首來時路，真是點滴在心頭，若有人問我：您還敢當校長嗎？我會勇敢的告訴他，我敢！我願意！因為：

一、當我無所求，一心一意只為孩子、老師時，我無所顧忌，放心去做。

二、當我有能力，可以為孩子、為老師服務時，我不可以輕言放棄。

三、當我有影響力，可以幫助更多的爸爸、媽媽，解決教養孩子的問題時，我不可以推卸。

四、當我還享受國家照顧時，我不可以不努力。

　　人生是一趟學習的歷程，從培育一個老師、組長、主任到校長，的確是非常的不容易，當大環境改變，把權利結構改變如此鉅大，多數校長大嘆「不如歸去」的當兒，個人轉折到私校跑道後，有一番新的體驗：

一、盡自己所能，不忮不求，但求無愧。

二、不斷進修充實，與時俱進，奉獻所學。

三、鍛鍊身體，保有體能，才能永續。

四、樂天知命，一切隨緣。

　　私校與公校的確有些先天條件上的不同之處，但從以上之敘述，相信聰明的你，已看出可著力之處，希望每校都能就自己的優勢，經營出有特色的優質學校，僅以此與大家分享之。

作者簡介

　　55年前在一片竹林中的一間屋子裡，誕生了一位小女娃，從小她就是孩子王，因此註定了她走向「教育幼齡」孩子的奇妙人生，這個小娃兒就是【簡（竹間）毓（育）玲（齡）】。

　　從小我就全身充滿了叛逆的細胞，凡事總有自己的主見，嫉惡如仇，

小六時曾為了一題數學的爭執，硬是把考卷右上角的分數撕掉，換得賴老師一個大巴掌，那一巴掌奠下了我當老師的決心，難道學生不可以表達自己的看法嗎？（我能同理這樣的孩子）

您可知道，也因這樣的個性，讓我在老師、主任的歷程中，看到許許多多不合理的事件，又激起：難道當校長都這樣嗎？我又下定決心，步上校長這條不歸路。

歷經 11 年的基層老師，一直被捧成「明星老師」的優越感，促使自己不斷的教學相長，累積更多的能量，在 8 年的主任生涯，得以為老師、校長搭起溝通橋樑，並落實校長的理念。這些體會一一變成校長辦學的本錢，能同理老師、主任、家長、學生的校長，才有可能與這群夥伴站在一起，學校文化、氛圍才有可能融洽、優質。

如今回首，35 年的教育生涯中，比例最長的居然是「校長 16 年」，回想師專畢業典禮上，媽媽說：「需要服務 5 年，那妳不是老了嗎？」歲月匆匆，沒想到，35 年如一日，每天在孩子的歡笑聲中，歲月好像並沒有留下任何的痕跡在我身上，但心靈的充實卻點滴在心頭，教育生涯真是「如人飲水，冷暖自知」，但卻讓我深深應驗了「得天下英才而育之，乃人生一大快事」，哈哈哈哈……。

附錄
「中小學校長談校務經營：理念與做法」
撰寫大綱

林文律 2005.01.14

1. 擔任校長之前的準備工作

(1)何時有擔任校長的念頭？

(2)對擔任校長之事，想法如何醞釀？做法上，如何逐步邁向該目標？

(3)對校長儲訓的反省。校長儲訓對日後擔任校長最有用的地方在哪裡？

(4)擔任校長之前，哪一些想法與經驗對日後擔任校長幫助最大？

2. 校務經營理念與具體策略

(1)探尋你的教育思想與領導思想的源頭

你的教育理念與領導理念。身為教育工作者，你對自己教育特質有何反省？你的教育理念與領導理念如何體現？

(2)行政領導：你如何經營有效的行政團隊？行政團隊戰力如何有效發揮？請舉具體實例說明。

(3)教學領導：這裡指的是引導老師發揮教學成效，以力求把學生教好的具體做法。在這一方面，你的想法與具體做法為何？回想起來，最滿意與最不滿意的地方為何？何以致之？

(4)課程領導：在學生學習的內容上，如何妥善規畫對各年級、各領域、各種需求的學生的學習內容？在九年一貫實施之前及之後，如何配合教育部或教育局在課程方面的各項指示，在學校有效推動各項課程方案？在哪些地方，有自己的創意？從哪些地方，可看出自己著力的痕跡，並引以為傲？有何實際的困難？如何克服？

(5)對特殊學生的需求,如何顧及?

　　①學校有否學科資優班及各類藝能科之才藝班?如何經營?如無資優班,對於學科及術科資優生,是用什麼方法讓他們優秀的資質更加提升?具體策略與成效如何?

　　②對於智能、行為、情緒、社交、學習等方面有障礙之學生,你如何評估他們的需求?用何具體措施來協助他們在學校的生活適應與學習?

　　③對於其他需求之學童(如單親、原住民、隔代教養等或任何方面不利者)你有何具體協助措施?成效如何?

(6)各項教育資源的爭取與有效運用

　　國小或國中、高中,可運用的校內外各項教育資源(人力、物力、財力、空間)有哪些?你如何對學校的需求作一番評估?如何調查各項資源蘊藏情形?如何有效爭取?如何充分利用?這些資源對教師教學及學生學習的相關性與成效,如何看出?

(7)對外關係的經營(社區、地方仕紳、媒體、民意代表、企業、各級政府單位等),你如何評估外界對學校的影響力?你如何善用外界對學校的影響力?你如何防止外界對學校產生不利的影響?可否舉一、二實例說明。

(8)與家長及家長會關係的經營

　　你如何看待家長及家長會?你如何與家長及家長會維持良好的關係?你如何讓家長及家長會參與學校校務,但又不干預校務?你是否認為你有必要對家長及家長會,負起績效責任?你的具體做法為何?成效如何?

(9)對內關係的經營(與老師、教師會、行政人員、職工關係的經營)

　　與教師、教師會、校內行政體系之部屬,如何維持良好關係?具體做法為何?你對你與他們之間的關係,做了評估之後,有何看法?

(10)與學生關係的經營

　　你如何在學生心目中,建立你的形象?學生對你的評價如何?是熟悉?是遙遠?是親近?如何看出?

(11)與上級單位關係的經營

　　你如何界定你、學校與上級單位(教育部或教育局)的關係?是照章行事?是選擇性執行任務?是主動提供意見與建議?是極力爭取資源?與

教育部或教育局的平行單位（行政院其他部會或社會局、環保局）等的
關係，是否刻意經營？或順其自然？如何看出？如果是小學，與教育部
的關係又如何經營？

⑿發展學校特色

學校特色如何看出？基於學校歷史？歷屆及現任校長的價值觀？基於社
區家長期待？基於教師想法？基於校長專長？基於學生喜好？發展學校
特色的具體做法如何？有何回顧？

⒀學校變革的經營

對變革事項、變革幅度與變革順序的掌握、對推動變革的契機的掌握、
推動變革的決心與持久力。針對變革的各項層面，你的具體做法如何？
成效如何？

3.學校經營的法律層面

從學生安全、教師權、學生權、校地、學校財產，與媒體及其他外界關係
等方面，都可看出學校經營的法律層面。你覺得你在一般法律方面的知
識，具備到何種地步？你的法律知識，對你擔任校長有何有利與不利之
處？你如何善用家長與社區中具備法律知識之人士的資源，引導學校安然
無虞，不受不利因素之影響，進而能健全發展？在一般法律與規章（如
《民法》、《刑法》、《政府採購法》）及教育法規方面，你的知識如何
具備充分？有否不足之處？如何充實？對於校長充實法律與法規知識，你
有何建議？

4.環境對學校校務運作的衝擊與學校因應之道

當今社會各項變遷，各項政治、社會、文化、經濟的發展，有哪些特別之
處？針對以上各項發展對教育（尤其是學校經營與發展）的衝擊，你如何
作一準確的評估？你的具體做法如何？成效如何？

5.對於最近 10 年來，教育部及教育局所推動的各項教育政策與行動方案，
在小學及中學階段落實程度的反省與評析。請以一、二例作說明。身為各
項教育政策最末端的執行者，你如何看待各項教育政策？在執行時，有何
感受？有何無奈？有何創見？有何建議？如果你是政策制定者，你會如何
做？

6.有關價值與倫理的思考

身為校長，你做各項行政決定時，秉持的原則為何？當家長、學生、教師及外界各項需求有所衝突時，是否你所做各項決定，都是對學生最有利？或有時無法兼顧學生的最大利益？當各種學生（資優生vs.學習不利學生）需求有所衝突時，你做決定的準則為何？你做決定的來源為何？有人說：「聰明的人與富有的人、有權、有勢的人，比較有可能獲得更多、更好的資源。」針對這一點，你在學校做決定時，曾有困難的決定嗎？可否著墨一二？

7. 發展學校成為學習的社群：具體想法與做法

校長在學校，可以帶動老師、學生、家長、職工（甚至社區）等各種身分的人整體的學習。因此校長可以是「學習的領導者」，即領導學校各種人的學習。在此方面，你有何具體的做法與成效？有何困難？如何解決？

8. 在學校推動德、智、體、群、美的具體做法

不論潮流為何，德、智、體、群、美永遠不會也不應受忽視。你在學校如何經營學生此五育的均衡發展？具體的做法與成效為何？有何困難？如何克服？

9. 校務行政電腦化、資訊融入教學

資訊在學校行政、教師教學、學生學習等各方面的落實程度。在以上這些方面，你有何理念與具體做法？在學校推動有何困難？如何克服？

10. 塑造學校的文化

你對學校文化，如何定義？你對學校傳統如何傳承？你怎麼看出學校有可以另行發展之契機？你對於塑造教師的新習慣，學生在知識的追求與人格陶冶等方面，有何獨特的看法？你如何塑造學校的精神與靈魂？具體的做法與困難為何？如何獲致成效？

11. 對校務的嫻熟

自擔任校長之後，在哪一個階段，你覺得得心應手？何以致之？是因你個人的敏銳？用心學習？如何使你自己進入得心應手、水到渠成的境界？

12. 對教育部或教育局與學校關係的建議

如果你是教育部長或教育局長，你會如何引導中小學校長把學校經營好？對中小學校長的校務經營，你會訂定何種政策？教育局長的身分之一應是把校長帶領得好。從教育部長或教育局長的角度來看，你對校長的學習與

成長，會有何具體做法？

13.校長的身心健康的維護與家庭的經營

擔任校長，非常忙碌。你如何維持身心健康？校長的各項需求繁多，如何不疏於照顧家庭？如何獲得家人的支持？

14.如果你重新來過

不論你已擔任校長多久，如果你重新來過，你會怎麼準備好「邁向校長之路」？你對真正走上校長之路，之前與之後，是否會有不同的做法？或是會維持原有的做法？為什麼？不論是擔任校長之前的準備工作，或實際擔任校長的工作，在哪些方面，你會有不同的做法？有哪些事情，你會掌握得更好？

15.對校長培育的反省

(1)再一次：你如何學會當校長？是自己學來的？或是誰教出來的？或兩者兼而有之？如果由你來設計一套校長培育課程，你對校長培育課程的內涵有何想法？你認為校長應學會哪些？學習內容的順序為何？學習的方式為何？聽講的用處與實務演練的用處，何者為大？

(2)可能你已是師傅校長，可能尚未擔任師傅校長。如果由你擔任師傅校長，你的教學理念（意指教導他人成為好校長）與具體做法為何？

16.校長最大的貢獻所在（對自己擔任校長的深刻反省）

(1)現在回想起來，你認為你擔任校長的最大的貢獻在哪裡？從什麼地方可以看出？可否舉一、二例說明。

(2)你用什麼方式使你的影響力與對學校、對教育的貢獻極大化？

國家圖書館出版品預行編目資料

中小學校長談校務經營／林文律主編. —初版.—臺北市：
心理, 2006（民 95）
　　　　　冊；　　公分.--（校長學；1-2）

ISBN 978-957-702-850-1（上冊；平裝）--
ISBN 978-957-702-851-8（下冊；平裝）

1.校長—論文，講詞等　2.教育—行政—論文，講詞等
3.學校管理—論文，講詞等

526.4207　　　　　　　　　　　　　　　94021852

校長學 1　中小學校長談校務經營【上冊】

主　　編：林文律
責任編輯：郭佳玲
總 編 輯：林敬堯
發 行 人：洪有義
封面底圖設計：翁世盟
出 版 者：心理出版社股份有限公司
社　　址：台北市和平東路一段 180 號 7 樓
總　　機：(02) 23671490　傳　　真：(02) 23671457
郵　　撥：19293172　心理出版社股份有限公司
電子信箱：psychoco@ms15.hinet.net
網　　址：www.psy.com.tw
駐美代表：Lisa Wu　　tel: 973 546-5845　fax: 973 546-7651
登 記 證：局版北市業字第 1372 號
電腦排版：亞帛電腦製作有限公司
印 刷 者：博創印藝文化事業有限公司
初版一刷：2006 年 1 月
初版二刷：2008 年 10 月

讀者意見回函卡

No. _____   填寫日期： 年 月 日

感謝您購買本公司出版品。為提升我們的服務品質，請惠填以下資料寄回本社【或傳真(02)2367-1457】提供我們出書、修訂及辦活動之參考。您將不定期收到本公司最新出版及活動訊息。謝謝您！

姓名：_____ 性別：1□男　2□女

職業：1□教師 2□學生 3□上班族 4□家庭主婦 5□自由業 6□其他____

學歷：1□博士 2□碩士 3□大學 4□專科 5□高中 6□國中 7□國中以下

服務單位：_____ 部門：_____ 職稱：_____

服務地址：_____ 電話：_____ 傳真：_____

住家地址：_____ 電話：_____ 傳真：_____

電子郵件地址：_____

書名：_____

一、您認為本書的優點：（可複選）

　❶□內容 ❷□文筆 ❸□校對 ❹□編排 ❺□封面 ❻□其他____

二、您認為本書需再加強的地方：（可複選）

　❶□內容 ❷□文筆 ❸□校對 ❹□編排 ❺□封面 ❻□其他____

三、您購買本書的消息來源：（請單選）

　❶□本公司 ❷□逛書局⇒_____書局 ❸□老師或親友介紹

　❹□書展⇒____書展 ❺□心理心雜誌 ❻□書評 ❼其他_____

四、您希望我們舉辦何種活動：（可複選）

　❶□作者演講 ❷□研習會 ❸□研討會 ❹□書展 ❺□其他_____

五、您購買本書的原因：（可複選）

　❶□對主題感興趣 ❷□上課教材⇒課程名稱_____

　❸□舉辦活動 ❹□其他_____ 　　（請翻頁繼續）

| 廣 告 回 信 處 |
| 台 北 郵 局 登 記 證 |
| 台 北 廣 字 第 940 號 |

（免貼郵票）

 心理出版社 股份有限公司

台北市 106 和平東路一段 180 號 7 樓

TEL: (02) 2367-1490
FAX: (02) 2367-1457
EMAIL:psychoco@ms15.hinet.net

沿線對折訂好後寄回

六、您希望我們多出版何種類型的書籍

❶□心理 ❷□輔導 ❸□教育 ❹□社工 ❺□測驗 ❻□其他

七、如果您是老師，是否有撰寫教科書的計劃：□有□無

書名／課程：＿＿＿＿＿＿＿＿＿＿＿＿＿＿＿＿＿＿＿＿＿

八、您教授／修習的課程：

上學期：＿＿＿＿＿＿＿＿＿＿＿＿＿＿＿＿＿＿＿

下學期：＿＿＿＿＿＿＿＿＿＿＿＿＿＿＿＿＿＿＿

進修班：＿＿＿＿＿＿＿＿＿＿＿＿＿＿＿＿＿＿＿

暑　假：＿＿＿＿＿＿＿＿＿＿＿＿＿＿＿＿＿＿＿

寒　假：＿＿＿＿＿＿＿＿＿＿＿＿＿＿＿＿＿＿＿

學分班：＿＿＿＿＿＿＿＿＿＿＿＿＿＿＿＿＿＿＿

九、您的其他意見

＿＿＿＿＿＿＿＿＿＿＿＿＿＿＿＿＿＿＿＿＿＿＿＿＿＿＿

謝謝您的指教！　　　　　　　　　　　　41701